westermann

Herausgeber: Dietmar Böhm, Regine Böhm

Autoren: Anja Berkemeier, Dietmar Böhm, Regine Böhm, Stefanie Dreißen, Kurt-Helmuth Eimuth, Volker Fischer, Martin Gehlen, Margret Kern-Bechtold, Martina Lambertz, Lutz-W. Müller-Till, Michael Ott, Bianca Ribic

Kein Kinderkram!

Erzieherinnen- und Erzieherausbildung
Lernfeld 1–3

2. Auflage

Bestellnummer 239720

Materialien für Lehrerinnen und Lehrer

BiBox Einzellizenz für Lehrer/-innen (Dauerlizenz) 978-3-14-239730-6
BiBox Kollegiumslizenz für Lehrer/-innen (Dauerlizenz) 978-3-14-239732-0
BiBox Kollegiumslizenz für Lehrer/-innen (1 Schuljahr) 978-3-14-107848-0

Materialien für Schülerinnen und Schüler

BiBox Einzellizenz für Schüler/-innen (1 Schuljahr) 978-3-14-239734-4

westermann GRUPPE

© 2021 Bildungsverlag EINS GmbH, Köln,
Ettore-Bugatti-Straße 6-14, 51149 Köln
www.westermann.de

Druck und Bindung: Westermann Druck GmbH, Georg-Westermann-Allee 66, 38104 Braunschweig

ISBN 978-3-14-**239720**-7

Lernfeld 3:
Lebenswelten und Diversität wahrnehmen, verstehen und Inklusion fördern

Vorwort

Wir freuen uns, dass „Kein Kinderkram!" nun in einer überarbeiteten Fassung vor Ihnen liegt. Alle Autoren haben ihre Texte überarbeitet und aktualisiert. Damit bezieht sich „Kein Kinderkram!" auf den aktuellen Stand der fachwissenschaftlichen Diskussion. Seit 2005 begleiten die Texte in „Kein Kinderkram!" die Ausbildung zur Erzieherin/zum Erzieher. Die Anforderungen an den Beruf der Erzieherin sind seither kontinuierlich gestiegen. Erzieherinnen und Erzieher nehmen heute sehr vielfältige und komplexe Aufgaben wahr. Dafür benötigen sie ein fundiertes theoretisches und praktisches Wissen. Der Titel „Kein Kinderkram!" erlebte einen ähnlichen Veränderungsprozess. Schon in der ersten Auflage 2005 standen die Lernfelder im Mittelpunkt. Da seit 2012 der Länderübergreifende Lehrplan Erzieherin/Erzieher für alle 16 Bundesländer als Grundlage für die Ausbildung dient, orientiert sich „Kein Kinderkram!" bereits seit mehreren Jahren an den dort enthaltenen Lernfeldern. Damit wird der Anspruch von „Kein Kinderkram!" deutlich, dass dieses zweibändige Lehrwerk für die Ausbildung in allen Bundesländern Gültigkeit hat. Das bedeutet, dass Lehrkräfte und Schüler/-innen in einem Bundesland, das diese Systematik nicht (direkt) übernommen hat, sich am Inhaltsverzeichnis orientieren können, um entsprechende Inhalte zu finden.

Eine bundesweit tätige Autorengruppe, die zum großen Teil seit vielen Jahren in der Ausbildung zur Erzieherin/zum Erzieher tätig ist, bringt in dieses Lehrwerk umfassende Lehrerfahrung mit ein.

Zum Aufbau des Lehrwerks

„Kein Kinderkram!" richtet sich in erster Linie an Schülerinnen und Schüler sowie Studierende an Fachschulen/Fachakademien für Sozialpädagogik. Interessant ist der vorliegende Titel aber auch für Studierende an Hochschulen mit dem Bachelor-Studiengang „Frühkindliche Bildung", die sich einen ersten Überblick über notwendiges Fachwissen und Arbeitsfelder verschaffen wollen. Auch Erzieherinnen und Erzieher, die bereits in der pädagogischen Praxis stehen, können durch den vorliegenden Titel wichtige fachliche Informationen auffrischen.

„Kein Kinderkram!" versteht sich als Lehrwerk für die Ausbildung, das die Schülerinnen/Studierenden zum selbstständigen Arbeiten und Nachdenken anleiten soll. Daher ist den Kapiteln jeweils eine Lernsituation vorangestellt, die wichtige (nicht alle!) Aspekte des Kapitels anhand einer beruflichen Situation aufzeigt. Die Fragen, die sich daran anschließen, sollen es den Schülerinnen und Schülern ermöglichen, an ihrem Vorwissen anzuknüpfen und erste Vermutungen zum Inhalt zu formulieren. Sind einzelne Kapitel sehr umfassend, beginnen auch Teilkapitel mit einer Lernsituation.

Darauf folgen umfassende Informationstexte, die immer mit einer Wiederholung enden. Vielfältige Aufgaben ermöglichen eine Vertiefung des Inhaltes im Unterricht und eignen sich auch zur selbstständigen Nacharbeit. Aufgabe der Lehrkraft ist es, ggf. weiterführende Aufgaben für die Praxis zu entwickeln. Die Aufgaben sind so konzipiert, dass sie im Unterricht bewältigt werden können.

Die Aufgaben zeichnen gewissermaßen die Struktur einer vollständigen pädagogischen Handlung nach und lassen sich deshalb in vier Kategorien einteilen (die Kategorie „Durchführung" fehlt im Buch aus naheliegenden Gründen):

Wissen und Verstehen

Analyse und Bewertung

Planung und Konzeption

Reflexion und Evaluation

Aufgaben zur Kategorie „Wissen und Verstehen" haben eine hohe Relevanz, weil systematisches und verlässlich verfügbares Wissen die Grundlage für eine fachliche Analyse und Bewertung sowie für die Reflexion ist. Sie bilden die Basis für alle nachfolgenden Aufgaben. Deshalb finden sich in allen Kapiteln hierzu entsprechende Aufgaben.

Der Länderübergreifende Lehrplan legt sechs Querschnittsaufgaben fest, die in allen Lernfeldern und Inhalten berücksichtigt werden sollen. Es handelt sich dabei um Themenbereiche, die eine besonders hohe Bedeutung in den Arbeitsfeldern von Erzieherinnen und Erziehern haben. Diese Querschnittsaufgaben werden in „Kein Kinderkram!" sowohl inhaltlich in einzelnen Kapiteln als auch bei den Aufgaben berücksichtigt und dort auch entsprechend ausgewiesen.

An die Aufgaben schließen sich in der Regel „Tipps zum Weiterarbeiten" an. Dies können wichtige Fachtexte zur Vertiefung, aber auch Hinweise auf Internetadressen sein, die interessante Informationen bereithalten. Teilweise enthalten die Tipps auch Hinweise auf Filme, die sehr anschaulich das dargestellte Thema weiterführen und allgemein erhältlich sind. Die Zielgruppe für die Tipps sind an erster Stelle Studierende bzw. Schülerinnen und nicht die Lehrkräfte, auch wenn diese von den Tipps ggf. ebenfalls profitieren können.

Am Ende eines jeden Kapitels werden nach den „Tipps zum Weiterarbeiten" Kompetenzen genannt, die durch die Auseinandersetzung mit den dargestellten Inhalten erworben werden können. Sie sind dem Länderübergreifenden Lehrplan zu den Bereichen Wissen und Fertigkeiten entnommen. An einigen wenigen Stellen haben wir die Kompetenzen geringfügig sprachlich verändert, damit sie sich gut in den Text einfügen. Bewusst haben wir die Formulierung „Absolventinnen und Absolventen" aus dem Länderübergreifenden Lehrplan beibehalten, denn sie weist darauf hin, dass es sich bei den Kompetenzen um Ziele handelt, die mithilfe des Kapitels und des Unterrichts am Ende der Ausbildung erreicht sein sollten.

Das Literaturverzeichnis bildet immer den Abschluss eines Kapitels. Darin sind alle im Text direkt oder indirekt zitierten Quellen enthalten. Dadurch, dass das Literaturverzeichnis am Ende des Kapitels steht, wird den Studierenden und Schülern das eigenständige Weiterarbeiten erleichtert.

Bei sehr großen Kapiteln gibt es auch am Ende eines Teilkapitels Aufgaben, Tipps zum Weiterarbeiten sowie ein Literaturverzeichnis, da dies für die Lernenden übersichtlicher ist.

Der Titel „Kein Kinderkram! Band 1" bezieht sich auf die Lernfelder:
- Lernfeld 1: Berufliche Identität und professionelle Perspektiven weiterentwickeln
- Lernfeld 2: Pädagogische Beziehungen gestalten und mit Gruppen pädagogisch arbeiten
- Lernfeld 3: Lebenswelten und Diversität wahrnehmen, verstehen und Inklusion fördern

Jedes Lernfeld wird mit einer Einführung eingeleitet, die den inneren Zusammenhang der Inhalte des Lernfeldes darstellt. So können sich die Schülerinnen und Schüler schnell einen Überblick verschaffen.

Die Lernfelder 4–6 des Länderübergreifenden Lehrplans werden in „Kein Kinderkram! Band 2" erarbeitet.

Auch wenn die Erzieherinnenausbildung den Anspruch hat, eine generalistische Ausbildung für das Alter von 0–18 Jahren zu sein, ist die Mehrheit der Absolventinnen in Arbeitsfeldern der Frühpädagogik tätig (Krippe und Kindergarten bzw. Kita). Arbeitsplätze für Erzieher und Erzieherinnen, in denen die Betreuung von Schulkindern und Jugendlichen Schwerpunkt der beruflichen Tätigkeit ist, gibt es deutlich weniger. Daher liegt ein Schwerpunkt dieses Lehrwerks auch auf der Frühpädagogik. Allerdings nehmen verschiedene Kapitel Schulkinder und Jugendliche gesondert in den Blick. Viele Inhalte sind für alle Altersgruppen gleichermaßen von Bedeutung. So spielt die Altersgruppe beispielsweise bei der Frage der pädagogischen Grundhaltung oder der Kommunikation keine Rolle, da es sich um grundsätzliche Kompetenzen in pädagogischen Berufen handelt.

Die Zielgruppe wird im Buch unterschiedlich bezeichnet und lehnt sich damit an den Gebrauch der Kultusministerien an, die die Ausbildung verantworten und überwachen. Überwiegend wird daher die Bezeichnung „Schülerinnen und Schüler" verwendet. In manchen Lehrplänen findet sich aber auch die Bezeichnung „Studierende", obwohl die Berufsausbildung auf mittlerem Bildungsniveau angesiedelt ist. Wir werden beiden Gewohnheiten gerecht.

Mit weiblichen und männlichen Formen gehen wir undogmatisch um. Verwendet werden beide Formen. Immer sind Frauen wie Männer angesprochen und natürlich auch diejenigen, die sich keinem der beiden Geschlechter zuordnen möchten.

Arbeitsheft zu Band 1

Größere und vertiefende Aufgaben zu den einzelnen Kapiteln sind im Arbeitsheft zu „Kein Kinderkram! Band 1" zu finden. Sie greifen einzelne Inhalte gezielt auf. Das Arbeitsheft ermöglicht es der Lehrkraft, Schülerinnen differenzierte Aufgaben zu geben, ggf. auch zusätzlich (Binnendifferenzierung). Auch können die Schülerinnen und Schüler mithilfe des Arbeitsheftes eigene Interessensschwerpunkte setzen.

Wir danken allen Autorinnen und Autoren und dem Verlag, insbesondere Natascha Wendt, Katrin Hamm, sowie der Lektorin Angela Schmitz-Langenbrink, für die vertrauensvolle und kompetente Zusammenarbeit. Wir freuen uns auf zustimmende und kritische Rückmeldungen, denn auch für das Lehrwerk „Kein Kinderkram!" gilt der Anspruch, sich stetig weiterentwickeln zu wollen.

Dietmar Böhm/Regine Böhm

(Herausgeber)

Querschnittsaufgaben

Dietmar Böhm • Regine Böhm

Der länderübergreifende Lehrplan „Erzieherinnen und Erzieher" sieht neben sechs Lernfeldern sechs sogenannte Querschnittsaufgaben vor. Diese Querschnittsaufgaben beschreiben Tätigkeiten und Themen von Erzieherinnen, die sich in allen Lernfeldern und Inhalten wiederfinden sollen. Es sind Aufgaben, die durch den gesellschaftlichen Wandel der letzten Jahre eine besondere Bedeutung erlangt haben *(vgl. Länderübergreifender Lehrplan Erzieherin/Erzieher, 2012, S. 4)*. Fünf der sechs Querschnittsaufgaben finden sich jeweils als eigenständige Kapitel, die einzelnen Lernfeldern zugeordnet sind. Die Querschnittsaufgabe Prävention ist genuiner Bestandteil des Kapitels zur Resilienz. Darüber hinaus sind in anderen Kapiteln Hinweise auf die Querschnittsaufgaben vermerkt. In den Aufgaben, die sich jeweils am Schluss eines Kapitels befinden, beziehen sich manche ausdrücklich auf diese Querschnittsaufgaben. Grundsätzlich ist es Aufgabe der Lehrkräfte, die einzelnen Themen, die sie unterrichten, daraufhin zu überprüfen, in welcher Weise die Querschnittsaufgaben damit verbunden werden können.

Folgende Querschnittsaufgaben sieht der länderübergreifende Lehrplan vor:

Partizipation

Darunter wird eine Haltung verstanden, „die auf eine Beteiligung von Kindern, Jugendlichen und jungen Erwachsenen entsprechend ihrem Entwicklungsstand an allen sie betreffenden Entscheidungen des öffentlichen Lebens abzielt, mit dem Ziel einer demokratischen Teilhabe an der Gesellschaft" *(ebd.)*. In Lernfeld 2 in Kapitel 1.6 wird das Thema „Partizipation" ausführlich dargestellt und seine Bedeutung für die pädagogische Arbeit von Erzieherinnen und Erzieher herausgearbeitet. In anderen Kapiteln finden sich dazu ebenso Hinweise, beispielsweise in Lernfeld 2, Kap. 11.6 „UN-Kinderrechtskonvention" oder in Lernfeld 2, Kap. 2.3 „Erziehungsstile".

Inklusion

Zentral im Konzept der Inklusion ist das Verständnis für Verschiedenheit und die selbstverständliche Be-

rücksichtigung der zahlreichen Dimensionen der Heterogenität im pädagogischen Prozess. Als Dimensionen der Heterogenität werden u. a. beschrieben: „geistige oder körperliche Möglichkeiten und Einschränkungen, soziale Herkunft, Geschlechterrollen, kulturelle, sprachliche und ethnische Hintergründe oder sexuelle Orientierung" *(ebd.)*. Damit wird Diversität zum Ausgangspunkt pädagogischen Handelns. Dies wird in Lernfeld 3, Kap. 3 erläutert. In Lernfeld 3, Kap. 9 werden die inhaltlichen und rechtlichen Rahmenbedingungen von Inklusion beschrieben.

Prävention

Prävention meint hier eine Ressourcenorientierung der pädagogischen Fachkräfte, die Kinder und Jugendliche unterstützt, die verschiedenen Lebensphasen und Übergänge gut zu bewältigen und sie befähigt, „erfolgreich mit belastenden Situationen umzugehen (Resilienz)" *(ebd.)*. Damit wird ein Ansatz verfolgt, der in allen Bereichen des pädagogischen Handelns konsequent an den Kompetenzen der Kinder und Jugendlichen ansetzt. In Lernfeld 3, Kap. 6 wird das Resilienzkonzept und in Bd. 2, Lernfeld 5, Kap. 9 die Bedeutung von Transitionen und jeweils der Zusammenhang zur Prävention hergestellt.

Sprachbildung

Sprachliche Bildung steht mit im Zentrum des pädagogischen Alltags von Erzieherinnen und Erziehern. Die Bedeutung der sprachlichen Kompetenz wird sichtbar, wenn sie mit Partizipation oder Prävention verbunden wird. Kinder, die sich sprachlich gut ausdrücken können, sind in der Lage, ihre Bedürfnisse und Interessen selbst zu vertreten. So können sie leichter am gesellschaftlichen Leben teilhaben. Die Sprachentwicklung wird in Bd. 1, Lernfeld 3, Kap. 5.5 sowie in Bd. 2, Lernfeld 4, Kap. 8 „Sprachförderung" in besonderer Weise bearbeitet.

Wertevermittlung

Jegliche Erziehung ist wertebasiert. Erziehung in einer modernen, pluralen und demokratischen Gesellschaft verlangt eine offene und kritische Auseinandersetzung mit Werten und die Anerkennung, dass das Zusammenleben in unserer Gesellschaft auf Werten aufbaut, die im Grundgesetz formuliert sind.

„In einer pluralistischen Gesellschaft ist Wertevielfalt Herausforderung und Chance sozialpädagogischen Handelns. Sozialpädagogische Fachkräfte sind sich dessen bewusst, welche Wertvorstellungen das Leben und das Zusammenleben in unserer Gesellschaft bestimmen und in welcher Beziehung diese zu religiösen und weltanschaulichen Orientierungen stehen." *(ebd., S. 5)*

In Bd. 2, Lernfeld 4, Kap. 14 findet eine Auseinandersetzung mit dem Thema „Werte und Normen" statt. In vielen anderen Kapiteln spielen Werte und Normen ebenfalls eine wichtige Rolle, so z. B. in Lernfeld 3, Kap. 4 „Interkulturelle Erziehung in Kindertageseinrichtungen", in Lernfeld 3, Kap. 2 „Sozialisationsbedingungen und -instanzen im gesellschaftlichen Wandel" oder in Lernfeld 5, Kap. 1 „Gesellschaftlicher Wandel der Familie und Heterogenität familiärer Lebenswelten und Lebenssituationen".

Vermittlung von Medienkompetenz

Medien haben im Alltag von Kindern und Jugendlichen eine große Bedeutung. Der gesellschaftliche Alltag ist ohne Medien nicht denkbar. Längst gilt Medienkompetenz als zentrale Kulturtechnik wie Lesen, Schreiben und Rechnen. In Kita, Schule und Ausbildung sind Medien präsent. Da Medien zur Erfahrungswelt von Kindern und Jugendlichen gehören, unterstützen die pädagogischen Fachkräfte sie „bei der Entwicklung ihrer Medienkompetenz" *(ebd.)*. Dabei werden die vier Dimensionen der Medienkompetenz – Medienkunde, Medienkritik, Mediennutzung und Mediengestaltung – berücksichtigt. In Band 2, Lernfeld 4, Kap. 13 wird deshalb Medienpädagogik als eigenständiges Thema vorgestellt. Aber auch an anderen Stellen bekommt Medienkompetenz einen hervorgehobenen Platz, z. B. in Lernfeld 2, Kap. 11 „Rechtliche Grundlagen" oder in Lernfeld 3, Kap. 8.2 „Sozial-kognitive Lerntheorie".

Querschnittsaufgaben in den Lehrplänen der einzelnen Bundesländer

Die Querschnittsaufgaben in den Lehrplänen von Bayern, Brandenburg, Nordrhein-Westfalen, dem Saarland und Schleswig-Holstein stimmen genau mit den Querschnittsaufgaben des Rahmenlehrplans überein.

Andere Bundesländer sehen zum Teil noch weitere Querschnittsaufgaben vor. Der Lehrplan für Erzieherinnen und Erzieher in Baden-Württemberg stellt besonders die Querschnittsaufgaben Gender sowie Bildung für nachhaltige Entwicklung (BNE) in den Vordergrund. Berlin und Niedersachsen weisen ebenfalls zusätzlich BNE aus. Hamburg verzichtet auf die Querschnittsaufgabe Medienkompetenz.

Die Länder Bremen, Hessen, Mecklenburg-Vorpommern, Rheinland-Pfalz, Sachsen, Sachsen-Anhalt und Thüringen weisen die Querschnittsaufgaben des gemeinsamen Rahmenlehrplans dagegen nicht explizit aus.

Übersicht über die Verankerung der Querschnittsaufgaben in „Kein Kinderkram!", Bd. 1 und Bd. 2

Querschnittsaufgabe	Grundlegende Darstellung	Aufgegriffen in folgenden Kapiteln
Partizipation	Bd. 1, Lernfeld 2, Kap. 1.6	Bd. 1, Lernfeld 2, Kap. 2.3 Erziehungsstile Bd. 1, Lernfeld 2, Kap. 10.3 Freinet-Pädagogik Bd. 1, Lernfeld 2, Kap. 10.6 Reggio-Pädagogik Bd. 1, Lernfeld 2, Kap. 10.7 Der Situationsansatz Bd. 1, Lernfeld 2, Kap. 10.9 Der offene Ansatz Bd. 1, Lernfeld 2, Kap. 11.6: UN-Kinderrechtskonvention Bd. 1, Lernfeld 3, Kap. 9 Inhaltliche und rechtliche Rahmenbedingungen der Inklusion

Querschnittsauf-gabe	Grundlegende Darstellung	Aufgegriffen in folgenden Kapiteln
		Bd. 2, Lernfeld 4, Kap. 6.3 Das pädagogische Freispiel Bd. 2, Lernfeld 5, Kap. 2 Rechte und Pflichten von Eltern in Kitas Bd. 2, Lernfeld 5, Kap. 3 Modelle, Methoden und Formen von Bildungs- und Erziehungspartnerschaften
Inklusion	Bd. 1, Lernfeld 3, Kap. 9 Inhaltliche und rechtliche Rahmenbedingungen der Inklusion	Bd. 1, Lernfeld 3, Kap. 3 Diversität von Lebenswelten und Lebenssituationen und ihre Bedeutung für die pädagogische Arbeit Bd. 1, Lernfeld 3, Kap. 10 Pädagogische Handlungskonzepte zur Förderung und Gestaltung von Inklusion Bd. 2, Lernfeld 4, Kap. 8 Sprachliche Bildung
Prävention	Bd. 1, Lernfeld 3, Kap. 6 Resilienz	Bd. 2, Lernfeld 5, Kap. 9 Übergänge im Leben sowie Modelle und Konzepte für die Gestaltung von Übergängen
Sprachbildung	Bd. 1, Lernfeld 3, Kap. 5.5 Sprachliche Entwicklung	Bd. 2 Lernfeld 4, Kap. 8 Sprachliche Bildung
Wertevermittlung	Bd. 2, Lernfeld 4, Kap. 14 Religion und Ethik	Bd. 1, Lernfeld 2, Kap. 1 Professionelle Haltung und Beziehungsgestaltung Bd. 1, Lernfeld 3, Kap. 3 Diversität Bd. 1, Lernfeld 3, Kap. 4 Interkulturelle Erziehung
Vermittlung von Medienkompetenz	Bd. 2, Lernfeld 4, Kap. 13 Medienpädagogik	Bd. 1, Lernfeld 2, Kap. 11 Rechtliche Grundlagen Bd. 1 Lernfeld 3, Kap. 8.2 Sozial-kognitive Lerntheorie Bd. 2, Lernfeld 4, Kap. 9 Kinder- und Jugendliteratur

Kompetenzen, die in diesem Kapitel erworben werden können:

- Die Absolventinnen und Absolventen verfügen über grundlegendes Wissen über die Bedeutung und Möglichkeiten der Realisierung der Querschnittsaufgaben der sozialpädagogischen Arbeit im pädagogischen Alltag.

**Länderübergreifender Lehrplan Erzieherin /
Erzieher, Qualitäts- und UnterstützungsAgentur
– Landesinstitut für Schule (QUA-LiS NRW),
01.07.2012.** In: https://www.boefae.de/wp-con-
tent/uploads/2012/11/laenderuebergr-Lehrplan-
Endversion.pdf [28.06.2020]

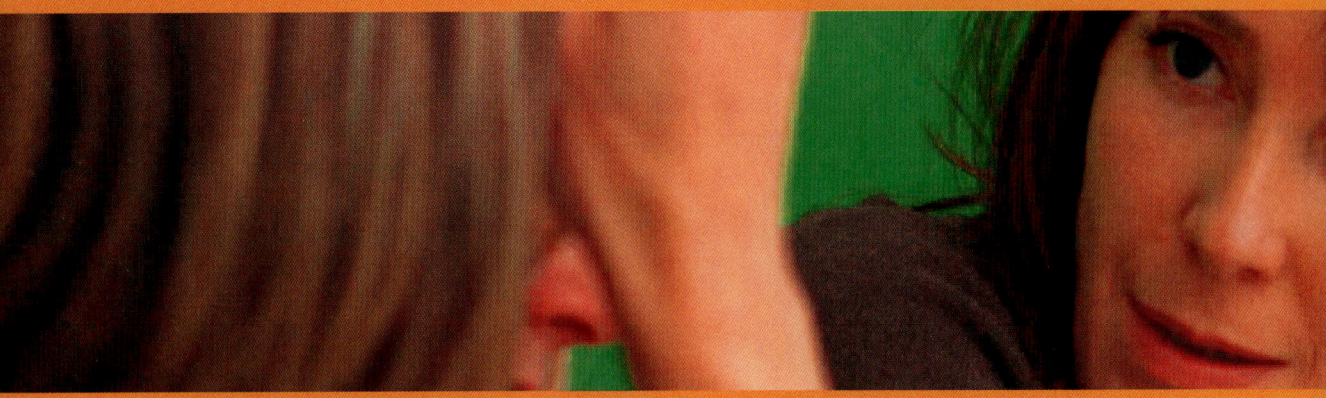

1 BERUFLICHE IDENTITÄT UND PROFESSIONELLE PERSPEKTIVEN WEITERENTWICKELN

Einführung in das Lernfeld 1

Dietmar Böhm • Regine Böhm

Zu Beginn von Lernfeld 1 wird erläutert, wie die Ausbildung der Erzieherin/des Erziehers organisiert ist: Die Lernorte Fachschule/Fachakademie und Praxisstelle sind grundsätzlich eng miteinander verknüpft. Die Arbeit in Lerngruppen und kooperative Arbeitsaufträge und -formen im Unterricht gelten als wichtiges Übungsfeld für die Zusammenarbeit im Team in den verschiedenen sozialpädagogischen Arbeitsfeldern.

Um den Erzieherberuf auf einem qualitativ hohen Niveau ausüben zu können, bedarf es neben der Teamfähigkeit auch der Fähigkeit, selbstständig und selbstorganisiert lernen und arbeiten zu können. Unter anderem durch die Methode der Portfolioarbeit werden diese Fähigkeiten gezielt entwickelt. Die Entwicklung einer professionellen Haltung – inklusive der Reflexionsbereitschaft – wird damit angeregt und unterstützt.

Im Rahmen dieser Reflexion setzt sich jede Schülerin/Studierende mit ihrer Biografie und der Frage auseinander, warum sie Erzieherin werden will. Das Bewusstmachen biografischer und persönlicher Gründe fördert die Entwicklung einer beruflichen Identität.

Die Identifikation mit dem Erzieher-Beruf verlangt zudem, sich mit der Geschichte der Professionalisierung des Arbeitsfeldes auseinanderzusetzen. Das Lernfeld bietet Einblick in mögliche Arbeitsfelder für Erzieher/innen und in Anforderungen an die berufliche Rolle. Die steigenden Anforderungen an den Beruf spiegeln seine zunehmende Professionalisierung und gesellschaftliche Bedeutung wider. Arbeits- und tarifrechtliche Kenntnisse runden das Lernfeld ab. Wissen zu Fort- und Weiterbildung fördert eine Haltung im Sinne des lebenslangen Lernens.

1 Anforderungen, Organisation und Lernorte der Ausbildung

Anja Berkemeier (Kap. 1.1) • Martina Lambertz • Bianca Ribic (Kap. 1.2.1) • Stefanie Dreißen (Kap. 1.2.2. und 1.2.3)

Heute ist für Anna und Jakob der erste Tag an der neuen Fachschule. Im Eingangsbereich finden sie eine Stellwand mit einem Raumplan, auf dem Nummern eingetragen sind. Aber hinter jeder Nummer stehen nur Abkürzungen, mit denen die beiden nichts anfangen können: FSP, BFS, FSH ... „Wo sind denn die Erzieherinnen?", fragen sie sich. Nach einigem Suchen finden sie den Raum, in dem schon viele weitere Mitstudierende warten.

Anna und Jakob schauen sich um: so viele neue Gesichter. „Einige sehen ja ganz nett aus. Aber manche scheinen schon deutlich älter zu sein. Warum die wohl Erzieher werden wollen?", denkt Anna. „Hoffentlich komme ich mit allen gut klar. Bei miesem Klassenklima lässt sich nicht gut lernen."

Als später der Aufbau der Ausbildung erklärt wird und Begriffe wie Lernfelder und Lernsituationen fallen, sind Anna und Jakob erschrocken. Das hört sich alles fremd an.

„Hm, hoffentlich wird's nicht zu schwer. Vielleicht hilft mir hier jemand, wenn ich das Gefühl habe, ich schaff das alles nicht. Wir wollen doch alle Erzieher werden."

Die beiden freuen sich, als von selbstständigen Arbeitsphasen in Gruppen die Rede ist. Doch Jakob fragt sich auch, wieso er Praktika in verschiedenen Arbeitsfeldern absolvieren muss, wenn für ihn doch schon klar ist, in welchem Bereich er später tätig sein will. „Aber eigentlich freue ich mich darauf, mehr über Kinder und Jugendliche zu lernen."

Eine neue Erzieherklasse

↘ FRAGEN

→ *Was wissen Sie schon über die Ausbildungsorganisation?*

→ *Welche Anforderungen werden vonseiten der Schule gestellt?*

→ *Wie schaffen Sie in der Klasse ein angenehmes Arbeitsklima?*

→ *Welche Erwartungen haben Sie/haben die anderen?*

1.1   Lernort Schule

Ausbildung an Fachschulen

Die Ausbildung zur Erzieherin ist in den Bundesländern unterschiedlich geregelt. Sie erfolgt aber grundsätzlich an Fachschulen bzw. Fachakademien für Sozialpädagogik. Die Bezeichnung „Fachakademie" wird im Saarland sowie in Bayern verwendet. Fachschulen sind Einrichtungen der beruflichen Weiterbildung. Die Bildungsgänge in den Fachbereichen schließen an eine berufliche Erstausbildung und an Berufserfahrungen an. In den einzelnen Bundesländern gibt es diesbezüglich darüber hinaus aber unterschiedliche Ausnahmeregelungen.

Die Ausbildungszeit unterscheidet sich in den Bundesländern ebenfalls, sie beträgt in der Regel aber drei Jahre. Sie kann in Vollzeit und Teilzeit absolviert werden. Die Ausbildung erfolgt auf der Grundlage der *bundes*weiten Rahmenvereinbarung über Fachschulen. *Landes*rechtliche Verordnungen zur Ausbildung finden sich unter *www. erzieherin-online.de/beruf/ausbildung/gesetz.php.*

Der Unterricht gliedert sich in berufsbezogene und berufsübergreifende Lernbereiche. Dazu kommt die Praxis in verschiedenen sozialpädagogischen Einrichtungen. Die Lernbereiche und die Praxis sind aufeinander bezogen und ergänzen sich. In der Schule findet der Unterricht zum Teil in traditionellen Fächerstrukturen statt, andererseits in Lernfeldern, die anhand von Lernsituationen eine enge Theorie-Praxis-Verzahnung anstreben. Die praktische Ausbildung erfolgt in mindestens zwei Arbeitsfeldern der Kinder- und Jugendhilfe.

> „In allen Ländern wird die Ausbildung in der Vollzeitform angeboten. Dabei lassen sich zwei Ausbildungsformen unterscheiden: Die additive Form ist eine zweijährige, überwiegend fachtheoretische Ausbildung mit anschließendem einjährigem Berufspraktikum. Die integrative Ausbildungsform ist eine dreijährige Ausbildung an der Fachschule mit integrierten Praxisphasen."
>
> *(Weiterbildungsinitiative frühpädagogische Fachkräfte (WiFF) 2020)*

Ausbildungsziele

Fachschulen qualifizieren allgemein zur Übernahme umfassenderer Verantwortung und Führungstätigkeit, orientieren sich dabei an aktuellen Qualifikationsanforderungen der Arbeitswelt, qualifizieren zur beruflichen Selbstständigkeit und vermitteln gegebenenfalls Studierfähigkeit (je nach Bundesland unterschiedlich geregelt).

Die Ausbildung zur Erzieherin ermöglicht Orientierung und Überblick in einem komplexen Berufsfeld mit seinen miteinander vernetzten und verzahnten Arbeitsfeldern.

Ziel der Ausbildung ist die Befähigung, Erziehungs-, Bildungs- und Betreuungsaufgaben in verschiedenen sozialpädagogischen Arbeitsfeldern zu übernehmen und in allen sozialpädagogischen Bereichen als Erzieherin selbstständig und eigenverantwortlich tätig zu sein. Damit gewährleistet sie eine Grundqualifikation, die den Zugang zu den verschiedenen Arbeitsfeldern öffnet, einen Wechsel des Arbeitsfeldes im Laufe des Berufslebens ermöglicht und die Grundlage für lebenslanges Lernen legt. Integraler Bestandteil der Fachschulausbildung ist die Entwicklung einer beruflichen Identität, die neben fachlichen und inhaltlichen Aspekten auch biografische und persönliche Merkmale sowie andere Kompetenzen zur Berufsbewältigung umfasst. Die berufliche Identität ermöglicht es den Absolventinnen und Absolventen, die Herausforderungen des Berufsalltags zielgerichtet zu gestalten und Überforderungen zu vermeiden.

Durch den gesellschaftlichen Wandel erlangen folgende **Querschnittsaufgaben** in der Ausbildung pädagogischer Fachkräfte – unabhängig von der Tätigkeit in den verschiedenen Arbeitsfeldern – besondere Bedeutung: Partizipation, Inklusion, Prävention, Sprachbildung, Wertevermittlung und Vermittlung von Medienkompetenz.

Grundsätze der Ausbildung

Kompetenzorientierung
Inhaltlich orientieren sich die Lernbereiche an dem kompetenzorientierten Qualifikationsprofil als Teil der Rahmenvereinbarung.

Das kompetenzorientierte Qualifikationsprofil beschreibt die Anforderungen des Berufes und die beruflichen Handlungskompetenzen, über die eine qualifizierte Fachkraft verfügen muss. (Die in Fachschulen vermittelten Kompetenzen werden nach dem *Deutschen Qualifikationsrahmen* der Niveaustufe 6 zugeordnet.)

Um Menschen auf die beruflichen Aufgaben vorzubereiten, wird in der Ausbildung zur Erzieherin zwischen ver-

schiedenen Kompetenzbereichen unterschieden, die als wesentliche Qualifikationen für die Berufsausübung angesehen werden.

> Kompetenz ist allgemein „die Fähigkeit und Bereitschaft des Einzelnen, Kenntnisse und Fertigkeiten sowie persönliche, soziale und methodische Fähigkeiten zu nutzen und sich durchdacht sowie individuell und sozial verantwortlich zu verhalten. Kompetenz wird in diesem Sinne als umfassende Handlungskompetenz verstanden."
> *(Deutscher Qualifikationsrahmen für lebenslanges Lernen 2011, S. 8)*

Wissen meint hier die Gesamtheit der erlernten Fakten, Theorien und Praxis in einem Lern- oder Arbeitsbereich. Unter **Fertigkeiten** ist die Fähigkeit zu verstehen, dieses Wissen auch anzuwenden und einzusetzen, um Aufgaben auszuführen und Probleme zu lösen.

Personale Kompetenzen benennen, was eine Erzieherin als Person mitbringen sollte. Sie umfassen die **Sozialkompetenz** und **Selbstkompetenz**, worin die auszubildende **professionelle Haltung** der Erzieherin deutlich wird *(vgl. Sekretariat der ständigen Konferenz der Kultusminister der Länder, Kompetenzorientiertes Qualifikationsprofil, 2011, S. 10).*

Handlungsorientierung
Handlungsorientierter Unterricht lässt sich zusammenfassend durch folgende Merkmale beschreiben *(Länderübergreifender Lehrplan, 2012, S. 9)*:
- Ganzheitlichkeit: Lernen in vollständigen Handlungsvollzügen (Analyse, Planung, Ausführung und Bewertung), enger Theorie-Praxis-Bezug; fächerübergreifende Auseinandersetzung mit dem Lerngegenstand

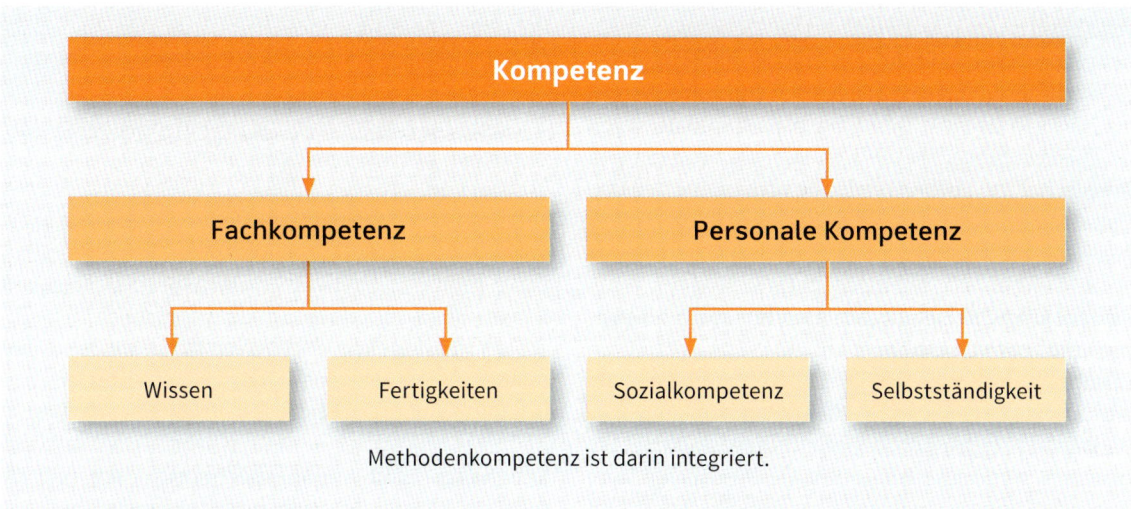

Kategorien des Deutschen Qualifikationsrahmens (Arbeitskreis Deutscher Qualifikationsrahmen, 2011, S. 5 ff.)

- Kooperatives Lernen: problemlösendes, relativ selbstständiges und entdeckendes Lernen in Gruppen
- Orientierung an den Lernenden: zunehmende Steuerung des Lernprozesses durch die Lernenden, Beteiligung an der Planung und Gestaltung des Unterrichts, Selbststeuerung und Zurücknahme der Fremdsteuerung
- Metakommunikation und -kognition: Lernen, das eigene Handeln zu thematisieren, kognitiv nachzuvollziehen und das Lernen in Gruppen zum Gegenstand der Reflexion und Beurteilung im Team zu machen

> „Der Aufbau vollzieht sich in einem fachlichen und persönlichen Lern- und Entwicklungsprozess, in dessen Verlauf aus Studierenden der Fachschule [...] Erzieherinnen und Erzieher werden. Sie erwerben tragfähige Berufsvorstellungen und Handlungskonzepte, indem sie ihre Alltagstheorien sowie Orientierungs- und Handlungsmuster fachwissenschaftlich reflektieren und in der Praxis an zentralen Aufgaben des Berufs erproben und weiterentwickeln."
>
> *(Länderübergreifender Lehrplan, 2012, S. 11)*

Entwicklungsorientierung

Die Studierenden sind aufgefordert, sich im Verlauf der Ausbildung mit vier zentralen, persönlichen Entwicklungsaufgaben auseinanderzusetzen, um sozialpädagogische Handlungskompetenz zu erwerben:

1) die Entwicklung eines Konzeptes der eigenen Berufsrolle und beruflichen Identität,
2) die Fähigkeit zur reflektierten Fremdwahrnehmung zukünftiger Adressaten, darauf aufbauend
3) die Entwicklung eines Konzeptes pädagogischen Handelns und schließlich
4) die Entwicklung eines Konzeptes der Professionalisierung. (vgl. Länderübergreifender Lehrplan, 2012, S. 10–11)

Diese Persönlichkeitsentwicklung steht im Mittelpunkt der Ausbildungsinhalte.

Lernfelder

Die Lernfelder des länderübergreifenden Lehrplans und deren zentrale berufliche Handlungsaufgaben spiegeln sich im Aufbau dieses Buches wider.

Berufliche Identität und professionelle Perspektiven weiterentwickeln

Erzieherinnen bilden, erziehen und betreuen Kinder, Jugendliche und junge Erwachsene auf der Grundlage einer reflektierten und ständig weiterzuentwickelnden beruflichen Identität und Professionalität. Sie entwickeln diese im kritischen Umgang mit eigenen und von außen an sie herangetragenen Erwartungen und Anforderungen an ihre Berufsrolle. Sie verfügen über die Fähigkeit und Bereitschaft, sich neuen beruflichen Anforderungen und Rollenerwartungen zu stellen und ihre eigene Persönlichkeit weiterzuentwickeln.

Pädagogische Beziehungen gestalten und mit Gruppen pädagogisch arbeiten

Erzieherinnen arbeiten mit Einzelnen und Gruppen auf der Grundlage einer entwicklungs- und bildungsförderlichen pädagogischen Beziehungsgestaltung. Sie beachten die Individualität und die Ressourcen ihrer Adressaten und nutzen vielfältige Handlungskonzepte der Kinder- und Jugendarbeit. Ihre Arbeit gestalten sie im Sinne grundsätzlicher pädagogischer Ziele. Sie fördern die Sprach- und Medienkompetenz ihrer Adressaten und orientieren die pädagogische Arbeit an Werten, wie sie im Grundgesetz der Bundesrepublik Deutschland und in den Verfassungen der Länder niedergelegt sind.

Lebenswelten und Diversität wahrnehmen, verstehen und Inklusion fördern

Erzieherinnen arbeiten auf der Grundlage eines fachwissenschaftlich fundierten und integrierten Wissens über die Vielfalt der Lebenswelten und Lebenssituationen von Kindern, Jugendlichen und jungen Erwachsenen in einer pluralistischen und sich ständig verändernden Gesellschaft. Sie übernehmen in ihrer Arbeit Verantwortung für Teilhabe und Förderung von Kindern, Jugendlichen und jungen Erwachsenen. Die Vielfalt und Unterschiedlichkeit ihrer Adressaten bildet den Ausgangspunkt für die Planung, Durchführung und

Reflexion pädagogischer Prozesse mit dem Ziel, Inklusion zu fördern.

Sozialpädagogische Bildungsarbeit in den Bildungsbereichen professionell gestalten

Erzieherinnen arbeiten auf der Grundlage eines fachwissenschaftlich vertieften Verständnisses der Entwicklungs- und Bildungsprozesse ihrer Adressaten. Sie nehmen Kinder, Jugendliche und junge Erwachsene als Akteure ihrer Entwicklung wahr und sind in der Lage, gezielt zu beobachten und sie pädagogisch zu verstehen. Mit Bezug darauf werden Selbstbildungs- und Bildungsprozesse in den Bildungsbereichen angeregt, unterstützt und gefördert.

Erziehungs- und Bildungspartnerschaften mit Eltern und Bezugspersonen gestalten sowie Übergänge unterstützen

Erzieherinnen analysieren auf der Grundlage eines breiten und integrierten fachwissenschaftlichen Verständnisses über Lebenssituationen von Familien in ihren soziokulturellen Bezügen die familiäre Lage ihrer Zielgruppe und gestalten die Zusammenarbeit mit Eltern und Bezugspersonen als Bildungs- und Erziehungspartnerschaft. In Kooperation mit den beteiligten Akteuren unterstützen sie die Gestaltung von komplexen Übergangsprozessen im Entwicklungsverlauf von Kindern, Jugendlichen und jungen Erwachsenen.

Institution und Team entwickeln sowie in Netzwerken kooperieren

Erzieherinnen übernehmen im Team Verantwortung für die Sicherung und Weiterentwicklung der Qualität ihrer Arbeit und ihrer Arbeitsorganisation sowie die Außendarstellung ihrer Einrichtung. Sie kooperieren im Interesse und als Vertretung ihrer Einrichtung in sozialräumlichen Netzwerken.

1.1.1 Lernen in Gruppen

Die Ausbildung zur Erzieherin findet zu einem Großteil in der Schule statt, also im Klassenverband und somit in Gruppen. Die Studierenden kennen sich meist noch nicht und auch die Schule ist für viele neu. Deshalb bestehen am Anfang viele Fragen, Unsicherheiten, aber auch Erwartungen und Wünsche. Kennzeichnend für diese erste Gruppenphase sind daher ein gegenseiti-

ges „Abtasten" sowie das Herausfinden von Gemeinsamkeiten und Unterschieden.

Wer sind die anderen? Was tun sie? Wer ist mir sympathisch – wem bin ich sympathisch? Wird man mich akzeptieren? Wie soll ich mich verhalten? Was wird von uns erwartet? Wer kann helfen? Einige werden sich in dieser Situation eher zurückhalten und beobachten, andere vielleicht unbekümmert drauflosplappern.

Für ein angenehmes, das Lernen fördernde Klima ist ein gegenseitiges Kennenlernen unerlässlich: Fremdheit kann Unsicherheiten und Ängste auslösen, die dem Lernen im Wege stehen. Hier bieten sich Kennenlernspiele an, wie sie auch von Erzieherinnen im Beruf eingesetzt werden können. Die Spiele dienen der Auflockerung, Information, dem Lernen der Namen und dem Abbau von Ängsten. Die Erfahrung, nicht allein unsicher und ängstlich zu sein, beruhigt. Außerdem kann es interessant sein, andere Sichtweisen kennenzulernen.

Erzieherinnen haben in ihrem Beruf mit unterschiedlichen Menschen und Gruppen zu tun: Sie leiten Gruppen, sind Teil einer Gruppe und beraten andere Menschen – sie handeln sozial. Deshalb ist die Fähigkeit, in Gruppen zu arbeiten, eine Basiskompetenz für diesen Beruf. Von Anfang an soll in der Ausbildung versucht werden, sich in Gruppenarbeit zu üben.

Basiskompetenz Teamfähigkeit

1.1.2 Kooperatives Lernen

„Nicht schon wieder Gruppenarbeit …" Oft haben die Studierenden keine Lust auf Gruppenarbeit: Manche lehnen sich dabei bequem zurück, andere beschweren sich, dass sie alles allein machen müssen, und die Ergebnisse werden meist von denselben Personen präsentiert. Außerdem bleibt von den Ergebnissen der eigenen Gruppe und vor allem der anderen Gruppen oft nur wenig im Gedächtnis hängen. Auch wenn sich die Gruppen viel Mühe geben, sind die Präsentationen oft zu lang und komplex, sodass die Studierenden die Inhalte schnell wieder vergessen.

In Gruppen zu lernen, hat aber viele Vorteile:
• Die Arbeit ist motivierender und anregender als das Lernen allein.
• Wenn alle ihr Vorwissen oder ihre Ideen einbringen, entsteht ein Gruppenvorteil hinsichtlich Qualität und Kreativität bei Problemlösungen. Man selbst wird auf neue Gedanken gebracht.
• Die Einzelne lernt, in der Gruppe zu argumentieren und zu diskutieren. Sie kann ihr Wissen überprüfen, ergänzen oder verändern.

• Sie erkennt, dass es nicht immer nur eine richtige, sondern mehrere mögliche „Wahrheiten" gibt. So erweitert sie soziale Basiskompetenzen, die für den Erzieherberuf so unerlässlich sind. Zum Beispiel dadurch, dass Toleranz gegenüber anderen Standpunkten entsteht und Missverständnisse ausgeräumt sowie Konflikte geklärt werden.

Wichtig für die gelingende Gruppenarbeit ist, sich auf eine kooperative Lernform einzulassen. Norm und Kathy Green haben die Methode des **kooperativen Lernens** in Deutschland bekannt gemacht *(vgl. Green/Green, 2005)*. Dabei handelt es sich um eine sehr strukturierte Arbeitsform mit klaren Zeitvorgaben. Um effektiv in Gruppen arbeiten zu können, ist es unbedingt erforderlich, dass sich jede Studierende einbringt. Deshalb findet auch zu Beginn der eigentlichen Gruppenarbeit immer eine Phase der Einzelarbeit statt. Selbstständig arbeiten zu können, ist kein Widerspruch zur Gruppenarbeit, sondern hierfür unerlässlich.

Prinzipien des kooperativen Lernens

Denken (Think)	Austauschen (Pair)	Vorstellen (Share)
In dieser Phase arbeiten alle Studierenden **allein**. Vor einer Gruppenarbeit muss zunächst jede Studierende die Chance haben, sich selbst mit einem Thema oder einer Aufgabe auseinanderzusetzen. Jede Studierende prüft für sich, was sie bereits über das Thema weiß, was sie denkt oder was sie wissen möchte. So hat sie nachher auch etwas zu sagen.	Jetzt findet der Vergleich von Ergebnissen statt, entweder durch Diskussion in **Partnerarbeit** oder in der **Kleingruppe**. Die Kommunikation mit anderen steht nun im Mittelpunkt. Dabei kann jeder sein Wissen überprüfen, vergleichen und sich absichern. So können auch Schüchterne ermutigt sein, sich zu äußern oder eine Meinung zu vertreten. Die Gruppe stützt sich gegenseitig und trotzdem trägt jeder die persönliche Verantwortung für seinen Lernzuwachs.	Die Gruppenergebnisse werden in der **Klasse** vorgestellt, diskutiert, verbessert, korrigiert usw. Am Ende sollte jede Gruppenteilnehmerin in der Lage sein, die Ergebnisse vorzustellen oder selbstständig damit weiterzuarbeiten. Deshalb sollte jede Studierende sowohl eigene als auch fremde Ideen und Gedanken stets notieren. Auch alle Zwischenergebnisse werden dokumentiert und Endergebnisse schriftlich im eigenen Heft festgehalten, z. B. in einem Portfolio.

Bedingungen für kooperatives Lernen

Fünf grundlegende Bedingungen sind zu beachten, damit kooperatives Lernen gelingen kann *(vgl. Brüning/Saum, 2009, S. 133)*:

1. Soziale Kompetenzen

Leise reden, sich nicht von der Gruppe entfernen, Blickkontakt halten, Aufmerksamkeit zeigen, zuhören, die anderen ausreden lassen, alle Ergebnisse ernst nehmen, freundlich aufeinander eingehen, Rücksicht nehmen, sich gegenseitig unterstützen, Probleme gemeinsam klären.

Dieses Verhalten fördert Vertrauen und gelingende Kommunikation, Entscheidungsfreudigkeit in der Gruppe und die Bereitschaft, Verantwortung zu übernehmen.

2. Kleingruppenarbeit – direkte Interaktion

Eine Gruppe sollte höchstens aus vier Teilnehmern bestehen. Innerhalb der Gruppe ist räumliche Nähe und eine zugewandte Sitzordnung wichtig. Möglichst keine Neigungsgruppen (von den Studierenden selbst gewählte Gruppen) bilden lassen.

In selbst gewählten Gruppen ist die Rollenverteilung meist schon unreflektiert festgelegt und unter Freunden kritisiert man sich oft nachsichtiger oder gar nicht. Es ist sinnvoll, nur alle sechs Wochen neue Gruppen zu bilden – so spart man Zeit, da die Gruppenfindungsphase entfällt. Durch die längere Zusammenarbeit entwickelt sich außerdem gegenseitiges Vertrauen.

3. Positive wechselseitige Abhängigkeit

Die Gruppe steht gemeinsam vor einer Herausforderung, die sich in einer Gruppe schneller lösen lässt. Die Gruppe kann nur erfolgreich sein, wenn jede Einzelne erfolgreich ist. Deshalb fühlt sich jede für alle Gruppenmitglieder verantwortlich. Eventuell ist eine Arbeitsteilung erforderlich. Jedes Mitglied muss in der Lage sein, die Ergebnisse zu präsentieren oder die gestellte Aufgabe auch allein fortzuführen zu können.

4. Individuelle Verantwortung

Die Reihenfolge der Gruppenpräsentationen erfolgt nach dem Zufallsprinzip, sodass keine vorher weiß, wann sie an der Reihe ist. Der persönliche Lernerfolg kann durch weitere Aufgaben nachgewiesen werden, z. B. durch einen zusammenfassenden Bericht oder eine Übersichtsgrafik. Die Lehrkraft kann durch solche Stichproben eine Leistungskontrolle Einzelner zum Arbeits- und Lernprozess in der Gruppe durchführen.

5. Reflexion

Eine Reflexion der Inhalte und Ergebnisse macht den fachlichen Lernzuwachs bewusst. Die Reflexion der angewendeten Methoden, der Interaktion in der Gruppe sowie des eigenen Verhaltens dient dazu, die eigenen methodischen und sozialen Fähigkeiten zu überdenken.

Kriterien für die Reflexion

- Geben Sie sich ein ehrliches Feedback, d. h., sprechen Sie von sich selbst in der Ich-Form, von Ihren Gefühlen, Wünschen und Bedürfnissen (nicht von „man").
- Suchen Sie nicht bei anderen nach Schuld, sondern überlegen Sie, was Sie an Ihrem Verhalten verbessern können.
- Keine gegenseitigen Vorwürfe.

Leitfragen für die Reflexion:

- Macht mir die Arbeit im Team Spaß?
- Was finde ich gut an unserem Team?
- Habe ich die Mitglieder bei der gemeinsamen Arbeit besser kennengelernt?
- Ist die Arbeitsaufteilung gerecht oder hat jemand mehr gearbeitet als andere?
- Wie schwer ist mir das selbstständige Arbeiten gefallen?
- Hat jemand in der Gruppe unbewusst die Rolle des Bestimmers übernommen? Welche Gründe haben dazu geführt?
- Über was/wen habe ich mich besonders geärgert oder gefreut?
- Wird konzentriert gearbeitet?
- Gibt es jemanden, der sich immer auf andere verlässt?
- Ist die Kommunikation in der Gruppe offen und ehrlich?
- Gibt es etwas, das wir gemeinsam verändern wollen?
- Gibt es Regeln, an die wir uns gemeinsam halten wollen, damit alle mit dem Gruppenergebnis zufrieden sind?

1.2   Lernort Praxis

Die Ausbildung zur staatlich anerkannten Erzieherin bzw. zum staatlich anerkannten Erzieher findet auch am **Lernort Praxis** statt.

Das Stundenvolumen am diesem Lernort beträgt mittlerweile nahezu ein Drittel des Gesamtvolumens der Ausbildung in der Fachschule oder der Fachakademie (i. d. R. 1.200 Unterrichtsstunden).

Das heißt, dass der Kompetenzerwerb der Studierenden an beiden Lernorten geschieht. Wissen und Fertigkeiten der Studierenden entwickeln sich durch vielfältige praktische Erfahrungen am Lernort Praxis zu sinnvollen Handlungsstrategien.

Die Entwicklung einer umfassenden beruflichen Handlungskompetenz ist auf praktische Erfahrungen und auf ein systematisiertes Lernen in der Praxis angewiesen.

Angeleitete Praktika ermöglichen den Studierenden Lernerfahrungen, die in besonderer Weise die Entwicklung ihrer beruflichen Identität und ihrer Persönlichkeit anregen *(vgl. Ministerium für Schule, Jugend und Kinder des Landes Nordrhein-Westfalen, 2014, S. 26)*. Praxisanleitungen sind die Personen am Lernort Praxis, die im Berufsalltag überwiegend die Entwicklung der Studierenden begleiten. Sie helfen den Studierenden, die eigene Arbeit zu planen, zu reflektieren sowie sich Schritt für Schritt in alle Arbeitsprozesse der Erziehungs-, Bildungs- und Betreuungsaufgaben zu integrieren und diese eigenverantwortlich als Erzieherin zu übernehmen.

Barth und Bernitzke haben ein Phasenmodell erstellt, in dem aus ihrer Sicht die Entwicklung hin zu einer pädagogischen Fachkraft verdeutlicht wird. Vier Bereiche im Entwicklungsprozess der Auszubildenden stehen dabei im Mittelpunkt.

> „Dem Lernort Praxis kommt eine zentrale Stellung bei der Professionalisierung von Fachkräften zu. Der pädagogische Berufsalltag zeichnet sich in hohem Maße durch wechselnde, neue, unvorhersehbare, nicht planbare Herausforderungen aus. Um die dazu notwendigen Einstellungen und Handlungskompetenzen zu erwerben, ist vor allem Praxiserfahrung notwendig. Deshalb sind Erfahrungen der verschiedenen Arbeitsfelder ein wichtiger Bestandteil der Ausbildung der Fachkräfte. Dabei kommt der Qualität der konkreten pädagogischen Arbeit in der Einrichtung eine ebenso wichtige Bedeutung zu wie die der Praxisbegleitung."
>
> *(Jugendministerkonferenz, Ministerium für Bildung, Jugend und Sport des Landes Brandenburg, vom 17./18. Mai 2001: „Lernort Praxis" in der Ausbildung der Erzieherinnen und Erzieher)*

Phasenmodell zur Teamentwicklung nach Barth/Bernitzke
(Barth, Hans-Dietrich/Bernitzke, Fred: Theorie trifft Praxis – Handlungskompetenz im sozialpädagogischen Berufspraktikum. Haan-Gruiten: Europa Lehrmittel 2010, S. 38 ff.)

Der Lernort Praxis bietet Studierenden vielfältige Lern- und Entwicklungsmöglichkeiten in allen Lernfeldern und stärkt die personalen Kompetenzen:
- pädagogische Gespräche mit Fachkräften führen
- Beobachtungen von Kindern oder Jugendlichen gemeinsam auswerten und dokumentieren
- bei Fachkräften hospitieren und von „Profis" lernen
- eigenes Handeln mit Fachkräften reflektieren
- an der Gestaltung des alltäglichen Lebens teilnehmen und eigene Teilbereiche verantworten
- usw.

Diesem Lernort wird in den letzten Jahren mehr Aufmerksamkeit geschenkt.

In einem Impulspapier zum Abschluss des Projektes „Lernort Praxis" werden sechs wichtige Aspekte zur Entwicklung qualifizierter Ausbildungsorte genannt.

Diese Empfehlungen des Bundes gilt es nun, in den einzelnen Bundesländern umzusetzen. Die bundesweite Fachkräfteoffensive Erzieherinnen und Erzieher unterstützt die Länder dabei.

Leider steht den Praxisanleitungen vor Ort in vielen Bundesländern immer noch keine extra ausgeschriebene Verfügungszeit für die Ausbildung von Praktikanten zu.

„Gelingensbedingungen für die Entwicklung von Kindertageseinrichtungen zu qualifizierten Ausbildungs-orten:

1) Das Selbstverständnis von Kindertageseinrichtungen als Ausbildungsort stärken […]
2) Ausbildungsqualität am Lernort Praxis durch eine verantwortliche, koordinierende Person nach-haltig entwickeln […]
3) Professionelle Praxisanleitung durch Qualifizierung der Praxisanleiter/-innen sicherstellen […]
4) Zusammenarbeit der Lernorte Schule und Praxis fördern […]
5) Diversität des Kita-Teams anerkennen und in pädagogischen Prozessen nutzen […]
6) Zeitliche und personelle Ressourcen für die am Lernort Praxis beteiligten Fachkräfte gewährleisten […]"

(Bundesministerium für Familie, Senioren, Frauen und Jugend: Impulspapier des Fachbeirats zum Bundes-programm „Lernort Praxis". In: www.fruehe-chancen.de/fileadmin/PDF/Fruehe_Chancen/Lernort_Praxis/ Impulspapier_zum_Bundesprogramm_Lernort_Praxis.pdf [29.02.2020])

1.2.1 Lernortkooperation

Der länderübergreifende Lehrplan (2012) schreibt vor, dass es einen wechselseitigen Bezug der Lernorte Schule und Praxis geben muss. Von beiden Lernorten erfordert das ein hohes Maß an Kooperationsbereit-schaft und vielfältigen Formen der Zusammenarbeit, um eine sehr enge Theorie-Praxis-Verknüpfung sicher-zustellen *(vgl. Länderübergreifender Lehrplan, 2012, S. 14 ff.)*.

Eine gute Vernetzung beider Lernorte ist eine ent-scheidende Bedingung für die Qualität der Ausbildung. Dafür werden Ansprechpartner an beiden Lernorten benötigt. Es ist wichtig, dass sich beide Lernorte im Rahmen der Ausbildung gegenseitig informieren, ab-stimmen und zusammenwirken.

Mögliche Formen der Zusammenarbeit und der Ver-netzung:
- Praktika in den unterschiedlichen Ausbildungs-jahrgängen und den unterschiedlichen Organisa-tionsformen
- regelmäßige Treffen des Sozialpädagogischen Bei-rats (z. B. Trägervertreter, Leitungen, Lehrkräfte, Studierende)
- Praxisanleitertreffen
- Zusammenarbeit mit Praxisexperten im Unterricht
- Besuch von Kindergruppen in der Schule (z. B. zu Bewegungslandschaften)
- Hospitationen von Studierenden in der Praxis

- Stellenbörsen am Lernort Praxis oder am Lernort Schule
- usw.

Die vielfältigen Formen der Kooperation sichern die Vernetzung von Theorie und Praxis institutionell, kon-zeptionell und fachlich. Die Studierenden erleben eine kontinuierliche Verknüpfung und kritische Reflexion von Theorie und Praxis im Rahmen eines Selbstbildungspro-zesses, der auf die Entwicklung eigener fachlicher Hand-lungsstrategien in komplexen Praxissituationen abzielt.

Die Lernfelder und Kompetenzformulierungen der Lehr-pläne der einzelnen Bundesländer bilden die Basis für die schulische und praktische Ausbildung der Studie-renden. Im Beirat „Sozialpädagogische Ausbildung" an Fachschulen werden in vielen Bundesländern der schu-lische Lehrplan und die praktische Ausbildung aufeinan-der abgestimmt.

In zahlreichen Lehrplänen steht, dass Praxiseinrich-tungen sicherstellen müssen, dass den Studierenden Fachkräfte zur Seite stehen, die über eine mindestens zweijährige Berufserfahrung als Erzieherin verfügen, die für die Anleitung qualifiziert sind und die zur Wahr-nehmung der Ausbildungsaufgaben hinreichend Zeit zur Verfügung gestellt bekommen.

Praxisbesuche vonseiten der Schule dienen vor al-lem der Entwicklung sozialpädagogischer Handlungskompetenz, bieten dem Auszubildenden Hilfestellung und fördern die Kommunikation zwischen Schule und Praxis, welche, wie bereits erwähnt, für die Qualität der Ausbildung von großer Wichtigkeit ist.

Auf dem Weg zur guten Zusammenarbeit gibt es an beiden Lernorten noch „Stolpersteine", die nur durch den intensiven Austausch beider Lernorte bewältigt werden können. Die praxisintegrierte Form bietet gute Chancen der Verzahnung beider Lernorte

---

Beispiele für „Stolpersteine" aus der Praxis – O-Ton-Aussagen:

„Ich weiß als Praxisanleitung gar nicht, welche Anforderungen die einzelnen Schulen an die Praktikanten stellen. Welche Ausbildungsinhalte werden vor dem Praktikum vermittelt?"

„Wen rufe ich in der Schule an, wenn es Probleme gibt?"

„Die Praxisaufgaben der Schule sind praxisfern. Wissen Lehrer nicht, was in der Praxis geschieht?"

„Die Einrichtung arbeitet sehr defizitär mit Kindern und Familien. Dort können wir keine Praktikanten mehr hinschicken."

„Die Zeitfenster der Einrichtungen für Praxisbesuche sind so eng. Das schaffe ich gar nicht mit meinem Stundenplan. Ich kann nur in der 3. und 4. Stunde in die Praxis kommen."

„Ich hatte das Gefühl, den Lehrer interessiert gar nicht, was ich als Praxisanleitung zu sagen habe."

„Zwei Lehrerbesuche in einer Woche! Können sich die Lehrer nicht mal besser abstimmen?"

„Ich musste damals in meiner Ausbildung viel mehr schreiben. Wird jetzt alles leichter?"

Die Kompetenzentwicklung der Studierenden wird von beiden Lernorten begleitet und beurteilt. Während am Lernort Schule die Leistungen über Tests, Klausuren u. Ä. überprüft werden, schreibt die Praxis in der Regel am Ende eines Praktikums einen Einschätzungsbogen über die berufspraktischen Leistungen.

Die Schnittstelle beider Lernorte sind die Studierenden. Beispielsweise informieren sie über die bisherigen Ausbildungsinhalte und die Praxisaufgaben, vereinbaren Besuchstermine und laden zum Anleitertreffen ein.

Zwischen allen Beteiligten der verschiedenen Institutionen entstehen auf der Grundlage gegenseitigen Respekts vertrauensvolle Beziehungen, konstruktive Kommunikationsstrukturen und das Bewusstsein für die gemeinsame Verantwortung im Ausbildungsprozess angehender Fachkräfte.

1.2.2 Auswahl einer Praktikumsstelle

Informationsquellen
In der Regel treffen die Studierenden selbst die Auswahl der Praxisstellen. So werden sie von Beginn an aktiv und übernehmen Mitverantwortung für ihre Ausbildung. Informationsquellen sind: Internet, Telefonbuch, Branchenbuch, Gelbe Seiten, Jugendamt und freie Träger wie z. B. Kirchen, Elterninitiativenn oder die AWO.

Üblicherweise kann über einen ersten Telefonanruf die Möglichkeit eines Praktikums erfragt werden. Der zweite Schritt ist die Zusendung der Bewerbungsunterlagen, dann ein Bewerbungsgespräch, das oft verbunden ist mit der Möglichkeit zu hospitieren. Die Schule benötigt die Zusage der Praktikumseinrichtung mit Adresse, Telefonnummer und Angabe des Ansprechpartners.

Anforderungen an die Praktikumsstelle
Das Praktikum bietet die Möglichkeit, vielfältige Erfahrungen in verschiedenen Einrichtungen und Arbeitsfeldern zu sammeln. Man bekommt die Gelegenheit, verschiedene pädagogische Ansätze kennenzulernen

sowie deren unterschiedliche Umsetzung. Dies ist angesichts der vielen möglichen Einsatzgebiete im Beruf wichtig. Deshalb haben Schulen meist bestimmte **Kriterien** aufgestellt, die bei der Wahl der Praktikumsstelle zu berücksichtigen sind, z. B.:

- Um Einblicke in die Vielfalt der Arbeitsfelder des Erzieherberufs zu gewinnen, sollen die Studierenden sich in Einrichtungen bewerben, in denen sie noch kein Praktikum absolviert haben.
- Es ist nicht erwünscht, dass in der Einrichtung den Studierenden privat vertraute Personen arbeiten.
- Ebenso ist es nicht erwünscht, dass die Studierenden die Praxisstelle als Kind selbst besucht haben. Dies ist wichtig, damit das Praktikum nicht durch eine Rollenkonfusion belastet wird.
- Die Praxisanleiterin muss staatlich anerkannte Erzieherin sein bzw. über eine berufliche Qualifikation im sozialpädagogischen Arbeitsbereich verfügen. Es muss eine berufliche Tätigkeit von mindestens zwei Jahren vorliegen.
- Die Anleiterin muss eine Vertreterin haben.
- Gewünscht wird, dass die Anleiterin zur professionellen Anleitung qualifiziert ist.
- Anleitungsgespräche sollten einmal wöchentlich zur Weiterentwicklung der sozialpädagogischen

Handlungsmöglichkeiten der Praktikantin stattfinden. Dies ist durch den Dienstplan der Einrichtung zu gewährleisten.

Im zweiten. Schulhalbjahr beginnt die erneute Suche nach einer Praktikumsstelle für das zweite. Ausbildungsjahr, diesmal für die Arbeit mit Schulkindern und Jugendlichen. Auch für dieses Praktikum sollte keine schon bekannte Einrichtung gewählt werden. Sinnvoll sind Hospitationen in verschiedenen Arbeitsfeldern wie Tagesgruppe, offene Ganztagsgrundschule, Heim oder Freizeitbereich, um mehrere Arbeitsfelder kennenzulernen und sich so bewusster für einen Bereich entscheiden zu können.

Die Praktika in verschiedenen Arbeitsfeldern sind wichtig für die eigene Orientierung: Was will ich jetzt? Was will ich später machen? Eine breit angelegte Ausbildung und Beziehungen in verschiedenen Arbeitsfeldern sind wichtig angesichts des Arbeitsmarktes.

Die dort gesammelten Erfahrungen bilden die eigene Persönlichkeit, sie fördern die Auseinandersetzung mit der eigenen Kindheit und den eigenen Wert- und Normvorstellungen. Unterschiedliche Anforderungen werden gestellt und zeigen, welche Möglichkeiten in einem selbst stecken.

Bildungsarbeit in der Kita

Alltagsgestaltung in einer stationären Wohngruppe

1.2.3 Praxisanleitertreffen

Das erste Praktikum

Das erste Praktikum führt, ebenso wie der Anfang der Ausbildung, häufig zu einer Verunsicherung. Die Studierenden wissen noch nicht, was von ihnen erwartet wird und ob sie dies überhaupt erfüllen können. Ein Praxisanleitertreffen stellt eine ideale Möglichkeit dar, um alle

Vorstellungen, Wünsche, Ängste und Erwartungen vonseiten der Studierenden, aber auch der Praxisanleiterinnen zu besprechen und offene Fragen zu klären.

Die Aufgabe, ein Praxisanleitertreffen durchzuführen, regt an zum Nachdenken über Motive der Berufswahl und zur Auseinandersetzung mit eigenen und fremden Vorstellungen über den Beruf. Außerdem wird geübt, ein Projekt zu planen und durchzuführen.

Projektmethode
Hilfreich ist dabei die von Karl Frey, Professor für Pädagogik in Zürich, entwickelte „Projektmethode" *(vgl. Frey, 2012, S. 12)*:

- Eine Gruppe von Lernenden bearbeitet ein Gebiet. Sie plant ihre Arbeiten selbst und führt sie auch aus. Oft steht am Ende ein sichtbares Produkt.

- Die Projektgruppe besteht aus einer Klasse, einem Kurs oder der Schule. Das Projekt erstreckt sich über mehrere zusammenhängende Stunden.
- Am Anfang des Projekts steht eine Projektinitiative.
- Die Auseinandersetzung damit, die Auswahl des endgültigen Gebiets und die gemeinsame Entwicklung des Betätigungsgebiets sind Bestandteil des Projekts und wesentliche Lernprozesse.
- In der Projektmethode spielen Bedürfnisse, Neigungen und Interessen der Teilnehmer eine Rolle. Sie fließen in die Entwicklung des Projekts ein.

1.2.4 Erste Schritte zur Zusammenarbeit

Damit das Praktikum erfolgreich verläuft, ist es hilfreich, in einem ersten Gespräch bestimmte **Spielregeln** und gegenseitige Erwartungen und Wünsche miteinander zu besprechen. Gemeinsam mit der Praktikantin erarbeitete Vereinbarungen und Absprachen sollten schriftlich festgehalten werden. Regelmäßige Ergebnisprotokolle bieten sich dafür im Laufe der Ausbildung an.

Das Ausbildungsportfolio und der individuelle Ausbildungsplan der Studierenden bieten in Reflexionsgesprächen sicherlich im weiteren Verlauf der Ausbildung eine gute Gesprächsgrundlage.

Sinnvolle Themen	
- Ansprechpartner in der Einrichtung - Anrede - Arbeitszeiten und Pausenzeiten - arbeitsplatzgerechte Kleidung/Erscheinungsbild - Handyregelung - Gruppenregeln/Hausordnung/Vorschriften (in schriftlicher Form)	- Krankheits- und Urlaubsregelungen des Trägers - räumliche Gegebenheiten - gegenseitige Erwartungen und Befürchtungen - Anforderungen der Einrichtung - bisherige in der Ausbildung erworbene Kompetenzen - Reflexionszeiten
- Aufgaben der Schule, Abgabetermine, Hilfestellung, Zeitmanagement - Aufsichtspflicht, Hygieneverordnungen - Schweigepflicht – datenschutzrechtliche Bestimmungen - Verhalten gegenüber den Kindern - Umgang mit den Eltern der Kinder – u. U. Steckbrief für die Pinnwand - Verhalten gegenüber Mitarbeiter/-innen	- Arbeitsabläufe, Dienstpläne, wichtige Termine - Tagesstruktur, Regeln und Rituale - Infos über die Gruppenstruktur, Gruppensituation, Gruppenalltag, Besonderheiten - Träger, Konzeption, Einrichtungsziele und Schwerpunkte der Einrichtung - Form der Bildungsdokumentation, Beobachtungsverfahren in der Einrichtung - erste Aufgaben des Praktikanten, Ausbildungsziel

Für die Studierenden ist es wichtig, im Praktikum alle Facetten des Berufsalltags kennenzulernen. Die Praxisanleitung hat dafür zu sorgen, dass dies in der Einrichtung möglich ist. Regelmäßige Reflexions- und Planungszeiten, Hilfe bei schulischen Aufgaben, Hospitieren bei Bildungsangeboten und Projekten der

Praktikantin, Teilnahme an Lehrergesprächen und die konkrete Ausbildung im pädagogischen Alltag zählen u. a. zu den Aufgaben einer Praxisanleitung. Wichtig ist auch, Studierende zu Bildungsangeboten von Fachkräften einzuladen und diese später kritisch zu reflektieren. Studierende sind für ihre Ausbildung verantwortlich. Sie stellen sicher, dass die „Verzahnung beider Lernorte" gelingt. Praxislehrer und -anleitung erwarten Engagement und Eigenverantwortung bei allen Aufgaben.

Nach dem Erstgespräch zu Beginn des Praktikums folgen weitere Gespräche mit unterschiedlichen Schwerpunkten:

- Reflexionsgespräche (z. B. über Kinderbeobachtungen, Projekte, das eigene Erzieherverhalten)
- Konfliktgespräche
- Gespräche über den Ausbildungsplan
- Gespräche über das eigene Ausbildungsportfolio und die Dokumentationsformen
- Abschlussgespräch
- Praxisbesuche vom Lernort Schule

Individuelle Praxisanleitung bedeutet, sich mit dem Kompetenzprofil jeder Praktikantin im Vorfeld auseinanderzusetzen und die Form der Praxisanleitung auf der Basis des Lehrplans darauf abzustimmen.

↗ WIEDERHOLUNG

Die Ausbildung zur Erzieherin erfolgt an Fachschulen für Sozialpädagogik und dauert in der Regel drei Jahre.

Ziel der Ausbildung ist die Befähigung, Erziehungs-, Bildungs- und Betreuungsaufgaben in verschiedenen sozialpädagogischen Arbeitsfeldern zu übernehmen und in allen sozialpädagogischen Bereichen als Erzieherin selbstständig und eigenverantwortlich tätig zu sein. Im Lernort Schule ist die Ausbildung geprägt durch

- Kompetenzorientierung,
- Handlungsorientierung und
- Entwicklungsorientierung.

Die Ausbildung erfolgt in folgenden Lernfeldern:

- Berufliche Identität und professionelle Perspektiven weiterentwickeln
- Pädagogische Beziehungen gestalten und mit Gruppen pädagogisch arbeiten
- Lebenswelten und Diversität wahrnehmen, verstehen und Inklusion fördern
- Sozialpädagogische Bildungsarbeit in den Bildungsbereichen professionell gestalten
- Erziehungs- und Bildungspartnerschaften mit Eltern und Bezugspersonen gestalten sowie Übergänge unterstützen
- Institution und Team entwickeln sowie in Netzwerken kooperieren

Ziele der ersten Orientierungsphase:

- Die Studierenden machen sich ihre positiven, negativen oder ambivalenten Gefühle bewusst.
- Sie äußern diese Gefühle.
- Sie nehmen Unsicherheiten wahr.
- Die Studierenden finden sich im Klassenverband zurecht und kooperieren miteinander.

Kooperatives Lernen erfolgt nach dem Prinzip Denken (Think), Austauschen (Pair) und Vorstellen (Share). Es ermöglicht

- das individuelle Verarbeiten von Informationen, indem eigenständig neues in vorhandenes Wissen integriert wird. Außerdem fördert es
- die Kommunikation mit anderensowie
- das bewusste Wahrnehmen des eigenen Lernens und die Reflexion desselben.

Ziele des kooperativen Lernens sind die

- Zufriedenheit und Motivation aller durch:
- Aktivierung aller Studierenden: effektives Lernen und Steigerung der Qualität,
- Sicherheit und Angstreduzierung: sich in der Lernumgebung sicher fühlen,
- geistige Vertiefung durch Kommunikation und die,
- Förderung kommunikativer Kompetenzen.

→ Die Studierenden suchen sich ihre Praktikumsstelle selbst. Um verschiedene Einsatzgebiete und unterschiedliche Konzepte und Arbeitsformen kennenzulernen, sollten Studierende Einrichtungen wählen, die sie noch nicht kennen und die sie nicht selbst als Kind besucht haben. Nur so ist eine effektive, anregende und entwicklungsfördernde Ausbildung gewährleistet.

→ Die Ausbildung zur Erzieherin findet an zwei Lernorten statt. Schule und Praxis müssen eng zusammenarbeiten, um Studierende in ihrer beruflichen Qualifizierung unterstützen, begleiten und beraten zu können.

→ Ein Praxisanleitertreffen ist sinnvoll, um sich kennenzulernen und gegenseitige Erwartungen zu klären. Es kann im Rahmen eines Projekts vorbereitet werden.

→ Die Vorbildfunktion der Fachkräfte darf nicht unterschätzt werden. Die Erlebnisse „vor Ort" prägen angehende „Berufsanfänger."

→ Erste Gespräche helfen, in der Praxis Probleme und Krisen zu minimieren.

→·← AUFGABEN

1 **[Wissen und Verstehen]**
Bringen Sie in Erfahrung, welche rechtlichen Grundlagen für die Ausbildung zur Erzieherin in Ihrem Bundesland gültig sind. Lassen Sie sich den Aufbau der Ausbildung von den Lehrkräften erklären.

2 **[Wissen und Verstehen]**
2.1 Suchen Sie sich eine Partnerin, die Sie bisher wenig kennen. Setzen Sie sich an einen Ort, an dem Sie sich ungestört unterhalten können. Nehmen Sie Papier und Stift mit, um sich eventuell Notizen machen zu können.

2.2 Interviewen Sie sich gegenseitig für jeweils etwa fünf Minuten. Sie bestimmen selbst, welche Fragen Sie stellen bzw. was Sie von sich selbst erzählen möchten. Der Interviewer kann sich für die anschließende Vorstellung Notizen machen. Mögliche Gesprächsthemen: Wohnort, persönliche Lebenssituation, Hobbys und Interessen, berufliche und schulische Vorerfahrungen, Wünsche, Erwartungen und Befürchtungen usw.

2.3 Setzen Sie sich alle im Kreis zusammen. Stellen Sie sich gegenseitig in der Gruppe vor, indem Sie sich nacheinander hinter die vorherige Gesprächspartnerin stellen, sich in die Rolle Ihrer Partnerin versetzen und aus ihrer Sicht erzählen. (Sie stellen z. B. Anke vor, indem Sie beginnen: „Ich heiße Anke und bin ...") Abschließend sagt die Partnerin, ob sie noch etwas ergänzen möchte.

Diese Methode fördert das konzentrierte Zuhören, das Interesse an der anderen Person sowie die Gedächtnisleistung, sich an die Informationen aus dem Interview zu erinnern.

3 **[Analyse und Bewertung]**
3.1 Überlegen Sie für sich: Welche Erfahrungen habe ich bisher in Klassenverbänden/Gruppen gemacht? Notieren Sie daraus entstandene Wünsche, Erwartungen und Befürchtungen.

3.2 Beschriften Sie drei große Plakate mit den Titeln: „Wünsche", „Erwartungen" und „Befürchtungen". Wählen Sie aus Ihren Notizen die für Sie wichtigsten Aspekte und schreiben Sie diese auf das jeweilige Plakat.

3.3 Werten Sie die Ergebnisse in der Klasse aus.

3.4 Entwickeln Sie auf einem weiteren Plakat gemeinsam Vorschläge, wie Sie die genannten Wünsche und Erwartungen erfüllen und Befürchtungen abbauen können.

4 [Planung und Konzeption]

4.1 Brainstorming/Brainwriting:
→ Überlegen Sie individuell: Wie kann ich in und mit der Gruppe gut lernen?
→ Halten Sie Ihre Überlegungen auf Karten stichwortartig fest.
→ Vergleichen Sie mit einem Partner Ihre Karten. Schreiben Sie die gemeinsamen Aspekte auf andere Karten und heften Sie diese an eine Pinnwand.
→ Ordnen Sie gemeinsam die Karten. Ergänzen Sie eventuell Einzelideen. Nummerieren Sie die genannten Aspekte von 1 bis 10.

4.2 Entscheidungstorte aus großen, runden Moderationskarten:
→ Bilden Sie Viergruppen und nehmen Sie gemeinsam eine Gewichtung der Aspekte vor. Der für Sie wichtigste Aspekt wird als größtes Tortenstück ausgeschnitten usw. Nummerieren Sie die Stücke entsprechend der Aspekte.
→ Heften Sie die Tortenstücke der Gruppen an die Pinnwand nach Nummern sortiert und mit der Spitze nach innen zusammen.

4.3 [Querschnittsaufgabe Wertevermittlung]
Vereinbarung und Vertragsunterzeichnung:
→ Vereinbaren Sie gemeinsam einen Regelkatalog. Dazu führen Sie folgenden Satzanfang weiter: „**Gute Gruppenarbeit verlangt, dass ...**"
→ Überlegungen zum Regelverstoß können ebenso entwickelt werden.
→ Unterschreiben Sie alle den Kontrakt als Einwilligung, sich an diese Regeln zu halten, und bewahren Sie ihn gut sichtbar in der Klasse auf.

5 [Reflexion]

→ Reflektieren Sie in Ihrer Gruppe ab und zu, was Sie bisher bei der gemeinsamen Arbeit gut fanden und was Sie noch verbessern wollen.
→ Beachten Sie dabei die Kriterien aus dem Text und gegebenenfalls die Leitfragen.

→ Damit jede ihre Meinung offen äußern kann, benutzen Sie einen „Sprechball". (Regel: „Niemand wird beim Sprechen unterbrochen, solange sie den Sprechball in der Hand hält.")
→ Halten Sie die wichtigsten Aspekte zur Überprüfung der Teamentwicklung schriftlich fest.

6 [Planung und Konzeption] [Querschnittsaufgabe Wertevermittlung]

Studierende im zweiten Ausbildungsjahr beraten die neuen Studierenden. Der Sinn für die Studierenden des zweiten Jahres besteht darin, sich in die neuen Studierenden hineinzuversetzen und sich gleichzeitig der eigenen Rolle bei der Beratung bewusst zu werden. Inhaltlich wird damit an das Thema „Wahrnehmung und Durchführung von Beratungsgesprächen" angeknüpft. Besprechen Sie vorab folgende Fragen und Kriterien:
→ Welche Vorteile beinhaltet die Beratung?
→ Wo liegen Gefahren?
→ Welche Informationen sind zu Beginn der Ausbildung sowohl positiv als auch negativ?
→ Tipps zu geben, ist keine Beratung, aber es ist verführerisch, wenn man darum gebeten wird.
→ Es geht nicht darum, etwas von sich selbst zu erzählen, sondern die Interessen der neuen Studierenden zu erkunden.
→ Es ist notwendig, auf der emotionalen Ebene eine Beziehung herzustellen.
→ Pausen zulassen und warten, bis die zu Beratenden selbst ihre Gedanken äußern.

Für die Beratenden:
6.1 Üben Sie vorab im Rollenspiel die Beratungssituation.
6.2 Reflektieren Sie den Verlauf und das Verhalten anhand der genannten Fragen und Kriterien.
6.3 Führen Sie die Beratungen zu zweit oder in Kleingruppen durch.
6.4 Reflektieren Sie Ihre Erfahrungen ausführlich:
→ Wie habe ich mich selbst erlebt?
→ Was ist mir leicht-/schwergefallen?

→ Was nehme ich mir vor, wenn ich noch einmal eine Beratung durchführe?

Für die neuen Studierenden/zu Beratenden:
6.5 Sammeln Sie Fragen, die Sie zu der Schule, zur Ausbildung usw. interessieren.
6.6 Lassen Sie sich von den Studierenden des zweiten Ausbildungsjahres informieren und beraten.
6.7 Wenn anschließend noch Fragen offen sind, überlegen Sie, wie Sie auf diese Fragen Antworten bekommen können.

7 [Analyse und Bewertung]
Wenn Sie noch keine Praktikumsstelle haben, suchen Sie mithilfe der vorgeschlagenen Informationsquellen danach. Berücksichtigen Sie dabei die oben genannten Kriterien.

8 [Analyse und Bewertung]
Diskutieren Sie Vor- und Nachteile eines Praktikums in Einrichtungen, die Sie schon kennen oder selbst als Kind besucht haben.

9 [Planung und Konzeption]
Präsentieren Sie sich als Klasse den Vertreterinnen und Vertretern der Praxis. Erarbeiten Sie dazu in Kleingruppen verschiedene Beiträge.
9.1 Lassen Sie sich bei den Vorbereitungen von den folgenden Fragen leiten:
→ Wer sind wir?
→ Warum wollen wir Erzieher/-innen werden?
→ Was können wir?
→ Was befürchten wir?
→ Worauf freuen wir uns?
→ Wie sehen wir Kinder?
→ Wie sehen wir Erzieher/-innen?
9.2 Wählen Sie in Ihrer Gruppe eine Fragestellung und entwickeln Sie Ideen zur Bewältigung der Aufgabe. Sammeln Sie Ihre Ideen schriftlich (Auseinandersetzung mit der Projektinitiative).
9.3 Entscheiden Sie, in welcher Form Sie sich vorstellen wollen: mimisch, gestisch, szenisch, mit Gesang, mit Bildern, mit Text, durch Kleidung.
9.4 Stellen Sie einen Arbeitsplan auf (gemeinsame Entwicklung des Betätigungsgebiets).

9.5 Erarbeiten und proben Sie Ihren Beitrag zum Praxisanleitertreffen (Vorträge nicht länger als 15 Minuten) (Projektdurchführung).
9.6 Stellen Sie Überlegungen zum äußeren Rahmen des Treffens an.
9.7 Wahrscheinlich haben Sie Fragen an Ihre Praxisanleiter. Sammeln Sie diese und überlegen Sie, wie Sie eine Antwort darauf bekommen.
9.8 Präsentieren Sie Ihre Arbeitsergebnisse auf dem Praxisanleitertreffen (Abschluss des Projekts).

10 [Planung und Konzeption]
Reflektieren Sie das Projekt „Praxisanleitertreffen"! Die folgenden Fragen beziehen sich auf Ihre persönlichen Erfahrungen bei der Erarbeitung und Präsentation der Aufgabe. Jede von Ihnen soll sich mithilfe der Leitfragen schriftlich Gedanken darüber machen, was bei dem Projekt gelernt wurde, was gut/weniger gut gelungen ist und ob die Durchführung hilfreich als Vorbereitung auf den 1. Praktikumstag war.
→ Was habe ich bei dem Projekt über mich selbst gelernt?
→ Was kann ich davon in Zukunft gebrauchen?
→ Was habe ich über meine Mitschüler/-innen erfahren? Kann ich etwas auf mich anwenden?
→ Wie gut konnte ich meine Vorstellungen, Interessen und Fähigkeiten einbringen?
→ Wann war mein Interesse am geringsten?
→ Wann war mein Interesse am größten?
→ Was betrachte ich als Erfolg bei der Präsentation der Ergebnisse, was als Misserfolg?
→ Welche Fragen sind bei dem Praxisanleiterinnentreffen für mich beantwortet worden bzw. offen geblieben?
→ Wie habe ich die Resonanz der Praxisanleiter empfunden?
→ Mit welchen Gefühlen gehe ich jetzt in das Praktikum?

11 [Reflexion]
Erinnern Sie sich an Ihre Praktika und Praxisanleitungen. Welche angenehmen und unangenehmen Situationen fallen Ihnen ein? Ziehen Sie
Konsequenzen für die Rolle der Praxisanleitung.

12 [Analyse und Bewertung]
Schreiben Sie ein Horrorszenario aus der Sicht
der Studierenden (Horror-Praxisanleitung) und
aus Sicht der Praxisanleitung (Horror-Prakti-
kantin). Tragen Sie diese in Kleingruppen vor
und entwickeln Sie daraus Konsequenzen für
die Rolle der Praxisanleitung. Welche Faktoren sind förderlich? Formulieren Sie konkrete
Rahmenbedingungen, die Praxisanleitung und
Praktikantin von Einrichtung und Schule benötigen. Entwickeln Sie für das Erstgespräch mit
Ihrer Praxisanleitung einen eigenen Gesprächs-
leitfaden. Ergänzen Sie die Tabelle aus Kapitel
1.2.4. Was berichten Sie über Ihre Person? Ihre
Kompetenzen? Welche Erwartungen und Wünsche haben Sie an Ihre Praxisanleitung?

TIPPS ZUM WEITERARBEITEN →→

→ Alberti, Sonja (Hrsg.): Mein Start in der Kita. Antworten auf Fragen von Berufseinsteiger(inne)n.
kindergarten heute praxis kompakt. Freiburg i. Br.:
Herder Verlag 2018.

→ Bahnen, Heinrich/Geilen, Hedwig: Kreativ mit allen
Sinnen. Ganzheitliche Methoden für die Gruppen-
arbeit mit Kindern und Erwachsenen. München:
Kösel Verlag 2004.

→ Basiswissen kita. Praktikantinnen Anleitung. Freiburg i. Br.: Herder Verlag 2019.

→ Brandl, Evelyn: Anleitungsgespräche führen: 44
Methoden für die Begleitung im sozialpädagogischen Praktikum. Mit Formularen und Checklisten
zum Ausdrucken. München: Don Bosco Medien
2018.

→ Bundesjugendwerk der Arbeiterwohlfahrt (Hrsg.):
Praxismappe. Spiele für Kinder, Jugendliche und
Erwachsene. Bonn 2006.

→ Kessler, Bernadette: Kita-Praktika professionell
begleiten. Aachen: Ökotopia Verlag 2017.

→ Stamer-Brandt, Petra: Das Praktikum in der Kita.
Freiburg i. Br.: Herder Verlag 2011.

→ Stamer-Brandt, Petra: Pädagogische Praktika in
Kita und Kindergarten. planen – begleiten – auswerten. Freiburg i. Br.: Herder Verlag 2018.

→ Von Raben, Barbara: Portfolios in der Ausbildung
pädagogischer Fachkräfte. Selbstorganisiert lernen – Lernentwicklung dokumentieren. Mülheim
an der Ruhr: Verlag an der Ruhr 2010.

Kompetenzen, die in diesem Kapitel erworben werden können:

• Die Absolventinnen und Absolventen
verfügen über Fertigkeiten, Verantwortung
und Initiative für die eigene Ausbildung zu
übernehmen und sie partizipativ mit allen
Beteiligten an den Lernorten Schule und
Praxis zu gestalten.

• Darüber hinaus sind sie in der Lage, Lern-
und Arbeitstechniken weiterzuentwickeln
und Medien zu nutzen.

Arbeitskreis Deutscher Qualifikationsrahmen (AK DQR): Deutscher Qualifikationsrahmen für lebenslanges Lernen, verabschiedet vom Arbeitskreis Deutscher Qualifikationsrahmen (AK DQR) am 22. März 2011.

Barth, Hans-Dietrich/Bernitzke, Fred: Theorie trifft Praxis – Handlungskompetenz im sozialpädagogischen Berufspraktikum. Haan-Gruiten: Europa Lehrmittel 2010.

Jugendministerkonferenz, Ministerium für Bildung, Jugend und Sport des Landes Brandenburg, 17./18. Mai 2001: Lernort Praxis in der Ausbildung der Erzieherinnen und Erzieher. In: www.mbjs. brandenburg.de/sixcms/media.php/4113/jmk_beschluss_lernort_praxis.pdf [31.08.2020].

Brüning, Ludger/Saum, Tobias: Erfolgreich unterrichten durch Kooperatives Lernen. Strategien zur Schüleraktivierung. 5. Auflage. Essen: Neue Deutsche Verlagsgesellschaft 2009.

Bundesarbeitsgemeinschaft der öffentlichen und freien, nicht konfessionell gebundenen Ausbildungsstätten: Länderübergreifender Lehrplan Erzieherin/Erzieher. Entwurf vom 01.07.2012. In: www.boefae.de/wp-content/uploads/2012/11/laenderuebergr-Lehrplan-Endversion.pdf (31.08.2020)

Bundesministerium für Familie, Senioren, Frauen und Jugend: Impulspapier des Fachbeirats zum Bundesprogramm „Lernort Praxis". In: www.fruehe-chancen.de/fileadmin/PDF/Fruehe_Chancen/Lernort_Praxis/Impulspapier_zum_Bundesprogramm_Lernort_Praxis.pdf [31.08.2020]

Bundesministerium für Familie, Senioren, Frauen und Jugend: Lernort Praxis. In: www.fruehe-chancen.de/themen/fachkraefte/aus-der-wissenschaft/weiterbildungscurriculum/ [31.08.2020]

Bundesministerium für Familie, Senioren, Frauen und Jugend: Fachkräfteoffensive. In: www.fachkraefteoffensive.fruehe-chancen.de [29.02.2020]

Erzieherin online. Die Fachhomepage für Erzieherinnen. In: www.erzieherin-online.de/beruf/ausbildung/gesetz.php [31.08.2020]

Frey, Karl: Die Projektmethode. Der Weg zum bildenden Tun. 12. Auflage. Weinheim/Basel: Beltz Verlag 2012.

Green, Norm/Green, Kathy: Kooperatives Lernen im Klassenraum und im Kollegium: Das Trainingsbuch. Seelze-Velber: Kallmeyer 2005.

Landesinstitut für Schule und Weiterbildung (Hrsg.): Fächer- und Lernbereichsübergreifender Unterricht in den Bildungsgängen der Kollegschule. 1. Auflage. Soest, 1990.

Länderübergreifender Lehrplan Erzieherin/Erzieher. Entwurf. Stand: 01.07.2012. In: www.berufsbildung.nrw.de/cms/upload/fs/download/sozial/laenderuebergr-lp-erzieher.pdf [31.08.2020]

Ministerium für Schule, Jugend und Kinder des Landes Nordrhein-Westfalen (Hrsg.): Richtlinien und Lehrpläne zur Erprobung. Fachschulen des Sozialwesens. Fachrichtung Sozialpädagogik. Düsseldorf, 2014.

Sekretariat der ständigen Konferenz der Kultusminister der Länder in der Bundesrepublik Deutschland (Hrsg.): Kompetenzorientiertes Qualifikationsprofil für die Ausbildung von Erzieherinnen und Erziehern an Fachschulen und Fachakademien. 2011 (i. d. F. von 2017).

Weiterbildungsinitiative Frühpädagogische Fachkräfte (WiFF): Ausbildung zur Erzieherin und zum Erzieher. In: www.weiterbildungsinitiative.de/themen/ausbildung/fachschulen/ [31.08.2020]

2   Portfolioarbeit als Möglichkeit selbst organisierten Lernens

Anja Berkemeier

Samira erhält zu Beginn der Ausbildung die Aufgabe, ein Portfolio zu erstellen, und ist verwirrt: „Da kann ich mir aber gar nichts drunter vorstellen. Wie soll das denn gehen?"

Die Lehrkraft erklärt die Methode und Arbeitsweise: „An unserer Schule arbeiten wir mit Portfolios, in denen Sie Ihre Entwicklung während der Ausbildung dokumentieren. Sie erstellen Ihr persönliches Portfolio selbst. Im Unterricht wird damit gearbeitet, ebenso in der Praxis, aber Sie organisieren sich auch selbst."

Eine Mitstudierende fragt nach: „Können wir machen, was wir wollen?"

„Wir Lehrkräfte und die Praxisanleiterinnen begleiten Sie zunächst dabei und geben Anregungen, aber im Laufe der Zeit können Sie immer eigenständiger daran arbeiten. Wir führen mit Ihnen Gespräche über die Lernentwicklung, die Sie in Ihren Portfolios dokumentieren. Gleichzeitig können Sie sich in Gruppen austauschen und miteinander Ergebnisse reflektieren."

Eine weitere angehende Erzieherin ist begeistert: „Ich habe das schon einmal gemacht. Ich fand das super, denn ich konnte viel selbst bestimmen und war dadurch viel motivierter. Ich empfand auch nicht so einen Druck wie bei Klausuren, da ich die Inhalte immer wieder überarbeiten konnte. So blieben die Themen irgendwann einfach haften. Ich erinnere mich heute noch."

Jemand fragt: „Im Kindergarten habe ich Portfolios von den Kindern gesehen. Ist das dasselbe?"

Fragen tun sich auf. Es bestehen manche Unsicherheiten und Skepsis. Es ergibt sich ein angeregter Austausch.

↘ FRAGEN

→ *Was wissen Sie schon über Portfolios?*

→ *Was denken Sie: Was kennzeichnet ein Portfolio und wie könnten Sie es erstellen?*

→ *Welche Ziele könnten mit der Portfolioarbeit verfolgt werden?*

→ *Inwieweit könnte sich durch die Portfolioarbeit die Möglichkeit ergeben, selbst organisiert zu lernen?*

2.1 Was ist ein Portfolio?

Der Begriff **Portfolio** stammt aus dem Lateinischen: *„portare"* (tragen) und *„folium"* (Blatt). Er beschreibt eine tragbare Mappe, in der Arbeiten gesammelt werden.
Im Rahmen der Ausbildung ist darunter aber keine reine Blattsammlung zu verstehen, sondern ein pädagogisches Instrument zur Dokumentation der eigenen Lernwege, Entwicklungen und Kompetenzen. Diese Dokumente werden aufgrund vorher festgelegter Ziele ausgewählt und reflektiert.

> „Das Portfolio ist eine zielgerichtete Sammlung von Dokumenten [...]. Die Besitzerin/der Besitzer des Portfolios wählt die Dokumente selbst aus und nutzt sie zur Reflexion. Ein Portfolio zeigt Prozesse, Entwicklungen und Veränderungen."
> *(Fthenakis, 2009, S. 27)*

Zunächst geht es also darum, sich Ziele zu setzen, die man erreichen möchte. Die Studierenden legen diese möglichst selbstbestimmt und im gegenseitigen Austausch mit den Lehrpersonen fest. Aus den Zielen ergeben sich die Themen für das Portfolio (siehe Band 1, Lernfeld 1, Kapitel 2.4). Gemeinsam werden Kriterien entwickelt und festgelegt, an denen sich die angehenden Fachkräfte bei der Erstellung ihres Portfolios orientieren können und anhand derer das Portfolio später beurteilt werden kann. In einem konkreten **Kompetenzraster** können diese Ziele und Kriterien mit möglichen Abstufungen beschrieben und festgehalten werden (siehe Band 1, Lernfeld 1, Kap. 2.5).

Anhand der Ziele und Kompetenzraster sammeln die Studierenden Texte, Bilder und vieles mehr. Auch dabei gehen sie selbstbestimmt und eigenverantwortlich vor, damit die individuelle Lernentwicklung deutlich wird.

Anschließend nehmen sie eine Auswahl und Strukturierung ihrer Unterlagen vor. Sie werten die Dokumente in Bezug auf ihre Bedeutung für die zuvor festgelegten Ziele und beruflichen Handlungskompetenzen aus.

Ihre Überlegungen halten die Studierenden schriftlich fest. Sie begründen die Aufnahme eines Dokumentes in ihr Portfolio und reflektieren zudem ihr methodisches Vorgehen bei der Erstellung, ihre Entscheidungen und Erkenntnisse sowie ihren Lernzuwachs.

Schließlich wird das Portfolio präsentiert. Dies kann in Teilen oder im Gesamten geschehen, zwischendurch oder abschließend.

Gleichzeitig besteht von Anfang an eine intensive Kommunikation unter allen Beteiligten. Der Austausch und die Beratung erfolgt unter den Studierenden selbst, mit der Lehrkraft oder mit außenstehenden Experten. Bei der Präsentation erfolgt die Auseinandersetzung letztlich in einem noch öffentlicheren Rahmen. In Gesprächen und schriftlich werden die Lernentwicklung und die Leistung ausgewertet.

Die Portfolioerstellerin bezieht Stellung zu ihrer Arbeit, nimmt Selbsteinschätzungen vor und erhält ein Mitstudierendenfeedback und Lehrerkommentare. Mithilfe der Rückmeldungen kann sie ihre persönliche Wahrnehmung und Einschätzung überprüfen und erneut reflektieren: „Geplante Feedbacks bieten die Möglichkeit, die Selbstdarstellung anhand der Fremdwahrnehmung zu überprüfen." *(Ministerium für Schule und Weiterbildung des Landes NRW, Handreichung, 2017, S. 191)* Aus den Schlussfolgerungen ergeben sich wieder neue Zielüberlegungen.

Portfolioarbeit ist also ein wiederkehrender Prozess:

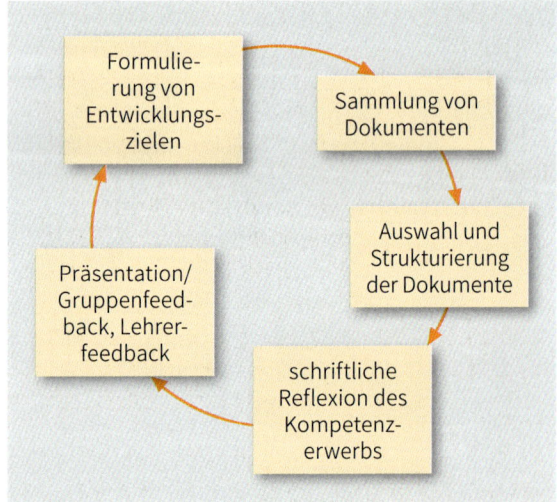

(vgl. Ministerium für Schule und Weiterbildung des Landes NRW, Handreichung, 2017, S. 194)

So entstehen sehr unterschiedliche Portfolios, in denen die Individualität und Persönlichkeit jeder einzelnen Studierenden zum Ausdruck kommen.

2.2   Formen und Inhalte von Portfolios

Wie schon in Lernfeld 1 festgestellt, finden sich in der Ausbildung sehr verschiedene Menschen mit sehr unterschiedlichen Erfahrungen und Kenntnissen zusammen. Jeder bringt seine eigene Persönlichkeit mit. Und so verschieden diese Persönlichkeiten sind, so verschieden können auch Portfolios sein. Auch wenn eventuell das gleiche Thema behandelt wird, ist es die besondere Aufgabe, der Bearbeitung eine individuelle Note zu geben bzw. der Arbeit einen persönlichen Stempel aufzudrücken.

Denn jede Studierende hat andere Vorkenntnisse, findet andere Themen interessant, sammelt in unterschiedlichen Praxiseinrichtungen individuelle Erfahrungen und entwickelt sich individuell. Diese Aspekte sollen in dem Portfolio deutlich werden.

Ebenso beeinflussen die Ziele, die mit dem Portfolio verfolgt werden, die Gestaltung. Verschiedene Arten lassen sich abhängig von den Zielen und Inhalten unterscheiden:

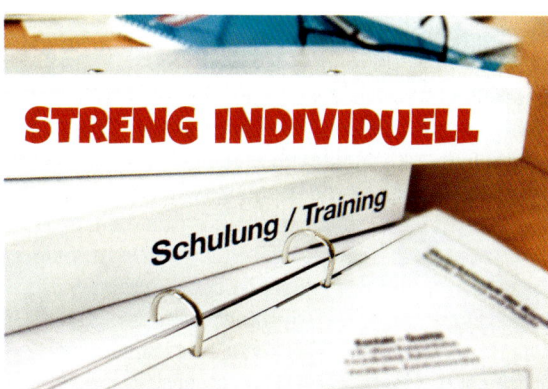

DAS Portfolio gibt es nicht!

Art des Portfolios/Name	Inhalte	Zweck
Persönliches Portfolio	Biografiearbeit, persönliche Weiterentwicklung, Lerntagebücher, Arbeitsergebnisse, besondere Ereignisse und Ergebnisse, persönliche Auswertungen, Planungen und Zielsetzungen	persönliche Dokumentation zur Wahrnehmung, Einschätzung und Reflexion des Gelernten und der eigenen (Lern-)Entwicklung.
Entwicklungsportfolio	ausgewählte Lern- und Entwicklungsnachweise, Reflexionsergebnisse und Zielsetzungen für weitere Lernerfahrungen, Feedback von Kollegen, Familie, Lehrern und Dozenten können miteinfließen	ausgewählte Seiten werden präsentiert oder/und besprochen; evtl. Beurteilung und Benotung
Ausbildungsportfolio	Entwicklungsportfolio über einen bestimmten Zeitraum (z. B. für die gesamte Ausbildung), lernzielgerichtet und in Absprache mit Lehrern bzw. Dozenten; eigene Schwerpunkte, Fähigkeiten und berufliche Zielsetzungen stehen im Vordergrund; Beiträge von Lehrern/Dozenten fließen ein	regelmäßige Präsentation und Gespräche über die Einträge; evtl. Beurteilung und Benotung
Fachportfolio	ausschließlich auf bestimme Fächer oder Kompetenzbereiche bezogenes Portfolio; eigene Einträge und Auswertungen und Beurteilungen von anderen fließen ein	Präsentation und Beurteilung und evtl. Benotung durch Lehrer/Dozenten und/oder Kollegen
Qualifizierungsportfolio	Ziel ist das Erreichen einer bestimmten Qualifikation; Inhalte entsprechen dem Fachportfolio und evtl. dem Entwicklungsportfolio	Präsentation und/oder Bewertung/Beurteilung
Mischformen	individuelle Inhalte oder/und Inhalte nach Vorgaben der Ausbildungsstätte; ideales Portfolio, da hier die Persönlichkeit sehr zur Geltung kommt	Präsentation und Beurteilung nur bestimmter ausgewählter Teile

(Wagner, 2011, S. 22)

Entwicklungs- und Ausbildungsportfolios sind prozess-orientiert und zeigen den eigenen Lernweg mit entsprechenden Belegen. Diese Belege müssen daher nicht unbedingt die besten und erfolgreichsten sein. Ein Fach- oder Qualifizierungsportfolio wird auch Präsentationsportfolio genannt und ist daher ergebnis- und kompetenzorientiert: Es geht um die bestmögliche Darstellung.

Das Entwicklungsportfolio ist sinnvoll in Einstiegs- und Übergangssituationen, also zu Beginn der Ausbildung oder z. B. beim Wechsel von Praxisstellen im Laufe der Zeit. Am Ende eines Schuljahres macht es eventuell Sinn, dieses in ein Präsentationsportfolio umzuarbeiten.

Qualifizierungsportfolios eignen sich im Rahmen der Ausbildung für Präsentationen erarbeiteter Themen und der Darstellung des eigenen Könnens, aber auch für das Kolloquium oder anschließende Bewerbungen.

Auch E-Portfolios sind inzwischen möglich: Dabei handelt es sich um elektronische Portfolios, die – am Computer erstellt – eine leichtere Integration, z. B. von Videos, ermöglichen.

Die Themen ergeben sich z. B.

- aus der zukünftigen praktischen Arbeit als Erzieherin,
- aus den bald anstehenden Praxistagen,
- aus dem gegenseitigen Kennenlernen der Lerngruppe,
- aus der Vorstellung der eigenen Person,
- aus der Auseinandersetzung mit Unterrichtsinhalten und Lernmethoden
- …

Fragen können helfen, hier Klarheit zu erlangen, z. B.:

- Welche Kompetenzen bringe ich persönlich mit in die Ausbildung?
- Welche Anforderungen werden schulisch und beruflich gestellt?
- Wie lerne ich?
- Welche Kompetenzen machen eine gute Erzieherin aus?
- Welche Schwerpunkte möchte ich mir setzen?
- Wie wende ich theoretische Kenntnisse in der Praxis an?
- …

2.3 Die praktische Portfolioarbeit

Das Portfoliomaterial lässt sich in einem Ordner oder Hängeregister, in einer Kiste oder Computerdatei, an der Wand o. Ä. sammeln. Diese Entscheidung trifft jede Studierende individuell.

Inhalte: Ist eine Studierendengruppe noch ungeübt in der Portfolioarbeit, ist es wahrscheinlich, dass von schulischer Seite zunächst konkretere Vorgaben gemacht werden, was in das Portfolio gehören soll – sogenannte Pflichtdokumente. Darüber hinaus gibt es dann Wahlmöglichkeiten oder Raum für ganz freie Entscheidungen. Je häufiger und länger aber mit Portfolios gearbeitet wird, desto stärker sollte das Prinzip der Partizipation und Individualisierung in den Vordergrund gerückt werden. Dann sucht sich die angehende Erzieherin ihr Thema selbst, plant ihre Zeiteinteilung selbst sowie ihre Arbeitsstrategien und Sozialformen und ist an der Bewertung beteiligt. Studierende zeigen häufig große Unsicherheiten, wenn sie erstmals ein Portfolio erstellen – natürlicherweise, wenn Vorgaben fehlen, aber selbst dann, wenn es bis zu einem gewissen Grad Anregungen gibt. Die Zweifel ergeben sich, da viele Studierende bis dahin in Schulen keinen Kontakt mit

Portfolioordner zum Thema „Das Lernen lernen"

dieser Art von Selbstständigkeit und Partizipation bei der Auswahl von Themen, Methoden und schließlich der Bewertung erlebt haben.

Hier ist Geduld mit sich selbst gefragt: Die Veränderung der eigenen Einstellung gegenüber schulischem Lernen geschieht nicht von heute auf morgen. Man muss sich von der Haltung verabschieden: Der Lehrer gibt alles vor. Ich tue das, was man mir sagt. Es braucht Zeit, seinen eigenen Weg zu finden und dann auch dazu zu stehen, seinen Arbeiten Bedeutung zuzuschreiben – sie als wertvoll genug zu erachten, ins Portfolio aufgenommen zu werden.

Je individueller letztendlich das Portfolio wird, desto größer ist der Stolz über und die Identifikation mit der Arbeit. Daraus kann neue Motivation und neuer Mut entstehen, sich erneut mit dieser Methode auseinanderzusetzen.

Liebe Leserinnen und Leser,

hier ein kleiner Einblick in meine Portfolioarbeit zum Thema „Das Lernen lernen".
Ich muss zugeben, dass es mir zu Anfang sehr schwerfiel, mich mit diesem Thema auseinanderzusetzen, denn ich dachte: Lernen tu ich schon mein Leben lang, was soll ich da noch Neues erfahren? Ich schob die Arbeit immer und immer weiter vor mich her.
Dann kam der Tag, an dem Frau B. sich einen Einblick in unsere Portfolioarbeit verschaffen wollte. Nun stand ich da und hatte nicht viel vorzuweisen. Dumm gelaufen, dachte ich, aber das Gespräch lief gut. Bei meinen Mitschülerinnen konnte ich mir auch einige Ideen abschauen. Daraufhin setzte ich mich motivierter dran und begann, das Thema zu bearbeiten.
Liebe Leserinnen und Leser, ich habe es geschafft und bin ein bisschen stolz auf mich! Es war gar nicht so schwer, wie ich zu Anfang dachte. Es hat sogar viel Spaß gemacht. Außerdem habe ich mein Arbeitszimmer umgeräumt und neue Methoden getestet bei der Vorbereitung auf die letzte Klausur – die Note steht noch aus. ;-)
Nun hoffe ich, dass auch Sie Spaß und Freude beim Durchblättern meiner Portfolioarbeit haben!
Lieben Gruß – M.

Einführungstext einer Studierenden

Der **Aufbau** eines Portfolios könnte folgendermaßen aussehen:

Titelseite – individuell – und themenbezogen gestaltet
Inhaltsverzeichnis – entwickelt sich mit dem Portfolio von Zeit zu Zeit
Einleitungstext – evtl. Brief an den Leser; Selbstdarstellung
ausgewählte und kommentierte **Dokumente** zum Entwicklungsprozess und Arbeitsergebnisse zu verschiedenen Kompetenzbereichen
Reflexionen
Rückmeldungen, Anmerkungen von Lesern
Beurteilungen – Selbst- und Fremdeinschätzungen
abschließende **Schlussfolgerungen** – Gesamtreflexion, neue Zielsetzungen

---

Die Arbeitsergebnisse und Dokumente können zum einen in schriftlicher Form vorliegen: selbst erstellte Texte, Tagebucheinträge, Notizen, Klausuren/Tests, Bewertungsraster, der individuelle Ausbildungsplan, Unterrichtsmitschriften, Arbeitsblätter, Hausaufgaben, Referate, Praxisplanungen und -reflexionen, Literaturrecherchen, Quellenangaben, Protokolle, Reflexionsbogen und -texte, Beurteilungen, Zusammenfassungen von Praxisanleitergesprächen, Praxisaufgaben uvm.

Es bieten sich zum anderen aber auch visuelle Möglichkeiten an: Fotos von Arbeitsprodukten oder Präsentationen und Plakaten, Bilder, Skizzen, Collagen usw.

Und auch elektronische Ergebnisse sind möglich: Videos, Audioaufnahmen, PowerPoint-Präsentationen können mithilfe von CDs, DVDs, USB-Sticks und/oder gesicherten Internetplattformen in Portfolios berücksichtigt und präsentiert werden, wobei ihr Zustandekommen reflektiert wird.

Sogar außerschulische Belege für das eigene Lernen und die eigene Entwicklung können aufgenommen werden, sobald man selbst der Meinung ist, der Beleg passe zum Thema/Ziel: Eintrittskarten, Zusatzqualifikationen, z. B. als Jugendgruppenleiterin, der Abschluss eines Babysitterkurses oder Auszeichnungen und Urkunden.

Wichtig und gemeinsam ist aber allen Dokumenten, dass eine Begründung/Erklärung hinzugefügt ist, die deutlich macht, warum diese Arbeit jeweils ins Portfolio aufgenommen wurde, welche Bedeutung die Erstellerin ihr beimisst, was sie damit belegen möchte und welchen persönlichen Lernzusammenhang sie sieht. Erforderlich ist also die individuelle Verknüpfung des Belegs mit der Thematik.

Die **Reflexion** muss bei ungeübten Lernern ebenfalls erst angeleitet werden. Zum Beispiel können zunächst Formblätter mit Fragen herausgegeben werden, um das Schreiben von Lerntagebüchern zu üben. Ebenso können abschließende Reflexionsfragen vorgegeben werden.

> „**Beispielfragen zur Reflexion:**
> - Warum sehe ich dies als eine [...] beste Arbeit von mir an an?
> - Was ist mir in der Bearbeitung bereits gelungen (Interesse am Thema, Schwierigkeiten und ihre Bewältigung, erste Hypothesen und Lösungen, Überprüfung und Anwendung, neu erworbene Methoden)?
> - Wie habe ich diese Arbeit ausgeführt und vervollständigt?
> - Was zeigt das Ergebnis von mir und meiner Arbeit?
> - Wo sehe ich noch Fehlstellen und Lernmöglichkeiten?
> - Was würde ich beim nächsten Mal anders machen?
> - Worin unterscheidet sich dieses beste Ergebnis von dem vorherigen besten Ergebnis?

> - Wie bezieht sich das Ergebnis auf bisher Gelerntes?
> - Was ist die Stärke des Ergebnisses? Wo gibt es noch Unsicherheiten?
> - Auf welche Bereiche ließe sich das Gelernte übertragen?"
>   *(Reich: Portfolio. www.methodenpool.uni-koeln.de/ download/portfolio.pdf [31.08.2020]*

Die angehende Erzieherin sollte versuchen, die Reflexion konkret und differenziert zu formulieren, sodass der Leser sich ein anschauliches Bild von den Erfahrungen und Entwicklungen machen kann. Der Fokus sollte stets auf den eigenen Stärken liegen, kritische Aspekte können konstruktiv genutzt werden für Alternativüberlegungen. Um ein realistischeres Bild der eigenen Wahrnehmung zu erlangen, sollten Fremdwahrnehmungen in Form von Kommentaren, Rückmeldungen und Beurteilungen in die eigenen Sichtweisen einbezogen und damit abgeglichen werden.

Zur **Präsentation**: Entwicklungsportfolios können zu einem abschließenden Präsentationsportfolio umgewandelt werden, Fach- und Qualifizierungsportfolios arbeiten grundlegend darauf hin. Die Präsentation stellt häufig eine Würdigung der Arbeit dar, die als Belohnung für die vorherige Anstrengung dienen kann. Man kann Portfolios als Grundlage für Eltern-Lehrer-Schüler-Gespräche nutzen, bei einem Tag der offenen Tür ausstellen, auf einem „Markt der Möglichkeiten" anpreisen oder sogar eine Präsentation außerhalb der Schule planen, was die Anstrengungsbereitschaft meist noch deutlich erhöht *(vgl. Winter, 2006, S. 170)*.

2.4 Ziele der Portfolioarbeit

Die Ziele der Portfolioarbeit sind vielfältig.

Besonders der **Selbstbildungsprozess** der Studierenden steht im Vordergrund: Portfolioarbeit fördert das selbstständige und selbst organisierte Lernen und Arbeiten. Die Lernenden dokumentieren das eigene Können und ihre erbrachten Leistungen. So zielt die Arbeit auf eine Stärkung der Persönlichkeit der angehenden Erzieherinnen ab: Bei der Erstellung eines Portfolios erleben sie sich als selbstwirksam und kompetent, indem sie stark am eigenen Lernweg und diesbezüglichen Entscheidungen beteiligt sind und Verantwortung dafür übernehmen.

Ein weiteres Ziel ist, die Reflexionsfähigkeit der Studierenden zu unterstützen. Die **Selbstreflexion** wird angeregt, indem die angehenden Erzieherinnen sich eigene Stärken und Schwächen bewusst machen, gezielt daran arbeiten, Verbesserungswege erschließen, und so ihre eigene Entwicklung wahrnehmen, z. B. durch Lerntagebücher.

Barbara von Raben bezeichnet das Portfolio als „**Lern- und Entwicklungsinstrument**" (*von Raben, 2010, S. 7*). Durch die Auswahl der eigenen Lernergebnisse betrachten Studierende die gewählten Lernwege und -methoden kritisch und reflektieren sie systematisch. Dazu benötigen sie die Fähigkeit, das gesammelte Material zu reduzieren und zu strukturieren und nicht in der Materialfülle den Überblick zu verlieren. Auch der kreative Umgang mit verschiedenen Medien gehört beispielsweise dazu. Entsprechend passende Kompetenzraster helfen, Lernentwicklung transparent zu machen und **Metakognition** auszubilden. Ein Bewusstsein für das eigene Gelingen und Erreichen von Zielen bewirkt einen Zuwachs an **Lern- und Methodenkompetenz** in Bezug auf ein strategischeres Vorgehen zur Erreichung neuer Ziele.

Portfolioarbeit unterstützt das **dialogische Lernen**: Durch die Rückmeldung von anderen (Mitstudierenden, Lehrern) besteht die Möglichkeit, sich Dinge bewusst zu machen über sich selbst, die einem vorher gar nicht klar waren. Eine konstruktive Feedbackkultur kann sich entwickeln. Ebenso findet eine Auseinandersetzung mit außerschulischen Lernmöglichkeiten statt.

Portfolioarbeit hat das Ziel, **effektiver und nachhaltiger** als eine Klausur zu sein und bessere Ergebnisse zu erzielen. Die Studierenden sind schon zu Beginn daran beteiligt, Bewertungskriterien für ein gutes Portfolioprodukt zu entwickeln, ihre eigenen Vorstellungen fließen ein und erhöhen die Identifikation mit der Arbeit. Die Lernenden haben die Möglichkeit, ihre Ausarbeitungen nach einer Feedbackrunde (egal, ob durch Mitstudierende, Lehrer oder andere) zu überarbeiten und zu verbessern. Die Beurteilung kann sogar unabhängig von der Lehrkraft erfolgen. Individuelle Leistungen können besser honoriert werden (siehe Band 1, Lernfeld 1, Kap. 2.6).

Letztendlich hat das Portfolio Bedeutung im Hinblick auf eine **doppelte Vermittlungspraxis**: Die Portfolioarbeit bereitet in besonderem Maße auf die Anforderungen des Erzieherberufes vor: Es ist die Aufgabe von Erzieherinnen, Kinder und Jugendliche zu beobachten, Stärken der zu Erziehenden bewusst wahrzunehmen (z. B. wie Kinder lernen), diese zu dokumentieren und

zu kommentieren und sich mit dem Kind auszutauschen (vgl. Band 2, Lernfeld 4, Kap. 3). Anhand der Ergebnisse entwickeln sie individuelle Ziele für das Kind, begleiten es entsprechend auf seinen weiteren Lernwegen und kommen darüber bei der Präsentation auch mit den Eltern in einen Austausch – all das entspricht dem eigenen Arbeitsprozess beim Portfolio. Die eigenen Erfahrungen haben Einfluss auf die **Haltung**, mit der angehende Erzieherinnen bei dieser Tätigkeit Kindern begegnen werden.

Die Fachschule für Sozialpädagogik in Greifswald erklärt dies auf ihrer Internetseite folgendermaßen:

> „Wir haben dieses Lernarrangement gewählt, weil Sie auf diese Weise konsequent an sich erleben, was es bedeutet, achtsam begleitet, angeregt und beteiligt zu werden, was es bedeutet, sich selbst einzuschätzen und realistische Ziele zu setzen. Denn: Ihre pädagogische Profession verlangt von Ihnen, dass Sie genau das mit Kindern tun.
> Diese konkreten Selbsterfahrungen sind die besten Vorbereitungen auf Ihre zukünftigen Aufgaben. Sie ermöglichen uns während der Ausbildung immer wieder einen geeigneten Transfer zur Praxis."
> (*www.seminar-greifswald.de/schule/paedagogik-konzept/*)

Unterrichtstheorie kann leicht in die Praxis umgesetzt werden, da dort an den gleichen Aufgaben weitergearbeitet wird. Eigene berufliche Wertvorstellungen und Einstellungen werden bewusster. Eine angemessene pädagogische Grundhaltung kann sich eher entwickeln.

Insgesamt eignet sich die Portfolioarbeit also besonders zur Umsetzung der Grundforderungen der Ausbildung nach Kompetenz-, Handlungs- und Entwicklungsorientierung (*vgl. Ministerium für Schule und Weiterbildung des Landes NRW, Handreichung, 2017, S. 191*). Ergänzen lassen sich Individualisierung sowie Metakommunikation und -kognition.

2.5   Kompetenzraster

Um Menschen auf die beruflichen Aufgaben vorzubereiten, wird in der Ausbildung zur Erzieherin zwischen verschiedenen Kompetenzbereichen unterschieden, die als wesentliche Qualifikationen für die Berufsausübung angesehen werden (siehe Band 1, Lernfeld 1, Kap. 1.1).

Zu allen Lernfeldern sind in den Ausbildungsrichtlinien Kompetenzformulierungen enthalten, z. B.:

> „Die Absolventinnen und Absolventen […] sind in der Lage, pädagogische Beziehungen aufzubauen und professionell zu gestalten."
> *(Länderübergreifender Lehrplan, 2012, S. 21)*

> „Die Absolventinnen und Absolventen […] verfügen über Fertigkeiten, Ressourcen des einzelnen Gruppenmitgliedes festzustellen und in die Planung der Gruppenarbeit einzubeziehen."
> *(Länderübergreifender Lehrplan, 2012 S. 26)*

> „Die Absolventinnen und Absolventen […] verfügen über exemplarisch vertieftes Wissen über aktuelle Konzepte der Inklusion."
> *(Länderübergreifender Lehrplan, 2012, 2014, S. 29)*

Hieran können sich die angehenden Fachkräfte zunächst orientieren. Im Laufe der Zeit können sie aber eigene Kompetenzen formulieren, die deutlich individueller und konkreter formuliert werden können.

Im Rahmen der Portfolioarbeit leiten sich aus diesen Kompetenzen die Ziele und Kriterien des Portfolios ab. In einem Kompetenzraster können diese übersichtlich dargestellt werden.

> **Was ist das Kompetenzraster?**
> „Das Kompetenzraster ist eine Übersicht, in der Sie **alle Lernbereiche** auf einen Blick haben, und dazu alle Kompetenzen, die Sie in diesem Lernbereich erwerben sollen."
> *(von Raben, 2010, S. 87)*

Für die Studierenden bietet das Kompetenzraster zunächst Orientierung, denn es klärt Fragen: Was wird gefordert? Woran erkenne ich, ob meine Arbeit gut ist? Wie schaffe ich den Theorie-Praxis-Transfer?

Kompetenzraster können aber mit zunehmender Selbstständigkeit der Lerngruppe auch selbst erstellt werden, wodurch die Eigenverantwortung für den Lernprozess noch weiter angeregt wird. Dann steht die Frage im Vordergrund: Was will ich lernen, was will ich können?

Das Raster dient zur Strukturierung der Portfolioarbeit. Durch die Übersicht kann die Studierende ihre Arbeit für das Portfolio gezielter sammeln und entsprechend auswählen und sortieren. Es ist auch möglich, zu einzelnen Stufen konkrete Aufgaben zu formulieren, sodass die Studierende noch konkreter weiß, mit welchem Beleg sie welches Niveau nachweisen kann.

Gleichzeitig dient es der Selbstkontrolle: Jede Lernende kann ihre Ziele und Ergebnisse mit den Vorgaben vergleichen und unabhängig vom Lehrer einschätzen lernen.

Die folgenden Beispiele verdeutlichen, wie ausgefüllte, konkrete Kompetenzraster aussehen können.

Niveau/ Kompetenz- bereich	Niveau 1	Niveau 2	Niveau 3	Niveau 4	Niveau 5	Niveau 6
Sprach- erwerb [...]	Ich weiß, dass Kinder in ihrer Sprachentwicklung unterstützt werden müssen.	Ich weiß, in welchen Schritten sich der Spracherwerb von Kindern vollzieht. Ich kenne die entsprechenden Fachbegriffe und kann diese erklären.	Ich weiß, wie Erwachsene Kinder beim Spracherwerb unterstützen können. Ich kenne die entsprechenden Fachbegriffe und kann sie erklären.	Ich kann eine Interaktion zwischen einem Kind und einem Erwachsenen daraufhin beurteilen, ob die Sprachentwicklung des Kindes unterstützt wird oder nicht.	Ich kann eine Interaktion mit einem Kind so gestalten, dass ich seine Sprachentwicklung unterstütze und mein Vorgehen begründen.	Ich kann den Sprachstand eines Kindes und eventuellen Förderbedarf anhand von Beobachtungen feststellen und fachlich begründen.
Bilder- bücher [...]	Ich weiß und kann erklären, was Bilderbücher sind und worin ihre (sprach- förderliche) Bedeutung für Kinder besteht.	Ich kann Bilderbücher anhand von Qualitätskriterien beurteilen.	Ich kann Kriterien für eine dialogische Bilderbuch- betrachtung mit Kindern benennen.	Ich kann erkennen, ob jemand die Kriterien für eine dialogische Bilderbuch- betrachtung anwendet und begründetes Feedback geben.	Ich kann mit einer Gruppe Mitschüle- rinnen eine dialogische Bilderbuch- betrachtung durchführen und Feedback entgegennehmen.	Ich kann eine dialogische Bilderbuch- betrachtung anleiten und anschließend reflektieren. Ich kann meine Buch- auswahl begründen.
Sprach- förder- programme [...]	Ich kenne die bildungspolitischen Prämissen und Entscheidungen, die zur Initiierung von Sprach- förderung geführt haben.	Ich kenne den Unterschied zwischen gezielten Sprachför- derprogrammen und ganzheitlicher Sprach- förderung.	Ich kenne ein Sprach- förderprogramm und kann es grob beschreiben.	Ich kenne mindestens ein Sprach- förderprogramm genauer und kann Entstehungs- hintergrund, Konzept, Ziel und Durchführung erklären.	Ich kann verschiedene Programme in Bezug auf ihre Unterschiede und Gemeinsam- keiten vergleichen.	Ich kann beurteilen, ob ein bestimmtes Programm für eine bestimmte Gruppe von Kindern geeignet ist und meine Meinung fachlich begründen.

Auszüge aus einem Kompetenzraster (von Raben, 2010, S. 30)

Niveau/ Kompetenzbereich	Niveau 1: Mindestanforderungen	Niveau 2: solide Ergebnisse	Niveau 3: ausgezeichnete Ergebnisse
Verlauf des Besuches	Ich kann den Verlauf in sachlicher Sprache aus meiner Sicht realistisch mit Hilfe wiedergeben.	Ich kann den Verlauf in sachlicher Sprache realistisch, eigenständig und strukturiert wiedergeben.	Ich kann den Verlauf unter Verwendung von Fachsprache realistisch, eigenständig und strukturiert wiedergeben, auswerten und beurteilen.
Verhalten des Kindes/ der Kinder	Ich kann die Situation aus Sicht des Kindes wiedergeben.	Ich kann das Verhalten des Kindes sinnvoll erklären/ begründen.	Ich kann das Verhalten des Kindes aufgrund von Theoriewissen fachlich erklären.
Eigenes Verhalten	Ich kann mein eigenes Verhalten realistisch beschreiben.	Ich kann mein eigenes Verhalten realistisch beschreiben, begründen und beurteilen.	Ich kann mein eigenes Verhalten realistisch beschreiben, fachlich begründen und in Bezug auf Stärken und alternative Handlungsmöglichkeiten hin reflektieren.
Alternativen	Ich kann Alternativen mit Hilfe entwickeln.	Ich kann Alternativen eigenständig entwickeln und fachlich begründen.	Ich kann Alternativen eigenständig entwickeln, fachlich begründen und in der Praxis umsetzen.
Entwicklungsziele	Ich kann mit Hilfe allgemeine und vereinzelt konkrete Entwicklungsziele formulieren.	Ich kann eigenständig konkrete Entwicklungsziele formulieren und Überlegungen zu deren Erreichung anstellen.	Ich kann konkrete Entwicklungsziele formulieren und mich anschließend in der Praxis um die Umsetzung bemühen.

Kompetenzraster zur Reflexionsfähigkeit bei einem Praxisbesuch

Niveau/Kompetenzbereich	Niveau 1: Mindestanforderungen	Niveau 2: solide Ergebnisse	Niveau 3: ausgezeichnete Ergebnisse
Arbeitsplan	Ich kann mit Hilfe einen Arbeitsplan aufstellen und ihn für meine Arbeit nutzen.	Ich kann einen Arbeitsplan aufstellen und mit seiner Hilfe meine Arbeit strukturieren und durchführen.	Ich kann für mich und gemeinsam mit den anderen TN für meine Gruppe einen realistischen, strukturierten Arbeitsplan aufstellen und damit meine Arbeit stressfrei und fristgerecht realisieren.
Recherche	Ich kann mit vorgegebenem Material selbstständig arbeiten.	Ich kann selbstständig Material sichten, auswählen und damit arbeiten.	Ich kann aus diversen Quellen Material heranziehen und durcharbeiten sowie die Bedeutsamkeit für meine Arbeit erkennen, entsprechend auswählen und nutzen.
Erarbeitung eines neuen Themas [...] und dessen Eingrenzung durch Schwerpunktsetzung [...]	Ich kann mir mit Hilfe ein neues Thema erarbeiten und einen Schwerpunkt setzen.	Ich kann selbstständig ein neues Thema erarbeiten und mit Hilfe einen Schwerpunkt setzen. In Ansätzen erkenne ich den Unterschied von gesichertem Sachwissen und Alltagswissen.	Ich kann selbstständig ein neues Thema mit wissenschaftlichen Methoden erarbeiten, Schwerpunkte für meine weitere Arbeit setzen und dazu differenziert weiter forschen. Ich kann fundiertes Sachwissen klar von Alltagswissen unterscheiden.
Didaktisch-methodische Aufbereitung des Themas für die Arbeit mit Kindern/Jugendlichen	Ich habe Ideen für verschiedene, abwechslungsreiche methodische Herangehensweisen und kann in Ansätzen erkennen, welche geeignet sind, mit Kindern/Jugendlichen das ausgewählte Thema zu erarbeiten. Ich kann Ideen der Kinder/Jugendlichen ansatzweise berücksichtigen.	Ich kann in Ansätzen/mit Hilfe ein neues Thema für die Arbeit mit Kindern/Jugendlichen didaktisch aufbereiten. Teilweise sind die Methoden stimmig dazu ausgewählt. Ich versuche, die Kinder in die Planung einzubeziehen und ihre Ideen aufzugreifen, ohne mein gesetztes Ziel aus den Augen zu verlieren.	Ich kann ein neu erarbeitetes Thema didaktisch für die Arbeit mit Kindern/Jugendlichen reduzieren und dazu stimmig Methoden auswählen. Ich bin in der Lage, gemeinsam mit den Kindern/Jugendlichen ein Projekt zu planen, ihre Ideen flexibel einzubeziehen, unter Berücksichtigung eines „roten Fadens" und der gesetzten Ziele.
Umsetzung in der Praxis	Ich kann Kinder/Jugendliche für das gemeinsame Projekt begeistern und sie immer wieder zum Mitmachen motivieren.	Ich kann die Eigeninitiative und Selbstständigkeit der Kinder/Jugendlichen stärken.	Ich begleite die selbstständige Arbeit der Kinder/Jugendlichen durch Impulse und Anregungen.
Arbeit in der Gruppe	Ich arbeite in der Gruppe verlässlich. Übernommene Arbeiten erledige ich fristgerecht.	Ich trage durch Ideen und Inhalte zum Fortschritt der Gruppe bei. Ich lasse mich auf die anderen Gruppenmitglieder ein.	Ich greife Ideen und Inhalte anderer auf und entwickle sie weiter. Ich achte auf strukturierte Zusammenarbeit und komme immer wieder zum Thema zurück.

Kompetenzraster zum Lernbereich Projektarbeit (Viertel, 2011)

Die Tabellen verdeutlichen: So, wie es **das** richtige Portfolio nicht gibt, so gibt es auch nicht **das** Kompetenzraster. Erst recht nicht, wenn die Studierenden selbst und zusammen mit der Lehrperson ein Raster entwickeln und sich darin individuelle Aspekte widerspiegeln. Diese Bandbreite von Möglichkeiten ist auch sinnvoll, denn es erhöht die Identifikation der Beteiligten mit ihrer Arbeit und trägt so wesentlich zur Motivation bei.

Von Raben unterscheidet sechs Niveaustufen mit unterschiedlicher Komplexität. Die Differenzierung wird dadurch schwieriger, aber auch konkreter. Die Anforderungsbereiche Reproduktion, Anwendung und Transfer sind jeweils enthalten. Allerdings benennt sie eher die Tätigkeiten, die das jeweilige Niveau belegen können – es wird aber noch nicht bewertet, wie gut die Handlung jeweils ausgeführt wurde. Dies wird in der zweiten Tabelle stärker akzentuiert.

„Ich kann …"- bzw. „Ich weiß …"-Formulierungen verdeutlichen die Orientierung an den Stärken der Studierenden. Die Kompetenzraster zeigen, wie eng Theorie und Praxis verknüpft sind und wie in beiden Lernorten zusammenhängende Kompetenzen erworben werden können. Der hohe Aufwand bei der Erstellung lohnt sich, wenn es dabei „um häufig wiederkehrende und zentral wichtige Aufgabentypen geht" *(Winter, 2006, S. 168)*.

2.6 Die Bewertung von Portfolios

Portfolios oder Teile davon sollten immer bewertet werden, im Sinne einer Auswertung und Wertschätzung. Sie müssen aber nicht unbedingt eine Benotung in Form einer Ziffer erhalten. Sollte es jedoch eine Benotung in Form einer Ziffer geben, sind klare prozess- und produktorientierte Kriterien notwendig. Diese Kriterien müssen transparent und überprüfbar sein. Ein Portfolio ist ein sehr individuelles Produkt, das sich nicht einfach mit anderen vergleichen lässt. Bei der Bewertung von Portfolios besteht die Möglichkeit, nicht nur eine Leistung zu einem bestimmten Augenblick zu beurteilen, sondern einen Prozess anzuerkennen sowie Aufgaben, die aus Eigeninitiative heraus entstanden sind oder außerhalb von Schule und Praxisstelle erarbeitet wurden.

Egal, in welcher Form eine Bewertung dann stattfindet, wichtige Kriterien dabei sind – wie schon in den übrigen Arbeitsphasen – das Prinzip der Partizipation der Lernenden, das Prinzip der Transparenz und das Prinzip des gemeinsamen Dialogs.

Es wurde schon zuvor betont, dass die Studierenden daran beteiligt sein sollten, Kriterien und Maßstäbe für die Portfolioarbeit zu entwickeln (siehe Band 1, Lernfeld 1, Kap 2.3 und Kap. 2.5). Schon während dieser Arbeit bietet sich ein gegenseitiger Austausch an. So können z. B. Entwicklungsgespräche mit dem Lehrer stattfinden, auf die sich die Erstellerin des Portfolios vorbereitet und in denen sie erklärt, wie es ihr bei der Arbeit damit geht, welche Ziele sie sich gesetzt hat, welche Arbeiten sie bisher für gut gelungen hält und welche weniger und wie sie dies begründet, welche Fragen sie noch hat und welche Rückmeldung sie der Lehrperson eventuell geben möchte. Nach dem Gespräch können Ergebnisse überarbeitet und weiterentwickelt werden.

Bewertung im Dialog

Um gemeinsame Bewertungskriterien zu erstellen, gilt es zunächst, darüber nachzudenken, was einem selbst bei der Erstellung des Portfolios wichtig ist, worauf man selbst wert legt. Nach einer Phase des Austauschs der Studierenden untereinander können Kategorien gebildet werden im Hinblick auf die Frage, was ein gutes Portfolio ausmacht. Dabei können Oberpunkte genannt werden: z. B. Vollständigkeit, die Qualität der Beiträge und Reflexionen, die äußere Gestaltung und Kreativität sowie formale Aspekte *(vgl. von Raben, 2010, S. 52)*. Ebenso können Zielformulierungen, gewählte Lernmethoden, die Individualität der Beiträge oder abschließende Schlussfolgerungen einbezogen werden.

Die inhaltliche Konkretisierung und Gewichtung erfolgt ebenfalls gemeinsam, z. B. unter Zuhilfenahme des Kompetenzrasters. Plenumsdiskussionen können in dieser Phase zwar viel Raum einnehmen, jedoch schafft die gemeinsame Erarbeitung Transparenz und die Bereitschaft steigt, selbst erstellten Kriterien auch gerecht werden zu wollen. So ist es den Schülerinnen und Studierenden möglich, echte Verantwortung für die eigene Weiterentwicklung zu übernehmen.

> „Die Studierenden legen z. B. fest, dass alle Portfolios zu einem bestimmten Zeitpunkt abgegeben werden müssen. Wer nicht oder zu spät abgibt, bekommt Punktabzüge. Die Studierenden können mit dem Lehrer auch gemeinsam ein System erarbeiten, nach dem sie

> selbst inhaltlich bewertet werden. Es kann beispielsweise der Punkt Fachwissen enthalten sein. Spiegelt der Portfolioeintrag wider, dass der Schüler neues Wissen erworben und dieses auch verstanden/verinnerlicht hat? Der Einsatz verschiedener Medien könnte ein weiterer Kriterienpunkt sein. Die Vorgabe wäre dann beispielsweise mindestens drei verschiedene Medien bzw. Umsetzungsmethoden zu nutzen, um die Portfolioeinträge zu gestalten."
> *(Wagner, 2011, S. 11)*

Anhand von Selbsteinschätzungen und Fremdbeurteilungen (auch von Mitstudierenden), Zwischenrückmeldungen und besonders Gesprächen erfolgt der Dialog über den Arbeitsprozess und die Ergebnisse. Wie bei den Kompetenzrastern steht der individuelle Blick auf Stärken und Kompetenzen im Vordergrund. Ein achtsames Verhalten im kommunikativen Umgang miteinander sollte jederzeit beachtet werden.

↗ WIEDERHOLUNG

→ Ein Ausbildungsportfolio dokumentiert den eigenen Lernweg sowie erworbene Kompetenzen.

→ Gesammelt werden Originalarbeiten von Studierenden nach vorher festgelegten Zielen und Kriterien.

→ Es gibt verschiedene Formen von Portfolios.

→ Ziel von Portfolioarbeit ist es Selbstbildungsprozesse anzuregen und auf die Anforderungen des Erzieherberufs vorzubereiten.

→ Ein Kompetenzraster ermöglicht einen Überblick über alle Lernbereiche und Kompetenzen, die erworben werden sollen.

→·← AUFGABEN

1 [Reflexion]

1.1 Überlegen Sie:

→ Wann haben Sie in Ihrem bisherigen Leben erfolgreich gelernt?

→ Wie sind Sie dabei vorgegangen?

→ Welche Bedingungen müssen für Ihr effektives Lernen erfüllt sein?

→ Welche Schlussfolgerungen können Sie daraus für Ihr weiteres Lernen in dieser Ausbildung ziehen?

1.2 Schreiben Sie Ihre Gedanken auf.

1.3 Tauschen Sie sich in Vierergruppen über Ihre Erfahrungen und Schlussfolgerungen aus. Entwickeln Sie erste Ideen und Maßnahmen zur Schaffung eines effektiven und motivierenden Lernklimas. Schreiben Sie jeweils einen Aspekt auf eine Karte.

1.4 Präsentieren und diskutieren Sie die Ergebnisse im Plenum sowie mit der Lehrperson. Planen Sie die praktische Umsetzung der Ergebnisse.

1.5 Legen Sie ein Lerntagebuch an, in dem Sie Ihre kommenden Lernerfahrungen festhalten und überdenken.

2 [Planung und Konzeption]

2.1 Beschaffen Sie sich für Ihr Portfolio eine Mappe, einen Ordner oder anderes Material, das Ihrer Meinung nach geeignet ist, um Ergebnisse, Unterlagen u. Ä. zu sammeln und später zu strukturieren.

2.2 Schauen Sie sich die Ergebnisse aus den vorherigen Kapiteln an, z. B. in Bezug auf Ihre anfänglichen Erwartungen und Befürchtungen und Ihre gemeinsam erstellten Klassenregeln. Oder nutzen Sie zusätzliche Unterlagen aus anderen Unterrichtsstunden.

Überlegen Sie nun, welche Ergebnisse für Sie infrage kommen, um in ein Ausbildungsportfolio aufgenommen zu werden:

→ Welche zeigen Ihre Anfangssituation in der neuen Ausbildung?

→ Welche Erkenntnisse haben Sie in der ersten Zeit bereits gewonnen?

→ Warum wählen Sie gerade diese Belege aus?

2.3 Stellen Sie Ihre Überlegungen zur Auswahl schriftlich dar.

[Querschnittsaufgabe Partizipation]

2.4 Welche Ziele leiten Sie aus den bisherigen Ergebnissen für Ihre weitere Portfolioarbeit ab? Notieren Sie sie.

Diese Belege mit den entsprechenden Reflexionen können den Beginn Ihres eigenen Ausbildungsportfolios darstellen. Weitere Ergebnisse und Entwicklungen können sich ebenfalls an Texten und Aufgaben des vorliegenden Buches „Kein Kinderkram!" orientieren. Mit der Zeit werden Ihnen aber sicherlich viele eigene Ideen einfallen, was Sie wie und warum und mit welchem Ergebnis in Ihrem Portfolio festhalten wollen.

3 [Planung und Konzeption]

3.1 Erstellen Sie ein eigenes Kompetenzraster mit Kompetenzbereichen zum Thema „Selbst organisiertes Lernen".

Finden Sie zunächst heraus, welche Kompetenzen dazu gehören. Notieren Sie diese in der Spalte „Kompetenzbereiche".

Überlegen Sie dann, was die angestrebten Kompetenzen jeweils konkret ausmacht: Welche Eigenschaften und Fähigkeiten sind erforderlich für diese Kompetenz? Formulieren Sie Abstufungen. Die Anzahl der Kompetenzbereiche und Niveaustufen legen Sie selbst fest.

Nutzen Sie „Ich kann/Ich weiß …"-Formulierungen als Satzanfänge.

3.2 Tauschen Sie sich in Kleingruppen und im Plenum aus. Diskutieren Sie Inhalte und Formulierungen. Beachten Sie dabei Kap. 2.5 und einigen Sie sich auf ein Raster. Überarbeiten Sie gegebenenfalls Ihr Raster.

3.3 [Querschnittsaufgabe Partizipation]

Entwickeln Sie eigene Ideen, mit welchen möglichen Produkten Sie das Erreichen der verschiedenen Niveaustufen zu verschiedenen Kompetenzbereichen nachweisen könnten.

4 [Analyse und Bewertung]

4.1 Bilden Sie Kleingruppen und nehmen Sie einen selbst erstellten Portfoliotext sowie ein leeres Blatt zur Hand.

Dann geben Sie Ihren Text und das leere Blatt an Ihre rechte Sitznachbarin weiter. Jede Gruppenteilnehmerin verfährt genauso, sodass jede einen fremden Text erhält.

4.2 Lesen Sie den Text jede für sich, notieren Sie dann auf dem leeren Blatt Anmerkungen und Verbesserungsvorschläge – gekennzeichnet mit Ihrem Namen für eventuelle spätere Rückfragen.

Anschließend werden Text und Blatt weiter nach rechts gereicht und es wird wie beschrieben weiter verfahren, bis Sie Ihren eigenen Text wieder in der Hand halten.

4.3 Mit den Anmerkungen der Mitstudierenden können Sie nun Ihre Überarbeitung beginnen. Eventuell klären Sie noch offene Fragen oder Vorschläge mit einzelnen Mitstudierenden.

5 [Analyse und Bewertung]
Inhaltliche **Bewertungskriterien** für das Portfolio können Sie anhand des Rasters genauso entwickeln wie in Aufgabe 3. Ergänzen Sie Ihre Kriterien durch formale, gestalterische oder organisatorische Punkte (siehe Kapitel 2.6).

→ Anhand dieser Arbeit werden folgende Kompetenzen sichtbar: …
→ Diese Arbeit ist für meine pädagogische Arbeit bedeutsam, weil …
→ Ich werde dieses Dokument noch einmal überarbeiten (Ja/Nein, weil …).

6 [Reflexion]
Werten Sie ein Portfolioprodukt anhand folgender Aspekte aus:
→ So habe ich an dieser Aufgabe gearbeitet: …
→ Ich finde daran gelungen …
→ Das habe ich dabei gelernt: …

7 [Planung und Konzeption]
Überlegen Sie, wenn Sie längere Zeit mit dem Portfolio gearbeitet haben, welche Aspekte der Arbeit am Ausbildungsportfolio sich auf die praktische Portfolioarbeit mit Kindern übertragen lassen. Lesen Sie dazu auch in „Kein Kinderkram!", Bd. 2, Lernfeld 4, Kap. 3.7 zum Portfolio.

Kompetenzen, die in diesem Kapitel erworben werden können:

- Die Absolventinnen und Absolventen verfügen über breites und integriertes Wissen zu Lern- und Arbeitstechniken.

Fthenakis, Wassilios E. u. a.: Natur-Wissen schaffen. Bd. 6: Portfolios im Elementarbereich. Troisdorf: Bildungsverlag EINS 2009.

Länderübergreifender Lehrplan Erzieherin/ Erzieher, Qualitäts- und UnterstützungsAgentur - Landesinstitut für Schule (QUA-LiS NRW), 01.07.2012. In: www.berufsbildung.nrw.de/cms/ upload/fs/download/sozial/laenderuebergr-lp-erzieher.pdf [21.09.2020].

Ministerium für Schule und Weiterbildung des Landes Nordrhein-Westfalen (Hrsg.): Handreichung. Unterrichtsentwicklung im Bildungsgang Fachschulen des Sozialwesens Fachrichtung Sozialpädagogik. Stand Juni 2017. In: www.berufs-bildung.nrw.de/cms/upload/fs/handreichung_fach-schule-sozialpaedagogik_06-2017.pdf [21.09.2020].

Raben, Barbara von: Portfolios in der Ausbildung pädagogischer Fachkräfte. Selbstorganisiert lernen – Lernentwicklung dokumentieren. Mülheim: Verlag an der Ruhr 2010.

Reich, Kersten (Hrsg.): Methodenpool. 2017. In: www. methodenpool.uni-koeln.de/portfolio/portfolio_darstellung.html [21.09.2020].

Seminar fur Kirchlichen Dienst. Fachschule fur Sozialpädagogik, Greifswald: Pädagogik und Konzept. In: www.seminar-greifswald.de/schule/paedagogik-konzept [21.09.2020].

Viertel, Irmgard: Die Bedeutung formulierter Kompetenzen/Kompetenzraster in der Portfolioarbeit. Powerpoint-Präsentation im Rahmen der Fortbildung „Portfolio in der ErzieherInnen-Ausbildung". Köln, 19.05.2011.

Wagner, Yvonne: Erziehen, bilden und begleiten. Das Portfoliobuch für Erzieherinnen und Erzieher. Köln: Bildungsverlag EINS 2011.

Winter, Felix: Ein Schnellkurs in Sachen Portfolio, In: www.friedrich-verlag.de/fileadmin/redaktion/ user_upload/Special/Portfolio_Schule/Material/ Schnellkurs_Portfolio.pdf [21.09.2020].

Winter, Felix: Wir sprechen über Qualitäten. Das Portfolio als Chance für eine Reform der Leistungsbewertung. Konzepte und Erfahrungen aus Schule und Lehrerbildung. In: Brunner, Ilse/Häcker, Thomas/Winter, Felix (Hrsg.): Das Handbuch Portfolioarbeit. Seelze: Friedrich Verlag 2006.

3   Biografiearbeit und Berufswahlmotive

Anja Berkemeier

Die Einrichtungsleiterin Frau Fiedler bietet der Praktikantin an, ein Vorstellungsgespräch im Kindergarten zu beobachten. Sie meint, dass dies eine gute Anregung sei, um anschließend mit ihr über ihre eigenen Einstellungen zu diesem Beruf zu sprechen.

Ein 21-jähriger junger Mann (Oliver) stellt sich vor.

„Sie wollen also in unserer Einrichtung das Praktikum für Ihre Ausbildung als Erzieher machen. Wie kam es zu Ihrer Entscheidung?", fragt Frau Fiedler zu Beginn. „Na ja, meine Mutter ist Erzieherin und mein Vater Sozialpädagoge. Ich habe von klein auf diese soziale Schiene mitbekommen, ist mir wohl in die Wiege gelegt", erwidert Oliver.

„Warum haben Sie denn dann erst eine Optikerlehre begonnen?", wundert sich Frau Fiedler.

„Ich wusste eigentlich gar nicht so richtig, was ich machen soll. Und manchmal ist mir das pädagogische Ge-

rede meiner Eltern ganz schön auf die Nerven gegangen und ich dachte: Das machst du nie. Deshalb habe ich dann erst mal ganz was anderes versucht. Allerdings habe ich recht schnell festgestellt, dass Optiker auf jeden Fall nichts für mich ist. Meine Mutter sagte mal, dass ich gut mit Kindern umgehen könne. Ich mache es eigentlich so wie meine Eltern: So, wie sie mich erzogen haben, fand ich echt in Ordnung. Sie haben mir viele Freiheiten gelassen."

Die Leiterin nickt: „Hm. Obwohl Sie als Erzieher ja nicht nur mit Kindern zu tun haben werden. Wie stellen Sie sich den Beruf vor? Es interessiert mich sehr, wissen Sie. Denn wir haben nur sehr selten Männer bei uns im Kindergarten. Die denken oft, das sei nur was für Frauen, die basteln, und der Beruf entspräche nicht ihren Gehaltsvorstellungen."

Oliver erzählt und macht deutlich, dass er sich auch für den Bereich der Heimerziehung interessiert. Das Gespräch nimmt seinen Lauf ...

↘ FRAGEN

→ *Warum entscheiden sich Menschen für den Erzieherberuf?*

→ *Warum will ich gerade Erzieher/Erzieherin werden?*

→ *Warum ist es wichtig, darüber nachzudenken?*

3.1 Der Begriff Biografie

Herbert Gudjons, Professor für Allgemeine Erziehungs-wissenschaft, hat sich in seinem Buch „Auf meinen Spuren" ausführlich mit dem Lernen durch die eigene Biografie beschäftigt:

> **Biografie** bedeutet für Gudjons: „[...] eine in einem lebenslangen Prozess erworbene Aufschichtung von Erfahrungen, die bewusst oder unbewusst geronnen in unser Handeln eingehen."
>
> *(Gudjons u. a., 1996, S. 16)*

Erfahrung wird dabei nicht nur als etwas angesehen, woran man sich erinnert. Erfahrung ist zugleich ein ganzheitlicher, den Körper und die Sinne ansprechender Vorgang, der auch unbewusst geschehen kann.

„Biografie ist keine ahistorische/ungesellschaftliche ‚Privatsache‘, vielmehr werden Erfahrungen in konkreten geschichtlichen und gesellschaftlichen Bezügen erworben. In der Lebensgeschichte des einzelnen Menschen spielen sich die historischen/gesellschaftlichen/kulturellen und familialen Bedingungen ab, vor deren Hintergrund sich die biografischen Erfahrungen aufgeschichtet haben."
(Gudjons u. a., 1996, S. 16)

> Ein Beispiel ist die ehemalige Teilung Deutsch-lands, die eine politisch-gesellschaftliche Bedingung war und gleichzeitig unterschied-lichen Einfluss auf jeden Einzelnen und viele Familien hatte.

Biografische Selbstreflexion

Die eigene Biografie wird vielschichtig geprägt und beeinflusst gleichzeitig unser momentanes Handeln und Denken – sogar die ganze Persönlichkeit. Im Alltag denkt der Mensch meist selten darüber nach. Er ist sich dieser Einflussfaktoren wenig bewusst. Doch gerade in pädagogischen Berufen und bei der Arbeit mit anderen Menschen ist die **Bewusstmachung und Reflexion** dieser Einflüsse besonders wichtig. Denn sie lenken das eigene Handeln stark.

> „Unter ‚**biografischer Selbstreflexion**‘ verstehen wir eine (Wieder-)Aneignung der eigenen Biografie, den Versuch, die Erfahrungen, die unsere Identität geprägt haben und in unser heutiges Handeln eingehen, transparent zu machen. Durch rückschauendes Betrachten, durch das Aktualisieren der zu den vergangenen Erfahrungen gehörigen Gefühle, durch Vergegenwärtigung der damaligen Lebenssituation sollen die Erfahrungen, die unsere Persönlichkeit geformt haben, ins Bewusstsein gerufen und wiederbelebt werden. Die so gewonnenen Erinnerungen werden einer Reflexion unterzogen, die über die unhinterfragten Strukturen alltäglichen Denkens hinausgeht und theoriegeleitet ist."
>
> *(Gudjons u. a., 1996, S. 24)*

Es spielt keine Rolle, ob dies Erfahrungen einer „sorglosen" Kindheit waren oder die Erfahrung einer Trennung, Scheidung oder gar des Todes.

Biografische Selbstreflexion zielt zum einen auf **Selbsterkenntnis:** Diese erfolgt durch das Verstehen der eigenen „Gewordenheit". Gemeint ist damit,

- zu verstehen, wie das momentane Handeln durch die eigene Lebensgeschichte geprägt ist,
- sich an vergangene Erfahrungen zu erinnern und sie neu zu interpretieren,
- den Gesamtzusammenhang zu erkennen sowie
- sich wiederholende Verhaltens- und Beziehungsmuster zu verdeutlichen.

Eng damit verbunden ist zum anderen die Möglichkeit zur **Identitätsfindung:** „Durch das Verstehen kann ein Annehmen/ein Versöhnen mit der eigenen Geschichte oder mit bestimmten Anteilen der Persönlichkeit gelingen. Darin liegt das Potenzial zur Weiterentwicklung, zum persönlichen Wachstum, zur Entfaltung der Persönlichkeit."
(Gudjons u. a., 1996, S. 11)

Letztendlich ermöglicht die biografische Selbstreflexion ein Begreifen gesellschaftlicher Bedingungen: Werden diese mit den eigenen Erfahrungen in Verbindung gebracht, sind die Erkenntnisse eindringlicher, als dies über gesellschaftstheoretische Einsichten vermittelbar wäre. Sie können „eine Motivation zur Veränderung der politischen Einstellung und zum Eingreifen in gesellschaftliche/politische Praxisfelder mit sich bringen" *(vgl. Gudjons u. a., 1996, S. 11).*

3.2   Auseinandersetzung mit den eigenen Berufswahlmotiven

Nicht nur bei Vorstellungsgesprächen, auch im Alltagsleben, in der Familie und unter Freunden wird man oft gefragt: „Warum willst du das machen? Warum hast du dich so und nicht anders entschieden?" Einigen fällt die Antwort dann gar nicht leicht: „Es ergab sich einfach so." Sie haben bisher nicht bewusst darüber nachgedacht, wie es zu einer Entscheidung gekommen ist.

In pädagogischen Berufen ist es wichtig, sich die Gründe der eigenen Berufswahl zu verdeutlichen: Die eigene Berufsmotivation beeinflusst direkt das erzieherische Verhalten (Querschnittsaufgabe: Wertevermittlung). Der Umgang mit anderen Menschen, durch den diese Berufe geprägt sind, ist immer beeinflusst durch die eigene Lebensgeschichte. Man kann sehr viel aus seinen eigenen Erfahrungen lernen.

Gerade in Situationen, in denen Änderungen bevorstehen, wie z. B. bei einer neuen Ausbildung, sollte klar sein: „Will ich diese Ausbildung? Brauche ich das noch? Stimmen meine Erwartungen? Wie kann ich Neues in bisherige Erfahrungen integrieren?" Die Gründe entscheiden über die **berufliche Identität.**

> „Sicherlich hat der Wunsch, Erzieherin zu werden, immer etwas mit der Person selber zu tun, die sich aus ihrer besonderen Lebenssituation dafür entscheidet, in Zukunft mit Kindern gemeinsam zu leben und zu lernen."
>
> *(Krenz, 1999, S. 10)*

Macht man sich diese Aspekte bewusst, können mögliche Beeinflussungen deutlich werden: „Wer oder was treibt mich?" Wichtig ist dann die Überlegung, ob man damit zufrieden ist oder doch gern etwas anderes machen würde. Sonst bleibt das eigene Handeln unklar.

Das Verstehen der eigenen Geschichte hilft auch, andere Menschen zu verstehen, die eigenen Standpunkte zu relativieren und Toleranz zu üben. So werden voreilige Schlüsse und Schubladendenken verhindert.

Bei Berufswahlmotiven geht es um die Frage, warum sich jemand für einen bestimmten Beruf entscheidet. Eine Auseinandersetzung und Überprüfung ist wichtig, um Klarheit zu erhalten, ob die Berufswahl richtig war.

Armin Krenz hat sich ausführlich mit einzelnen Motiven beschäftigt, die er dabei kritisch hinterfragt und auf ihre Tragfähigkeit hin überprüft *(vgl. Krenz, 1999, S. 10 ff.).* Im Folgenden werden sie kurz vorgestellt.

1. Motiv: Abgrenzung

Wer z. B. nicht mit Maschinen arbeiten will, definiert den Berufswunsch aus der Abgrenzung heraus, was nicht infrage kommt. Der Berufswunsch Erzieherin könnte als Alternative zu etwas anderem gefunden werden, ohne sich genau für etwas zu entscheiden. Das kann zu Enttäuschungen führen, weil eigene Ziele nicht unmissverständlich formuliert wurden.

2. Motiv: Leben mit Kindern

Die Berufsmotivation, gern mit Kindern zu spielen, zu werken oder zu musizieren, ist ein ganz wichtiger emotionaler Faktor lebendiger Pädagogik. Vergessen darf man aber nicht, dass die Arbeit mit Kindern immer auch bedeutet, sich mit Kolleginnen und Eltern, dem Träger und anderen Einrichtungen auseinanderzusetzen. Wer nur an die Arbeit mit den Kindern denkt, könnte von den vielschichtigen Anforderungen überfordert sein.

3. Motiv: Selbstverwirklichung

Wer als zukünftige Erzieherin lediglich eigene Wünsche, Werte und Erwartungen in die Arbeit einbringt, lässt Kinder zu Randfiguren werden. Keinesfalls darf vergessen werden, dass Bedürfnisse von Erwachsenen Kindern nicht übergestülpt werden dürfen. Bei der Planung muss die Perspektive und Lebenssituation der jeweiligen Kinder im Vordergrund stehen.

4. Motiv: Aktivität

Viele Kinder leben heute in einem wahren Konsumrausch, in dem es vor allem darum geht, möglichst viel in möglichst kurzer Zeit zu erleben. Dabei kommen Kinder immer weniger zur Ruhe. Demgegenüber hat der Kindergarten die Aufgabe, Kindern dabei zu helfen, das, was erlebt wird, mit Ruhe und Zeit intensiv aufzunehmen: „Weniger das Viele als Vielmehr das Wenige."

Aktivität um jeden Preis?

5. Motiv: Wiedergutmachung

Nicht selten haben Frauen den Wunsch, Erzieherin zu werden, um selbst erlebte Ungerechtigkeiten und bedrückende Erlebnisse auszugleichen: „Was mir passiert ist, soll anderen nicht passieren." Dieses Motiv der Berufswahl ist zwar verständlich, aber für die Entwicklung von Kindern nicht hilfreich. Häufig lässt sich beobachten, dass diese Erzieherinnen darauf bedacht sind, gefährliche Situationen schnell zu klären oder erst gar nicht entstehen zu lassen. Dadurch entsteht bei Kindern jedoch Pessimismus und sie entwickeln Angst vor Gefahren.

6. Motiv: gefühlsbetonte Tätigkeit

Der Beweggrund, von Natur aus gut mit Kindern umgehen zu können, oder zu glauben, die Tätigkeit einer Erzieherin sei ein gefühlsbetontes Erleben mit Kindern, ist weit verbreitet. Dies ist aber eine sehr naive Vorstellung von Pädagogik. Wozu bräuchte man dann eine Ausbildung oder Fort- und Weiterbildung? Richtig ist wieder, dass Pädagogik etwas mit dem eigenen Menschsein zu tun hat und nicht nur als Methodenorientierung ver-

standen werden sollte. Pädagogik braucht aber auch fachliche Kompetenzen und Hintergrundwissen, Didaktik und methodisches Wissen für eine professionelle Planung, Zielformulierung und die praktische Arbeit.

7. Motiv: Vorbereitung auf die eigene Familie

Wird der Beruf als gute Vorbereitung auf die eigene Elternrolle gesehen, dient er vor allem der eigenen Rollenfindung. Beobachtungen in der Praxis zeigen, dass pädagogische Fachkräfte mit dieser Berufsmotivation sehr fürsorglich sind und Kinder eher führen als begleiten. Persönliche Enttäuschungen machen sich breit, wenn Kinder ihre eigenen Vorstellungen umzusetzen versuchen.

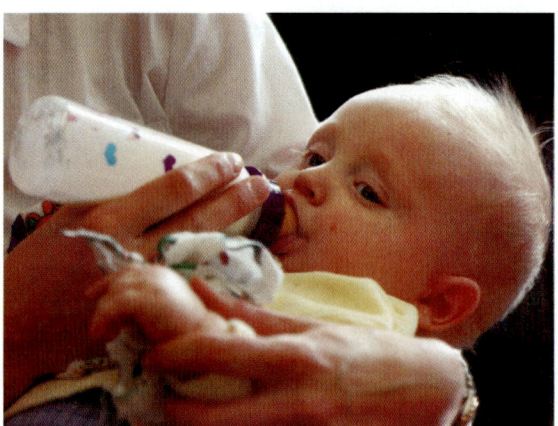

„Meine Kinder!?"

8. Motiv: Abwesenheit von Stress

Die Vorstellung vom Berufsbild der Erzieherin, dass es in diesem Beruf weniger Stress und Ärger gibt als in anderen Berufen, ist sehr unrealistisch. Immer mehr stellen

Eltern an die Einrichtungen hohe Erwartungen und die Kinder sollen Verhaltensweisen lernen, die in ihrer Entwicklung noch kaum oder zu wenig ausgeprägt sind. Gesellschaftlich und politisch gilt der Kindergarten als zweite „Sozialisationsinstanz" neben dem Elternhaus, und die Anforderungen steigen. Gleichzeitig verschlechtern sich die Rahmenbedingungen durch extremen Personalmangel in vielen Regionen.

3.3 Berufsbezogene Persönlichkeitsentwicklung

Die berufsbezogene Persönlichkeitsentwicklung ist ein wichtiges Ziel der Ausbildung. Dazu gehört die berufliche, persönliche und soziale Entwicklung des Einzelnen. Es geht darum, sich selbst kennenzulernen, die eigenen Stärken und Schwächen zu erforschen, sich persönliche Eigenarten bewusst zu machen und die Wirkung auf andere zu erfahren und zu reflektieren.

In den folgenden Aufgaben werden Möglichkeiten vorgestellt, sich diese eigenen Erfahrungen und Eigenarten bewusst zu machen. Dadurch wird ein erster Schritt zur Reflexion unternommen. Möglicherweise werden ambivalente Gefühle deutlich. Manchen kann es auch schwerfallen, diese Gefühle anderen gegenüber zu äußern.

Nach einer solchen Bewusstmachung stellen sich jedoch folgende neuen Fragen:
- Wie gehe ich mit diesen Ergebnissen um?
- Was habe ich davon?
- Wie möchte ich mich weiterentwickeln?

Wenn die Gründe für die Berufsentscheidung geklärt sind, muss im nächsten Schritt überlegt werden, was man nun in der Ausbildung lernen möchte. Dadurch entstehen neue Ziele.

So bildet sich letztendlich eine eigene **berufliche Identität** heraus: Neben den biografischen und persönlichen Merkmalen gehören dazu fachliche und inhaltliche Aspekte, um den Berufsalltag mit einzelnen Menschen und Gruppen zielgerichtet gestalten zu können und Überforderungen zu vermeiden *(vgl. Sekretariat der ständigen Konferenz der Kultusminister der Länder der Bundesrepublik Deutschland, Kompetenzorientiertes Qualifikationsprofil, 2017, S. 6).*

↗ WIEDERHOLUNG

Die eigene Biografie zu reflektieren (Selbstreflexion) ist ein Grundbaustein in der Ausbildung. Eigene Erfahrungen beeinflussen die Berufswahlmotivation und das eigene pädagogische Handeln stark.

Mögliche Berufswahlmotive:
1. Der Wunsch, mit Menschen und nicht mit „toter Materie" arbeiten zu wollen
2. Der Wunsch, mit Kindern und nicht mit Erwachsenen arbeiten zu wollen
3. Die Hoffnung, sich in dem Beruf selbst zu verwirklichen
4. Die Vorstellung, mit Kindern viel zu erleben und aktiv zu sein
5. Der Wunsch, eigene schlechte Erfahrungen wiedergutmachen zu können: „Was mir passiert ist, soll anderen nicht passieren"
6. Die Vermutung, dass allein gefühlsmäßige Qualitäten für den Umgang mit Kindern entscheidend seien
7. Die Hoffnung, dass die Arbeit auf die eigene Elternrolle vorbereitet
8. Die Annahme, dass der Kindergarten ein stressfreier Raum sei, der ein Gegengewicht zur „harten Außenwelt" darstellt

→·← AUFGABEN

Gudjons hat selbst Übungen zur biografischen Selbstreflexion entwickelt. Hier wird eine Standard-übung vorgestellt, die für verschiedene Fragestellungen und Problembereiche verwendet werden kann:

1 **[Wissen und Verstehen]**
Lebenslinie:
Ziel dieser Aufgabe ist die Bewusstmachung von Ereignissen und Erfahrungen, die die individuelle Lebensentwicklung entscheidend beeinflusst und geprägt haben. Zudem unterstützt die Übung das gegenseitige Kennenlernen in einer Gruppe.

1.1 Zeichnen Sie auf einem quer liegenden Blatt (DIN A4) eine Linie nach dem nebenstehenden Schema. Die Waagerechte symbolisiert Ihren Lebenslauf. Die Senkrechte dient als Skala für die individuelle Einschätzung.

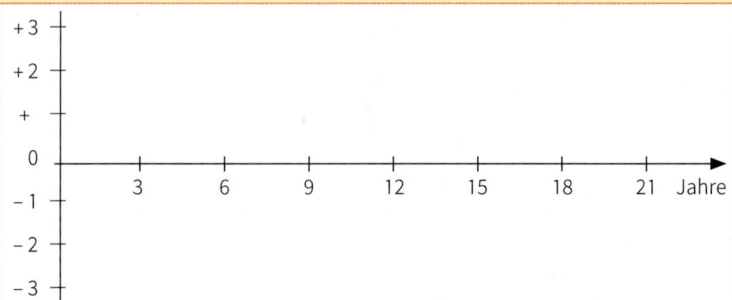

Tragen Sie nun für Sie wichtige Ereignisse in diese Zeitlinie ein und geben Sie durch ein Kreuz an, wie Sie sich damals gefühlt haben (- 3 = miserabel, + 3 = sehr gut und zufrieden). Wichtig sind vor allem die Stationen, die „Wendepunkte" und prägende Erlebnisse für heutige Lebenssituationen bedeuten. Verbinden Sie die Kreuze dann mit einer Linie.

1.2 Die Lebenslinien werden mit dem Namen versehen und an die Wand gehängt. Die Teilnehmerinnen betrachten alle, können die betreffende Person befragen und ihre Eindrücke mitteilen.

1.3 Sprechen Sie abschließend über Ähnlichkeiten und Unterschiede in den Lebensläufen.

2 **[Analyse und Bewertung]**
Ziel ist hierbei, herauszufinden, welche Personen oder Faktoren Einfluss auf Ihre Berufswahl hatten und wie wichtig sie im Einzelnen waren.

2.1 Zeichnen Sie in die Mitte eines DIN-A3-Blattes einen Kreis, in den Sie Ihren Berufswunsch „Erzieher/ Erzieherin" eintragen. Verteilen Sie um den Kreis acht weitere Kreise nach nebenstehendem Schema.

2.2 Versetzen Sie sich in Gedanken zurück in die Zeit, als Sie entschieden haben, diesen Beruf zu wäh-

len. Tragen Sie neben die Kreise ein, was Ihnen zu den einzelnen Bereichen einfällt. Wenn etwas Wichtiges fehlt, haben Sie einen freien Kreis zur Verfügung.

2.3 Zeichnen Sie Pfeile von den Kreisen ausgehend zur Mitte hin. Zeigen Sie durch die Dicke der Pfeile an, wie wichtig die einzelnen Bereiche für Ihre Entscheidung waren.

2.4 Nehmen Sie sich nun Zeit, das Gezeichnete zu betrachten. Decken Sie mit der Hand der Reihe nach jeden Bereich einmal zu und stellen Sie sich vor, was gewesen wäre, wenn dieser Einfluss nicht vorhanden gewesen wäre. Was wäre dann aus Ihnen geworden?

2.5 Reflektieren Sie in Kleingruppen nach folgenden Fragen:

- Wenn ich noch mal in der Situation wäre, wie würde ich mich dann entscheiden?
- Was gefällt mir an meiner Entscheidung?
- Wie geht es weiter? Wovon hängt das ab?

3 [Analyse und Bewertung]

Lesen Sie das Kapitel zu den Berufswahlmotiven (3.2).

3.1 Sehen Sie Übereinstimmungen mit eigenen Motiven? Welche Berufswahlmotive sind neu? Was halten Sie von den für Sie neuen Motiven?

3.2 **Querschnittsaufgabe Wertevermittlung:** Überlegen Sie, welche Motivation hilfreich bzw. weniger hilfreich ist, um auch in Zukunft zufrieden mit der Berufswahl zu bleiben.

Legen Sie eine Tabelle nach folgender Vorlage an und ordnen Sie zu. Begründen Sie Ihre Entscheidung.

Berufswahl-motiv	hilfreich	wenig hilfreich
...	...	...
...	...	...

3.3 Diskutieren Sie das Ergebnis.

4 [Planung und Konzeption]

Lernzielformulierung:

Jeder nimmt ein DIN-A3-Blatt und unterteilt es in vier Spalten. Entwickeln Sie individuelle Ziele in Bezug auf folgende Fragen:

Name: ...	Was möchte ich hier lernen?	Was kann ich selbst dafür tun, dass ich diese Ziele erreiche?	Wodurch kann die Schule mich unterstützen, dass ich diese Ziele erreiche?
Umgang mit mir selbst	...	...	...
Umgang mit anderen	...	...	...
fachliche Kenntnisse	...	...	...

Planen Sie erste Maßnahmen zur Erreichung Ihrer Ziele. Bewahren Sie das Blatt gut auf und nutzen Sie es für regelmäßige Reflexionen, z. B. nach dem ersten Halbjahr Ihrer Ausbildung. Eventuell kann gemeinsam mit den Ausbildungslehrern über die Inhalte gesprochen werden.

Kompetenzen, die in diesem Kapitel erworben werden können:

- Die Absolventinnen und Absolventen verfügen über Fertigkeiten, ihre Berufsmotivation vor dem Hintergrund der eigenen Biografie zu analysieren.

Gudjons, Herbert/Pieper, Marianne/Wagener, Birgit: Auf meinen Spuren. Das Entdecken der eigenen Lebensgeschichte. Hamburg: Bergmann + Helbig Verlag. 1996.

Krenz, Armin: Kompetenz und Karriere. Für ein neues Selbstverständnis der Erzieherin. Freiburg i. Br.: Herder Verlag. 1999.

Sekretariat der ständigen Konferenz der Kultusminister der Länder in der Bundesrepublik Deutschland (Hrsg.): Kompetenzorientiertes Qualifikationsprofil für die Ausbildung von Erzieherinnen und Erziehern an Fachschulen und Fachakademien. 2011 (i. d. F. von 2017).

4 Geschichte der Professionalisierung des Berufsfeldes

Stefanie Dreißen

Der Studierende Oliver hat sich in einer städtischen Kindertageseinrichtung um ein Praktikum beworben. Die Einrichtungsleiterin bietet ihm an, einen Tag zu hospitieren.

An seinem ersten Praktikumstag wird Oliver von Jana, einer Studierenden im ersten Ausbildungsjahr, durch die gesamte Kindertageseinrichtung geführt. Sie zeigt ihm alle Räumlichkeiten. Im großen Flur befindet sich derzeit eine Ausstellung mit alten Schwarz-Weiß-Fotos, die Kinder und auch das Betreuungspersonal zeigen.

Oliver: „Was sind denn das für Fotos?"

Jana: „Wir haben in der vergangenen Woche ein großes Fest gefeiert – nämlich das 125-jährige Bestehen unseres Kindergartens! Und dafür haben wir alte Bilder herausgesucht und diese Collage zusammengestellt."

Oliver: „Wie? Vor 125 Jahren gab es schon Kindergärten?"

Jana: „Oh ja. Soweit ich weiß, wurde der erste Kindergarten von Friedrich Fröbel in Thüringen gegründet. Das ist schon viel länger als 125 Jahre her. Auch Kindergärtnerinnen hat er bereits ausgebildet."

Oliver: „Damals gab es schon Erzieherinnen? Erzieher auch?"

Jana: „Die Anfänge des Berufs liegen im 19. Jahrhundert. Erzieherin oder Erzieher wurde dieser Beruf damals aber noch nicht genannt. Leider kann ich Dir zur Geschichte unseres Berufes auch nicht viel mehr sagen …"

↘ FRAGEN

→ *Was wissen Sie bereits über die Geschichte des Berufs?*

→ *Warum sollten sich angehende Erzieher und Erzieherinnen mit der Geschichte des Berufsfeldes auseinandersetzen?*

4.1 Anfänge im Erziehungswesen

Die Gouvernante

Der Beruf der Gouvernante (lat. gubernare = lenken, leiten) entstand im 17. Jahrhundert in Frankreich. Eltern aus Adel und Großbürgertum übertrugen die Erziehung ihrer Kinder einer unverheirateten jungen Frau. Die Gouvernante wurde beschäftigt, um die Kleinkinder der Familie zu betreuen und zu erziehen oder auch die Töchter des Hauses zu unterrichten. Im Deutschland des 18. und 19. Jahrhunderts stammten Gouvernanten in der Regel selbst aus gebildeten Familien. Der Beruf der Gouvernante stellte in dieser Zeit für Frauen aus der gebildeten Mittelschicht eine der wenigen Möglichkeiten dar, überhaupt einen standesgemäßen Beruf auszuüben.

Der Beruf wurde fast nur von unverheirateten Frauen ergriffen. Eine pädagogische Ausbildung hatten sie nicht, sie verfügten aber über Kenntnisse in Fremdsprachen, Literatur und Kunst.

Mit dem wachsenden Bildungsbewusstsein erlebte der Beruf in der ersten Hälfte des 19. Jahrhunderts einen beachtlichen Aufschwung. Später nahmen häufig Lehrerinnen oder Kindergärtnerinnen diese Stellen ein, sodass der Beruf Mitte des 19. Jahrhunderts allmählich wieder verschwand.

4.2 Außerfamiliäre Kleinkindererziehung im 19. Jahrhundert

Beginn des erzieherischen Berufsstandes

Die erste Kinderbewahranstalt in Deutschland wurde 1802 durch Fürstin Pauline zur Lippe-Detmold (1769–1820) in ihrer Residenzstadt Detmold ins Leben gerufen. Die Fürstin war sozial besonders engagiert.

Hintergrund für die Gründung der „Aufbewahrungs-Anstalt für kleine Kinder" war, dass arme Eltern ihre Kleinkinder während der Erntezeit oftmals allein zu Hause zurücklassen mussten. Ältere Geschwister standen mit der Einführung der Schulpflicht als Aufpasser nicht mehr zur Verfügung.

In ihrem Aufruf heißt es:

> „Wie manches bedrängte Weib wäre ihrer peinlichsten Sorgen entlastet, könnte den Ihrigen durch fleißige Arbeit und unermüdete Geschäftigkeit zu weiterem Emporkommen recht viel sein, wenn die Pflege ihrer Kinder bis zum vierten und fünften Jahre es nicht hinderte; wie manche muß die Kleinen verlassen und bebt nun im Kampf zwischen Brotsorgen und der Angst, wie es ihren armen Kindern ergehen wird, während sie fern ist [...]."
>
> *(Berger, o. J., o. S.)*

Auch die Industrialisierung trug dazu bei, dass zunächst in den Städten Vater und Mutter eine Erwerbstätigkeit außerhalb der Wohnung aufnahmen, was die Betreuung der Kleinkinder erforderlich machte.

1827 empfahl die Preußische Regierung die Einrichtung von Verwahranstalten für die kleinen Kinder erwerbstätiger Eltern, wodurch in den 30er-Jahren des 19. Jahrhunderts zunehmend Einrichtungen für Kleinkinder entstanden. Dies geschah durch Einzelpersonen oder Wohltätigkeitsvereine. Die Einrichtungen hießen Verwahr- und Bewahranstalten, Vorschulen, Hüteschulen, Sitz-, Strick-, Warteschulen, Kleinkinderschulen oder Kleinkinderpflegen.

Das Ziel der **Bewahranstalten** war, die Kinder berufstätiger Eltern vor Verwahrlosung zu schützen. Die Klientel stammte zum großen Teil aus der armen Bevölkerungsschicht, Tagelöhner, Berg- und Hüttenleute sowie Fabrik- und Feldarbeiter. Die Kinder wurden in der Regel den ganzen Tag über betreut und erhielten eine warme Mahlzeit und Kleidung. Im Vordergrund stand, Familien aus ihrer sozialen Notlage zu befreien und die Kinder vor körperlichen und geistigen Gefahren zu bewahren. Eine pädagogische Komponente war von geringerer Bedeutung. Die Beaufsichtigung erfolgte meist durch unausgebildete Frauen. Da sie keinen bestimmten Erziehungszielen oder -methoden folgen mussten, bestand kein Anlass für eine institutionalisierte Ausbildung.

Kleinkinderschulen verstanden sich schon in den 30er-Jahren des 19. Jahrhunderts als familienergänzende Erziehungsanstalten. Sie waren offen für alle Bevölkerungsschichten, Betreuung wurde nur für wenige Stunden am Tag gewährleistet, um der Mutter die Möglichkeit eines eigenen Freiraumes zu geben. Ziel der Kleinkinderschule war einerseits die Erziehung und Versorgung der Kleinkinder, andererseits aber auch die Förderung ihrer geistigen Fähigkeiten. Sie wurde als Vorstufe von Schule und Arbeitswelt betrachtet und sollte darauf vorbereiten. Somit bestand die Notwendigkeit, das Personal pädagogisch zu qualifizieren. Bereits 1836 wurde von Theodor Fliedner, evangelischer Pfarrer und Gründer der Diakonie in Kaiserswerth, ein Seminar zur Ausbildung von Kleinkinderschul-Lehrerinnen eingerichtet.

4.3 Die Kindergärtnerin

Der Beruf der Kindergärtnerin ist direkter Vorgänger der heutigen staatlich anerkannten Erzieherin. 1840 eröffnete der deutsche Pädagoge Friedrich Fröbel den ersten Kindergarten mit dem Ziel, eine Atmosphäre für Kinder zu schaffen, in der sie sich – wie Blumen in einem Garten – frei entwickeln können. Das Spielen der Kinder war für Fröbel ein wichtiger Aspekt, dem er besondere Beachtung schenkte. Seit 1830 versuchte er mit selbst entwickelten Spiel- und Arbeitsmaterialien, den Bedürfnissen der Kinder entgegenzukommen. Im Kindergarten stand nicht die Betreuung und Verwahrung im Mittelpunkt, sondern die Bildung – unabhängig von der Schichtzugehörigkeit. Fröbel richtete außerdem zwei „Bildungskurse zur Kindheitspflege" ein, in denen Frauen und Männer den Umgang mit den Spiel- und Arbeitsmaterialien erlernen sollten. Die Einrichtung dieser Kurse stellt den Beginn der Ausbildung in der „Kleinkinderführung und -beschäftigung" dar. Sie können daher als Vorreiter der späteren Kindergärtnerinnenseminare angesehen werden. Fröbel eröffnete 1849 in Bad Liebenstein eine erste Ausbildungsstätte für Kindergärtnerinnen. Kindergärten wurden auch zur Elternbildung geschaffen: Zukünftige Mütter sollten sich hier auf ihre Erziehungsaufgaben vorbereiten (siehe Band 1, Lernfeld 2, Kap. 10.1.3).

> „Die Zugangsvoraussetzungen zur Aufnahme in die Kindergärtnerinnenausbildung waren im Allgemeinen folgende: ein ständig neu bestimmtes Mindestalter, eine hohe Schulbildung – beispielsweise ein Abschlusszeugnis einer höheren Mädchenschule –, ein Lebenslauf, ein Attest über den gesundheitlichen Zustand und die Gesangsfähigkeit sowie die Bezahlung von Schulgeld. Die Ausbildung zur Kindergärtnerin dauerte ein Jahr und beinhaltete theoretische sowie praxisbezogene Unterrichtsfächer wie Pädagogik, Menschenkunde, Religion, Geschichte, Fremdsprachen, Zeichnen und Singen. Um die Kindergärtnerinnen außerdem in ihrer Berufstätigkeit durch Bildungsveran-

> staltungen unterstützen zu können, wurden zahlreiche Seminare und Fortbildungskurse angeboten. […]"
>
> *(Nagel, 2000, S. 11–13)*

Im 19. Jahrhundert stieg die Zahl der Kindergärten und Kleinkinderschulen an. Die Ausbildung zur Kindergärtnerin und zur Kleinkinderschullehrerin war noch nicht staatlich geregelt. Die Kindergärtnerin wurde in Fröbelseminaren, die Kleinkinderschullehrerin meist in kirchlichen Lehranstalten ausgebildet. 1908 führte Preußen eine staatliche Anerkennung der Kindergärtnerinnenprüfung nach einem einjährigen Fachkurs ein. Dem schlossen sich auch kirchliche Ausbildungsstätten an.

In der Weimarer Zeit vereinheitlichten die Ausbildungsstätten die Lerninhalte und hießen nun alle „Kindergärtnerinnenseminar". Die Ausbildungszeit betrug zwei Jahre. 1926 wurde eine erste amtliche Prüfungsordnung erlassen. Zu diesem Zeitpunkt prägte nicht mehr nur Fröbel die Kindergartenarbeit. Wesentliche Anstöße gaben auch die Reformpädagogen Maria Montessori und Rudolph Steiner. Der Kindergarten hatte sich als Institution etabliert, die sowohl den Bildungsauftrag als auch Betreuungsaspekte berücksichtigte.

Mit der Machtübernahme der Nationalsozialisten im Jahr 1933 wurde die reformpädagogische Entwicklung gestoppt und verboten. Die „Nationalsozialistische Volkswohlfahrt" (NSV) übernahm die Trägerschaft vieler Einrichtungen und spannte die Erziehung der Kinder und die Ausbildung des Personals für ihre Zwecke ein. Nach dem Zweiten Weltkrieg entwickelten sich die Kindergärten in Ost- und Westdeutschland unterschiedlich.

4.4   Die Weiterentwicklung von der Kindergärtnerin zur Hortnerin

Im 19. Jahrhundert entwickelten sich nicht nur Einrichtungen für Kleinkinder, auch für Schulkinder wurden Betreuungsmöglichkeiten während der Berufstätigkeit der Mütter benötigt, die zunächst als „Jugendhort", „Jugendheim" oder sehr häufig auch als „Knabenheim" oder „Mädchenheim" bezeichnet wurden. Anfangs arbeiteten dort häufig Lehrer. Zum Ende des Deutschen Kaiserreiches wurden vielfach Kindergärtnerinnen bei der Schulkinder-

fürsorge eingesetzt, die aber für die Beschäftigung mit der Altersstufe nicht ausgebildet waren. So entstanden Hortnerinnen-Seminare als neuer Zweig der sozialpädagogischen Ausbildung. Im Jahr 1910 bot der 1894 gegründete „Verein Jugendheim" in Charlottenburg unter der Leitung von Anna von Gierke (1874–1943) entsprechende Kurse an. Die erste staatlich anerkannte Hortnerinnen-Prüfung fand dort 1915 statt *(vgl. Amthor, 2004, S. 6)*.

In der Weimarer Republik näherten sich die Berufe der Kindergärtnerin und der Hortnerin immer mehr an. Bereits ab 1918 setzte ein Vereinheitlichungsprozess ein, der im Jahr 1930 schließlich zu einer gemeinsamen Berufs- ausbildung zur „Kindergärtnerin und Hortnerin" führte, die durch eine Ländervereinbarung reichsweit einheitlich geregelt wurde.

4.5 Die Geschichte des Heimerziehers

Die Ausbildung zum Heimerzieher lässt sich ebenfalls bis weit in das 19. Jahrhundert zurückverfolgen und geht auf das Wirken des evangelischen Pädagogen Johann Hinrich Wichern zurück (1808–1881).

Johann Hinrich Wichern (1808–1881)

Ab 1832 arbeitete Wichern als Erziehungsgehilfe an einer Sonntagsschule in St. Georg bei Hamburg und bemerkte die erbärmlichen Lebensverhältnisse insbesondere der Kinder. Er entschied, für sie ein „Rettungshaus" zu gründen. Im September 1833 konnte er mit der Unterstützung von Hamburger Bürgern das „Rauhe Haus" eröffnen, in das er schon bald mit Mutter, zwei Geschwistern und 12 Jungen einzog. Das Rettungshaus wuchs in den nächsten Jahren zu einem Rettungsdorf an. Zur Ausbildung seiner Mitarbeiter rief er im Jahr 1836 mit dem Gehilfeninstitut des Rauhen Hauses eine mehrjährige pädagogisch-theologische Berufsausbildung ins Leben. Diese richtete sich an Männer, die auf eine Tätigkeit als „Hausvater" oder „Gehilfe" in den Rettungsanstalten vorbereitet werden sollten. Bereits bis zur deutschen Reichsgründung im Jahr 1871 entstanden als Folge zahlreiche Brüder- und Diakonenschulen *(vgl. Amthor, 2004, S. 7)*.

Auch zwischen 1919 und 1933 kam es, insbesondere durch konfessionelle Träger, zu zahlreichen Gründungen neuer Heimerzieherschulen, die sich nun auch für Frauen öffneten. Während der Zeit des Nationalsozialismus mussten allerdings viele Schulen wieder schließen. Dies führte zur Unterbrechung der bisherigen positiven Entwicklung des Berufes. Erst nach 1945 konnte die Entwicklung der Heimerzieherschulen weiterverfolgt werden, insbesondere da in diesem Arbeitsfeld nach dem Zweiten Weltkrieg ein großer Personalbedarf bestand.

4.6 Die Ausbildung in der DDR

Schon 1946 wurden die Kindergärten in Ostdeutschland in das staatliche Bildungssystem einbezogen. Es gab ausschließlich staatlich finanzierte Einrichtungen mit gesetzlich verankertem Rechtsanspruch auf Betreuung. Die Kindergärten hatten den gesetzlichen Auftrag, zur Heranbildung der sozialistischen Persönlichkeit beizutragen und dadurch auch die konsequente Einbeziehung der Frauen in den Arbeitsmarkt zu ermöglichen.

Ganztags geöffnete Kindergärten waren nicht nur flächendeckend vorhanden; wegen der hohen Erwerbsquote junger Frauen besuchte auch fast jedes Kind den Kindergarten.

Für die Bereiche Krippe, Kindergarten und Hort gab es drei getrennte Ausbildungen zur Krippenerzieherin, Kindergärtnerin und Horterzieherin/Unterstufenlehrerin.

Die Ausbildung zur Krippenerzieherin und Kindergärtnerin dauerte drei Jahre, die zur Horterzieherin/Lehrerin der unteren Klassen vier Jahre. Seit 1978 gab es eine integrierte Ausbildung zur „Lehrerin für die unteren Klassen/Horterzieherin". Die Absolventinnen wurden dabei sowohl zur Lehrtätigkeit im Unterricht (Klasse 1–4) als auch zur Erziehungsarbeit im Schulhort qualifiziert. Für alle Ausbildungen war ein mittlerer Bildungsabschluss Voraussetzung.

In allen Berufen bestanden gute Aufstiegsmöglichkeiten (nach Empfehlung von „oben"), sodass sie mit einem hohen Sozialprestige verbunden und für viele ein Wunschberuf mit lebenslanger Perspektive waren.

Nach der Wiedervereinigung im Jahr 1990 erhielten Bewerberinnen eine bundesweite Anerkennung für den Teilbereich, für den sie sich qualifiziert hatten. Um die Berufsbezeichnung „staatlich anerkannte Erzieherin" tragen zu dürfen, mussten Anpassungs- und Nachqualifizierungen absolviert werden *(vgl. Maiwald, 2006, S. 157 ff.)*.

4.7   Die Ausbildung im Westen

In Westdeutschland wurden Kindertageseinrichtungen nach dem Zweiten Weltkrieg zunächst als Einrichtungen für Familien in sozialen Notlagen gesehen. Der Kindergartenbereich blieb dem Ermessen der Wohlfahrtsverbände überlassen, die kaum mit staatlicher finanzieller Unterstützung rechnen konnten. Entsprechend langsam ging der Ausbau voran. 1965 betrug der Versorgungsgrad im Bundesgebiet nur 32 % *(vgl. Erning, 2000)*. Inhaltlich wurde an die Kindergartenarbeit der Weimarer Zeit angeknüpft. Dies galt auch für die Ausbildung der Kindergärtnerinnen. Die Familien hatten die Verantwortung für die Erziehung der Kinder, und somit blieben sie zu Hause bei der Mutter, die in der Regel nicht berufstätige Hausfrau war.

Erst als sich im „Kalten Krieg" die Überlegenheit sozialistischer Länder zu erweisen schien, wurde das Bildungssystem reformiert. Schon die Vorschulzeit sollte zum Erwerb von Qualifikationen genutzt werden. Auch die Ausbildung wurde 1967 grundsätzlich verändert. Die früheren Ausbildungen zur Kindergärtnerin/Hortnerin und zur Heimerzieherin wurden zu einer einheitlichen Ausbildung mit der Berufsbezeichnung „Staatlich anerkannte/-r Erzieher/-in" zusammengefasst. Die früheren Kindergärtnerinnenseminare und Heimerzieherschulen wurden zu „Fachschulen für Sozialpädagogik". Die Vereinbarungen der Neuordnung schrieben eine dreijährige Ausbildung (zwei Jahre theoretische Ausbildung, ein Jahr Berufspraktikum) vor. Zugangsvoraussetzung waren ein mittlerer Schulabschluss und ein zwölfmonatiges Praktikum. Der Beruf wurde erstmals ausdrücklich für männliche Bewerber geöffnet. Heute regelt die Rahmenvereinbarung über Fachschulen, Beschluss der Kultusministerkonferenz (KMK) vom 07.11.2002 in der Fassung vom 22.03.2019, sämtliche Fachschulausbildungen in den Bereichen Technik, Wirtschaft, Agrarwissenschaft, Gestaltung und Sozialwesen. Zur Ausbildung zugelassen wird, wer mindestens über einen mittleren oder gleichwertigen Bildungsabschluss verfügt und eine abgeschlossene einschlägige Berufsausbildung, z. B. als Kinderpfleger/-in oder Sozialassistent/-in, vorweisen kann.

4.8   Nach der Wiedervereinigung

Ab 1990 setzte eine Debatte über die Erzieherinnenausbildung ein, hervorgerufen durch die Öffnung Europas. Außerhalb von Deutschland wird die Erzieherin fast überall universitär ausgebildet. Damit erwies sich die deutsche Ausbildung als wenig kompatibel und drohte, auf die unterste Ebene der europäischen Ausbildungspyramide abzusinken.

In den letzten Jahren wurde daher versucht, das Anforderungsniveau des Berufs zu erhöhen. Im Jahr 2011 wurde von der Kultusministerkonferenz der Länder ein neues „Kompetenzorientiertes Qualifikationsprofil für die Ausbildung von Erzieherinnen und Erziehern an Fachschulen/Fachakademien" beschlossen. Hier werden die beruflichen Handlungskompetenzen formuliert, über die „eine qualifizierte Fachkraft verfügen muss, um den Beruf […] kompetent ausüben zu können" *(Kultusministerkonferenz, 2017, S. 3)*. Das Qualifikationsprofil ermöglicht auch die Anrechnung von an Fachschulen erworbenen Qualifikationen auf ein Hochschulstudium und umgekehrt. Die Ausbildung zur staatlich anerkannten Erzieherin entspricht der Niveaustufe 6 des Deutschen Qualifikationsrahmens (DQR). Damit ist die Ausbildung zu einer einheitlichen Ausbildung mit der Berufsbezeichnung „staatlich anerkannte/-r Erzieher/-in" zusammengefasst. Bachelor" oder Handwerksmeister gleichgestellt. Übergeordnet sind nur noch ein „Master" (Universitätsabschluss, Niveaustufe 7) und ein Doktortitel (Promotion, Niveaustufe 8). Die einzelnen Bundesländer sind verpflichtet, die im Qualifikationsprofil beschriebenen Kompetenzen umzusetzen. Seit 2012 gibt es den länderübergreifenden Lehrplan „Erzieherin/Erzieher", der sich inhaltlich am Qualifikationsprofil orientiert.

Neue kompetenzorientiere Richtlinien waren die Folge. Diese traten z. B. in Bayern mit dem Schuljahr 2013/2014 und in NRW mit dem Schuljahr 2014/2015 in Kraft.

↗ WIEDERHOLUNG

→ Die Ausbildung zur Erzieherin ist eine Breitbandausbildung. Sie umfasst die früheren Berufe der Krippen- und der Heimerzieherin sowie der Kindergärtnerin und Hortnerin.

→ Die Anfänge der heutigen Ausbildung reichen bis in das 19. Jahrhundert zurück.

→ Die Erzieherinnenausbildung in ihrer heutigen Form existiert in Westdeutschland seit 1967.

→ Seit 1990 gibt es immer wieder Bestrebungen, das Anforderungsniveau des Berufs zu erhöhen.

→ Der Berufsabschluss „Staatlich anerkannte Erzieherin/Staatlich anerkannter Erzieher" entspricht im DQR der Qualifikationsstufe 6 und ist damit dem Studium an einer Fachhochschule (Abschluss Bachelor) gleichgestellt.

→·← AUFGABEN

1 [Planung und Konzeption]
Bilden Sie drei Gruppen. Bereiten Sie an Ihrer Schule eine Ausstellung zur Geschichte der Kindergärtnerin, der Hortnerin und des Heimerziehers vor.

TIPPS ZUM WEITERARBEITEN →→

→ www.kindergarten-museum.de

Kompetenzen, die in diesem Kapitel erworben werden können:

- Die Absolventinnen und Absolventen verfügen über vertieftes Wissen über die Geschichte der Professionalisierung des Berufsfeldes.

Amthor, Ralph Christian: „Selbst ein Weg von tausend Meilen beginnt mit einem ersten Schritt" – zur Berufsgeschichte der Erzieher. In: Das Kita-Handbuch. Herausgegeben von Martin Textor und Antje Bostelmann. In: www.kindergartenpaedagogik.de/fachartikel/geschichte-der-kinderbetreuung/weitere-historische-beitraege/1150. [18.09.2020].

Berger, Manfred: Frauen in der Geschichte des Kindergartens: Pauline Christine Wilhelmine Fürstin zur Lippe-Detmold. In: Das Kita-Handbuch. Herausgegeben von Martin Textor und Antje Bostelmann. In: www.kindergartenpaedagogik.de/fachartikel/geschichte-der-kinderbetreuung/manfred-berger-frauen-in-der-geschichte-des-kindergartens/973. [18.09.2020].

Deutscher Qualifikationsrahmen für lebenslanges Lernen. Liste der zugeordneten Qualifikationen. Aktualisierter Stand: 31. März 2014. In: www.dqr.de/media/content/Liste_der_zugeordneten_Qualifikationen_31_03_2014_bf.pdf [18.09.2020].

Erning, Günter: Blick zurück. Zur Geschichte des Kindergartens im 20. Jahrhundert. In: Ausstellungskatalog „Kindsein kein Kinderspiel – Das Jahrhundert des Kindes". Herausgegeben von Petra Larass. Halle: Verlag der Franckeschen Stiftungen 2000.

Kultusministerkonferenz (KMK): Kompetenzorientiertes Qualifikationsprofil für die Ausbildung von Erzieherinnen und Erziehern an Fachschulen und Fachakademien. Beschluss der Kultusministerkonferenz vom 01.12.2011 i. d. F. vom 24.11.2017. In: www.kmk.org/fileadmin/veroeffentlichungen_beschluesse/2011/2011_12_01-ErzieherInnen-QualiProfil.pdf [18.09.2020].

Länderübergreifender Lehrplan Erzieherin/Erzieher. Stand: 01.07.2012. In: www.berufsbildung.nrw.de/cms/upload/fs/download/sozial/laenderuebergr-lp-erzieher.pdf [18.09.2020].

Maiwald, Annett: Die Kindergärtnerinnenausbildung in der DDR. Zur berufssoziologischen Rekonstruktion einer Berufspersönlichkeit. In: die hochschule, Heft 2, 2006, S. 157–178.

Nagel, Bernhard: Der Erzieherberuf in seiner historischen Entwicklung. In: Das Kita-Handbuch. Herausgegeben von Martin Textor und Antje Bostelmann. In: www.kindergartenpaedagogik.de/fachartikel/geschichte-der-kinderbetreuung/weitere-historische-beitraege/95. [18.09.2020].

5 Arbeitsfelder und Trägerschaften der Kinder- und Jugendhilfe

Stefanie Dreißen

Im Rahmen der vollzeitschulischen Ausbildung zur Erzieherin sind praktische Erfahrungen im Umfang von insgesamt 16 Wochen in Einrichtungen der Kinder- und Jugendhilfe vorgeschrieben.

Das erste längere Praktikum möchte die Studierende Laura in einer Kindertagesstätte ableisten. Die Schule sieht vor, dass sich die Studierenden ihre Praktikumsstelle selbst suchen. In Lauras Nachbarschaft befindet sich die AWO-Kindertageseinrichtung „Die kleinen Klabauter". Diese hat Laura selbst als Kind besucht. Sie recherchiert in einer Suchmaschine im Internet, um die Telefonnummer herauszusuchen, dabei gibt sie die Suchbegriffe „Kindergarten" und ihre Stadt an. Sie öffnet einen der angezeigten Links und ist erstaunt, wie viele Einrichtungen es in der Stadt gibt. Es gibt städtische, evangelische und katholische Kindertageseinrichtungen und Einrichtungen in Trägerschaft der Wohlfahrtsverbände, wie Deutsches Rotes Kreuz (DRK) und Arbeiterwohlfahrt (AWO). Dazu kommen noch drei Elterninitiativen.

Unter „A" wie AWO findet sie die Telefonnummer der Kindertagesstätte „Die kleinen Klabauter" und wählt. Nach kurzem Klingeln meldet sich die Leiterin, Frau Fiedler.

„Hallo, ich heiße ... und möchte gerne Kindergärtnerin werden. Ich wollte mal fragen, ob bei Ihnen die Möglichkeit für ein Praktikum besteht?"

Zu Lauras Überraschung antwortet Frau Fiedler: „Nein, wir bilden hier keine Kindergärtnerinnen aus."

Laura will sich schon verabschieden und auflegen, als Frau Fiedler weiterspricht: „Natürlich nehmen wir gerne Praktikanten! Aber der Beruf heißt ‚staatlich anerkannte Erzieherin'. ‚Kindergärtnerin' ist eine veraltete Bezeichnung, die früher üblich war. Die heutige Erzieherin darf nicht nur im Kindergarten arbeiten, die Ausbildung qualifiziert für eine Vielzahl von Arbeits- und Tätigkeitsfeldern."

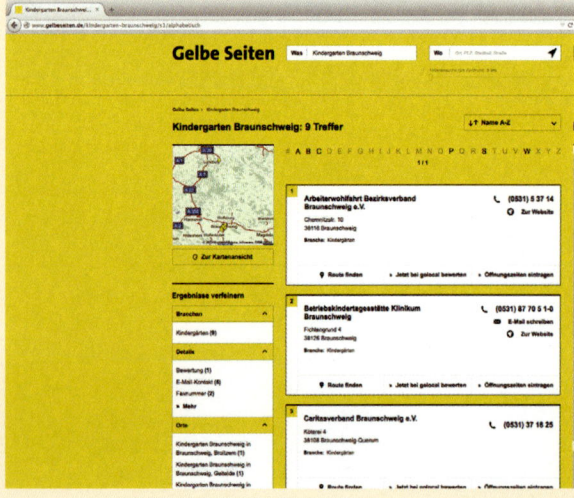

Die Auswahl ist groß.

↘ FRAGEN

→ In welchen Arbeitsfeldern , in denen Erzieherinnen tätig sind, haben Sie schon eigene Erfahrungen gemacht, z. B. als Besucherin oder als Praktikantin?

5.1   Träger von sozialpädagogischen Einrichtungen

Öffentliche und freie Träger

In Deutschland hat sich historisch eine äußerst vielfältige Trägerlandschaft für sozialpädagogische Einrichtungen entwickelt, diese wird sogar als „Trägerlabyrinth" charakterisiert *(vgl. Merchel, 2008, S. 7)*. Laut SGB VIII § 3 wird grundsätzlich zwischen **öffentlicher** und **freier Trägerschaft** in der Jugendhilfe unterschieden.

Öffentliche Träger

In § 69 des SGB VIII werden als Träger der öffentlichen Jugendhilfe die Jugendämter der kreisfreien Städte und die Landesjugendämter der Kreise bestimmt. Abhängig von spezifischen landesrechtlichen Bestimmungen können auch kreisangehörige Gemeinden ein eigenes Jugendamt einrichten. Die Jugendämter sind verantwortlich für die Planung und Steuerung der Aufgaben, die das SGB VIII für die Kinder- und Jugendhilfe vorsieht (siehe Band 1, Lernfeld 2, Kap. 11). Einerseits initiieren, gestalten und steuern sie unter Einbezug der freien Träger die notwendige regionale Infrastruktur. Andererseits stellen sie selbst Einrichtungen und Dienste, wie z. B. Kindertagesstätten, Freizeiteinrichtungen für Jugendliche oder ambulante Erziehungshilfen, zur Verfügung. Um notwendige Hilfen gezielter einsetzen zu können, haben viele Jugendämter einen Allgemeinen Sozialen Dienst (ASD) oder Kommunalen Sozialdienst (KSD) eingerichtet. Diese Dienste orientieren sich an der Lebenswelt ihrer Klienten und arbeiten oft auch ämterübergreifend.

Sobald anerkannte Träger der freien Jugendhilfe, z. B. Kirchengemeinden, Elternvereine oder Privatpersonen, „geeignete Einrichtungen, Dienste und Veranstaltungen" anbieten, sieht das **Subsidiaritätsprinzip** vor, dass die öffentlichen Träger diesen freien Trägern Vorrang gewähren *(§ 4 SGB VIII)*. Auf diese Weise unterstützt der Gesetzgeber „die Vielfalt von Trägern unterschiedlicher Wertorientierungen und die Vielfalt von Inhalten, Methoden und Arbeitsformen" *(§ 3 Abs. 1 SGB VIII)*. 2016 waren 78 % aller Einrichtungen der Kinder- und Jugendhilfe (ohne Tageseinrichtungen) in freier und 22 % in öffentlicher Trägerschaft. Dies zeigt, dass den freien Trägern in der Kinder- und Jugendhilfe eine besonders große Bedeutung zukommt *(vgl. Berufsgenossenschaft für Gesundheitsdienst und Wohlfahrtspflege, 2018, S. 15)*.

Freie Träger

Zu den freien Trägern zählen sowohl Wohlfahrtsverbände und Jugendverbände als auch Selbsthilfe- und Initiativgruppen. Sie zeichnen sich durch ihre gemeinnützige Organisationsstruktur aus und unterscheiden sich von gewerblichen Trägern, die auch wirtschaftliche Interessen verfolgen. Sie sind überwiegend unter dem Dach einer der **sechs Spitzenverbände der freien Wohlfahrtspflege** organisiert. Dazu gehören:

- Bundesverband der Arbeiterwohlfahrt e. V. (AWO), Berlin
- Deutscher Caritas-Verband e. V. der katholischen Kirche (DCV), Freiburg im Breisgau
- Deutsches Rotes Kreuz e. V. (DRK), Berlin
- Diakonisches Werk der evangelischen Kirche in Deutschland (Diakonie oder DW), Berlin
- Paritätischer Wohlfahrtsverband e. V. (DER PARITÄTISCHE), Berlin
- Zentralwohlfahrtsstelle der Juden in Deutschland e. V. (ZWST), Frankfurt am Main

Die sechs Verbände, gegründet zwischen 1848 und 1924, bilden in der Gesamtheit ihrer sozialen Leistungen eine wesentliche Säule des deutschen Sozialstaates. Sie stützen sich auf verschiedene **weltanschauliche Motive** und Zielvorstellungen. Das DRK und DER PARITÄTISCHE – beide ursprünglich entstanden aus Initiativen der Hilfe für verwundete Soldaten bzw. eines wirt-

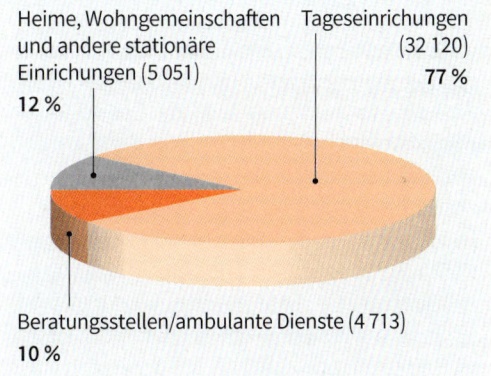

Einrichtungen der Jugendhilfe der Freien Wohlfahrtspflege 2016 (vgl. Bundesarbeitsgemeinschaft der freien Wohlfahrtspflege (Hrsg.), 2018, S. 19)

schaftlichen Zweckverbandes von Krankenhäusern –, berufen sich auf humanitäre, d.h. der allgemeinen Menschlichkeit verpflichtete Überzeugungen. Der DCV, die Diakonie und die ZWST beziehen sich auf die religiösen Grundsätze ihrer Kirchen und die Verbindung von sozialer Arbeit mit der Verbreitung ihres Glaubens. Die AWO beruft sich ursprünglich auf die politische Idee, der Massenverelendung nach dem Ersten Weltkrieg durch praktische Selbsthilfe innerhalb der sozialdemokratischen Arbeiterschaft zu begegnen. Noch heute ist einer der Grundsätze der AWO die Verwirklichung des sozialen, demokratischen Rechtsstaates.

Alle Spitzenverbände sind in der Bundesarbeitsgemeinschaft der Freien Wohlfahrtspflege e. V. (BAGFW) zusammengeschlossen. Basierend auf gemeinsamen Grundsätzen, wie z. B. Solidarität und Hilfsbereitschaft, verfolgt sie „die Sicherung und Weiterentwicklung der sozialen Arbeit durch gemeinschaftliche Initiativen und sozialpolitische Aktivitäten" *(BAGFW, www.bagfw.de/ueber-uns/)*. Auf diese Weise nehmen die Spitzenverbände auch Einfluss auf die Sozialpolitik des Bundes.

Sozialpolitische Steuerung

Die sozialpolitische Steuerung der Jugendhilfe erfolgt in Deutschland innerhalb eines sehr komplexen Systems. Auf Bundesebene findet die allgemeine Rahmengesetzgebung statt, die es erlaubt, dass auf Landesebene weitere, zum Teil sehr unterschiedliche sozialpolitische Schwerpunkte gesetzt werden. Die konkrete Ausgestaltung der Leistungen obliegt dann der kommunalen Ebene.

> „Die Verflochtenheit der Steuerungsebenen in der Jugendhilfe zeigt sich in den komplizierten Aushandlungsvorgängen, die bei Gesetzgebungsvorgängen in Gang gesetzt werden müssen. Bundesministerien, Länderministerien und kommunale Spitzenverbände sowie die Repräsentanten der freien Träger, denen bei der Umsetzung sozialpolitischer Programme ein bedeutsamer Stellenwert zukommt, beeinflussen mit ihren jeweiligen fachpolitischen Perspektiven und politischen Interessen den Gesetzgebungsprozess und bringen sich in ein kompliziertes Netz von Interaktionen ein."
>
> *(Merchel, 2008, S. 15)*

Insgesamt beschäftigen die Wohlfahrtsverbände nach eigenen Angaben zusammen etwa rund 1,5 Millionen hauptamtliche Mitarbeiterinnen. Dabei ist die Jugendhilfe mit mehr als einem Drittel aller Einrichtungen (über 38 000) und über die Hälfte aller bereitgestellten Plätze (über 2 Millionen) der größte Arbeitsbereich der Freien Wohlfahrtshilfe. In den Tageseinrichtungen für Kinder werden täglich mehr als 1,7 Millionen Kinder betreut. Die Grafik auf Seite 75 unten zeigt die Verteilung von Einrichtungen innerhalb der Jugendhilfe.

Die Finanzierung der freien Träger erfolgt zum einen durch Eigenmittel, die sich aus den Leistungsentgelten der Nutzer oder auch Mitgliedsbeiträgen, Spenden, Bußgeldern und Lotterieeinnahmen zusammensetzen. Die religiösen Verbände erhalten zudem von ihren Kirchen Gelder aus Mitteln der Kirchensteuer. Zum anderen stellen die Zuwendungen aus den öffentlich-rechtlichen Haushalten die Arbeit der sozialpädagogischen Einrichtungen in organisatorischer, fachlicher und wirtschaftlicher Eigenverantwortung sicher.

Aufgaben eines Trägers

Die Aufgaben des Trägers einer sozialpädagogischen Einrichtung umfassen unterschiedliche Bereiche, die er in enger Kooperation mit der Leitung der Einrichtung, mit Vertreterinnen der Mitarbeiterschaft sowie mit den politisch zuständigen Gremien erfüllen muss *(vgl. Fthenakis u. a., 2009, S. 42 ff.)*:

- Organisations- und Dienstleistungsentwicklung (Leitbild, Managementkonzept, Kommunikations- und Evaluationsstrategien)
- Konzeptionsentwicklung Qualitätsmanagement (Qualitätsziele und verbindliche Standards für alle Arbeitsbereiche, Verfahren zur Überprüfung der Abläufe)
- Personalmanagement (Personalplanung und -gewinnung, Personalführung und -aufsicht, Personalentwicklung, Personalverwaltung)
- Finanzmanagement (Finanzkonzept, Verwaltung der Finanzen, Erschließung zusätzlicher Finanzquellen)
- Vernetzung und Kooperation (im örtlichen System anderer Einrichtungen der Sozialen Arbeit sowie im Bereich von Gemeinwesen, Politik und Wirtschaft in der Region)

- Angebotsplanung
  (Bedarfsermittlung, Angebotsentwicklung, Ange-
  botsregulierung)
- Öffentlichkeitsarbeit
  (Konzepterstellung, Stärkung der Corporate Identity,
  Positionierung in der Öffentlichkeit)

- Bau- und Sachausstattung
  (Überprüfung der Bausituation, Bauplanung-
  und Durchführung, Bedarfsfeststellung bei
  der Sachausstattung)

5.2   Arbeitsfelder von Erzieherinnen und Erziehern

Die Erzieherinnenausbildung ist als **Breitbandausbildung** angelegt. Das bedeutet, Erzieherinnen können sowohl in Einrichtungen der Kleinkind- und Kindererziehung als auch in der pädagogischen Arbeit mit Schulkindern und Jugendlichen außerhalb der Schule bzw. des Ausbildungs- und Arbeitsplatzes tätig werden. Einige Erzieherinnen arbeiten auch in der Kinder- und Jugendpsychiatrie, in

ab 2 Monate	4 Monate bis 6 Jahre	6 bis 10 Jahre	12 bis 20 Jahre	
Tagespflege	Kindergarten/ -tagesstätte Familien- zentrum	Ganztages- schule oder Hort	Jugend- zentrum	Einrichtungen der stationären Erziehungshilfe

Orte der Erziehung

einer Beratungsstelle, in einem Spielmobil, in der Behindertenarbeit oder in einer Förderschule. Eine Erzieherin kann sich sogar selbstständig machen, wenn sie z. B. eine „Kinderpension" eröffnet. Oder sie geht ins Ausland und arbeitet als Animateurin oder Au-pair. Nachfolgend werden die „klassischen" Arbeitsfelder vorgestellt.

Zu Beginn der Ausbildung haben die Studierenden der neuen Unterstufe die Studierenden aus dem zweiten. Ausbildungsjahr interviewt und sie um ihre Erfahrungen in den verschiedenen Arbeits- bzw. Tätigkeitsfeldern gebeten.

5.2.1   Kindertagespflege

Die Klasse interviewt Eva Schmidt, um sie zu ihrem Praktikum bei einer Tagesmutter zu befragen:

Klasse: „Wie bist du an diese Praktikumsstelle gekommen?"
Eva: „Ich habe beim Jugendamt angerufen und nachgefragt. Eine Kontaktmöglichkeit besteht aber auch über das Internet. Das Jugendamt hat seit Inkrafttreten des TAG (Tagesstättenausbaugesetz) zum 01.01.2005 die Verpflichtung, Tagesmütter bei Bedarf an Eltern zu vermitteln. Dies habe ich mir zunutze gemacht. Das Jugendamt erteilt auch die notwendige Pflegeerlaubnis."

Klasse: „Was ist denn eine Pflegeerlaubnis?"
Eva: „Jeder, der ein Kind mehr als 15 Stunden außerhalb des Elternhauses, länger als drei Monate und gegen Entgelt betreut, benötigt eine Pflegeerlaubnis. Sie gilt dann gleich für bis zu fünf Kinder, sofern die Räum-

lichkeiten der Tagesmutter groß genug sind. Außerdem muss die Tagesmutter entsprechend qualifiziert sein, d. h., sie muss einen Qualifizierungskurs absolvieren, wenn sie keine pädagogische Ausbildung hat."

Klasse: „Wie viele Kinder betreut denn die Tagesmutter, bei der du dein Praktikum gemacht hast?"
Eva: „Sie betreut sogar sechs Kinder im Alter von sechs Monaten bis 2,5 Jahren. Es dürfen aber immer nur fünf Kinder gleichzeitig da sein."

Klasse: „Wie sehen denn die Räumlichkeiten aus?"
Eva: „Die Tagesmutter betreut die Kinder bei sich zu Hause in einem Reihenhaus. Ein Kinderzimmer wurde speziell für die Tageskinder eingerichtet. Die Kinder dürfen sich aber auch im Wohnzimmer aufhalten, wo sich das Spielmaterial befindet. Außerdem gibt es einen kleinen

Garten mit Sandkasten und Rutsche. Es gibt aber auch Tagespflegestellen, bei denen sich zwei Erzieherinnen oder Kinderpflegerinnen zusammentun, sich selbstständig machen und gemeinsam eine Wohnung mieten, in der dann bis zu zehn Kinder betreut werden können."

Klasse: „Warum gehen die Kinder zur Tagesmutter?"
Eva: „Meist, weil beide Eltern berufstätig sind. Da ist z. B. die Mutter des kleinen Elias, 10 Monate alt. Sie ist Lehrerin und unterrichtet an drei Tagen in der Woche an einer Schule, sodass Elias auch nur an diesen drei Tagen kommt und spätestens um 15:00 Uhr schon wieder abgeholt wird. Moritz dagegen kommt an fünf Tagen von 08:00 Uhr bis 15:00 Uhr. Seine Mutter ist noch recht jung und holt zurzeit ihren Schulabschluss nach. Majas Mutter ist Krankenschwester. Je nach Dienstzeit bringt sie sie schon um 06:00 Uhr und holt sie um 15:00 Uhr wieder ab oder Maja kommt um 13:00 Uhr und bleibt bis 23:00 Uhr. Majas Mutter ist alleinerziehend und auf diese flexiblen Betreuungszeiten angewiesen. Außerdem findet die Betreuung im familiären Umfeld statt, was viele Eltern gut finden, weil die Bedürfnisse der einzelnen Kinder individuell berücksichtigt werden können. Außerdem haben die Kinder immer dieselbe Bezugsperson, was sich vor allem für kleine Kinder unter drei Jahren aus entwicklungspsychologischer Perspektive positiv auswirken kann."

Klasse: „Dann schläft Maja auch bei der Tagesmutter?"

5.2.2 Kindertageseinrichtung

Die Klasse interviewt die Studierenden Jessica Reuschenbach und Katja Königsfeld zu ihrem Praktikum:

Klasse: „Zuerst interessiert uns, wie die Kindertagesstätte aussah."
Katja: „Die Kita ist eine Villa, die auf drei Etagen 55 Kindern Platz bietet. Vom Garten führt ein Tor direkt in den Park, der an einen Fluss grenzt. Bei der Villa handelt es sich um eine Einrichtung für Kinder von vier Monaten bis zum Schuleintritt."

Klasse: „In wie vielen Gruppen werden die Kinder betreut?"
Jessica: „Die Villa ist eine dreigruppige Einrichtung. Es gibt die ‚Regenbogengruppe'. Sie ist die sogenannte **Kleinstkindergruppe,** also eine Gruppe der Gruppenform II nach dem Kinderbildungsgesetz NRW. Sie umfasst

Eva: „Ja, jedes Kind hat ein eigenes Bettchen hier. Die Kinder halten ja auch Mittagsschlaf."
Klasse: „Wie sieht der Tagesablauf aus?"
Eva: „Morgens, bevor alle Kinder da sind, kocht die Tagesmutter das Mittagessen vor und legt schon alle Materialien, die für den Tag benötigt werden, bereit.
Wenn alle Kinder da sind, können sie frühstücken und drinnen spielen. Dafür hat die Tagesmutter diverse Spielmaterialien. Dann sind wir jeden Tag nach draußen gegangen, bei Wind und Wetter. Manchmal sind wir auf den Spielplatz gegangen und an einigen Tagen auch in den Wald.
Später gab es Mittagessen, dann haben wir die Kinder gewickelt und zum Mittagsschlaf hingelegt. Gewickelt werden musste natürlich auch zwischendurch immer mal. Nachmittags sind wir mit den Kindern wieder rausgegangen oder haben bei Regen drinnen gespielt und dabei auch kleinere Aktivitäten durchgeführt, z.B. gesungen, Fingerspiele gemacht oder mal Luftballons aufgeblasen.
Beim Abholen ergab sich meistens noch ein Gespräch zwischen Tagesmutter und Mutter, bei dem sie über den Verlauf des Tages berichtet hat."

Klasse: „Hört sich stressig an."
Eva: „Das ist es teilweise auch. Aber es macht ganz viel Spaß! Auch zu Einkäufen nimmt sie die Kinder mit. Die Kinder werden komplett in den Familienalltag eingebunden."

Klasse: „Danke für das interessante Interview."

zehn Kinder zwischen vier Monaten und drei Jahren, die von zwei Erzieherinnen betreut werden. Dann gibt es die ‚Sonnengruppe'. Hier werden 20 Kinder zwischen zwei Jahren bis zum Schuleintritt von zwei Erzieherinnen betreut. In der Gruppe ‚Sternschnuppen' sind eine Erzieherin und eine Kinderpflegerin für 25 Kinder zwischen drei Jahren bis zum Schuleintritt verantwortlich."

Klasse: „Wer arbeitet sonst noch hier?"
Jessica: „Die Villa verfügt noch über eine Ergänzungskraft für das gesamte Haus und eine Köchin. Außerdem gibt es natürlich eine freigestellte Leitung."

Klasse: „Welche Spielmöglichkeiten haben die Kinder?"
Katja: „Im Erdgeschoss befindet sich ein Werkraum. Er ist für entsprechende Bastelangebote oder Projekte mit genügend Werkzeugen und mit entsprechenden auffor-

dernden Materialien ausgestattet. In der obersten Etage gibt es einen großen Turnraum. Dort steht auch ein Bällebad. Das Außengelände bietet eine Rutsche, einen Kletterberg, einen Sandkasten und ganz viele Rückzugsmöglichkeiten. Die Kinder dürfen Sandspielzeuge, Roller, Bälle und weitere Spielsachen benutzen. Ganz neu ist ein eigener Spielbereich für die Kleinstkinder mit Schaukeltieren und einer kleineren Rutsche. Demnächst wird noch ein Rutschautoparcours angelegt.

In der Sonnengruppe und bei den Sternschnuppen gibt es Gesellschaftsspiele, eine Puppenecke, eine Kuschelecke und eine Bauecke. Weil die Sonnengruppe von fünf zweijährigen Kindern besucht wird, gibt es in der Bauecke nur große Bausteine zum Spielen. Im gesamten Gruppenraum sind Spielzeuge mit Kleinteilen in die oberen Regalfächer eingeordnet, sodass die Kleinen allein nicht drankommen. Das ist wichtig, damit sie nicht unbemerkt Kleinteile verschlucken. Im Gruppenraum der Regenbogenkinder gibt es selbstverständlich überhaupt keine Kleinteile, sondern nur baby- und kleinkindgerechtes Spielmaterial."

Klasse: „Nach welchem Konzept arbeitet die Villa?"
Katja: „Die Villa arbeitet nach dem Situationsansatz, d. h., die Kinder lernen und erleben das, was sie aktuell gerade interessiert und neugierig gemacht hat. Zu diesen Themen werden Bildungsangebote und Projekte durchgeführt. Vor einiger Zeit haben wir uns z. B. mit dem Thema ‚Ameisen' beschäftigt, denn die Kinder hatten im Außengelände schon mehrfach Ameisenstraßen entdeckt und sich dafür sehr interessiert. Zum Situationsansatz gehört auch, dass die Kinder voneinander lernen. Die Sonnengruppe und die Sternschnuppen liegen auf einer Etage nebeneinander. Die Kinder dürfen die Gruppe wechseln, wenn sie Bescheid sagen, und sich so ihren Spielraum und ihren Spielpartner frei wählen und gruppenübergreifend spielen. Angebote vom pädagogischen Personal werden ebenfalls gruppenübergreifend durchgeführt. Die Angebote werden von den Kindern stark und mit viel Freude und Motivation genutzt."

Klasse: „Könnt ihr etwas über den Tagesablauf sagen?"
Katja: „Um 07:00 Uhr wird die Einrichtung geöffnet. Bis 08:00 Uhr besuchen die Kinder die Frühgruppe, dann werden sie auch in den anderen Gruppen betreut. Um 09:00 Uhr treffen sich alle Kinder mit den Erzieherinnen zum Morgenkreis im Turnraum. Dort werden Lieder gesungen, Kreisspiele gespielt und der Tagesablauf besprochen. An jedem Tag findet ein besonderes Angebot für die Kinder statt. Bis 10:00 Uhr können die Kinder

der Sonnengruppe und der Sternschnuppengruppe ihr mitgebrachtes Frühstück im Krümelcafé in der ersten Etage essen. Wasser und Tee werden den ganzen Tag über angeboten. Um 11:30 Uhr beginnt das Mittagessen. Danach machen die kleineren Kinder einen Mittagsschlaf. Wer nicht schlafen möchte, ruht sich z. B. bei einer Geschichte etwas aus oder beschäftigt sich ruhig. Der Nachmittag steht zur freien Verfügung. Um 17 Uhr endet der Tag in der Villa."

Klasse: „Hat die Villa so etwas wie Ziele?"
Katja: „Selbstverständlich. Einige Ziele kann ich euch aus dem mitgebrachten Prospekt direkt vorlesen:

> „In der ‚Kindertageseinrichtung Villa' wird jedes Kind in seiner Persönlichkeit angenommen und gestärkt. Durch genaues Beobachten setzen wir Erziehungsziele, um die individuelle, emotionale, soziale, motorische, sprachliche sowie körperliche Entwicklung jedes einzelnen Kindes zu fördern.
>
> Mit Einfühlungsvermögen möchten wir ein gegenseitiges Vertrauensverhältnis zwischen Kindern, Eltern und Erziehern aufbauen. Die ‚Kindertagesstätte Villa' fördert die größtmögliche Selbstständigkeit und Eigeninitiative, das Erlernen sozialer Verhaltensmuster sowie ein partnerschaftliches und gleichberechtigtes Miteinander. Wir betreuen die Kinder nach einem ganzheitlichen Erziehungsansatz, in dem Fürsorge, emotionale Wärme, erzieherische Begleitung und spielerisches Lernen zusammengehören. – Die Kinder fühlen sich wohl und geborgen, darum wird eine harmonische und entspannte Atmosphäre geschaffen."

Klasse: „Das klingt gut! Was hat euch besonders gefallen? Würdet ihr dort auf Dauer arbeiten wollen?"
Jessica: „Besonders gefiel mir, dass bei der Villa viel Wert auf die Mithilfe der Eltern gelegt wird. So finden Garten- oder Renovierungsaktionen statt, die von den Eltern organisiert und durchgeführt werden. Im Rahmen von Projekten können auch die Eltern Angebote für die Kinder anbieten. Als besonderes Angebot findet einmal im Monat ein Elterncafé statt. Ich würde dort immer wieder gerne arbeiten!"
Katja: „Ich auch!"

5.2.3 Offene Ganztagsgrundschule

Die Klasse interviewt die Praktikantin Tamara Seibold zu ihrem Praktikum in einer Ganztagsschule:

Klasse: „Ich habe überhaupt keine Vorstellung, was eine offene Ganztagsgrundschule ist. In meinem Bundesland habe ich davon noch nichts gehört. Bei uns gibt es eine Hortbetreuung für Schulkinder."

Tamara: „Die offene Ganztagsgrundschule gibt es in NRW seit 2003/2004. An der Gemeinschaftsgrundschule, an der ich mein Praktikum absolviert habe, wurde sie zum Schuljahr 2005/2006 eingerichtet. Abgekürzt sagen wir OGS. Dabei bedeutet ‚offen', dass sich die Eltern zusammen mit ihren Kindern freiwillig dazu entscheiden können, das Ganztagesangebot zu nutzen. Sind sie einmal angemeldet, müssen die Kinder aber auch verpflichtend teilnehmen."

Klasse: „Ach so. Und wie viele kommen?"

Tamara: „Es gibt sechs Gruppen mit insgesamt 150 Kindern, die das Angebot nutzen. Das sind an unserer Schule etwa 80 % aller Kinder."

Klasse: „Welche Räumlichkeiten nutzt die OGS?"

Tamara: „Die OGS verfügt über ein eigenes Gebäude, das eigens dafür neu gebaut wurde. Es gibt sechs Gruppenräume und außerdem noch eine Art ‚Mensa', in der die Kinder ihr Mittagessen einnehmen. Nach Unterrichtsschluss können auch die Klassenräume im Schulgebäude genutzt werden. Hier findet auch die Lernzeit statt, in der die Hausaufgaben gemacht werden."

Klasse: „Wie viele Personen arbeiten in der OGS?"

Tamara: „Es sind pro Gruppe zwei Mitarbeiter, eine davon ist eine Erzieherin. Darüber hinaus gibt es noch Honorarkräfte oder Ein-Euro-Jobber, eine Person arbeitet ehrenamtlich. Eine pädagogische Ausbildung hat dieser Personenkreis nicht absolviert. Es handelt sich dabei um Studenten und Mütter, die ehrenamtliche Kraft ist eine pensionierte Realschullehrerin."

Klasse: „Wie sieht denn der Tagesablauf aus?"

Tamara: „Die Kinder sind morgens im Unterricht. Der Arbeitstag der Erzieherin beginnt um 11:00 Uhr. Kurze Zeit später kommen schon die ersten Kinder, meist Erstklässler, und und dürfen frei spielen. Nach und nach, je nach Unterrichtsschluss, kommen die Kinder der anderen Klassen hinzu. Die Gruppe ist ja klassenübergreifend und wird von Kindern der Klassen 1–4 besucht. Zwischen 12:30 Uhr und 13:30 Uhr gibt es Mittagessen. Dieses wird in mehreren ‚Runden' eingenommen. Anschließend gibt es bis 15:00 Uhr eine feste Lern- bzw. Hausaufgabenzeit. Die Teilnahme ist verpflichtend. Die Kinder, die mit den Hausaufgaben fertig sind, können z. B. Übungsaufgaben erledigen. Dazu steht ein Ordner mit verschiedenen Aufgaben bereit. Nach den Hausaufgaben werden von den Honorarkräften verschiedene AGs angeboten, z. B. Theater, Computer, Karate, Basketball, Kunst und Werken. Es gibt auch Kooperationen, z. B. mit einem örtlichen Turnverein und der Musikschule. Die Kinder können sich freiwillig entscheiden, was sie machen möchten. Angebote von der Musikschule usw. müssen von den Eltern extra bezahlt werden."

Klasse: „Nimmt jedes Kind jeden Tag an einer AG teil?"

Tamara: „Nein. Jedes Kind schließt sich mindestens einer AG an, die dann einmal in der Woche stattfindet. An den übrigen Tagen können die Kinder nachmittags im Gruppenraum oder auf dem Schulhof spielen."

Klasse: „Und welche Aufgaben hat die Erzieherin?"

Tamara: „Sie begleitet zum Teil die Hausaufgaben mit. Es gibt aber eine Honorarkraft, die nur für die Hausaufgaben zuständig ist. Außerdem gibt es eine Fördergruppe für schwächere Schüler, genannt ‚Silentium', die von einer Lehrerin geleitet wird. Die Erzieherin hält sich meist im Gruppenraum auf oder bei schönem Wetter draußen und beaufsichtigt das Freispiel, manchmal leitet sie Aktivitäten an. Viele Kinder gehen nach den Hausaufgaben allerdings gleich nach Hause, denn die Eltern können wählen, ob sie eine Betreuungszeit bis 15:00 Uhr oder bis 16:00 Uhr wünschen. Um 16:00 Uhr ist dann aber auch Feierabend."

Erzieherin in der Offene Ganztagsgrundschule

Klasse: „Heißt das, dass der Arbeitstag für die Erzieherin nach fünf Stunden schon wieder zu Ende ist?"

Tamara: „Im Prinzip ja, ihr Arbeitsvertrag geht nur über 25 Stunden. Übrigens hat selbst die Leiterin der OGS keine volle Stelle. Auch sie arbeitet nur 30 Stunden. Alles andere wird über die Honorarkräfte abgedeckt."

Klasse: „Hat dir denn dein Praktikum gefallen?"

Tamara: „Ja, sehr. Mir hat die Arbeit mit den Kindern großen Spaß gemacht. Das Problem war nur, dass es kaum Zeit gab, ein Projekt mit den Kindern zu realisieren. Dies war aber Praktikumsaufgabe. Es ging ja nur nach 15:00 Uhr, dann sind viele Kinder aber entweder schon weg oder in einer AG. Mir blieb nur der Freitag, um etwas auf die Beine zu stellen. Es hat aber trotzdem alles einigermaßen geklappt."

5.2.4   Kinder- und Jugendfreizeiteinrichtungen

Der Praktikant Andreas Braun berichtet der Klasse:

Klasse: „Du hast dein Praktikum in einem Jugendzentrum gemacht. Wer geht da hin?"

Andreas: „Jugendliche und junge Erwachsene bis 27 Jahre. Es kommen zwischen 40 und 150 Besucher am Tag, abhängig vom Wetter. Zwei Drittel der Besucher stammen aus Deutschland und der Türkei. Die anderen sind Deutschstämmige aus Polen und Russland, in letzter Zeit kommen auch viele geflüchtete Jugendliche aus Syrien oder afrikanischen Ländern in unsere Einrichtung. Etwa 60 % der Besucher sind Jungen. Die meisten Mädchen, welche die Einrichtung besuchen, kommen aus Deutschland. Es kommen auffällig wenige muslimische Mädchen zu uns."

Klasse: „Das Klientel ist ja sehr heterogen. Gibt es da häufig Zoff?"

Andreas: „Ja, das kommt vor. Erschwerend kommt hinzu, dass sich der Jugendclub im Einzugsgebiet sozial schwacher Familien befindet. Die Arbeitslosenquote liegt dort über dem Durchschnitt, viele leben von Hartz IV. Es gibt sehr viele alleinerziehende Mütter. Viele Eltern sind mit der Erziehung überfordert. Eine große Anzahl Kinder erfährt körperliche und seelische Gewalt von ihren Eltern, auch die Gewalt von Männern an Frauen. Alkoholprobleme in der Familie, mitunter auch Drogen, Langzeitarbeitslosigkeit und finanzielle Probleme gehören für viele zum Alltag."

Klasse: „Wie sieht der Tagesablauf aus? Was wird den Kids angeboten?"

Andreas: „Der Jugendclub öffnet um 14:00 Uhr. Es kommen Kinder und Jugendliche ab zehn Jahren. Die älteren kommen meist erst ab 16:30 Uhr. Alle nutzen die fest installierten Angebote: Fußballspielen in der Turnhalle, den Medienraum, Billard, Kickerspiele oder die Brett- und Legespiele, die in der Spielausgabe angeboten werden. Als vor ein paar Jahren der Etat noch größer war, gab es auch Mädchenarbeit und Ausflüge, z.B. Kinobesuche, Schwimmen, Fußballturniere gegen andere Jugendeinrichtungen, Wochenendfahrten usw. Das musste aus Personalmangel leider eingestellt werden. Nun werden verschiedene Aktivitäten und AGs angeboten, z. B. Kicker-, Billard- oder Dartturniere, eine Computer- und eine Foto-AG, Werken usw. Ab 14:00 Uhr machen wir besondere Angebote für die jüngeren Besucher, ab 16.30 Uhr dann für die älteren. Der Jugendclub schließt um 22:00 Uhr."

Klasse: „Klingt, als wäre da immer sehr viel los."

Andreas: „Ja, das ist auch so! Leider können Probleme der älteren Besucher nicht immer gelöst werden. Ein 17-jähriger Jugendlicher fragte mich um 19:00 Uhr, ob ich ihm bei seinem Bewerbungsschreiben für einen Ausbildungsplatz helfen könnte. Ich hatte aber im gesamten Bereich des Untergeschosses inklusive Turnhalle die Aufsicht. Da nur wenig Personal zur Verfügung steht, konnte ich der Bitte des Jungen erst nach Beendigung der Öffnungszeiten nachkommen."

Klasse: „Was hat dir an deinem Praktikum gefallen?"

Andreas: „Ich hatte immer das Gefühl, etwas Sinnvolles zu tun. Spaß gemacht hat mir, dass ich es in der letzten Woche des Praktikums endlich geschafft habe, einen Kurs im Schlagzeugspielen anzubieten. Bei meinen Vorbereitungen wurden einige Jugendliche neugierig und fragten, ob sie sich auch mal an das Schlagzeug setzen dürften. Mein Kurs wurde von mindestens 30 Kindern und Jugendlichen angenommen. Nach Abstimmung mit dem Team bekam ich an drei Tagen jeweils eine Stunde für mein Projekt. Mein Projekt wurde mit Begeisterung aufgenommen und alle zeigten sich sehr lernbegierig. Für die meisten von ihnen war dies der erste Kontakt mit einem Musikinstrument."

5.2.5 Stationäre Wohngruppe

Die Klasse befragt Bernd Woltiri zu seinem Praktikum in einer Wohngruppe der stationären Erziehungshilfe:

Klasse: „In der Pause hast du schon erwähnt, dass du hauptsächlich mit jungen Flüchtlingen zu tun hattest. Erkläre uns bitte, wie sie in die Wohngruppe kommen und zu wem die Wohngruppe gehört."

Bernd: „Die Außenwohngruppe ist eine Einrichtung nach § 34 SGB VIII (Kinder- und Jugendhilfe). Hilfe zur Erziehung wird über Tag und in der Nacht geleistet und auch Heimerziehung genannt. Der Träger ist die Diakonie. Die Wohngruppe bietet momentan neun Plätze für weibliche und männliche Jugendliche zwischen 14 und 18 Jahren. Jeder Jugendliche hat sein eigenes Zimmer. Der Schwerpunkt der Arbeit liegt in der Betreuung unbegleiteter minderjähriger Flüchtlinge (UMF), insbesondere aus Afrika und Syrien. In ihren Herkunftsländern herrschen sehr unterschiedliche Lebensumstände. Die meisten Eltern und Familien der Jugendlichen sind in ihrem Land politisch aktiv und arbeiten gegen die dort amtierende Regierung. Deshalb werden sie in ihrem Land von den Soldaten oder Polizisten entweder verhaftet oder verschleppt. Verwandte und Freunde der Eltern schleusen deren Kinder aus dem Land, damit ihnen nicht das Gleiche widerfährt. Oder es herrscht Krieg wie in Syrien."

Klasse: „Das klingt ja sehr gefährlich und beängstigend! Was passiert, wenn die Jugendlichen in Deutschland ankommen?"

Bernd: „Wenn die Jugendlichen nach Deutschland flüchten, haben sie nach dem SGB VIII einen Anspruch auf Erziehungshilfe. Dies muss aber erst über das Ausländeramt geprüft werden. Können sie keine Heimatadresse angeben, erhalten sie den Status ‚Duldung' und können in Deutschland bleiben."

Klasse: „Wie viele Betreuer haben die neun Jugendlichen?"

Bernd: „Die Jugendlichen werden von drei Erziehern und einem Diplompädagogen betreut. Besonderheit: Ein Erzieher ist für zwei Jugendliche zuständig, d. h., er ist für sie die Bezugsperson. Man nennt das Bezugspersonpädagogik."

Klasse: „Und das rund um die Uhr?"

Bernd: „Die Mitarbeiter beginnen um 12:00 Uhr mittags und beenden ihren Dienst am nächsten Morgen um 09:00 Uhr. Bei Dienstbeginn lesen sie als Erstes das Protokollbuch, um sich über das Tagesgeschehen der Jugendlichen zu informieren. Gleichzeitig wird von ihnen die Haushaltskasse überprüft. Danach bereiten sie das Mittagessen vor. Um ca. 13:15 Uhr kommen die ersten Jugendlichen von der Schule. Ein gemeinsames Mittagessen findet in der Woche nur selten statt, da die Jugendlichen zu unterschiedlichen Zeiten von der Schule bzw. Arbeit nach Hause kommen. Die Jugendlichen sollen bis 16:00 Uhr in der Wohngruppe bleiben, um ihre Hausaufgaben zu machen. Nach 16:00 Uhr ist es den Jugendlichen freigestellt, ob sie fernsehen, Sport treiben, Freunde treffen oder etwas anderes machen. Falls Termine für die Jugendlichen anstehen, können diese von 15:30 Uhr bis 17:00 Uhr wahrgenommen werden, z. B. Vormundsgespräche, Termine in der Schule oder Stadteinkäufe. Ab 17:30 Uhr können die Jugendlichen Abendbrot essen oder sich noch etwas selbst kochen; das ist jedoch offen zu gestalten. Bis 22:00 Uhr müssen alle Jugendlichen wieder in der Einrichtung sein. Gleichzeitig werden die Gemeinschaftsräume abgeschlossen. Für die Mitarbeiter beginnt von 22:00 Uhr bis 06:00 Uhr der Bereitschaftsdienst. Ihnen steht ein Zimmer mit einer Schlafgelegenheit zur Verfügung. Ab 06:00 Uhr beginnt für die Mitarbeiter wieder der Dienst. Sie bereiten das Frühstück vor und wecken die Jugendlichen. Nach dem gemeinsamen Frühstück verlassen alle Jugendlichen die Einrichtung um 08:00 Uhr. Von 08:00 Uhr bis 09:00 Uhr protokollieren die Mitarbeiter Besonderheiten des Vortages. Danach wird ein Kassenabschluss durchgeführt und die Mitarbeiter haben Dienstschluss."

Klasse: „Verfolgt der Träger bzw. die Heimleitung besondere pädagogische Ziele?"

Bernd: „Sicher. Die Ziele der Einrichtung sind:

1. Die Jugendlichen werden an selbstständiges Handeln herangeführt.
2. Sie sollen berufliche Perspektiven entwickeln und diese auch umsetzen.
3. Die Jugendlichen und ihre Herkunftsfamilien sollen entlastet werden.
4. Förderung und Stabilisierung der persönlichen und sozialen Kompetenz
5. Den Jugendlichen werden Werte und Normen unserer Gesellschaft vermittelt."

Klasse: „Gibt es noch Besonderheiten, die unsere künftige Arbeit in einem Heim betreffen könnten?"

Bernd: „Da fällt mir die Zusammenarbeit mit sehr vielen verschiedenen Stellen ein:
–   Beratungsstellen für ausländische Flüchtlinge
–   Caritas-Flüchtlingshilfe
–   Jugendamt
–   Vormund oder Eltern

–   verschiedene Schulen sowie Arbeitgeber
–   Jugendwerkstätten, Praktikumsstellen, Vereine."

Klasse: „Danke, Bernd und euch anderen für diese geballte Ladung an Infos!"

↗ WIEDERHOLUNG

Viele Einrichtungen sind in Trägerschaft eines Wohlfahrtsverbands, z. B.:
→ die Kindertagesstätte der AWO,
→ die Außenwohngruppe der Diakonie,
→ die Elterninitiative im Paritätischen,
→ die Erziehungsberatungsstelle der Caritas,
→ die Familienbildungsangebote des DRK.

Erzieherinnen und Erzieher können in allen sozialpädagogischen Bereichen selbstständig und eigenverantwortlich tätig werden. Die meisten arbeiten
→ in einer Kindertageseinrichtung,
→ in einem Jugendzentrum,
→ in einer offenen Ganztagsgrundschule,
→ im Arbeitsfeld der stationären Erziehungshilfe.

Die Erzieherausbildung qualifiziert für die Arbeit mit Kindern und Jugendlichen zwischen vier Monaten und 18 Jahren (je nach Arbeitsfeld). Manche Jugendzentren werden auch von jungen Erwachsenen bis 25 oder noch älter besucht. Dies bedeutet, dass eine angehende Erzieherin eine Vielzahl von Kenntnissen über die verschiedenen Altersstufen erwerben muss.

→·← AUFGABEN

1 [Wissen und Verstehen]
Was beinhaltet das „Subsidiaritätsprinzip"?

2 [Wissen und Verstehen]
Recherchieren Sie in Kleingruppen im Internet oder in der weiterführenden Literatur zu jeweils einem der Spitzenverbände: Entstehungsgeschichte, Zielvorstellungen und Organisationsstruktur sowie beispielhafte Einrichtungen dieses Trägers in Ihrer Region. Präsentieren Sie im Anschluss Ihre Ergebnisse im Plenum.

3 [Wissen und Verstehen]
Interviewen Sie Studierende Ihrer Schule im zweiten. Ausbildungsjahr oder im Berufsprakti-

kum zu ihren Erfahrungen in den unterschiedlichen Arbeitsfeldern.
a) Bilden Sie dazu Gruppen je nach Arbeitsfeld.
b) Entwickeln Sie in den Gruppen einen Interviewleitfaden.
c) Führen Sie die Interviews in der Klasse durch.
d) Reflektieren Sie anschließend:
→   Welches Interview fanden Sie besonders interessant und warum?
→   In welchem Arbeitsfeld scheint die Arbeit besonders interessant zu sein?
→   In welchem Arbeitsfeld könnten Sie sich vorstellen, später einmal zu arbeiten?
→   In welchem Arbeitsfeld möchten Sie eher nicht tätig werden?

4 [Wissen und Verstehen]

Für einen noch tieferen Einblick wäre es sinnvoll, die neuen Arbeitsfelder im Rahmen einer Arbeitsfelderkundung besser kennenzulernen und sich genau über sie zu informieren. Dies könnte als Gruppenarbeit, z. B. im Rahmen einer Projektwoche, geschehen. Hierbei ist sinnvoll, mit verschiedenen Einrichtungen Kontakt aufzunehmen, ein Interview mit den dort arbeitenden Erziehern zu führen und, falls möglich, einen Tag zu hospitieren.

4.1 Beschreiben Sie mit eigenen Worten den Berufsalltag der Erzieherin in dem von Ihnen gewählten Praxisfeld.

4.2 Erforschen Sie die Rahmenbedingungen des jeweiligen Praxisfeldes und beschreiben Sie diese exemplarisch am Beispiel der von Ihnen besuchten Einrichtung (Name, Träger, Mitarbeiter und Qualifikationsmerkmale, Adressaten, Öffnungszeiten, Räume/Gelände, Tagesablauf, verfügbare Spiel- und Freizeitmaterialien, nutzbare Medien, Kooperationsformen). Eventuell können Sie auch Fotos machen, um ein anschaulicheres Ergebnis zu erhalten.

4.3 Formulieren Sie in Ihrer Kleingruppe jeweils mindestens fünf Fragen zu dem gewählten Praxisfeld. Berücksichtigen Sie die Anforderungen der Adressatengruppe an die Erzieherin.

4.4 Suchen Sie nach Vorurteilen oder fragwürdigen Behauptungen, die in der Öffentlichkeit gegenüber dem von Ihnen gewählten Praxisfeld oder gegenüber den Erzieherinnen in diesen Einrichtungen existieren.

4.5 Präsentieren Sie das Ergebnis der Arbeitsfelderkundung.

TIPPS ZUM WEITERARBEITEN →

→ Boesenecker, Karl-Heinz: Spitzenverbände der Freien Wohlfahrtspflege. Eine Einführung in Organisationsstrukturen und Handlungsfelder der deutschen Wohlfahrtsverbände. Weinheim: Juventa Verlag 2005.

→ Bundesagentur für Arbeit: Berufenet. In: www.berufenet.arbeitsagentur.de [02.09.2020].

→ Kompetenzzentrum Technik-Diversity-Chancengleichheit e. V.: Zukunftsberuf Erzieher. In: www.zukunftsberuf-erzieher.de [02.09.2020].

Kompetenzen, die in diesem Kapitel erworben werden können:

- Die Absolventinnen und Absolventen verfügen über breites und integriertes Wissen über Arbeitsfelder der Kinder- und Jugendhilfe und ihre Anforderungen.

Bundesarbeitsgemeinschaft der Freien Wohlfahrtspflege (Hrsg.): Gesamtstatistik 2016. Einrichtungen und Dienste der Freien Wohlfahrtspflege (erschienen: 2018). In: www.bagfw.de/fileadmin/user_upload/Veroeffentlichungen/Publikationen/Statistik/BAGFW_Gesamtstatistik_2016.pdf [18.09.2020].

Berufsgenossenschaft für Gesundheitsdienst und Wohlfahrtspflege (BGW) (Hrsg.): Kinder- und Jugendhilfe in Deutschland. Ein Datenbericht 2018. In: www.bgw-online.de/SharedDocs/Downloads/DE/Medientypen/Wissenschaft-Forschung/BGW55-83-130_Trendbericht-Kinder-und-Jugendhilfe_Download.pdf?__blob=publicationFile [18.09.2020].

Fthenakis, Wassilios E./Hanssen, Kirstin/Oberhuemer, Pamela/Schreyer, Inge (Hrsg.): Träger zeigen Profil. Qualitätshandbuch für Träger von Kindertageseinrichtungen. Berlin: Cornelsen 2009

Merchel, Joachim: Trägerstrukturen in der Sozialen Arbeit: Eine Einführung. Weinheim: Juventa-Verlag 2008.

6 Erwartungen und Anforderungen an die Berufsrolle im gesellschaftlichen Kontext

Anja Berkemeier

Marion und Florian absolvieren ihr Praktikum in verschiedenen Arbeitsfeldern.

Marion ist in einer Außenwohngruppe einer stationären Einrichtung der Jugendhilfe tätig. In dieser Gruppe wohnen sieben Jugendliche im Alter von 12-17 Jahren, vier von ihnen mit Migrationshintergrund. Die Bewohner halten sich meistens in ihren Zimmern oder in der Küche auf. Dort ist es sehr unruhig, es gibt viel Gerangel und hitzige Diskussionen. Marion ermahnt die Bewohner oft und droht mit Strafen, doch das empfindet sie selbst als nicht sinnvoll. Ihr kommt die Idee, mit den Bewohnern einen Ausweichraum zu renovieren, der bisher nur als Ablage für viel Gerümpel genutzt wird. Mehrere Jugendliche zeigen Interesse.

Auch Peter möchte mitmachen. Er ist 13 Jahre alt und gehört zu den jüngsten Bewohnern. Bei einem Planungstreffen versucht er, laut schreiend seine Vorschläge durchzusetzen. Als ihm dies nicht gelingt und die Mehrheit sich anders entscheidet, rastet er völlig aus, wirft Gegenstände durch den Raum, tritt gegen die Tür, knallt sie schreiend zu.

Marion weiß, dass Peter Schwierigkeiten hat, sich sprachlich auszudrücken, dass seine Mutter Alkoholikerin ist, er aber trotzdem gerne bei ihr leben möchte. Peter ist aber schon drei Jahre in der Einrichtung und Elternkontakte gestalten sich schwierig. Nach diesen Kontakten ist er besonders reizbar.

Florian gefällt in der stationären Arbeit die Schicht- und Wochenendarbeit nicht. Er hat sich für ein Praktikum in einer Kindertagesstätte entschieden. Dabei handelt es sich um eine bilinguale Kita, in der mit den Kindern Deutsch und Spanisch gesprochen wird.

Florian fallen besonders der zweijährige Lukas und der dreijährige Max auf, die neu in der Einrichtung sind. Während die meisten Kinder, nachdem sie ihre Jacke und Straßenschuhe ausgezogen und die Mitarbeiterinnen und die anderen Kinder begrüßt haben, mit dem Freispiel beginnen oder zuerst frühstücken, fällt Max die Eingewöhnung nicht leicht. Die Erzieherin spricht häufig mit der Mutter, wie lange Max schon in der Einrichtung bleiben könnte und wann er wieder abgeholt werden sollte. Die Mutter verlangt, dass mit ihrem Sohn spanisch gesprochen wird, sie möchte, dass die Förderung möglichst schnell beginnt. Die Erzieherin erklärt ihr, dass sie zunächst eine bessere Beziehung zu Max aufbauen möchte und die Spanisch sprechende Kollegin sich noch zurückhält.

Florian nimmt in der Zwischenzeit am Freispiel teil und übernimmt nach Absprache mit seinen Kolleginnen die Verantwortung für den Frühstückstisch und die Verkleidungsecke im Nebenraum. In der Verkleidungsecke spielen Lars (4;5 Jahre), Benjamin (5;2 Jahre) und Jonas (4;9 Jahre) Zoo. Nach einer Weile beschließen sie, als Tiger, Löwe und Krokodil durch den Gruppenraum zu ziehen. Als die Jungen nach 10 Minuten von ihrer Tour zurückkommen, finden sie die Verkleidungsecke belegt vor: Ayşe (4;0 Jahre) Emel (3;7 Jahre) und Nurhan (4;5 J.) spielen dort Vater, Mutter, Kind. Lautstark fordern die Jungen die Mädchen zum Rückzug auf, da die Gruppenregel besagt, dass nur drei Kinder gleichzeitig im Nebenraum spielen dürfen. Es kommt zu handgreiflichen Auseinandersetzungen und zu Tränen.

Florian befindet sich zu dieser Zeit am Frühstückstisch, weil zwei andere Zweijährige dort selbst ihr Butterbrot bestreichen. Ayşe kommt weinend aus dem Nebenraum und beschwert sich über die Jungen.

→ *Welche Anforderungen werden in diesem Beispiel an Erzieherinnen gestellt?*

→ *Was macht aus Ihrer Sicht eine gute Erzieherin aus?*

→ *Habe ich ein realistisches Bild von dem Beruf? Tauschen Sie sich darüber aus.*

6.1   Auswirkungen des gesellschaftlichen Wandels auf die beruflichen Anforderungen

Die Lebenssituation von Kindern und Jugendlichen hat sich in den letzten Jahren grundlegend verändert und somit auch die Anforderungen an pädagogische Fachkräfte: Frühkindliche Entwicklung, U3-Betreuung, PISA, Dienstleistung, Familienzentren, kulturelle Vielfalt, Sprachförderung, Bildungspläne, Bildungsauftrag und Ganztagsangebote sowie mobile Jugendarbeit sind nur einige Schlagworte, die Erzieherinnen, Eltern und Kinder beschäftigen.

Die Anforderungen an Erzieherinnen unterliegen einem ständigen Wandel. Dies hat vielfältige Ursachen.

Durch den Wandel gesellschaftlicher, rechtlicher und sozialer Rahmenbedingungen bekommt die institutionelle Erziehung zunehmend Bedeutung

Immer mehr Kinder verbringen immer mehr Zeit in öffentlichen Einrichtungen. Die Zahl der Ein-Kind-Familien steigt, immer mehr Frauen sind berufstätig. Es besteht ein erhöhter Bedarf an Ganztagsplätzen und flexiblen Öffnungszeiten. Situations-, Sozialraum- und Lebensweltanalysen sollen eine Arbeit an den Bedürfnissen und Bedingungen der Adressaten gewährleisten. Dadurch steigen die Anforderungen an Leistung und Mobilität, auch durch die Diskussionen und Maßnahmen zur Qualitätssicherung.

Zunehmende Probleme und Kinder mit mehr Förderbedarf

Scheidung, Armut, Arbeitslosigkeit, traumatische Flucht, Vernachlässigung, Bewegungsmangel, hoher Medienkonsum, Konzentrationsprobleme und Sprachschwierigkeiten sind nur einige Beispiele dafür, dass pädagogische Fachkräfte auch therapeutische Aufgaben übernehmen müssen. In Jugendeinrichtungen kommen zusätzlich Probleme wie Drogenmissbrauch und Gewalt hinzu.

Steigende Erwartungen der Eltern und Übertragung von Verantwortung auf die Erzieherinnen

„Die Bildung, Erziehung und Betreuung von Heranwachsenden in öffentlichen Einrichtungen hat immer stärker ‚familienergänzenden‘ und nicht mehr nur ‚familienunterstützenden‘ Charakter, was u.a. Konsequenzen für die Rolle und Funktion des Personals als wichtige Erziehungsperson und Partner von Eltern und Heranwachsenden hat." *(Krüger/Zimmer, 2001, S. 64 f.)* Gleichzeitig aber schwinden allgemein anerkannte und familiär vermittelte Wert- und Zielvorstellungen.

Gesellschaftliche Forderung nach mehr Bildung

Inzwischen hat sich die Erkenntnis durchgesetzt, dass Bildung schon mit der Geburt beginnt und nicht früh genug gefördert werden kann. Vorschulische Einrichtungen sollen einen Beitrag dazu leisten, dass Kinder zukünftig die gestiegenen gesellschaftlichen Anforderungen bewältigen können und sich am Leben in einer Wissens- und demokratischen Gesellschaft beteiligen können.

Verschiedene Konzepte der Bundesländer zur Bildungsförderung: Kitazeit ist Bildungszeit.

Bundesweit wurde die „Nationale Qualitätsinitiative im System der Tageseinrichtungen für Kinder" gestartet. Jedes Bundesland hat Programme entwickelt, die zwar unterschiedliche Namen tragen, oft aber Gleiches oder zumindest Ähnliches beinhalten: Sie heißen Orientierungsplan, Bildungsprogramm, Rahmenplan für die Bildung und Erziehung, Bildungs- und Erziehungsplan oder nur Bildungsplan, Bildungsvereinbarung, Bildungs- und Erziehungsempfehlungen und Leitlinien. Diese Vorgaben gilt es, in den Einrichtungen umzusetzen.

Pädagogische Fachkräfte sollen Bildungsprozesse fördern, unterstützen und initiieren. Dies geschieht nicht im Unterricht, sondern im Alltag, im Spiel, durch planvolle Pädagogik unter Beteiligung der Adressaten und in Zusammenarbeit mit den Eltern. Im Vordergrund stehen die individuellen Stärken und Bedürfnisse des Kindes. Seine Entwicklung wird gemeinsam dokumentiert.

Schlechte Rahmenbedingungen

Zu große Kinder- und Jugendgruppen, schlechte Personalschlüssel, befristete Verträge, wenig Zeit für Vor- und Nachbereitung, Finanzkürzungen, Abbau von Fördermitteln: Dies sind nur einige Beispiele für schlechtere Bedingungen. Viele Heime haben Probleme mit häufig wechselndem Personal, wodurch keine kontinuierliche Beziehungsarbeit gewährleistet werden kann.

Kürzungen in der Jugendarbeit sind so gravierend, dass von einer Zerschlagung der gesamten Struktur gesprochen werden kann – trotz steigender Besucherzahlen.

Umbrüche in der Arbeitswelt, Arbeitslosigkeit und Arbeitsplatzmangel können berufliche Umorientierungen notwendig machen. Eine Erzieherin sollte sich nicht nur auf Kindergarten oder Heim festlegen und benötigt sogenannte Innovationskompetenz: Sie muss lernen, mit offenen und wenig vertrauten Situationen umzugehen – ebenso wie mit altersgemischten, multikulturellen und inklusiven Bezugspersonen.

6.2 Die Aufgaben in verschiedenen Arbeitsfeldern

Mit dem Erzieherberuf verbinden viele Menschen nach wie vor Tätigkeiten wie Spielen und Basteln. Anforderungen werden hauptsächlich im kreativen Bereich und in der Spielanimation gesehen, hinzu kommt die Betreuung der Kinder. Aber das ist natürlich nicht alles!

Die Tätigkeit einer Erzieherin ist im Wesentlichen durch pädagogische Arbeit bestimmt: Diese beginnt bereits mit einer Analyse der Bedingungen des sozialpädagogischen Handelns und der Beobachtung der Kinder. Parallel erfolgt der Beziehungsaufbau zum Kind und seiner Familie. Durch intensive Zuwendung und eine offene und freundliche Haltung lernt das Kind die Erzieherin immer besser kennen und kann Vertrauen zu ihr aufbauen. Auf dieser Grundlage wird die Erziehungsarbeit konkret geplant, in die alle Beteiligten einbezogen werden müssen: die Kinder und Jugendlichen selbst, die Eltern, Kollegen, bei Schulkindern die Lehrer, bei Jugendlichen eventuell die Ausbilder oder auch Therapeuten.

Zur Erziehungspraxis gehören: die Leitung von Gruppen, die Beobachtung der einzelnen Kinder und Jugendlichen, das Führen von Gesprächen, die Beziehungsgestaltung, die gezielte Planung des Tagesablaufs und einzelner Aktivitäten, das Beherrschen hauswirtschaftlicher Tätigkeiten, die Koordination von Spiel- und Arbeitsprozessen, das Bilden, Versorgen und Anregen, das Vorbild-Sein,

das Singen, Geschichtenerzählen, Beaufsichtigen, Beraten, das Gestalten von Räumen, Sich-Fortbilden, das Durchführen von Experimenten, gemeinsames Staunen und noch vieles mehr. Dies gilt nicht nur für die Arbeit im Kindergarten, sondern auch in der schulischen Ganztagsbetreuung, im Heim und in anderen Einrichtungen der Kinder- und Jugendhilfe sowie in der Jugendarbeit. Aufgaben, die in vielfältigen Situationen und allen Arbeitsfeldern immer wieder zu bewältigen sind, nennen sich Querschnittsaufgaben.

Hinzu kommen organisatorische Tätigkeiten wie Elternarbeit, Teamarbeit und Öffentlichkeitsarbeit. Diese Begriffe weisen auf Tätigkeiten außerhalb einer Kinder- und Jugendgruppe hin (siehe Band 2, Lernfelder 5 und 6). Auch Verwaltungsaufgaben gehören zur Tätigkeit einer Erzieherin.

Je nach **Arbeitsfeld** erfüllen Erzieherinnen vielfältige und unterschiedliche Aufgaben *(vgl. Kultusministerkonferenz, 2017, S. 5 f.)*:

In Tageseinrichtungen für Kinder
- Auf Grundlage der Bildungspläne unterstützen Erzieherinnen Kinder, sich zu eigenverantwortlichen und gemeinschaftsfähigen Persönlichkeiten zu entwickeln.
- Sie orientieren sich an Bedürfnissen von Kindern, Familien und gesellschaftlichen Anforderungen.

- Sie berücksichtigen die soziale und kulturelle Vielfalt und besondere Bedürfnisse bei Migrationshintergrund oder physischen/psychischen Beeinträchtigungen.
- Sie bilden Erziehungspartnerschaften mit den Eltern bzw. Erziehungsberechtigten und deren Beteiligung zum Wohle der Kinder.
- Sie arbeiten im Team und mit anderen Fachkräften und Einrichtungen zusammen (Vernetzung).

In Schulen
- Erzieherinnen arbeiten mit Lehrern, Sozialpädagogen und therapeutischen Fachkräften zusammen.
- Sie unterstützen Lehrer im Unterricht.
- Sie übernehmen Aufgaben im sozialpädagogischen Bereich.
- Im Ganztagsangebot führen sie Betreuungsaufgaben, außerunterrichtliche Fördermaßnahmen und Angebote zur Freizeitgestaltung durch.

Bei den Hilfen zur Erziehung
- Erzieherinnen haben Umgang mit vielschichtigen sozialen und individuellen Problemlagen: Schwierigkeiten in Familien, individuelle Orientierungs- und soziale Anpassungsschwierigkeiten Heranwachsender, Gefährdung ihrer psychischen und physischen Integrität und Entwicklung.
- Sie fördern Selbstständigkeit.
- Sie führen familienergänzende und -ersetzende Hilfen mit dem Ziel der Integration in die Gemeinschaft durch.
- Sie sichern Reintegration in Familie, Schule und Beruf.

In der offenen Kinder- und Jugendarbeit
- Erzieherinnen gestalten Angebote in gruppenbezogenen oder offenen, mobilen oder festen Einrichtungen für und mit Kindern und Jugendlichen.
- Sie schaffen Bedingungen und Möglichkeiten (Zeit, Raum, Finanzen, Gelegenheiten), um ein subjektiv bedeutsames, anregendes Leben und Lernen zu ermöglichen.
- Sie initiieren und begleiten Bildungs-, Partizipations- und Unterstützungsprozesse.

6.3   Erwartungen an die Berufsrolle

Um die beschriebenen Aufgaben und Anforderungen von Erzieherinnen bewältigen zu können, ist es erforderlich, sich mit der eigenen Rolle auseinanderzusetzen. Welche Rolle hat eine Erzieherin im pädagogischen Alltag?

> Entwicklungshelferin, Weichensteller, Beraterin, Besserwisser, Ersatzmutter, Ernährungsberaterin, Diagnostiker, Spielgefährtin, Blitzableiter, Prellbock, Animateurin, Polizistin, Richterin, Dolmetscher, Pflegerin, Therapeutin, Dompteur, Wegbegleiterin, Managerin, Psychologin, Künstlerin

Früher war die Rolle klar: „Die Erzieherin war die treibende Kraft. Durch ihre planvolle pädagogische Beeinflussung der Kinder, durch ihre Anregungen, Spielvorschläge, Bastelideen wurde die Entwicklung der Kinder systematisch gefördert. War die Erzieherin einmal nicht aktiv [...], so stellte sich schnell ein Gefühl schlechten Gewissens ein. Nur die aktiv steuernde Pädagogin schien eine gute Pädagogin zu sein, denn ihr war der gesellschaftliche Auftrag zuerteilt, die Kinder auf den bestmöglichen Weg zu bringen." (*Mienert/Vorholz, 2008, S. 12*)

Heute sieht das anders aus: Die Erzieherin ist nicht mehr die zentrale Person, ohne die Bildung nicht stattfinden kann, sondern sie übernimmt eher die Rolle der Beobachterin und Begleiterin der Kinder und Jugendlichen in ihrer Entwicklung, die die entsprechenden Voraussetzungen schafft. Sie kann davon ausgehen, dass das Kind selbst anhand eigener Interessen entscheiden kann und „trotzdem" erfährt, dass andere Kinder da sind, von denen es lernen kann und die auch im Gegenzug von ihm lernen können. Dabei stellt auch der Raum einen großen Einfluss auf die kindlichen Bildungsprozesse dar. Zwar kann die pädagogische Fachkraft die Rolle der Initiatorin von Bildungsprozessen einnehmen, allerdings unter Berücksichtigung der Beteiligung der zu Erziehenden an den dafür erforderlichen Entscheidungen (Partizipation).

Die grundlegende Rolle der erzieherischen Fachkraft ist die der Bindungsperson. Ohne sichere Bindung und Vertrauen zwischen Kind und Erzieherin fände keine Bildung statt. Daher kann die Erzieherin auch nicht einfach – wie eine Trainerin – die Defizite der Kinder und Jugendlichen in den Blick nehmen und versuchen, diese zu beseitigen. Stattdessen muss sie selbst Vertrauen in das Kind haben, in seine Fähigkeiten und Selbstbildungsmöglichkeiten.

Ihre eigene Haltung ist bedeutend: Die Erzieherin sollte nicht davon ausgehen, dass sie weiß, was das Kind oder der Jugendliche will und braucht, denn sie ist nicht Gedankenleserin und Hellseherin. Wichtiger ist, die Prinzipien der Partizipation, Inklusion, Diversität und Prävention zu verinnerlichen.

Das perfekte Erziehermodell!?

Herr, Ihr bastelt aber lange an dieser Figur

Legende von der Erschaffung der Erzieherin
(Frei nach Erna Brombeck: Als der liebe Gott die Mutter schuf)

Als der liebe Gott die Erzieherin schuf, machte er bereits den sechsten Tag Überstunden. Da erschien der Engel und sagte: „Herr, Ihr bastelt aber lange an dieser Figur!" Der liebe Gott sprach: „Hast du die speziellen Wünsche auf der Bestellung gesehen? Sie soll pflegeleicht, aber nicht aus Plastik sein; sie soll 160 bewegliche Teile haben; sie soll Nerven wie Drahtseile haben und einen Schoß, auf dem zehn Kinder gleichzeitig Platz haben. Sie soll einen Rücken haben, auf dem sich alles abladen lässt; und sie soll in einer überwiegend gebückten Haltung leben können. Ihr Zuspruch soll alles heilen, von der Beule bis zum Seelenschmerz; sie soll sechs Paar Hände haben."
Da schüttelte der Engel den Kopf und sagte: „Sechs Paar Hände, das wird kaum gehen!" „Die Hände machen mir keine Kopfschmerzen", sagte der liebe Gott, „aber die drei Paar Augen, die eine Erzieherin haben muss." – „Gehören die denn zum Standardmodell?", fragte der Engel. Der liebe Gott nickte: „Ein Paar, das durch geschlossene Türen blickt, während sie fragt: ‚Was macht ihr denn da drüben?' – obwohl sie es längst weiß. Ein zweites Paar im Hinterkopf, mit dem sie sieht, was sie nicht sehen soll, aber wissen muss. Und natürlich die zwei Augen hier vorn, aus denen sie ein Kind ansehen kann, das sich unmöglich benimmt, und die trotzdem sagen: Ich verstehe dich und habe dich sehr lieb – ohne dass sie ein einziges Wort spricht."
„O Herr!", sagte der Engel und zupfte ihn leise am Ärmel, „Geht schlafen und macht morgen weiter." – „Ich kann nicht", sagte der liebe Gott, „denn ich bin nahe daran, etwas zu schaffen, das mir einigermaßen ähnelt. Ich habe bereits geschafft, dass sie sich selbst heilt, wenn sie krank ist; dass sie 20 Kinder mit einem winzigen Geburtstagskuchen zufrieden stellt; dass sie einen Sechsjährigen dazu bringen kann, sich vor dem Essen die Hände zu waschen, einen Dreijährigen davon überzeugt, dass Knete nicht

essbar ist und übermitteln kann, dass Füße überwiegend zum Laufen und nicht zum Treten von mir gedacht waren." […]
– „Kann sie denken?" – „Nicht nur denken, sondern sogar urteilen und Kompromisse schließen", sagte der liebe Gott, „und vergessen!" Schließlich beugte sich der Engel vor und fuhr mit einem Finger über die Wange des Modells. „Da ist ein Leck", sagte er. „Ich habe Euch ja gesagt, Ihr versucht, zuviel in das Modell hineinzupacken." – „Das ist kein Leck", sagte der liebe Gott, „das ist eine Träne." – „Wofür ist sie?" – „Sie fließt bei Freude, Trauer, Enttäuschung, Schmerz und Verlassenheit." – „Ihr seid ein Genie!", sagte der Engel. Da blickte der liebe Gott versonnen: „Die Träne", sagte er, „ist das Überlaufventil."

(zitiert nach Amthor: „Selbst ein Weg von tausend Meilen beginnt mit einem ersten Schritt" – Zur Berufsgeschichte der Erzieher)

Die Auflistung der Anforderungen an den Beruf kann erschlagend wirken, vielleicht sogar Angst auslösen: „Das schaffe ich nie!" Doch es sei auch auf einen anderen Aspekt verwiesen: Die Vielfalt des Berufs ist gerade das Spannende, für ausgebildete Erzieherinnen gibt es viele berufliche Möglichkeiten. Klar muss aber sein: Dieser Beruf erfordert mehr als nur Liebe zum Kind, Verständnis und Idealismus. Diese Eigenschaften bilden die Grundlage, müssen aber professionell in fachliches Wissen und Können eingebettet werden.

6.4   Professionalisierung des Berufsbildes

Der Erzieherberuf ist interessant, vielseitig, anspruchsvoll und wichtig. Erzieherinnen mögen ihren Beruf und identifizieren sich mit ihrer Arbeit. Gleichzeitig leiden sie unter den schlechten Arbeitsbedingungen, der mangelnden gesellschaftlichen Anerkennung und ihren Ver-dienst- und Karrieremöglichkeiten *(vgl. Fuchs-Rechlin, 2010)*. Erzieherinnen erleben ihren beruflichen Alltag und die Anforderungen oft als desillusionierend und demotivierend und fühlen sich ausgebrannt.

Erzieherinnen haftet oft noch das Klischee der „Basteltante" an, die zur Betreuung kleiner Kinder da ist. Wenn auch Bezeichnungen wie „Tante" und „Kindergärtnerin" weitgehend aus dem Sprachgebrauch verschwunden sind, bleibt die gesellschaftliche Anerkennung der Arbeit von Erzieherinnen noch mangelhaft. Gleichzeitig steigen die gesellschaftlichen Anforderungen: „Bildung ist ein wertvolles Gut, das Kindern von klein auf mitgegeben werden soll. Dazu braucht es besonders qualifizierte Bildungsexpert(inn)en, die die Bildungsprozesse und die Bildungsmöglichkeiten im Kleinkindalter erkennen und unterstützen" *(Burtscher, 2002, S. 51)*. Daher sind die Weiterentwicklung eines **professionellen Berufsbildes** und ein neues berufliches Selbstverständnis unumgänglich. Die Professionalisierung hilft, dem Beruf der Erzieherin einen höheren Stellenwert zu geben. Denn fehlende gesellschaftliche Anerkennung und Gleichgültigkeit führt wiederum zu schlechteren Rahmenbedingungen. Wenn sich aber Politik und Gesellschaft mit den Bedingungen beschäftigen, die in den Institutionen vorherrschen, in denen Kinder viel Lebenszeit verbringen, und wissenschaftliche Erkenntnisse nicht mehr ignorieren, entwickeln auch die Beschäftigten selbst ein positiveres und professionelleres Selbstbild.

Mit Professionalität ist Qualität gemeint, zu erkennen an den Kompetenzen der Erzieherinnen, ihrem Marktwert, der Qualität der Ausbildung, Dies alles sollte ihnen ermöglichen, die Herausforderungen des Berufsalltags bewältigen zu können.

Die Erzieherin der Zukunft:

„Aus beschaulichen Verhältnissen hat sie sich verabschiedet. Ihr Beruf ist eine Herausforderung, unter wechselnden bis stürmischen Winden zu überleben und dabei auch noch für hohe Qualität zu sorgen. Zwar ist sie immer noch in ihrem Herzen eine Pädagogin, zugleich aber ist sie eine Expertin des social entrepreneurship, die die Bedürfnisse ihres Klientels genau im Auge behält, als Anwältin der Kinder ihre Dienstleistungsangebote maßschneidert, Einnahmen erwirtschaftet, als Netzwerkexpertin Synergien nutzt und Ressourcen mobilisiert und auf konventionelle Institutionalisierungen nicht angewiesen ist. ‚Tagesbetreuung' kann eben auch ‚Nachtbetreuung' oder ‚ambulante Betreuung' und noch vieles mehr sein. Erzieherinnen dieser sozialunternehmerischen Prägung bieten einen intelligenten 24-Stunden-Service rings ums Kind an, verwandeln ihre Einrichtung in ein Kinderhotel, kombinieren Kindergarten und Altersheim oder Müttercafé und Kindergarten, gründen Joint Ventures mit therapeutischen Einrichtungen, bilden Interessengemeinschaften mit Hebammen und Kinderärzten, halten ihre Hotline ständig offen. Diese Erzieherinnen delegieren, wo sie weitere Kompetenzen brauchen, arbeiten im Team mit Spezialisten, konzentrieren sich auf das, was sie am besten können: Auf ihre pädagogische Kompetenz, ihren sozialunternehmerischen Elan, ihre strategische Intelligenz in der Mitwirkung an der Lösung von Schlüsselproblemen ihrer Klienten – der Eltern und Kinder – können sie bauen. Diese Erzieherinnen, hart trainiert und einsatzfreudig, haben es verdient, viel zu verdienen."

(Krüger/Zimmer, 2001, S. 20–21)

Professionalisierung bedeutet, persönliche Lernprozesse zu fördern, sich mit dem beruflichen Selbstverständnis sowie den Grenzen und der Widersprüchlichkeit der eigenen Berufstätigkeit auseinanderzusetzen. Das bedeutet, sich aktiv und eigenverantwortlich an der Gestaltung des Arbeitsfeldes zu beteiligen, sich berufspolitischen Fragen zu stellen und den Beruf in der Öffentlichkeit zu vertreten. Der professionellen Fachkraft ist ein hoher Qualitätsanspruch bewusst. Voraussetzung: berufliche Identität mit einer professionellen Haltung.

„Pädagogisch professionell handelt eine Person, die gezielt ein berufliches Selbst aufbaut, das sich an berufstypischen Werten orientiert, sich eines umfassenden pädagogischen Handlungsrepertoires zur Bewältigung von Arbeitsaufgaben sicher ist, sich mit sich und anderen Angehörigen der Berufsgruppe Pädagogen in einer nicht alltäglichen Berufssprache verständigt, ihre Handlungen unter Bezug auf eine Berufswissenschaft begründen kann und persönlich die Verantwortung für Handlungsfolgen in ihrem Einflussbereich übernimmt."

(Bauer u. a., 1996, S. 15)

Erzieherinnen übernehmen Verantwortung – für die Kinder und Jugendlichen, für sich selbst und ihre Arbeit. Um gesellschaftlich Einfluss nehmen zu können, ist es z. B. möglich, sich in Berufsverbänden zu organisieren. Es gibt verschiedene Verbände mit unterschiedlichen Zielen (Aushandeln von Löhnen, Entwicklung des Berufsbildes, Einflussnahme auf Entscheidungsträger). Bisher sind vergleichsweise wenige Erzieherinnen in diesen Verbänden organisiert. Die Zahlen steigen aber. Die Demonstrationen und Streiks der letzten Jahre haben für eine viel stärkere öffentliche und politische Aufmerksamkeit gesorgt und erste Verbesserungen erzielt.

Um mehr Professionalität zu erreichen, haben viele Bundesländer die Zugangsvoraussetzung für die Ausbildung angehoben. Neben dem mittleren Schulabschluss (Mittlere Reife/Fachoberschulreife) wird oft eine einschlägige Berufsausbildung verlangt. Außerdem sind vielfältige Studienmöglichkeiten geschaffen worden. Diese Maßnahmen können zu einer neuen gesellschaftlichen Wahrnehmung des Berufs beitragen.

↗ WIEDERHOLUNG

→ Gesellschaftliche Veränderungen haben direkte Auswirkungen auf die beruflichen Anforderungen; zunehmende Probleme und schlechte Rahmenbedingungen erschweren die Arbeit.

→ Die Aufgaben im Erzieherberuf sind vielseitig und abwechslungsreich. Sie unterscheiden sich je nach Arbeitsfeld.

→ Die Auseinandersetzung mit der Berufsrolle der Erzieherin und der eigenen professionellen Haltung sind unbedingt erforderlich, um den aktuellen und zukünftigen Herausforderungen zu begegnen.

→ Es gilt, das Berufsbild der Erzieherin zu professionalisieren, um mehr Arbeitszufriedenheit, gesellschaftliche Anerkennung und Wertschätzung sowie angemessene finanzielle Entlohnung zu erreichen.

→·← AUFGABEN

1 [Wissen und Verstehen]

Verschaffen Sie sich einen Überblick über die vielfältigen Anforderungen, die von verschiedenen Seiten an Erzieherinnen gestellt werden:

1.1 Beschaffen Sie sich das „Bildungsprogramm" Ihres Bundeslandes und prüfen Sie es in Bezug auf darin enthaltene Anforderungen.

1.2 Stellen Sie Ihre Ergebnisse anschaulich in der Klasse dar. Diskutieren Sie Gemeinsamkeiten und Unterschiede. Entscheiden Sie, wie Sie ein gemeinsames Ergebnis erstellen können. Eventuell können Sie dies für ein Expertengespräch mit pädagogischen Fachkräften aus verschiedenen Arbeitsfeldern nutzen.

2 [Wissen und Verstehen]

„Erziehen kann doch jeder!"

„Jede Mutter beherrscht die Kunst der Erziehung!"

„Erziehen ist eigentlich gar kein richtiger Beruf!"

Diskutieren Sie anhand dieser provokanten Aussagen folgende Fragen:

→ Welchen gesellschaftlichen Auftrag nehmen Erzieherinnen in ihren Arbeitsfeldern wahr?

→ Welche Unterschiede bestehen zwischen elterlicher und professioneller Erziehung?

Erläutern Sie die jeweiligen Vor- und Nachteile.

3 [Reflexion]

Stimmen Ihre persönlichen Vorstellungen mit den realen Anforderungen an den Beruf überein?

Legen Sie ein Tagebuch an. Machen Sie sich darin Gedanken über folgende Fragen:

→ Wie bin ich?

→ Wie möchte ich als Erzieherin sein?

→ Welche Berufsrolle möchte ich übernehmen?

→ Was ist realistisch?

→ Welche Schlussfolgerungen ziehe ich aus der Vielfalt der Erkenntnisse und Erlebnisse für mich persönlich?

Das Tagebuch gibt Ihnen die Möglichkeit,

→ mit sich selbst ins Gespräch zu kommen,

→ über sich selbst nachzudenken,

→ sich eigene Stärken und Schwächen bewusst zu machen

→ und so eine persönliche und berufliche Identität zu entwickeln.

Die Tagebucheinträge können in ein Portfolio übernommen und reflektiert werden.

TIPPS ZUM WEITERARBEITEN →→

Internet

Auf den folgenden Internetseiten finden Sie Informationen über den Beruf und aktuelle Diskussionen und können mit anderen Erzieherinnen in Kontakt treten.

→ www.erzieherIn.de (Das Portal für die Frühpädagogik)
→ www.erzieherinnenausbildung.de (Fachforum Erzieherinnenausbildung)
→ www.erzieherin-online.de (Die Fachhomepage für Erzieherinnen)
→ www.kindergartenpaedagogik.de (Das Kita-Handbuch. Herausgegeben von Martin R. Textor und Antje Bostelmann.)
→ www.heimerziehung.de (socialnet.GmbH)
→ www.aba-fachverband.org (ABA Fachverband Offene Arbeit mit Kindern und Jugendlichen e. V.)

Zeitschriften

→ kindergarten heute. Zeitschrift für Erziehung, Freiburg i. Br.: Herder Verlag.
→ klein&groß. Mein Kita-Magazin. München: Cornelsen Verlag.
→ TPS. Theorie und Praxis der Sozialpädagogik, Stuttgart: Klett Kita GmbH.
→ Welt des Kindes. Freiburg i. Br.: Lambertus Verlag.

Fachbücher

→ Deinet, Ulrich/Sturzenhecker, Benedikt (Hrsg.): Handbuch Offene Kinder- und Jugendarbeit. 4. Auflage. Wiesbaden: VS Verlag für Sozialwissenschaften 2013.
→ Günder Richard: Praxis und Methoden der Heimerziehung. Entwicklungen, Veränderungen und Perspektiven der stationären Erziehungshilfe. 5. Auflage. Freiburg i. Br.: Lambertus Verlag 2015.

Filme

→ Bundesagentur für Arbeit: Erzieher/in. berufe.tv/ausbildungsberufe/soziales-und-paedagogik/erzieher-in Erzieherin: Beruf oder Berufung? Personale Kompetenzen für Beziehung und Bildung in der Elementarpädagogik und der Ausbildung von Erzieherinnen
Ein Film von Kurt Gerwig, AV1, Kaufungen, 2010

→ Erzieherporträts. Profile von Erziehern in Frankreich, Italien, Schweden, USA. Berufsbiographien und Berufsverständnis, Lebensstile
Ein Film von Donata Elschenbroich, Otto Schweitzer, DJI, 2002

→ Lisette und ihre Kinder
Ein Film von Sigrid Klausmann-Sittler, www.lisette-film.de, 2010

→ www.zukunftsberuf-erzieher.de/Zukunftsberuf_Erzieher/ (Männer in Kitas)

→ https://www.zukunftsberuf-erzieher.de/jobprofil/wanted-maennliche-erzieher

Kompetenzen, die in diesem Kapitel erworben werden können:

• Die Absolventinnen und Absolventen verfügen über Fertigkeiten, Erwartungen und Anforderungen an die pädagogische Arbeit von Erzieherinnen oder Erziehern in Arbeitsfeldern der Kinder- und Jugendhilfe wahrzunehmen, zu reflektieren und Konsequenzen für ihr pädagogisches Handeln zu ziehen sowie die Berufsrolle zu reflektieren und eigene Erwartungen und Anforderungen zu entwickeln.

Amthor, Ralph Christian: „Selbst ein Weg von tausend Meilen beginnt mit einem ersten Schritt" – Zur Berufsgeschichte der Erzieher. In: www.kindergartenpaedagogik.de/fachartikel/geschichte-der-kinderbetreuung/weitere-historische-beitraege/1150 [21.09.2020].

Bauer, Karl-Oswald/Kopka, Andreas/Brindt, Stefan: Pädagogische Professionalität und Lehrerarbeit. Eine qualitativ empirische Studie über professionelles Handeln und Bewusstsein. Weinheim/München: Juventa 1996.

Burtscher, Irmgard Maria: Der Kindergarten – Ein Ort zeitgemäßer Bildung? Dissertation an der Leopold-Franzens-Universität, Innsbruck 2002.

Fuchs-Rechlin, Kirsten: Die berufliche, familiäre und ökonomische Situation von Erzieherinnen und Kinderpflegerinnen. Sonderauswertung des Mikrozensus. Im Auftrag der Max-Traeger-Stiftung der Gewerkschaft Erziehung und Wissenschaft, 2010.

Krüger, Angelika/Zimmer, Jürgen: Die Ausbildung der Erzieherinnen neu erfinden. Neuwied/Berlin: Luchterhand 2001.

Kultusministerkonferenz (KMK): Kompetenzorientiertes Qualifikationsprofil für die Ausbildung von Erzieherinnen und Erziehern an Fachschulen und Fachakademien. Beschluss der Kultusministerkonferenz vom 01.12.2011 i. d. F. vom 24.11.2017. In: www.kmk.org/fileadmin/veroeffentlichungen_beschluesse/2011/2011_12_01-ErzieherInnen-QualiProfil.pdf [18.09.2020].

Mienert, Malte/Vorholz, Heidi: Abschied von der Basteltante. Aufgaben der Erzieherin bei alltäglichen Bildungsprozessen. In: klein & groß Mein Kita-Magazin, Stuttgart, Klett Kita GmbH, Heft 11/2008, S. 11–15.

7 Arbeits- und tarifrechtliche Informationen

Kurt-Helmuth Eimuth

Anna arbeitet als Berufspraktikantin in einer Kindertagesstätte. Oft heißt es am Morgen: „Anna, heute ist deine Kollegin krank geworden, kannst du bitte die Gruppe übernehmen?" Da ist Anna gefordert: Alleine mit 25 Kindern. Auf der einen Seite schmeichelt es Anna, dass ihr diese Aufgabe zugetraut wird, auf der anderen Seite fühlt sie sich auch oft überfordert. Auch in den Anleitungsgesprächen ist nicht wirklich Zeit, über dieses Problem zu reden. Oft hat die Anleiterin keine Stunde Zeit für Anna, oder die wöchentlichen Gespräche fallen ganz aus, obwohl dies im Vertrag zwischen Schule und Ausbildungsstätte eindeutig geregelt ist.

↘ FRAGEN

→ *Vor welchem Dilemma steht Anna?*
→ *Wie ist ihre vertragliche Situation in Bezug auf die Anleitergespräche?*
→ *Welche Strategie zur Verbesserung der Situation würden Sie Anna vorschlagen?*

7.1 Tarif, Gewerkschaften und Berufsverbände

Die Tarifauseinandersetzung im Jahr 2015 hat gezeigt, wie wichtig die Organisation der Erzieherinnen und Erzieher in Berufsverbänden und Gewerkschaften ist. Vor allem den Gewerkschaften kommt hier eine besondere Bedeutung zu. Ver.di als Gewerkschaft des öffentlichen Dienstes hat dabei die Führung, da die Arbeitgeberseite mit ihr über die Rahmenbedingungen verhandelt. Es geht um Lohn, Urlaub und Arbeitszeit. Ein wochenlanger Arbeitskampf führte zwar nicht zur geforderten deutlichen Höhergruppierung, aber doch im Wege der Schlichtung zu einer Entgeltsteigerung. Die Tarifauseinandersetzungen der letzten Jahre bewirkten aber auch, dass die Anerkennung des Berufs in der Bevölkerung gestiegen ist. Frühkindliche Bildung wird mehr und mehr als Profession angesehen und in weiten Teilen der Bevölkerung wird die Meinung geteilt, dass diese Dienstleistung höher vergütet werden müsste.

In den 2020er-Jahren erhöht sich der Druck. Der Fachkräftemangel ist überall zu spüren. Sein Höhepunkt wird erst gegen 2030 erwartet. Die Metropolen sind hier besonders betroffen. Durch besondere Förderprogramme wie die Praxisintegrierte Ausbildung möchte man Quereinsteigerinnen und -einsteiger, aber auch Abiturientinnen und Abiturienten gewinnen. Ihnen wird schon während der Ausbildung eine Vergütung gezahlt. Die Zahlung einer Ausbildungsvergütung ist ein Trend, der den Beruf der Erzieherin attraktiver macht und sich sicher fortsetzen wird.

Nach der Vergütungstabelle des TVÖD (Tarifvertrag für den öffentlichen Dienst) richten sich auch die freien und kirchlichen Träger. Dies bedeutet nicht, dass sie diese auch übernehmen, aber sie ist so etwas wie eine Richtlinie. Denn kein Träger kann bei der derzeitigen Marktlage wesentlich die Bezahlung des Mitbewerbers unterbieten.

Die Vergütungstabelle für Erzieherinnen von Ver.di für Fachkräfte im Erziehungsdienst staffelt sich wie alle anderen Tarife nicht nur nach der Qualifikation, sondern auch nach dem Dienstalter, also der Zeit, die man im Beruf tätig ist.

In der Regel werden die Erzieherinnen nach S 6 bezahlt, in den Ballungsräumen hat sich S 8 herauskristallisiert. Die Durchstufung erfolgt aufgrund der Erfahrung, sprich der Dienstzeit. Hier unterscheidet sich der TVÖD deutlich von anderen Tarifen. Beispielsweise ist die Endstufe in anderen Tarifsystemen bedeutend schneller erreicht.

Verschiedene Tarifrechner im Internet können eine Hilfe sein. Sie berücksichtigen auch regionale Unterschiede. So kann individuell ein Vergleich des Entgeltes hergestellt werden.

Bei der Auswahl des Arbeitsplatzes sollten neben konzeptionellen Fragen weitere Kriterien beachtet werden:
- Vorbereitungszeit
- Umfang des Urlaubsanspruchs
- Wochenarbeitszeit
- Jobticket
- Fortbildungsanspruch
- Anzahl der Schließtage
- Rentenzusatzversorgung
- weitere Sozialleistungen wie Hilfskasse oder familienbezogene Leistungen wie z. B. die Freistellung bei der Pflege von Angehörigen oder die finanzielle Förderung der Kinder
- Mittagsversorgung
- Ausstattung des Personalraums

Aufgrund ihrer konfessionellen Ausrichtung wünschen die Kirchen von ihren Mitarbeitenden die Mitgliedschaft in ihrer Religionsgemeinschaft. Bei der evangelischen Kirche reicht die Mitgliedschaft in einer christlichen Religionsgemeinschaft. Bei beiden Konfessionen tritt diese Vorgabe allerdings zunehmend in den Hintergrund, da nicht mehr genügend evangelische oder katholische Fachkräfte zur Verfügung stehen. Deshalb werden oftmals Mitarbeitende anderer Religionsgemeinschaften akzeptiert. In einigen Fällen hat das Miteinander der Religionen sogar Eingang in die Konzeption der jeweiligen Einrichtungen gefunden. Es lohnt sich also, bei den Trägern bezüglich der Mitgliedschaft in der Religionsgemeinschaft nachzufragen.

Grundsätzlich sollten alle wesentlichen Punkte im Arbeitsvertrag oder in einer Stellenbeschreibung geregelt sein. Auch die Stellenbeschreibung ist arbeitsrechtlich verbindlich und muss deshalb vom Arbeitnehmer und vom Arbeitgeber rechtsverbindlich unterschrieben sein. Üblicherweise kann nur der Träger die rechtsverbindliche Unterschrift leisten. Die Kita-Leitungen sind in der Regel hierfür nicht autorisiert. Der Vertrag sollte bei Arbeitsbeginn vorliegen. Ein verbindlicher mündlicher Arbeitsvertrag ist aber mit der Aufnahme der Arbeit geschlossen.

In manchen Fällen stellt sich heraus, dass die Arbeitsbedingungen nicht so sind, wie man es sich vorgestellt hat. In solchen Fällen kann man kündigen. Das gleiche Recht hat der Arbeitgeber. Die Kündigungsfristen sind in den Tarifverträgen verbindlich geregelt. Ist dies nicht der Fall, gelten die Kündigungsfristen nach BGB § 622. Der Arbeitnehmer kann danach mit einer Frist von vier Wochen zum 15. oder zum Ende des Kalendermonats kündigen. Diese Frist kann durch den Arbeitsvertrag nicht verkürzt, aber verlängert werden.

Die Kündigungsfrist, die der Arbeitgeber einhalten muss, hängt auch von der Dauer der Beschäftigung des Arbeitnehmers ab. Je länger das Arbeitsverhältnis bestanden hat, desto länger ist die Kündigungsfrist für den Arbeitgeber.

Gerade Absprachen zur Arbeitszeit führen zu Konflikten. Die Regelarbeitszeit beträgt für eine volle Stelle gemäß Tarifvertrag für den öffentlichen Dienst 39 Stunden. Wer in Teilzeit beispielsweise nur vormittags arbeiten will, sollte dies vertraglich festhalten. Gesetzlich vorgeschrieben sind hingegen die Pausenzeiten. Wer mehr als sechs Stunden arbeitet, hat das Recht, aber auch die Pflicht, eine 30minütige Pause einzulegen. Diese kann ggf. auch auf zweimal 15 Minuten aufgeteilt werden. Wer mehr als neun Stunden arbeitet, muss 45 Minuten Pause machen. Dies bedeutet in der Praxis, dass Zeiterfassungssysteme so eingestellt sind, dass die Pausenzeiten automatisch abgezogen werden.

Jugendliche Praktikanten dürfen nicht mehr als 40 Stunden die Woche arbeiten. Sollte die Arbeitszeit mehr als sechs Stunden am Tag betragen, muss die Pause 60 Minuten dauern. Grundsätzlich arbeiten Schülerpraktikanten unter Anleitung und nicht eigenverantwortlich.

Immer wieder führt es zu Irritationen, wenn Mitarbeiterinnen, die schwanger geworden sind, freigestellt werden. Dies liegt jedoch am hohen Infektionsrisiko in der Kita.

Die sogenannten Kinderkrankheiten Masern, Mumps, Windpocken oder Röteln verlaufen bei Erwachsenen schwerer und können den Fötus schädigen. Deshalb werden Schwangere zunächst vom direkten Kontakt mit den Kindern freigestellt, bis durch eine Blutuntersuchung die Immunität gegen diese Krankheiten nachgewiesen ist. Ist sie nicht vorhanden, dürfen sie auch weiterhin nicht mit Kindern arbeiten. Der Einsatz an einer anderen Stelle, an der sie keinen Kontakt zu den Kindern haben, ist möglich. Die Vergütung bleibt erhalten. *(vgl. Mutterschutzgesetz und § 1Mutterschutzrichtlinienverordnung)*.

Im Zuge der Diskussion um die Qualifikation des Personals in den Kindertagesstätten sind in Deutschland zahlreiche grundständige Studiengänge für Frühpädagogik entstanden. Die Zahlen der Absolventinnen zeigen aber, dass man den Bedarf an Fachkräften nicht decken kann. Der Fachkräftemangel in den Metropolen ist eklatant und wird es in den nächsten Jahren auch bleiben. Die Folge zeichnet sich bereits langsam ab. Die Erzieherin begleitet den Gruppendienst, die akademisch gebildete Kraft leitet die Einrichtung. Die Möglichkeit des beruflichen Aufstiegs ist der Erzieherin mit dieser Zweiteilung der Fachkraftqualifizierung weitgehend verbaut.

Neben den Gewerkschaften gibt es noch zahlreiche Fach- und Berufsverbände. Sie widmen sich jeweils einem Aspekt der Arbeit.

Der Berufsverband Evangelischer Tageseinrichtungen beispielsweise bündelt die Interessen seiner Landesverbände. Die Bundesvereinigung Evangelischer Tageseinrichtungen für Kinder e. V. (BETA) ist seit 1922 der bundesweite Zusammenschluss der evangelischen Trägerformationen in den Ländern und Landeskirchen. Zu ihren Mitgliedern gehören eigenständige Landesverbände sowie zuständige Fachreferate in diakonischen Werken und evangelischen Landeskirchen. Sie vertritt 9.200 Tageseinrichtungen mit mehr als 63.000 Mitarbeitenden und ca. 550.000 Plätzen für Kinder zwischen 0 und 12 Jahren.

Das katholische Gegenstück ist der Verband Katholischer Tageseinrichtungen für Kinder (KTK). Er ist ein Fachverband des Deutschen Caritasverbandes und untersteht der kirchlichen Aufsicht der Deutschen Bischofskonferenz. Er unterstützt 8.000 Mitgliedseinrichtungen. Der KTK-Bundesverband wurde bereits 1912 gegründet.

Beide konfessionellen Verbände arbeiten eng zusammen und haben vor allem im Bereich der Qualitätsentwicklung mit eigenen Handbüchern wesentliche Impulse gesetzt. Sie sind Fachverbände ihrer Träger, vertreten also die Interessen der evangelischen oder katholischen Kindertagesstätten innerhalb der jeweiligen Kirchen, aber auch gegenüber der Öffentlichkeit.

Demgegenüber organisieren sich Pädagoginnen und Pädagogen auch in zahlreichen Berufsverbänden, die jeweils einen spezifischen Blick auf das Arbeitsfeld werfen. Im Nachfolgenden wird eine Auswahl kurz vorgestellt. Die Beschreibungen basieren auf den Selbstdarstellungen der Organisationen im Internet.

ABA Fachverband Offene Arbeit mit Kindern und Jugendlichen e. V.

(Fachverband für handlungsorientierte Pädagogik und Dach- und Fachverband u. a. für Kinder- und Jugendzentren, Abenteuer- und Bauspielplätze, Kinderbauernhöfe und Jugendfarmen, Spielmobile sowie andere Offene Spiel- und Bildungsräume). Der ABA Fachverband (gegründet 1971) ist ein gemeinnütziger Verein, parteipolitisch und konfessionell ungebunden und als Träger der Freien Jugendhilfe öffentlich anerkannt. Er setzt sich für die Interessen, den Schutz und die Rechte von Kindern und Jugendlichen im Sinne der UN-Kinderrechtskonvention ein. Der ABA Fachverband steht für eine Pädagogik der Vielfalt.

Bundesarbeitsgemeinschaft Bildung und Erziehung in der Kindheit BAG-BEK e. V.

Die Bundesarbeitsgemeinschaft Bildung und Erziehung in der Kindheit (BAG-BEK e. V.) hat das Ziel, die Professionalisierung des gesamten Bereiches, inbesondere der pädagogischen Fachkräfte, voranzutreiben und dazu die Aktivitäten verschiedenster Institutionen, Akteure und Akteurinnen im Bereich der Bildung und Erziehung in der Kindheit in Deutschland zu vernetzen und weiterzuentwickeln. Dazu gehört die Gestaltung und Förderung des Informationsaustausches zwischen Institutionen und Einzelpersonen, um die Transparenz in einer hoch differenzierten ausbildungs- und fachpolitischen Landschaft herzustellen. Ein besonderes Anliegen ist die Förderung der Ausbildung auf akademischem Niveau und die Förderung des wissenschaftlichen Nachwuchses. Die Forschung im Bereich der Bildung und Erziehung in der Kindheit wird durch BAG-BEK e. V. dokumentiert, angeregt und unterstützt. Gesellschaftspolitisch soll eine professionelle Aufwertung der Bildungs- und Erziehungsarbeit pädagogischer

Fachkräfte durchgesetzt werden, auch um europäischen Standards gerecht zu werden.

Bundesverband für Kindertagespflege e. V.

Der Bundesverband setzt sich für die Umsetzung der Rechte von Kindern auf Bildung, Erziehung und Betreuung in der Kindertagespflege ein, immer unter dem Gesichtspunkt des Kindeswohles.

Die Arbeit basiert auf der Grundlage des achten Sozialgesetzbuches (SGB VIII) und dem Grundsatz der Gleichrangigkeit von Kindertagespflege und Kindertagesbetreuungseinrichtungen.

Der Bundesverband trägt zur Anerkennung der Kindertagespflege als familienergänzendes Bildungs- und Erziehungsangebot bei und unterstützt so positiv die Lebensbedingungen der Kinder und ihrer Familien. Seine Mitglieder sind Landesverbände und Fachdienste sowie Einzelmitglieder, die im Bereich der Kindertagespflege tätig sind. Aus der Reflexion der Basisarbeit heraus werden Fachstandards und gesellschaftspolitische Anforderungen erarbeitet.

Bundesverband Evangelischer Erzieherinnen und Sozialpädagoginnen e. V. (e+s)

e+s vertritt die Interessen der pädagogischen Fachkräfte in kirchlichen und politischen Gremien auf Bundes-, Landes- und regionaler Ebene. Der Bundesverband bietet Fachinformationen, Fortbildungsveranstaltungen und Fachtagungen, Informationen über bundesweite Weiterbildungsmöglichkeiten, Beratung und Unterstützung seiner Mitglieder in tarif- und arbeitsrechtlichen Fragen, generationsübergreifende Begegnungs- und Diskussionsmöglichkeiten sowie internationale Kontakte und Studienfahrten.

Katholische Erziehergemeinschaft Deutschlands (KEG)

Die Katholische Erziehergemeinschaft Deutschlands (KEG) ist ein Berufsverband von Pädagoginnen und Pädagogen aus allen Bildungsbereichen vom Kindergarten bis zur Hochschule, die ihren Beruf auf der Grundlage des christlichen Menschen- und Weltbildes ausüben, wobei das Verbandsverständnis ökumenisch geprägt ist.

pfv – Pestalozzi-Fröbel-Verband e. V. – Fachverband für Kindheit und Bildung

Der pfv ist ein sozialpädagogischer Fachverband mit dem Schwerpunkt der Verbesserung von Lebensräumen für Kinder und ihre Familien. Der Verband bildet ein Netzwerk zum Ideen- und Gedankenaustausch und ist Kontaktbörse. Des Weiteren bietet er ein Forum für die fachpolitische Auseinandersetzung mit allen relevanten Themen der Pädagogik der frühen Kindheit.

7.2 Selbstständigkeit

Davon, eine eigene Kita gründen, träumen wohl alle Erzieherinnen im Laufe ihres Berufslebens einmal. Doch tatsächlich ist dieses Vorhaben nicht einfach, da die Auflagen an den Betrieb einer Kindertagesstätte hoch sind. Allein die baulichen Voraussetzungen bedürfen erheblicher Investitionen. Was bleibt, ist die private Betreuung von Kindern. Dies kann aber nicht so nebenbei geschehen. Die regelmäßige Kinderbetreuung ist keine Nachhilfe. Sie bedarf der Genehmigung durch die Behörden. Die genaue Regel lautet: Jede oder jeder, die/der Kinder außerhalb ihrer oder seiner Wohnung mehr als 15 Stunden wöchentlich gegen Entgelt länger als drei Monate betreuen will, benötigt eine Erlaubnis durch den örtlichen Träger der öffentlichen Jugendhilfe, in der Regel das Jugendamt.

Eine gute und oft auch lukrative Möglichkeit der Kinderbetreuung ist die Kindertagespflege. „Sie ist hinsichtlich der qualitativen Voraussetzungen und Maßstäbe gleichrangig mit der Betreuung in einer Kindertageseinrichtung oder einer Kindertagesstätte. Eltern können zwischen den verschiedenen Betreuungsformen diejenige auswählen, die ihren Bedürfnissen am besten entspricht." *(Bundesministerium für Familie, Senioren, Frauen und Jugend, 2010, S. 9)*

Tagesmütter und Tagesväter bedürfen der sogenannten Pflegeerlaubnis. Dann können sie bis zu fünf Kinder in ihren eigenen Räumen oder auch in einem angemieteten Raum betreuen. Eine Betreuung im Haushalt der Eltern ist auch möglich. Begleitet werden die Tagesmütter und Tagesväter von Fachdiensten, sozusagen ihre Fachberatung.

Tagesmutter mit Kindern

Die Pflegeerlaubnis ist an Bedingungen geknüpft. Alle Kindertagespflegepersonen müssen eine Grundqualifikation durchlaufen. Sie umfasst mindestens 170 Unterrichtsstunden. Auch ausgebildete pädagogische Kräfte müssen sie durchlaufen, da die Situation in der häuslichen Umgebung eine andere ist. Ebenso werden hier die versicherungsrechtlichen und steuerlichen Aspekte vermittelt.

Tagespflegepersonen sind in der Regel selbstständig tätig. Die Bezahlung erfolgt nicht durch die Eltern, sondern durch den Träger der öffentlichen Jugendhilfe (Jugendamt). Sie richtet sich nach der Anzahl der Kinder und der Dauer der Betreuung. Die Ausgestaltung der Vertragsbedingungen wird vor Ort vorgenommen, d. h., sie unterscheidet sich von Kreis zu Kreis, von Land zu Land. Die Einkünfte aus der Kindertagespflege werden in der Regel als Einnahmen aus selbstständiger Tätigkeit betrachtet. Sie müssen durch eine Einkommensteuererklärung beim Finanzamt angezeigt werden. Günstig ist die Regelung, dass je nach Umfang der Betreuung eine Betriebskostenpauschale geltend gemacht werden kann. Die Betriebskostenpauschale beträgt monatlich 300,00 € pro Kind bei einer Ganztagsbetreuung von mindestens acht Stunden. Bei kürzerer Betreuungszeit wird die Betriebskostenpauschale entsprechend gekürzt. Eine Anmeldung beim Gewerbeamt ist nicht notwendig. Im Einzelfall sicher auch günstig ist die Möglichkeit, in der gesetzlichen Krankenversicherung zu bleiben, bei niedrigem Einkommen sogar als Familienversicherte. Sollten Versicherungsbeiträge anfallen, erstattet diese, genau wie die Rentenversicherungsbeiträge, der Träger der öffentlichen Jugendhilfe zur Hälfte. Genaue Informationen können dem Onlinehandbuch des Bundesministeriums für Familie, Senioren, Frauen und Jugend unter www.handbuch-kindertagespflege.de entnommen werden.

Nun bleibt noch die Beantwortung der spannenden Frage: Was verdient eine Tagesmutter? Dies zu beantworten, ist leider sehr schwer, da dies eben vor Ort geregelt wird. Im Internet finden sich Angaben zwischen drei und neun Euro die Stunde. Bei gut zahlenden Kommunen kann allerdings bei einer Ganztagsbetreuung und fünf Kindern das Gehalt einer Erzieherin erreicht oder im Einzelfall gar überschritten werden. So zahlt die Stadt Frankfurt am Main bei einer 25-stündigen Betreuung 2019 pro Kind 812,00 €, wenn fünf Kinder betreut werden. Werden nur drei Kinder betreut, sind es 981,00 € pro Kind. Hinzu kommen im Einzelfall noch steuerliche Optimierungen. Doch ist zu bedenken, dass die einzelne Tagesmutter das volle unternehmerische Risiko auch in puncto Belegung trägt.

↗ **WIEDERHOLUNG**

→ Die Richtlinie bei der Bezahlung ist der TVÖD.
→ Es ist auf die Zusatzleistungen und die Arbeitsbedingungen zu achten.
→ Das Fachfeld ist in Dach- und Berufsverbänden organisiert.

→·← **AUFGABEN**

1 [Wissen und Verstehen]
Welcher Tarifvertrag ist in der Regel die Richtlinie für die Vergütung von Erzieherinnen? Nach welchen Kriterien erfolgt die Eingruppierung?

2 [Analyse und Bewertung]
Recherchieren Sie die Leistungen der Berufsverbände im Internet und stellen Sie diese in einer vergleichenden Tabelle dar.

3 [Analyse und Bewertung]
Sehen Sie in der Arbeit einer Tagesmutter mehr Chancen oder mehr Risiken? Welche Antworten finden Sie hierzu im Text?

Kompetenzen, die in diesem Kapitel erworben werden können:

- Die Absolventinnen und Absolventen verfügen über grundlegendes Wissen, um arbeits-, tarif- und vertragsrechtliche Rahmenbedingungen der sozialpädagogischen Tätigkeit zu verstehen.

- Die Absolventinnen und Absolventen verfügen über Fertigkeiten, ihre Rechte und Pflichten als Mitarbeiterin und Mitarbeiter in sozialpädagogischen Einrichtungen verantwortlich wahrzunehmen und sich für die Vertretung ihrer beruflichen Interessen einzusetzen.

Bundesministerium für Familie, Senioren, Frauen und Jugend (Hrsg.): Handbuch Kindertagespflege. In: www.handbuch-kindertagespflege.de/ [21.09.2020].

Bundesministerium für Familie, Senioren, Frauen und Jugend (Hrsg.): Kindertagespflege – eine neue berufliche Perspektive. Berlin: Eigenverlag 2010.

Bürgerliches Gesetzbuch, In: www.gesetze-im-internet.de/bgb/__622.html [21.09.2020].

Mutterschutzgesetz, Ausfertigungsdatum 23.05.2017. In: www.gesetze-im-internet.de/muschg_2018/MuSchG.pdf [21.09.2020].

Verordnung zur ergänzenden Umsetzung der EG-Mutterschutzrichtlinie (Mutterschutzrichtlinienverordnung), Ausfertigungsdatum 15.04.1997. In: www.bgbl.de/xaver/bgbl/start.xav#__bgbl__%2F%2F*%5B%40attr_id%3D%27bgbl197s0782.pdf%27%5D__1600668511832 [21.09.2020].

8   Selbstmanagement und Gesundheitsprävention im Beruf

Kurt-Helmuth Eimuth

In einer Teamsitzung der Kita Villa Park wird die Anfrage einer Mutter diskutiert, die ihr Kind mit Sehbehinderung in der Kita anmelden möchte. Der Erzieher Herr Kreiner meint: „Wir haben doch überhaupt nicht die Voraussetzungen, ein solches Kind aufzunehmen!" Seine Kollegin Frau Vosseler widerspricht: „Inklusion ist schon lange eine Aufgabe von Kitas. Könnten wir nicht entsprechende Fortbildungen bekommen, damit wir im Bereich der Inklusion fit sind?" Frau Gonzalez reagiert: „Ja, ich habe deshalb schon unsere Fachberaterin Frau Franz gebeten, in die nächste Teamsitzung zu kommen."

Vorher trifft sich Frau Gonzalez mit der Fachberaterin zu einem vorbereitenden Gespräch. Frau Franz interessiert sich vor allem für die Situation der Mitarbeiterinnen und möchte wissen, ob einzelne Kolleginnen im Bereich der Inklusion bereits Fortbildungen besucht haben. Gemeinsam arbeiten die beiden heraus, dass das Team einen sehr unterschiedlichen Kenntnisstand im Blick auf Inklusion hat. Im Gespräch zeigt sich auch, dass es in der Gruppe von Herrn Kreiner immer wieder Teamprobleme gibt. „Vermutlich wäre es gut, wenn dieses Gruppenteam möglichst schnell Unterstützung durch Supervision bekommen könnte", schlägt Frau Franz vor. „Ja, Herr Kreiner hat dies auch schon angeregt, aber seine Kollegin hat große Vorbehalte gegenüber Supervision", berichtet Frau

Gonzalez. Darüber hinaus fragt Frau Franz auch nach der aktuellen Arbeitsbelastung der Kolleginnen und Kollegen. Frau Gonzalez schildert, dass zwei Mitarbeiterinnen sehr oft krank seien und sich schnell überfordert fühlten. „Sie arbeiten oft länger, gehen erst weit nach Dienstschluss nach Hause, weil sie so viel noch vorbereiten wollen. Außerdem übernehmen sie gerne zusätzlich Aufgaben, die sie aber erst recht unter Stress bringen. Ich habe schon mehrfach mit den Kolleginnen gesprochen, sich im Team nicht so häufig für zusätzliche Aufgaben zu melden. Aber sie haben dann immer das Gefühl, dass ich ihnen das nicht zutraue." „Ah, da ist aber einiges los in Ihrem Team!" fasst Frau Franz zusammen.

↘ FRAGEN

→ *Wie versteht Frau Franz ihre Aufgabe als Fachberaterin? Was können Sie in der Lernsituation hierzu erkennen?*

→ *Welche Probleme werden für Sie im Team sichtbar?*

→ *Die Kollegin von Herrn Kreiner hat Vorbehalte gegenüber Supervision. Welche Vorbehalte könnten dies sein?*

8.1 Zeitmanagement und Organisation

„Ich habe keine Zeit." Jeder und jede kennt diese Aussage. Aber warum hat man keine Zeit? Wer sorgsam mit seiner Zeit umgehen will, muss entscheiden, was wichtig, weniger wichtig oder gar unwichtig ist. Dies ist das erste Grundprinzip von Zeitmanagement, die Entscheidung über die Rangfolge.

Der Begriff „Zeitmanagement" ist eigentlich etwas irreführend. Denn Zeit lässt sich nicht vermehren und somit auch nicht managen. Man kann nicht einfach bei Bedarf mehr bestellen. Es bleibt also nichts anderes übrig, als die vorhandene Zeit effektiv zu planen. Zeitmanagement folgt damit den beiden Prinzipien der Priorisierung und der genauen Planung und wird somit zum Selbstmanagement.

Über irgendeine Form des Planens verfügt eigentlich jeder. Der herkömmliche Kalender ist nichts anderes als ein Hilfsmittel zur Zeitplanung, also des Zeitmanagements. Und hier entscheidet sich auch, ob Zeitplanung überhaupt gewollt ist. Immer noch gelten diejenigen als besonders wichtig, die keine Zeit haben. Beim Versuch, Termine abzustimmen, kann deswegen nicht einfach dem ersten Vorschlag zugestimmt werden. Das würde ja bedeuten, dass man nichts zu tun hätte. Viel schicker ist es für manche Menschen, möglichst oft den Kopf zu schütteln und dabei auf andere wichtige Termine hinzuweisen.

Solche Menschen müssen sich nicht mit Zeitmanagement beschäftigen. Alle anderen aber können mit der bewussten Planung und dem effektiven Umgang mit ihrer Zeit schnell gute Ergebnisse erzielen. Dabei sind **Priorisieren** und **Planen** die beiden Grundprinzipien. Bei der Planung sind u. a. auch Pausen (stille Stunden) und frei verfügbare Zeit für Unvorhergesehenes von besonderer Bedeutung.

Wie sinnvoll geplant werden kann, zeigt die sogenannte **ALPEN-Technik:** entwickelt von Lothar J. Seiwert (vgl. Albers/Frank o. J.).

> **A**ufgaben notieren, die zu erledigen sind.
> **L**änge der Zeit, die zur Erledigung der Aufgabe benötigt wird, aufschreiben bzw. den Zeitbedarf der Aufgaben realistisch schätzen.
> **P**ufferzeiten reservieren für unvorhergesehene dringliche Aufgaben oder Probleme.
> **E**ntscheidungen treffen über die Reihenfolge der Aufgaben und Prioritäten setzen.
> **N**achkontrolle am Abend des Tages und Übertrag unerledigter Aufgaben auf den nächsten Tag.

Mit einem einfachen Tagesplan, der nach Stunden gegliedert ist, lässt sich diese Planung umsetzen. Prioritäten lassen sich durch Einteilung in A, B und C setzen.

> **A:** Diese Aufgaben sind **dringend** (kurzfristig zu Erledigendes) **und wichtig** (es entstehen Nachteile, wenn sie nicht erledigt und Vorteile, wenn sie erledigt werden, und das auch langfristig gesehen).
> **B:** Diese Aufgaben sind **wichtig,** aber nicht dringend.
> **C:** Diese Aufgaben sind **dringend,** aber nicht wichtig.

Da die ALPEN-Technik schon eine Priorisierung der Aufgaben vorsieht, wird sie von einer Zeitmanagement-Methode zu einer Methode des Selbstmanagements.

> „Optimales Selbstmanagement besteht in der Entwicklung einer guten Balance zwischen Disziplin einerseits und unbewusstem, gefühlhaftem Handeln andererseits. Dabei geht es um Vermittlung zwischen dem ‚inneren Schweinehund', der morgens noch lieber kuscheln will, und dem Zwang zu einer Aufgabe, die vielleicht bis zur Erschöpfung durchgebraten werden soll.
> Anders gesagt, bei Selbstmanagement handelt es sich um einen laufenden Prozeß der Selbstsozialisierung."
>
> *(Schreyögg, 1998, S. 44 f.)*

Beim Selbstmanagement handelt es sich also um die Fähigkeit, unabhängig und selbstständig für die Gestaltung der eigenen beruflichen oder persönlichen Entwicklung zu sorgen.

Während das klassische Zeitmanagement nur einteilt, steht beim Selbstmanagement die Optimierung der Arbeitsprozesse im Fokus. Es geht darum,
- sich Ziele setzen zu können, die nicht nur sinnvoll sind, sondern auch realistisch,
- Aufgaben zu erkennen und diese den Zielen unterordnen,
- priorisieren zu können,
- sich selbst kontrollieren zu können und konsequent zu sein,
- einen Plan zu haben, um eigene Vorhaben zu erreichen,
- strategisch vorgehen zu können, um Aufgaben und Vorsätze unter einen Hut zu bekommen,
- sich selbst motivieren zu können,
- effizient zu sein.

Fallen bei der Planung
Die folgenden Probleme können bei Planungen auftauchen:

- **Anfangshemmungen**
  Die Entscheidung, endlich anzufangen, fällt vielen außerordentlich schwer. Gern lässt man sich ablenken, räumt auf oder die Spülmaschine aus. Aber: Es hilft nichts, man muss einfach anfangen. Ablenkungen sind keine Entschuldigung dafür, dass der Zeitplan nicht eingehalten wird.

- **Zeitverschwendung**
  Viele Studierende machen zu viel auf einmal. Resultat: Für das, was eigentlich getan werden sollte, bleibt nicht mehr genügend Zeit. Die Beschäftigung mit zu vielen Dingen auf einmal erzielt keine brauchbaren Resultate. Kostbare Arbeitszeit wird dadurch eher verschwendet.

- **Schlechtes Gewissen**
  Das Gefühl, zu wenig geleistet zu haben, peinigt und blockiert. Es dient aber auch als Ausrede, nicht weiterzuarbeiten. Gleichzeitig macht es auch ein schlechtes Gewissen in der Freizeit. Der Effekt ist ein Gefühl der totalen Unzufriedenheit. Und nichts ist dadurch erreicht.

8.2   Fachberatung

Kindertagesstätten brauchen Beratung: über neue pädagogische Entwicklungen, über Finanzierungsmodelle, Bildungspläne, Verordnungen, Gesetze usw. Für diese Vermittlung neuer Erkenntnisse und Erfordernisse, aber auch als Instrument der Beratung hat sich die **Fachberatung** etabliert. „Fachberatung ist eine organisationsbezogene Dienstleistung, die qualitätsentwickelnd und -sichernd im System der Kindertageseinrichtungen wirkt. Fachberatung soll Träger und Einrichtungsleiter/-innen dabei unterstützen, ein fachlich und organisatorisch tragfähiges Angebot für Kinder und Eltern zu schaffen und aufrechtzuerhalten." *(Deutscher Verein, 2012, S. 10).* Als unabdingbar hat sich dabei erwiesen, dass die Fachberatung von der Fachaufsicht getrennt ist. Nur so kann eine Atmosphäre des offenen Dialogs und eines besonderen Vertrauensverhältnisses entstehen.

Aufgabe der Fachberatung ist es mit dem Team zu erarbeiten, wie es zu einer bestimmten Situation gekommen ist, welche Probleme dabei vorliegen und wie künftig solche Situationen vermieden werden könnten. Der Schwerpunkt der Fachberatung liegt immer darauf, dem Team zu helfen, Arbeit und Arbeitssituation zu verbessern. Fehler können der Fachberatung gegenüber offen zugegeben werden, denn hier droht keine arbeitsrechtliche Konsequenz. Die Fachberaterin wird sich ohne Vorwürfe dem Team nähern und in den Blick nehmen, was verbessert werden könnte.

Der Träger als Arbeitgeber muss immer die rechtlichen Konsequenzen im Blick haben. Hat er als Träger seine Erzieherinnen z. B. durch einen zu niedrigen Stellenschlüssel überfordert? In einem solchen Fall haftet der Vertreter des Trägers auch persönlich. Oder war es die Schuld einer unaufmerksamen Erzieherin? In einem solchen Fall könnte es für den Träger notwendig sein, diese Erzieherin abzumahnen. Natürlich hat auch der Träger die Verbesserung der Situation im Blick, aber er ist eben auch juristisch in der Pflicht, sein Handeln zu belegen.

Die **zentralen Aufgaben** einer Fachberatung sind:

- eine fachliche inhaltlich-pädagogische Begleitung und Beratung vor Ort, die die Mitarbeiterinnen in den Kindertageseinrichtungen in der Konzeptions- und Qualitätsentwicklung unterstützt;
- organisatorische und rechtliche Beratung bezüglich Gesetzen, Verordnungen und Richtlinien;
- Unterstützung und Beratung bei der Bauplanung und Gestaltung von Räumen und Außengelände;
- Hilfe bei Problemen und Konflikten zwischen Erzieher/-innen, Leiter/-innen, Eltern und Träger;
- Durchführung und Organisation von Fortbildungen;
- Interessenvertretung in Gremien und Arbeitsgruppen auf regionaler Ebene
- Fachberatung überprüft die sich verändernden Bedarfe für Kinder, Eltern und Erzieherinnen und trägt so zu einer Weiterentwicklung des professionellen Feldes bei.
(vgl. Nifbe, 2016)

> „Wenn Qualitätsentwicklungen angestrebt, Teamkonflikte gelöst oder Potenziale aktiviert werden sollen etc., zeigt sich die Distanz der Fachberatung als förderlich und unverzichtbar. Unhinterfragte Traditionen können durch die Außenposition offen gelegt und bearbeitet werden, Analysen der jeweiligen Situationen, Initiativen und Impulse können Reibungspunkte oder hemmende Faktoren zu Tage treten lassen und die Beteiligten selbst fähig machen, diese zu überwinden."
>
> *(Adolph, 2001, o.S.)*

Welche Kompetenzen eine Fachberaterin mitbringen muss, beschreibt Ulrike Ziesche, Fachberaterin aus Reinickendorf, die ausschließlich Qualitätsentwicklung mit ihren Einrichtungen macht:

Es ist Aufgabe von Fachberatern, sich als „Teil des Unterstützungssystems für Kindertageseinrichtungen" *(Nifbe, 2016, o.S.)* zu begreifen.

> „Die Fähigkeit, Probleme und Entwicklungsbedarf wahrzunehmen, sie zu beschreiben und zukunftsgerichtet zu interpretieren; die Kompetenz, strategisch zu denken, komplexe Zusammenhänge zu erfassen, Systeme und ihre Regeln zu erkennen und Wissen […] sinnvoll […] zu verankern, […] Moderationskompetenz, die Kompetenz, Menschen zu aktivieren, ihre Fähigkeiten zu erkennen und zu nutzen, ihre eigenen Kompetenzen auszubauen, also Hilfe zur Selbsthilfe, […] die Bereitschaft, selbst Lernende in einem gemeinsamen Lernprozess zu sein, keine unnötigen Vorgaben zu machen, sondern flexibel und offen mit Situationen umzugehen; die Fähigkeit zum Prozessdenken, das den Prozess vieler Menschen umfasst, indem jeder Schritt gemeinsam gegangen, bewertet und nach Möglichkeit optimiert wird."
>
> *(Ziesche, 1999, S. 142)*

8.3   Supervision

Bei besonderen Konflikten oder auch als kontinuierliche Unterstützung wird in vielen Einrichtungen eine regelmäßige **Supervision** angeboten.

Die Ursprünge der Supervision liegen in der amerikanischen Sozialarbeit. Am Ende des 19. Jahrhunderts wurde erkannt, dass die unausgebildeten Ehrenamtlichen Unterstützung von ausgebildeten Sozialarbeitern benötigen. Die Ehrenamtlichen trafen auf Situationen, die sie allein nicht meistern konnten, und holten sich Rat bei ihrem Vorgesetzten, dem Supervisor. Nach dem Zweiten Weltkrieg kam die Supervision nach Deutschland. Allerdings konnte sich hier die Vorgesetztensupervision nicht etablieren, sondern die Supervision durch einen externen, unabhängigen Berater.

> **Supervision** ist die arbeitsfeldbezogene und aufgabenorientierte Beratung für die Mitarbeiterinnen und Mitarbeiter. Sie reflektiert sowohl fachliche und institutionelle Rahmenbedingungen als auch die in die berufliche Praxis hineinwirkenden persönlichen Erfahrungen. Sie ist keine Therapie. Sie wird durchgeführt von eigens qualifizierten Fachkräften. Es gibt Gruppensupervision, Teamsupervision und Einzelsupervision. Bei der Gruppensupervision treffen sich Fachkräfte aus dem gleichen Arbeitsfeld, während an der Teamsupervision das ganze Team teilnimmt, um gemeinsam pädagogisches Handeln zu reflektieren.

Gerade durch das in den letzten Jahren verbreiterte Anforderungsprofil entsteht ein erhöhter Beratungs- und Informationsbedarf. Die Bildungspläne der Länder verlangen eine hohe Professionalität, die nichts mehr mit dem Berufsbild der 1950er- und 1960er-Jahre zu tun hat. Damals war „Mütterlichkeit" das Leitbild für die institutionelle Erziehung. Heute ist die Kindertagesstätte die erste Bildungsinstitution und braucht deshalb entsprechend professionelles pädagogisches Personal.

Bei den komplexen Anforderungen ist es wenig verwunderlich, dass es einen großen Bedarf an Unterstützung gibt. Insbesondere, wenn man bedenkt, wann und mit welchen Lehrinhalten die heutigen Erzieherinnen in den Beruf gegangen sind. Doch trotz des Unterstützungsbedarfs steht man dem Instrument Supervision im Bereich der Kinderbetreuung reserviert gegenüber. Die Supervision ist als Instrument zur Professionalisierung im Bereich der Kindertagesstätten noch recht wenig verbreitet. In einer nicht repräsentativen Umfrage *(vgl. Klein, 2010, S. 65)* hatten lediglich 36 % der an Fortbildung teilnehmenden Erzieherinnen (von insgesamt 119) Erfahrung mit Supervision. „Auf die Frage, ob sie an einer Supervision teilnehmen würden, falls sie die Möglichkeit dazu hätten, antworteten:

- 6 % mit ,nein‘,
- 47 % mit ,ja, unter bestimmten Umständen‘ und
- 47 % mit ,ja, auf jeden Fall‘."

(Klein, 2010, S. 65)

Es besteht also Skepsis. Ursula Klein folgert daraus: „Erzieherinnen ohne Supervisionserfahrung begegnen dem Instrument Supervision mit Skepsis. Ihnen kommt die Inanspruchnahme von Supervision einem Eingeständnis beruflicher Inkompetenz gleich. Supervision steht für sie für die Verbindung mit Unangenehmem und ruft negative Erwartungen sowie negative Gefühle hervor." *(Klein, 2010, S. 180)*

Die Deutsche Gesellschaft für Supervision (DGSv) beschreibt dagegen, was dieses Instrument leisten kann.

> „In der Kindertagesstätte kann ein Supervisionsangebot bedeuten,
> - die Rollenvielfalt des Erzieherinnenberufes aus verschiedenen Perspektiven zu betrachten und die Rollenflexibilität zu erhöhen.
> - Handlungsalternativen für konkrete Herausforderungen aus dem Alltag der Kindergartenarbeit zu entwickeln (Fallsupervision).
> - berufsbedingten Stress zu verarbeiten und einem Burnout vorzubeugen.
> - die Zusammenarbeit zwischen dem Träger der Einrichtung und den pädagogischen Mitarbeiter/-innen zu optimieren."
> *(DGSv, 2010)*

Den Nutzen beschreibt die DGSv *(2010)* an gleicher Stelle so: „Im beruflichen Kontext nützt Supervision bei der Verbesserung der Kommunikation am Arbeitsplatz und fördert die Zusammenarbeit in Teams und zwischen [Leitung und Mitarbeiter/-innen]. Dies geschieht u. a. durch den Blick auf Organisations- und Arbeitsabläufe, das Ansprechen und Aufklären von Konflikten sowie durch die Erweiterung von Wahrnehmungsfähigkeit und Handlungsoptionen."

8.4 Gesundheitsprävention

Eustress und Disstress – positiver und negativer Stress

Die Zahl der an Burnout erkrankten Menschen steigt. Die Betroffenen fühlen sich wie „ausgebrannt". Eine Erkrankung, die so erst die moderne Industrie- und Dienstleistungsgesellschaft kennt. Ursache ist das, was wir Stress nennen. Der Druck ist allgegenwärtig: zu enge Zeitfenster und zu viele Aufgaben im Beruf und in der Familie. Da bleibt dann oft zu wenig Zeit zum Ausspannen. Gerade der Beruf der Erzieherin ist besonders anstrengend und birgt die Gefahr, auszubrennen. Über 100 000 Erzieherinnen wurden von der Techniker-Krankenkasse 2015 befragt: „Die aktuellen Untersuchungen der TK zeigen, dass vor allem psychische Störungen der Grund für Krankschreibungen auf Seiten der Erzieher sind. Im Vergleich zum Bundesdurchschnitt kamen die Erzieher im letzten Jahr auf vier Fehltage mehr. Erzieher waren im letzten Jahr durchschnittlich 18,9 Tage krankgeschrieben. Dabei waren 4,1 Fehltage mit psychischen Störungen begründet. Dahinter reihen sich die Erkrankungen der Atemwege ein. Hier liegen die Fehlzeiten noch bei 3,3 Tagen." *(Techniker Krankenkasse, 2015)*

Gelegentlicher Stress kann auch positive Effekte haben. Die Hausarbeit muss z. B. termingerecht fertig werden, weshalb intensiv an ihr gearbeitet wird. Stolz es geschafft zu haben, kann man sie dann abgeben. Doch Dauerbelastung kann irgendwann unerträglich werden und Menschen krank machen. Man kann dem aber vorbeugen, wenn man die Ursachen, die Stressfaktoren – die sogenannten Stressoren – kennt.

Es gibt handfeste Rahmenbedingungen, die Stressfaktoren darstellen, z. B. Kälte, Hitze oder Lärm. Auch körperliche Einschränkungen bedeuten Stress. Wer Schmerzen hat oder von Hunger oder Durst geplagt wird, wird dünnhäutiger, was wiederum ein Zeichen für Stress ist.

Schwieriger sind mentale und soziale Stressoren zu erkennen. Doch gerade sie sind es, die in vielen Fällen für gesundheitliche Probleme verantwortlich sind. Verantwortlich für das Stress-Gefühl kann die jeweilige berufliche oder private Situation sein: Angst vor einer Prüfung, Zeitdruck, Überforderungsgefühle oder das Gefühl, in Familie und Beruf eine große Verantwortung zu tragen, können die Ursache sein. Es geht also um gefühlten Stress. Was der eine Mensch gut erträgt, ist für den anderen negativer Stress. Dies bedeutet, dass jedes Gefühl von Stress ernst genommen werden sollte. Ein „Ist-doch-nicht-so-schlimm" hilft nicht.

Ursache für Stress sind meist zwischenmenschliche Beziehungen. Das Gefühl, nicht genügend wertgeschätzt zu werden, Konkurrenzgefühle, Beziehungsprobleme, Trennungen und Verlustängste oder auch Vereinsamung können solche dauerhaften Stressoren sein, die letztendlich krank machen. Sie erzeugen negativen Stress, der auch Disstress genannt wird. „Dys" ist eine griechische Vorsilbe und bedeutet so viel wie „schlecht". Doch es gibt auch den positiven Stress, den Eustress.

Eustress ist von der griechischen Vorsilbe „Eu" abgeleitet, die mit „gut" übersetzt werden kann. Dieser Stress wird in der Regel nicht als belastend empfunden. Er macht sogar Spaß, z. B. wenn jemand in der Freizeit seinen Lieblingssport ausübt. Diese Art des Stresses wird sogar lustvoll erlebt und bewirkt oftmals auch im sonstigen Alltag eine größere Leistungsfähigkeit.

Leider gibt es kein Patentrezept zum Umgang mit Disstress. Da seine Ursachen individuell sind, können auch die Lösungen nur individuell sein.

Bei der Strategie zur Stressbewältigung gibt es zwei Wege. Zum einen kann man die Stressoren verkleinern, beispielsweise sich weniger vornehmen, weniger arbeiten. Oder man kann bei sich ansetzen und versuchen, stabiler und stressresistenter zu werden. Die AOK empfiehlt in ihrem Magazin Folgendes:

> „Noch ein paar Vorschläge zur Selbsthilfe, vielleicht passt ja etwas zu dir: kurze Pause einlegen, Joggen oder allgemein Bewegung, Abreagieren durch Schreien (ja, meinen wir ernst, empfehlen aber einen Ort, an dem du allein bist!), Reisen, über Probleme reden und schwierige Herausforderungen rechtzeitig einschätzen lernen, um sich darauf vorbereiten zu können."
>
> *(AOK, 13.04.2017)*

Die externen Faktoren lassen sich häufig nicht von der einzelnen Erzieherin verändern. Sie sind meist struktureller oder baulicher Art. Hierzu gehören vor allem:

- Lärm. Oftmals fehlen bauliche Voraussetzungen in den Räumen wie Akustikdecken.
- Gruppengröße: Das Verhältnis Anzahl der Kinder zur Anzahl der Erzieherinnen entspricht nicht den von der Wissenschaft benannten Standards.
- Die Ausstattung der Personalräume ermöglicht kaum eine individuelle Pause.
- Die Pause kann kaum eingehalten werden.
- Die Regelungen zum Mittagessen sind unklar.

Doch jede einzelne pädagogische Fachkraft kann zur eigenen Gesundheit beitragen. Hierzu gehören vor allem:

- **„Ausreichend Bewegung:** Insbesondere Sportarten, die das Muskel- und Skelettsystem stärken, sind ausgezeichnet zur Prävention von Rücken-, Nacken- und Schulterbeschwerden bzw. Muskelverspannungen geeignet. Sportlich aktive Erzieherinnen sind darüber hinaus glaubwürdigere Vorbilder für die Kinder bei allen Fragen der Bewegungsförderung. Teilweise ist es sogar möglich, z. B. Übungen der Rückenschule in Spiele zu integrieren und gemeinsam mit den Kindern durchzuführen.
- **Entspannung und Stressbewältigung:** Auch auf diesem Gebiet liegen die Interessen der pädago-

gischen Fachkräfte und der Kinder parallel: Das Erlernen von Entspannungstechniken (z. B. autogenes Training) hilft den Gruppenleiterinnen, mit vielen belastenden Situationen – auch durch Lärm – besser fertig zu werden. Die Kinder können diese Techniken ebenfalls erlernen, da auch sie in der Kita Lärm und oft subjektiv empfundenem Stress ausgesetzt sind. Entspannungsphasen stellen zudem einen guten Übergang von Bewegungsangeboten zu konzentriertem Arbeiten (z. B. Basteln) dar.

- **Impfungen:** Erzieher sind aufgrund des engen Umgangs mit den Kindern ihrer Gruppe besonders gefährdet, sich eine Infektionskrankheit zuzuziehen. Aus diesem Grund sollten sie sich durch Impfungen schützen: Die ständige Impfkommission (aktuell unter www.rki.de) schlägt einen Impfschutz vor allem gegen Mumps, […] Röteln sowie gegen Polio, Diphtherie und Tetanus vor. Zumindest bei Erzieherinnen aus Kindergärten mit einem hohen Anteil von Kindern aus Endemiegebieten (örtlich begrenztes Auftreten einer Infektionskrankheit, Anm. d. Verf.) sowie in Krippen und Integrationsbereichen (Bereich, in dem Kinder mit Behinderung begleitet werden (Anm. d. Verf.) ist zudem eine Impfung gegen Hepatitis A sinnvoll." (Kunz, o. J.) Die Impfung gegen Masern muss bei Aufnahme in die Einrichtung oder bei der Tagespflegeperson gemäß dem Masernschutzgesetz vom 1.03.2020 nachgewiesen werden. Dies kann durch Vorlage des Impfpasses oder durch Vorlage eines ärztlichen Attests erfolgen. Auch alle Mitarbeiter müssen den Impfschutz bei Anstellung nachweisen bzw. bei Anstellung vor Inkrafttreten des Gesetzes diesen nachreichen.
- **„Ernährung:** Zur Erhaltung der Gesundheit gehört eine gesunde Ernährung. Auch hier kann der Kindergarten Vorbild sein, etwa bei der Gestaltung des Frühstücks oder der Zusammenstellung bzw. Auswahl der sonstigen Mahlzeiten.
- **Süchte:** Dass Erzieher/innen durch Süchte nicht nur die eigene Gesundheit gefährden, sondern auch den Kindern als negatives Vorbild dienen, muss sicher nicht mehr näher ausgeführt werden." (Kunz, 2007)

Um Stressfaktoren zu minimieren bedarf es des Selbstmanagements. Dies ist nicht das Gleiche wie das Zeitmanagement, allerdings ist Zeitmanagement ein Element des Selbstmanagements.

> Selbstmanagement ist die Fähigkeit, unab-
> hängig und selbstständig für die Gestaltung
> der eigenen beruflichen und persönlichen
> Entwicklung zu sorgen.

Es geht also darum, eine Technik zu finden, die die Arbeitsweise optimiert und dennoch nicht zu Überforderungen führt. Selbstmanagement setzt demnach bei der eigenen Person an. Die oben genannten Maßnahmen der Gesundheitsvorsorge gehören dazu. Aber das Selbstmanagement geht noch darüber hinaus. Es geht darum, sich einen Plan zu entwickeln, auf welche Weise Aufgaben erledigt werden können.

Dabei ist es wichtig,

- sich Ziele setzen zu können, die nicht nur sinnvoll sind, sondern auch realistisch,
- Aufgaben zu erkennen und diese den Zielen unterzuordnen,
- Prioritäten setzen zu können,
- sich selbst kontrollieren zu können und konsequent zu sein,
- einen Plan zu haben, um eigene Vorhaben umzusetzen,
- strategisch vorgehen zu können, um Aufgaben und Vorsätze zu vereinbaren,
- sich selbst motivieren zu können,
- effizient arbeiten zu können,
- geeignete Methoden zu kennen und bereit zu sein, kontinuierlich dazuzulernen.

Selbstmanagement ermöglicht es also, kraftvoll und planvoll eine Aufgabe anzugehen. Eine besondere Bedeutung kommt hierbei der persönlichen Motivation zu. Lob und Wertschätzung sind motivierend. Andere zu loben, ist meist kein Problem, aber vielen Menschen fällt es schwer, sich selbst zu loben, da es keine Kultur des Selbstlobs gibt. Aber es gibt viele kleine und große Erfolge, die meist nicht auf den ersten Blick sichtbar sind, die man hervorheben kann, ohne gleich überheblich zu wirken.

Um sich besser motivieren zu können, ist es wichtig, sich realistische Ziele zu setzen. Bei einer unangenehmen Aufgabe, gilt es, sich auf die positiven Seiten einer Aufgabe zu konzentrieren. Dazu gehört auch eine Belohnung für kleine Zwischenerfolge.

Für ein ausgewogenes Verhältnis von Arbeit und Privatleben steht der Begriff **Work-Life-Balance**. Die Leitfrage dabei ist, ob Beruf und Privatleben miteinander im Einklang stehen. Familie, Freizeit und Privatleben sollten durch berufliche Anforderungen nicht zu kurz kommen. Einen Hinweis, wie es um die Work-Life-Balance steht, kann die Beantwortung der folgenden Fragen geben:

- Macht Ihnen Ihr Beruf Spaß?
- Ist Ihr Verhältnis zu den Kolleginnen und Kollegen gut?
- Gelingt es Ihnen, Familie, Haushalt und Beruf unter einen Hut zu bekommen? Fühlen Sie sich dabei wohl?
- Bleibt genügend Zeit für Lebenspartner/-in und Kinder?
- Kommen Hobbys und Freunde zu kurz oder bleibt hierfür ausreichend Zeit?

Es gilt der Grundsatz: Nur wer sich wohlfühlt, kann auch Leistung bringen und sowohl für die eigene Familie als auch für die Kinder in der Einrichtung da sein. Gerade bei vielen unterschiedlichen Anforderungen ist es wichtig, sich selbst zu organisieren und sich eine Struktur zu geben.

Auch wenn sich manche Stress auslösende Faktoren (Lärm, zu große Kita-Gruppen) nicht ausschalten lassen, so kann jede Erzieherin viel für ihre Gesundheit tun, Selbstmanagement ist hier absolut notwendig.

> „Für alle Erzieherinnen und Erzieher gilt aber,
> sich bei der Erhaltung der eigenen Gesundheit nicht alleine auf den Arbeitgeber zu verlassen, sondern selbst aktiv zu werden und die zahlreichen Möglichkeiten zu nutzen, die ihnen privat oder auch im Rahmen der Arbeit zur Verfügung stehen. Gerade in einen Beruf mit inhaltlich vielen Freiheiten ist der Einbau gesundheitsfördernder Aktivitäten für Kinder und sich selbst in das ‚normale' pädagogische Tagesprogramm leicht möglich und sollte daher genutzt werden."
>
> *(Kunz, 2007)*

↗ WIEDERHOLUNG

→ Fachberatung hat die Funktion, Kita-Leitungen und Träger zu beraten und in ihrer Arbeit zu unterstützen.

→ Supervision hilft pädagogischen Fachkräften, fallbezogen zu arbeiten und schwierige Situationen innerhalb des Teams, mit Eltern oder mit Kindern zu klären.

→ Es wird zwischen Eustress und Disstress unterschieden.

→ Negative Stressoren können struktureller Art sein. Sie sind oftmals nicht veränderbar.

→ Eigene Stressoren lassen sich verändern, hierbei ist Selbstmanagement hilfreich.

→·← AUFGABEN

1 [Wissen und Verstehen]
Überlegen Sie, welche Vor- und Nachteile Sie selbst bei der Supervision sehen, und tauschen Sie sich darüber mit drei Mitschülern aus.

2 [Wissen und Verstehen]
Nennen Sie drei Beispiele, aus denen hervorgeht, warum Supervision sinnvoll ist.

3 [Wissen und Verstehen]
Worin unterscheiden sich Fachberatung und Supervision?

4 [Wissen und Verstehen]
Worin unterscheiden sich Zeitmanagement und Selbstmanagement? Geben Sie die Definitionen wieder.

5 [Analyse und Bewertung]
Was macht Ihnen im Moment am meisten Stress? Tauschen Sie sich dazu mit drei Mitschülern aus.

6 [Analyse und Bewertung]
Welche Wege gehen Sie, um Stress vorzubeugen?

TIPPS ZUM WEITERARBEITEN →→

→ Leygraf, Jan: Fachberatung in Deutschland. Eine bundesweite Befragung von Fachberaterinnen und Fachberatern für Kindertageseinrichtungen: Zehn Fragen – Zehn Antworten. Weiterbildungsinitiative Frühpädagogische Fachkräfte. WiFF Studien, Bd. 20. München: Eigenverlag 2013.

Kompetenzen, die in diesem Kapitel erworben werden können:

- Die Absolventinnen und Absolventen verfügen über breites und integriertes Wissen von Strategien des Selbstmanagements und der Gesundheitsprävention in Ausbildung und Beruf.

- Die Absolventinnen und Absolventen verfügen über Fertigkeiten ihre Rechte und Pflichten als Mitarbeiterin und Mitarbeiter in sozialpädagogischen Einrichtungen verantwortlich wahrzunehmen und sich für die Vertretung ihrer beruflichen Interessen einzusetzen.

Adolph, Petra: Qualität durch Fachlichkeit, Fortbildung und Fachberatung. In: Qualität kommt nicht von allein. Anforderungen für eine Entwicklungsaufgabe, Frankfurt am Mian, GEW-Hauptvorstand,, Juni 2001.

AOK: Wenn Stress krank macht: Unterschied zwischen Eustress und Distress, 13.04.2017. In: www.aok-erleben.de/wenn-stress-krank-macht-unterschied-zwischen-eustress-und-distress/ [21.09.2020].

Deutscher Verein für öffentliche und private Fürsorge (Hrsg.): Empfehlung des Deutschen Vereins zur konzeptionellen und strukturellen Ausgestaltung der Fachberatung im System der Kindertagesbetreuung, 2012. In: www.nifbe.de/component/themensammlung?view=item&id=481:fachberatung-positionspapier-des-deutschen-vereins&catid=102:fachberatungen [21.09.2020].

DGSv: Supervision und Coaching für Kita-Leitungen und Erzieherinnen. In: www.stein-supervision.de/media/Folder_KiTa.pdf [21.09.2020].

DGSv: Supervision – Ein Beitrag zur Qualifizierung beruflicher Arbeit, 2012. In: www.supervision-dresden.com/Grundlagenbroschuere_2012.pdf [21.09.2020].

Klein, Ursula: Supervision und Weiterbildung – Instrumente zur Professionalisierung von Erzieherinnen. Wiesbaden: VS Verlag für Sozialwissenschaften 2010.

Kunz, Torsten: Gesundheit in Kindertageseinrichtungen in: Textor, Martin/Bostelmann, Anja: Das Kita-Handbuch. In: www.kindergartenpaedagogik.de/fachartikel/ausbildung-studium-beruf/berufsbild-arbeitssituation/1556 [21.09.2020].

Krankenkassenzentrale: TK-Studie: Erzieher überdurchschnittlich krank. In: www.krankenkassenzentrale.de/magazin/tk-studie-erzieher-ueber-durchschnittlich-haeufig-krank-42416# [21.09.2020].

Löhmer, Cornelia/Standhardt, Rüdiger: Die Kunst, im Alltag zu entspannen. Einübung in die Progressive Muskelentspannung. 6. Auflage. Stuttgart: Klett-Cotta 2017.

Niedersächsisches Institut für frühkindliche Bildung und Entwicklung (Nifbe): Positionspapier Niedersächsischer Fachberaterinnen, 2016. In: www.nifbe.de/component/themensammlung?view=item&id=681:positionspapier-niedersaechsischer-fachberaterinnen&catid=102:fachberatungen [21.09.2020].

Schreyögg, Astrid: Coaching. Eine Einführung für Praxis und Ausbildung. Frankfurt/M.: Campus 1998.

Ziesche, Ulrike: Werkstatthandbuch zur Qualitätsentwicklung in Kindertagesstätten, Neuwied, Luchterhand, 1999.

9   Berufsperspektiven, Fort- und Weiterbildung

Volker Fischer

Alissa ist jetzt seit fast einem Jahr in der Einrichtung als staatlich anerkannte Erzieherin angestellt. Nach einigen Gesprächen, die sie mit Eltern geführt hat, fühlt sie sich ausgelaugt. Sie hat das Gefühl, ihre Gespräche seien unstrukturiert und sie komme selten mit den Eltern auf das Wesentliche zu sprechen. Sie sucht Hilfe im Gespräch mit Frau Wittig, der Einrichtungsleitung. Diese rät Alissa zu einer Fortbildung zum Thema Elterngespräche. Doch das anschließende Gespräch mit zwei Kolleginnen verwirrt Alissa. Kollege Lukas meint spöttisch: „Fortbildungen sind doch zusätzliche Urlaubstage. Die anderen müssen deine Arbeit mitmachen und inhaltlich bringen sie nichts!" Dem widerspricht Alissas Kollegin Paula: „Das sehe ich ganz anders. Zum einen hast du ein Recht auf Fortbildung und zum anderen sind Fortbildungen tolle Möglichkeiten, sich inhaltlich weiterzubilden und auf den neuesten Stand zu kommen."

↘ FRAGEN

→ *Haben Sie bereits während Ihrer Praktika Erfahrungen mit Fortbildungen gemacht? Wenn ja, welche?*

→ *Überlegen Sie gemeinsam: Wie könnte Alissas Kollege Lukas zu seiner negativen Aussage über berufliche Fortbildung gekommen sein?*

Berufsperspektiven – Möglichkeiten der Fort- und Weiterbildung

Bei vielen Erzieherinnen, die im Berufsalltag stehen, entsteht früher oder später der Wunsch nach einer Fort- oder Weiterbildung. In den meisten Fällen handelt es sich dabei um den Wunsch nach erweitertem Sach- und Fachwissen über Gesprächsführung, die Zusammenarbeit mit Eltern, den Umgang mit Verhaltensauffälligkeiten, konkrete Praxisanregungen, Persönlichkeitsbildung, den theoretischen Umgang mit Konzepten oder aber um den Wunsch nach einer Reflexion über den eigenen Beruf.

> **Warum Weiterbildungsberatung?**
>
> **Zum Beispiel, um …**
> … sich individuell weiterzubilden
> … seine Karriere zu planen
> … eigene Stärken zu erkennen und weiterzuentwickeln
> … sich beruflich und persönlich (neu) zu orientieren
> … (wieder) ins Berufsleben einzutreten
> … sich besser präsentieren zu können
> u. v. m.

Die Zeit der linearen Arbeitsbiografien ist heute in den meisten Arbeitsfeldern vorbei. Berufliche Kompetenz wird nicht mehr nur einmalig durch eine abgeschlossene Ausbildung erlangt, sondern auch durch das Handeln in der beruflichen Alltagspraxis. Jeder hat nach dem Erwerb von beruflicher Erfahrung mehr Kompetenzen, als sein Zeugnis bescheinigt. Zudem befinden wir uns in einer Zeit, in der Arbeitsplatzsituationen permanenten Änderungen unterworfen sind und in der sich Arbeitnehmer ständig um- bzw. neu orientieren müssen. Vor dem Hintergrund des lebenslangen Lernens sollten sich Arbeitnehmerinnen über ihre Fähigkeiten, Kompetenzen und beruflichen Wünsche bewusst sein.

Gerade in einem Berufsfeld, das durch gesellschaftliche Veränderungen stark beeinflusst wird und damit einer ständigen berufsspezifischen Dynamik unterliegt, bekommt der Bereich Fort- und Weiterbildung einen hohen Stellenwert, um professionelle Erzieherarbeit kontinuierlich ausüben zu können. Bei den Angeboten kann es sich sowohl um kurzfristige Schulungsmaßnahmen als auch um längerfristige Qualifizierungsmaßnahmen handeln.

Fünf Fortbildungstage im Jahr

Pädagogische Fachkräfte haben nach dem Bildungsurlaubsgesetz Anspruch auf jährlich fünf Tage Bildungsurlaub. Durch personelle Engpässe und Budgetkürzungen kann es allerdings auch zu der Situation kommen, dass Erzieherinnen wenig oder gar keine Zeit für Fortbildungsveranstaltungen aufwenden können.

Fort- und Weiterbildungen

> Unter Fortbildung versteht man die „Vertiefung und Verfestigung von beruflichem Know How oder das Lernen von neuen Arbeitsansätzen oder Methoden." *(Vollmer, 2005, S. 166).*

Zu diesen kurzfristigen Schulungsmaßnahmen gehören ein- bis zweitägige Fortbildungsveranstaltungen bei anerkannten Fort- und Weiterbildungsträgern, die inhaltlich vertiefende, spezielle Themenbereiche anbieten, wie z. B. Ernährung bei übergewichtigen Kindern, Kreativitätsförderung, Elterngespräche, Arbeit mit Kindern unter drei Jahren, Umgang mit ADHS oder die künstlerische Verwendung von Naturmaterialien.

Mit einer Weiterbildung über einen längeren Zeitraum hinweg wird eine Zusatzqualifikation erworben, die mit dem Beruf in Verbindung steht wie z. B. eine Weiterbildung zur Sozialfachwirtin, Entspannungspädagogin, Wald- und Naturerzieherin usw. *(vgl. Vollmer, 2005, S. 166).*

Weiterführende Studiengänge

Darüber hinaus haben Erzieherinnen die Möglichkeit, eine ergänzende Berufsausbildung zu absolvieren, beispielsweise zur Heilerzieherin oder Sozialpädagogin. Hierzu ist die Fachhochschul- bzw. Hochschulreife notwendig. Es gibt auch frühpädagogische Studiengänge, die unterschiedliche Arbeitsmöglichkeiten eröffnen, z. B. als Leitung in einer Kita oder als Fachberater beim Jugendamt bzw. dem Träger. An Fachhochschulen können staatlich anerkannte Erzieherinnen Aufbaustudiengänge zur frühen Kindheit, Bildung und Sozialmanagement belegen.

Fachtagungen

Fortbildungen können sehr inspirierend für die alltägliche Arbeit sein.

Für die persönliche Fortbildung interessant können auch Tagungen, Kongresse oder Fachveranstaltungen zu bestimmten Themen sein. Hier werden von Vorträge Fachleuten angeboten, an deren Workshops und Seminaren interessierte pädagogische Fachkräfte teilnehmen können.

Inhouse-Fortbildung

Viele Weiterbildungsträger bieten auch sogenannte Inhouse-Veranstaltungen an. An diesen hausinternen Fortbildungen nimmt das gesamte Team gemeinsam teil. Es handelt sich in der Regel um eintägige Seminare, zu denen eine Referentin in die Einrichtung kommt und das Seminar vor Ort abhält. Diese Art der Fortbildung hat den Vorteil, dass alle Mitarbeiterinnen das gleiche Wissen erwerben und dies in die Praxis umsetzen können.

Fachliteratur

Neben der Teilnahme an Fort- oder Weiterbildungen, Seminaren oder Tagungen sollte sich jede pädagogische Fachkraft regelmäßig Zeit für die Lektüre fachspezifischer Zeitschriften und Büchern nehmen und sich mit den aktuellen Fachthemen auseinandersetzen. Gerade Fachzeitschriften bieten eine gute Möglichkeit, sich regelmäßig über aktuelle fachliche Standards zu informieren. Einige Vorschläge für empfehlenswerte Fachzeitschriften finden Sie bei den Tipps zum Weiterarbeiten.

Wie finde ich geeignete Fort- und Weiterbildungen?

Die Zahl der Anbieter ist sehr groß, das Angebot an Veranstaltungen unterschiedlichster Qualität fast unüberschaubar und die Trägerschaft vielfältig (es gibt allgemeine, betriebliche, politische, konfessionelle und private Weiterbildungsinstitutionen). Einen ersten Überblick über Fort- und Weiterbildungsangebote für Erzieherinnen findet man im Internet unter den unten genannten Adressen. Darüber hinaus informieren auch die Arbeitsagenturen und Volkshochschulen sowie der Weiterbildungsverbund in der Region über geeignete Fort- und Weiterbildungsveranstaltungen.

Auf den ersten Blick lassen sich Qualitätsunterschiede oft kaum erkennen. Darum lohnt es sich, genauer hinzuschauen. Schöne, bunte Internetauftritte oder Hochglanzbroschüren sind kein ausreichender Hinweis auf eine hohe Professionalität des Anbieters oder die Qualität seiner Weiterbildungen. Seriöse Weiterbildungsinstitutionen bieten beispielsweise unverbindliche Informationsveranstaltungen oder Einstiegsseminare zum Kennenlernen an. Dies ist eine gute Möglichkeit, mit dem Ausbildungsleiter zu sprechen und sich das Institut einmal anzuschauen. Empfehlenswert sind Anbieter, die auf eine „Staatliche Anerkennung als Träger der Weiterbildung" hinweisen können.

Sinnvoll könnte es auch sein, sich nach der beruflichen Herkunft und der Ausbildung des Lehrpersonals zu erkundigen. Idealerweise bietet ein Träger nicht nur Fortbildungen für Erzieherinnen an, sondern verfügt als Träger von Kindertageseinrichtungen auch über Erfahrungen in der Praxis der Kinderbetreuung. Diese Kombination aus Theorie und Praxis eröffnet ein großes Spektrum praxisorientierter Fort- und Weiterbildungen. Auf jeden Fall erfragt werden sollte auch, ob das Weiterbildungsinstitut zur Finanzierung einer Fortbildung Bildungs- oder Prämiengutscheine annimmt. Denn damit kann man sein persönliches Weiterbildungsbudget entlasten.

Seit einigen Jahren existiert die Weiterbildungsinitiative Frühpädagogische Fachkräfte (WiFF). Sie ist eine gemeinsame Unternehmung des Bundesministeriums für Bildung und Forschung und der Robert Bosch Stiftung in Zusammenarbeit mit dem Deutschen Jugendinstitut (DJI). WiFF möchte Impulse für mehr Qualität und Durchlässigkeit im System der frühpädagogischen Weiterbildung in Deutschland geben. Zentrales Anliegen ist dabei die systematische Vernetzung der Weiterbildungsanbieter sowie die Förderung der Qualität der Weiterbildungsinhalte und -strukturen.

↗ WIEDERHOLUNG

Möglichkeiten der Fort- und Weiterbildung für Erzieherinnen:

→ Ein bis zweitägige Fortbildungsveranstaltungen bieten Wissen und Praxisorientierung für viele Themenbereiche.

→ Weiterbildungen sind mit Zusatzqualifikationen verbunden.

→ Einschlägige Studiengänge führen zum Abschluss der Frühpädagogin und ermöglichen ein erweitertes Arbeitsfeld.

→·← AUFGABEN

1 [Planung und Konzeption]

Finden Sie heraus, welche Fort- oder Weiterbildung im frühpädagogischen Bereich Sie interessieren könnte. Beginnen Sie mit einer Internetrecherche. Das Internet bietet zum Thema „Fort- und Weiterbildung" zahllose Informationen. Es ist eine Herausforderung, die relevanten Informationen herauszufiltern. Suchen Sie entweder über eine Suchmaschine, indem Sie, „Fortbildung" oder „Weiterbildung" und „Erzieherin" eingeben, oder gehen Sie direkt auf die in den Tipps zum Weiterarbeiten angegebenen Internetseiten.

Orientieren Sie sich auch mithilfe der folgenden Fragestellungen: Wie hoch sind die Kosten? Welche Inhalte werden angeboten? Ist der Anbieter staatlich anerkannt? Wie lange dauert die Fort- oder Weiterbildung?

2 [Wissen und Verstehen]

Was würden Sie dem Kollegen Lukas aus der Lernsituation am Anfang des Kapitels mit Ihrem neu erworbenen Wissen entgegnen? Notieren Sie mögliche Antworten und diskutieren Sie diese in Kleingruppen.

TIPPS ZUM WEITERARBEITEN →→

→ www.bildungsserver.de

→ www.erzieherin.de

→ www.erzieherin-online.de/beruf/fortbildung.php

→ www.weiterbildungsinitiative.de

Kompetenzen, die in diesem Kapitel erworben werden können:

- Die Absolventinnen und Absolventen verfügen über breites und integriertes Wissen von Strategien des Selbstmanagements und der Gesundheitsprävention in Ausbildung und Beruf.

- Die Absolventinnen und Absolventen verfügen über Fertigkeiten, ihre Rechte und Pflichten als Mitarbeiterin und Mitarbeiter in sozialpädagogischen Einrichtungen verantwortlich wahrzunehmen und sich für die Vertretung ihrer beruflichen Interessen einzusetzen.

Vollmer, Knut: Das Fachwörterbuch für Erzieherinnen und pädagogische Fachkräfte. Freiburg i. Br.: Herder Verlag 2005.

2 PÄDAGOGISCHE BEZIEHUNGEN GESTALTEN UND MIT GRUPPEN PÄDAGOGISCH ARBEITEN

Einführung in das Lernfeld 2

Dietmar Böhm • Regine Böhm

Ein Schwerpunkt des folgenden Lernfelds 2 ist die Beschäftigung mit der Fähigkeit, Beziehungen zu Menschen zu knüpfen und zu gestalten sowie mit Einzelnen und Gruppen zu arbeiten. Dazu wird zuerst geklärt, was eine professionelle Haltung kennzeichnet. Diese manifestiert sich im persönlichen Interaktions- und Erziehungsstil von Erzieherinnen. Hierzu werden unterschiedliche Erziehungsstilkonzepte vorgestellt. Ein partnerschaftlicher Erziehungsstil, der Kinder und Jugendliche konsequent einbezieht (Partizipation), gilt dabei als förderlich. Eine der Voraussetzungen dafür ist die reflektierte Auseinandersetzung mit Kommunikation, die auf der Kenntnis anerkannter Kommunikationstheorien basiert, und dem eigenen Gesprächsverhalten.

Die pädagogische Arbeit in Kitas oder bei Schulkindern und Jugendlichen findet überwiegend in Gruppen statt. Deshalb ist ein vertieftes Verständnis für die Dynamik in Gruppen und die Kenntnis pädagogischer Interventionsmöglichkeiten von großer Bedeutung. Nicht nur für die Arbeit mit Gruppen, sondern auch mit einzelnen Kindern und Jugendlichen ist die Auseinandersetzung mit der eigenen Wahrnehmung und den Wahrnehmungsprinzipien und möglichen Fehlern bei der Beobachtung eine wichtige Grundlage. Hierzu gehören auch Kenntnisse unterschiedlicher Beobachtungsinstrumentarien und die Fähigkeit zur Interpretation von Beobachtungen sowie zur Diagnostik.

Die Entstehung von Bindung und Beziehung und ihre Bedeutung für Kinder wird in Lernfeld 2 beschrieben, außerdem wird ausgeführt, wie das Leben in Gruppen für Kinder und Jugendliche gestaltet werden kann. Immer dort, wo Menschen zusammenleben und -arbeiten, entstehen Konflikte. Deshalb kennen pädagogische Fachkräfte die Bedeutung von Konflikten und verfügen über ein breites und integriertes Wissen, wie sie Kinder und Jugendliche bei deren Bewältigung unterstützen können. Immer wieder sind Erzieherinnen in ihrer beruflichen Tätigkeit mit aggressiven und zum Teil gewaltbereiten Kindern und Jugendlichen konfrontiert. Deshalb benötigen sie ein diesbezügliches Wissen und die Fähigkeit, diese Kinder und Jugendlichen in der Entwicklung eines gewaltfreien Verhaltens zu unterstützen.

Die Auseinandersetzung mit vielfältigen Handlungskonzepten für die Kita, die zum Teil auf sehr unterschiedlichen Bildern vom Kind basieren, ermöglicht es pädagogischen Fachkräften, reflektiert Schwerpunkte in der eigenen pädagogischen Praxis zu setzen.

Die gesamte pädagogisch-professionelle Arbeit mit Kindern und Jugendlichen setzt voraus, dass rechtliche Rahmenbedingungen beachtet werden. Diese werden abschließend skizziert.

1 Professionelle Haltung und Beziehungsgestaltung

Regine Böhm (Kap. 1.1 - 1.4) • Lutz-W Müller-Till (Kap. 1.5) • Kurt-Helmuth Eimuth (Kap. 1.6)

Der Erzieher Herr Messmer nimmt am Morgen die Kinder in Empfang: „Guten Morgen, Umut, durftest du gestern Abend wieder eine Dattel mit den Erwachsenen essen?" Und zur Mutter gewandt fragt er: „Wann ist Umut gestern denn schlafen gegangen? Ist es o.k., wenn ich ihn hinlege, wenn er müde wird?" Jan Messmer weiß, dass es bei Familie Tolu während des muslimischen Fastenmonats Ramadan abends immer wieder spät wird. Er ergreift die Hand, die Umut ihm hinstreckt und geht mit ihm in die Kochecke. Dort sind Linnea und Olga bereits dabei, ein Mittagessen zu „kochen": „Es gibt Spinat und Bratkartoffeln", erklärt Linnea, „aber wir haben nicht so viel. Du kannst mitessen, aber Umut nicht!" „Hm, leckeres Essen, ich teile meins mit Umut", meint Jan Messmer. „Umut, hast du eine Idee, was du für einen Nachtisch machen könntest? Dann hätten wir ein richtiges Menü!" Olga nickt zustimmend. „Ruft ihr mich, wenn das Essen fertig ist?", fragt Jan Messmer, „ich gehe so lange noch zu den anderen Kindern." „Ich mache Schokopudding", ruft Umut ihm nach.

Herr Messmer beobachtet, wie seine Kollegin, Frau Reimann, Lea in der Bauecke zwei Tiere aus der Hand nimmt und sie laut zurechtweist: „Wenn ich dir sage, du gibst die Tiere zurück, dann hast du das zu tun!" Jan Messmer sieht, wie Lea ansetzt, etwas zu sagen und ihre Augen sich mit Tränen füllen. „Und jetzt noch heulen, hör bloß auf, das ist jetzt echt unnötig", schnaubt Frau Reimann. Jan Messmer nimmt sich vor, Frau Reimann in einer ruhigen Situation darauf anzusprechen.

Er setzt sich nun zu Tobias und Marek, die damit beschäftigt sind, mithilfe einer alten Küchenwaage das Gewicht verschiedener Gegenstände zu ermitteln. Auf die eine Seite der Waage stellen sie Gewichte, auf die andere Seite legen sie Gegenstände. Im Moment liegt da ein Kissen vom Vorlesesofa. Die Waage ist nicht im Gleichgewicht. Marek schaut ratlos zu Herrn Mess-

mer. „Du fragst dich, wie es sein kann, dass das kleine Gewicht so viel schwerer ist als das große Kissen, stimmt´s? Hast du schon einen Gegenstand gefunden, der so schwer ist wie das Gewicht, das du auf die Waage gelegt hast?" Tobias schaltet sich ein: „Ich weiß, im Kissen ist viel Luft, darum." „Ah, du meinst, Luft nimmt viel Platz ein, wiegt aber wenig? Das könnte sein. Marek, welche Idee hast du, warum das Kissen so leicht ist?"

Kurz vor dem Mittagessen trifft sich die Gruppe im Stuhlkreis. „Thea", ruft Herr Messmer, heute bist du an der Reihe, die Kinder mit der Triangel zu holen!" Wie üblich darf jedes Kind, das möchte, etwas über seinen Kita-Vormittag berichten. Ein Kind erzählt, es habe eine Spinne beobachtet, die eine Fliege in ihrem Netz gefangen habe; ein anderes Kind erzählt, wie es sich gestritten und wieder vertragen habe; wieder ein anderes zeigt ein großes frisches Pflaster auf seinem Knie – in der Erinnerung daran, kommen ihm noch mal die Tränen; ein viertes Kind erklärt, wie es Farben gemischt hat. Jedem Kind, das erzählt, nickt Herr Messmer aufmunternd zu.

Zugewandt sein und sich auf die Gedankenwelt der Kinder einlassen

↘ FRAGEN

→ *Versetzen Sie sich in Umut, Linnea und Olga, Lea, Tobias und Marek sowie Thea. Wie könnten Sie jeweils die Situationen mit Herr Messmer bzw. Frau Reimann erleben?*

→ *Welche Haltung gegenüber Kindern können Sie bei Herrn Messmer und Frau Reimann erkennen?*

→ *Wie könnte Herr Messmer ein kollegiales Gespräch mit Frau Reimann beginnen? Entwickeln Sie einen Gesprächsanfang, der es Frau Reimann ermöglicht, die Situation zu reflektieren, ohne sich verteidigen zu müssen.*

1.1   Professionelle Haltung von Erzieherinnen und Erziehern

Viele Menschen erziehen Kinder: Eltern, Erzieherinnen und Erzieher, Lehrer. Eltern haben in der Regel keine pädagogische Ausbildung, dennoch gelingt den meisten die Erziehung offensichtlich so gut, dass ihre Kinder in der Lage sind, später ihren Platz in der Gesellschaft einzunehmen.

Sobald Erziehung und Bildung öffentlich verantwortet werden, wie es in Kitas und Schule der Fall ist, ist es unabdingbar, dass diese Arbeit von professionellen Fachkräften geleistet wird – auch wenn dies zuweilen kontrovers diskutiert wird. Besonders in Zeiten des Fachkräftemangels wird auch Menschen aus anderen sozialen oder therapeutischen Berufen ein Zugang zur öffentlichen Erziehungs- und Bildungsarbeit ermöglicht und dafür geworben.

Konsens ist, „dass es zu den Schlüsselaufgaben der Aus- und Weiterbildung gehört, die Voraussetzungen für die Entwicklung und Festigung einer professionellen Haltung zu schaffen und zur Konstruktion einer gefestigten professionellen Identität der pädagogischen Fachkräfte in der Frühpädagogik beizutragen" *(Nentwig-Gesemann; Fröhlich-Gildhoff; Harms; Richter, 2011, S. 9).*

Eine „professionelle Haltung" haben und brauchen Eltern bei der Erziehung ihrer Kinder nicht. Das ist für Erzieherinnen allerdings ganz anders. Denn Erziehung und Bildung in öffentlicher Verantwortung benötigen andere Kompetenzen als die Erziehung und Bildung im familiären Kontext.

Professionalisierung der Frühpädagogik

Um zu verstehen, was mit einer professionellen Haltung im pädagogischen Bereich gemeint ist, ist ein kurzer Rückblick in die Professionalisierungsgeschichte der Frühpädagogik notwendig.

Wenn man in die Anfänge der öffentlichen Kleinkinderziehung im 19. Jahrhundert zurückblickt, stellt man fest, dass diese häufig von engagierten Männern initiiert (z. B. Johann Heinrich Oberlin, Friedrich Fröbel, Theodor Fliedner) und von Frauen übernommen wurden, die natürlich keinerlei einschlägige pädagogische Ausbildung hatten (siehe Band 1, Lernfeld 1, Kap. 4). Ein Pionier der Ausbildung von Personal an sogenannten Kleinkinderschulen war Theodor Fliedner (1800–1864). Von diesen Anfängen bis zur heutigen Vielfalt an pädagogischen Ausbildungen und dann bis hin zum akademischen Studium war es ein langer Weg. Bis heute gibt es immer noch Menschen, die meinen, dass für die Arbeit in Kitas mehr Herz und Intuition nötig seien als Fachwissen und Professionalität.

Innerhalb der Frühpädagogik hat durch die Einrichtung von Studiengängen ein sehr beachtlicher Pro-

fessionalisierungsschub eingesetzt. Bestand früher die pädagogische Literatur für Erzieherinnen zu einem großen Teil aus Veröffentlichungen, die sich auf Praxiserfahrung stützten, wird heute wissenschaftlich geforscht. Dadurch können sich Erzieherinnen heute Fachwissen aneignen, das sich auf wissenschaftliche Erkenntnisse stützt. So wird auch die pädagogische Praxis theoriegeleitet und begründet. Erzieherinnen erwerben in der Ausbildung Fachkompetenz, also Wissen und Fertigkeiten. Die Praxis stellt das pädagogische Personal immer wieder vor andere und neue Probleme, sodass das erworbene Fachwissen jeweils in einem anderen Licht konkretisiert werden muss. Was für das eine Kind genau richtig ist, hilft bei einem anderen Kind gar nicht. Damit wird deutlich: Fachwissen allein reicht nicht aus. Kompetenz zeigt sich erst darin, dass Fachwissen gezielt angewendet werden kann. Kompetenz wird daher verstanden als die „Verbindung von Wissen und Können in der Bewältigung von Handlungsanforderungen" *(Fröhlich-Gildhoff/Nentwig-Gesemann/Pietsch, 2011, S. 14)* (siehe Band 1, Lernfeld 1, Kap. 1).

Professionelle Haltung

Handlungsroutinen gehören zur Professionalität natürlich dazu und ermöglichen einen geordneten und überschaubaren Alltag in der Kita. Dennoch gilt, dass

pädagogische Arbeit nicht standardisierbar ist, weil Kinder individuelle Persönlichkeiten mit unterschiedlichen Bedarfen sind. Daher brauchen Erzieher Kompetenzen, die es ihnen ermöglichen, bei der Bewältigung komplexer fachlicher Aufgaben diese Ungewissheit auszuhalten und das eigene pädagogische Handeln kontinuierlich zu reflektieren *(vgl. Nentwig-Gesemann/ Fröhlich-Gildhoff/Harms/Richter, 2011, S. 9).*

> Unter einer professionellen Haltung versteht man Orientierungen und Einstellungen, die das pädagogische Handeln leiten. Diese Einstellungen basieren auf Fachwissen sowie grundlegenden personalen und sozialen Kompetenzen. Theoretisch fundiertes Wissen verbindet sich dabei mit reflektiertem Erfahrungswissen aus der pädagogischen Praxis *(vgl. Autorengruppe Fachschulwesen, 2011, S. 16 und Fröhlich-Gildhoff/Nentwig-Gesemann/Pietsch, 2011, S. 9).*

Diese Kompetenzen werden als „professionelle Haltung" zusammengefasst und lassen sich z.B. an folgenden Fähigkeiten ablesen:

- offen, neugierig und aufmerksam sein gegenüber anderen und der Umwelt
- sich bewusst sein, dass die eigenen Wahrnehmungen immer subjektiv sind
- demokratische Verhaltensweisen pflegen
- Freude am Lernen haben und das eigene Fachwissen beständig weiterentwickeln
- kulturelle Hintergründe von Kindern achten und beachten
- eigenes pädagogisches Handeln fachwissenschaftlich begründen
- den Berufsalltag kritisch reflektieren

(vgl. Autorengruppe Fachschulwesen, 2011, S. 16 und Fröhlich-Gildhoff/Nentwig-Gesemann/Pietsch, 2011, S. 16)

In Unterricht und praktischer Ausbildung sowie in der Verzahnung dieser beiden Ausbildungsbereiche soll diese Schlüsseldimension der Handlungspraxis von Erzieherinnen entwickelt werden. Im Unterricht an der Fachschule geschieht dies durch Unterrichtsformate, die die Schülerinnen und Schüler auf der Basis gesicherten Fachwissens zu selbstgesteuertem Denken und Handeln anleiten. Sie werden ermuntert, eigene biografische sowie Praxiserfahrungen zu reflektieren.

Besondere Bedeutung in der Praxis haben auch Reflexionsgespräche von Praktikantin, Anleiterin und besuchender Lehrkraft, bei denen es ausdrücklich um die Verknüpfung von Theorie und Praxis und die Entwicklung eines beruflichen Selbstbildes geht. So wird die berufliche Handlungskompetenz der Praktikantin weiterentwickelt. Eine professionelle Haltung entwickelt sich daher langsam und ist auch nach langen Jahren der Berufstätigkeit offen für Neuorientierung *(vgl. Autorengruppe Fachschulwesen, 2011, S. 16 und Fröhlich-Gildhoff/Nentwig-Gesemann/Pietsch, 2011, S. 53).* Die Bereitschaft zu regelmäßiger Fortbildung ist somit Bestandteil der professionellen Haltung.

Gemeinsam berufliche Handlungskompetenz reflektieren

1.2 Pädagogische Grundhaltungen und ihre Bedeutung

Die professionelle Haltung zeigt sich grundlegend in den pädagogischen Grundorientierungen oder Grundhaltungen, die auf Überlegungen von Carl Rogers (1902–1887) zurückgehen. Seine Ausführungen zu Aspekten des „therapeutischen Klimas" *(Rogers, 2012, S. 277)* sind zur Grundlage jeder Arbeit in pädagogischen oder sozialen Berufsfeldern geworden. Dabei muss natürlich berücksichtigt werden, dass pädagogische Situationen sich von therapeutischen unterscheiden. Tausch/Tausch (siehe Band 1, Lernfeld 2, Kap. 2.3) entwickelten Rogers´ Gedanken für die Erziehungs- und Unterrichtspraxis weiter und beschrieben sie als Dimensionen eines förderlichen Erziehungsstils.

Die pädagogischen Grundhaltungen sind wichtig für jeden professionellen Kontakt mit anderen Menschen. Sie sind Grundlage für den Kontakt mit Kindern in der Krippe, im Kindergarten und Hort genauso wie mit Jugendlichen im Heim oder bei Gesprächen mit Eltern und Kolleginnen.

Carl Rogers, Begründer der klientenzentrierten Gesprächspsychotherapie

Grundhaltung Wertschätzung, Akzeptanz und Anteilnahme

Mit der Grundhaltung Wertschätzung, Akzeptanz und Anteilnahme ist eine grundsätzlich positive Einstellung und Zuwendung zu Kindern wie Eltern gemeint. Positive und negative Gefühle und Äußerungen des Gegenübers werden ernst genommen und als eigenes Erleben, das man selbst nicht teilen muss, akzeptiert (vgl. ebd.). Dies schließt entschiedenen Widerspruch ein, denn auch darin kann sich wirkliches Ernstnehmen ausdrücken. Ein vordergründiges Akzeptieren allen Tuns und Verhaltens eines Kindes kann im Einzelfall sogar Desinteresse zeigen. Akzeptanz bezieht sich daher im Grundsatz auf die Person, nicht jedoch auf alle ihre Äußerungen und ihr Verhalten.

Konkret drückt sich diese Grundhaltung z. B. in folgenden Verhaltensweisen der pädagogischen Fachkraft aus:
- ein Kind persönlich und individuell begrüßen: „Hallo Tim, schön, dass du da bist! Du bist ja ganz außer Atem!"
- Interesse durch aktives Nachfragen zeigen: „Wie bist du darauf gekommen? Was meinst du dazu? Was hast du entdeckt?"
- Verhalten und Gefühle spiegeln: „Ja, ich sehe, dass du das ganz allein geschafft hast!" *(vgl. Friedrich, 2013, S. 75 ff.)*
- Aber auch: „Stopp, das geht nicht! Hast du gemerkt, dass du Elisa weh getan hast?"

Grundhaltung Empathisches Verstehen

Damit ist gemeint, dass die Erzieherin sich einfühlt in die innere Welt des Kindes. Sie versucht, die Gedanken und Gefühle des Kindes nachzuempfinden, ohne sie zu ihren eigenen zu machen. Das heißt, dass sie trotz großer Nähe immer eine förderliche innere Distanz zum Kind wahrt und es als eigene Person respektiert *(vgl. Rogers, 2018, S. 277)*. Das bedeutet, dass sie auch negative Gefühle des Kindes akzeptiert, selbst wenn diese gegen sie selbst gerichtet sind, denn sie weiß: Diese Gefühle gehören dem Kind, sie sind Ausdruck seines persönlichen Empfindens und Denkens. Sie sind subjektiv.

Sehr gut umgesetzt werden kann das empathische Verstehen durch die Methode des **Aktiven Zuhörens** (siehe Band 1, Lernfeld 2, Kap. 3). Damit wird dem Kind rückgemeldet, dass die Erzieherin seine Sicht erfasst hat, z. B.: „Jetzt bist du aber richtig sauer auf mich!" Genauso kann die Erzieherin einem Elternteil signalisieren, dass sie seinen Gedanken folgt, wenn sie beispielsweise sagt: „Ja, das ist wirklich nicht einfach für Sie auszuhalten,

wenn Rico sich auf den Boden wirft und schreit." Diese Gesprächstechnik funktioniert jedoch nur dann, wenn sie von der entsprechenden inneren Haltung getragen wird, also echtes Interesse am Gegenüber spürbar wird. Das Kind oder der Erwachsene merkt, wenn die Methode nur schematisch angewendet wird.

Die Haltung der Erzieherin signalisiert echtes Interesse

Eine besondere Herausforderung sind das empathische Verstehen und ebenso die entsprechende Grundhaltung „Achtung", wenn das Gesprächsgegenüber aus einer ganz anderen Lebenswelt als die Erzieherin selbst kommt, diese Lebenswelt ihr sehr fremd ist oder wenn sie diese innerlich vielleicht sogar ablehnt." Aber genau darin besteht dann die Professionalität einer Erzieherin, dass sie diese eigenen Gefühle reflektieren und sich dadurch leichter der Welt ihres Gegenübers öffnen kann.

Grundhaltung Kongruenz

Mit dem Begriff Kongruenz ist gemeint, dass das, was die Erzieherin äußert und wie sie sich verhält, mit dem übereinstimmt, was sie tatsächlich meint und denkt *(vgl. Rogers, 2018, S. 276)*.

Die Erzieherin ist „echt" und mit sich einig. Ihre Mimik und Gestik sind stimmig, sie „passen einfach" und sie versucht nicht, anders zu sein. Damit ist aber nicht gemeint, dass ein Erzieher immer und in jeder Situation ungefiltert eigene Gefühle und Meinungen zum Besten gibt. Vielmehr ist er in der Lage, abzuschätzen, welche Reaktionen das jeweilige Gegenüber in der aktuellen Situation auch annehmen kann.

Kongruenz kann sich darin ausdrücken, dass Tonfall und Stimme die gesprochenen Worte bestätigen. Eine zugewandte Körperhaltung oder offene Arme bei einer Begrüßung unterstreichen, dass die Worte „schön, dich wieder zu sehen" auch tatsächlich so gemeint sind.

Kinder spüren sehr genau, wenn eine Erzieherin sich nicht kongruent verhält: Wenn sie z. B. mit ihren Gedanken woanders ist, wenn sie vorliest oder wenn sie wütend ist, aber betont freundlich sagt, dass alles in Ordnung sei. Oder wenn sie gelangweilt ist, aber versucht, Interesse am Kind zu zeigen. Die Kinder erhalten damit zweierlei Botschaften, eine, die Zuwendung signalisiert, und gleichzeitig eine andere, die sagt: „Ich kann oder will mich jetzt nicht auf dich einlassen." Diese Inkongruenz wirkt verunsichernd.

Bedeutung der pädagogischen Grundhaltungen

Entwicklung und Lernen finden immer innerhalb sozialer Beziehungen statt. Unübersehbar ist dies bei Säuglingen, die existentiell auf Zuwendung und Dialog, den sie von Geburt an mitgestalten, angewiesen sind. Dies zeigt eindrucksvoll die Bindungsforschung (siehe Band 1, Lernfeld 2, Kap. 6). Auch in der Kita lässt sich ein enger Zusammenhang zwischen der Beziehungsgestaltung durch Erzieherinnen und kindlichen Bildungsprozessen nachweisen *(vgl. Kasüschke/Fröhlich-Gildhoff, 2008, S. 113)*. Die Fähigkeit, professionell Beziehungen gestalten zu können, ist daher die Grundlage des Berufs der Erzieherin.

Wenn eine Erzieherin Interesse am Kind zeigt, nachfragt oder Aktivitäten des Kindes einfühlend kommentiert, nimmt sie zunächst einfach nur Kontakt zum Kind auf und pflegt ihn. Sie lernt Kinder besser kennen und verstehen. Kinder sind in der Regel von sich aus mitteilsam und freuen sich über das Interesse Erwachsener an dem, was sie tun, fühlen oder brauchen.

Durch die Erfahrung von Achtung, positiver Zuwendung und einfühlendem Verstehen wird das kindliche Grundbedürfnis nach Angenommensein erfüllt. Es ermöglicht Kindern, sich in der Kita wohlzufühlen und eine gute Beziehung zur Erzieherin aufzubauen. Dies wiederum ist die Grundlage dafür, dass Kinder sich auf die Bildungsangebote der Kita einlassen und/oder frei explorieren können. Ohne diese Grundsicherheit ziehen sich Kinder zurück und werden unsicher. Anteilnahme an ihrer Persönlichkeit steigert die kindliche Selbstachtung, das Kind entwickelt ein positives Selbstkonzept *(vgl. Tausch/Tausch, 1979, S. 153)*.

Bildung benötigt Interaktionen, die die Fähigkeiten und die Entwicklung von Kindern fördern *(vgl. Schelle, 2011, S. 14)*.

Kinder werden durch das Interesse ihrer Bezugspersonen darin gestärkt, sich mitzuteilen und nachzudenken. In Gesprächen lernen sie Sichtweisen anderer kennen und vergleichen diese mit ihrer eigenen Meinung. Sie werden angeregt, ihre Gefühle deutlich wahrzunehmen und auszudrücken *(vgl. Friedrich, 2013, S. 78 f.)*. Solche Erfahrungen sind grundlegende Bildungserfahrungen, die Kinder im Elementarbereich machen können und sollen: Sie entwickeln ein Bild von sich selbst und von sich in Beziehung zu anderen und sie setzen sich mit ihrer Umwelt auseinander. Dadurch, dass Erzieherin und Kind in einen Austausch treten, der grundlegend von der Annahme der Person des Kindes geprägt ist, werden seine Selbstbildungskräfte angeregt.

Gemeinsamer Aufmerksamkeitsfokus

Eingebettet in diese Interaktionen zwischen Erwachsenen und Kindern ist die **Sprachentwicklung**. In der Kita-Pädagogik nimmt die Förderung des Erst- und Zweitspracherwerbs von Kindern eine herausragende Bedeutung ein. Erzieherinnen, die nachfragen und

Interesse am Kind zeigen, fördern seine Mitteilungsbereitschaft und damit sein Sprechen. Dies ist im Blick auf den späteren Schulerfolg und gleiche Bildungschancen für Kinder mit einer anderen Erstsprache als Deutsch sehr wichtig.

Ein weiterer Aspekt der kindlichen Entwicklung, der durch die Gestaltung der Beziehung Erzieherin – Kind berührt wird, ist die Regulation von inneren Erregungszuständen. Um aus einem Zustand hoher emotionaler Erregung wieder in einen ausgeglichenen Zustand zu kommen, benötigt das Kind, je jünger es ist, umso mehr die feinfühlige Zuwendung von Erwachsenen. Einfühlsames Sprechen und Wiegen beruhigt einen Säugling. Auch ältere Kindergartenkinder, die schon viel gelernt haben, um sich selbst wieder zu beruhigen, benötigen bei einem Schrecken, einer großen Enttäuschung oder einem heftigen Konflikt die Unterstützung der Erzieherin, um wieder in einen positiven emotionalen Zustand zu finden *(vgl. Weltzien, 2014, S. 56 f.)*.

Hilfe bei der Emotionsregulierung

1.3   Förderliche Interaktionsformen

Die pädagogischen Grundhaltungen zeigen sich auch in der Gestaltung von Interaktionen, die in besonderer Weise die kognitive Entwicklung von Kindern fördern.

> „Interaktion ist eine wechselseitige Beeinflussung von zwei oder mehreren Subjekten."
> *(Schelle, 2011, S. 22)*

Interaktion ist damit ein Grundbegriff in der Pädagogik. Er verweist darauf, dass Lernen in Aushandlungsprozessen stattfindet (siehe Band 1, Lernfeld 3, Kap. 8.3 und Band 2, Lernfeld 4, Kap. 2).

Drei Interaktionsformen werden aktuell als besonders förderlich für Lernprozesse von Kindern im Vorschulalter eingeschätzt. Wichtig ist dabei, dass die pädagogische Fachkraft über emotionale Wärme und innere Beteiligung eine intensive Beziehungssituation gestaltet.

Gemeinsam nachdenken

Als besonders unterstützend hat sich herausgestellt, wenn die Erzieherin mit einem oder mehreren Kindern länger gemeinsam nachdenkt (sustained shared thinking). Dabei greift die Erzieherin bewusst Gedanken von Kindern auf und entwickelt sie mit ihnen weiter. Solche Interaktionsformen kann man beobachten, wenn eine Erzieherin sich mit Kindern eine Geschichte ausdenkt oder gemeinsam ein Problem versucht zu lösen.

„Die Kinder haben die Erzieherin zum Essen in die Rollenspielecke eingeladen. Loris (3;9) und Max (3;6) spielen Drachen. Als die Erzieherin klingelt, um sich als Besuch anzumelden, sind die beiden gerade in eine lebhafte Diskussion verstrickt, die sie daran hindert, ihren Besuch auch zu empfangen.

Loris: Du bist die Mutter.

Max: Aber ich möchte nicht eine Frau sein.

Loris: Aber du willst kochen.

Max: Ich koche jetzt.

Loris: Dann bist du die Frau.

Max: Nein, das will ich nicht.

Erz.: Aber es muss doch keine Frau sein. Drachen sind Drachen. Oh, wie das duftet. Das schmeckt bestimmt sehr lecker.

Max rührt im Topf, und Loris versucht, das Tischtuch aufzulegen.

Erz.: Hmm, wie das lecker duftet, ihr müsst tolle Köche haben, oder habt ihr selbst gekocht?

Loris: Ja, wir kochen selbst.

Erz.: […] Was gibt es denn?

Max: Tomaten- und Lauchsuppe.

Erz.: […] Lauchsuppe mit Glassplittern, bitte.

Loris: […] und Kieselsteine?

Max: Möchtest du noch etwas Teer zum Trinken?

Erz.: Sicherlich. Gerne. Oh, ist das schön schwarz."

(König, 2010, S. 28 f.)

Scaffolding

Ähnlich wie beim gemeinsamen Nachdenken stellt sich die Erzieherin beim *so*genannten Scaffolding ganz auf das kindliche Denken ein und forderte es gleichzeitig heraus *(vgl. Schelle, 2011, S. 24)*. Scaffolding meint, dass die Erzieherin im Dialog eine Art Denkgerüst für die Kinder bietet (engl. „to scaffold" = mit einem Gerüst versehen) und sie so dabei unterstützt, neue Erkenntnisse zu gewinnen. Hierbei werden klare Erwartungen des Erwachsenen mit großer emotionaler Nähe verbunden, wie es kennzeichnend für einen partnerschaftlichen Erziehungsstil ist (siehe Band 1, Lernfeld 2, Kap. 2.3). Die Erzieherin übernimmt dabei eine stärker anleitende und vorgebende Rolle *(vgl. Schelle, 2011, S. 24)*.

„Die Erzieherin spielt mit Marei (20 Monate) in der Bauecke. Sie sind dabei, die Schienen für den Zug zusammenzusuchen.

Erz.: Schau, was ist das?

Marei: Auto.

Erz.: Das ist ein Auto. Und das hier?

Marei: Ahmm.

Erz.: Schienen.

Marei: Schienen.

Erz.: Schienen. Suchst du noch mehr Schienen? Wir müssen die Schienen zusammenbauen.

Marei: Ja.

Erz.: Schau so. (Zeigt, wie die Schienen zusammengesteckt werden.) Sonst kann der Zug nicht fahren. – Baust du erst den Zug?"

(Schelle, 2011, S. 53 f.)

Über das eigene Lernen reflektieren (metakognitive Dialoge)

Wichtiger als einzelne Bildungsinhalte ist, dass Kinder lernen, wie sie lernen, damit sie ihr Lernen eigenständig gestalten können. Sie sollen sich dafür als aktive Lerner wahrnehmen und Freude am eigenen Lernen entwickeln. Dazu regt die Erzieherin die Kinder an, darüber nachzudenken, was und warum sie etwas tun.

Fragen wie diese können solche metakognitiven Gespräche anregen:
- „Wie habt ihr das herausgefunden?
- Kannst du bis morgen noch mehr in Erfahrung bringen?
- Wie würdet ihr das anderen Kindern beibringen?
- Was habt ihr erfahren, was ihr vorher noch nicht gewusst habt?"

(Pramling/Carlsson, 2007, S. 85)

1.4.   Gestaltung von Interaktionen

In den oben stehenden Beispielen ist gut zu erkennen, wie sich Erzieherinnen in der Gestaltung ihrer Interaktionen mit Kindern an den pädagogischen Grundhaltungen, einer grundsätzlichen Dialogorientierung und Partizipation orientieren *(vgl. Weltzien, 2014, S. 15)*. Um eine hohe Qualität der eigenen Interaktionsgestaltung zu erreichen und sie kontinuierlich reflektieren zu können, bietet sich die Orientierung an Merkmalen an, die im Projekt GInA (Gestaltung von Interaktionsgelegenheiten im Alltag) an der Evangelischen Hochschule Freiburg entwickelt wurden. Sie berücksichtigen folgende Aspekte:
- Beziehung gestalten
- Denken und Handeln anregen
- Sprechen und Sprache anregen

Im Folgenden werden einige Merkmale des Aspekts „Beziehung gestalten" exemplarisch in ihrer höchsten Ausprägung beschrieben. Die Merkmale sind theoriebasiert und evaluiert:

Wertschätzung ausdrücken: [Die Erzieherin] „gibt differenzierte und prozessbezogene Rückmeldungen, z. B. über die Entstehung und Realisierung von Ideen und Plänen (kein pauschales Lob)."

Gelassenheit ausstrahlen: „Sie benennt unerwünschte Verhaltensweisen und verhält sich zugleich dialogbereit."

Aufmerksam zuhören: „Sie stellt eine gegenseitige Bezugnahme über verschiedene Interessen, Bedürfnisse und Themen her."

Verstehen ausdrücken: [Sie] „bemüht sich, Äußerungen des Kindes und ihren Sinngehalt zu verstehen, auch wenn dies angesichts der kindlichen Kompetenzen oder der Situation erschwert bzw. unmöglich wird."

Zur Teilnahme einladen: „Sie unterstützt Kinder untereinander bei der Verständigung; wendet Methoden der gegenseitigen Perspektivübernahme an, um Kinder einzuschließen." *(Weltzien/Fröhlich-Gildhoff/ Strohmer u. a., 2017, S. 33 ff.)*.

Videografien eigener Interaktionen mit Kindern (Datenschutz beachten) eignen sich in besonderem Maße, um entweder allein oder im Team die eigene Beziehungsgestaltung zu analysieren, zu reflektieren und weiterzuentwickeln. Auch in der Zusammenarbeit im Team ist eine grundsätzlich anerkennende Haltung Voraussetzung und lernfördernd und verringert die anfängliche Scheu, sich in dieser Weise in den kollegialen Austausch einzubringen.

↗ WIEDERHOLUNG

→ In der professionellen Haltung einer Erzieherin verbinden sich Fachwissen, Einstellungen, grundlegende personale und soziale Kompetenzen mit reflektiertem Erfahrungswissen aus der pädagogischen Praxis.

→ Die pädagogischen Grundhaltungen oder Grundorientierungen Akzeptanz/Wertschätzung, empathisches Verstehen und Kongruenz sind wichtig für jeden professionellen Kontakt mit anderen Menschen.

→ Unter Wertschätzung und Akzeptanz versteht man eine grundsätzlich positive Einstellung und Zuwendung zu Kindern wie Eltern.

→ Einfühlendes Verstehen meint, die Gedanken und Gefühle des Kindes nachzuempfinden, ohne sie zu den eigenen zu machen.

→ Eine Erzieherin, deren Verhalten mit ihren Äußerungen übereinstimmt, ist kongruent.

→ Qualitativ hochwertige Interaktionen von Erzieherinnen und Kindern, in denen die Erzieherin konsequent die pädagogischen Grundhaltungen umsetzt, fördern die Selbstbildungskräfte des Kindes. Unter anderem werden dabei auch der Spracherwerb und die Fähigkeit zur emotionalen Selbstregulierung unterstützt.

→ Die Beziehungsgestaltung konkretisiert sich in drei Interaktionsformen, die als besonders förderlich für Bildungsprozesse gelten: gemeinsam nachdenken, Scaffolding und Reflexion über das eigene Lernen.

→ Die Gestaltung eigener Interaktionen sollte regelmäßig entweder allein oder in kollegialem Austausch weiterentwickelt werden.

→·← AUFGABEN

1 [Wissen und Verstehen]
Schreiben Sie die Fähigkeiten, in denen sich die professionelle Haltung einer Erzieherin konkretisiert, jeweils auf ein Plakat, das Sie im Unterrichtsraum aufhängen. Treffen Sie sich in Kleingruppen vor diesen Plakaten und tauschen Sie sich zu Situationen aus, in denen Sie diese Fähigkeiten einer Erzieherin entweder bei einer Kollegin beobachten konnten oder in denen Sie selbst diese Fähigkeit gebraucht haben. Notieren Sie diese Beschreibungen so konkret wie möglich auf den Plakaten.

2 [Analyse und Bewertung]
Lesen Sie noch einmal die Lernsituation zu Beginn des Kapitels. Bearbeiten Sie gemeinsam mit Ihrer Nachbarin folgende Fragen und halten Sie Ihre Antworten schriftlich fest: Wie bewerten Sie mithilfe Ihres Wissens aus diesem Kapitel, wie Herr Messmer und Frau Reimann die Beziehung zu den Kindern gestalten? Analysieren Sie die Situationen im Blick auf pädagogische Grundhaltungen sowie Interaktionsformen, und wenden Sie die aufgeführten Merkmale förderlicher Interaktionen an.

3 [Planung und Konzeption]
Entwickeln Sie für die Situation mit Frau Reimann (siehe Lernsituation in diesem Kapitel) eine Alternative, in der die pädagogischen Grundhaltungen sichtbar werden. Tragen Sie in der Klasse Ihre Überlegungen zusammen und bewerten Sie diese.

4 [Reflexion]
Bilden Sie Viergruppen und überlegen Sie, welche Verhaltensweisen von Kindern oder Erwachsenen Sie schon erlebt haben, die Sie ungeduldig, ärgerlich, wütend gemacht haben. Reflektieren Sie, was genau Sie abgelehnt haben und warum. Wie haben Sie auf das jeweilige Kind/den jeweiligen Erwachsenen reagiert? Entwickeln Sie statt Ihrer spontanen Reaktionen mehrere Alternativen und begründen Sie, welche Möglichkeit Sie aus fachlicher Sicht für die beste halten.

TIPPS ZUM WEITERARBEITEN →→

→ Hildebrandt, Frauke: Was meinst du? Nachdenkgespräche mit Kindern führen. In: kindergarten heute 3/2014, S. 8–11.

→ Weltzien, Dörte/Bücklein, Christina/Huber-Kebbe, Anne: GInA. Gestaltung von Interaktionsgelegenheiten im Alltag. Freiburg i. Br.: Herder Verlag 2018.

→ Wertfein, Monika/Wildgruber, Andreas/Wirts, Claudia/Becker-Stoll, Fabienne (Hrsg.): Interaktionen in Kindertageseinrichtungen. Göttingen: Vandenhoeck und Ruprecht 2017.

Filme

→ Ministerium für Kultus, Jugend und Sport Baden-Württemberg (Hrsg.): Momente gestalten. Dialoge in Kitas. Film von Stephan Ferdinand. 2014.

→ Ministerium für Kultus, Jugend und Sport Baden-Württemberg (Hrsg.): Momente leben. Persönlichkeit und Professionalität in Kitas. Film von Stephan Ferdinand. 2015.

1.5   Pädagogische Orientierung an Bedürfnissen

Aishe (3;1) weicht der Erzieherin Nadine nicht von der Seite. Sie ist neu in der Kindergartengruppe und hat deshalb oft Kummer. Obwohl sie weiß, dass eine Bezugserzieherin während einer Eingewöhnung besondere Verantwortung trägt, fühlt Nadine sich zuweilen recht eingeschränkt. Manchmal findet sie kaum noch Gelegenheit, um sich den anderen Kindern zuzuwenden oder mit einer Kollegin zu sprechen. Halb im Spaß, halb im Ernst sagt sie zu dem Mädchen: „Du klebst ja wie eine Klette an mir."

Melanie (4;6) betritt die Kindergartengruppe, stürmt auf Esther ihre Erzieherin, zu und muss ihr etwas ganz Wichtiges erzählen. „Du, weißt du was?! Gestern, da hab ich ..." Meistens geht es um ein schönes Erlebnis, das sich am Vortag ereignet hat. In anderen Fällen geht es um die gemeinsamen Ausflüge während des Wochenendes, aber auch um kleinere Streitereien mit ihren Geschwistern. Wie auch immer: Melanie möchte unbedingt davon erzählen – ohne Rücksicht auf diejenigen Kinder, mit denen Esther gerade beschäftigt ist.

Nebenan beeindruckt Lars (5;7) seine Freunde mit Schilderungen aus einer aktuellen Serie, die sein großer Bruder bei einem Streaming-Dienst abonniert hat. Obwohl er bereits zu den Vorschulkindern zählt, scheint das erlebte Geschehen nicht gerade altersgemäß zu sein. Aber er genießt die bewundernden Ausrufe seiner Mitspieler und alle spornen sich gegenseitig an, besonders spannende Szenen zu entwickeln und gemeinsam nachzuspielen.

Ercan (5;9) verhält sich in solchen Momenten etwas vorsichtiger. Aber auch er möchte vor seinen Freunden nicht als Schwächling gelten. Nachmittags kümmert er sich oft um seine Schwester Aishe, wenn beide zu Hause sind. Stolz erzählt seine Mutter in der Kita, dass Ercan seiner Schwester Aishe viele Geschichten erzählen würde, die von seiner eigenen Zeit in der Kita handeln. Zwar füge er häufig ein paar fantastische Elemente hinzu, aber das störe die Mutter nicht. „Hoffentlich", äußert sie sich gegenüber Nadine, „geht Aishe bald genauso gerne in die Kita, wie ihr großer Bruder."

↘ FRAGEN

→ *Welche Bedürfnisse kommen in den geschilderten Verhaltensweisen der Kinder jeweils zum Ausdruck?*

→ *Welche Anliegen oder welche Nöte zeigen sie?*

1.5.1   Bedürfnisse bewegen menschliches Verhalten

Eine wichtige Grundlage für die pädagogische Arbeit mit Kindern und Jugendlichen ist die Orientierung an deren Bedürfnissen. Doch was ist mit dieser allgemein und grundsätzlich anerkannten Formulierung eigentlich gemeint?

Der amerikanische Psychologe Abraham H. Maslow arbeitete in den 50er-Jahren des letzten Jahrhunderts an einer

„Philosophie der menschlichen Natur" *(Maslow, 2005, S. 7).* Diese sollte das menschliche Verhalten nicht aus der „Beobachtung nur von kranken Menschen" begründen, sondern sich den „höchsten Fähigkeiten des gesunden und starken Menschen" zuwenden" *(Maslow, 2005, S. 61).* Maslow wählte den Begriff der **Motivation** (Beweggrund) und hob dabei hervor, dass alle Menschen sich umfassend und dauerhaft in diesem Zustand befinden.

Damit eröffnete sich ihm die Möglichkeit, die Ursachen menschlichen Verhaltens nicht nur klinisch oder defizitär („Welche frühen Entbehrungen führen zur Neurose?"), sondern auch „lebensliebend" und selbstverwirklichend – heute würde man sagen: ressourcen- und stärkenorientiert – zu betrachten. Maslow gilt mit seiner Motivationstheorie als ein Vertreter der Humanistischen Psychologie *(Maslow, 2005, S. 8 f).*

In der weiteren Fortführung seiner Theorie arbeitete Maslow verschiedene Aspekte („Motivationsebenen") heraus und erklärte diese als Ausdrucksformen von **Bedürfnissen**. Diese sind uns „nur teilweise oder überhaupt nicht bewusst" *(Largo, 2017, S. 183)*, weil ihre Anfänge weit in der menschlichen Entwicklung zurückliegen.

Bedürfnisse wirken sich auf jedes menschliche Verhalten aus,

- das entweder danach strebt, diese zu erfüllen (Befriedigung),
- oder darauf abzielt, einen Mangel (Entbehrung) zu beenden *(vgl. Maslow, 2005, S. 65),*
- bzw. Verletzungen, Bedrohungen und Frustrationen solcher Bedürfnisse zu verhindern *(vgl. Schär/Steinebach, 2015, S. 17).*

1.5.2 Die Bedürfnishierarchie nach Maslow

In seinem grundlegenden Werk „Motivation und Persönlichkeit" geht Maslow davon aus, dass die menschlichen Bedürfnisse in unterschiedlicher „Vormächtigkeit" zueinanderstehen *(Maslow, 2005, S. 65)*. Es gibt „tiefe oder elementare Bedürfnisse" *(Maslow, 2005, S. 49)* und es gibt höhere oder „Metabedürfnisse" *(Maslow, 2005, S. 11)* – nicht im Sinne von „besser oder wichtiger", sondern dahingehend, dass diese so lange „in den Hintergrund gedrängt" werden, bis die elementaren Bedürfnisse gestillt worden sind *(Maslow, 2005, S. 63).*

So ergibt sich für das Motivationsmodell eine **hierarchische Ordnung der Bedürfnisse**. Diese wird bis heute in Form einer Pyramide dargestellt:

Bedürfnis-Hierarchie nach Maslow (Largo, 2017, S. 341)

Jede der hier dargestellten Stufen steht für ein vielfältiges „Bedürfnisensemble". Daher werden in der folgenden Übersicht auf jeweils einer Stufe mehrere Befindlichkeiten und Notwendigkeiten benannt:

- **Physiologische oder biologische Bedürfnisse** umfassen die Versorgung mit Nahrung, Wasser und warmer Kleidung, aber auch Aktivität, Bewegung, Entspannung, Ruhe, Schlaf und Sexualität.
- **Sicherheitsbedürfnisse** beziehen sich z. B. auf Beständigkeit und Überschaubarkeit, Regelhaftigkeit und Angstfreiheit — zunächst in der Familie, später im Gemeinwesen, in Politik und Gesellschaft. Dem Bedürfnis nach Schutz von Person und Besitz, von Rechtssicherheit und „körperlicher Integrität" *(Largo, 2017, S. 185)* steht die Angst vor Macht- und Rechtlosigkeit, vor Verfolgung und Gewalt gegenüber.
- **Soziale Bedürfnisse** verweisen auf Zugehörigkeit, Wärme, Geborgenheit und Liebe, z. B. in der Familie, unter Freunden und Verwandten. Als bedrohlich erweisen sich hingegen die Erfahrungen, verlassen oder vernachlässigt zu werden sowie Hass und Eifersucht zu erleben.
- **Individualbedürfnisse** spiegeln das Streben nach Anerkennung und Wertschätzung durch andere Menschen wider. Einerseits meint dies Respekt und Ansehen, Autorität und Gruppen-Status, andererseits die Furcht vor Geringschätzung, Ausgrenzung und Demütigung (z. B. Mobbing).
- **Bedürfnisse nach Selbstverwirklichung verstehen** sich als Antrieb, die eigenen Ziele und Begabungen zu entfalten, unabhängig zu werden, selbstständig und selbsttätig zu sein. Die "Entfaltung von Begabungen" umfasst auch kognitive

und ästhetische Bedürfnisse. Sie wird angetrieben von Wissbegierde, Forscherdrang und Kreativität, muss andererseits mit Enttäuschungen über eigenes Unvermögen oder Versagen zurechtkommen (vgl. Largo, 2017, S. 194).

Selbstverwirklichung im künstlerischen Schaffen

Multiple Ursachen menschlichen Verhaltens

Wenn man die durchschnittlichen Bedürfnisse des alltäglichen Lebens näher betrachtet, dann sollten diese eher als „Wünsche" bezeichnet werden (Maslow, 2005, S. 48). Denn diese Wünsche erscheinen zunächst als ein oberflächliches Verlangen und lassen sich den eigentlichen Bedürfnissen nicht immer eindeutig zuordnen. Zudem können Wünsche zugleich mehrere (multiple) Ursachen verkörpern.

Das Bestreben, sich ein neues Auto zu kaufen oder einen Hamburger zu essen, verweist zunächst auf die Notwendigkeit, ein veraltetes Fahrzeug zu ersetzen oder ein Hungergefühl zu stillen. Aber der Neukauf eines Autos signalisiert womöglich auch noch das Anliegen, mehr Prestige (Bedürfnis nach Anerkennung, Angst vor Unterlegenheit) zu erlangen. Ebenso sind Schnellrestaurants beliebte Treffpunkte, um dort Freundschaften (Bedürfnisse nach Zugehörigkeit und Wertschätzung) zu pflegen.

Menschliches Verhalten beruht auf individuellen Bedürfnissen, aber es wird auch von gesellschaftlichen Vorgaben bestimmt. Traditionen und Kulturen prägen die Befriedigung allgemeiner menschlicher Bedürfnisse auf vielfältige Art und Weise.

Auf der ganzen Welt entstanden ausdifferenzierte Regel- und Gesetzeswerke, die seither den Schutz von Person und Eigentum regulieren sollen (Largo, 2017, S. 184). Auch das gesellschaftliche Ansehen von Männern und Frauen in heutigen Dienstleistungsgesellschaften unterscheidet sich von dem der Menschen, die in eher handwerklich oder landwirtschaftlich geprägten Kulturen leben. Aus einer bedürfnisorientierten Perspektive betrachtet muss jedoch beachtet werden, dass sowohl moderne wie auch vermeintlich rückständige Traditionen denselben Grundbedürfnissen dienen (vgl. Maslow, 2005, S. 49).

1.5.3 Bedürfnisse von Kindern und Jugendlichen in sozialpädagogischen Arbeitsfeldern

Bedürfnisse sind die „Wurzeln unserer Gefühle" (Rosenberg, 2016, S. 62) und verlangen deshalb täglich nach Aufmerksamkeit. Pädagogischen Fachkräften stellen sich die Bedürfnisse von Kindern und Jugendlichen jedoch höchst unterschiedlich dar.

Dem Sicherheitsbedürfnis von Jugendlichen bei deren Aufbruch aus dem Elternhaus muss anders entsprochen werden gegenüber demselben Anliegen, das ein Dreijähriger bei seiner Eingewöhnung in die Kita hat. Erfahrungen körperlicher Gewalt, sexuellen Missbrauchs oder

der Traumatisierung durch Krieg und Vertreibung geben Sicherheitsbedürfnissen in diesen Tagen wiederum ein völlig neues Gewicht. Das Konzept des „Safe Place" *(Katz-Bernstein, 1996)* ist ein Versuch, diesem grundlegenden Sicherheitsbedürfnis in der Arbeit mit traumatisierten Kindern und Jugendlichen zu entsprechen.

Eine weitere Aufgabe ergibt sich in der pädagogischen Kommunikation mit Kindern oder Jugendlichen, wenn diese ihre Anliegen durch Imponiergehabe überspielen oder hinter einer Art Fassade verbergen. Auch in diesen Techniken der Selbstdarstellung und Selbstverbergung *(vgl. Schulz von Thun, Bd. 1, 2019, S. 118 ff.)* können elementare Bedürfnisse enthalten sein, wobei diese zunächst versteckt zum Ausdruck gebracht werden, etwa aus der Sorge heraus, abgelehnt zu werden oder sich nicht durchsetzen zu können.

Oft werden in Streitsituationen die tatsächlichen Bestrebungen der Konfliktparteien durch unpersönliche Ausdrucksformen („man") oder gegenseitige Schuldzuweisungen verdeckt. Hier können pädagogische Fachkräfte unmittelbar zu einer Lösung beitragen, indem sie stellvertretend und einfühlsam die jeweiligen Bedürfnisse erfragen und dann weitere Klärungen anregen.

Trennung der Kontrahenten vor einem klärenden Gespräch

Kinder suchen immer wieder auch die körperliche Nähe von Erwachsenen: Sie schmiegen sich an, klettern auf den Schoß einer Erzieherin oder „überfallen" diese von hinten mit einer heftigen Umarmung.

Die Art und Weise, wie sie mit ihren Bedürfnissen umgehen, ist Ausdruck ihrer spezifischen Eigenschaften und ihres jeweiligen Temperaments. Erst aus dem Kontext des Geschehens wird ersichtlich, welche Bedürfnisse ein solches Verhalten vornehmlich bestimmen. Es ist eher ungewöhnlich, dass es nur auf einer Motivation beruht *(vgl. Maslow, 2005, S. 50)*. Bei solchen Verhaltensweisen werden zugleich mehrere Bedürfnisse, nämlich nach Schutz und Sicherheit, aber auch nach Zuwendung und Anerkennung zusammenwirken.

Körperliche Nähe tut gut!

Auch auf übergeordneten Ebenen spielt die Orientierung an Bedürfnissen für pädagogische Fachkräfte eine ständige und große Rolle.

- In Hilfeplangesprächen der stationären Jugendhilfe werden die Bedürfnisse der Kinder und Jugendlichen aufgegriffen und schriftlich festgehalten.
- Bei der Entwicklung einer pädagogischen Konzeption haben grundlegende Bedürfnisse neben weiteren Überlegungen stets einen hohen Stellenwert.
- Pädagogische Planungen für den Übergang in die Schule bedürfen der Orientierung an kindlichen Bedürfnissen, weil diese Prozesse mit Abschied und Verunsicherung, aber zugleich mit Motivationen des Aufbrechens und kreativen Tuns verbunden sind.
- In der öffentlichen Präsentation nach dem Abschluss von Projekten oder anlässlich einer Festveranstaltung scheinen z. B. die Bedürfnisse nach Anerkennung und Selbstverwirklichung auf, die durch solche Erlebnisse befriedigt werden.

Hilfeplangespräch

Bei vielen weiteren Grundlagenthemen kann man in der pädagogischen Arbeit ebenfalls Verbindungen zu den menschlichen Grundbedürfnissen erkennen oder herstellen. Diese Themen werden in unserem Lehrwerk in anderen Kapiteln ausführlicher dargelegt und sollen hier nur beispielhaft aufgelistet werden:

Altersspezifische Aspekte: Hierzu gehören die Grundbedürfnisse von Kindern – u. a. nach „beständigen und liebevollen Beziehungen" oder nach „körperlicher Unversehrtheit, Sicherheit und Regulation" sowie nach „stabilen, unterstützenden Gemeinschaften und nach kultureller Kontinuität" *(Brazelton/Greenspan, 2008, S. 269 ff.).*

Im Jugendalter werden die Bedürfnisse in einem engen Zusammenhang zu den Aufgaben und Besonderheiten der Pubertät und Adoleszenz gesehen. Angelehnt an das Maslow-Modell formulierten Garrison/Garrison (1975) die folgenden Bedürfnisse der Adoleszenz:
– physiologische Bedürfnisse, etwa der Wunsch nach körperlicher und sexueller Betätigung
– Sicherheitsbedürfnisse aufgrund der durch körperliche und seelische Reifungen bedingten Veränderungen
– Unabhängigkeitsbedürfnisse durch den Zuwachs an kognitiven Möglichkeiten, in Verbindung mit dem Widerstand gegen Autoritäten, Regeln, Normen, Gewohnheiten usw.

– Bedürfnisse nach Zugehörigkeit und Zuneigung als Ergebnis der vermehrten Fähigkeit zur Introspektion, im Wechsel zwischen Autonomiebestrebungen und Einsamkeit
– Leistungsbedürfnisse und der Wunsch, etwas bewirken zu können und gebraucht zu werden
– Bedürfnisse nach Selbstverwirklichung und Ich-Entwicklung, Entwicklung eines Selbstkonzeptes *(vgl. Klosinski, 1996, S. 29 ff)*

Ressourcen und Kompetenzen: Hierbei geht es z. B. um die Fähigkeit, Veränderungen (Transitionen) erfolgreich zu bewältigen *(vgl. Griebel/Niesel, 2004)* und aus Krisensituationen gestärkt hervorzugehen (Resilienz). Dabei richtet sich der Blick auf die Gefährdung menschlicher Bedürfnisse (Vulnerabilitäts- und Risikofaktoren) und auf die „effektiven Bewältigungsformen von Belastungen" *(Wustmann Seiler, 2020, S. 10).* Erkenntnisse der Resilienzforschung sollen dazu beitragen, „traditionelle risiko- und defizitorientierte Sichtweisen" in der pädagogisch-psychologischen Forschung und Praxis zu überwinden *(Wustmann Seiler, 2020, S. 15).*

Institutionelle Unterstützung von Reifungsprozessen: Kinder und Jugendliche „haben ein Bedürfnis nach und ein Recht auf Mitgestaltung und Beteiligung" *(AGJ/Forum Jugendhilfe, 2020, S. 10).* Sie wünschen sich, mit Gleichaltrigen in Kontakt zu kommen und dabei selbstbestimmt und gemeinsam ihren Interessen nachzugehen. Kinder treffen Gleichaltrige „überwiegend in organisierten Angeboten". Jugendliche orientieren sich hingegen bei der Wahl ihrer Freizeitgestaltung an den „drei Kernherausforderungen" nach Qualifizierung, Verselbstständigung und Selbstpositionierung. Angebote der Ganztagsbildung können diesen Zielen und Notwendigkeiten u. a. dahingehend entsprechen, dass sie Kindern und Jugendlichen ermöglichen, Selbstwirksamkeit zu erleben und Zuversicht zu entwickeln *(AGJ/Forum Jugendhilfe, 2020, S. 10).*

↗ WIEDERHOLUNG

→ Pädagogische Arbeit orientiert sich an den Bedürfnissen von Kindern und Jugendlichen.

→ Bedürfnisse sind natürlich und deshalb für alle Menschen grundlegend.

→ Bedürfnisse werden zuweilen indirekt oder versteckt geäußert; sie müssen dann einfühlsam erfragt werden.

→ Bedürfnisse kommen auch in Rahmenbedingungen (Konzeptionen, verbindliche Abläufe und Planungen usw.) zum Tragen.

→·← AUFGABEN

1 [Wissen und Verstehen]
Untersuchen Sie eigene Praxisbeispiele im Hinblick auf die fünf Grundbedürfnisse der Maslow-Pyramide.

2 [Analyse und Bewertung]
Inwiefern haben Kinder andere Bedürfnisse als Jugendliche? Erörtern Sie diese Frage mit Ihren Mitschülern.

3 [Analyse und Bewertung]
In welchem Sinne ist auch Partizipation als ein Bedürfnis anzusehen? Begründen Sie Ihre Aussage.

4 [Planung und Konzeption]
Planen Sie ein pädagogisches Angebot für eine ausgewählte Teilgruppe in einer der Ihnen bekannten Praktikumseinrichtungen. Arbeiten Sie hierfür wichtige Bedürfnisse heraus, die Sie erkennen oder besonders berücksichtigen möchten. Mit welchen Fragen wollen Sie nach Abschluss des Angebotes Ihre Beachtung dieser Bedürfnisse noch einmal beleuchten?

Geben Sie sich in Partnerarbeit Feedback zu Ihren Überlegungen.

5 [Planung und Konzeption]
Stellen Sie bedürfnisorientierte Fragen und Antworten zusammen, indem Sie auf kurze Begegnungen mit Kindern oder Jugendlichen noch einmal eingehen. Wie könnten Sie zukünftig in einem ähnlichen Fall reagieren oder nachfragen?

6 [Reflexion]
Wie erleben Sie die Möglichkeiten der Kommunikation in den Sozialen Medien? Inwiefern entsprechen sie den menschlichen Bedürfnissen, wo sind sie möglicherweise hinderlich oder gar schädlich? Tauschen Sie sich darüber mit Ihren Mitschülerinnen aus.

7 [Reflexion]
Reflektieren Sie die Beachtung Ihrer eigenen Bedürfnisse sowohl innerhalb als auch außerhalb Ihrer Berufsausbildung zur Erzieherin/ zum Erzieher.

TIPPS ZUM WEITERARBEITEN →→

→ Hurrelmann, Klaus/Quenzel, Gudrun: Lebensphase Jugend. Eine Einführung in die sozialwissenschaftliche Jugendphase, 13. Auflage. Weinheim/Basel: Beltz Verlag 2016.

→ Pauen, Sabina/Roos, Jeanette: Entwicklung in den ersten Lebensjahren (0–3 Jahre), München/Basel: Ernst Reinhardt Verlag 2017.

1.6   Partizipation

1.6.1   Partizipation als gesetzliche Aufgabe

Der Begriff Partizipation bedeutet Teilhabe, Mitbestimmung und Beteiligung.

Im SGB VIII heißt es in § 8 (1) „Kinder und Jugendliche sind entsprechend ihrem Entwicklungsstand an allen sie betreffenden Entscheidungen […] zu beteiligen" *(Sozialgesetzbuch 2006)*. Auch das bürgerliche Gesetzbuch erhebt diesen Grundsatz zur Norm. Im § 1626 heißt es in Absatz 2: „Bei der Pflege und Erziehung berücksichtigen die Eltern die wachsende Fähigkeit und das wachsende Bedürfnis des Kindes zu selbständigem verant-wortungsbewusstem Handeln. Sie besprechen mit dem Kind, soweit es nach dessen Entwicklungsstand angezeigt ist, Fragen der elterlichen Sorge und streben Einvernehmen an." *(Bürgerliches Gesetzbuch 2020)*

Partizipation ist damit eine gesetzliche Aufgabe und zugleich drückt sich darin eine pädagogische Haltung aus. Einübung von Partizipation beginnt bereits in der Krippe. Schon die Kleinsten sollen die Erfahrung machen, dass ihre Meinung zählt.

„Damit gewinnen die alltäglichen Partizipationsmöglichkeiten der Kinder an Bedeutung: für die Zukunft demokratischer Gesellschaften, für das einzelne Kind, weil Mündigkeit, Urteilsfähigkeit, Entscheidungsmut, Flexibilität auch als individuelle Schlüsselqualifikationen gelten, und für die Mitarbeiterinnen und Mitarbeiter in Kindertageseinrichtungen, die erkennen müssen, dass ihre pädagogische Tätigkeit, ob sie es nun wollen oder nicht, immer auch politische Erziehung ist." (Hansen, 2003) Wenn Kinder unterstützt werden, bei unterschiedlichen Interessen Lösungen zu erarbeiten, die beide Seiten berücksichtigen, erwerben sie Kompetenzen, die sie später in demokratischen Aushandlungsprozessen benötigen.

1.6.2   Prinzipien der Partizipation

„Fünf Prinzipien für die Partizipation von Kindern:
- **Partizipation bedeutet, dass Kinder von Erwachsenen begleitet werden.** Es genügt nicht, Kindern Entscheidungsspielräume einzuräumen und sie dann damit allein zu lassen. Die Entwicklung notwendiger Partizipationsfähigkeiten muss aktiv unterstützt werden. Oft fehlen Kindern der Zugang zu Informationen oder alternative Erfahrungen, die erst eine wirkliche Entscheidung ermöglichen. Darüber hinaus bedeutet Partizipation immer Aushandlungsprozesse, in die auch Erfahrungen und Interessen von Erwachsenen einfließen (können).
- **Partizipation erfordert einen gleichberechtigten Umgang, keine Dominanz der Erwachsenen.** Auf der inhaltlichen Ebene muss die Expertenschaft der Kinder für ihre Lebensräume, ihre Empfindungen, ihre Weltsicht uneingeschränkt anerkannt werden. Die Erwachsenen sollten ihnen mit Neugier und Interesse begegnen. Für den Prozess und für dessen Transparenz tragen allerdings ausschließlich die Erwachsenen die Verantwortung. Sie müssen die Kinder dabei unterstützen, eine Gesprächs- und Streitkultur zu entwickeln. Und sie müssen gewährleisten, dass eine „dialogische Haltung" – vor allem auch von den beteiligten Erwachsenen selbst – eingehalten wird.
- **Partizipation darf nicht folgenlos bleiben.** Dies bedeutet eine hohe Verbindlichkeit der beteiligten Erwachsenen, die sich darüber Klarheit verschaffen müssen, welche Entscheidungsmöglichkeiten die Kinder tatsächlich haben (sollen), und die diese offen legen müssen. Selbstverständlich kann die Umsetzung einer gemeinsam getroffenen Entscheidung scheitern. Aber zum Zeitpunkt

der Entscheidungsfindung sollte es eine realistische Chance zur Realisierung innerhalb eines für die Kinder überschaubaren Zeitraums geben. Klappt es dann nicht, sollten die Gründe dafür transparent werden.

- **Partizipation ist zielgruppenorientiert.** Kinder sind nicht alle gleich. Die Erwachsenen sollten sich darüber klar sein, mit wem sie es jeweils zu tun haben. Kinder aus Elementar- oder Hortgruppen, Jungen oder Mädchen, Kinder unterschiedlicher ethnischer Herkunft, Kinder mit und ohne Handicaps bringen unterschiedliche Wünsche und Bedürfnisse und unterschiedliche Fähigkeiten zur Beteiligung mit. Die Inhalte und die Methoden müssen darauf abgestimmt werden.
- **Partizipation ist lebensweltorientiert.** Das betrifft in erster Linie die Inhalte, aber auch die Beteiligungsmethoden. Die Thematik muss die Kinder etwas angehen. Dies kann durch unmittelbare Betroffenheit der Fall sein: bei der Frage, ob der tote Vogel, den ein Kind gefunden hat, beerdigt oder seziert werden soll, genauso wie bei der Planung des Außengeländes. Es kann aber auch um Themen gehen, die für Kinder zwar Bedeutung haben (werden), sie aber nur mittelbar betreffen, wie das bei vielen ökologischen Themen der Fall ist. Derart abstrakte Themen müssen dann methodisch an die Erfahrungen der Kinder angeknüpft werden." *(Hansen, 2003)*

Partizipation bedarf einer Haltung der Erzieherin und des Erziehers, die das Kind als Gegenüber auf Augenhöhe ansieht. Alle Bildungspläne fordern kindgemäße Partizipation. Beispielsweise stellt der Hessische Bildungs- und Erziehungsplan fest: „Kinder gestalten ihre Bildung und Entwicklung von Anfang an aktiv mit und übernehmen dabei entwicklungsangemessen Verantwortung, denn der Mensch ist auf Selbstbestimmung und Selbsttätigkeit hin angelegt. Bereits sehr kleine Kinder sind eher aktive Mitgestalter ihrer Bildungsprozesse als passive Teilhaber an Umweltereignissen und können ihre Bedürfnisse äußern." *(HBEP, 2007, S. 20)*

Dafür sind Strukturen notwendig, die für Kinder Eltern und Erzieherinnen nachvollziehbar und transparent sind.

1.6.3   Formen der Partizipation

Es lassen sich drei Formen von Beteiligung unterscheiden.

1. **Projektbezogene Beteiligung**
   Die projektbezogene Beteiligung nimmt sich ganz im Sinne des Situationsansatzes eines Themas an und bearbeitet es in einem zeitlich überschaubaren Rahmen. Dabei kann das Thema von den Kindern oder auch von den Erwachsenen ausgehen. Ein Projektthema könnte beispielsweise eine Neugestaltung des Außengeländes sein.
2. **Offene Formen**
   Offene Formen der Beteiligung sind Kinderkonferenzen, Erzähl- und Morgenkreise sowie Kinderversammlungen. Überall dort können die Kinder ihre Interessen altersgerecht artikulieren und dadurch Einfluss auf den Kita-Alltag nehmen. Abstimmungen müssen nicht nur mit Handzeichen erfolgen. Stehen mehrere Alternativen zur Wahl, kann man diese mit Klebepunkten kennzeichnen lassen: Jedes Kind bekommt drei Klebepunkte und darf sie verteilen.

Kinder beteiligen sich gerne

Wie Kinder Probleme anzeigen und zu Lösungen in einer Kinderkonferenz kommen, zeigt folgendes Beispiel: „Ausgangspunkt ist die Beobachtung einer Erzieherin, dass viele Kinder ihr Mittagessen stehen lassen. Sie fragt, was los sei. „Ich mag die Pilze nicht', antwortet Konstantin sofort. ‚Pilze sind doch lecker, aber Zwiebeln schmecken nicht`,

erwidert Lena. Schnell wird deutlich, dass viele Kinder einzelne Zutaten nicht mögen. Die Erzieherin fragt weiter, was man denn da tun könne. Lena antwortet prompt: ‚Die sollen nicht immer alles in einen Topf tun.' Die Fachkraft erinnert sich, dass die Probleme besonders dann auftreten, wenn es Mahlzeiten gibt, die fertig angerichtet sind und bei denen die einzelnen Bestandteile nur schwer zu trennen sind: Aufläufe oder Eintöpfe. Die Kinderkonferenz beschließt, mit den Mitarbeiterinnen aus der Küche zu sprechen, ob sie in der nächsten Zeit die Nahrungsmittel getrennt anrichten könnten, damit die Kinder selbst entscheiden können, welche Bestandteile sie auf ihren Teller füllen."
(Knauer/Sturzenhecker/Hansen, 2019, S. 75)

3. Repräsentative Beteiligungsformen

Manche Kindertagesstätten haben ein Kinderparlament oder einen Kinderrat. Die Gewählten treffen sich untereinander und auch mit Team und Leitung. Manchmal nehmen am Kinderparlament bewusst nur die Kinder teil, die im nächsten Jahr in die Schule kommen.

„Zwei Erzieherinnen begleiten das Parlament. Sie strukturieren die Sitzungen im Hintergrund, führen Protokoll, unterstützen die Kinder nach

Bedarf. Die wöchentlichen Sitzungen werden von den gewählten Vorsitzenden geleitet. Am Tag nach der Parlamentssitzung findet eine Vollversammlung aller Kinder und Erwachsenen statt, in der die Vorsitzenden die Sitzungsergebnisse vorstellen. Die begleitenden Erzieherinnen achten darauf, dass jedes Kind im Laufe der einjährigen Amtszeit einmal im Vorstand sein kann. Das pädagogische Ziel, das hier im Vordergrund steht, ist die Kompetenzerweiterung jedes einzelnen Kindes. In dem einen Jahr lernen sie u. a., ihre Interessen zu benennen, sich darüber mit anderen auseinanderzusetzen oder die Ergebnisse vor vielen Zuhörern zu präsentieren."
(Hansen/Knauer/Friedrich, 2006, S. 20 f.)

Die Beteiligungsformen sollen in der Konzeption verankert werden. Darin sind die Mitbestimmungsrechte und die Mitbestimmungsformen (Kinderparlament, Kinderrat, Kinderkonferenz) der Kinder und der Eltern (Elternbeirat) verbindlich festgeschrieben. Die Themen, bei denen Kinder mitbestimmen, werden benannt. Hilfreich ist es auch, deutlich zu sagen, wo Kinder nicht mitreden dürfen, beispielsweise bei gesetzlichen Anforderungen oder dem Einstellen von Personal.

1.6.4 Beispiele für Partizipation

Gelingende Partizipation bedarf einer altersgerechten Kommunikation. Visualisierung ist ein wichtiges Hilfsmittel, einen Sachverhalt gut zu erfassen. Klare Fragestellungen sind eine notwendige Voraussetzung, damit Kinder fundiert mitbestimmen können.

Partizipation garantiert jedoch nicht, dass immer gute Entscheidungen getroffen werden:

Nicht praktikable Lösungen werden im nachfolgenden Beispiel zunächst ausprobiert. Die Lösung „Abklat-

„Die Fahrzeuge (Bobby-Cars, Dreiräder etc.) sind beliebte Spielzeuge im Außengelände. Da es sie aber nur in begrenzter Anzahl gibt, kommt es immer wieder zu Streit, wer welches Fahrzeug wie lange benutzen darf. Die Kinder beschweren sich bei den Kinderbesprechungen in den Gruppen, dass sie diese Situation doof finden. Einige stehen immer als Erste vor der Tür des Schuppens, in dem die Fahrzeuge aufbewahrt werden, andere geben die Fahrzeuge dann nur unter ihren Freunden weiter. Die Kinder beschließen: ‚Das soll anders sein.' Die Fachkräfte unterstützen die Kinder dabei, eine Lösung zu finden, indem sie in den einzelnen

Gruppen mit den Kindern Ideen sammeln, wie man diese Situation ändern könnte. Die Ideen werden im Kinderrat vorgestellt und diskutiert. Zuerst entscheiden sich die Kinder für die Lösung ‚Abklatschen': Wenn einer ein Fahrzeug haben will, kann er abklatschen, und derjenige, der gerade auf dem Fahrzeug sitzt, muss es ihm geben. In der Probephase stellen die Kinder bereits nach einem Tag fest, dass diese Lösung nicht praktikabel ist, weil ständig abgeklatscht wird und nun kein Kind mehr in Ruhe mit den Fahrzeugen spielen kann. Nach einer erneuten Diskussion findet der Kinderrat eine zweite Lösung: Jedes Kind

> darf 10 Minuten mit einem Fahrzeug fahren. Die Idee: Die Kinder steigen alle zur gleichen Zeit auf die Fahrzeuge und nach 10 Minuten zeigt die Erzieherin mit einer Trillerpfeife an, dass die Zeit um ist und nun andere Kinder fahren dürfen. Diese Variante wird eine Woche lang ausprobiert. So richtig zufrieden sind die Kinder auch mit dieser Entscheidung nicht. Auch die Fachkräfte sind nicht wirklich glücklich damit: ‚Das geht jetzt zu wie auf dem Kasernenhof‘, bemerkt eine Erzieherin. Schließlich kommen einige Kinder auf die Idee, eine Haltestelle zu bauen: Wenn ein Kind mit Fahren fertig ist, stellt es das Fahrzeug auf einem Platz ab. Dort gibt es (wie bei einem Bus) eine Haltestelle, an der die Kinder, die fahren wollen, sich hinsetzen. Und das Kind, das vorne sitzt, ist als Nächstes dran.“
>
> *(Knauer/Sturzenhecker/Hansen, 2019, S. 124 f.)*

schen“ funktioniert nicht. Dies könnten Erwachsene schon vorher vermuten. Und doch braucht es den entsprechenden Lernprozess bei den Kindern. Die Erwachsenen müssen dies aushalten und den Kindern derartige Erfahrungsräume zugestehen.

Das Beispiel zeigt: Es braucht Vertrauen in die Kompetenz der Kinder, um Partizipation zu ermöglichen.

Auch in der Krippe ist entwicklungsangemessene Partizipation möglich. Wickeln ist z. B. nicht nur eine hygienische Maßnahme, sondern eine Form der intensiven Zuwendung und intensiven Interaktion zwischen Erzieherin und Kind. Partizipation drückt sich darin aus, dass die Erzieherin z. B. dem Kind ankündigt, dass es gewickelt wird. Das Kind klettert die Treppe zum Wickeltisch hoch. Es kooperiert beim Wickeln, indem es sein Bein hochstreckt oder mit der Erzieherin gemeinsam an der Strumpfhose zieht.

Ein weiteres Thema für die Partizipation ist der Mittagsschlaf. Hier müssen die Bedürfnisse der Kinder mit den Bedürfnissen und Interessen der Eltern in Einklang gebracht werden. Den Erzieherinnen fällt die Aufgabe zu, mit den Eltern und Kindern zu guten Lösungen zu kommen.

Partizipation in der Kita zeigt sich auch darin aus, dass bei Elternabenden nach Möglichkeit für Übersetzungsmöglichkeiten für Eltern gesorgt wird, die kein Deutsch verstehen. So wird ihnen Teilhabe ermöglicht und sie haben die Chance, ihre Sichtweise einzubringen. Erzieherinnen können den Familiensprachen z. B. Raum in Willkommensgrüßen in unterschiedlichen Sprachen und Schriften geben. Oder es sind mehrsprachige Bilderbücher vorhanden und alle Eltern werden ermutigt, zum Vorlesen in die Kita zu kommen.

Bei Kindern mit besonderem Förderbedarf ist Teilhabe eine Aufgabe, die auf den jeweiligen Bedarf zugeschnitten sein muss. Für ein Kind im Rollstuhl sollten alle Räume im Haus und auch im Außengelände zugänglich sein. Ein Kind mit Sehbeeinträchtigung braucht andere Unterstützungssysteme, so müssen z. B. Treppenstufen kontrastreich voneinander abgesetzt sein.

Das Recht auf Teilhabe gilt uneingeschränkt auch für Menschen mit besonderem Förderbedarf. So kann man sich z. B. fragen, ob im Außengelände genug Spielmöglichkeiten vorhanden sind, an denen sich Kinder mit verschiedenen Handicaps beteiligen können. Partizipation bei Kindern mit besonderem Förderbedarf folgt den gleichen Prinzipien wie bei allen anderen Kindern.

Das Bundesministerium für Familie, Senioren, Frauen und Jugend hat 2015 für die Kindertagesstätten Qualitätsstandards zur Partizipation erstellt. Darin wird betont, dass alle Kinder – ohne Ausnahme – sich beteiligen können.

> „Es ist sichergestellt, dass alle Kinder und Jugendlichen mit ihren individuellen Möglichkeiten Zugang zu Partizipationsprozessen haben. Entsprechend sind die Angebote leicht zugänglich und vielfältig im Hinblick auf Themen, Methoden und Formen. Unterschiedliche Bedürfnisse je nach Alter, Geschlecht, ggf. Behinderung, sozialer, kultureller oder ethnischer Herkunft sowie Bildungsstand werden dabei berücksichtigt.“
>
> *(BMFSFJ, 2015, S. 10)*

Zusammengefasst bedeutet dies:

- „Kinder wollen sich beteiligen und werden dabei von den Pädagoginnen unterstützt.
- Alle Kinder können sich gleichermaßen beteiligen.
- Es gibt eine Transparenz über die Ziele sowie die getroffenen Entscheidungen.
- Partizipationsmöglichkeiten sind für alle transparent.
- Kinder werden angemessen informiert, und es herrscht eine gleichberechtigte Kommunikationskultur.
- Die Partizipationsthemen haben für Kinder Relevanz.
- Die Methoden sind an den Kindern orientiert.
- Es stehen Ressourcen zur Umsetzung von Partizipation zur Verfügung.
- Es wird auch außerhalb der Kita nach Kontakten als Unterstützung für Partizipation gesucht.
- Pädagoginnen werden für ihre Partizipationsaufgabe qualifiziert.
- Partizipationsprozesse nutzen jedem Kind persönlich.
- Kindern gegenüber wird Wertschätzung dafür gezeigt, dass sie sich beteiligen.
- Es braucht Evaluationen und Dokumentationen der Partizipationsprozesse."

(Debatin, 2019, S. 100)

↗ WIEDERHOLUNG

→ Partizipation ist eine gesetzliche Verpflichtung und zugleich auch eine pädagogische Haltung von Erzieherinnen.

→ Indem Kinder entwicklungsgemäße Partizipationserfahrungen machen, erwerben sie Kompetenzen, die sie später als mündige Bürger und Bürgerinnen in demokratischen Prozessen aktivieren können.

→ Es gibt projektbezogene, offene und repräsentative Formen der Beteiligung in Kitas.

→·← AUFGABEN

1 [Wissen und Verstehen]
Welche Methoden der Beteiligung von Kindern haben Sie in diesem Kapitel kennengelernt? Fassen Sie das Gelernte in eigenen Worten schriftlich zusammen und stellen Sie einer Mitschülerin eine der Methoden vor.

2 [Planung und Konzeption]
Entwickeln Sie in Partnerarbeit einen Elternbrief, in dem Sie zielgruppengerecht und fachlich auf der Basis dieses Kapitels erklären, was Partizipation im pädagogischen Alltag bedeutet. Tauschen Sie Ihren Elternbrief mit einem anderen Paar. Überprüfen Sie ihn auf Verständlichkeit und Fachlichkeit und geben Sie eine Rückmeldung.

TIPPS ZUM WEITERARBEITEN →→

→ Schubert-Suffrian, Franziska/Regner, Michael: Partizipation in der Kita. 3. Auflage, Freiburg i. Br.: Herder Verlag 2018.

→ Hansen, Rüdiger/Knauer, Raingard/Sturzenhecker, Benedikt: Partizipation in Kindertageseinrichtungen. Weimar/Berlin: verlag das netz 2015.

Kompetenzen, die in diesem Kapitel erworben werden können:

- Die Absolventinnen und Absolventen verfügen
  - über breites und integriertes Wissen über die Bedeutung der pädagogischen Grundhaltung für die Gestaltung von Bildungssituationen.
  - über exemplarisch vertieftes Wissen über Modelle der partizipativen pädagogischen Arbeit.

- Die Absolventinnen und Absolventen verfügen über Fertigkeiten,
  - professionelle Beziehungen nach den Grundsätzen pädagogischer Beziehungsgestaltung aufzubauen.
  - Partizipationsstrukturen für Kinder, Jugendliche und junge Erwachsene konzeptionell zu verankern.
  - die demokratischen Beteiligungs- und Mitwirkungsrechte von Kindern, Jugendlichen und jungen Erwachsenen umzusetzen.

Arbeitsgemeinschaft für Kinder und Jugendhilfe/ AGJ (Hrsg.): Forum Jugendhilfe, Heft 1/2020.

Autorengruppe Fachschulwesen: Qualifikationsprofil „Frühpädagogik" – Fachschule/Fachakademie. Weiterbildungsinitiative Frühpädagogische Fachkräfte, WiFF Kooperationen, Bd 1. München 2011.

BMFSFJ Bundesministerium für Familie, Senioren, Frauen und Jugend (Hrsg.): Qualitätsstandards für Beteiligung von Kindern und Jugendlichen. 3. Auflage. Berlin, Eigenverlag 2015.

Brazelton, T. Berry/Greenspan, Stanley I.: Die sieben Grundbedürfnisse von Kindern. Was jedes Kind braucht, um gesund aufzuwachsen, gut zu leben und glücklich zu sein. Weinheim/Basel: Beltz Verlag 2008.

Bürgerliches Gesetzbuch (BGB) in der Fassung vom 01.04.2020. In: https://dejure.org/gesetze/BGB [17.04.2020]

Debatin, Giovanna: Frühpädagogische Konzepte praktisch umgesetzt: Partizipation in der Kita, 3. Auflage, Berlin: Cornelsen 2019.

Friedrich, Hedi: Beziehungen zu Kindern gestalten, 6. Auflage. Berlin: Cornelsen Schulverlage 2013

Fröhlich-Gildhoff, Klaus/Nentwig-Gesemann, Iris/ Pietsch, Stefanie: Kompetenzorientierung in der Qualifizierung frühpädagogischer Fachkräfte. Weiterbildungsinitiative Frühpädagogische Fachkräfte, WiFF Expertisen Band 19, München 2011.

Griebel, Wilfried/Niesel, Renate: Transitionen. Fähigkeit von Kindern in Tageseinrichtungen fördern, Veränderungen erfolgreich zu bewältigen, Weinheim-Basel: Beltz Verlag 2004.

Hansen, Rüdiger: Die Kinderstube der Demokratie – Partizipation in Kindertagesstätten. In: Das Kita-Handbuch, Ministerium für Justiz, Frauen, Jugend und Familie des Landes Schleswig-Holstein (Hrsg.), Begleitbroschüre zum gleichnamigen Videofilm von Lorenz Müller und Thomas Plöger. Kiel 2003.

Hansen, Rüdiger/Knauer, Raingard/Friedrich, Bianca: Die Kinderstube der Demokratie. Partizipation in Kindertageseinrichtungen, 3. Auflage, Kiel: Deutsches Kinderhilfswerk, 2006.

HBEP Hessisches Ministerium für Soziales und Integration und Hessisches Kultusministerium (Hrsg.): Bildung von Anfang an – Bildungs- und Erziehungsplan für Kinder von 0   10 Jahren in Hessen. Wiesbaden: Eigenverlag 2007.

Kasüschke, Dagmar/Fröhlich-Gildhoff, Klaus: Frühpädagogik heute. Herausforderungen an Disziplin und Profession. Köln, Kronach: Carl Link Verlag 2008.

Katz-Bernstein, Nitza: Das Konzept des „Safe Place" - ein Beitrag zur Praxeologie Integrativer Kinderpsychotherapie. In: Metzmacher, Bruno/Petzold, Hilarion/Zaepfel, Helmut (Hrsg.): Praxis der integrativen Kindertherapie. Integrative Kindertherapie in Theorie und Praxis, Band 2, Paderborn: Junfermann Verlag 1996, S. 111–142.

Klosinski, Gunther: Psychokulte. Was Sekten für Jugendliche so attraktiv macht. München: C.H. Beck Verlag 1996.

Knauer, Raingard/Sturzenhecker, Benedikt/ Hansen, Rüdiger: Mitentscheiden und Mithandeln in der Kita. Gesellschaftliches Engagement von Kindern fördern, 6. Auflage, Bertelsmann Stiftung, Gütersloh 2019.

König, Anke: Interaktion als didaktisches Prinzip. Bildungsprozesse bewusst gestalten und begleiten. Troisdorf: Bildungsverlag EINS 2010.

Largo, Remo H.: Das passende Leben. Was unsere Individualität ausmacht und wie wir sie leben können, Frankfurt a.M.: S. Fischer Verlag 2017.

Maslow, Abraham H.: Motivation und Persönlichkeit. 10. Auflage, Reinbek: Rowohlt Taschenbuch Verlag 2005.

Nentwig-Gesemann, Iris/Fröhlich-Gildhoff, Klaus/ Harms, Henriette/Richter, Sandra: Professionelle Haltung – Identität der Fachkraft für die Arbeit mit Kindern in den ersten drei Lebensjahren. Weiterbildungsinitiative Frühpädagogische Fachkräfte, WiFF Expertisen Band 24, München 2011.

Pramling Samuelsson, Ingrid/Carlsson Asplund, Maj: Spielend lernen. Stärkung lernmethodischer Kompetenzen. Troisdorf: Bildungsverlag EINS 2007. In: Schelle, Regine: Die Bedeutung der pädagogischen Fachkraft im frühkindlichen Bildungsprozess. Weiterbildungsinitiative Frühpädagogische Fachkräfte, WiFF Expertisen Band 18, München 2011.

Rogers, Carl R.: Entwicklung der Persönlichkeit. Psychotherapie aus der Sicht eines Therapeuten, 18. Auflage. Stuttgart: J.G. Cotta´sche Buchhandlung 2012.

Schär, Marcel/Steinebach, Christoph: Überblick: Grundbedürfnisse bei Kindern, Jugendlichen und Familien. In: Resilienzfördernde Psychotherapie mit Kindern und Jugendlichen, hrsg. von Marcel Schär und Christoph Steinebach, Weinheim-Basel: Beltz Verlag 2015, S. 16–42.

Schelle, Regine: Die Bedeutung der pädagogischen Fachkraft im frühkindlichen Bildungsprozess. Weiterbildungsinitiative Frühpädagogische Fachkräfte, WiFF Expertisen Band 18, München 2011.

Schulz von Thun, Friedemann: Miteinander reden. Band 1 – 4. Reinbek: Rowohlt Verlag 2019.

Sozialgesetzbuch VIII in der Fassung vom 14.12.2006. In: www.dejure.org/gesetze/SGB VIII

Weltzien, Dörte: Pädagogik: Die Gestaltung von Interaktionen in der Kita. Weinheim und Basel: Beltz Juventa 2014.

Weltzien, Dörte/Fröhlich-Gildhoff, Klaus/Strohmer, Janina/Rönnau-Böse, Maike/Wünsche, Michael/Bücklein, Christina/Hoffer, Rieke/Tinnius, Claudia: Gestaltung von Interaktionen. Ein videogestütztes Evaluationsinstrument. Weinheim Basel: Beltz Juventa 2017.

Wustmann Seiler, Corina: Resilienz. Widerstandsfähigkeit von Kindern in Tageseinrichtungen fördern, herausgegeben von Wassilios E. Fthenakis, 8. Auflage. Berlin: Cornelsen Verlag 2020.

2 Erklärungsmodelle für pädagogisches Handeln

Regine Böhm

In der Pestalozzi-Kita gibt es jeden Morgen einen Morgenkreis, an dem alle Kinder teilnehmen. Hier wird besprochen, welche Angebote und Projekte morgens bzw. nachmittags durchgeführt werden. Aktuell leitet Frau Wegner den Kreis. Mit lauter Stimme, die keinen Widerspruch duldet, teilt sie die Kinder ein: „Leo, Ida, Hassan, Svetlana und Sami, ihr geht zu Frau Demski." Sami widerspricht vorsichtig: „Aber ich gehöre zu einer anderen Gruppe." Frau Wegner entgegnet: „Nein, du gehst zu Frau Demski. Musst du immer widersprechen?" Frau Wegner fährt fort: „Alle Kinder, die in die Schule kommen, gehen zu Frau Hofmann." Frau Hofmann zeigt den Kindern einen Korb voll Faltpapier: „Ihr könnt falten, was ihr wollt." Die Kinder nehmen das Papier aus dem Korb und sind ratlos. Frau Hofmann fragt: „Keine Lust heute? Na, auch nicht so wichtig, dann macht eben was anderes." Frau Wegner beendet den Morgenkreis: „Ihr zehn mittleren Kinder kommt zu mir. Wir malen heute mit Wachskreiden, was ihr gestern beim Ausflug auf den Bauernhof gesehen habt. Alle anderen Kinder gehen ins Freispiel." Frau Wegner teilt jedem Kind ihrer Gruppe einen Platz zu und legt vor jedes

Kind einen Bogen Papier. Die Kinder schauen hoch zu Frau Wegner, sie sprechen nicht miteinander. In der Gruppe von Frau Demski beschwert sich Sami, dass er in der falschen Gruppe sei. Frau Demski sagt: „Weißt du noch, in welche Gruppe du dich eingetragen hast?" Dann beschreibt sie Sami und den anderen Kindern, was sie vorbereitet hat und fragt: „Wäre das vielleicht doch was für dich, Sami? Möchtest du das mal ausprobieren?" Sami schaut Frau Demski an, seine Gesichtszüge entspannen sich.

↘ FRAGEN

→ *Beschreiben Sie den unterschiedlichen Umgang mit Kindern von Frau Wegner, Frau Hofmann und Frau Demski. Welche Wirkungen auf Kinder werden beschrieben? Stellen Sie Vermutungen an, wie die Angebote weitergehen könnten.*

→ *Welche Beteiligungsmöglichkeiten haben die Kinder jeweils? Wie beurteilen Sie diese?*

→ *Welche Ziele könnten die drei Erzieherinnen jeweils verfolgen? Wie stehen Sie zu diesen Zielen?*

2.1 Werte, Normen und Ziele in der Erziehung

Wer Kinder erzieht, nimmt bewusst Einfluss auf ihre Entwicklung und verfolgt damit bestimmte Absichten: Ein Kind soll etwas tun oder nicht tun (Soll-Zustand). Das, was das Kind aktuell tut oder wie es sich verhält (Ist-Zustand), soll entweder vertieft oder verändert werden. Künftig soll das Kind das angestrebte Verhalten zeigen, ohne dass es erneut darauf hingewiesen wird. Ohne Ziele ist Erziehung nicht denkbar.

> Erziehungsziele sind „Aussagen, was als Ergebnis im Erziehungsprozess erreicht werden soll"
> *(Vollmer 2012, S. 124)*. Das Ergebnis eines Erziehungsprozesses zeigt sich im veränderten Verhalten des Zu-Erziehenden.

In den Bildungsplänen der verschiedenen Bundesländer sind vielfältige Ziele für die Erziehung in Kindertagesstätten und die Entwicklung der Kinder formuliert worden. Ausdrücklich werden darin Fähigkeiten benannt, die die Kinder bis zum Schuleintritt erworben haben sollen. Ebenso haben Eltern Vorstellungen, z. B., wie sich ihr Kind gegenüber den Großeltern verhalten oder welche weiterführende Schule es einmal besuchen soll. Kinder entwickeln auch für sich selbst Ziele: Sie wollen Fahrrad fahren lernen oder sie wollen es schaffen, den Turm aus Holzbausteinen bis zur Decke zu bauen. Damit erziehen sie sich gewissermaßen selbst (vgl. Band 1, Lernfeld 3, Kap. 5.3.3).

Erziehungsziele können die Persönlichkeit des Zu-Erziehenden betreffen, also soziale oder emotionale Ziele (z. B. das Kind behandelt andere mit Respekt). Es können aber auch klar formulierte Leistungs- oder Wissensziele sein (z. B. das Kind kann mit der Schere auf dem Strich schneiden). Ziele, vornehmlich die sozial-emotionalen Ziele, können sinnvollerweise nur als Ziele verstanden werden, die angebahnt und irgendwann in der Zukunft erreicht werden.

> „Das Kind bildet sich eine eigene Meinung zu einem Problem." Dieses Ziel kann nicht innerhalb kurzer Zeit erreicht werden, ist aber ein langfristiges Erziehungsziel in einer demokratischen Gesellschaft.

Erziehungsziele sind abhängig von der Gesellschaftsform, von politischen und kulturellen Rahmenbedingungen. Das bedeutet, dass sie einem stetigen Wandel unterworfen sind und regelmäßig hinterfragt werden müssen. Zudem müssen sich Erzieherinnen, die einen öffentlichen Erziehungsauftrag wahrnehmen, fragen, ob die Erziehungsziele, die sie verfolgen, dem jeweiligen Kind gerecht werden. Genauso wichtig ist die Frage, ob die Fähigkeiten, die erworben werden sollen, Kindern jetzt und auch in ihrer Zukunft überhaupt nützen.

Werte und Normen

Erziehungsziele basieren auf Normen, d. h. Richtlinien, die das erstrebenswerte Verhalten beschreiben. Die Grundlage von Normen wiederum gesellschaftliche und

Sehr große Bedeutung hat für unsere und andere westliche Gesellschaftsformen das Ziel der Autonomie. Dieses Ziel ist z. B. in § 22 Sozialgesetzbuch VIII in den Fördergrundsätzen für die öffentliche Erziehung in Kitas ausdrücklich formuliert: „Tageseinrichtungen für Kinder und Kindertagespflege sollen die Entwicklung des Kindes zu einer eigenverantwortlichen und gemeinschaftsfähigen Persönlichkeit fördern" *(Sozialgesetzbuch VIII)*. Anderen Gesellschaftsformen ist dieses Ziel nicht in gleicher Weise wichtig. Dort ist die Gemeinschaft wichtiger, der sich das Individuum unterordnet *(vgl. Keller, 2011, S. 24 ff.)*.

Wenn pädagogische Fachkräfte in der Ausbildung ihr pädagogisches Handeln planen, müssen sie Ziele formulieren, die die Kinder in dieser bestimmten Situation erreichen sollen. In der Regel müssen sie dieses Ziel nicht vollständig erreichen, aber sie sollen sich zumindest in die Richtung dieses Ziels bewegen. Das Ziel (= Hauptziel) wird in weitere Teilziele aufgegliedert.

> Hauptziel:
> Die Kinder verfügen über Wissen zum Thema gesunde Ernährung
>
> Teilziele:
> Die Kinder benennen verschiedene Obst- und Gemüsesorten; begründen, welche Obst- und Gemüsesorten sie mögen; kosten von den bereitgestellten Obst- und Gemüsestückchen.

Kinder setzen sich mit gesunder Ernährung auseinander

kulturelle Werte. Werte sind allgemeine Vorstellungen darüber, was eine Gruppe oder die gesamte Gesellschaft für wichtig und erstrebenswert hält.

Werte
z. B.: Solidarität

Normen
z. B.: Menschen sollen einander helfen.

Erziehungsziele
z. B.: Nico soll Meryem beim Abwischen der
Tische helfen.

Werte und Normen

Ein Wert gibt also die Richtung vor, in die das ange-strebte Verhalten zeigen soll. Konkreter wird der Wert durch die Formulierung einer Norm. Das Erziehungs-ziel schließlich zeigt auf einer möglichst konkreten Handlungsebene, welches Verhalten im individuellen Fall gezeigt werden soll.

Auf Erziehungsziele in Schulen und Kitas, also auf öffentlich verantwortete Erziehung, nehmen viele gesellschaftliche und staatliche Gruppierungen und Instanzen Einfluss. Ein demokratischer Staat möchte, dass seine Bürger zur Mitbestimmung fähig sind und gesellschaftliche Verantwortung übernehmen. Dies spiegelt sich z. B. darin, dass es in der Schule Klassen-

und Schulsprecher gibt, die als Interessensvertreter der Kinder und Jugendlichen fungieren, oder in Kitas einen Elternbeirat. In der Elementarpädagogik spielt die Umsetzung von Mitbestimmung ebenfalls eine gro-ße Rolle (siehe Band 1, Lernfeld 2, Kap. 1.6).

Natürlich spielen bei der Setzung von Erziehungszielen auch sehr persönliche Faktoren eine Rolle. So sind Er-zieherinnen, wie alle anderen Menschen auch, geprägt von bestimmten Erfahrungen, sie haben bestimmte Überzeugungen und Bedürfnisse, die sich darauf aus-wirken, welche Erziehungsziele ihnen wichtig sind. Nicht zuletzt hat eine konkrete Gruppe oder ein ein-zelnes Kind Einfluss auf Erziehungsziele. Jede Gruppe und jedes Kind ist individuell, hat bestimmte Fähigkei-ten und Schwierigkeiten und braucht daher individu-elle Unterstützung, was sich auf die Entwicklung von Erziehungszielen auswirkt.

Allerdings: Erziehungspersonen handeln zuweilen im Widerspruch zu den Zielen, die sie eigentlich anstre-ben *(vgl. Tausch/Tausch, 1979, S. 19)*.

> Eine Erzieherin möchte, dass die Kinder ein-ander freundlich um Gegenstände bitten. Sie selbst spricht jedoch im Befehlston mit den Kindern.

2.2 Pädagogische Maßnahmen

Wenn Erzieherinnen für eine Gruppe oder einzelne Kinder, basierend auf einer Analyse des jeweiligen Ent-wicklungsstands, Erziehungsziele entwickelt haben, planen sie, wie die gesetzten Ziele erreicht werden können: Sie überlegen sich Maßnahmen, „Mittel" oder Methoden, mit denen sie ihre Ziele umsetzen können.

> Erziehungsmittel sind Maßnahmen und Situa-tionen, mit deren Hilfe Erziehende auf Kinder einwirken, in der Absicht, ihr Verhalten und ihre Einstellungen zu festigen oder zu verän-dern *(vgl. Geißler, in: Lahmer/Böhm/Kreilinger u. a., S. 284)*.

Dabei gilt: Nicht alles, was Erzieher tun und was zufällig im Sinne ihres Ziels wirkt, wird als Maßnahme bezeich-net, sondern nur das, was absichtsvoll und bewusst eingesetzt wird *(vgl. Weber, 1996, S. 30)*.

> Lorena (5;10) hat im Morgenkreis Mühe, anderen Kindern zuzuhören und ihnen zu folgen, wenn sie etwas erzählen. Immer wieder unterbricht sie die Kinder, um selbst etwas zu sagen. Weist eine Erzie-herin sie nachdrücklich darauf hin, anderen zuzu-hören, kann es vorkommen, dass sie wegrennt. Die Erzieherinnen beschließen, dass Lorena zukünftig ignoriert werden soll, wenn sie dazwischenruft. Wenn es ihr dagegen gelingt zuzuhören, soll sie

eine positive Rückmeldung bekommen. Eines Tages beobachtet die Praktikantin, wie Lorena bei einer Bilderbuchbetrachtung im kleinen Kreis gebannt zuhört und im Austausch mit den anderen Kindern und der Erzieherin sehr aufmerksam ist. Die Praktikantin sagt später zu Lorena: „Du hast heute so aufmerksam mit den anderen Kindern gesprochen!"

Das Ignorieren und Loben sind in diesem Fall Erziehungsmaßnahmen mit dem Ziel einer Verhaltensänderung. Die Bilderbuchbetrachtung gilt in diesem Fall dagegen nicht als Maßnahme.

Kategorien von Erziehungsmaßnahmen

Erziehungsmaßnahmen werden in unterschiedlichen Kategorien geordnet. So gibt es

- **unterstützende Maßnahmen,** die erwünschtes Verhalten, die das Kind bereits zeigt, verstärken und festigen. Dazu zählen Lob, Ermutigung oder Belohnung,
- **gegenwirkende Maßnahmen,** die unerwünschtes Verhalten verändern sollen wie eine Ermahnung, Erinnerung, Tadel, Drohung oder Strafe,
- **direkte Maßnahmen** wie Lob, Strafe, Gebote und Verbote,
- **indirekte Maßnahmen** wie Spiele, Bereitstellen von Büchern, Spielzeug, Sportgeräten.

Die ersten drei Kategorien beziehen sich auf die direkte Interaktion zwischen Erzieherin und Kind. Die indirekten Maßnahmen können sich in der „vorbereiteten Umgebung" und der Raumgestaltung zeigen. In der Praxis vermischen sich die Kategorien, wenn z. B. die Erzieherin aus den bereitgelegten Büchern eines vorliest, um damit die sprachlichen Fähigkeiten der Kinder zu unterstützen. Ob eine Maßnahme letztlich

die gewünschte Wirkung entfaltet, ist jedoch abhängig von der Qualität der Beziehung zwischen pädagogischer Fachkraft und Kind. Vertraut das Kind der Erzieherin und mag es sie, wird es eine Anerkennung oder eine Grenze, die ihm gesetzt wird, ganz anders annehmen, als wenn es die Erzieherin ablehnt *(vgl. Weber, 1996, S. 38)*. Vor jeder Erziehung steht daher der Aufbau von Beziehung.

Unterstützung durch Präsenz und Ermutigung

2.3   Erziehungsstile

„Unter Erziehungsstilen werden die beobachtbaren und verhältnismäßig überdauernden tatsächlichen Praktiken von Eltern [und Erzieherinnen, d. Verf.] im Umgang mit ihren Kindern verstanden."

(Hurrelmann/Bauer, 2020, S. 155)

Einzelne Methoden und Maßnahmen begründen noch keinen Erziehungsstil, sondern erst dann, wenn sich in ihnen ein immer wiederkehrendes Verhaltensmuster zeigt.

Das heißt: Will man den Erziehungsstil einer Person bestimmen, muss man sie über einen längeren Zeitraum im Umgang mit Kindern beobachten, um zu erkennen, ob ihre pädagogischen Verhaltensweisen insgesamt in eine ähnliche Richtung zeigen. Aus einer einzelnen Beobachtung lässt sich kein Erziehungsstil ableiten.

Eine Erzieherin bezieht grundsätzlich die Kinder, ihrer Entwicklung entsprechend, in Alltagsentscheidungen ein, indem sie ihnen z. B. konsequent Entscheidungsmöglichkeiten aufzeigt, zwischen denen sie wählen können. Wenn sie einmal etwas über die Köpfe der Kinder hinweg bestimmt, stellt das daher nicht grundsätzlich ihren Erziehungsstil in Frage.

In einem Kita-Team reflektieren die Erzieherinnen, wie sie das Verhalten bestimmter Kinder erleben und sie selbst darauf reagieren. Damit machen sie sich u. a. ihre Erziehungseinstellungen bewusst, sodass sie davon nicht unreflektiert bestimmt werden.

Erziehungsstile sind bestimmt durch
- pädagogische Einstellungen und Überzeugungen,
- Erziehungsziele,
- pädagogische Maßnahmen.

Pädagogische Einstellungen sind gefühlsmäßige Bevorzugungen eines bestimmten Verhaltens gegenüber Kindern *(vgl. Lukesch, 1976, S. 21)*. Sie beeinflussen stark das pädagogische Handeln.

Welchen Erziehungsstil Erzieher oder Eltern praktizieren, ist von vielfältigen Faktoren abhängig. Auch das einzelne Kind oder eine Kindergruppe wirken auf den Erziehungsstil einer Erzieherin ein, weil Erziehung ein wechselseitiges Geschehen zwischen Erwachsenem und Kind ist.

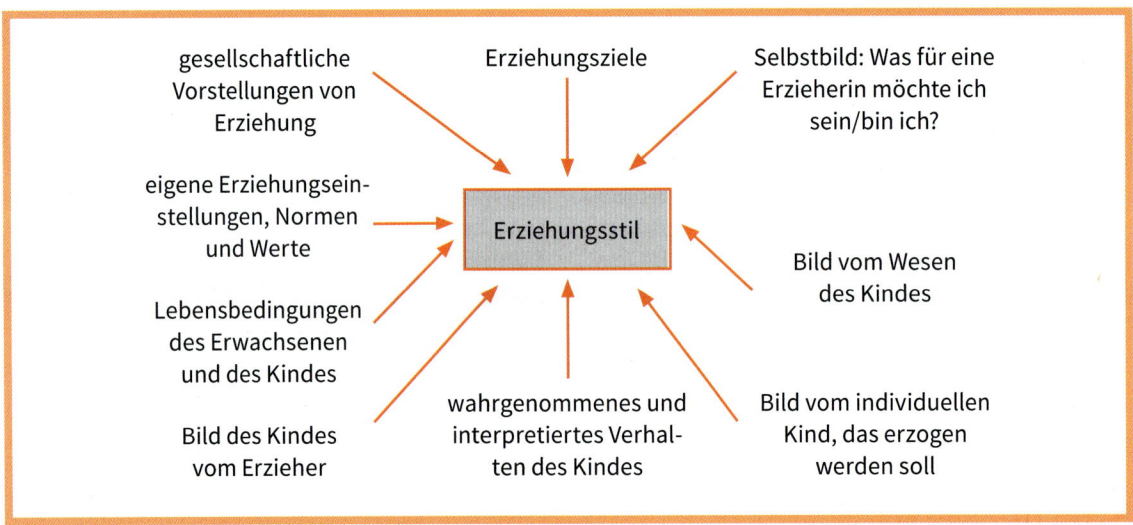

Faktoren, die auf den Erziehungsstil einwirken (vgl. Lukesch, 1976)

Kein Erziehungsstil wird von einer pädagogischen Fachkraft oder von Eltern immer und in jeder Situation vertreten. In der pädagogischen Praxis sind eher Mischformen zu beobachten. Dessen ungeachtet kann man davon ausgehen, dass eine Person einem bestimmten Stil zumindest zugeneigt ist. Das pädagogische Handeln lässt sich so in einem gewissen Rahmen voraussagen *(vgl. Weber, 1996, S. 45)*.

2.3.1 Typologisches Erziehungsstilkonzept nach Lewin

Kurt Lewin (1890–1947) war der erste, der systematisch Erziehungsstile und ihre Wirkung erforschte. Sein Interesse an diesem Thema war grundlegend beeinflusst durch seine Erfahrungen im nationalsozialistischen Deutschland, aus dem er 1933 emigrierte, um in den USA zu lehren. Dort untersuchte er, welche Auswirkungen verschiedenes Erzieherverhalten auf Sozialverhalten und Leistungsbereitschaft hat. Letztlich ging es ihm um die Frage, wie Kinder zur Demokratie erzogen werden könnten *(vgl. Weber, 1996, S. 232).*

Kurt Lewin (1890–1947), Mitbegründer der modernen Sozialpsychologie

Lewin und seine Mitarbeiter untersuchten mit Gruppenexperimenten, wie Gruppen von Jungen im Alter von 10 bis 11 Jahren, die sich freiwillig zu Freizeitaktivitäten trafen, auf unterschiedliches Führungsverhalten der Gruppenleiter reagierten. Das unterschiedliche Führungsverhalten wurde den Gruppenleitern klar und ohne Mischverhaltensweisen vorgegeben. Deshalb wird von typologischen Erziehungsstilen gesprochen.

Das Ergebnis der Experimente Lewins war, dass der Führungsstil der Gruppenleiter maßgeblich das Verhalten der Gruppenmitglieder beeinflusst. Jeder Führungsstil bewirkte eine eigene Gruppenatmosphäre und bestimmte das Verhältnis der Kinder zum Leiter und untereinander sowie zu welchen (Freizeit-)Leistungen sie bereit waren.

Lewin unterschied drei Erziehungsstile:
1) autoritär (autokratisch)
2) demokratisch
3) laissez faire

Erziehungsstil	Erziehungsverhalten	Auswirkungen auf die Gruppe
autoritär (autokratisch)	gibt einzelne Tätigkeiten genau vor, ohne einen Überblick zu geben	wenig initiativ, sondern reaktiv in Bezug auf Gruppenleiter
	keine Mitentscheidungsmöglichkeiten	angespannte Gruppenatmosphäre
	Lob und Kritik auf Person bezogen, nicht auf Tätigkeit (nicht konstruktiv)	teilweise unterwürfiges, teilweise rebellisches Verhalten gegenüber dem Gruppenleiter
	nicht unfreundlich, aber eher unpersönlich	gereizte bis feindselige Kontakte unter den Gruppenmitgliedern
		hohe Leistungsbereitschaft mit geringerer Ergebnisqualität als beim demokratischen Stil

149

Erziehungsstil	Erziehungsverhalten	Auswirkungen auf die Gruppe
demokratisch	gibt Überblick über geplante Tätigkeiten gibt Möglichkeiten zum Mitentscheiden gibt Hilfestellungen, ggf. mit Auswahlmöglichkeiten Lob und Kritik ist an Tätigkeit orientiert (sachbezogen, konstruktiv)	eigeninitiatives, konstruktives Verhalten zufriedene Gruppenatmosphäre positives Verhältnis zum Gruppenleiter guter Gruppenzusammenhalt mit Hilfsbereitschaft und gegenseitiger Anerkennung gute Qualität der Leistungen bei geringerer Quantität
laissez faire (frz. = „machen lassen")	Hinweise auf vorhandene Materialien ohne Anleitung genaue Hinweise und Infos nur auf ausdrückliche Nachfrage weder Lob noch Kritik kein Anspruch, die Gruppe zu leiten	unzufriedene, gereizte Gruppenatmosphäre Enttäuschung, dass keine produktiven Ergebnisse erzielt werden Gruppenmitglieder machen Vorschläge im Blick auf Gruppenaktivitäten, die jedoch nicht umgesetzt werden beklagen zu wenig Steuerung durch den Gruppenleiter wenig Leistungsbereitschaft (vgl. Weber, 1996, S. 232 ff.)

Aktuelle Überlegungen zu einem demokratischen Erziehungsstil: Partizipation

Direkte Verbindungen zu den Experimenten Lewins zum demokratischen Erziehungsstil lassen sich beim Thema Partizipation herstellen, das einen sehr hohen Stellenwert in der Pädagogik hat. Ausdrücklich wird darauf hingewiesen, dass Partizipation ein Weg ist, Kindern von Anfang an demokratische Teilhabe zu ermöglichen. Mehr noch: Da Demokratie als Gesellschaftsordnung gelernt werden muss, ist es geradezu zwingend, Partizipation in der Kita als handlungsleitendes Prinzip umzusetzen *(vgl. Negt, in: Hansen/Knauer/Sturzenhecker, 2015, S. 11)* (siehe Band 1, Lernfeld 2, Kap. 1.6).

Kritik am typologischen Erziehungsstilkonzept Lewins

Kritisiert wird an den Experimenten Lewins, dass die Erziehungsstile in der pädagogischen Praxis kaum in Reinform vorkommen. Pädagogisches Verhalten ist komplexer und variiert je nach Situation deutlich.
Ein weiterer Kritikpunkt betrifft das Verhalten der Gruppe. Dieses ist abhängig von Vorerfahrungen, die die Kinder bereits gemacht haben. So reagieren Kinder, die einen autoritären Stil gewöhnt sind, weniger negativ auf entsprechendes Erzieherverhalten. Umgekehrt könnte ein demokratischer Stil sie evtl. zunächst irritieren.

Schließlich muss bedacht werden, dass der autoritäre Erziehungsstil bei Lewin im Vergleich zum demokratischen Stil gekoppelt war mit emotionaler Kälte, Befehlen und Geringschätzung. Der autoritäre Stil kann aber auch wohlwollend und mit zwar strenger, aber freundlicher und persönlicher Zuwendung praktiziert werden. Dabei stellte ein Mitarbeiter Lewins gute Gruppenergebnisse fest *(vgl. Weber, 1996, S. 232 ff. und S. 422)*.

2.3.2 Dimensionenkonzept der Erziehungsstile nach Tausch/Tausch

Die Psychologen Annemarie Tausch (1925–1983) und Reinhard Tausch (1921–2013) beschäftigten sich mit der Frage, welches Erziehungsverhalten Kinder in ihrer Persönlichkeitsentwicklung und in ihrem Lernen am besten unterstützt. Sie wollten wissen, wie Selbstachtung und Kritikfähigkeit in Kita und Schule so gefördert werden können, dass sich mündige Bürger entwickeln, die eine demokratische Gesellschaft mitgestalten. Dabei erforschten sie im Anschluss an den Psychologen Carl Rogers vier sogenannte Dimensionen des Erziehungsverhaltens *(vgl. Tausch/Tausch, 1979, S. 100 f.)*.

> „Eine Dimension ist eine Zusammenfassung ähnlicher, einander entsprechender Haltungen, Reaktionsweisen und komplexer Aktivitäten „Erziehungsverhaltens."
>
> *(Tausch/Tausch, 1979, S. 100 f.)*

Jede Dimension wird eingeteilt in zwei gegensätzliche Pole und durch viele Beispiele von Verhaltensweisen konkretisiert.

Förderliche Auswirkungen sind dann zu erwarten, wenn Kinder möglichst alle Dimensionen im Verhalten von Erzieherinnen deutlich und positiv erleben. Übrigens: Wenn Erzieherinnen, Lehrer oder Eltern diese vier Dimensionen leben, nützen sie auch sich selbst. Anteilnahme und einfühlendes Verstehen steigern auch die Achtung der Erzieherin vor sich selbst. Wenn Verhalten und Einstellungen übereinstimmen, entspannt dies auch die Erziehenden. Und: Man selbst erfährt ebenfalls mehr Anteilnahme und Verständnis *(Tausch/Tausch, 1979, S. 112 f.)*. Einschränkend muss allerdings festgestellt werden, dass man nicht von

Reinhard Tausch (1921–2013) und Anne-Marie Tausch (1925–1983), Entwicklungspsychologen in Hamburg

Nicht förderliche Verhaltensweisen	Förderliche Verhaltensweisen
Missachtung – Kälte – Härte z. B. den anderen geringachten, unfreundlich behandeln, abwerten, demütigen, drohen	**Achtung – Wärme – Rücksichtnahme** z. B. Anteilnahme zeigen, Zuneigung zeigen, freundlich behandeln, beistehen, trösten
kein einfühlendes Verstehen z. B. auf Äußerungen nicht eingehen, sich nicht bemühen, die Welt mit den Augen des anderen zu sehen, sich nicht mit geäußerten Erlebnissen und Gefühlen des anderen befassen	**vollständiges einfühlendes Verstehen** z. B. Erlebnisinhalte und Gefühle des anderen erfassen, den anderen so verstehen, wie er sich selbst sieht, dem anderen mitteilen, was man verstanden hat
Fassadenhaftigkeit – Nichtübereinstimmung – Unechtheit z. B. sich anders geben, als man ist, andere täuschen, nicht vertraut sein mit dem, was in einem selbst vorgeht	**Echtheit – Übereinstimmung – Aufrichtigkeit** z. B. sagen, was man denkt und fühlt, vertraut sein mit dem, was in einem vorgeht, aufrichtig sein
keine fördernden nichtdirigierenden Tätigkeiten z. B. keine Anregungen geben, keine Rückmeldung geben, keine Regelungen treffen, keine Alternativen vorschlagen	**viele fördernde nichtdirigierende Tätigkeiten** z. B. Anregungen geben, informieren, Rückmeldungen geben, Vereinbarungen treffen, Freiräume geben

(Tausch/Tausch, 1979, S. 120 ff.)

einfachen Ursache-Wirkungs-Zusammenhängen ausgehen kann, z. B.: Wenn die Erzieherin freundlich ist, entwickelt das Kind ein positives Selbstbild. Zudem kann das gleiche Verhalten von Erwachsenen auf das eine Kind förderlich, auf das andere möglicherweise überfordernd wirken.

Dennoch kann mithilfe dieser vier Dimensionen Erziehungsverhalten differenzierter eingeschätzt und beschrieben werden als mit der typologischen Einteilung nach Lewin. Es ermöglicht eine tiefergehende Reflexion der eigenen Pädagogik.

2.3.3 Erziehungsstile nach Baumrind

Die US-amerikanische Entwicklungspsychologin Diana Baumrind (1927–2018) untersuchte das Erziehungsverhalten von Eltern und entwickelte daraus fünf Erziehungsstile, die sie mit zwei Dimensionen des elterlichen Verhaltens kombinierte. Die Dimensionen beschreiben

- elterliche Wärme und Anerkennung kindlicher Bedürfnisse sowie
- elterliche Anforderungen an Kinder und Kontrolle.

Nach ihren Forschungsergebnissen werden Kinder durch einen autoritativen Erziehungsstil am besten gefördert. Dabei bezog Diana Baumrind Ergebnisse der Bindungsforschung ein, indem sie betonte, dass die Grundlage der Förderung durch einen autoritativen Stil eine sichere Bindung des Kindes zu seinen Eltern ist.

Autoritäre Erziehung

Hier unterscheidet sich Baumrind wenig von Lewin. Autoritäre Erziehung ist bestimmt von engen Grenzen und Verboten, Strafen und Kontrollen. Eigenständige Meinungsäußerung und Selbstständigkeit werden wenig gefördert. Auch Baumrind geht bei diesem Stil eher von wenig elterlicher emotionaler Wärme aus. Dabei muss aber nochmals betont werden, dass es durchaus möglich ist, eine autoritäre Erziehung mit Herzlichkeit zu kombinieren. Dann

sind vermutlich andere Auswirkungen auf Kinder zu erwarten als hier beschrieben.

Auswirkungen: Die Kinder sind angepasst, diszipliniert, manchmal auch unterwürfig und haben eher ein wenig ausgeprägtes Selbstbewusstsein. Manche entwickeln Angst und weniger positive Emotionen. Auch aggressive Reaktionen auf elterliche Einschränkungen, insbesondere auf körperliche Züchtigung, sind möglich.

Autoritative Erziehung

Dieser Erziehungsstil ist geprägt durch zuverlässige Zuwendung und Unterstützung sowie emotionale Wärme der Eltern. Eltern erwarten viel von ihren Kindern und trauen ihren Kindern zu, dass sie verantwortlich handeln. Eltern fragen nach der Meinung der Kinder und geben entwicklungsangemessene Entscheidungsfreiheit. Gleichzeitig setzen sie klare Grenzen und Regeln, die begründet werden, ermöglichen Eigeninitiative und

Selbstständigkeit. Dieser Stil entspricht dem demokratischen Erziehungsstil bei Lewin. Der autoritative Stil darf nicht mit dem autoritären verwechselt werden.

Auswirkungen: Die Kinder haben Freude an der Auseinandersetzung mit ihrer Umwelt, sie entwickeln ein positives Selbstbild und zeigen eine gute Leistungsbereitschaft.

Nachgiebige (permissive) Erziehung

Auch hier wenden sich die Eltern den Kindern mit großer emotionaler Wärme zu, die Kinder werden angeregt, ihre Meinung zu äußern. Wünsche und Bedürfnisse der Kinder stehen im Mittelpunkt. Jedoch geben die Eltern wenig Regeln und Grenzen vor, sie sind sehr nachgiebig und nachsichtig. Ihre Erwartungen an die Kinder sind eher gering.

Auswirkungen: Die Leistungsbereitschaft der Kinder ist eher niedrig. Sie können sich selbst weniger gut regulieren und ihre Impulse kontrollieren.

Überbehütende Erziehung

Die Eltern berücksichtigen über die Maßen kindliche Bedürfnisse und betonen stark ihre Autorität, sodass die Kinder wenig Freiräume haben, eigenständig Erfahrungen zu sammeln.

Die autonome Entfaltung der kindlichen Persönlichkeit, die Fähigkeit, selbstständig Entscheidungen zu treffen und für sich Verantwortung zu übernehmen, werden nicht gefördert.

Vernachlässigende Erziehung

Die Eltern zeigen wenig Interesse an den Kindern, sie sind wenig fürsorglich und geben den Kindern, die sie tendenziell als Belastung erleben, wenig vor. Die Kinder sind sich selbst überlassen.

Kinder zeigen wenig prosoziales Verhalten wie Hilfsbereitschaft, Rücksichtnahme etc. und sind nicht leistungsbereit *(vgl. Hurrelmann/Bauer 2020, S. 157 f.; Tschöpe-Scheffler, 2005, S. 311).*

Auswirkungen: Die Bindung des Kindes zu seinen Eltern ist schlecht (siehe Band 1, Lernfeld 2, Kap. 6). Die

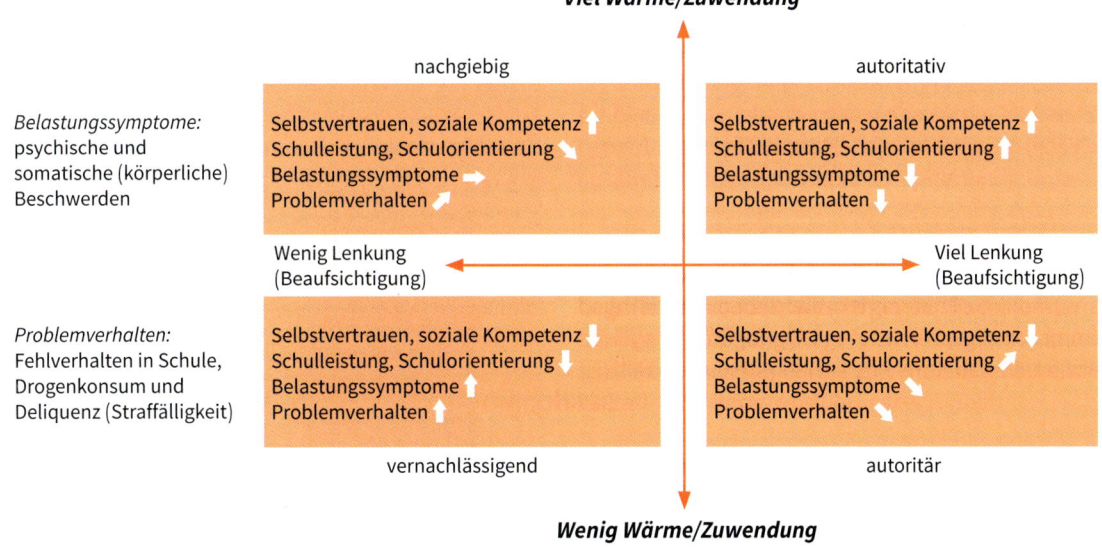

(vgl. Nolting, 2004, S. 74)

→ Erziehungsstile sind ein Bündel von Verhaltensmustern, die sich relativ stabil bei Erziehenden zeigen und es ermöglichen, ihr pädagogisches Verhalten einigermaßen vorauszusagen.

→ Lewin entwickelte ein typologisches Erziehungsstilkonzept mit drei Erziehungsstilen: der autoritären, demokratischen und der laissez-faire-Erziehung.

→ Die aktuellen Veröffentlichungen zum Thema Partizipation können als eine Weiterentwicklung und Konkretisierung des demokratischen Erziehungsstils verstanden werden.

→ Tausch/Tausch beschrieben Erziehungsverhalten mithilfe eines Dimensionenkonzepts. Sie unterschieden die Dimensionen Achtung, einfühlendes Verstehen, Echtheit und nichtdirigierende Tätigkeiten

→ Baumrind kombinierte das typologische mit dem Dimensionenkonzept und beschrieb fünf elterliche Erziehungsstile: den autoritären, autoritativen, nachgiebigen, überbehüteten und vernachlässigenden Stil.

→ Jeder Erziehungsstil ruft bei den zu Erziehenden bestimmte Merkmale und Verhaltensweisen hervor.

→·← AUFGABEN

1 [Wissen und Verstehen]
Machen Sie hinter jeden Begriff, den Sie einer Mitschülerin erklären bzw. nicht erklären können, ein Plus bzw. ein Minus. Fragen Sie Ihre Mitschülerin, ob sie Ihnen den entsprechenden Begriff erläutern kann.

Erziehungsziel	Werte	Normen
Erziehungsmaßnahmen	Kategorien von Erziehungsmaßnahmen	Erziehungsstile nach Lewin
Dimensionenkonzept nach Tausch/Tausch	Erziehungsstile nach Baumrind	Einflussfaktoren auf den Erziehungsstil

2 [Analyse und Bewertung] [Querschnittsaufgabe Sprachbildung]
Analysieren Sie, welches Erziehungsverhalten die sprachliche Bildung von Kindern unterstützt bzw. hemmt. Begründen Sie Ihre Einschätzung.

3 [Planung und Konzeption]
Marcel will nicht aufräumen. Formulieren Sie, wie eine pädagogische Fachkraft entsprechend den drei Erziehungsstilen Lewins und dem Dimensionenkonzept nach Tausch/Tausch jeweils handeln würde. Können Sie dieses unterschiedliche pädagogische Verhalten in Ihren Praxiserfahrungen wiederfinden?

4 [Planung und Konzeption]
Überlegen Sie, wie Sie das Angebot „Wir stellen einen Obstsalat her" entsprechend den unterschiedlichen Erziehungsstilen nach Lewin gestalten würden, und formulieren Sie dies stichwortartig in einer Tabelle aus.

5 [Reflexion]
Überlegen Sie zunächst in Einzelarbeit, welchem Erziehungsstil Sie das Erziehungsverhalten Ihrer Eltern zurechnen würden. Wo würden Sie Ihre Kindheitserfahrungen bei den typologischen Erziehungsstilen, wo bei den Dimensionenkonzepten von Tausch/Tausch und Baumrind einordnen? Diskutieren Sie, wie Sie die längerfristigen Wirkungen des in der Kindheit erlebten Erziehungsverhaltens einschätzen.

6 [Reflexion]
Wohl kaum ein Erzieher praktiziert in jeder Situation den – natürlich – bevorzugten demokratischen oder autoritären Stil. In welchen Situationen mit Kindern können Sie welche pädagogischen Tendenzen Sie bei sich selbst oder einer Kollegin beobachten?

TIPPS ZUM WEITERARBEITEN →→

→ Wadepohl, Heike: Professionelles Handeln von frühpädagogischen Fachkräften. Kita Fachtexte. In: www.kita-fachtexte.de/uploads/media/KiTaFT_Wadepohl_2015.pdf [05.09.2020].

→ Weltzien, Dörte/Bücklein, Christina/Huber-Kebbe, Anne: GInA. Gestaltung von Interaktionsgelegenheiten im Alltag. Freiburg i. Br.: Herder Verlag 2018.

→ Wertfein, Monika/Wildgruber, Andreas/Wirts, Claudia/Becker-Stoll, Fabienne (Hrsg.): Interaktionen in Kindertageseinrichtungen. Göttingen: Vandenhoeck & Ruprecht 2017.

Kompetenzen, die in diesem Kapitel erworben werden können:

- Die Absolventinnen und Absolventen verfügen über fachtheoretisches Wissen über erziehungswissenschaftliche Konzepte und deren Bedeutung für erzieherisches Handeln.

- Die Absolventinnen und Absolventen verfügen über Fertigkeiten, Erziehung und erzieherische Maßnahmen als dialogischen Prozess zu betrachten.

Hansen, Rüdiger/Knauer, Raingard/Sturzenhecker, Benedikt: Partizipation in Kindertageseinrichtungen. Weimar/Berlin: Verlag das netz 2015.

Hurrelmann, Klaus/Bauer, Ullrich: Einführung in die Sozialisationstheorie. Das Modell der produktiven Realitätsverarbeitung. 13. Auflage. Weinheim/Basel: Beltz Verlag 2020.

Keller, Heidi: Kinderalltag. Berlin: Springer Verlag 2011.

Lahmer, Karl / Böhm, Regine / Kreilinger, Maria u.a.: Grundlagen der Pädagogik und Psychologie. Anleitung zum Verstehen - Anregungen zum Denken. Braunschweig: Westermann Verlag 2018.

Lukesch, Helmut: Elterliche Erziehungsstile. Psychologische und soziologische Bedingungen. Stuttgart: Kohlhammer Verlag 1976.

Sozialgesetzbuch VIII. Herausgegeben vom Bundesministerium für Justiz und Verbraucherschutz. In: www.gesetze-im-internet.de/sgb_8/ [05.09.2020].

Tausch, Reinhard/Tausch, Anne-Marie: Erziehungspsychologie. 9. Auflage. Göttingen: Verlag für Psychologie 1979.

Tschöpe-Scheffler, Sigrid: Erziehungsstile und kindliche Entwicklung. In: Kindesmisshandlung und Vernachlässigung. Herausgegeben von Günther Deegener und Wilhelm Körner. Göttingen: Hogrefe Verlag 2005, S. 303–316.

Vollmer, Knut: Handwörterbuch für Erzieherinnen und pädagogische Fachkräfte. Freiburg i. Br.: Herder Verlag 2012.

Weber, Erich: Erziehungsstile. Donauwörth: Verlag Ludwig Auer 1996.

3   Kommunikation und Gesprächsführung

Lutz-W. Müller-Till (Kap. 3.1 und 3.3) / Volker Fischer (Kap. 3.2)

Seit einem Jahr steht Kindern unter drei Jahren die Kita „Krabbelkiste" offen. Jede Gruppe umfasst sechs bis acht Kinder, die von einer Erzieherin und einer Berufspraktikantin betreut werden. Maya, 15 Monate alt, besucht schon fünf Wochen lang die Kinderkrippe. Sie trifft dort viele Kinder aus der Nachbarschaft, einige davon kennt sie auch vom Spielplatz.

In der Regel wird sie von ihrem Vater in die Krippe gebracht. Wie immer trägt er sie noch auf dem Arm, als sie im Gruppenraum erscheinen. Sogleich kommt Susanne, die Berufspraktikantin, herbei und begrüßt beide. Sie schaut Maya freundlich an und sagt: „Guten Morgen, Maya. Hast du denn schon ausgeschlafen?"

Maya dreht den Kopf zur Seite und ihre Augen wandern zu den spielenden Kindern auf dem Teppich. Sie zeigt auf Laura, die gerade mit einem Ball spielt. Dann blickt sie zum Vater, zeigt mit dem Finger in Richtung Laura und ruft quietschend vor Freude: „Ball!" Der Vater lacht und schaut Susanne ein wenig unschlüssig an. Dann setzt er Maya ab, beugt sich zu ihr hinunter und erklärt: „Papa geht jetzt arbeiten." Erneut ruft Maya: „Ball!" „Ja, das ist wirklich ein schöner Ball.", entgegnet ihr Vater. Er gibt ihr ein Küsschen und sagt: „Tschüss, meine Kleine!" Dann tritt er ein paar Schrit-

te zurück, winkt seiner Tochter noch einmal zu und verlässt eilig den Gruppenraum.

Susanne ergreift die andere Hand von Maya, die immer noch auf Lauras Ball zeigt. „Magst du auch mit einem Ball spielen?", fragt sie freundlich auffordernd. Maya lächelt, dann dreht sie sich zu Laura um und fängt plötzlich an zu weinen. „Oh, Maya, du bist jetzt traurig", reagiert die Praktikantin, die selbst ein wenig überrascht und betroffen ist. Dann fährt sie jedoch fort: „Laura hat einen ganz tollen Ball. Komm, Maya, wollen wir sie mal fragen, ob wir auch mit dem schönen Ball spielen dürfen?" Maya zögert kurz, dann hört sie auf zu weinen und beide gehen los.

↘ FRAGEN

→ *Welche Gefühle und Anliegen möchte Maya mitteilen?*

→ *Welche Formen der Kommunikation können Sie zwischen Maya, ihrem Vater und der Berufspraktikantin beobachten?*

→ *Allem Anschein nach kann die Berufspraktikantin Maya dazu bewegen, sich auf das Gruppengeschehen einzulassen. Woran könnte das liegen?*

3.1 Modelle der Kommunikation

3.1.1 Das einfache Kommunikationsmodell

Erzieherinnen und Erzieher greifen täglich auf vielfältige kommunikative Fähigkeiten und Fertigkeiten zurück. Neben der alltäglichen Verständigung im Team müssen sie mit Eltern und Kindern reden, diese ggf. beraten oder auf Elternabenden frei sprechen. Es ist Teil ihrer Professionalisierung, dass sie über ein „breites und integriertes Wissen über Einflussfaktoren erfolgreicher Kommunikation" verfügen *(vgl. DJI/WiFF, 2011, S. 18)*.

Wir leben im Informationszeitalter und sind Teil einer Informationsgesellschaft. In dieser Gesellschaft werden Informationen ununterbrochen ausgetauscht, sei es z. B. durch Sprache oder Schrift, digital oder audio-visuell. Dieser Austausch kann zunächst an einem einfachen Grundmodell veranschaulicht werden: Ein Sender kommuniziert mit einem Empfänger, er möchte eine Nachricht mitteilen, die der Partner empfangen soll. Die Nachricht wird dabei vom Sender kodiert (verschlüsselt). Der Empfänger muss sie dekodieren (entschlüsseln), was nur gelingen kann, wenn beide Gesprächspartner denselben Code (Sprache, Zeichen) kennen und nutzen.

Wenn man jene Mitteilungen jedoch genauer untersucht, dann entdeckt man „unter" dem Code der Nachricht noch weitere Informationen, sozusagen einen Subcode („sub-", lat.: darunter). Damit ist gemeint, dass in Mitteilungen nicht nur rein sachliche Informationen, sondern auch Botschaften mit einer Wirkabsicht verschlüsselt werden, die darauf abzielen, etwas zu veranlassen, zu erbitten, herbeizurufen. Ebenso kann damit auch das genaue Gegenteil angesprochen sein: „Eigentlich ist mir das unangenehm" könnte bedeuten „Bitte, mach das lieber nicht ..." *(vgl. Pörksen/Schulz von Thun, 2020, S. 127)*.

Bei der Analyse von Kommunikationsprozessen haben insbesondere die Modelle von Paul Watzlawick, Friedemann Schulz von Thun und Eric Berne eine grundlegende Bedeutung gewonnen. Ihre Kommunikationsmodelle eignen sich,

- um die Inhalte einer Botschaft genauer zu erfassen,
- um die pädagogischen Kommunikationsprozesse selbst näher zu beschreiben,
- um zu erklären, warum diese erfolgreich oder erfolglos verlaufen, und
- um deren Auswirkungen auf zwischenmenschliche Beziehungen besser zu verstehen.

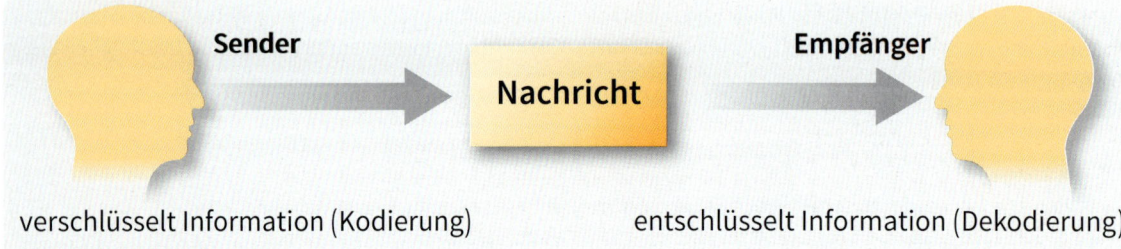

Eine Nachricht wird von einem Sender an einen Empfänger gesandt.

Das „Eisberg-Modell"

Wenn Menschen aufeinandertreffen, dann können sie gar nicht anders: Sie kommunizieren miteinander. Allerdings wird nur etwa ein Drittel unserer Kommunikation davon bestimmt, was wir im Gespräch explizit aussagen. Den weitaus größeren Teil aber drücken wir nonverbal aus, etwa durch Körpersignale, Tonfall, Blick-Kontakte usw. Dies geschieht in der Regel unbewusst.

Vielerorts wird dieses Phänomen mit dem Bild des Eisbergs veranschaulicht. Eisberge schwimmen in den Meeren der Arktis und Antarktis. Sie zeigen eine Spitze über der Wasseroberfläche, aber der zumeist viel größere Teil befindet sich im Wasser und ist daher eher unsichtbar. Ganz ähnlich lautet eine gängige Redewendung: „Man sieht hier doch nur die Spitze des Eisberges", wenn man den Eindruck hat, dass ein Problem noch nicht vollständig erfasst worden ist.

Eisbergtheorie – nur ein Drittel unserer Kommunikation ist verbal.

Überträgt man das Bild des Eisbergs auf die menschliche Kommunikation, so versinnbildlicht dessen Spitze all das, was inhaltlich und offensichtlich mitgeteilt wird. Der unsichtbare Eisberg-Teil repräsentiert dagegen den

"Subcode", also z. B. Erwartungen, Wünsche, Gefühle oder Wertvorstellungen, in denen die Mitteilung ihren eigentlichen Ursprung haben kann *(vgl. bpb.de, 2010)*.

Der Einfluss nonverbaler Kommunikation wird oft unterschätzt. Dies führt beispielsweise in Kontakten mit Eltern mitunter zu Missverständnissen.

> Die Mutter eines Kindes traut sich nicht, die Kita-Leiterin anzusprechen, wenn sich diese nie im Eingangsbereich zeigt und so bei ihr den Anschein erweckt, man könne oder dürfe sich nicht an sie wenden. Die Leiterin hingegen mag sich fragen, warum die Mutter ihr aus dem Weg geht.

Auch mit der Gestaltung einer Kita verbinden sich nonverbale Signale: Sind Eltern und ihre Kinder willkommen? Hatte das Kind einen interessanten Tag? Findet man sich gut zurecht? Gibt es Anzeichen für Sorgfalt und Achtsamkeit? Eltern nehmen solche Signale jeden Tag wahr, wenn sie ihre Kinder in die Kita bringen oder dort abholen.

3.1.2   Grundsätze der Kommunikation nach Watzlawick

Paul Watzlawick (1921–2007) war ein bekannter Psychotherapeut, Kommunikationswissenschaftler und Autor. Im deutschsprachigen Raum wurde er vor allem durch seine Veröffentlichungen zur Kommunikationstheorie bekannt.

Das eher starre Bild des "Eisbergs" vermeidet Watzlawick, indem er verschiedene Aspekte der Kommunikation in fünf **Axiomen** (Grundsätze, die keines Beweises bedürfen) zusammenstellt.

Axiom 1: Man kann nicht *nicht* kommunizieren

Watzlawick versteht Kommunikation als ein Verhalten – mit oder ohne Worte. Man könne, so der Autor, "nicht sagen, dass Kommunikation nur dann stattfindet, wenn sie absichtlich, bewusst und erfolgreich" sei *(Watzlawick/Beavin/Jackson, 2011, S. 57 ff.)*. Auch Schweigen signalisiert ein Verhalten und ist demnach eine Form der Kommunikation. Wenn also alles Verhalten einen Mitteilungscharakter hat, folgt daraus, dass man nicht **nicht** kommunizieren kann.

Wenn schweigendes Verhalten von der Umwelt nicht verstanden oder falsch dekodiert wird, kann es zu einer Störung der Kommunikation kommen, wenn der Betroffene in eine Situation gedrängt wird oder darin verbleiben muss, was er eigentlich vermeiden möchte.

Franziska gehört in einer Kita Gruppe zu den Kindern, welche zumeist im Stillen einer Beschäftigung nachgehen. Aus diesem Grund wird Franziska eher als eine der Großen oder als selbstständig eingeschätzt. Ihr stilles Tun allein bewirkt bereits die kommunikative Reaktion

in Form einer Zuschreibung. Diese birgt jedoch das Risiko, dass Franziskas Fragen und Sorgen von den pädagogischen Fachkräften übersehen werden bzw. dass sie selber sich nicht (mehr) traut, eine Hilfe zu erbitten, wenn sie einmal traurig ist oder sich unsicher fühlt usw.

Axiom 2: Jede Kommunikation hat einen Inhalts- und einen Beziehungsaspekt

Jede Kommunikation enthält eine Sachinformation (Inhaltsaspekt), die auf den ersten Blick wahr oder falsch, gültig oder ungültig oder unklar sein kann. Gleichzeitig wird dieser Inhalt immer auf eine bestimmte Art und Weise übermittelt. Darin verbergen sich Hinweise darauf, wie der Sender die Beziehung zum Empfänger sieht, es ist „seine persönliche Stellungnahme zum anderen" (Beziehungsaspekt). Dieser Beziehungsaspekt bestimmt, *wie* der Inhalt einer Mitteilung zu verstehen ist. Es kommt also nicht nur darauf an, *was* man sagt, sondern vor allem, *wie* man etwas sagt.

Mimik, Gestik und Körpersprache des Fragenden darüber entscheiden, ob es die Wahrheit sagt oder sich eine Ausrede überlegt. Durch seine Reaktion lässt das Kind erkennen, ob es den Subcode der Frage als Ausdruck ehrlichen Interesses, einer Verärgerung oder sogar einer Bedrohung entschlüsselt hat.

Kommunikation gelingt, wenn bei beiden Kommunikationspartnern Einigkeit über den Inhalts- und den Beziehungsaspekt herrscht. Eine Störung kann auftreten, wenn die Kommunikationspartner Botschaften unterschiedlich senden oder interpretieren. Eine konfliktreiche Beziehung kann sogar dazu führen, dass der Inhaltsaspekt „durch wechselseitiges Ringen" völlig an Bedeutung verliert *(Watzlawick/Beavin/Jackson, 2011, S. 61 ff.)*.

Wenn ein Kind gefragt wird: „Warum hast du das gemacht?", dann wird es je nach Tonfall,

Axiom 3: Kommunikation ist immer Ursache und Wirkung

Jeder Kommunikationsprozess unterliegt einer gewissen Struktur. Sender und Empfänger interpretieren ihr eigenes Verhalten immer als Reaktion auf das Verhalten des anderen. Dies nennt Watzlawick eine Interpunktion. Sie führt dazu, dass später niemand mehr angeben kann, wer z. B. einen Streit begonnen hat. Menschliche Kommunikation erfolgt also nicht in Kausalketten, sondern ihre Anfänge werden subjektiv gesetzt *(vgl. Watzlawick/Beavin/Jackson, 2011, S. 65 ff.)*.

Tim und Fabian streiten immer wieder darüber, wer der „Bestimmer" in einem Rollenspiel sein soll. Regelmäßig kommt es dabei auch zu kleineren Raufereien, was eine der Erzieherinnen dazu veranlasst, die beiden Streithähne zu trennen und ihr Verhalten in einem Konfliktgespräch zu klären. „Der Tim will immer Bestimmer sein!", rechtfertigt sich Fabian, worauf dieser sich sofort beklagt: „Der Fabian haut immer gleich!" In manchen Fällen untermalen die beiden ihre Äußerungen mit weiteren Vorwürfen und Beschimpfungen.

Die Frage: „Wer hat angefangen?", hilft in solchen Konflikten nicht weiter, weil es in der Auseinandersetzung um unterschiedliche Interessen geht, welche beide berechtigt sind, jedoch auf verschiedenen Ebenen liegen:

„Ich haue dich, weil du immer über mich bestimmen willst!" – „Ich will über den Spielverlauf bestimmen, weil du ohnehin nur raufen willst!"

Axiom 4: Menschliche Kommunikation bedient sich analoger und digitaler Modalitäten

Mit digitaler Kommunikation ist die sprachliche Übermittlung von Informationen gemeint. Analoge Kommunikation meint dagegen das Ausdrucksverhalten, z. B. durch Lächeln, Tonfall oder Gestik.

fasst jedoch kein ausreichendes Vokabular zur klaren Definition von Emotionen und Beziehungen.

Analoge Kommunikation neigt zur Mehrdeutigkeit; ihr Aufbau ist nicht „logisch" und sie kann missverstanden werden. Ein Küsschen der Mutter auf die Wange eines Kindes darf in den meisten Fällen als Ausdruck von Zuneigung verstanden werden, es kann aber auch signalisieren: „Geh jetzt spielen und lass mich in Ruhe!"

> Ein Kind schenkt der Erzieherin ein Bild (analoge Kommunikation). Digital könnte das Kind sagen: „Ich mag dich so gern!"

Digitale und analoge Kommunikationsweisen ergänzen sich in jeder Mitteilung gegenseitig *(vgl. Watzlawick/Beavin/Jackson, 2011, S. 70 ff.)*. Über die digitale Kommunikation werden Inhalte strukturiert, sie um-

Axiom 5: Zwischenmenschliche Kommunikationsabläufe sind entweder symmetrisch oder komplementär

Zwischenmenschliche Beziehungen basieren entweder auf Gleichheit oder Unterschiedlichkeit. Im ersten Fall bemühen sich beide Kommunikationspartner um ein spiegelbildliches und daher symmetrisches Verhalten; beide sind einander ebenbürtig. Symmetrische Beziehungen streben nach Gleichheit und Verminderung von Ungleichheit zwischen den Kommunikationspartnern.

Im zweiten Fall zeichnet sich die Interaktion durch unterschiedliche, aber einander ergänzende Faktoren aus. Sie sind komplementär, weil die unterschiedlichen Verhaltensweisen der Kommunikationspartner sich gegenseitig voraussetzen und bedingen.

In den Beziehungen zwischen Mutter und Kind, Arzt und Patient, Lehrer und Schüler zeigt sich die „ineinander verzahnte" und „einander ergänzende" Charakteristik einer komplementären Beziehung. Trotz eines vorhandenen Ungleichgewichts (Altersunterschied, „Oben-unten"-Verhältnis u. ä.) sind die Kommunikationsabläufe auch in solchen Beziehungsstrukturen vorwiegend harmonisch *(vgl. Watzlawick/Beavin/Jackson, 2011, S. 78 ff.)*.

> Langjährige Freunde und Freundinnen kennen einander „ewig", sowohl im Hinblick auf ihre Stärken als auch auf ihre Schwächen. Die Symmetrie kennzeichnet solche Beziehungen etwa dahingehend, dass vormalige Rivalitäten längst geklärt sind, oder sie werden nicht mehr als bedeutend bewertet. Jeder gönnt dem anderen dessen Erfolge; beide freuen sich darüber gemeinsam.

3.1.3 Das Vier-Seiten-Modell nach Schulz von Thun

Das „Nachrichtenquadrat" des Kommunikationswissenschaftlers Friedemann Schulz von Thun (*1944) stellt sich als eine Art Weiterführung der Axiome nach Watzlawick dar. Alle Interaktionen, verbaler wie nonverbaler Art, beinhalten demnach sowohl Aussagen über uns selbst und unsere Absichten, aber auch Einschätzungen unseres Gegenübers.

Nach Schulz von Thun ist es geradezu unvermeidlich, in jeder Nachricht vier Botschaften zu senden oder daraus zu entschlüsseln. Der Sender kommuniziert sozusagen immer mit vier „Schnäbeln", der Empfänger hört die Nachricht immer mit vier „Ohren".

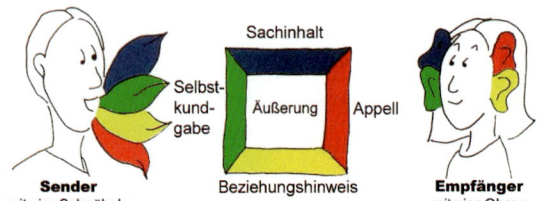

© Schulz von Thun Institut für Kommunikation
Das Vier-Seiten-Modell nach Friedemann Schulz von Thun

Sachebene:
Auf der Sachebene wird der rein sachliche Inhalt einer Nachricht übermittelt, es geht um Daten, Fakten und Sachverhalte.
Sender: Worüber ich dich informiere.

Selbstkundgabe-Ebene:
Der Sender gibt persönliche Informationen an den Gesprächspartner weiter. Dies sind z. B. Aussagen über eigene Gefühle oder Meinungen. In früheren Auflagen des Vier-Seiten Modells wurde diese Ebene auch mit „Selbstoffenbarung" bezeichnet. Der Autor bevorzugt inzwischen den neutralen Begriff der „Selbstkundgabe" (vgl. Schulz von Thun, Bd. 2, 2019, S. 21).
Sender: Was ich von mir zu erkennen gebe.

Beziehungsebene:
Auf der Beziehungsebene wird das Verhältnis zum Gesprächspartner thematisiert. In jeder Mitteilung ist immer auch ein Hinweis auf die Beziehung enthalten.
Sender: Was ich von dir halte und wie ich zu dir stehe.

Appellebene:
Auf der Appellebene wird versucht, Einfluss auf den Gesprächspartner zu nehmen.
Sender: Was ich bei dir erreichen möchte.

Auf der Seite des Empfängers einer Nachricht wird diese ebenfalls auf ihre vier Seiten hin „abgehört":

Sach-Ohr:
Auf der Sachebene des Gesprächs stehen die Sachinformation im Vordergrund.
Empfänger: Welche Informationen bekomme ich?

Selbstkundgabe-Ohr:
Mit diesem „Ohr" achten wir auf Gefühle, Werte, Eigenarten und Bedürfnisse unseres Gegenübers.
Empfänger: Was gibt der Sender von sich preis? Was ist das für einer? Wie ist er gestimmt? usw.

Beziehungs-Ohr:
Der Empfänger fühlt sich durch die auf dem Beziehungsohr eingehenden Informationen wertgeschätzt oder abgelehnt, missachtet oder geachtet, respektiert oder gedemütigt u. ä.
Empfänger: Was hält der Sender von mir?

Appell-Ohr:
Wenn jemand das Wort ergreift, möchte er in aller Regel etwas erreichen. Er äußert Wünsche, gibt Ratschläge oder Handlungsanweisungen. Die Appelle werden offen oder verdeckt gesendet.
Empfänger: Was soll ich jetzt (nicht) machen, denken oder fühlen?
(vgl. Schulz von Thun, Bd. 1, 2019, S. 14 ff.)

Es hängt von der Situation, der momentanen Verfassung des Empfängers und den Erfahrungen der Gesprächspartner ab, welche Ebene einer Botschaft in erster Linie wahrgenommen bzw. vordergründig „gehört" wird. Weitere Faktoren können von außen auf das jeweilige Geschehen einwirken, z. B.

- die Rollen, in denen die Gesprächspartner einander begegnen,
- die Beziehung, in der sie zueinander stehen,
- der Rahmen, in dem ein Gespräch stattfindet.

Wird eine Nachricht mit dem Sach-Ohr oder dem Appell-Ohr aufgenommen, verläuft die Kommunikation oft unproblematisch. Auf diesen Ebenen werden die vorwiegend „digitalen" (Watzlawick) Nachrichten vom Empfänger meist richtig entschlüsselt. Allerdings können eher sachlich orientierte Menschen von anderen auch als „gefühlsarm" und „kalt" empfunden werden.

Hört der Empfänger jedoch vordergründig mit dem Beziehungs- oder Selbstkundgabe-Ohr, kann es zu einer fehlerhaften Entschlüsselung kommen, weil die vorwiegend „analogen" Nachrichtenanteile nicht immer eindeutige Botschaften über die Gefühle oder Stimmungen o. Ä. verkörpern. Pädagogische Fachkräfte sollten daher eine ausgewogene „Vierseitigkeit" hinsichtlich ihrer kommunikativen Kompetenzen anstreben.

> Die Leiterin einer Kita sagt zur Praktikantin: „Bitte kommen Sie vor der Dienstbesprechung in mein Büro. Ich muss kurz etwas mit Ihnen bereden."
> Die Praktikantin kann die Botschaft mit vier „Ohren" hören, z. B.:
> - Sach-Ohr: Es gibt etwas zu besprechen.
> - Appell-Ohr: Ich darf das Gespräch nicht versäumen!
> - Beziehungs-Ohr: Sie hat sich über mich geärgert.
> - Selbstkundgabe-Ohr: Sie wirkt gestresst oder aufgebracht.

Jede Gesprächsmitteilung (Nachricht) veranlasst den Gesprächspartner (Empfänger) dazu, bestimmte Dinge zu tun oder zu unterlassen bzw. etwas zu denken oder zu fühlen. Es ist nicht immer einfach herauszufinden, worum es dabei in erster Linie geht. Der Sender mag z. B. beabsichtigen, beim Empfänger ein Gefühl von Bewunderung oder Hilfsbereitschaft zu wecken, weil er sich eigentlich unterlegen fühlt. Nun kann es aber passieren, dass der Empfänger diese Selbstaussage des Sich-unterlegen-Fühlens „überhört", weil er auf diesem „Ohr" beeinträchtigt ist oder er sogar bewusst weghören möchte. In Folge dessen reagiert er nur auf andere Nachrichten-Anteile, was den Sender weiterhin verunsichern kann.

Austausch und Aufnahme von Nachrichten – das bedeutet nicht nur, dass wir auf die „Seiten" einer Botschaft achten müssen. Vielmehr zeigt sich in den Kommunikationsprozessen auch die Art und Weise, wie die Beteiligten sich darin geben. Schulz von Thun unterscheidet in diesem Zusammenhang acht verschiedene Stile der Kommunikation *(vgl. Schulz von Thun, Bd. 2, 2019, S. 65 ff.)*:

1) den bedürftig-abhängigen Stil(„Allein bin ich dem ... nicht gewachsen!", „Du bist stark, hilf mir!")
2) den helfenden Stil („Keine Sorge!", „Ach, du Arme!", „Ich stehe dir bei.")
3) den selbstlosen Stil („Ich bin ganz für dich da.", „Nur du bist wichtig!")
4) den aggressiv-entwertenden Stil („Du bist schuld!", „Mir kann keiner so leicht ...!", „Da muss man hart durchgreifen!")
5) den sich beweisenden Stil („Ich bin gefragt, da kenne ich mich besonders aus!", „Was ich alles schon geschafft habe!")
6) den bestimmend-kontrollierenden Stil („Das macht man so.", „Ich habe schon immer gesagt ...!")
7) den sich distanzierenden Stil („Die Klugheit gebietet, dass ...", „Es ist auch für Eltern nicht immer einfach ...", „Das ist viel zu emotional!")
8) den mitteilungsfreudig-dramatisierenden Stil („Hoppla, hier komm ich!", „Ich bin völlig verloren, wenn du nicht sofort ...!")

Letztlich lässt sich bei einer Person niemals nur ein einziger Kommunikationsstil beobachten. Wie Menschen miteinander kommunizieren, hängt immer auch von der Persönlichkeitsstruktur des Einzelnen und seiner Sozialisation ab.

Pädagogische Fachkräfte lernen, ihre kommunikativen Fähigkeiten professionell aufzubauen, um sich für die unterschiedlichen Kommunikationsstile zu sensibilisieren. Indem sie dabei auch ihr eigenes kommunikatives Verhalten regelmäßig reflektieren, stellen sie weitere pädagogische Bezüge her, etwa zu ihrem eigenen Erziehungsstil (siehe Band 1, Lernfeld 2, Kap. 2.3) und den damit verbundenen Einflüssen auf das Verhalten junger Menschen.

3.1.4 Die Transaktionsanalyse

Die von dem Psychoanalytiker Eric Berne (1910–1970) begründete Theorie der Transaktionsanalyse (TA) wurde von ihm ursprünglich als ein psychotherapeutisches Verfahren entwickelt. Berne lenkte den fachlichen Blick auf die Ursachen, die den Kommunikationsprozess unmittelbar beeinflussen. In den pädagogischen Arbeitsfeldern erweist sich deshalb das TA-Modell vor allem dann als hilfreich, wenn Beratungs- oder Konfliktgespräche anstehen. Aber auch die Kommunikation mit (insbesondere älteren) Kindern und Jugendlichen kann mithilfe der Transaktionsanalyse besser verstanden werden.

Ich-Zustände

Die Transaktionsanalyse fußt auf einem Strukturmodell von „Ich-Zuständen". Das Modell besagt, dass jeder Mensch in unterschiedlichen Situationen Verhaltensweisen zeigt, die in einem unmittelbaren Zusammenhang mit seinen Gefühlen und erinnerten Erlebnissen stehen. In der Rede von Ich-Zuständen geht es um Benennungen, die dazu dienen, eine Gesamtheit von Gefühlen, Gedanken und Verhaltensweisen zu bezeichnen *(vgl. Stewart/Joines, 2015, S. 43)*. Es handelt sich dabei um „geschlossene Muster" des Fühlens, Erlebens und Verhaltens.

> Eine Frau verspätet sich bei einem wichtigen Termin. Noch einmal erlebt sie das Gefühl von Panik und die Angst vor Sanktionen – ähnlich wie damals, wenn sie als Kind zu spät in die Schule kam. Gleichzeitig lässt sich in solch einer Situation eine „Gesamtheit von Verhaltensäußerungen" beobachten (eine Hand an den Mund legen, mit den Füßen wippen, den Kopf neigen, nervös hüsteln usw.), die ebenfalls darauf hindeuten, dass die Frau eine Erfahrung aus der Kindheit noch einmal erlebt *(vgl. Stewart/Joines, 2015, S. 39 f)*.

Das **Eltern-Ich (EL)** eines Menschen ist von frühkindlichen Erfahrungen und vom Erziehungsstil der Eltern geprägt. In diesem Zustand denkt und handelt man, wie es von originären Autoritätspersonen übernommen worden ist. Wenn Eltern auf ihre Kinder einwirken, werden dabei insbesondere zwei Ausprägungen sichtbar: Es gibt eine zugewandte und eine reglementierende Seite. Beide Aspekte schreibt Eric Berne dem Eltern-Ich zu.

Das **fürsorglich-nährende Eltern-Ich** ist beispielsweise geprägt durch eigene kindliche Erfahrungen des Versorgtwerdens, etwa nach einer Verletzung des Knies in Folge eines Sturzes. Aus diesem Ich-Zustand wenden wir uns nun selbst anderen Menschen zu, wenn diese Hilfe oder Trost benötigen.

Im **kritisch-kontrollierenden Eltern-Ich**-Zustand handelt man nach Normen und Regeln, die in erster Linie von den Eltern übernommen worden sind. Hierzu gehören durchaus auch wohlwollende Anteile, nämlich wenn in einem Befehlston davor gewarnt wird, die Straße zu betreten, weil dort heranfahrende Autos Gefahr bedeuten *(vgl. Stewart/Joines, 2015, S. 52 f)*.

Das **Erwachsenen-Ich (ER)** ist „auf die jeweilige Situation im Hier und Jetzt ausgerichtet" *(vgl. Stewart/Joines, 2015, S. 54)*. Es ist geordnet, anpassungsfähig und intelligent; es überprüft die Realität, sammelt und ordnet die verschiedenen Informationen und schätzt Wahrscheinlichkeiten ein. Während das Eltern-Ich eines Menschen vor allem durch die Erziehung und die Erlebnisse in der eigenen Kindheit geprägt ist, entwickelt sich das Erwachsenen-Ich erst im Laufe des Lebens und wirkt sich so auf das gegenwärtige Verhalten aus.

Bei der Untersuchung von Kommunikationsprozessen werden sogenannte Transaktionen betrachtet. Als „Transaktion" wird die kleinste Kommunikationseinheit bezeichnet, die aus einer verbalen und nonverbalen Mitteilung (einem Stimulus) des Senders und einer darauf bezogenen verbalen oder nonverbalen Reaktion (Response) des Empfängers besteht. Es wird analysiert, aus welchem „Ich-Zuständen" sowohl Sender als auch Empfänger gehandelt haben. Möglich sind parallele oder gekreuzte Transaktionen, aber auch eine verdeckte Kommunikation.

Im **Kind-Ich (K)** sind die Sichtweisen aus der Kindheit und alle Impulse, die man als Kind von Natur aus hatte, aufbewahrt. In ihm sind Gefühle wie Enttäuschungen und Hoffnungen, die man als Kind hatte, gespeichert. Deshalb handelt, wer sich gerade im Kind-Ich-Zustand befindet, auch nach Gefühl und Lust.

Im Kind-Ich zeigen sich drei unterschiedliche Verhaltenskonzepte:

1. Das **freie Kind-Ich** verweist auf das unbekümmerte, spontane und natürliche Verhalten, auf den Wunsch nach körperlicher Berührung, auf das unbekümmerte Herauslassen von Gefühlen und Stimmungen *(vgl. Stewart/Joines, 2015, S. 51)*.
2. Das **angepasste Kind-Ich** zeigt noch einmal das gehorchende, höfliche Kind, welches nicht aufgrund eigener Überlegungen handelt, sondern die Vorgaben der Eltern und auch sonstige Regeln oder Konventionen befolgt.
3. Das **rebellische Kind-Ich** erinnert an widerständiges und trotziges Kind-Verhalten. Letztlich äußert sich jedoch auch dieses Verhalten als unmittelbare Reaktion auf damalige Kindheitsregeln, bei denen man sich gegen Einengungen auflehnte. Daher wird dieser Ich-Zustand inzwischen meist dem angepassten Kind-Ich zugeordnet *(vgl. Stewart/Joines, 2015, S. 49 ff.)*.

Haben Menschen mit einem bestimmten dominant ausgeprägten Ich-Zustand Erfolg in ihrem sozialen Umfeld, werden sie sich nicht verändern. Der Ich-Zustand kann sich zu einem Verhaltensmuster (Script) verfestigen. Wer jedoch in seinem Kommunikationsverhalten

die Vorherrschaft des Erwachsenen-Ichs und die Integration der anderen Ich-Zustände anstrebt, bringt anderen mehr Akzeptanz und Wertschätzung entgegen und wird diese auch selbst erfahren.

> Eine Mutter fragt beim Abholen ihrer zweijährigen Tochter die Gruppenleiterin: „Hat Lisa heute Gemüse gegessen?" (Kritisches EL: Bekommt sie hier auch Vitamine? War Lisa folgsam?)
>
> Die Erzieherin antwortet patzig: „Natürlich hat sie heute Gemüse gegessen!" (Trotziges K: Die Mutter muss doch wissen, dass ich darauf achte. Warum fragt sie so etwas überhaupt?)
>
> Eigentlich hat die Mutter bei der Erzieherin eine angemessenere Reaktion erwartet, z. B.: „Heute hat Lisa, ohne zu meckern, auch Gemüse gegessen. Da habe ich sie sehr gelobt." (Fürsorgliches EL: Es ist ja so wichtig, dass Kinder gesunde Nahrungsmittel essen.)
>
> Dennoch reagiert sie auf die eher trotzige Reaktion der Erzieherin mit einer ruhigen und sachlichen Nachfrage: „Das freut mich. Wie sieht denn morgen der Speiseplan aus?" (ER)
>
> Nun antwortet auch die Erzieherin in einem freundlicheren Ton (immer noch etwas ärgerlich): „Der Plan hängt an der Pinnwand." (Angepasstes K – auf dem Weg ins ER?)

Parallele, gekreuzte und verdeckte Transaktionen

Bei der Analyse der Transaktionen innerhalb einer Kommunikation geht es um die Frage, aus welchem Ich-Zustand der Sender gehandelt und der Empfänger reagiert hat.

Parallele Transaktionen liegen vor, wenn die Ich-Zustände von Sender und Empfänger symmetrisch zueinander stehen. Allerdings können parallele Transaktionen auch komplementär erfolgen, wenn der Sender z. B. aus dem Eltern-Ich sich an das Kind-Ich des Empfängers richtet und dieser aus dem an-

gesprochenen Kind-Ich antwortet. Solche parallelen Transaktionen, sowohl auf gleicher als auch auf verschieden-ergänzender Ebene, sind in der Regel konfliktfrei.

Eine gekreuzte Transaktion findet dagegen statt, wenn der Empfänger aus einem für den Sender unerwarteten Ich-Zustand antwortet. Dies führt unter Umständen auch zu längeren Konflikten. In unserem Beispiel antwortet die Erzieherin ein wenig patzig aus ihrem Kind-Ich. Die Frage der Mutter verweist hingegen auf das fürsorgliche Eltern-Ich bzw. ein sachliches Erwachsenen-Ich. Die Kommunikation ist gestört, Mutter und Fachkraft geraten möglicherweise aus diesen Ich-Zuständen immer wieder konflikthaft aneinander. Man spricht in solchen Situationen von Überkreuztransaktionen *(vgl. Stewart; Joines, 2015, S. 103 ff.)*.

Bei einer positiven parallelen Transaktion würden sich Mutter und Erzieherin beide im Erwachsenen-Ich-Zustand befinden und das Gespräch konfliktfrei führen können:

> Mutter (sachliches ER): „Hat Lisa heute Gemüse gegessen?"
> Erzieherin (ebenfalls sachliches ER): „Ja, heute hat es ihr richtig geschmeckt."

Nicht immer lassen sich alle Transaktionen eindeutig erkennen und verstehen. Eine häufige Aussage von Politikern lautet z. B., man müsse ein Ereignis „erst einmal ganz genau anschauen", bevor Weiteres zu tun sei. Einerseits wird dadurch der Notwendigkeit entsprochen, nicht übereilt zu agieren. Andererseits spürt man in solchen Äußerungen jedoch die Abwehr gegenüber hartnäckigen Journalisten oder Bürgern.

Der offen kommunizierten Botschaft unterliegt also noch eine zweite, die meist nonverbal und aus einem anderen Ich-Zustand heraus vermittelt wird. Deshalb spricht man hier von einer verdeckten Transaktion:

> Ein Erzieher verhält sich gegenüber einem aggressiven Jungen betont „pädagogisch". Er möchte nicht als zu streng oder autoritär gelten. So versucht er, das Kind möglichst sachlich anzusprechen. Aber sein Tonfall, das Redetempo oder seine Mimik signalisieren, dass er selbst angespannt und verärgert über das Verhalten des Jungen ist.

Beide Beispiele zeigen eine verdeckte Botschaft aus dem Eltern-Ich („Es gehört sich nicht, dass du …!"), die den Empfänger auffordern, sein bisheriges Verhalten einzustellen oder zu ändern.

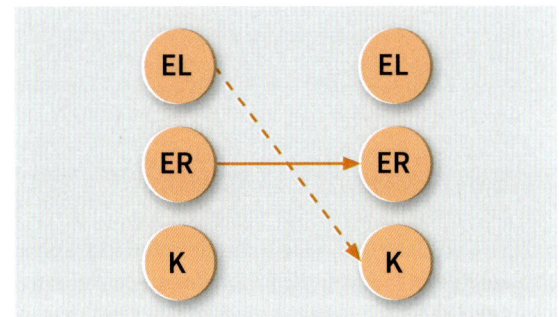

Verdeckte Transaktion

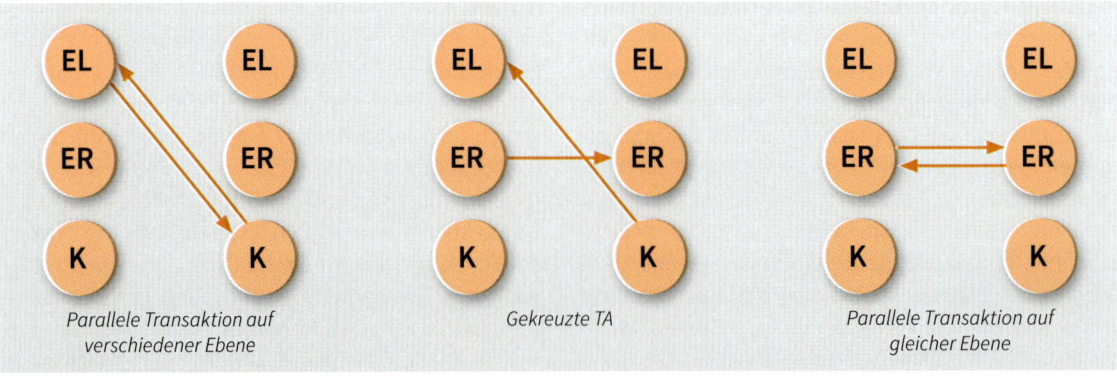

Parallele Transaktion auf verschiedener Ebene   *Gekreuzte TA*   *Parallele Transaktion auf gleicher Ebene*

3.2   Gesprächstechniken

Im folgenden Abschnitt sind einige Gesprächstechniken beschrieben, die Gespräche mit Kindern, Eltern und im Team erleichtern.

> Morgens, kurz vor acht. Die Erzieherin Henrike begrüßt Tim und seine Mutter. Tim ist ein lebhaftes Kind. Er steht im Eingangsbereich und weigert sich, die Gummistiefel auszuziehen. Die Mutter ist hilflos. Sie spricht Henrike an: „Ich fühle mich derzeit total überfordert mit der Erziehung von Tim." Henrike antwortet: „Machen Sie sich nichts daraus, wird schon wieder …" Die Mutter wirkt jetzt noch hilfloser. Henrike merkt, dass das, was sie gesagt hat, nicht hilfreich war, weiß aber auch nicht, was sie machen soll. Jetzt fühlt auch sie sich hilflos. Niemand sagt etwas, Tim steht mit seinen Stiefeln auf der Sitzbank …

> Während des Frühstücks in der Kita wirft Martha (4) die Gurkenscheiben von ihrem Teller quer über den Tisch. Hanna, die Erzieherin, sagt: „Martha, immer störst du!" Martha macht weiter. Hanna wird lauter: „Martha! Du machst immer so einen Blödsinn!" Martha lacht und macht weiter. Die anderen Kinder lachen und einige finden Freude an dem Spiel und machen es Martha nach. Hanna denkt: „Oh dieses Kind, was mache ich nur?" Hanna schreit: „Kinder, hört jetzt auf!" Dann laufen die Kinder nach draußen. Hanna sammelt die Essensreste auf und fühlt sich den ganzen Vormittag schlecht.

Zwei Alltagssituationen aus dem Berufsalltag von Erzieherinnen: Was ist falsch gelaufen? Wie gehen die Erzieherin und die Mutter miteinander um? Was hätte man anders machen können? Wie sollten sich alle Beteiligten verhalten? Gibt es bestimmte Methoden für Gespräche mit Eltern?

Aktives Zuhören

Tim weigert sich, die Gummistiefel auszuziehen. Seine Mutter ist hilflos und erwartet sicher einen Rat von der Fachfrau, als sie sagt: „Ich fühle mich derzeit total überfordert mit der Erziehung von Tim." Indem Henrike sagt „Machen Sie sich nichts daraus, wird schon wieder …", möchte sie die Mutter sicher trösten. Doch wie hilfreich ist ihre Antwort für Tims Mutter in dieser Situation? Das Resultat ist unbefriedigend. Die Mutter wirkt resigniert. Henrike ist verunsichert.

Auch Zuhören und angemessenes Reagieren im professionellen Kontext muss gelernt sein. Viele Missverständnisse und Kommunikations- oder Beziehungsprobleme lassen sich darauf zurückführen, dass die Gesprächspartner sich nicht richtig zuhören. In der Gesprächsführung nennt man das gesprächsfördernde Zuhören „Aktives Zuhören".

Aktives Zuhören geht, wie die Bezeichnung schon sagt, über das bloße Zuhören hinaus: **Zuhören**, weil der Zuhörer sich dabei ganz auf die Gesprächspartnerin und ihre Perspektive konzentriert und seine Meinungen und Emotionen zurückstellt.
Aktiv, weil das Gegenüber nicht nur schweigend zuhört, sondern seiner Gesprächspartnerin eine Rückmeldung über seine Wahrnehmung gibt, und damit Verständnis und Empathie zum Ausdruck bringt (vgl. Weltzien/ Kebbe, 2011, S. 68 f. und Gordon 2012, S. 71 ff.).

Die Erzieherin konzentriert sich auf das Kind.

Ziel des Aktiven Zuhörens

Aktives Zuhören ist weder Zustimmung noch Widerspruch. Ziel des Aktiven Zuhörens ist es, sich zu versichern, die Gesprächspartnerin richtig verstanden zu haben, indem man bestimmte Aspekte des Gesagten wiederholt. Dabei geht es darum, das emotional Wichtige aus der Äußerung der Gesprächspartnerin herauszuhören und mit eigenen Worten wiederzugeben, sodass sie sich verstanden fühlt und das Gesagte akzeptieren kann. Auf diese Weise können Missverständnisse verhindert werden.

Wie könnte nun also die Reaktion beispielsweise im ersten oben genannten Beispiel aussehen?
Eine Möglichkeit könnte sein, dass Henrike ihre Wahrnehmung verdeutlicht, dass Tims Mutter gerade überfordert wirkt („Das ist ganz schön anstrengend mit Tim zurzeit, nicht wahr?"). Tims Mutter wird sich dadurch eher verstanden fühlen und das Gefühl haben, unterstützt zu werden.

Selbstverständlich gibt es noch weitere Möglichkeiten. Sie hängen vom jeweiligen Kontext ab.

Ich anstatt du – zum richtigen Gebrauch von Ich-Botschaften

Die Tätigkeit in sozialen Berufen erfordert Empathie. Dieses Sich-in-andere-Hineinversetzen ist ein wichtiger Bestandteil der sozialpädagogischen Arbeit. Das birgt aber auch die Gefahr, dass man sich emotional zu sehr beim anderen befindet und zu wenig bei sich selbst. So können Missverständnisse und Konflikte entstehen.

Hannas Frühstückssituation (siehe Beispiel zu Beginn von Kap. 3.2) ist außer Kontrolle geraten, weil es ihr nicht gelungen ist, Martha bei ihrem Gurkenscheibenwerfen zu begrenzen. Was ist hier falsch gelaufen?

Hanna benutzt eine Du-Botschaft. Du-Aussagen enthalten Wertungen und sind leider auch oft abwertend, auch wenn das vom Sprecher unter Umständen gar nicht so beabsichtigt ist. Du-Botschaften verbergen die eigenen Bedürfnisse und verhindern eine klare Kommunikation.

Aber was hätte Hanna besser machen können?

Statt Martha, die mit Gurkenscheiben geworfen hat, Vorhaltungen zu machen ("Immer störst du!"), wäre es sinnvoller, wenn Hanna beschreiben würde, wie sie die Situation erlebt und welches Verhalten sie von Martha erwartet. Dann würde sie statt einer Du-Botschaft eine Ich-Botschaft senden. Eine Ich-Botschaft als ehrliche Selbstaussage stellt eine klare Beziehung her (vgl. Gordon, 2012, S. 151 ff.).

Ich-Botschaften haben idealerweise drei Komponenten:
1. kurze Beschreibung des störenden Verhaltens des Gegenübers
2. Beschreibung der ausgelösten Gefühle (ehrlich, authentisch, kongruent)

3. Beschreibung des erwarteten Verhaltens

Hanna könnte nun z. B. sagen:
- „Martha, ich sehe, dass du die Gurkenscheiben durch die Gegend wirfst" (kurze Beschreibung dessen, was Hanna gestört hat)
- „Ich ärgere mich darüber, dass du dein Essen durch die Gegend wirfst, denn wir haben uns viel Mühe beim Vorbereiten des Frühstücks gegeben. (Beschreibung der bei Hanna ausgelösten Gefühle),
- ... Bitte lass das und hebe die Gurkenscheiben auf!" (Beschreibung des erwarteten Verhaltens)

Was steckt dahinter?
Beispiele für vorenthaltene Ich-Aussagen in ausgesprochenen Du-Botschaften:

DU ...	ICH ...
... zeigst zu wenig Einsatz! ... nervst mich! ... redest zu viel! ... bist zu laut/zu blöd usw.!	... wünsche mir mehr Einsatz von dir. ... brauche Ruhe. ... möchte mal was sagen. ... fühle mich überfordert.

Die Kunst, Fragen zu stellen

Fragen spielen im Bereich der Gesprächsführung eine zentrale Rolle. Fragen können ein Gespräch strukturieren. Sie können ein Gespräch beeinflussen und lenken.

Fragen sind ein geeignetes Mittel, um:
- Kontakt herzustellen
  Wie geht es dir? Was spielt ihr denn?
- Interesse zu zeigen
  Wie siehst du das?
- Informationen zu bekommen (Wann ist das passiert?)
- ein Gespräch zu führen bzw. zu lenken
  (Wer fragt, führt; wer antwortet, folgt.)
- Zeit für eine Antwort zu bekommen (Wie meinst du das genau?)

Offene und geschlossene Fragen

Grundsätzlich unterscheidet man zwei Arten von Fragen: die offene und die geschlossene Frage. Offene Fragen öffnen. Sie sind so formuliert, dass der Gesprächspartner seine Sichtweise frei darlegen kann:
- „Wie siehst du die Situation? Welche Möglichkeiten kannst du dir vorstellen?"
- „Wie ist das jetzt so für dich?"
- „Was geht jetzt in Ihnen vor?"

Mit guten Fragen in ein Gespräch finden

Auch als Gegenfrage kann eine offene Frage in bestimmten Gesprächssituationen nützlich sein: „Sag mal, wozu willst du das jetzt eigentlich wissen?"
Die Antwort kann sehr ausführlich sein. Der Gesprächspartner wird aufgefordert zu sprechen.

Geschlossene Fragen nutzt man, um Informationen zu bekommen:
- „Bist du aus Kiel?"
- „Sind Sie selbstständig?"
- „Warst du im Kino?"

Die Antwort lautet in der Regel „ja" oder „nein". Offene Fragen ermöglichen es also, sich kurz und knapp zu verständigen. Der Nachteil von geschlossenen Fragen ist, dass man relativ wenig von seinem Gesprächspartner erfährt.

Drei weitere wichtige Frageformen
- **Alternativfrage:**
  „Bist du mit dem Auto oder dem Zug angereist?"
  „Möchtest du den Müll vor oder nach dem Essen hinuntertragen?"
  Die Alternativfrage bietet zwei Möglichkeiten und verlangt eine Entscheidung. Der Gefragte hat wenig Auswahl.

- **Bestätigungsfrage:**
  „Dir geht es also um ...?"
  „Habe ich noch etwas vergessen?"
  Eine Bestätigungsfrage fasst Aussagen zusammen, hilft Missverständnisse zu vermeiden und ermuntert zu weiteren Ausführungen.

- **Informationsfrage:**
  „Was wollen wir tun?"
  „Wie funktioniert das?"
  „Wo steht der Eiffelturm?"
  „Was ist ein Wildschwein?"
  „An welchen Tagen arbeitest du?"
  „Wie oft findet ein Seminarwochenende statt?"
  Informationsfragen beginnen meistens mit W (Wer/Wie/Was/Wo ...?), hier sind reine Informationen gefragt. Wenn man sich unsicher ist, können diese Fragen wieder zu mehr Klarheit verhelfen.

3.3   Kommunikation mit Kindern und Jugendlichen

Nonverbale Kommunikation – Körpersprache

Eine Szene, die sich an vielen Orten der Welt ereignen kann: Man sitzt in einem öffentlichen Verkehrsmittel und hört einem Gespräch zu, ohne die beteiligten Personen zu sehen, weil man ihnen den Rücken zuwendet. Dennoch mögen nur ganz wenige Worte genügen, dann kann man bereits erraten, ob einer der Gesprächspartner zu einem Kind oder mit einem Erwachsenen spricht. Dieses Phänomen ist weltweit gegeben, wenngleich die jeweiligen Ausprägungen dieses Sprachstils mehr oder weniger extrem ausfallen mögen *(vgl. Siegler u. a., 2016, S. 203 ff.)*.

Neben den hier angedeuteten Faktoren, die in erster Linie den rein sprachlichen Charakter einer Kommunikation ausdifferenzieren (Intonation, Tempo, Deutlichkeit u. Ä.), gibt es auch noch andere nonverbale, also nicht-sprachliche, Aspekte, welche für die Interaktion zwischen pädagogischer Fachkraft und einem Kind oder Jugendlichen relevant sind.

Viele Formen der Kommunikation werden nonverbal durch Körper-Signale (Mimik, Gestik, Blickkontakt, Haltung) begleitet. Dies findet bereits von Geburt an statt und hilft kleinen Kindern, in der präverbalen (vorsprachlichen) Phase Gefühle zu äußern, auf Gefühle zu reagieren und die Grundbedürfnisse nach Zuwendung und Aufmerksamkeit zu befriedigen.

Säuglinge schreien, strampeln, werden rot und schwitzen. Sie zeigen Gefühle, die von den sie betreuenden Personen richtig interpretiert werden müssen. Am Schreien und Strampeln erkennen sensible Eltern und auch pädagogische Fachkräfte die Bedürfnisse des Kindes nach Nahrung, Zuwendung und kognitiver Stimulation. Im Normalfall reagieren Eltern oder pädagogische Fachkräfte intuitiv richtig, indem sie versuchen, das Verhalten des Säuglings zu entschlüsseln (dekodieren) und von Beginn an mit ihm in einen Dialog zu

treten. Beim Wickeln ahmen sie seine Geräusche oder seine Mimik nach, sie bieten ihm die Brust oder die Flasche an, sie nehmen ihn auf den Arm oder legen ihn in sein Bettchen.

> „**Körpersprache** umfasst diejenigen nonverbalen Anteile der Kommunikation, die über Form, Haltung und Bewegung des Körpers vermittelt werden."
>
> *(vgl. Lexikon der Neurowissenschaft, 2000)*

Das Lächeln wird erwidert.

Die Verständigung über die Körpersprache bildet das Fundament für eine vertrauensvolle Beziehung. Der Säugling spürt die liebevolle Zuneigung durch die Art der Interaktion mit seinen Bezugspersonen, die sich ihm zuwenden und ihm vermitteln, dass er angenommen und verstanden wird. Auch in der Widerspiegelung seiner eigenen nonverbalen Signale verfestigt sich der Eindruck von Annahme oder Ablehnung (siehe Band 1, Lernfeld 2, Kap. 3.2).

Einfühlendes Verstehen - über alle Altersstufen hinweg

Das Kind Maya aus der Lernsituation zu Beginn des Kapitels hat auf einen Ball gezeigt und dabei freudig „Ball!" gerufen. Damit hat sie vielleicht nicht nur ein Gefühl der Freude ausdrücken wollen, sondern auch

einen Wunsch, ein Bedürfnis oder eine Forderung. Über die nonverbalen Informationen, die ihren Ausruf begleiten, also ihre Mimik, Gestik und der Klang ihrer Stimme, kann die Fachkraft herausfinden, welche

Botschaft ihr das Kind vermitteln will. Das gelingt ihr umso besser, je länger sie das Kind kennt.

Kleinkinder geraten aber auch häufig in selbst herbeigeführte Stresssituationen, wenn sie beispielweise eine bestimmte Handlung ausführen wollen, aber über die dafür nötigen Fertigkeiten noch nicht verfügen. Das kann das Anziehen einer Jacke sein oder der Versuch, Perlen auf einer Kette aufzufädeln. Werden in solchen Situationen die Wünsche und Bedürfnisse des Kindes falsch interpretiert, reagiert es häufig mit Weinen oder körperlicher Abwehr, da es noch nicht in der Lage ist, sich verbal zu verständigen. Es empfindet Wut und Ärger über die eigene Unfähigkeit, sich sprachlich mitteilen zu können.

Erzieherinnen und Eltern wissen, dass es sich bei einem solchen Verhalten nicht immer um eine Trotzreaktion handelt, da sich das Kind noch im Sprachentwicklungsprozess befindet. Sie erkennen eine solche Situation und geben bei einem erneuten Versuch Hilfestellung. Dabei knüpfen sie an die Erfahrungen des Kleinkindes an und bieten beispielsweise größere Perlen für das Auffädeln an. Das Kind kann nun selbst entscheiden, ob es damit spielen möchte, ohne dies sprachlich artikulieren zu müssen.

Auch ältere Kinder und Jugendliche drücken sich in ihrer „Eigensprache" aus. Häufig übernehmen sie hierfür die spezifischen Ausdrucksformen einer Peer-Gruppe oder von einzelnen Menschen, mit denen sie zusammen sind *(vgl. Bindernagel u. a., 2016)*. Während der Hausaufgaben wird plötzlich das Schulbuch – von einem zornigen Ausruf begleitet – von der Tischplatte „gefegt". Auf dem Stuhl zu Hause „hängt" ein Jugendlicher „lässig" oder „chillend" herum. In beiden Fällen hat dies schon so manche Auseinandersetzung mit Eltern sowie anderen Erwachsenen hervorgerufen.

Für pädagogische Fachkräfte ist es wichtig, diese nonverbalen Signale des Kindes oder Jugendlichen in ihrer Vielfalt aufzunehmen. Es gilt, sie einfühlsam (empathisch) zu interpretieren und darauf nonverbal wie auch sprachbegleitend zu antworten. Durch sorgfältiges Zuhören und Nachfragen können Konflikte entspannt und Verhaltensweisen positiv verändert werden.

Nähe und Distanz

Tagtäglich müssen Erzieherinnen und Erzieher gegenüber Kindern und Jugendlichen einen „Mix" aus Nähe und Distanz anbieten und zulassen. Dabei kommt es darauf an, individuelle Bedürfnisse nach Zuwendung und Angenommensein, aber auch persönliche Einschätzungen und Abgrenzungen gleichermaßen zu achten. Manche der Fachkräfte bestehen dabei auf Nähe, also darauf, dass sozialpädagogisches Handeln bestimmt ist durch das Sich-Einlassen und den Aufbau von Vertrauen. Andere sehen das eigentliche Charakteristikum sozialpädagogischen Handelns in der Fähigkeit zur professionellen Distanz.

Trotz allen professionellen Bemühens, den Ansprüchen auf Nähe und Distanz gerecht zu werden, beklagen Jugendliche häufig einen subjektiv empfundenen Mangel an positiven Beziehungen und interpretieren dies sogleich als generelles Desinteresse an ihrer gesamten Person. Das erscheint geradezu als paradox, denn einerseits wollen sie von den Erwachsenen in Ruhe gelassen werden, zugleich ist es ihnen aber „enorm wichtig, … wahrgenommen, verstanden und respektiert zu werden." Ihr Wunsch nach Unabhängigkeit und Eigenständigkeit kollidiert dabei mit ihrer Abhängigkeit von Strukturen und der Unterstützung durch erwachsene Bezugspersonen. Sie distanzieren sich psychologisch, um bald physisch eigene Wege gehen zu können *(vgl. Sliwka, 2018, S. 114)*.

In den Einrichtungen der teil- oder vollstationären Jugendhilfe leben hingegen häufig Kinder und Jugendliche, die in ihren Herkunftsfamilien tatsächlich unter fehlenden, nicht tragfähigen oder verzerrten Beziehungen gelitten haben. Um diese Mängel zu kompensieren, wird von den pädagogischen Fachkräften in diesen Einrichtungen eine intensive Beziehungsarbeit erwartet.

Vor dem Hintergrund der aktuellen Missbrauchsfälle, insbesondere in Jugendhilfeeinrichtungen, erhält das Nähe-Distanz-Thema inzwischen eine ganz besondere Brisanz. Aus der „Verabsolutierung von Nähe" wurde Nötigung, Verführung, Vertrauensbruch und sexuelle Gewalt. Heranwachsende wurden „in ihrem Werden und ihrer Entwicklung ruiniert" *(ebd., S. 48)*.

Wo Nähe erdrückt, müssen Heranwachsende mit ihren Potenzialen bestärkt und stabilisiert werden. Wo Gleichgültigkeit herrscht, muss ein offeneres Miteinander auch mit sozialen und politischen Bezügen angestrebt werden *(ebd., S. 52)*.

Umso wichtiger ist in diesem Kontext auch die Frage, welche allgemeinen Rahmenbedingungen der sozialpädagogischen Arbeit gegeben sind. Die täglichen Aushandlungen von pädagogischer Distanz und Nähe im allgemeinen Geschehen einer Jugendhilfeeinrichtung müssen in ein „interpretierendes und deutendes Theoriekonzept" eingebettet werden *(vgl. Thiersch, 2019, S. 42)*. Deshalb ist es Aufgabe des Arbeitgebers (Träger), dafür zu sorgen, dass Supervision, kollegiale Fallbesprechung oder andere Formen der Praxisberatung regelmäßig als Klärungshilfe oder für die Entlastung der Fachkräfte bereitstehen.

Vier Schritte der Gewaltfreien Kommunikation

Eine professionelle Erzieherhaltung orientiert sich u. a. an den „drei tragenden Elementen" der Personenzentrierten Gesprächstherapie von Carl R. Rogers, welche sich in vielen der heutigen pädagogischen und psychologischen Lehrwerke wiederfinden (siehe Band 1, Lernfeld 2, Kap. 1). Hin und wieder fällt es jedoch auch Fachkräften schwer, stets zugewandt und einfühlend zu handeln. Es tut daher gut, wenn im kollegialen Austausch über eigene Grenzen und innere Widerstände gesprochen werden kann.

Die Leitfragen der **Gewaltfreien Kommunikation** (Rosenberg) können in der gegenseitigen Beratung sowie im Gespräch mit Jugendlichen eine Strukturierungshilfe bieten. Das Konzept Rosenbergs regt dazu an, zunächst einmal selbst auszudrücken, welche eigenen Gedanken und Gefühle das erlebte pädagogische Geschehen begleitet haben (Selbst-Reflexion). Erst danach soll eine Fachkraft die damit verbundenen Bedürfnisse und Empfindungen der jungen Menschen aufnehmen und so die zukünftige gemeinsame Kommunikation festigen.

Rosenberg fasst seine Überlegungen in vier Schritten zusammen:

Vier Schritte der „Gewaltfreien Kommunikation" (Marshall B. Rosenberg)	
Ehrlich ausdrücken, wie es mir geht, ohne zu beschuldigen oder zu kritisieren (Selbst-Empathie).	Empathisch aufnehmen, wie es dir geht, ohne Beschuldigungen oder Kritik herauszuhören.
1. Beobachtung	
Was ich sehe, höre, erinnere und mir vorstelle, das mir gut tut oder mein Wohlbefinden stört.	Was du siehst, hörst, erinnerst und dir vorstellst, das dir gut tut oder dein Wohlbefinden stört.
2. Gefühle	
Wie ich mich fühle in Bezug auf das, was ich beobachte (Emotionen oder Empfindungen statt Gedanken).	Wie du dich fühlst in Bezug auf das, was du beobachtest (Emotionen und Empfindungen statt Gedanken).
3. Bedürfnisse	
Was ich brauche oder schätze, das meine Gefühle verursacht hat.	Was du brauchst oder schätzt, das deine Gefühle verursacht hat.
4. Bitten	
Konkrete Handlungen, von denen ich mir wünsche, dass sie in die Tat umgesetzt werden.	Konkrete Handlungen, von denen du dir wünschst, dass sie geschehen.

(vgl. Rosenberg, 2016, S. 211)

↗ WIEDERHOLUNG

→ Kommunikation ist zentral für die pädagogische Arbeit und muss daher umfassend und professionell erworben und geschult werden.

→ Kommunikationsmodelle eignen sich, um die Verständigung in pädagogischen Prozessen zu beschreiben, diese zu analysieren und im Hinblick auf mögliche Verbesserungen zu verstehen.

→ Das Kommunikationsmodell nach Watzlawick stellt die offenen und verdeckten Inhalte einer Nachricht dar und unterscheidet zwischen eindeutigen (digitalen) und mehrdeutigen (analogen) Ausdrucksformen.

→ Das Schulz von Thun-Modell hilft, die vier Bedeutungsebenen einer Nachricht („Seiten") und die individuellen Stile der beteiligten Kommunikationspartner bewusster wahrzunehmen.

→ Das Modell der Transaktionsanalyse erklärt die biografisch bedingten Hintergründe des jeweiligen Kommunikationsverhaltens.

→ Beim Aktiven Zuhören wird der emotionale Gehalt einer Aussage des Gesprächspartners in eigenen Worten wiedergegeben. Man hört also mit dem Selbstkundgabe-Ohr.

→ Ein Ziel des Aktiven Zuhörens ist es, dem Gesprächspartner zu signalisieren, dass man ihn verstanden hat.

→ Ich-Botschaften sind eine Möglichkeit, dem Gegenüber mitzuteilen, wenn man mit seinem Verhalten Schwierigkeiten hat. Ich-Botschaften respektieren das Gegenüber und sagen nichts Negatives über seine Person aus.

→ Mit verschiedenen Frageformen können Gespräche begonnen und unterschiedlich strukturiert werden.

→ Es gehört zum Berufsbild pädagogischer Fachkräfte, sich auf dem Gebiet der Kommunikation möglichst vielfache Kompetenzen anzueignen und dabei auch eigene Anteile wahrzunehmen und zu reflektieren.

→ Pädagogische Interaktion umfasst auch einfühlendes Zuhören und Nachfragen, in der Absicht, sowohl die bewusst und offen als auch die unbewusst und verborgen kommunizierten Bedürfnisse von Kindern oder Jugendlichen zu verstehen (Empathie).

→ In der Begegnung mit Erzieherinnen und Erziehern erfahren Kinder und Jugendliche angemessene Formen von Nähe und Distanz.

→ Eine professionelle und sichere Erziehungshaltung wird durch den kollegialen Austausch bestärkt. In diese Gespräche sollten auch die eigenen Gefühle und Anliegen einer Fachkraft einbezogen werden.

→·← AUFGABEN

1 [Wissen und Verstehen]
Stellen Sie eine Alltagsszene in einem kurzen Anspiel dar, z. B. an der Supermarktkasse:
→ Ein Käufer hat Warenartikel im Einkaufswagen liegen lassen;
→ Die Kassiererin gibt Wechselgeld nicht korrekt zurück.
Für den Fortgang dieses Beispiels gibt es mehrere Optionen. Entwickeln Sie entsprechende Dialoge und zeigen Sie verschiedene Kommunikationsmerkmale auf:

• Welche der im Dialog verwendeten Sätze befinden sich eher auf der „Eisberg-Spitze"? Welche sind eher dem unsichtbaren Teil des Eisberges zuzuordnen?
• Welche der vier Seiten einer Nachricht „hören" Sie in den Dialog-Beispielen?
• Welche Ich-Zustände lassen sich den Dialog-Partnern jeweils zuordnen?

2 [Analyse und Bewertung] [Querschnittsaufgabe Inklusion]

Fügen Sie sich selbst ein Handicap zu, indem Sie z. B. die Hände am eigenen Körper fixieren oder einen Ihrer Sinne einschränken, und führen Sie mit wenigen Partnern ein unverbindliches Gespräch.

→ Vergleichen Sie die Veränderungen Ihrer verbalen und nonverbalen Ausdrucksformen.

→ Welche Auswirkungen haben solche Einschränkungen bei Menschen mit Behinderung im Hinblick auf Inklusion und Teilhabe?

3 [Analyse und Bewertung]

Junge Menschen kommunizieren heute über soziale Medien, in denen sie chatten, Videos posten oder als Influencer verschiedene Produkte bewerben usw. Erörtern Sie die dort vorherrschenden Kommunikationsstile und tauschen Sie sich darüber aus.

4 [Planung und Konzeption]

„Was sagen Sie, nachdem Sie ‚Guten Tag` gesagt haben?" *(Eric Berne)* Beim Aufnahmegespräch in einer Kita gibt es auf allen Seiten Anzeichen von Neugier und Interesse, aber auch Gefühle wie Fremdheit und Unsicherheit.

Formulieren Sie deshalb mehrere Aussagen, Fragen, Impulse usw., die allen vier Seiten einer Nachricht entsprechen, um das Gespräch fortzuführen.

5 [Reflexion]

Reflektieren Sie Ihr eigenes Kommunikationsverhalten. Auf welchem „Nachrichten-Ohr" hören Sie besonders gut? Welche „Ich-Zustände" sind bei Ihnen aktiv? Welche Kommunikationsstile kennzeichnen oder verunsichern Sie persönlich? Gibt es in Ihren Lerngruppen bestimmte Kommunikationstypen? Was zeichnet diese aus?

6 [Wissen und Verstehen]

Übung „Aktives Zuhören":
Bilden Sie Dreiergruppen und entscheiden Sie, wer A, B und C ist.

Schritt 1: A spricht, B hört zu, C beobachtet.
Schritt 2: B gibt das Gehörte sinngemäß wieder, A hört zu, C beobachtet.
Schritt 3: Feedback: Zu wie viel Prozent hat sich A verstanden gefühlt?
Schritt 4: Wechseln Sie danach die Rollen, sodass jede einmal in jeder Rolle (A, B, C) war. Tauschen Sie sich nach der Übung über Ihre Erfahrungen aus.

7 [Wissen und Verstehen]

Übung „Du-Botschaften in Ich-Aussagen verwandeln"
(vgl. Schulz von Thun, 1996, S. 80)
Schritt 1: Erinnern Sie sich an drei Menschen, die Sie kennen.
Schritt 2: Weisen Sie jeder Person je ein passendes positives und negatives Eigenschaftswort zu (das sind Ihre Du-Botschaften).
Schritt 3: Verwandeln Sie die Eigenschaftsworte in Ich-Botschaften.

8 [Wissen und Verstehen]

Übung zur Körpersprache: Spiegeln
Bilden Sie Dreiergruppen und entscheiden Sie, wer A, B und C ist.
Schritt 1: A spricht, B hört zu, C beobachtet.
Schritt 2: B spiegelt die nonverbalen Signale, Körpersprache, Atem, Sitzhaltung usw., A hört zu, C beobachtet.
Schritt 3: Wechseln Sie danach die Rollen, sodass jede einmal in jeder Rolle (A, B, C) war, und tauschen Sie sich nach der Übung über Ihre Erfahrungen aus.

9 [Wissen und Verstehen]

Übung zum Phänomen unterschiedlicher Wahrnehmung und Bezugsrahmen:
Werfen Sie das Wort „Ball" in die Runde und lassen Sie sich den „Ball" beschreiben. Beachten Sie, wie viele unterschiedliche Vorstellungen von Bällen Sie in Ihrer Gruppe haben. (Sie können das auch mit dem Wort „Baum" machen oder die Frage aufwerfen, was grün ist.)

10 [Wissen und Verstehen]

Übung zur klaren Verbalisierung von Sachverhalten:

a) Setzen Sie sich mit einer Mitschülerin Rücken an Rücken und beschreiben Sie Ihrer Gesprächspartnerin die folgenden Gegenstände/Begriffe: Fotoapparat, Segelboot, Rasenmäher, Teppich, Ausbildung, Welle, Eis, Frankreich und Kleinkind. Wechseln Sie die Rollen und tauschen Sie sich nach der Übung über Ihre Erfahrungen aus.

b) Setzen Sie sich wieder Rücken an Rücken mit einer Mitschülerin und beschreiben Sie Ihrer Gesprächspartnerin die folgenden Tätigkeiten: Malen, Blumen pflücken, Fahrradfahren, Bergsteigen, Entspannen, Auto fahren, Geschirr spülen, Schwimmen und Duschen. Wechseln Sie auch hier die Rollen und tauschen Sie sich nach der Übung wieder über Ihre Erfahrungen aus.

c) Hierzu brauchen Sie Papier und einen Stift. Setzen Sie sich wieder Rücken an Rücken mit einer Mitschülerin und beschreiben Sie Ihrer Gesprächspartnerin die nebenstehende Zeichnung, sodass sie diese nachzeichnen kann.

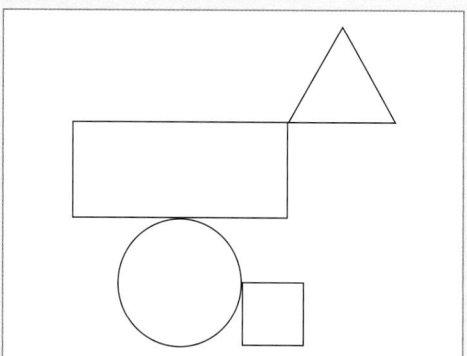

11 [Wissen und Verstehen]

a) Stellen Sie sich gegenseitig verschiedene Ausdrucksformen der Körpersprache (Gestik, Mimik, Haltung ...) pantomimisch vor.

b) Welche Anliegen und Empfindungen werden dabei thematisiert?

c) Welche Botschaften und Neigungen lassen sich leichter mitteilen, welche nicht?

12 [Wissen und Verstehen]

Welche Wörter und Synonyme kennen Sie, die geeignet sind, um die Gefühle bei Kindern und Jugendlichen zu benennen? Stellen Sie entsprechende Bedeutungsgruppen zusammen.

13 [Analyse und Bewertung]

Untersuchen Sie die praktischen Beispiele in diesem Kapitel (ergänzen Sie ggf. eigene Varianten) im Hinblick auf die darin offen und verdeckt oder widersprüchlich geäußerten Bedürfnisse.

14 [Analyse und Bewertung]

Erörtern und diskutieren Sie das Für und Wider von pädagogischer Distanz und Nähe. Welche Beispiele aus Kita, Schule oder Jugendhilfe veranschaulichen Ihre Einschätzung am besten?

TIPPS ZUM WEITERARBEITEN →→

→ Behr, Michael/Hüsson, Dorothea u. a.: Gespräche hilfreich führen, Band 1: Praxis der Beratung und Gesprächspsychotherapie. Personenzentriert – erlebnisaktivierend - dialogisch, Weinheim/Basel: Beltz Juventa 2017.

→ Dörr, Margret (Hrsg.): Nähe und Distanz. Ein Spannungsfeld pädagogischer Professionalität, 4. Auflage. Weinheim/Basel: Beltz Juventa 2019.

→ Friedrich, Hedi: Beziehungen zu Kindern gestalten, 6. Auflage. Berlin: Cornelsen Schulverlag 2013.

→ Fritsch, Ruth Gerlinde: Praktische Selbst-Empathie, Paderborn: Junfermann Verlag 2008.

→ Harris, Thomas A.: Ich bin o.k. Du bist o.k. Wie wir uns selbst besser verstehen und unsere Einstellung zu anderen verändern können – Eine Einführung in die Transaktionsanalyse, 53. Auflage, Reinbek: Rowohlt Verlag 2019.

→ Rogers, Carl R.: Die Grundhaltungen der Personenzentrierten Gesprächstherapie, www.carlrogers.de [16.05.2021].

→ Weckert, Al: Gewaltfreie Kommunikation für Dummies, Weinheim: Wiley-VCH Verlag 2014.

Kompetenzen, die in diesem Kapitel erworben werden können:

- Die Absolventinnen und Absolventen verfügen über breites und integriertes Wissen über erfolgreiche Kommunikation in pädagogischen Alltagssituationen.

- Sie sind in der Lage, Kommunikations-, Beziehungs- und Interaktionsprozesse anhand theoretischer Modelle zu beschreiben und zu analysieren sowie verbale und nonverbale Kommunikationsmittel im Umgang mit Kindern, Jugendlichen und jungen Erwachsenen zielbezogen und situationsorientiert einzusetzen und nachhaltig weiterzuentwickeln.

Bindernagel, Daniel (Hrsg.): Die Eigensprache der Kinder. Idiolektische Gesprächsführung mit Kindern, Jugendlichen und Eltern. Heidelberg: Carl-Auer-Systeme Verlag 2016.

Bundeszentrale für politische Bildung: Vier Ohren und ein Eisberg. Bonn 2010. In: www.bpb.de/lernen/grafstat/klassencheckup/46406/m-04-02-vier-ohren-und-ein-eisberg [09.09.2020].

Deutsches Jugendinstitut (DJI)/Weiterbildungsinitiative Frühpädagogische Fachkräfte (WiFF) (Hrsg.): Qualifikationsprofil „Frühpädagogik" – Fachschule/Fachakademie. München 2011.

Gordon, Thomas: Familienkonferenz. Die Lösung von Konflikten zwischen Eltern und Kind. München: Heyne Verlag 2012.

Lexikon der Neurowissenschaft: Körpersprache, 2000. In: www.spektrum.de/lexikon/neurowissenschaft/koerpersprache/6731 [09.09.2020].

Pörksen, Bernhard/Schulz von Thun, Friedemann: Die Kunst des Miteinander-Redens. Über den Dialog in Gesellschaft und Politik. München: Carl Hanser Verlag 2020.

Rogers, Carl R.: Der neue Mensch. 7. Auflage. Stuttgart: Klett-Cotta Verlag 1981.

Rosenberg, Marshall B.: Gewaltfreie Kommunikation. Eine Sprache des Lebens. 12. Auflage. Paderborn: Junfermann Verlag 2016.

Schulz von Thun, Friedemann: Miteinander reden. Band 1–4, Reinbek: Rowohlt Verlag 2019.

Schulz von Thun Institut für Kommunikation: Das Kommunikationsquadrat. Hamburg. In: www.schulz-von-thun.de/die-modelle/das-kommunikationsquadrat [09.09.2020].

Siegler, Robert/Eisenberg, Nancy/De Loache/Judy; Saffran, Jenny: Entwicklungspsychologie im Kindes- und Jugendalter. Herausgegeben von Sabina Pauen. 4. Auflage. Berlin/Heidelberg: Springer Verlag 2016.

Sliwka, Anne: Pädagogik der Jugendphase. Wie Jugendliche engagiert lernen. Weinheim/Basel: Beltz Verlag 2018.

Stewart, Ian/Joines, Vann: Die Transaktionsanalyse. 12. Auflage. Freiburg i. Br.: Herder Verlag 2015.

Thiersch, Hans: Nähe und Distanz in der Sozialen Arbeit. In: Dörr, Margret (Hrsg.): Nähe und Distanz. Ein Spannungsfeld pädagogischer Professionalität. 4. Auflage. Weinheim-Basel: Beltz Juventa 2019, S. 42–59.

Watzlawick, Paul/Beavin, Janet H./Jackson, Don D.: Menschliche Kommunikation. Formen-Störungen-Paradoxien. 12. Auflage. Bern: Verlag Hans Huber 2011.

Weltzien, Dörte/Kebbe, Anne: Handbuch Gesprächsführung in der Kita. Freiburg i. Br.: Herder Verlag 2011.

4 Gruppenpädagogische Grundlagen

Dietmar Böhm

Der Hort an der Erich-Kästner-Grundschule liegt in einem Stadtteil einer Großstadt, in dem es neben einer Siedlung mit Reihenhäusern viele Mehrfamilienhäuser gibt. Die Kinder kommen aus Familien, deren Eltern beide berufstätig sind. Zum Teil sind es Familien mit akademischem Hintergrund, zum Teil arbeiten die Eltern in den umliegenden Firmen als Arbeiterinnen und Arbeiter. Die Eltern sind froh, dass ihre Kinder in den Hort gehen können.

Zu Beginn des Schuljahres kommen elf neue Kinder in die Hortgruppe. Acht Kinder davon kommen aus dem Kindergarten in die erste Klasse, drei Kinder sind mit ihrer Familie neu in den Stadtteil zugezogen und besuchen die dritte bzw. vierte Klasse. Die Hortgruppe umfasst insgesamt 20 Kinder.

Während in den ersten Wochen bis zu den Herbstferien die Atmosphäre sehr ruhig war und z. B. in der Kinderkonferenz wenig Diskussionen stattfanden, beobachten die Erzieherinnen und Erzieher nun, dass es immer wieder zu heftigen Auseinandersetzungen unter den Kindern kommt. Erst vor Kurzem haben die beiden Gruppenerzieher, Frau Häsler und Herr Klein, folgende Situation erlebt: Zwei Mädchen und vier Jungen aus der vierten Klassen stürmen nach der Schule in den Hort und beschweren sich bei Herrn Klein und Frau Häsler heftig über die Erstklässler aus der Hortgruppe. Sie berichten den Erziehern, dass die Erstklässler auf dem gesamten Weg von der Schule in den Hort mit den Viertklässlern laufen wollten. „Wir sind doch keine Babys!", meinen Luisa und Emre empört. „Das ist doch voll peinlich, wenn die Minis mit uns laufen!", fügt Chris hinzu. Laura und Nils nicken zustimmend, während Yusuf sich an der Diskussion gar nicht beteiligt, nur die Schuhe auszieht und in den Gruppenraum geht. In dem Moment geht die Tür auf und die Erstklässler der Hortgruppe kommen mit gesenktem Blick herein, grüßen nicht, setzen sich in die Garderobe und ziehen still ihre Schuhe aus. Plötzlich bricht es aus Sabine heraus: „Die Großen sind so doof. Es macht überhaupt keinen Spaß im Hort, immer ärgern die uns!" Frau Häsler setzt sich zu den Kindern und fragt, was denn vorgefallen sei. Da berichtet Sa-

bine, dass die Großen die Erstklässler auf dem Schulhof abgepasst und gesagt hätten, dass sie erst in fünf Minuten loslaufen und nicht mit ihnen gehen dürften. „Und Emre hat uns auch noch gedroht, dass er sonst unsere Schulranzen ausleeren würde!"

Frau Häsler und Herr Klein beschließen, diese Situation in der Kinderkonferenz am Freitagnachmittag zum Thema zu machen. Als sie in der Kinderkonferenz mit den Kindern über die Situation sprechen, entbrennt ein heftiger Streit unter den Kindern darüber, wer hier bestimmen darf und wer nicht. Immer wieder müssen Herr Klein und Frau Häsler sich deutlich Gehör verschaffen und darauf bestehen, dass die vereinbarten Gesprächsregeln eingehalten werden und die Kleinen nicht einfach niedergebrüllt werden. „Hier darf jeder ausreden!", erinnert Herr Klein die Kinder. „Ja, ja ihr haltet ja immer zu den Minis!", meint Emre. Mehrmals meldet sich Luisa zu Wort und macht Vorschläge, wie die Situation am besten zu lösen sei. Dabei fällt den Erziehern auf, dass alle Kinder Luisa zuhören, wenn sie etwas sagt. Nur der achtjährige Donald lacht jedes Mal und schaukelt auf seinem Stuhl. Frau Häsler beobachtet sein Verhalten, dabei fällt ihr auf, dass Donald sich an der Diskussion überhaupt nicht beteiligt, nur immer wieder Bemerkungen über die anderen Kinder macht: „Ach, die kluge Luisa!" oder „Blablabla-Emre!". Die anderen Kinder scheint das aber nicht zu stören. Frau Häsler ist sich unsicher, ob sie hier nun eingreifen soll oder nicht. Sie berät sich dazu mit Herrn Klein.

→ *Welche Veränderungen nehmen Sie in der Gruppenatmosphäre wahr und wie erklären Sie sich diese Veränderungen?*

→ *Wie verhalten sich die beiden Gruppenerzieher, Frau Häsler und Herr Klein, gegenüber den Kindern?*

→ *Welche Rollen können Sie bei den einzelnen Kindern erkennen, und wie würden Sie diese Rollen beschreiben?*

→ *Wie sollte Frau Häsler Ihrer Meinung nach gegenüber Donald reagieren?*

4.1 Einführung

Sozialpädagogische Einrichtungen zeichnen sich unter anderem dadurch aus, dass Kinder und Jugendliche sich in Gruppen zusammenfinden. Die Gruppe ist ein Ort, an dem Kinder und Jugendliche sich mit anderen zusammen handelnd mit der Welt auseinandersetzen. Pädagogische Fachkräfte verfügen über ein umfassendes Wissen zur Bedeutung und Funktion von Gruppen. Sie sind in der Lage, ihr gruppenpädagogisches Wissen aufgrund fundierter Kenntnisse auf die einzelnen Altersstufen – vom Kleinstkind bis zum jungen Erwachsenen – zu übertragen. Erzieherinnen können aber auch konflikthafte Situationen in Gruppen erkennen, untersuchen und sinnvolle Handlungsmöglichkeiten entwickeln.

Das vorliegende Kapitel vermittelt zunächst grundlegendes Wissen zum pädagogischen Handeln in Gruppen. Mithilfe dieses Wissens können Erzieherinnen Gruppenprozesse analysieren, die Dynamik in Gruppen verstehen und angemessen handeln. Durch die Auseinandersetzung mit den aufgeführten Themen sollen Erzieherinnen in der Lage sein, Erziehungs- und Bildungsprozesse von Kindern und Jugendlichen in unterschiedlichen sozialpädagogischen Institutionen und Situationen zu fördern, da sie über ein breites Wissen und über ein Bewusstsein für die Bedeutung der Gruppe für die jeweiligen Altersstufen und Institutionen verfügen.

4.2 Merkmale einer Gruppe

Der gesamte Berufsalltag von Erzieherinnen ist durch die Arbeit in Gruppen bestimmt: Zum Beispiel wird in einer Kleingruppe ein Bilderbuch vorgelesen, zehn Kinder und zwei Erzieherinnen arbeiten in einem Projekt zusammen, im Team wird das Sommerfest geplant und am Abend findet ein Elternabend statt. Deshalb brauchen pädagogische Fachkräfte gruppenpädagogisches und gruppendynamisches Wissen.

> „Die **Gruppenpädagogik** gilt als eine der drei klassischen Methoden der Sozialarbeit/Sozialpädagogik" *(Böhm, 2000, S. 7)*, neben der Einzelfall- und der Gemeinwesenarbeit. Zum Ziel hat sie die Entwicklung sozialer Kompetenzen.

Eine Gruppe lässt sich über bestimmte Merkmale beschreiben:

- **Gemeinsame Gruppenziele:** Eine Gruppe kann nur existieren, wenn sie über ein gemeinsames Gruppenziel bzw. mehrere Gruppenziele verfügt. Diese Gruppenziele schaffen die Motivation, sich mit den anderen Gruppenmitgliedern zu treffen und sich auch auf den schwierigen Gruppenprozess einzulassen.
- **Entwicklung gemeinsamer Normen, Werte und Regeln:** Im Laufe eines Gruppenprozesses kristallisiert sich recht schnell heraus, welche Regeln, Normen und Werte in einer Gruppe gelten. Was wird in einer Gruppe abgelehnt? Was finden die Teilnehmerinnen gut?
- **Rollen:** In jeder Gruppe gibt es bestimmte Rollen. Sie werden von den einzelnen Gruppenmitgliedern besetzt. Hierzu gehören diejenigen, die Ideen einbringen, sich verantwortlich fühlen, sich aus vielem heraushalten, stören oder alles hin-

terfragen u. v. m. *(vgl. Metzinger 2010, S. 9 f. sowie Edding/Schattenhofer, 2009, S. 9)*

- **Die Beziehung der Gruppenmitglieder untereinander:** Von einer Gruppe kann dann gesprochen werden, wenn die Mitglieder direkten Kontakt zueinander haben und sich begegnen. Sie kommunizieren direkt miteinander und sie pflegen die Beziehung untereinander. Schließen sich Menschen im virtuellen Raum zusammen, so fehlt ihnen die direkte Kommunikation. Im Prinzip kann aber auch da von Gruppen gesprochen werden, denn sie erfüllen alle anderen Merkmale einer Gruppen.
- **Zusammengehörigkeitsgefühl:** Innerhalb einer Gruppe muss ein gewisses Maß an Zusammengehörigkeit vorhanden sein. Dieses Gefühl entsteht in Gruppen, die sich regelmäßig treffen und freiwillig zusammenkommen, leichter als in Gruppen, die nicht selbstbestimmt zusammen sind.
- **Gruppentraditionen:** Solche Gruppentraditionen entstehen an markanten Punkten, wie zum Beispiel einer gemeinsamen Klassenfahrt zu Beginn eines Schuljahres. Die Gruppe bekommt so ein Gefühl für die eigene Gruppengeschichte.
- **Dauer der Existenz der Gruppe:** Im Gegensatz zur Masse, bei der es nur zu zufälligen Kontakten unter den Menschen kommt, zeichnet sich eine Gruppe dadurch aus, dass sie über eine gewisse Dauer existiert. Je länger die Gruppe zusammen ist, umso eher kann auch ein Zusammengehörigkeitsgefühl entstehen.

4.3 Arten von Gruppen

Es gibt vielerlei verschiedene Gruppenarten, die im Folgenden vorgestellt werden.

- **Kleingruppe:**
  - Eine Kleingruppe besteht aus ca. acht bis zehn Personen. In der Regel kennen sich die Gruppenmitglieder gut und pflegen regelmäßigen Kontakt zueinander. Erzieherinnen arbeiten an vielen Stellen in ihrem beruflichen Alltag mit Kleingruppen, z. B. wenn sie eine dialogorientierte Bilderbuchbetrachtung durchführen.
- **Großgruppe**:
  - Großgruppen bestehen aus über zehn bis 30 Gruppenmitgliedern. Der Kontakt untereinander ist unterschiedlich intensiv. Die meisten Kindergartengruppen umfassen 20 bis 28 Kinder. In Kinderkonferenzen, in der sich die ganze Gruppe trifft, arbeiten Erzieherinnen mit Großgruppen. Auch an einem Elternabend sind häufig 20 und mehr Erwachsene anwesend.
- **Primärgruppen:**
  Unter Primärgruppe wird die Gruppe verstanden, in die der Mensch zuerst Mitglied wird. Hierzu gehört vor allem die Familie.
  - Die Gruppenmitglieder sind sehr eng miteinander verbunden. Sie pflegen einen emotionalen Kontakt zueinander.
  - Da es sich in der Regel um Kleingruppen handelt und eine größere Abhängigkeit zueinander besteht, beeinflussen sich die Gruppenmitglieder sehr. Dies führt dazu, dass sich in der Primärgruppe häufig ähnliche Werte, Normen und Einstellungen entwickeln.
  - Erzieherinnen arbeiten auch mit Primärgruppen zusammen, da sie mit Familien in Kontakt sind.
- **Sekundärgruppen:**
  - In ihnen wird das Individuum erst später in seinem Leben Mitglied (Kindergartengruppe, Schulklasse, Verein, Betrieb).
  - Sie umfassen eine größere Anzahl von Mitgliedern und sie sind durch eine mehr bewusste Zweck- und Zielorientierung und rationale Organisation gekennzeichnet.
  - Bei den Gruppenmitgliedern herrschen relativ unpersönliche und spezifische und wenig emotionale Beziehungen vor.
- **Formelle Gruppen:**
  - In formellen Gruppen sind die Ziele, die die Gruppen verfolgen, klar festgelegt, die Normen, an die sich alle zu halten haben, deutlich beschrieben und die Rollen vorgegeben. So ist das Ziel einer Schulklasse, die Versetzung in die nächste Stufe zu erreichen. Die Normen, also Verhaltenserwartungen, die sich an alle richten, sind pünktliche Anwesenheit oder sich mit Handzeichen zu melden, wenn man im Unterricht etwas beitragen möchte. Die Gruppenmitglieder haben die Rolle der

Schülerinnen und Lehrerinnen. Eine weitere festgelegte Rolle ist die des Klassensprechers. Dies alles wird über entsprechende Gesetze und Verordnungen geregelt.
- Formelle Gruppen verfügen über eine klare Organisation und sind so aufgebaut, dass sie das Ziel erreichen, das sie verfolgen. In der Regel ist die Gruppenleitung festgelegt und die Gruppenleiterinnen sind dafür auch ausgebildet.
- Jede Kindergarten- oder Krippengruppe ist eine formelle Gruppe. Sie verfolgt Ziele, die u. a. im KJHG festgelegt sind, und basiert damit auf Gesetzen, die ihre Arbeit bestimmt.
- Auch ein Elternbeirat ist eine formelle Gruppe, da es festgelegte Rollen gibt. Der Elternbeirat ist zweckbewusst organisiert, da er der Interessenvertretung der Eltern dient.
- **Informelle Gruppen:**
  - Informelle Gruppen bilden sich häufig spontan und verfügen in der Regel nicht über bewusst und offen festgelegte Ziele. Sie geben sich keine feste organisatorische Struktur.
  - Freundesgruppen sind sehr häufig informelle Gruppen.
  - Informelle Gruppen entstehen im Kindergartenalltag vor allem im Freispiel, wenn sich z. B. Kinder spontan im Konstruktionsbereich treffen und gemeinsam aus Legosteinen einen Turm bauen.
- **Eigengruppe (Ingroup):**
  - Sie ist die Gruppe, der sich der Einzelne zugehörig fühlt und mit der er sich identifiziert.

- Soziale Beziehungen, Vertrautheit, Wirgefühl, Sympathie und Kooperation verbinden das Individuum mit dieser Gruppe. Wenn ein starkes Gefühl der Zusammengehörigkeit und
- Loyalität besteht, grenzt sich die Gruppe von
- **Fremdgruppe (Outgroup):**
  - Bei der Fremdgruppe handelt es sich um eine Gruppe, von der sich die Mitglieder der Ingroup abgrenzen. Oft wird die Fremdgruppe mit Vorurteilen oder abwertenden Bemerkungen belegt. Besonders im Jugendalter finden solche Abgrenzungen nach außen statt. In Schulen lässt sich das gut beobachten, wenn z. B. Schüler in Parallelklassen negativ übereinander reden.

Eine weitere Unterscheidung kann auch zwischen **freiwilligen** und **unfreiwilligen** Gruppen getroffen werden. Während bei freiwilligen Gruppen die Mitglieder diese sich selbst ausgesucht haben, ist die Mitgliedschaft in der unfreiwilligen Gruppe nicht selbst gewählt. Dies trifft z. B. auf die Familie oder die Schulklasse zu. Jede Kindergartengruppe ist eine unfreiwillige Gruppe, während die Kinder, die miteinander an einem Projekt arbeiten, in einer freiwilligen Gruppe sind, wenn sie sich selbst dazu gemeldet haben. *(vgl. Metzinger, 2010, S. 11)*

Eine weitere Unterscheidung bezieht sich auf **offene** und **geschlossene Gruppen**. Hier geht es um die Öffnung nach außen und die Bereitschaft, neue Mitglieder aufzunehmen, bzw. das Gegenteil davon.

4.4   Gruppendynamische Aspekte

Gruppen sind keine statischen Gebilde, sondern sehr dynamisch. Sie befinden sich ständig in Bewegung. Sie werden durch bestimmte Ereignisse, durch ihre Mitglieder und deren individuelle Lebensgeschichte und Lebenserfahrungen beeinflusst.

Jede Gruppe durchläuft bestimmte Phasen (siehe weiter unten). Wie diese Phasen verlaufen, hängt von verschiedenen Faktoren ab:
- Welche Persönlichkeiten haben die Gruppenmitglieder?
- Welche Vorerfahrungen haben sie – auch mit Gruppen – gemacht? Hatten Gruppenmitglieder

mit Gruppen negative Erfahrungen, so werden sie sich möglicherweise innerhalb einer Gruppe distanzierter verhalten. Können Gruppenmitglieder auf positive Erfahrungen zurückblicken, werden sie sich auf Gruppenprozesse eventuell offener einlassen.
- In welchem Umfeld befindet sich eine Gruppe? Trifft sie sich in attraktiven Räumen? Kommt sie in einem vorgegebenem Rahmen zusammen (z. B. Kleingruppen innerhalb des Unterrichts)?
- In welcher aktuellen Situation steht die Gruppe? Gibt es aktuelle Geschehnisse, die sich auf das Gruppengeschehen auswirken?

- Welche Gruppenerfahrungen hat die Leiterin/der Leiter? So ist es ein großer Unterschied, ob dies für eine Erzieherin die erste Kindergartengruppe ist, für die sie als Gruppenleiterin verantwortlich ist, oder ob sie dies bereits zum fünften Mal miterlebt.

Diese verschiedenen Faktoren wirken sich auf das Gruppengeschehen aus. Sie tragen dazu bei, dass die Entwicklung in jeder Gruppe einzigartig ist, und nicht gleich verläuft. Trotzdem gibt es natürlich in allen Gruppen Ähnlichkeiten. Diese Ähnlichkeiten beziehen sich zum Beispiel auf die Phasen, die eine Gruppe durchläuft. In jeder Gruppe gibt es Phasen von Nähe und Distanz, Phasen von Streit und Auseinandersetzung. So erleben Gruppen „Höhen und Tiefen, Fortschritt und Rückschritt, Aktivität und Passivität" *(Metzinger, 2010, S. 47)*. Solche Bewegungen in Gruppen werden mit dem Begriff der **Gruppendynamik** verbunden *(vgl. Tegethoff, 1999, S. 62)*. Diese Bewegung entsteht eben auch durch die Zielsetzungen in einer Gruppe.

- Die Kinder im Janusz-Korczak-Kindergarten wollen das Krippenspiel am vierten Adventssonntag gemeinsam aufführen.
- Die Arbeitsgruppe in einer Klasse verfolgt das Ziel, den Arbeitsauftrag erfolgreich zu bearbeiten.
- Die Fortbildungsgruppe zum Thema „Neue Methoden der Sprachstandserhebung" möchte sich für den eigenen pädagogischen Alltag anregen lassen.
- Vier Kinder, die sich in der Bauecke verabredet haben, möchten einen möglichst hohen und stabilen Turm bauen.

Neben den **Gruppenzielen** kommen aber auch immer bei allen Gruppenmitgliedern **persönliche Ziele** hinzu. Dies bedeutet, dass jedes Gruppenmitglied seine eigenen Ziele in den Gruppenprozess mit einbringt.

Unter den persönlichen Zielen werden alle diejenigen Ziele verstanden, die der Einzelne in einer Gruppe für sich verfolgt. So hofft Larissa (8;10), dass sie im Hort neue Freunde findet, ihre Hausaufgaben gut erledigen kann, damit sie zu Hause nichts mehr machen muss, und an der Zirkus-AG mitmachen kann, da sie Einradfahren lernen möchte. Diese verschiedenen Ziele bilden Larissas persönlichen Zielpool. *(vgl. Stahl, 2012, S. 29)* Dieser persönliche Zielpool ist nun mit sehr Unterschiedlichem gefüllt: „Sachliches schwimmt darin neben Zwischenmenschlichem, Wichtiges neben Unwichtigem, Veröffentlichtes neben Unveröffentlichtem, Bewusstes treibt gut sichtbar an der Oberfläche und Unbewusstes, löst sich erst nach heftigem Rühren vom Boden'" *(Stahl, 2012, S. 4)*. Während sich die sachlichen Ziele immer auf den Inhalt beziehen, geben die persönlichen Ziele in der Regel Auskunft über die Beziehungsebene.

Im Hort entsteht eine Theatergruppe. Zwölf Jungen und Mädchen wollen für das Sommerfest eine gemeinsame Aufführung eines Kindertheaterstückes organisieren. Eine Erzieherin unterstützt die Kinder hierbei. Das sachliche Ziel, auf das sich alle verständigen, betrifft die Aufführung des Theaterstückes.

Pedro und Albrecht glauben, dass sie durch ihre Beteiligung an der Theatergruppe bei den Jungen ein höheres Ansehen bekommen. Melissa und Sven hoffen, dass, wenn es dann kurz vor den Sommerferien in den Endspurt geht, sie aufgrund der vielen Proben, ab und zu keine Hausaufgaben machen müssen. Mit diesen Absichten verfolgen sie persönliche Ziele.

Aus all den Zielen, die die einzelnen Gruppenmitglieder nun mitbringen, muss eine Schnittmenge gebildet werden, die groß genug ist, damit sie die Gruppe über die angestrebte gemeinsame Zeit hin trägt. Alle müssen sich also bewusst sein, dass in jeder Gruppe ein **gruppendynamischer Prozess** herrscht, der u.a. von den Zielen, aber auch von den Vorerfahrungen der Gruppenmitglieder abhängig ist. Kompliziert wird der Gruppenprozess auch dadurch, dass jedes Mitglied für seine eigenen Ziele und die Gruppenziele eine eigene Hierarchie hat.

So melden sich Melissa und Sven immer, wenn die Erzieherin fragt, wer vor den Proben die Kulissen aufbauen kann. Schließlich dürfen sie ja deshalb früher mit den Hausaufgaben aufhören. Und Hausaufgaben finden sie doof. Während die anderen Kinder noch länger im Gruppenraum sind und Hausaufgaben machen, gehen Melissa und Sven in die Halle und stellen alle Kulissen auf, sodass die Kinder dann später miteinander proben können.

Neben den Gruppenzielen verfolgt jedes Mitglied auch eigene Ziele.

4.5   Gruppenphasen

In der Fachliteratur wird von vier, fünf oder sechs Gruppenphasen ausgegangen *(vgl. Stahl, 2012, Metzinger, 2010)*. Für die einzelnen Gruppenphasen gibt es je nach Quelle unterschiedliche Bezeichnungen. Weit verbreitet ist zum Beispiel das Modell von Bruce W. Tuckmann. Sein Phasenmodell wird oft in Form einer Teamuhr beschrieben. Er bezeichnet die Gruppenphasen mit den Begriffen Forming, Storming, Norming und Performing.

Phasenmodelle gehen davon aus, dass die Phasen idealtypisch von einer Gruppe durchlaufen werden. Dies ist in der Wirklichkeit selten der Fall. Stattdessen lässt sich feststellen, dass es im Gruppenalltag oft „zu erheblichen Abweichungen und untypischen Verläufen kommt. Häufig sind die hypothetisch vorausgesetzten Phasen in der Realität ineinander verschachtelt oder ‚verklumpt" *(Brandes, 2008, S. 140)*.

Trotzdem hilft die Einteilung in die Gruppenphasen, ein Verständnis davon zu bekommen, was in Gruppenprozessen abläuft. In jeder Gruppe und in jeder Gruppenphase wirken sehr unterschiedliche und auch gegensätzliche Kräfte, was sich aus der Dynamik der Gruppe ableiten lässt. „Demnach lassen sich Gruppenprozesse als ein Pendeln zwischen unterschiedlichen Polen beschreiben. Von zentraler Bedeutung sind dabei die Dimensionen Integration und Differenzierung." *(Schattenhofer, 2009, S. 36 f.)* In jeder Gruppenphase ist zu beobachten, dass sich die Gruppenmitglieder zwischen diesen beiden Polen bewegen. Die Ausschläge

in die eine oder andere Richtung sind z. B. von der Zeit abhängig, wie lange eine Gruppe bereits zusammen ist. So kann in der Anfangsphase einer Gruppe gut wahrgenommen werden, wie sich die einzelnen Gruppenmitglieder in der Regel sehr vorsichtig verhalten und weder bereits mit Blick auf integrierendes Verhalten aktiv sind, noch die Unterschiede, die es in jeder Gruppe gibt, hervorheben.

Mit dem **Pol Integration** wird Verhalten beschrieben, das darauf abzielt, Gemeinsamkeiten in der Gruppe zu fördern. Die Gruppenmitglieder heben zum Beispiel in einer Diskussion besonders die Beiträge hervor, die einander ähnlich sind. Sie suchen bei wichtigen Entscheidungen nach dem, worin die Gruppenmitglieder übereinstimmen, um so zu einer gemeinsamen Basis für die Entscheidung zu kommen.

Der **Pol Differenzierung** macht deutlich, dass es in jeder Gruppe auch darum geht, die Individualität der Gruppenmitglieder zu achten. Gibt es z. B. in einer Gruppe die Norm, dass alle immer sehr pünktlich sind, so kann es gut sein, dass ein Gruppenmitglied trotzdem immer bewusst zu spät kommt, da es damit ausdrücken möchte, dass es sich an dieser Stelle von den anderen Gruppenmitgliedern unterscheiden möchte. Je besser eine Gruppe funktioniert, umso gelassener kann sie mit den Unterschieden in einer Gruppe umgehen. Interessant ist die Beobachtung, dass im Laufe der Gruppenphasen beide Pole immer stärker ausschlagen. Auf der einen Seite lässt sich eine zunehmende Integration aller und auf der anderen Seite eine stärkere Differenzierung zwischen den Gruppenmitgliedern beobachten. Dieses Pendeln zwischen den beiden Polen Integration und Differenzierung ist keinesfalls ein schlechtes Zeichen für eine Gruppe. Vielmehr zeigt es, dass sich gerade solche Gruppen besonders gut weiterentwickeln. *(vgl. Schattenhofer, 2009, S. 37)*

Während zu Beginn des Kindergartenjahres die Erzieherinnen beobachten können, dass die Kinder

häufig in gleichen Konstellationen miteinander spielten, stellen sie nach einem halben Jahr fest, dass es viel mehr wechselnde Gruppen im Freispiel gibt, auch ältere und jüngere Kinder miteinander tätig sind. Im Stuhlkreis bemerken sie, dass die Kinder viele verschiedene Ideen einbringen, wenn es um Vorschläge für einen Ausflug geht. So erweitern sich im Laufe der Zeit die Möglichkeiten der einzelnen Kinder und der ganzen Gruppe deutlich, ohne dass der Zusammenhalt der Gruppe gefährdet ist.

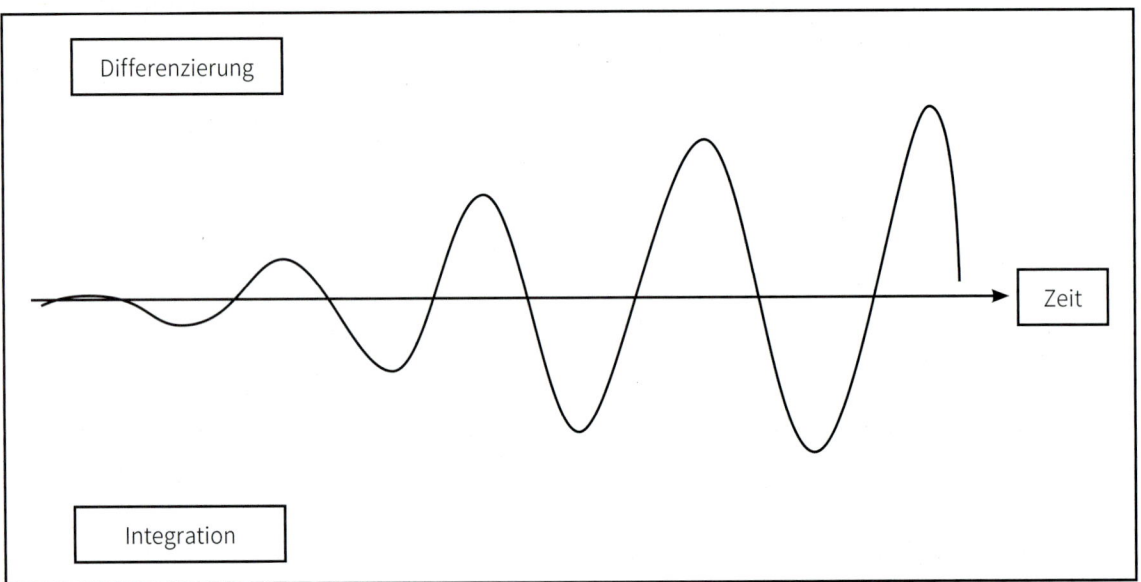

(vgl. Schattenhofer, 2009, S. 37)

Die Skizze zeigt, dass eine Gruppe, je länger sie existiert, umso besser auf der einen Seite mit den Unterschieden in einer Gruppe umgehen kann. Auf der anderen Seite wird darauf geachtet, dass alle Gruppenmitglieder gut integriert sind.

jüngeren etwas erklären oder die Kinder sich auch gegenseitig zuhören. Unterschiede stören nicht mehr und die Kinder achten viel mehr darauf, dass alle mitmachen können.

Während in der Hortgruppe zu Beginn des Schuljahres die Kinder vor allem mit Kindern der eigenen Klassenstufe spielen, zeigt sich nach einem halben Jahr, dass die Kinder sich oft in altersgemischten Untergruppen beschäftigen. In den ersten Wochen können Sätze überwiegen wie „Das können die ja noch gar nicht!" oder „Nur, weil ich nicht so gut den Ball fangen kann, darf ich nicht **Mimik, Gestik und Körpersprache** mitspielen!" Nach einiger Zeit erleben die Erzieherinnen, dass die älteren Hortkinder den

Jede Gruppe muss, möchte sie die einzelnen Gruppenphasen erfolgreich durchlaufen, bestimmte Aufgaben bewältigen. Hier besteht ein interessanter Zusammenhang zwischen den Entwicklungsaufgaben, die der Mensch in seinen unterschiedlichen Lebensphasen bewältigen muss, und den „Entwicklungsaufgaben" der Gruppen. Wie im Sozialisationsprozess auch geht es um Entwicklung von Fähigkeiten. Auch Gruppen müssen, wollen sie über einen längeren Zeitraum bestehen, „erwachsen werden". Sie lernen, zunehmend komplexere Handlungen zu bewältigen. So braucht

Gruppenphase	Entwicklungsaufgabe	Fokus
Gründungs- und Orientierungs-phase	Klärung/Orientierung/ Kennenlernen	Integration
Rollenklärungs- oder Streitphase	Platz in der Gruppe finden/Rollen und Positionen klären	Differenzierung
Vertrautheits- oder Vertragsphase	Gemeinsamkeiten entwickeln/ Normen überprüfen/vertiefendes Verstehen/Spielraum schaffen	Integration
Differenzierungs- oder Arbeits-phase	abweichendes Verhalten akzeptie-ren/sich selbst leiten/Regeln und Ziele überdenken und ggf. ändern	Differenzierung
Abschluss- oder Trennungsphase	miteinander und allein Bilanz ziehen/zurückblicken/gemeinsa-me Zeit würdigen	Integration

Übersicht über die Gruppenphasen

eine Gruppe für eine Diskussionsrunde zu einem schwierigen Thema zu Beginn noch die übersichtliche Moderation der Gruppenleiterin. Zu einem späteren Zeitpunkt gelingt eine solche Gruppendiskussion gegebenenfalls ohne die Moderation der Gruppenleiterin. Die Moderation wird durch Gruppenmitglieder übernommen und die Gruppenleiterin kann sich an der Diskussion beteiligen, ohne dass die Gruppenmitglieder zu sehr beeinflusst. Die Gruppe wird auch an der Bewältigung einer komplexen Aufgabe nicht mehr scheitern. Hier besteht ein interessanter Zusammenhang zu Talcott Parsons Handlungstheorie (siehe dazu ausführlich Band 1, Lernfeld 3, Kapitel 2.1.7).

Im Folgenden werden die wichtigsten Gruppenphasen dargestellt. Dabei werden die deutschen Fachbegriffe verwendet, die sich in der Fachliteratur am häufigsten finden.

4.5.1   Die Gründungs- oder Orientierungsphase

Wenn sich eine Gruppe bildet, so ist der Anfang immer von großer Unsicherheit und von Ängsten gekennzeichnet. Die Gruppenmitglieder beschäftigen Fragen, wie z. B.: Finde ich einen guten Platz in der Gruppe? Lerne ich nette Menschen kennen? Wie wird die Gruppenleiterin sein? Was kommt auf mich zu? Werde ich die Anforderungen erfüllen können? Grundsätzlich wird besonders die erste Gruppenphase durch die Grundbedürfnisse von Menschen bestimmt. Menschen streben nach Akzeptanz und Anerkennung, nach Sicherheit und Zugehörigkeit.

Die Unsicherheit, ob diese Bedürfnisse auch in der Gruppe erfüllt werden können, führt dazu, dass zunächst ein gehemmtes Klima in der Gruppe herrscht. Es schwankt zwischen Nähe und Distanziertheit. Gruppenmitglieder reagieren auf der einen Seite erleichtert, wenn sie feststellen, dass andere Gruppenmitglieder ähnliche Ansichten vertreten, aus dem gleichen Ort kommen wie man selbst oder gleiche Interessen haben. Auf der anderen Seite zeigen sie sich distanziert, melden sich nicht gleich, wenn etwas gefragt wird, oder warten bei der Verteilung von Aufgaben ab. Innerhalb der Gruppe herrscht noch kein Vertrauen.

Die Gruppenteilnehmer achten sehr darauf, wie ihr Verhalten wirkt. Sie beurteilen das eigene Verhalten mit den Augen der anderen Gruppenmitglieder. „Nun ist es schwer, sich erwartungskonform zu verhalten, wenn man zu Beginn der Gruppe die Erwartungen der anderen bestenfalls erahnen kann." *(Stahl, 2012, S. 101)* Entsprechend zurückhaltend zeigt man sich auch mit den eigenen Wünschen und Bedürfnissen. In dieser Anfangsphase äußern die wenigsten konkrete und klare Wünsche. Schließlich könnten sie ja den Wünschen der anderen Gruppenmitglieder widersprechen und einen so selbst an den Rand der Gruppe drängen.

Stellung der Gruppenleiterin

In der Orientierungsphase spielt die Gruppenleiterin eine zentrale Rolle. „Aus Leitungssicht sind vier Aspekte wesentlich, wenn es gilt, der Gruppe einen guten Start zu ermöglichen:

1. Vermitteln von Gewissheit
2. Veröffentlichen der Wahrheit der Situation
3. Verschieben von Konflikten und
4. Akzeptieren von Scheu und Zurückhaltung"
(Stahl, 2012, S. 104)

Zum „Vermitteln von Gewissheit" gehört die zügige Information über die offiziellen Ziele. Dann sollte schnell ein Überblick gegeben werden, wer zur Gruppe gehört. Schließlich sollte die Gruppenleiterin vermitteln, welche Regeln in der Gruppe das Miteinander bestimmen sollen.

Die Gruppenleiterin sollte das Sicherheitsbedürfnis der Teilnehmerinnen beachten. Zur Sicherheit von Kita-Kindern trägt z. B. bei, wenn sie ein Foto oder ein Symbol an ihrem Fach vorfinden. Oder wenn Erzieherinnen auf einer Fortbildung zu Beginn über den Ablauf der Veranstaltung informiert werden.

Erteilt die Gruppenleiterin in der Anfangsphase Kindern eine Aufgabe, so ist wichtig, dass diese klar strukturiert und verständlich ist und z. B. die Gruppeneinteilung vorgegeben ist und nicht den Kindern überlassen wird. Wichtig ist, dass die Gruppenmitglieder in dieser Phase die Möglichkeit haben, miteinander in Kontakt zu kommen. Deshalb sind auch wechselnde Kleingruppen hilfreich, da sie allen die Chance geben, sich gegenseitig kennenzulernen. So achten die Erzieherinnen in der Kindergartengruppe Sonnenstrahl besonders in der Anfangsphase darauf, dass in der Freispielphase immer wieder die Kinder in unterschiedlichen Kleingruppen miteinander spielen.

Die Gruppenleiterin muss sich bewusst sein, dass die Gruppenmitglieder sich zunächst an ihr orientieren und sie genau beobachten. Dies erzeugt durchaus auch auf die Gruppenleiterin einen großen Druck. Sie spürt die Erwartungshaltung der Gruppenmitglieder. Sie selbst ist aber auch neu in der Gruppe. Und für sie tauchen genauso Fragen auf. Werden mich die Kinder als Leiterin akzeptieren? Und wie reagieren sie, wenn ich nicht gleich alles weiß und eine Frage nicht beantworten kann? *(vgl. Schattenhofer, 2009, S. 38 ff.)*

Am ersten Tag nach den Sommerferien kommen neun Kinder neu in die Hortgruppe. Die Erzieherinnen und Erzieher haben die Fächer für die Kinder bereits vorbereitet und mit Namensschildern und einem Symbol versehen. Die Erzieherin, Frau Aydin, die heute Frühdienst hat, begrüßt am Morgen die neuen Kinder mit Handschlag und zeigt ihnen ihr Fach, in das sie ihren Schulranzen abstellen können. Dann schauen sie sich gemeinsam die Räume im Hort an. Dabei begleiten einige ältere Kinder die neuen und erklären, wofür die Räume dienen. „Da machen wir immer unsere Hausaufgaben", sagt Melissa. „Zum Glück dürfen wir uns entscheiden, wo wir sitzen!", meint Jo.

In den ersten Tagen bringen die Erzieherinnen die Kinder in die Schule und holen sie auch wieder ab. Beim Mittagessen begrüßt Frau Aydin alle Kinder, insbesondere die neuen. Sie bittet am Ende des Essens Pedro zu erklären, welche Regeln nach dem Essen gelten. Nachdem alle ihr Geschirr aufgeräumt haben, treffen sich die Kinder mit den Erzieherinnen zur ersten Kinderkonferenz im Stuhlkreis. Frau Aydin bittet die Kinder, die schon länger da sind, sich jeweils neben ein neues Kind zu setzen. Heute gibt es für alle Kinder ein Namensschild in der Kreismitte. Nach der Begrüßung in der Kinderkonferenz fordert Frau Aydin die Kinder auf, ihr Namensschild aus der Kreismitte zu holen und vor sich hinzustellen. „Jetzt möchte ich euch bitten, dass ihr euch kurz vorstellt. Deshalb sagen wir alle der Reihe nach unseren Namen und unser Lieblingsessen", sagt Frau Aydin. Danach erklärt Frau Aydin gemeinsam mit einigen älteren Kindern den neuen einige wichtige Regeln, die im Hort gelten. Dabei ermutigt sie die Kinder, immer zu fragen, wenn sie unsicher sind oder etwas nicht verstanden haben. Anschließend spielen die Erzieher mit der Gruppe noch einige Spiele, bei denen alle etwas gemeinsam machen müssen. Zum Abschluss meint Frau Aydin: „Wir wünschen uns sehr, dass ihr euch schnell im Hort wohlfühlt und dass es euch hier gefällt!"

Fördernde Verhaltensweisen der Gruppenleiterin

Die wichtigste Aufgabe der Gruppenleiterin besteht in der Orientierungsphase darin, den Mitgliedern die Unsicherheit zu nehmen. Hierzu gehört auch, dass sie durch ihr eigenes Verhalten bereits **Gruppennormen** setzen kann:

- Sie hört aufmerksam und aktiv zu.
- Sie fragt interessiert und zugewandt nach.
- Sie achtet darauf, dass unterschiedliche Meinungen, wenn sie geäußert werden, auch von der Gruppe akzeptiert werden.
- Sie hebt hervor, dass man eine Sache aus unterschiedlichen Perspektiven betrachten kann.
- Wenn sie Konflikte innerhalb der Gruppe beobachtet, lässt sie diese Konflikte zu und ist unterstützend aktiv bei der Suche nach Lösungen.
- Die Gruppenleiterin kann gut aushalten, dass einzelne Teilnehmerinnen sich noch eher unverbindlich verhalten, und zeigt Verständnis dafür, dass sich manche gelegentlich zurückziehen.
- Sie achtet darauf, dass die Atmosphäre locker und gelöst ist. Schließlich beobachtet sie das Gruppengeschehen genau, um zu verhindern, dass Einzelne sich isolieren oder isoliert werden.

Wie kann die Gruppenleiterin dies umsetzen? Je umfassender sie informiert, umso sicherer fühlen sich die Gruppenmitglieder. Sie unterbreitet der Gruppe konkrete Vorschläge, wenn es um die Gestaltung des Gruppenalltags geht, sie greift die Wünsche und Bedürfnisse der Teilnehmerinnen auf und achtet darauf, dass auf diese auch eingegangen wird.

Hilfreich sind in dieser Phase **Spiele zum Kennenlernen**. Auch Partner- oder Kleingruppenarbeit unterstützen den Prozess des Kennenlernens. Im kleinen Rahmen öffnen sich die Gruppenmitglieder leichter als vor der gesamten Gruppe, so können sie sich schneller kennenlernen. Bei der Bildung von Kleingruppen sollten immer wieder neue Konstellationen entstehen, damit die Teilnehmerinnen einen besseren Kontakt zu allen Gruppenmitgliedern bekommen. Grundsätzlich ist es wichtig, solche Kontaktmöglichkeiten zu bieten, die die Gruppenmitglieder nicht „in peinliche Situationen" *(Stahl, 2012, S. 106)* bringen. „Je intensiver die Teilnehmer sich untereinander real begegnen, desto unwichtiger werden Vorurteile als Handlungsleitfaden." *(Stahl, 2012, S. 106)*

> Die Erzieherinnen im Regenbogen-Kindergarten achten besonders am Anfang des Kindergartenjahres darauf, dass während des Freispiels die Kinder in den verschiedenen Spielbereichen in wechselnden Konstellationen spielen. Deshalb tauschen sie sich täglich über ihre Beobachtungen aus. Besonders ist ihnen wichtig, dass jüngere und ältere Kinder sich in kleineren Gruppen gemeinsam erleben.

Werden Angebote durchgeführt, eignen sich in dieser Phase solche, in denen etwas konkret getan wird, möglicherweise die Gruppenmitglieder auch parallel etwas erledigen und in denen sie schnell erfolgreich sind und miteinander Freude haben. So entsteht eine positive Gruppenatmosphäre. Weil die Gruppenleiterin um die Scheu der Gruppenmitglieder weiß, verzichtet sie in dieser Phase auf Präsentationen vor der ganzen Gruppe.

Hemmende Verhaltensweisen der Gruppenleiterin

In der Orientierungsphase wird die Gruppenleiterin von den Teilnehmerinnen genau beobachtet. Deshalb sollte sie vermeiden,

- sich mit nur einem Gruppenmitglied sehr lange und ausführlich zu beschäftigen,
- durch komplexe, langfristige Aufgabenstellungen mit vielerlei Entscheidungsmöglichkeiten die Gruppe zu überfordern. So kann schnell ein Klima entstehen, das von Frust geprägt ist.

> **Entwicklungsaufgabe in der Orientierungsphase:** „Möglichst viel Klärung und Orientierung, ohne sich einzuschränken, gegenseitiges Kennenlernen, Selbstdarstellung, Probeaktionen ermöglichen." *(Schattenhofer, 2009, S. 39)* Der Schwerpunkt für die Gruppe liegt auf der Integration und nicht auf der Differenzierung!

Erste Gruppenphase: Abklären, was zusammenpasst

4.5.2 Die Rollenklärungs- oder Streitphase

In der Fachliteratur wird diese Phase mit unterschiedlichen Begriffen belegt. So spricht Stahl von der Streitphase bzw. von Storming *(vgl. Stahl, 2012, S. 110)*. Metzinger benutzt dagegen den Begriff der Machtkampf- oder Positions- bzw. Rollenklärungsphase *(vgl. Metzinger, 2010, S. 51)*. Irene Klein bezeichnet diese Phase als Orientierungs- und Machtkampfphase *(vgl. Klein, 2012, S. 20 ff.)*. Diese Begriffe sind synonym zu verstehen.

Wenn die Gruppe in die Rollenklärungsphase kommt, hat sie schon viel erreicht. Die Gruppenmitglieder kennen sich und haben an Sicherheit gewonnen. Die Gruppe verfügt bereits über gewisse Strukturen. Es gibt Regeln und Normen, wenn sie auch noch nicht stabil sind. Die Gruppe hat sich über ein gemeinsames Ziel verständigt und die Erfahrung gemacht, dass dieses gemeinsame Ziel trägt.

Der Begriff „Rollenklärungsphase" macht deutlich, dass es in dieser Phase darum geht, innerhalb der Gruppe zu klären, wer welche Rolle übernimmt bzw. übernehmen will. Es entscheidet sich also, welchen Platz die einzelnen Gruppenmitglieder einnehmen werden *(vgl. Schattenhofer, 2009, S. 39)*.

Rollen in Gruppen

Im alltäglichen Sprachgebrauch wird der Begriff Rolle auf sehr unterschiedliche Weisen verwendet: „Sie spielt in unserem Team eine wichtige Rolle!" oder „Ich würde gerne mal eine andere Rolle spielen!". Besonders negativ ist es, wenn von einer Kollegin gesagt wird, dass sie im Team keine Rolle spiele *(vgl. Klein, 2012, S. 35)*.

Wenn Menschen in Gruppen zusammenkommen, dann ist es normal, dass sich die Gruppenmitglieder untereinander sehr unterscheiden. Diese Unterschiede können sichtbar werden, wenn es um die Interessen der Gruppenmitglieder geht. Auch zeigen sich Unterschiede, wenn es um die bisher gemachten Erfahrungen in Gruppen geht. Diejenigen, die sich bisher in Gruppen wohlgefühlt haben, gehen mit viel mehr Zutrauen in eine neue Gruppe. Kinder, die sich in der letzten Gruppe nicht wohlgefühlt und dort keine Freunde gefunden haben, werden sich dagegen vermutlich zunächst reservierter verhalten.
In Gruppen werden Rollen verteilt. Rollen sind mit konkreten Verhaltenserwartungen verknüpft.

> Alisha aus der vierten Klasse wartet auf dem Weg von der Schule in den Hort zu Beginn des Schuljahres regelmäßig auf die Erstklässler. Bei den Erstklässlern entsteht so die Verhaltenserwartung an Alisha, dass sie sich auch im Hort um sie kümmern wird und sie sich an Alisha wenden können, wenn sie etwas nicht verstehen.

„Die Rolle entwickelt sich in dauernder Wechselwirkung zwischen der Persönlichkeit des Rollenträgers und den Erwartungshaltungen, die ihm die Gruppe entgegenbringt. Ein Gruppenmitglied, das z. B. häufig zu Späßen und Witzen aufgelegt ist und gerne bei passender oder auch unpassender Gelegenheit auffällt, kann durch die Erwartungshaltung der Gruppe die Rolle des Gruppenclowns zugewiesen bekommen." *(Metzinger, 2010, S. 33)*

Wenn von Rolle gesprochen wird, dann ist zu beachten, dass damit nur das Verhalten eines Gruppenmitglieds in einer bestimmten Situation gemeint ist – „sie ist aber nicht sein ganzes Verhalten. Rolle ist ein Verhaltensausschnitt, steht im Zusammenhang mit der Situation, in der sie gespielt wird, und hat eine Bedeutung/ Funktion für die Gruppe". *(Klein, 2012, S. 35)*.

In Gruppen lassen sich nach Metzinger **drei Arten von Rollen** finden *(vgl. Metzinger, 2010, S. 34 ff.)*:

- **Aufgabenrollen:** Diese übernehmen die Gruppenmitglieder, die bereit sind, neue Ideen einzubringen. Sie zeigen Initiative, wenn es z. B. darum geht, für etwas verantwortlich zu sein oder für die Gruppe etwas zu erledigen. Sie sind an der Meinung der anderen Gruppenmitglieder interessiert, fragen bei Gesprächen nach. Sie sind selbst in der Lage, eine eigene Meinung zu formulieren und diese Position zu vertreten. Allerdings äußern sie ihre Meinung so, dass andere ermutigt werden, ebenfalls eine eigene Sichtweise einzubringen.
- **Erhaltungsrollen:** Wer eine solche Rolle einnimmt, legt Wert darauf, dass auch die stillen Gruppenmitglieder zu Wort kommen, und ermutigt sie, sich zu äußern. Er zeigt sich gegenüber anderen als aufmerksam und freundlich. In

Konflikten vermittelt er und sucht nach Kompromissen. Er nimmt auch das Ziel der Gruppe in den Blick. Entfernt sich die Gruppe zu sehr davon, ist er in der Lage, die anderen darauf aufmerksam zu machen.

- **Dysfunktionale Rollen:** In jeder Gruppe sind Einzelne anzutreffen, die den Gruppenprozess immer wieder stören. Solche Störungen können sich darin zeigen, dass sie sich in Gesprächen, wenn sich andere zu Wort melden, durch ihre Mimik abwertend zu dem Gesagten äußern (z. B. durch Stirnrunzeln, Kopfschütteln oder Hochziehen der Augenbrauen). Sie machen sich über andere lustig, stellen Gruppenmitglieder bloß. In Gruppendiskussionen stören sie, indem sie Nebengespräche führen oder sich ganz zurückziehen. Wenn sie sich selbst zu Wort melden, formulieren sie oft sehr scharf, aggressiv und gegenüber anderen abwertend.

Irene Klein kommt zu einer ähnlichen Rolleneinteilung. Statt von einer dysfunktionalen Rolle spricht sie allerdings von sogenannten „negativen" Rollen *(vgl. Klein, 2014, S. 35)*.

Eberhard Stahl nimmt eine differenziertere Einteilung vor. Er unterscheidet **psychologische** und **gruppendynamische Rollen.**

Unter **psychologischen Rollen** versteht er solche Rollen, die mit einem bestimmten psychologischen Verhalten in Verbindung gebracht werden. *(vgl. Stahl, 2012, S. 301).* Psychologische Rollen sind beispielsweise der Clown oder die Einsichtige, der Eigenbrötler oder die stets Zufriedene. Psychologische Rollen tragen zur Sicherheit in der Gruppe und der einzelnen Teilnehmer bei: Wenn der Clown an dem Gruppengespräch teilnimmt, wird es sicher nicht allzu ernst. Die Einsichtige achtet darauf, dass im Gespräch die Argumente anderer auch wirklich gehört werden, und sie ist bereit, ihre Meinung auch zu ändern. Ist sie dabei, kommt es meistens zu einem Ergebnis.

Gruppendynamische Rollen zeigen, welchen Einfluss oder welche Macht der Rollenträger auf das Geschehen in der Gruppe hat *(vgl. Stahl, 2012, S. 316).* Stahl unterteilt die gruppendynamischen Rollen in vier Typen:

„Der inoffizielle Führer: Er verdankt seinen Einfluss der Tatsache, dass die von ihm verkörperten Themen von der Gruppe ‚gewünscht' werden und hoch im Kurs stehen. Er drückt aus und lebt vor, was in der Gruppe gerade thematisch favorisiert wird." *(Stahl, 2012, S. 317)* Der inoffizielle Führer steht deshalb so hoch im Kurs in der Gruppe, da er das zentrale Thema der Gruppe repräsentiert. Sein Platz ist mitten im Gruppengeschehen, ohne dass er der offizielle Sprecher der Gruppe ist. Auffällig ist bei den inoffiziellen Führern, dass sie besonders im Leistungsbereich positiv auffallen. Sie bringen Ideen ein, übernehmen Aufgaben und verfügen über sprachliche Kompetenz. Im sozial-emotionalen Bereich gelingt es ihnen gut, auf andere Gruppenmitglieder zuzugehen, sie zeigen sich kontaktfreudig und hilfsbereit.

So spielen die Kinder mit der fünfjährigen Svantje sehr gerne in der Bauecke, weil sie oftmals gute Ideen einbringt, wenn die Kinder miteinander bauen. Neulich konnten die Erzieherinnen beobachten, wie fünf Kinder mit Svantje zusammen einen Zoo bauten. Als das Spiel plötzlich stockte, fragte Svantje, ob die anderen auch Lust hätten, noch drei weitere Gehege für Tiere zu bauen. Und schon setzten die Kinder das Spiel fort.

Der Mitläufer: Er verhält sich eher zurückhaltend, lässt anderen den Vortritt. Er macht immer mit. „Er verzichtet darauf, der Gruppe eigene Impulse zu geben, und verkörpert seinerseits keine zusätzlichen Themen. Sein Hauptziel in der Gruppe ist nicht die Schaffung eines von ihm geprägten Klimas, sondern das Dazugehören." *(Stahl, 2012, S. 318)* Das Problem bei den Mitläufern ist, dass sie sich zu leicht unterordnen. Sie wechseln unter Umständen auch schnell die Positionen, wenn die inoffiziellen Führer diese verändern. Sie äußern sich selten offen. Ihre Meinung ist nicht erkennbar. Gruppenleiter müssen darauf achten, dass sie die Mitläufer immer wieder freundlich damit konfrontieren, dass ihre eigene Meinung wichtig ist und das Gruppengeschehen davon profitiert, wenn sie sich äußern.

Der Außenseiter: Er befindet sich am Rande der Gruppe, gehört aber trotzdem dazu. Seine Interessen und Themen werden von der Gruppe geduldet, auch wenn sie keine wesentliche Rolle spielen. Die Themen der Außenseiter können aber im Laufe des Gruppenprozesses zu zentralen Themen werden, wenn sich die Gruppe verändern will. Außenseiter haben von außen betrachtet oft ein negatives Image. Dabei kann es aber immer wieder vorkommen, dass sie von der Gruppe selbst durchaus wertgeschätzt werden. Dies ist besonders dann der Fall, wenn sie Themen repräsentieren, auf die die Gruppe stolz ist, da sie eine positive Außenwirkung mit sich bringen.

Der Sündenbock: „Er ist das Gegenstück zum inoffiziellen Führer. An ihn werden die Tabuthemen der Gruppe delegiert. Er trägt gewissermaßen jenen thematischen Sprengstoff mit sich herum, der der Gruppe zu bedrohlich und heikel erscheint, als dass er öffentlich gezündet werden könnte." *(Stahl, 2012, S. 319)* Der Sündenbock repräsentiert also oft solche Themen, die die einzelnen Gruppenmitglieder bei sich selbst abspalten. So wird der Kollege, der sich bei der Verteilung von Aufgaben immer mit der Begründung heraushält, dass er sich vor zu viel Belastung schützen müsse, schnell als unsozial abgetan. Dabei macht er ggfs. nur zum Thema, dass in der Gruppe ein Klima tendenzieller Überlastung herrscht, dies aber nicht benannt werden darf.

Besonders die Außenseiter und der Sündenbock nehmen eine wichtige Funktion innerhalb der Gruppe wahr. Sie können für die Gruppe zum Korrektiv werden. Sie können mit ihrer Rolle verhindern, dass in der Gruppe ein Zwang zur einheitlichen Meinung entsteht. So kann der Konformitätsdruck innerhalb der Gruppe reduziert werden. Der Außenseiter thematisiert das, was sich niemand traut, anzusprechen. Damit weist er die Gruppe auf wichtige Themen hin. Es kommt immer wieder auch vor, dass der Außenseiter Lösungsvorschläge einbringt, die sich beim ersten Hinschauen als verrückt erweisen. Geht man aber genauer darauf ein, kann die Gruppe damit vielleicht aus gewohnten Bahnen ausbrechen und sich mit der Umsetzung dieses Lösungsvorschlages auf neue Wege begeben. So tragen diese Rollen dazu bei, dass die Gruppe nicht erstarrt und beweglich bleibt.

Wichtig ist es, zu beachten, dass ein Mensch verschiedene Rollen einnehmen kann und sich auch immer wieder in wechselnden Rollen zeigen wird. Man sollte sich also davor hüten, einzelne Gruppenmitglieder auf eine Rolle festzulegen.

Dass Menschen Rollen einnehmen, hat eine wichtige Funktion: So wird das Zusammenleben innerhalb einer Gruppe wesentlich vereinfacht. Indem die einzelnen Gruppenmitglieder eine Rolle übernehmen, tragen sie dazu bei, dass für alle in der Gruppe eine größere Sicherheit entsteht. So wird das Gruppengeschehen überschau- und erwartbarer. Alle wissen: Wenn die fünfjährige Svantje bei einem Spiel dabei ist, wird es in der Regel spannend, da sie gute Ideen mit einbringt. Sie entspricht so den Verhaltenserwartungen der anderen Kinder an sie. Das ist die positive Seite, wenn Menschen Rollen übernehmen. Die negative Seite kann sein, dass das Gruppengeschehen langweilig und sehr eingefahren wird. Schließlich braucht sich niemand mehr selbst Gedanken machen, wie das Spiel weitergehen soll, wenn Svantje mitspielt, denn sie hat ja ohnehin die zündende Idee. Andere Kinder fühlen sich daher nicht mehr herausgefordert und machen nur noch mit. *(vgl. Stahl, 2012, S. 297).*

Rollenträger machen, wie bereits erläutert wurde, durch ihre Rolle immer auch ein Thema innerhalb der Gruppe deutlich. So kann der Clown beispielsweise mit seinen Scherzen darauf aufmerksam machen, dass es in jeder Gruppe auch darum geht, Spaß miteinander zu haben bzw. dass auf eine freundliche Atmosphäre geachtet werden sollte. Er wird vielleicht seine Späße besonders dann machen, wenn die anderen auf viel Disziplin achten. Derjenige, der sich innerhalb der Gruppe rebellisch verhält, macht damit zum Thema, dass es wichtig ist, den Gruppenteilnehmerinnen genügend Freiheit einzuräumen. Derjenige, der sich oft einsichtig zeigt und zu Kompromissen und Zugeständnissen bereit ist, verweist mit seinem Verhalten darauf, dass eine Gruppe nur funktioniert, wenn alle ihre Ziele ein Stück weit zurückstellen.

Eine solche Sichtweise auf Rollen trägt dazu bei, nicht nur die positiven Rollen positiv zu bewerten, sondern auch bei den dysfunktionalen Rollen zu erkennen, dass diese Rollenträger eben nicht nur Störer sind, sondern auch eine wichtige Funktion innerhalb einer Gruppe haben.

Die Dynamik in der Rollenklärungsphase

Nachdem sich die Gruppe in der Orientierungsphase kennenlernen konnte, beginnt nun eine Zeit der Auseinandersetzung, des Streitens. Die Gruppe überprüft ihre Selbstständigkeit und schaut, wie weit sie hier bereits gehen kann. Innerhalb der Gruppe bilden sich Untergruppen. Es scheint so, als ob nun wieder eher das Trennende innerhalb der Gruppe im Vordergrund steht.

Es ist eine „Zeit des **Sich-Abgrenzens**, Sich-Auseinandersetzens, Sich-Unterscheidens" *(Stahl, 2012, S. 111)*.

Während es in der Orientierungsphase darum geht, herauszufinden, was die Gruppenmitglieder verbindet, was ihre gemeinsamen Interessen und Ziele sind, steht in der Rollenklärungsphase im Mittelpunkt, was eben nicht zur gemeinsamen Schnittmenge gehört. Die Gruppenmitglieder treten zueinander in Konkurrenz, suchen die Auseinandersetzung um den größtmöglichen Einfluss in der Gruppe. Die Individualität der Einzelnen wird immer deutlicher und sichtbarer. Dies führt auch dazu, dass die einzelnen Gruppenmitglieder sich näherkommen oder mehr Distanz zueinander empfinden. Wenn es gelingt, die nun erkennbaren Unterschiede nicht wegzudrücken, sondern für die ganze Gruppe zu nutzen, wird sich die Leistungsfähigkeit der Gruppe erhöhen *(vgl. Stahl, 2012, S. 113)*.

Für den Einzelnen kann diese Phase sehr anstrengend sein. So lösen Konflikte immer auch Ängste aus: Ängste vor unkontrollierten Emotionen, davor, dass die Gruppe die konflikthaften Situationen nicht mehr steuern kann, und schließlich auch davor, dass die Gruppe auseinanderfallen könnte. Hier spielen entsprechende negative oder positive Vorerfahrungen eine große Rolle. Haben die Teilnehmerinnen in vorherigen Gruppen erlebt, dass diese Phase bei aller Anstrengung konstruktiv verlaufen kann, werden sie sich in den Auseinandersetzungen nicht so leicht entmutigen lassen. In dieser Phase ist es wichtig, dass Einzelne vorpreschen und Themen und ansprechen. Die Zögerlichen werden sich dann eher anschließen.

Nach Stahl verläuft die Rollenklärungsphase dann **konstruktiv**, wenn „zur rechten Zeit das rechte Thema am rechten gruppendynamischen Ort mit der rechten Haltung bearbeitet wird und die rechten Konsequenzen hervorbringt" *(Stahl, 2012, S. 118)*.

Die Stellung der Gruppenleiterin
Die Gruppenleiterin sieht sich in dieser Phase plötzlich verstärkt infrage gestellt.

> Während in den ersten Wochen das Mittagessen im Hort ruhig verlief, beobachten die Erzieher seit einigen Tagen, dass es bei jedem Mittagessen neuerdings heftig gestritten wird. Dabei tut sich besonders Pedro hervor, der die neuen Kinder ständig mit dem Begriff „die Babys" bezeichnet. Immer wieder müssen Frau Aydin und ihre Kolleginnen darauf bestehen, dass Pedro keine abwertenden Bemerkungen machen solle. „Ach, ihr haltet ja immer zu den Babys!", kontert Pedro. „Immer dürfen die Neuen sich etwas wünschen und sich auch beim Mittagessen zuerst etwas nehmen! Ihr seid voll ungerecht!"

Die Gruppenmitglieder testen nun aus, wie weit sie bei der Gruppenleiterin gehen können, ob sie ihre Ankündigung von Konsequenzen bei Regelverstößen ernst gemeint hat, ob es ihr wichtig ist, dass vereinbarte Regeln eingehalten werden, ob sie auch in Konflikten fair und offen bleibt.

Förderndes Verhalten der Gruppenleiterin
- Ein wichtiger Grundsatz in dieser Phase lautet, dass Konflikte zugelassen werden sollen. Die Leiterin soll dabei helfen, dass die Gruppe diese Konflikte klären kann. Sie muss Konflikte nicht für die Gruppe lösen, aber den Raum geben, den die Gruppe braucht, damit Konflikte angesprochen werden können. Hierzu gehört es, Stimmungen innerhalb der Gruppe, die die Leiterin wahrgenommen hat, anzusprechen, der Gruppe die eigene Beobachtung zu schildern und sie damit zu konfrontieren.
- Förderlich ist es auch, wenn die Gruppenleiterin immer wieder gezielt nachfragt, ob die Gruppe Klärungsbedarf hat, und deutlich macht, dass dafür jederzeit Raum vorhanden ist.
- **Aktives Zuhören** hilft in dieser Phase sehr. Die Gruppenleiterin fasst „unter Einbezug auch des nur Angedeuteten die Äußerungen der Streitparteien so zusammen, dass die Betroffenen sich verstanden und bei der Präzisierung ihrer Gedanken und Gefühle unterstützt fühlen" *(Stahl, 2012, S. 135)*.
- Jetzt kommt es auch darauf an, die Gruppe genau zu beobachten, zu schauen, ob einzelne Gruppenmitglieder zu sehr auf eine bestimmte Rolle festgelegt werden, und darauf zu achten,

dass die Rollen innerhalb der Gruppe flexibel gehandhabt werden so, dass niemand auf eine Rolle fixiert ist.

- Angriffen auf die eigene Person sollte die Gruppenleiterin gelassen begegnen und für sich klären, welche Funktion diese Angriffe haben.
- Besteht die Möglichkeit, mit der Gruppe Aktivitäten durchzuführen, dann eignen sich besonders solche Angebote, in denen es auf Kooperation ankommt und die unterschiedlichen Begabungen der Teilnehmerinnen für die Gruppe nutzbar sind. Wichtig ist auch, dass in dieser Phase keine Spiele ausgewählt werden, in denen einzelne Gruppenmitglieder alleine stehen oder sogar bloßgestellt werden, es also einzelne Verlierer gibt. Wenn solche Spiele ausgewählt werden, dann sollte immer die ganze Gruppe das Spiel verlieren oder gewinnen können.

Hemmendes Verhalten der Gruppenleiterin

Sobald sich die Gruppenleiterin in Konflikten parteiisch verhält, trägt sie zu einer Verschlechterung des Gruppenklimas bei. Jetzt können sich nicht mehr alle darauf verlassen, dass sie sich in schwierigen Situationen neutral verhält und vermittelnd tätig wird.

Werden einzelne Gruppenmitglieder gehänselt und die Leiterin akzeptiert dies oder hält sich dabei heraus, bietet den Schwächeren also keinen Schutz in der Gruppe, wirkt sich dies auch sehr negativ aus. Alle Gruppenmitglieder müssen sich darauf verlassen, dass die Leiterin keinen schutzlos der Gruppe überlässt. Immer wieder lässt sich beobachten, dass Gruppenleiter mit der Aussage „Die Teilnehmer sollen Konflikte allein lösen" ihre passive Haltung rechtfertigen möchten.

Wird die Leiterin angegriffen und sie reagiert darauf aggressiv, abwertend und persönlich gekränkt, verhindert sie, dass die Gruppenmitglieder künftig Konflikte ansprechen. Allerdings kommt es jetzt auch darauf an, dass die Gruppenleiterin sich konsequent verhält, wenn es z. B. um einen Regelbruch geht. Hier achten die Gruppenmitglieder ganz genau auf die Reaktion der Leiterin: Akzeptiert sie das Verhalten oder thematisiert sie es bzw. besteht auf der Einhaltung der Regel?

Es kann vorkommen, dass es Gruppen nicht gelingt, die Rollenklärungsphase zu überstehen. Dann lösen sie sich an dieser Stelle auf. Kindergartengruppen oder Schulklassen können sich allerdings nicht auflösen. Ist die Rollenklärungsphase nicht gut gelungen, dann macht sich dies im Gruppenklima bemerkbar. Die Gruppenmitglieder gehen sich zum Teil aus dem Weg, die Untergruppen bekommen ein großes Gewicht und stehen sich sogar unversöhnlich gegenüber. Für die Gruppenleitung ist es dann sehr anstrengend, eine solche Gruppe zu begleiten. Sobald die zentralen Konflikte in der Gruppe gut bearbeitet sind, kann sie in die nächste Phase übergehen. Dass Konflikte erfolgreich bearbeitet sind, bedeutet nicht, dass in der Gruppe nun ein völlig harmonisches Klima herrscht. Es zeigt vielmehr, dass die Gruppe ihre Konflikte kennt, dass sie darüber Bescheid weiß, was sie trägt und verbindet, aber eben auch anerkennt, dass es Bereiche und Themen gibt, die die Gruppenmitglieder trennen, die einen Dissens aufzeigen. Die Rollenklärungsphase trägt dazu bei, dies zu zeigen und erfahrbar zu machen. Wenn die Gruppe diese beiden Pole – die gemeinsamen verbindenden Ziele und den Dissens – anerkennt, dann kann sie sich in die nächste Phase begeben.

> **Entwicklungsaufgabe in der Rollenklärungs- bzw. Streitphase:** Die zentrale Aufgabe in dieser Phase ist, dass alle einen Platz in der Gruppe finden. Es soll sich eine gewisse Ordnung in der Gruppe entwickeln, die allerdings nicht zu starr sein sollte. Eine weitere wichtige Aufgabe ist es, Rollen und Positionen zu klären. Der Schwerpunkt liegt in dieser Phase auf der Differenzierung.

Gruppenleitung: Schwächere schützen!

4.5.3 Die Vertrautheits- oder Vertragsphase

Ist die Rollenklärungsphase „konstruktiv verlaufen, herrscht anschließend in der Gruppe eine Stimmung wie nach einem Sommergewitter: Die Luft ist rein, die Sicht ist klar, die Atmosphäre entspannt sich. Diese nachgewitterliche Stimmung ist geprägt von Erleichterung: Die heiklen Punkte sind angesprochen worden, nun ist vorerst das Schlimmste vorüber." *(Stahl, 2012, S. 140)*

Das **Zusammengehörigkeitsgefühl** in der Gruppe steigt. Es lässt sich beobachten, dass die Gruppenmitglieder immer öfter von „wir" sprechen. In dieser Phase geht es auch darum, die Gruppennormen und –regeln weiter auszubauen und „vertraglich" abzusichern. Diese Absprachen, Regeln und Normen können direkt (explizit) benannt sein, es gibt sie aber auch als implizite Absprachen, über die nicht groß geredet wird, die sich aber herauskristallisiert haben und an die sich die Gruppenmitglieder im Großen und Ganzen halten. Dies kann auch bedeuten, dass die Gruppe bestimmte Regeln schriftlich festhält, damit sich alle an die Absprache erinnern. Klar vereinbarte Regeln helfen der Gruppe, ein entsprechendes Selbstbild zu formen und zu einer **Gruppenidentität** zu kommen.

Zur Gruppenidentität gehört, dass sich in manchen Gruppen eine **Gruppensprache** entwickelt.

> Die Kinder haben in der Kinderkonferenz zusammen mit der Erzieherin **Gesprächsregeln** diskutiert und schriftlich auf einem Plakat festgehalten. In jeder Kinderkonferenz werden nun die Regeln in die Raummitte gelegt. Jetzt kann die Erzieherin die Gesprächsleitung an zwei ältere Kinder abgeben und so die Kinderkonferenz begleiten.

Während in der Orientierungsphase die einzelnen Gruppenmitglieder von der Gruppe noch eine idealisierende, wenig realistische Vorstellung hatten, so hat die Gruppe jetzt einen realistischen Blick auf sich. Alle wissen, was mit der Gruppe möglich ist, aber eben auch, was mit dieser Gruppe nicht geht. Dieser realistische Blick ist eine wichtige Grundlage für gemeinsame Vorhaben und Projekte.

Insgesamt ist das Gruppenklima freundlich. Diskussionen können kontrovers verlaufen, aber in einer eher gelassenen Atmosphäre. Die Eigenheiten der einzelnen Gruppenmitglieder werden akzeptiert und nicht als störend empfunden. Sie sind eher ein Zeichen für Individualität, die in der Gruppe nun positiv gesehen wird.

Stellung der Gruppenleiterin
Die Bedeutung der Gruppenleiterin verschiebt sich erneut. Während sich die Gruppe in der Orientierungsphase an der Leitung orientiert und in der Rollenklärungsphase an ihr gerieben und vielfältige Konflikte mit ihr ausgetragen hat, wird sie nun immer stärker in der Rolle der Moderatorin erlebt. Diesen „Bedeutungsverlust" erleben manche Leiterinnen als problematisch und gegen sich gerichtet. Dies ist aber von der Gruppe nicht so gemeint. Es ist nur eine Aussage über den Zustand der Gruppe, nicht über die Gruppenleiterin. Die Gruppe macht damit deutlich, dass sie z. B. zur Klärung von Konflikten auf die Leiterin als Moderatorin setzt. Die Leiterin befindet sich nicht im Abseits, ihre Funktion und Rolle hat sich lediglich verändert. Sie ist aber weiterhin für die Gruppe wichtig. Für die Gruppe gewinnen die internen Führerfiguren zunehmend an Bedeutung.

> Nach einem halben Jahr beobachten die Erzieherinnen, dass die Kinder aus dem Hort gemeinsam nach der Schule in den Hort laufen. Dabei spielen das Alter und die Klassenstufe keine Rolle mehr. Ihnen fällt auf, dass Johanne aus der ersten Klasse, Tassilo und Maria aus der dritten Klasse oft zusammen im Hort ankommen und kaum grüßen, da sie sich so angeregt unterhalten.

Förderndes Verhalten der Gruppenleiterin
In dieser Phase ist es für die Gruppe wichtig, dass ihr zunehmend mehr Verantwortung übertragen wird.

So können die ausgehandelten Regeln auch auf ihre Tauglichkeit überprüft und gegebenenfalls angepasst werden. Zu einem offenen Gruppenklima kann auch beitragen, dass die Gruppe etwas gemeinsam unternimmt und so das Zusammengehörigkeitsgefühl weiter wachsen kann. Hierzu gehört auch, dass die Gruppenleiterin, wenn sie Konflikte wahrnimmt, diese weiterhin anspricht.

So sorgt die Leiterin für ein offenes Gruppenklima. Sie beobachtet auch, ob die Rollen in der Gruppe festgefahren sind oder ob sich die Gruppenmitglieder in unterschiedlichen Rollen einbringen und ihre Fähigkeiten zum Einsatz bringen können. Sollte sie beobachten, dass in der Gruppe Druck darauf ausgeübt wird, nach der überstandenen Rollenklärungsphase nicht zu sehr auszuscheren, spricht sie diese Beobachtungen an und spiegelt der Gruppe ihre Wahrnehmung. In Diskussionen achtet die Leiterin darauf, dass die Gruppe Absprachen auch dokumentiert.

Eigene Ideen und Planungen der Gruppe unterstützt sie. Bei der Auswahl von Angeboten, Aktivitäten und Spielen achtet sie darauf, dass in ihnen die Eigenaktivität der Gruppe gefordert wird und die Einzelnen Verantwortung übernehmen müssen, wenn die Aktion gelingen soll. So werden „noch Unklarheiten, Ungereimtheiten und Doppeldeutigkeiten [...] transparent, die Nachbesserungen erfordern und damit die Reißfestigkeit der Absprachen erhöhen" *(Stahl, 2012, S. 162)*.

Hemmendes Verhalten der Gruppenleiterin
Gerade die veränderte Rolle der Gruppenleiterin – ihr vermeintlicher Bedeutungsverlust – verleitet dazu, sich aus dem Gruppengeschehen zurückzuziehen oder herauszuhalten und damit die Leitungsrolle aufzugeben. Dies schadet der Gruppe aber, denn die Tatsache, dass die gruppeninternen Führer wichtiger werden, bedeutet nicht, dass die Leiterin nicht gebraucht wird. Ein solches Verhalten kann von der Gruppe als Desinteresse ausgelegt werden. Hierzu gehört auch, wenn die Gruppenleiterin darauf verzichtet, eine eigene Meinung zu einem Problem zu äußern.

Hemmend für die weitere Entwicklung der Gruppe ist aber auch eine zu starke Dominanz der Leiterin. Aussagen wie „Das machen wir jetzt einfach so!" ohne Diskussion und Absprache geben der Gruppe das Gefühl, dass die Leiterin ihr nicht zutraut, Probleme eigenständig anzugehen und zu lösen. Damit wird das Selbstwertgefühl der Gruppe und ihrer Mitglieder nicht erhöht, vielmehr kann es zu Rückzug und Resignation kommen.

Gruppendruck
Die Vertrautheits- oder Vertragsphase ist dadurch gekennzeichnet, dass durch die Entwicklung eines Wir-Gefühls (Integration) ein gewisser Gruppendruck entstehen kann. Die Gruppe erlebt es als entspannend, dass nach all den Auseinandersetzungen während der Rollenklärungs- oder Streitphase nun das gemeinsame Miteinander im Vordergrund steht. Deshalb reagiert die Gruppe auf abweichende Meinungen gerade in dieser Phase mit Druck. Abweichende Meinungen sollen die Harmonie jetzt nicht stören.

Fehlende Möglichkeiten, das Gruppengeschehen zu überprüfen und über die Situation der Gruppe nachzudenken, führen dazu, dass sich möglicherweise wieder Tabus aufbauen, Disharmonien nicht gesehen werden und Probleme sich wieder mehr ausbreiten.

Jede Gruppe entwickelt Normen, also Verhaltenserwartungen, an alle Gruppenmitglieder. Diese Normen sind wichtig, da sie einer Gruppe Stabilität und den Gruppenmitgliedern Verhaltenssicherheit geben. Regeln und Normen benötigt eine Gruppe, damit das Zusammenleben funktionieren kann *(vgl. Klein, 2012, S. 32)*. Bei der Bildung von Normen muss zwischen expliziten und impliziten Normen unterschieden werden. Bei explizit vereinbarten Normen handelt es sich um solche Normen, die in der Gruppe offen und direkt verhandelt und schließlich vereinbart wurden.

> So ärgern sich die jüngeren Kinder in der Kinder-
> gartengruppe, dass die Großen beim Mittages-
> sen sich zuerst nehmen. In der Kinderkonferenz
> sagt der vierjährige Malte: „Ich will auch mal als
> Erster mein Essen nehmen!" Es wird beschlos-
> sen, dass alle Kinder einmal zuerst Essen neh-
> men dürfen und dass diese Regel von allen ein-
> gehalten wird (Norm). Die Verhaltenserwartung
> an alle ist also, dass sich auch alle Kinder an das
> halten, was gerade in der Kinderkonferenz be-
> schlossen wurde.

Bei impliziten Normen handelt es sich um Verhaltenserwartungen, die sich im Laufe der Zeit heraus-
gebildet haben, ohne dass darüber groß gesprochen
wurde. Das passiert oft nebenbei auch „durch Verhalten Einzelner, das abgeschaut wird, durch Reaktion
oder Nichtreaktion auf bestimmte Verhaltensweisen"
(Klein, 2012, S. 32).

> Die Kinder der Kindergartengruppe beobach-
> ten, dass die Erzieherinnen im Stuhlkreis darauf
> achten, sich regelmäßig neben andere Kinder zu
> setzen. Den Kindern wird so implizit die Norm
> vermittelt, dass alle Kinder gleich sind.

Das Zusammenleben in einer Gruppe ist also ein Ba-
lanceakt zwischen Anpassung und Eigenständigkeit.
Es besteht ein Konformitätsdruck, der vom Einzelnen
verlangt, sich normenkonform zu verhalten. So übt die
Gruppe einen starken Einfluss auf ihre Mitglieder aus.
Dieser Konformitätsdruck hat aber nicht nur negative Seiten, denn keine Gruppe und auch keine Gesellschaft kann funktionieren, wenn die Gruppenmitglieder sich nicht ein Stück weit anpassen.

In Gruppen wird das Verhalten der Gruppenmitglieder
positiv oder negativ sanktioniert. Hält sich ein Gruppenmitglied an Regeln und Normen, so reagieren die
anderen Gruppenmitglieder darauf mit konkreten positiven Sanktionen, die das Ansehen des Kindes steigern. Dies zeigt sich z. B. daran, dass andere Kinder
mit diesem Kind besonders gerne spielen wollen, da
sie sich sicher sein können, dass dieses Kind sich bei
den Regeln und Normen gut auskennt. Negative Sanktionen können Kopfschütteln auf die Äußerung eines

Kindes sein oder dass plötzlich viele Nebengespräche
beginnen, wenn ein bestimmtes Kind, das sich nicht
immer so angepasst verhält, im Stuhlkreis etwas sagt.
Wenn die Erzieherin diese Nebengespräche akzeptiert,
setzt sie die Norm, dass es Kinder gibt, die mehr zu sagen haben und andere, die nicht so wichtig sind.

> Wenn Svantje sich im Morgenkreis meldet und ei-
> nen Vorschlag macht, hören immer alle anderen
> Kinder zu und einzelne Kinder nicken sogar zu-
> stimmend. Wenn sich dagegen Max meldet, der
> sich oft nicht an Regeln hält, dann kann es schon
> passieren, dass ein Kind ruft: „Ach, nicht schon
> wieder du, Quatsch-Max!"

Normen können also positiv oder negativ wirken.
Wenn Normen dazu beitragen, dass die Gruppenmitglieder sich ihnen gemäß entfalten können, sind sie
hilfreich und förderlich. Normen können aber auch
ein Problem werden, wenn sie dazu führen, dass sie
Menschen einengen oder Zwang ausüben *(vgl. Klein
2012, S. 33).*

Deshalb ist es besonders wichtig, dass in Gruppen die
geltenden Normen regelmäßig daraufhin überprüft
werden, ob sie es den Gruppenmitgliedern ermöglichen, sich zu entfalten und „das Entstehen kooperativer und kommunikativer Gruppenstrukturen" *(Klein,
2012, S. 33)* fördern. Dies ist deshalb besonders wichtig,
da diese Prozesse sehr häufig unbemerkt und ohne Absicht ablaufen.

Dass in Gruppen ein großer Druck herrschen und dies
die Gruppenmitglieder in ihrem Verhalten und in ihren Entscheidungen beeinflussen kann, wurde wissenschaftlich ausführlich untersucht. Besonders der
Sozialpsychologe Solomon Asch (1907–1996) setzte
sich mit diesem Thema auseinander und führte hierzu
verschiedene Experimente durch. Dabei zeigte er, dass
Menschen in Gruppen unter einem enormen Konformitätsdruck stehen. Dieser Druck führt nach Asch dazu,
„dass bei Menschen, die mit einer Mehrheitsmeinung
konfrontiert sind, die Neigung zur Konformität stärker
sein kann als die eigene Überzeugung." *(Collin, 2012,
S. 224)*

In der Kinderkonferenz diskutieren die Kinder mit den Erziehern, wohin es beim nächsten Ausflug des Hortes gehen soll. Schnell bringt sich Vera, die die vierte Klasse besucht, ein und meint: „Wir können doch wieder wie im letzten Jahr grillen." Gleich stimmen ihr mehrere Kinder zu und rufen: „Au ja, das machen wir!" oder „Ja, das war letztes Jahr so cool!" Nur Carlo aus der ersten Klasse sagt leise: „Das finde ich doof. Ich will was anderes, nicht das Gleiche wie letztes Jahr." Vera ruft: „Ach was! Wir stimmen einfach ab!" Da sagt die Gruppenleiterin Frau Sangarini: „Vera, das ist ein guter Vorschlag, dass wir zum Schluss abstimmen. Aber erst möchte ich noch von Carlo hören, was er sich denn wünscht. Carlo, kannst du uns sagen, was dir Spaß machen könnte?" Carlo erzählt nun, dass er gerne in das nahegelegene Naturkundemuseum gehen wolle. Er berichtet, dass er erst vor ein paar Wochen mit seinem Vater dort war. „Da kann man so tolle Experimente machen! Wir haben zwei Stunden alles Mögliche miteinander ausprobiert." fügt er noch hinzu. Jetzt interessieren sich einige der Kinder dafür und fragen Carlo, was es alles dort zu sehen gebe. Carlo schildert nun, was er alles erlebt hat, und zunehmend verändert sich die Stimmung in der Gruppe.

Allerdings wurden die Experimente von Asch im Laufe der vergangenen Jahrzehnte einer kritischen Überprüfung unterzogen. Dabei wurde herausgefunden, dass vielerlei Faktoren wie beispielsweise kulturelle Prägungen oder gesellschaftliche Bedingungen eine gewichtige Rolle dabei spielen, ob sich Menschen dem Konformitätsdruck beugen oder nicht. So konnte man feststellen, dass in offenen, demokratischen Gesellschaften Menschen dem Konformitätsdruck eher widerstehen als in nicht-demokratischen Gesellschaften. Andere Sozialpsychologen wie z. B. Serge Moscovici haben darauf verwiesen, dass es schon öfter in der Geschichte kleine Gruppen bzw. Minderheiten waren, die dem Druck der Mehrheit widerstanden und mit ih-

rer Minderheitenposition, die sie öffentlich machten, einen Wandel bei der Mehrheit auslösten.

Für die Arbeit in Gruppen lässt sich daraus ableiten, dass die Erzieherinnen und Erzieher darauf achten, dass Minderheitenmeinungen, Zweifel und Nachfragen geäußert werden können.

Damit in Gruppen eine offene Atmosphäre herrscht und der Gruppendruck sich nicht negativ auf das Gruppenklima auswirkt, kommt es entscheidend auf die Gruppenleiterinnen an. Sie setzten implizit Normen, wenn sie einfühlsam auf die Stimmung in der Gruppe achten und z. B. Kinder ansprechen, die verbal oder durch ihre Mimik signalisieren, dass sie eine andere Meinung vertreten. Eine einfache Möglichkeit, Meinungsvielfalt in Gruppen zu fördern, lässt sich durch die Gestaltung von Entscheidungsprozessen in Gruppen umsetzen. So fördern große Kinderkonferenzen, an denen alle 28 Kinder teilnehmen, eher den Gruppendruck und verhindern, dass unterschiedliche Meinungen geäußert werden können, weil nie alle Kinder zu Wort kommen können und häufig sich die Kinder äußern, die Meinungsführer in Gruppen sind. Wenn aber die Kinder sich zunächst in kleinen Gruppen zu viert treffen und auf einem Papier aufmalen oder mithilfe der Erzieherin aufschreiben, was sie sich alles vorstellen, können später im Plenum unterschiedliche Bedürfnisse, Interessen und Meinungen sichtbar werden.

In der Vertrautheits- und Vertragsphase ist es also Aufgabe der Erzieherinnen darauf zu achten, welche Normen sich herausbilden und wie die Kinder miteinander umgehen. So können sie erkennen, ob der Gruppendruck sich negativ auf das Gruppenleben auswirkt und gegebenenfalls nachsteuern.

Zum Abschluss dieser Phase ist es gut, wenn sich alle Mitglieder der Gruppe nochmals der vertraglichen Basis bewusst werden und überprüfen, ob diese noch stimmig für sie ist. So kann die Gruppe Zwischenbilanz ziehen und, wenn notwendig, Veränderungen vornehmen.

Entwicklungsaufgabe in der Vertrautheits- oder Vertragsphase: In dieser Phase ist es Aufgabe der Gruppe, Gemeinsamkeiten zu entwickeln. Weitere Aufgaben sind: „das Verbindende sichtbar machen; tieferes gegenseitiges Verstehen; Normen auf Funktionalität hin zu untersuchen; Spielraum schaffen, nicht zu viel regeln." (*Schattenhofer, 2009, S. 39*) Der Schwerpunkt liegt in dieser Phase auf der Integration.

4.5.4   Die Differenzierungs- oder Arbeitsphase

Diese Gruppenphase zeichnet sich dadurch aus, dass die Gruppe nun gemeinsame Aktivitäten gut durchführen kann. Das Gruppenklima ist „von konzentrierter, zielorientierter Aktivität und persönlichem Verantwortungsgefühl geprägt. Es ist sachlich, wenn sachliche Ziele verfolgt werden; es ist persönlich, wenn zwischenmenschliche Ziele verfolgt werden. Es findet keine manipulative Verflechtung von Sach- und Beziehungsebene statt. Die Einzelnen übernehmen offen die Verantwortung für ihr Tun und Lassen, ohne sich benutzen zu lassen oder sich herauszureden." *(Stahl, 2012, S. 175)*

Jetzt schafft es die Gruppe, produktiv ein Projekt zu bearbeiten. Es gelingt ihr, konzentriert und effektiv das Vorhaben zu verfolgen. Aufgaben können verteilt und arbeitsteilig bearbeitet werden. Die Gruppe verfügt

In der Kinderkonferenz des Hortes melden sich die Viertklässler Emre und Julia zu Wort und fragen, ob die Hortgruppe mit den beiden Erziehern, Frau Häsler und Herrn Klein, in den nächsten Ferien nicht einen Ganztagsausflug machen könnte. Frau Häsler und Herr Klein stimmen sofort zu und beraten nun mit den Kindern, wie sie bei der Planung des Ausfluges vorgehen wollen und wer welche Aufgabe übernehmen will. „Wer holt schnell ein Plakat aus dem Materialraum?", fragt Herr Klein. Emre meldet sich und geht, um das Plakat und ein paar Stifte zu holen. „Darf ich schreiben?", fragt Maria, die in die zweite Klasse geht. Da niemand sonst gerade Interesse hat zu schreiben, übernimmt Maria diese Aufgabe.

Frau Häsler fragt nun die Kinder: „Was sollten wir denn als Erstes klären?" Sofort ergreift Luisa das Wort und schlägt vor, dass der Ausflug zu einer Grillstelle im Wald gehen solle und sie von der Hortküche Würstchen mitbekommen sollten. Herr Klein greift den Vorschlag auf und fragt die anderen Kinder, ob sie auch noch Ideen haben. Laura und Nils stimmen zu und meinen, das sei doch ein guter Vorschlag. Da meldet sich Donald, der auch in die zweite Klasse geht, etwas zögerlich und weist leise darauf hin, dass sie genau das bereits letztes Jahr gemacht hätten. „Ich will mal was anderes und fände es cool, wenn wir zusammen in den Zoo fahren würden!" Da ruft Emre hinein: „Ach, einfach abstimmen!" Frau Häsler sagt: „Emre, dass wir nachher die Vorschläge abstimmen, ist eine richtig gute Idee, aber vorher würde ich gerne von Donald hören, warum er den Zoo so gut findet!" Und sie wendet sich an Donald: „Donald, erzähl doch mal, wie du auf die Idee gekommen bist und was dich an dem Zoo so reizt." Donald berichtet, dass sein Onkel im örtlichen Zoo Tierpfleger sei und dort für die Seehunde und deren Fütterung zuständig sei. „Ich hab ihn mal gefragt, ob wir bei einer Fütterung dabei sein dürfen und er hat gleich Ja gesagt." Jetzt meldet sich Laura und meint: „Vielleicht ist das doch spannender." Luisa reagiert etwas ungehalten und sagt: „Ja, das können wir doch auch mal wann anders machen. Ich finde meinen Vorschlag besser!" So diskutieren die Kinder die beiden Vorschläge noch eine Weile. Frau Häsler und Herrn Klein fällt dabei auf, dass immer mehr Kinder sich für den Vorschlag von Donald begeistern. Sie bemerken aber auch, dass die Kinder einander zuhören und sich auch ausreden lassen. Bei der Abstimmung sind die meisten Kinder für den Zoobesuch. Da meldet sich Luisa zu Wort: „Ich finde den Zoo eigentlich auch gut. Kannst Du denn deinen Onkel nicht fragen, ob es im Zoo eine Grillstelle gibt?" Jetzt sind alle hellauf begeistert und rufen durcheinander: „Ja, das wäre toll!" Donald verspricht, dass er gleich heute noch seinen Onkel anrufen wird. Maria schreibt nun auf das Plakat „Ausflugsziel: Zoo".

Herr Klein meint, dass dies ja ein richtig guter Vorschlag sei. Jetzt müssten die Kinder aber noch einige weitere Punkte klären. „An was müsst ihr denn noch denken?" Die Kinder sammeln nun alle weiteren Punkte wie z. B. Fahrtkosten, Fahrpläne oder die Eintrittskosten in den Zoo. Anschließend verteilen sie untereinander die Aufgaben. Herr Klein und Frau Häsler sind während dieser Phase dabei, selbst aber nicht aktiv. Ab und zu streuen sie einen Kommentar ein: „Das ist eine gute Idee!" oder „Oh ja, gut, dass ihr daran gedacht habt."

Nach einer Stunde geht die Kinderkonferenz zu Ende, die Kinder machen einen sehr zufriedenen Eindruck. Die Erzieher können beobachten, wie nachmittags sich immer wieder einzelne Kinder über den kommenden Ausflug unterhalten.

über ein positives Selbstbild und weiß, dass sie die an sie gestellten Anforderungen erfolgreich bewältigen kann. Die einzelnen Gruppenmitglieder wissen nun genau, an welcher Stelle sie für die Gruppe eine Stütze sind und wobei sie der Gruppe nicht helfen können.

Stellung der Gruppenleiterin

Die Rolle der Gruppenleiterin in dieser Phase unterscheidet sich sehr von ihren bisherigen Aufgaben. Sie fühlt sich oft nicht mehr gebraucht, da die Gruppe das Wesentliche selbst regelt. Sie beobachtet das Gruppengeschehen und ist bei manchen Aktivitäten auch direkt dabei, wenn die Gruppenmitglieder sie fragen.

Förderndes Verhalten der Gruppenleiterin

Der Gruppenleiterin gelingt es, sich zurückzuhalten. Sie sieht ihre Rolle mehr in der Beratung. Sie bestärkt die Gruppe dabei, auch zu anderen Gruppen Kontakt aufzunehmen.

Sie hebt die Kompetenzen der Gruppenmitglieder hervor. Sie gibt Anregungen oder Impulse, wenn sie feststellt, dass die Gruppe diese gerade gebrauchen kann. Wenn sich die Gruppenleiterin so verhält, kann die Gruppe diese produktive Phase auch als solche erleben. Hält sich die Gruppenleiterin jetzt angemessen zurück, zeigt sie der Gruppe auch, dass sie in ihre Fähigkeiten und Kompetenzen Vertrauen setzt. Diese Zurückhaltung fällt Gruppenleiterinnen immer wieder schwer. „Konnten sie während der vorhergehenden Phasen glänzen und sich profilieren, so sind sie jetzt abgemeldet. Die Arbeitsphase der Gruppe ist halt nicht die Arbeitsphase des Coachs." *(Stahl, 2012, S. 176)*

Hemmendes Verhalten der Gruppenleiterin

Gerade weil es manchen Leiterinnen schwerfällt, „nicht gebraucht" zu werden, binden sie in dieser Phase die Gruppe an sich und nehmen entsprechend Einfluss. So leiten sie die Diskussionen, intervenieren bei der Suche nach Lösungen oder kontrollieren die Gruppe. Manche Gruppenleiter übernehmen in dieser Phase die Leitung eines Projektes der Gruppe, obwohl die Gruppe dies gut selbst leiten könnte.

> **Entwicklungsaufgabe in der Differenzierungs- oder Arbeitsphase:** Nun gehört es zur zentralen Aufgabe der Gruppe, dass abweichende Meinungen akzeptiert werden können; „viele Aspekte werden bei einer Entscheidung berücksichtigt" (*Schattenhofer, 2009, S. 39*). Die Gruppe leitet sich in vielen Situationen selbst. Zu ihren Aufgaben gehört es auch, dass die Gruppenmitglieder sich gegenseitig Feedback geben, wenn notwendig, Regeln überdenken und ändern. Und schließlich setzt sich die Gruppe neue Ziele. Der Schwerpunkt liegt in dieser Phase auf der Differenzierung.

4.5.5 Die Abschluss- oder Trennungsphase

Jede Gruppe löst sich einmal auf, keine Gruppe ist von Dauer. Das Ende einer Gruppe kann aus unterschiedlichen Gründen erfolgen. Nach bestandener Prüfung gehen alle Studierenden in das Berufspraktikum, mit dem Ende des Schuljahres verlassen Schüler die Klasse, durch den Wegzug zweier Familien werden in der Kindergartengruppe drei Plätze frei, die sehr schnell mit neuen Kindern belegt werden. Schließlich besteht auch immer die Möglichkeit, dass einzelne Gruppenmitglieder genug haben und sich eine neue Gruppe suchen wollen.

Damit allen Gruppenmitgliedern diese Phase positiv in Erinnerung bleibt, sollte sie bewusst geplant und gestaltet werden.

In dieser Phase wird zurückgeschaut, Bilanz gezogen. Die gemachten Erfahrungen werden ausgewertet. „Nach der gelegentlich hektischen Zeit des Miteinandertuns braucht es nun einen Moment des Innehaltens, Zurückschauens und Sichneuorientierens." *(Stahl, 2012, S. 178)* So wird jeder Einzelne in der Gruppe für sich Bilanz ziehen und sich nochmals seine persönlichen Ziele anschauen und mit den erreichten Ergebnissen abgleichen. Je nachdem, wie dies ausfällt, wird er zufrieden oder weniger zufrieden sein. Die individuelle Bilanz wird nicht nur auf der Sachebene gezogen, sondern ganz besonders auf der Beziehungsebene. So tauchen Fragen auf, wie z.B.: „Welche Freundschaften sind im Laufe der Zeit gewachsen? Sind sie tragfähig über das Ende der Gruppe hinaus?" usw.

Neben der individuellen Bilanz jedes einzelnen Gruppenmitglieds zieht auch die Gruppe Bilanz. Dies hängt im Wesentlichen von den einzelnen Gruppenmitgliedern und der Gruppenleitung ab. Nur wenn die einzelnen Gruppenmitglieder ihre individuelle Bilanz öffentlich machen, besteht die Chance, dass es in der Gruppe zu einem ertragreichen Austausch kommt *(vgl. Stahl, 2012, S. 181)*. Wie die einzelnen Gruppenmitglieder Bilanz ziehen, ist auch von den bisher gemachten Erfahrungen mit dem Auflösen und dem Verlassen einer Gruppe abhängig. Sehr häufig lassen sich vier Typen beobachten:

- Manche Gruppenmitglieder wollen zum Schluss nicht noch einmal richtig über die Gruppengeschichte nachdenken. Sobald die Gruppenleiterin eine Reflexionsrunde einleitet, kommen Bemerkungen wie „Das finde ich langweilig!" oder „Muss das sein?" Das deutet darauf hin, dass diese Gruppenmitglieder ihre Bilanz nur sehr oberflächlich ziehen und auch für sich behalten wollen.
- Einzelnen Gruppenmitglieder fällt es schwer, über die gemeinsam verbrachte Zeit zu sprechen. Sie selbst haben aber sehr wohl intensiv darüber nachgedacht und die gemeinsame Zeit reflektiert. Aber sie können oder wollen dies nicht darstellen.
- Dann gibt es Gruppenmitglieder, die sehr schnell und wenig reflektiert ihre Stimmung im Blick auf die Geschichte der Gruppe mitteilen.
- Schließlich finden sich die Gruppenmitglieder, die an einer genauen Auswertung interessiert sind, die den Abschied bewusst und überdacht mitgestalten wollen.

Das Verhalten der einzelnen Gruppenmitglieder und das Bewusstsein vom nahen Ende der Gruppe beeinflusst das Gruppenklima entscheidend.

Das Schuljahr neigt sich langsam dem Ende zu. Für Emre, Luisa, Yusuf und Anita bedeutet dies, Abschied nehmen zu müssen, denn als Viertklässler werden sie nach den Sommerferien auf eine weiterführende Schule wechseln und den Hort verlassen. Frau Häsler und Herr Klein, die beiden Gruppenerzieher, entscheiden mit den Kindern, diesen Abschied zu planen. In der Kinderkonferenz stellen sie ihr Vorhaben vor und erzählen, was für sie immer zum Abschied dazugehört: „Wir führen jedes Jahr ein Abschiedsfest mit Übernachtung durch! Erinnert ihr euch, was wir letztes Jahr gemacht haben?", fragt Frau Häsler. „Wir durften zwei Filme anschauen und dann gab es noch selbst gemachte Pizza!", ruft Emre. „Genau! Und dieses Abschiedsfest wollen wir heute mit euch planen. Vielleicht habt ihr ganz andere Ideen?", fügt Herr Klein hinzu.

Nun verwenden Erzieher und Kinder die restliche Zeit der Kinderkonferenz darauf, Ideen zu sammeln und diese zu konkretisieren. Am Schluss meint Frau Häsler: „Wir hängen noch ein Plakat auf, darauf könnt ihr alle anderen Ideen zum Abschluss aufschreiben. Dann können wir diese in der nächsten Kinderkonferenz in einer Woche aufgreifen!"

In den nächsten Tagen stellt Herr Klein die Portfolios der Schulkinder, die den Hort verlassen, sichtbar auf das Regal am Esstisch. Es dauert nicht lange, da sieht er, wie Luisa und Yusuf gemeinsam ihre Portfolios anschauen und sich angeregt über bestimmte Ereignisse aus den vergangenen Jahren unterhalten. Immer wieder schauen sie sich einzelne Fotos genauer an. Sätze wie „Erinnerst du dich …!" oder „Richtig, das war doch …!" sind zu hören.

Frau Häsler fällt aber auch auf, dass Emre sich in den letzten Tagen immer wieder zurückzieht, zum Fenster hinausschaut und für sich sein möchte. Als sie Emre darauf anspricht, sagt er nur: „Ich will nicht aus dem Hort gehen!" Es entwickelt sich ein längeres Gespräch zwischen beiden. Dabei stellt sich heraus, dass Emre Angst davor hat, wenn er künftig immer nach der Schule alleine zu Hause sein soll. Sie vereinbaren miteinander, dass sie mit Emres Eltern sprechen wird, ob es für diese denkbar wäre, dass Emre noch für eine gewisse Übergangszeit in den Hort kommt.

Die Gruppenmitglieder werden sich aber auch bereits auf die **Zukunft** ausrichten. Sie beschäftigen sich nicht nur mit dem nahenden Abschied und der Auflösung der Gruppe, sondern auch mit dem, was für sie persönlich danach kommt. Einerseits wird also zurückgeschaut, andererseits werden aber auch schon Pläne für die Zukunft geschmiedet. Beides ist für diesen letzten Schritt wichtig. Auf der einen Seite können die Gruppe und jeder Einzelne nun sehen, dass die Zeit mit dieser Gruppe sinnvoll war und auch jedem viel gegeben hat.

Auf der anderen Seite zeigen die Zukunftspläne dem Einzelnen auch, dass mit dem Ende dieser Gruppe nicht alles zu Ende ist, sondern dass es ein Danach gibt.

Für die Gruppe ist es wichtig, dass sie die Chance erhält, miteinander zu bilanzieren. Werden die individuellen Bilanzen nun öffentlich ausgetauscht, können die Gruppenmitglieder noch einmal Neues voneinander erfahren, Erinnerungen werden wach und gemeinsame Erlebnisse ausgetauscht. Auch der Abschieds- und Trennungsschmerz muss seinen Platz bekommen.

Die Abschlussphase kann aber auch längst überwunden geglaubtes Verhalten erneut zu Tage fördern. Plötzlich finden wieder Auseinandersetzungen wie in der Rollenklärungsphase statt. Die Gruppenleiterin wird kritisiert und getestet. Die Mitglieder suchen den Streit mit ihr und provozieren sie. Wenn es um Entscheidungen der Gruppe geht, sind sie weniger kompromissbereit als bisher.

Menschen gehen mit Abschieden sehr unterschiedlich um. Je nach den bisher gemachten Erfahrungen zeigen sie deshalb besonders in dieser Phase sehr unterschiedliche Reaktionen. Es kommt vor, dass die Verhaltensweisen der Gruppenmitglieder wieder viel emotionaler werden. Dies hängt auch mit der Unsicherheit zusammen, die in dieser Phase auch spürbar wird, da niemand in die Zukunft schauen kann und weiß, wie sich die Situation für den Einzelnen nach der Auflösung der Gruppe entwickeln wird. Lediglich bisherige Erfahrungen mit Abschied, das begrenzte Wissen im Blick auf die Zukunft und unsere Fantasien bestimmen unser Verhalten.

Förderndes Verhalten der Gruppenleiterin

Die Gruppenleiterin kann viel zum Gelingen der Abschiedsphase beitragen. Ist sie sich über die Schwierigkeiten in dieser Phase im Klaren, so wird ihr daran gelegen sein, sie bewusst zu gestalten. So sollte sie, wenn dies nicht von der Gruppe selbst gewünscht wird, eine Rückschau einleiten und damit an gemeinsame Erlebnisse, Auseinandersetzungen, schwierige und gute Zeiten erinnern. Sie wird Raum für eine Auswertung der gemeinsam verbrachten Zeit und der Lernergebnisse schaffen. Ein

realistischer Blick hilft den Gruppenmitgliedern zu erkennen, wo sie erfolgreich waren und was nicht geklappt hat.

Die Gruppenleiterin sollte auch mit den Teilnehmerinnen den Blick in die Zukunft richten. Die Gruppenmitglieder erzählen beispielsweise von ihren Zukunftsplänen. Adressen werden ausgetauscht, sodass alle auch Kontakt zueinander halten können, wenn sie dies wollen. Gibt es Fotos von den verschiedenen Stationen der Gruppe, so lohnt es sich, diese nochmals gemeinsam anzuschauen und auf diese Weise Erinnerungen auszutauschen. Und schließlich ist es sehr hilfreich, wenn die Gruppenleiterin mit der Gruppe ein Abschlussfest plant und durchführt.

In der Kita „Regenbogen" gehen am Ende des Kindergartenjahres 12 Kinder in die Schule. Den Erzieherinnen ist es wichtig, dass die Gruppe der künftigen Schulkinder sich mit dem beschäftigen kann, was nun nach den Sommerferien auf sie zukommt. Deshalb haben sie schon gemeinsam mit den Kindern die Schule besucht und auch die künftige Klassenlehrerin war schon zweimal zu Besuch im Kindergarten.
Jetzt sind es noch vier Wochen bis zu den Sommerferien und deshalb gibt es nun in den letzten Wochen regelmäßige Erinnerungsrunden. Die Erzieherinnen haben Fotos von wichtigen Ereignissen aus den letzten drei Jahren in einer Fotoshow zusammengestellt, und gemeinsam schauen sich alle Kinder die Bilder an. Die künftigen Schulkinder erzählen dann von diesen Erlebnissen. es geht lebhaft zu und der Halbsatz, der am häufigsten zu hören ist, ist: „Weißt du noch ..."
Die Kinder und die Erzieherinnen planen noch ein großes Abschiedsfest, zu dem auch die Eltern und Geschwister eingeladen werden.
Jede Woche gibt es dazu ein besonderes Ereignis. In einer Woche basteln alle zusammen ihre Schultüten. In der nächsten Woche wählen alle Großen aus ihrem Portfolio ein besonderes Ereignis aus, das ihnen am wichtigsten war. Gemeinsam erstellen die Kinder eine Fotowand unter dem Motto „Daran erinnere ich mich besonders gerne!"

Hemmendes Verhalten der Gruppenleiterin

Der größte Stolperstein in der Schlussphase liegt in der emotionalen Abhängigkeit der Gruppe zur Leiterin. Sätze der Leiterin wie „Ich kann mir gar nicht vorstellen, dass ihr einmal nicht mehr da seid!" geben den Gruppenmitgliedern das Gefühl, dass ihre neuen Zukunftspläne, das Ende der Gruppe eigentlich nicht sein dürfe, nicht legitim sei, und kann sie in Gewissenskonflikte stürzen. Hierzu gehören auch besonders attraktive Angebote der Leiterin.

Auf der anderen Seite ist es nicht hilfreich, wenn die Leiterin Angriffe oder abwertende, kritische Äußerungen der Teilnehmer persönlich nimmt, also auf sich bezieht und nicht sieht, dass dies mit dem nahenden Abschied und der Auflösung der Gruppe zu tun hat. Eine Gefahr liegt auch darin, dass die Gruppenleiterin die Auflösung der Gruppe ignoriert und so tut, als ob alles ganz normal weitergehen werde.

Jede Trennungs- und Abschiedsphase aktiviert bei allen beteiligten Transitionserfahrungen. Je nachdem,

wie gelungen oder weniger geglückt diese Phasen erlebt wurden, wird die Reaktion nun ausfallen. Deshalb ist eine besonders sensible und aufmerksame Begleitung durch die Gruppenleiterin notwendig.

> „Abschiede rühren an Trennungsängste, die bereits in frühester Kindheit ihren Ursprung haben. Der Mensch muss ein Leben lang lernen, Trennung und damit verbundene Abschiede zu ertragen. Die Intensität der Gefühle ist dabei abhängig von der persönlichen Bedeutung der Menschen, von denen man sich trennen muss."
>
> *(Böhm, 2000, S. 30)*

> **Entwicklungsaufgabe in der Abschluss- oder Trennungsphase:** Zunächst geht es darum, miteinander die gemeinsame Zeit zu bilanzieren. Dies geschieht sowohl auf der sachlichen Ebene („Was haben wir erreicht?") als auch auf der sozialen – der Beziehungsebene („Wer ist mir besonders nahe? Welche Konflikte hatten wir? usw."). Bilanz zu ziehen ist sowohl die Aufgabe der Gruppe als auch jedes Einzelnen. Hier kann die Bilanz auch unterschiedlich ausfallen. Schließlich ist es die Aufgabe der Gruppe, in dieser Phase nochmals auf wichtige Erlebnisse zurückzublicken und die gemeinsame Zeit zu würdigen. Der Schwerpunkt liegt in dieser Phase auf der Integration.

4.6   Gruppenanalyse

Da Erzieherinnen besonders viel Zeit in Gruppen verbringen und Gruppen leiten, ist es für sie wichtig, das Geschehen in einer Gruppe zu erfassen. Durch eine genaue Gruppenanalyse können sie vielerlei interessante Informationen erhalten. So haben sie die Möglichkeit, einen Einblick in die Beziehungen der Kinder untereinander zuerhalten. Welches Kind steht eher am Rande oder an welchem Kind orientieren sich andere? Werden Kinder auf eine bestimmte Rolle festgelegt? Können Kinder unterschiedliche Rollen in verschiedenen Situationen einnehmen? Für die Gruppenanalyse stehen verschiedene Methoden zur Verfügung.

Soziometrisches Verfahren

Mithilfe der Soziometrie gelingt es beispielsweise, die sozialen Beziehungen in einer Gruppe zu untersuchen und diese abzubilden. Die Soziometrie verfolgt drei wesentliche Ziele:

„(1) die Erforschung der Gruppenstruktur, z. B. in Schulklassen, Kindergarten- bzw. Heimgruppen

(2) die Erstellung einer Individualdiagnose, d. h., es wird die soziale Position und der Status der einzelnen Mitglieder innerhalb der Gruppe ermittelt

(3) die Kleingruppenforschung: Dabei geht es um die Erhebung von Gesetzmäßigkeiten sozialer Abläufe und die Entstehung und Veränderung von Gruppenstrukturen in Gruppen." *(Metzinger, 2010, S. 67)*

Die Methode der Soziometrie wurde von Jakob L. Moreno entwickelt. Er stellte fest, dass in jeder Gruppe drei Dimensionen in der Regel zu finden sind: Zugehörigkeit, Macht und Intimität. Diese Begriffe lassen sich im Blick auf Kindergruppen auch anders ausdrücken:
- Kindern geht es darum, dass sie einen festen Platz in der Gruppe haben und andere Kinder finden, mit denen sie spielen können. Es geht

aber auch darum, sich von der Gruppe zu unterscheiden, zu erkennen, worin ich anders bin als die anderen Gruppenmitglieder. Wenn Kindern etwas besonders gut gefällt und anderen nicht, können sie dies erleben. So erfahren sie, was Zugehörigkeit bedeutet.

- Ihnen ist wichtig, dass sie Einfluss haben und ihnen z. B. im Stuhlkreis bei der Frage zugehört wird, welches Lied sie nun singen wollen. Oder dass die anderen Kinder, die ebenfalls gerade auf dem Bauteppich dabei sind, aus den Holzklötzen etwas zu bauen, zuhören und Vorschläge aufnehmen. Es ist aber auch Lebensrealität, dass wir dem Einfluss anderer Menschen ausgesetzt sind. Kinder erleben dies besonders intensiv, wenn sie sich mit anderen Kindern streiten. (Macht)
- Kinder sind mal traurig, mal fröhlich und ihnen ist es wichtig, ihre Gefühle und Stimmungen mit anderen Kindern zu teilen. Getröstet zu werden, miteinander zu lachen, sich aneinanderzukuscheln, bedeutet Kindern viel und es sind Zeichen von Intimität in einer Gruppe, wenn dies möglich ist. Hierzu gehört aber auch die Erfahrung von Distanz. Intimität beinhaltet immer beide Pole. Kinder bekommen auch mit, dass andere Kinder nicht mit ihnen spielen wollen. Sie erfahren, dass sie immer wieder alleine sind – auch und gerade in einer Gruppe. So erkennen sie die Kehrseite von Intimität.

Moreno nimmt diese drei Dimensionen als Ausgangspunkt für seine Gruppenanalyse. Mithilfe der Soziometrie lassen sich nun diese drei Dimensionen in einer Gruppe abbilden. So lässt sich mit dieser Methode darstellen, welche Kinder welchen Einfluss haben und welchem Einfluss sie ausgesetzt sind. Sobald eine Erzieherin hierzu Informationen hat, kann sie sich um Veränderungen bemühen, sollte dies notwendig sein, und dazu beitragen, dass Kinder, die bisher wenig oder keinen Einfluss in der Gruppe haben, nun verstärkt diesen bekommen.

Um solche und weitere Informationen über eine Gruppe zu erhalten, steht der Gruppenleiterin entweder die Möglichkeit der Befragung oder der Beobachtung zur Verfügung. Welche der beiden Möglichkeiten gewählt wird, hängt vom Alter und Entwicklungsstand der Gruppenmitglieder, aber auch von der Situation der Gruppe, ab. So können 8- bis 10-jährige Schulkinder

gebeten werden, Antworten auf Fragen aufzuschreiben, während bei Kindergartenkindern die Erzieherin die Antworten der Kinder selbst festhält. Die drei Dimensionen – Zugehörigkeit, Macht und Intimität – lassen sich über Fragen erfassen, in denen die Kinder gefragt werden, mit wem sie gerne spielen oder zusammen sind. Fragen können z. B. sein:

- Mit wem spielst du am liebsten in der Bauecke?
- Neben welchem Kind möchtest du gerne im Stuhlkreis sitzen?
- Wen würdest du gerne zu dir nach Hause zum Spielen einladen?

Die oben genannten Fragen lassen sich natürlich auch negativ formulieren: Mit wem möchtest du nicht zusammenspielen?

Die so erhobenen Informationen (Daten) lassen sich nun grafisch darstellen, indem z. B. anhand einer Tabelle aufgezeigt wird, welche Kinder wen wie oft nennen. „Mit der soziometrische Technik lassen sich auch typische soziale Untergruppen und die Beziehungen der Untergruppen zueinander feststellen." *(Metzinger, 2010, S. 71)*

Metzinger beschreibt die folgenden Grundmodelle sozialer Untergruppen (*vgl. Metzinger, 2010, S. 71 f.*):
Das Paar: Zwei Kinder wählen sich gegenseitig und werden selbst von anderen Kindern nicht so oft genannt.

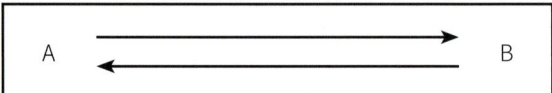

Die Kleingruppe oder Clique: Hier zeigt sich, dass drei oder vier Kinder sich gegenseitig benennen und selbst nur von wenigen Kindern von außen gewählt werden.

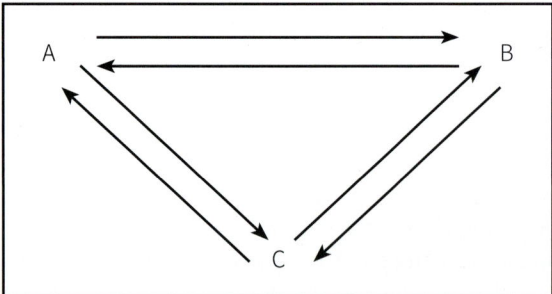

Die Kette: Pedro nennt Silvia, mit der er gerne spielt. Silvia nennt wiederum nur Malte.

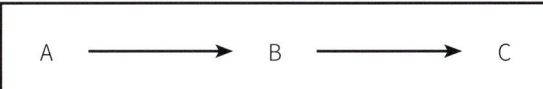

Die Gabelung: Hier haben mehrere Kinder über ein anderes Kind Kontakt zueinander. Dieses Kind fungiert in diesem Fall als Vermittler.

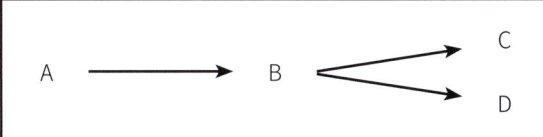

Der Stern: Ein Kind steht auf Grund seiner hohen Beliebtheit in der Mitte und die anderen Kinder beziehen sich auf dieses Kind.

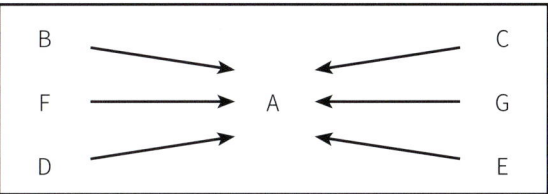

Wichtig ist zu beachten, dass die mithilfe der Soziometrie gewonnenen Informationen immer lediglich eine sehr begrenzte Aussagekraft haben, da sie nur einen Ausschnitt des Gruppengeschehens beschreiben, der sich zudem auch nur auf einen Moment bezieht. In einer anderen Situation, zu einem anderen Zeitpunkt, kann möglicherweise ein ganz anderes Ergebnis herauskommen. Deshalb sollten Erzieherinnen, die mit dieser Methode arbeiten, darauf achten, dass sie die Befragungen nach einiger Zeit wiederholen. Sie können die gewonnenen Erkenntnisse auch dadurch abstützen, indem sie diese mit gezielten Beobachtungen ergänzen (*vgl. Metzinger, 2010, S. 73*). Grundsätzlich gilt, dass die Informationen nicht veröffentlicht werden. Damit wird verhindert, dass Kinder bloßgestellt werden. Die gewonnenen Erkenntnisse können der Ausgangspunkt sein, damit Erzieherinnen aktiv werden und versuchen, besonders die Kinder, die eher am Rande der Gruppe stehen, besser zu integrieren.

Gruppendiagnose

Neben dem soziometrischen Verfahren gibt es auch die Möglichkeit der Gruppendiagnose. Sie umfasst vier Schritte: Zunächst geht es um die Beobachtung und Beschreibung des Gruppengeschehens bzw. eines Aus-

schnittes. Das Beobachtete soll ausgewertet werden und daraus sollen die Erzieherinnen dann Ziele ableiten, die sie mit der Gruppe nun verfolgen wollen. Die Ziele bestimmen die Methode der Intervention. Wodurch, durch welche Methoden, möchte ich das Gruppengeschehen nachhaltig beeinflussen? Nach erfolgter Intervention wird das gesamte Vorgehen evaluiert und gegebenenfalls neue Beobachtungen und Ziele vereinbart.

„Will man in der Arbeit mit Gruppen Ausblendungen, Blindflecken oder Routinen in der Beobachtung und damit eine verzerrte Datenbasis für eine Diagnose vermeiden, hat man […] nur zwei Möglichkeiten:

- Man hat entweder das Glück, in einem Leitungsteam (Staff) zu arbeiten, in dem sich die Weisen, auf Gruppen zu schauen, gegenseitig ergänzen, ausgleichen, sich gegenseitig kritisieren und weiterentwickeln.
- Oder man besitzt Theorien über Gruppen und deren Verläufe. Denn: Man sieht nicht, was man nicht sieht. Und man sieht nur, was man nicht sieht, wenn man eine Theorie dazu hat. Das ist die primäre Funktion von Theorie: auf das schließen zu können, was in der Beobachtung noch fehlt, denn ohne Theorie weiß man nicht, was man nicht weiß." *(Amann, 2009, S. 407)*

Bei diesem Verfahren sollten die Beobachtungen mit anderen Kollegen besprochen werden, um so sicherzugehen, dass die Beobachtungen auch wirklich genau und zuverlässig sind. Die daraus abgeleiteten Hypothesen zur Gruppensituation werden im Team kritisch überprüft, sodass dann auch die Ziele und Methoden auf die Gruppenrealität zutreffen.

Die Gruppendiagnose kann sich auf zwei Ebenen beziehen: auf die formale – äußere Ebene und auf die innere – inhaltliche Ebene der Gruppe. Für jede dieser Ebenen gibt es Fragen, mit deren Hilfe man die Situation der Gruppe erfassen kann.

Fragen zur äußeren Ebene können sich auf die Art der Gruppe, deren Zusammensetzung, deren Ziele und deren Aufgaben beziehen:

- Seit wann gibt es die Gruppe?
- Wie ist sie entstanden – freiwillig – nicht freiwillig?
- Wie oft trifft sich die Gruppe?
- Wer gehört alles der Gruppe an?
- Wie ist die Altersstruktur und wie sind z. B. Jungen und Mädchen (Männer und Frauen) vertreten?

- Welche offiziellen Ziele verfolgt die Gruppe?
- Von wem kommen die Ziele? Wer hat sie festgelegt? Die Gruppe selbst oder sind die Ziele von außen vorgegeben?
- Was sind die Aufgaben der Gruppe? Hat sich die Gruppe die Aufgaben selbst gestellt?

Fragen zur inneren bzw. inhaltlichen Ebene der Gruppe nehmen Bezug auf die aktuelle Gruppenphase, die Normen und Rollen in der Gruppe, auf deren Aktivitäten und auf die Gruppenentscheidungen sowie auf die Gruppenkonflikte:

- In welcher Gruppenphase befindet sich die Gruppe? An welchen Situationen unter den Gruppenteilnehmern lässt sich dies gut erkennen? Wie zeigt sich dies im Verhältnis zur Gruppenleiterin?
- Welche Normen lassen sich in der Gruppe erkennen? Wie haben sich diese Normen entwickelt? Wie werden die Normen durchgesetzt? Wie reagiert die Gruppe darauf, wenn einzelne Gruppenmitglieder die Normen nicht einhalten? Wird dies toleriert oder sanktioniert? Bei wem wird es toleriert und bei wem nicht?
- Welche Rollen gibt es in der Gruppe? Wie kam es zu der Rollenverteilung? Sind die Rollen in der Gruppe flexibel? Wie wird mit Außenseitern in der Gruppe umgegangen?
- Welche Aktivitäten lassen sich beobachten? Wer initiiert diese Aktivitäten? Sind daran alle in der Gruppe angemessen beteiligt? Gibt es Aktivitäten, die nur in Teilgruppen durchgeführt werden?
- Welche Entscheidungen trifft die Gruppe? Wie kommt es zu diesen Entscheidungen? Werden diese demokratisch getroffen? Wie wird mit Minderheitenvoten umgegangen? Gibt es Entscheidungen, die auf dem Konsensprinzip aufbauen?
- Welche Konflikte gibt es in der Gruppe? Wie reagieren Gruppe und einzelne Mitglieder auf die Konflikte? Werden Konflikte gelöst oder unter den Teppich gekehrt – ignoriert? Können Konflikte in der Gruppe alleine oder nur mithilfe der Gruppenleiterin gelöst werden? (vgl. Metzinger, 2010, S. 75 ff.)

All diese Fragen können helfen, ein differenziertes Bild über die Gruppe zu bekommen und damit sinnvolle Interventionen vorzubereiten. Je nach Alter und Entwicklungsstand der Gruppenmitglieder besteht auch die Möglichkeit, dass die Gruppe in den Diagnoseprozess mit einbezogen wird und „sich als Akteur im Prozess des Untersuchens begreift und selbst Expertin in eigener Angelegenheit wird. Im besten Fall gelingt es der Gruppenleiterin, durch neue Beobachtungsdifferenzen die Aufmerksamkeit der Gruppe auf einen Zusammenhang zu lenken, den sie bisher noch nicht wahrnehmen konnte, und zugleich der Gruppe eine Hypothese anzubieten, weshalb sie diesen Zusammenhang bisher noch nicht wahrnehmen konnte."
(Amann, 2009, S. 434)

↗ WIEDERHOLUNG

→ Die Arbeit von Erzieherinnen findet vor allem in Gruppen statt. Gruppen funktionieren nach Regeln und weißen bestimmte Merkmale auf.

→ Es gibt viele unterschiedliche Arten von Gruppen. Die Art einer Gruppe kann sich auf die Ziele und das Verhalten der Gruppenmitglieder auswirken.

→ Gruppen durchlaufen in der Regel mehrere Phasen, in denen sie bestimmte Entwicklungsaufgaben bewältigen.

→ In Gruppen gibt es verschiedene Rollen, die die Gruppenmitglieder einnehmen. Es kommt darauf an, dass die Rollen flexibel sind.

→ In Gruppen kann Druck auf das Verhalten der Mitglieder ausgeübt werden. Dieser Konformitätsdruck sollte regelmäßig durch die Gruppenleitung überprüft werden.

→ Das Verhalten der Gruppenleiter kann förderlich oder hemmend sein. Der Einfluss der Gruppenleiterinnen auf die Entwicklung der Gruppe ist groß.

→·← AUFGABEN

1 [Wissen und Verstehen]
Erstellen Sie Kurzreferate zu folgenden Themen:
→ Merkmale von Gruppen
→ Rollen in Gruppen
→ Gruppendynamik: Zielpool
Teilen Sie innerhalb der Klasse auf, wer welches Thema vorstellt. Das Referat sollte nicht länger als zwei bis drei Minuten sein. Treffen Sie sich in Dreiergruppen, sobald Sie alle das Referat ausgearbeitet haben. Achten Sie darauf, dass alle drei Themen in Ihrer Gruppe vertreten sind. Halten Sie dann das Referat und stehen Sie anschließend für Nachfragen der Mitschülerinnen zur Verfügung.

2 [Analyse und Bewertung]
Schauen Sie miteinander das Bilderbuch „Frederick" von Leo Lionni an. Überlegen Sie, wodurch sich Frederick von den anderen Gruppenmitgliedern unterscheidet. Diskutieren Sie dann, wodurch es Frederick gelingt, Einfluss auf die Gruppe zu gewinnen, und was sich durch ihn innerhalb der Gruppe verändert. Welche Rolle könnte Frederick einnehmen?

3 [Reflexion]
Halten Sie für sich schriftlich fest, welche Regeln in der Kindergartengruppe herrschten, in der Sie zuletzt Praktikum gemacht haben. Notieren Sie dazu, woran Sie erkennen konnten, dass diese Regeln in der Kindergartengruppe gegolten haben. Tauschen Sie sich dann mit drei Mitschülern darüber aus.

4 [Analyse und Bewertung]
In jeder Gruppe gibt es Regeln, die offen (explizit) oder unter der Hand (implizit) miteinander vereinbart werden. So ist in manchen Teams klar vereinbart, wer wann dran ist, Protokoll zu schreiben (explizit), und es gibt bei den Teamsitzungen eine heimliche Sitzordnung, die von allen eingehalten wird, über die aber nie gesprochen worden ist (implizit).

Erstellen Sie eine Liste mit expliziten und impliziten Regeln, die im Team in Ihrer letzten Praxisstelle gegolten haben. Setzen Sie sich mit drei Mitschülerinnen zusammen und vergleichen Sie untereinander diese Regeln. Gibt es bestimmte Regeln, die in vielen Teams nicht direkt angesprochen werden? Woran könnte dies liegen?

5 [Reflexion]
Reflektieren Sie, welche Rollen Sie in verschiedenen Gruppen bisher eingenommen haben. Denken Sie darüber nach, wie Sie sich in diesen Rollen gefühlt haben. Waren es zugewiesene oder selbst gewählte Rollen?

6 [Reflexion]
Teilen Sie die Gruppe in Kleingruppen mit ca. sechs Teilnehmerinnen. Füllen Sie davor eine Tüte mit unterschiedlichen Materialien (Bauklötzen, Steinen usw.). Jede Gruppe erhält nun den Auftrag, innerhalb von fünf Minuten aus den Materialien ein Bauwerk zu erstellen. Ein Gruppenmitglied wird gebeten, das Geschehen zu beobachten. Folgende Beobachtungsfragen können helfen: Wie arbeitet die Gruppe? Gibt es ein planvolles Vorgehen? Wer arbeitet wie zusammen? Gibt es Gruppenmitglieder, die sich eher heraushalten? Gibt es Teilnehmer, die die Ideen anderer aufgreifen? Zum Schluss wird die Gruppenarbeit im Plenum ausgewertet. Welche Rollen sind sichtbar geworden?

7 [Planung und Konzeption] [Querschnittsaufgabe Partizipation]
Untersuchen Sie die verschiedenen Gruppenphasen daraufhin, wie Kinder und Jugendliche in den einzelnen Phasen beteiligt werden können. Erstellen Sie ein Plakat, auf dem Sie festhalten, was die Gruppenleiterin in den einzelnen Phasen dafür tun kann, um die Beteiligung der Kinder und Jugendlichen zu fördern. Stellen Sie die Plakate im Unterrichtsraum aus und machen Sie miteinander einen Gallery Walk. Notieren Sie sich interessante Ideen der Mitschülerinnen.

8 [Wissen und Verstehen] [Querschnittsaufgabe Wertevermittlung]

Analysieren Sie, welche Normen und Werte in der Kindergruppe in Ihrem letzten Praktikum gegolten haben. Eine demokratisch-pluralistische Gesellschaft zeichnet sich durch Wertevielfalt aus. Inwiefern können Sie diese Wertevielfalt in dieser Kindergruppe wiederfinden?

Diskutieren Sie in der Klasse, wie die Erzieherinnen als Gruppenleiterinnen zur Wertevielfalt in Gruppen beitragen können. Erarbeiten Sie anhand der ersten Gruppenphase – der Orientierungsphase – wie besonders das Verhalten der Gruppenleiterin hier für das weitere Geschehen in der Gruppe prägend sein kann.

Kompetenzen, die in diesem Kapitel erworben werden können:

- Die Absolventinnen und Absolventen verfügen über breites und integriertes Wissen über Gruppenpsychologie sowie über die Gruppenarbeit als klassische Methode der Sozialpädagogik.

- Die Absolventinnen und Absolventen verfügen über Fertigkeiten,
  - Gruppenverhalten, Gruppenprozesse, Gruppenbeziehungen und das eigene professionelle Handeln systematisch zu beobachten, zu analysieren und zu beurteilen.
  - gruppenpädagogische Prozesse methodengeleitet zu analysieren, zu reflektieren, weiterzuentwickeln und zu vertreten.
  - auf der Grundlage eines breiten Spektrums an Methoden und Medien gruppenbezogene pädagogische Aktivitäten partizipatorisch zu planen, zu begleiten und angemessen zu steuern.
  - Bedingungen in Gruppen zu schaffen, in denen sich das einzelne Gruppenmitglied in der Gruppe selbstwirksam erleben kann.

Amann, Andreas: Der Prozess des Diagnostizierens – Wie untersuche ich eine Gruppe? In: Handbuch Alles über Gruppen. Theorie, Anwendung, Praxis. Herausgegeben von Cornelia Edding und Karl Schattenhofer, Weinheim/Basel: Beltz Verlag 2009, S. 404–436.

Böhm, Regine: Viele sind noch lange keine Gruppe. In: Kindergarten heute, Heft 9/10, Freiburg i. Br.: Herder Verlag 2000, S. 26–31.

Brandes, Holger: Selbstbildung in Kindergruppen. München: Ernst Reinhardt Verlag 2008.

Collin, Catherine/Benson, Nigel/Ginsburg,Joannah/ Grand, Voula/Layzan, Merrin/Weeks, Marcus: Das Psychologiebuch, übersetzt von Dörte Fuchs und Jutta Orth, München: Dorling Kindersley Verlag 2012.

Edding, Cornelia/Schattenhofer, Karl (Hrsg.): Alles über Gruppen. Theorie, Anwendung, Praxis. Weinheim/Basel: Beltz Verlag 2009.

Klein, Irene: Gruppen leiten ohne Angst. Themenzentrierte Interaktion (TZI) zum Leiten von Gruppen und Teams. 13. Auflage. Donauwörth: Auer Verlag 2012.

Metzinger, Adalbert: Arbeit mit Gruppen. 2. Auflage. Freiburg i. Br.: Lambertus Verlag 2010.

Schattenhofer, Karl: Was ist eine Gruppe? Verschiedene Sichtweisen und Unterscheidungen. In: Handbuch Alles über Gruppen. Theorie, Anwendung, Praxis, hrsg. von Cornelia Edding und Karl Schattenhofer. Weinheim/Basel: Beltz Verlag 2009, S. 16–46.

Stahl, Eberhard: Dynamik in Gruppen. 3. Auflage. Weinheim/Basel: Beltz Verlag 2012.

Tegethoff, Hans Georg: Soziale Gruppen und Individualisierung. Neuwied: Hermann Luchterhand Verlag 1999.

5   Wahrnehmung, Beobachtung und Diagnostik

Regine Böhm (Kap. 5.1–5.7) • Martina Lambertz • Bianca Ribic (Kap. 5.8–5.10)

Das vierköpfige Team der Gruppe 1 in der Kita Paul Maar trägt in einer Fallbesprechung Beobachtungen zu Natalie (5;2) zusammen. Hintergrund ist, dass sich das Team wegen Natalies Entwicklung Sorgen macht. Natalies Mutter ist alleinerziehend. Natalie ist das sechste von sieben Geschwistern. Die Familie lebt in einer Vier-Zimmer-Wohnung. Natalies Mutter arbeitet als Reinigungsfachfrau abends dreimal in der Woche. Natalie kommt meistens allein in die Kita. Nacheinander tragen die Teammitglieder ihre Beobachtungen, die sie jeweils schriftlich festgehalten haben, zusammen. Frau Sommer, die jeden Morgen für 1½ Stunden den Frühdienst abdeckt, berichtet: „Natalie hüpft immer direkt auf meinen Schoß und kuschelt sich an. Sie erzählt mir jeden Morgen, was sie geträumt hat. Mir fällt auf, dass sie dabei oft von einem Fuchs erzählt, der sie ängstigt. Mein Eindruck ist, dass ihre Sprache noch sehr einfach ist. Wichtig für mich ist aber, dass das richtig innige Momente mit Natalie sind, die sie sehr genießt." Frau Kulinek ist an der Reihe: „Ich habe beobachtet, dass Natalie beim Frühstück total ungeschickt war mit ihrer Brotdose. Sie hat sie einfach nicht aufbekommen. Schließlich hat sie die Dose sogar noch vom Tisch gewischt mit ihrer Hand. Dabei ist die Brotdose aufgegangen und sie hat sich ihr Brot auf den Teller gelegt. Und dann hat sie ihr Brot mit den Fingern total zerfleddert und mit den schmutzigen Fingern Schokocreme vom Brot gekratzt und sich die Finger in den Mund gesteckt. Echt eklig. Naja, für mich hat sich der Eindruck, dass Natalie motorisch ungeschickt ist, bestätigt. Kürzlich habe ich sie im Garten beobachtet, da ist sie praktisch über ihre Füße gestolpert." Frau Weiß widerspricht: „Also, ich erlebe Natalie anders. In der Werkstatt, für die ich zuständig bin, ist sie sehr eifrig beim Sägen und Werken. Ich habe beobachtet, wie Natalie ein Klapphandy hergestellt und erzählt hat, dass ihre Oma so eines hat. Sehr sorgfältig hat sie Löcher gebohrt und dann zwei Holzstücke so mit Schnur aneinandergebunden, dass man die beiden Stücke aufeinanderle-

gen und aufklappen konnte. Dann hat sie mit einem Bleistift Tasten aufgemalt und mit mir ‚telefoniert'. Ich habe Natalie als sehr engagiert wahrgenommen. Mehr noch: Auch als nicht alles gleich so geklappt hat, wie sie wollte, ist die drangeblieben und hat nicht aufgegeben. Dass mit ihrer Sprache was nicht stimmt, ist mir dabei gar nicht aufgefallen." Die Gruppenleiterin Frau Pizzetti liest ihre Beobachtung vor: „Natalie befindet sich in der Rollenspielecke. Sie legt eine Puppe in ein Bett und sagt: ‚Schlaf jetzt. Wenn du noch mal aufstehst, gibt es Haue. Ich will jetzt telefonieren.' Larissa schaut über das Spielgitter: ‚Darf ich mitspielen?' ‚Nein,' antwortet Natalie, ‚hier darf niemand rein, nur ich.' Sie macht einen Schritt auf Larissa zu und faucht sie an, so, als wolle sie eine Katze verscheuchen."

Nun bemerkt die Praktikantin Melina: „Mir fällt auf, dass Frau Sommer und Frau Weiß Natalie unproblematisch und positiv wahrnehmen. Frau Kulinek und Frau Pizzetti fallen ganz andere Dinge auf. Ich weiß jetzt gar nicht mehr, was ich von Natalie halten soll. Was stimmt denn jetzt?" Frau Sommer greift Melinas Beobachtung auf: „Ich finde das sehr interessant, was du uns da zurückmeldest, Melina. Lasst uns doch einmal die unterschiedlichen Beobachtungen im Team zu Natalie am Flipchart visualisieren."

↘ FRAGEN

→ *Worauf achten die einzelnen Teammitglieder, wenn sie Natalie beobachten?*

→ *Diskutieren Sie mögliche Gründe, weshalb die Teammitglieder Natalie so unterschiedlich wahrnehmen könnten.*

→ *Welche Erfahrungen haben Sie bisher mit Beobachtungen in Kitas gemacht, z. B.: Wie häufig machen sich die Kolleginnen Notizen? Wie werden diese Notizen genutzt?*

Wahrnehmen und Beobachten von Kindern gehört zu den Haupttätigkeiten einer Erzieherin. Wahrnehmen geschieht zum einen ungezielt nebenher in jeder Interaktion mit einem Kind, einer Gruppe oder mit Eltern. Zum anderen wird Wahrnehmung und Beobachtung ganz bewusst praktiziert, indem eine Erzieherin gezielt über einen kurzen Zeitraum hinweg ein Kind intensiv beobachtet und sich dabei Notizen macht. In manchen Einrichtungen wird alternativ oder ergänzend auch videografiert. Die Fähigkeiten, wahrnehmen und beobachten zu können, Beobachtungen zeitgleich oder zeitversetzt zu notieren und zu interpretieren, gehören daher zu den Grundqualifikationen einer Erzieherin und sind selbst schon eine pädagogische Tätigkeit. Denn: Kinder wahrzunehmen und zu beobachten heißt, sich ganz auf sie zu konzentrieren und sich ihnen zuzuwenden. Das Kind spürt die Aufmerksamkeit und das Interesse des Erwachsenen an ihm und seinen Tätigkeiten, es fühlt sich ernst genommen und genau das stärkt es in seinem Selbstbild *(vgl. Hebenstreit-Müller, 2012, S. 40 ff.)*.

Nicht alle Kinder aber mögen es, beobachtet zu werden. Manchmal möchten sie unbeobachtet bleiben und ihre Geheimnisse wahren. Nicht immer genießen sie es, über ihre Tätigkeiten zu reflektieren. Nicht für alle Kinder ist das Gespräch die angemessene Art des Austauschs, manche bevorzugen andere Formen des Austauschs, z. B. gemeinsame körperliche Bewegung beim Spielen im Garten. Auch das gilt es, respektvoll zu berücksichtigen *(vgl. Schweitzer, 2007, S. 164 ff.)*.

Die zielgerichtete Beobachtung ist auch die Grundlage von individueller Förderung und gruppenbezogenen Planungen von Alltag und Bildungsangeboten. Hohe Aufmerksamkeit und Präsenz sind notwendig für eine differenzierte Wahrnehmung *(vgl. Goldstein, 2008, S. 135 f.)*. Je nachdem, worauf eine Erzieherin ihre Aufmerksamkeit richtet, nimmt sie das eine wahr und blendet das andere aus – ein Grund dafür, dass Erzieherinnen, die gemeinsam ein Kind beobachten, ganz Unterschiedliches wahrnehmen und daher zu einer unterschiedlichen Einschätzung eines Kindes kommen können.

5.1   Der Wahrnehmungsprozess: Grundlage von Beobachtung

„Wahrnehmung ist eine bewusste sensorische Erfahrung."

(Goldstein, 2008, S. 6)

Mit unseren Sinnesorganen nehmen wir die Welt wahr und fühlen uns so mit der Umwelt verbunden. In jedem Augenblick treffen zahllose Lichtreize auf die Augen, eine Unmenge an Schallwellen auf die Ohren, vielerlei Gerüche auf die Nase, unzählige Druck- und Berührungsreize auf Finger, Füße oder Sitzmuskeln.

Das Gehirn unterscheidet zwischen wichtigen und unwichtigen Reizen und nimmt daher selektiv wahr.

Reize werden über Nervenbahnen weitergeleitet an das Gehirn. Aus diesen Milliarden von Reizen (oder „Daten") wählt das Gehirn in kürzester Zeit aus, was es für wichtig hält. Würde das Gehirn „Daten" nicht auswählen, sondern jeden Reiz als gleich wichtig bewerten, könnten wir nichts Sinnvolles erkennen, weil wir die Flut an Informationen gar nicht verarbeiten könnten.

Reize, die über die Sinnesorgane ins Gehirn langen, werden dort verarbeitet und mit Bedeutung versehen.

Das Gehirn ergänzt die ausgewählten Informationen, ordnet sie und versieht sie mit Bedeutung. Erst so kann aus zahllosen Reizen ein sinnvoller Eindruck entstehen: Wir erkennen etwas. Das Erkennen ist die Grund-

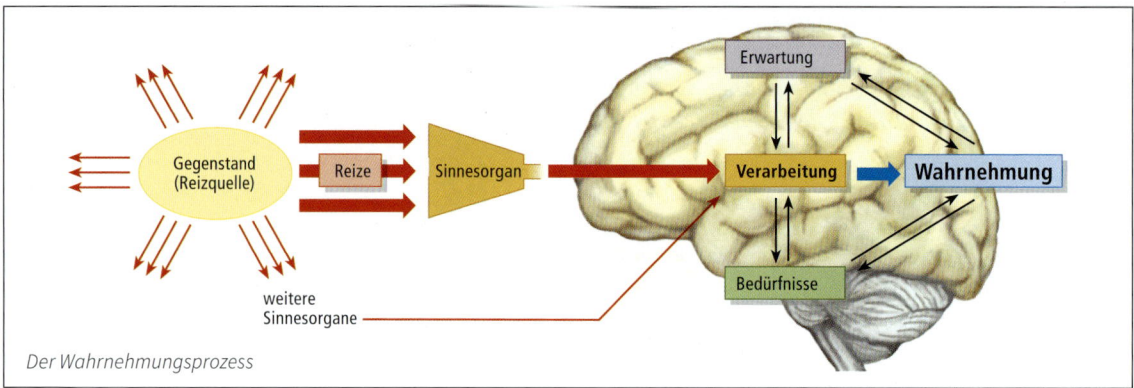

Der Wahrnehmungsprozess

lage für das Handeln in jeder Situation. Die Reize, die über die Sinnesorgane aufgenommen werden, müssen also erst im Gehirn verarbeitet werden, damit aus ihnen Informationen gewonnen werden können, die das Handeln bestimmen. Damit ist Wahrnehmung ein sehr komplexer Prozess.

Darüber hinaus sind **Wissen und Erwartungen** entscheidend dafür, was wahrgenommen wird. Dies kann langjähriges Wissen sein oder auch Wissen, dass aus einer Wahrnehmung kurz zuvor stammt.

Die Erzieherin Frau Demirel **nimmt wahr**, wie Matteo versucht, eine Reihe Bausteine hintereinander aufzustellen. Die Reihe ist lang und Matteo betrachtet sein Werk zufrieden. Da stößt ein anderes Kind versehentlich einen Stein an, sodass die ganze Reihe umfällt. Matteo schreit verärgert: „Kannst du nicht aufpassen, Blödian?" Frau Demirel **weiß**, dass Matteo wenig Frustrationstoleranz hat und regelmäßig mit Gegenständen um sich wirft, wenn ihm etwas misslingt. Genau das hat er 15 Minuten vorher schon einmal bei einer anderen Tätigkeit getan. Schon oft hat sie – vergeblich – mit Matteo besprochen, dass er besser schimpfen solle als mit Gegenständen um sich zu werfen. Sie **erwartet** also, dass Matteo einen Baustein nimmt und nach dem anderen Kind wirft und hat schon einen entsprechenden Satz auf den Lippen. Nun ist sie aber erstaunt, als sie **erkennt**, dass Matteo seinen Ärger verbal ausdrückt. Sie kann sich bremsen und sagt (**handelt**): „Super, Matteo, jetzt hast du geschimpft und dem anderen Kind nicht weh getan."

Erwartungen einer wahrnehmenden Person können das weitere Verhalten des beobachteten Menschen sogar so weit beeinflussen, dass das erwartete Verhalten tatsächlich eintritt. Dies nennt man eine sich **selbst erfüllende Prophezeiung**.

Jonas trägt einen Teller voll Suppe zum Tisch, an dem die Erzieherin bereits sitzt. Die Erzieherin erwartet, dass Jonas die Suppe verschüttet, schaut ihm skeptisch entgegen und ruft: „Sei bitte vorsichtig!" In diesem Moment verschüttet Jonas die Suppe.

Auch **Wertvorstellungen, Bedürfnisse und aktuelle Stimmungen** beeinflussen die Wahrnehmung (vgl. Goldstein, 2008, S. 6 f.).

Beispiel: Frau Demirel ist wichtig (**Wertvorstellung**), dass Kinder ihre Konflikte verbal lösen und nicht handgreiflich werden. Daher freut sie sich, dass Matteo keinen Baustein wirft, sondern schimpft. Sie nimmt deshalb das Schimpfwort, das Matteo benutzt, gar nicht wahr. Es könnte aber auch sein, dass Frau Demirel aktuell Kopfschmerzen hat und es ihr nicht gut geht. Ihre **Stimmung** ist daher getrübt und sie möchte, dass es leise ist in der Gruppe (**Bedürfnis**). Daher empfindet sie das Schreien von Matteo als sehr unangenehm. Sie könnte daher eine weitere Bemerkung hinterherschieben: „Aber deshalb musst du wirklich nicht so laut schreien."

Wahrnehmung ist also eine sehr **subjektive Angelegenheit** und eine Konstruktion des Gehirns (siehe Band 1, Lernfeld 3, Kap. 8.3).

Darüber hinaus beeinflusst auch die Reizempfindlichkeit eines Sinnesorgans die Wahrnehmung. Wenn z. B. die Seh- oder Hörzellen geschädigt sind, werden weniger optische bzw. auditive Reize wahrgenommen. Wer viele Geschmacksknospen auf der Zunge hat, schmeckt stärker oder differenzierter als jemand, der weniger hat. Außerdem gibt es absolute Schwellen für Reize, die die Sinnesorgane aufnehmen können. So ist die Riechschwelle z. B. „die niedrigste Konzentration, bei der ein Geruchsstoff entdeckt werden kann." *(Goldstein, 2007, S. 363).*

Des Weiteren wirken verschiedene andere Faktoren, die weiter unten erläutert werden, auf die Wahrnehmung ein. Manchmal verzerren sie diese auch. Streng genommen kann man feststellen: Wir nehmen Wirklichkeit nicht unverfälscht wahr.

5.2   Gesetzmäßigkeiten der Wahrnehmung

Wahrnehmungskonstanzen
Das Prinzip der **Größenkonstanz** ermöglicht es, die Größe eines Objektes als relativ konstant wahrzunehmen, auch wenn das Objekt aus unterschiedlichen Entfernungen betrachtet wird *(vgl. Goldstein, 2008, S. 203).*

> Eine Erzieherin beobachtet im Garten ein Kind, das von ihr wegrennt bis hin zum 30 Meter entfernten Zaun. Obwohl das Bild des Kindes auf ihrer Netzhaut mit zunehmender Entfernung kleiner wird, nimmt sie das Kind dennoch als gleich groß und nicht als schrumpfend wahr.

Farben werden unter veränderten Lichtverhältnissen immer noch als relativ gleich wahrgenommen, obwohl ein Objekt im hellen Sonnenlicht andere Lichtreize abgibt als dasselbe Objekt im Schatten. Dieses Wahrnehmungsphänomen nennt man **Farbkonstanz** *(vgl. Goldstein, 2008, S. 173).*

> Das Kind, das die Erzieherin beobachtet, trägt ein rotes Kleid. Es rennt von der Sonne in den Schatten. Dennoch empfindet die Erzieherin die Farbe des Kleides weiterhin als rot.

Schließlich nehmen wir Objekte, die wir aus unterschiedlichen Perspektiven betrachten und die daher eigentlich ganz anders aussehen, immer noch als dasselbe Objekt wahr. Dieses Phänomen nennt man **Formkonstanz** (ebd., S. 213).

> Das Kind steht zuerst frontal vor der Erzieherin. Die Erzieherin sieht es von vorne. Zum Wegrennen dreht es sich um. Nun sieht die Erzieherin das Kind von hinten. Nach 15 Metern springt es über einen Baumstamm, die Beine sind dabei in der Luft und die Arme schwingen nach vorne. Die Form des Kindes verändert sich dadurch stark. Am Zaun kauert sich das Kind im Schatten eines Busches in die Hocke. Wieder nimmt der Körper des Kindes eine andere Form an. Obwohl die Erzieherin also streng genommen immer etwas anderes sieht, erkennt sie dennoch konstant und sicher, dass es sich bei diesem Kind um Paula handelt.

Diese Wahrnehmungskonstanzen ermöglichen uns trotz unterschiedlicher Bedingungen wie Lichtverhältnissen, Entfernung oder Form ein Objekt immer als dasselbe zu erkennen. Damit wird Ordnung in unsere Wahrnehmung gebracht, die sonst ein völlig chaotisches Bild der Umwelt erzeugen würde.

Wahrnehmungsprinzipien
Die Gestaltpsychologie ist eine psychologische Richtung, die sich mit der Frage beschäftigt, wie unsere Wahrnehmung organisiert ist. Sie entwickelte die sogenannten Wahrnehmungsprinzipien (oft werden sie auch Wahrnehmungsgesetze genannt). Sie erklären, wie das Gehirn viele kleine Einzelwahrnehmungen zu einem sinnvollen Ganzen strukturiert (ebd., S. 436 und S. 108 f.).

Das Prinzip der Prägnanz oder der guten Gestalt
besagt, dass unsere Wahrnehmung versucht, immer
möglichst einfache, also „gute" Formen zu erkennen.

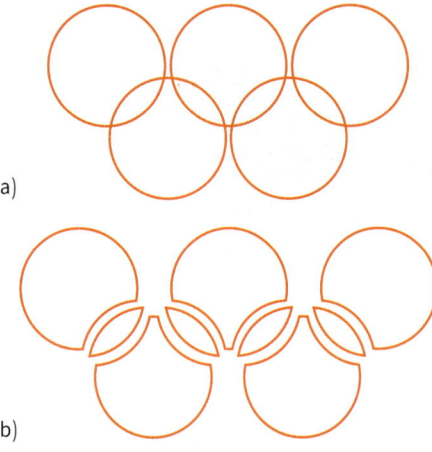

a)

b)

Goldstein, 2008, S. 108

Wir erkennen fünf Ringe, obwohl es sich eigentlich um
neun Formen handelt, die deutlich komplizierter sind
als die Form der fünf Ringe.

Das Prinzip der Ähnlichkeit
Das Gehirn ordnet ähnliche Dinge zu Gruppen. In der
Abbildung der Kreise werden jeweils die blauen und
roten Kreise als ähnlich bzw. gleich wahrgenommen,
sodass wir vertikale Spalten erkennen.

Manche ordnen Menschen, die der gleichen Gruppe
angehören, ähnliche Eigenschaften zu. So werden
manchmal Kindern, die alle aus einem sozial schwierigen Wohngebiet kommen, ähnliche Verhaltensweisen
zugeschrieben. Auch das könnte mit diesem gestalt-
psychologischen Prinzip erklärt werden.

Goldstein, 2008, S. 108

Das Prinzip der Fortsetzung
Punkte oder Striche, die durch gerade oder sanft ge-
schwungene Linien verbunden werden können, werden als zusammengehörig wahrgenommen.

So wird ein Kreis wahrgenommen, obwohl es sich um
eine Anzahl von Strichen handelt.

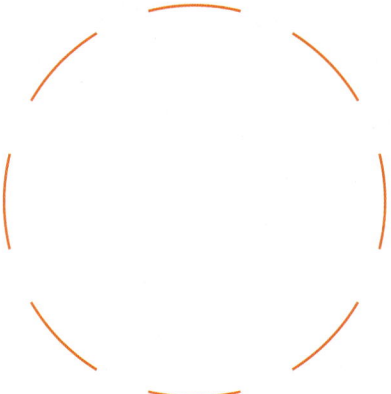

Lahmer/Böhm/Kreilinger u. a., 2018, S. 132

Das Prinzip der Nähe
Dinge, die nahe beieinander sind, werden als zusammengehörig wahrgenommen.

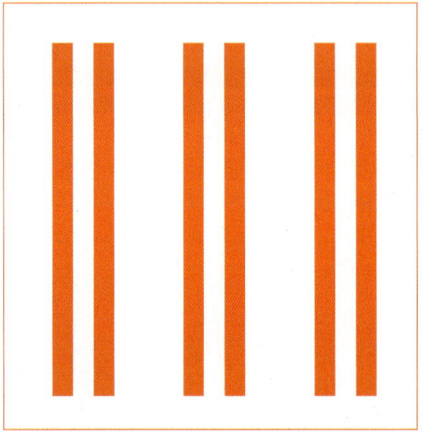

Lahmer/Böhm/Kreilinger u. a., 2018, S. 132

Theoretisch könnten wir auch die Linien, die einen weiten Abstand zueinander haben, als zusammengehörig
gruppieren, das Gehirn tut es aber nicht. Das Prinzip
der Nähe machen wir uns zunutze, wenn wir z. B. die
20 Ziffern und zwei Buchstaben einer Kontonummer in
Vierergruppen darstellen, um sie besser wahrnehmen
zu können.

Das Prinzip des gemeinsamen Schicksals

„Dinge, die sich in die gleiche Richtung bewegen, erscheinen als zusammengehörig" *(Goldstein, 2008, S. 109).*

Die Vögel, die in dieselbe Richtung fliegen, werden als Gruppe wahrgenommen.

Übrigens: Ein gutes Layout eines Textes folgt ebenfalls diesen Wahrnehmungsprinzipien. Aufzählungspunkte z. B. signalisieren: Hier gehört inhaltlich etwas zusammen. Werden mehrere Sätze von einem Rahmen umschlossen, bedeutet das ebenfalls: Hier gehört etwas zusammen.

5.3   Wahrnehmungstäuschungen

Wie fehleranfällig unsere Wahrnehmung ist, zeigen z. B. optische Täuschungen, die durch eine Fehlleistung des Zusammenspiels von Augen und Gehirn zustande kommen.

Wenn man im Bahnhof in einem stehenden Zug sitzt und auf dem Nachbargleis setzt sich ein anderer Zug in Bewegung, wird dies oft als Bewegung des Zuges, in dem man sitzt, wahrgenommen.

Bei den beiden unten abgebildeten Linien erscheint die rechte vertikale Linie länger als die linke, obwohl die beiden Linien exakt gleich lang sind (Müller-Lyer-Täuschung).

Figur -Grund-Trennung

Bisher wurde erklärt, wie die Wahrnehmung Reize als zusammengehörig gruppiert, um ein sinnvolles Ganzes zu erkennen. Die Wahrnehmung trennt jedoch auch Objekte. Dies wird an der folgenden Grafik deutlich.

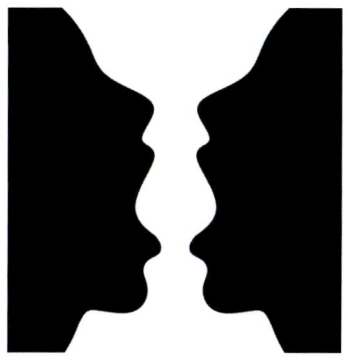

Wir können eine Vase wahrnehmen, die nun als Figur bezeichnet wird, die sich vor einem schwarzen Hintergrund befindet. Wir können jedoch auch zwei Gesichter, die einander anschauen, wahrnehmen. Dann werden die Gesichter zur Figur und die weiße Vase zum Hintergrund.

Wenn eine Erzieherin sich in einem Raum mit einem hohen Lärmpegel durch viele spielende Kinder befindet und dabei die Stimme eines einzelnen Kindes wahrnimmt, so ist der Lärmpegel der Hintergrund, die Stimme des einzelnen Kindes die Figur.

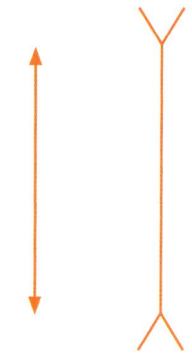

Müller-LyerTäuschung
(Goldstein, 2008, S. 206)

213

Die beiden waagrechten Balken werden ebenfalls als unterschiedlich lang wahrgenommen, obwohl auch sie exakt gleich lang sind (Ponzo-Täuschung).

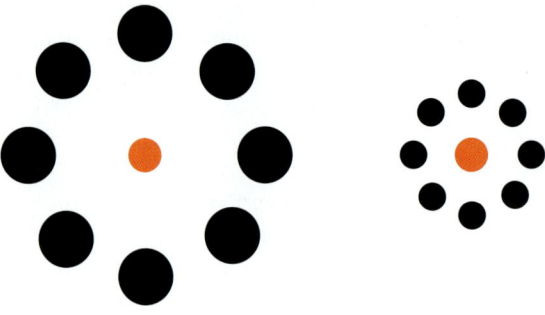

Ebbinghaus-Täuschung

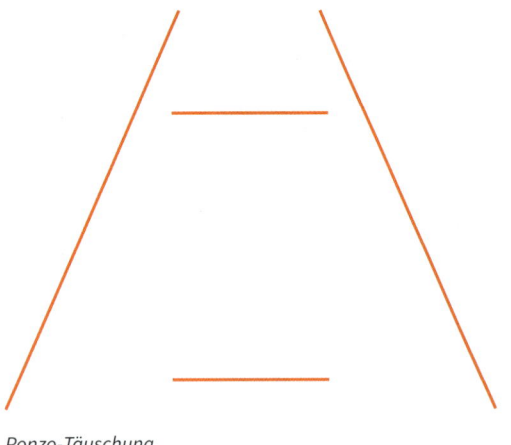

Ponzo-Täuschung
(Goldstein, 2008, S. 208)

Immer wieder spannend für die Wahrnehmung sind mehrdeutige Bilder, wie diese bekannten Zeichnungen, in der man, wenn man sie lange genug anschaut, mal eine alte und mal eine junge Frau wahrnehmen kann bzw. mal eine Ente und mal einen Hasen.

Die beiden Kreise in der Mitte nehmen wir als unterschiedlich groß wahr, dabei sie sind gleich groß.

5.4   Personenwahrnehmung: Mögliche Fehler und der Umgang damit

Die Wahrnehmung anderer Menschen unterliegt weiteren Gesetzmäßigkeiten, die dazu beitragen können, dass sie nicht richtig beurteilt werden. Über mögliche Fehler bei der Personenwahrnehmung Bescheid zu wissen, ist aus unterschiedlichen Gründen für Erzieherinnen und Erzieher sehr wichtig:

- Wahrnehmungen und Einschätzungen und damit verbundene Fehler beeinflussen die Interaktion mit dem Kind und den Eltern.
- Die Einschätzung des Kindes durch Erzieher ist beispielsweise im Hinblick auf die Einschulung, etwaige Entwicklungsprobleme oder besondere Fähigkeiten wichtig. Basiert die Wahrnehmung auf Fehlern, kann dies die Entwicklung des Kindes hemmen.

Attributionsfehler

Nehmen wir das Verhalten einer Person wahr, versuchen wir, dafür eine Erklärung zu finden. Dabei neigen wir dazu, das Verhalten einer Person eher aus einer Veranlagung oder Eigenschaft heraus zu erklären als einen situativen Grund zu sehen. So könnte ein Erzieher, der wahrnimmt, dass Emma Bogdan schlägt, dies so erklären: „Emma ist aggressiv." (Eigenschaft) Es

könnte aber auch sein, dass Emma Bogdan geschlagen hat, weil er die Sandkuchen, die sie gebacken hat, vom Rand des Sandkastens gewischt hat. (situativer Grund)

Primacy-Effekt

Der erste Eindruck, den eine Person macht, bleibt oft besonders lange im Gedächtnis. Innerhalb von Sekundenbruchteilen entsteht dieser erste Eindruck, der nachfolgende Wahrnehmungen und damit das Bild, das wir uns von einer Person machen, weiter lenkt. Nimmt eine Erzieherin ein Kind bei der ersten Interaktion als sympathisch wahr, neigt sie dazu, es in anderen Situationen ebenfalls so wahrzunehmen. Problematisch ist dieser erste Eindruck für das Kind, wenn es als unsympathisch wahrgenommen wurde. Grundsätzlich aber kann der erste Eindruck natürlich auch verändert und ergänzt werden.

Halo-Effekt

Halo bedeutet „Hof" oder „Heiligenschein". Der Halo-Effekt beschreibt, dass wir dazu tendieren, von einer besonders eindrücklichen Eigenschaft auf andere, die in die gleiche Richtung weisen, zu schließen. Das Merkmal, das hervorsticht, beeinflusst so den gesamten Eindruck von einer Person. Daher kann es sein, dass die Erzieherin dem Kind, das sie als sympathisch wahrgenommen hat, weitere positive Merkmale zuschreibt, die zum Eindruck „sympathisch" passen: z. B. hilfsbereit, freundlich, offen. Umgekehrt gilt das genauso. So könnte sie einem Kind, das sie als unsympathisch wahrnimmt, zuschreiben, dass es rücksichtslos, aggressiv und verschlossen sei *(vgl. Beudels/Haderlein/Herzog, 2012; S. 32)*. Merkmale, die nicht zu dem auffälligen passen, werden kaum wahrgenommen, man spricht in diesem Zusammenhang auch von einem Überstrahlungseffekt.

Projektion
Es kann passieren, dass man bei anderen ein Merkmal wahrnimmt, das man selbst hat, aber ablehnt oder nicht wahrhaben möchte. Eigenes wird also auf andere übertragen (ebd., S. 498). So könnte es sein, dass ein Erzieher, der gern lange und ausschweifend redet, dies bei anderen sehr genau wahrnimmt und bemängelt. Eine Erzieherin, die dazu neigt, schnell zu weinen, wenn sie etwas emotional berührt und welche diese Eigenheit an sich ablehnt, könnte es als unangenehm wahrnehmen, wenn Kindern schnell die Tränen kommen *(vgl. Lahmer/Böhm/Kreilinger u. a., 2018, S. 151 f.)*.

Milde- und Strenge-Effekt und Tendenz zur Mitte
Ist ein Kind der beobachtenden Person besonders sympathisch, kann das dazu führen, dass problematisches Verhalten des Kindes kaum wahrgenommen wird (Milde-Effekt). Hat eine Erzieherin dagegen eher negative Vorerfahrungen mit einem Kind oder ist es ihr aus anderen Gründen eher unsympathisch, kann der Strenge-Effekt eintreten, d. h., dass ebenfalls nicht genau wahrgenommen und beobachtet wird oder dass nur bestimmtes Verhalten, das den bisherigen Eindruck bestätigt, erfasst wird (Strenge-Effekt). Schließlich verfälscht auch die Tendenz zur Mitte die Wahrnehmung. Dieser Effekt tritt dann ein, wenn die Erzieherin sich nicht festlegen möchte und z. B. weder mit einer anderen beobachtenden Kollegin noch mit Eltern einen Konflikt austragen möchte *(vgl. Thiesen, 2003, S. 113 f.)*.

Umgang mit der Fehleranfälligkeit der Wahrnehmung
Es ist wichtig, vorsichtig und bewusst mit eigenen Wahrnehmungen umzugehen. Hilfreich dafür kann sein:
- sich klar zu machen, dass die eigene Wahrnehmung durch verschiedene Faktoren beeinflusst und daher immer subjektiv ist;
- sich zu vergegenwärtigen, in welcher Stimmung man ein Verhalten wahrgenommen hat;
- sich ab und zu typische Wahrnehmungsfehler ins Gedächtnis zu rufen;
- eigene Wahrnehmungen nicht zu verallgemeinern, sondern bewusst zu sagen: „Ich habe in der und der Situation folgendes Verhalten wahrgenommen."
- ein Kind wiederholt und in verschiedenen Situationen wahrzunehmen und zu beobachten;
- sich im Team bei Fallbesprechungen über Wahrnehmungen und Beobachtungen auszutauschen, um so ein Bild des Kindes aus unterschiedlichen Blickwinkeln zu gewinnen. Dieses Bild zeigt mehr von der Wirklichkeit des Kindes als die Perspektive einer einzelnen Erzieherin. So gelingt ein besseres und umfassenderes Verständnis *(vgl. Becker, 2007, S. 51 f.)*.

5.5   Beobachtung

Wahrnehmen und Beobachten werden oft in einem Atemzug genannt, Beobachten geht jedoch über das Wahrnehmen hinaus:

> „Aus Wahrnehmung wird eine „Beobachtung", indem die Situation oder das wahrgenommene Verhalten zunächst auf dem Hintergrund eigener Erfahrungen eingeordnet und anschließend mit dem zur Verfügung stehenden Wissen bewertet wird."
>
> *(Beudels/Haderlein/Herzog, 2012, S. 26)*

In allen Bildungs- und Orientierungsplänen der Bundesländer für den Elementarbereich wird die systematische Beobachtung kindlicher Tätigkeiten gefordert. Darüber hinaus ist die Dokumentation von Beobachtungen eine wichtige Aufgabe. Beides zusammen ergibt jedoch nur dann einen Sinn, wenn eine Einbindung in ein pädagogisches Konzept erfolgt, d. h., wenn klar ist, wozu die Beobachtungen und Dokumentationen genutzt werden.

Als Hilfsmittel, Beobachtungen festzuhalten gibt es zum einen die Möglichkeit des Mitschreibens. An Bedeutung gewinnt aber auch die Videografie, die es ermöglicht, eine Szene wiederholt zu betrachten und dadurch mehr Aspekte des Verhaltens eines Kindes zu erkennen, vor allem, wenn mehrere Kolleginnen gemeinsam eine Sequenz anschauen. Hier sind natürlich in besonderem Maße datenschutzrechtliche Bestimmungen zu beachten (siehe Band 1, Lernfeld 2, Kap. 11.5).

Dennoch: Keine Beobachtung kann umfassend sein. Bestimmte Aspekte werden erfasst, andere entgehen der Aufmerksamkeit. Wichtig bei jeder Beobachtung ist, die Erlebensweise des beobachteten Kindes zu berücksichtigen. Dies erfolgt zum einen dadurch, dass die Erzieherin sich fragt, was die jeweilige Situation für das Kind bedeuten könnte und welchen subjektiven Sinn eine Tätigkeit oder ein Verhalten für ein Kind haben könnte (ebd., S. 29). Das heißt: Hier spielt die **pädagogische Grundhaltung Empathie** eine große Rolle (siehe Band 1, Lernfeld 2, Kap. 1). Zum anderen sollten Beobachtungen in einen **Dialog mit dem Kind** münden, wie es z. B. bei den Bildungs- und Lerngeschichten der Fall ist (siehe Band 2, Lernfeld 4, Kap. 3.8). Dem Kind wird dabei in besonderer Form mitgeteilt, was man beobachtet hat, und es wird angeregt, sich selbst dazu zu äußern.

Gründe für Beobachtung

- Aktuelle Frühpädagogik ist stark auf eine individuelle Förderung der Kinder ausgerichtet. Dies ist nur möglich, wenn individuelle Entwicklungspotenziale und Bedürfnisse erkannt werden und davon ausgehend pädagogisch geplant wird.
- Beobachtungen und deren Dokumentation sind wichtige Grundlagen für Gespräche mit Eltern, z. B. für Entwicklungsgespräche, die jährlich stattfinden sollen. Erzieherinnen können so ihre Einschätzungen fundiert untermauern und Überlegungen begründen.
- Durch systematische Beobachtungen können Entwicklungsrisiken erkannt und entsprechende Maßnahmen eingeleitet werden, z. B. eine genauere Abklärung durch Experten *(vgl. Kasüschke/ Fröhlich-Gildhoff, 2008, S. 116 f.)*.

Grundsätzlich wird unterschieden zwischen offenen Beobachtungsverfahren, die Aktivitäten, Interessen und Bedürfnisse wahrnehmen, und standardisierten Verfahren, die pädagogisch-psychologisch diagnostizieren. Beide Richtungen haben ihre Berechtigung. Wichtig aber ist beim Einsatz diagnostischer Verfahren, sich bewusst zu machen, dass es immer um Momentaufnahmen geht, die einen aktuellen Entwicklungsstand oder auch eine mögliche Entwicklungsgefährdung dokumentieren.

Darüber hinaus ist zu beachten, dass jede Beobachtung fehlerbehaftet ist (siehe oben). Dazu kommt, dass auch Müdigkeit oder Überlastung der beobachtenden Erzieherin eine Beobachtung beeinflussen sowie emotionale Faktoren, etwa, ob die Erzieherin das Kind, das sie beobachtet, sympathisch oder unsympathisch findet. Selbstreflexion gehört daher unabdingbar zu jeder Beobachtung *(Kasüschke/Fröhlich-Gildhoff, 2008, S. 120 f.)*.

Einfluss des Erziehungsstils auf das Verhalten von Kindern

Schließlich: Das Verhalten, das Kinder zeigen, ist ebenfalls von vielen Faktoren abhängig. Beispielsweise beeinflusst der Erziehungsstil der einzelnen Erzieherin und des Teams einer Einrichtung, welches Verhalten Kinder zeigen und daher auch nur wahrgenommen werden kann. Sind die Kinder gewohnt, dass sie oft gemaßregelt werden und keine eigenen Entscheidungen treffen dürfen (autoritärer Stil), neigen sie zu wenig prosozialem Verhalten, warten auf Anweisungen und sind angespannter. Geben Erzieherinnen wenig Orientierung und überlassen die Kinder eher sich selbst, sind sie verunsichert. Stärkere dominieren Schwächere und die Kinder sind allgemein überfordert (Laissez-faire-Stil). Räumt die Erzieherin den Kindern viel Mitsprachrecht ein, lobt und kritisiert sie sachbezogen, zeigen die Kinder eher konstruktives Verhalten (siehe Band 1, Lernfeld 2, Kap. 2.3). Das heißt: Das Verhalten eines beobachteten Kindes kann Ergebnis eines Erziehungsstils sein. Daher ist es wichtig, dass die Erzieherin bei einer Beobachtung auch immer ihren eigenen Erziehungsstil berücksichtigt und sich fragen lassen sollte, was dieser mit ihren Wahrnehmungen und dem Verhalten von Kindern zu tun haben könnte *(vgl. Thiesen 2003, S. 108 f.)*.

5.6   Formen der Beobachtung und ihre Vor- und Nachteile

Es werden verschiedene Formen unterschieden:

- **Offene Verfahren**: Hier werden Aktivitäten des Kindes innerhalb eines zeitlich begrenzten Rahmens von einigen Minuten möglichst genau protokolliert.

> Ein solches Beobachtungsprotokoll könnte folgendermaßen aussehen: „Timo (3;7) sitzt allein im Sandkasten. In der rechten Hand hält er mit einem Faustgriff eine Schaufel, in der linken Hand ein Sieb. Langsam lässt er Sand von der Schaufel in das Sieb rieseln. Er lässt die Schaufel fallen und fasst mit beiden Händen das Sieb, das er so lange rüttelt, bis nur noch Steinchen, Stöckchen und Blätter im Sieb übrigbleiben. Er steht auf, nimmt das Sieb, geht damit zum Rand des Sandkastens und leert dort das Sieb aus. Nun kehrt er zur Schaufel zurück und beginnt seine Tätigkeit von vorn. Seine Backen sind gerötet, manchmal schiebt er seine Zunge zwischen die Lippen. Als Nils von der Schaukel her seinen Namen ruft, schaut er kurz auf und ruft: „Kann jetzt nicht!"

Mit offenen Verfahren können Lernprozesse, Interessen oder bevorzugte Tätigkeiten von Kindern erkannt werden. Sie sind **prozessbezogen**. So kann man mit ihnen erfassen, ob ein Kind sich z. B. gern raumgreifend bewegt, viel rennt, klettert und sich grobmotorischen Herausforderungen wie Sprungseilen oder Pedalos stellt, oder ob es gern sitzend spielt und beispielsweise sehr genau malt und zeichnet. Offene und prozessbezogene Verfahren eignen sich auch, um zu erkennen, welche Bildungsbereiche ein Kind bevorzugt, die Sprache, die Musik, die Konstruktion oder ob es einen „wissenschaftlichen" Zugang zur Welt hat, indem es vergleicht oder Probleme auf den Grund geht.

- **Standardisierte Verfahren**: Hier werden geschlossene Fragen gestellt, bei denen vorgegebene Antworten angekreuzt oder kurze Antworten gegeben werden.

Eine Aussage zum Ankreuzen könnte lauten: „Kind ist an Rollenspielen beteiligt." *(Ulich/Mayr, 2003, S. 3)*. Eine Differenzierung wird hier erreicht, indem unterschieden wird zwischen: „nie, sehr selten, selten, manchmal, oft, sehr oft" *(Ulich/Mayr, 2003, S. 3)*. Eine Frage, die eine kurze Antwort erfordert, könnte sein: Welche Rollen übernimmt das Kind im Rollenspiel bevorzugt?

- **Verfahren, die spezifische Kompetenzen erfassen**: Hier werden zielgerichtet die Fähigkeiten in bestimmten Entwicklungsbereichen erfasst, z. B. motorische oder sprachliche Fähigkeiten. Damit kann der aktuelle Entwicklungsstand erkannt werden *(vgl. Kasüschke/Fröhlich-Gildhoff, 2008, S. 116 f.)*. Notwendig dafür ist eine Normierung, d. h., es muss festgelegt werden, zu welchem Zeitpunkt ein Kind eine Fähigkeit erreicht haben sollte.

So soll ein Kind z. B. im Alter von 48 Monaten sogenannte W-Fragen stellen (warum, wieso, wo, wann, woher?) *(vgl. Landeshauptstadt Stuttgart 2006, S. 7)*. Ein Kind könnte z. B. fragen: „Warum muss Backpulver in den Teig?"

Jedes Verfahren hat Vor- und Nachteile. So ist z. B. bei der offenen Beobachtung die Gefahr von Wahrnehmungsfehlern besonders groß, andererseits kann bei ihnen die Vielfalt spontanen Verhaltens gut erfasst werden.

Offene und prozessbezogene Verfahren sind recht aufwendig, weil man viel und schnell mitschreiben muss. Sie sind aber sehr kindorientiert, weil man früher oder später nach der Beobachtung mit dem Kind in einen Dialog tritt. Die Erzieherin sagt dem Kind, was sie beobachtet hat und fragt es z. B., was es herausfinden oder erreichen wollte oder wie es auf eine Idee oder Problemlösung gekommen ist. Thema des Austauschs zwischen Kind und Erzieherin ist damit das Lernen des Kindes. Das Kind erlebt sich als kompetent in seinem Lernen und merkt: Lernen ist lohnend. Ich kann etwas und bin in der Lage, mir immer mehr Fähigkeiten anzuzeignen.

Standardisierte Verfahren können dazu verleiten, vorschnell eine Antwort anzukreuzen, ohne genau zu beobachten. Vorsicht ist besonders gegenüber selbst entwickelten standardisierten Verfahren angebracht, in denen vorformulierte Aussagen bezüglich des Verhaltens wie „offen – verschlossen" angekreuzt werden *(vgl. Leu, 2013, S. 253)*. Hier ist beispielsweise unklar, in welcher Situation ein Kind sich verschlossen verhält. Es ist ein großer Unterschied, ob ein Kind z. B. in der Ankommenssituation verschlossen ist, während es eine halbe Stunde später in einer Spielsituation lebhaft mit anderen Kindern verhandelt. Ohne eine Differenzierung entsteht ein falsches Bild vom Kind. Ein Vorteil aber ist, dass standardisierte Verfahren die Aufmerksamkeit auch auf Verhaltensweisen lenken, die man weniger wahrnimmt. So wird die Gefahr vermindert, besonders das wahrzunehmen, was man bereits von einem Kind weiß und daher auch von ihm erwartet *(vgl. Leu, 2013, S. 252)*. Man kann mit solchen Verfahren auch gut Vergleiche anstellen, indem man mit demselben Verfahren ein Kind wiederholt beobachtet.

Stark standardisierte Verfahren werden eher selten von Kita-Personal angewendet. Sie gehören mehr in den psychologischen oder pädagogisch-psychologischen Bereich. In der Schuleingangsuntersuchung kommen z. B. solche Tests zur Anwendung *(vgl. Mischo u. a., 2011, S. 96)*. Verfahren, die spezifische Kompetenzen erfassen, haben den Vorteil, frühzeitig mögliche Entwicklungsrisiken zu erkennen und gegensteuern zu können. Kitas sind Teil eines „Frühwarnsystems", schließlich nehmen fast alle Familien mit Kindern die Dienste einer Kita in Anspruch *(vgl. Mischo u. a., 2011, S. 252)*. Mit „Frühwarnsystem" ist gemeint, dass durch den fachlichen Blick einer Erzieherin frühzeitig erkannt werden kann, dass ein Kind z. B. in seiner Sprachentwicklung zurück ist, sodass eine weitere Abklärung durch Experten und ggf. eine logopädische Therapie begonnen werden kann (siehe oben). Werden solche Verfahren aber ausschließlich verwendet, könnte die Entwicklung eines defizitorientierten Blicks auf Kinder befördert werden. In diesem Fall wird also bevorzugt das wahrgenommen, was ein Kind nicht kann. Gerade, wenn es um kompensatorische, also ausgleichende Maßnahmen geht, ist ein stärkenorientierter Blick auf das Kind notwendig. Denn: Verknüpft man eine Tätigkeit des Kindes, die es gut kann und mag, mit etwas, womit es sich schwertut, kann dies erfolgversprechender sein, als wenn das Kind sich ohne Anknüpfungsmöglichkeit auf eine ungeliebte Tätigkeit einlassen soll.

Die Erzieherin Frau Gül stellt fest, dass Cornelius sehr ungeschickt ist, wenn er Bausteine aufeinanderstapelt und dass er diesen Spielbereich meidet. Sie weiß aber, dass Cornelius gern backt. Sie bietet ihm (und anderen Kindern) an, mit ihr Kekse für den Nachmittagssnack zu backen und gibt vor allem Cornelius die Aufgabe, Zutaten abzuwiegen. Dabei muss er darauf achten, die genaue Menge abzumessen. Er muss also feinmotorisch sorgfältig vorgehen. So fördert Frau Gül in einem Bereich, den Cornelius mag und in dem er große Motivation zeigt, Fähigkeiten, die ihm in einem anderen Bereich noch fehlen. Sie hat einen stärkenorientierten Blick, der Defizite nicht ausblendet.

Darüber hinaus ist auch die **unstrukturierte Gelegenheitsbeobachtung** Teil der alltäglichen pädagogischen Arbeit, sie ergänzt die systematische Beobachtung, die allen bisher dargestellten Formen zugrunde liegt. Von einer unstrukturierten Gelegenheitsbeobachtung spricht man, wenn eine Erzieherin z. B. beim Mittagessen beobachtet, wie ein sechsjähriges Kind sich selbst Wasser aus einer Flasche in sein Glas gießt. Manchmal ist eine Gelegenheitsbeobachtung der Auslöser für eine systematische Beobachtung, beispielsweise wenn das Kind beim Einschenken des Wassers sehr ungeschickt ist und die Erzieherin herausbekommen möchte, ob es sich um eine einmalige Ungeschicklichkeit handelt oder ob das Kind auch in anderen Situationen motorische Schwierigkeiten zeigt.

Nebenbei beobachten

Als weitere Formen der Beobachtung gelten die **offene oder verdeckte Beobachtung**. Beobachtungen in einer Kita sollten aber grundsätzlich offen erfolgen, d. h., das Kind sollte wissen, dass es beobachtet wird. Dies ist eine Frage des Respekts vor dem Kind *(vgl. Beudels/Haderlein/Herzog, 2012, S. 23)*. Manchmal fragen Kinder, was man aufschreibt. Es spricht nichts dagegen, ihnen darüber Auskunft zu geben. Meist sind die Kinder stolz darauf, dass das, was sie tun, offensichtlich so wichtig ist, dass es aufgeschrieben wird. Bei einer verdeckten Beobachtung weiß das Kind nichts davon. Als Vorteil könnte man anführen, dass es sich in diesem Fall unverfälschter verhalten könnte, als wenn es von der Beobachtung weiß. Wenn Kinder es jedoch an regelmäßige Beob-

achtungen gewöhnt sind, verliert sich diese mögliche Tendenz.

Offene Beobachtung

5.7   Beispiele für gängige Beobachtungsverfahren

Bei den Beobachtungsverfahren in nachstehender Tabelle handelt es sich um eine Auswahl aus einer Vielzahl von Verfahren. Die Wahrscheinlichkeit, dass Erzieherinnen mit diesen Verfahren in Berührung kommen oder sie selbst anwenden, ist relativ hoch. Der Schwerpunkt der Anwendung im Kita-Bereich liegt bei den offenen Verfahren, die die Grundlage für die Planung pädagogischer Angebote sind. Die standardisierten Verfahren richten den Blick mehr auf einzelne Entwicklungsbereiche und sind teilweise auch geeignet, um im Rahmen von Altersnormen Lernfortschritte oder den Entwicklungsstand festzustellen. Die Verfahren, die spezifische Kompetenzen erfassen, können zum Einsatz kommen, wenn Erzieherinnen eine Entwicklungsverzögerung befürchten. Einzelne Verfahren sind zum Beispiel in Band 2, Lernfeld 4, Kap. 8.8 vertiefend beschrieben, für die anderen gibt es Vertiefungsmöglichkeiten in den Tipps zum Weiterarbeiten (s. u.). Anzumerken ist, dass alle diese Verfahren im vorschulischen Bereich deutlich häufiger zur Anwendung kommen als im Hort oder während der Betreuungszeiten durch Erzieherinnen oder anderes Personal in den Ganztagsschulen. Im Bereich der Offenen Arbeit (Abenteuerspielplätze etc.) sind sie weitgehend unbekannt.

Offene und prozessbezogene Verfahren	Standardisierte Verfahren	Verfahren, die spezifische Kompetenzen erfassen
Leuvener Engagiertheitsskala Beobachtet und eingeschätzt wird das Wohlbefinden und die Engagiertheit (Konzentriertheit) von Kindern, da davon ausgegangen wird, dass mit solchen Zuständen vertiefte Lernprozesse verknüpft sind. Engagiertheit wird als Zeichen dafür gedeutet, dass Kinder genau richtig gefordert sind *(vgl. Kasüschke/Fröhlich-Gildhoff, 2008, S. 123).*	**SISMIK, Seldak** (Sprachentwicklungsbögen für Deutsch als Erst- bzw. Zweitsprache) Mit „SISMIK" wird die Sprachentwicklung von Kindern mit Migrationshintergrund beobachtet, die Deutsch als zweite Sprache erwerben oder bilingual aufwachsen. Erfasst werden z. B. die Motivation des Kindes, in unterschiedlichen Situationen zu sprechen, sein Interesse an Büchern und sein Umgang mit der Familiensprache. So können Aussagen über Lernfortschritte und sprachbezogene Schulfähigkeit getroffen werden *(vgl. Dieckmann 2011, S. 145).* „Seldak" ist nach dem gleichen Muster aufgebaut und wendet sich an ausschließlich deutschsprachig aufwachsende Kinder (vgl. Schutzeich, 2011, S. 141). Vertiefung: siehe Band 2, Lernfeld 4, Kap. 8.8	**Grenzsteine der Entwicklung** Mit Grenzsteinen sind Entwicklungsziele gemeint, die von 90–95% der Kinder bis zu einem bestimmten Alter erreicht werden. Der Bogen ist eine Orientierungshilfe, die ermöglicht, etwaige Entwicklungsgefährdungen von Kindern zu erkennen. Erfasst werden Entwicklungsbereiche wie „emotionale Kompetenz", „Körpermotorik" u. a. m. *(vgl. Ebeling 2012, S. 123 f.)* (siehe auch Band 1, Lernfeld 3, Kap. 5.8).
Bildungs- und Lerngeschichten Beobachtet werden vor allem sogenannte Lerndispositionen, d. h., es wird beobachtet, mit welchen Lernstrategien Kinder sich mit bisher noch eher unvertrauten Situationen und Materialien auseinandersetzen. Daran soll bei der weiteren Förderung der Kinder angesetzt werden *(vgl. Kasüschke/ Fröhlich-Gildhoff, 2008, S. 124).* Vertiefung: Band 2, Lernfeld 4, Kap. 3.8	**Sprachentwicklungstest für drei- bis fünfjährige Kinder (SETK 3–5)** Dieser Test wird in Lang- oder Kurzform im Zusammenhang mit der Einschulungsuntersuchung bei deutschsprachigen Kindern angewendet. Es werden grammatische Fähigkeiten und auditive Gedächtnisleistungen getestet. Es sind umfassende Aussagen über das Niveau der Sprachentwicklung möglich *(vgl. Gretsch 2011, S. 143 ff.).*	**Entwicklungstabelle von Beller (besonders auch für Kinder unter drei Jahren)** Beobachtet werden alle wichtigen Entwicklungsbereiche wie Sprache, Kognition, Körperpflege, Spieltätigkeit u. a. m., die in Altersphasen eingeteilt werden. Es wird nicht nur der aktuelle Entwicklungsstand erfasst, sondern es soll auch der weitere mögliche Entwicklungsverlauf in den Blick genommen werden. Daran anknüpfend werden passende Angebote entwickelt *(vgl. Beller/ Beller, 2012, S. 88 f.).*

Offene und prozessbezogene Verfahren	Standardisierte Verfahren	Verfahren, die spezifische Kompetenzen erfassen
Beobachtungsverfahren nach infans Anknüpfend an das Engagiertheitskonzept (s. o.) werden Inhalte, mit denen sich Kinder auseinandersetzen, erfasst. Diese werden als „Zugang zur Welt" verstanden. Davon ausgehend werden Angebote für Kinder geplant *(vgl. Kasüschke/Fröhlich-Gildhoff 2008, S. 124).*	**Linguistische Sprachstandserhebung – Deutsch als Zweitsprache (LiSe-DaZ)** Dieser Test ist ausdrücklich für Kinder mit Deutsch als Zweitsprache (DaZ) gedacht. Sehr differenziert werden sowohl die Sprachproduktion (also das Sprechen) wie auch das Sprachverständnis getestet. Dadurch wird eine sehr individuelle Förderung möglich *(vgl. Mischo/Weltzien/Fröhlich-Gildhoff, 2011, S. 150 f.).*	**DESK 3-6 – Dortmunder Entwicklungsscreening für den Kindergarten** Ziel dieses standardisierten Verfahrens ist es, Kinder im Vorschulalter mit Entwicklungsgefährdungen frühzeitig zu erkennen, um Fördermaßnahmen ergreifen zu können. Es hilft Erzieherinnen, wenn sie bezüglich der Entwicklung eines Kindes unsicher sind, gezielter zu beobachten. Abgedeckt werden die Entwicklungsbereiche Grob- und Feinmotorik, Sprache, Kognition und soziale Entwicklung *(vgl. Susset-Ackermann/Anderl-Schmidt 2012, S. 79 ff.).*
Beobachtungsverfahren nach Schemata („Early Excellence"), besonders auch für Kinder unter drei Jahren Beobachtet werden insbesondere Situationen, die Kinder selbst gewählt haben und in denen sie konzentriert beschäftigt sind. Wichtig ist dabei der „positive Blick" auf das Kind, was bedeutet, dass Stärken und Fähigkeiten erfasst werden sollen. So werden Interessen erkannt, die zum Ausgangspunkt von Angeboten werden *(vgl. Leu, 2013, S. 254 f.).*	**Positive Entwicklung und Resilienz im Kindergartenalltag (PERIK)** Dieser Bogen dient der Beobachtung der sozial-emotionalen Entwicklung und umfasst folgende Entwicklungsbereiche: Kontaktfähigkeit, Selbststeuerung, Selbstbehauptung, Stressregulierung, Aufgabenorientierung und Explorationsfreude. Er orientiert sich an der Forschung zur seelischen Gesundheit, Resilienz und der Bedeutung sozial-emotionaler Kompetenzen für den Schulerfolg *(vgl. Fröhlich-Gildhoff/Castello, 2011, S. 204).*	

5.8   Diagnostik in der Sozialpädagogik

Das aus dem Griechischen *(diagnosis)* stammende Wort „Diagnose" bedeutet „etwas durch und durch erkennen oder unterscheiden". Heute ist damit allgemein das Feststellen und Klassifizieren von Merkmalen zur Gewinnung eines Gesamtbildes gemeint. In der Medizin ist das Ziel der Diagnose z. B. das Erkennen einer Krankheit aufgrund der durch Befragung, Beobachtung und Untersuchung festgestellten Befunde.

Anders als in der Medizin ist der Gegenstand einer sozialpädagogischen Diagnose jedoch interpretierbar, da es sich um menschliches Verhalten handelt, das immer in bestimmten Zusammenhängen erfolgt. Deshalb bezieht sich die sozialpädagogische Diagnose auf die Lebenswelt des Adressaten und umfasst seine gesamte Erziehungssituation und die Lebenssituation der Familie. Dadurch sollen die individuellen Sinnzusammenhänge menschlichen Verhaltens verstanden werden. Um hilfreiche Erkenntnisse über die Lebenssituation der Adressaten zu gewinnen, müssen Informationen eingeholt, biografische Muster und Ressourcen erkannt sowie mögliche Gefährdungen ermittelt werden.

Ziel der sozialpädagogischen Diagnostik sollte sein, die gesamte Lebenssituation zu erfassen und zu bewerten, um daraufhin geeignete Maßnahmen zu finden.

> Merkmale des sozialpädagogischen Diagnose-verständnisses sind der Dialog, die Beziehung zwischen der pädagogischen Fachkraft und dem Adressaten, der Zusammenhang zwischen individueller Person und Umwelt sowie das Ziel einer Problemlösung.

In der Kinder- und Jugendhilfe geht es um zwei grundlegende Aufträge:
1. die Gestaltung förderlicher Lebensbedingungen,
2. das Ausgleichen von Nachteilen und der Schutz vor Gefahren.

5.9 Diagnoseverfahren

Das Einholen von Informationen ist bei allen Verfahren der erste Schritt. Allerdings wird dabei auf unterschiedliche Art und Weise vorgegangen, beispielsweise durch Fragebogen oder durch Interviews. Gemeinsames Ziel jeder Informationssammlung ist jedoch ein Erkenntnisgewinn, der gedeutet bzw. interpretiert werden muss.

Im Folgenden sollen die Diagnoseverfahren „PRO-ZIEL Basisdiagnostik", „PREDI", „Sozialpädagogische Diagnosen" und „Sozialpädagogische Diagnosetabellen" kurz dargestellt werden.

PRO-ZIEL Basisdiagnostik
Das von Maja Heiner entwickelte **PRO**zessbegleitende **ZIEL**orientierte Konzept für Kinder, Jugendliche und Erwachsene basiert auf der Vorstellung, dass problematische Situationen auf vier Diskrepanzen (Norm-, Kompetenz-, Motivations- und Ressourcendiskrepanzen) zurückzuführen und diagnostizierbar sind.

Das Verfahren besteht aus den vier Bausteinen Leitbogen, Ergänzungsbogen, Vertiefungsbogen 1 und Vertiefungsbogen 2. Der von der pädagogischen Fachkraft und dem Adressaten gemeinsam zu bearbeitende Leitbogen dient der Bestandsaufnahme und der Einschätzung der Belastung. Er gliedert sich nach den Lebensbereichen wie z. B. Gesundheit/Befindlichkeit und Familie. Mit dem Ergänzungsbogen kann eine mehrperspektivische Situations- und Problemanalyse erfolgen. Mehrperspektivisch bedeutet, dass neben der Sicht des Adressaten auch die Sicht der pädagogischen Fachkraft und die Sicht weiterer wichtiger Bezugspersonen schrittweise miteinbezogen werden. Der Vertie-

fungsbogen 1 nimmt eine biografiebezogene Analyse vor; der Vertiefungsbogen 2 wird dann eingesetzt, wenn ein bestimmtes Ziel trotz mehrfacher Versuche nicht erreicht werden konnte *(vgl. Heiner, 2004)*.

PREDI (Psychosoziales Ressourcenorientiertes Diagnostiksystem)
Das vom Münchener Institut für Therapieforschung entwickelte Diagnoseinstrument für Jugendliche und Erwachsene ist im Suchtbereich entstanden. Es ist modular aufgebaut und erfasst ebenfalls die individuelle Lebenssituation der Adressaten.

Mit dem Erstkontaktbogen werden die Grunddaten und der Anlass der Kontaktaufnahme des Adressaten aufgenommen. Die anschließende Kurzdiagnostik nimmt neun Lebensbereiche der Adressaten (u. a. Alltag, Wohnen, soziales Umfeld und Beziehungen) in den Blick, um zu erkennen, wo eine weitere Feindiagnostik oder eine Intervention nötig ist. Die Beurteilung des Problems und der Ressourcen erfolgt durch die pädagogische Fachkraft *(vgl. Küfner/Coenen/Indlekofer, 2006)*.

Sozialpädagogische Diagnosen
Das von Mollenhauer und Uhlendorff entwickelte Diagnoseverfahren für Kinder, Jugendliche und Familien besteht aus fünf Schritten:
1. standardisiertes Leitfadeninterview
2. Teamauswertung
3. Herausarbeiten der zentralen Themen
4. Erarbeitung von Unterstützungsmöglichkeiten
5. Vorschläge für den folgenden Hilfeprozess

Dabei wird davon ausgegangen, dass durch das Ausgleichen bestehender Nachteile und durch den Schutz vor Gefahren positivere Lebensbedingungen gestaltet werden.

Es wurden verschiedene Diagnoseverfahren sowie diagnostische Modelle und Instrumente für den Einsatz in der pädagogischen Arbeit entwickelt. Nachhaltig durchgesetzt hat sich bisher allerdings kein Verfahren. Das ist auch dem Umstand geschuldet, dass keine Einigkeit darüber herrscht, ob und wie die sozialpädagogische Diagnose in die Praxis zu integrieren sei und ob und wie sie dem dortigen komplexen und kooperativen Geschehen gerecht werden kann.

Die im zweiten Schritt erfolgende Auswertung geschieht bei Diagnosen für Kinder und Jugendliche in acht Kategorien: Familie/Verwandtschaft, außerfamiliäre Erfahrungen/Gleichaltrige, Erfahrungen mit Bildungseinrichtungen, Erfahrungen mit Einrichtungen der Jugendhilfe, Körperlichkeit und Interessen, Zeit, normative Orientierungen sowie Selbstbild und Selbstentwurf.

Bei Diagnosen für Familien werden die Interviews der Erwachsenen nach zwölf Kategorien ausgearbeitet: biografische Erfahrungen, sozioökonomische Bedingungen, Erfahrungen mit öffentlichen Institutionen, Einbindung in informelle Unterstützungssysteme, relevante Belastungen der Familienmitglieder, familiäre Arbeitsteilung, familiäre Zeitstruktur, Kindererziehung, Selbstbilder, familiäre Interaktionserfahrungen, Fürsorgemuster, Bindungen, Partnerschaftskonzepte und subjektiver Hilfeplan. Das umfangreiche und zeitintensive Verfahren eignet sich besonders in schwierigen Situationen *(vgl. Cinkl/Krause, 2014).*

Sozialpädagogische Diagnosetabellen
Das vom Bayerischen Landesjugendamt entwickelte Diagnoseverfahren für Kinder und Jugendliche setzt sich aus zwei Tabellen zusammen, welche die Risiken und Ressourcen der Erziehung und Entwicklung von Kindern und Jugendlichen systematisch erfassen und beschreiben:

Erleben und Handeln des jungen Menschen

Risiken	Ressourcen
Körperliche Beschwerden	Körperliche Gesundheit
Seelische Störungen	Seelisches Wohlbefinden
Leistungsprobleme	Leistungsvermögen
Abweichendes Sozialverhalten	Sozialkompetenz
Autonomiedefizite	Autonomie
Sonstige Risiken	Sonstige Ressourcen

Erziehungs- und Entwicklungsbedingungen des jungen Menschen
Hier stehen die Risiken und Ressourcen der Erziehungs- und Entwicklungsbedingungen im Mittelpunkt.

Familiensituation	Familienstand, wirtschaftliche und berufliche Situation der Eltern, Wohnverhältnisse u. a.
Grundversorgung	Gesundheit, Ernährung, Hygiene, Aufsicht
Erziehung	Bezugspersonen, Familienklima u. a.
Entwicklungsförderung	Körperliche, geistige, seelische und soziale Entwicklung
Integration	Familie, Umfeld, Freizeit, Bildung

5.10 Methoden und Aufgaben der Diagnostik

Methoden der sozialpädagogischen Diagnostik
Die Methoden lassen sich nach der Art und Weise ihrer Informationsgewinnung in vier Kategorien einteilen:
- Interviews
- Erhebungen von Lebensgeschichten
- psychologische Tests
- Situationsbeobachtungen

Zu den **methodischen Anforderungen** und Voraussetzungen gehören:
- Mehrperspektivität:
  Miteinbeziehen der Sicht der pädagogischen Fachkraft und der Sicht wichtiger Bezugspersonen
- Mehrdimensionalität:
  Berücksichtigung sozialer, psychischer, ökonomischer, biologischer und kultureller Dimensionen

- Ressourceorientierung:
Benennung der Stärken (Ressourcen) zur frühzeitigen Einbindung von Lösungsstrategien
- Aktualisierbarkeit:
Prozessunterstützung sollte gewährleistet sein
- Stärken und Schwierigkeiten
sowie unterschiedliche Sichtweisen sind zu analysieren und zueinander in Beziehung zu setzen
- Diagnosephasen
Wahrnehmung, Verstehen, Bewerten, Schlussfolgern sind auseinanderzuhalten
- Transparenz und Nachvollziehbarkeit:
Den Adressaten muss die Bedeutung des diagnostischen Prozesses deutlich gemacht und ihre Mitwirkung verdeutlicht (Plausibilität) werden
- Kooperationen:
Fachteams zur Reflexion und Entscheidungsberatung einbeziehen
- Dokumentation *(vgl. Weyrich, 2005)*

Aufgaben der sozialpädagogischen Diagnose

Auf dem Weg von der Informationssammlung (Anamnese) über die Diagnose zur Hilfeentscheidung und Hilfedurchführung (Intervention) sind drei Dinge bedeutsam:

1. Alle relevanten Informationen und Einschätzungen sind zu berücksichtigen.
2. Eine hilfreiche, für Eltern und Kinder akzeptable und mit den verfügbaren Mitteln realisierbare Hilfeidee soll entwickelt werden.
3. Klare Ziele und eindeutige Kriterien für die Überprüfung von Hilfeinterventionen sind zu finden.

Das bedeutet, dass bei der sozialpädagogischen Diagnose folgende Schritte zu beachten sind:

Wahrnehmen, Beobachten, Informationssammlung

- Professionelles Wahrnehmen und Beobachten erfolgen strukturiert nach festgelegten Inhalten.
- Konzepte und Instrumente: Hausbesuch, Beobachtungen, strukturierte Gesprächsführung, Ressourcenerfassung, Soziales Atom (eine Methode zur Erfassung von Gruppenstrukturen und sozialen Bezugssystemen mithilfe eines Diagramms oder einer schematischen Darstellung), Genogramm (verwandtschaftliche Zusammen-

hänge, Familienbeziehungen, wiederkehrende Konstellationen und Verhaltensmuster werden dargestellt und ermittelt, Einsatz vor allem in der systemischen Familientherapie), Familien-Helfer-Tabelle, Familienkonferenz (Konferenz der Familienmitglieder, u. a. um Probleme zu lösen und Absprachen zu treffen, Grundlage ist wertschätzendes Verhalten und positive Kommunikation), Checkliste

Verstehen, Erklären, Bewerten

- Die Wahrnehmungen werden „verstanden".
- Probleme/Ressourcen der Lebensbereiche werden erkannt, strukturiert und zugeordnet.
- Unter Einbeziehung der Sichtweisen erfolgt eine Gewichtung und Bewertung.
- Konzepte und Instrumente: psychosoziale Diagnostik, kollegiale Beratung, biografisch-rekonstruktive Konzepte u. a.

Schlussfolgerung: Festlegung des erzieherischen Bedarfs

- Aus den Bewertungen ist eine Schlussfolgerung möglich (z. B. auf den Hilfebedarf bzw. den Gefährdungsbedarf).
- Es muss benannt werden, welche Probleme bearbeitet werden sollen.
- Es muss benannt werden, welche Ressourcen bei der Lösung der Bedarfslagen unterstützen können.

In einem Interview werden Daten erhoben.

↗ WIEDERHOLUNG

→ Wahrnehmung beruht auf Reizen, die über die Sinnesorgane aufgenommen, im Gehirn verarbeitet und mit Bedeutung versehen werden.

→ Vielfältige Faktoren beeinflussen die Wahrnehmung.
Wahrnehmungen werden durch Wahrnehmungskonstanzen und Wahrnehmungsprinzipien organisiert und strukturiert.

→ Wahrnehmung ist daher eine subjektive Konstruktion, die einen Ausschnitt der Wirklichkeit zeigt, jedoch kein umfassendes Abbild. - Es ist nutzlos, darüber zu streiten, welche Wahrnehmung objektiv richtig ist. Daher ist es notwendig, sehr bewusst mit Wahrnehmungsprozessen umzugehen und sich mit anderen über Wahrnehmungen auszutauschen. So gewinnt man unterschiedliche Perspektiven auf dasselbe Geschehen oder Verhalten und kann es dadurch umfassender verstehen.

→ Beobachtung ist aufmerksame Wahrnehmung mit dem Ziel, Verhalten zu verstehen und das weitere pädagogische Handeln zu planen. Darüber hinaus können Entwicklungsgefährdungen frühzeitig erkannt werden.

→ Die verschiedenen Formen von Beobachtungen haben unterschiedliche Schwerpunkte und Zwecke, Vor- und Nachteile. Setzt man verschiedene Beobachtungsverfahren bei einem Kind ein, ergänzen sie einander.

→ Die sozialpädagogische Diagnose bezieht sich auf die Lebenswelt des Adressaten und auf seine Familie.

→ Die sozialpädagogische Diagnose will die Lebenssituation durch geeignete Verfahren erfassen, bewerten und geeignete Maßnahmen finden, um positivere Lebensbedingungen zu schaffen.

→ Das setzt voraus, geeignete Verfahren zu kennen, alle relevanten Informationen und Einschätzungen zu berücksichtigen, eine für Eltern und Kinder/Jugendliche relevante Hilfeidee zu entwickeln und klare eindeutige Ziele zu formulieren. Erzieherinnen und Erzieher müssen Ressourcen und Risiken von Kindern und Jugendlichen erfassen und beschreiben können.

→ Eine wesentliche Kompetenz ist hier auch die interdisziplinäre Zusammenarbeit mit anderen Personen und Institutionen.

→·← AUFGABEN

1 [Wissen und Verstehen]
Machen Sie hinter jeden Begriff, den Sie einer Mitschülerin erklären bzw. nicht erklären können, ein Plus bzw. ein Minus. Fragen Sie Ihre Mitschülerin, ob sie Ihnen einen Begriff, den Sie nicht verstehen, erläutern kann.

Wahrneh-mungsprozess	Einflüsse auf Wahrnehmung	Wahrnehmungs-konstanzen
Wahrneh-mungsprinzipien	Attributions-fehler	Primacy-Effekt
Halo-Effekt	Projektion	Formen von Beobachtung

2 [Analyse und Bewertung]
„Wahrnehmung ist also eine sehr subjektive Angelegenheit." Was bedeutet dies, wenn ein Team eine Fallbesprechung macht, um z. B. über pädagogische Maßnahmen zu beraten?

3 [Wissen und Verstehen]
Erstellen Sie eine Tabelle, in der Sie die verschiedenen Formen der Beobachtung mit ihren Vor- und Nachteilen auflisten.

4 [Reflexion]
Beobachtung dient dazu, individuelle Fähigkeiten und Interessen eines Kindes zu erkennen und dem Kind passgenaue Angebote

zu machen. Kita-Erziehung findet jedoch in Gruppen statt. Sammeln Sie Argumente, die für eine individualisierte Pädagogik bzw. eine allgemeinere Förderung in Gruppen spricht.

5 [Analyse und Bewertung]
Überprüfen Sie die Lernsituation zu Beginn des Kapitels: Welche Gründe für die unterschiedliche Wahrnehmung können Sie jetzt mithilfe Ihres neuen Wissens zu Wahrnehmung und Beobachtung erkennen?

6 [Planung und Konzeption]
Überlegen Sie mithilfe der Übersichtstabelle zu Beobachtungsverfahren, mit welchem Ver-

fahren Natalie wahrscheinlich von den Erzieherinnen beobachtet wurde und mit welchen Bögen Sie Genaueres herausfinden könnten.

7 [Planung und Konzeption]
Erstellen Sie einen Interviewleitfaden, um ein zehnjähriges Kind zu interviewen mit dem Ziel, seine momentane Situation zu erfassen. Entwickeln Sie Fragen, die die unterschiedlichen Lebensbereiche des Kindes (Schule, Familie, Freunde, Freizeitaktivitäten) sowie seine Gefühle in diesen Bereichen erfassen. Überlegen Sie, wie Sie nach den Ressourcen des Kindes fragen könnten.

Kompetenzen, die in diesem Kapitel erworben werden können:

- Die Absolventinnen und Absolventen verfügen über Fertigkeiten,

  - Kinder, Jugendliche und junge Erwachsene in ihrer Individualität und Persönlichkeit als Subjekte in der pädagogischen Arbeit wahrzunehmen, einzuschätzen und in ihrer Kompetenzerweiterung zu unterstützen.

  - die gewählten Beobachtungsverfahren und -instrumente auf ihre Wirksamkeit in pädagogischen Prozessen an Hand von Kriterien zu beurteilen und ggf. zu verändern.

  - Ressourcen des einzelnen Gruppenmitgliedes festzustellen und in die Planung der Gruppenarbeit einzubeziehen.

  - die eigene Rolle in Gruppenprozessen zu reflektieren und nachhaltig verändern zu können.

Becker, Christine: Zur Konstruktion von Wirklichkeit. In: Praxis Beobachtung. Herausgegeben von Christine Lipp-Peetz. Berlin: Cornelsen Verlag Scriptor 2007, S. 49–52.

Beudels, Wolfgang/Haderlein, Ralf/Herzog, Sylvia: Handbuch Beobachtungsverfahren in Kindertageseinrichtungen. Dortmund: Borgmann Media 2012.

Cinkl, Stephan/Krause, Hans Ullrich: Praxishandbuch Sozialpädagogische Familiendiagnosen. Verfahren – Evaluation – Anwendung im Kinderschutz, 2. durchgesehene Auflage. Leverkusen: Verlag Barbara Budrich 2014.

Dieckmann, Claudia: Sismik – Sprachverhalten und Interesse an Sprache bei Migrantenkindern in Kindertageseinrichtungen. In: Beudels, Wolfgang/Haderlein, Ralf/Herzog, Sylvia: Handbuch Beobachtungsverfahren in Kindertageseinrichtungen. Dortmund: Borgmann Media 2012, S. 144–148.

Ebeling, Inga: Validierte Grenzsteine der Entwicklung. In: Beudels, Wolfgang/Haderlein, Ralf/Herzog, Sylvia: Handbuch Beobachtungsverfahren in Kindertageseinrichtungen. Dortmund: Borgmann Media 2012, S. 123–126.

Fröhlich-Gildhoff, Klaus/Castello, Armin: Soziale und emotionale Entwicklung. In: Christoph Mischo/Dörte Weltzien/Klaus Fröhlich-Gildhoff: Kindliche Entwicklung im Kontext erfassen. Verfahren zur Beobachtung und Diagnose für die pädagogische Praxis. Kronach: Carl Link Verlag 2011, S. 194–215.

Goldstein, Bruce: Wahrnehmungspsychologie. Der Grundkurs, übersetzt von Guido Plata, 7. Auflage. Berlin/Heidelberg: Springer Verlag 2008.

Gretsch, Petra: Sprache – standardisierte Verfahren. In: Christoph Mischo/Dörte Weltzien/Klaus Fröhlich-Gildhoff: Kindliche Entwicklung im Kontext erfassen. Verfahren zur Beobachtung und Diagnose für die pädagogische Praxis. Kronach: Carl Link Verlag 2011, S. 142–153.

Hebenstreit-Müller, Sabine: Kita-Pädagogik und Kamera-Ethnografie – Erkundungen einer Kooperation. In: Beobachten in der Frühpädagogik, hrsg. von Sabine Hebenstreit-Müller und Burkhard Müller. Weimar/Berlin: Verlag das netz 2012, S. 39–50.

Heiner, Maja: Professionalität in der sozialen Arbeit. Theoretische Konzepte, Modelle und empirische Perspektiven. Stuttgart: Verlag W. Kohlhammer 2004.

Kasüschke, Dagmar/Fröhlich-Gildhoff, Klaus: Frühpädagogik heute. Herausforderungen an Disziplin und Profession. Köln/Kronach: Carl Link Verlag 2008.

Küfner, Heinrich/Coenen, Michaela/Indlekofer, Wolfgang: PREDI. Psychosoziale ressourcenorientierte Diagnostik. Ein problem- und lösungsorientierter Ansatz. Version 3.0. Lengerich: Pabst Science Publishers 2006.

Lahmer, Karl/Böhm, Regine/Kreilinger, Maria u. a.: Grundlagen der Pädagogik und Psychologie. Braunschweig: Westermann Verlag 2018.

Landeshauptstadt Stuttgart, Jugendamt: Grenzsteine der Entwicklung. In: Arbeitshilfe für die Einstein-Kitas. Stuttgart: Eigenverlag 2006.

Leu, Rudolf: Beobachtung in der Praxis. In: Handbuch Pädagogik der frühen Kindheit. 3. Auflage, hrsg. von Lilian Fried und Susanna Roux: Berlin: Cornelsen Schulbuchverlage 2013, S. 250–261.

Mischo, Christoph/Weltzien, Dörte/Fröhlich-Gildhoff, Klaus: Kindliche Entwicklung im Kontext erfassen. Verfahren zur Beobachtung und Diagnose für die pädagogische Praxis. Kronach: Carl Link Verlag 2011.

Schutzeich, Birgit: Seldak – Sprachentwicklung und Literacy bei deutschsprachig aufwachsenden Kindern. In: Beudels, Wolfgang/Haderlein, Ralf/Herzog, Sylvia: Handbuch Beobachtungsverfahren in Kindertageseinrichtungen. Dortmund: Borgmann Media 2012, S. 140–143.

Schweitzer, Christiane: „Ich will nicht von jedem angeguckt werden": Kritische Fragen zur Beobachtung. In: Praxis Beobachtung, hrsg. von Christine Lipp-Peetz. Berlin: Cornelsen Scriptor Verlag 2007, S. 164–171.

Sussett-Ackemann, Martine/Anderl-Schmidt, Andrea: DESK 3-6 – Dortmunder Entwicklungsscreening für den Kindergarten. In: Beudels, Wolfgang/Haderlein, Ralf/Herzog, Sylvia: Handbuch Beobachtungsverfahren in Kindertageseinrichtungen. Dortmund: Borgmann Media 2012.

Thiesen, Peter: Beobachten und Beurteilen in Kindergarten, Hort und Heim. Weinheim/Basel: Beltz Verlag 2003.

Ulich, Michaela/Mayr, Toni: Sismik. Sprachverhalten und Interesse an Sprache bei Migrantenkindern in Kindertageseinrichtungen. Freiburg i. Br.: Herder Verlag 2003.

Weyrich, Karl-Heinz: Aktuelle Beiträge zur Kinder- und Jugendhilfe Nr. 51. Berlin: Difu-Verlag 2005.

6 Bindungstheorie

Martina Lambertz • Bianca Ribic

Seit einer Woche besucht Marie (1;2 Jahre) die Krippe, in der Lara als Berufspraktikantin tätig ist. Marie ist das jüngste von drei Geschwisterkindern. Maries Eltern sind noch sehr jung und die Familie ist seit einigen Jahren mit chronischer Armut konfrontiert. Beide Elternteile sind arbeitslos. Die Mutter beginnt in wenigen Wochen eine Ausbildung zur Bäckereifachverkäuferin. Marie wird während der Eingewöhnung von ihrem Vater begleitet. Schon Maries Geschwister haben die Einrichtung besucht. Bei beiden Kindern gestaltete sich der Übergang in die Einrichtung schwierig. Ihre Gruppenleiterin befürchtet ähnliche Reaktionen bei Marie.

In der ersten Phase der Eingewöhnung beobachtet Lara, dass Marie sich kaum von ihrem Vater trennt. Sobald er sich von seinem Stuhl erhebt, wendet sich Marie ihm zu und unterbricht ihr Spiel. Sie klammert sich an ihn und weint massiv. Auf einige Kollegen wirkt Maries Verhalten stark übertrieben. Der Vater reagiert sehr unterschiedlich auf Maries Verhalten. In einigen Situationen nimmt er sie scheinbar liebevoll auf den Schoss und albert mit ihr herum, wobei Marie dann schnell wieder heruntergelassen werden möchte. Nur einige Minuten später aber reagiert er abweisend und mürrisch. Marie scheint kaum ins Spiel zu finden und eher damit beschäftigt zu sein, ihren Vater zu beobachten. Sie wirkt unruhig. Selbst die interessante Murmelbahn fasziniert sie nur ein paar Minuten. Nach dem ersten kurzen und sehr tränenreichen Trennungsversuch am vierten Tag beruhigt sich Marie kaum auf dem Arm des Vaters.

Im Reflexionsgespräch mit der Praxisanleiterin teilt Lara ihre Beobachtungen mit. Sie ist erstaunt über Maries Verhalten. Max (2;2 Jahre) hatte gar keine Trennungsprobleme. Er kam in den Gruppenraum, verabschiedete sich nicht von seiner Mutter und setzte sich auf den Bauteppich – alles ohne Tränen. Nora (4 Jahre) braucht dagegen bis heute sehr viel Zuwendung von den Erzieherinnen und spielt selten längere Zeit allein oder mit anderen Kindern.

Lara denkt an die letzten Unterrichtsstunden. Dort hat sie das erste Mal von der Bindungstheorie gehört. Vielleicht hat das Verhalten der Kinder etwas mit der Bindung zu ihren Eltern zu tun? Vielleicht ist Marie einfach auch noch zu jung, um von ihren Eltern getrennt zu werden?

Laras Praxisanleitung erläutert ihr das Berliner und Münchener Eingewöhnungsmodell. Dabei erwähnt sie auch, dass die Kinder nicht zu jeder Fachkraft in der Einrichtung eine gleich gute Bindung oder Beziehung aufbauen werden. Es ist jedoch wichtig, dass ein Kind zu den meisten Fachkräften eine gute Beziehung aufbaut und sich in der Einrichtung wohlfühlt.

„Ich fühle mich bei dir sicher!"

↘ FRAGEN

→ *Wie erklären Sie, dass die Kinder, von denen in der Lernsituation die Rede ist, so unterschiedlich auf die Trennung von ihren Eltern reagieren?*

→ *Wie beurteilen Sie Laras Überlegung, dass Marie noch zu jung sei für die Trennung von ihren Eltern? Was meinen Sie: Verkraften junge Kinder die Trennung von ihren Eltern?*

6.1 Ein guter Start ins Leben

Der Mensch braucht für eine gesunde psychische Entwicklung Personen, denen er vertrauen kann, die in belastenden Situationen für ihn da sind und ihn ermutigen, neugierig die Welt kennenzulernen. Jeder weiß, wie wichtig einem die liebsten Personen sind, bei denen man sich wohlfühlt, die man liebt, mit denen man zusammenlebt, die einen gut kennen und sich liebevoll um einen kümmern. Werden Menschen interviewt und nach wichtigen Personen in ihrem Leben gefragt, werden häufig folgende Aussagen getroffen.

> „Meine Eltern sind immer für mich da, wenn ich sie brauche – egal, wann und warum."
> „Meine Oma hat mich immer nur in den Arm genommen, wenn es mir nicht gut ging, und nichts gefragt."
> „Meine Freundin hatte ich Jahre nicht gesehen und beim ersten Treffen war wieder alles so schön wie früher."
> „Wenn ich meine Erzieherin wiedersehe, fallen mir viele schöne Erinnerungen ein."

Bindung wird oft als „emotionales Band" beschrieben, das, wenn es einmal gewachsen ist, über Ort und Zeit hinweg bestehen bleibt. Bindungsbeziehungen sind durch tiefe Verankerung, Stabilität, Emotionalität, Verbundenheit und gemeinsame Erlebnisse gekennzeichnet. Das Besondere ist, dass Bindung dem Menschen Halt, Sicherheit, Unterstützung und Geborgenheit bieten. Diese sicherheitsspendende Beziehung hilft, schwierige Situationen zu meistern, zu lernen und zu wachsen.

6.2 Feinfühligkeit

Unterschiedliche Bindungserfahrungen in der frühen Kindheit prägen den Menschen und haben großen Einfluss auf die gesamte weitere Entwicklung und die Bindungsbeziehungen. Bereits im ersten Lebensjahr lernt ein Kind, ob es sich auf seine primären Bezugspersonen verlassen kann. Der Aufbau zu einem oder einigen wenigen Bezugspersonen (primäre Bezugspersonen, die das Kind ständig betreuen) ist eine große sozialemotionale Entwicklungsaufgabe für den Säugling. In der Regel sind dies Eltern, Großeltern, Tagesmütter oder pädagogisches Fachpersonal.

Junge Kinder können nur mithilfe von körperlichen Signalen (Temperatur, Körperspannung, Geruch usw.) und nonverbalen Signalen (Schreien, Weinen, Mimik usw.) ihre Bedürfnisse nach Hunger, Schlaf, Nähe und Interaktion mitteilen. Kleinstkinder und jüngere Kinder brauchen deshalb einfühlsame Begleiter. Die große Bedeutung einer empathischen Haltung dem Kind gegenüber muss an dieser Stelle besonders hervorgehoben werden. Es geht darum, körperliche sowie nonverbale und verbale Signale und Bedürfnisse der Kinder wahrzunehmen, richtig zu deuten sowie zeitnah und adäquat zum Wohl des Kindes darauf zu antworten bzw. zu reagieren. **Mary Ainsworth** (Mitarbeiterin von John Bowlby, Arzt und Psychoanalytiker, Begründer der Bindungstheorien) prägte Mitte der 1970er-Jahre für dieses Verhalten den Begriff der **Feinfühligkeit** (vgl. Remsperger, 2008, S. 2 f.).

Wirst du mich hören? Weißt du, was ich brauche?

> Zu **feinfühligem Verhalten** gehören folgende Aspekte:
> * Signale des Kindes richtig wahrnehmen,
> * diese Signale richtig interpretieren,
> * auf diese Signale prompt
> * und angemessen reagieren.

Ein Säugling, sogar ein Neugeborenes, verfügt über eine ganz eigene Sprache. Das Kind benutzt noch keine Worte, vermittelt aber durch Signale, was es empfindet und was ihm behagt oder nicht. Entscheidend für den Aufbau einer sicheren Bindung des Kindes und damit auch für sein Erkundungsverhalten (Exploration) ist deshalb ein gutes Einfühlungsvermögen der Bezugsperson in seine Bedürfnisse, liebevolle Zuwendung und aufmerksame Fürsorge.

Die Reaktionen der Bezugspersonen sollten dem Entwicklungsstand des Kindes angemessen sein. Es sollte keine Über- bzw. Unterforderung stattfinden. Auf kindliches Weinen sensibel zu reagieren, zeigt feinfühliges Verhalten und darf nicht als Verwöhnen des Kindes missverstanden werden. Auch wenn nicht vollständig verhindert werden kann, dass ein Säugling gelegentlich weint, kann die Bezugsperson sehr viel zu seiner Zufriedenheit beitragen, wenn sie versucht, auf seine Signale einzugehen.

> *Ich nehme dich wahr!*
> *Ich wertschätze dich!*
> *Ich respektiere deine Gefühle!*
> *Ich möchte dich kennenlernen!*
> *…*

Jede Bezugsperson wird (besonders in den ersten Lebenswochen) auch Signale des Kindes missverstehen bzw. nicht angemessen darauf reagieren. Für eine sichere Bindung sind die Haltung der Bezugsperson und die Menge der Erfahrungen positiver Interaktion wichtig.

Diese Botschaften integriert das Kind in seine Selbstwert- und Identitätsentwicklung. **Positive Bindungserfahrungen** in frühester Kindheit sind die beste Voraussetzung dafür, dass ein Kind ein positives Selbstbild entwickelt und sich sowohl sozial-emotional als auch in seinem Bewegungs- und Forschungsdrang optimal entwickeln kann. Je älter ein Kind wird, desto besser kann es sich und seine Gefühle dann selbst regulieren (emotionale Selbststeuerung). Die Fähigkeit, die Signale des Säuglings zu deuten, entwickelt sich mit der Zeit. Dieses Kennenlernen ist ein langsamer und stetiger wechselseitiger Prozess.

Die früheste Bindung, die ein Mensch eingeht, ist die Bindung an seine primäre Bezugsperson – in der Regel an

seine Mutter. Der Säugling kommt mit einer angeborenen Bereitschaft, Verhaltensweisen und Fähigkeiten auf die Welt, Beziehungen bzw. Bindungen mit anderen Menschen eingehen zu können. Diese Verhaltensweisen, die auf das Herstellen sowie auf die Aufrechterhaltung von Nähe zu einer Bezugsperson ausgerichtet sind, nennt man **Bindungsverhaltensweisen.** Dazu zählen z. B. Anlächeln, Weinen, Rufen, Nachlaufen, Anklammern und Arme ausstrecken.

Verhaltensweisen zum Aufbau sicherer Beziehungen

Diese Bereitschaft ist existenzsichernd, da Säuglinge und Kleinkinder in den ersten Lebensjahren auf die Unterstützung, Zuwendung und Nähe eines Erwachsenen angewiesen sind. Sichere Bindungen geben Schutz, Sicherheit und Wohlbefinden sowie das Gefühl des Dazugehörens und der Wertschätzung. Bindung dient dem Schutz des Kindes, nicht zu weit wegzugehen.

> Ein Ergebnis der frühen Bindungsforschung von Bowlby und Ainsworth ist, dass das Bindungssystem ein primäres, genetisch verankertes System ist, welches wechselseitig die Emotionen, die Motivation und das Verhalten der Bezugsperson und des Kindes beeinflusst.

Neben den Signalen des Kindes liegen auf der Seite der Erwachsenen ebenfalls bestimmte angeborene Verhaltensbereitschaften bzw. genetisch bedingte hormonelle Prozesse vor, die auf die Äußerungen des Kindes im besonderen Maße reagieren. Bei einer Mutter werden z. B. bereits während der Schwangerschaft und zusätzlich auch bei der Geburt bestimmte Hormone ausgeschüttet, die sie emotional an ihr Kind binden. Der Schrei eines Neugeborenen löst bei allen Erwachsenen automatisch einen Schutzmechanismus aus. Große „Kulleraugen" berühren emotional und führen häufig zu Verhaltensweisen der Zuwendung und Nähe. Durch die vom Säugling ausgehenden Signale wenden sich die Eltern bzw. Bezugspersonen in den ersten Lebensmonaten des Kindes spontan und intuitiv dem Säugling zu.

Die Verhaltenspsychobiologen Mechthild und Hanuš Papoušek prägten dafür den Begriff der **intuitiven Kompetenzen.** Diese intuitiven Verhaltensweisen sind universell, kultur-, alters- und geschlechtsunabhängig bzw. haben – wenn überhaupt – nur minimale Variationen. Die Reaktionszeiten der Bezugspersonen auf die kindlichen Signale bewegen sich zu Beginn im Millisekundenbereich (200–600 Millisekunden). Diese Verhaltensweisen können höchstens für kurze Zeit bewusst unterdrückt werden, geschehen aber eigentlich unwillkürlich. Frühkindliches Lernen ist auf Wiederholung aufgebaut. Intuitive Verhaltensweisen können beinahe endlos wiederholt werden, ohne dass sie für den Ausführenden ermüdend werden *(vgl. Papoušek, 2006).*

Dialogabstand

Eine feinfühlige Interaktion ist geprägt von nonverbaler und verbaler Kommunikation.

Ammensprache: höhere Stimmlage mit spezifischem Sprechgesang und Mienenspiel
Biologischer Spiegel: Nachahmen der Mimik und Laute des Kindes
Dialogabstand: Abstand zwischen beiden Gesichtern in den ersten Lebenswochen 20–30 cm
Berührung: um die
Rhythmisches Tragen usw.

Beispiele für intuitive Verhaltensweisen von Erwachsenen

Vier Ausdruckskanäle von Feinfühligkeit

Sprache: wertschätzende und anerkennende Wortwahl – interessiertes und stimulierendes Fragen

Stimme: liebevoller, ruhiger Tonfall – geduldiges, langsames und deutliches Sprechen

Gesicht/Mimik: interessierter Gesichtsausdruck – anteilnehmender und wertschätzender Gesichtsausdruck – Stimmungen und Äußerungen der Kinder durch eigene Mimik aufgreifen

Körper: ruhige, gelassene, den Kindern zugewandte Körperhaltung – sich auf Augenhöhe der Kinder befinden – Körperkontakt mit Kindern zulassen

(Remsperger, 2008, S. 6)

6.3 Bindungsentwicklung

Die frühesten Bindungserfahrungen legen den Grundstein dafür, wie die weiteren Erfahrungen während der individuellen Entwicklung wahrgenommen und in die eigene Identität integriert werden. Sie stellen aber auch im Bereich der sozial-emotionalen Entwicklung die Basis für einen späteren Aufbau von Beziehungen zu Gleichaltrigen, zum Lebenspartner und auch zu den eigenen Kindern dar.

Im Alter von **0 bis drei Monaten** zeigt ein Säugling bereits Verhaltensweisen, die die Nähe zu Erwachsenen sicherstellen sollen. Er ist jedoch noch nicht auf bestimmte Personen festgelegt. In diesem Alter könnte demnach im Grunde jeder Erwachsene die Betreuung und Pflege ausüben. Allerdings haben Forschungen gezeigt, dass Säuglinge den vertrauten Geruch oder die Stimme der Mutter erkennen und diese fremden Gerüchen bzw. Stimmen vorziehen. In dieser Phase ist es sehr wichtig, dass auf die Signale des Kindes unmittelbar reagiert wird. Der Säugling erlebt allererste Selbstwirksamkeitserfahrungen. Über die Interaktionen lernt das Kleinstkind mit der Zeit auch, seine Interaktionspartner zu unterscheiden.

Ab ca. vier Monaten beginnt der Säugling, sich an einer bzw. wenigen Personen zu orientieren. Er sendet seine Signale bevorzugt vertrauten Personen zu. Das Erinnerungsvermögen ist noch nicht entwickelt, daher gilt noch: „aus den Augen aus dem Sinn", sodass Säuglinge nicht unmittelbar auf kurze Trennungen von der Bezugsperson reagieren. In dieser Altersspanne erweitert das Kind sein Repertoire an Bindungsverhaltensweisen.

Ungefähr im Alter **zwischen sieben bis neun Monaten** beginnt der Säugling eine Bindung zu einer deutlich von anderen unterschiedenen Person aufzubauen und zu dieser die Nähe aufrechtzuerhalten, indem er probiert, über die eigene Fortbewegung in die Nähe der Bindungsperson zu gelangen bzw. über Signale, die er an die Bindungsperson sendet (Rufen, Weinen, Klammern usw.), die Nähe herzustellen. Das Kind kann sich langsam an Dinge und Personen, die nicht unmittelbar im Blick sind, erinnern (Objekt-/Personenpermanenz). Daher setzt das Kind nun auch verstärkt Energien in die Aufrechterhaltung der Nähe zu dieser Bindungsperson ein. Das Gefühl des Vermissens entsteht. Auf der anderen Seite entwickelt sich nun aber auch immer stärker der Drang zum Erkundungsverhalten. Damit einher geht das zu beobachtende Phänomen der sozialen Rückversicherung. Das Kind, das einerseits Nähe und Kontakt zu der Bindungsperson aufrechterhalten will, wird bei seinen Versuchen, die Welt zu erobern, immer wieder den Blickkontakt mit der Bindungsperson suchen, um sich zu versichern: „Es ist o.k., dass du die Welt eroberst. Ich bin da und passe auf, dass dir dabei nichts passiert!"

Im Alter **von 10 bis 12 Monaten** wird das Kind immer mobiler und zeitgleich steigt sein Interesse an der Umwelt und der Wunsch, diese neugierig zu erkunden, immer stärker an. Gleichzeitig beginnt sich aber auch die in der vorherigen Phase beginnende Bindung zu intensivieren. Je stärker die Bindung an die Bezugsperson entwickelt ist, umso mehr beginnt das Kind Trennungs- sowie Fremdenangst (Fremdeln) zu zeigen. Ebenso steht das Kind im Spannungsfeld zwischen „Abhängigkeit" (da es die Nähe der Bindungsperson braucht) und dem Wunsch nach „Autonomie und Selbstständigkeit" (da es unbedingt die Umgebung entdecken will). Die Bindung verhindert, dass es sich zu weit entfernt bzw. gewährleistet, dass es über die soziale Rückversicherung immer wieder Situationen und Hindernisse mithilfe der Bezugsperson einschätzen lernt, die es selbst noch nicht realistisch abschätzen kann.

Im Alter **von 13 bis 18 Monaten** bleiben weiterhin die Themen Nähe – Distanz sowie Abhängigkeit – Selbstständigkeit aktuell und werden geübt. Daher sind sowohl das „Allein-machen-Wollen" als auch anklammerndes Verhalten ein großes Thema. Versteckspiele und wiederholende Verabschiedungsspiele helfen dem Kind in dieser Phase, Trennung und Wiederkehr einzuüben und damit umgehen zu lernen. Mit zunehmendem Alter tritt nun die Autonomieentwicklung immer stärker in den Vordergrund. Die Bindungsperson hat nach wie vor eine ganz wichtige und unterstützende Funktion. Die Bindung ist aufgebaut und die Qualität der Bindung zwischen Kind und Bindungsperson ist klassifizierbar (was nicht heißen soll, dass die Qualität sich nicht verändern kann; ein sehr wichtiger Grundstein, auf den zukünftig gebaut wird, ist jedoch gelegt).

Ab ca. drei Jahren fängt das Kind an, sein Verhalten nicht mehr nur an seinen Zielen auszurichten, sondern es entwickelt langsam die Fähigkeit, die Interessen und Ziele der Bindungsperson mit einzubeziehen und zu berücksichtigen („zielkorrigierte Partnerschaft"). Die Peergruppe wird ebenfalls immer bedeutender und das Interesse an anderen Kindern immer ausgeprägter *(vgl. Viernickel/Sechtig, 2003, S. 14 ff.)*.

6.4   Qualität von Bindungsbeziehungen

Die Feinfühligkeit, die Verfügbarkeit und die Vorhersagbarkeit der Reaktionen der Bezugsperson bestimmen im großen Maße die Bindungsqualität. Diese frühen Interaktionserfahrungen sind ausschlaggebend für die ersten Bindungserfahrungen. Das Ausmaß der Feinfühligkeit nimmt den größten Einfluss auf die Qualität der entstehenden Bindung.

Mary Ainsworth und ihr Team entwickelten eine standardisierte Beobachtungsmethode, die sogenannte Fremde Situation. Das Bindungs- und Explorationsverhalten junger Kinder zwischen 12 und 20 Monaten wurde in einer Laborsituation untersucht. Ainsworth ging davon aus, dass Kinder in einer belastenden Situation (Trennung von der Mutter) Bindungsverhalten zeigen, in Anwesenheit der Mutter dagegen das Umfeld erkunden. Es wurde deutlich, dass nicht alle Kinder dieses Verhalten zeigten. Es kristallisierten sich drei Verhaltenstypen heraus. Diese Ergebnisse sind die Grundlage heutiger Bindungstheorien. Bei späteren Hausbesuchen stellten die Forscher fest, dass nicht nur die Kinder, sondern auch die Mütter sich unterschiedlich verhielten.

Es werden in der Bindungstheorie vier Bindungsqualitäten bzw. Bindungstypen unterschieden, die in der Fachliteratur durch die Buchstaben A–D gekennzeichnet werden *(vgl. Becker-Stoll/Niesel/Wertfein, 2009, S. 42 ff.).*

> Bindungsqualität A = unsicher-vermeidend
> Bindungsqualität B = sicher-gebunden
> Bindungsqualität C = unsicher-ambivalent
> Bindungsqualität D = desorganisiert

Bindungsqualität A: unsicher-vermeidend
Verhalten des Kindes:
- zeigt kein offenes und eindeutiges Bindungsverhalten (wie z. B. Suchen von Nähe, Weinen und Rufen nach der Bezugsperson usw.)
- zeigt keinen offenen Ausdruck von Gefühlen (z. B. weint nicht bei Trennung von der Bezugsperson bzw. wirkt eher gleichgültig bei ihrer Wiederkehr), minimiert den Gefühlsausdruck
- wirkt eher unbeteiligt, mit seinem Spiel beschäftigt, selbstständig und souverän

- zeigt aktive Vermeidung der Bindungsperson in einer Stresssituation, ignoriert z. T. die Bezugsperson
- kann sich auf die Unterstützung der Bindungsperson nicht verlassen
- hinter dem nach außen offensichtlichen Gefühlszustand steckt auch ein Bedürfnis nach Bindung
- etwas ältere Kinder zeigen eine negative Lebenshaltung in schwierigen Lebenslagen und häufig Zweifel an den eigenen Fähigkeiten

Verhalten der Bezugsperson:
- zeigt einen Mangel an Feinfühligkeit (Über- oder Unterstimulation, Zurückweisung der Wünsche des Kindes nach Nähe und Trost)
- mag keine starken Gefühlsausbrüche
- kann vom Kind nicht als sichere Basis genutzt werden, daher muss es aus eigener Kraft versuchen, emotional belastende Situationen zu bewältigen

Bindungsqualität B: sicher-gebunden
Verhalten des Kindes:
- zeigt offenes und eindeutiges Bindungsverhalten, sucht Kontakt und Nähe zur Bezugsperson
- zeigt positives Verhalten gegenüber der Bezugsperson
- zeigt offen seine Gefühle (z. B. Protest, Trauer bei Trennung von Mutter)
- beruhigt sich schnell in der Nähe/im Körperkontakt mit seiner Bindungsperson
- nutzt die Bezugsperson als „sichere Basis"
- hat innere Sicherheit über Erreichbarkeit, Verfügbarkeit und Vorhersagbarkeit der Bindungsperson
- kann sich auf die Unterstützung der Bezugsperson verlassen
- ältere Kinder haben ein gutes Selbstwertgefühl und eine positive Lebenshaltung auch in schwierigen Lebenssituationen

Verhalten der Bezugsperson:
- reagiert in hohem Maße feinfühlig auf die Signale des Kindes
- reagiert für das Kind vorhersehbar und zuverlässig

- steht dem Kind als sichere Basis zur Verfügung
- hilft dem Kind, die Gefühle zu regulieren

Sicher gebunden die Welt entdecken

Bindungsqualität C: unsicher-ambivalent
Verhalten des Kindes:

- zeigt sich ambivalent: sucht und hält mäßig bis starken Kontakt, d. h., es äußert den Wunsch nach Nähe zu der Bezugsperson, gleichzeitig zeigt es aber auch ärgerliche Zurückweisung in der Form von Widerstand gegen entstehenden Kontakt (z. B. wenn es auf den Arm genommen wird, dann drückt es sich weg, haut, macht sich steif oder schaut weg usw.)
- hat keine innere Sicherheit über Erreichbarkeit, Verfügbarkeit und Vorhersagbarkeit seiner Bindungsperson
- zeigt passives Verhalten oder aber Ausdruck von Ärger und Zorn gegenüber der Bindungsperson
- reagiert häufig sehr emotional, lautstark
- zeigt eine übermäßige Anhänglichkeit
- lässt sich nur schwer von der Bindungsperson beruhigen
- lässt sich schwer ablenken

Verhalten der Bezugsperson:

- verhält sich gegenüber dem Kind widersprüchlich
- reagiert mal sehr feinfühlig, mal ignorierend oder auch feindselig, d. h., die Reaktionen der Bezugsperson sind für das Kind nicht vorhersehbar
- unterbricht z. B. das kindliche Spiel, weil ein eigener Wunsch nach Zärtlichkeit Priorität hat

- Beziehung zum Kind bzw. Interaktionen mit ihm sind abhängig von der eigenen Befindlichkeit und für das Kind kaum planbar

Bindungsqualität D: desorganisiert-hoch unsicher
Verhalten des Kindes:

- kann auf keine organisierte Bindungsstrategie zurückgreifen
- kann stereotype Verhaltensweisen, Verhaltenskollaps, Furcht vor der Bindungsperson oder Erstarrung in der Körperhaltung zeigen
- zeigt zum Teil weder ein Bindungs- bzw. Explorationsverhalten
- zeigt widersprüchliches Verhalten
- führt begonnenes Verhalten nicht zu Ende
- zeigt für kurze Zeit keine organisierten Verhaltensweisen

Verhalten der Bezugsperson:

- löst z. B. Angst aus oder ist selbst sehr ängstlich
- ist Quelle von Gefahr für das Kind (Misshandlungen, Missbrauch, Gewalt usw.)
- Bezugsperson ist u. U. selbst traumatisiert oder psychisch krank

> Eine sichere Bindung ist ein Schutzfaktor für die Entwicklung eines Kindes. Bei diesen Kindern findet man häufiger:
> - ein positives Selbstwertgefühl
> - prosoziales Verhalten
> - Empathiefähigkeit
> - Selbstständigkeit
> - Erkundungsverhalten
> - Beliebtheit usw.

Das Bindungsverhalten kann sich auch über die Jahre verändern. Die Bindungsqualitäten zu verschiedenen Personen sind unabhängig voneinander zu sehen. So kann ein Kind z. B. eine sichere Bindung zu seinem Vater und eine unsicher-ambivalente Bindung zu seiner Mutter haben. Das Kind entwickelt seine eigenen Arbeitsmodelle und kann Bindungshierarchien zulassen.

An dieser Stelle muss erwähnt werden, dass das Wissen um die vier Bindungsqualitäten nicht dazu führen darf, dass pädagogische Fachkräfte während der Eingewöhnung Bindungsklassifikationen vornehmen. Sie sehen die Eltern und Ihre Kinder nur für einen begrenzten Zeitraum im Kontext eines Eingewöhnungsmodells. Bindungsforscher wie das Ehepaar Grossmann lehnen diese Praxis deutlich ab. Um Bindungsklassifikationen wirklich vornehmen zu können, ist eine lange Ausbildung unabdingbar (vgl. Grossmann, S. 106 f.).

Um die Eltern-Kind-Bindung zu stärken, gibt es seit vielen Jahren nationale und internationale Programme (z. B. Starke Eltern - Starke Kinder(R), SAFE, STEEP u. a.). In Deutschland wurde zu diesem Thema vor einigen Jahren ein Netzwerk gegründet.

> „‚Frühe Hilfen' bilden lokale und regionale Unterstützungssysteme mit koordinierten Hilfsangeboten für Eltern und Kinder ab Beginn der Schwangerschaft und in den ersten Lebensjahren mit einem Schwerpunkt auf der Altersgruppe der 0- bis 3-Jährigen […]. Sie zielen darauf ab, Entwicklungsmöglichkeiten von Kindern und Eltern in Familie und Gesellschaft frühzeitig und nachhaltig zu verbessern. Neben alltagspraktischer Unterstützung wollen ‚Frühe Hilfen' insbesondere einen Beitrag zur Förderung der Beziehungs- und Erziehungskompetenz von (werdenden) Müttern und Vätern leisten. Damit tragen sie maßgeblich zum gesunden Aufwachsen von Kindern bei und sichern deren Rechte auf Schutz, Förderung und Teilhabe." *Nationales Zentrum Frühe Hilfen (NTFH).*

Hebammen, Kinderkrankenschwestern und -ärzte, Gynäkologen, Spielgruppenleiter und pädagogische Fachkräfte versuchen, so früh wie möglich Eltern und Kinder zu erreichen und ihnen zu helfen, „einen guten und sicheren Start in ein gemeinsames Leben" zu finden. Fast in jeder Großstadt gibt es mittlerweile sogenannte Schreiambulanzen. Sie bieten Hilfestellung und Begleitung für Familien mit Kindern mit Regulationsstörungen, sogenannten Schrei- oder 24-Stunden-Babys.

Bei der Auseinandersetzung mit der Bindungstheorie darf nicht vergessen werden, dass die oben genannten Annahmen im Kontext der westlichen Mittelschicht entstanden sind.

Heidi Keller weist kritisch darauf hin, dass in vielen anderen Kulturen Kinder in sogenannten Beziehungsnetzwerken heranwachsen. Durch ihre vielfältigen Kulturstudien konnte sie diese Beziehungsnetzwerke besonders in dörflichen Kulturen beobachten. Andere Kinder zählen dort häufig auch zu den Hauptbezugspersonen. Keller geht davon aus, dass Beziehungsentwicklung sich in Kontexten von Raum und Zeit entwickelt. In der Praxis wird immer häufiger festgestellt, dass die derzeitige „[…] Bindungstheorie nicht mit den Realitäten, Werten und Normen vieler Familien im Einklang steht. […] Es ist jedoch dringend geboten, Bindungstheorien für andere Bevölkerungsgruppen zu entwickeln, bzw. die Bindungstheorie so zu modifizieren, dass sie ihren Anspruch globaler Gültigkeit auch erfüllen kann." *(Keller, 2019, S. 91)* Es ist wichtig zu berücksichtigen, dass nicht alle Kinder in Kitas eine Bindungsentwicklung und Bindungsverhalten aufweisen, wie Bowlby und Ainsworth sie beschrieben haben.

6.5 Der Zusammenhang von Bindung und Exploration

Kinder haben von Anfang an, neben dem Bedürfnis nach Bindung, Nähe und Sicherheit, das Bedürfnis, ihre Umwelt zu erkunden. Ziel einer sicheren Bindung ist es daher, beide Bedürfnisse (Bindung und Exploration) in einer angemessenen Balance leben zu können. Die Bezugsperson wird z. B. als sichere Basis genutzt, wenn Kinder etwas verunsichert oder ängstigt. Sie aktivieren das Bindungsverhalten zur Bindungsperson und hören auf, die Welt zu erkunden. Haben sie sich beruhigt, können sie von dieser Basis aus wieder die Welt erforschen.

Vergleichbar ist dies mit einem Bergsteiger, der bei einem Bergabenteuer sein Basislager an einer sicheren und geschützten Stelle im Gebirge errichtet. Das Basislager wird als Standort zur Bergbesteigung genutzt. Hier wird der Proviant aufgefüllt, die Wunden können gepflegt werden, Sauerstoff wird „getankt", Aufstiegspläne „geschmiedet" usw. Aber der Bergsteiger kann nur eins – sich im Basislager aufhalten oder den Berg besteigen. Ebenso verhalten sich die beiden Systeme des Menschen.

Das **Bindungssystem** sorgt dafür, dass die Nähe und An-Bindung des Kindes zur Bezugsperson hergestellt wird und so das Überleben gesichert wird. Es befriedigt aber auch ein menschliches Grundbedürfnis nach Zuneigung, liebevoller Zuwendung und Zugehörigkeit.

Das **Explorationssystem** sorgt dafür, dass ein Kind erstens die Dinge lernt, die es zum Überleben wissen und kennen muss; dass es zweitens aber auch sein menschliches Grundbedürfnis nach Spielen, Entdecken, Fragen klären und beantworten, Forschen sowie Experimentieren stillen kann.

Das ständige Wechselspiel zwischen Bindungs- und Explorationsverhalten findet in den ersten Lebensjahren sehr häufig statt. Das **Bindungsverhalten** wird aktiviert, sobald das Kind sich unsicher/ängstlich fühlt oder primäre Bedürfnisse nach Hunger, Schlaf usw. im Vordergrund stehen und das Erkundungsverhalten sinkt. Das **Erkundungsverhalten** dagegen nimmt zu, wenn es sich sicher fühlt und alle primären Bedürfnisse gestillt sind. Entdeckt das Kind z. B. ein neues Spielzeug, schaut es kurz zu seiner Bindungsperson, wartet auf ein Nicken bzw. auf Zustimmung und untersucht dann den neuen Gegenstand. Dieses Verhalten nennt man soziale Rückversicherung (social referencing).

Junge Kinder im zweiten Lebensjahr entfernen sich beispielsweise mit großer Sicherheit über weite Strecken von ihren Bezugspersonen, bleiben aber in Sichtkontakt. Verschwindet die Bezugsperson wird in der Regel „blitzartig" das Bindungsverhalten aktiviert und die Kinder beginnen zu weinen bzw. zu schreien, bis die Bezugsperson sich ihnen wieder nähert und sie auf den Arm nimmt. Häufig ist zu beobachten, dass die Kinder sich dann an die Bezugsperson anschmiegen und sich beruhigen. Kurze Zeit später laufen sie wieder los.

Auch unsicher-vermeidend gebundene Kinder, die kein offensichtliches Bindungsverhalten zeigen, wenn sie ihre Bezugsperson in unvertrauten Situationen nicht finden, aktivieren ihr Bindungssystem. Ein hormonell messbarer Stressanstieg und ein schneller Puls sind bei den Kindern deutlich. Das als Stresshormon bekannte Kortisol kann im Speichel dieser Kinder nachgewiesen werden.

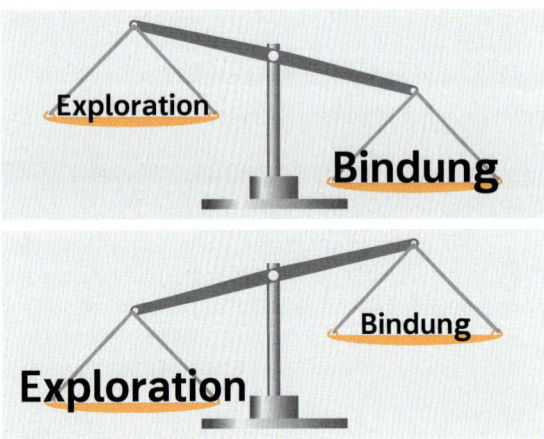

Bindung versus Exploration

6.6 Konsequenzen für die pädagogische Arbeit

> „Kinder übertragen ihre bisherigen Bindungserfahrungen auf die Beziehung zu Erzieherinnen und Gleichaltrigen. Die große Chance von Erzieherinnen liegt darin, korrigierende und nicht Bindungsunsicherheit bestätigende Erfahrungen zu ermöglichen und damit eine sichere Basis für den Aufbruch ins Leben zu schaffen."
>
> *(Suess, 2005, S. 8)*

Die Feinfühligkeit von pädagogischen Fachkräften ist Voraussetzung für eine sichere Bindungsqualität zwischen den Kindern und ihnen und der Grundstein für qualitätsvolle Bildungsarbeit.

> „Durch einfühlsame Interaktion und fein abgestimmte Hilfestellungen sollen die pädagogischen Fachkräfte die Kinder ermutigen, ihre eigenen Ideen umzusetzen, ihren Handlungsspielraum zu erweitern sowie Herausforderungen zu kreativem und komplexem Denken und Lernen anzunehmen."
>
> *(Remsperger, 2008, S. 13)*

Nur in einem positiven Klima und durch die Begleitung feinfühliger Bezugspersonen (Erwachsene und andere Kinder) können Kinder mithilfe ihrer Selbstbildungspotenziale die Umwelt erkunden und explorieren. „Die Qualitäten des Miteinanders in einer Tageseinrichtung für Kinder sind der Schlüssel zum Verständnis geringer oder großer Bereitschaft zu anspruchsvollem Lernen." *(Grossmann/Grossmann, 2008, S. 5)*

Es geht nicht darum, dass junge Kinder zu einer einzelnen Erzieherin eine starke Bindung aufbauen. Kinder brauchen vielfältige Ansprechpartner unter Kindern und Erwachsenen. Immer häufiger wird in der Fachwelt von „guten Beziehungen" gesprochen *(vgl. Grossmann/Grossmann, 2008, S. 9 ff.)*. Der Blick auf die anderen Kinder, d. h. auf die Kindergruppe, nimmt ebenfalls in der Bedeutung für den Übergang eines Kindes in eine Einrichtung immer mehr zu (siehe Münchener Eingewöhnungsmodell.

Sicher gebundene Kinder reagieren mit größerer Widerstandskraft auf belastende, verunsichernde und stressauslösende Situationen. Sie sind resilienter als unsicher gebundene Kinder.

Wenn das Kind sich unsicher und womöglich verängstigt fühlt, dann wird es sich nicht auf Lern- sowie Spielerfahrungen einlassen können, da es damit beschäftigt ist, sein inneres Gleichgewicht zu stabilisieren und unter Kontrolle zu halten. Das heißt, dass die zur Verfügung stehende Aufmerksamkeit und Energie nicht für die Erkundung der Umgebung, das Lernen und Spielen verwendet werden kann. In schwierigen Lebenssituationen fehlen diesen Kindern häufig psychische Widerstandskräfte, diese Krisen oder Übergänge zu meistern.

Dieser Zusammenhang hat bedeutungsvolle Konsequenzen für den jeweiligen Lern- und Bildungserfolg des Kindes. Der Aufbau einer neuen sicheren Beziehung zu den pädagogischen Fachkräften kann für das Bindungs- und Erkundungsverhalten unsicher gebundener Kinder kompensatorische Wirkung haben. Dies scheint besonders bei jüngeren Kindern leichter zu sein. Kinder sind offen für neue Bindungen, die anders sein können als die bisherigen Bindungserfahrungen.

> Hinweise zum Nachdenken über das eigene Erzieherverhalten.
> Fragen eines Kindes an die pädagogische Fachkraft:
> „Nimmst du mich und meine Signale wahr? Reagierst du prompt und angemessen und entwicklungsfördernd auf meine Signale? Interessierst du dich für mich? Kennst du meine Bedürfnisse und Interessen?
> Gehst du fürsorglich und respektvoll mit mir um? Kann ich dir vertrauen? Bist du für mich da? Hörst du mir zu? Sprichst du mit mir?
>
> Hast du Zeit und Ruhe für mich?
> Darf ich auch Fehler machen?
> Hilfst du mir? Unterstützt du mich, wenn ich dich brauche?
> Versuchst du, mich zu verstehen?
> Ermutigst du mich, Neues zu entdecken und auszuprobieren? Auch mit anderen Kindern zusammen?"
>
> *(Remsperger, 2008, S. 45 ff.)*

In dem Positionspapier „Gute Qualität in Krippe und Kindertagespflege" der Deutschen Liga für das Kind (2015) wird im Bereich der Prozessqualität sehr deutlich die Bedeutsamkeit der sicheren Bindung hervorgehoben.

„Jedem Kind wird ein(e) Bezugserzieher(in) zugeordnet. Die Erzieher(innen) gehen auf die Bindungsbedürfnisse der Kinder ein. Sie sind bereit und werden darin unterstützt, in Ergänzung zu den Eltern sekundäre Bindungen zu den Kindern aufzubauen und für sie zu vertrauten Bezugspersonen zu werden. […] Die Erzieher(innen) sind bereit und in der Lage, die Bedürfnisse und Signale der Kinder wahrzunehmen, sie richtig zu interpretieren und darauf angemessen zu reagieren. Aufmerksamkeit, Feinfühligkeit und Wertschätzung der Kinder sind Kennzeichen der Bildung, Erziehung und Betreuung." (Deutsche Liga für das Kind, 2015, S. 5)

Der Übergang eines Kindes von der Familie in eine außerfamiliäre Betreuung ist mit großen Entwicklungsanforderungen verbunden. Diese Phase steckt voller Chancen, aber auch Belastungen. Eine neue und fremde Umgebung, fremde Personen und neue Regeln lösen große Unsicherheit aus. Das Bedürfnis nach Sicherheit und Schutz steigt an. Je sicherer ein Kind gebunden ist, desto besser bewältigt es diesen Schritt und lässt sich nach und nach durch eine sanfte Eingewöhnung auf neue Bezugspersonen ein.

Besonders Kinder mit unsicher-vermeidendem Bindungsverhalten benötigen in diesen Phasen intensive Zuwendung und Begleitung. Pädagogische Fachkräfte müssen darauf vorbereitet sein, dass sie von unsicher gebundenen Kindern zuerst einmal abgelehnt werden könnten. Diese Kinder erwarten in der Regel Zurückweisung und teilweise Feindseligkeit in der Interaktion mit Erwachsenen oder Kindern. „Vor allem bei Spannungen, bei Antipathie, Aggressionen, Gleichgültigkeit usw. sind Verständnis und Feinfühligkeit wegweisend, um Kindern positive Bindungserfahrungen zu ermöglichen." *(Grossmann/Grossmann, 2008, S. 8)*

In der Eingewöhnungsphase übersehen Fachkräfte diese Kinder häufig, weil sie sich ohne Tränen und Schreien von der Bezugsperson trennen. Viel Aufmerksamkeit und Zuwendung wird dagegen Kindern mit lautstarkem Trennungsschmerz entgegengebracht. Grundsätzlich gilt, dass unsicher gebundene Kinder sich schlechter auf Lern- und Spielerfahrungen einlassen können, weil sie damit beschäftigt sind, ihr inneres Gleichgewicht zu stabilisieren und zu kontrollieren. In Kapitel 6.3 wird ausführlicher auf die Konsequenzen der Bindungsforschung für die Eingewöhnung der Kinder eingegangen.

↗ WIEDERHOLUNG

→ Die frühen Erfahrungen, die ein Kind mit seinen Bindungspersonen sammelt, haben einen großen Einfluss auf sein späteres Erleben und Wahrnehmen der Welt sowie die Gestaltung von Beziehungen. Welche Qualität die Bindung der Kinder an ihre Eltern hat, hängt vom jeweiligen Bindungssystem ab. Eine gelungene und sichere Bindung mit der Erfahrung, sich lösen zu dürfen, ist ein „guter Start ins Leben" und ein Schutzfaktor für die kindliche Entwicklung. Ein einmal erworbenes Bindungsmuster bleibt nicht notwendigerweise bestehen. Neue Erfahrungen und neue Beziehungen können Bindungsmuster im Leben eines Menschen verändern.

→ Pädagogische Fachkräfte wissen deshalb um die Bedeutung:
  – der Verfügbarkeit für das Kind
  – der Feinfühligkeit gegenüber dem Kind
  – der Kooperation mit dem Kind
  – der Kind-Kind-Interaktion

→·← AUFGABEN

1 [Wissen und Verstehen]
Erinnern Sie sich an Ihre Kindheit bis heute! Welche Personen waren/sind für Sie persönlich sehr wichtig? Wen zählen Sie zu Ihrem persönlichen „Basislager"? Begründen Sie Ihre Entscheidungen. Was macht in Ihren Augen eine Person des Vertrauens aus? Was verstehen Sie unter einer „sicheren Basis"?

2 [Wissen und Verstehen]
Nennen Sie Gründe, warum ein Säugling schreien könnte. Überlegen Sie angemessene Reaktionen der Bezugsperson auf die kindlichen Signale.

3 [Wissen und Verstehen]
Erstellen Sie eine Liste an Maßnahmen, um einen Säugling zu trösten. Ordnen Sie sie nach dem Grad des Engagements der Bezugsperson. Die beruhigende Reaktion mit dem geringsten Engagement gibt dem Säugling die Chance, sich selbst zu beruhigen (Selbstregulation).

4 [Wissen und Verstehen]
Erläutern Sie in einem Vortrag alle Vorteile einer sicheren Bindung für die menschliche Entwicklung.

5 [Wissen und Verstehen]
Recherchieren Sie, welche „Frühen Hilfen" es für junge Familien in Ihrer Stadt gibt.

6 [Wissen und Verstehen]
Schreiben Sie einen Brief an eine pädagogische Fachkraft aus Sicht eines Kindes (1;6 Jahre). Stellen Sie in diesem Brief dar, wie das Kind sich eine einfühlsame Erzieherin vorstellt.

7 [Planung und Konzeption]
Führen Sie die folgende Übung in einer Gruppe durch:
Stellen Sie sich vor, ein Troll hätte Sie mit einem Zauberspruch belegt. Der Zauber bewirkt, dass es Ihnen unmöglich ist, zu sprechen oder sich zu bewegen. Sie können nur noch mit einem kleinen Schellenkranz läuten *(Farrell/Egeland, 2006, S. 134)*.

- Was empfinden Sie, wenn jemand Ihnen hilft, sobald Sie die Schellen läuten?
- Was empfinden Sie für eine Person, die zu verstehen versucht, was Sie ihr mitteilen wollen?
- Was empfinden Sie, wenn Sie erst eine lange Zeit läuten müssen, bevor man Ihnen hilft?
- Was empfinden Sie, wenn die Person, die Ihnen hilft, jedes Mal wütend reagiert, wenn Sie läuten?
- Wie reagieren Sie, wenn niemand auf Ihr Läuten reagiert?"

Ein Studierender übernimmt ggfs. die Rolle des Trolls.

8 [Planung und Konzeption]
Entwickeln Sie Ideen, um das Selbstwertgefühl junger Kinder in den ersten drei Lebensjahren in einer Tageseinrichtung für Kinder zu fördern.

9 [Analyse und Bewertung]
Nehmen Sie Stellung zur den Aussagen: „Manchmal schreien Babys nur, um ihre Mutter zu ärgern", „Das Baby wird verwöhnt, wenn immer auf sein Weinen reagiert wird" und „Schreien macht die Lungen frei".

10 [Analyse und Bewertung]
Versetzen Sie sich in die Lage von Eltern eines Neugeborenen. Welche Veränderungen erleben sie durch die Geburt eines Kindes, die u. U. einen „guten Start" für eine sichere Bindung erschweren können? Entwickeln Sie Ideen, um junge Eltern in dieser Phase unterstützen zu können.

11 [Reflexion]
Ziehen Sie Konsequenzen für die pädagogische Arbeit aus den gewonnenen Erkenntnissen zum Thema „Bindung, Feinfühligkeit usw.":
- Auswirkungen auf den Tagesablauf
- Auswirkungen auf das Raumkonzept
- Auswirkungen auf die Erzieher-Kind-Interaktion

TIPPS ZUM WEITERARBEITEN

→ Ahnert, Lieselotte: Wieviel Mutter braucht ein Kind? Bindung - Bildung - Betreuung: öffentlich und privat. Berlin/Heidelberg: Springer Spectrum 2015.

→ Becker-Stoll, Fabienne: Feinfühligkeit und Beziehungsqualität. Ergebnisse aus der Empirischen Forschung. In: Theorie und Praxis der Sozialpädagogik (TPS), Heft 3/2009, S. 14 ff.

→ Erickson, Martha Farrell/Egeland, Byron: Die Stärkung der Eltern-Kind-Bindung. Frühe Hilfe für die Arbeit mit Eltern von der Schwangerschaft bis zum zweiten Lebensjahr des Kindes durch das STEEP™

Programm, herausgegeben von Gerhard J.Suess, übersetzt von Maren Klostermann. Stuttgart: Klett-Cotta 2006.

→ Stegmaier, Susanne: Grundlagen der Bindungstheorie. In: Das Kita-Handbuch. Herausgegeben von Martin R. Textor und Antje Bostelmann. In: www.kindergartenpaedagogik.de/fachartikel/psychologie/1722 [09.09.2020]

Film

→ Bindung und Beziehung. Autorin: Thon, Steffi, AV 1 Verlag, 2017.

Kompetenzen, die in diesem Kapitel erworben werden können:

- Die Absolventinnen und Absolventen verfügen über breites und integriertes Wissen über Bindungstheorie und entwicklungsförderliche pädagogische Beziehungsgestaltung.

Becker-Stoll, Fabienne/Niesel, Renate/Wertfein, Monika: Handbuch Kinder in den ersten drei Lebensjahren. Theorie und Praxis für die Tagesbetreuung. Freiburg i.Br.: Verlag Herder 2009.

Deutsche Liga für das Kind: Positionspapier: Gute Qualität in Krippe und Tagespflege, 2015. In: http://www.fruehe-tagesbetreuung.de/downloads/Krippen-Positionspapier_2015.pdf [16.05.2021]

Grossmann, Karin/Grossmann, Klaus: Gut gebunden lernt sich's leichter. Warum sichere Bindungen für Kinder so wichtig sind. In: Das Leitungsheft. Kindergarten heute, Heft 2. Freiburg i. Br.: Herder Verlag 2008.

Keller, Heidi: Mythos Bindungstheorie. Konzepte. Methoden. Bilanz. Weimar: Verlag das Netz 2019.

Nationales Zentrum Frühe Hilfen (NTFH). In: https://www.fruehehilfen.de/grundlagen-und-fachthemen/grundlagen-der-fruehen-hilfen/begriffsbestimmung-fruehe-hilfen/ (04.01.2021)

Papoušek, Mechthild: Ein guter Start ins Leben. Neue Antworten auf neue Herausforderungen. In: www.fruehehilfen.de/fileadmin/user_upload/fruehehilfen.de/pdf/anlage_papousek__30-5-2006.pdf [09.09.2020].

Remsperger, Regina: Feinfühligkeit im Umgang mit Kindern, Kindergarten heute spezial, Freiburg i. Br.: Herder Verlag 2008.

Suess, Gerhard J.: Sicherer Halt für den Aufbruch ins Leben. Neueste Erkenntnisse der Bindungsforschung. In: Kindergarten heute, Heft 11–12/2005, S. 6 ff.

Viernickel, Susanne/Sechtig, Jutta: Krippenkinder aufnehmen (1). Aufbau und Entwicklung von Bindungen. In: Kindergarten heute, Heft 1. Freiburg i. Br.: Herder Verlag, 2003, S. 14–20.

7 Gestaltungsmöglichkeiten der Lebensräume und des Alltagslebens von Gruppen

Martina Lambertz • Bianca Ribic (Kap. 7.1-7.6) • Stefanie Dreißen (Kap. 7.7 und 7.9) • Martin Gehlen (Kap. 7.8)

7.1 Kinder in den ersten drei Lebensjahren in Kindertagesstätten

Die viergruppige Tageseinrichtung für Kinder in Düsseldorf „Gipfelstürmer" hat vor einem halben Jahr Kinder unter drei Jahren in ihrer Einrichtung aufgenommen. Die Kolleginnen hatten zu Beginn wenig Erfahrung mit dieser Altersgruppe und empfanden sich durch ihre pädagogische Ausbildung als nicht gut auf diese Altersgruppe vorbereitet.

Die Planungs- und Umstrukturierungsphase war schwierig, u. a. mussten Anträge zur Finanzierung gestellt werden. Die Einrichtung hatte nur etwa ein halbes Jahr Zeit, um sich auf die neue Zielgruppe umzustellen. In dieser Zeit mussten bauliche Veränderungen vorgenommen werden und Kataloge wurden gewälzt, um altersgerechte Möbel und Spielmaterialien zu finden.

Heute ist Larissas erster Praxistag bei den „Gipfelstürmern" in einer altersgemischten Gruppe mit Kindern auch unter drei Jahren. Sie ist sehr aufgeregt. Die Leiterin begleitet sie in den Gruppenraum. Die Gruppenleiterin bittet Larissa, erst einmal das Spiel der Kinder zu beobachten.

Carlo, sechs Monate alt, ist seit vier Wochen in der Kita. Wenn seine Mutter ihn morgens bringt, fängt er sofort zu schreien an. Erst wenn die Erzieherin ihn auf dem Arm herumträgt, wird er ruhiger.

Alltag in einer altersgemischten Gruppe

Mia (0;9) ist noch beim Frühstück. Sie sitzt im Hochstuhl und stopft sich bedächtig ein vorgeschnittenes Häppchen Brot nach dem anderen in den Mund. Die Krümel sammelt sie mit „spitzen" Fingern ein, betrachtet sie, lässt sie dann zu Boden fallen und schaut den Krümeln hinterher. Dabei jauchzt sie laut auf.

Seit einer Woche ist Sebastian (1;9) wie verändert. Es ist vorgekommen, dass er seine Mutter auf dem Flur laut angeschrien und mit den Füßen aufgestampft hat. Spürt er Widerstand, reagiert er, indem er sich auf den Boden fallen lässt. Gestern geschah das mitten im Freispiel beim Aufräumen.

Beim Mittagessen gibt es Schwierigkeiten. Die Erzieherin will das jüngste Kind der Gruppe, Carlo (6 Monate), füttern. Aber Carlo macht kaum den Mund auf und dreht den Kopf weg. Zuerst redet die Erzieherin mit sehr viel Geduld auf Carlo ein und singt ein Lied beim Füttern. Doch nach einiger Zeit beobachtet Larissa, dass die Stimme lauter und bestimmter wird.

Jannis (2;3 Jahre) sitzt um 12:30 Uhr müde vor seinem Teller Nudeln. Er malt mit der Gabel kleine Soßen-Wege auf den Teller. Ab und zu steckt er sich eine Nudel in den Mund. Als er nach seinem Wasserglas greift, kippt es um. „Oh Jannis, nicht schon wieder", ruft die Erzieherin vom Nachbartisch, steht auf und wischt das Wasser auf. Zehn Minuten später ruft Jana (3 Jahre): „Jannis ist schon wieder eingeschlafen." Die Erzieherin trägt Jannis in den Schlafraum und deckt ihn zu.

Dort sitzt eine Kollegin mit Louisa (1;3 Jahre) auf dem Schoß vor einem Bett. Louisa kann nicht einschlafen. Sie weint und will zu ihrer Mama. Die Erzieherin hat schon alle „Tricks" versucht, die sie von Louisas Mutter kennt. Das Schnuffeltuch in die rechte Hand und den Teddybären in die linke Hand geben. Sie singt leise achtmal das Lied „Lalelu". Die „Großen" sind so laut nebenan. Gleich wird Jannis auch wieder wach. Der Schlafraum müsste sich woanders befinden.

Währenddessen steht die Erzieherin im Nebenraum am Wickeltisch und versorgt Sophie (2 Jahre) mit einer frischen Windel. Marc (2;5 Jahre) kommt auch hereingelaufen, zerrt an seinem Hosenreißverschluss und ruft: „Pippi, ich muss Pippi machen!" Die Erzieherin erzählt Larissa, dass Marcs Eltern vor einem Jahr unbedingt wollten, dass Marc „trocken" wird. In einem Elterngespräch wurde sehr deutlich, dass sie das als die Aufgabe des Fachpersonals im Kindergarten ansahen.

Lennart (1 Jahr) kann erst seit einem Monat laufen. Das sieht noch sehr abenteuerlich aus. Er ist sehr neugierig und schaut in jede Schublade, zieht Sachen vom Tisch und hat vor Kurzem ein scharfes Schneidemesser vom Frühstückstisch gezogen. Den pädagogischen Fachkräften sitzt der Schreck noch immer in den Gliedern. Eine von ihnen hatte vergessen, das Messer auf das Regal zu legen. Am glücklichsten ist Lennart, wenn er den langen Flur zur Leiterin ins Büro laufen kann. Dabei stören ihn keine Stühle und Tische.

Die dreijährige Christina und die fast vierjährige Mara kümmern sich jeden Tag hingebungsvoll um die neun Monate alte Mia. Sie füttern sie, tragen sie herum und bringen ihr Spielzeug. Auch beim Wickeln stehen sie neben der Wickelkommode, wollen helfen und unterhalten Mia. Am liebsten singen und spielen sie Fingerspiele mit ihr. „Kleine Schnecke" hört sie am allerliebsten. Auch die beiden Mädchen genießen die Zeit mit den Erwachsenen und Mia alleine. Die Kinderpflegerin macht sich ein bisschen Sorgen, denn Mias Po ist seit über einer Woche sehr wund.

Bei Felix (5 Jahre) und Sebastian (6 Jahre) ist dies zurzeit ganz anders. Sie scheinen von den Jüngeren, z.B. von Jannis (2;3 Jahre) nur noch genervt zu sein. Er rennt immer hinter ihnen her und will mitspielen. Felix und Sebastian klettern im Außengelände auf die höchsten Türme, um Ruhe vor ihm zu haben. Die Kinderpflegerin hilft zu schlichten.

Elina (1;6 Jahre) steht im Waschraum und will Zähne putzen. Die Kinderpflegerin reicht ihr die Zahnbürste mit Zahncreme. „Alleine machen", hört Larissa Elina sagen.

„Alleine machen" – der Wunsch nach Autonomie

Heute ist ein sonniger Tag, es sollen 28° C werden. Eine Erzieherin hat draußen schon das Sonnensegel gespannt. Alle Kinder werden eingecremt. Bei den jüngeren Kindern wird besonders darauf geachtet, dass sie eingecremt sind und Sonnenhüte tragen.

Es gibt viel zu bedenken und viel zu tun in einer altersgemischten Gruppe. Das wird ein aufregendes Praktikum, denkt Larissa.

↘ FRAGEN

→ *Welche Betreuungsformen für Kinder unter drei Jahren kennen Sie?*
→ *Welche Gründe gibt es für Eltern, ihre Kinder in einer altersgemischten Gruppe betreuen zu lassen? Was vermuten Sie?*
→ *Wie verläuft der Tag in der Gruppe „Gipfelstürmer"? Wie gestaltet sich der pädagogische Alltag? Was hat Larissa hier erlebt?*
→ *Wie sollte die Eingewöhnungsphase für Kinder unter drei Jahren aus Ihrer Sicht gestaltet werden?*
→ *Welche Absprachen sind zwischen Eltern und Mitarbeiterinnen für die Betreuung der Kinder wichtig (z. B. Essverhalten, Schlafverhalten)? Berücksichtigen Sie Ihre bisherigen Praxiserfahrungen.*
→ *Wie werden die Räumlichkeiten in Ihrer Praxisstelle gestaltet? Welches Spielmaterial gibt es dort für die Kinder?*

Ausbau von Krippenplätzen

In vielen europäischen Nachbarländern ist die Förderung von Kindern unter drei Jahren schon lange selbstverständlich. 2002 haben sich die Länder der EU in Barcelona auf eine Zielangabe für den Ausbau der Betreuungsangebote für unter Dreijährige geeinigt. Bis zum Jahr 2013 sollte es in jedem Mitgliedsstaat für mindestens 33 % dieser Altersgruppe Platzangebote geben (**quantitativer Platzausbau**).

Der **qualitative Ausbau** (Qualifikationsniveau der Fachkräfte, Bildungsprogramme, Personalschlüssel, Gruppengröße, Angebotsform, Öffnungszeiten usw.) liegt in der Verantwortung der nationalen Politik. In einigen Ländern, wie z. B. Belgien, Frankreich, Dänemark und Schweden, ist die quantitative Zielangabe schon lange erreicht. In der Regel handelt es sich dabei um Ganztagesplätze. Deutschland schnitt 2002 mit einer Platz-Kind-Relation von 9 % relativ schlecht ab. Die Zahl ist mittlerweile gestiegen, trotzdem sind die Möglichkeiten außerfamiliärer Betreuung in Deutschland auch Jahre später, besonders in den alten Bundesländern, noch nicht ausreichend. Durch höhere Geburtenzahlen und den gesellschaftlichen Wandel besteht trotz des enormen Ausbaus immer noch eine Lücke zwischen der Betreuungsquote und dem eigentlichen Betreuungsbedarf der Eltern.

Die Forderung nach Krippenplätzen ist in Deutschland in den letzten Jahren verstärkt Gegenstand der familienpolitischen Diskussion und auch Thema der sozialpädagogischen Forschung geworden.

2011 besuchten nur 517 000 unter Dreijährige eine Kindertageseinrichtung oder wurden von einer Tagespflegeperson betreut. „Die Zahl der Kinder unter drei Jahren in Kindertagesbetreuung [Kindertageseinrichtungen und Tagespflege] ist zum 1. März 2019 gegenüber dem Vorjahr um rund 28 900 auf insgesamt 818 500 Kinder gestiegen." *(Statistisches Bundesamt, 2019)*

Rechtsanspruch für Kinder im Alter von unter drei Jahren

Ein Kind, das das erste Lebensjahr vollendet hat, hat Anspruch auf frühkindliche Förderung in einer Tageseinrichtung oder in Kindertagespflege. Dieser Rechtsanspruch ist in § 24 Abs. 2 SGB VIII verankert und gilt seit dem 1. August 2013. Für unter Einjährige gilt der Anspruch auf einen Platz in der Kindertagesbetreuung nur unter bestimmten Bedingungen – z. B. wenn die Eltern einer Erwerbstätigkeit nachgehen oder Arbeit suchend sind. Der zeitliche Umfang des Anspruchs richtet sich jeweils nach dem individuellen Bedarf.

(vgl. BMFSFJ (a): Rechtsanspruch auf Kinderbetreuung)

Pressestimmen

Darüber hinaus wurden zusätzlich weitere qualitative Maßnahmen vorgesehen, insbesondere zur Gewinnung und Qualifizierung von Erzieherinnen, Erziehern und Tagespflegepersonen sowie zur Verbesserung der Sprachförderung von Anfang an. Der Bund beteiligte sich an den Kosten des Ausbaus bis zum Jahr 2013 zu einem Drittel mit insgesamt vier Milliarden Euro. [...] Ab dem Jahr 2014 unterstützt der Bund die Länder mit jährlich 770 Millionen Euro. [...]. [D]er Ausbau der Kindertagesbetreuung kann nur dann zur Realisierung des Wunsch- und Wahlrechts der Eltern und der Chancen gerechtigkeit für alle Kinder beitragen, wenn die Eltern auf die Qualität der Kinderbetreuung vertrauen können und frühkindliche Förderung in den Betreuungsalltag integriert ist." *(Bericht der Bundesregierung 2010)*

Es wird vermutet, dass sich eine bedarfsgerechte Anzahl qualifizierter Angebote zur außerfamiliären Erziehung, Bildung und Betreuung von Kindern unter drei Jahren positiv auf folgende Faktoren auswirken kann:
- auf die Kinder durch frühe Förderung,
- auf die Eltern durch eine bessere Vereinbarkeit von Beruf und Familie,
- auf die Wirtschaft durch verkürzte Ausstiegszeiten qualifizierter Fachkräfte,

- auf die Gesellschaft durch die erleichterte Entscheidung für ein Leben mit Kindern.

Für die Vereinbarkeit von Familie und Beruf, den Wiedereinstieg in das Berufsleben und für eine gute individuelle Förderung der Kinder ist es notwendig, viele und unterschiedliche Angebote bereitzustellen und auszubauen. Zum anderen ist es wichtig, der Chancengleichheit für Kinder gerecht zu werden. Qualitätsorientierte, flexible und bedarfsgerechte Bildungs- und Betreuungsangebote sind zentrales Ziel der Familienpolitik.

Vereinbarkeit von Familie und Beruf? Realisierbar?

7.1.1 Qualität statt Quantität bei der Bildung, Erziehung und Betreuung von Kindern unter drei Jahren

Neben der quantitativen Herausforderung ist die Verbesserung der Qualität in der institutionellen Arbeit und Tagespflege mit Kindern unter drei Jahren von besonderer Wichtigkeit. Wenn bestimmte Kriterien berücksichtigt und verbessert sind, spricht nach neuesten Erkenntnissen der Säuglings- und Bindungsforschung nichts gegen eine frühe außerfamiliäre Betreuung. Es handelt sich dabei um Aspekte der pädagogischen Orientierung und der Prozess- und Strukturqualität.

Ausgewählte Aspekte für qualitätsorientierte Arbeit mit unter Dreijährigen:
Orientierungsqualität:
- Die Krippenkonzeption berücksichtigt die unterschiedliche soziale, kulturelle und sprachliche Herkunft der Familie und ist offen für Kinder mit einer Beeinträchtigung.
- Die Konzeption wird den Eltern schriftlich zur Verfügung gestellt.
- Die Erzieherinnen reflektieren ihre Rolle im Beziehungsdreieck Eltern, Kind und Kita.

Strukturqualität:
- Der Personalschlüssel entspricht wissenschaftlichen Standards von in der Regel 1:3.
- Die Gruppengröße umfasst nicht mehr als zehn Kinder.

- Pro Kind stehen mindestens 5-6 Quadratmeter im Gruppen- und Nebenraum zur Verfügung. Zusätzlich gibt es einen Schlafraum, Sanitärräume und weitere Spielflächen im Innen und Außenbereich.

Prozessqualität:

- Es findet eine individuelle Eingewöhnung unter Einbeziehung der Eltern statt.
- Das Recht auf gewaltfreie Erziehung wird umgesetzt.
- Die Kinder können entwicklungsangemessen den Alltag mitgestalten.

(vgl. Deutsche Liga für das Kind, 2015, S. 4 f.)

Was brauchen Kinder in der Krippe?
Im Interview mit Karsten Herrmann erläutert die Verhaltensbiologin Dr. Gabriele Haug-Schnabel, worauf es in der Krippe ankommt […]

In deutschen Zeitungen tobt derzeit ein ideologischer Streit darüber, ob überhaupt bzw. ab wann Kinder in die Krippenbetreuung gegeben werden dürfen. Was sagen Sie dazu?

[…] Die Frage nach dem Krippenbesuch kann […] nicht mit einem einfachen „ja" oder „nein" beantwortet werden. Sie hängt eng mit den jeweiligen familialen und institutionellen Gegebenheiten und Bedarfen zusammen. Die Vereinbarkeit von Familie, Ausbildung und Beruf ist heute ohne außerfamiliäre Zusatzbetreuung undenkbar und sichert die Existenzgrundlage sowie Stabilität der elterlichen Partnerbeziehung. Die konsistentesten Risikobefunde zeigen sich bei einer externen Betreuung, die bereits im Säuglingsalter beginnt. Hier sind negative Effekte vor allem auf die sozial-emotionale Entwicklung der Kinder teils bis weit ins Jugendalter beobachtbar. Die Risiken von negativen Entwicklungsfolgen bestehen unabhängig von Qualität und Quantität der Krippenbetreuung und werden durch einen höheren Betreuungsumfang und eine schlechte Betreuungsqualität noch weiter gesteigert. Bis zum ersten Geburtstag sind tägliche, mehrstündige Gruppenerfahrungen sicher kein Bedürfnis des Kindes. In den frühen Jahren ist die im Bildungssystem genauso verankerte Tagespflege als echte Alternative von Fall zu Fall zu überlegen. Idealerweise sollte ein Krippenstart erst mit zwei Jahren beginnen, Schritt für Schritt, höchst individuell, anfangs halbtags, dann mit den anderen Kindern Mittagessen, dann gemeinsamer Mittagsschlaf des Kindes in der Einrichtung und zuletzt die jeweils angedachte Nachmittagsbetreuungszeit.

Unbestritten scheint im elementarpädagogischen Fachdiskurs der hohe Stellenwert einer intensiven Eingewöhnung der neuen Krippenkinder. Warum ist die Eingewöhnung so wichtig und was lässt sie gelingen?
Eingewöhnung ist wichtig, weil im Beisein der vertrauten Bezugspersonen die neue Lebenswelt kennengelernt wird. Nur so ist der Aufbau einer weiteren, das Kind sichernden Basis möglich. […]

Worauf kommt es nach der gelungenen Eingewöhnung in der Krippe am meisten an?
Wichtig ist, dass mit der Eingewöhnung nicht der Aufmerksamkeitsfokus auf jedes Kind, seine Interessen und seinen Entwicklungsverlauf beendet ist. Jetzt geht es um den begleiteten und stärkenden Beziehungsaufbau zu den anderen Kindern und weiteren Erwachsenen. Die Orientierung des Tagesablaufs an den individuellen, physiologischen Bedarfen eines Kindes ist wichtig. […]

Die Interaktionen zwischen pädagogischer Fachkraft und Kind gelten als Gradmesser für die pädagogische Qualität. Wie sind diese in der Krippe zu gestalten und welche Situationen eignen sich am meisten dafür?

Die Interaktionsqualität zwischen Fachkraft und Kind ist ausschlaggebend. Es geht um Kommunikation schon im vorsprachlichen Bereich, um die Beantwortung von Zeigegesten, das Schaffen eines gemeinsamen Aufmerksamkeitsfokus und sich darüber bewusst sein, dass immer das Anliegen, die Absicht oder das Ziel des Kindes im Blick sein sollte […]

Welche Rolle spielen auch schon in der Krippe die Peer-Interaktionen?

Peer-Interaktionen wurden bislang in der Diskussion wie in der Forschung unterschätzt. […] Die interdisziplinäre Wissenschaft weiß seit langem von dem großen sozialen Interesse, das Kinder von Anfang an haben. Pädagogische Fachkräfte sollten zunehmend Möglichkeiten schaffen, den Beziehungsaufbau zwischen den Kindern zu erleichtern, da diese Interaktionen ganz andere Erfahrungen zulassen als Erwachsenen-Kind-Interaktionen. Es geht um Imitieren, um das Parallelspiel, um gleichartiges Handeln. Selbstgefundene Problemlösungen lassen Selbstwirksamkeitsgefühle aufkommen, völlig unabhängig von den Erwachsenen und eben nicht dank der Erwachsenen.

Worauf muss man bei der Raumgestaltung für Krippenkinder im Hinblick auf Architektur und Ausstattung besonders achten?

Räume werden endlich in den Blick genommen! Es geht um vielfältig bespielbare Bereiche mit unterschiedlichen, zweckfreien Materialien und Werkzeugen. Echtzeug statt „für das Kind geschaffenes, eigentlich nutzloses Spielzeug". Es geht um eigene Räume, um den freien und sicheren Zugang, selbstgewählt, zu Raum und Materialien. Auch der Grundsatz „risiko-dosiert nicht risikominimiert" spielt bei den Planungsideen vom Neubau einer Einrichtung bis zur Tagesplanung eine große Rolle. Ausreichende Bewegungsmöglichkeiten auf allen Ebenen innen und außen sind wichtig. […]

(Hermann, 2016)

7.1.2   Betreuungsformen für Kinder unter drei Jahren

Betreuungsformen für Kinder unter drei Jahren werden im Sozialgesetzbuch VIII dem Kinder- und Jugendhilfebereich zugeordnet:

- Sie dienen der „Betreuung, Bildung und Erziehung".
- Sie sollen sich „pädagogisch und organisatorisch an den Bedürfnissen der Kinder und ihrer Familien orientieren".
- Sie sollen „die Entwicklung des Kindes zu einer eigenverantwortlichen und gemeinschaftsfähigen Persönlichkeit" fördern.

In Deutschland werden Kinder unter drei Jahren in vier unterschiedlichen Gruppenformen betreut. Diese unterscheiden sich durch Gruppengröße, Alter der Kinder, Konzeption und Betreuungsschlüssel. Die Anzahl der Kinder pro Gruppe variiert je nach Bundesland.

- In **Krippengruppen** werden ausschließlich unter dreijährige Kinder betreut (durchschnittliche Gruppengröße 11–12 Kinder). In der offenen Arbeit einer Tageseinrichtung für Kinder werden diese Gruppen häufig als „Nestgruppen" bezeichnet.
- **Altersgemischte** Gruppen werden sowohl von unter Dreijährigen als auch über Dreijährigen bis zur Einschulung besucht (ein kleiner Teil dieser Gruppen nimmt auch noch Schulkinder auf, durchschnittliche Gruppengröße 14–17 Kinder).

- In **Kindergartengruppen** können bis zu fünf Zweijährige aufgenommen und im Gegenzug die Zahl der über Dreijährigen mit einem Schlüssel von 1:2 verringert werden (durchschnittliche Gruppengröße 19–21 Kinder).
- Einrichtungen **ohne Gruppenstruktur** haben die sogenannten Stammgruppen aufgelöst. Die Kinder werden nicht nach Alters- oder Zielgruppen getrennt (offene Arbeit). Diese Betreuungsform ist in den einzelnen Bundesländern verschieden häufig.

In **altersgemischten** Gruppen und in der Offenen Arbeit besteht die Gefahr, dass die Bedürfnisse der Kinder unter drei Jahren zu wenig berücksichtigt werden können. Durch die Gruppengröße und die Personalsituation in diesen Gruppen kann es passieren, dass ihnen nicht die notwendige Aufmerksamkeit zuteil wird. Wenn z. B. in einer Einrichtung nur vier bis fünf Kinder unter drei Jahren in einer Kindergartengruppe aufgenommen werden, fehlen zum Teil gleichaltrige Spielpartner.

Als mit der Aufnahme von Kindern unter drei Jahren in Einrichtungen begonnen wurde, wurde noch häufig der Fehler begangen, sie auf alle Gruppen aufzuteilen (pro Gruppe ein bis zwei Kinder), um die Belastung durch die neue Altersgruppe unter allen Fachkräften aufzuteilen. Den Kindern fehlten dadurch jedoch Spielpartner, die auf dem gleichen Entwicklungsstand sind, Sinnvoller ist, innerhalb einer Gruppe und gruppenübergreifend altershomogene und altersheterogene Spielpartner finden zu können.

Viele Fachkräfte haben auch das Gefühl, den älteren Kindern nicht mehr gerecht werden zu können. Im Tagesablauf müssen sie sich im Hinblick auf die Pflegetätigkeiten und die Aufsichtspflicht den jüngeren Kindern mehr zuwenden. Eltern der älteren Kinder haben Sorge, dass dadurch die Förderung ihrer Kinder und die Vorbereitung auf die Schule in diesen Gruppenformen zu kurz kommen könnte.

Der Vorteil von altersgemischten Gruppen – die Möglichkeit, von älteren Kindern in heterogenen Gruppen zu lernen – rückt in der Diskussion durch die aktuellen Gruppengrößen und den Personalschlüssel leider oft in den Hintergrund.

Kinder brauchen andere Kinder, damit sie Erfahrungen teilen und voneinander lernen können (Lernen im sozialen Kontext). Dabei sind Kontakte zu Gleichaltrigen und älteren Kindern von entscheidender Bedeutung für die kindliche Entwicklung. Sie bauen Beziehungen auf und entwickeln soziale Basiskompetenzen. Der Eintritt in die soziale Welt mit anderen Kindern ist eine große Entwicklungsaufgabe für junge Kinder. Diese Chancen gilt es für Fachkräfte zu erkennen und in der Planung des pädagogischen Alltags zu nutzen. *(vgl. Böhm/Horn/Knospe u. a., 2014, S. 142 ff.)*

„Viele Kinder verbringen mit dem Übergang von der Familie in eine institutionelle Betreuung zum ersten Mal viel Zeit mit anderen Kindern. Daher ist es wichtig, bei der Zusammensetzung der Gruppe das Alter der Kinder sowie ihr Interesse an sozialem Austausch zu berücksichtigen. Je nach Altersstruktur der Gruppe ergeben sich für die Kinder unterschiedliche soziale Erfahrungs- und Erlebnisräume. Bei altershomogenen Gruppen empfiehlt sich eine Gruppengröße von sechs bis acht Kindern und in altersheterogenen Gruppen eine Größe von 15 Kindern pro Gruppe. Die altersübergreifende Gruppe ist zwar rückläufig, im Westen jedoch häufiger vertreten als im Osten. Der Anteil an Gruppen mit geringer Altersspanne, also Gruppen, in denen Kinder im Alter bis unter drei Jahren betreut werden, ist im Vergleich zum Vorjahr deutschlandweit leicht gestiegen. […] Rückläufig ist dagegen der Anteil der Gruppen mit großer Altersspanne, so die altersheterogene Gruppe mit Kindern im Alter von zwei Jahren bis zum Schuleintritt […]. Diese Gruppenform kommt in Ostdeutschland kaum vor (4 Prozent) und ist in Westdeutschland häufiger anzutreffen (20 Prozent). Ebenso ist eine Abnahme an altersheterogenen Gruppen, in denen Kinder von null Jahren bis zum Schulalter betreut werden, zu verzeichnen." *(BMFSFJ (b), 2012, S. 58)*

Neben dem Tagesstätten-Ausbau steigt die Zahl der Tagesmütter und -väter. Außerdem entstehen neue Betreuungsformen, wie z. B. private kommerzielle Einrichtungen (0–4 Jahre), sogenannte „Betreuungsnester": Tagespflege in Kitas und Betriebskindergärten von großen Firmen.

7.1.3   Informationen zur Geschichte der öffentlichen Kleinstkinderziehung

Bei der Betrachtung der historischen Wurzeln der Kinderkrippen wird deutlich, dass heutige Gründe zum Ausbau von Plätzen sich auch in der Vergangenheit widerspiegeln:

- Frauen und Berufstätigkeit,
- Bevölkerungszahlen,
- Chancengleichheit von Kindern.

Schon bei der Gründung der ersten institutionalisierten Betreuungsangebote in Deutschland für Kinder in den ersten drei Lebensjahren zu Anfang/Mitte des 19. Jahrhunderts stand die Vereinbarkeit von Familie und Berufstätigkeit im Vordergrund. So wurden von Juni bis Oktober „Erntekrippen" eingeführt. Ziel der ersten Erntekrippen war die Sicherung der elterlichen Arbeitskräfte. Weitere Krippen folgten Mitte des 19. Jahrhunderts in Großstädten wie Dresden, Berlin und Hamburg. Gesunde Kinder im Alter von sechs Wochen bis drei Jahren von armen, außerhalb ihres Haushaltes erwerbstätigen Frauen, wurden aufgenommen. Es gab damals keine pädagogischen Ziele. Das Interesse galt dem Bevölkerungswachstum und der benötigten Arbeitskraft der Frauen. Zu dieser Zeit lag die Säuglingssterblichkeit durch ein hohes Infektionsrisiko bei 20 Prozent. Die Kinder wurden in altershomogenen Gruppen (Säuglinge, Kriechlinge, Gehlinge) von „Kindsmägden" ohne fachliche Ausbildung betreut. Es wurde auf deren instinktive Mütterlichkeit vertraut. Sicherheit und Hygiene standen im Vordergrund. Die Qualität der Arbeit in den Krippen war schlecht. Weiterhin wurden aber auch viele Kinder einfach zu Hause eingesperrt, wenn beide Elternteile arbeiten gehen mussten.

Erst durch den Schweizer Pädagogen Johann Heinrich Pestalozzi rückte die sozial-emotionale Beziehung zwischen Mutter und Kind in den Vordergrund. Die frühkindliche Bindung erhielt größere Bedeutung.

Auch das bürgerliche Familienmodell hat hier seinen Ursprung. Nur unversorgte Kinder sollten noch in die Betreuung gebracht werden (z. B. von Witwen).

Während des Ersten Weltkriegs begann in Deutschland der Ausbau von Krippenplätzen. Viele Mütter wurden als zusätzliche Arbeitskraft benötigt. Betriebskrippen wurden gegründet. Die wirtschaftlichen Probleme der Weimarer Zeit führten allerdings dazu, dass die meisten Krippen wieder aufgelöst werden mussten.

In der Zeit des Nationalsozialismus spielten Krippen ebenfalls keine große Rolle, da Mütter zu Hause bleiben und sich der Erziehung der Kinder widmen sollten. Die wenigen Plätze des Hilfswerks „Mutter und Kind" waren für ledige Erwerbstätige oder kranke Frauen gedacht.

Nach dem Zweiten Weltkrieg wurde in der DDR der Ausbau der Krippen stark vorangetrieben, um die Erwerbstätigkeit der Mütter zu ermöglichen und die Gleichberechtigung sicherzustellen. Krippen bildeten die unterste Stufe des Bildungssystems, waren aber auch dem Gesundheitswesen zugeordnet *(vgl. Berger, 1997)*.

In der BRD waren Krippenplätze selten und vor allem für Kinder von allein erziehenden Erwerbstätigen vorgesehen. Tonangebend blieb das Ideal der bürgerlichen Familie, in der unter Dreijährige in der Familie betreut werden. Kinderärzte und Fachleute mit tiefenpsychologischer Orientierung beurteilten die außerfamiliäre Betreuungsform negativ. Dabei wurde auf die Hospitalismus-Untersuchungen von René A. Spitz und die Bindungsforschung von John Bowlby zurückgegriffen. 1951 sah Bowlby in der Fremdbetreuung eher Nachteile (Deprivation, Verschlechterung der Mutterbindung). Die Hauptverantwortung für das Kindeswohl lag in den Händen der Mutter, auch wenn diese sich überfordert und isoliert fühlte. Mögliche Chancen einer Fremdbetreuung blieben unberücksichtigt *(vgl. Berger, 1998)*.

Ende der 1970er- und Anfang der 1980er-Jahre begann ein intensiverer Ausbau von Plätzen für Kinder unter drei Jahren. Die „klassische" Familie (Vater und Mutter verheiratet, Kind) nahm ab, die Zahl der Trennungen und Scheidungen und die Nachfrage nach Plätzen für unter Dreijährige erhöhte sich. Die verschiedenen Entwicklungen in Ost- und Westdeutschland erklären, warum es bis heute Unterschiede in der Versorgung mit Krippenplätzen gibt.

7.2 Eingewöhnungsmodelle in der Kita

Der Übergang von der Familie in die Tageseinrichtung bedeutet eine hohe Anpassungsleistung für das Kind. Diese Phase versetzt es in eine Stresssituation und verlangt beachtliche emotionale Leistungen.

Bis in die 90er Jahre des letzten Jahrhunderts war es üblich, auch ganz junge Kinder nach kurzer Zeit relativ abrupt ohne Eltern in den Einrichtungen zu lassen. Forschungen der 1980er-Jahre *(vgl. Laewen/Andres/Hédervári, 2009)* ergaben, dass diese Kinder auf Dauer der primären Bezugsperson gegenüber ein unsicheres Bindungsverhalten entwickelten, massiven Trennungsstress erlebten und häufiger erkrankten als Kinder, die langsam und behutsam mithilfe der Eltern eingewöhnt wurden. Ein Anstieg des Stresshormons Kortisol konnte im Speichel der beobachteten Kinder nachgewiesen werden *(vgl. Laewen/Andres/Hédervári, 2009, S. 16 f.)*. Diese Ergebnisse führten zur Entwicklung sanfter Eingewöhnungskonzepte.

Der Übergang muss von pädagogischen Fachkräften für Eltern und Kinder sensibel begleitet werden. Das aufgebaute Vertrauen zwischen Eltern und Kind darf nicht durch zu frühe Trennungsversuche erschüttert werden. Die Eingewöhnungsphase muss zum Wohle des Kindes als gemeinsamer Prozess geplant und durchgeführt werden. Daher benötigt jede Einrichtung ein Eingewöhnungskonzept.

7.2.1 Das Berliner Eingewöhnungsmodell

Weit verbreitet ist das von Infans (Institut für angewandte Sozialisationsforschung) entwickelte Berliner Eingewöhnungsmodell *(vgl. Laewen/Andres, 2007)*. Das Modell ist sehr differenziert, die kindlichen individuellen Bedürfnisse stehen im Mittelpunkt. Es stellt den pädagogischen Fachkräften eine detailliert begründete und ausführliche Handlungsanleitung zur Verfügung, die in der für alle Beteiligten herausfordernden Eingewöhnungsphase Orientierung bietet.

Es handelt sich aber um kein „fertiges Rezept". Jede Eingewöhnung verläuft trotz der vorgegebenen Phasen individuell und orientiert sich am Kind.

> Sanfte Eingewöhnung ist:
> * elternbegleitet
> * bezugspersonenorientiert
> * abschiedsbewusst

Ziel ist es, das Kind eine neue tragfähige Beziehung zu einer Fachkraft (Bezugserzieherin) aufbauen zu lassen, ohne dass sein Vertrauen in seine primäre Bezugsperson erschüttert wird.

Das Eingewöhnungskonzept beginnt lange vor dem ersten Tag des Kindes in der Einrichtung. Schon zu Beginn der Anmeldegespräche ist es sinnvoll, Eltern das Eingewöhnungskonzept der Einrichtung vorzustellen und in schriftlicher Form (Broschüre) mitzugeben. Im Berliner Modell wird erwartet, dass das Kind von einer Bindungsperson (in der Regel den Eltern) begleitet wird.

Die Fachkräfte benötigen vor dem ersten Aufnahmetag Zeit, um sich mit den Eltern in einem Erstgespräch auszutauschen. Fragen zu Ess- und Schlafgewohnheiten, Spielinteressen, Vorlieben, Lernfortschritte, Rituale, bisherige Erfahrungen mit Trennung etc. sollten besprochen werden. Auch die Trennungsängste der Eltern können in diesem Gespräch thematisiert werden.

Ziel ist, eine positive, wertschätzende Erziehungspartnerschaft von Anfang an zu gestalten.

Dazu zählt auch, dass Eltern rechtzeitig erfahren, wie sie sich während der Eingewöhnung verhalten sollen und wie lange diese Phase ungefähr dauern wird.

* Kind und Eltern sollten bereits vor der Eingewöhnung die Einrichtung und alle wichtigen Bezugspersonen kennenlernen können.

* Zu Beginn der Eingewöhnung sollte die Erzieherin die Kindergruppe bereits auf das neue Kind vorbereitet haben.

- Zuständig für die Eingewöhnung des Kindes ist eine Bezugs-Erzieherin. Sie sollte während der Eingewöhnungszeit keinen Urlaub nehmen.

- Aufenthalt des Kindes in der Einrichtung gemeinsam mit dem Elternteil nur für kurze Zeit am Tag.

- Genaue Absprache der langsamen Steigerung der Anwesenheitszeit des Kindes und des Rückzugs des Elternteils.

- Passives Verhalten des Elternteils in der Gruppe, gleichzeitig Zurverfügungstehen für die Bedürfnisse des Kindes. Kind nicht drängen, sich von ihnen zu entfernen. Zulassen, dass die Erzieherin versucht, Kontakt aufzunehmen. Wunsch des Kindes nach Nähe immer akzeptieren.

- Erzieherin berücksichtigt die aktuellen Spielinteressen des Kindes bei der vorbereiteten Umgebung.

- Vermeidung plötzlicher und unvorbereiteter Trennungen vom Elternteil. Verabschiedung vor jedem Trennungsversuch und Mitteilung, wann Elternteil zurückkommt. Dadurch lernt das Kind, Vertrauen in die Rückkehr zu entwickeln.

- Erster Trennungsversuch frühesten am vierten Tag (und nicht an einem Montag)! Langsame Steigerung der Dauer der ersten Trennungen – Orientierung am Wohlergehen des Kindes. Je nach Verhalten des Kindes wird von einer kürzeren oder längeren Eingewöhnung ausgegangen. Dafür beobachtet die Erzieherin während des Abschieds und bei der Wiederkehr des begleitenden Elternteils das Verhalten des Kindes gegenüber der Bezugsperson.

- Beobachtung des Verhaltens des Kindes durch die Erzieherin, darauf basierendes Impulsgeben. Ständiger Austausch über die Eingewöhnung von Bezugspersonen/Eltern und Erzieherinnen.

- Die Eingewöhnung gilt als erfolgreich beendet, wenn das Kind sich auch in schwierigen, traurigen oder verunsicherten Situationen von der neuen Bezugsperson helfen und sich trösten lässt. Es wird dann auch von der Bezugserzieherin als sichere Basis gesprochen (siehe Band 1, Lernfeld 2, Kap. 6).

- Das Kind entwickelt erste Spielideen, ist neugierig und exploriert und nimmt Kontakt zu anderen Kindern auf. Auch die Übernahme von Pflegeritualen durch die pädagogische Fachkraft gehört dazu *(vgl. Laewen/Andres/Hédervári, 2009, S. 54 ff.)*.

Fünf Schritte bei der Eingewöhnung nach dem Berliner Eingewöhnungsmodell

1. Der erste Kontakt: Das Aufnahmegespräch

Das Aufnahmegespräch ist der erste ausführliche Kontakt zwischen Eltern und Bezugserzieher. Im Mittelpunkt steht dabei das Kind mit seinen Bedürfnissen und die Eingewöhnung des Kindes in die Krippengruppe.

2. Die dreitägige Grundphase

Ein Elternteil kommt drei Tage lang mit dem Kind in die Einrichtung, bleibt ca. eine Stunde und geht dann mit dem Kind wieder. In den ersten drei Tagen findet kein Trennungsversuch statt. Der Elternteil verhält sich passiv, schenkt aber dem Kind volle Aufmerksamkeit – der Elternteil als sichere Basis. Die Erzieherin nimmt vorsichtig Kontakt auf und beobachtet die Situation (Mitnahme des „Übergangsobjekts").

3. Erster Trennungsversuch und vorläufige Entscheidung über die Eingewöhnungsdauer

Der Elternteil kommt am 4. Tag mit dem Kind in die Einrichtung, verabschiedet sich nach einigen Minuten klar und eindeutig und verlässt den Gruppenraum für ca. 30 Minuten, bleibt aber in der Nähe.

Variante 1:
Kind bleibt gelassen oder weint, lässt sich aber von Erzieherin trösten und findet nach kurzer Zeit zurück in sein Spiel.

Variante 2:
Kind protestiert, weint und lässt sich auch nach einigen Minuten nicht trösten bzw. fängt ohne Anlass wieder an zu weinen.

4. Stabilisierungsphase

Kürzere Eingewöhnungszeit:
Am 5. und 6. Tag langsame Ausdehnung der Trennungszeit, mögliche Beteiligung beim Füttern und Wickeln, Beobachtung der Reaktion des Kindes, Elternteil bleibt in Einrichtung.

Längere Eingewöhnungszeit:
5.–6. Tag Stabilisierung der Beziehung zur Erzieherin, erneuter Trennungsversuch frühestens am 7. Tag; je nach Reaktion des Kindes Ausdehnung der Trennungszeit oder längere Eingewöhnungszeit (2–3 Wochen).

5. Schlussphase

Der Elternteil hält sich nicht mehr in der Einrichtung auf, ist aber jederzeit erreichbar. Die Eingewöhnung ist dann beendet, wenn das Kind sich schnell von der Erzieherin trösten lässt und grundsätzlich in guter Stimmung spielt.

Phasen des Berliner Eingewöhnungsmodells nach Infans (vgl. Laewen/Andres, 2007, S. 49 ff.)

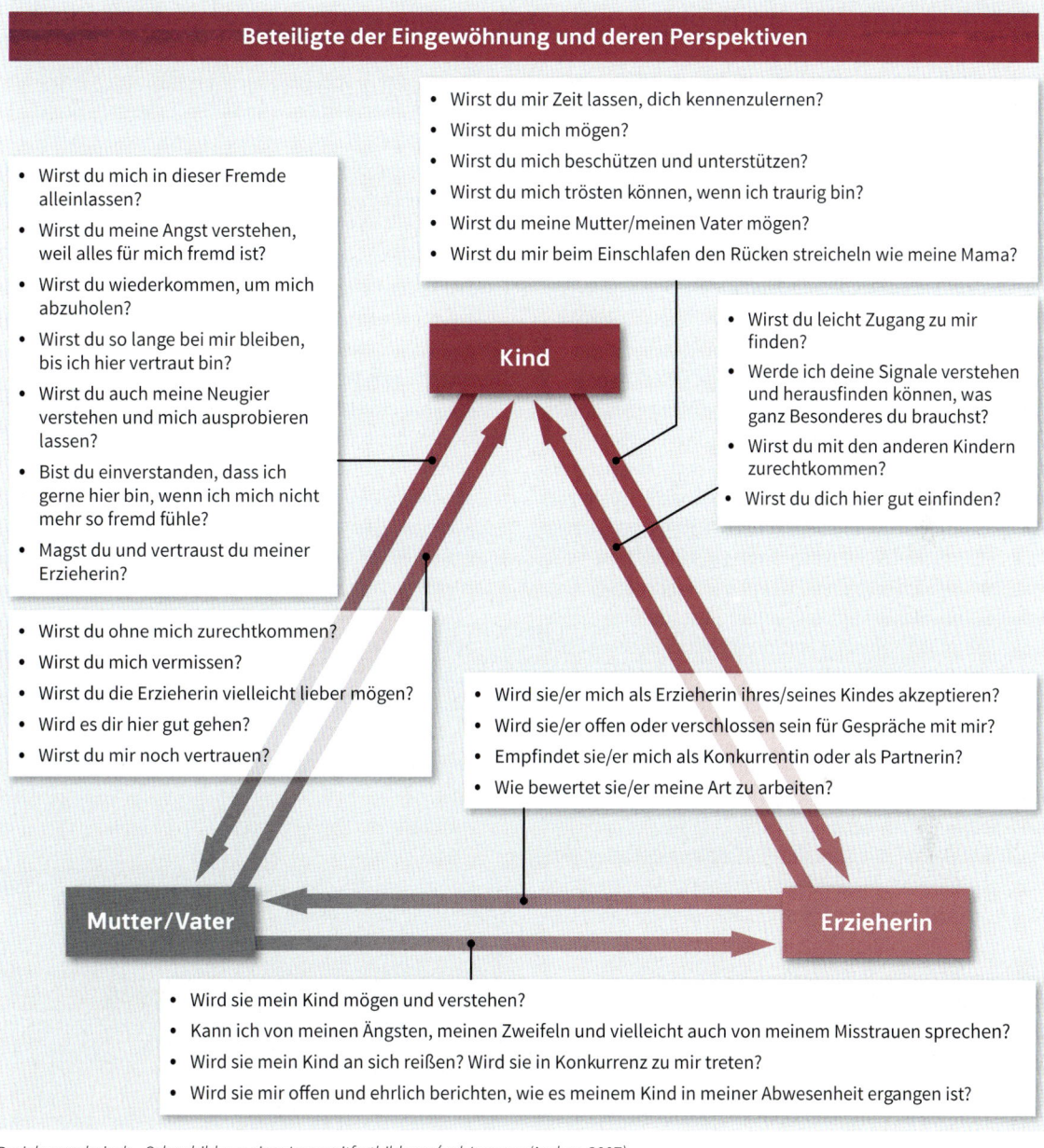

Beteiligte der Eingewöhnung und deren Perspektiven

- Wirst du mir Zeit lassen, dich kennenzulernen?
- Wirst du mich mögen?
- Wirst du mich beschützen und unterstützen?
- Wirst du mich trösten können, wenn ich traurig bin?
- Wirst du meine Mutter/meinen Vater mögen?
- Wirst du mir beim Einschlafen den Rücken streicheln wie meine Mama?

- Wirst du mich in dieser Fremde alleinlassen?
- Wirst du meine Angst verstehen, weil alles für mich fremd ist?
- Wirst du wiederkommen, um mich abzuholen?
- Wirst du so lange bei mir bleiben, bis ich hier vertraut bin?
- Wirst du auch meine Neugier verstehen und mich ausprobieren lassen?
- Bist du einverstanden, dass ich gerne hier bin, wenn ich mich nicht mehr so fremd fühle?
- Magst du und vertraust du meiner Erzieherin?

Kind

- Wirst du leicht Zugang zu mir finden?
- Werde ich deine Signale verstehen und herausfinden können, was ganz Besonderes du brauchst?
- Wirst du mit den anderen Kindern zurechtkommen?
- Wirst du dich hier gut einfinden?

- Wirst du ohne mich zurechtkommen?
- Wirst du mich vermissen?
- Wirst du die Erzieherin vielleicht lieber mögen?
- Wird es dir hier gut gehen?
- Wirst du mir noch vertrauen?

- Wird sie/er mich als Erzieherin ihres/seines Kindes akzeptieren?
- Wird sie/er offen oder verschlossen sein für Gespräche mit mir?
- Empfindet sie/er mich als Konkurrentin oder als Partnerin?
- Wie bewertet sie/er meine Art zu arbeiten?

Mutter/Vater

Erzieherin

- Wird sie mein Kind mögen und verstehen?
- Kann ich von meinen Ängsten, meinen Zweifeln und vielleicht auch von meinem Misstrauen sprechen?
- Wird sie mein Kind an sich reißen? Wird sie in Konkurrenz zu mir treten?
- Wird sie mir offen und ehrlich berichten, wie es meinem Kind in meiner Abwesenheit ergangen ist?

Beziehungsdreieck – Schaubild aus einer Langzeitfortbildung (vgl. Laewen/Andres, 2007)

Der Start in die außerfamiliäre Betreuung ist für alle Beteiligten neu, anstrengend und durch starke Gefühle geprägt. Laewen spricht vom sogenannten **Beziehungsdreieck**, in dem Eltern, Kind und Fachkraft stehen.

Nach einer erfolgreichen Eingewöhnung findet weiterhin jeden Tag eine Übergabe zwischen Eltern und Fachkräften statt, die gut und behutsam geplant werden sollte. Die Begrüßungsphase, d. h. der Über-gang von der Familie in die Einrichtung, ist häufig schwierig für alle Beteiligten. Eltern und junge Kinder spüren an dieser Stelle unter Umständen immer noch Trennungsschmerz und Unsicherheiten. Häufig entwickeln sich hier Rituale, die den Übergang (Transition) und den „Start in den Tag" für Eltern und Kind erleichtern können (Blick- und Körperkontakt, ein Bestimmtes Spiel, Begrüßen des Kuscheltiers, Winken am Fenster etc.).

7.2.2   Das Münchener Eingewöhnungsmodell

Theoretischer Hintergrund des Münchner Eingewöhnungsmodells ist der Transitionsansatz (siehe Band 2, Lernfeld 5, Kap. 9). Der Transitionsansatz nimmt die Chancen eines Übergangs verstärkt in den Blick. Das Kind, das sich eingewöhnt, soll gestärkt werden, die Lern- und Entwicklungschancen, die sich in der Kita bieten, zu nutzen *(vgl. Winner/Erndt-Doll, 2013, S. 22)*.

Kennzeichnend im Vergleich zum Berliner Eingewöhnungsmodell ist für das Münchner Modell, dass alle Personen, die von der Eingewöhnung eines Kindes in irgendeiner Weise betroffen sind, einbezogen werden: Das sind das Kind und seine Eltern, die Kindergruppe und das pädagogische Personal. Es wird nicht angestrebt, dass das Kind eine bindungsähnliche Beziehung zu seiner Bezugserzieherin aufbaut, sondern „nur" eine verlässliche und vertrauensvolle Beziehung *(vgl. Winner/Erndt-Doll,2013, S. 30 ff.)*. Auch dieses Eingewöhnungsmodell sieht eine behutsame Eingewöhnung vor, die sich am Tempo des Kindes orientiert. Unabhängig davon werden für die Eingewöhnung von vornherein ca. vier bis sechs Wochen Zeit veranschlagt.

Wie beim Berliner Modell auch wird das Kind während der Eingewöhnung von einer Bindungsperson begleitet (Mutter, Vater, Großelternteil), damit es sich mit sicherem Gefühl mit der neuen Situation vertraut machen kann und so in die Lage versetzt wird, sie auch allein bewältigen zu können.

Die Eingewöhnungszeit umfasst fünf Phasen:
1) Vorbereitungsphase
2) Kennenlernphase
3) Sicherheitsphase
4) Vertrauensphase
5) Auswertungs- und Reflexionsphase

Phasen des Münchner Eingewöhnungsmodells
1) **Vorbereitungsphase:** Die Eltern bekommen eine Platzzusage und Grundinformationen zur Einrichtung. Schon die Aussicht auf einen Kitaplatz bringt eine Veränderung in die Familie. Entwicklungsangemessen wird mit dem Kind über die bevorstehende Veränderung gesprochen. So kann ein einjähriges Kind z. B. immer wieder den Namen seiner zukünftigen Bezugserzieherin gesagt

bekommen, sodass dies ein vertrauter Klang wird. Die voraussichtliche Dauer der Eingewöhnung wird in den Blick genommen, was für die Aufnahme der Berufstätigkeit der Eltern ein besonders wichtiger Punkt ist. Die Erzieherin tauscht sich mit den Eltern über ihre Erwartungen bezüglich des Kitabesuchs aus und informiert sich über die bisherige Entwicklung des Kindes.

2) **Kennenlernphase:** In einer Schnupperwoche, die aus Rücksicht auf die Gesamtgruppe an einem Dienstag beginnt, erkundet das Kind im Beisein eines Elternteils die gesamte Einrichtung. In den darauffolgenden Tagen soll das Kind zu unterschiedlichen Tageszeiten anwesend sein, um verschiedene Abläufe kennenzulernen und zu verstehen: Bring- und Abholzeit, Morgenkreis, Frühstück, Freispiel, Angebote. Die Zeit der Anwesenheit beträgt jeweils etwa zwei bis drei Stunden. Die Bezugserzieherin hält sich im Hintergrund, die Eltern sind verantwortlich für ihr Kind. Sie lernen verschiedene Mitarbeiterinnen der Einrichtung kennen.

Die Erzieherin spricht mit den anderen Kindern über das neue Kind, macht sie aufmerksam auf es und fördert Begegnungen.

Die Erzieherin bereitet die Kinder auf das neue Kind vor.

3) **Sicherheitsphase (sechs Tage):** Das Kind und die Eltern sind jetzt zu den Zeiten in der Kita, in denen das Kind auch später dort sein soll. Die Erzieherin nimmt über Spielmaterial aktiv Kontakt zum Kind auf, fördert Kontakte des Eingewöh-

nungskindes zu den Kindern, an denen es Interesse zeigt und vermittelt bei Konflikten. Diese sind durchaus erwünscht, da das Kind so die Erfahrung machen kann, dass es auch in kritischen Situationen verlässliche Ansprechpartner hat und diese so bewältigen kann. Im Beisein eines Elternteils übernimmt die Erzieherin nun auch Pflegesituationen.

4) **Vertrauensphase:** Die erste Trennung fällt in diese Phase, allerdings nicht vor dem 11. oder 12. Eingewöhnungstag, sie kann auch später erfolgen. Kriterien, ob eine Trennung probiert werden kann, sind z. B.:
   - Das Kind spielt, auch ohne sich ständig bei den Eltern rückzuversichern.
   - Das Kind drückt positive Gefühle aus, auch wenn das Elternteil nicht in unmittelbarer Nähe ist.
   - Das Kind kommuniziert mit der Bezugserzieherin.
   - Das Kind kooperiert z. B. beim Wickeln mit der Erzieherin.

Die Eltern verabschieden sich deutlich vom Kind. Die Trennung dauert 30 bis 60 Minuten, auch wenn das Kind weint. Es braucht Zeit, um auch heftige Gefühle ausleben und bewältigen zu können. Die Erzieherin begleitet das Kind ruhig und einfühlsam und lässt sich nicht unter Druck setzen, wenn das Kind starken Trennungsschmerz zeigt. Kommen die Eltern wieder, berichtet sie vom Verhalten des Kindes, danach ist der Kitatag für das Kind beendet. In den darauffolgenden Tagen wird die Trennungszeit ausgedehnt. Die Kindergruppe erfährt, dass das neue Kind nun bald ohne Eltern da sein wird.

5) **Auswertungs- und Reflexionsphase:** Auch wenn jeder Eingewöhnungstag von Gesprächen begleitet wird, sollte nach Möglichkeit nach Abschluss der Eingewöhnung eine gemeinsame Würdigung der Zusammenarbeit in dieser Zeit stattfinden. Den Eltern wird auf diese Weise klar, dass nun ein Grundstein für eine Erziehungs- und Bildungspartnerschaft gelegt ist *(vgl. Winner/Erndt-Doll, 2013, S. 50 ff.).*

> Mehr noch als beim Berliner Modell ist die lange Eingewöhnungszeit für berufstätige Eltern eine Herausforderung. Sie kann sicher nicht von allen Eltern in gleicher Weise geleistet werden, sodass das Modell in der Praxis als Orientierung dienen kann, von dem individuell abgewichen wird, angepasst an die Möglichkeiten der Familie.

In beiden Modellen ist es wichtig, dass Fachkräfte den individuellen Abschiedsritualen Raum geben. Vielleicht möchten Eltern auch noch einen Augenblick im Gruppenraum verweilen. Eltern und Kinder werden von pädagogischen Fachkräften bewusst in der Einrichtung willkommen geheißen und in dieser Übergangsphase unterstützt. Eltern erleben zugewandte Fachkräfte, die trotz der Eile mancher Eltern Ruhe ausstrahlen. Bei der Begrüßung können Eltern den pädagogischen Fachkräften auch aktuelle wichtige Informationen über ihr Kind geben (schlecht geschlafen, der erste Zahn kommt usw.).

Auch der Abschied am Nachmittag ist eine wichtige und zu gestaltende Situation, die Zeit braucht. Ereignisse vom Tag können ausgetauscht und ein Spiel noch beendet werden.

Zeit nehmen für das Abschiedsritual

Was Eltern in der Eingewöhnungszeit brauchen
Eltern junger Kinder befinden sich erst seit kurzer Zeit in einer neuen Lebensphase. Sie haben häufig Fragen zu Themen der Kindererziehung, Pflege, Ernährung usw. und wirken manchmal verunsichert durch Medien, Freunde oder Familie: „Bin ich eine Rabenmutter, wenn ich mein Kind in eine Krippe gebe?"

Eltern junger Kinder brauchen

- verlässliche, bedarfsentsprechende, wohnortnahe, flexible und finanzierbare Angebote,

- Verständnis und Akzeptanz der Fachkräfte, dass das Kind außerfamiliär betreut wird,

- Verständnis und Akzeptanz der Fachkräfte für Erwartungen, Anliegen, Rückmeldungen und Wünsche der Eltern,

- das Gefühl, in der Einrichtung willkommen, respektiert und akzeptiert zu sein (Erziehungs- und Bildungspartnerschaft),

- die Stärkung der elterlichen Kompetenz, insbesondere bei Risikofamilien,

- Verständnis für die Ängste und Sorgen von Eltern (z. B. „Mein Kind hat die Erzieherin lieber als mich" oder „Ich verpasse wichtige Entwicklungsschritte?"),

- Bildungsdokumentation der Aktivitäten und der Entwicklungsschritte ihres Kindes,

- Kontinuität in der Betreuungssituation (eine Bezugsfachkraft), d. h. eine verlässliche Ansprechpartnerin,

- Sicherheit und hohes Maß an Vertrauen, dass ihr Kind in der Einrichtung „gut aufgehoben" ist, gut gefördert und betreut wird,

- intensiven Informationsaustausch, Zeit für Kommunikation, Entwicklungsgespräche in guter Gesprächsatmosphäre,

- Absprachen über die tägliche Pflege (z. B. mithilfe eines Logbuches),

- Hilfen für die Loslösung vom Kind und Zeit für den Übergang = elternbegleitende Eingewöhnung,

- Kontakt zu anderen Eltern, Netzwerkarbeit (Babysitterbörse, psychosoziale Angebote, Beratungsstellen, Referenten für Themenabend

7.3 Kindliche Bedürfnisse und Entwicklungsaufgaben in den ersten drei Jahren

In den letzten Jahren ist der Erforschung der körperlichen und seelischen Entwicklung junger Kinder große Aufmerksamkeit geschenkt worden. Zahlreiche neue Erkenntnisse zu ihrer Entwicklung konnten gewonnen werden. Noch vor 50 Jahren wurde das neugeborene Kind als unbeschriebenes weißes Blatt oder leeres Gefäß betrachtet, das von Eltern und Pädagogen beschrieben bzw. gefüllt werden musste. Als „Reflexbündel" wurden Kinder nach der Geburt bezeichnet und ihr Gehirn als frei instruierbare Tabula rasa betrachtet.

Einige Wissenschaftler aus unterschiedlichen Disziplinen (Psychologie, Neurobiologie, Pädagogik, Soziologie), u. a. Jaroslav Koch (Psychologe am Prager Institut für Mutter und Kind und Entwickler der Spiel- und Bewegungsanregungen des heutigen Prager-Eltern-Kind-Programms PEKiP) stellten sich aufgrund von Forschungsergebnissen gegen diese These. „Im Kind sind ungeheure Entwicklungsmöglichkeiten, von denen wir bis heute keine Ahnung haben." (*Linnert, 2001*)

Insbesondere Neuropsychologie und aktuelle Säuglingsforschung der letzten Jahre haben dazu geführt, dass wir heute von einem kompetenten Säugling sprechen. Das Kind wird als Akteur seiner Entwicklung gesehen. Die Selbstbildungspotenziale zur Auseinandersetzung mit sich selbst und seiner sozialen und sachlichen Umwelt bringt jedes Kind von Geburt an mit. Der Säugling ist mit allen Kompetenzen ausgestattet, die er für seine Weiterentwicklung braucht, u. a. der Fähigkeit zur Kontaktaufnahme und Kommunikation (Blickkontakt, nonverbale Kommunikationsfähigkeit) und der grundlegenden Wahrnehmungsfähigkeit.

Der Begriff „kompetenter Säugling" bedeutet nicht, dass der Säugling alles kann. Aber er kann alles lernen.

Kinder in den ersten Lebensjahren lernen insbesondere mithilfe folgender Lernformen:

- Lernen durch Experimentieren – Lernen durch Be-greifen und Be-handeln

> Mona (7 M.) liegt auf dem Boden und spielt mit Bällen und Greifringen. Sie nimmt sie in den Mund, hält sie fest, rollt sie, schaut sie an, betastet sie usw.

Das Erkunden von Materialien (Oberflächen, Temperatur, Konsistenz) mithilfe aller Sinne hilft, eigene kindliche Theorien über die Welt (ihre Gegenstände und Menschen) zu bilden und zu verändern. Das fördert logisches und problemlösendes Denken.

- Lernen durch Nachahmung

> Lisa (2 J.) füttert ihre Puppe mit einem Löffel und erzählt der Puppe dabei eine Geschichte.

Etwas, das selber erlebt wurde, wird in das eigene Handlungsrepertoire übernommen.

- Lernen durch Wiederholung

> Leon (12 M.) möchte immer wieder beim Wickeln das beliebte „Kuckuck-Spiel" mit einem Tuch spielen – seit Wochen.

Das Wiederholen von (Spiel-)Aktionen festigt Lernerfahrungen (hier die Objektpermanenz).

Die Entwicklung des Menschen wird heute als dynamischer **Interaktionsprozess** zwischen genetischer Ausstattung und Erfahrungen verstanden. Jeder Mensch ist einzigartig, ein Individuum im sozialen Kontext (Wechselspiel: Anlagen und Umwelt). Kinder gleichen Alters haben nicht zwangsläufig gleiche Bedürfnisse und Fähigkeiten. Es gibt interindividuelle Unterschiede in der Entwicklungsgeschwindigkeit von Kindern. Bestimmte Entwicklungsphasen bauen zwar aufeinander auf. Die Dauer und der Zeitpunkt variieren aber von Kind zu Kind. In der heutigen Entwicklungspsychologie wird häufig von sogenannten Entwicklungsfenstern und sensiblen Phasen gesprochen.

> „Die Existenz zeitlich gestaffelter sensibler Phasen für die Ausbildung verschiedener Hirnfunktionen führt zu dem Postulat, dass das Rechte zur rechten Zeit verfügbar oder angeboten werden muss. [...] Da bislang nur wenig experimentelle Daten darüber vorliegen, wann das menschliche Gehirn welche Informationen benötigt, ist wohl die beste Strategie, sorgfältig zu beobachten, wonach die Kinder fragen. [...] Es sollte demnach ausreichen und wäre wohl auch die optimale Strategie, sorgfältig darauf zu achten, wofür sich das Kind jeweils interessiert, wonach es verlangt und wodurch es glücklich wird. Babys können auch schon im vorsprachlichen Stadium durch Lachen, Weinen und differenzierte Mimik signalisieren, was für sie richtig und wichtig ist."
>
> *(Singer, 2002)*

Entwicklung verläuft nicht immer gleichmäßig, sondern in Schüben. Nach deutlich zu beobachtenden Fortschritten treten Phasen auf, in denen Entwicklung stillzustehen oder gar Rückschritte zu machen scheint. Solche Phasen sind im Entwicklungsverlauf wichtig. Bisherige Erfahrungen werden eingeordnet und verarbeitet, das braucht Zeit. Häufig folgen im Anschluss neue Entwicklungsveränderungen bzw. Differenzierungen älterer Fähigkeiten. Entwicklung findet in vielen Bereichen statt (siehe Band 1, Lernfeld 3, Kap. 5), z. B.:

- sozial-emotionale Entwicklung
- Identitätsentwicklung
- Sprachentwicklung
- kognitive Entwicklung
- Bewegungsentwicklung

Diese unterschiedlichen Entwicklungsbereiche stehen miteinander in hochgradig vernetzter Beziehung (Ganzheitlichkeit). Entwicklungsschritte in einzelnen Bereichen können gleichzeitig auftreten (Krabbeln und erste Wörter), sie können aber auch zu unterschiedlichen Zeiten erfolgen (frühe „Redner" – späte „Läufer"). Sie können sich untereinander verstärken (Identitätsbildung und Sprache „ich, meins, alleine, selber machen"), aber auch hemmen (neu erworbene Mobilität braucht intensive Übungsphasen, in denen die „Läufer" z. B. keine Zeit für Gespräche und Spiele mit anderen haben).

Die Entwicklung verläuft plangeleitet, von innen heraus – wird aber maßgeblich von den äußeren Lebensbedingungen beeinflusst und geprägt. Die Umwelt muss hinreichend vielfältig ausgestattet sein, damit das, was benötigt wird, auch vorhanden ist und die Kinder das, was sie suchen, auch finden können.

Kinder lernen greifen (angeborene Fähigkeit der Bewegungsentwicklung). Es muss aber ein interessanter Gegenstand zum Greifen vorhanden sein.

Frederick (10 Monate) beobachtet seine Mutter beim Tischabräumen. Dabei fällt ein Keks aus der Schüssel. Frederick krabbelt zum Tisch, schaut seine Mutter an, deutet ihr Lächeln als Zustimmung, muss sich aufrichten, mit der linken Hand die Tischplatte halten, reckt sich, beobachtet den Keks und verändert seinen Stand, bis er ihn mit den Fingerspitzen langsam zu sich ziehen kann. Er greift den Keks mit der ganzen Hand, muss die Kraft der Finger dosieren, um den Keks nicht zu zerdrücken, und steckt ihn sich in den Mund. Fredericks Mutter staunt und lacht über Fredericks Verhalten.

Je mehr Erfahrungen ein Säugling macht, umso strukturierter und ausdifferenzierter entwickelt sich das Gehirn, d.h., neue Kontakte an den Nervenzellen bilden sich (siehe Band 1, Lernfeld 1, Kap. 7). Einfachste sensomotorische Aktivitäten bilden so die Grundlage für spätere kompliziertere Aktivitätsentwicklungen.

Für die kindliche Entwicklung ist es förderlich, alle Sinne anzuregen. Leider findet aber auch schon im ersten Lebensjahr häufig eine Überlastung mit optischen und akustischen Reizen statt.

Luca, 5 Monate, liegt in einer Babywippe, in der er sich kaum bewegen kann, trägt eine enge Kinderjeans, über ihm hängt ein Trapez mit verschiedenfarbigen Greifringen, die Spieluhr spielt eine Melodie, im Radio läuft Musik, ein Elternteil sitzt neben dem Kind und bietet eine Rassel an.

Taktile Erfahrungen (z.B. Massage, Streichel- und Kitzelspiele) und Möglichkeiten der Bewegungserfahrungen sind sinnvoll in den Alltag zu integrieren. Erst Tast- und Bewegungserfahrungen bilden nämlich die Basis für die spätere Entwicklung höherer geistiger Fertigkeiten wie z.B. der Raumorientierung.

Selbst einfachste Bewegungsabläufe muss der Säugling erst koordinieren lernen, beispielsweise das selbstständige Essen.

In dieser Handlung stecken bereits so viele Sinnesleistungen, dass ein Kind diese nur mit ausgeprägter Bewegungs- und Wahrnehmungsfähigkeit und ihrem perfekten Zusammenspiel bewältigen kann. Jede Handlung aktiviert unterschiedliche Sinnessysteme. Wenn das Kind den Keks ergreifen will, ist zuerst das visuelle System angesprochen.

Es muss den Keks sehen, ihn vom Hintergrund unterscheiden und seine räumliche Lage und Entfernung feststellen. Wenn es ihn ergreifen will, liefert ihm das kinästhetische System Informationen über die Stellung seiner Arm- und Handgelenke sowie des gesamten Körpers, der Gleichgewichtssinn liefert Informationen über die eigene räumliche Lage. Wenn das Kind den Gegenstand berührt, gewinnt es über den Tastsinn Informationen über dessen Oberflächenstruktur, über die Tiefensensibilität, über dessen Gewicht. Hat das Kind Erfolg bei seinen Bemühungen, ist dies mit positiven Emotionen verbunden (Belohnungscharakter). Die positive Bestätigung der Mutter schafft noch positive Kommunikations- und Beziehungserfahrungen. Die Verarbeitung der Sinnesinformationen verläuft unbewusst.

Dieses Beispiel macht deutlich, wie komplex eine Entwicklung von einfachen kleinen Schritten zu immer komplizierteren und ineinander verwobenen Handlungen und Leistungen des Gehirns verläuft.

Für ihre Entwicklung sind Kinder auf Sinnesreize angewiesen. Als Neugeborene sind sie in der Regulation ihres inneren Gleichgewichts noch abhängig von der Fähigkeit ihrer Bezugspersonen, die Selbstregulation des Kindes zu unterstützen, indem sie ihm vielfältige Reize bieten und es gleichzeitig vor Reizüberflutung schützen. Das Kind spielt und sucht Sinnesreize nur, wenn es sich sicher fühlt. Reize, die Kinder überfordern, ängstigen und das innere Gleichgewicht beeinträchtigen, lösen die Suche nach der schutzgebenden Bezugsperson aus. Entweder nähert es sich seiner Bezugsperson oder ruft diese herbei. Direkte Nähe, Trost und Körperkontakt durch eine feinfühlige Bindungsperson unterstützen das Erkundungsverhalten des Kindes.

Die Entwicklung von Kleinst- und jüngeren Kindern ist maßgeblich durch Beziehungserfahrungen bestimmt. Beide rückversichern sich z. B. durch Blickkontakt zur Bezugsperson: positive Bindungsqualität (d. h. Vertrauen, Verlässlichkeit, Ansprache, emotionale Zuwendung, Wertschätzung, Blick- und Körperkontakt, emotionales Auftanken, emotionale Sicherheit).

Steht dem Kind keine feinfühlige und konstante Bindungsperson zur Verfügung, wird sein Erkundungsverhalten teilweise oder vollständig deaktiviert. Die Folgen sind weniger Reizsuche, weniger Übung im Umgang mit den Reizen und Anregungen der Spielwelt und damit weniger Entwicklungsmöglichkeiten für das Kind.

Pädagogische Fachkräfte müssen deshalb die kindliche Entwicklung und ihre neugierige Auseinandersetzung mit der Umwelt positiv wahrnehmen und verstehen. Erst dann können sie Kinder als Entwicklungsbegleiter durch entwicklungsfördernde Verhaltensweisen unterstützen und Spiel- und Erfahrungsarrangements initiieren (beobachten – planen – dokumentieren). Sie

tragen eine hohe Verantwortung für die Entwicklung der ihnen anvertrauten Kinder.

> **Havighurst nennt folgende Entwicklungsaufgaben in den ersten drei Lebensjahren (siehe Lernfeld 3, Kap. 2.2):**
>
> „Entwicklung von Anhänglichkeit und Bindung
>
> Erwerb von sensomotorischer Intelligenz und schlichter Kausalität
>
> Herausbildung von Objektpermanenz und Ich-Konzept
>
> motorische Funktionen wie Sitzen, Krabbeln, Stehen, Laufen
>
> Entwicklung von Selbstkontrolle (vor allem motorisch)
>
> Sprachentwicklung
>
> die Herausbildung von Phantasie und Spiel"
>
> *(vgl. Mienert/Vorholz, 2009, S. 41)*

Zu Beginn stehen die Bedürfnisse nach Pflege und Betreuung, verlässlicher und einfühlsamer Beziehung, Sicherheit, Autonomie und Regulation in unmittelbarem Zusammenhang mit den frühen Bildungsprozessen von Kleinstkindern. Ziel ist es, die Lebensbedingungen des Kindes so zu gestalten, dass es sein ganzes Potenzial an Fähigkeiten entfalten kann, um forschend die Welt zu erobern (Bildungsprozesse/Selbstbildung).

7.3.1   Biologisch-physiologische Signale von Kleinstkindern

Um den Tagesablauf individuell und an den Bedürfnissen der Kinder zu orientieren, müssen Fachkräfte die Signale der Kinder wahrnehmen und deuten können.

Bewusstseinszustände des Säuglings
Der ruhige Tiefschlaf: Das Kind schläft tief und fest, die Augen sind dabei fest geschlossen und bewegen sich nicht. Es werden keine oder nur geringe motorische Aktivitäten beobachtet. Das Kind scheint totale Entspannung zu erleben. Es ist ein gleichmäßiger Atemrhythmus und ein ruhiger Herzschlag zu erkennen.

Der ruhige Tiefschlaf

Traumphasenschlaf: Die Augen sind zwar geschlossen, bewegen sich jedoch gelegentlich. Die motorische Aktivität reicht von kleinen Zuckungen bis zu Drehungen des Körpers und Ausstrecken der Gliedmaßen. Das Gesicht bewegt sich gelegentlich, u. a. durch Stirnrunzeln, Lächeln („Engelslächeln"), Kau- und Saugbewegungen, manchmal auch durch stimmhaftes Lachen, gelegentliches Meckern und Unruhe. Ein unregelmäßiger Atem ist zu beobachten. Für Geräusche von außen ist das Kind jetzt empfänglich und es könnte davon aufwachen.

Aufwachend/verträumt bzw. einschlafend: Die beiden Übergänge vom und zum Schlafen können sehr unterschiedlich aussehen. Beim Aufwachen werden z. B. die Augen abwechselnd geöffnet und geschlossen, mitunter sind sie auch halb geöffnet. Das Kind ist geistig abwesend und völlig ruhig. Das Einschlafen hingegen kann mit Weinen einhergehen, weil sich das Kind vielleicht vor dem Schwinden der Sinne fürchtet. Es kann aber auch friedlich „in den Schlaf sinken". Häufig sind leichte Bewegungen (Lächeln, Stirnrunzeln, Lippenspitzen) zu beobachten. Die Augen sind teilnahmslos, die Lider schwer, Augen können nicht offen gehalten werden.

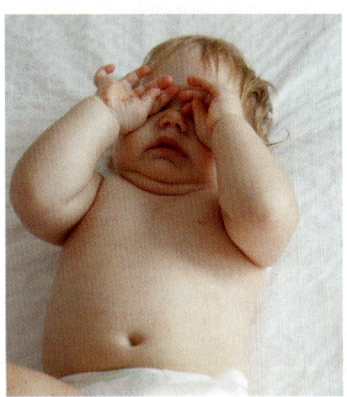

Aufwachend/verträumt

Ruhig/aufmerksam: Körper und Gesicht zeigen wenig Aktivität, das Gesicht ist entspannt, die Augen geöffnet, der Blick klar. Das Kind beobachtet, ist interessiert, aufnahmebereit und am Geschehen beteiligt. Es konzentriert sich auf Sehen und Hören, macht keine körperliche Bewegung bis hin zur körperlichen Starre.

Wach/erzählend: Das Kind teilt sich mit, bewegt Arme und/oder Beine und ist vergnügt. Vielleicht brabbelt es vor sich hin oder schaut sich die Bewegung seiner Hän-

de oder Füße an. Das Kind kann seine Aufmerksamkeit nach innen oder außen richten. Vielleicht erzählt es eine „Geschichte" – meist kurz vorm Essen oder bei Aufregung (lautieren). Die Augen wandern, Fixieren fällt schwer oder findet gar nicht statt. Rhythmische Bewegungsfolgen sind zu beobachten (auch recht heftig). Dieses Verhalten hat eine Signalwirkung auf die Eltern mit dem Ziel, die Interaktion zwischen Eltern und Kind zu verstärken.

Wach/erzählend

Unruhig, ein Bedürfnis anmeldend: Das Kind ist quengelig, wimmert und teilt mit, dass es ein Bedürfnis hat. In diesem Zustand kann man viel über das Kind erfahren. Wenn die Betreuungsperson das Bedürfnis erkennt und befriedigt, wechselt das Kind wieder in einen zufriedeneren Zustand (das Kind kann den Zustand aber auch selbst regulieren).

Weinend/schreiend: Das Kind weint entweder, weil es Schmerzen, Hunger oder ein Bedürfnis hat („ich will nicht alleine sein, ich bin müde, ich friere"). Vielleicht ist es auch überstimuliert und braucht eine Pause. Es zeigt oft zahlreiche Körperbewegungen und das Weinen hält an. Elementares Signal der ersten Monate ist das Schreien. Es scheint, als wisse das Kind, dass Schreien das beste Mittel zur Kommunikation ist. Es funktioniert über größere Entfernungen und erregt schnell die Aufmerksamkeit der Erwachsenen.

Es ist wichtig, feinfühlig zu reagieren. (siehe Band 1, LF 2, Kap. 6.2)

Kindliche Signale sind für die individuelle Tagesgestaltung sehr wichtig. Sie kehren immer wieder im Laufe eines Tages. Je jünger das Kind ist, desto kürzer sind die Wachphasen (Punkt 4 und 5). Diese beiden Phasen bieten sich z. B. an, um jungen Kindern Spielanregungen zu geben oder einen Dialog zu führen.

7.3.2 Entwicklungstabelle von Kuno Beller

In der Fachliteratur gibt es unterschiedliche Entwicklungstabellen. Die Entwicklungstabelle von Kuno Beller soll hier als sehr praxisorientiertes Instrument in Ausschnitten vorgestellt werden. Sie ist für die Beobachtung und Entwicklungseinschätzung von Kindern bis ca. vier Jahren ausgelegt. Die Tabelle wurde in den 1980er-Jahren von Kuno Beller entwickelt und wird seitdem in vielen Einrichtungen besonders bei Kindern unter drei Jahren genutzt.

Ihr Einsatz ist relativ zeitaufwendig. Die Einschätzung der Entwicklung eines Kindes basiert auf Beobachtungen der pädagogischen Fachkraft in natürlichen Alltagssituationen und in seiner vertrauten Umgebung. Die Ergebnisse sind dafür aber sehr aussagekräftig und eignen sich als Ausgangspunkt individueller pädagogischer Angebote. Die bisher erworbenen Kompetenzen, die aktuellen Interessen und Entwicklungsthemen des Kindes werden deutlich und lassen sich leicht in pädagogische Angebote „übersetzen", die das Kind seinem Entwicklungsstand und damit seinen Bedürfnissen und Interessen entsprechend fördern.

Mithilfe der Tabelle kann das Kind in acht verschiedenen Entwicklungsbereichen von der Geburt bis zum 72. Monat eingeschätzt werden (z. B. Sprache, sozial-emotionale Entwicklung, Körperpflege, Kognition). Diese Bereiche sind in zwölf Phasen eingeteilt. In jedem dieser Bereiche werden Entwicklungsverläufe, Veränderungen und Fortschritte in alltäglichen Verhaltensweisen des Kindes ganz konkret und anschaulich dargestellt und durch Beispiele erläutert.

Beispiel Entwicklungsbereich Sozial-emotionale Entwicklung Phase 5 (ca. 12–18 Monate)

1. Imitiert Erwachsene.
   Bsp.: Klatscht in die Hände, stützt die Ellenbogen auf den Tisch, wischt das Gesicht mit dem Taschentuch.
2. Drückt Zuneigung, Ärger, Eifersucht klar und direkt aus.
   Bsp.: Umarmt liebevoll, lächelt, bietet Spielzeug an; drückt Ärger durch Weinen und offene Aggression aus; wird eifersüchtig, wenn Eltern oder Betreuer einem anderen Kind Aufmerksamkeit schenken.
3. Begrüßt bekannte Personen.
   Bsp.: Nähert sich ihnen mit offenen Armen, sagt „Mama" oder den Namen der Person.
4. Drückt Mitleid und andere Gefühle für andere Kinder aus.
   Bsp.: Umarmt, schaut betroffen und besorgt, wenn ein anderes Kind weint; versucht zu helfen, bringt weinendem Kind ein Spielzeug.
5. Gehorcht schwierigen Aufforderungen.
   Bsp.: „Bring mir das.", „Schmeiß das weg.", „Warte!", „Zeig deinen ..." (jeden Körperteil).
6. Sagt, was es möchte, drückt seine Bedürfnisse sprachlich aus.
   Bsp.: „Keks", „mehr", „bitte".
7. Zeigt Zeichen von Selbstbild.
   Bsp.: Reagiert auf seinen Namen, zeigt auf Teile seines Körpers und seiner Kleidung.

(Beller, 2005, S. 19)

Die Entwicklungstabelle hilft Fachkräften, einen positiven Blick auf das Kind zu haben. In dieser Tabelle steht immer das einzelne Kind im Vordergrund, ohne das Ziel, das Kind mit anderen Kindern bzw. der Entwicklungsnorm zu vergleichen.

Die Entwicklungstabelle kann:
- als Nachschlagewerk zur kindlichen Entwicklung dienen,
- den Blick für Beobachtungskriterien „schärfen" und Erzieher sensibel machen für Entwicklungsschritte junger Kinder,
- für einzelne Entwicklungsbereiche genutzt werden,
- zur Erstellung eines Entwicklungsprofils genutzt werden,
- als Grundlage zur Planung von Bildungsangeboten etc. verwendet werden,
- für Elterngespräche hilfreich sein (die Ergebnisse),
- als Formulierungshilfe für Bildungsdokumentationen dienen.

7.4 Tagesgestaltung

Wünsche eines Kindes im ersten Lebensjahr

So könnte mein Morgen beginnen (Mona, 14 Monate):
Ich freue mich sehr, wenn du mich jeden Morgen begrüßt. Du wirst bald wissen, ob es ein Ritual gibt, was mir hilft, mich von meinen Eltern zu lösen. Winkst du mit mir meinen Eltern am Fenster? Danke, dass du daran denkst und schon auf mich wartest. Von meinen Eltern kannst du jeden Morgen erfahren, wie mein bisheriger Tag verlaufen ist, ob ich gut geschlafen habe und so weiter. Gib mir die Chance, in Ruhe in den Tag zu starten. Drängle mich bitte nicht. Ich weiß in der Regel, mit wem ich was spielen möchte oder ob ich mich erst einmal zurückziehe. Ungeduldige Vorschläge und Angebote irritieren mich eher. Setze dich doch einfach zu mir und beobachte mich. Du wirst sehen, dass ich dich dann bald verlasse und auf Entdeckungstour gehe. Aber bleib in meiner Nähe. Ein kleiner Spaziergang an deiner Hand oder auf deinem Arm könnte den Start in den Tag auch erleichtern. Wir schauen zusammen, was die anderen Kinder machen, alle begrüßen mich, und ich kann alle beobachten.

Das möchte ich alles in der Gruppe erleben:
Ich möchte essen, wenn ich Hunger habe, und trinken wenn ich Durst habe. Zu lange Wartezeiten verstehe ich noch nicht. Ich möchte schlafen können oder mich zurückziehen, wenn mir danach ist. Vielleicht brauche ich dabei deine Unterstützung. Ich bewege mich gerne. Hast du dafür Platz? Ungestört von anderen möchte ich mich einer Sache zuwenden können. Gibst du mir Zeit und Raum dafür? Viele Unterbrechungen und Veränderungen mag ich nicht. Ich möchte mit Gleichaltrigen spielen und von älteren Kindern lernen. Auch du bist ein großes Vorbild für mich. Ich brauche dich in meiner Nähe, wenn ich unsicher bin. Du gibst mir Halt. Ich glaube, es gibt wirklich viel zu tun an einem Tag bei dir in der Gruppe.

Planung der Tagesgestaltung
In Tageseinrichtungen für Kinder ist es wichtig, sich bewusst zu sein, dass insbesondere jüngere Kinder an jedem Tag in der Einrichtung das Gefühl von Sicherheit und Orientierung brauchen, um sich positiv entwickeln zu können *(vgl. Tietze/Viernickel, 2017, S. 201 f.)*.

Die Fachkräfte tauschen sich bei der Planung, Strukturierung und Gestaltung der pädagogischen Arbeit aus und stimmen ihr Handeln und ihre Vorstellungen auf dem Hintergrund ihrer Beobachtungen und der aktuellen wissenschaftlichen Erkenntnisse ab. Entwickelt ein Team für möglichst viele Aspekte des pädagogischen Alltags eine gemeinsame Vorstellung, ermöglicht dies den Kindern, sich in der gesamten Einrichtung gut bewegen zu können.

Die Gestaltung eines Tages, einer Woche bis hin zur langfristigen Jahresplanung erfordert von den Erzieherinnen, ihre Ideen unter Berücksichtigung einer Vielfalt von unterschiedlichen Bedürfnissen der Kinder in einen zeitlichen Ablauf zu bringen und dabei in hohem Maß flexibel zu sein. Viele Elemente der Tagesgestaltung kehren täglich wieder. Die Dauer und Reihenfolge variieren allerdings:

- Begrüßung und Verabschiedung
- Routinen, wie z. B. Mahlzeiten, Körperpflege
- Ruhephasen
- freies Spiels (auch im Außengelände)
- Bildungsangebote
- Einzelförderung
- Exkursionen
- bestimmte Rituale

Wiederkehrende Situationen und Routinen gestalten einen strukturierten Tagesablauf insbesondere für Kleinstkinder und jüngere Kinder vorhersehbar und bieten ihnen Orientierung und Sicherheit. Sie helfen Kindern, ein Zeitgefühl zu entwickeln, für sich selbst vorausschauend zu planen und für Aktivitäten, Routinen und Übergänge ihr individuelles Tempo zu finden.

Die Größe der Kindergruppe, die bestehenden Regeln, die Raumgestaltung, die Möbel- und die Materialauswahl sowie die Fachkräfte unterstützen diese Orientierung und Sicherheit durch Überschaubarkeit und bilden den Rahmen für kindliche Aktivitäten. Ein Personen- oder Raumwechsel, zu viel Materialangebote, unüberschaubare Möbel, eine zu große Gruppe, ständiges Umräumen können junge Kinder vorübergehend verunsichern.

Wenn junge Kinder die Einrichtung besuchen, orientieren sich die Fachkräfte bei der Gestaltung des Tages „am individuellen Rhythmus des Kindes und an den Ritualen und Gewohnheiten in der Familie. Um zu gewährleisten, dass Routinen (z. B. Füttern) zu unterschiedlichen Zeiten und unmittelbar stattfinden können, bedarf es genauer Absprachen im Team." *(Tietze/ Viernickel, 2017, S. 102).* Bei der Planung von betrieblichen Abläufen, Arbeitszeiten und Diensten der einzelnen Fachkräfte muss immer berücksichtigt werden, dass besonders Kleinstkinder häufig in der Eingewöhnungsphase sehr abhängig von der jeweiligen Bezugsperson in der Gruppe sind.

Bei jüngeren Kindern hat der **individuelle Tagesrhythmus** Vorrang vor dem Gruppenrhythmus. Es geht nicht darum, möglichst schnell die Gruppe und die Bedürfnisse des Einzelnen zeitlich aufeinander abzustimmen. Erzieherinnen strukturieren den Tagesablauf so, dass sie sich jedem Kleinst- und jüngeren Kind intensiv zu-

wenden können. Einen bestimmten Tagesablauf zu festen Zeiten zu erzwingen, kann heißen, dass das Kind daran gehindert wird, seinen eigenen Rhythmus zu finden. Den braucht es aber im Rahmen des **Selbstregulationsprozesses.** Die individuellen Bedürfnisse des Kindes bestimmen die Reihenfolge und Dauer der einzelnen Tagesabschnitte. Die Dauer einzelner Tagesabschnitte kann sich auch kurzfristig ändern (Veränderung der Wach- und Schlafphasen, Ernährungsumstellung von der Flasche zur Beikost usw.). Aus diesem Grund muss ausreichend Zeit für Übergänge von einer Phase in die nächste eingeplant werden.

Natürlich bietet ein Tag auch Spielräume für spontane Veränderungen, die sich aus aktuellen Ereignissen und Bedürfnissen ergeben. Auf Grundlage der Beobachtung und im Dialog mit den Kindern werden die langfristige Planung (Feste, Projekte, Exkursionen usw.) als auch die Tagesgestaltung immer wieder angepasst. Die Fachkräfte müssen bei der Tagesgestaltung außerdem darauf achten, dass sie

- eine Ausgewogenheit zwischen abwechslungsreichen Aktivitätsphasen und Ruhe- und Entspannungsphasen herstellen,
- immer wieder neu entscheiden, in welchem Rahmen sich die Kinder frei entscheiden können, d. h., wie viel Freiraum angemessen ist.

Flexible Alltagsabläufe bieten jungen Kindern die Möglichkeit, ihren Interessen und Bedürfnissen nachzugehen. Es kommt seltener zu Frustrationen durch Unterbrechung einer Handlung. Dabei beachten die Fachkräfte die individuell verschiedenen Formen der Kontaktaufnahme und Kommunikation und signalisieren ihre Dialog- und Kommunikationsbereitschaft.

Routinen wie Essen, Schlafen oder Wickeln ermöglichen den Fachkräften eine besondere und ungeteilte Form der Zuwendung. Aber auch geplante Bildungsangebote mit Einzelnen oder einer Kleingruppe können intensivere Zuwendung bieten. Bildungsangebote sollten sich immer an der Neugierde des Kindes und seiner Entscheidung dafür oder dagegen orientieren.

Mit der Zeit erfahren jüngere Kinder, dass sich ihre eigenen Bedürfnisse und Interessen mit Interessen und Bedürfnissen der Gruppe in Einklang bringen lassen.

Sobald sich jüngere Kinder am Gruppenrhythmus orientieren, werden sie aktiv an der Planung der Tagesgestaltung für die Gesamtgruppe beteiligt. Fachkräfte müssen darauf achten, dass Kleinst- und jüngere Kinder gemeinsame Gruppenaktivitäten verkraften, insbesondere wenn noch ältere Kinder zur Gruppe gehören.

Auch Kleinstkinder und jüngere Kinder können sich bereits am Alltagsgeschehen der Gruppe beteiligen. Sie sind anwesend, beobachten und sind aufmerksam bei dem, was ältere Kinder und Erwachsene tun. Die Fachkräfte müssen bei jungen Kindern darauf achten, dass diese bei Aktionen mit der Gesamtgruppe nicht überfordert werden. Kleinstkinder und jüngere Kinder zeigen ihre Bedürfnisse durch Gestik, Mimik, Körperspannung, bedeutungstragende Laute und erste Worte und gestalten dadurch im individuellen Dialog mit Kindern und Erwachsenen ihren eigenen Tagesrhythmus.

Je jünger die Kinder sind, desto größer ist ihr Anspruch und ihr Recht auf eine höchst individuelle Berücksichtigung ihrer Bedürfnisse. Gerade Säuglinge und jüngere Kinder benötigen häufig in unbekannten neuen Situationen Zeit, um zu beobachten. Fachkräfte, die ihnen diese Zeit, Ruhe und Sicherheit geben und sie nicht drängen, „aktiv zu werden", schaffen eine Basis für neugieriges Spielverhalten.

Mit der Zeit wollen Kleinstkinder und jüngere Kinder aktiv werden, mitmachen, mitbestimmen, „selber machen". Sie brauchen im Laufe des Tages Möglichkeiten, Entscheidungen zu treffen, die sie überblicken können (z. B. zwei Alternativen beim Brotbelag: Wurst oder Käse?; Wo wird die Schlafmatratze heute hingelegt? usw.).

Jüngere Kinder wollen die Welt der Älteren kennenlernen. Spielsachen sind eher unwichtig. In den Vordergrund tritt das Interesse für Telefone, Kochtöpfe, Wäschekörbe, und Aktivitäten wie Blumen gießen, spülen, fegen usw.

Schon die einfachsten **Interaktionen** mit Erwachsenen – Windeln wechseln, Gang zur Nachbargruppe, eine Einschlafgeschichte – hinterlassen Spuren. Kinder lernen Wörter und Gefühle, den Umgang mit anderen, Einzelheiten wahrzunehmen, sich an Ereignisse zu erinnern und Probleme zu lösen. Diese individuell gestalteten Kommunikations- und Alltagssituationen im Tagesablauf gilt es zu erkennen und organisatorisch und didaktisch-methodisch auszubauen. Das Kind entwickelt für diese Alltagsroutinen sogenannte Skripte. Es lernt Arbeitsschritte kennen und folgt Erwachsenen oder anderen Kindern. Vor allem Körperpflege, gemeinsame Mahlzeiten, Schlaf- und Ruhephasen sowie Freispielphasen ermöglichen neue unmittelbare Erfahrungs- und Bildungsräume.

7.5 Beziehungsvolle Pflege

In der pädagogischen und beziehungsvollen Pflege geht es nicht vorrangig um die Pflegehandlung und notwendigen Versorgungsleistungen, sondern vielmehr um die Gestaltung der Beziehung währenddessen. Pflege ist mehr als nur Pflege. Die durch großes Einfühlungsvermögen gestalteten individuellen pflegerischen Tätigkeiten haben einen hohen Stellenwert für die Beziehungserfahrungen des Kindes und vermitteln wohltuende positive prägende Basiserfahrungen.

> Die dadurch entstehende emotionale Sicherheit bietet die Grundlage für seine Eigeninitiative und selbstständige Aktivität."
> *(http://pikler-hengstenberg.at/pikler-aus-und-weiterbildung/pikler-kleinkindpaedagogik)*

Das Befinden jedes einzelnen Kindes steht während der Pflegeprozesse im Vordergrund der jeweiligen Pflegehandlung und Versorgungsleistung. Je jünger die Kinder sind, desto größer ist der pflegerische Anteil der Arbeit in Krippen und altersgemischten Gruppen (wickeln, füttern, an- und ausziehen, baden, Zähne putzen usw.).

> „Die Pflege bietet eine ausgezeichnete Gelegenheit, dem Säugling Geborgenheit und Vertrauen zu vermitteln: Die interessierte Anteilnahme und das Zutrauen in seine Fähigkeiten während der Pflegehandlungen sind eine wichtige Basis für seine spätere soziale Kompetenz.

Darüber hinaus sollten alle pflegerischen Tätigkeiten die Basis für pädagogische Bildungsprozesse sein. Gerade

Alltagsroutinen bieten vielfältige Möglichkeiten, Lernanlässe zu initiieren (Tisch decken, Hände waschen lernen, Fingerspiele auf dem Wickeltisch, Fußmassage etc.).

Dabei ist es für das Fachpersonal wichtig, genug Zeit und angemessene räumliche Bedingungen für beziehungsvolle Pflegehandlungen und Versorgungsleistungen einzuplanen. Erzieher dürfen in den oben genannten Bereichen nicht in zeitsparende Routine verfallen.

So braucht beispielsweise das Füttern eines Kleinstkindes in einer angenehmen Atmosphäre je nach Kind ca. 20 Minuten.

Teamabsprachen, das Einplanen von Zeitressourcen, das Ermöglichen von gruppenübergreifendem Arbeiten und Transparenz der Arbeit sind deshalb für das gesamte Team der Einrichtung von großer Bedeutung.

Das Kind darf auf gar keinen Fall bei pflegerischen Handlungen als Objekt gesehen und behandelt werden, z. B. durch Hochnehmen oder Hinlegen wie einen Gegenstand, ungeduldige Bewegungen, Nichtberücksichtigen von Temperaturunterschieden (etwa bei einer kalten Wickelunterlage oder kalten Händen der Fachkraft) oder durch innere Abwesenheit der Erzieherin.

Beziehungsvolle Pflege braucht Zeit

Mahlzeiten und Ernährung

Kleinstkinder werden nach ihrem individuellen Tagesrhythmus regelmäßig gefüttert. Der Ernährungsplan für das erste Lebensjahr kann je nach Kind sehr unterschiedlich aussehen. Jüngere Kinder erfahren individuelle Unterstützung, bis sie zunehmend selbstständig essen und trinken können. Die Selbstständigkeit und Selbstwirksamkeit nimmt zu. Selbstständigkeit sollte aber beim Essen nicht das einzige oder oberste Ziel sein, schon gar nicht aus Gründen möglicher Arbeitsentlastung. Wenn junge Kinder ein Hungergefühl verspüren, steht das primäre Bedürfnis vor dem Wunsch nach Selbstständigkeit. Fachkräfte können dann eine kleine Portion der Mahlzeit auftun und wenn der „erste Hunger gestillt ist" die Möglichkeit zur Selbsttätigkeit fördern. Wenn Kinder allein essen wollen, werden sie selbstverständlich in diesem Wunsch unterstützt. Wichtig ist, dass andere, unter Umständen gleichaltrige Kinder in diesem Bereich noch die ganz intensive Zuwendung und Unterstützung der Bezugsperson einfordern.

Hinweise für die Ernährungserziehung (siehe Band 2, Lernfeld 4, Kap. 15.4):
- von den Eltern Informationen einholen über die Essgewohnheiten und Vorliegen des Kindes, Berücksichtigung kultureller Unterschiede
- Flaschennahrung und Breie frisch zubereiten
- gemeinsame Mahlzeiten in angenehmer Atmosphäre verbringen; bei Kleinstkindern bedeutet das unter Umständen, allein mit der Bezugsperson zu sein
- Erzieherinnen haben Vorbildfunktion
- Mitbestimmung der Kinder bei der Essensauswahl ermöglichen, allerdings nicht durch zu viel Wahlfreiheit verwirren
- Kinder in die Essenszubereitung einbeziehen
- Kindern Zeit zum Essen lassen
- das Sättigungsgefühl der Säuglinge und Kleinkinder respektieren und diese nicht zum Aufessen überreden
- dem Wunsch nach selbstständigem Hantieren und Experimentieren mit Löffel, Gabel oder auch dem Essen nachkommen
- Essen (auch die Milchflasche) oder Süßigkeiten nicht als Trostpflaster und „Mundstopfer" einsetzen
- am Ende des ersten Lebensjahres immer mehr Nahrungsmittel anbieten, die das Kind greifen, löffeln oder mit der Gabel aufspießen kann. Kauen kräftigt Zähne und Mund- bzw. Gesichtsmuskulatur und begünstigt eine gute Sprachentwicklung. Mit kleinteiligen Essensstücken sollte man Kleinstkinder allerdings nie alleine lassen
- frühes Trinken aus dem offenen Becher oder Glas fördern.

Bei Mahlzeiten lernt das Kind auch von und mit anderen Kindern. Diese wichtigen Kontaktmomente gilt es, als Fachkraft während der Mahlzeiten wahrzunehmen und zu begleiten. Pädagogische Fachkräfte unterstützen Kinder im Hinblick auf die Kind-Kind-Interaktion und regen z. B. Gespräche an. Junge Kinder entwickeln so mit der Gruppe Formen des gemeinsamen Lebens.

Individualität am Beispiel der „Schläfertypen"

Ruhe- und Schlafphasen sollten sich an Alter und Entwicklungsstand der Kinder orientieren und individuelle Schlaf- und Ruhebedürfnisse von Kindern berücksichtigen. Durch folgende Beispielfragen für ein Erstgespräch mit Eltern sollten Informationen für den Bereich Ruhen und Schlafen eingeholt werden:

- Gibt es regelmäßige Schlafzeiten?
- Wo schläft das Kind ein? Wie signalisiert es Müdigkeit?
- In welcher Lage schläft es ein? Rückenlage, seitlich, rechte/linke Seite usw.?
- Was braucht es zum Einschlafen? Schnuffeltuch, Stofftier, Schnuller, Streicheln, Lieder, Spieluhr?
- Was zieht es zum Schlafen an? (Schlafanzug, Body, Schlafsack usw.)?
- Wie wird es wach? Friedlich oder eher weinend?
- Was braucht es beim Wachwerden? Ansprache, etwas Ruhe, will es hochgenommen werden, Körperkontakt usw.?

Weder Zeitpunkt noch Dauer des Schlafbedarfs sind gleich. Jedes Kind kommt auf seine Weise an seinem Ort zur Ruhe, allerdings liegt kaum ein Kind sofort still.

Auch außerhalb der festgelegten Phasen muss es **Rückzugs- und Erholungsmöglichkeiten** geben. Auch ohne müde zu sein, brauchen insbesondere Kleinstkinder und jüngere Kinder Erholungsphasen vom aufregenden Alltagsgeschehen. Die Rückzugsbereiche und Schlafräume sind dafür angenehm gestaltet.

Schlafrituale und Entspannungshilfen der Fachkräfte können die Kinder dabei unterstützen, in den Schlaf zu finden und außerdem Zuwendung und Geborgenheit vermitteln. Während der Schlafphase ist eine Fachkraft anwesend oder in Hörweite. Dies ist besonders dann wichtig, wenn Kinder im Schlaf weinen oder beim Aufwachen schreien. Sie erfahren direkte Ansprache und Hilfe. Es gibt für Kinder, die nicht schlafen wollen, alternative Angebote. Die Fachkräfte beobachten die Kinder während des Tagesgeschehens und erkennen individuelle Ruhe- und Schlafbedürfnisse. Ausreichende Schlaf- und Entspannungsphasen sind eine wichtige Voraussetzung für die gesunde Entwicklung und Bildungsprozesse des Kindes.

Verschiedene, z. T. in einer Person kombinierte Schläfertypen (humorvoll dargestellt)

1. „Der **Schlafwuseler** dreht, rollt, wühlt sich hin und her, bis er die richtige, angenehme Schlafposition gefunden hat.

2. Der **Wusel(nicht)schläfer** macht Kopfstand auf der Matratze, schlägt Kobolz, stört die anderen beim Einschlafen, braucht ein Einzelzimmer ohne Zuschlag, turnt mit geschlossenen Augen, schläft irgendwann bei einem Kopfstand ein.

3. Der **raumgreifende Schläfer** braucht drei Matratzen, schläft grundsätzlich quer.

4. Der **Gewohnheitsschläfer** kommt nur zur Ruhe, wenn er den immer gleichen Schlafnachbarn antrifft und Matratze oder Bett exakt an derselben Stelle stehen.

5. Die Angst, etwas zu verpassen, führt zu permanentem, krampfhaftem Wachhalten, dies ist der Kandidat für den **Suppenschüsselschlaf.**

6. Der **Herdenschläfer** schläft nur, wenn alle anderen Schäfchen schlafen – egal wie müde er ist, er treibt daher die anderen in den Schlafstall.

7. Der **Klammeraffe** sucht den Hautkontakt zur Bezugsperson, zwingt Erwachsene zum bezahlten Mittagsschlaf.

8. Der völlig verpennte **Dauerschläfer** könnte jede Stunde „abgelegt" werden, er verpasst alles, ist aber glücklich.

9. Der **Sitzschläfer** reißt sofort die Augen auf, wenn er hingelegt wird, will einfach eben nur sitzen (und schlafen).

10. Der **Motorisierte** schläft nur (ein), wenn er herumgefahren wird (ob drinnen oder draußen).

11. Der **Musikfreund** braucht musikalische Untermalung zum Einschlafen – dabei sind die Vorlieben im Einzelfall sehr unterschiedlich ausgeprägt. (Manche scheinen Musik aber auch als Ruhestörung zu empfinden.)

12. Der **Schuckelschläfer** muss intensiv geschaukelt werden, während der Seekranke genau das nicht vertragen kann."

(Lill/Sporleder, 2001, S. 190)

7.6   Bildungsprozesse von Kindern in der Krippe begleiten

Pädagogische Prozesse werden durch die Gestaltung des Raumes und die Auswahl der zur Verfügung gestellten Materialien beeinflusst.

Kinder in den ersten Lebensjahren benötigen einen strukturierten, überschaubaren Gruppenraum. Bereiche zum Spiel in Kleingruppen, zum kreativen Gestalten und Rückzugsmöglichkeiten müssen neben Pflege- und Schlaf- bzw. Ruhebereichen vorhanden sein. Es ist wichtig, dass die Bezugsperson ständig Kontakt zu den Kleinstkindern aufnehmen kann, um alle Signale wahrnehmen zu können.

Raum, Mobiliar und Material müssen den aktuellen Sicherheitsvorschriften entsprechen. Fußböden sollten mithilfe unterschiedlicher Oberflächenstrukturen gestaltet werden, z. B. mit Teppichboden oder Linoleum.

In altersgemischten Gruppen scheint es außerdem sinnvoll, abgetrennte Spielbereiche für bestimmte Altersgruppen anzubieten, damit ältere und jüngere Kinder auch ungestört voneinander spielen können.

Auch jüngere Kinder sollten freien Zugriff auf Materialien im Freispiel haben. Idealerweise werden sie sichtbar für jüngere Kinder aufbewahrt.

Materialbeispiele:
- erste Bilderbücher
- Spielzeug zum Liebhaben (Kuscheltiere, Puppen)
- Mobiles
- Materialien zur Sinneswahrnehmung
- Haushaltsgegenstände
- Alltagsmaterialien
- Bälle, Ringe
- Spiegel
- Rollenspielmaterial
- Bausteine

Die Auswahl des Materials und die Planung einzelner Aktivitäten hängen von den Beobachtungen der Fachkräfte und damit von der kindlichen Entwicklung ab. Die pädagogischen Fachkräfte bieten Säuglingen und Kleinkindern aus den unterschiedlichen Bildungsbereichen Aktivitäten an.

Einige Beispiele:
- Lieder, Fingerspiele, Kniereiter usw.
- erste Bilderbuchbetrachtungen
- Bewegungslandschaften
- Experimente mit Wasser, Sand usw.
- Buden bauen aus Tüchern und Kartons
- „Spuren hinterlassen" mit Fingerfarbe, Ton usw.
- Streichel- und Massagespiele

Die Planung ist abhängig von den Beobachtungen über Entwicklungs- und Bildungsprozesse und Interessen und Bedürfnisse der Kinder. Die Teilnahme der Kinder ist immer freiwillig.

Gerade Kinder in den ersten Lebensjahren sind wissbegierig und neugierig. Wichtig ist es, dass die Signale des Kindes richtig gedeutet werden: „Ich bin wach, interessiert, neugierig und möchte mit dir zusammen etwas erleben." Manchmal brauchen Kinder aber auch Zeit, bestimmte Bildungsangebote zuerst einmal aus sicherer Distanz zu beobachten, und kommen später hinzu. Die Dauer und die Inhalte sind abhängig von dem Entwicklungsstand des Kindes. Die Anregungen der pädagogischen Fachkräfte müssen sich in das augenblickliche Gruppengeschehen einordnen und dürfen Kinder nicht in ihren Tätigkeiten stören.

Die Planungsaspekte für Bildungsangebote mit jungen Kindern nennen wichtige Erkenntnisse im Hinblick auf die Begleitung individueller geplanter Bildungsprozesse.

Bildungsprozesse anregen

Planungsaspekte für Bildungsangebote mit jungen Kindern (aus Sicht des Kindes):

- Achte auf meinen Wachheitsgrad und meine momentane Situation. Ich sollte ausgeschlafen und satt sein.
- Schaffe eine angenehme Atmosphäre und Raumtemperatur.
- Berücksichtige Trage- und Haltetechniken.
- Biete mir bitte viel Bewegungsfreiheit (z. B. eine Matte, Ausziehen der Kleidung bis auf den Body).
- Begib dich bitte auf meine Augenhöhe.
- Sprich beim Spiel mit mir. Orientiere Mimik, Gestik und Sprechweise an meinem Alter. Begleite dein Handeln und meines sprachlich.
- Schau mich an! Berühre mich! Sei ganz aufmerksam und schenke mir deine Zuwendung!
- Ruhephasen gehören auch zu einer gemeinsamen Spielzeit.
- Baue Wiederholungen oder Variationen ein.
- Nimm mich aufmerksam wahr. Achte auf meine Initiativen.
- Folge meinen Initiativen und bestätige mich in meinem Tun.
- Versuche, je nach Spielanregung und Material, meine beiden Körperhälften anzuregen.
- Beobachte meine Signale während der Spielphase (z. B. Veränderung des Bewusstseinszustands, Wegdrehen des Kopfes). Ich zeige dir, ob du einfühlsam und adäquat auf meine Signale reagierst. Verändere unter Umständen dein Vorhaben.
- Schaffe einen einfühlsamen Übergang von der Spielzeit zurück in das Gruppengeschehen.

↗ WIEDERHOLUNG

→ Krippen mit hoher Orientierungs-, Struktur- und Prozessqualität fördern die Entwicklung von Kindern unter drei Jahren.

→ Für die Eingewöhnung gibt es zwei wissenschaftlich abgesicherte Eingewöhnungsmodelle. Das Berliner Modell bezieht sich schwerpunktmäßig auf die Bindungstheorie, das Münchener Modell auf den Transitionsansatz.

→ Die Tagesgestaltung berücksichtigt individuelle Rhythmen der Kinder. Routinen wie Wickeln, Essen und Schlafen werden beziehungsorientiert gestaltet.

→ Bildungsangebote basieren auf genauen Beobachtungen der kindlichen Entwicklung.

→·← AUFGABEN

1 [Wissen und Verstehen]
Teilen Sie die Klasse in zwei Gruppen. Eine Gruppe sammelt Argumente, die für eine frühe außerfamiliäre Betreuung in der frühen Kindheit sprechen (Literatur- und Internetrecherche). Die andere Gruppe sammelt Gegenargumente. Begeben Sie sich in der Klasse in eine Pro-/Kontra-Diskussion. Werten Sie die inszenierte Diskussion aus. Welche Fragen bleiben ungeklärt? An welcher Stelle benötigen Sie noch mehr Informationen?

2 [Wissen und Verstehen]
Erstellen Sie ein Schaubild. Welche Fachkenntnisse benötigt eine Fachkraft, wenn sie mit Kindern unter drei Jahren arbeitet?

3 [Wissen und Verstehen]
Schildern Sie aus Sicht eines Kindes eine „Traumfachkraft für Kinder unter drei Jahren": „Ich wünsche mir eine Erzieherin, die ..."

4 [Wissen und Verstehen]
Erstellen Sie einen Teamvortrag zum Thema „Bildungs- und Lernerfahrungen junger Kinder in heterogenen und homogenen Gruppen".

5 [Analyse und Bewertung]
Pflegesituationen sind im weitesten Sinne auch Lernsituationen. Schildern Sie Ideen für ganzheitliche Lernanlässe und Bildungsprozesse in den Bereichen Ruhen und Schlafen, Mahlzeiten und Ernährung und Körperpflege. Berücksichtigen Sie Formen kindlichen Lernens.

6 [Analyse und Bewertung]
Erstellen Sie in Ihrer Klasse eine Ideenbörse für weitere Bildungsbereiche (Musik, Sprache usw.). Beispiel: Lieder/Fingerspiele/Reim, Spielmaterial, Bilderbücher in den ersten Lebensjahren.

7 [Analyse und Bewertung]
Lesen Sie sich die Lernsituation noch einmal durch. Welche Bildungsprozesse finden in einzelnen Szenen statt? Was könnten, aufbauend auf den Erfahrungen der Kinder, die nächsten neuen Herausforderungen sein?

8 [Planung und Konzeption]
Schreiben Sie aus der Sicht eines sechs Monate alten Säuglings einen Brief an seine Eltern und an die pädagogische Fachkraft im Hinblick auf die anstehende Eingewöhnungsphase.

9 [Wissen und Verstehen]
Erstellen Sie analog zur Grafik zum Berliner Eingewöhnungsmodell eine Tabelle zum Münchener Eingewöhnungsmodell. Benennen Sie dabei die Phasen und charakterisieren Sie diese in ihren wesentlichen Aspekten.

10 [Reflexion]
Überlegen Sie in Einzelarbeit, was Ihnen in fremden/neuen Situationen hilft. Tauschen Sie sich mit einem Partner darüber aus. Übertragen Sie Ihre Erfahrungen auf die von Kindern in der Eingewöhnungsphase.

11 [Planung und Konzeption] [Querschnittsaufgabe Inklusion]
Planen Sie einen Morgenkreis für neun Kinder mit verschiedenen einfachen entwicklungsangemessenen Spielen. Berücksichtigen Sie dabei, dass eines der Kinder körperlich beeinträchtigt und nicht in der Lage ist, sich selbst fortzubewegen.

TIPPS ZUM WEITERARBEITEN →→

→ Largo, Remo H.: Babyjahre. Entwicklung und Erziehung in den ersten vier Jahren, München: Piper Verlag 2019.

→ Schneider, Kornelia/Wüstenberg, Wiebke: Was wir gemeinsam alles können. Beziehungen unter Kindern in den ersten drei Lebensjahren, Berlin: Cornelsen Verlag 2014.

→ van der Beek, Angelika: Bildungsräume für Kinder von Null bis Drei, Weimar/Berlin: Verlag das netz 2006.

→ Walter-Laager, Catherine/Pölzl-Stefanec, Eva/Gimplinger, Christina/Mittischek, Lea: Gute Qualität in der Bildung und Betreuung von Kleinstkindern sichtbar machen. Arbeitsmaterial für Aus- und Weiterbildungen, Teamsitzungen und Elternabende. Graz: Karl-Franzens-Universität Graz, Umwelt-, Regional- und Bildungswissenschaftliche Fakultät, Institut für Erziehungs- und Bildungswissenschaft, Arbeitsbereich Elementarpädagogik 2018.

Filme

→ „Krippenkinder"
www.liga-kind.de

→ „Nähe zulassen"
unter www.naehe-zulassen.de

Internet

→ www.pekip.de
→ www.pikler.de

Beller, Kuno: Entwicklungstabelle. 10. Auflage. Berlin: Freie Universität Berlin 2005.

Berger, Manfred: Zur Geschichte der Kinderkrippe in Deutschland. In: Wehrfritz Wissenschaftlicher Dienst (WWD): Wissenschaft und Praxis im Dialog. 66/1997.

Berger, Manfred: Zur Geschichte der Kinderkrippe in Deutschland. Fortsetzung vom WWD 66. In: Wehrfritz Wissenschaftlicher Dienst (WWD): Wissenschaft und Praxis im Dialog. 67–68/1998.

Bundesministerium für Familie, Senioren, Frauen und Jugend (BMFSFJ): Bericht der Bundesregierung 2010 nach § 24a Abs. 5 SGB VIII über den Stand des Ausbaus für ein bedarfsgerechtes Angebot an Kindertagesbetreuung für Kinder unter drei Jahren für das Berichtsjahr 2009. In: https://www.dji.de/fileadmin/user_upload/kifoeg/kifoeg_eins.pdf [04.01.2021].

BMFSFJ (a) (Bundesministerium für Familie, Senioren, Frauen und Jugend (Hrsg.): Der Rechtsanspruch auf Kindertagesbetreuung. In: www.fruehe-chancen.de/service/fuer-eltern/der-rechtsanspruch-auf-kindertagesbetreuung/ [14.08.2020].

BMFSFJ (b) (Bundesministerium für Familie, Senioren, Frauen und Jugend (Hrsg.): Dritter Zwischenbericht zur Evaluation des Kinderförderungsgesetzes. In: www.bmfsfj.de/bmfsfj/service/publikationen/dritter-zwischenbericht-zur-evaluation-des-kinderfoerderungsgesetzes--kifoeg-bericht-2012-/86366 [14.08.2020].

Böhm, Regine/Horn, Miriam/Knospe, Nina u. a.: Kinder unter 3. Erziehung. Bildung und Betreuung in der frühen Kindheit. Braunschweig: Westermann 2014.

Deutsche Liga für das Kind (Hrsg.): Gute Qualität in Krippe und Kindertagespflege, Berlin: Eigenverlag, 2015. In: www.liga-kind.de/wordpress/wp-content/uploads/2018/11/Positionspapier_Gute-Qualität.pdf [14.08.2020].

Karsten, Hermann: Was brauchen Kinder in der Krippe. Interview mit Gabriele Haug-Schnabel. In: https://www.nifbe.de/fachbeitraege/beitraege-von-a-z?view=item&id=519:was-brauchen-kinder-in-der-krippe&catid=24 [06.05.2021].

Lill, Gerlinde/Sporleder, Waltraud: Von Abflugrampe bis Zwischenlandung. Qualitätslexikon für Krippenprofis, München: Luchterhand 2001.

Linnert, Ute: Was ist eigentlich „PEKiP"?. In: www.rund-ums-baby.de/pekip.htm [14.08.2020].

Laewen, Hans-Joachim/Andres, Beate: Ohne Eltern geht es nicht. Die Eingewöhnung von Kindern in Krippen und Tagespflegestellen. Weinheim/Basel: Beltz Verlag 2007.

Laewen, Hans-Joachim/Andres, Beate/Hédervári, Èva: Die ersten Tage – ein Modell zur Eingewöhnung in Krippe und Tagespflege. 5. Auflage. Berlin: Cornelsen Scriptor 2009.

Linnert, Ute: Was ist eigentlich Pekip. © USMedia GmbH & Co. KG, 2001. In: www.rund-ums-baby.de/pekip.htm [28.02.2021].

Mienert, Malte/Vorholz, Heidi: Kleine Kinder – große Schritte. Grundlagen der pädagogischen Arbeit mit Krippenkindern. Herausgegeben von Ilse Wehrmann. Troisdorf: Bildungsverlag EINS 2009.

Pikler-Hengstenberg-Gesellschaft: Pikler Kleinkindpädagogik. In: www.pikler-hengstenberg.at/pikler-aus-und-weiterbildung/pikler-kleinkindpaedagogik [14.08.2020].

Remsperger, Regina: Feinfühligkeit im Umgang mit Kindern. Kindergarten heute spezial, Freiburg i.Br.: Verlag Herder 2008.

Singer, Wolf: Was kann ein Mensch wann lernen. In: Deutsche Liga für das Kind, 2002. In: https://practice.dev4.bmsoft.de/wpliga-kind/fk-102-singer/ [14.08.2020].

Statistisches Bundesamt: Kindertagesbetreuung unter Dreijähriger im März 2019. + 3,7 % gegenüber dem Vorjahr, Pressemitteilung Nr. 379 vom 26. September 2019, In: www.destatis.de/DE/Presse/Pressemitteilungen/2019/09/PD19_379_225.html [14.08.2020].

Tietze, Wolfgang/Viernickel, Susanne (Hrsg.): Pädagogische Qualität entwickeln. Praktische Anleitung und Methodenbausteine für die Arbeit mit dem nationalen Kriterienkatalog, Weimar und Berlin: Verlag das Netz, 2017.

Winner, Anna/Erndt-Doll, Elisabeth: Anfang gut? Alles besser! Ein Modell für die Eingewöhnung in Kinderkrippen und anderen Tageseinrichtungen für Kinder, 2. Auflage, Weimar und Berlin: Verlag das netz 2013.

7.7 Kinder im Schulalter

Die Klasse steckt gerade mitten im zweiten, größeren Blockpraktikum, das im Arbeitsfeld der offenen Ganztagsgrundschule (OGS) stattfindet.

Katharina, Studierende im zweiten Ausbildungsjahr, absolviert ihr Praktikum im offenen Ganztag der Albert-Schweitzer-Grundschule, die sich in einer kleinen Gemeinde vor den Toren einer Großstadt in NRW befindet. Hier sind die Strukturen eher dörflich. Die Jahrgänge werden 1- oder 2-zügig unterrichtet, insgesamt besuchen 141 Kinder die Grundschule, davon nehmen 90 Kinder das Ganztagsangebot in Anspruch.

In der OGS bestehen vier jahrgangsübergreifende Gruppen mit jeweils eigenem Gruppenraum. Katharina ist in die Gruppe der „Waschbären" eingeteilt. Hier sind eine Erzieherin und eine weitere Mitarbeiterin, die keine Ausbildung, dafür aber eigene erwachsene Kinder hat, für die Schulkinder zuständig.

Der Tag in der OGS beginnt für Katharina um 11.00 Uhr. Kurze Zeit später kommen schon die Erstklässler aus dem Unterricht in den Gruppenraum. Die Kinder dürfen noch eine halbe Stunde entweder in der Gruppe oder auf dem Schulhof spielen, bevor sie zum Mittagessen in den Essensraum gehen. Das Essen wird in mehreren „Schichten" eingenommen. Die Klassen kommen nacheinander je nach Unterrichtsschluss. Die Kinder der 4. Klasse sind in der Regel als Letzte an der Reihe, denn ihr Unterricht endet meist erst nach der 6. Stunde um 13.20 Uhr. Alle Kinder der Waschbärengruppe kommen um 13.45 Uhr zu einem Sitzkreis zusammen. Hier werden aktuelle Tagesereignisse besprochen oder auch Spiele gespielt. Nur in diesen 15 Minuten bis 14.00 Uhr sind wirklich alle Kinder der Gruppe gleichzeitig anwesend.

Um 14.00 Uhr beginnt für die Kinder des 3. und 4. Schuljahres die „Lernzeit", die eine Stunde dauert. Für die Kinder des 1. und 2. Schuljahres ist eine halbe Stunde „Lernzeit" verbindlich. Diese hat bereits nach deren Mittagessen stattgefunden, sodass die jüngeren Kinder im Anschluss an den Sitzkreis ins Freispiel entlassen werden. Die „Lernzeit" wird entweder von einer Lehrerin betreut oder von einer Mitarbeiterin des offenen Ganztags. In dieser Zeit erledigen die Kinder ihre „Hausaufgaben" oder arbeiten an ihrem Wochenplan. Leistungsstärkere Kinder können ergänzend herausfordernde Aufgaben erhalten.

Die Lernzeit findet im Klassenraum statt. Heute werden Aufgaben in Mathe, Deutsch und Sachkunde aufgegeben. Katharina wird gebeten, die Mitarbeiterin Frau Klein bei der Lernzeit im dritten Schuljahr zu unterstützen.

Frau Klein läuft oft im Raum hin und her, beantwortet die Fragen der Kinder oder schaut ihnen über die Schulter. Dabei kommentiert sie gern die Aufgaben oder weist auf Fehler hin. Diese Aufgaben müssen die Kinder dann neu machen, dabei erklärt Frau Klein den Kindern nicht Verstandenes auch noch einmal. Im Anschluss gibt sie einigen Kindern noch ein paar Matheaufgaben zum Üben, weil am nächsten Tag eine Mathearbeit geschrieben wird und die Kinder dafür üben wollen. Auch jetzt kommt es wieder zu größerer Unruhe bei den übrigen Kindern. Die Mitarbeiterin muss oft an die bestehende Regel erinnern und für Ruhe sorgen. Sobald ein Kind mit den Hausaufgaben fertig ist, kontrolliert Frau Klein diese auf Richtigkeit und Vollständigkeit. Dieses Kind darf sich dann noch Knobelaufgaben nehmen, Mandalas ausmalen oder lesen, bis die „Lernzeit" nach einer Stunde zu Ende ist.

Insgesamt wirkt die Situation auf Katharina eher chaotisch. Das hat auch damit zu tun, dass die Kinder, die bereits fertig sind, anfangen, sich zu unterhalten. Langsamere Kinder dagegen werden wegen dieser Störung mit den Hausaufgaben bis zum Ende der Lernzeit gar nicht fertig.

Katharina bekommt auch mit, wie sich eine Mutter beschwert. Die Klassenlehrerin hat ihr die Rückmeldung gegeben, ihr Sohn Jannik erledige die Hausaufgaben oftmals nur unvollständig und sei im Lesen und Schreiben hinter den anderen zurück. Abends solle sie sich mit ihm ab jetzt noch hinsetzen.

Schulkinder bei den Hausaufgaben

hen können. Viele Kinder des 3. und 4. Schuljahres sieht Katharina wirklich nur während des Sitzkreises, denn nach der Lernzeit geht ein großer Teil der Kinder nach Hause oder nimmt an einer AG teil. Darüber hinaus agieren die Grundschulkinder schon recht selbstständig und Katharina fragt sich besonders in den ersten Tagen ihres Praktikums, welche Aufgaben eine Erzieherin in diesem Arbeitsfeld eigentlich hat.

Sie beobachtet sehr viel und dabei fällt ihr Philipp auf. Er ist sechs Jahre alt und besucht die 1. Klasse. Philipp ist ein sehr aktives Kind. Er ist immer in Bewegung. Motorisch ist er sehr geschickt. Auf der anderen Seite interessiert sich Philipp aber überhaupt nicht für „ruhige" Beschäftigungen. Er hat überhaupt keine Ausdauer. Die Erzieherin berichtet Katharina, dass dies natürlich im Unterricht ein Problem sei.

Auch der Umgang mit den anderen Kindern in der Gruppe und in der Klasse gestaltet sich schwierig. Ein Zusammenspiel ist nur dann möglich, wenn die anderen Kinder genau das machen, was er möchte. Verweigern sich die anderen Kinder, wird er schnell wütend oder sogar handgreiflich. Zunehmend wollen ihn die anderen Kinder deshalb beim Spielen nicht dabeihaben. Das aber kann Philipp nicht vertragen. Oftmals stört er dann die Kinder oder ärgert sie sogar. Fordert die Erzieherin ihn auf, die Kinder in Ruhe zu lassen und sich mal einen Moment allein zu beschäftigen, gelingt auch das selten. Philipp ist kaum in der Lage, einer Beschäftigung alleine nachzugehen.

Katharina fragt sich, ob er wirklich schulfähig ist und warum er nicht „zurückgestellt" wurde.

Nach der Lernzeit ab 15.00 Uhr findet wieder Freispiel bzw. Freizeit in der Gruppe oder auf dem Schulhof statt. Es werden in der Zeit bis 16.00 Uhr aber auch eine Reihe von AGs angeboten, an denen die Kinder freiwillig teilnehmen können, z. B. Tennis-, Tanz-, Fußball-, Tischtennis-, Koch-, Garten-, Computer- und Kreativ-AG sowie die Youngster-Band. Eine Anmeldung ist aber für ein Schulhalbjahr verpflichtend. Die AGs werden von Honorarkräften durchgeführt. Das Angebot wird von den Kindern sehr gut angenommen.

Viele Kinder werden aber auch um 15.00 Uhr schon abgeholt oder gehen allein nach Hause. Der Tag in der OGS endet um 16.00 Uhr.

Katharina fällt auf, dass der Alltag sehr durchgeplant und strukturiert ist und hauptsächlich die jüngeren Kinder Zeit für freies Spiel haben oder sich auch mal ausru-

↘ FRAGEN

→ *Was erfahren Sie über den Tagesablauf in einer Ganztagsschule?*

→ *Welche Aufgaben ergeben sich daraus für die Erzieherin?*

→ *Konnten Sie schon eigene Praxiserfahrungen in diesem Arbeitsfeld sammeln? Wie war der Tag strukturiert?*

→ *Warum wirkt die beschriebene Hausaufgabensituation „chaotisch"?*

→ *Welche eigenen Empfindungen haben Sie, wenn Sie an das Thema „Hausaufgaben" denken?*

→ *Wie schätzen Sie Philipp ein? Ist er schulfähig?*

→ *An welchen Kriterien lässt sich Ihrer Meinung nach Schulfähigkeit festmachen?*

7.7.1 Schwerpunkte und Ziele in der Arbeit mit Schulkindern

In der Arbeit mit Schulkindern in der OGS oder im Hort ist es die vorrangige Aufgabe der Erzieherin, die Grundbedürfnisse der Kinder zu sichern. Das Kind soll sich wohlfühlen. Daher ist eine altersgerechte Raumgestaltung notwendig, die auch Möglichkeiten der Ruhe und des Rückzugs bietet. Gleichzeitig wird täglich ein abwechslungsreiches und gesundes Mittagessen bereitgestellt, das nach Möglichkeit mit anderen Kindern aus der Gruppe oder der Klasse gemeinsam eingenommen wird und damit ein wichtiges Gemeinschaftserlebnis darstellt. Daneben ist die Erzieherin Ansprechpartnerin für alles, was das Kind in Schule und Elternhaus bewegt.

Zu den weiteren Aufgaben gehören die besondere Förderung von Kindern mit besonderen Bedürfnissen (z.B. Sprachförderung, Deutsch als Zweitsprache, Mathematik und Naturwissenschaften, Fremdsprachen, Bewegungsförderung) einerseits und die besondere Förderung von überdurchschnittlich begabten Schülerinnen und Schülern durch spezielle Angebote andererseits *(vgl. BASS NRW Nr. 12-63 Nr. 2)*. Gleichzeitig sollen die Interessen der Schülerinnen und Schüler durch themenbezogene, klassen- und jahrgangsstufenübergreifende Aktivitäten, Arbeitsgemeinschaften und Projekte (z.B. Sport, Theater, Musik, naturwissenschaftliche Experimente) unterstützt werden. Erwünscht sind auch Projekte mit geschlechtsspezifischem und interkulturellem Hintergrund. Da eine Betreuung auch in den Ferien und an unterrichtsfreien Tagen gewährleistet ist, gehört zur Aufgabe der Erzieherin die Planung, Durchführung und Evaluation eines Ferienprogramms mit verschiedenen Ausflügen und Aktionen, am besten unter einem bestimmten Motto.

Zwischen der Bildungsaufgabe der Erzieherin und ihrer Erziehungsaufgabe besteht ein enger Zusammenhang. Kinder erwarten nicht nur ein umfangreiches Programmangebot, auch verbindliche Verhaltensregeln sind vonnöten. Dazu gehören z.B. Pünktlichkeit, Zuverlässigkeit, Ordnung usw. Die Erzieherin muss sich hier insbesondere ihrer Vorbildfunktion bewusst sein.

Der Übergang von der Kindertageseinrichtung in die Grundschule stellt für das Kind ein einschneidendes Ereignis dar, den Beginn eines neuen Lebensabschnitts. Von den Kindern wird zunehmende Selbstständigkeit erwartet, z.B. möglichst bald den Schulweg alleine zurückzulegen, längere Zeit stillzusitzen und konzentriert mitarbeiten zu können, sich Hausaufgaben zu merken und diese selbstständig zu erledigen. Zwar werden die meisten Kinder von ihrer Familie oder der Kindertageseinrichtung vorbereitet, dennoch kommt es häufig, besonders am Anfang, zu Umstellungsschwierigkeiten. Hier muss die Erzieherin unterstützend tätig werden, u.a. durch Zuwendung und Zuhören. Um verbessert Hilfestellung leisten zu können, muss sich die Erzieherin intensiv mit den entwicklungspsychologischen Grundlagen und Aufgabenstellungen des Schulkindalters auseinandersetzen (siehe Band 1, Lernfeld 3, Kap. 2.2).

Entwicklungspsychologische Kenntnisse sind auch bei der Planung von Projekten und Aktivitäten, die durchgeführt werden sollen, notwendig. Denn hier stellt sich die Frage: Wofür interessieren sich Grundschulkinder besonders? Was macht ihnen Spaß und was macht ihnen weniger Freude? Die Freizeitgestaltung erschöpft sich jedoch nicht in der Durchführung von sogenannten „gelenkten" Spielangeboten. Aufgabe der Erzieherin im Schulkindbereich ist ebenso wie in der Vorschulpädagogik die Begleitung des freien Spiels bzw. der Freizeit (siehe Band 2, Lernfeld 4, Kap. 6.3). Die Erzieherin sorgt für die Bereitstellung günstiger Rahmenbedingungen, z.B. eine sinnvolle Raumgestaltung und altersgemäße Spielmaterialien. Sie beobachtet und hält sich bereit, um dort unterstützend einzugreifen, wo die Kinder dies wünschen oder eine mögliche Gefahrensituation dies erfordert.

Erzieherin mit Schulkindern

Das Schulkind lernt durch den zunehmenden Umgang sowohl mit erwachsenen Bezugspersonen wie Lehrerinnen und Erzieherinnen als auch mit ungefähr gleichaltrigen Kindern seine eigene Persönlichkeit kennen. Es muss seine eigenen Bedürfnisse gegenüber denen anderer abgrenzen, ein eigenes Selbstbewusstsein entwickeln, eine eigene Meinung äußern, Einfälle und Ideen hervorbringen und durchsetzen, Konflikte lösen, Konzentration und Ausdauer beweisen, Kraft und Geschicklichkeit erproben sowie seinen eigenen Körper und seine Geschlechterrolle kennenlernen.

Im Schulkindalter nimmt die vorrangige Orientierung an den Eltern und der Familie ab. Die „peergroup", also die Gruppe der Gleichaltrigen, tritt stärker in den Vordergrund. Dadurch eröffnen sich viele neue Spiel- und Erfahrungsmöglichkeiten, gleichzeitig treffen jedoch oftmals unterschiedliche Meinungen aufeinander. Missverständnisse müssen ausgeräumt und die eigene Ansicht deutlicher artikuliert werden. Es müssen nachvollziehbare Argumente und gerechte Kompromisse gefunden werden. Auf diese Weise werden auch Kommunikationsstrukturen erlernt, Kritikfähigkeit und Toleranz entwickelt und ein Gemeinschaftsgefühl gefördert. Zum Aufbau dieser Kernkompetenzen benötigt das Kind die Unterstützung der Erzieherin. Darüber hinaus hat die Erzieherin wie in anderen Arbeitsfeldern auch Elternarbeit zu leisten. Dazu gehören Gespräche, Elternabende und auch Unterstützungsangebote, z. B. zu Erziehungsfragen.

7.7.2   Schulfähigkeit – was ist das?

Kinder entwickeln sich unterschiedlich. Ein Kind ist beispielsweise schon sehr weit in der Fähigkeit, sich zu konzentrieren, ein anderes kann gut turnen, malen oder schneiden. Vor dem Schulantritt wird daher bei verschiedenen Gelegenheiten ermittelt, ob das Kind schulfähig wirkt, z. B. bei der Anmeldung, dem Kennenlerntag und der schulärztlichen Untersuchung.

Mit Schulfähigkeit ist kein genau bestimmbarer Entwicklungsstand des einzelnen Kindes gemeint. Denn das Kind muss als Gesamtpersönlichkeit betrachtet und seine individuellen Voraussetzungen und Vorerfahrungen miteinbezogen werden. Bestehen Bedenken an der Schulfähigkeit, dann ist der Gesamteindruck des Lernanfängers dafür entscheidend, nicht das unzureichende Vorhandensein einzelner Fähigkeiten.

Betrachtet wird zum einen die **körperliche Entwicklung** des Kindes. Damit sind alle grobmotorischen und feinmotorischen Fähigkeiten des Kindes gemeint sowie Auffälligkeiten des Körperstatus, wie beispielsweise eine stark vom Durchschnitt abweichende Körpergröße, ein stark vom Durchschnitt abweichendes Körpergewicht oder Beeinträchtigungen in der Seh- und Hörfähigkeit.

Auch die **sozialemotionalen Fähigkeiten** des Kindes werden angeschaut. Hierzu gehören Aspekte wie Kontaktfähigkeit, Kooperationsbereitschaft und Konfliktverhalten. Weiterhin wird beleuchtet, ob das Kind Gefühle wie Staunen, Überraschung, Mitleid usw. zeigen kann und wie es mit der eigenen Angst umgeht. Auch das Arbeitsverhalten des Kindes ist von großer Bedeutung, dazu gehören Selbstständigkeit, Ausdauer, Konzentrationsfähigkeit und Lernbereitschaft.

Geprüft wird zudem die **kognitive Entwicklung** des Kindes, wie z. B. seine Merkfähigkeit, sein Aufgabenverständnis, Lern- und Spielverhalten, seine Sprechfähigkeit, sein Zahlenverständnis und seine Mengenauffassung. Diese Aspekte werden in den Schulfähigkeitsprofilen noch genauer differenziert.

Dieses Verständnis von Schulfähigkeit hat sich erst in den vergangenen Jahren entwickelt. Noch in den 1970er-Jahren waren mit Schulfähigkeit einseitig kognitive Fähigkeiten verknüpft. Als Konsequenz daraus wurde die Arbeit mit Vorschulmappen eingeführt. Es zeigte

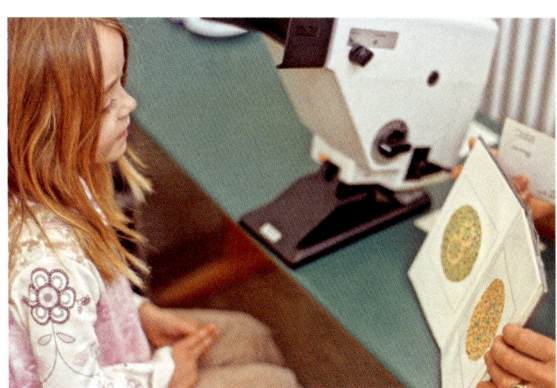

Kind bei der Schuleingangsuntersuchung

sich aber schnell, dass sich die mit den kognitiven Trainings verbundenen Erwartungen nicht erfüllt haben.

Mit der Zeit haben vor allem sogenannte soziale und motivationale Faktoren – „Schulbereitschaft" umschrieben – zusätzlich an Bedeutung gewonnen.

Seit den 1980er-Jahren ist ein sehr komplexes Verständnis von Schulfähigkeit vorherrschend. Dabei werden die Gesamtpersönlichkeit des Kindes und zusätzlich sein Umfeld betrachtet. Weiß die Lehrerin oder die Erzieherin, in welchem familiären Umfeld das Kind bisher aufgewachsen ist, kennt sie z. B. Wohnverhältnisse, finanzielle Situation, Erziehungsstil, Wertvorstellungen, Geschwisteranzahl usw., dann betrachtet sie neben dem individuellen Entwicklungsstand immer auch die jeweilige Lebenssituation des Kindes. Dadurch kann sie für jedes einzelne Kind pädagogische Maßnahmen und Hilfen entwickeln, die gerade während der Schulanfangsphase unverzichtbar sind.

Das Schulministerium in NRW nennt in der Handreichung „Erfolgreich starten!" als Kriterien für die Schulfähigkeit folgende Aspekte

Grob-motorik	Fein-motorik	Wahrnehmung	Umgang mit Aufgaben	Soziale Kompetenz	Sprache	Mathematik
– sich selbstständig an- und ausziehen – Treppen sicher steigen – Roller und Rad fahren – einen Ball fangen	– einen Stift halten und damit malen – einfache Formen ausschneiden – kleine Gegenstände sicher greifen	– Formen und Farben unterscheiden – Gegenstände nach Merkmalen ordnen – Raumlagen unterscheiden (rechts, links, oben, unten, vorne, hinten) – seine Kraft im Spiel mit anderen einschätzen	– sich auf vorgegebene Spiele einlassen – durch Rückschläge nicht sofort entmutigt sein	– die Befindlichkeit anderer wahrnehmen und darauf reagieren – Regeln einhalten – Kompromisse eingehen – Konflikte gewaltfrei lösen – Kritik und Enttäuschung ertragen – die Ablehnung von Wünschen ertragen – sich eine Zeit alleine beschäftigen	– deutliches Sprechen in ganzen Sätzen – zuhören – Interesse im Umgang mit Büchern – einzelne Laute am Wortanfang heraushören – Formen wiedergeben – „Kritzelbriefe" schreiben	– Zahlenmengen bis 5 erfassen – vergleichen (größer, kleiner) – ordnen (Farbe, Form, Größe) – sich im Raum orientieren (rechts – links …)

(Ministerium für Schule und Weiterbildung des Landes Nordrhein-Westfalen (Hrsg.),Frechen 2006):

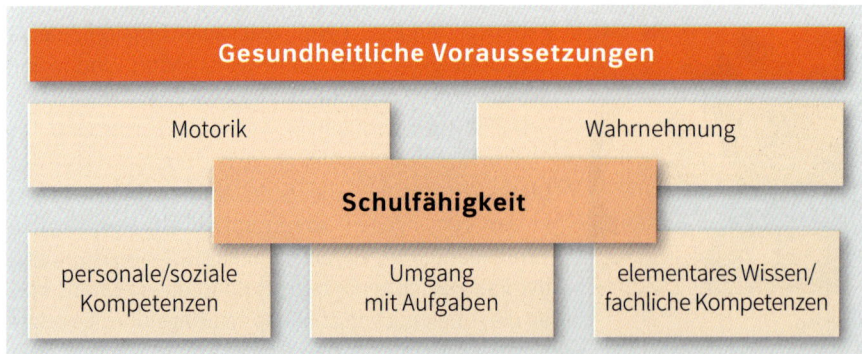

Übersicht über die Kompetenzbereiche

7.7.3   Förderung von Schulfähigkeit

Zu einem gelingenden Übergang in die Grundschule tragen sogenannte **Vorläuferfähigkeiten** zum Erlernen des Lesens und Schreibens – wie beispielsweise die phonologische Bewusstheit – bei. Darüber hinaus können auch **mathematisches Vorwissen** und **Übergangsbewältigungsfähigkeiten** beim Übergang helfen.

Phonologische Bewusstheit
Unter phonologischer Bewusstheit versteht man die Fähigkeit, die formalen Eigenschaften der gesprochenen Sprache zu erkennen, z. B. den Klang der Wörter beim Reimen, Wörter als Teile von Sätzen zu erkennen, Silben als Teile von Wörtern und Laute als Teile von Silben. Sie entwickelt sich in der Regel spontan, d. h. ohne Anleitung schon im Vorschulalter.

In einem engeren Sinn versteht man unter phonologischer Bewusstheit den bewussten Umgang mit den kleinsten Einheiten der gesprochenen Sprache, den Phonemen (Lauten). Diese Fähigkeit, Anlaute zu erkennen und aus Lauten ein Wort zu bilden, entwickelt sich üblicherweise erst unter Anleitung im Zusammenhang mit dem Schriftspracherwerb.

Diverse Studien haben gezeigt, dass die phonologische Bewusstheit bereits im Vorschulalter gefördert werden kann und die beteiligten Kinder bis zum Ende der Grundschulzeit im Lesen und (Recht-)Schreiben denjenigen Kindern überlegen waren, die nicht gefördert worden waren. Auch sogenannte „Risikokinder“, d. h. Kinder, die gefährdet sind, später Lese- und Rechtschreibprobleme zu entwickeln, konnten mit Trainingsprogrammen so weit gefördert werden, dass sie sich nach drei Schuljahren in ihren Fähigkeiten nicht mehr von ihren Altersgenossen unterschieden. Der bekannteste Test zum Erfassen der phonologischen Bewusstheit ist das Bielefelder Screening *(BISC, vgl. Jansen/Mannhaupt/Marx/Skowronek, 2002).*

Als sehr erfolgreich in der Förderung der phonologischen Bewusstheit hat sich das unter der Leitung von Wolfgang Schneider entwickelte „Würzburger Trainingsprogramm zur phonologischen Bewusstheit“ erwiesen. Das Gruppentraining „Hören, lauschen, ler-

nen“ dieses Würzburger Trainingsprogramms besteht aus insgesamt 57 Sprachspielen zu sechs inhaltlich aufeinander aufbauenden Übungseinheiten:
1) Lauschspiele
2) Reime
3) Sätze und Wörter
4) Silben
5) Anlaute
6) Phoneme (Laute)

Das Trainingsprogramm wird im letzten Kindergartenhalbjahr von Erzieherinnen durchgeführt. Es erstreckt sich über insgesamt 20 Wochen mit täglichen etwa zehnminütigen Sitzungen *(vgl. Küspert/Schneider, 2018).*

Mathematisches Vorwissen
Das mathematische Gegenstück zur phonologischen Bewusstheit ist das mengen- und zahlenbezogene Vorwissen. Es geht hierbei neben dem Zählen und der Zahlenkenntnis auch um das Ordnen (z. B. von dick nach dünn) und das Klassifizieren von Gegenständen nach bestimmten Merkmalen (z. B. was kann fliegen?) sowie um das Vergleichen (z. B. größer–kleiner, dicker–dünner). Auch hier können vorschulische Fähigkeiten den Schulerfolg vorhersagen.

Ein Verfahren zur Erfassung des mengen- und zahlenbezogenen Vorwissens ist der Osnabrücker Test zur Zahlbegriffsentwicklung, der für Kinder von fünf bis 7,5 Jahren entwickelt wurde. Ziel dieses Tests ist es, diejenigen Kinder herauszufinden, bei denen die Zahlbegriffsentwicklung verzögert ist, um sie entsprechend fördern zu können *(vgl. van Luit/van de Rijt/Hasemann, 2001).*

Übergangsbewältigungsstrategien
Zur Schulfähigkeit gehört aber auch, dass die Erzieherin dem Kind Übergangsbewältigungsstrategien vermittelt. Das bedeutet, dass sie das Kind soweit stärken muss, dass es selbstbewusst genug ist, auch schwierige Situationen zu meistern und sich nicht „unterkriegen“ zu lassen. Was Kinder bei Übergängen stärkt, wird unter dem Begriff **Resilienz** zusammengefasst.

Rolle der Erzieherin

Es ist nicht die Aufgabe der Erzieherin, den Kindern im vorschulischen Bereich lesen, schreiben und rechnen beizubringen. Das gehört in den Bereich der Schule. Die Erzieherin sollte jedoch das Interesse der Kinder am Sprechen und Singen, an Zahlen und Mengen wecken und aufrechterhalten, damit sie in ihrem Alltag wertvolle Vorläuferfähigkeiten erwerben können und Trainingsprogramme erst gar nicht notwendig werden.

Fingerspiele, Singspiele und Abzählverse fördern den Erwerb auf spielerische Weise im Alltag der Kinder. Auch mit einer Reihe anderer Spiele kann die phonologische Bewusstheit gefördert werden, beispielsweise mit einem Anlaut-Memory, einem Silbendomino der Reimlotto. Die Erzieherin kann Rollenspiele anregen (z. B. Einkaufen gehen) und Kritzelbriefe schreiben lassen (z. B. Einkaufszettel). Bei dem Rollenspiel könnte die Erzieherin gleichzeitig auch die „mathematische Brille" aufsetzen und die Kinder über den Preis von Waren nachdenken und ihn aufschreiben lassen. Mit einer Kasse im Kaufmannsladen kann der Preis von mehreren Waren ermittelt und Spielgeld abgezählt übergeben werden.

Grundsätzlich sollte die Erzieherin den Umgang mit Zahlen und Mengen immer wieder in den Alltag einbinden, Gelegenheiten dafür gibt es zahlreiche: z. B. Zuordnungen beim Tischdecken oder beim Aufstellen der Stühle für den Gesprächskreis usw. Gleichzeitig muss sie auch die anderen Kompetenzbereiche im Blick behalten, denn die Kinder sollen nicht nur kognitiv, sondern ganzheitlich auf die Schule vorbereitet werden. Bewegungsangebote, Wahrnehmungsspiele, auch naturwissenschaftliches Lernen gehören selbstverständlich zur Schulvorbereitung dazu.

Das bedeutet aber auch, dass eine sinnvolle Schulvorbereitung nicht erst im letzten Jahr vor der Schule beginnen darf, sondern schon vom ersten Tag an in der Kindertageseinrichtung stattfinden sollte.

7.7.4 Flexible Schuleingangsphase

Seit den 1990er-Jahren gibt es in allen Bundesländern (Ausnahme: Saarland; NRW seit 2005/2006, Bayern seit 2010/2011) ein „neues" Modell des Schulanfangs, das die unterschiedlichen Lernvoraussetzungen der Schulanfänger berücksichtigt: die flexible Schuleingangsphase.

Ziel ist, den immer größer werdenden Unterschied in Vorwissen, Begabung und Entwicklungsstand der Grundschüler auszugleichen und somit Unter- oder auch Überforderung zu vermeiden. Außerdem sollte der wachsende Trend, dass immer mehr Eltern ihre Kinder von der Schule zurückstellen lassen, unterbunden werden. Die flexible Schuleingangsphase war deshalb eine der zentralen Empfehlungen der Kultusministerkonferenz für Schulreformen nach PISA.

Bis dahin wurden alleine in Nordrhein-Westfalen jährlich ca. 11 000 Kinder vom Schulbesuch zurückgestellt. Als noch nicht schulfähig geltend, wechselten die Kinder vom Kindergarten in einen sogenannten Schulkindergarten, um hier die Schulreife zu erlangen. Viele der als noch nicht schulreif eingeschätzten Kinder erlebten die Rückstellung vom Grundschulbesuch als Abwertung.

Mit der Einführung der flexiblen Schuleingangsphase wurden die Schulkindergärten in NRW abgeschafft. Nur noch aus medizinischen Gründen dürfen heutzutage Kinder vom Schulbesuch zurückgestellt werden (in NRW; in anderen Bundesländern gibt es Rückstellungen zum Teil noch). Dafür sollen die Kinder stärker individuell gefördert werden. Dazu bieten viele Schulen die Klassen 1 und 2 im jahrgangsübergreifenden Unterricht an. Das hat den Vorteil, dass die Kinder in der Schuleingangsphase in einer festen Gruppe zusammenbleiben. Weder überspringen sie einzeln eine Klasse, wenn sie besonders schnell lernen, noch bleiben sie alleine sitzen, wenn ihr Lerntempo langsamer ist. Die Schuleingangsphase wird also je nach persönlichem Entwicklungsstand und Lerntempo in mindestens einem und in maximal drei Jahren durchlaufen. Sozialpädagogen sollen die Lehrkräfte bei der individuellen Förderung und Binnendifferenzierung unterstützen. Auch die Klassen 3 und 4 können jahrgangsübergreifend unterrichtet werden.

Die neue Schuleingangsstufe verfolgt somit drei Zielsetzungen:
* „bildungspolitisch
  Reduktion der Zurückstellungen, Einschulung jüngerer Kinder und dadurch Senkung des durchschnittlichen Einschulungsalters

- schulorganisatorisch:
  Ausrichtung der Einschulung an den individuell unterschiedlichen Lernvoraussetzungen und Maßnahmen zum Chancenausgleich ohne Selektion und
- pädagogisch-didaktisch:
  durch die Jahrgangsmischung unumgänglich ge-

machte, der Heterogenität angepasste differenzierte und individualisierte Gestaltung des Anfangsunterrichts sowie Zusammenarbeit der Lehrpersonen in einem Team mit unterschiedlichen Kompetenzen". *(vgl. Faust, o. J., S. 6).*

7.7.5 Hausaufgabenbetreuung in der offenen Ganztagsschule oder im Hort

Die Hausaufgabenbetreuung zu leisten ist eine wichtige Aufgabe der pädagogischen Fachkräfte in der offenen Ganztagsschule (OGS) oder im Hort. In der OGS hat sich der Begriff „Lernzeit" statt „Hausaufgabenzeit" mittlerweile an vielen Schulen etabliert.

Kinder, die das offene Ganztagsangebot bzw. den Hort nicht nutzen, machen ihre Hausaufgaben nach wie vor zu Hause. Am Thema „Hausaufgaben" entzünden sich also weiterhin Konflikte. Dies liegt insbesondere daran, dass Kinder, Eltern, Lehrer und pädagogisch Tätige oft unterschiedliche Ansichten dazu haben.

Kinder haben in den meisten Fällen „keine Lust" auf Hausaufgaben. Diese werden als lästig und die Freizeit einschränkend empfunden. Viele Kinder sind der Meinung, die Hausaufgaben seien zu umfangreich oder zu schwierig. Sie wollen lieber spielen.

Eltern wissen um die Bedeutung des Schulerfolgs für den weiteren Lebensweg ihrer Kinder. Sie üben nicht selten Druck auf ihre Kinder aus, die Hausaufgaben pünktlich und gewissenhaft anzufertigen. Eltern von Grundschulkindern kontrollieren daher oftmals das Ergebnis und wünschen in der Regel die vollständige, richtige und saubere Bearbeitung der Aufgaben. Weil die Eltern berufstätig sind, fordern sie von den pädagogischen Fachkräften, dass sie stellvertretend diese „Kontrollfunktion" übernehmen und dafür sorgen, dass die Hausaufgaben vollständig erledigt werden, bevor die Kinder nach Hause kommen.

Lehrer orientieren sich bei der Vergabe von Hausaufgaben an den jeweiligen Schulordnungen und Richtlinien. Sie beabsichtigen mit der Erteilung von Haus-

aufgaben einen Lernzuwachs ihrer Schülerinnen und Schüler oder die Einübung bestimmter Aufgaben. Auch die Lehrer fordern die vollständige und gewissenhafte Erledigung aller Aufgaben. Gerade Grundschullehrer wünschen aber auch eine Rückmeldung darüber, ob die Kinder die Aufgaben verstanden haben oder zu viel aufgegeben wurde. In einem solchen Fall dürfen die Hausaufgaben auch mal unvollständig bleiben.

Erzieherinnen, die Hausaufgabenbetreuung leisten, tragen die Verantwortung, alle diese Ansichten möglichst „unter einen Hut" zu bringen. Oft muss den Eltern vermittelt werden, dass es sich bei der Hausaufgabenbetreuung um kein Nachhilfestudio handelt. Gerade Grundschulkindern muss am Nachmittag ein Ausgleich zum Unterricht in Form von verschiedenen Freizeitangeboten oder freiem Spiel ermöglicht werden. Eine gute Kooperation mit Elternhaus und Lehrkräften ist unumgänglich, scheitert aber oft daran, dass für gemeinsame Besprechungen keine Anrechnungs- bzw. Verfügungsstunden vorgesehen sind.

Warum überhaupt Hausaufgaben?
Aufgrund der eben genannten Schwierigkeiten ist es durchaus berechtigt, nach dem Sinn von Hausaufgaben zu fragen. Einige Lehrerinnen und Lehrer geben nicht mehr täglich Hausaufgaben auf, sondern arbeiten mit sogenannten Wochenplänen. Ziel des Wochenplanunterrichts ist es, das selbstständige und selbst gesteuerte Lernen zu unterstützen. Je nach Kenntnis- und Entwicklungsstand der einzelnen Schüler können die Anteile der Wahl- und Pflichtaufgaben im Wochenplan variieren. Dies soll zu einer größeren Motivation der Kinder führen. Hausaufgaben - ob täglich aufge-

geben oder im Rahmen eines Wochenplans - bleiben aber fester Bestandteil des Schulunterrichts, weil sie

- der Übung des Gelernten dienen. Mit Hausaufgaben soll erprobt werden, ob das Wissen „sitzt", sie können als Nachbereitung betrachtet werden. Das im Unterricht Behandelte wird vertieft.
- die Möglichkeit bieten, das Gelernte anzuwenden. Es soll nun auch auf unbekannte, neue Situationen übertragen werden.
- auf die kommende Unterrichtsstunde vorbereiten, wenn z. B. ein hinführender Text gelesen werden soll. Das ermöglicht, dass der Unterricht interessant durchgeführt werden kann, denn alle Schüler befinden sich dann auf einem ähnlichen Kenntnisstand.
- von den Schülerinnen und Schülern selbstständiges Arbeiten sowie Disziplin und Verantwortung fordern.
- die unterschiedlichen Lernfortschritte der Kinder im Unterricht ausgleichen können. Kindern, die im Unterricht konzentriert und zügig gearbeitet haben, verbleiben weniger Aufgaben als solchen, die „getrödelt" haben. Zu beachten ist dabei aber immer, dass sich lernschwache Kinder nicht „bestraft" fühlen.
- die Kinder zu Fleiß, Pflichterfüllung, Ausdauer erziehen,
- den Schülerinnen und Schülern das Lernen lehren.

Es kann festgehalten werden, dass Hausaufgaben trotz der genannten Problematik ihre Berechtigung haben. Allerdings sind sie nur dann sinnvoll, wenn die Hausaufgabenzeit für alle Beteiligten zufriedenstellend gestaltet werden kann.

Zum Umfang von Hausaufgaben

„Hausaufgaben sollen so bemessen sein, dass sie, bezogen auf den einzelnen Tag, in folgenden Arbeitszeiten erledigt werden können:

- für die Klassen 1 und 2 in 30 Minuten,
- für die Klassen 3 und 4 in 60 Minuten,
- für die Klassen 5 und 6 in 90 Minuten,
- für die Klassen 7 bis 10 in 120 Minuten."
(BASS NRW 12-31 Nr. 1)

Sinn, Ausmaß und Verteilung von Hausaufgaben sollen mit den Schülerinnen und Schülern und in den Sitzungen der Klassen- und Jahrgangsstufenpflegschaften sowie in Einzelberatungen mit den Eltern erörtert werden. Zwischen den einzelnen Lehrkräften einer Klasse hat die Klassenleitung die Aufgabe, einen Ausgleich herbeizuführen, wenn es im Einzelfall zu einer Häufung von Hausaufgaben und damit zu einer zeitlichen Überforderung der Schülerinnen und Schüler kommt.

In Ganztagsschulen der Primarstufe und der Sekundarstufe I entscheidet das von der Schulkonferenz beschlossene Ganztagskonzept auch über die Zeiten zur Erledigung der Hausaufgaben innerhalb des Tagesablaufes. Das schließt Vorgaben zur Gestaltung und zum zeitlichen Umfang von Phasen selbstständigen Lernens in der Schule und zu Hause ein. *(vgl. BASS NRW 12-31 Nr. 1)*

Die Rolle der Erzieherin bei der Hausaufgabenbetreuung

Erzieherinnen haben zunächst einmal die Aufgabe, den Kindern die grundsätzliche Notwendigkeit von Hausaufgaben deutlich zu machen. Hier sind also gute Argumente gefragt. Ein Argument könnte sein: Hausaufgaben sind dafür da, das Lernen zu lernen.

Erzieherin berät bei den Hausaufgaben

Kinder sind motivierter, wenn sie Selbstständigkeit und Eigenverantwortung zeigen können. Hausaufgaben müssen deshalb nicht ständig kontrolliert werden und die Erzieherin muss hier Vertrauen in die Kinder zeigen. Am sinnvollsten ist es, wenn sie sich einen festen Sitzplatz sucht und die Kinder sie bei Problemen ansprechen können.

Ganz wichtig ist es, Lösungen nicht einfach vorzugeben, sondern die Kinder zu eigenem Denken und Handeln anzuregen, ihnen Hilfe zur Selbsthilfe zu geben. So kann die Erzieherin bei Fragen die Benutzung von Lexika oder anderen Hilfsmitteln vorschlagen oder auf das Internet verweisen sowie alle Kinder zur gegenseitigen Hilfestellung ermutigen.

Fertiggestellte Hausaufgaben sollten grundsätzlich mit Wertschätzung bedacht werden, auch wenn sie als selbstverständlich gelten. Wenn die Erzieherin feststellt, dass die Hausaufgaben von den oben genannten Zielen abweichen, kann Sinn und Zweck hinterfragt und mit der zuständigen Lehrerin oder dem zuständigen Lehrer Rücksprache aufgenommen werden. Falls das nicht möglich ist, kann eine Notiz für die Lehrkraft geschrieben und den Kindern die Aufgabe erlassen werden.

Wie die Hausaufgaben am besten erledigt werden, muss jedes Kind für sich selbst herausfinden. Trotz-

dem kann die Erzieherin eine Reihenfolge vorschlagen, deren Befolgung sich als hilfreich erweisen kann:

1. Mit dem Lieblingsfach beginnen. So motivieren erste Erfolgserlebnisse für weitere Aufgaben.
2. Anschließend kommen Aufgaben, die besondere Konzentration und Problemlösungsdenken erfordern.
3. Der Schlussphase sollten dann Routineaufgaben vorbehalten sein (etwas nachlesen oder abheften), denn die Konzentrationsfähigkeit lässt mit der Zeit nach.

Hausaufgaben sollten zwar zügig erledigt werden, wichtig sind aber auch kurze Pausen. Diese Pausenzeiten sollten vorab verabredet werden: z. B. nach etwa 30 Minuten konzentrierter Arbeit folgen fünf Minuten Pause. In dieser Pause kann die Erzieherin ein kurzes Bewegungsspiel durchführen. Wichtig ist auch, die Hausaufgabenzeit auf ein annehmbares Maß zu beschränken. Dies muss die Erzieherin auch den Eltern gegenüber vertreten.

Wünschenswert ist darüber hinaus eine gute Zusammenarbeit und ein Austausch mit den Lehrkräften. Die Erzieherin sollte sich um Hospitationen in den Klassen der Kinder bemühen, um das Vorgehen der Lehrerinnen und Lehrer kennenzulernen und die Kinder entsprechend unterstützen zu können.

7.7.6   Die Freizeit mit Schulkindern gestalten

Der Begriff Freizeit wird meist als Gegensatz zur Arbeit aufgefasst und bezeichnet die Zeit, die dem Berufstätigen außerhalb seiner Arbeitszeit zur Verfügung steht. Diese Zeitspanne lässt sich nochmals unterteilen in die Zeit, die mit existenzerhaltenden Maßnahmen wie Essen, Schlafen, Körperpflege usw. ausgefüllt ist, und in die Zeit, die frei eingeteilt und gestaltet werden kann.

Eine ähnliche Definition von Freizeit lässt sich auch auf Schulkinder und Jugendliche übertragen, wenn man die Schule mit einem Beruf gleichsetzt. Nach Schule, Mittagessen und Hausaufgaben bleiben den Schulkindern noch etwa drei bis fünf Stunden Freizeit pro Tag, die meist nach 15.00 Uhr stattfindet. Das Leben der Kinder ist also zum größten Teil verplant. Eine im Schulkindbereich tätige Erzieherin sollte daher den Kindern immer auch die Möglich-

keit geben, einfach „nichts" zu tun und sich nur auszuruhen.

Generelles Ziel ist, nicht über die Kinder hinweg zu bestimmen, sondern ihnen verschiedene Möglichkeiten der Freizeitgestaltung anzubieten, aus denen sie auswählen können:
1. Geplante Freizeitangebote und -projekte: z. B. ein Ausflug ins Museum oder ein Projekt zum Thema: „Wir schreiben und gestalten ein eigenes (Bilder-)Buch."
2. Vorhandene Spielangebote nutzen: z. B. Kicker, Tischtennis, Gesellschaftsspiele, Computerspiele.
3. Freispiel: tatsächlich frei verfügbare Zeit, die man in der Bauecke oder in der Kuschelecke verbringen kann, in der man Musik hören oder ein Buch lesen kann usw.

Bei Ausflügen und Projekten ist es grundsätzlich wichtig, die Kinder in die Planung aktiv mit einzubeziehen,

z. B. bei der Auswahl des Zielortes, bei der Besorgung von Eintrittskarten, beim Erfragen von Öffnungszeiten usw. (Querschnittaufgabe: Partizipation).

Mit den in der Einrichtung vorhandenen Spielangeboten können Kinder sich selbst beschäftigen – mit oder ohne Aufforderung. Diese Angebote fördern ihre motorische Entwicklung und ihr Sozialverhalten. Außerdem werden Kinder sich dabei ihrer eigenen Interessen und Bedürfnisse bewusst.

Schulkindern stehen in den sie betreuenden Einrichtungen die verschiedensten Materialien und viele verschiedene Spielpartner zur Verfügung. Damit wird ihnen eine große Bandbreite an sinnvoller und attraktiver Freizeitgestaltung angeboten.

Eine sinnvolle und attraktive Freizeitgestaltung wird angeboten

Entwicklungsgerechte Planung von Freizeitangeboten

Die Betrachtung der psychoanalytischen Entwicklung nach Erik H. Erikson, gibt wichtige Hinweise in Bezug auf die entwicklungsgerechte und an den Bedürfnissen orientierte Planung von Freizeitprojekten.

Herangezogen wird hierfür das vierte Stadium des von Erikson entwickelten Stufenmodells der psychosozialen Entwicklung, die Entwicklungsphase **„Werksinn gegen Minderwertigkeitsgefühl",** die im Schulalter (6. bis ca. 13. Lebensjahr) vorherrschend und daher wichtig für die Planung von Freizeitprojekten mit Schulkindern ist.

Das vierte Entwicklungsstadium bezeichnet Erikson mit dem Selbstgefühl „Ich bin, was ich lerne". Es ist gekennzeichnet durch den Tatendrang der Kinder.

Mit Werksinn ist dabei das Gefühl der Kinder gemeint, „auch nützlich zu sein, etwas machen zu können und es sogar gut und vollkommen zu machen" *(Erikson, 1973).* Die Kinder möchten Dinge produzieren und entwickeln dabei Ehrgeiz und Fleiß. Damit beweisen sie ihrer Umwelt, dass sie schon fast erwachsen sind, und verschaffen sich so Anerkennung.

Gleichzeitig streben die Kinder auch danach, ihr Werk zu vollenden. Erikson nennt daher als ersten Teil der psychosozialen Modalität (Modalität = Art und Weise des Seins, Denkens) in dieser Phase, die Aufgabe „etwas Richtiges", von Erwachsenen Anerkanntes zu tun. Gemeint ist damit die Entwicklungsaufgabe, die dem Kind in dieser Phase abverlangt wird.

Kinder in dieser Entwicklungsstufe zeigen großes Interesse an Gegenständen aus der „realen" Welt, suchen sich nützliche Beschäftigungen und wollen nicht mehr „nur spielen". Schulkinder fügen sich gerne einer „milden, aber festen Disziplin" und erlernen bevorzugt Dinge, auf die sie von allein nicht gekommen wären. Dies vermittelt ihnen das Gefühl, an der realen Welt der Erwachsenen teilzunehmen und sich aktiv in sie einzufügen.

Die Lehrerin bzw. Erzieherin hat daher die Aufgabe, Spiel und Arbeit sinnvoll abzuwechseln. Schulkinder möchten außerdem nicht allein, sondern „mit anderen zusammen tätig sein". Dies nennt Erikson den zweiten Teil der psychosozialen Modalität dieser Entwicklungsphase.

Bekommen die Kinder nicht die Gelegenheit, sich nützlich zu machen oder produktiv tätig zu sein bzw. erfahren sie keine Anerkennung, werden ihre Leistungen nicht zur Kenntnis genommen, nur getadelt statt gelobt oder als unbedeutend abgetan, werden sie sich unzufrieden und minderwertig fühlen.

Das Gefühl von Minderwertigkeit und Schwäche bildet sich aber auch aus, wenn der Werksinn überbeansprucht wird. Stellen die Eltern oder die Erzieherin zu hohe Ansprüche an die Kinder und überfordern sie damit, so scheitern sie in dieser Phase.

Erik Erikson misst dem naturwissenschaftlichen Unterricht eine große Bedeutung bei. Dieser kommt dem Erkundungsdrang der Kinder sehr entgegen und trägt zur aktiven Erschließung der Lebenswirklichkeit bei. Er ermöglicht die Betrachtung sowie eine experimentelle Erprobung von Alltagsphänomenen und gibt den Kindern damit das Gefühl, an der realen Erwachsenenwelt teilzunehmen.

Nach Eriksons Erkenntnissen sind Kinder vor allem in der Kindergarten- und Grundschulzeit besonders sensibel und aufgeschlossen für naturwissenschaftlichen Unterricht. Dieser wird allerdings, basierend auf der Kognitionsforschung Piagets (siehe Band 1, Lernfeld 3, Kap 5.4), frühestens ab Klasse 5 in den Schulen als eigenständiges Fach (Physik, Chemie, Biologie) unterrichtet. Nach Erikson bietet dieser späte Zeitpunkt einen entscheidenden Nachteil: Weil bei vielen Kindern schon ab zwölf Jahren die Pubertät einsetzt, gilt das Interesse der Jugendlichen in dieser Phase mehr der Identitätsfindung beziehungsweise der Festigung der Ich-Identität und weniger den schulischen Aktivitäten (Beginn der Entwicklungsphase **„Identität gegenüber Identitätsdiffusion"**). Deshalb gestaltet es sich für Lehrer schwieriger, bei Jugendlichen in dieser Phase Interesse an Naturwissenschaften zuwecken.

Eine mit Schulkindern tätige Erzieherin könnte hier optimal ansetzen und für die Planung von Freizeitaktivitäten beachten, dass Schulkinder:
- neue Technologien kennenlernen und erweitern wollen,
- Lust an Vollendung der Dinge haben,
- Anerkennung von Gleichaltrigen wünschen,
- Feedback von Erwachsenen erstreben,
- sich an der Realität orientieren möchten,
- eine sinnvolle Abwechslung von Spiel und Arbeit wünschen,
- gemeinsam mit anderen tätig werden wollen,
- Erfolg haben möchten,

- ernst genommen werden und Wertschätzung erfahren wollen,
- gerne naturwissenschaftliche Erfahrungen machen.

Freizeitprojekte mit Schulkindern
Homepage der Ganztagsschule bzw. des Horts gestalten

Ziel dieses Projekts ist es, den beteiligten Kindern erste Fachkenntnisse im Umgang mit dem Computer zu vermitteln, sich über Inhalte der neuen Homepage auszutauschen und zu verständigen sowie Beiträge zu verfassen. Beteiligt werden sechs Mädchen und Jungen im Alter neun bis zehn Jahren.

Zunächst findet ein Brainstorming statt, bei dem die Kinder Vorschläge zur Gestaltung der Homepage sammeln. Eine dabei entstehende Idee könnte sein, Besucher und Mitarbeiter der Ganztagsschule/ des Horts zu interviewen und diese Interviews als Audiobeitrag auf der Homepage zu installieren. Die Kinder entwickeln Fragen, wie z. B.: „Was gefällt dir besonders gut in unserer Ganztagsschule/unserem Hort?", „Was magst du gar nicht?" Die Interviews werden aufgezeichnet und im Anschluss vorgespielt und bewertet. Darüber hinaus können viele andere Ideen entstehen, wie z. B. ein Chatroom oder ein Bereich, in dem durchgeführte Projekte präsentiert werden. Am Ende des gesamten Projekts steht ein von den Kindern mitgestalteter Beitrag für die Homepage der Einrichtung, die große Anerkennung bei den nicht beteiligten Kindern sowie den Mitarbeitern findet. Wichtig ist hier allerdings die Beachtung der Datenschutzgrundverordnung (DSGVO).

Tanzvorführung einer Mädchengruppe

Bei diesem Projekt sollen die beteiligten Mädchen, die zwischen acht und zehn Jahre alt sind, befähigt werden, selbstständig zu arbeiten, indem z. B. Schrittfolgen entwickelt und Übungszeiten abgesprochen werden. Außerdem soll durch einen erfolgreichen Auftritt zur Weihnachtsfeier das Selbstbewusstsein der Mädchen gestärkt werden. Die Mädchen orientieren sich an dem, was sie im Fernsehen sehen. Außer einer sinnvollen Choreografie überlegen sie sich noch einen Text für eine Rap-Einlage sowie Kleidung und Make-up für den Auftritt. Bei der Aufführung ist ihnen ein großer Applaus gewiss und sie fühlen sich schon wie richtige Superstars …

↗ WIEDERHOLUNG

→ Mit der Veränderung der Altersstufe vom Vorschul- zum Schulkind ergeben sich **veränderte Anforderungen an die Erzieherin** im Hinblick auf:
→ Betreuung,
→ Förderung und Bildung,
→ Erziehung,
→ Entwicklungsstand,
→ Freizeitgestaltung,
→ zu erreichende Kompetenzen.

→ Der Begriff **Schulfähigkeit** ist umfassend zu betrachten. Er umfasst folgende Kompetenzbereiche:
→ körperliche Entwicklung,
→ Grob- und Feinmotorik,
→ Wahrnehmung,
→ Umgang mit Aufgaben,
→ Motivation des Kindes,
→ Ich-Kompetenz,
→ sozial-emotionale Fähigkeiten,
→ kognitive Entwicklung, insbesondere sprachlicher und mathematischer Fähigkeiten.

→ Zusätzlich sollten Vorerfahrungen und Lebenssituation des Kindes berücksichtigt werden. Bei der Schulvorbereitung muss die pädagogische Fachkraft entsprechend auf eine ganzheitliche Förderung vom ersten Kindergartentag an achten. Ein besonderes Augenmerk liegt dabei auf der Vermittlung von phonologischer Bewusstheit, mathematischem Vorwissen und Übergangsbewältigungsstrategien.

→ Eine bedeutsame Aufgabe der Erzieherin im Schulkindbereich ist die Hausaufgabenbetreuung. Wichtig ist: Hilfe zur Selbsthilfe geben, Wertschätzung zeigen, mit Lehrern kooperieren, Rücksprache mit Eltern halten und sinnvolle Reihenfolgen einhalten. Notwendig ist auch eine durchdachte Raumplanung.

→ Mit „Freizeit" ist in einer sozialpädagogischen Einrichtung oder in einer Ganztagsschule die Zeit gemeint, die nach den Hausaufgaben zur freien Verfügung steht. Diese kann zur Teilnahme an geplanten Aktivitäten, Projekten oder AGs sowie zum freien Spiel mit vorhandenen Spielmaterialien genutzt werden.

→ Bei der Planung von Freizeitangeboten muss der Erzieher neben der Lebenssituation insbesondere Interessen und Bedürfnisse berücksichtigen. Dazu sind Kenntnisse über den Entwicklungsstand dringend notwendig.

→·← AUFGABEN

1 [Analyse und Bewertung]
Beschäftigen Sie sich mit den veränderten Arbeitsbedingungen und Voraussetzungen der neuen Altersstufe. Stellen Sie Vergleiche zum bisherigen Arbeitsfeld Kindertageseinrichtung an, um die Unterschiede konkret zu verdeutlichen und die Arbeitsweisen/-bedingungen eindeutig abzugrenzen.

1.1 Bereiten Sie eine Tabelle nach folgendem Muster vor, in der Sie die Arbeit mit Vorschul- und Schulkindern vergleichen:

	Kleinkinder/ Vorschulkinder	Schul- kinder
Ziele		
Entwicklung		
Freispiel/Frei- zeitgestaltung		
Pflichten		

1.2 Losen Sie aus, wer seine Tabelle präsentiert, die anderen Studierenden nehmen Stellung und ergänzen.

1.3 Formulieren Sie als Fazit aus der Tabelle die „neuen" Anforderungen an die Erzieherin in Bezug auf das Schulkindalter.

2 [Analyse und Bewertung]
2.1 Lesen Sie sich die Einstiegssituation erneut durch und beurteilen Sie mithilfe der Kriterien für die Schulfähigkeit Philipps Entwicklungsstand. Suchen Sie sich dazu im Internet das Schulfähigkeitsprofil Ihres Bundeslandes heraus.

2.2 Entwickeln Sie Möglichkeiten, Philipp individuell zu fördern.

2.3 Diskutieren Sie Ihre Ideen im Klassenverband.

3 [Analyse und Bewertung]
Legen Sie ein Hausaufgabenheft oder einen anderen Gegenstand, den Sie mit dem Thema „Hausaufgaben" verbinden, in die Mitte des Raumes. Stellen Sie sich so nah an den Gegenstand, wie es Ihnen gefühlsmäßig möglich ist, d.h., wenn Sie „Hausaufgaben" positive Gefühle entgegenbringen, positionieren Sie sich nah am Gegenstand; bei negativen stellen Sie sich weiter entfernt auf. Begründen Sie reihum Ihren Standpunkt.

4 [Analyse und Bewertung]
Lesen Sie sich in der Einstiegssituation den Teil nochmals durch, in dem es um eine Hausaufgabensituation geht. Halten Sie schriftlich fest, was bei der geschilderten Hausaufgabenbetreuung als ungünstig zu bewerten ist.

5 [Planung und Konzeption]
5.1 Die Leiterin des Schulkindbereichs bittet um Mithilfe bei der Verbesserung/Optimierung der „Lernzeit". Erarbeiten Sie ein sinnvolles Konzept.

Berücksichtigen Sie dabei
→ die Rahmenbedingungen (Welche Arbeitszeit/welcher Arbeitszeitraum ist sinnvoll?
→ Wer ist für die „Lernzeit" verantwortlich?
→ Welche Qualifikation haben die Fachkräfte? In welchen Räumen findet die „Lernzeit" statt? Welche Regeln sollen gelten? usw.)
→ die Raumgestaltung
→ das Verhalten der Erzieherin (Wie kann die Erzieherin „Hilfe zur Selbsthilfe" geben?
→ Wie kann die konkrete Zusammenarbeit mit Eltern und Lehrern aussehen? usw.)
Begründen Sie Ihre Ideen.

5.2 Halten Sie Ihre Vorstellungen schriftlich fest. Fertigen Sie zur besseren Veranschaulichung die Skizze einer „optimalen" Raumsituation an.

5.3 Präsentieren Sie Ihr fertiges Konzept in der Klasse.

5.4 Vergleichen Sie nach der Präsentation ver-schiedene Konzepte miteinander. Welche Unterschiede/Gemeinsamkeiten gibt es?

5.5 Für welches Konzept würden Sie sich entscheiden, wenn Sie Leiterin des Hortes bzw. des Schulkindbereichs wären? Begründen Sie Ihre Meinung.

6 [Analyse und Bewertung]
Sammeln Sie eigene Projektideen für die Freizeitgestaltung, die dem Entwicklungsstand der Kinder gerecht werden. Formulieren Sie zu jedem Projektvorschlag auch die möglichen Teilthemen.

6.1 Präsentieren Sie Ihre Vorschläge in der Klasse.
6.2 Begründen Sie Ihr Vorgehen.

TIPPS ZUM WEITERARBEITEN →→

→ Derecik, Ahmet/Kaufmann, Nils/Neuber, Nils: Partizipation in der Offenen Ganztagsschule: Pädagogische Grundlagen und empirische Befunde zu Bewegungs-, Spiel- und Sportangeboten (Bildung und Sport). Berlin: Springer Verlag 2013.

→ Flack, Lisa u. a.: Hausaufgaben: Lern- und Übungszeiten pädagogisch gestalten. Qualität in Hort, Schulkindbetreuung und Ganztagsschule. Freiburg i. Br.: Herder Verlag 2019.

→ Fonck, Stefanie: Willkommen in der Schulkindbetreuung: Spiele und Aktivitäten für Grundschulkinder im Hort und in der Offenen Ganztagsschule. Dortmund: Borgmann Media 2018.

→ Ganser, Bernd (Hrsg.): Sicher zur Schulfähigkeit: Alle Vorläuferfähigkeiten in einem testen und gezielt fördern. 3. Auflage. Donauwörth: Auer Verlag 2019.

→ Grosche, Jochen: Praxis Pädagogik. Hausaufgabenbetreuung im Ganztag. Braunschweig: Westermann 2012.

→ Ministerium für Schule, Jugend und Kinder des Landes Nordrhein-Westfalen (Hrsg.): Erfolgreich starten! Schulfähigkeitsprofil als Brücke zwischen Kindergarten und Grundschule. Eine Handreichung. Düsseldorf 2003.

→ Neuß, Norbert (Hrsg.): Handbuch: Hort und Ganztagsschulen. Grundlagen für den pädagogischen Alltag und die Ausbildung. Cornelsen Scriptor 2017.

→ Nordt, Gabriele: Lernen und Fördern in der Hausaufgabenpraxis der offenen Ganztagsgrundschule in Nordrhein-Westfalen. Eine qualitative Studie aus der Perspektive der pädagogischen Kräfte und der Kinder. Münster: Waxmann Verlag 2013.

→ Rahm, Sibylle/Rabenstein, Kerstin/Nerowski, Christian: Basiswissen Ganztagsschule: Konzepte, Erwartungen, Perspektiven. Weinheim/Basel: Beltz Verlag 2015.

→ Schneevogt, Dagmar: Spaß in der Ganztagsschule: Bastelideen und Projekte für Grundschüler (OGS), Dortmund: Borgmann Media 2013.

→ Vollmer, Knut: Schulkindbetreuung in Hort und Ganztagsschule, in: kindergarten heute. praxis kompakt. Freiburg i. Br.: Herder Verlag 2015.

BASS NRW 12-31 Nr 1: Hausaufgaben in der Primarstufe und Sekundarstufe 1. In: http://www.sportland.nrw.de/fileadmin/nachwuchsfoerderung/verbundsystem/erlasse/BASS_12-31_Nr.1_Hausaufgaben_in_PS_und_Sek.I.pdf [05.01.2021].

BASS NRW Nr. 12-63 Nr 2: Gebundene und offene Ganztagsschulen sowie außerunterrichtliche Ganztags- und Betreuungsangebote in Primarbereich und Sekundarstufe 1. In: https://bass.schul-welt.de/11042.htm [05.01.2021].

Jansen, Heiner/Mannhaupt, Gerd/Marx, Harald/Skowronek, Helmut: Bielefelder Screening zur Früherkennung von Lese- und Rechtschreibschwierigkeiten. 2. Auflage, Göttingen: Hogrefe Verlag 2002.

Erikson, Erik H.: Identität und Lebenszyklus. Frankfurt/M.: Suhrkamp 1973, Nachdruck 2001.

Faust, Gabriele: Zum Stand der Einschulung und der neuen Schuleingangsstufe in Deutschland. In: https://www.uni-bamberg.de/fileadmin/uni/fakultaeten/ppp_lehrstuehle/grundschulpaedagogik/veroeffentlichungen/Faust_2006_komplett.pdf [05.01.2021].

Küspert, Petra/Schneider, Wolfgang: Hören, lauschen, lernen – Anleitung und Arbeitsmaterial: Sprachspiele für Kinder im Vorschulalter – Würzburger Trainingsprogramm zur Vorbereitung auf den Erwerb der Schriftsprache. 7. Auflage. Göttingen: Vandenhoeck & Ruprecht 2018.

van Luit, J.E. H./van de Rijt, B.A.M/Hasemann, K.: Osnabrücker Test zur Zahlbegriffsentwicklung. Göttingen: Hogrefe Verlag 2001.

Meckel, Nina/Hennis, Andrea: Flexible Schuleingangsphase: Schule 2009. Die Hauptschule geht, die flexible Grundschulzeit kommt. Focus-Online. In: www.focus.de/familie/schule/bildungspolitik/die-hauptschule-geht-schule-2009_id_2781347.html [09.09.2020].

Ministerium für Schule und Weiterbildung des Landes Nordrhein-Westfalen (Hrsg.): Erfolgreich starten! Schulfähigkeitsprofil als Brücke zwischen Kindergarten und Grundschule. Eine Handreichung. Frechen: Ritterbach Verlag 2006.

Muysers, Brigitte: Freizeitangebote im Hort – „Was machen wir heute?", In: Kaplan, Karlheinz; Becker-Gebhard, Bernd (Hrsg.): Handbuch der Hortpädagogik. 2. Auflage. Freiburg i. Br.: Lambertus Verlag 1999, S. 257–267.

Rekow, Astrid/Säbel, Jens-Peter/Becker-Gebhard, Bernd/Kaplan, Karlheinz: Hausaufgabenbetreuung. In: Kaplan, Karlheinz; Becker-Gebhard, Bernd (Hrsg.): Handbuch der Hortpädagogik. 2. Auflage. Freiburg i. Br.: Lambertus 1999, S. 269–277.

7.8 Jugendliche und junge Erwachsene

Im Rahmen seiner Ausbildung zum Erzieher leistet Ercan ein Praktikum in einem Jugendhaus. Neben Ercan arbeiten hier zwei fest angestellte männliche Fachkräfte in Vollzeit, die sich die Leitung des Jugendhauses teilen. Unterstützt werden die Mitarbeiter von sieben Honorarkräften und vier Ehrenamtlern beiderlei Geschlechts. Diese arbeiten überwiegend auf thematische Schwerpunkte bezogen, z. B. im Rahmen des zweimal pro Woche stattfindenden medienpädagogischen Angebotes, welches in einem eigens dafür mit PCs und Spielekonsolen ausgestatteten Raum stattfindet. Auch die regelmäßig stattfindenden Angebote Kickboxen, Krafttraining und Rapping werden von Honorarkräften, ehrenamtlich Tätigen und den Fachkräften begleitet und erfreuen sich großer Beliebtheit. Dies gilt für den immer mittwochs stattfindenden Mädchentag nicht so sehr. Das liegt vor allem daran, dass das Jugendhaus, das jeden Tag in der Woche von 17.00–21.00 Uhr sowie samstags von 18.00–22.00 Uhr für Jugendliche ab 14 Jahren geöffnet ist, hauptsächlich von männlichen Jugendlichen/jungen Erwachsenen besucht wird.

In den zurückliegenden Monaten kam es vermehrt zu Auseinandersetzungen zwischen männlichen Stammbesuchern und einzelnen neu hinzugezogenen jungen Frauen, die das gesamte Mitarbeiterteam vor neue Herausforderungen gestellt haben. Als typisches Beispiel kann die in der wöchentlich stattfindenden Teambesprechung von Ercan vorgetragene Situation angesehen werden:

Es befinden sich an einem Samstag, an dem wie immer keine gruppenbezogenen Aktivitäten angeboten werden, gegen 20.00 Uhr ca. 35 Besucher im offenen Bereich des Jugendhauses. Einige der jungen Männer spielen das Kartenspiel „Batak", andere spielen abwechselnd Kicker. Hassan (22 Jahre) und Eren (19 Jahre) spielen Billard. Nach einiger Zeit verlassen sie den Billardtisch, ohne die Queues und die Kugeln bei Ercan an der Theke abzugeben, wo sie dafür ein Pfand hinterlegt haben. Die Besucherinnen Natascha (16 Jahre) und Ivana (17 Jahre) nutzen den frei gewordenen Billardtisch. Die Freundinnen Andrea (14 Jahre) und Michelle (18 Jahre) stellen sich daneben und spielen von ihren Smartphones ständig wechselnd englischsprachige Rap-Musik ab, die allen vieren offensichtlich

gefällt. Nach ca. 10 Minuten kommen Hassan und Eren zurück. Als sie die Viergruppe am Billardtisch sehen, reißt Hassan Natascha den Queue aus der Hand und sagt: „Verpiss dich hier und nimm die anderen gleich mit, sonst kassiert ihr alle eine!" Als Natascha sich beschwert, brüllt Eren: „Frauen haben hier nichts verloren! Das hier ist ein Männerbereich! Und wenn hier Frauen hinkommen, dann sind das Schlampen!" Das aufkommende Gelächter der anderen jungen Männer sorgt bei den vier Mädchen offensichtlich für Unbehagen und sie verlassen wortlos das Jugendhaus.

In der Teambesprechung fügt Ercan hinzu, dass er bis vor wenigen Jahren bekanntermaßen selbst Besucher des Jugendhauses gewesen sei und es damals Vorfälle wie diesen nicht gegeben hätte. Zudem sei er überzeugt, dass er u. a. aufgrund seiner Biografie nah an den Besuchern dran sei und ein gutes Vorbild sei. Nun aber sei er irritiert, da die jungen Männer ihn in dieser Situation ignoriert hätten.

Im Jugendzentrum: Junger Mann beim Billardspiel

↘ FRAGEN

→ *Was geht Ihnen unmittelbar nach dem Lesen der Situation durch den Kopf? Notieren Sie Ihre Gedanken, ohne zu zögern.*

→ *Welche Aspekte der Situation prägen Ihre erste Wahrnehmung insbesondere? Listen Sie diese auf und clustern Sie sie ggf.*

7.8.1   Lebensphase Jugend

„Die Jugend" ist ein Begriff, der vielfältigen Zuschreibungen unterliegt. In diesem Zusammenhang soll vornehmlich der Jugendbegriff im Zusammenhang mit der Konstruktion einer Lebensphase erörtert werden, um darauf aufbauend mit Jugendlichen und jungen Erwachsenen arbeiten zu können.

Die Entstehung, Ausdehnung und Ausdifferenzierung der Jugendphase

Schon im antiken Griechenland gab es Versuche der Klassifikation von Lebensaltersstufen. Hippokrates benannte beispielsweise das Kind, den Knaben, den Jüngling, den Jungmann, den Mann und den Greis. In der frühen Neuzeit verwendete man die Begriffe „Kind", „Jüngling" und „Jugend" z. T. synonym. Jedoch findet eine „Eingrenzung" der Jugendphase auf das Alter von 14 bis 21 Jahren statt. Mit unserem heutigen Verständnis von Jugend hatte diese Eingrenzung jedoch,

u. a. aufgrund einer verwirrenden Begriffsvielfalt, noch wenig Gemeinsamkeiten. Ferchhoff kommt mit Blick auf die Historie zu der Einschätzung, dass „Lebensalterseinteilungen und Begriffe von Jugend selbst kontext-, d. h. zeit- und kulturgebunden waren und sind" *(Ferchhoff, 2007, S. 8)*.

Historische Forschungen zeigen, dass die Lebensphase Jugend im Kontext ökonomischer, sozialer und kultureller Erfordernisse zu betrachten ist.

- So gab es in der landwirtschaftlich geprägten vorindustriellen Gesellschaft keine Abgrenzung zwischen Lebensphasen. Die Generationen lebten unter einem Dach, hatten überwiegend gleiche Aufgaben und soziale Kontakte. Auch Kindheit im heute bekannten Sinne war als Lebensphase nicht vorhanden.

- Die etwa 1850 einsetzende Industrialisierung brachte zumindest im urbanen Umfeld eine veränderte Form der Beschäftigung mit sich. Es entstanden au-

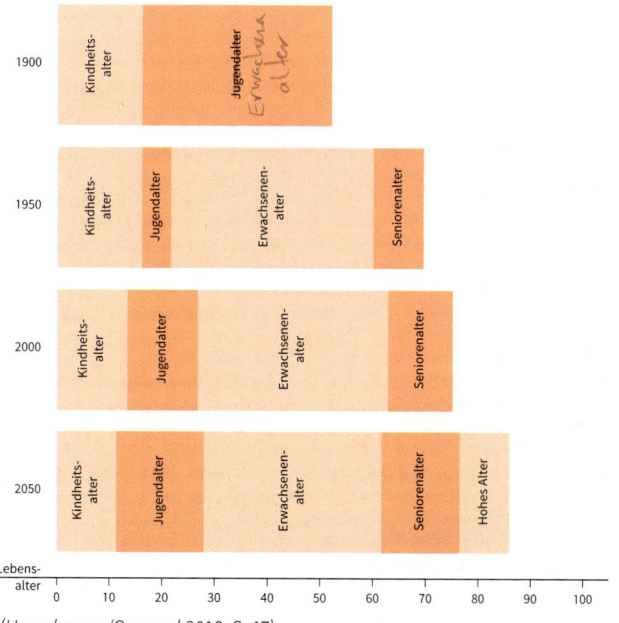

(Hurrelmann/Quenzel 2016, S. 17)
Lebensphasen zu vier historischen Zeitpunkten

ßerhäusliche Produktionsformen, was den Ausbau sozialer Kontakte außerhalb der Kernfamilie mit sich brachte. So konnte eine gesonderte Lebenssphäre für Kinder entstehen, was ein „neues soziales und pädagogisches Verständnis von Kindsein" (Hurrelmann/Quenzel, 2016, S. 17) begleitete. Kinder galten zunehmend nicht mehr als kleine Erwachsene, sondern als Menschen, die sich innerhalb einer eigenen Phase zu Erwachsenen entwickeln müssen. Somit ergaben sich auch besondere psychologische und pädagogische Betrachtungen. Eine Jugendphase nach heutigem Verständnis gab es aber noch nicht.

- Zu Beginn des 20. Jahrhunderts erreichten die Anforderungen an den Beruf eine derartige Komplexitätsstufe, dass gezielte Ausbildungen notwendig wurden. Somit beschleunigte sich der Prozess der sozialen Neuorientierung. Hierzu trug auch der verpflichtende Besuch des allgemeinen Schulwesens für alle Kinder bei. Dieser sollte auf die beruflichen Anforderungen im Arbeitsprozess vorbereiten. Im Zuge der sich immer weiter ausdifferenzierenden schulischen wie beruflichen Ausbildung verlagerte sich der Übergang in das Erwachsenenleben über die Pubertät hinaus und kennzeichnet somit die neue Phase „Jugend" im menschlichen Lebenslauf.

Auf die dargestellten Aspekte aufbauend kann eine fortschreitende zeitliche Verkürzung der Kindheitsphase und eine weitere Ausdehnung der Jugendphase prognostiziert werden.

> Die Konstituierung (Festsetzung) der Jugendphase begann zum Zeitpunkt des Wandels beruflicher Tätigkeiten. Diese erreichten ein zunehmend hohes Maß an Komplexität und verlangten somit bestimmte Eignungen und Qualifikationen. Die Gesellschaft erachtete es zunehmend als sinnvoll, dem Nachwuchs eine Entwicklungs- und Reifezeit zu gestatten.
> Von einem kurzfristigen Ende dieses Trends ist nicht auszugehen. Scherr (2009, S. 19) beschreibt die Jugendphase daran anknüpfend aus soziologischer Sicht als „ein gesellschaftsgeschichtliches Phänomen".

Nach heutigem Verständnis sind Jugendliche also Menschen in einer bestimmten Lebensphase. Im allgemeinen

Sprachgebrauch findet sich häufig der Begriff „Jugendalter", der eine Phase während des Lebenszyklus charakterisiert. Innerhalb dieser Phase sammeln Jugendliche im Zusammenspiel intellektueller, sozialer und biologischer Veränderungen mannigfaltige Erfahrungen (vgl. Oerter/Montada, 2002, S. 258), die für das Hineinfinden und die Bewältigung der folgenden Erwachsenenphase, aber auch für eine gelingende Seniorenphase von großer Bedeutung sind. Jugend bedeutet aber nicht nur „erwachsen werden" als wichtigen Bezugspunkt, sondern auch „nicht mehr Kind sein", und beinhaltet damit markante Transitionen (siehe Band 2, Lernfeld 5, Kap. 9).

Oerter/Dreher markieren das Ende der Kindheit und damit den Beginn des Jugendalters mit dem Start der Pubertät, also dem Eintreten der Geschlechtsreife. Auch die Abgrenzung zwischen Jugend und frühem Erwachsenenalter erfolgt in der Entwicklungspsychologie und der Soziologie nicht über das bloße Alter, sondern anhand von Funktionsbereichen, z. B. der Aufnahme einer beruflichen Tätigkeit, von Rollenübergängen und von Kriterien der sozialen Reife (vgl. Oerter/Dreher, 2002, S. 259).

Die „Jugend als kollektive Statuspassage" weist also einen das Alter betreffend wenig trennscharfen Beginn, aber einen noch weniger einheitlichen Abschluss auf. Ferchhoff (2007, S. 86 ff.) rahmt die Jugendphase zudem in eine Situation vieler Ungleichzeitigkeiten und asynchroner Entwicklungen, in vielfache Teilübergänge, unterschiedliche rechtliche, politische und kulturelle Mündigkeitstermine sowie verschiedene Teilreifen in sexueller, politischer und sozialer Hinsicht.

Die dargestellte Ausweitung der Jugendphase seit ihrer Entstehung wird sich fortsetzen (siehe u. a. Abbildung „Lebensphasen zu vier historischen Zeitpunkten). Ein Grund hierfür könnte ein altersübergreifend positiv besetzter Jugendbegriff sein (vgl. Ferchhoff, 2007, S. 87). Im Kontext internationaler Jugendforschung ist der Begriff „Adoleszenz" gebräuchlich. Er wird

- frühe Adoleszenz (11–14 Jahre),
- mittlere Adoleszenz (15–17 Jahre) und
- späte Adoleszenz (18–21 Jahre)

untergliedert. Die Adoleszenz erstreckt sich also über ca. ein Jahrzehnt, welches sowohl quantitativ als auch qualitativ uneinheitliche Entwicklungsprozesse aufweist (vgl. Oerter/Dreher, 2002, S. 259).

Im Bereich der Jugendforschung wird im Zusammenhang mit der Adoleszenz die Postadoleszenz diskutiert. Diese Phase „kann als biographische Lebensphase charakterisiert werden, in der sich in unterschiedlichen Lebensbereichen (Wohnen, Beruf, Partnerschaft, Familiengründung etc.) eine wachsende Verselbständigung junger Menschen vollzieht und Korrelate des Erwachsenenstatus erworben werden (z. B. durch Ausbildungsabschluss, Berufseintritt, Partnerbindung etc.)" *(Buba, 1996, S. 351).* Die Entstehung der Postadoleszenz als „Anhängsel" der eigentlichen Jugendphase war der Tatsache geschuldet, dass an der Nahtstelle Jugendalter – Erwachsenenalter psychosoziale Neuorientierungen stattfanden. Diese waren bzw. sind aufgrund veränderter Heirats-, Lebensbeziehungs- und Familiengründungsmuster, wegen veränderter Ablösungsprozesse aus dem Elternhaus und aufgrund der tendenziellen Entkopplung von Bildung, Ausbildung und Berufstätigkeit notwendig geworden *(vgl. Ferchhoff, 2007, S. 87/88).*

Jugendphase aus rechtlicher Sicht

Die Gesetzgebung in Deutschland ist mit Blick auf die Phase Jugend (und Kindheit) um Klarheit bemüht. In Gesetzestexten, beispielsweise im Sozialgesetzbuch (SGB) Achtes Buch (VIII) Kinder- und Jugendhilfe oder im Jugendschutzgesetz (JuSchG) werden genaue Altersangaben zur Eingrenzung der Phase(n) genannt. So ist nach § 7 SGB VIII sowie nach § 1 JuSchG Kind, wer noch nicht 14 Jahre alt ist. Jugendlicher ist, wer 14, aber noch nicht 18 Jahre alt ist. Darüber hinaus gilt nach § 7 Abs. 1 Satz 4 als „junger Mensch", wer noch nicht 27 Jahre alt ist. Davon unberührt stellt das Bürgerliche Gesetzbuch (BGB) in § 2 fest, dass die Volljährigkeit mit der Vollendung des 18. Lebensjahres eintritt. Allerdings erkennt auch der Gesetzgeber an, dass Heranwachsende im Kontext der Begehung rechtswidriger Taten Jugendlichen gleichgestellt werden sollen, „wenn die Gesamtwürdigung der Persönlichkeit des Täters bei Berücksichtigung auch der Umweltbedingungen ergibt, dass er zur Zeit der Tat nach seiner sittlichen und geistigen Entwicklung noch einem Jugendlichen gleichstand, oder es sich nach der Art, den Umständen oder den Beweggründen der Tat um eine Jugendverfehlung handelt" (§ 105, Abs. 1, Satz 1 und 2 Jugendgerichtsgesetz (JGG)). Als Heranwachsenden benennt das JGG in § 2 Abs. 2 diejenige Person, die „zur Zeit der Tat achtzehn, aber noch nicht einundzwanzig Jahre alt ist". Heranwachsende im Sinne des JGG sind demnach „späte Adoleszenten" im Kontext der internationalen Jugendforschung.

> Die Jugendphase ist schwer zu greifen, da Veränderungen, beispielsweise gesellschaftlicher Art, dazu beitragen, dass das Individuum sich permanent anpasst bzw. anpassen muss. Die damit einhergehenden Transitionen gilt es zu bewältigen bzw. pädagogisch adäquat zu begleiten. Daran ändern auch die klaren gesetzlichen Bestimmungen nichts.

Die Jugendphase beginnt laut SGB VIII mit 14 Jahren …

… und endet mit dem 18. Geburtstag.

Entwicklung im Jugendalter

Entwicklung kann als Prozess verstanden werden, der immer wieder von inneren und äußeren Einflüssen angeregt und beeinflusst wird. Bei diesen Einflüssen gibt es bestimmte Aspekte, die im Sinne einer vermeintlichen „Normalentwicklung" in bestimmten Lebensabschnitten für eine Mehrzahl von Menschen gelten. Biologische, psychologische und soziale Anteile an der Entwicklung können jedoch, z. T. bedingt durch bestimmte Risikofaktoren wie genetische Belastung, Armut oder psychische Erkrankung eines Elternteils, zu Entwicklungsverläufen „jenseits der Norm" beitragen *(vgl. Haug-Schnabel/Bensel, 2005, S. 10 –11)*.

Mit zunehmendem Alter gelingt es dem Adoleszenten, auf Kontexte, die ihn beeinflussen, selbst Einfluss zu nehmen. Zur Einflussnahme und dem Umgang mit den Einflüssen erhält das Individuum eine Rückmeldung, was es zunehmend selbst zum Produzent seiner eigenen Entwicklung macht *(vgl. Oerter/Montada, 2002, S. 268)*. Dies steht in direktem Zusammenhang mit der Identitätsbildung (siehe Band 1, Lernfeld 3, Kap. 2.2), dem Selbstkonzept und der Rolle (siehe den nachfolgenden Abschnitt „Jugend und Identität").

Um die Entwicklung des Jugendlichen entsprechend pädagogisch angemessen begleiten zu können, empfiehlt sich die inhaltliche Auseinandersetzung mit Entwicklungstheorien (siehe Band 1, Lernfeld 3, Kap. 5.3).

Jugend und Identität

Unter dem Identitätsbegriff werden unverwechselbare persönliche Daten wie Alter, Geschlecht, Name und Beruf verstanden. Die hier zentralen Aspekte der Identität sind die einzigartige Persönlichkeitsstruktur, welche in Verbindung „mit dem Bild, das andere von dieser Persönlichkeitsstruktur haben", steht sowie „das eigenen Verständnis für Identität, die Selbstkenntnis und der Sinn für das, was man ist bzw. sein will" *(Oerter/Dreher, 2002, S. 290/291)*.

Der 1968 von Erik H. Erikson eingeführte Begriff Identität versucht die Frage zu beantworten: „Wer bin ich?" Diese Frage muss in der Jugendphase beantwortet werden und wird in den folgenden Phasen gelebt *(vgl. Keupp u. a., 2006, S. 77)*. Fritz bezeichnet die Identitätsentwicklung, insbesondere in der Adoleszenz, als „ein Gefühl des Menschen, im Sog unterschiedlicher

Forderungen und Erwartungen nicht unterzugehen, etwas Unverwechselbares, Eigenes, Gleichbleibendes in den Interaktionen darstellen zu können, von den anderen darin erkannt zu werden und es auch über die Zeit bewahren zu können" *(vgl. Fritz, 1993, S. 167)*. Um dies gewährleisten zu können, gestatten Kulturen jungen Menschen in der Adoleszenz „eine mehr oder weniger anerkannte Karenzzeit" *(Erikson, 1973, S. 137)*. Diese Zeit bezeichnet Erikson als **psychosoziales Moratorium.** Hier kann sich der junge Mensch durch freies Experimentieren mit Rollen üben und so seinen Platz in der Gesellschaft finden sowie ein sicheres Gefühl für innere und soziale Kontinuität gewinnen.

Da das „freie Experimentieren" in der Jugendphase mitunter risikobehaftet ist und der rechtliche Rahmen z. T. überschritten wird, hat der Gesetzgeber u. a. das Jugendgerichtsgesetz erstellt und hier nicht das Strafen, sondern das Erziehen in den Mittelpunkt gestellt *(vgl. § 1, Abs. 1 sowie § 2, Abs. 1, Satz 1, vor allem Satz 2 JGG)*. So können typische Jugendverfehlungen wie jugendlicher Leichtsinn, Mutproben, leichte Beeinflussbarkeit, soziale Unreife, Gruppenzwang oder Imponiergehabe, aber auch das Konsumieren von Alkohol und Drogen im Sinne erziehungswissenschaftlicher Erkenntnisse mit sogenannten „Erziehungsmaßregeln" bedacht werden. Diese können sich u. a. auf die „Hilfen zur Erziehung" (HzE, § 27 ff., siehe Band 2, Lernfeld 5, Kap. 7) beziehen *(vgl. §§ 8, 9, 10, insbesondere 12 JGG)*.

Jugend und ihr Selbst bzw. ihr Selbstkonzept

> Als „Selbst" wird die kognitiv-affektive Struktur des Wissens um die eigene Person, die regulierende Instanz für die Bewertung von Situationen, das eigene Verhalten, das Verhalten anderer Individuen und die Motivierung des eigenen Handelns bezeichnet.

Weiß der Mensch um sein Selbst und kann er dies bewerten, so verfügt er über ein Selbstkonzept. Dieses enthält zwei Hauptkomponenten: die affektive Komponente (Selbstvertrauen und Selbstwertgefühl) sowie die kognitive Komponente (Selbstwahrnehmung und das Wissen von sich selbst).

Im Jugendalter können bzw. sollen verschiedene Selbst gebildet werden, die je nach Kontext variieren. Dies kann über die intensive und bewusste Beschäftigung mit der eigenen Person erfolgen und bringt ein stetig zunehmendes Verständnis für die Vielfalt und Widersprüchlichkeiten der eigenen Identität mit sich. Die damit einhergehende Wahrnehmung im Jugendalter, dass die Umwelt das Individuum nicht mehr als einfachen und unkomplizierten Akteur sieht, kann zu intra- und interindividuellen Konflikten führen. Diese gilt es durch (alters-)entsprechend Angebote zu begleiten. Insgesamt differenziert sich über die Arbeit am und mit dem eigenen Selbst die Identität aus.

Jugend und Rolle

Krappmann bezeichnet Rollen als institutionell abgesicherte und sozial definierte Verhaltenserwartungen. Dies ermöglicht Interaktionspartnern komplementäres Handeln und das Teilen von Bedeutungssystemen *(vgl. Krappmann, 2005, S. 98 ff.)*. Indem Klassifikationsregeln erlernt werden, welche definieren, was in einer Rolle für relevant gehalten wird, werden gleichsam Rollen angeeignet. Dies beinhaltet zugleich, dass Rollen je nach Situation zu interpretieren sind. Darüber hinaus kann so gleiches Verhalten verschiedener Menschen in der gleichen Position in Konformität zu Normen erklärt

werden. Fritz beschreibt Rolle als „objektiven Anteil in den Vorgängen zwischen Individuen" *(Fritz, 1993, S. 171)* und unterscheidet acht Rollentypen:

- **psychische Rollen** (z. B. die Glückliche, die Besonnene)
- **Primär-Rollen** (z. B. Mann, Frau, die Langsame)
- **kulturelle Rollen** (z. B. Deutsche, Belgierin)
- **soziale Rollen** (z. B. Erzieherin, Schülerin, Bürgermeisterin)
- **mitmenschliche Rollen** (z. B. Kollegin, Freundin)
- **formale Rollen** (z. B. Vorgesetzte, Gruppenleiterin, Konkurrentin)
- **familiale Rollen** (z. B. Mutter, Tochter, große Schwester)
- **Gruppen-Rollen** (z. B. Sündenbock, Mitläufer)

Gemeinsames Element dieser Rollentypen ist das Annehmen von entlastenden Typisierungsschemata. Unterschiedlich sind jedoch die Geltungsbereiche der Rollen, die Machtfülle, die mit diesen Rollen verbunden ist, und die Starrheit der Erwartungsstruktur *(vgl. Fritz, 1993, S. 171 f.)*. Jede Rolle verlangt ein höheres oder geringeres Maß an Identifikation und zwingt das Individuum, welches immer mehrere Rollen einnimmt, dazu, sich damit auseinanderzusetzen und somit Identitätsarbeit zu leisten.

7.8.2   Arbeit mit Jugendlichen und jungen Erwachsenen

Nachdem im vorigen Abschnitt auf die Jugendphase und deren besondere Kennzeichen eingegangen wurde, ist es nun möglich, die Adressaten von Jugendarbeit und deren Bedarfe und Bedürfnisse konkret in den Blick fachlichen Handelns zu nehmen.

Es bleiben jedoch die offenen Fragen nach dem „Wie" und in diesem Zusammenhang nach dem „Wer". Auf welchem fachtheoretischen Hintergrund vollzieht sich also die Arbeit mit Jugendlichen und jungen Erwachsenen und welche Profession (und nachrangig welcher Ausbildungsberuf) befasst sich mit dieser Fachtheorie und/oder wendet sie an? Auch die Fragen nach dem „Wo" von Jugendarbeit und den gesetzlichen Grundlagen sind relevant. Und als wäre die Beantwortung dieser Fragen nicht schon komplex genug, wirft Thole *(2000)* die Frage auf, ob die Jugendarbeit die Antwort auf die gestellten Fragen geben kann und ob der Begriff „Jugendarbeit" überhaupt dem, was unter dem Etikett faktisch angeboten wird, überhaupt entspricht.

Jugendarbeit = Arbeit nur mit Jugendlichen?

Die Generationsphase Kind wurde in der Fachliteratur zur Jugendarbeit zumeist ausgespart bzw. nur am Rande behandelt. Sowohl ein Blick in die Geschichte der Jugendarbeit als auch in die gegenwärtige Praxis zeigt jedoch, dass die Arbeit mit Kindern impliziert wurde und wird. Bezüglich der dargestellten Lebensphasen Kindheit und Jugend und deren sich verschiebenden, ineinander übergehenden und korrelierenden, also in Wechselwirkung stehenden Aspekten scheint dies auch sinnvoll.

Der Begriff Jugendarbeit findet seinen Ursprung um das Jahr 1900 in einer im Umfang geringen „Jugendfürsorge". Dieser Begriff bezeichnete „im weitesten Sinne alles, was Elternhaus, Schule, Gemeinde und Staat, was wohltätige Vereine und sozial gesinnte Personen für einen Minderjährigen von seiner Geburt an bis zu dem Zeitpunkt tun, wo er die Volljährigkeit erreicht hat, und was ihn befähigen soll, sich als selbständiges, sozial brauchbares Glied der Gesellschaft zu behaupten" *(Petersen, 1915; zit. aus: Giesecke, 1980, S. 13).* Der preußische Jugendpflegeerlass von 1911 führte den Begriff Jugendpflege für die Arbeit mit nicht straffälligen und nicht verwahrlosten Jugendlichen ein. Zunehmend wurden Jugendfürsorge und Jugendpflege differenziert und unter dem Begriff Jugendarbeit subsumiert. „Das Reichsjugendwohlfahrtsgesetz (RJWG) von 1922 ersetzte den Begriff ‚Jugendarbeit' durch ‚Jugendwohlfahrtspflege', und die Novelle zum Jugendwohlfahrtsgesetz (JWG) von 1961 ersetzte diesen Begriff wiederum durch den der ‚Jugendhilfe'" *(Giesecke, 1980, S. 13/14).* Jugendarbeit als alleinstehender Begriff setzte sich im Sprachgebrauch dennoch weitestgehend durch. Dies könnte unter anderem mit seinem emotionalen Gehalt zu tun haben.

Adressaten der Jugendarbeit

Im Gegensatz zur Jugendarbeit haften dem Begriff „Kinderarbeit" in unserem Sprachgebrauch z. T. heftige negative Assoziationen an, was eine eigenständige Verwendung nicht sinnvoll erscheinen lässt. Da sich im Kontext sozialpädagogischen Wirkens Kinder ab dem Besuch der Grundschule zu einer eigenständigen Adressatenpopulation entwickelt haben, scheint ein implizites Mitdenken dieser Zielgruppe unter dem Begriff der Jugendarbeit als wenig sinnvoll. Thole *(2000, S. 1)*

schlägt daher vor, „die enge terminologische Fassung ‚Jugendarbeit' aufzugeben und zukünftig von ‚Kinder- und Jugendarbeit' zu sprechen", auch wenn der Schwerpunkt zuweilen bei „den Älteren" liegt.

Wichtig erscheint eine allgemein anerkannte, stringente Definition von Kinder- und Jugendarbeit. Darum wird jedoch in der Fachöffentlichkeit bis heute gerungen. Dies hat mehrere Gründe:

* Wie vorab dargestellt, sind die Begriffe Jugend und Jugendarbeit teilweise „unscharf", da sie vielerlei Einflüssen unterliegen und gesellschaftlichen Veränderungen ausgesetzt sind.
* Damit lassen sich z. T. wesentliche Fragestellungen und darauf Antwort suchende Publikationen der zurückliegenden Jahrzehnte erklären: „Was ist Jugendarbeit? Vier Versuche zu einer Theorie" war der Titel eines in der Fachwelt viel beachteten Werkes aus dem Jahre 1964, in dem Müller, Kentler, Mollenhauer und Giesecke den Versuch unternahmen, im Nachkriegsdeutschland fachtheoretische Denkanstöße für die Jugendarbeit zu geben. Fast schon provozierend lautet dagegen der Buchtitel „Wozu Jugendarbeit?" aus dem Jahre 1987 von Böhnisch und Münchmeier. Vor dem Hintergrund nötiger Neuakzentuierungen stellte Thole in seinem Buch „Kinder- und Jugendarbeit. Eine Einführung" die Frage „Warum überhaupt noch Jugendarbeit?" *(Thole, 2000, S. 14).* Und als wolle Lindner diese Frage direkt beantworten, veröffentlichte er als Herausgeber 2009 ein Buch mit dem Titel „Kinder- und Jugendarbeit wirkt. Aktuelle und ausgewählte Evaluationsergebnisse der Kinder- und Jugendarbeit".
* Die disziplinäre Zuordnung der (Kinder- und) Jugendarbeit ist nicht eindeutig und „bleibt ein außerschulisches Handlungsfeld ohne eindeutigen fachlichen Ort" *(Thole, 2000, S. 25).*

Hier benennt Thole sechs fachwissenschaftliche Optionen der Kinder- und Jugendarbeit als

* „eigenständiges Fachgebiet" mit einem eigenständigen Theoriebildungsdiskurs und eigenen Forschungsambitionen,
* erziehungswissenschaftliches Teilgebiet,
* sozialpädagogische „Subdisziplin",
* Bestandteil der Jugend- und Erwachsenenbildung,
* Teil der Sozialwissenschaft,
* Praxisfeld ohne „disziplinären Ort"
(Thole, 2000, S. 25).

7.8.3   Gesetzliche Grundlagen der Kinder- und Jugendarbeit

Der explizite Einbezug des Begriffs „Kinder" entspricht zumindest in Teilen den Bezeichnungen von Ämtern und Behörden (z. B. Amt für Kinder, Jugend und Familie der Stadt Köln) sowie von Gesetzestexten inkl. juristisch orientierter Beiträge. So regelt seit 1990 das Kinder- und Jugendhilfegesetz (KJHG) als achtes Sozialgesetzbuch (SGB VIII) Leistungen für die Zielgruppe und ist somit über die Kinder- und Jugendhilfe (KJH) „ein sozialer Dienstleistungsbereich, der sich sowohl auf Interventionsaufgaben und das sogenannte Wächteramt des Staates bezieht, als auch eine öffentliche Infrastruktur zur Pflege, Erziehung und Bildung von Kindern und Jugendlichen vorhält" *(Rätz-Heinisch u. a., 2009, S. 15).* Innerhalb der Kinder- und Jugendhilfe vollzieht sich die Kinder- und Jugendarbeit also als ein Teil unter weiteren. Kinder- und Jugendarbeit richtet ihr Angebot nicht über die Sorgeberechtigten an die Zielgruppe, sondern direkt an die Kinder und Jugendlichen.

Die Rechtsgrundlage der Kinder- und Jugendarbeit, die **§§ 11 und 12 SGB VIII,** werden durch die jeweiligen Ausführungsgesetze der Länder konkretisiert. Die Leistungen der Kinder- und Jugendarbeit gehören nicht in den Bereich der subjektiven Rechtsansprüche, sondern zur öffentlichen Gewährleistungsverantwortung des öffentlichen Trägers. (Öffentliche Träger werden durch Landesrecht bestimmt. Für die Wahrnehmung der Aufgaben errichtet jeder örtliche Träger ein Jugendamt, jeder überörtliche Träger ein Landesjugendamt. *Vgl. § 69 SGB VIII.)* Das bedeutet, dass die Leistungen von den Leistungsberechtigten (bzw. den Nutzern) nicht eingeklagt werden können, jedoch vom Gewährleister (öffentlicher Träger) in ausreichendem Maße zur Verfügung gestellt werden müssen *(vgl. Rätz-Heinisch u. a., 2009, S. 99)* (siehe Band 1, Lernfeld 2, Kap. 11)

7.8.4   Grundlegende Überlegungen zur Kinder- und Jugendarbeit

Zur Beantwortung der vorangestellten Frage gibt § 11 SGB VIII in Verbindung mit den gesetzlichen Grundlagen wichtige Hinweise, die im Verlauf erörtert werden:

- Jungen Menschen sind die zur Förderung ihrer Entwicklung erforderlichen Angebote der Jugendarbeit zur Verfügung zu stellen. Sie sollen an den Interessen junger Menschen anknüpfen und von ihnen mitbestimmt und mitgestaltet werden, sie zur Selbstbestimmung befähigen und zu gesellschaftlicher Mitverantwortung und zu sozialem Engagement anregen und hinführen.
- Jugendarbeit wird angeboten von Verbänden, Gruppen und Initiativen der Jugend, von anderen Trägern der Jugendarbeit und den Trägern der öffentlichen Jugendhilfe. Sie umfasst für Mitglieder bestimmte Angebote, die offene Jugendarbeit und gemeinwesenorientierte Angebote.
- Zu den Schwerpunkten der Jugendarbeit gehören:
  - außerschulische Jugendbildung mit allgemeiner, politischer, sozialer, gesundheitlicher, kultureller, naturkundlicher und technischer Bildung,
  - Jugendarbeit in Sport, Spiel und Geselligkeit,
  - arbeitswelt-, schul- und familienbezogene Jugendarbeit,
  - internationale Jugendarbeit,
  - Kinder- und Jugenderholung,
  - Jugendberatung.
- Angebote der Jugendarbeit können auch Personen, die das 27. Lebensjahr vollendet haben, in angemessenem Umfang einbeziehen.

Fokussiert man sich zunächst auf die Frage, wie Jugendarbeit fachlich ausgestaltet sein soll, so findet man im § 11 des SGB VIII nur bedingt Antworten. Pauschal könnte man jedoch sagen, dass Methoden zur Anwendung kommen sollten, die die in Abs. 1 genannten Aspekte ermöglichen.

Eine allgemeingültige Definition vor einem fachwissenschaftlich methodisch/didaktischen Hintergrund wäre nötig, erscheint jedoch aufgrund der Vielfältigkeit der Jugendarbeit schwierig. Eine Möglichkeit, diesem misslichen Umstand zu begegnen, bieten individuell auf den jeweiligen Kontext abgestimmte Konzepte. Dies ist nicht nur mit Blick auf die individuellen Bedürfnisse des Klientels sinnvoll, sondern auch, um die Kinder- und Jugendarbeit gegenüber der Politik, den Finanziers (dies sind zunehmend mehr oder weniger interessierte Bürger, mit deren Steuern ein großer Teil der Kinder- und Jugendarbeit finanziert wird) und letztlich dem eigenen Träger gegenüber zu legitimieren. Dies führte zu einem regelrechten „Konzeptboom" *(Deinet/Sturzenhecker, 1996, S. 7).* Zu erklären ist diese Entwicklung durch z.T. erhebliche Unterschiede der Realitäten vor Ort, durch eine Pluralität älterer und neuerer Theorien, durch eine Unsicherheit bezüglich der Ziele (Bildung vs. Erziehung; Emanzipation vs. soziale Kontrolle; sozialpolitische Indienstnahme vs. Eigenständigkeit) und durch die Ungewissheit, „ob, inwieweit und in welcher Form ‚Theorie' und ‚Praxis', ‚wissenschaftliches Wissen' und ‚praktisches Können', analytisches ‚Know-how' und erfahrungsbegründetes ‚Knowing that' produktiv aufeinander bezogen werden können" *(Scherr, 1996, S. 197).*

Grundlegende Überlegungen vor der Erarbeitung eines Konzeptes für die Kinder- und Jugendarbeit bzw. einen speziellen Bereich sollten sich auf eine „brauchbare" Definition beziehen. Bei der Suche nach einer Definition können nach Thole *(2000)* sechs verschiedene Perspektiven eingenommen werden. Diese können:

1) aufgabenbezogen und inhaltlich definiert sein (beispielsweise Bildung oder Partizipation),
2) gemäß der Arbeitsfelder und Angebotsformen definiert sein (z. B. Jugendzentren oder mit Jugendlichen im offenen Bereich Kicker spielen),
3) sich stringent an rechtlichen Bestimmungen orientieren,
4) sich an der Geschichte der Kinder- und Jugendarbeit orientieren,
5) unter Rückgriff auf erziehungswissenschaftliche, soziologische oder psychologische Wissensbestände definiert werden,
6) gesellschaftstheoretisch orientiert sein.

Bei einem Definitionsversuch der Kinder- und Jugendarbeit allgemein ist eine Eingrenzung sicherlich sinnvoll. Dennoch sollte darauf geachtet werden, dass keine Bereiche aus dem gemeinsamen Kanon ausgegrenzt werden. Thole schlägt daher eine inhaltliche Bestimmung des Gesamtfeldes der Kinder- und Jugendarbeit vor, die „einerseits breit genug ist, um alle Arbeitsfelder zu umschließen, andererseits jedoch mehr ist als eine nur wenig aussagekräftig Hülle" *(Thole, 2000, S. 23).*

Auf die Frage, wo Kinder- und Jugendarbeit stattfindet bzw. stattfinden sollte, könnte man pauschal antworten: Dort, wo Kinder und Jugendlichen sie benötigen. Dies kann von Region zu Region sowohl quantitativ wie qualitativ unterschiedlich sein. So ergibt beispielsweise eine arbeitsweltbezogene Jugendsozialarbeit nach § 11 Abs. 3 Satz 3 SGB VIII in einer strukturschwachen oder von strukturellem Wandel betroffenen Region ebenso besonders Sinn wie schul- und familienbezogene Jugendsozialarbeit in einem Stadtteil mit besonderem Erneuerungsbedarf, in dem die Faktoren wie Wohn-

---

„Kinder- und Jugendarbeit umfasst alle

- außerschulischen und nicht ausschließlich berufsbildenden,
- vornehmlich pädagogisch gerahmten und organisierten,
- öffentlichen,
- nicht kommerziellen bildungs-, erlebnis- und erfahrungsbezogenen
- Sozialisationsfelder
- von freien und öffentlichen Trägern, Initiativen und Arbeitsgemeinschaften.

Kinder ab dem Schulalter und Jugendliche können hier

- selbstständig, mit Unterstützung oder in Begleitung von ehrenamtlichen und/oder beruflichen Mitarbeiterinnen,

- individuell oder in Gleichaltrigengruppen,
- zum Zweck der Freizeit, Bildung und Erholung,
- einmalig, sporadisch, über einen turnusmäßigen Zeitraum oder für eine längere, zusammenhängende Dauer zusammenkommen und sich engagieren.

Die **außerschulische Kinder- und Jugendarbeit** konstituiert damit ein freiwilliges Angebot in einem doppelten Sinne: Weder können Kinder und Jugendliche zu einer Teilnahme verpflichtet werden, noch können sie andererseits ihre Teilnahme einklagen."

(Thole, 2000, S. 23)

raumdichte, häusliche Gewalt, Schulabstinenz usw. besonders prekär zum Vorschein kommen. Kinder- und Jugendarbeit findet aber auch dort statt, wo diese auf eine lange Tradition zurückblicken kann. So verbleiben Einrichtungen, wenn auch in veränderter Form häufig „auf dem Markt", auch wenn der Bedarf sich verändert bzw. reduziert hat. Etablierte Träger finden z.T. auch bei sich ändernden Rahmenbedingungen Nischen. Dies kann zu einer (leichten) Verzerrung bei der Kinder- und Jugendhilfestatistik (KJH-Statistik) führen.

Der Einführung der Kinder- und Jugendhilfestatistik im neunten Kapitel des SGB VIII ist es jedoch zu verdanken, dass sich das Feld der Kinder- und Jugendarbeit in seiner Ausgestaltung einer Professionalisierung zuwenden kann und der Gesetzgeber, auf verlässliche Kriterien gestützt, die notwendige Rahmensetzung vornehmen kann *(vgl. § 98 SGB VIII – Zweck und Umfang der Erhebung).* Weitere Aspekte wie Erhebungsmerkmale *(§ 99 SGB VIII),* Hilfsmerkmale *(§ 100 SGB VIII),* Periodizität und Berichtszeitraum *(§ 101 SGB VIII),* Auskunftspflicht *(§ 102 SGB VIII)* und Übermittlung *(§ 103 SGB VIII)* bilden neben qualitativen und quantitativen Ausrichtungsmöglichkeiten für die Träger auch potenziell interessierten Mitarbeiterinnen und Mitarbeitern die Chance, sich mittels Aus- und Fortbildung adäquat auf die mitunter sehr anspruchs-

volle Tätigkeit im Rahmen der von großer Heterogenität geprägten Arbeitsfelder vorzubereiten. Zudem kann einem generellen wissenschaftlichen Erkenntnisgewinn, der allgemeinen Praxisentwicklung und der Standortbestimmung im politischen Raum Vorschub geleistet werden *(vgl. Mühlmann/Pothmann 2019, S. 103).*

Alle in der Statistik erfassten anerkannten Träger der Kinder- und Jugendhilfe haben im Berichtsjahr 2015 im Rahmen der Kinder- und Jugendarbeit 19 339 offene Angebote durchgeführt, die mit öffentlichen Fördermitteln finanziert wurden. Davon waren 16 815 Angebote einrichtungsbezogen, 2 524 waren aufsuchender bzw. mobiler Natur. Zudem fanden 23 814 regelmäßige gruppenbezogene Angebote, 30 282 Ferienfreizeiten, 26 182 Aus- und Fortbildungen sowie 40 884 sonstige Projekte inklusive Feste und Konzerte statt *(vgl. Mühlmann/Pothmann, 2019, S. 122).* Bei den erfassten Daten überwiegt die Zahl der freien Träger bei öffentlich geförderten Angeboten der Kinder- und Jugendarbeit ganz im Sinne des in der Jugendhilfe typischen Subsidiaritätsprinzips gegenüber den öffentlichen Trägern. Freie Träger übernahmen im Berichtsjahr 2015 60 % der offenen Angebote sowie fast 75 % der Gruppenangebote inklusive Veranstaltungen und Projekte *(vgl. Mühlmann/Pothmann, 2019, S. 120).*

Offene Angebote nach Typ (Deutschland; 2015; Angaben in absolut und in %)		
Angebotstyp	**Anzahl Angebote**	**Anteil in %**
Einrichtungsbez. Angebote zusammen	16.815	86,9
Davon:		
Jugendzentrum/zentrale (Groß-) Einrichtung	4.685	24,2
Jugendclub, Jugendtreff/Stadtteiltreff	8.168	42,2
Jugendfarm, Abenteuerspielplatz	543	2,8
Jugendkulturzentrum, Jugendkunst-oder-musikschule	344	1,8
Sonstiges einrichtungsbezogenes Angebot	3.075	15,9
Mobile/aufsuchende Angebote zusam.	2.524	13,1
Davon:		
Spiel und/oder Sportmobil	956	4,9
Einrichtung/Initiative der mobilen Jugendarbeit	541	2,8
Sonstiges aufsuchendes Angebot	1.027	5,3
Offene Angebote insgesamt	19.339	100

Offene Angebote nach Typ (Deutschland; 2015; Angaben in absolut und in Prozent (vgl. Mühlmann, Pothmann, 2019, S. 111)

Wie bereits erwähnt, ist die Kinder- und Jugendarbeit ausgesprochen vielfältig. Ein Schwerpunkt der Angebote liegt im Bereich Spiel, Sport, Kunst und Kultur. Aber auch Beratungsgespräche, medienpädagogische Angebote, Gewaltprävention oder Hausaufgabenbetreuung gehören in vielen Einrichtungen zum regelmäßigen Programm (vgl. Mühlmann/Pothmann, 2019, S. 112). Wichtig ist, dass regelmäßig der aktuelle Bedarf der Kinder und Jugendlichen, die offene Angebote nutzen, erhoben wird, so dass Programme und Inhalte immer wieder angepasst und ergänzt werden können. Auf diese Weise bietet die außerschulische Kinder- und Jugendarbeit ein Bildungsangebot, das die Nutzer und Nutzerinnen mitbestimmen und mitgestalten können.

Geleistet wird die Arbeit im Handlungsfeld der Kinder- und Jugendarbeit laut KJH-Statistik Ende 2016 von 30 302 Personen insgesamt. Damit ist die Beschäftigtenzahl im Vergleich zum Jahr 2006 um 10 % zurückgegangen. Da die Zahl der als Zielgruppe benannten Sechs- bis Siebenundzwanzigjährigen im selben Zeitraum bundesweit um 8 % zurückgegangen ist, blieb das Beschäftigungsvolumen recht konstant. 24 938 Personen waren im Jahr 2016 Angestellte, 4 524 davon befristet, was im Vergleich zu anderen Bereichen der Kinder- und Jugendhilfe recht hoch ist. 657 Beschäftigte waren Praktikantinnen, 1 433 im Rahmen des FSJ oder BFD beschäftigt, 3 274 waren „sonstige Beschäftigte". Das Qualifikationsprofil innerhalb der Kinder- und Jugendhilfe ist sehr breit gestreut, der Anteil der tätigen Personen mit einer fachlich einschlägigen formalen Qualifizierung im Bereich Soziale Berufe lag 2016 bei 63,4 % *(vgl. KJH-Statistik, 2016, S. 118)*. Die Anforderungen an eine pädagogische Fachkraft in vielen Arbeitsfeldern, wie beispielsweise der offenen Kinder- und Jugendarbeit, in einer Offenen Tür und Maßnahmen sind den Anforderungen an eine Fachkraft in einer Kindertagesstätte im Kontext des Situationsansatzes (siehe Band 1, Lernfeld 2, Kap. 10.7) ähnlich. „Es hängt in der Jugendpflege nicht weniger als alles von der Person des Jugendpflegers ab"

Offene Angebote nach Altersgruppen der daran teilnehmenden Stammbesuchenden (Deutschland; 2015; Mehrfachnennungen)								
				Davon nach Alter der Stammbesuchenden				
Offene Angebote	Angebote gesamt	Auch unter 10 Jahre	Nur unter 10 Jahren	Auch 10 bis unter 14 Jahre	Nur 10 bis unter 14 Jahren	Auch 14 bis unter 18 Jahre	Nur 14 bis unter 18 Jahre	Auch 18 Jahre and alter
Anzahl	19.339	9.013	1.046	14.105	1.329	12.746	1.024	7.792
In%	100	46.6	5,4	72,9	6,9	65,9	5,3	40,3

Offene Angebote nach Altersgruppen der daran teilnehmenden Stammbesuchenden" (Deutschland; 2015; Mehrfachnennungen) (Mühlmann, Pothmann, 2019, S. 107)

(Dehn, 1929; zit. aus: Thole, 2000, S. 161). Sollte diese Aussage richtig gewesen sein und sich auf die heutige Zeit übertragen lassen, so ist der langfristig festzustellende prozentuale Anstieg an Fachpersonal positiv zu betrachten.

Eine nach wie vor wichtige personelle Ressource der Kinder- und Jugendarbeit ist das ehrenamtliche Engagement. Bei 60 % aller öffentlich geförderten Angebote im Jahr 2015 wirkten Ehrenamtler mit, insgesamt wurden 576 310 ehrenamtliche Engagements erfasst. 27,6 % der Angebote können überhaupt nur aufgrund der Mitwirkung ehrenamtlich Tätiger stattfinden (vgl. KJH-Statistik, 2016, S. 119). Da das Ehrenamt häufig im näheren sozialen oder im sonstigen bekannten Umfeld ausgeübt wird, greift das benannte Prinzip der Subsidiarität in besonderer Art und Weise. Aufgrund der bloßen Menge und der Kenntnisse zum Sozialraum also, aber auch aufgrund individueller Kompetenzen sind ehrenamtlich Tätige eine tragende Säule in der Kinder- und Jugendarbeit. Erfreulich ist, dass der Einsatz sozialpädagogisch ausgebildeter sowie bezahlter Mitarbeiter nicht zu einer messbaren Abkehr vom Ehrenamt geführt hat. Vielleicht hat das im Paragrafen 73 SGB VIII geforderte Anleiten, Beraten und Unterstützen der ehrenamtlichen Kräfte

einen positiven Effekt auf deren Einsatzbereitschaft. Das Wissen um diese Personengruppe und die sie betreffenden Aspekte ist für die Kinder- und Jugendarbeit relevant.

Die Zahl der Kinder und Jugendlichen zwischen sechs und 27 Jahren, an die sich die Kinder- und Jugendarbeit richtet, ist ebenso wie die Altersstruktur stark vom konkreten Angebot abhängig. Die im Bereich „sonstige Projekte" erfassten 4 019 106 Teilnahmen (vgl. Thole, 2000, S. 110) ist aufgrund des Einbezugs von Großveranstaltungen wie beispielsweise Konzerten verständlicherweise deutlich höher als die erfassten Besuche in offenen Angeboten. Auf diesen Bereich bezogen soll die Tabelle „Offene Angebote nach Altersgruppen der daran teilnehmenden Stammbesuchenden" einen Eindruck über einen Kernbereich der Kinder- und Jugendarbeit und die Altersstruktur innerhalb der Zielgruppe verschaffen. Als Stammbesucher gilt hier, wer ein Angebot so häufig und regelmäßig im Zeitraum des Berichtsjahres besucht, dass er den Mitarbeitenden bekannt ist. Dazu zählten im Jahr 2015 insgesamt 4,3 % der Bevölkerung zwischen sechs und 27 Jahren.

Thole benennt, dass

- „ehrenamtliche Mitarbeiterinnen und Mitarbeiter dazu tendieren, pädagogische Handlungsstrategien zu reproduzieren, die sie in ihrer ehrenamtlichen Jugendarbeitsphase kennenlernten,
- ehrenamtliche Mitarbeiterinnen und Mitarbeiter zumeist in den Kinder- und Jugendverbänden und dort bei der Gestaltung von Freizeiten und Erholungsmaßnahmen, Schulungen und Gruppenstunden aktiv sind,
- in sach- und politikbezogenen Arbeitsbereichen vornehmlich männliche und in der konfessionellen Kinder- und Jugendarbeit hauptsächlich weibliche Ehrenamtliche zu finden sind,
- die ehrenamtlichen Mitarbeiterinnen und Mitarbeiter am längsten aktiv sind, wenn sie sich einen ‚Funktionärsstatus' erobern,

- sich die Ehrenamtlichen durchschnittlich unter vier Jahren engagieren, wo sich ihr Engagement auf Aktivitäten vor Ort konzentriert und begrenzt und
- in der Regel in der Mitte des zweiten Lebensjahrzehnts sich das ehrenamtliche Tun gänzlich einstellt."

(Thole, 2000, S. 178 f.)

7.8.5 Arbeitsfelder und Konzepte im Rahmen der Kinder- und Jugendarbeit

Wie man den vorigen Abschnitten entnehmen kann, ergibt sich für die Kinder- und Jugendarbeit eine „diffuse Allzuständigkeit", die eine eng gefasste Definition nicht zulässt. Eingrenzungen sind jedoch möglich und werden umso „greifbarer", je kleiner und damit klarer umrissen das Aufgabengebiet ist. Mit diesem Gedanken im Hinterkopf werden ausgewählte Aspekte (siehe die folgende Grafik „Arbeitsfelder und Konzepte in der Kinder- und Jugendarbeit, näher erläutert.

Arbeitsfelder und Konzepte in der Kinder- und Jugendarbeit

Arbeitsfelder und Orte

→ **Einrichtungen**
Jugendzentren
Jugendhäuser
Jugendclubs
Jugendheime
Bildungsstätten
Tagungshäuser
Jugendkunstschulen
Soziokulturelle Zentren
Bauspielplätze
Horte

→ **Kinder- und Jugend-
verbandsarbeit**

→ **Jugendpflege**

→ **Mobile Arbeitsfelder**
Straßensozialarbeit
Kulturpädagogische Projekte
Stadtranderholungen
Spielmobile

→ **Kooperative Handlungs-
felder**
Jugendsozialarbeit
Kinder- und Jugendschutz
Schulen

Theoriekonzepte

→ Sozialraumorientierung
→ Multiperspektivischer Ansatz
→ Emanzipativer Ansatz
→ Subjekttheoretischer Ansatz
→ Akzeptierender Ansatz
→ Psychoanalytischer Ansatz
→ Cliquenorientierung

Aktuelle „Praxis"konzepte

→ Mädchen- und Jungen-
arbeit
→ Kulturpädagogik
→ Interkulturelle Ansätze
→ Erlebnispädagogik
→ Sportive Ansätze

**Arbeitsbereiche und
Maßnahmen**

→ Jugendfreizeitarbeit
→ Kulturarbeit
→ Jugendbildung
→ Erholung
→ Internationale Jugend-
arbeit
→ Spielplatz
→ Jugendsozialarbeit
→ MitarbeiterInnen-
fortbildung
→ Jugendhilfeplanung

(Arbeitsfelder und Konzepte in der Kinder- und Jugendarbeit nach Thole, 2000, S. 98)

Offene Kinder- und Jugendarbeit

Ein bedeutsames, ggf. das bedeutsamste Arbeitsfeld innerhalb der Kinder- und Jugendarbeit ist die Offene Kinder- und Jugendarbeit (siehe § 11 Abs. 2 Satz 2 SGB VIII), welche die Arbeit in Jugendzentren, Jugendfreizeitheimen und Häusern der Offenen Tür beinhaltet.

Die Geschichte der Offenen Kinder- und Jugendarbeit ist eng gekoppelt an die bereits umrissene Kinder- und Jugendarbeit. Einrichtungen der Offenen Kinder- und Jugendarbeit nannte man im Kaiserreich und in der Weimarer Republik „Jugendheime" und „Jugendclubs". Hier wollten die staatliche Jugendpflege und die Verbände der freien Wohlfahrtpflege (Kirchen und Vereine) vor allem männliche Jugendliche aus den unteren sozialen Schichten der Großstädte erreichen.

Die Offene Kinder- und Jugendarbeit heutiger Ausprägung nahm ihren Ursprung in den westlichen Besatzungszonen in der Nachkriegszeit. Neben der kommunalen Jugendpflege, der verbandlichen Jugendarbeit und der Jugendsozialarbeit initiierte die amerikanische Militärregierung bzw. deren Erziehungsabteilung eine „Offene Clubarbeit". Somit war unter dem Dach der German Youth Activities (GYA) eine neue Angebotsstruktur etabliert. Diese war entgegen der verbandlichen Tradition der deutschen Jugendarbeit „weltanschaulich neutral ausgerichtet, wahrte die Pluralität der Meinungen und war den Prinzipien der Freiwilligkeit verpflichtet" *(Hafeneger, 2005, S. 510 f.)*.

1956 endete das GYA-Programm, welches überwiegend aus privaten Spenden amerikanischer Bürger finanziert wurde. Vorab waren die Nachbarschaftsheime, Clubs und Jugendtreffs in der amerikanischen, englischen und französischen Besatzungszone sukzessive in die Verantwortung der deutschen Städte und Landkreise übergegangen. Einhergehend mit Diskussionen um Trägerschaften dominierten nun vor allem jugendschützerische und fürsorgerische Leitmotive. „In der Tradition der deutschen Jugendarbeit sollten Jugendliche von der Straße ferngehalten, vor Verwahrlosung bewahrt und vor Gefährdungen geschützt werden. In den Jugendhäusern und Heimen der Offenen Tür (HOT) wurde ein neuer Weg der positiven, lebendigen und erzieherisch-wertvollen Freizeitgestaltung darin gesehen, sich um das große Heer der unorganisierten Jugend zu kümmern" *(Hafeneger, 2005, S. 512)*. In der jugendpädagogischen Diskussion, beginnend in den 1960er-Jahren, „wurde bei wachsen-

dem kommerziellem Freizeitangebot die Bewältigung und sinnvolle Nutzung der Freizeit akzentuiert; die Aktivitäten, Regeneration und der Bildungsgedanke sollten in den Jugendhäusern einen Ausgleich und Kompensation zum Berufsleben und der zunehmenden Spezialisierung in der Arbeitswelt schaffen. Mit veränderten Leitmotiven wie Offenheit der Häuser, Mitbestimmung, die Bedürfnisse und kulturellen Strömungen der Jugendlichen in den Mittelpunkt zu stellen, wurde der ,Jugendclub' zu einer neuen Organisationsform der Offenen Kinder- und Jugendarbeit; verstanden als angemessener persönlichkeitsbildender, bedürfnis- und interessenorientierter Ausdruck heutiger jugendlicher Gesellungsformen und informeller Geselligkeit" *(Hafeneger, 2005, S. 513)*.

Frauenforen, Frauenhäuser und Frauenzentren bildeten sich zu Beginn der 70er-Jahre in fast allen größeren Städten der Bundesrepublik. Hier sollte die Bildung eines frauenspezifischen Selbstbewusstseins ermöglicht werden, um der Isolation durch Familie und Beruf entgegenzuwirken. Dies beeinflusste auch die Arbeit der Offenen Kinder- und Jugendarbeit, indem beispielsweise emanzipatorische Konzepte Einzug erhielten.

In den 1980er-Jahren zogen sich viele aktive Gestalter aus der Jugendarbeit zurück. Die nachkommende Generation trägt die Selbstverwaltungsansprüche nicht mehr, was für die Realität in den Einrichtungen bedeutet, dass Jugendliche aus unteren sozialen Schichten zunehmend den Alltag bestimmen. Dies erforderte zunehmend professionelle Fachkräfte. In der Professionalisierungsdebatte werden Infrastruktur-, Alltags- und Raumorientierung bestimmend Jugendlichen sollen Räume und Gelegenheiten in ihrem Alltag bzw. Stadtteil zur Verfügung gestellt werden.

In den 1990er-Jahren gerät die Offene Kinder- und Jugendarbeit – wie die Kinder- und Jugendarbeit insgesamt – „in den Sog und die Logiken der Ökonomisierung sowie die Mechanismen von Controlling und Evaluation; sie ist förderungspolitisch in der Defensive und muss sich inhaltlich und auch wirtschaftlich neu begründen" *(Hafeneger, 2005, S. 517)*. Hieran knüpfen die bereits dargestellten Abgrenzungs- und Definitionsbemühungen an.

Die Offene Kinder- und Jugendarbeit kann seit dieser Zeit als ein Freizeit-, Nutzungs- und Erprobungsort angesehen werden. Zugleich wird der Anspruch, für alle Jugendlichen gleichermaßen attraktiv zu sein, aufgege-

> „In der pädagogisch-konzeptionellen Diskussion werden vor allem für den komplexen offenen Bereich der Einrichtungen (Treffpunktarbeit, offene Angebote und Veranstaltungen) einige Dimensionen, Handlungsmuster und die professionelle Kompetenz differenziert. Im biographischen Weg durch die hochgradig ambivalente Jugendphase und mit Blick auf Fragen der Identitätsentwicklung heißt das für das pädagogische Setting und die Kernaufgaben des professionellen Alltags: Beziehung, Da-Sein, Zeit-haben, Sich-einlassen, treffen, unterstützen, vermitteln, beraten, begleiten, mediative Elemente, aber auch Jugendlichen in ihren Suchprozessen Orientierung und Halt bieten. Dimensionen wie Vernetzung, Kooperation und Einmischung bedeuten vor allem in der Suche nach Lösungen von Lebensproblemen die Zusammenarbeit mit Kindertagesstädten und Horten, mit Schulen und sozialen Einrichtungen abzustecken und zu institutionalisieren."
>
> *(Hafeneger, 2005, S. 517)*

ben. Vor allem in den Ballungsgebieten entwickeln sich Einrichtungen der Offenen Kinder- und Jugendarbeit zu wichtigen integrativen Treffpunkten und Lebensorten für benachteiligte männliche Jugendliche und junge Männer.

Die konzeptionelle Ausgestaltung richtet sich innerhalb der Kernaufgaben des professionellen Alltags nach den individuellen Bedarfen und Bedürfnissen der (potenziellen) Nutzer und natürlich auch nach den finanziellen Ressourcen. Sport und Bewegung, Spiel, Beratung und Gespräch usw. – all das kann im Rahmen der Offenen Kinder- und Jugendarbeit individuell, gruppen-, alters- und geschlechtspezifisch vorgehalten werden.

Sozialraumorientierung

Ein Theoriekonzept, das in der Kinder- und Jugendhilfe insgesamt, speziell jedoch in der Kinder- und Jugendarbeit eine besondere Bedeutung aufweist ist die Sozialraumorientierung (siehe Band 2, Lernfeld 6, Kap. 5). Hier findet das Konzept, welches längst in vielen Feldern verbreitet ist, seinen Ursprung. Zu unterscheiden sind im Fachdiskurs u. a. zwei Perspektiven: eine eher pragmatisch-planerische und eine eher subjektiv-lebensweltliche. Im Rahmen der erstgenannten Perspektive wird von definierten Räumen ausgegangen und Soziale Arbeit soll die dort lebenden Menschen zur Verbesserung der eigenen Lebensbedingungen aktivieren. Vor allem im Feld der Hilfen zur Erziehung liegt ein solches Verständnis vor *(vgl. Galuske, 2011, S. 299)*. In der Praxis der Kinder- und Jugendhilfe vollzieht sich die pragmatisch-planerische Ausrichtung von Sozialraum und Sozialraumorientierung zunehmend jedoch auch, weil eine Anschlussfähigkeit an Verwaltungsstrukturen und deren Erfordernissen Plan- und damit Finanzierbarkeit mit sich bringt. Im Zuge sich z. T. unabhängig

voneinander und nebeneinander her entwickelnder sozialer Dienstleistungen erscheint eine effiziente Abstimmung und Koordination als sinnvoll.

Generell gelten hier folgende fünf Prinzipien als **Kennzeichen sozialraumorientierter Ansätze**:

1) Den Ausgangspunkt bilden die Interessen der leistungsberechtigten Menschen. Berücksichtigung findet das, was vor dem Hintergrund der Lebenslage gebraucht wird und nicht, was verwaltungstechnisch als notwendig angesehen wird.

2) Generell hat die Aktivierung der Menschen Vorrang vor einer ggf. bevormundenden Betreuung („Arbeite nie härter als dein Klient").

3) Die im Sozialraum vorhandenen Ressourcen werden konsequent gesucht, ggf. aufgebaut, vernetzt und für die Menschen nutzbar(er) gemacht. Somit können formulierte Ziele aus eigener Kraft erreicht werden.

4) Zielgruppen- und bereichsübergreifend angelegtes Arbeiten – auch über klassische Grenzen der Kinder- und Jugendhilfe hinaus (Beschäftigung, Wohnen, Verkehr usw.) – schließen nicht automatisch zielgruppenorientierte Aktionen aus, stellen diese aber in einen größeren, im Quartier verwobenen Kontext.

5) Strukturell verankerte Kooperation über leistungsgesetzliche Felder meint, dass sämtliche soziale Dienstleistungen koordiniert aufeinander abgestimmt werden sollen.

(vgl. Hinte, 2014, S. 15)

Im Feld der Kinder- und Jugendarbeit hat sich demgegenüber früh ein subjektiv-lebensweltliches Verständnis von Raum etabliert, wo es vor allem vor dem Hintergrund einer ganzheitlichen Bildung (siehe Band 1, Lernfeld 2, Kap. 7.8.4) eine besondere Relevanz hat und besonderer Darlegung bedarf. Hier ist eine breite Auffassung von Sozialräumen im Kontext subjektiver Lebenswelten von Kindern, Jugendlichen und jungen Erwachsenen gefragt, welche ihren Fokus auf das individuelle Erleben und Verhalten der Zielgruppe lenkt. In diesem Sinne gilt die Aneignung der Lebenswelt als wichtige Entwicklungsaufgabe (siehe Band 1, Lernfeld 3, Kap. 2.2) für das Individuum. Neben der Aneignung gilt es jedoch, den Raum nicht ausschließlich als naturgegeben, vorkonstruiert und als feste Bezugsgröße zu akzeptieren, sondern als durch das Individuum selbst zu entwickelndes Konstrukt. Somit werden funktional konstituierte Räume, die oft nicht auf die Bedürfnisse von Kindern, Jugendlichen und jungen Erwachsenen ausgerichtet sind, vor dem Hintergrund von Diversität als individuell zu gestaltendes Element begreifbar. Wenn es gelingt, diese Elemente zu artikulieren und zu bündeln, kann daraus ein aktives Ausrichten sozialräumlicher Planungen auf der Grundlange individueller Bedarfe werden und ein positives Nutzen vorhandener Möglichkeiten. Dies nutzt die Kinder- und Jugendarbeit seit eh und je zur Ausgestaltung ihrer Angebote und Maßnahmen, aber auch zur aktiven Mitsprache im Sinne einer gelingenden Partizipation. Offene Kinder- und Jugendarbeit beispielsweise kann bzw. soll sich auch als Teil des öffentlichen Raumes verstehen und die hier stattfindende informelle Bildung als Ausgangspunkt des eigenen Tuns begreifen.

> „Die Entwicklung sozialer Kompetenzen in wechselnden Gruppen oder im Umgang mit fremden Menschen in neuen Situationen, die Erweiterung des Handlungsraumes und damit des Verhaltensrepertoires prägen auch die Fähigkeit für den Erwerb von Sprachkenntnissen und Bildungsabschlüssen."
>
> *(Deinet, 2009, S. 145 f.)*

Über das in der Kinder- und Jugendarbeit etablierte **Aneignungskonzept** im Sinne einer Subjektbildung im Raum lässt sich theoriegeleitet die informelle Bildung erfassen (siehe Band 1, Lernfeld 2, Kap. 7.8.4). Informell im Sozialraum erworbene Schlüsselkompetenzen wie beispielsweise Risikoabschätzung oder Offenheit Neuem gegenüber tragen zum Gelingen formaler Bildung in Schule und Ausbildung wesentlich bei, was im Zusammenwirken mit non-formalen Settings zu einer ganzheitlichen Bildung von Kindern, Jugendlichen und jungen Erwachsenen beiträgt. Eine im Bereich der Kinder- und Jugendhilfe, insbesondere in der Arbeit mit Jugendlichen und jungen Erwachsenen, etablierte Möglichkeit des Agierens ist die Sozialraumanalyse.

> Der öffentliche Raum der Dörfer, Stadtteile, Regionen usw. ist ein relevanter Teil der Jugendarbeit gemäß § 11 SBG VIII, der Jugendsozialarbeit gemäß § 13 SGB VIII und der Hilfen zur Erziehung gemäß § 27 ff SGB VIII. Für die Arbeit mit Kindern, Jugendlichen und jungen Erwachsenen bietet die Sozialraumorientierung immense Möglichkeiten.

7.8.6   Mädchen- und Jungenarbeit

Ein aktuelles „Praxis"-Konzept der Kinder- und Jugendarbeit, welches auch in Jugendzentren (mitgedacht werden unter diesem Begriff auch Offene Türen, Jugendclubs, Jugendheime, Jugendfreizeiteinrichtungen, Jugendhäuser etc.) seinen festen Platz gefunden hat, ist die Mädchen- und Jungenarbeit.

Jungenarbeit

Die Frage, ob Jungenarbeit innerhalb der (Offenen) Kinder- und Jugendarbeit überhaupt nötig ist, scheint vor dem Hintergrund, dass männliche Jugendliche ohnehin zur Zielgruppe gehören, gestattet. Gesellschaftliche Veränderungen, in denen sich Jungen veränderten Bedingungen und Aufgaben stellen müssen, machen jedoch ein spezielles Bemühen um diese Zielgruppe unabdingbar. Leider erweisen sich jedoch historisch nachweisbare Intentionen der (Offenen) Kinder- und Jugendarbeit, die sich Zielen wie „dem Schließen der Kontrolllücke zwischen Schulbank und Kasernentor" verschreiben, als „merkwürdig zählebig" *(Sielert, 2005, S. 65)*. Im Kern geht es immer noch um die Erwartung, Jungen, die unangenehm aufgefallen sind oder aufzufallen drohen, sozial zu integrieren. Im Zuge einer feministisch motivierten Emanzipation innerhalb der (Offenen) Kinder- und Jugendarbeit „reichte es aus, Jungen im Zaum zu halten und sie im Sinne der Kritik an den Männern antisexistisch zu sozialisieren" *(Sielert, 2005, S. 65)*.

Inzwischen ist klar, „dass Jungen nicht nur Probleme machen, sondern auch welche haben" *(Sielert, 2005, S. 65)*. Die Pluralisierung männlicher Lebenssituationen führt zu einer Vielfalt männlicher Lebensentwürfe und damit zu verschiedenen Jungentypen. Jungen können sich „ihren Typ" jedoch nicht immer frei auswählen, da die eigenen sozialen Lebensressourcen, die Zugänge zu Bildung, Finanzen, Anregungsmilieus oder Personen sowie kommunikative Kompetenzen divergieren. Aus diesem Grund ist die Zielgruppe „Junge" in der (Offenen) Kinder- und Jugendarbeit differenziert zu betrachten. So ist zunächst auf verschiedene Gruppierungen zu achten:

- „unterschiedliche kulturelle oder politische Szenen,
- deutsche und ausländische Jungen,
- Migranten, die sich als Deutsche fühlen und solche, die in ihre Heimat zurück wollen,
- eher cliquenorientierte Jungen und die ‚einsamen Wölfe',
- laute und mackerhaft auftretende, aber auch stille und zurückhaltende Jungen,
- Gewinner- und Verlierertypen." *(Sielert, 2005, S. 65)*

Sind die Gruppierungen ausgemacht, gilt es, sich den speziellen und individuellen männlichen Defiziten zuzuwenden. Ausgangspunkt könnten Bereiche sein, in denen Männer Probleme aufweisen und die zu Krisen führen:

Eine besondere Schwierigkeit einer solch großen Offenheit gegenüber „Männerproblemen" besteht darin, dass es bis in die heutige Zeit hinein immer noch zur „gender correctness" gehört, „Männlichkeit und Jungesein zunächst einmal grundsätzlich schlecht zu bewerten" *(Sielert, 2010, S. 21)*. In einer Befragung Professioneller kommt zutage, dass Jungen als aggressiv, cool, derb, distanziert, dominant, draufgängerisch, eitel, egozentrisch, grenzenlos, gockelhaft, hart, kämpferisch, konkurrent, Kotzbrocken, laut, lonesome Cowboys, Machos, Rambos, raumgreifend, protzig, tapfer,

---

1. „Männer scheitern in Ehen, Beziehungen und Partnerschaften zu Frauen oder sind überhaupt nicht mehr in der Lage, Kontakte zu Frauen herzustellen.
2. Männer sind aufgrund ihrer emotionalen Abhängigkeit von Frauen verunsichert oder sogar hilflos, wenn Frauen heutzutage Eigenforderungen anmelden und für ihre Unabhängigkeit von Männern eintreten.
3. Männer erleben ihre Sexualität zunehmend als wenig befriedigend und leiden in erschreckend vermehrtem Maße unter ‚Funktionsstörungen' ihrer Sexualität.
4. Männer können sich häufig mit ihrer Berufstätigkeit nicht mehr identifizieren; sie finden darin keinen Sinn mehr und kaum noch Wert. In ihrem Privatleben sind sie oft nicht in der Lage, die Versagungen im Beruf auszugleichen. Von daher sind sie von der Gefahr des Sinnverlustes umgeben.
5. Männer vermissen in großer Zahl wirkliche Freunde. Ihre Beziehungen zu anderen Männern sind meist konkurrenzbetont. Von daher getrauen sie sich gegenüber anderen Männern nicht wirklich, sich zu öffnen. Männerbeziehungen bleiben also oberflächlich, bestenfalls kumpelhaft.
6. Männer beginnen ihre eingeschränkte Körperlichkeit und Sexualität vermehrt zu spüren und auch als Defizit zu erleben. Sie wünschen sich Änderungen und schauen vielfach eifersüchtig auf die größere Erlebnisfähigkeit von Frauen.
7. Männer erkennen zunehmend, dass es ihnen an sinnvollen Bewältigungsstrategien für ihre Probleme fehlt. Flucht in die Arbeit, Alkohol, Krankheit oder Gewalttätigkeit werden als falsche Wege wahrgenommen. Vielfach fehlt es aber noch an lebbaren Alternativen.
8. Manche Männer werden sich auch der kulturellen, sozialen und ökologischen Folgeprobleme traditioneller Männlichkeit bewusst und suchen nach Auswegen."

(Hollstein, 2001, S. 34)

tonangebend und als Übermänner beschrieben werden *(vgl. BZgA 1998, S. 71 f.; vgl. auch Sielert, 2010, S. 21)*. Weiterhin wird zum Ausdruck gebracht, dass Jungen eigentlich durchgängig schwach sind, jedoch versuchen, sich permanent als stark zu präsentieren.

Betrachtet man diese Aussagen, so erscheint es zunächst als unumgänglich, an den Zuschreibungen an Jungen „zu arbeiten" und fachlich reflektierter und mit größtmöglicher Objektivität Jungen in den Blick zu nehmen. Die „Behebung" der „Männerprobleme" durch fachlich orientierte (präventive) Jungenarbeit (im Kontext der (Offenen) Kinder- und Jugendarbeit) sollte das vornehmliche Ziel sein. Bei den Handlungsstrategien muss ein Gleichgewicht bestehen zwischen Verständnis, Unterstützung und Bekräftigung auf der einen Seite und dem Aufzeigen von Verhaltensalternativen, Verhaltenskorrekturen und der Konfrontation mit fremd- oder selbstschädigendem Verhalten auf der anderen Seite *(vgl. Sielert, 2005, S. 68)*.

Fünf zentrale **Zielbereiche** haben sich als praktisch und konzeptionell brauchbar herauskristallisiert:

1. **Entwicklung von Selbstvertrauen und Selbstrespekt:**
   Hier können männliche Pädagogen durch „in Beziehung sein", durch „stützend zur Seite stehen", durch das „zeitweise Einnehmen einer ‚Ersatzvaterrolle' oder besser noch der Rolle des Mentors", durch das „Schenken von Fürsorge" und durch das „Zur-Seite-Stehen in Konflikt- und Angstsituationen" wertvolle Hilfen bieten.

2. **Wertschätzung anderer Personen, Dinge und Ereignisse**
   Modellverhalten, Verstärkung prosozialer Äußerungen, ausführliche und wertende Nachbesprechungen von Aktivitäten sowie Anregungen zur Beschäftigung mit hilflosen Personen und Kindern können, ausgehend von den Jungenarbeitern, positive Akzente setzen.

3. **Umgang mit der eigenen Energie und Körperlichkeit**
   Um dem Bedürfnis von Jungen nach Bewegung, Aktivität und Kraftbeweis entgegenzukommen, sollten sportliche Aktivitäten allgemein angeboten werden. Zudem sollten Fantasiereisen, sanfte Körperspiele und gemeinsames Philosophieren den Körper als Seismografen schulen für die Dinge, die gut bzw. weniger guttun.

4. **Umgang mit Grenzen**
   Da Jungen das Herangehen und zeitweilige Überschreiten von Grenzen gewöhnt sind, ist das gemeinsame, sprich partizipative Erarbeiten von Regeln und das permanente und konsequente Arbeiten mit Regeln wichtig. Rollenspiele und geeignete situative Konfrontationen, etwa bei gewalttätigem oder sexistischem Verhalten, können Jungen dabei helfen, eigene Grenzen, aber auch die von anderen zu erkennen und adäquat damit umzugehen.

5. **Fähigkeit und Bereitschaft zur Suche nach Verhaltensalternativen**
   Jugendarbeiter sollten Jungen dabei unterstützen, durch eine angemessene Selbstwahrnehmung eine realistische Wahrnehmung von alternativen Verhaltensweisen in Schule, Beruf, Freizeit etc. zu erlangen. Biografische Impulse, persönliche Beratung und themenzentrierte Arbeit an relevanten Kontexten, z.B. Freundschaft, Arbeitsteilung mit der Partnerin, Intimität, Berufspläne oder Gesundheit, sind wichtige Aspekte der Jungenarbeit *(vgl. Sielert, 2005, S. 68 f.)*.

Mädchenarbeit

Eine zentrale Kritik an der „gängigen Praxis" der Offenen Kinder- und Jugendarbeit war lange Zeit, dass geschlechtsspezifische Unterschiede nicht bzw. unzureichend berücksichtigt wurden und die Gleichberechtigung von Jungen und Mädchen, wie sie heutzutage als Grundrichtung der Erziehung in § 9 SGB VIII verlangt wird, zu kurz kam. Um diesem Missstand zu begegnen, wurden Ansätze der feministischen Mädchenarbeit entwickelt. Diese versteht sich als für Mädchen und ihre Belange parteilich. In der feministischen Mädchenarbeit wird davon ausgegangen, „dass die Lebensrealitäten von Mädchen primär durch ihre Geschlechtszugehörigkeit bestimmt werden. Ihr zentrales Anliegen ist es, die Lebenssituationen von Mädchen/Frauen zu verbessern. Sie setzt bei den Sozialisationsbedingungen und den daraus resultierenden Verhaltensmustern und Zukunftsvorstellungen an. Sie will Mädchen ermöglichen, in patriarchale Strukturen und ihre Wirkweisen Einsicht zu nehmen und sich ihrer bewusst zu werden, um sich aus ihnen zu befreien, sich zu behaupten und sich eine eigenständige Identität als Frau zu erarbeiten." *(Klees u. a., 2007, S. 14/15)*

Ein umfassendes und einheitliches Theoriegebäude zur (feministischen) Mädchenarbeit gibt es nicht. Als unverzichtbare **Prinzipien** haben sich aber aus der Praxis heraus die:

- „Neu- bzw. Aufwertung weiblicher Eigenschaften und Kompetenzen,
- Parteilichkeit der Pädagoginnen,
- Arbeit in geschlechtshomogenen Gruppen und eigenen Räumen"

entwickelt.
(Klees u. a., 2007, S. 33)

Mädchenarbeit soll stärken.

Von zentraler Bedeutung ist in der Mädchenarbeit, „Mädchen wahrzunehmen, ihnen ein ernsthaftes Gegenüber zu sein, ihnen zu vertrauen, sie zu begleiten auf ihrem Weg" *(Graff, 2005, S. 60)*.

Wenn von Mädchenarbeit gesprochen wird, dann beinhaltet dies Pädagogik und Jugendarbeit. Die hier eingebrachten Ressourcen wie Personal, Geld, Zeit und Raum müssen Mädchen ebenso zugutekommen wie Jungen. „Unsere Kultur der Zweigeschlechtlichkeit verteilt diese Dinge deutlich zuungunsten von Mädchen. Da die Geschlechterhierarchie sowohl alles prägt als auch von uns immer wieder neu hergestellt wird, haben wir die Verantwortung, Jugendarbeit bewusst zu gestalten und so umzugestalten, dass Mädchen sich dort wiederfinden, dass sie Raum für Gestaltung, Experimente und ernsthafte Beziehungen [bietet]." *(Graff, 2005, S. 60)* „Raum" ist hier sowohl wörtlich als auch metaphorisch zu verstehen.

> **Mädchen- und Jungenarbeit** ist aus der modernen Arbeit im Kontext (Offener) Kinder- und Jugendarbeit nicht mehr wegzudenken. Als Praxiskonzept ist sie in unterschiedlichen Ausprägungen etabliert und leistet wertvolle Unterstützung in der Arbeit mit und vor allem für Mädchen und Jungen.

Maßnahmen im Bereich Freizeit und Erholung

Bei den Maßnahmen der Kinder- und Jugendarbeit nehmen, wie vorab dargestellt, die Schwerpunkte Freizeit und Erholung eine wichtige Stellung ein. Ferienfreizeiten greifen diese Elemente auf und gehören nach wie vor zum „klassischen Repertoire" der Kinder- und Jugendarbeit. Sie vereinen Entspannung und Erholung mit Abenteuer und Erlebnis. Dies gelingt durch das Heraustreten aus den alltäglichen Lebensumständen und -erfahrungen *(vgl. Projektgruppe WANJA, 2000, S. 20)*. Ferienfreizeiten bzw. -fahrten gründen historisch in der Jugendbewegung, zu denen die Pfadfinder und die Wandervogelbewegung zählen. Diese wiederum gelten u. a. als Vorläufer der Erlebnispädagogik (siehe Band 2, Lernfeld 4, Kap. 16). Bis heute verstehen die freien Verbände, z. B. kirchliche, Pfadfinder, AWO, Die Falken etc. Kinder- und Jugendfreizeiten als ihre Kernaufgabe. Das Grundprinzip war, in einer fremden Umgebung in einer Gruppe „alternative Erfahrungs- und Erlebnisräume als Rahmen für kollektive und individuelle Bildungsprozesse zu arrangieren" *(Projektgruppe WANJA, 2000, S. 20)*.

Soziale Effekte des gesellschaftlichen Wandels bilden noch heute den konzeptionellen Ausgangspunkt für die Planung und Durchführung von Kinder- und Jugendfreizeiten. Beispielsweise der zunehmenden „Vermarktwirtschaftlichung" jugendlicher Erlebnis- und Aneignungsräume, die insbesondere benachteiligte Jugendliche betrifft, und der damit einhergehenden „Verregelung" von Erlebnisräumen soll auf diese Art und Weise begegnet werden. Weitere Ausgangspunkte stellen die „Erosion" der Familien als Erziehungsinstanz und eine damit einhergehende Institutionalisierung von Erziehungsaufgaben dar *(vgl. Projektgruppe WANJA, 2000, S. 20)*.

Den benannten Missständen soll durch das Erfahren von Geselligkeit und sozialem Miteinander entgegengewirkt werden. Bekannte Muster der Alltags- und Problembewältigung sollen durch die Begegnung mit Neuem und über Grenzerfahrungen durchbrochen werden und neue bzw. alternative Handlungsmuster entwickelt werden. Somit sollen individuelle und kollektive Lernprozesse durch Arrangements entsprechender Gelegenheitsstukturen angestoßen werden.

Als anerkannte Methode zur Durchführung gilt die Gruppenpädagogik (siehe Band 1, Lernfeld 2, Kap. 4). Das Phasenmodell der Gruppenentwicklung ist bei der Diagnose des Gruppenprozesses und der Entwicklung des Beziehungsgeflechts hilfreich, Interventionen können den jeweiligen Gruppendynamiken angepasst und analysiert werden *(vgl. Projektgruppe WANJA, 2000, S. 21)*.

7.8.7 Kinder- und Jugendarbeit = Bildungsarbeit?

Bildung insgesamt und Bildungsprozesse werden im Kontext zunehmender Spezialisierung in Beruf und Lebensumwelt der Institution Schule zugeschrieben. Hier wird Bildung formalisiert. Bildungsziele werden konkret vorgegeben und mittels Unterricht vermittelt. Seit geraumer Zeit wird jedoch wieder darüber diskutiert, welche Lernprozesse von Kindern und Jugendlichen sich außerhalb des formalisierten Lerngeschehens am „Lernort" Schule vollziehen. Klar scheint in diesem Zusammenhang, dass Bildung nicht nur formell, sondern auch informell sein kann.

Ausgehend vom allgemeinen Ziel der Bildung, zu autonomer Lebensbewältigung und –führung in allen Lebensbereichen zu befähigen, gelten als informelle Bildung alle bewussten oder unbewussten Formen des praktizierten Lernens außerhalb formalisierter Bildungsangebote *(vgl. Rätz-Heinisch u. a., 2009, S. 106)*. Informelles Lernen unterscheidet sich demnach von formalem Lernen insbesondere dadurch, „dass es in aller Regel von den individuellen Interessen der Subjekte gesteuert wird. Es ist meist ungeplant, beiläufig, implizit, unbeaufsichtigt" *(Rätz-Heinisch u. a., 2009, S. 106)*. Demnach findet diese Art des Lernens in sämtlichen Kontexten des Lebens statt – in der Familie, in der Freizeit usw. Demzufolge kann informelle Bildung sowohl innerhalb als auch außerhalb formaler Bildungsinstitutionen stattfinden. Ist „die Bildung" (oder auch Erziehung) jedoch organisiert und weist einen Angebotscharakter auf, ist aber generell freiwilliger Natur, so spricht man von non-formaler Bildung. Somit wird deutlich, dass die Kinder- und Jugendarbeit ein klassischer Ort ist, der informelles und non-formales Lernen ermöglicht.

Es wird anhand der exemplarisch, jedoch mit Blick auf die Relevanz und quantitative Ausprägung, ausgewählten Arbeitsfelder und Orte, Arbeitsbereiche und Maßnahmen sowie Theorie- und Praxiskonzepte deutlich, dass es eine Vielzahl von inhaltlichen Verquickungen und z.T. Überschneidungen gibt. Dies ergibt sich u.a. aus manch gemeinsamer Historie, aber auch aufgrund wechselseitiger Beziehungen. So ist es ohne Weiteres möglich, dass ein im Sozialraum verortetes Jugendzentrum komplementär eine Jugendfreizeit durchführt. Sowohl im „Regelbetrieb" als auch in der Maßnahme können (oder sollen vielleicht sogar) auf die aktuellen und individuellen Bedürfnisse der Teilnehmer zugeschnittene Aspekte der Mädchen- und Jungenarbeit angewendet werden.

> „Informelle Bildung findet statt, indem die Angebote und Leistungen an den Interessen und Bedürfnissen der Jugendlichen ansetzen und mit ihnen zusammen (fort)entwickelt werden. Non-formale Bildung findet sich in sämtlichen Formen von Projekt- und Gruppenarbeiten, die von den jungen Menschen freiwillig genutzt werden."
>
> *(Rätz-Heinisch u. a., 2009, S. 107)*

Das Lernen englischer Vokabeln im Schulunterricht entspricht dem **formalen Bildungsbegriff.** Wenn Jugendliche sich im Jugendzentrum, auf dem Schulhof oder zu Hause über englische Musik und deren Texte unterhalten und darüber die englische Sprache lernen, so ist dies der **informellen Bildung** zuzurechnen. Findet im Jugendzentrum, wie in der Lernsituation zu diesem Kapitel beschrieben, ein musikpädagogisches Angebot statt, bei dem die Jugendlichen über das Rappen selbst geschriebener, englischer Texte Englisch lernen, so ist das **non-formale Bildung.**

Bei den turnusmäßig immer wieder aufkommenden und mehr oder weniger kontrovers geführten Bildungsdebatten in Deutschland fällt auf, dass informelles und non-formales Lernen häufig schlecht wegkommen. In anderen Ländern wird auf die Erfolge von Ganztagsschulen verwiesen. Diesem System nacheifernd wird in Deutschland seit Jahren die Offene Ganztagsschule (Band 1, Lernfeld 1, Kap. 5.2.3 und Lernfeld 2, Kap. 7.7) ausgebaut, bei dem Schule und Kinder- und Kinder- und Jugendarbeit kooperieren sollen. Die Erfolgschancen mit Blick auf den „Output", nämlich „gebildete" Kinder und Jugendliche, sind dabei um so höher, je gelingender die Kooperation ist. Erhebungen bestätigen die hohe Bedeutung von Kooperationen zwischen Trägern der Kinder- und Jugendhilfe und der Schule. Im Jahr 2015 findet bei fast jedem dritten Angebot im Kontext der offenen Angebote der Kinder- und Jugendhilfe eine Zusammenarbeit mit mindestens einer Schule statt *(vgl. Mühlmann/Pothmann, 2018, S. 122)*. Die Angebote, die in der Abbildung „Themenschwerpunkte offener Angebote" in Kap. 7.8.4 dargestellt sind, geben Auskunft über die Ressource, derer sich Schule hier im Sinne einer ganzheitlichen Bildung bedient. Bezüglich der Ausrichtung der Zusammenarbeit ist eine Unterscheidung in horizontale, vertikale und diagonale Kooperation möglich. Hierbei handelt es sich um das Zusammenwirken von Unternehmen derselben Marktstufe und unterschiedlicher Marktstufen sowie einer branchenübergreifenden Zusammenarbeit mit dem Ziel, einer bestehenden oder potenziellen Nachfrage ein

entsprechendes Angebot gegenüberzustellen *(vgl. Picot u.a., 2001, S. 305/306)*. Eine solche Betrachtung von Kooperationsmöglichkeiten bietet für die Kinder- und Jugendarbeit auf unterschiedlichen Ebenen viele Möglichkeiten, da durch die Zusammenführung verschiedener Wissensbasen das Angebot klientenspezifischer Lösungen passgenauer geschehen kann. Nach dem Vorbild der Arbeitsteilung macht bei einer solchen Zusammenarbeit jeder das, was er am besten kann. Im Idealfall ergänzen sich die Kompetenzen der einzelnen Akteure derart, dass es für jedes Problem einen eigenen und geeigneten Spezialisten gibt und Bildung insgesamt ganzheitlich(er) angeboten werden kann.

Dass im Sinne einer umfassenden Bildung das Zusammenwirken verschiedener Akteure sinnvoll ist, veranschaulicht die folgende Grafik.

Im Verständnis der Jugendarbeit spielt Bildung traditionell eine gewichtige Rolle. Damit sich diese nicht in einer „konsumistischen Dienstleistungsorientierung" *(Sturzenhecker, 2006, S. 3)* verliert und/oder im Sinne einer bloßen Betreuungslogik, die es Erziehungsbe-

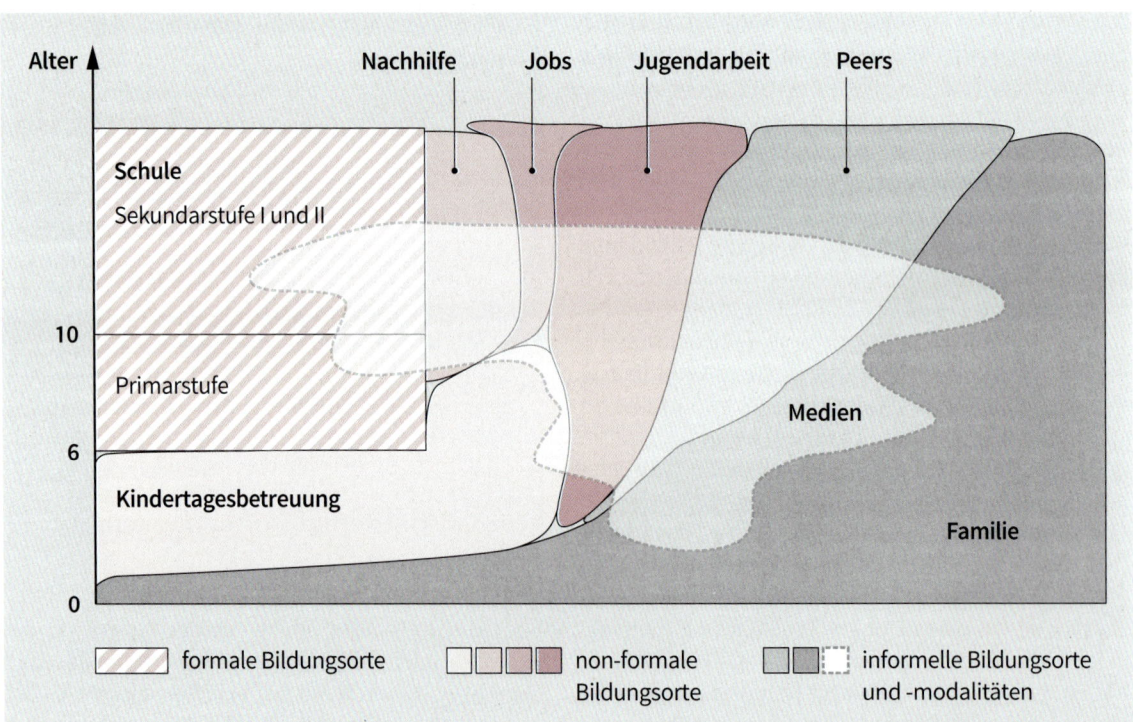

Bildungsorte und -modalitäten im Kindes- und Jugendalter (vgl. Rauschenbach u.a., 2004, S. 31)

rechtigten ermöglicht, während ihrer Berufstätigkeit ihre Kinder- und Jugendlichen verlässlich verwahrt zu wissen, verwässert, gilt es für die Kinder- und Jugendarbeit der Gegenwart und Zukunft, ihr Profil als eigenständiges Bildungsangebot zu schärfen. Hafeneger (2011, S. 9) verweist diesbezüglich explizit auf § 11, Abs. 3 SGB VIII, in dem die außerschulische Jugendbildung mit allgemeiner, politischer, sozialer, gesundheitlicher, kultureller, naturkindlicher und technischer Bildung als Schwerpunkte der Jugendarbeit gesetzlich verankert wird und hebt die prägende Bedeutung für den Lebenslauf und die Bildungsbiografie der teilnehmenden Jugendlichen und jungen Erwachsenen hervor *(vgl. Hafeneger, 2011, S 10)*.

> „Dabei ist von einer doppelten bildungsrelevanten Perspektive auszugehen: Sie ist ein Ort der erfahrungsbasierten, lebensgeschichtlich bedeutsamen Persönlichkeits- und […] Kompetenzentwicklung; und sie ist ein Ort der kritisch-reflexiven Auseinandersetzung mit gesellschaftlichen, politischen und kulturellen Zusammenhängen und Entwicklungen, Themen und Fragen. Mit dieser Perspektive sollen Wissensbestände erweitert, Reflexions- und Handlungsfähigkeit gefördert werden."
>
> *(Hafeneger, 2011, S. 10)*

↗ WIEDERHOLUNG

→ Die „Arbeit" am Selbst bzw. dem Selbstkonzept und an, mit und innerhalb von Rollen trägt wesentlich zur Bildung der Persönlichkeitsstruktur bei. Innerhalb des psychosozialen Moratoriums können Jugendliche sich selbst erkunden und Rollen erproben. So können sie herausfinden, was sie eigentlich wollen, was letztlich ein wichtiger Aspekt der Identitätsfindung ist.

→ Diese besonders relevanten Aspekte bilden neben anderen die „Lernaufgaben" innerhalb der Jugendphase gemäß dem Konzept der Entwicklungsaufgaben, die es zu beachten gilt.

→ Innerhalb der Kinder- und Jugendhilfe ist die Kinder- und Jugendarbeit ein komplexes und breit gefächertes Feld. Träger, Einrichtungen, Angebote und die tätigen Personen sind z. T. so heterogen, dass ein Beschreiben typischer Gemeinsamkeiten schwierig ist. Dennoch oder vielleicht gerade deshalb nimmt die Kinder- und Jugendarbeit eine hohe gesellschaftspolitische Relevanz für sich in Anspruch.

→ Einrichtungen der Kinder- und Jugendarbeit arbeiten traditionell auf der Basis von Freiwilligkeit der Teilnahme bzw. setzen auf Beteiligung und Teilhabe. Damit grenzen sie sich von formal orientierten Institutionen wie Schulen ab.

→ Weil informelle und non-formale Bildung durch die Selbstbildung der jungen Menschen durch Eigentätigkeit und Aktivität charakterisiert sind, bieten Einrichtungen der Kinder- und Jugendarbeit adäquate ganzheitliche Bildungsmöglichkeiten.

→ Es entspricht der traditionellen Auffassung der Jugendarbeit, zur Bildung beizutragen. Dies gilt es, in ein aktuelles Bildungsverständnis der Praxis zu übersetzen.

→·← AUFGABEN

Beantworten Sie die folgenden Fragen in Einzelarbeit. Notieren Sie die wichtigsten Aspekte kurz und prägnant jeweils auf einer Karte/einem Blatt. Behalten Sie bei Ihren individuellen Aufzeichnungen im Blick, dass Sie diese im Anschluss einer Partnerin so gut erklären können sollten, dass diese den Inhalt versteht und Sie eventuelle Nachfragen beantworten können.

1 [Wissen und Verstehen]
Nennen Sie Paragrafen aus dem SGB VIII oder dem Jugendschutzgesetz, die sich mit der Strukturierung des Lebenszyklus befassen. Was sagen sie aus?

2 [Wissen und Verstehen]
Nennen Sie zentrale Aspekte der Entwicklung im Jugendalter.

3 [Wissen und Verstehen]
Was kennzeichnet die Identitätsentwicklung und welche gesellschaftlichen und rechtlichen Aspekte ermöglichen es Jugendlichen, sich in diesem Kontext zu erproben?

4 [Wissen und Verstehen]
Was ist im Kontext Selbst/Selbstkonzept von zentraler Bedeutung?

5 [Wissen und Verstehen]
Was erfordert das Einnehmen einer Rolle vom Individuum im Jugendalter und welcher Rollentyp tangiert Jugendliche ggf. insbesondere?

6 [Wissen und Verstehen]
Nennen und erläutern Sie prägnant sechs fachwissenschaftliche Optionen der Kinder- und Jugendarbeit.

7 [Wissen und Verstehen]
Beschreiben Sie gesetzliche Grundlagen der Kinder- und Jugendarbeit.

8 [Wissen und Verstehen]
Nennen und erläutern Sie die verschiedenen Perspektiven, die bei einer Definition der Kinder- und Jugendarbeit hilfreich sein können.

9 [Analyse und Bewertung]
Skizzieren Sie stichpunktartig Aspekte zu den im Rahmen der Kinder- und Jugendarbeit tätigen Personen.
a) Was bewerten Sie als besondere Herausforderung?
b) Welche Chancen ergeben sich?

10 [Wissen und Verstehen]
Stellen Sie kurz dar, was im Rahmen der Kinder- und Jugendarbeit angeboten wird. Vertiefen Sie einzelne Aspekte beispielhaft.

Bereiten Sie sich nun darauf vor, Ihr Fachwissen einer Partnerin zu vermitteln. Sortieren Sie hierzu Ihre Notizen sinnvoll und verinnerlichen dabei das, was Sie lehren möchten. Heben Sie nun Ihre Karten hoch und schauen Sie sich um, ohne zu sprechen. Sobald eine weitere Person ihre Karten hochhält, finden Sie sich mit dieser Person zusammen und tauschen Ihr Fachwissen aus. Klären Sie vorab den möglichen Ablauf.

11 [Wissen und Verstehen]
Erstellen Sie ein Mindmap. Notieren Sie in der Mitte „Arbeitsfelder und Orte der Kinder- und Jugendarbeit". Auf der ersten Ebene notieren Sie „Arbeitsfelder und Orte", „Theoriekonzepte", „Praxiskonzepte" sowie „Arbeitsbereiche und Maßnahmen". Ordnen Sie dann die beispielhaft im Text dargestellten Themen zu und notieren Sie entsprechend die wesentlichen Inhalte.
Stellen Sie Ihre Erarbeitungen im Plenum vor.

12 [Wissen und Verstehen]
Was kennzeichnet Bildung im Kontext der Kinder- und Jugendarbeit? Notieren Sie wesentliche Aspekte und diskutieren Sie im Plenum.

13 [Analyse und Bewertung] [Reflexion]
Rekapitulieren Sie, was Sie inhaltlich gelernt haben und beziehen Sie dies auf die Lernsituation zu Beginn dieses Kapitels.
a) Was fällt Ihnen z. B. zur Einrichtung selbst, zu den Mitarbeiterinnen, zu den Besuchern usw. auf?
b) Vergleichen Sie Ihre Analyse (a) mit Ihren Notizen zu den Fragen zum Eingangsbeispiel. Benennen Sie Ihren Lernertrag.

14 [Planung und Konzeption]
Erarbeiten Sie auf der Grundlage Ihrer inhaltlichen Erarbeitungen Möglichkeiten des Handelns in Bezug auf die Lernsituation. Gehen Sie u. a. insbesondere auf generelle Möglichkeiten im Rahmen der Kinder- und Jugendarbeit sowie speziell auf die konkrete Situation vor Ort ein.
Stellen Sie Ihre Erarbeitungen im Plenum vor. Begründen Sie dabei, warum die von Ihnen dargelegte Art und Weise des Agierens fachlich sinnvoll ist.

15 [Reflexion]
Reflektieren Sie Ihren Lernertrag im Kapitel insgesamt.

TIPP ZUM WEITERARBEITEN →→

→ Krisch, Richard/Schröer, Wolfgang (Hrsg.): Entgrenzte Jugend – Offene Jugendarbeit. Jugend ermöglichen im 21. Jahrhundert. Weinheim/Basel: Beltz Juventa 2020.

Buba, H.: Entwicklungsverläufe in der Postadoleszenz und Ablösung vom Elternhaus, in: Jungsein in Deutschland. Jugendliche und junge Erwachsene. Herausgegeben von Reiner Silbereisen/Laslo Vaskovics/Jürgen Zinnecker. Opladen: Leske + Budrich, 1996.

Bundeszentrale für gesundheitliche Aufklärung (BZgA): Kompetent, authentisch, normal? Aufklärungsrelevante Gesundheitsprobleme, Sexualaufklärung und Beratung von Jungen. Studie. Erstellt von Reinhard Winter und Gunther Neubauer. Köln 1998.

Galuske, Michael: Methoden der Sozialen Arbeit. Eine Einführung. Unter Mitarbeit von Holger Schoneville. 9., ergänzte Auflage. Weinheim und München: Juventa Verlag 2011.

Deinet, Ulrich/Sturzenhecker, Benedikt: Konzepte entwickeln. Anregungen und Arbeitshilfen zur Klärung und Legitimation. Weinheim und München: Juventa Verlag 1996.

Deinet, Ulrich: „Aneignung" als Bildungskonzept sozialräumlicher Jugendarbeit. In: Sozialräumliche Jugendarbeit. Grundlagen, Methoden und Praxiskonzepte, 3., überarbeitete Auflage. Herausgegeben von Ulrich Deinet. Wiesbaden: VS Verlag für Sozialwissenschaften 2009.

Erikson, Erik H.: Identität und Lebenszyklus. 1. Auflage. Frankfurt/Main: Suhrkamp 1973.

Ferchhoff, Wilfried: Jugend und Jugendkulturen im 21. Jahrhundert. Lebensformen und Lebensstile. Wiesbaden: VS Verlag für Sozialwissenschaften 2007.

Fritz, Jürgen: Methoden des sozialen Lernens. Weinheim und München: Juventa Verlag 1993.

Giesecke, Hermann: Die Jugendarbeit. München: Juventa Verlag 1980.

Graff, Ulrike: Mädchen. In: Handbuch Offene Kinder- und Jugendarbeit. Herausgegeben von Ulrich Deinet und Benedikt Sturzenhecker. Wiesbaden: VS Verlag für Sozialwissenschaften 2005.

Hafeneger, Benno: Geschichte der Offenen Kinder- und Jugendarbeit. In: Handbuch Offene Kinder- und Jugendarbeit. Herausgegeben von Ulrich Deinet und Benedikt Sturzenhecker. Wiesbaden: VS Verlag für Sozialwissenschaften 2005.

Hafeneger, Benno (Hrsg.): Handbuch Außerschulische Jugendbildung. Grundlagen – Handlungsfelder – Akteure. Reihe Politik und Bildung – Band 60. Schwalbach/Ts.: Wochenschau Verlag 2011.

Haug-Schnabel, Gabriele/Bensel, Joachim: Grundlagen der Entwicklungspsychologie. Die ersten 10 Lebensjahre, Freiburg im Breisgau: Verlag Herder, 2005.

Hinte, Wolfgang: Das Fachkonzept „Sozialraumorientierung" – Grundlage und Herausforderung für professionelles Handeln. In: Sozialraumorientierung. Ein Studienbuch zu fachlichen, institutionellen und finanziellen Aspekten. Herausgegeben von Roland Fürst und Wolfgang Hinte. Wien: Facultas Verlags- und Buchhandels AG 2014.

Hollstein, Walter: Potent werden – Das Handbuch für Männer. Liebe, Arbeit, Freundschaft und der Sinn des Lebens. Bern: Verlag Hans Huber 2001.

Hurrelmann, Klaus/Quenzel, Gudrun: Lebensphase Jugend. Eine Einführung in die sozialwissenschaftliche Jugendforschung. 13. Auflage. Weinheim/Basel: Beltz Juventa 2016.

Keupp, Heiner/Ahbe, Thomas/Gmür, Wolfgang/Höfer, Renate/Mitzscherlich, Beate/Kraus, Wolfgang/Straus, Florian: Identitätskonstruktionen. Das Patchwork der Identitäten in der Spätmoderne. Reinbek bei Hamburg: Rowohlt 2006.

Klees, Renate/Marburger, Helga/Schumacher, Michaela: Mädchenarbeit. Praxishandbuch für die Jugendarbeit, Teil 1. Weinheim und München: Juventa Verlag 2007.

Krappmann, Lothar: Soziologische Dimensionen der Identität. Strukturelle Bedingungen für die Teilhabe an Interaktionsprozessen. Stuttgart: Klett-Cotta 2005.

Mühlmann, Thomas/Pothmann, Jens: Kinder- und Jugendarbeit (§ 11 SGB VIII). In: Autorengruppe Kinder- und Jugendhilfestatistik: Kinder- und Jugendhilfereport 2018. Eine kennzahlenbasierte Analyse. Opladen/Berlin/Toronto: Verlag Barbara Budrich 2019.

Oerter, Rolf/Montada, Leo (Hrsg): Entwicklungspsychologie. 5., vollständig überarbeitete Auflage, Weinheim/Basel: Beltz Verlag 2002.

Oerter, Rolf/Dreher, Eva: Jugendalter. In: Entwicklungspsychologie. 5., vollständig überarbeitete Auflage. Herausgegeben von Rolf Oerter/Leo Montada, Weinheim/Basel: Beltz Verlag 2002.

Picot, Arnold/Reichenwald, Ralf/Wiegand, Rolf T.: Die grenzenlose Unternehmung. Wiesbaden: Gabler 2001.

Projektgruppe WANJA (Hrsg.): Schumann, Michael/ Stötzel, Angelika/Appel, Michael/Dittmann, Iris/ Kühn, Heike: Handbuch zum Wirksamkeitsdialog in der Offenen Kinder- und Jugendarbeit. Qualität sichern, entwickeln und verhandeln. Münster: Votum Verlag 2000.

Rauschenbach, Thomas/Leu, Hans Rudolf/Lingenauber, Sabine/Mack, Wolfgang/Schilling, Matthias/Schneider, Kornelia/Züchner, Ivo: Konzeptionelle Grundlagen für einen Nationalen Bildungsbericht – Non-formale und informelle Bildung im Kindes- und Jugendalter. Herausgegeben vom Bundesministerium für Bildung und Forschung (BMBF). 2. Auflage. Bonn 2004.

Rätz-Heinisch, Regina/Schröer, Wolfgang/Wolff, Mechthild: Lehrbuch Kinder- und Jugendhilfe. Grundlagen, Handlungsfelder, Strukturen und Perspektiven, Weinheim und München: Juventa Verlag 2009.

Scherr, Albert: Jugendsoziologie. Einführung in Grundlagen und Theorien. Wiesbaden: VS Verlag für Sozialwissenschaften 2009.

Scherr, Albert: Konzeptionsentwicklung –eine unverzichtbare Grundlage professioneller Jugendarbeit. In: Konzepte entwickeln. Anregungen und Arbeitshilfen zur Klärung und Legitimation. Herausgegeben von Ulrich Deinet und Benedikt Sturzenhecker. Weinheim und München: Juventa Verlag 1996.

Sielert, Uwe: Jungenarbeit. Praxishandbuch für die Jungenarbeit, Teil 2. Weinheim und München: Juventa Verlag 2010.

Sielert, Uwe: Jungen. In: Handbuch Offene Kinder- und Jugendarbeit. Herausgegeben von Ulrich Deinet und Benedikt Sturzenhecker. Wiesbaden: VS Verlag für Sozialwissenschaften 2005.

Sturzenhecker, Benedikt: Jugendarbeit ist Bildung (2006). In: www.aba-fachverband.org/fileadmin/ user_upload/user_upload_2006/sturzenhecker_ jugendarbeit_ist_bildung.pdf [11.09.2020].

Thole, Werner: Kinder- und Jugendarbeit. Eine Einführung, Weinheim und München: Juventa Verlag 2000.

7.9 Kinder und Jugendliche in Einrichtungen der stationären Erziehungshilfe

Dennis, Studierender im zweiten Ausbildungsjahr, absolviert sein Praktikum in einer Außenwohngruppe (AWG). Hier leben insgesamt acht Kinder im Alter von sechs bis 14 Jahren, darunter Peter M., neun Jahre alt.

Peter zeigt große Lernschwächen und hat Schwierigkeiten, sich sprachlich auszudrücken. Fast täglich unterstützt Dennis ihn intensiv bei der Erledigung der Hausaufgaben. Dennoch zeigt Peter eine geringe Ausdauer und ist schnell frustriert, wenn er eine Aufgabe nicht sofort bewältigen kann. Manchmal rastet er völlig aus und wird aggressiv gegen Menschen oder Gegenstände. Dies gilt nicht nur für Hausaufgabensituationen, sondern ist häufig der Fall, wenn Anforderungen an Peter gestellt werden.

Dennis spricht seine Praxisanleiterin auf die Gründe für Peters Heimunterbringung an. Sie berichtet ihm:

Als Peter fünf Jahre alt war, erreichte das Jugendamt ein Anruf der Polizei. Sie hatte Frau M. unter erheblichem Alkoholeinfluss mit Peter in der Nacht gegen 2:30 Uhr aufgegriffen. Das Kind zeigte eindeutig Spuren von Misshandlung, wie blaue Flecken auf Rücken und Gesäß.

Die Anamnese des Jugendamtes ergab am folgenden Tag: Frau M. war schon seit mehreren Jahren alkoholabhängig. Regelmäßig traf sie sich mit ihrer „Clique" an einer Bushaltestelle, um gemeinsam Bier zu trinken.

Frau M. weiß nicht, wer Peters Vater ist. Sie lebte zum damaligen Zeitpunkt mit einem Mann zusammen, von dem Peter regelmäßig verprügelt wurde, wenn er zu sehr „nervte".

Peter wurde zunächst in einer Bereitschaftspflegestelle untergebracht. Seine Mutter weigerte sich, mit dem Jugendamt zusammenzuarbeiten. Sie äußerte, dass sie kein Alkoholproblem habe und nur „ab und zu mal ein Bierchen trinke". Ihr Freund sei „ein netter Kerl, der keiner Fliege etwas zuleide tue". Das Familiengericht entzog ihr daraufhin die gesamte elterliche Sorge. Vormund wurde Frau Schmidt vom SKM (Katholischer Verband für soziale Dienste). Peter wechselte in die AWG, hier lebt er jetzt seit vier Jahren.

In einer Außenwohngruppe

Dennis kennt Frau M. gut. In regelmäßigen Abständen kommt sie in die AWG, um Peter zu besuchen. Diese Besuchskontakte finden immer in Begleitung einer Erzieherin statt. Mittlerweile zeigt sich die Mutter kooperativer. Sie hat sich von ihrem Partner getrennt und einen Entzug gemacht. Im letzten Hilfeplangespräch wurde daher thematisiert, ob Peter demnächst allein mit seiner Mutter etwas unternehmen könne.

↘ FRAGEN

→ *Welche Schwierigkeiten oder Probleme hat Peter?*

→ *Was erfahren Sie über sein Umfeld und seine Familienverhältnisse?*

→ *Welche Aufgaben könnten auf eine Erzieherin in diesem Arbeitsfeld zukommen?*

7.9.1   Aufgaben und Ziele der stationären Erziehungshilfe nach § 34 SGB VIII

Rechtsgrundlagen nach dem SGB VIII (Kinder- und Jugendhilfe)

Nach § 1 SGB VIII hat jeder junge Mensch „ein Recht auf Förderung seiner Entwicklung und auf Erziehung zu einer eigenverantwortlichen und gemeinschaftsfähigen Persönlichkeit".

Um diesen Anspruch zu verwirklichen, hat die Jugendhilfe die Aufgabe,

1. „[…] junge Menschen in ihrer individuellen und sozialen Entwicklung zu fördern und dazu beizutragen, Benachteiligungen zu vermeiden oder abzubauen,

2. Eltern und andere Erziehungsberechtigte bei der Erziehung zu beraten und zu unterstützen,

3. Kinder und Jugendliche vor Gefahren für ihr Wohl zu schützen,

4. dazu beizutragen, positive Lebensbedingungen für junge Menschen und ihre Familien sowie eine kinder- und familienfreundliche Umwelt zu erhalten oder zu schaffen".

Laut § 27 SGB VIII haben Eltern bzw. Personensorgeberechtigte einen Anspruch auf Hilfe zur Erziehung, wenn es Probleme bei der Entwicklung des Kindes gibt oder eine dem Wohl des Kindes/Jugendlichen entsprechende Erziehung vom Elternhaus nicht gewährleistet ist (siehe Band 1, Lernfeld 2, Kap. 11).

Hilfen zur Erziehung (§§ 28–35 SGB VIII) sind:
§ 28   Erziehungsberatung
§ 29   Soziale Gruppenarbeit
§ 30   Erziehungsbeistandschaft, Betreuungshelfer
§ 31   Sozialpädagogische Familienhilfe
§ 32   Erziehung in der Tagesgruppe
§ 33   Vollzeitpflege
§ 34   Heimerziehung, sonstige betreute Wohnform
§ 35   Intensive sozialpädagogische Einzelbetreuung

Welche Hilfe in welchem Umfang gewährt wird, richtet sich nach dem erzieherischen Bedarf im Einzelfall: Nach § 36 KJHG wird ein **Hilfeplanverfahren** in Gang gesetzt, bei dem das Jugendamt unter Einbeziehung des Kindes/Jugendlichen und der Personensorgeberechtigten entscheidet, ob und welche Hilfe zur Erziehung notwendig und geeignet ist und wer sie erbringen soll. Zuvor wird die zuständige Sozialarbeiterin des **Allgemeinen Sozialen Dienstes** (ASD, ein Fachdienst des Jugendamtes) eine **Anamnese** erstellen sowie die hilfesuchenden Eltern und/oder Kinder beraten sowie Vor- und Nachteile der möglichen Hilfe aufzeigen.

Hilfeplanung steht außerdem nicht nur am Anfang der Hilfe. Im Verlauf der Hilfe finden regelmäßig (ein bis vier Mal pro Jahr) **Hilfeplangespräche** statt, bei denen alle Beteiligten (Mitarbeiterin des Jugendamtes, ggf. Vormund des Kindes/Jugendlichen oder Eltern, Erzieherin, Kind/Jugendlicher selbst) prüfen, ob die geleistete Hilfeart wirklich geeignet ist und die Hilfeziele angemessen waren und ob die Hilfemaßnahme verändert, unverändert fortgeführt oder beendet wird.

Wird nun eine Unterbringung in einer Einrichtung der stationären Erziehungshilfe nach § 34 (Heimerziehung, sonstige betreute Wohnform) als geeignete Hilfeform angesehen, wird die zuständige Sozialarbeiterin des ASD einen Platz suchen. Dabei sind die Eltern und das Kind/der Jugendliche bei der Auswahl der Einrichtung oder Pflegestelle zu beteiligen, z. B. können verschiedene Einrichtungen angesehen und ein Probewohnen vereinbart werden.

Unter der Hilfeform **Heimerziehung** (§ 34 SGB VIII) wird also die Unterbringung, Betreuung und Erziehung eines Kindes oder Jugendlichen über Tag und Nacht außerhalb der Ursprungsfamilie in einer Einrichtung verstanden. Im § 34 werden gleichrangig auch sonstige betreute Wohnformen aufgeführt, wozu u. a. Wohngemeinschaften, Jugendwohnen, betreutes Einzelwohnen, Schutzhilfe und ausgelagerte Heimplätze gehören.

§ 34 Heimerziehung, sonstige betreute Wohnform

Hilfe zur Erziehung in einer Einrichtung über Tag und Nacht (Heimerziehung) oder in einer sonstigen betreuten Wohnform soll Kinder und Jugendliche durch eine Verbindung von Alltagserleben mit pädagogischen und therapeutischen Angeboten in ihrer Entwicklung fördern. Sie soll entsprechend dem Alter und Entwicklungsstand des Kindes oder des Jugendlichen sowie den Möglichkeiten der Verbesserung der Erziehungsbedingungen in der Herkunftsfamilie

1. eine Rückkehr in die Familie zu erreichen versuchen oder
2. die Erziehung in einer anderen Familie vorbereiten oder
3. eine auf längere Zeit angelegte Lebensform bieten und auf ein selbstständiges Leben vorbereiten. Jugendliche sollen in Fragen der Ausbildung und Beschäftigung sowie der allgemeinen Lebensführung beraten und unterstützt werden.

Die Unterbringung in einem Heim oder einer anderen betreuten Wohnform erfolgt nach den §§ 27, 34 und 41 SGB VIII. Für die Hilfegewährung ist allein das örtliche Jugendamt zuständig. § 41 SGB VIII regelt die Hilfe für junge Volljährige in gleichem Umfang. Jungen Volljährigen bis zum 27. Lebensjahr kann auf Antrag so lange Hilfe gewährt werden, wie sie aufgrund ihrer individuellen Situation als notwendig erscheint.

Nach § 42 SGB VIII kann das Jugendamt ein Kind oder einen Jugendlichen auch sofort in Obhut nehmen, wenn eine dringende Gefahr für sein Wohl besteht wie in der Lernsituation zu Beginn des Kapitels. Kleinere Kinder werden meistens in **Bereitschaftspflegestellen** (auch: familiäre Bereitschaftsbetreuung), also in einer Familie, untergebracht, bis das Familiengericht eine Entscheidung über weitere Maßnahmen getroffen hat.

Obwohl die Eltern und das Kind von Anfang an beteiligt sind, gibt es immer wieder Fälle, in denen keine Einigung über die notwendige Hilfe erzielt werden kann. Hält das Jugendamt eine Heimunterbringung zum Wohl oder Schutz des Kindes für notwendig (z. B. nach einer Inobhutnahme), verweigern die Eltern dies aber, müsste ein Entzug der elterlichen Sorge beim Familiengericht beantragt werden. Die elterliche Sorge kann ganz oder in Teilen (z. B. nur das Aufenthaltsbestimmungsrecht) entzogen werden. Dies hängt davon ab, inwieweit die Eltern zur Kooperation bereit sind.

Wird das Sorgerecht ganz entzogen, bestellt das Gericht einen Vormund, um die Interessen des Kindes/Jugendlichen wahrzunehmen. Vormund wird in der Regel entweder eine Mitarbeiterin des Jugendamtes (Amtsvormund) oder eine Mitarbeiterin eines (sozialen) Vereins (Vereinsvormund). Wird das Sorgerecht in Teilen entzogen, z. B. nur das Aufenthaltsbestimmungsrecht oder nur die Vermögenssorge, wird ein Pfleger bestimmt, der sich dann Aufenthaltsbestimmungs- oder Vermögenspfleger usw. nennt.

Heimerziehung und Vollzeitpflege sind sogenannte stationäre Erziehungshilfen. Die anderen im SGB VIII genannten Hilfeformen werden **ambulant** bzw. **teilstationär** (§ 32 Tagesgruppe) durchgeführt, d. h., die betroffenen Kinder und Jugendlichen leben (überwiegend) in ihrer Herkunftsfamilie. Voraussetzung für die Gewährung von stationären Erziehungshilfen und damit die Trennung von der elterlichen Familie ist, dass der Gefahr für das Kind/den Jugendlichen nicht auf andere Weise, auch nicht durch ambulante bzw. teilstationäre Hilfen, begegnet werden kann. Dies ist im Bürgerlichen Gesetzbuch (§ 1666 a BGB) geregelt. Heimerziehung ist damit in den meisten Fällen das Mittel der „letzten Wahl" und wird dann gewährt, wenn andere Hilfen gescheitert sind oder aussichtslos erscheinen.

Beratung durch den Allgemeinen Sozialen Dienst

Gründe für eine Unterbringung außerhalb der Herkunftsfamilie

Früher lebten hauptsächlich elternlose Kinder in Heimen (siehe Band 1, Lernfeld 1, Kap. 4) Insbesondere nach dem Zweiten Weltkrieg mussten zahlreiche Kriegswaisen in Heime aufgenommen werden. Heutzutage sind Waisenkinder in der Heimerziehung eine seltene Ausnahme. Kinder und Jugendliche, für die eine Unterbringung nach § 34 in Erwägung zu ziehen ist, stammen in den meisten Fällen aus schwierigsten Verhältnissen. Es handelt sich dabei überwiegend um Kinder aus unterprivilegierten Bevölkerungsschichten. Der Ausbildungsgrad der Eltern ist gering und die Arbeitslosenquote hoch. Die Familien leben von Arbeitslosengeld II („Hartz IV") oder anderen Sozialleistungen. Oft spielen Alkohol- oder andere Suchterkrankungen eine Rolle, die sich negativ auf die in dieser Familie lebenden Kinder auswirken.

Darüber hinaus ist die individuelle Lebensgeschichte der betroffenen Kinder und Jugendlichen in vielen Fällen erschütternd: Sie wurden Opfer von Vernachlässigung, seelischer oder körperlicher Misshandlung, häuslicher Gewalt oder sexuellem Missbrauch. Diese sehr belastenden Ereignisse sind oft traumatisch für die Kinder.

> Traumata werden definiert als „ein belastendes Ereignis oder eine Situation außergewöhnlicher Bedrohung oder katastrophenartigen Ausmaßes (kurz-oder langanhaltend), die bei fast jedem eine tiefe Verstörung hervorrufen würde." (Weiß, 2011, S. 25)

Indikation für die Unterbringung außerhalb der Herkunftsfamilie	%
Gefährdung des Kindeswohls	15
Einschränkung der Erziehungskompetenz	17
Auffälligkeiten im sozialen Verhalten	13
unzureichende Förderung	11
Unversorgtheit des jungen Menschen	13
Belastungen durch familiäre Konflikte	8
Belastungen durch Probleme der Eltern	7
Übernahme eines anderen Jugendamtes	5
Entwicklungsauffälligkeiten	7
schulische Probleme	4

(Günder, 2015, S. 44–45)

Die Einschränkung der Erziehungskompetenz und die Gefährdung des Kindeswohls sind mit 17 % bzw. 15 % auch die am häufigsten genannten Gründe für die Heimerziehung. Darüber hinaus haben auch unbegleitete minderjährige Geflüchtete (z. B. aus Syrien oder Afrika) Anspruch auf Hilfe und damit auf die Unterbringung in einer stationären Einrichtung.

In der Heimerziehung sind aber auch Jugendliche aus „ganz normalen" Elternhäusern anzutreffen, die aufgrund von Konflikten mit den Eltern nicht mehr zu Hause leben wollen.

Umgang mit traumatischen Lebenserfahrungen

Die genannten traumatischen Lebenserfahrungen finden ihren Ausdruck in Verhaltensstörungen. Bei 42 % der in den stationären Einrichtungen lebenden Kinder und Jugendlichen liegen aggressive Verhaltensweisen bzw. -auffälligkeiten vor. Dazu gehören u. a. verbale Aggressionen und körperliche Gewalt, aber auch Selbstverletzung. Auch emotionale Störungen treten häufig auf. „Unter den Heimkindern ist das Vorliegen einer emotionalen oder Verhaltensstörung (mindestens) dreimal so hoch wie in der (Allgemein-)Population aller Kinder/Jugendlichen." *(Günder, 2015, S. 46)*. Es gibt häufig auch psychisch erkrankte Kinder.

Für die Heimerziehung bedeutet das, dass die betroffenen Kinder und Jugendlichen eine pädagogische und/oder therapeutische Unterstützung benötigen. Heime müssen daher ein sehr differenziertes, sozialpädagogisch-therapeutisches Angebot bereithalten, damit sie den unterschiedlichsten Problemlagen wirkungsvoll begegnen können. Die Kinder und Jugendlichen erhalten somit die Möglichkeit, die traumatischen Erfahrungen in neuer Umgebung aufzuarbeiten und mit neuen Bezugspersonen positive Verhaltensmechanismen zu erlernen bzw. einzuüben.

Darüber hinaus weisen auffallend viele der betroffenen jungen Menschen eine geringe Lern- und Leistungsmotivation auf. Eine komplexe Problemlage sowie fehlende Unterstützung im Elternhaus führte zu schulischen Misserfolgen. Die Betroffenen verfügen über ein nur gering ausgeprägtes Selbstwertgefühl. In der Heimerziehung sollen durch eine gezielte Förderung schulische Erfolge erreicht und als Folge das Selbstwertgefühl gesteigert werden. Lern- und Leistungsmotivaton sollen zurückgewonnen werden.

Sind die Verhaltensstörungen abgebaut und traumatische Erfahrungen erfolgreich verarbeitet worden, kann darauf aufbauend angestrebt werden:

- Die **Rückkehr in die Herkunftsfamilie**. Dies ist nur möglich, wenn dort keine Gefahr mehr für das kindliche Wohl besteht.

- Die Erziehung in einer anderen Familie durch **Adoption** oder Aufnahme als **Pflegekind.**
- Die **Verselbstständigung** des jungen Erwachsenen durch sozialpädagogisch betreutes Wohnen. Der junge Volljährige soll von nun an ein weitgehend unabhängiges Leben führen. Eine abgeschlossene Schul- und Berufsausbildung gehört dazu.

Verbesserung der schulischen Leistungen durch gezielte Förderung

7.9.2 Betreuungsformen außerhalb der Herkunftsfamilie

Strukturelle und inhaltliche Prinzipien

Seit den 1970er- und 1980er-Jahren haben in der Heimerziehung erhebliche Veränderungen stattgefunden. Waren „Kinderheime" früher größere Anstalten, haben sich heute eine Vielzahl an Betreuungsformen außerhalb der Herkunftsfamilie entwickelt, die kaum noch zu überschauen sind.

Formen der Betreuung in der Heimerziehung
Tagesheimgruppen innerhalb und außerhalb der Heime
Beobachtungsstationen und Orientierungsgruppen
Notaufnahmefamilien/-gruppen, Krisenwohnungen
Bereitschaftspflegefamilien, Kindernotdienst, Entlastungsdienste, Kurzzeitwohnen, Übergangs- und Bereitschaftspflegestellen
Therapeutische Heime, pädagogisch-therapeutische Intensivbetreuung, heilpädagogische Pflegenester, Kinderdörfer usw.
Heilpädagogische Großfamilie, Pflegefamilienkooperativ, Kinderhäuser, Kinderhotel, Jugendpension, Mädchenhäuser, Heime für Ausreißer/Straßenkinder

Formen der Betreuung in der Heimerziehung
Mutter-Kind-Heime
Außenwohngruppen, Kinderwohngruppen, Jugendwohngemeinschaften, therapeutische Wohngemeinschaft
Ambulant betreutes Einzelwohnen, Flexible Betreuung, Mobile Betreuung, sozialintegratives Zentrum, stadtteilbezogene Heimerziehung, Verbundsysteme
(vgl. Stahlmann, 2000, S. 74)

Zur Einschätzung der verschiedenen Heimformen gibt es drei **Strukturprinzipien**:

1. **Regionalisierung**

   Ziel der Regionalisierung ist die Unterbringung von Kindern und Jugendlichen in der Nähe ihres Herkunftsmilieus. Dies bedeutet, dass Kinder/Jugendliche nach Möglichkeit in ihrem Stadtteil verbleiben können und ihr gewohntes soziales Netz nicht verlieren.

2. **Dezentralisierung**

   Dezentralisierung bedeutet die Auflösung größerer Anstalten zugunsten kleinerer Wohnformen mit dem Ziel, überschaubare Lebenszusammenhänge für die betroffenen jungen Menschen und die pädagogischen Mitarbeiterinnen zu schaffen. Mehrere Kinder bzw. Jugendliche leben in einer großen Wohnung oder in einem Haus zusammen.

3. **Flexibilisierung/Differenzierung**

   Mit Flexibilisierung bzw. Differenzierung ist das flexible Eingehen auf die individuelle Problemlage des Kindes bzw. des Jugendlichen gemeint. Die Einrichtung muss sich den Bedürfnissen des jungen Menschen anpassen und nicht umgekehrt. Dies bedeutet z. B., dass mehr oder weniger optimale Wohn- oder Lebensformen entsprechend der jeweiligen Entwicklung gestaltet werden. So haben viele Einrichtungen spezielle Jugendwohngruppen geschaffen. *(vgl. Stahlmann, 2000, S. 75 ff.)*

Neben diesen strukturellen Prinzipien werden außerdem **inhaltliche Prinzipien** genannt, die sich auf den Inhalt der pädagogischen Arbeit beziehen:

- **Der Alltag und die Lebenswelt**

  Die Begriffe Alltagsorientierung und Lebensweltorientierung stehen für eine pädagogische Ausrichtung hin zu der jeweiligen Lebenssituation des Kindes/des Jugendlichen. Beide Begriffe können als inhaltliche Umsetzung der oben genannten Strukturprinzipien verstanden werden. Alltagsorientierung bedeutet, dass an den Erfahrungen und Ressourcen der Betroffenen angesetzt wird. Gleichzeitig soll der gemeinsam gelebte Alltag bewusst gestaltet werden, dazu gehören: gemeinsame Übernahme von Verantwortung, demokratische Strukturen, Autonomie der Heimgruppen, Zuständigkeit der Gruppen für alle Alltagsbelange sowie Transparenz der Entscheidungen. Erweitert wurde das Konzept der Alltagsorientierung durch die Lebensweltorientierung. Darunter wird die Teilhabe des pädagogischen Personals an der Lebenswelt der Kinder/Jugendlichen verstanden. Die pädagogische Arbeit orientiert sich an der Biografie und der Lebenslage des Kindes/Jugendlichen. Der zukünftige Lebensentwurf wird gemeinsam mit den Erzieherinnen entwickelt.

- **Die Gruppe**

  Regionalisierung, Dezentralisierung und Differenzierung wirken sich auch auf die Heimgruppe aus. Durchschnittlich sechs bis zehn Kinder/Jugendliche leben mit ihren Erzieherinnen zusammen. Auf dieser Basis sollen konstante Beziehungen aufgebaut werden, die einen emotionalen Bezugspunkt und einen Rückhalt für die Bewohnerinnen und Bewohner darstellen. Elementare Formen sozialer Interaktion können gelernt und ausprobiert werden: gemeinsames Spielen, Theaterspielen, Diskussionen, Bewegung, Projekte oder Ausflüge. Gleichzeitig wird die Mitwirkung an Entscheidungen intensiviert (Demokratisierung). Autoritäre Vorgaben der Heimleitung, Großküchen, Speisesäle und zentrale Wäschereien wurden abgeschafft. Für die Gestaltung in den Gruppen sind die Gruppenmitglieder selbst verantwortlich.

- **Das einzelne Kind und der einzelne Jugendliche**
  Individualisierung ist hier das Stichwort. Während in der traditionellen Heimerziehung die Biografie eines Kindes/Jugendlichen durch die Heimunterbringung unterbrochen wurde, wird nun an die Lebensgeschichte angeknüpft. Das Konzept der Individualisierung setzt nicht an den Defiziten der Betroffenen an, sondern an ihren Ressourcen, d. h. an den vorhandenen Möglichkeiten des Einzelnen.

Diskussionsrunde in der Wohngruppe

Formen von Wohngruppen

Unter § 34 subsummieren sich unterschiedliche Formen von Wohngruppen:

Viele Einrichtungen haben ein größeres Stamm- oder Mutterhaus, in dem mehrere **Binnenwohngruppen** untergebracht sind. In diesen Wohngruppen leben bis zu zehn Kinder unterschiedlichen Alters und Geschlechts, die von mindestens vier Mitarbeitern und Mitarbeiterinnen (Sozialarbeiter/-pädagogen, Erzieher/-innen) im Schichtdienst betreut werden. Die Kinder leben im Einzel- oder Doppelzimmer. Daneben gibt es Gemeinschaftsräume wie Wohnzimmer, Essbereich und Küche sowie Badezimmer und Toiletten. Für Gespräche und die Verwaltungsarbeiten steht den Mitarbeitern in der Regel ein Büroraum zur Verfügung. Außerdem gibt es auch immer einen Schlafplatz (im Büro oder separat) für den Kollegen, der die Nachtbereitschaft übernimmt. Die pädagogischen Mitarbeiter arbeiten in der Regel in einem 24-Stunden-Wechseldienst. Dienstbeginn ist z. B. um 12:00 Uhr des einen Tages, Dienstende am folgenden Tag um 12:00 Uhr. Sobald alle Kinder schlafen, beginnt die Nachtbereitschaft, d. h., der pädagogische Mitarbeiter hat die Möglichkeit, selbst zu schlafen, wenn alle Kinder und Jugendlichen zu Bett gegangen sind. Unterstützung erhält der Mitarbeiter durch einen Kollegen, der einen Früh-, Spät- oder Zwischendienst übernimmt, oder durch einen Praktikanten.

Aufgrund des Wechseldienstes wird in der Regel nach einem Bezugserziehersystem gearbeitet. Der Bezugserzieher ist für bis zu drei Kinder seiner Gruppe im Besonderen verantwortlich.

Außenwohngruppen, auch AWG genannt, gehören organisatorisch zur Heimeinrichtung, befinden sich aber vom Stamm- oder Mutterhaus entfernt in Ein-Familienhäuser oder größeren Etagenwohnungen. Außenwohngruppen sind also unauffällig in das normale Wohnumfeld integriert. Der „negative Heimcharakter" *(Günder, 2015, S. 76)* mit den entsprechenden Vorurteilen konnte dadurch erheblich reduziert werden. Den dort lebenden Kindern und Jugendlichen gelingt es viel eher, Freunde und Freundinnen in der Nachbarschaft oder in der Schule zu finden und sie sind besser in den Sozialraum integriert. Die „Serviceleistungen" des Stammhauses, wie z. B. therapeutische oder pädagogische Angebote, können auch von der AWG in Anspruch genommen werden. Außenwohngruppen haben sich so bewährt, dass Heimeinrichtungen teilweise nur noch Außenwohngruppen unterhalten.

In einer **Intensivgruppe** leben bis zu sieben Kinder und Jugendliche mit starken Sozialisations- und Verhaltensstörungen. Sie werden von fünf pädagogischen Fachkräften im Wechseldienst und zusätzlichen Heilpädagoginnen und Therapeutinnen betreut. Viele Betroffene waren in einer Regelgruppe nicht mehr tragbar, z. B. wegen ihres aggressiven Verhaltens. In der Intensivgruppe werden sie individuell und inklusiv durch speziell geschultes Personal unterstützt.

In einer **Jugendwohngruppe** leben Jugendliche zwischen ca. 14 und 18 Jahren. Diese Gruppenform ist in der Regel als Außenwohngruppe konzipiert. Es gibt Gruppen, die Jugendliche beider Geschlechter aufnehmen, aber auch reine Mädchen- oder Jungengruppen. Mädchengruppen der stationären Jugendhilfe nehmen häufig Jugendliche auf, die sexuelle Missbrauchserfahrungen gemacht haben. In Jungengruppen werden oftmals Jugendliche betreut, die ein aggressives und/oder sexuell grenzüberschreitendes

Verhalten gezeigt haben. Ein Schwerpunkt der Arbeit von Jugendwohngruppen ist die beginnende Verselbstständigung. So sind die Jugendlichen z. B. am Wochenende nach Absprache für die Zubereitung des Essens selbst verantwortlich. Sie erledigen das Wäschewaschen (jeder hat einen festgelegten „Waschtag" in der Woche) und das Putzen ihrer Zimmer selbstständig. Die Bewohner befinden sich in der Regel in einer schulischen oder betrieblichen Ausbildung. Ziel ist, bald ein selbstständiges Leben führen bzw. in das **Betreute Wohnen** wechseln zu können, wo keine durchgängige Betreuung mehr stattfindet.

Blick in eine Wohngruppe

Kinderdorf

Im Kinderdorf (bekannt sind die SOS-Kinderdörfer) werden die Kinder nicht im Wechseldienst betreut. Die Einrichtung ist familienähnlich strukturiert. In der Regel leben sechs Kinder zusammen mit der „Gruppenmutter" (oder auch dem Gruppenvater) in einem Haus mit Garten im Dorf und bilden eine Lebensgemeinschaft. Der Partner der Kinderdorfmutter und auch ein eigenes Kind können Teil der Kinderdorffamilie sein. Unterstützt wird die Kinderdorfmutter durch andere pädagogische Mitarbeiterinnen des Dorfes und eine Hauswirtschaftskraft. Die Kinderdorfmutter ist für die ihr anvertrauten Kinder emotionale Bezugs- und zugleich Erziehungsperson. Die

SOS-Kinderdörfer legen in ihrem pädagogischen Konzept großen Wert auf eine beständige Beziehung der Kinderdorfmutter zu den aufgenommenen Kindern. Es ist sehr wichtig, den Kindern weitere Beziehungsabbrüche zu ersparen und ihnen so eine möglichst optimale Entfaltung und Entwicklung zu ermöglichen. Eine Kinderdorfmutter sollte deshalb bereit sein, sich zeitlich und emotional langfristig zu binden, d.h. die Tätigkeit mindestens so lange auszuüben, bis alle Kinder der Familie „herausgewachsen" sind. Dann steht sie vor der Entscheidung, ob sie eine neue Kindergeneration aufnehmen, in ihren alten Beruf zurückkehren oder sich neu orientieren will.

Kinderdorf

7.9.3 Die Erzieherin im Tätigkeitsfeld nach § 34 SGB VIII

Hauptaufgaben der Erzieherin

Die Aufgaben einer Erzieherin in den stationären Erziehungshilfen sind vielfältig. Sie variieren auch im Hinblick auf das Ziel der Heimunterbringung: Wird eine Rückkehr in die Herkunftsfamilie angestrebt, so ist die Elternarbeit eine der wichtigsten Aufgaben. Ist das Ziel die Vorbereitung auf die Erziehung in einer anderen Familie, hat die Erzieherin in Zusammenarbeit mit dem Jugendamt die Aufgabe, diesen Prozess vorzubereiten (z. B. durch Gespräche mit allen Beteiligten). Ist die Heimunterbringung auf Dauer angelegt, hat die Erzieherin bei Jugendlichen die Aufgabe, im Verselbstständigungsprozess zu beraten und zu unterstützen.

Hauptaufgaben der Erzieherin im Tätigkeitsfeld außerhalb der Herkunftsfamilie
Kinder und Jugendliche im Alltag begleiten: als Ansprechpartnerin da sein, hauswirtschaftliche und pflegerische Tätigkeiten selbst übernehmen oder ältere Kinder/Jugendliche dabei anleiten und unterstützen (kochen, Wäsche waschen, aufräumen, putzen), Hausaufgaben betreuen, Arztbesuche begleiten usw.
Kinder und Jugendliche pädagogisch begleiten, sie „erziehen": Regeln aufstellen, Pflichten beaufsichtigen, bei Konflikten und Auseinandersetzungen vermitteln, positive und negative Sanktionen aussprechen usw.
Pädagogische Angebote planen und durchführen, z. B. zur Stärkung des Selbstbewusstseins oder zur Verbesserung des sozialen Miteinanders
Freizeit- und Ferienaktivitäten planen und durchführen
Mit Eltern zusammenarbeiten
Hilfeplangespräche vorbereiten und daran teilnehmen
Individuellen Erziehungsplan (IEP) für das einzelne Kind oder den Jugendlichen aufstellen
Verwaltungsorientierte Tätigkeiten übernehmen (z. B. Dokumentation der Tagesereignisse, Gruppengeldverwaltung)
Im Team zusammenarbeiten (Gruppenerzieherteam, aber auch auf Gruppenleiterebene oder in der Gesamtkonferenz)
Mit Jugendamt und anderen Institutionen und Fachkräften kooperieren (z. B. Schule, Kinder- und Jugendpsychiatrie, Therapeuten)
Besondere Bedeutung von Prävention, Inklusion und Partizipation beachten (Querschnittsaufgaben)

Eine große Anzahl der im Heim lebenden Kinder und Jugendlichen ist von Verhaltensstörungen betroffen. Die Erzieherin darf die Ursache dafür nicht allein in der Person des Kindes und dessen fehlerhaft verlaufenen Entwicklung suchen. Vielmehr muss sie verstehen, dass das Kind auf das gestörte Familiensystem reagiert, in dem es bisher aufgewachsen ist. Das Kind ist der „Symptomträger" für grundlegende Probleme in seiner Familie (systemischer bzw. familientherapeutischer Ansatz).

Folglich ist es von großer Bedeutung, dass die Erzieherin Symptome und Ursachen der verschiedenen Störungen kennt und weiß, wie sie sich in bestimmten Situationen pädagogisch sinnvoll verhält.

Erziehungsplanung

Die Bezugserzieherin ist für die Erstellung des individuellen Erziehungsplans eines Kindes (IEP) zuständig. Sie erfasst den Entwicklungsstand des Kindes unter Einbezug von Fachpersonen. Die als notwendig erachteten Veränderungen werden festgehalten und kurz-, mittel- und langfristige Ziele gesetzt. Der IEP enthält außerdem die anzuwendenden Strategien (Beschreibung der Vorgehensweise und Handlungsschritte) sowie Vorschläge zur Unterstützung durch Fachleute. Er konkretisiert die Ergebnisse des Hilfeplangesprächs und setzt sie in Arbeitsschritte um.

Zusammenarbeit mit Eltern

Im § 37 SGB VIII ist ausdrücklich festgelegt, dass „die in der Einrichtung für die Erziehung verantwortlichen Personen und die Eltern zum Wohl des Kindes oder des Jugendlichen zusammenarbeiten". Aufgabe der Erzieherin ist es, während der Zeit der Unterbringung außerhalb der Herkunftsfamilie die Beziehung zwischen Kind und Eltern zu fördern und die Eltern über das aktuelle Tagesgeschehen zu informieren. Wie bereits in Kap. 7.9.1 dargestellt, sind die Eltern auch im Rahmen der Hilfeplanung gemäß § 36 SGB VIII zu beteiligen.

Die Unterbringung in einer stationären Wohngruppe stellt eine längerfristige oder auch endgültige Trennung der Lebensorte der Eltern und des Kindes dar. Es kann davon ausgegangen werden, dass die Beteiligten ein großes Maß an Trennungsschmerz und Trauer empfinden. Trennungsschmerz und Trauer werden nicht so groß sein, wenn die Eltern von Anfang an in den Alltag integriert sind und vielfältige Kontaktmöglichkeiten bestehen und gefördert werden. Bei diesen Gelegenheiten kann die Erzieherin Eltern und Kind beobachten, wie sie auf die Trennung reagieren, und sich als Gesprächspartnerin anbieten.

Die traditionelle Form der Elternarbeit in einer stationären Wohngruppe ist also die Beziehungs- und Kontaktpflege. Solche Kontakte können stattfinden in Form von
- Telefongesprächen,
- Briefen, E-Mails,
- Besuchen der Eltern in der stationären Wohngruppe,
- Elternabenden und Elternwochenenden in der stationären Wohngruppe,
- Besuchen der Kinder und/oder Erzieherinnen bei den Eltern,
- Sommerfesten, Weihnachtsfeiern usw. sowie
- gemeinsamen Projekten, z. B. Bastelaktivitäten für einen bevorstehenden Basar oder die Durchführung eines Fußballturniers

Aufgabe der Erzieherin ist es hierbei, solche Kontakte zielgerichtet zu planen und durchzuführen.

Allerdings muss die Erzieherin bei der Elternarbeit im Arbeitsfeld der stationären Wohngruppe mit grundsätzlichen Schwierigkeiten rechnen. Viele Eltern sind mit sich und ihren eigenen Problemen so beschäftigt, dass sie keine Möglichkeit für eine Zusammenarbeit sehen oder Termine und Absprachen nicht einhalten bzw. unzuverlässig sind. Je nach Vorgeschichte kann der Kontakt mit den Eltern das Kind auch psychisch gefährden.

Es ist folglich nicht selten, dass die Erzieherin Elternarbeit ohne Eltern realisieren muss. Denn die Auseinandersetzung mit der eigenen Herkunft ist wichtig, um die Vergangenheit zu bewältigen und zu einer eigenen Identifikation zu gelangen. Diese Auseinandersetzung kann stattfinden in Form von Gesprächen über die Familie, das Anschauen von Fotos usw.

↗ WIEDERHOLUNG

→ Heimerziehung ist eine Hilfe zur Erziehung nach dem § 34 SGB VIII. Sie ist eine stationäre Erziehungshilfe.

→ Die betroffenen Kinder und Jugendlichen können, wollen oder dürfen aus unterschiedlichen Gründen vorübergehend oder auf längere Sicht nicht in ihrer Herkunftsfamilie leben. Dabei sind die Einschränkung der Erziehungskompetenz und die Gefährdung des Kindeswohls die häufigsten Gründe für die Fremdunterbringung.

→ Die traumatischen Lebenserfahrungen finden häufig Ausdruck in einer emotionalen oder Verhaltensstörung. Viele Kinder sind auch traumatisiert oder psychisch erkrankt. Aufgabe der Erziehung in einer stationären Wohngruppe ist, pädagogisch-therapeutische Angebote bereitzuhalten oder anzubahnen. Dazu ist die Kooperation mit unterschiedlichen Institutionen und Fachkräften notwendig (z. B. Kinder- und Jugendpsychiatrie, Therapeuten).

→ Im Arbeitsfeld außerhalb der Herkunftsfamilie arbeitet eine Erzieherin in der Regel in einer (Binnen- oder Außen-)Wohngruppe, in der sechs bis zehn Kinder oder Jugendliche leben. Zu ihren Aufgaben zählt die konkrete Begleitung im Alltag. Als Bezugserzieherin kooperiert sie mit dem Jugendamt, bereitet das Hilfeplangespräch vor und ist für die Erziehungsplanung zuständig. Auch die Elternarbeit fällt in ihren Verantwortungsbereich.

→·← AUFGABEN

1 [Wissen und Verstehen]
a) Lesen Sie die Lernsituation aufmerksam durch und markieren Sie alle Schlüsselbegriffe.
b) Was wissen Sie über die gesammelten Schlüsselbegriffe schon? Welche Kenntnisse müssen Sie noch erwerben?
c) Überlegen Sie vor diesem Hintergrund und ggf. schon eigener Praxiserfahrungen:

Was brauche ich, um in diesem Arbeitsfeld arbeiten zu können?	Was muss ich wissen und können?	Was will ich erreichen?
…	…	…

d) Planen Sie mit Ihrer Lehrerin/Ihrem Lehrer vor diesem Hintergrund den Unterricht zum Thema. Reflektieren Sie nach Abschluss der Unterrichtsreihe.

2 [Reflexion]
Reflektieren Sie die Inhalte des Kapitels, indem Sie die Eingangsfragen erneut beantworten (schriftlich).

→ Suchen Sie sich einen Partner. Stellen Sie sich gegenseitig Ihre Antworten vor.
→ Ergänzen bzw. verbessern Sie ggf.
→ Notieren Sie Aspekte oder Fragen zum Thema, die unbeantwortet geblieben sind.

3 [Wissen und Verstehen]
a) Sammeln Sie in der Klasse die verschiedenen Verhaltensstörungen, von denen „Heimkinder" betroffen sein könnten.
b) Bilden Sie Gruppen. Bearbeiten Sie jede Verhaltensstörung nach folgenden Aspekten:
→ Definition
→ Symptome/Verhaltensweisen
→ Ursachen
→ Hilfestellungen der Erzieherin im Umgang mit dem Kind/Jugendlichen
c) Präsentieren Sie Ihre Ergebnisse in der Klasse.
d) Entwerfen Sie ein Handlungskonzept, um Peters aggressivem Verhalten wirksam begegnen zu können.

4 [Wissen und Verstehen]
Informieren Sie sich über mögliche Traumata und dem pädagogischen Umgang damit.

TIPPS ZUM WEITERARBEITEN →→

→ Nowacki, Katja (Hrsg.): Die Neuaufnahme in der stationären Heimerziehung. Freiburg/Br.: Lambertus 2014.

→ Wolf, Mechthild/Hartig, Sabine: Gelingende Beteiligung in der Heimerziehung. Ein Werkbuch für Jugendliche und ihre BetreuerInnen . Weinheim/Basel: Beltz Verlag/Juventa Verlag 2013.

→ www.heimerziehung.de

→ www.sos-kinderdorf.de

Kompetenzen, die in Kapitel 7 erworben werden können:

- Die Absolventinnen und Absolventen verfügen
  - über ein exemplarisch vertieftes fachtheoretisches Wissen bezüglich didaktisch-methodischer Ansätze und konzeptioneller Ansätze zur Erziehung, Bildung und Betreuung in Kleingruppen in den klassischen Arbeitsfeldern der Kinder- und Jugendhilfe.
  - über ein vertieftes fachtheoretisches Wissen über Genderaspekte in der sozialpädagogischen Gruppenarbeit.

- Die Absolventinnen und Absolventen verfügen über Fertigkeiten,
  - Alltagsleben und Lebensräume von Gruppen auf der Grundlage von pädagogischen Konzepten zu gestalten.
  - anregende Erziehungs-, Bildungs- und Lernumwelten zu entwickeln und hierbei die jeweiligen Gruppenzusammensetzungen zu berücksichtigen.

Günder, Richard: Praxis und Methoden der Heimerziehung. Entwicklungen, Veränderungen und Perspektiven der stationären Erziehungshilfe. 5. Auflage. Freiburg i. Br.: Lambertus-Verlag 2015.

Stahlmann, Martin: Betreuungsformen in der Heimerziehung. In: Heinrich Kupfer und Klaus-Rainer Martin (Hrsg.): Einführung in Theorie und Praxis der Heimerziehung. 6. Auflage, Wiebelsheim: Quelle & Meyer Verlag 2000, S. 71–99.

Weiß, Wilma: Philipp sucht sein Ich. Zum pädagogischen Umgang mit Traumata in den Erziehungshilfen. 6. Auflage. Weinheim/Basel: Beltz Juventa 2011.

8   Konflikte und Konfliktbewältigung im pädagogischen Alltag

Stefanie Dreißen

Die Kindertagesstätte „Buddelflink" verfügt über verschiedene Fahrzeuge, die die Kinder im Außengelände zu Bewegung anregen sollen. Es gibt u. a. ein blaues Tretauto, das besonders unter den Jungen sehr beliebt ist.

Melissa ist Praktikantin in dieser Einrichtung und beobachtet Erik (5;8 Jahre). Er fährt mit dem Auto durch das Gelände und stoppt am Rutschenhäuschen. Hier steigt er vom Auto ab, klettert die Stufen hinauf und rutscht herunter. In der Zwischenzeit hat sich Elias (5;2 Jahre) auf das Tretauto gesetzt.

Erik kommt angelaufen und schreit: „Ich hatte das Auto zuerst, runter mit dir!" Dabei fasst er Elias am Ärmel und versucht, ihn vom Fahrzeug zu schubsen. Elias setzt sich zunächst zur Wehr, kommt aber gegen den stärkeren Erik nicht an und fällt vom Fahrzeug.

Elias liegt schließlich im Dreck und weint. Erik fährt mit dem Tretauto davon, ohne sich noch einmal umzusehen.

Eingreifen oder nicht?

↘ FRAGEN

→ *Was meinen Sie: Sollte Melissa eingreifen und vermitteln oder die Situation auf sich beruhen lassen?*

→ *Welche „typischen" Konflikte unter Kindern haben Sie selbst schon beobachtet? Wie wurden sie gelöst?*

→ *Welche Vorgehensweisen bei der Konfliktlösung kennen Sie?*

8.1 Definition von Konflikt

Konflikte gehören zum Leben dazu. Auch in der Kindertagesstätte gehören sie zum Alltag. Untersuchungen zufolge schwankt die Anzahl der Konflikte bei Vorschulkindern zwischen fünf und acht in der Stunde *(vgl. Kain u. a., 2006, S. 11)*. Sie nehmen also viel Raum ein und ziehen einen großen Teil der Energie pädagogischer Fachkräfte auf sich. Erwachsene reagieren im Umgang mit Konflikten zwischen Kindern häufig hilflos.

Aber was genau ist eigentlich unter einem Konflikt zu verstehen? Laut Duden ist ein Konflikt ein „Zusammenstoß", ein Streit, ein Zerwürfnis oder auch ein Widerstreit der Motive. In der Psychologie bzw. in den Sozialwissenschaften allgemein spricht man von einem Konflikt, wenn mindestens zwei Perspektiven gleichzeitig gegensätzlich oder unvereinbar sind. Konfliktforscher definieren das Wesen eines Konfliktes in ähnlicher Weise. Nach Morton Deutsch handelt es sich dann um einen Konflikt, „wenn unvereinbare Handlungstenzenden aufeinander stoßen" und nach William Kreidler entstehen Konflikte, wenn zwei oder mehr Personen bzw. Gruppen Bedrohungen hinsichtlich ihrer Ressourcen (bei Kindern z. B. Spielzeug), Werte oder Bedürfnisse erkennen *(vgl. Kain/Bukovics/Edtinger u.a., 2006, S. 9)*. Ein Konflikt kann sich auf einzelne Personen beschränken (**intrapersonell**), aber auch mehrere Menschen (**interpersonell**) oder ganze Organisationssysteme (**organisatorisch**) umfassen. Konflikte werden als Störung des „normalen" Lebens empfunden und verhindern den gewohnten Handlungsverlauf. Konflikte haben die Tendenz zu eskalieren, d.h., sie weiten sich aus und nehmen an Intensität zu. Streitereien unter Kindern enden oftmals mit Handgreiflichkeiten. Es wird geschubst, geschlagen, getreten und gekniffen.

Um einen Konflikt handelt es sich, wenn

- mindestens zwei Perspektiven oder Sichtweisen vorhanden sind,
- es ein gemeinsames Problem gibt,
- die Handlungsabsichten unterschiedlich sind oder Bedrohungen hinsichtlich der eigenen Ressourcen wahrgenommen werden,
- Gefühle (Angst, Wut) eine Rolle spielen und
- die Beteiligten versuchen, sich gegenseitig zu beeinflussen.

Konflikte unterscheiden sich von Problemen vor allem dadurch, dass sich die betroffenen Personen in der Bewältigung der Situation uneins sind und dabei negative Gefühle entwickeln. Da die Gefühle einen starken Handlungsantrieb verursachen, ist die Aktionsbereitschaft in Konflikten sehr hoch.

Grundsätzlich kann man sogar sagen: je stärker das Gefühl, desto höher die Handlungsbereitschaft. Wut wird z. B. gern an Gegenständen ausgelassen, da „fliegen die Fetzen" oder eben auch „Teller an die Wand". Ein starkes Gefühl kann unter Umständen eine kritische Urteilsbildung vermindern oder sogar vollständig unterdrücken. Daraus folgt ein Handeln ohne vorheriges Nachdenken, das im Nachhinein oft bereut wird.

Konflikte können nach verschiedenen Gesichtspunkten kategorisiert werden:

- **Schwelender Konflikt:** Ein schwelender Konflikt findet unter der sichtbaren Oberfläche statt. Er ist erst auf den zweiten Blick zu erkennen und weitet sich oft nach ganz eigenen Regeln aus.

> Elias fährt sehr oft und gern mit dem blauen Tretauto. Am liebsten hat er es für sich allein. Erik hatte sich in den vergangenen Tagen schon mehrfach geärgert, weil Elias nicht bereit war, sich mit ihm abzuwechseln.

- **Offener Konflikt:** Der offene Konflikt ist das Gegenteil eines schwelenden Konflikts. Im günstigen Fall mündet er in eine problemlösende Diskussion, im ungünstigen Fall kann er mit Handgreiflichkeiten enden.

> Erik und Elias schlagen und treten sich.

- **Spontaner Konflikt:** Spontane Konflikte können ganz plötzlich in der Öffentlichkeit und auch unter Menschen, die sich nicht kennen, ausbrechen.

> Auf einem öffentlichen Spielplatz liegt ein Las-
> ter unbeachtet im Sandkasten. Der dreijährige
> Timo beginnt, ihn mit Sand zu beladen. Plötzlich
> kommt Malte, ebenfalls drei Jahre alt, angelaufen
> und reißt Timo das Spielzeug aus der Hand: „Das
> ist aber meiner!"

wenn sie von anderen geärgert oder gehänselt werden. Sie bleiben allein mit ihrem „Widerstreit der Motive", nämlich dem Impuls „Ich möchte mich wehren", der ankämpft gegen das Gefühl: „Ich habe Angst vor dem, was dann passiert. Deshalb sage oder tue lieber nichts".

Wie kann man Kindern im Kindergarten- oder frühen Schulalter verständlich machen, was ein Konflikt ist und wo er herkommt? Erklären könnte man es ihnen mit dem Hinweis darauf, dass Konflikte Wünsche sind, die aufeinanderstoßen oder sich nicht vertragen *(Kain/Bukovics/Edtinger u.a., 2006, S. 9f.)*. Der Begriff des „Wunsches" wird bereits von dreijährigen Kindern verstanden.

Kindern kann auch vermittelt werden, dass Konflikte offen oder versteckt auftreten können. Der offene Konflikt ist dabei die „klassische Streiterei", die offen ausgetragen und für jedes Kind beobachtbar ist. Der versteckte Konflikt findet im Kopf des Kindes statt und ist für andere Kinder unsichtbar bzw. nicht beobachtbar. Gerade schüchterne oder unsichere Kinder ziehen sich zurück,

Offener Konflikt

8.2   Ursachen von Konflikten bei Kindern

Bereits sehr kleine Kinder erleben verschiedene Konflikte mit unterschiedlichen Personen wie Eltern, Geschwistern oder gleichaltrigen Kindern. Einer Beobachtungsstudie *(vgl. Dittrich/Dörfler/Schneider 2001)* zufolge lassen sich dabei sechs typische Themenbereiche unterscheiden:

1. Konflikte wegen Objekten oder Sitzplätzen (Bsp.: „Ich habe zuerst mit dem Bagger gespielt." – „Jetzt will ich aber. Gib her!")
2. Einhaltung bzw. Nichteinhaltung von Regeln (Bsp.: Beim Brettspiel: „Der Jonas schummelt!" – „Nein, stimmt nicht!")
3. Ärgern oder Provozieren anderer Kinder (Bsp.: „Du Dummi! Du weißt nicht mal, dass 1 + 1 zwei sind!" – „Der hat Dummi zu mir gesagt." [weint dabei])
4. Konflikte wegen Spielrollen oder sozialer Positionen (Bsp.: „Ich bin Chef, du bist zweiter Chef." – „Ich will auch mal erster Chef sein!" [weint dabei])
5. Sich-Einmischen oder Stören beim Spiel anderer Kinder (Bsp.: „Gib her! Ich weiß genau, wie man aus Legosteinen ein Raumschiff baut!" – „Geh weg! Wir spielen jetzt Lego.")
6. Eskalation bei lustigen oder wilden Tobespielen (Bsp.: Zwei Jungs „kämpfen" und haben sichtlich

Spaß dabei. Einer fällt dabei hin und tut sich weh. Er steht auf und tritt dem Gegner gegen das Schienbein.)

Bei Kleinstkindern im zweiten Lebensjahr drehen sich laut einer Untersuchung 88 % der Konflikte um Objekte bzw. Spielzeuge und den Wunsch, diese sofort haben oder benutzen zu wollen. Dies ist oft nicht möglich, weil gerade ein anderes Kind mit dem bestimmten Spielzeug beschäftigt ist oder das Objekt einem anderen Kind gehört. Eine absichtlich gegensätzliche Haltung gegenüber einem anderen Kind ist in dieser Altersstufe eher auszuschließen.

Mit zunehmendem Alter der Kinder sowie kognitiven und sozialen Entwicklungsfortschritten verringern sich die Konflikte und Streitereien um Spielzeuge und Objekte (bei Vierjährigen nur noch 46,8 % aller Konflikte) und an ihre Stelle treten Konflikte mit „sozialen Kontrollwünschen", z. B. wer mitspielen darf, was gespielt wird und welche Regeln verwendet werden, wer der Erste oder Beste war. Auch Provokationen und Hänseleien nehmen zu *(vgl. Kain/Bukovics/Edtinger u.a., 2006, S. 11f.)*.

8.3 Bedeutung von Konflikten für Kinder

Von frühester Kindheit an wiederholen Kinder Verhaltensweisen, die für sie erfolgreich waren. Je nach angeborenem Temperament und positiven oder negativen Umwelteinflüssen übernehmen Kinder die ihnen von ihrem sozialen Umfeld vorgelebten Konzepte zur Durchsetzung eigener Wünsche und Bedürfnisse. Hirnforscher sind der Meinung, dass der Mensch zwischen dem zweiten und vierten Lebensjahr das höchste Aggressionspotenzial besitzt, dazu gehören Beißen und auch das Schreien oder Schlagen. Eigentlich wollen Kinder damit etwas sagen bzw. ausdrücken, z.B. „das will ich haben", „guck mal, ich kann auch beißen" oder „lass mich in Ruhe". Dass es im zweiten Lebensjahr sein Revier mal mit Beißen oder Kratzen, Schreien oder Schlagen verteidigt, zeigt, dass das Kind in der Welt der Konflikte angekommen ist und sich auch wehren kann. Gleichzeitig lernt es Missfallensäußerungen kennen, die manchmal sehr unangenehm werden können und die es verarbeiten muss.

In der Kinderkrippe spüren Kinder schon früh den Unterschied zu ihrem Elternhaus. Immer sind zwei oder mehr Kinder gerade an einem Streit beteiligt und wollen bzw. sollen sich wieder vertragen, das gehört zum Aufwachsen dazu. Häufig jedoch fehlt die Anleitung, wie man wieder miteinander befreundet sein kann, ohne nachtragend zu sein. Das im Streit unterlegene Kind sucht in der Regel bei der Gruppenleiterin Hilfe.

> „Kinder brauchen Konflikte, um sich erproben zu können, um zu erfahren, wie Gemeinsamkeiten und Unterschiede verhandelt werden können. Das Ziel kann deshalb nicht ,Harmonie' sein, sondern Aufbau einer konstruktiven Streitkultur, in der unterschiedliche Interessen ihren Platz haben und in der es Regeln für den Umgang mit Konflikten gibt."
>
> *(Gugel, 2007, S. 9)*

Für die Erzieherin sind die Konflikte der Kinder oft anstrengend. Sie versucht, Konflikte zu vermeiden, indem sie z.B. den „Klügeren" zum Nachgeben auffordert. Sie kann entweder in den Konflikt eingreifen und das Verhalten der Kinder korrigieren oder aber sie macht nichts und wartet, dass die Kinder den Streit selbstständig lösen.

Was ist hier das richtige Verhalten? Bei der Konfliktvermeidung durch Nachgeben entsteht nur ein vordergründiges Einvernehmen: Der „Klügere" fühlt sich übervorteilt oder ärgert sich, weil er seine Rechte nicht in Anspruch nehmen konnte. Der Konflikt schwelt weiter.

Ein Eingreifen in eine Konfliktsituation ist immer dann erforderlich, wenn negative Verhaltensweisen wie Ausgrenzen, Auslachen oder aggressive Übergriffe stattfinden. Grundsätzlich soll die Lösung des Konflikts jedoch nicht durch die Erzieherin vorgegeben werden. Andererseits sind Kinder im Vorschulalter damit überfordert, einen Konflikt allein zu lösen.

Kinder können und sollen – ihrem Alter und ihrer Reife entsprechend – aktiv in den Prozess der Konfliktlösung miteinbezogen werden. Auf diese Weise wird ihnen schon im frühen Alter die Kompetenz zur Konfliktlösung vermittelt. Durch eine verordnete Konfliktvermeidung oder durch autoritäre Vorgaben wird den Kindern dieses wichtige Lern- und Erfahrungsfeld genommen.

Schon Wissenschaftler wie Jean Piaget oder Erik Erikson haben die Bedeutung von Konflikten für die kognitive und soziale Entwicklung von Kindern betont. Durch Streit und Auseinandersetzungen lernen sie, sich in die Perspektive anderer hineinzuversetzen. Dadurch wird der Abbau des kindlichen Egozentrismus gefördert. Auch neuere Studien unterstreichen die Bedeutung von Konflikten für die soziale Entwicklung. Die Kinder erwerben neben Einfühlungsvermögen auch Fähigkeiten wie Kooperation, Kommunikation und Akzeptanz von Werten.

8.4 Konstruktive Methoden zur Konfliktlösung

Grundsätze der Mediation

Menschenbild

In jedem Menschen ist das Potenzial zum Umgang mit und zur Lösung eigener Konflikte vorhanden. Mediatoren vertrauen in ihre und die Kompetenz der Parteien zur kreativen Gestaltung und Verständigung im Konflikt. Sie erkennen die Autonomie jedes Beteiligtenan, respektieren die Einzigartigkeit eines jeden und gleichzeitig die Vielfalt der Unterschiede, in denen sie ein besonderes Potenzial sehen.

Verantwortung

Mediatoren respektieren und fördern die Selbstverantwortlichkeit aller Beteiligten. Sie sind sich ihrer Verantwortung für den geschützten Rahmen bewusst, der den Konfliktparteien das „Sich-Einlassen" auf den Prozess der Lösungssuche ermöglicht, und ermutigen sie, die Verantwortung für den von ihnen eingebrachten Inhalt und die erarbeiteten Vereinbarungen zu übernehmen.

Geschützter Rahmen

Mediatoren schaffen und wahren den geschützten Rahmen, der es den Konfliktparteien ermöglicht, sich auf den Prozess der Lösungssuche einzulassen und der Gewalt ausschließt.

Phasen der Mediation

Geraten Kinder in einen Konflikt, können sie in einer Mediation konstruktiv und gewaltfrei zu einer Lösung finden. Die Mediation unterliegt einem geregelten Ablauf und bestimmten Regeln, die durch den Mediator vermittelt werden.

Bei Durchführung einer Mediation bedient sich der Mediator verschiedener **Kommunikationstechniken**, z. B.
- aktives Zuhören,
- Gebrauch von Ich-Botschaften,
- Spiegeln und
- Formulieren von offenen Fragen
  (siehe Band 1, Lernfeld 2, Kapitel 3).

Kinder sind in der Regel sehr unglücklich, wenn sie einen Konflikt mit einer guten Freundin oder einem Freund haben. So kann man in den meisten Fällen davon ausgehen, dass sie bereit sind, freiwillig an einer Mediation teilzunehmen. Dies ist eine generelle Voraussetzung für alle Mediationsgespräche. Die Mediatoren müssen neutral und allparteilich sein. Abgesehen von einer vertrauensvollen Atmosphäre, die geschaffen werden sollte, ist das Mediationsgespräch selbst auch eine vertrauliche Angelegenheit. Die Kinder sollten vom Mediator erfahren, dass alles, was sie ihm erzählen, geheim bleibt. Nur so können sie sich sicher fühlen und alles sagen, ohne „draußen" Konsequenzen zu fürchten.

Allparteilichkeit und Fairness

Mediatoren nehmen die Bedürfnisse und Interessen aller Konfliktparteien mit gleichem Respekt wahr. Sie achten auf Machtunterschiede und geben jeder Partei die Zeit, ihren Sachverhalt vollständig darzustellen. Sie stellen sicher, dass jede Konfliktpartei sich ihrer eigenen Bedürfnisse und Wünsche klar werden kann.

Offenheit

Mediatoren sind ruhig und aufmerksam und ermutigen die Streitparteien zu offener und direkter Aussprache, zu gegenseitiger Toleranz und Wertschätzung.

Einfühlung und Ermutigung der Konfliktparteien

Mediatoren fühlen sich in die Konfliktparteien ein und achten das gesamte Spektrum der Gefühle aller Beteiligten. Sie fördern die gegenseitige Einfühlung der Konfliktparteien und ermutigen sie, ihren Konflikt gemeinsam auszutragen.

Generell verläuft eine Mediation in **fünf Phasen:**

1. Begrüßung

Die Kinder werden in einem Raum, der für „Friedensgespräche" bzw. Mediationsgespräche vorgesehen ist, begrüßt. Sie vereinbaren mit dem Mediator Regeln, die während des Gesprächs eingehalten werden müssen:
- zuhören
- ausreden lassen
- keine Beleidigungen/Beschimpfungen
- keine körperlichen Angriffe
- Ehrlichkeit

Der Mediator holt sich das Einverständnis zur Einhaltung der Regeln von beiden Konfliktparteien. Er verspricht ihnen Geheimhaltung und fragt, wer von beiden anfangen möchte, den Konflikt darzustellen. Er führt zum Nachlesen für beide ein Streitprotokoll.

2. Sichtweisen

Der Mediator hört nacheinander die Sichtweisen der beiden Beteiligten zu dem Vorfall an, vergewissert sich, dass er sie richtig verstanden hat, indem er die Beiträge mit eigenen Worten zusammenfasst (spiegelt), und benennt das Problem, das beide miteinander haben.

3. Konflikterhellung

Der Mediator erfragt bei beiden die Gefühle und die Ziele im akuten Konflikt. Er achtet darauf, dass beide Konfliktparteien vornehmlich für sich selbst sprechen. Der Mediator versucht dann langsam, die direkte Kommunikation/ Verhandlung zwischen den Parteien wiederherzustellen, indem er den Beitrag des einen vom anderen Verhandlungspartner sinngemäß wiederholen (spiegeln) lässt.

Fragen nach dem „Warum" werden nicht gestellt, da dies zu Schuldzuweisungen führen kann. Wenn der Mediator das Gefühl hat, dass alles, was den Konflikt betrifft, von den Kindern ausgesprochen wurde, kann er abschließend fragen: „Wie geht es euch jetzt? Seid ihr bereit, nach Lösungen zu suchen?"

4. Lösungsvorschläge sammeln

Nachdem in dem Streitprotokoll nun genau steht, was vorgefallen ist und wie sich die beiden Streitparteien fühlen, kann mit dem Sammeln von möglichen Lösungen begonnen werden. Beide Beteiligten werden angehalten zu verbalisieren oder auf Karteikärtchen aufzuschreiben, was sie ihrer Meinung nach in Zukunft besser bzw. anders machen können und auf was sie sich einlassen wollen. Der Mediator hält sich mit Lösungsvorschlägen zurück. Die Lösungen werden vorgelesen und diskutiert. Der Mediator kann beim positiven Umformulieren der Lösungsvorschläge helfen. Die Streitparteien wählen Vorschläge aus, mit denen beide einverstanden sind.

8.4.1 Das Bensberger Mediations-Modell

Das Bensberger Mediations-Modell, kurz BMM genannt, ist ein sehr erfolgreiches Programm, das von der Elementar- bis zur Sekundarstufe eingesetzt werden kann. Über bebilderte Streitgeschichten mit typischen Konfliktsituationen aus dem Alltag lernen Kinder, wie eine Streitvermittlung abläuft. Es bietet in einem strukturierten Trainingsprogramm allen Kindern einer Gruppe feste Sprach- und Handlungsmuster zur friedlichen Konfliktlösung an, die auch für Kinder mit Migrationshintergrund oder Kinder im integrativen Unterricht (Inklusion) geeignet sind. Kindertagesstätten und Schulen, die sich auf feste Regeln und Sprachrituale im Umgang mit Konflikten geeinigt haben, bieten den Kindern Verlässlichkeit und Orientierung sowie eine gemeinsame Handlungsbasis für Konfliktlösungen an. Erzieherinnen können sich in aufeinander aufbauenden Kursen zur Mediatorin in den Bereichen Kindertagesstätte, Schule oder Jugend und Freizeit fortbilden lassen.

5. Vertrag

Die Kinder haben sich auf einen oder mehrere Vorschläge geeinigt, Zeitraum und Umfang werden festgelegt. Die beiden Beteiligten verpflichten sich in einem Vertrag oder einer Abmachung, die beide unterschreiben, dass sie sich an die Vereinbarung halten. Es folgt die Verabschiedung. Ein Kontrolltermin wird vereinbart. Dieser Termin soll den beiden Parteien die Möglichkeit geben, zu hinterfragen, inwieweit man sich an die Abmachung gehalten hat. Der Lernerfolg wird so bewertet. Eventuelle erneut oder neu aufgetretene Probleme werden besprochen und bei Bedarf kann auch ein weiteres Mediationsgespräch vereinbart werden.

In einem Vertrag verpflichten sich die beiden, sich an die Abmachung zu halten.

Pädagogische Fachkräfte haben die Aufgabe, eine positive Konfliktkultur unter den Kindern zu fördern und pädagogisch reflektierte und konstruktive Konfliktlösungsmethoden zu kennen und zu praktizieren *(vgl. Marx, 2011, S. 9)*.

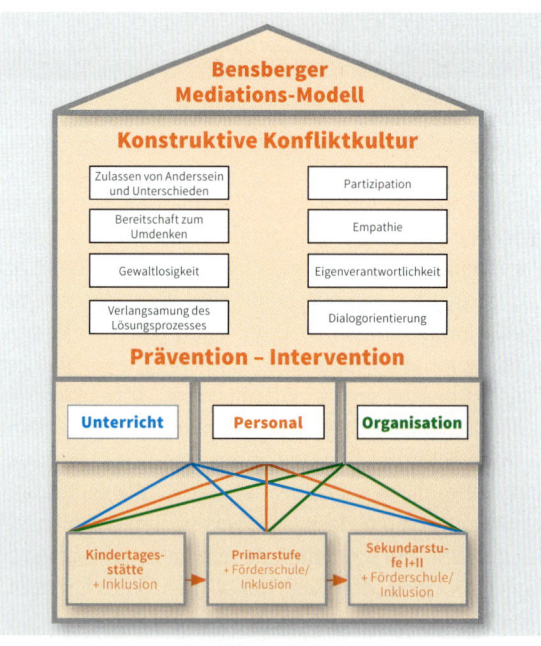

© TMA 2013, Bensberger Mediationsmodell

8.4.2   Das Palaverzelt

Das „Palaverzelt" ist ein innovatives Konfliktlösungs-ritual, das speziell für Kinder im Kindergartenalter von einem Team aus Erzieherinnen, Kitaleiterinnen und Studierenden der Ostfalia Hochschule entwickelt wurde. Erzieherinnen können diese Methode bei Auseinandersetzungen zwischen den Kindern anwenden und diese dabei aktiv einbeziehen. Die Kinder erlernen ein Ritual, das sie in die Lage versetzt, ihre eigenen Gefühle zu versprachlichen, die eigenen Bedürfnisse und die des anderen Kindes wahrzunehmen und gemeinsam eine Lösung des Konflikts zu entwickeln. Grundlage dieses Konfliktrituals ist die Mediationsmethode unter Einbeziehung von Elementen der gewaltfreien Kommunikation.

Die Methode des Palaverzeltes besteht aus fünf Phasen:
1. **Streitgeschichte erzählen:** Jedes Kind erzählt aus seiner Sicht, wie es zu dem Streit gekommen ist. Dabei wird ein Sprechball eingesetzt, d. h., nur das Kind, das einen kleinen Ball in der Hand hält, darf sich äußern. Durcheinanderreden wird so vermieden.
2. **Gefühle beschreiben:** Die beteiligten Kinder erhalten „Delfinkarten", auf denen Gefühle/Emotionen bildlich dargestellt sind. Jeder sucht sich die Karte aus, die zu dem eigenen Gefühl passt. Mithilfe der Erzieherin beschreibt jedes Kind seine Gefühle.
3. **Wünsche äußern:** Die Erzieherin fragt die Kinder, welche Wünsche sie haben, um den Streit zu beenden. Dabei werden den Kindern „Wunschsymbole" an die Hand gegeben.
4. **Lösungen sammeln:** Die Erzieherin fragt die Kinder nach Lösungsvorschlägen. Für jede Idee erhält das Kind eine „Ideenkarte".
5. **Sich einigen und Frieden schließen:** Die Kinder einigen sich auf eine Lösung. Danach dürfen sie sich eine „Friedenstaube" aussuchen und als Symbol der Versöhnung ihre Namen daraufschreiben.

Dieses Vorgehen nimmt etwa zehn bis 15 Minuten in Anspruch und lässt sich gut in den Alltag integrieren. Zur Vorbereitung wird an einem ruhigen Ort ein Zelt aufgestellt, in dem das Gespräch stattfindet. Dieses sollte dauerhaft stehen bleiben. Hilfreich ist auch, ein- oder zweimal wöchentlich einen festen Zeitpunkt zu vereinbaren und eine „Palaverzeltstunde" anzubieten, um mit den Kindern eventuell aufgelaufene Konflikte zu bearbeiten.

Zwischen 2010 und 2013 wurde die Methode des Palaverzeltes evaluiert. Dafür wurden sämtliche Konfliktbearbeitungen (376) aus drei Kindertagesstätten und elf Grundschulen dokumentiert und ausgewertet. Das Ergebnis: Die Methode ist sehr erfolgreich, in 85 % aller Konfliktdokumentationen reichte eine Sitzung, um den Konflikt zu klären. Kinder verfügen „über genügend soziale Fähigkeiten in der Konfliktbearbeitung, sofern sie in einem konstruktiven Umfeld mit Unterstützung von Erwachsenen Lösungsvorschläge selbst einarbeiten können." *(Stelzer-Marx/Hörsting,, 2015, S. 56)*

Erzieherin und Kinder im „Palaverzelt"

8.4.3   KLIK – Konflikte lösen im Kindergarten

Bei „KLIK" handelt es sich um ein Trainingsprogramm, bei dem Kindern im Alter von fünf bis sieben Jahren in 20 Sitzungen (z. B. im Rahmen eines Projekts) auf spielerische Weise und unter Einbeziehung aller Sinne ein Weg gezeigt wird, wie sie ihre Konflikte selbstständig lösen können.

Das Trainingsprogramm wurde von Kindergartenpädagoginnen und einem Psychologen entwickelt *(Kain/ Bucovics/Edtinger u.a., 2006)*. Sie stellten fest, dass Kinder erst dann ihre Konflikte selbst lösen können, wenn sie verstanden haben, wie es zum Streit gekommen ist, was man selbst dabei fühlt und wenn sie sich in die andere Person hineinversetzen können.

KLIK besteht im Wesentlichen aus drei Bausteinen:

1. **Förderung der emotionalen Kompetenz (1.–8. Sitzung):** Konflikte gehen immer mit negativen Gefühlen einher. Die Kinder lernen während des Trainings drei negative und drei positive Gefühle kennen. Mithilfe von „Smileys" lernen sie, diese Gefühle bei sich und bei anderen zu beschreiben. Gleichzeitig eignen sie sich an, wie sie ihre Gefühle, z. B. große Wut, kontrollieren (Emotionsregulation) können. Um dies für Kinder verständlich zu machen, wird die Formulierung „Chef von etwas sein" eingeführt: Manchmal ist das Kind der „Chef der Wut". Besonders bei großer Wut ist jedoch die „Wut der Chef". Kinder in diesem Alter wollen gern selbst der „Chef" sein und sind mithilfe dieser Formulie-

rung motivierter, Kontrolle über ihre negativen Gefühle zu entwickeln.

2. **Förderung des Konfliktverständnisses (9.–13. Sitzung):** Ein wichtiges Prinzip von KLIK ist die kindgerechte Vermittlung, was ein Konflikt ist und wie Konflikte entstehen. Zentral ist dabei der Begriff des Wunsches. Als Symbole werden „Wunschwolken" und Blitze eingesetzt: Bei einem Streit krachen Wunschwolken ineinander, dabei blitzt und funkt es.

3. **Förderung der Konfliktlösefähigkeit (14.–20. Sitzung):** Die Kinder erlernen ein Konfliktlöseritual, das aus sechs Schritten besteht. Es befähigt sie, Konflikte selbstständig zu lösen. Zur Durchführung des Rituals werden die Hände eingesetzt, die unterschiedliche Bewegungen machen:

Schritt		Handbewegung
01	Wahrnehmung eines Konflikts	Jedes Kind macht eine Faust. Die Fäuste der Kinder stoßen aneinander.
02	Äußern von Wünschen	Die Hände öffnen sich. Die Hand des einen Kindes macht eine Redebewegung, die des anderen symbolisiert in Form einer aufrechten Schale das große Ohr.
03	Aktives Zuhören	Wechsel der Handbewegungen
04	Lösungssuche	Jedes Kind schnippt mit zwei Fingern und sagt „KLIK" dabei.
05	Auswahl einer Lösung und Vereinbarung	Die Kinder hängen ihre Daumen ein, verbinden beide Hände und machen einen Handschlag nach.
06	Verankern eines positiven Gefühls	Mit den Händen werden Schmetterlinge nachgemacht: Beide Daumen werden verknüpft, während die anderen Finger Flatterbewegungen machen.

Konfliktlöseritual „KLIK" (Kain/Bucovics/Edtinger u.a., 2006, S. 38)

Der Vorteil beim Einsatz der Hände ist, dass das Ritual überall, auch im Freien oder bei Ausflügen, eingesetzt werden kann. Im Unterschied zu anderen Ritualen (z. B. beim Palaverzelt) spielt die Beschreibung, wie es zum Streit gekommen ist, nur eine untergeordnete Rolle. Wichtiger ist herauszufinden, was sich jedes der am Streit beteiligten Kinder eigentlich gewünscht hat. In den Trainingssitzungen wird zunächst zwischen „guten" und „schlechten" Lösungen unterschieden. Als Symbol für die gute Konfliktlö-

sung (z. B. miteinander reden, sich entschuldigen, gemeinsam etwas Schönes machen, einen Kompromiss finden – „Jeder muss ein bisschen nachgeben", Hilfe holen, auseinandergehen) wird ein „Friedensschmetterling" verwendet, für die schlechte Konfliktlösung (z. B. schlagen, beschimpfen, anschreien, schlecht über den anderen denken, schweigen) eine „Faust". Lösungen werden außerdem über zusätzliche Symbole, Farben, Bildkarten, Gesang und Bewegung thematisiert.

Sechs Schritte zur guten Bewältigung eines Streits

Nach dem Projekt können die Kinder Konflikte zunehmend selbstständig bewältigen und mehr und mehr auch die Umsetzung der Konfliktlösung übernehmen und kontrollieren. Die Aufgabe der Erzieherin ist es, bei Bedarf Hilfestellung zu geben. Im Idealfall gibt sie nur noch kurze Hinweise oder ist stille Beobachterin.

8.4.4   Grundschulkinder werden Streitschlichter

Das „Streitschlichter-Programm" verfolgt das Ziel, dass ältere Grundschulkinder und Kinder/Jugendliche in der Sekundarstufe I Konflikte ohne die Beteiligung Erwachsener regeln können. Dazu werden ausgewählte Kinder/Jugendliche in einem Trainingskurs (ca. zwei Wochenstunden innerhalb von zwölf bis 15 Wochen) zu „Streitschlichtern" ausgebildet.

Das Streitschlichter-Programm wurde ursprünglich in den USA entwickelt. Wissenschaftler entwarfen und erprobten das Ausbildungsprogramm für Schülerinnen und Schüler zum Peacemaker. Sie wurden trainiert, um bei Streitereien zwischen Mitschülern vermitteln zu können. Aus den USA stammt auch die Bezeichnung Mediation, die „Vermittlung durch unparteiische Dritte in Streitfällen" *(Götzinger/Kirsch, 2004, S. 10)* bedeutet.

Das Streitschlichter-Programm stellt eine Sonderform der Mediation dar, nämlich eine **„Peer-Mediation".**

Der Mediator ist als unparteiischer Dritter bei der Konfliktlösung behilflich, d. h., die Lösung eines Konflikts wird nicht von den Streitschlichtern vorgegeben, sondern von den Kontrahenten erarbeitet. Dabei helfen die Streitschlichter den Betroffenen, sich über ihre Gefühle und Interessen klar zu werden und sie verständlich zum Ausdruck zu bringen. Das gemeinsame Ziel ist es, eine Lösung ohne Verlierer zu finden.

Hilfreich ist, zwei Kinder einer Klasse oder Gruppe zu Streitschlichtern auszubilden. Alle übrigen Kinder können bei Streitigkeiten zu den Mediatoren gehen, um ihre Konflikte gleichberechtigt und gewaltfrei zu klären. Für den Trainingskurs können sich die Kinder freiwillig melden. Bei mehr als zwei Kindern sollte die Auswahl durch die Lehrerin/Erzieherin erfolgen, da ein Streitschlichter über soziale Fähigkeiten wie z. B. Einfühlungsvermögen, Teamfähigkeit, sprachliche Kompetenz, Kreativität und Fantasie verfügen muss.

Der qualifizierte Streitschlichter:

- nimmt sich Zeit,
- verweist auf folgende Regeln und setzt sie durch:
  1. Einander ausreden lassen!
  2. Höflich bleiben!
- hört zu und wiederholt alle Aussagen,
- lässt die Konfliktpartner durch geschickte Fragen selbst Lösungen entwickeln,
- bleibt neutral, ergreift nicht Partei und
- ist verschwiegen.

Darüber hinaus muss der Mediator in der Lage sein, die **sechsphasige Gesprächsstruktur** einzuhalten:

1. Erklären der Regeln
2. „Was ist passiert?"
3. „Wie hast du dich gefühlt?"
4. „Was ist vor dem Streit passiert, das einen von euch geärgert hat?"
5. Lösungsvorschläge
6. Vertrag und Nachtreffen

(vgl. Götzinger/Kirsch, 2004, S. 10)

Ziel des Konfliktlösungsprozesses ist ein schriftlicher Vertrag.

Da immer mehr Kinder Ganztagsschulen besuchen, kommt auf eine in diesem Arbeitsfeld tätige Erzieherin die immer wichtiger werdende Aufgabe zu, in die Ausbildung der Schülermediatoren eine sozialpädagogische Sichtweise einzubringen oder diese sogar zusammen mit einem Lehrer/einer Lehrerin auszubilden. Dabei könnte die Erzieherin z. B. die Auswahl und Durchführung der Übungen, Spiele und Rollenspiele übernehmen, während die Aufgabe der Lehrerin darin bestehen könnte, die Inhalte der klassischen Mediation altersgemäß didaktisch aufzubereiten.

Grundsätzlich gibt die Erzieherin im Alltag bei der Durchführung des Konfliktlösungsrituals immer dann Hilfestellung und Unterstützung, wenn die Kinder dies benötigen.

Um das soziale Lernen zu fördern, kann die Erzieherin entsprechende Projekte anbieten und durchführen.

Beispiel für einen Streitschlichtvertrag

↗ WIEDERHOLUNG

→ **Konflikt:** Mindestens zwei gegensätzliche oder unvereinbare Perspektiven existieren gleichzeitig. Sie gehen immer mit negativen Emotionen einher.

→ Konflikte gehören zum Alltag. Je jünger die Kinder sind, desto häufiger drehen sich die Streitereien um ein Objekt/Spielzeug, das auch ein anderes Kind benutzen möchte.

→ Die Erzieherin verhält sich in Streitsituationen richtig, wenn sie die Kinder ihrem Alter entsprechend in die Konfliktlösung miteinbezieht, ihnen Lösungsmuster anbietet und mit ihnen Lösungsmöglichkeiten einübt. Die Kinder erwerben dadurch schon früh eine Konfliktlösekompetenz.

→ Die pädagogische Fachkraft muss konstruktive **Konfliktlösungsmethoden** kennen und praktizieren können. Es eignen sich z. B. das Bensberger Mediations-Modell, das „Palaverzelt" und das Trainingsprogramm „KLIK". Erst ältere Grundschulkinder sind in der Lage, Konflikte selbstständig unter sich zu klären, z. B. im Rahmen eines Streitschlichter-Programms.

→·← AUFGABEN

1 [Wissen und Verstehen]
Beschreiben Sie zu jedem der sechs Themenbereiche von Konflikten kurz eine eigene Situation aus der Praxis.

2 [Wissen und Verstehen]
2.1 Wählen Sie zu zweit eine Konfliktsituation aus, in der Sie sich hilflos und unwohl gefühlt haben (d. h., Sie hatten/kannten keine angemessenen Handlungsstrategien, um den Konflikt zu bewältigen).
2.2 Stellen Sie diese Konfliktsituation schriftlich (gut leserlich) auf einer Karte dar.
Wählen Sie in einer Kleingruppe (vier Personen) eine Situation aus und klären Sie den be-

schriebenen Konflikt entsprechend dem Alter der beteiligten Kinder mithilfe eines der vorgestellten Konfliktlösungsrituale. Üben Sie ein Rollenspiel ein und stellen Sie Ihre Konfliktlösung in der Klasse vor.
2.3 Beurteilen Sie als Beobachter des Rollenspiels, ob das gewählte Konfliktlösungsritual richtig auf die Konfliktsituation angewendet und eine für die Kinder zufriedenstellende Lösung erarbeitet wurde.

3 [Analyse und Bewertung]
Analysieren Sie die Vor- und Nachteile der vorgestellten Konfliktlösungsrituale.

TIPPS ZUM WEITERARBEITEN →→

→ Cierpa, Manfred: Faustlos. Wie Kinder Konflikte gewaltfrei lösen lernen.
Freiburg: Verlag Herder 2011.

Kompetenzen, die in diesem Kapitel erworben werden können:

• Die Absolventinnen und Absolventen verfügen über vertieftes Wissen zum Konfliktmanagement.

• Die Absolventinnen und Absolventen verfügen über Fertigkeiten, Konflikte zu erkennen und Kinder, Jugendliche und junge Erwachsene darin zu unterstützen, diese selbstständig zu lösen.

Bensberger Mediations-Modell (grafische Darstellung): In: www.bensberger-mediations-modell.de/index.php/modell.html [19.08.2020].

Dittrich, Gisela/Dörfler, Mechthild/Schneider, Kornelia: Wenn Kinder in Konflikt geraten. Eine Beobachtungsstudie in Kindertagesstätten. Weinheim/Basel: Beltz Verlag 2001.

Duden Fremdwörterbuch. 5., neu bearbeitete und erweiterte Auflage. Mannheim: Dudenverlag 1990.

Götzinger, Marina/Kirsch, Dieter: Grundschulkinder werden Streitschlichter. Mülheim an der Ruhr: Verlag an der Ruhr 2004.

Gugel, Günther: Handbuch Gewaltprävention in der Grundschule. Tübingen: Institut für Friedenspädagogik e. V. – WSD Pro Child e. V. 2007.

Stelzer-Marx, Gisela/Hörsting, Katrin: Das Palaverzelt für Kinder. In: Spektrum der Mediation, Heft 59, 2015, S. 53–56.

Kain, Winfried/Bukovics, Maud/Edtinger, Bernadette/Reithmayr, Sandra/Scharf, Marion: KLIK – Konflikte lösen im Kindergarten. Ein praxiserprobtes Trainingsprogramm zur Konfliktbewältigung für Kinder von 5–7 Jahren. Berlin: Cornelsen Scriptor 2006.

Marx, Ansgar: Konstruktive Konfliktlösung mit Kindern. In: Kindergarten heute, Heft 4. 2011, S. 8–15.

9 Umgang mit aggressiven und gewaltbereiten Kindern und Jugendlichen

Stefanie Dreißen

Dominik, Studierender im zweiten Ausbildungsjahr, absolviert ein Praktikum im Jugendzentrum „Kölnstraße". Sein Praxisanleiter ist der Erzieher Bernd W.

Zu den Besuchern zählt seit drei Wochen auch Tim, 15 Jahre alt. Tim äußert sich häufiger kritisch über einige Angebote, z. B.: „Ist ja Kinderkram, was ihr hier macht!" oder „Ein richtiger Mann kocht nicht, aber ihr könnt mir gerne mal was servieren!". Bei solchen Aussagen schaut er immer wieder provozierend zu Dominik und Bernd.

Bei jedem Besuch provoziert er Dominik und Bernd weiter und wird regelmäßig respektlos. Er missachtet bewusst einige Regeln des Jugendzentrums, z. B. raucht er demonstrativ im Eingangsbereich. Bernd versucht mehrere Male, Tim zurechtzuweisen. Jedoch ohne Erfolg: Bernd kann sich gegen den Jugendlichen nicht durchsetzen. Dominik beobachtet, dass auch das übrige Team ratlos zu sein scheint. Es geht Tim möglichst aus dem Weg und vermeidet jeden Konflikt.

An einem Dienstag planen einige Jugendliche ein Kickerturnier. Dazu hängt Dominik Listen aus, in die sich die Jugendlichen eintragen und Mannschaften zuordnen können. Tim, der sich als „Chef" fühlt, will die Mannschaftsbildung bestimmen und droht hierbei den anderen Gewalt an. Einige beugen sich, andere steigen aus dem Turnier aus.

Als das Turnier beginnt, gewinnt Tims Mannschaft die ersten vier Spiele. Beim Endspiel kassiert Tims Team allerdings kurz vor Schluss noch ein Tor, sodass es jetzt 4 : 4 steht. Tim brüllt seine Gegner an: „Du hast den Tisch angehoben, du Hurensohn! Das Tor gilt nicht!" Die Gegner protestieren, doch Tim schreit: „Hier wird gemacht, was ich sage, oder es gibt was auf die Fresse!"

Bernd, der den Vorfall beobachtet hat, kommt dazu und stellt Tim zur Rede: „Mir reicht es jetzt! Leute wie dich können wir hier nicht gebrauchen. Du hast vorerst Hausverbot! Verschwinde jetzt!" Dabei geht er einen Schritt auf Tim zu, fasst ihn am Oberarm und schiebt ihn energisch Richtung Ausgang. Der 15-Jährige reißt beide Arme hoch: „Fass mich nicht an, ey, sonst stech ich dich ab!" Wutentbrannt steht der Jugendliche vor Bernd, die Situation droht zu eskalieren.

Tim stammt aus sozial benachteiligten Verhältnissen. Der Vater ist seit einiger Zeit arbeitslos, die Mutter ist Hausfrau. Tim hat noch zwei Schwestern, die 17 und zwölf Jahre alt sind. Die Wohnverhältnisse sind beengt: Die fünfköpfige Familie lebt in einer 63 m² großen Wohnung. Der Vater kommt mit seiner Situation schlecht zurecht und lässt seinen Ärger oft an Frau und Kindern aus. Er hat hohe Erwartungen an Tims Schulleistungen, die dieser nicht erbringen kann. Der Junge ist im 8. Schuljahr einer Hauptschule, das er wiederholen muss.

Wie reagiert der Erzieher richtig?

↘ FRAGEN

→ *Was erfahren Sie über Tim?*
→ *Wie verhalten sich die Erzieher?*
→ *Wie kann Bernd jetzt noch eine Eskalation verhindern?*
→ *Haben Sie in Ihrer Praxis schon ähnliche Situationen erlebt?*

9.1   Begriffsklärungen

Wie kann eine pädagogische Fachkraft **erfolgreich de-eskalieren** und aggressiven und gewaltbereiten Kindern/Jugendlichen „Grenzen setzen"?

Bevor diese Frage geklärt wird, ist eine Begriffsklärung sinnvoll. Im Duden *(Duden Fremdwörterbuch 1990, S. 36, S. 228 und S. 165)* finden sich die folgenden Definitionen:

> **aggressiv:** angreifend; auf Angriff, Aggression gerichtet
> **Aggression:** Angriffsverhalten, feindselige Haltung eines Menschen oder eines Tieres als Reaktion auf eine wirkliche oder vermeintliche Minderung der Macht mit dem Ziel, die eigene Macht zu steigern oder die Macht des Gegners zu mindern
> **Eskalation:** Substantiv zu eskalieren; a) stufenweise steigern, verschärfen b) sich ausweiten, an Umfang oder Intensität zunehmen aufgrund der Tatsache, dass die Beteiligten in ihren Maßnahmen rigoroser werden
> **Deeskalation:** Substantiv zu deeskalieren; die eingesetzten Mittel stufenweise verringern oder abschwächen

Ein Konflikt hat sich also so gesteigert (ist eskaliert), dass ein oder mehrere Beteiligte auf Angriff gerichtet sind. Sie sind bereit und in der Lage, (körperliche) Gewalt auszuüben. Der Pädagoge hat die Aufgabe, einzugreifen und den Konflikt zu entschärfen (deeskalieren).

9.2   Eine positive Einstellung haben

Es gibt eine Reihe von Vorschlägen und Strategien für eine erfolgreiche Deeskalation. Eine der wichtigsten Voraussetzungen, um deeskalierend wirken zu können, ist eine positive Grundeinstellung und Haltung (siehe Band 1, Lernfeld 2, Kap. 1.2).

Carl R. Rogers *(vgl. Rogers, 1985)* (1902–1987), ein US-amerikanischer Psychologe und Psychotherapeut und Begründer der klientenzentrierten Gesprächstherapie, nennt als Grundhaltungen Wertschätzung (Akzeptanz), Einfühlungsvermögen (Empathie) und Echtheit (Kongruenz).

Die Definition von **Gewalt** ist schwieriger. In der Fachliteratur sind sich die Experten einig, dass darunter im engeren Sinn körperliche Attacken zu verstehen sind, z. B. Jugendliche, die einen anderen Jugendlichen mit einem Baseballschläger bedrohen, oder Schüler, die zu dritt einen Klassenkameraden zusammenschlagen. In allen Fällen handelt es sich um einen Konflikt zwischen mindestens zwei Personen, bei der mindestens einer Person mit physischen Mitteln (Körperkraft oder Waffen) Schaden zugefügt wird.

Der Gewaltbegriff lässt sich noch um verbale Attacken erweitern. Schließlich kann man Menschen nicht nur mit einem Faustschlag, sondern auch mit Worten wirkungsvoll treffen. Zur verbalen Gewalt gehören Verspotten, Beschimpfen, Beleidigen, Auslachen oder Abwerten. Das Opfer wird auf psychischer Ebene geschädigt. Oft sind verbale Attacken Vorstufe einer Prügelei.

Unter Gewalt wird an dieser Stelle also eine unmittelbare Wechselbeziehung zwischen Personen verstanden, d. h., Gewalt wird körperlich oder psychisch von einer konkreten Person gegen eine andere ausgeübt.

Ein gewaltbereites Kind oder ein gewaltbereiter Jugendlicher ist also darauf vorbereitet, „in Bereitschaft", anderen einen physischen oder psychischen Schaden zuzufügen.

- **Wertschätzung (Akzeptanz)**
  Die bedingungslose positive Wertschätzung wird realisiert durch vorbehaltloses Annehmen der Person, gerade auch mit ihren Besonderheiten und Schwierigkeiten. Sie bedeutet wesentlich, dass die Person so akzeptiert wird, wie sie sich selbst sieht.

> Tim provoziert den Erzieher Bernd und wird regelmäßig respektlos. Er missachtet Regeln, stört und macht andere Jugendliche „blöd an", bedroht sie sogar. Die Pädagogen haben dennoch die Hoffnung, positiv auf Tim einwirken zu können.

In der Arbeit mit aggressiven und gewaltbereiten Jugendlichen ist es notwendig, die Person und ihr unangemessenes Verhalten zu trennen, also den Menschen Tim als wertvoll zu empfinden, aber sein Verhalten abzulehnen.

Geht der Erzieher dabei geschickt vor, ist die Chance groß, Kooperationsbereitschaft zu erreichen. Das Kind bzw. der Jugendliche sieht keine Notwendigkeit, mit Widerständen zu reagieren, denn der Pädagoge wird nicht als Gegner betrachtet.

- **Einfühlungsvermögen (Empathie)**
  Einfühlungsvermögen bezeichnet die Fähigkeit, sich in eine andere Person eindenken und ihre Gefühle, Absichten und Persönlichkeitsmerkmale nachempfinden zu können. In der Psychotherapie bezeichnet der Begriff „Empathie" eine Strategie der Stimmungsübertragung vom Patienten auf den Therapeuten. Dadurch ist es dem Therapeuten möglich, die Emotionen und die Stimmung des Patienten bei sich selbst zu erleben und somit besser zu verstehen. Gerade Jugendliche, die psychische Verletzungen hinter sich haben, benötigen ein sensibles Einfühlungsvermögen.

> Die Erzieher im Jugendzentrum Kölnstraße erkennen, dass Tim aufgrund seiner Lebensumstände frustriert ist (Arbeitslosigkeit, beengte Wohnverhältnisse, schlechtes Vorbildverhalten des Vaters, Leistungsdruck). Möglicherweise fühlt er sich auch als Mensch diffamiert, d. h. in seinem Wert herabgesetzt.

Auch wenn die Erzieher verstehen, dass die Ursache für Tims Verhalten in seinem Lebensweg und seinen Gefühlen zu suchen ist, dürfen sie sein Verhalten nicht billigen. Sich in seine Lage zu versetzen, hilft aber, ihn besser zu verstehen.

9.3   Distanz einhalten

Die Distanz, die man gegenüber einer anderen Person einnimmt, sagt etwas über das momentane Verhältnis der beteiligten Personen aus. Finden sich zwei Menschen sympathisch, kommen sie sich näher (geistig und körperlich) und ihre Distanz verringert sich. Es lassen sich vier Distanzen unterscheiden *(vgl. Bärsch/Rhode, 2008, S. 14 – 18):*

- **Echtheit (Kongruenz)**
  Kongruenz (von lat. „congruens": übereinstimmend, passend) bedeutet Übereinstimmung. Unter Echtheit/Kongruenz versteht man eine Offenheit und Ehrlichkeit, die hilfreich auf die andere Person wirkt und bei der Kopf und Herz übereinstimmen. Verbale Aussagen und die sie begleitende Körpersprache, bei der die Gefühle durch Mimik, Gestik und Stimme zum Ausdruck kommen, dürfen sich nicht widersprechen.

Pädagogen müssen also auch mit ihren Gefühlen hinter dem stehen, was sie mit dem Verstand entscheiden oder äußern.

> Der Erzieher Bernd lobt Tims Mannschaft für den Sieg in den ersten vier Spielen beim Kickerturnier. In Gedanken ärgert er sich aber darüber. Die Jugendlichen werden die Unstimmigkeit bemerken und Bernd noch weniger akzeptieren.

Sinnvoll ist daher, immer die Wahrheit zu sagen, auch wenn sie vielleicht unangenehm ist.

Erzieher sollten Akzeptanz, Echtheit und Empathie zeigen.

1) **Intim-Distanz** (auch Nahdistanz) bis zu 90 cm
2) **persönliche Distanz** (0,9 m–1,5 m)
3) **gesellschaftliche Distanz** (1,5 m–3 m)
4) **öffentliche Distanz** (3 m–8 m)

Die **Intim-Distanz** ist die körperliche Distanz zwischen sehr eng befreundeten Menschen, Liebespaaren sowie Eltern und Kindern.

Geraten Menschen, die einander fremd sind, freiwillig oder unfreiwillig in diese intime Distanz, z.B. bei öffentlichen Veranstaltungen, im Fahrstuhl oder in überfüllten Verkehrsmitteln, so löst dies oft Unbehagen, Unruhe oder Aggressionen aus. Bärsch/Rhode *(2008)* machen deutlich, dass auch Gewalttätigkeiten in Fußballstadien möglicherweise durch das Zusammendrängen von Menschen in die intime Distanz gefördert werden.

In der **persönlichen Distanz** haben die beteiligten Personen die Möglichkeit, sich die Hand zu geben, mit der Faust kann der andere aber nicht erreicht werden. Die persönliche Distanz ist der Abstand, den Menschen meist automatisch einnehmen, wenn sie ein Gespräch suchen, sich aber nicht sehr vertrauliche Dinge mitteilen wollen. Sie signalisiert eine offene und neutrale Gesprächsbereitschaft.

Die **gesellschaftliche Distanz** gilt besonders für offizielle gesellschaftliche oder geschäftliche Anlässe. Viele Vorgesetzte nehmen bei Kritikgesprächen diesen Abstand ein. Auch bei Streitigkeiten oder Konflikten wird sie häufig eingehalten. Bei der gesellschaftlichen Distanz ist ein anhaltender Blickkontakt erwünscht, Wegsehen während des Gespräches würde vom Gesprächspartner als taktlos empfunden werden.

Die **öffentliche Distanz** wird auch als Seminar- oder Ansprachedistanz bezeichnet. In ihr befinden sich Personen, die Reden oder Vorträge vor Menschengruppen halten. Es handelt sich um den notwendigen Abstand, um den gesamten Zuhörerkreis im Blickfeld behalten zu können, z.B. zwischen Professor und Studenten im Hörsaal oder zwischen Chef und Mitarbeitern bei einer Betriebsversammlung *(vgl. Bärsch/ Rhode, 2008, S. 14 ff.)*.

In Konfliktsituationen muss differenzierter vorgegangen werden. Läuft ein Konflikt wenig emotional ab, kann sich die räumliche Nähe des Erziehers zum Kind oder Jugendlichen durchaus konfliktreduzierend auswirken. Die Anwesenheit des Erziehers hat eine hinderliche Wirkung auf die Kontrahenten oder trägt zu ihrer Beruhigung bei.

In aggressiv aufgeladenen Situationen und bei höherer Erregung wird eine geringe Distanz dagegen als bedrohlich empfunden und kann zur Eskalation führen. Für den Pädagogen gilt: nicht in die Intim-Distanz einer Person eindringen und sie niemals anfassen! Selbst wenn der Erzieher geschubst wird: auf keinen Fall zurückschubsen! Dies wäre der Beginn einer „taktilen Gewaltspirale" *(Bärsch/Rhode, 2008, S. 78),* also einer Vorstufe von Schlagen und Treten. Ratsam ist das Einhalten der gesellschaftlichen Distanz von 1,5 m–3 m, d.h., der Pädagoge befindet sich außerhalb der unmittelbaren Schlagdistanz und achtet darauf, dass sich ein Tisch oder eine ähnliche Barriere zwischen ihm und dem Aggressor befindet. Dies erschwert zwar die Kommunikation, die eigene Sicherheit hat aber Vorrang.

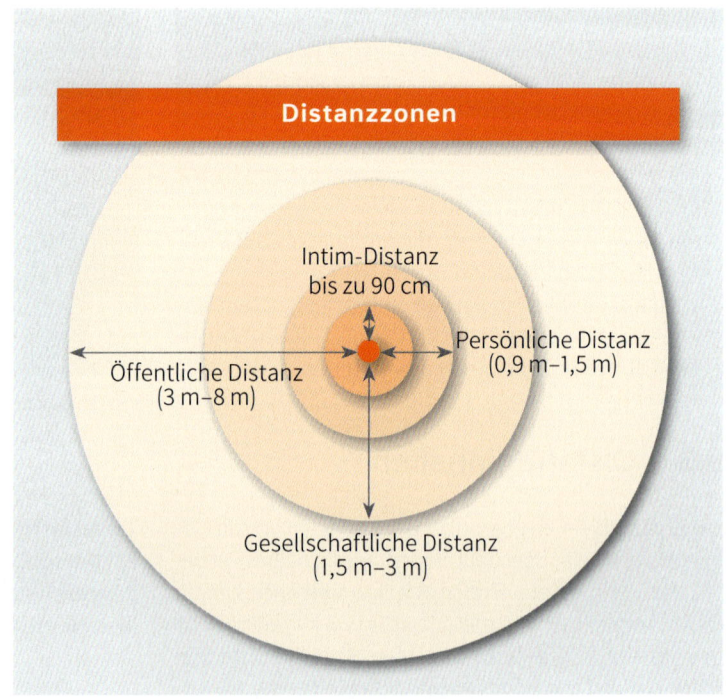

Distanzzonen

Intim-Distanz
bis zu 90 cm

Persönliche Distanz
(0,9 m–1,5 m)

Öffentliche Distanz
(3 m–8 m)

Gesellschaftliche Distanz
(1,5 m–3 m)

9.4   Kommunikationsregeln beachten

Eine selbstbewusste Körperhaltung einnehmen!

„Die Haltung spiegelt die Haltung!" *(Bärsch/Rhode, 2008, S. 10).* Gemeint ist damit, dass die Körperhaltung die Geisteshaltung widerspiegelt oder, wie bereits der Kommunikationsforscher Paul Watzlawick feststellte: „Man kann nicht nicht kommunizieren." Über die Körpersprache, also Haltung, Gestik und Mimik, aber auch über die Sprechweise, können Rückschlüsse auf die Befindlichkeit einer Person getroffen werden.

Dies bedeutet, dass der potenzielle Angreifer in einer bedrohlichen Situation durch das Lesen der Körpersprache erkennen kann, wen er vor sich hat. Zu unterscheiden sind dabei

- der „ängstliche Typ",
- der „aggressive Typ" und
- der „selbstbewusste Typ".

Der **ängstliche Typ** wirkt unsicher. Unsicheres Verhalten ist zu erkennen an hängenden Schultern, einem unruhigen oder auf den Boden gehefteten Blick, nervösem Hin- und Herwippen, einer ernsten Miene ohne Lächeln, verkrampften Händen.

Der **aggressive Typ** möchte seine Überlegenheit zeigen. Dies macht er deutlich durch breitbeiniges Stehen, geballte Fäuste, in die Hüfte gestemmte Hände oder verschränkte Arme, verengte Augenlider, nach unten gezogene Mundwinkel, einen kalten oder harten Blick und die Vermeidung von Blickkontakt.

Der **selbstbewusste Typ** kennt seine Stärken und Schwächen, er ist sich seiner selbst sicher. Selbstsicherheit ist erkennbar an einem aufrechten Stehen, zurückgenommenen Schultern, erhobenem Kopf, geradeaus gerichtetem Blick, entspanntem Stehen ohne Wippen, Blickkontakt, freundlichem Lächeln und allgemein lockerer Gesichtsmuskulatur.

Um eine Eskalation abwenden zu können, ist ein selbstsicheres Auftreten des Pädagogen notwendig. Er darf für den Aggressor weder durch unsicheres Verhalten als „Opfer" noch durch überhebliches Verhalten als „Feind" zu erkennen sein. Die Wahrscheinlichkeit, dass eine selbstbewusst auftretende Person angegriffen wird, ist am geringsten *(vgl. Bärsch/Rhode, 2008, S. 10ff.).*

Türöffner verwenden

Türöffner sind Äußerungen, die zum Sprechen auffordern. Sie enthalten keine persönlichen Gedanken oder Gefühle des Senders (Erziehers), fordern aber den Empfänger (Kind/Jugendlichen) auf, seine Gedanken oder Gefühle zu äußern.

> „Erzähl mal, was vorgefallen ist!"
> „Möchtest du darüber sprechen?"
> „Ich höre."
> „Na, was gibt es?" usw.

Kommunikationskiller vermeiden

Kommunikationskiller sind das Gegenteil von Türöffnern. Sie enthalten Vorwürfe oder negative Bewertungen, sie signalisieren eine geringe Wertschätzung (siehe Band 1, Lernfeld 2, Kap. 3).

> „Was soll das denn schon wieder?"
> „Ich verstehe gar nichts mehr!"
> „Wie oft habe ich dir schon gesagt, dass ..."
> „Lass den Mist!"

Destruktiv können sich auch folgende Reize auswirken *(vgl. Gordon, 1977, S. 110:)*:

a) **Geben von Anweisungen und Kommandos:**
   „Du musst auf die Erzieher hören!"
b) **Warnen oder Drohen:**
   „Nimm dich bloß in Acht!"
c) **Moralisieren oder Predigen:**
   „So benimmt man sich nicht!"
d) **Beurteilen, Verurteilen, Kritisieren:**
   „Du bist unmöglich!"
e) **Fehlende Anerkennung:**
   „Kapierst du es immer noch nicht?"
f) **Beschämen oder Lächerlich-Machen:**
   „Schämst du dich nicht?"
g) **Spott und Ironie:**
   „Du bist wirklich ein Held. Wie kann man nur so dumm sein?"
h) **Bloßstellungen vor anderen:**
   „Seht mal alle her!"

i) **Analysieren, Diagnostizieren, Kategorisieren:**
    „Du bist genau wie dein Vater!"

Ich-Botschaften senden

Mithilfe von Ich-Botschaften kann der Erzieher sein eigenes Empfinden und seine Gefühle äußern, ohne dabei Vorwürfe zu machen. Ich-Botschaften stehen im Gegensatz zu Du-Botschaften, die Vorwürfe, Befehle oder Ermahnungen beinhalten. Die meisten Streit-/Konfliktgespräche sind mit negativen „Du-Botschaften" durchsetzt. Du-Botschaften verletzen die Gefühle des Gegenübers und reizen ihn zu einer Gegenattacke. Sie sollten daher unbedingt vermieden werden.

> „Ich habe den Eindruck, du bist mit deinen Gedanken ganz woanders" **statt** „Du hörst mir ja nie zu!".
> „Mir ist nicht klar, wie du das gemeint hast" **statt** „Was du sagst, ist unlogisch".
> „Ich fühle mich durch deine Körperhaltung bedroht" **statt** „Du bist aggressiv".

Offene Fragen stellen – „Warum"-Fragen nur selten verwenden

Offene Fragen sind Fragen, auf die man nicht nur mit „Ja" oder „Nein" antworten kann. Nachfragen ist eine der besten Möglichkeiten, eine Eskalation zu verhindern, denn wer spricht, wird mit hoher Wahrscheinlichkeit nicht schlagen und hat gleichzeitig die Gelegenheit, seine Situation zu erklären. Der Pädagoge wiederum zeigt Interesse und bekommt möglicherweise Informationen, um an einer Lösung zu arbeiten.

Dabei sollten möglichst keine „Warum"-Fragen verwendet werden, weil sie häufig als Angriff gewertet werden:

> „Warum hast du schon wieder getreten?"
> „Warum bist du immer so aggressiv?"

Alternativ kann die pädagogische Fachkraft die **5-W-Technik** einsetzen, also Fragen nach dem Was, Wer, Wie, Wann oder Wo stellen.

> „Wie kam es zu der Schlägerei?"
> „Was war dein Problem?"

9.5 Deeskalationsstrategien verwenden

Eigendeeskalation

Befindet sich die pädagogische Fachkraft selbst in der Situation, dass sie von Jugendlichen/jungen Erwachsenen massiv bedroht wird, so gilt: **Ruhe bewahren.** Panik, Hektik oder hastige Bewegungen können reflexartige Reaktionen herausfordern.

Der Pädagoge sollte eine **selbstsichere Haltung einnehmen.** Aufrechtes, festes Stehen auf beiden Beinen und mit gutem Bodenkontakt bewirkt außerdem, dass man bei möglichen Angriffen ausweichen und nicht so leicht umgestoßen werden kann. Außerdem klingt auch die Stimme fester.

Der Pädagoge sollte nun den **Aggressor ansprechen** und dabei Blickkontakt halten. Sätze oder Aufforderungen sollten in ruhigem Tonfall und kurz und präzise geäußert werden, z. B.: „Nimm die Fäuste runter!" oder „Leg das Messer weg!". Dabei kann der Pädagoge die Methode der „broken record" (kaputte Schallplatte) anwenden, d. h., das Gewünschte mehrfach wiederholen. Wichtig ist, sachlich zu bleiben, nicht zu drohen oder zu beleidigen und auf keinen Fall Körperkontakt aufzunehmen. Auch ein Wechsel in die Opferrolle mit Flehen oder unterwürfigem Verhalten ist zu vermeiden. Der Pädagoge kann aber laut äußern, dass er sich bedroht fühlt: „Ich fühle mich bedroht." Insgesamt sollte der Pädagoge eine möglichst neutrale Position einnehmen. Die meisten Täter lassen in diesen Fällen von ihrem Opfer ab.

Sollte die Äußerung der eigenen Gefühlslage und die mehrfach wiederholte Aufforderung keine Wirkung zeigen, muss die pädagogische Fachkraft **Hilfe einfordern.** Dazu kann eine Person in der Nähe konkret angesprochen werden: „Katja (Praktikantin), ruf die Polizei" oder „Du in der blauen Jacke, hol Michael (Erzieher)."

Als letzte Möglichkeit, eine Eskalation abzuwenden, bleibt noch, das für den Angreifer **Unerwartete zu tun** und den Überraschungseffekt auszunutzen, z. B. eine

Ohnmacht oder einen Hustenanfall vorzutäuschen und die gewonnenen Sekunden zur Flucht zu nutzen. Dabei sind der Kreativität keine Grenzen gesetzt. Eine weitere Möglichkeit besteht darin, bewusst eine Grenze zu ziehen, indem sich der Pädagoge frontal vor dem Angreifer aufstellt und deutlich zeigt, dass er keine Angst hat. Dabei streckt er die Arme vor und zeigt offen seine Handflächen. So ist er einigermaßen geschützt und zeigt, dass er selbst nicht angreifen will. Hilfreich ist es auch, wenn der Pädagoge Befreiungsgriffe aus Kampfsportarten beherrscht und sich im Ernstfall schnell befreien und fliehen kann.

Im Anschluss an eine solche bedrohliche Situation ist auf jeden Fall die Polizei zu rufen *(vgl. Bärsch/Rhode, 2008, S. 80 ff.).*

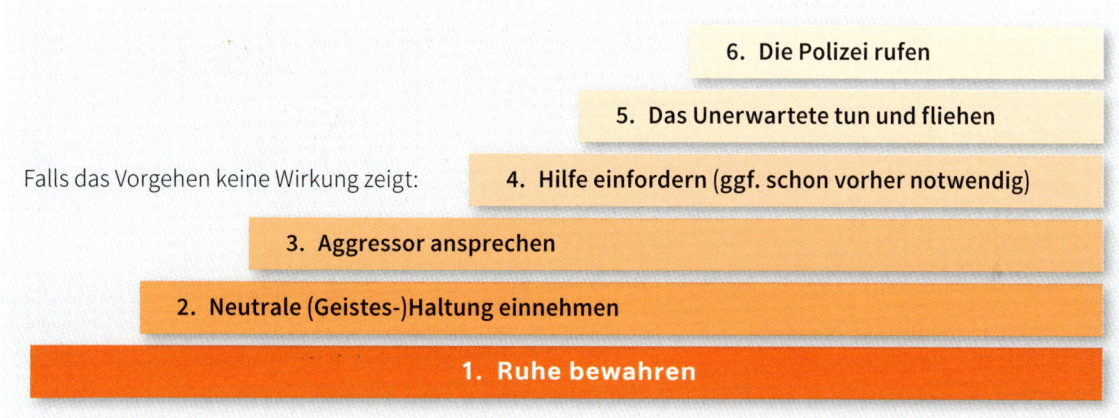

Stufen der Eigendeeskalation

Fremddeeskalation

Kommt es zu aggressiven Konflikten zwischen Jugendlichen, so ist es die Pflicht der pädagogischen Fachkraft, zu **intervenieren und die Auseinandersetzung zu stoppen.** Dabei ist es wichtig, sprachlich klar und eindeutig aufzutreten. Aussagen wie: „Könntet ihr damit aufhören?" oder „Ich würde mir wünschen, dass ihr damit aufhört", verwässern die Botschaft. Daher gilt: Fragen und Konjunktive vermeiden. Angebracht ist ein entschiedenes: „Hört auf!" oder „Auseinander!".

Die pädagogische Fachkraft tut gut daran, auf ihre eigene **Sicherheit zu achten.** Sind Waffen im Spiel oder stehen die Jugendlichen unter Drogeneinfluss, kann ein Eingreifen lebensgefährlich sein. In einem solchen Fall sollte Hilfe geholt bzw. die Polizei gerufen werden. In weniger extremen Situationen sollte der Pädagoge in keinem Fall von hinten an die Streitenden herantreten, sondern immer in deren Blickfeld bleiben, wenn er sich nähert.

Wichtig ist, **im Team zusammenzuhalten,** als Einheit aufzutreten und Grenzüberschreitungen nicht zuzulassen. Gegebenenfalls kann sich auch jeweils ein Pädagoge um einen der Kontrahenten kümmern.

Vor der konkreten Trennung der Streitenden sollten diese direkt **angesprochen werden:** „Aufhören!" oder „Nimm die Fäuste runter!". Auch hier bietet sich die Technik der „broken record" (kaputte Schallplatte) an. Hilfreich kann sein, die **Namen der Kontrahenten zu nennen.** Dies mindert den Stress und lässt einen Menschen „aufhorchen".

Zur **Trennung** der beiden Streitenden sollte versucht werden, deren Blickkontakt zu unterbrechen und sie in unterschiedliche Räume zu bringen, bis sich die Gemüter beruhigt haben und die emotionale Erregung abgeklungen ist. Ein **Konfliktgespräch** ist erst nach etwa 30 Minuten sinnvoll.

Beim Einsatz von körperlicher Gewalt oder sogar Waffen muss das Team **Konsequenzen ziehen.** Grundsätzlich gilt, dass Konsequenzen nicht nur angedroht, sondern in jedem Fall auch umgesetzt werden müssen. Dazu gehören Maßnahmen wie die Übernahme von Aufgaben bis hin zum Hausverbot. Brutale Gewaltausbrüche bzw. -straftaten sollten angezeigt werden.

Stufen der Fremddeeskalation

Grundsätzlich hilfreich für Erzieherinnen und Erzieher ist die Teilnahme an einem Deeskalations-/Konfliktinterventionstraining *(vgl. Bärsch/Rhode, 2008, S. 88 ff. und 132 ff.).*

Regeln aufstellen und durchsetzen

In der Arbeit mit Kindern und Jugendlichen gibt es immer wieder Situationen, in denen bewusst Grenzen überschritten werden. Ab diesem Moment ist die pädagogische Fachkraft gefordert, bestehende Regeln durchzusetzen. Tut sie es nicht, dann akzeptiert sie das schlechte Benehmen und erlaubt es damit.

Kinder und Jugendliche, die Regeln immer wieder bewusst überschreiten und dabei sich und andere bzw. das soziale Miteinander in Gefahr bringen, tun dies meist nicht ohne Grund. Diesem gilt es nachzuspüren, vor allem, wenn das regelverletzende Verhalten oder Provokationen über einen längeren Zeitraum andauern. Sinnvoll ist hier, zunächst das Gespräch mit dem Kind oder Jugendlichen zu suchen.

Für das Miteinander der gesamten Gruppe, z.B. im Jugendzentrum, ist es hilfreich, gemeinsam „Hausregeln" zu vereinbaren. Ein Jugendlicher, der aktiv an der Erstellung von Verhaltensregeln mitgearbeitet hat, fühlt sich auch verantwortlich für deren Einhaltung. Dadurch kommt nicht nur der pädagogischen Fachkraft die Rolle zu, für die Einhaltung der Regeln zu sorgen, sondern allen Mitgliedern der Gruppe bzw. Besuchern des Jugendzentrums. Es ist erwiesen, dass Regeln entschieden besser akzeptiert werden, wenn sie gemeinsam erarbeitet wurden.

Damit Regeln akzeptiert werden können, sollten sie:
- selbsterklärend,
- kurz und eindeutig sowie
- praktikabel,
- nachvollziehbar sein.

Eine Regel im Jugendzentrum könnte z. B. lauten: „Alkohol ist verboten!" Wird diese Regel überschritten, könnte die pädagogische Fachkraft wie folgt vorgehen:

Stufe 1:

Der Pädagoge verhält sich **kooperativ.** Er spricht den Jugendlichen an und bittet ihn freundlich, ihm die Bierflasche abzugeben oder draußen weiterzutrinken.

Stufe 2:

Der Pädagoge nimmt eine **neutrale Haltung** ein und fordert nun deutlich und bestimmt: „Gib mir das Bier oder geh raus." Diese Aufforderung wiederholt er noch ein oder zwei Mal.

Stufe 3:

In der Stufe 3 zeigt der Pädagoge **Konsequenzen** auf: „Du hast zwei Möglichkeiten: Entweder du bekommst Hausverbot oder das Bier verschwindet jetzt. Du musst dich entscheiden."

Wichtig ist dabei, dass der Jugendliche die Entscheidung trifft. Er übernimmt somit selbst Verantwortung für sein Handeln, die der Pädagoge abgibt. Bei der Formulierung der Konsequenz sollte er darauf achten, dass er das gewünschte Verhalten zuletzt nennt, so bleibt es besser im Gedächtnis. Außerdem muss die angekündigte Konsequenz auch durchführbar sein. In diesem Fall müsste der Pädagoge das Hausverbot im Notfall mithilfe der Polizei durchsetzen.

↗ WIEDERHOLUNG

Der Erzieher kann in aggressiven und gewalttätigen Situationen erfolgreich deeskalieren,

→ wenn er über eine positive Grundeinstellung und Haltung verfügt und Akzeptanz, Empathie und Kongruenz in sein Verhaltensrepertoire übernimmt,

→ wenn er nie in die Intim-Distanz einer Person eindringt,

→ wenn er selbstbewusst auftritt und Kommunikationsregeln beachtet, d. h. Türöffner verwendet, Kommunikationskiller vermeidet, Ich- statt Du-Botschaften sendet und offene Fragen stellt,

→ wenn er über Strategien und Vorgehensweisen zur Eigen- und Fremddeeskalation verfügt, die er sinnvollerweise in einem Trainingskurs geübt und gefestigt hat.

Grundsätzlich ist wichtig, Verhaltensregeln mit den Kindern/Jugendlichen gemeinsam zu erarbeiten und angekündigte Konsequenzen unbedingt durchzusetzen.

→·← AUFGABEN

1 [Analyse und Bewertung]
Beurteilen Sie mit den in diesem Kapitel erworbenen Wissen, ob sich der Erzieher Bernd in der beschriebenen Lernsituation richtig verhalten hat. Was könnte er anders/besser machen?

2 [Planung und Konzeption]
Auf der nächsten Teamsitzung des Jugendzentrums Kölnstraße wird noch einmal über Tim und die Gesamtsituation in der Einrichtung gesprochen. Die pädagogischen Fachkräfte sind sich einig, dass sie handeln müssen, um die Gruppendynamik in der Einrichtung wieder zu verbessern und Eskalationen zukünftig zu vermeiden.
Entwickeln Sie in Gruppen auf dieser Grundlage ein erfolgversprechendes pädagogisches Handlungskonzept. Begründen Sie Ihr Vorgehen.
2.1 Formulieren Sie zunächst die Kompetenzen, die die Jugendlichen erwerben sollen (Sach-/Sozial-/Selbstkompetenz).
2.2 Berücksichtigen Sie in Ihrem Handlungskonzept z. B. folgende Aspekte:

→ erzieherische Grundhaltung
→ Kommunikation
→ ganzheitliches Lernen durch Projektarbeit
→ entwicklungsangemessene unterstützende und gegenwirkende Erziehungsmaßnahmen
→ Stellenwert des pädagogischen Verhältnisses
→ rechtliche Aspekte, z. B. Jugendstrafrecht, Rechte der Einrichtung/des Jugendlichen

2.3 Beachten Sie in Ihrem Handlungskonzept die Querschnittaufgaben Partizipation, Inklusion und Prävention.
2.4 Präsentieren Sie Ihr Handlungskonzept anschaulich.
2.5 Bewerten Sie die vorgestellten Handlungskonzepte: Welche Aspekte sind in der Praxis gut umsetzbar? Welche weniger?
Welches Handlungskonzept würden Sie auswählen und warum?

TIPPS ZUM WEITERARBEITEN →→

→ Bärsch, Tim: 125 Übungen zur Gewaltprävention. Das Praxisbuch für Anti-Gewalt- und Deeskalationstrainings.
Norderstedt: Books on Demand 2011.

→ Schwabe, Matthias: Eskalation und De-Eskalation in Einrichtungen der Jugendhilfe. Konstruktiver Umgang mit Aggression und Gewalt in Arbeitsfeldern der Jugendhilfe. 6. Auflage.
Frankfurt/M.: Internationale Gesellschaft für erzieherische Hilfen 2019.

→ www.gewaltakademie.de

Kompetenzen, die in diesem Kapitel erworben werden können:

- Die Absolventinnen und Absolventen
  verfügen über Fertigkeiten, mit Konflikten
  und Störungen im pädagogischen Prozess
  angemessen umzugehen und partizipato-
  rische und ressourcenorientierte Lösungsstrategien zu entwickeln.

Bärsch, Tim/Rhode, Marian: Kommunikative Deeskalation. Praxisleitfaden zum Umgang mit aggressiven Personen im privaten und beruflichen Bereich. Norderstedt: Books on Demand GmbH 2008.

Duden Fremdwörterbuch. Bd. 5., neu bearbeitete und erweiterte Auflage. Berlin: Bibliographisches Institut. Dudenverlag 1990.

Gordon, Thomas: Familienkonferenz. Die Lösung von Konflikten zwischen Eltern und Kind. 9. Auflage, Hamburg: Hoffmann und Campe Verlag 1977.

Rogers, Carl: Die nicht-direktive Beratung. Frankfurt/Main: Fischer Verlag 1985.

10 Konzepte sozialpädagogischen Handelns

Stefanie Dreißen (Kap. 10.1) • Dietmar Böhm (Kap. 10.2-10.9)

In der Kindertagesstätte Herdweg 4 findet der erste Elternabend im neuen Kindergartenjahr statt. An diesem Abend sind vor allem die Eltern eingeladen, deren Kinder neu in der Kita sind. Die Kita Herdweg 4 umfasst sechs Gruppen: zwei Krippengruppen und vier Gruppen für Kinder von zwei bis sechs Jahren.

Die Leiterin, Frau Lemaire, begrüßt die 40 anwesenden Eltern: „Wie Sie der Einladung entnehmen konnten, werden Sie heute vor allem grundsätzliche Informationen zu unserer Kita bekommen. So wollen wir Ihnen berichten, nach welchen konzeptionellen Schwerpunkten in unserer Kita gearbeitet wird. Darüber würden wir gerne mit Ihnen ins Gespräch kommen." Herr Knödler, Erzieher in der Bären-Gruppe, stellt die konzeptionellen Schwerpunkte vor. Anhand verschiedener Materialien erklärt er, was der Kita besonders wichtig ist „Hier sehen Sie einen Kasten mit Holzwürfeln in verschiedenen Größen. Diese Holzwürfel stehen den Kindern in der Bauecke zur Verfügung. Damit können sie im Freispiel bauen und experimentieren." Dazu zeigt Frau Lemaire über den Beamer den Eltern Fotos spielender Kinder. „Die Idee mit den Holzwürfeln ist übrigens ziemlich alt. Sie geht auf Friedrich Fröbel zurück, der diese Materialien vor fast 200 Jahren entwickelte."

Herr Knödler fährt fort: „Auf dem nächsten Foto sehen Sie Kinder, wie sie eifrig miteinander und mit mir und meiner Kollegin diskutieren. Das war bei einer Besprechung. Uns ist über einen längeren Zeitraum aufgefallen, dass die Kinder sich immer wieder mit mathematischen Fragen beschäftigen: Wieviel wiegt etwas? Wie groß ist etwas? Wie lang ist ein Meter? Für uns war dies eine Schlüsselsituation, von der aus wir planen. Wir planen aber nicht allein, sondern gemeinsam mit den Kindern. Deshalb haben wir in einer Besprechung mit den Kindern überlegt, was genau sie wissen wollen, woher wir die Informationen bekommen und wie wir sie dann in der Kita allen Kindern vorstellen könnten. Aus dieser Diskussion entstand ein tolles Projekt, das wir hier dokumentiert haben"

Herr Robenka, Vater der dreijährigen Alisa, meint: „Ist es nicht viel besser, wenn den Kindern gesagt wird, was sie machen sollen?" Nun entspannt sich ein lebhaftes Gespräch mit den Eltern über die konzeptionellen Schwerpunkte der Kita. Die Erzieher machen deutlich, dass die Beteiligung der Kinder ein unverzichtbarer Bestandteil der pädagogischen Arbeit der Kita ist: „Wir beziehen uns hier auf den Situationsansatz, ein pädagogisches Handlungskonzept, das seit über 40 Jahren umgesetzt wird", erläutert Herr Knödler. Frau Kelm, Mutter des dreijährigen Max, fragt nach anderen Materialien zu mathematischen Fragen, die die Kinder klarer in ihrem Lernen lenken. Sie habe gehört, dass es sogenanntes Montessori-Material gebe. „Ich finde solch vorgefertigtes Material nicht gut. Viel wichtiger ist doch, dass die Kinder in Ateliers frei malen und gestalten können", meint der Vater der zweijährigen Stella, Herr Johannson. Frau Özal, Mutter der dreijährigen Rosa, fragt nach: „Aber Medien gibt es hoffentlich nicht in der Kita? Ich finde, das brauchen die Kinder in diesem Alter noch nicht. Das gefällt mir an den Waldorfkindergärten so, sie verzichten ganz darauf."

Frau Lemaire und Herr Knödler freuen sich über die lebhafte Diskussion unter den Eltern. Sie beschließen mit den Eltern, über das Kindergartenjahr verteilt, zu den konzeptionellen Schwerpunkten der Kita weitere Elternabende anzubieten, an denen jeweils ein Aspekt genauer besprochen werden soll.

↘ FRAGEN

→ *Welche pädagogischen Handlungskonzepte werden in der Lernsituation von den Erziehern und Eltern angesprochen?*

→ *Kennen Sie noch weitere Handlungskonzepte? Wenn ja, welche?*

→ *Wie denken Sie darüber: Sollen in heutigen Kitas Konzeptionen verwendet werden, die fast 200 Jahre alt sind?*

→ *Was wissen Sie bereits über diese Konzepte?*

→ *Welche Unterschiede können Sie in den konzeptionellen Vorstellungen, die von den Eltern und Erziehern benannt werden, feststellen?*

10.1   Friedrich Fröbel und die Geschichte der Kindergartenpädagogik

Friedrich Wilhelm August Fröbel wurde am 21. April 1782 in Oberweißbach im Thüringer Wald geboren. Er war das sechste Kind seiner Eltern.

Friedrich Fröbel
(1782–1852)

Pestalozzi war der bekannteste Pädagoge der damaligen Zeit. Er errichtete in Yverdon (Schweiz) ein Erziehungsinstitut, das Weltruf genoss und Kinder ab sieben Jahren aufnahm. Pestalozzi vertrat u. a. die Ansicht, dass für die intellektuelle Bildung konkrete Anschauung und Selbsttätigkeit der Schüler von besonderer Bedeutung seien.

Johann Heinrich
Pestalozzi
(1746–1827)

Fröbels Mutter starb bereits zehn Monate später im Februar 1783. Zwar heiratete der Vater 1785 erneut, doch zwischen der Stiefmutter und Friedrich entwickelte sich keine herzliche Beziehung. Friedrich fühlte sich in seinem Elternhaus missverstanden und ungeliebt. Im Alter von elf Jahren zog er daher zu seinem Onkel.

Im Jahr 1799 erhielt Friedrich die Erlaubnis des Vaters, ein naturwissenschaftliches Studium zu beginnen. So schrieb er sich zum Wintersemester in Jena ein, wechselte aber in den folgenden Jahren häufiger Studiengang und Studienort.

Erste pädagogische Berührungspunkte hatte Friedrich Fröbel im Jahr 1805. Durch Zufall erhielt er eine freie Lehrerstelle an einer Pestalozzischen Musterschule.

Hier fühlte sich Fröbel vom ersten Tag an „wie in seinem Element" *(Hoffmann, 1966)*. Er begann, sich mit dem Gedankengut Pestalozzis zu beschäftigen, und war innerlich berührt von dessen leidenschaftlicher Liebe zum Menschen und zum Kind. Fröbel ging später sogar in die Schweiz, um zwei Jahre an Pestalozzis Schule zu verbringen. Jede freie Minute beschäftigte

er sich mit pädagogischen Fragen und pädagogischer Literatur.

So kam es, dass Fröbel ganz eigene, neue Erziehungsvorstellungen entwickelte, in die Ideen Pestalozzis eingingen. Fröbels Leitmotiv war die Ausbildung von Selbsttätigkeit und Selbstbestimmung. Er forderte für die Erziehung ein eigenes Engagement der Kinder. Dabei beachtete er die Individualität und die Bedürfnisse der Schüler. Fröbel selbst sagte: „Ich will nicht dem Staat Staatsmaschinen schnitzen, sondern freie, denkende, selbsttätige Menschen" *(Fröbel, 1982, S. 130)*. Die Vermittlung von Wissen diente dazu, die Denkfähigkeit und den Intellekt der Schüler anzuregen. Sie sollten in die Lage versetzt werden, das erworbene Wissen selbstständig anzuwenden und verantwortlich zu handeln.

Fröbel war schließlich immer mehr von dem Gedanken erfüllt, eine eigene Schule zu gründen, um auf diese Weise seine Vorstellungen umzusetzen. Zusammen mit zwei Freunden eröffnete er im Jahr 1816 in Thüringen eine „Erziehungsanstalt", in der Jungen im Alter ab sechs Jahren erzogen und unterrichtet wurden. Fröbel gründete später noch weitere Schulen, u. a. in der Schweiz, um seine Ideen zu verbreiten.

10.1.1   Die Bedeutung des Spiels und die Entwicklung der Spielgaben

Fröbel wandte sich ab etwa 1830 immer mehr einer Idee zu, die ihn schon lange beschäftigt hatte: Er erkannte, dass die Entfaltung des menschlichen Geistes nicht erst

in der Schule, sondern schon im vorschulischen Stadium beginnen müsse, um Fehlentwicklungen auszuschließen bzw. zu vermeiden. Mit der Hinwendung zur Kleinkindererziehung nahm er einen entscheidenden pädagogischen Richtungswechsel vor, der ihn zum Pionier auf diesem Gebiet machte: Vor Friedrich Fröbel hatte sich noch kein Pädagoge mit Kindern im Vorschulalter beschäftigt.

Eine besondere Bedeutung maß Fröbel dem Spiel zu. Vor Fröbel war das Spiel als sinnlose oder nutzlose Beschäftigung angesehen worden. Fröbel jedoch erkannte einen tieferen Sinn im kindlichen Spiel, der für die Entwicklung des Kindes und sein späteres Leben von entscheidender Bedeutung war. So entwickelte er acht **Spielgaben:**
1. Ball
2. Kugel, Würfel, Walze
3.–8. Würfel in verschiedenen Teilungen

Walze, Würfel, Kugel

Fröbel fertigte zu jeder Gabe Anleitungen und Zeichnungen für die Mütter an, um den richtigen Umgang und Gebrauch zu gewährleisten. An dem Material sollten die Kinder mit Größe, Form, Schwere, Farbe, Zahl, Bewegung usw. bekannt gemacht werden. Dabei bezeichnete Fröbel das spontane Spiel der Kinder mit den Gaben als **„Spielpflege".** Andererseits konn-

te das Spiel mit den Gaben auch von einem Erwachsenen, dem „Spielführer", angeleitet werden. Nach Fröbels Vorstellung erfuhr dadurch auch der Erwachsene eine Förderung, eine innere Bildung. Außerdem entstanden kurze Lieder und Verse zu den einzelnen Spielmitteln.

Für Fröbel war der Ball der erste und wichtigste Spielgegenstand der frühen Kindheit. Dabei sollte der Ball vom Kind zunächst nur zum Umspannen, zum Begreifen und dann auch zum selbst- und freitätigen Spiel gebraucht werden. *(vgl. Ebert, 2011, S. 13)*

Fröbel entwickelte außerdem Legetäfelchen, Falt-, Ausschneide- und Flechtblätter, Verschnürstreifen, Stäbe, Legestäbchen, Ringe und Halbringe und vieles mehr, um die Kreativität und das freie Schaffen anzuregen. Fröbel sprach hier von **Lebens-, Schönheits- und Erkenntnisformen.**

Im Jahr 1843 erschienen nach langer Vorarbeit die „Mutter- und Koselieder". Das Buch entstand als Bilderbuch zur Bildung der Mütter. Sie fanden in diesem Buch sowohl bekannte, althergebrachte als auch neue **Singspiele.** Sie hatten den Zweck, mit den Kleinkindern erste Arm- und Beinübungen, an die sich Fingerübungen anschlossen, durchzuführen, um die Beweglichkeit der Körperglieder und die Ausbildung der entsprechenden Muskeln zu fördern. Daneben sollte das Kind zur Wahrnehmung der eigenen Persönlichkeit und zur Begegnung mit der es umgebenden Welt angeleitet bzw. hingeführt werden. Die „Mutter- und Koselieder" waren als Grundvoraussetzung für den Gebrauch der Spielgaben zu betrachten und somit für Säuglinge und Kleinkinder als Vorbereitung für den Besuch des Kindergartens gedacht.

10.1.2 Die Gründung des ersten Kindergartens und die Ausbildung von Kindergärtnerinnen

Um die Spielgaben praktisch zu erproben, rief Fröbel in Bad Blankenburg/Thüringen die „Anstalt für Kinderpflege" *(vgl. Hanschmann, 1874, S. 286)* ins Leben. Fast täglich ließ Fröbel bis zu 50 Kinder kommen.

Fröbel richtete außerdem zwei „Bildungskurse zur Kindheitspflege" *(vgl. Hanschmann, 1874, S. 286)* ein, in

denen Frauen und Männer den Umgang mit den Spielmitteln erlernen sollten. Die Einrichtung dieser Kurse stellte den Beginn der Ausbildung von Menschen in der „Kleinkinderführung und -beschäftigung" *(Hanschmann, 1874, S. 296)* dar. Sie können daher als Vorreiter der späteren Kindergärtnerinnenseminare angesehen werden.

Die Blankenburger Bevölkerung nahm lebhaften Anteil, besonders Mütter mit kleinen Kindern, die sich von Fröbel Anregungen erhofften. Die Anerkennung der Frauen nutzte Fröbel, indem er Weihnachten 1839 zur Gründung eines Frauenvereins aufrief, der als Trägerverein einer neuen „Musteranstalt" dienen sollte, die er in Blankenburg einrichten wollte. Dies war die Geburtsstunde des **„Kindergartens".** Auf den Begriff „Kindergarten" kam Friedrich Fröbel zufällig auf einer Wanderung. Sein Freund und Weggefährte Wilhelm Middendorff äußerte sich darüber folgendermaßen:

„Aber zugleich sollen sie [die Kinder, Anmerkung d. Verf.], wie der Name sagt, ähnlich den Gewächsen unter den Augen des verständigen Gärtners, von Einsicht und Sorgfalt und von treuer Liebe möglichst gepflegt werden, daß Leib und Geist dabei gedeihen und das kindliche Gemüt, wie die Blüte in der Knospe, sich unverletzt entfalte." *(Middendorff, 1848)*

Im Mai 1840, am 400. Jubiläumstag der Erfindung der Buchdruckerkunst, wurde der erste Kindergarten in Blankenburg eröffnet. Der Kindergarten sollte den Müttern oder zukünftigen Müttern gleichzeitig als Ausbildungsort für die Erziehungsaufgaben in der Familie dienen, denn die Familie stellte für Fröbel den Mittelpunkt der Erziehung dar. Damit machte Fröbel deutlich, dass der Kindergarten eine Einrichtung zur Ergänzung der Familienerziehung war und keinen Familienersatz darstellte. Fröbel bezeichnete die Frau und Mutter als besonders geeignet für die Betreuung des kleinen Kindes. Dies hängt sicher auch mit seiner Biografie zusammen, schließlich war er

selbst ohne Mutter aufgewachsen und hatte unter diesem Verlust sehr gelitten. Im Kindergarten wurden auch die ersten Kindergärtnerinnen ausgebildet.

In den folgenden Jahren machten Fröbel und sein Freund und Weggefährte Wilhelm Middendorff die Idee der Kindergärten in ganz Deutschland bekannt und in vielen Städten wurden Einrichtungen gegründet, in denen von Fröbel ausgebildete Kindergärtnerinnen beschäftigt waren. Die Erfindung des Kindergartens hatte eine so weitreichende Bedeutung, dass Fröbel als ihr Begründer bis heute Anerkennung findet. Der große Pädagoge starb 1852, kurz nach seinem 70. Geburtstag.

Fröbels Leben und Wirken im Überblick	
Jahr	**Leben und Wirken**
1782	21. April: Geburt in Oberweißbach
1792	Umzug zum Onkel
1799	Studium der Naturwissenschaften in Jena
1805	Lehrer an einer Pestalozzischen Musterschule in Frankfurt
1808–1810	Aufenthalt in der Schweiz als Schüler Pestalozzis
1816	Gründung der „Allgemeinen deutschen Erziehungsanstalt" in Thüringen
ab 1830	Hinwendung zur Kleinkinderpädagogik; Entwicklung der Spielgaben und -materialien
1840	Eröffnung des ersten Kindergartens in Bad Blankenburg/Thüringen
1850	Gründung der ersten Schule zur Ausbildung von Kindergärtnerinnen
1852	21. Juni: Tod Friedrich Fröbels

10.1.3 Die Aktualität Fröbels

Friedrich Fröbels Erziehungsziel sind mündige Menschen. Es geht darum, die Kinder in ihrem gegenwärtigen und zukünftigen Leben zu möglichst selbstständigen und selbstbestimmt denkenden und handelnden Menschen zu erziehen. Seine Pädagogik ist kindzentriert und auf das Spiel begründet. Ganzheitliches Lernen steht im Vordergrund.

Diese Auffassung und die anderer Reformpädagogen sind heute Ausgangspunkt wissenschaftlicher Forschung. Nachdem Fröbels Pädagogik einige Jahre in Vergessenheit geraten war, erleben seine Ideen und Vorstellungen aufgrund der Aktualität seiner Erziehungsziele derzeit eine „Wiedergeburt". Es gibt daher in ganz Deutschland

wieder viele Einrichtungen, die den „Fröbel'schen Ansatz" in ihrer Konzeption verankert haben.

Erzieherinnen und Erzieher in einer solchen Kindertageseinrichtung haben die Aufgabe, die individuellen Neigungen und Begabungen eines Kindes zu betrachten und ständige Anregungen zu geben: Räume im Haus und Außenanlagen sind z. B. so gestaltet, dass sie die Kinder herausfordern. Die Kinder werden zum Ausprobieren, Entdecken und Experimentieren motiviert.

Dahinter steckt die Vorstellung, dass die Kinder ihre Erkenntnisse über das eigene Tätigsein entwickeln: Über die Mitarbeit im Garten mit Aktivitäten wie pflanzen, ernten, pflegen, erleben die Kinder beispielsweise die Natur, den Wechsel der Jahreszeiten und die Gesetze des Wachstums der Tier- und Pflanzenwelt. Als ein Erziehungsziel im Fröbelkindergarten kann daher eine Beziehung zur Natur und eine beschützende Haltung gegenüber der Umwelt genannt werden.

Zum Einsatz kommen auch die Spiel- und Beschäftigungsmaterialien, die die Kinder ganzheitlich unter Berücksichtigung ihres Alters fördern. Beim Legen, Bauen, Falten, Flechten, Schneiden, Konstruieren, Werken, Turnen, bei Bewegungs-, Sing- und Tanzspielen, bei Arbeitstätigkeiten in Haus und Garten wird teilweise noch das von Fröbel entwickelte Material verwendet.

Die Kinder erwerben so Konzentration, Ausdauer, Feinmotorik, mathematisches und naturwissenschaftliches Grundwissen. Farben und Formen werden unterschieden, Sprache und Kreativität auf vielfältige Weise unterstützt. Dies alles sind Voraussetzungen für das erfolgreiche Lernen in der Schule.

In Fröbelkindergärten wird größter Wert darauf gelegt, dass alle Kinder mitbestimmen und ihrem Alter entsprechend an demokratischen Gestaltungsmöglichkeiten teilhaben können.

Möglicherweise ist ein Nachteil der Fröbelpädagogik, dass sie engagierte Erzieherinnen erfordert, die sich über den Umgang und Einsatz des Fröbelmaterials informiert und im besten Fall eine Weiterbildung absolviert haben.

Eine berufsbegleitende Zusatzqualifikation kann z. B. im Friedrich-Fröbel-Museum in Bad Blankenburg erworben werden.

Bis heute findet Friedrich Fröbel als Erfinder und Gründer des Kindergartens national und international Anerkennung.

Mitarbeit im Garten

Legetäfelchen

↗ WIEDERHOLUNG

→ Friedrich Fröbel (1782–1852) erkannte als Erster die Bedeutung der frühen Kindheit und gilt weltweit als der Begründer des Kindergartens (1840).

→ Wegweisend für alle späteren Handlungsansätze war Friedrich Fröbels Bild vom Kind als ein von Anfang an lernfähiges, wissbegieriges und aktiv forschendes Individuum.

→ Er erkannte das Spiel als die dem Wesen des Kindes entsprechende Form, sich Wissen anzueignen. Daher entwickelte er Spielmaterialien, Singspiele, Lieder und Verse. Diese konnten im Kindergarten praktisch erprobt werden.

→ Gleichzeitig richtete er Bildungskurse ein, um Frauen den Umgang mit den Spielmaterialien zu vermitteln. Ab 1850 bildete er Kindergärtnerinnen aus und leistete damit einen wesentlichen Beitrag zur Emanzipation der Frau im 19. Jahrhundert.

→ Fröbels Erziehungsziele sind bis heute aktuell.

→·← AUFGABEN

1 [Planung und Konzeption]
Bereiten Sie eine Ausstellung zur Geschichte der Kindergartenpädagogik in Ihrer Schule vor und laden Sie interessierte Klassen ein.

2 [Planung und Konzeption]
2.1 Informieren Sie sich ausführlich über Friedrich Fröbel und seine Vorstellungen zur Kleinkinderpädagogik. Nutzen Sie die angegebene Literatur und verschaffen Sie sich selbstständig weitere Informationen (Internet, Bibliothek, Friedrich Fröbel Museum in Bad Blankenburg/Thüringen usw.).

2.2 Bilden Sie Gruppen (ggf. auch schon vor der Literatursuche sinnvoll) und bearbeiten Sie die gefundenen Informationen im Hinblick auf die folgenden Aspekte. Sie können auch eine Tabelle anlegen:

Friedrich Fröbel	
Erziehungsziele	…
Bild vom Kind/Menschenbild	…
Rolle der Erzieherin	…
Rolle des Spiels	…
Spielzeug/Material	…
Raumgestaltung	…
Elternarbeit	…

2.3 Präsentieren Sie Ihre Ergebnisse ansprechend (Infokiosk, Wandzeitung/Stellwand, Collage, Radiosendung …).
Eventuell kann die Präsentation durch das Ausstellen der Spielgaben/-materialien ergänzt werden. Fragen Sie in Ihrer Praktikumseinrichtung nach, ob es Fröbelmaterialien gibt. Erkundigen Sie sich außerdem bei einem Fachausstatter für Kindertageseinrichtungen.

TIPPS ZUM WEITERARBEITEN →→

→ Brodbeck, Matthias: Friedrich Fröbel – Stationen seines Lebens und Wirkens, Band 38. Ilmenau: Rhinoverlag 2015.
→ Hebenstreit, Sigurd: Friedrich Fröbel. Menschenbild, Kindergartenpädagogik, Spielförderung. Jena: Garamond 2014.

→ Täubner, Armin: Das große Fröbelbuch: Kreative Bastelideen aus Papier nach Friedrich Fröbel. Stuttgart: frechverlag 2012.
→ www.froebel-museum.de
→ www.froebelweb.de

10.2 Montessori-Pädagogik

Nach dem Abitur studiert Maria Montessori als erste Frau in Italien Medizin und wird 1896 die erste Ärztin in ihrem Land. Sie arbeitet als Assistenzärztin an der Psychiatrischen Universitätsklinik und kommt dort mit behinderten Kindern in Kontakt. Schnell bemerkt sie, dass diese Kinder einer pädagogischen Betreuung und Förderung bedürfen. Sie entwickelt entsprechende Programme für sie, in denen die Aktivierung der Kinder mit Behinderung einen wesentlichen Baustein bildet. Ihr pädagogisches Programm baut auf der Überzeugung auf, dass Kinder zu einer außergewöhnlichen Konzentration fähig sind, wenn sie die Möglichkeit erhalten, sich ihrem Alter entsprechend und aus freiem Willen mit interessantem Material auseinanderzusetzen. Montessori erfindet Spielmaterial, das dieses Interesse des Kindes aufgreifen soll. Montessori, inzwischen auch außerhalb ihres Landes bekannt, stellt ihre Gedanken der pädagogischen Öffentlichkeit vor. 1916 zieht sie nach Barcelona und kommt in Kontakt mit der Reformpädagogik. Besonders die Erziehung zum Frieden erhält einen wichtigen Platz. 1936 muss sie Barcelona verlassen und zieht nach Holland, wo sie auch nicht lange bleiben kann. Der Zweite Weltkrieg zwingt sie, nach Indien auszuwandern. Erst 1946 kehrt sie nach Holland zurück, wo sie 1952 stirbt *(vgl. Schmutzler, 2011, S. 18 f.)*. Ihre Pädagogik zählt zur Reformpädagogik.

Maria Montessori (1870–1952)

10.2.1 Montessoris Bild vom Kind

Montessori vertrat die Auffassung, dass jedes Kind die Möglichkeit erhalten muss, „sich nach seinem eigenen Entwicklungsrhythmus und nach seiner individuellen Wachstumszeit zu entfalten" *(Onken, 1997, S. 33)*. Sie glaubte an die Kraft des Kindes, seine Entwicklung positiv zu beeinflussen, wenn es von Erwachsenen begleitet wird, die es in seiner Entwicklung unterstützen. Montessoris Bild vom Kind ist widersprüchlich. Auf der einen Seite spricht sie vom „macht- und bewe-gungslos geborenen Geschöpf" *(Montessori, 1998, S. 81)* und zeichnet das Bild von einem Kind, das ohne den Erwachsenen nicht auskommt. Auf der anderen Seite spricht Montessori vom Drang des Kindes nach Freiheit und Unabhängigkeit *(vgl. Schmutzler, 2011, S. 19)*.

In diesem Zusammenhang spricht Montessori auch von den großen **schöpferischen Energien**, die im Kind wohnen.

> „Das Kind verfügt über größere Energie, als im Allgemeinen angenommen wird. Psychisch gesehen, ist das Kind bei seiner Geburt nichts; und nicht nur psychisch, da es bei seiner Geburt keine geordneten Bewegungen durchführen kann und ihm die Quasi-Unbeweglichkeit seiner Glieder nicht gestattet, etwas zu tun. Es kann nicht sprechen, auch wenn es sieht, was um es vorgeht. Nach einer bestimmten Zeit spricht das Kind, läuft und macht eine Eroberung nach der anderen, bis es den Menschen in seiner vollen Größe und Intelligenz aufbaut. Somit setzt sich eine Wahrheit durch: Das Kind ist nicht ein leeres Gefäß, das wir mit unserem Wissen angefüllt haben und das uns so alles verdankt. Nein, **das Kind ist der Baumeister des Menschen**, und es gibt niemanden, der nicht von dem Kind, das er selbst einmal war, gebildet wurde." *(Montessori, 1995, S. 45)*

Montessori glaubt, dass das Kind sich selbst die Welt erobert: „Es ist also nichts Ererbtes in diesen Eroberungen. Das Kind formt von sich aus den zukünftigen Menschen, indem es seine Umwelt absorbiert." *(Montessori, 1995, S. 45)* Dies bedeutet, dass nach Montessori das Kind seine Umwelt sehr genau wahr- und aufnimmt und die Umwelt damit eine entscheidende Rolle bei der Entwicklung des Kindes spielt.

Seine Entwicklung ist also besonders von seiner Umwelt und seinen Erfahrungen, die es macht, abhängig. So kommt der Arbeit der Erzieherin eine entscheidende Rolle zu, da sie für die Vorbereitung der Umgebung, also des Raumes, für die Bereitstellung des Materials verantwortlich ist. Montessori war der Überzeugung, dass der Lernerfolg des Kindes besonders groß ist, wenn seine Umgebung entsprechend anregend und interessant gestaltet ist *(vgl. Schmutzler, 2011, S. 19)*.

Montessoris wichtigste Entdeckungen

Montessori beobachtete Kinder sehr genau. Aus diesen Beobachtungen leitete sie folgende Überlegungen ab: Im Kind selbst liegen alle wichtigen Potenziale für seine Entwicklung bereit. Dementsprechend geht der Prozess des Wachsens eigentlich von selbst. Er folgt einem inneren Bauplan *(vgl. Berger, 2013, S. 27)*. Darüber hinaus war für sie Folgendes grundlegend:

seines Lebens zu bewältigen hat (siehe Band 1, Lernfeld 3, Kap. 2.2). Das Konzept der Entwicklungsaufgaben basiert auf der Vorstellung, dass es in jeder Lebensphase bestimmte Aufgaben gibt, die sich genau an dieser Stelle besonders gut bewältigen lassen. Havighurst nennt dies deshalb die sogenannten sensitiven Perioden des Lernens *(vgl. Oerter/Montada, 2002, S. 269)*.

Die Polarisation der Aufmerksamkeit
Maria Montessori beobachtete im Kinderhaus erstmals das „Phänomen der Polarisation der Aufmerksamkeit". Sie versteht darunter die Fähigkeit von Kindern, sich durch nichts stören zu lassen. Es entsteht eine tiefe, von innen kommende Bindung an einen Gegenstand. Dies fördert die Wiederholung einer Tätigkeit und ermöglicht das tiefe Eindringen und Verweilen bei dieser Beschäftigung auf freiwilliger Basis. Diese konzentrierte Tätigkeit hat eine große Wirkung auf das Kind. Es wird gelöster, heiterer und ausgeglichener. Eine solche Konzentration des Kindes kommt am besten zustande in einer didaktisch vorbereiteten Umgebung.

Der absorbierende Geist
In der frühen Kindheit besitzt das Kind die Fähigkeit, intuitiv Eindrücke seiner Umgebung ganzheitlich in sich aufzunehmen. Dabei wählt es unbewusst jeweils nur den Aspekt aus, den es zum Aufbau seiner Persönlichkeit braucht. Wichtig ist eine geordnete Umgebung, weil die Ordnung dem Kind hilft, seinen Geist zu entfalten.
Aufgrund der vorgenannten Entdeckungen und Erfahrungen kommt Maria Montessori zu ihrem erzieherischen Grundsatz: „Selbsterziehung des Kindes in einer didaktisch vorbereiteten Umgebung." *(Everhardt, 1997, S. 65 f.)*

Die sensiblen Phasen
Eine weitere wichtige Entdeckung Maria Montessoris sind die sensiblen Phasen. Dies sind bei Kindern Phasen besonderer Bereitschaft für den Erwerb bestimmter Fähigkeiten, Tätigkeiten, Kompetenzen, Haltungen und Einstellungen. In diesen Phasen bedarf es aber auch eines entsprechenden Angebotes der pädagogischen Fachkräfte *(vgl. Schmutzler, 2011, S. 20)*, *damit* das Kind sein Potenzial in dieser Phase optimal entfalten kann. So gibt es beispielsweise sensible Phasen für den Spracherwerb. Mit Eintritt der Pubertät ist es z. B. sehr schwierig, eine zweite Sprache akzentfrei zu erlernen. Montessoris Überlegungen wurden später durch die Entwicklungspsychologie bestätigt. Robert J. Havighurst spricht von Entwicklungsaufgaben, die der Mensch in bestimmten Phasen

Mathematisches Material

In der **didaktisch vorbereiteten Umgebung** soll das Kind entsprechende Materialien vorfinden, die es ihm ermöglichen, die Welt zu entdecken und das Handeln in der Welt einzuüben. Das Material, das Montessori für diesen Zweck entwickelt hat, lässt sich in die folgenden Kategorien einordnen:

- Materialien für die Übungen des praktischen Lebens, wie z. B. ein Holzrahmen, auf den ein Stoff mit Knöpfen und Knopflöchern gespannt ist
- Sinnesmaterial, wie z. B. die braune Treppe, die aus zehn Holzklötzen besteht. Wenn sie richtig aneinandergereiht werden, ergeben diese eine Treppe
- Schreib- und Lesematerial, wie z. B. quadratische Holzplättchen, die mit Sandpapier beschichtet sind und auf denen jeweils ein Buchstabe aufgedruckt ist, der, wenn man mit dem Finger darüber fährt, glatt ist
- mathematisches Material, wie z. B. geometrische Holzpuzzle
- kosmisches Material wie z. B. einen immerwährenden Kalender aus Holz, an dem die Tage, das Datum, der Monat und die Jahreszeit von den Kindern selbst verändert werden können *(vgl. Everhardt, 1997, S. 67)*.

10.2.2 Die Rolle der Erzieherin

Für Maria Montessori liegt in der Art und Weise, wie Erzieherinnen Kinder begleiten und fördern, der Schlüssel zum Erfolg jeder Pädagogik. Der Erwachsene ist aus ihrer Sicht zunächst einmal derjenige, der das Kind in seinen Aktivitäten und seiner Freiheit einschränkt. Deshalb sollen Erzieherinnen ihr pädagogisches Handeln so gestalten, dass es Kindern Möglichkeiten zum selbstständigen Tun, Entdecken und Ausprobieren eröffnet. Der Grundsatz „Hilf mir, es selbst zu tun!" fasst dies knapp zusammen. Konkret bedeutet er, dass z. B. die Regeln und die Gestaltung der Räume unter folgenden Gesichtspunkten überprüft werden sollten: Sind die Spielmaterialien für die Kinder greifbar? Können die Kinder sich die Bilderbücher selbst nehmen oder sind sie in einem Schrank verschlossen? Müssen Kinder, wenn sie den Spielbereich wechseln wollen, erst fragen oder entscheiden sie selbst darüber? Um die besonderen Montessorimaterialien richtig zu nutzen, erhalten die Kinder „kleine Lektionen", damit sie anschließend selbständig damit umgehen können. Montessori legte also besonderen Wert darauf, dass das Handeln der Erzieherinnen von der Überlegung geleitet wird, wie sie Kindern zu mehr Selbständigkeit verhelfen können.

Ein Kindergarten, der nach den Prinzipien Montessoris arbeitet, stellt den Kindern diese Materialien zur Verfügung. Sie werden durch die Erzieherin nach einer ganz bestimmten Vorgehensweise eingeführt.

Das Kind lernt im Wesentlichen durch die Materialien und durch seine eigene Neugier. Indem das Kind entdeckt und ausprobiert und die Vorgänge immer wieder übt, lernt es, seine Welt zu begreifen und zu verstehen.

Durch Ausprobieren lernt das Kind seine Welt zu begreifen.

> „Deshalb sollte die erste Form des erzieherischen Eingreifens darauf gerichtet sein, das Kind auf dem Weg zur Unabhängigkeit zu führen. Man kann nicht frei sein, wenn man nicht unabhängig ist; deshalb müssen die aktiven Äußerungen von persönlicher Freiheit vom zartesten Kindesalter an gelenkt werden, um zur Unabhängigkeit zu führen. Sowie sie entwöhnt sind, begeben sich unsere Kleinen auf den gefahrvollen Weg der Unabhängigkeit."
>
> *(Montessori, 1995, S. 93 f.)*

Montessoris Überlegungen stellen hohe Anforderungen an die Erzieherin. So kommt der Aufmerksamkeit und der Fähigkeit, genau zu beobachten, eine besondere Bedeutung zu, denn die Erzieherin muss erkennen, wann das Kind sich besonders konzentriert. Dann kommt es darauf an, dass die Erzieherin sich zurückhält und dieser Konzentration des Kindes Raum gibt und ihr durch ihre Zurückhaltung zur Entfaltung verhilft. Die Erzieherin korrigiert in der Regel nicht direkt, sondern zu einem späteren Zeitpunkt, damit das Kind in seinem Tun nicht gestört wird.

Neueste Untersuchungen bestätigen die Überlegungen Montessoris von der besonderen Bedeutung der Beziehung zwischen Kindern und Erzieherin.

Der neuseeländische Bildungsforscher John Hattie spricht von der „Wirkfähigkeit der Lehrperson" *(Hattie, 2013, S. 151)*. Er zeigt, dass verschiedene Studien diese Überlegungen Montessoris empirisch in der Zwischenzeit belegen.

> „Die Arbeit der Erzieherin ist es, die Kinder zur Normalisierung, zur Konzentration zu führen. Sie ist wie der Schäferhund, der hinter den Schafen hergeht, wenn sie sich zerstreuen, und der alle Schafe hereinleitet. Die Erzieherin hat zwei Aufgaben: die Kinder zur Konzentration zu führen und danach ihnen in der Entwicklung zu helfen. Die fundamentale Hilfe in der Entwicklung, besonders bei Kindern von drei Jahren, ist das Nichteingreifen. Einmischung hemmt Aktivität und hemmt die Konzentration […]."
>
> *(Montessori, 1995, S. 123)*

10.2.3 Das Bild vom Lernen

Montessoris Vorstellungen, wie ein Kind erfolgreich lernt, bauen auf folgenden Annahmen auf *(vgl. Ludwig, 1997)*:

Heterogenität statt Homogenität
Unterschiedlichkeit und Vielfalt in einer Gruppe fördert die Bereitschaft zu lernen. Montessori vertrat deshalb schon sehr früh die Auffassung, dass Kindergruppen altersgemischt sein sollten. Die Verschiedenartigkeit von Kindern, ihre unterschiedlichen Begabungen und Fähigkeiten tragen zu einer anregungsreichen Umgebung bei.

Lernen bedeutet zu lernen, Entscheidungen zu treffen
Kinder treffen in ihrem Leben auf vielfältige Situationen, in denen sie sich entscheiden müssen. Diese Fähigkeit ist eine der Grundqualifikationen, die Kinder in der heutigen Zeit brauchen. Die Montessori-Materialien und die freie Entscheidung des Kindes darüber, welche Materialien es benutzen möchte, fördern diese Fähigkeit.

Lernen muss das methodische Prinzip der Individualisierung berücksichtigen
Lernen gelingt besonders dann gut, wenn jedes Kind nach seinem Tempo vorgeht und nicht alle zur gleichen Zeit das Gleiche tun müssen. So kann das Kind selbst bestimmen, wie lange es an einer Stelle verweilen will, um Dinge zu begreifen. Der Zwang zum Gleichschritt setzt Kinder unter einen unproduktiven Druck.

Lernen muss mit Sozialerziehung verschränkt werden
Weil nur eine bestimmte Menge an Material vorhanden ist, lernen Kinder in Montessori-Kinderhäusern zu kooperieren, Rücksicht zu nehmen, aufeinander zu achten, aber auch eigene Interessen einzubringen und zu vertreten. Dieses soziale Lernen wird bei Montessori verstärkt durch die Integration von Kindern mit Behinderungen.

Lernen ist verbunden mit dem eigenständigen Handeln des Kindes
Die Materialien fordern das Kind dazu auf, selbst aktiv zu werden. Indem das Kind eigenständig etwas tut, lernt es z. B., Dinge des täglichen Lebens zu verstehen. So kommt das Kind vom Greifen zum Begreifen.

Lernen ist verbunden mit der Öffnung der Tageseinrichtung
Montessori vertrat die Auffassung, dass eine Schule, die sich vom Gemeinwesen abschottet, Kindern nicht genügen kann. Für sie gehörte zum Lernen auch die Nutzung anderer Lernorte. Den Wald als Lebensraum zu begreifen, gelingt besonders gut, wenn Kinder sich selbst im Wald bewegen und ihn erforschen. Keine noch so gute CD-ROM, kein noch so interessant gestaltetes Bilderbuch kann diese direkte Erfahrung ersetzen.

Lässt sich Montessoris Pädagogik mit den aktuellen Bildungsplänen vereinbaren?

Montessoris Pädagogik lässt sich gut mit der Arbeit mit Bildungsplänen verbinden *(vgl. Schmutzler, 2011, S. 25).*
An drei Beispielen sei dies verdeutlicht:

- Die Montessori-Pädagogik legt großen Wert auf die „naturwissenschaftliche, technische und ökologische Bildung (im Sinne kosmischer Erziehung)" Entsprechende Überlegungen lassen sich in allen Bildungsplänen finden.
- Die moderne Pädagogik fordert, dass Kinder individuell unterstützt und begleitet werden und gleichzeitig die Möglichkeit erhalten, Erfahrungen in der Gruppe zu machen. Montessori legte großen Wert auf die „individuelle Förderung und soziale Erziehung" *(Schmutzler, 2011, S. 25).*
- Die Bildungspläne gehen von der Erkenntnis aus, dass in den ersten sechs Lebensjahren enorme Lern- und Bildungsmöglichkeiten vorhanden sind. Für Maria Montessori galt der Grundsatz, dass diese Phase die Grundlage für die gesamte Entwicklung des Menschen legt.

Kritik an der Montessori-Pädagogik

Kritisch anzumerken sind hinsichtlich der Montessori-Pädagogik folgende Aspekte:

Maria Montessoris Pädagogik richtet sich vor allem an das einzelne Kind. Die Bedeutung, die die Gruppe (siehe hierzu Band 1, Lernfeld 2, Kap. 4) und besonders auch andere Kinder für die Entwicklung des einzelnen Kindes haben können, wurde von ihr nicht gesehen. Die Erkenntnis, dass Kinder im Freispiel mit anderen Kindern viel voneinander lernen können, spielt in der Montessori-Pädagogik keine entscheidende Rolle. Leitend ist der Gedanke der Individualisierung. Dies kritisierte auch der Philosoph und Psychologe John Dewey, der als Begründer der Projektmethode gilt. Er vertrat die Auffassung, „das von Montessori entwickelte didaktische Material vernachlässige die Kreativität des Kindes und die soziale Seite der Erziehung" *(Knoll, 1996, S. 209).*

Auch sind Montessoris Überlegungen zu wenig mit entwicklungspsychologischen Erkenntnissen belegt. Ihre Sprache klingt zwar sehr wissenschaftlich, sie überdeckt damit aber, dass sie sich auf keine empirischen Studien berufen kann, die ihre Überlegungen stützen könnten. Allerdings hatte sie als studierte Ärztin einen wissenschaftlichen Anspruch und baute ihre Überlegungen auch auf konkreten Beobachtungen auf.

Die aktuelle Montessori-Pädagogik greift Entwicklungen wie die Digitalisierung der Gesellschaft kaum auf. Digitale Medien spielen so gut wie keine Rolle. Es bleibt umstritten, ob dies Kindern einen Schutzraum für ihre Entwicklung bietet oder ob sie damit nicht ausreichend für das Leben in einer modernen Gesellschaft vorbereitet werden. (siehe Band 2, Lernfeld 4, Kap. 13)

Das Besondere an der Montessori-Pädagogik liegt aber in ihrem Bild vom Kind. Dass Montessori bereits vor über hundert Jahren erkannt hat, dass Kinder über Kompetenzen verfügen, dass die Umwelt und die direkte pädagogisch-gestaltete Umgebung für die Entwicklung des Kindes eine große Bedeutung haben, macht u. a. verständlich, wieso die Montessori-Pädagogik noch heute so attraktiv ist.

↗ WIEDERHOLUNG

Montessoris wichtigste Überlegungen:

→ Die Polarisation der Aufmerksamkeit beschreibt die völlige Konzentration des Kindes auf eine Sache.

→ Die sensiblen Phasen sind Phasen, in denen das Kind eine besondere Bereitschaft hat, sich mit einem Thema auseinanderzusetzen.

→ Der absorbierende Geist zeichnet das Kleinkind aus, das sehr empfänglich für Eindrücke aus seiner Umwelt ist.

→ Montessoris Bild vom Kind war bestimmt von der Vorstellung, dass Kinder über große schöpferische Energien verfügen.

→ Montessoris Bild vom Lernen baute darauf auf, dass Kinder Entscheidungen selbst treffen können sowie auf dem methodischen Prinzip der Individualisierung.

→·← AUFGABEN

1 [Wissen und Verstehen]
Beschreiben Sie in einem fiktiven Beitrag für den Elternbrief einer Kita, auf welchem Bild vom Lernen die Montessori-Pädagogik beruht.

2 [Reflexion]
Beschreiben Sie die Rolle der Erzieherin nach Montessori in eigenen Worten. Finden Sie Argumente, die für und gegen eine solche Rolle sprechen. Tauschen Sie sich anschließend mit drei weiteren Mitschülerinnen darüber aus.

TIPPS ZUM WEITERARBEITEN →→

→ Berg, Horst Klaus: Maria Montessori. Mit Kindern das Leben suchen: Antworten auf aktuelle pädagogische Fragen. Freiburg i. Br.: Herder Verlag 2002.

→ Steenberg, Ulrich: Montessori-Pädagogik im Kindergarten: Profile für Kitas und Kindergärten. Freiburg i. Br.: Herder Verlag 2008.

10.3 Freinet-Pädagogik

10.3.1 Entstehung der Freinet-Pädagogik

Das Konzept der Freinet-Pädagogik wurde im Lauf der 80er- und 90er-Jahre des 20. Jahrhunderts in Deutschland bekannt. Zurückzuführen ist es auf den französischen Lehrer Célestin Freinet und seine Frau Elise.

Freinet unterrichtet zunächst in einer Dorfschule. Hier probiert er bereits 1920 einige seiner Methoden aus: Er verlagert den Unterricht ins Freie, gibt Kindern mehr und mehr die Möglichkeit, sich selbst zu äußern und ihre Interessen zu vertreten. Er fordert sie dazu auf, eigene Geschichten zu schreiben, und beobachtet die Kinder genau bei ihrem Tun. Dabei fällt ihm auf, dass Kinder von sich aus forschen und entdecken wollen. Schließlich verändert er auch die Unterrichtsräume, schafft Raum für Kinderversammlungen und richtet sogenannte „Werkstätten" ein, in denen die Kinder bestimmten Tätigkeiten nachgehen können.

Als er 1934 vom Dienst suspendiert wird, weil er verdächtigt wurde, für die Sowjetunion zu spionieren, gründet er zusammen mit seine Frau Elise, die ebenfalls Lehrerin ist, eine eigene Schule, die er bis zu seinem Tod, 1966, leitet *(vgl. Klein, 2011, S. 33)*.

© Amis de Freinet

Célestin Freinet (1896–1966)

Freinet war wie Maria Montessori von der **Reformpädagogik** beeinflusst, die zu Beginn des 20. Jahrhunderts in vielen Ländern Europas Anhänger fand. Ziel der Reformpädagogik war unter anderem eine veränderte Schule, in der ein handlungsorientierter Unterricht angeboten wurde und die Schülerinnen und Schüler selbst tätig werden konnten. Freinet griff diese Überlegungen auf. Er selbst erkannte sehr schnell, wie wichtig es ist, Kindern keine Lehrpläne überzustülpen, sondern sie an ihrem Lernweg zu beteiligen und herauszufinden, welche Lerninteressen sie haben. Er entwickelte ein Verständnis von selbst organisiertem Lernen, das in seiner École Moderne umgesetzt wurde *(vgl. Hagstedt, 2016, S. 47)*.

10.3.2 Freinets Bild vom Kind

Ähnlich wie die Reggio-Pädagogik oder der Situationsansatz geht auch die Freinet-Pädagogik davon aus, dass Kinder kompetent und in der Lage sind, ihren Lernweg selbst zu gestalten.

„Ein moderner Begriff umfasst es vielleicht am besten: Das Kind wird als handelndes Subjekt betrachtet. Dahinter verbirgt sich die Vorstellung, dass Kinder (wie Menschen überhaupt) sich selbst erschaffen. Sie sind Konstrukteure ihres eigenen Lebens, ihres Denkens, ihres Weltbildes, ihrer moralischen Werte, eben allen dessen, was man in der Summe als Persönlichkeit bezeichnet."

(Klein, 2002, S. 17)

Allerdings nimmt die Freinet-Pädagogik an, dass das Kind seinen Weg nicht alleine geht und nicht alleine lernt, sondern immer gemeinsam mit anderen Kindern und Erwachsenen. Es konstruiert sich die Welt im Dialog, im Austausch mit anderen. Diese Sichtweise entspricht dem **ko-konstruktivistischen** Lernverständnis (siehe Band 1, Lernfeld 3, Kap. 8.3). Der US-amerikanische Entwicklungspsychologe Youniss *(vgl. Youniss, 1994)* entdeckte, dass für diesen sozialkonstruktivistischen Lernprozess Gleichaltrige wichtig sind, da Gleichaltrige symmetrische Beziehungen zueinander gestalten können. Diese Art der Beziehung fördert das Lernen von Kindern besonders gut.

Freinet formulierte viele Jahre davor bereits ähnliche Gedanken. „In Wechselwirkung mit der umgebenden Welt ist das Handeln des Kindes auch eine Reaktion auf das, was der Erwachsene ihm anbietet, von ihm verlangt oder erwartet." *(Klein, 2002, S. 18)*

Die Haltung der pädagogischen Fachkraft

Eine solche Sichtweise verlangt eine ganz bestimmte Haltung der Erzieherin: Sie ist bereit, sich auf die subjektive Wirklichkeit des Kindes einzulassen, im Bewusstsein, dass dies der Wahrnehmung des Kindes entspricht. Sie kann dem Kind Vertrauen entgegenbringen und auf die kreativen Gestaltungskräfte des Kindes bauen. Sie gibt dem Kind den Raum, den es benötigt, um seine Bedürfnisse und Interessen zu beschreiben. Sie kann eigene Interessen zurückstellen und geduldig warten. Sie hält es aus, wenn Kinder mehr Zeit benötigen, um zu einem bestimmten Ziel zu kommen. Sie verfügt über entwicklungspsychologisches Wissen, sodass sie auch die aktuelle Entwicklung beurteilen und einschätzen kann und sieht, wo und wie sie dem Kind Unterstützung auf seinem Lernweg anbieten sollte.

Diese Haltung wird in der Fachliteratur als **kindzentriert** beschrieben *(vgl. Weltzien/Bücklein/Huber-Kebbe 2018)*.

10.3.3 Grundelemente der Freinet-Pädagogik

Die Gesprächskultur

Für die Umsetzung der Freinet-Pädagogik ist eine in der Gesprächsführung geschulte Erzieherin nötig. Erzieherinnen fördern das Gespräch der Kinder untereinander, deshalb werden Formen wie die Kinderkonferenz mit klaren Gesprächsregeln angeboten. Ziel ist es, dass jedes Kind zu Wort kommen kann. Die Erzieherin sucht aber auch selbst den Dialog mit den Kindern. Sie zeigt ihr Interesse an der Gedankenwelt der Kinder durch ihr eigenes Gesprächsverhalten.

Dies setzt voraus, dass die Erzieherinnen sich selbst nicht als allwissend, sondern auch als Lernende begreifen. Erzieherinnen sind, folgen sie diesem Ansatz, selbst neugierig, zeigen Interesse am eigenen Forschen und Lernen. Ihre Neugier überträgt sich auf die Kinder, denn diese Neugier schließt auch die Neugier darauf mit ein zu erfahren, was die Kinder selbst beschäftigt, wie sie denken, wie sie etwas beschreiben, was ihre Fragen sind.

Dies verlangt ein hohes Maß an Offenheit. Diese Offenheit bezieht sich auf die eigene pädagogische Planung, aber auch darauf, Planungsprozesse mit Kindern offen zu gestalten, jederzeit Umwege mit den Kindern zu gehen, wenn dies von den Kindern gewünscht wird.

Das Gespräch – eine Grundlage der Freinet-Pädagogik

Eine Kultur des Arbeitens ermöglichen

Kinder wollen produktiv sein. Erzieherinnen sollten darauf achten, die Kinder dabei zu unterstützen, damit sie ihre Ideen umsetzen können. Hierzu gehören Räume und Materialien, die möglichst wenig vorgefertigt sind und den Kindern viel Spielraum im Gestalten lassen.

> So versucht die sechsjährige Svantje ihre Medienerfahrungen in der Werkstatt zu verarbeiten. Sie sägt ein Holz mit 10 cm Länge zurecht. Anschließend schlägt sie an der Spitze mit einem Hammer einen

> Nagel zur Hälfte in das Holz, sodass es wie die Antenne eines Handys aussieht. Danach bemalt sie die eine Seite des Holzes mit Zahlen und kreist diese ein – so entsteht eine Tastatur. Stolz geht sie damit schließlich zur Erzieherin und fragt sie: „Willst du auch mal mit meinem Handy telefonieren?"

Kinder, die ihre Ideen so umsetzen können, erleben sich als selbstwirksam. Sie erfahren, dass sie Einfluss nehmen können: Sie regen andere Kinder mit ihren Ideen an, indem diese mitspielen oder mitarbeiten; sie verändern Materialien und erkennen, dass sie nicht als unveränderbar hingenommen werden müssen. Solche Erfahrungen sind für Kinder von elementarer Bedeutung. Sie tragen dazu bei, Erziehungsziele, die wichtig für die Teilhabe in einem demokratischen Staat sind, zu entwickeln, wie z. B. Verantwortungsbewusstsein für die Gesellschaft.

Raumgestaltung

Tageseinrichtungen, die nach den Grundsätzen der Freinet-Pädagogik arbeiten, gestalten ihre Räume so, dass sie einen Werkstatt- und Laborcharakter haben.

Die Werkstatt bietet Raum zum Ausprobieren.

Geht man von der Idealvorstellung Freinets aus, so befinden sich in den Räumen in einer Einrichtung, die nach diesem Konzept arbeitet, zu Beginn nicht mehr als Stühle und Tische, leere Regale und Schränke. Den Kindern und Erziehern soll die Möglichkeit geboten werden, miteinander die Einrichtung nach eigenen Vorstellungen zu gestalten und darauf auch maximalen Einfluss zu nehmen. Die Werkstätten sind bereits entsprechend ausgestattet, sodass dies dann von den Kindern und Erziehern auch für die weitere Gestaltung der Einrichtung genutzt werden können.

„Im Handarbeitsatelier können Gardinen oder Tischdecken genäht, im Künstleratelier Bilder hergestellt werden. Im Büro können Kinder und Erwachsene Kataloge wälzen und die Dinge aussuchen, die sie brauchen." *(Klein, 2002, S. 50)*

Eine solche Umgebung unterstützt die Kinder in ihrer Entwicklung, sie fördert Kreativität und verlangt von den Kindern, nach eigenen Lösungen zu suchen. Und sie fördert die Partizipation der Kinder. Dieses offene Raumkonzept ermöglicht Kindern unterschiedlichste Raum-Erfahrungen. Besonders das Raumkonzept der Funktionsräume greift die Ideen Freinets auf. Bei Freinet gab es Ateliers und Werkstätten *(vgl. Gauly, 2012, S. 30)*. Heute gibt es darüber hinaus Funktionsräume wie Bewegungsbaustellen, die Schreibwerkstatt, das Forscherlabor oder die Holzwerkstatt.

Die Bedeutung der Diplome

Innerhalb der Freinet-Pädagogik spielen sogenannte Diplome, die Kinder erwerben können, eine große Rolle. Kinder erhalten z. B. ein Diplom für die Schreiner-Werkstatt, wenn sie die Grundregeln kennen. Sie müssen deshalb noch nicht mit allen in der Werkstatt vorhandenen Werkzeugen sachgerecht umgehen können. Eine Regel könnte z. B. lauten: „Wenn ich das erste Mal ein Werkzeug benutzen möchte, frage ich andere Kinder, auf was ich achten soll."

Das Diplom erlaubt den Kindern, alleine einen solchen Raum aufzusuchen und auch ein anderes Kind mitzunehmen, das noch kein Diplom hat.

Die Diplome sollten keinesfalls zur Sanktionierung von unliebsamen Verhalten eingesetzt werden. Erzieherinnen, die Kindern androhen, dass sie ihr Diplom verlieren, wenn sie bestimmte Dinge nicht tun, missachten die Grundprinzipien der Freinet-Pädagogik.

Projektarbeit

Die Entwicklung von Projekten gehört zu den Grundpfeilern der Freinet-Pädagogik. Zunächst wird mit den Kindern ein Projektthema ausgewählt. Die Erwachsenen begleiten die Kinder bei der Entwicklung von Ide-
en und regen dazu an, das eine oder andere vielleicht nochmal zu bedenken. Anschließend geht es darum, dass die Kinder sich auf ein Vorhaben einigen. Auch im Vollzug des Projekts wird sich herausstellen, dass

manches erneut überdacht oder verändert werden sollte.

Am Ende eines Projekts steht die Präsentation der Projektergebnisse. Dies drückt aus, dass die Arbeitsvorhaben der Kinder wertgeschätzt werden. Eine solche Präsentation kann auf ganz unterschiedliche Weise geschehen: Die Kinder laden die Eltern ein, um ihnen vorzustellen, womit sie sich in den letzten Wochen beschäftigt haben. Oder der gesamte Projektverlauf wird mit Fotos, Protokollen der Kinder und durch das Ausstellen von Gegenständen aus dem Projekt beschrieben.

Nach der Präsentation des Projekts sollten sich alle Beteiligten noch einmal treffen, um sich darüber auszutauschen. Die Kinder sollen sich daran erinnern, wie das Projekt begonnen hat, darüber sprechen, was gut gelaufen ist und was sie beim nächsten Mal verbessern wollen. Danach wird das Projekt offiziell beendet.

Dialog nicht nur mit den Kindern

Für die Freinet-Pädagogik ist der Austausch unter den Erzieherinnen sehr wichtig. Sie sollten in einem regelmäßigen Gespräch miteinander sein. Die Gespräche dienen vor allem dazu, die eigene Haltung den Kindern und Eltern gegenüber zu überprüfen und zu differenzieren. So entsteht ein Team, das sich in einem ständigen Lernprozess befindet. Lothar Klein formuliert fünf Grundsätze, die den Dialog der Erzieherinnen mit den Kindern bestimmen sollten:

- „die Haltung eines Lernenden und eine erkundende Haltung einnehmen,
- den eigenen Standpunkt und die eigene Absicht in der Schwebe halten und offen sein für scheinbar Undenkbares und Unmögliches (…),
- versuchen den Sachverhalt auch aus der Perspektive eines anderen zu betrachten (Perspektivenwechsel),
- nicht nur das eigene Denkergebnis mitteilen, sondern auch den eigenen Weg dorthin (…),
- sich innerlich darauf einlassen, dass nicht vorhersagbar ist, was am Ende herauskommt (Offenheit)."

(Klein, 2002, S. 75)

Teamgespräche, in denen diese Regeln eingehalten werden, führen dazu, dass die Erzieherinnen sich selbst in ihrer dialogischen Haltung dem Kind gegenüber schulen. Diese Form des Gesprächs sollte zeitlich begrenzt sein. Es ersetzt nicht alle anderen Formen der Teamarbeit.

Auffällig ist, dass es zwischen der Reggio-Pädagogik, dem Situationsansatz und der Freinet-Pädagogik zahlreiche Übereinstimmungen gibt.

- Alle drei Konzeptionen legen auf das eigenverantwortliche Handeln des Kindes großen Wert. Dies zeigt sich beispielsweise darin, dass die Projektarbeit jeweils im Mittelpunkt steht.
- Der Bezug zur Lebenswirklichkeit der Kinder ist Ausgangspunkt für Planung und Methodik. Im Gegensatz zur Waldorf-Pädagogik, die aktuelle mediale Entwicklungen bewusst ausklammert, beziehen diese drei Konzeptionen mediale Einflüsse ein, machen sie zum Thema und nutzen sie für weitere Forschungen und Entdeckungen.
- Das Bild vom Lernen geht davon aus, dass Lernen vor allem dann erfolgreich gelingt, wenn es mit allen Sinnen geschieht, von den Interessen und Fragen der Kinder ausgeht und wenn es selbstbestimmt organisiert ist.
- Damit wird die Eigenverantwortlichkeit der Kinder – aber auch der Erzieherinnen – für ihren Lernprozess hervorgehoben.

Dass die Freinet-Pädagogik in den letzten 30 Jahren eine Renaissance erleben konnte, lässt sich mit aktuellen gesellschaftlichen Entwicklungen erklären. So besteht z. B. der Wunsch nach Beteiligung am politischen und gesellschaftlichen Leben. Dies drückt sich in unterschiedlichen Formen der Bürgerbeteiligung aus. Die Frage nach der Eigenverantwortlichkeit des Menschen wird auf gesellschaftlicher Ebene in unterschiedlichen Bereichen diskutiert. Für Freinet gehört sie zum Grundgerüst seiner Konzeption.

Kritik an der Freinet-Pädagogik

Kritisch anmerken lässt sich, dass Celestin Freinet seine Pädagogik ausschließlich aus der Praxis entwickelt und nicht mit entwicklungspsychologischen Erkenntnissen der damaligen Zeit überprüft hat. So „mangelt es an systematischen Untersuchungen im Sinne einer Wirkungsforschung" *(Henneberg/Klein/Vogt, 2010, S. 173)*. Dies bedeutet, dass nicht überprüft worden ist, ob die Annahmen Freinets, wie Unterricht sein sollte, auch wirklich erfolgreich umgesetzt werden konnten.

Freinet begründet seine pädagogischen Überlegungen mit seinen traumatischen Erfahrungen als Schüler. An diese Zeit habe er sich erinnert. Freinet war der Überzeugung, dass er als Kind fühle und deshalb Kinder verstehen könne. Dies verdeutlicht, dass Freinet heutigen Ansprüchen an eine wissenschaftlich begründete Pädagogik nicht mehr genügt.

Freinet war Praktiker und als solcher hat er intuitiv wichtige Grundsätze formuliert, die noch heute Bedeutung haben. Hierzu gehört die Erkenntnis, dass Kinder besonders gut lernen, wenn sie etwas selbst ausprobieren können und am eigenen Lernprozess beteiligt sind. Freinet erkannte außerdem, dass eine autoritäre Pädagogik im Widerspruch zu einer modernen demokratischen Gesellschaft steht. Letztendlich basiert seine Pädagogik auf einem hochaktuellen Bild vom Kind.

↗ WIEDERHOLUNG

→ Die Freinet-Pädagogik ist eine kindzentrierte Pädagogik.

→ Gespräch und Dialog stehen im Mittelpunkt der Beziehung zwischen Kind und Erzieherin.

→ Die aktive Auseinandersetzung des Kindes mit seiner Umwelt soll besonders gefördert werden. Deshalb gibt es Werkstätten mit Diplomen.

→ Die Freinet-Pädagogik stimmt teilweise mit der Reggio-Pädagogik und dem Situationsansatz überein.

→·← AUFGABEN

1 [Planung und Konzeption][Querschnittsaufgabe Vermittlung von Medienkompetenz]
Innerhalb der Freinet-Pädagogik spielen die Diplome eine wichtige Rolle. In vielen Kindergärten gibt es für die Kinder Computer, mit denen die Kinder entweder Computerspiele spielen oder auch malen können. Fassen Sie in eigenen Worten die Funktion der Diplome nach Freinet zusammen. Entwickeln Sie dann Ideen, welche Anforderungen ein Diplom für die Nutzung des PCs beinhalten sollte. Halten Sie Ihre Ideen schriftlich fest.

2 [Planung und Konzeption][Querschnittsaufgabe Partizipation]
Erläutern Sie, wie die Freinet-Pädagogik durch ihre pädagogischen Grundsätze die Beteiligung von Kindern im Kita-Alltag fördert. Erstellen Sie hierzu einen Text für einen Elternbrief, in dem Sie Eltern vermitteln, wie die Freinet-Pädagogik Mitbestimmung von Kindern fördert.

TIPPS ZUM WEITERARBEITEN →→

→ Glück, Gerhard/Wagner, Rolf: Lieber Célestin Freinet. Was ich Dir schon immer sagen wollte. Hohengehren: Schneider Verlag 2006.

→ Riemer, Matthias: Praxishilfen Freinetpädagogik. Bad Heilbrunn: Julius Klinkhardt Verlag 2005.

10.4   Waldorf-Pädagogik

Rudolf Steiner wird 1861 im heutigen Kroatien geboren. Er besucht in Österreich die Realschule. Nach seinem Schulabschluss nimmt er verschiedene Studien auf, die er aber zunächst nicht abschließt. Er wechselt nach Deutschland u. a. an die Universität Rostock, wo er promoviert. Bereits zu dieser Zeit ist er vielfältig publizistisch tätig.

Steiner entwickelt seine Pädagogik 1919 in Stuttgart an einer Betriebsschule für die Arbeiter der Waldorf-Astoria-Zigarettenfabrik. Diese Schule wurde zum Vorbild für andere Pädagogen, die die anthroposophische Philosophie Steiners ebenfalls vertraten und führte zu weiteren Gründungen von Waldorf-Schulen- und -Kindergärten. Steiner selbst erlebt den Erfolg seiner anthroposophischen Pädagogik nicht mehr mit. Er stirbt 1925 in Dornach in der Schweiz *(vgl. Hellmich/Teigeler, 2007, S. 50 ff.)*.

Rudolf Steiner, ein aus Österreich stammender Philosoph (1861–1925)

Weltweit gibt es heute etwa 1500 Waldorfkindergärten. Die Waldorf-Schulbewegung ist in vielen Ländern anzutreffen. Besonders aber in Deutschland findet die Waldorf-Pädagogik großen Anklang.

10.4.1 Das anthroposophische Menschenbild

Die Waldorf-Pädagogik beruht auf den philosophischen Überlegungen Rudolf Steiners. Sie wird seit der Gründung der Schulen praktiziert und kontinuierlich weiterentwickelt. Der von Steiner entwickelten Anthroposophie liegt ein bestimmtes Bild vom Menschen zugrunde.

- „Der Mensch ist eine unverwechselbare einmalige Individualität, die nur ihr eigenes Schicksal und Lebensmotiv besitzt. Dieses persönliche Schicksal offenbart sich in der Beziehung des Menschen zu seinem Umfeld, insbesondere zu seinen Mitmenschen, also in der Begegnung. In seiner Lebensführung und Schicksalsgestaltung besitzt der Mensch die Möglichkeit der Freiheit und Selbstbestimmung. Die Entwicklung des Menschen ist ein Hinarbeiten zu dieser Fähigkeit, in freier Weise mit seinem eigenen Lebensmotiv identisch zu werden.
- Die leiblichen und seelischen Eigenschaften des Menschen sind die Instrumente, mit denen er sich im oben beschriebenen Sinne verwirklichen kann. Ihre Entwicklung vollzieht sich während der Kindheit und Jugend in Gesetzmäßigkeiten, die eine altersspezifische pädagogische Konzeption begründen.
- Waldorf-Pädagogik ist somit Hilfe der Entwicklung der Instrumente des Leibes und der Seele im Rahmen einer existenziellen, unverwechselbaren Beziehung und Begegnung von einmaligen Menschen, die füreinander Schicksal sind. Insofern ist die Pädagogik des Waldorfkindergartens in ihrem Wesen immer Entwicklung aller Beteiligten, also auch der Erwachsenen. So liegt in jeder neuen Aufgabe und Herausforderung, in jeder Auffälligkeit, jeder Schwierigkeit immer auch die Frage, welche Entwicklungsaufgabe für die Erzieherinnen intendiert ist. Das Kernmotiv lautet also: Erziehung ist Selbsterziehung." *(Saßmannshausen, 2011, S. 27)*

10.4.2 Das anthroposophische Bild vom Kind

Die Entwicklung wird in der Waldorf-Pädagogik in vier **Jahrsiebte** eingeteilt.

1. **Im ersten Jahrsiebt** geht es darum, dass die Umgebung auf das heranwachsende Kleinkind einwirkt. „Die physischen Organe müssen in dieser Zeit sich in gewisse Formen bringen – ihre Strukturverhältnisse müssen bestimmte Richtungen und Tendenzen erhalten" so Steiner *(Steiner 1992, S. 21)* Auf dieser Grundstrukturierung baut später das eigentliche Wachstum auf.

Bei der Auseinandersetzung des Kindes mit der Umwelt gibt es nach Steiner „zwei Zauberworte, welche angeben, wie das Kind in ein Verhältnis zu seiner Umgebung tritt. Dies sind: **Nachahmung** und **Vorbild**" *(Steiner, 1907, S. 38).* „Alles, was im sozialen Umfeld kleiner Kinder vorgeht, wird von ihnen uneingeschränkt nachgeahmt" *(Lippert, 2001, S. 88).* Damit wird nach der Vorstellung der Waldorf-Pädagogik die Erzieherin zum unbedingten Vorbild. Sie muss ihr gesamtes Handeln stets in Bezug zum anwesenden Kind setzen.

Spielzeug in einem Waldorfkindergarten

> „Das kleine Kind ist noch ein Plumpsack, ein Sack, der nicht neugierig ist, auf den man Eindruck machen muss dadurch, dass man selbst etwas ist. Gerade so wenig wie ein Mehlsack neugierig ist auf seine Umgebung, gerade so wenig ist das kleine Kind neugierig. Aber wie alles, was Sie in den Mehlsack an Eindrücken machen, festgehalten wird, insbesondere wenn das Mehl gemahlen ist, so bleibt dem Kind auch alles festgehalten."
>
> *(Rudolf Steiner, in: Lippert, 2001, S. 90)*

Da der Umwelt im ersten Jahrsiebt eine so große Bedeutung beigemessen wird, steht die Vermittlung entsprechender Sinneseindrücke im Vordergrund. So spielt die Raumgestaltung in einem Waldorfkindergarten eine besondere Rolle. Die arrangierte Umwelt soll in wohltuender Weise auf das Kind wirken: runde Formen, Pastellfarben, Rhythmik sollen im Kind Freude wecken und zur gesunden Ausbildung der Organe beitragen. Entsprechendes Spielzeug aus Naturmaterialien unterstützt den Erziehungsprozess.

2. **Im zweiten Jahrsiebt** steht nach Steiner das Prinzip der **Nachfolge** und **Autorität** im Mittelpunkt. „Das Kind […] braucht und will in dieser Zeit eine Autorität, an der es sich orientieren, die es uneingeschränkt und bedingungslos achten und verehren kann. Es ist die kindliche Natur, die in diesen Lebensjahren verlangt, hinaufblicken zu können zu dem, was als Offenbarung von der Autorität herkommt" *(Steiner, in: Lippert, 2001, S. 92).* Eine solche Autorität ist für das Kind zwischen sieben und vierzehn Jahren notwendig als „Vermittler zwischen sich und dem Göttlichen" *(Steiner in: Lippert 2001, S. 93),* denn von diesem Göttlichen ist nach Auffassung der Waldorf-Pädagogik das Kind nun abgeschnitten. So braucht es den Erwachsenen, mit dessen Hilfe es die Welt begreifen lernt und der ihm die wichtigsten moralischen Werte vermittelt. Für die Erzieherin bzw. die Lehrerin bedeutet dies, dass sie sich als absolute Autorität präsentieren muss. Nur so könne das Kind sich ganz auf die Entdeckung der Welt einlassen.

3. **Im dritten Jahrsiebt** steht die Geschlechtsreife im Mittelpunkt. „Mit der Geschlechtsreife ist die Zeit gekommen, in der der Mensch auch reif dazu ist, sich über Dinge, die er vorher gelernt hat, ein Urteil zu bilden. Man kann einem Menschen nichts Schlimmeres zufügen, als wenn man zu früh sein eigenes Urteil wachruft. […] Um

reif zum Denken zu sein, muss man sich die Achtung vor dem angeeignet haben, was andere gedacht haben. Es gibt kein gesundes Denken, dem nicht ein auf selbstverständlichen Autoritätsglauben gestütztes Empfinden für die Wahrheit vorangegangen wäre" *(Steiner, in: Lippert, 2001, S. 94).* Jetzt kommt ein neues Erziehungsprinzip zum Tragen. Während im zweiten Jahrsiebt die Orientierung an der Autorität das leitende Prinzip war, kommt nun die **Sachlichkeit** ins Spiel. Nicht mehr die Autorität des Lehrers ist wesentlich, sondern die Auseinandersetzung mit sachlichen Überlegungen. Entsprechend

wird nun der Unterricht auch mit wissenschaftlichen Überlegungen gestaltet. Aber auch hier sollen den fünfzehnjährigen Jugendlichen noch Grenzen gesetzt werden. Eine kritische Einstellung zu ihrer Umwelt soll nicht gefördert werden. Dies bleibt späteren Lebensphasen vorbehalten.

4. **Im vierten Jahrsiebt** entwickelt der junge Erwachsene seine Identität, entdeckt sein Ich. Es ist die Phase der Gewissensbildung. Jetzt ist der Mensch in der Lage, sich selbst ein Urteil zu bilden.

Die ersten drei Jahrsiebte der menschlichen Entwicklung nach anthroposophischer Vorstellung

10.4.3 Der Waldorfkindergarten

In der Waldorf-Pädagogik hat das **freie Spiel** des Kindes eine besonders große Bedeutung. Deshalb ist es Aufgabe der Erzieherin, solche Bedingungen im Kindergarten zu schaffen, die es dem Kind ermöglichen, sich im freien Spiel zu entfalten. Großer Wert wird auf die Gestaltung der Umgebung, der Räume und des Spielmaterials gelegt. Sie wirken auf das Kind anregend. Die Erzieherin achtet auf die äußere Ordnung, denn es wird davon ausgegangen, dass das Kind nur so in das Spiel hineinfinden kann: „[…] es benötigt eine gewisse Grundordnung, um aus ihr heraus in das fantasievolle Spiel eintreten zu können" *(Saßmannshausen, 2011, S. 28).*

Ein Grundgedanke der Waldorf-Pädagogik ist, „dass die Kinder keine Spielaufforderung oder ‚Regieanweisung' von außen erfahren, sondern ihr Spiel jeweils aus sich selbst in die Welt setzen".
(Saßmannshausen, 2011, S. 28)

Kinder spielen zweckfrei und die Erwachsenen dürfen das Spiel nicht für einen bestimmten Zweck nutzen. So wenig wie die Erwachsenen das Spiel funktionalisieren sollen, so sehr soll das **Spielmaterial funktionsfrei** sein. Zu fragen ist, was in der Waldorf-Pädagogik unter „funktionsfrei" verstanden wird. „Funktionsfrei ist alles, was ‚natürlich' ist, was nicht vom Kulturprozess ergriffen ist. Insofern sind einfache Naturmaterialien das freie Spiel anregende Gegenstände" *(Saßmannshausen, 2011, S. 28).* Damit scheidet für die Walddorf-Pädagogik das gesamte moderne Spielzeug aus. So wird man in einem Waldorfkindergarten keine Lego-Bausteine, keinen CD-Player, keine Kinderhörspiele und Computer finden.

Zur gestalteten Umgebung kommt eine klare Zeitstruktur hinzu, die den Tagesrhythmus des Kindes bestimmt. Dieser Tagesrhythmus wird mit bestimmten Ritualen verbunden. Auch die Woche ist klar gegliedert. So finden bestimmte Aktivitäten an festgelegten Tagen statt.

Kinder brauchen keine Spielaufforderung.

Auch der Erwachsene spielt im freien Spiel des Kindes eine große Rolle. Es wird davon ausgegangen, dass das Kind dann besonders gut spielt, wenn es den Erwachsenen bei eigenen sinnvollen Tätigkeiten erlebt. Solche sinnvollen Tätigkeiten sieht die Waldorfpädagogik im hauswirtschaftlichen Bereich oder in handwerklichen Aktivitäten. Die Erzieherin soll so zum Vorbild werden und das Kind zur Nachahmung anregen.

Das Lernen im Kindergartenalter erfolgt über alle Sinne. Kinder müssen das, was sie tun, sinnlich (z. B. über Reigenspiele) erfahren können, dann prägt sich ihnen alles Wesentliche ein.

10.4.4 Waldorf-Kindergarten und Bildungspläne

In der Regel zeichnen sich Bildungspläne – auch im Bereich der Elementarpädagogik – dadurch aus, dass sie konkrete und nachvollziehbare Ziele und damit einen Zweck verfolgen. Dies steht im direkten Widerspruch zur Waldorf-Pädagogik, die gerade fordert, dass Erwachsene das Spiel nicht mit einem Zweck verbinden dürfen. Der Waldorf-Pädagoge Wolfgang Saßmannshausen schreibt: „Es kennzeichnet gerade die Jahre vor der Schule, dass das Kind nicht dadurch gebildet wird, dass ihm von außen Absichten und Ziele hinsichtlich seiner Lerntätigkeit ,übergestülpt' werden" *(Saßmannshausen, 2011, S. 30).*

Während beispielsweise die Bildungspläne u. a. das Ziel verfolgen, Kinder auf die Schule, auf das Leben in einer größeren Gemeinschaft, auf eine moderne Medienwelt vorzubereiten, lehnt dies die Waldorf-Pädagogik ausdrücklich ab: „Der Waldorfkindergarten versteht sich nicht als Vorbereitungsort für die Schule, […]" *(Saßmannshausen, 2011, S. 30).* Sie sieht in allen Formen der didaktischen Beeinflussung eine Schwächung der Eigenkräfte des Kindes und damit seiner Persönlichkeit *(vgl. Kranich, 1987, S. 18).*

Kritik an der Waldorf-Pädagogik

Ein wesentlicher Kritikpunkt an der Waldorf-Pädagogik ist, dass sie ihre Vermutungen, Überlegungen und Thesen nicht wissenschaftlich belegen kann. Wenn z. B. von der „Entwicklungspsychologie" Rudolf Steiners gesprochen wird, dann erweckt dies den Eindruck, als ob dieser Pädagogik ein wissenschaftlich erforschtes Gedankengebäude zugrunde läge. Dies ist aber nicht der Fall. Die Überlegungen Rudolf Steiners sind zu einer Zeit entstanden, als die Entwicklungspsychologie noch gar nicht so differenziert vorhanden war. Aktuelle Forschungen der Entwicklungspsychologie werden nicht gezielt aufgenommen.

Ein weiterer Kritikpunkt bezieht sich darauf, dass die Waldorf-Pädagogik bewusst die aktuelle Lebenswelt von Kindern ausklammert und die Spielwelt des Kindes auf hauswirtschaftliche und handwerkliche Tätigkeiten reduziert. Das Bedürfnis von Kindern, die Welt auch z. B. medial zu erfahren, wird abgelehnt.

Das große Verdienst der Waldorf-Pädagogik ist der Hinweis auf die Bedeutung der kindlichen Umgebung und auf die bewusste Gestaltung dieser Umgebung. Sicher ist es auch richtig, darauf hinzuweisen, dass die Erzieherin Kindern ein Vorbild ist und diese sich an ihr orientieren wollen.

Eine offene Planung, die Beteiligung der Kinder an der Gestaltung der Räume, des Tagesablaufs und der Projekte ist in der Waldorf-Pädagogik nicht vorgesehen.

↗ WIEDERHOLUNG

→ Die Entwicklung des Menschen wird im anthroposophischen Denken in Jahrsiebte eingeteilt.

→ Die gestaltete Umgebung, der Tagesrhythmus und die Vorbildfunktion der Erzieherin sind wesentliche Bestandteile der pädagogischen Konzeption des Waldorf-Kindergartens.

→ Das Spiel des Kindes soll nicht mit einem konkreten Ziel belegt werden.

→ Kinder sollen sich nur mit natürlichen und funktionsfreien Spielmaterialien beschäftigen.

→ Aktuelle Themen und Lebenswelten der Kinder, z.B. mediale Eindrücke sollen vor Kinder ferngehalten werden.

→·← AUFGABEN

1 [Wissen und Verstehen]
Überprüfen Sie das Bild vom Kind in der Waldorfpädagogik und vergleichen Sie es mit dem Bild vom Kind bei Montessori und Freinet.

2 [Analyse und Bewertung]
Welche Rolle erhält die Erzieherin in der Waldorfpädagogik? Untersuchen Sie hierzu nochmals das Kapitel und notieren Sie alle Aspekte, die Sie zur Rolle der Erzieherin finden können.
Diskutieren Sie anschließend mit drei Mitschülerinnen, was für bzw. gegen diese Vorstellung von der Rolle der Erzieherin spricht.

TIPPS ZUM WEITERARBEITEN →→

→ Geuenich, Stephan: Die Waldorf-Pädagogik im 21. Jahrhundert. Eine kritische Diskussion. Berlin: LIT Verlag 2009.

→ Iwan, Rüdiger: Die neue Waldorfschule. Ein Erfolgsmodell wird renoviert. Reinbek bei Hamburg: Rowohlt Verlag 2007.

10.5 Die Pädagogik Emmi Piklers

Seit dem massiven Ausbau von Krippen ist das Interesse pädagogischer Fachkräfte an den Überlegungen Piklers stark gewachsen. Grund dafür ist, dass es kaum eigenständige Konzepte für den Umgang mit Kindern unter drei Jahren gab, gleichzeitig aber deutlich wurde, dass diese Altersgruppe andere Bedürfnisse hat als ältere Kinder, denen man nur schwer gerecht werden kann, indem man eine Kindergartenpädagogik „in klein" anbietet. So beruft man sich heute in vielen Krippen auf Pikler und entwickelt davon ausgehend eine eigenständige Krippenpädagogik, die Pflegesituationen, die notwendigerweise einen großen Teil der Arbeit mit Kindern unter drei Jahren ausmachen, als elementare Pädagogik begreift und gestaltet.

> Emmi Pikler (1902–1984) war Ärztin, nicht Pädagogin. Ihre Erziehungsphilosophie entwickelte sie, beeinflusst von der Reformpädagogik, zunächst während der Erziehung ihrer ersten Tochter Anna. Dabei lag ihr die freie Bewegungsentwicklung, in die Erwachsene nicht durch wohlgemeinte Unterstützungsangebote eingreifen dürfen, besonders am Herzen. Als sie nach dem Zweiten Weltkrieg in Budapest die Leitung des Säuglingsheims Loczy für Waisen in Budapest übernahm, entwickelte sie ihre pädagogischen Vorstellungen weiter, die sie durch intensive Beobachtungen der Kinder untermauerte. Ihre Pädagogik hat also ein empirisches Fundament. Gleichwohl folgen piklerorientierte Krippen „keiner explizit beschriebenen Methodik oder Didaktik, wie sich das z. B. für den situationsorientierten Ansatz, die Waldorf- oder Montessori-Pädagogik beschreiben lässt. Sie ist vielmehr geprägt von den Beobachtungen und Erfahrungen, die Emmi Pikler im natürlichen Alltag der Betreuung und Pflege von Säuglingen und Kleinkindern angestellt hat" (*Ostermayer, 2013, S. 15 f.*).

10.5.1 Emmi Piklers Bild vom Kind

Pikler sah den Säugling von Geburt an als kompetentes Wesen, das sie als eigenständige Persönlichkeit erkannte. Sie ging davon aus, dass das Kind von Anfang an fähig ist, in Dialog mit der sozialen Umwelt zu treten: Durch Schreien tut es seine Bedürfnisse kund. Bereits direkt nach der Geburt reagiert der Säugling auf behutsame Zuwendung in Form von körperlicher Nähe und ruhigem Sprechen. Er entspannt sich und gibt damit dem Erwachsenen Rückmeldung über seine Bemühungen. Mit großen Augen schaut das Baby in das Gesicht der pflegenden Person und beendet auch wieder den Kontakt. Damit haben Säuglinge alle Fähigkeiten, die sie brauchen, um sich ihre Umwelt eigenständig anzueignen.

Kinder, die eigeninitiativ ihre Umwelt erforschen, entwickeln das Gefühl von Eigenständigkeit und Kompetenz (= Selbstwirksamkeit). Diese Eigenständigkeit wird nach Pikler durch Erwachsene, die dem Kind helfen wollen, behindert, weil es dann nicht mehr erleben kann, dass es aus eigener Kraft das erreicht, was es sich vorgenommen hat. Das Kind lernt aus eigenem Antrieb durch Versuch und Irrtum und braucht niemanden, der ihn dabei antreibt. Pikler geht also wie die Vertreter der Reformpädagogik von einem Recht des Kindes auf Autonomie und Selbstbestimmung aus. Besonders beeinflusst war sie von Maria Montessori, die ebenfalls den Zusammenhang zwischen Bewegung und Intelligenz erkannte.

10.5.2 Grundsätze der Piklerschen Erziehungsphilosophie

Grundlegende Prinzipien, die sich piklerorientierte Krippen zu eigen gemacht haben, sind für Pikler:

- **ungeteilte Aufmerksamkeit und Zuwendung zu einem Kind während der Pflege**

Im Kinderheim Loczy wurden Pflegesituationen als 1:1-Situationen begriffen, in denen das Kind durch die ungeteilte Aufmerksamkeit die Zuwendung erfährt, die es „emotional satt" macht, sodass es Situationen, in denen es keine direkte Zuwendung bekommen kann, weil die Pflegerinnen mit anderen Kindern beschäftigt sind, gut bewältigen kann. Durch die 1:1-Zuwendung hat das Kind nämlich das notwendige Grundvertrauen erworben. An diesen Gedanken knüpft die heutige Krippenpädagogik an. Krippenpädagogik ist selbstverständlich Erziehung in der Gruppe, in Pflegesituationen jedoch genießt das Kind exklusive Aufmerksamkeit, die die Basis für seine Entwicklung ist. So bleibt die sichere Beziehung zwischen Erzieherin und Kind (die durch eine sorgfältig gestaltete Eingewöhnungsphase angelegt wurde) bestehen. Sie ermöglicht es dem Kind, die vielfältigen Anregungen durch die anderen Kinder in der Gruppe, Materialien und Räumlichkeiten eigenständig für seine Entwicklung zu nutzen. Voraussetzung ist natürlich, dass die Erzieherin Pflegehandlungen wie Wickeln, Anziehen oder Füttern langsam und gelassen gestaltet und dem Kind dadurch signalisiert: Du bist mir wichtig! Ich nehme deine Bedürfnisse wahr und reagiere einfühlsam darauf. Ich versuche zu erkennen, was du möchtest und gebe dir Gelegenheit, dies nach deinen aktuellen Fähigkeiten umzusetzen. Besonders Letzteres sehen wir heute als wichtige Partizipationsmöglichkeit des Krippenkindes. Beim Wickeln wird dem Kind übrigens kein Spielzeug angeboten, auch schmücken keine Bilder den (kleinen) Raum: So wird dem Kind geholfen, sich auf die Beziehung und die soziale Situation mit der Erzieherin zu konzentrieren *(vgl. Gräbe, 2016, S. 16 f.)*.

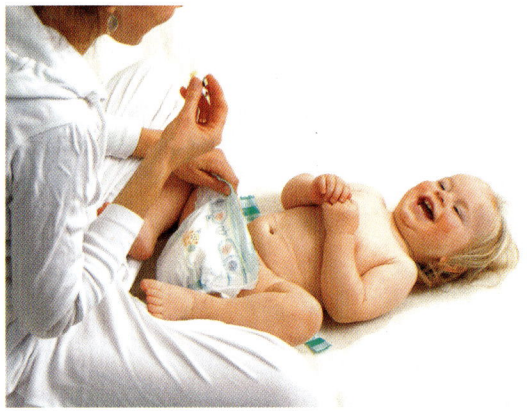

Ungeteilte Aufmerksamkeit

- **die autonome Bewegungsentwicklung**

Das Selbst kleiner Kinder ist in erster Linie ein Körper-Selbst. Das Kind erfährt sich über seine Sinne und seinen Körper und entwickelt ein Bild von sich selbst *(vgl. Zimmer, 2014)*. In Bewegung entdeckt sich das Kind selbst. Das fängt damit an, dass das Kind seine Finger in den Mund steckt oder seine Hand vor seinen Augen hin- und her bewegt. Ganz neue Erfahrungsmöglichkeiten bieten sich dem Kind, wenn es gelernt hat, sich krabbelnd oder wie auch immer fortzubewegen, und damit nicht mehr auf Erwachsene angewiesen ist, die ihm begehrtes Material in Reichweite präsentieren. Pikler ging davon aus, dass jedes Kind, wenn man ihm nur genügend Zeit lässt, alle Bewegungsmöglichkeiten in seinem eigenen Rhythmus und ohne jede Hilfe selbst herausfindet, übt und zur individuellen Perfektion bringt. Dabei ging Pikler vom nicht beeinträchtigten Kind aus. Bei diesem würde sich die Situation natürlich anders darstellen. Das Herausfinden und Üben von neuen Bewegungsformen und –abfolgen ist eine große Herausforderung für das Kind, denn: „Wir müssen uns vergegenwärtigen, dass bereits die geringste Lageveränderung für den Säugling einen Gleichgewichtsverlust darstellt. Deshalb ist es wichtig, dass er in allen neuen Positionen sein Gleichgewicht so lange üben kann, bis er sich darin sicher und behaglich fühlt. Erst dann spielt er in diesen Positionen" *(Ostermayer, 2013, S. 16 f.)*. Ein Kind, dem genügend Zeit für eigenständiges Entdecken gegeben wird, entwickelt dabei seine Persönlichkeit, indem es herausfindet, was es selbst kann. Zudem: Der Säugling lernt das Lernen. „Er lernt, sich eigenständig mit etwas zu beschäftigen, an etwas Interesse zu finden, zu probieren, zu experimentieren. Er lernt Schwierigkeiten zu überwinden. Er lernt Freude und Zufriedenheit kennen, die der Erfolg, das Resultat seiner geduldigen, ständigen Ausdauer für ihn bedeutet" *(Pikler, 1982, S. 35)*. In Krippen werden den Kindern heute bewegungsfördernde Materialien und Geräte zur Verfügung gestellt. Pikler hatte sie unter dem Einfluss der Gymnastiklehrerin Elfriede Hengstenberg (1892–1992) entwickelt. Erzieherinnen sind gehalten, das Kind in keine Position zu bringen, die es nicht selbstständig einnehmen kann: Ein Kind, das noch nicht selbstständig sitzen kann, wird nicht hingesetzt. Mit dem Kind wird das Gehen auf zwei Beinen nicht geübt, und es wird nicht auf die Rutsche gehoben.

Freie Entfaltung im Spiel

- **das freie Spiel**
  Der Säugling entdeckt und spielt zunächst mit seinem eigenen Körper. Sobald seine körperlichen
  Fähigkeiten es zulassen, greift er freudig nach Gegenständen und erforscht sie. Auch hier setzt Pikler
  wieder auf die Eigenständigkeit und Initiative des
  Kindes: „Wenn wir Erwachsene dem Kind unser Spiel
  zeigen, es zur Nachahmung anhalten, bringen wir es
  um das, was für es das Wertvollste, das Wunderbars-
  te beim Spiel ist: die Freude, neue Entdeckungen zu
  machen" (*Pikler, 1982, S. 79*). Erste Aufgabe der Erzieherin ist daher, die Krippenumwelt so vorzubereiten,
  dass sie zur Entdeckung und zum Tätigsein einlädt:
  allein, zu zweit und in wechselnden Konstellationen. Sorgfältig beobachtet sie außerdem, welches
  Spielmaterial das Interesse des einzelnen Kindes
  herausfordert und stellt es ihm zur Verfügung. Und
  „gelegentlich", so schreibt Pikler, „spielen wir auch
  mit ihm" (*Pikler, in Gauly, 2013, S. 14*). Auf diese Weise
  macht das Kind in Bewegung und Spiel elementare
  Bildungserfahrungen.

- **die sprachliche Begleitung aller Interaktionen
  zwischen einem Erwachsenen und einem Kind**
  Alle Interaktionen mit dem Kind begleitet die Erzieherin sprachlich und bereitet diese sprachlich auch
  vor. Dabei achtet sie darauf, das Kind nicht von hinten anzusprechen (und hochzuheben), sondern von

vorne, sodass sie Blickkontakt herstellen und das
Kind sich auf die Interaktion einstellen kann. Bevor
sie ein Kind wickeln will, teilt sie ihm ihre Absicht mit:
„Hm, ich rieche da etwas! Du brauchst eine frische
Windel. Lass uns zum Wickeln gehen, ja?" Alles, was
sie beim Wickeln, Anziehen, Füttern oder in sonstigen Situationen mit dem Kind tut, begleitet sie
sprachlich, auch wenn das Kind die inhaltliche Bedeutung der Wörter noch nicht verstehen kann. Für
Pikler drückte sich darin großer Respekt gegenüber
der Persönlichkeit des Kindes aus, das niemals zum
Objekt pflegerischer oder anderer pädagogischer
Bemühungen werden darf. Das Kind sollte eingehüllt
werden in den Klang der Sprache und Stimme der
Pflegeperson, die ihm darüber Achtung und Warm-
herzigkeit vermittelt. Und das Kind versteht: Da ist
jemand, der es gut mit mir meint. Dieses Einhüllen in
Sprache sehen wir heute noch unter einem anderen
Aspekt: nämlich dem der Sprachförderung. Eine Erzieherin, die gern und einfühlsam spricht und dabei
jederzeit dem Kind Raum lässt, sich zu äußern, ist
bestes Sprachvorbild. Dieser Aspekt ist besonders
im Blick auf Kinder wichtig, deren Familiensprache
nicht Deutsch ist oder die sozial benachteiligt sind
und zu Hause wenig sprachliche Anregung bekommen. Untersuchungen belegen, dass z. B. Kinder aus
Migrantenfamilien bei der Einschulung deutlich besser deutsch sprechen, je länger sie vorher eine Kita
besucht haben.

Bei den sprachlichen Interaktionen muss die Erzieherin sehr genau auf ihre Formulierungen achten.
Stellt sie eine Frage, auf die das Kind mit „nein" antwortet, muss sie dieses „Nein" akzeptieren, sonst
wäre die Frage nicht ehrlich gewesen. Möchte die
Erzieherin aber, dass das Kind etwas Bestimmtes
tut oder nicht tut, braucht das Kind eine klare und
freundliche Ansage. Zeigt das Kind Verhalten, das
die Erzieherin nicht akzeptieren kann und möchte,
sollte sie seine Gefühle in Worte fassen, fragen, was
passiert ist und, je nach Alter und Situation, mit
dem Kind auch einmal einen Schauplatz verlassen
und ihm alternatives Verhalten zeigen.

↗ WIEDERHOLUNG

→ Emmi Pikler vertraut auf die autonome Entwicklung des Kindes und gesteht ihm seinen eigenen Entwicklungsrhythmus zu.

→ Das Streben des Kindes nach Autonomie und Selbstbestimmung wird altersgemäß unterstützt.

→ Pflege und Pädagogik sind eins. In Pflegesituationen wird die Grundlage für eine positive Entwicklung des Kindes gelegt, sie enthalten eine Fülle an Bildungsmöglichkeiten für das Kind.

→ Zeitlich begrenzte ungeteilte Aufmerksamkeit, die autonome Bewegungsentwicklung, das freie Spiel und die kontinuierliche sprachliche Begleitung sind zentrale Aspekte der Piklerschen Pädagogik.

→·← AUFGABEN

1 [Planung und Konzeption] [Querschnittsaufgabe Sprachbildung/Partizipation]

Vergegenwärtigen Sie sich sämtliche möglichen Schritte einer Wickelsituation. Formulieren Sie aus, wie Sie diese Schritte sprachlich begleiten würden.

2 [Analyse und Bewertung] [Querschnittsaufgabe Partizipation]

Wie viel Partizipation „verträgt" ein Kleinstkind? Diskutieren Sie in der Klasse folgende Situation beim Mittagessen, bei dem die Erzieherin die 18 Monate alten Flutura folgendermaßen beteiligt: Willst du neben Auni oder Marie sitzen? Möchtest du den roten oder den grünen Latz? Möchtest du Gemüse oder Salat, Kartoffeln oder Nudeln? Willst du mit Löffel oder Gabel essen? Willst du Wasser oder Apfelsaft? Mit Sprudel oder ohne?

3 [Analyse und Bewertung] [Querschnittsaufgabe Prävention]

Früher litten viele Kinder, die in Heimen aufwuchsen, unter Hospitalismus (Entwicklungsverzögerungen, mangelndes Urvertrauen, Bindungsstörung u. a. m.). Langzeituntersuchungen wiesen nach, dass Kinder aus dem Kinderheim Loczy sich völlig normal entwickelten. Untersuchen Sie die pädagogischen Überlegungen Piklers, inwiefern sie geeignet sind, problematischen kindlichen Entwicklungen vorzubeugen oder entgegenzuwirken. Was lässt sich daraus für die Diskussion um lange Betreuungszeiten in Krippen ableiten? Halten Sie Ihre Überlegungen hierzu schriftlich fest und stellen Sie diese in Kleingruppen mit fünf Mitschülerinnen vor. Diskutieren Sie diese Überlegungen miteinander. Wählen Sie am Ende der Diskussion gemeinsam einen Aspekt aus, den Sie mit der ganzen Klasse diskutieren wollen und begründen Sie, warum er Ihnen wichtig ist.

10.6 Reggio-Pädagogik

10.6.1 Zielsetzung der Reggio-Pädagogik

Die Reggio-Pädagogik – benannt nach den in den 1960er- und 1970er-Jahren entstandenen kommunalen Kindergärten in der italienischen Region Reggio Emilia – wurde sukzessive entwickelt. Dabei handelt es sich nicht um ein in sich geschlossenes Konzept, sondern um einen sich ständig verändernden Prozess.

Loris Malaguzzi absolvierte eine Lehrerausbildung und unterrichtete an einer Grundschule, später dann an einer Realschule. 1951 beendete er seine Lehrertätigkeit, auch weil er darüber enttäuscht war, dass er seine pädagogischen Ideen nicht angemessen umsetzen konnte. Nach einem Zwischenaufenthalt in Rom ging Malaguzzi nach Reggio, wo er ein Zentrum für Kinder mit Behinderung aufbaute. 1963 entstand in Reggio die erste kommunale Kindertagesstätte, die in der Konzeptionsentwicklung von Malaguzzi unterstützt wurde. 1970 wurde Malaguzzi Leiter der Koordinations- und Beratungsstelle für Kindertageseinrichtungen in Reggio. Malaguzzi wurde damit zum entscheidenden Förderer der Reggio-Pädagogik, da er durch diese Leitungstätigkeit die Grundideen der Reggio-Pädagogik beeinflussen und mitgestalten konnte. An dieser Stelle arbeitete er, bis er 1985 in den Ruhestand ging *(vgl. Ullrich/Brockschnieder, 2003, S. 10 ff.)*.

„**Loris Malaguzzi,** bis zu seinem Tod im Jahre 1994 unermüdlicher theoretischer Kopf des Projekts, konnte ein solches Werk nicht mehr vorlegen. Vielleicht wollte er das aber auch nicht, hat er sich doch Zeit seines Lebens gegen Festlegungen und Dogmatisierungen gewehrt und sich stattdessen von der Lebendigkeit der Kinder, ihrer Kraft, beständig Neues zu schaffen, inspirieren lassen." *(Ullrich/Brockschnieder, 2003, S. 7)*

In der Reggio-Pädagogik wird der Entwicklung der Konzeption keine langwierige theoretische Diskussion vorangestellt. Vielmehr sollen die Erzieherinnen ihre praktischen Erfahrungen zur Theoriebildung nutzen. Damit verändert sich die Rolle der Erzieherin. Während Erzieherinnen bei anderen konzeptionellen Ansätzen Theorien in der Praxis anwenden sollen, sollen sie in der Reggio-Pädagogik die Theorien selbst entwickeln. So werden Erzieherinnen zu Forscherinnen. Dieses Selbstverständnis geht einher mit einem entsprechenden Bild vom Kind.

In der Reggio-Pädagogik spielt die Verbindung von gesellschaftlicher Wirklichkeit und pädagogischer Praxis eine große Rolle. Es wird davon ausgegangen, dass sich gesellschaftliche Realität in der Erziehung widerspiegelt und Erziehung sich gleichzeitig auf die Gesellschaft auswirkt. So gehört es zur Aufgabe einer Tageseinrichtung, gesellschaftliche Veränderungen aufzunehmen und eine entsprechende pädagogische Antwort darauf zu finden. Wenn beispielsweise immer mehr Kinder als Einzelkinder oder nur mit einem Geschwisterkind aufwachsen, müssen Tageseinrichtungen darauf reagieren, indem sie soziale Erfahrungen mit unterschiedlichen Altersgruppen ermöglichen.

Weiterer Ausgangspunkt der Reggio-Pädagogik sind die Interessen und Bedürfnisse der Kinder.

Dazu Malaguzzi: „Wenn zum Beispiel der Kindergarten ein im Hafen vertäutes Schiff ist, werden die Eltern nie begreifen, was wir wollen. Und die Kinder werden auch nie begreifen, was der Kindergarten sein kann. Wir müssen dieses Schiff auf Reisen schicken. Wenn das Schiff überall herumschwimmt, dann schwimmen die Kinder, die Eltern, wir mit." *(Malaguzzi, in: Ullrich/Brockschnieder, 2003, S. 37)*

Der Kindergarten wird als Bestandteil des Gemeinwesens beschrieben. Der Kindergarten „schwimmt" überall umher, er öffnet sich in den Stadtteil hinein, er erforscht mit den Kindern das Dorf, die Stadt, in der er sich befindet und wo die Kinder wohnen.

Forschend im Gemeinwesen unterwegs

10.6.2 Das Bild vom Kind

In der Reggio-Pädagogik wird das Kind als aktiv und forschend wahrgenommen. Das Bild vom Kind lässt sich in folgenden Punkten zusammenfassen:

- „Kinder besitzen große Potenziale. Die Reggianer sehen die Kinder sehr optimistisch. Jedes Kind verfügt über eine große Anzahl von Möglichkeiten, die in der Regel nicht ausgeschöpft werden.
- Kinder sind aktive Konstrukteure ihres Wissens. Sie nehmen nicht passiv, durch Belehrung, fertiges Wissen auf, sondern erstellen aus dem, was sie hören und sehen, aktiv eine individuelle Wissensstruktur.
- Kinder sind Forscher und Entdecker. Kinder sind neugierig, lassen sich von unterschiedlichen Phänomenen ansprechen und versuchen, sie zu verstehen.

- Kinder sind soziale Wesen. Kinder sind von Geburt an auf mitmenschliche Kontakte ausgerichtet und auch auf diese Beziehungen angewiesen.
- Kinder können sich auf vielfältige Art und Weise ausdrücken. Kinder haben 100 Sprachen, können sich über Spiele, Bilder, Plastiken, Worte etc. artikulieren.
- Kinder haben andere Zeiten. Kinder handeln nicht nach der Uhr, sondern sie geben sich den Dingen hin, ohne an die Zeit zu denken.
- Kinder möchten ihre Fähigkeiten erweitern. Kinder streben danach, ihr eigenes Potenzial beständig auszubauen und zur Gestaltung zu bringen."
(Ullrich/Brockschieder, 2003, S. 25)

10.6.3 Das Bild vom Lernen

Lernen in der Reggio-Pädagogik geschieht als forschendes, entdeckendes und experimentierendes Lernen. Die Erzieherin bietet den Kindern kein fertiges Wissen, sondern begleitet sie aktiv durch ihre Fragen und Anregungen.

„Die hier zu stellende Frage ist einfach: Soll die pädagogische Einrichtung ein Ort sein, wo das Kind forscht, erforscht, hinterfragt, überprüft usw. oder soll der Ort ein statischer sein, wo Wissen übergestülpt, wo die

Pädagogik das Vehikel ist, um in Kinderköpfe vorgefertigtes, fertiges Wissen zu übertragen?" *(Malaguzzi, 1992, S. 128)* Ein solches Verständnis von Lernen entspricht ganz den Anforderungen der modernen Wissensgesellschaft, in der es besonders darum geht zu lernen, wie man Wissen erwerben kann. Dieses „entdeckende Lernen steht damit im Gegensatz zum darbietenden Lernen, bei dem eine lehrende Person bereits fertiges Wissen den Kindern zu vermitteln versucht" *(Ullrich/ Brockschnieder, 2003, S. 28)*.

Wissenschaftliche Erkenntnisse belegen, dass Malaguzzis Überlegungen zum forschenden Lernen sich als richtig und effektiv erweisen. Zum forschenden Lernen gehören „direktes Erleben, Experimentieren und Beobachten als die wichtigsten Informationsquellen" *(Hattie, 2013, S. 247)*. In verschiedenen Untersuchungen konnte nachgewiesen werden, dass diese Form des Lernens sehr wirksam ist. Interessant dabei ist, dass Effekte besonders in den frühen Kindheitsjahren auftreten. Und – ganz im Sinne Malaguzzis – fördern sie das kritische Denken. Forschendes Lernen fordert zum Fragen, zum Nachfragen, zum Hinterfragen heraus.

Wenn Lernen als entdeckendes Lernen verstanden wird, lässt sich dies am besten mithilfe der Projektmethode umsetzen. Lernen entwickelt sich im Prozess. Die Projektmethode mit ihrer offenen Planung und der Partizipation aller Beteiligten gewährleistet, dass Kinder sich als Forscher und Entdeckerinnen erleben können. Und sie verhindert, dass Erzieherinnen Kindern fertig konzipierte didaktische Einheiten vorsetzen, die für alle Kinder verbindlich und gleich sind. Diese Vorstellung vom Lernen wird von den theoretischen Überlegungen des US-Amerikaners John Dewey (1859–1952) gestützt, der ebenfalls in der Projektmethode die beste Möglichkeit sieht, erfolgreich mit Kindern zu lernen.

In der Reggio-Pädagogik wird zudem darauf geachtet, dass Lernen individualisiert stattfindet. Jedes Kind hat seinen eigenen Zugang zum Lernen. Wie weit es in den einzelnen Lernschritten kommen wird, ist nicht vorhersagbar. Kinder vom Druck zu befreien, dass sie alle gleich weit sein müssen, darauf legt die Reggio-Pädagogik großen Wert. Ein erfolgreicher Lernprozess sollte folgende Phasen durchlaufen:
„1. Phase: Fragen und Interessen der Kinder und Erwachsenen

2. Phase: Der „Flirt" mit dem Lerngegenstand
3. Phase: Darstellende Auseinandersetzung (Modelle, Bilder usw.)
4. Phase: Vermutungen anstellen
5. Phase: Lösungsversuche
6 Phase: Umsetzung in die Realität."
(Brockschnieder, 2011, S. 45)

Lernen geschieht somit in konkreten Situationen und nicht abstrakt. Um erfolgreich lernen zu können, benötigen Kinder Erzieherinnen, die sie dabei begleiten, „die mit Fragen die Kinder in ihrem Tun weiterführen, sie motivieren und sie durch Ideen, attraktive Räume und interessantes Material anregen. Erzieherinnen, die die Kinder in ihrem Forscherdrang ernst nehmen, sie ermutigen, sich die Welt zu erschließen und sie zu entdecken" *(Böhm, 2004, S. 7)*.

Dieses Lernverständnis lässt sich besonders gut mithilfe der Projektarbeit umsetzen. In der Projektarbeit sind die Erzieherinnen als Begleiterinnen wichtig. Mit ihren Fragen und Kommentaren fordern sie die Kinder zu neuen Gedanken heraus. So entwickelt sich das Projekt weiter. Die Themen, mit denen sich Kinder in Projekten intensiv auseinandersetzen, kommen, so die Vorstellung der Reggio-Pädagogik, von den Kindern selbst – oder aufgrund von Beobachtungen der Erzieherinnen. Sie benennen, was sie in ihrem Alltag beschäftigt. Damit sind es Themen, die dem Alltag entstammen. So wird verhindert, dass Themen völlig losgelöst von der Wirklichkeit der Kinder sind und ihren Interessen übergestülpt werden.

Wenn das Projektthema bekannt ist, ist es Aufgabe der Erzieherinnen, sich selbst mit dem Thema zu beschäftigen und zu überlegen, was alles zu diesem Thema gehören könnte. Diese Vorbereitung soll ihnen ermöglichen, Kinder in ihren Überlegungen gut zu unterstützen.

Sich selbst mit dem Thema auseinandersetzen

10.6.4 Raumgestaltung in der Reggio-Pädagogik

In der Reggio-Pädagogik spielt die Raumgestaltung eine wesentliche Rolle. Die Raumgestaltung steht im Mittelpunkt der pädagogischen Überlegungen. „Das Prinzip heißt Öffnung und Dialog" (*Gauly, 2013, S. 29*). Ein Kindergarten, der sich an dieser Konzeption orientiert, sollte Kindern zunächst einen Raum anbieten, in dem sie sich treffen und austauschen können. In der Sprache der Reggianer ist dies die „Piazza". Die „Piazza" ist aber nicht nur Treffpunkt für die Kinder, sondern auch für Eltern und Kinder oder Erzieherinnen und Kinder. Dann gehört in jeden Reggio-Kindergarten ein **Atelier**, in dem die Kinder frei gestalten. Dieses Atelier ist mit unterschiedlichsten Materialien ausgestattet, die einen hohen Aufforderungscharakter besitzen. Hierfür eignen sich besonders gut Gebrauchsgegenstände und Naturmaterialien.

Reggio-Kindergärten ermöglichen Kindern auch, sich selbst und die Räume aus unterschiedlichen Perspektiven wahrzunehmen. Deshalb sind die Räume mit vielerlei **Spiegeln** und **Podesten** ausgestattet. So können sich Kinder beobachten, wenn sie sich verkleiden, den Veränderungsprozess an sich selbst wahrnehmen, Grimassen schneiden oder auch sehen, wie sich Licht in einem Spiegel darstellt. In der Reggio-Pädagogik ist man sich bewusst, welche große Bedeutung Räume für das Lernen und die Entwicklung der Kinder haben. Deshalb wird auch vom **Raum als „dritten Erzieher"** gesprochen. Und besonders wichtig: „Die Kinder sind in der Gestaltung der Räume präsent. Es ist ihr Gruppenraum, ihr Kindergarten." (*Gauly, 2013, S. 29*)

Spiegel erlauben vielfältige Perspektiven.

10.6.5 Dokumentation der pädagogischen Arbeit

Längst ist es selbstverständlich geworden, dass die Projekte, Themen und Ereignisse, mit denen sich Kinder und Erzieherinnen beschäftigen, dokumentiert werden. Das Portfolio-Konzept gehört zum festen Bestandteil vieler Tageseinrichtungen. So sollen Bildungsfortschritte und die Entwicklung der Kinder sichtbar gemacht werden.

Die Reggio-Pädagogik legt ebenfalls großen Wert auf eine differenzierte Dokumentation. Man unterscheidet zwei Formen:
- die Dokumentationsmappe
- die Dokumentation in Form von sogenannten sprechenden Wänden.

Dokumentationsmappe

„In einer Dokumentationsmappe (Diari) wird die Lern- und Entwicklungsgeschichte eines jeden Kindes festgehalten. Diese Mappen enthalten Fotos aus unterschiedlichen Entwicklungsphasen, die vielfach durch kurze

Texte der Erzieherinnen erläutert werden. Sie zeigen das Kind bei Aktivitäten im Rahmen von Projekten oder bei Alltagsbeschäftigungen. Die Mappe enthält außerdem eine Fülle von Produkten, die das Kind im Laufe seiner Kindergartenzeit erstellt hat. Sie ermöglicht den Mitarbeiterinnen der Einrichtung, aber auch den Eltern, sich permanent über die Aktivitäten und die Entwicklung der Kinder zu informieren." *(Ullrich/Brockschnieder, 2003, S. 55).* Diese Form der Dokumentation entspricht einem Lernwegportfolio. Kinder, Eltern und Erzieherinnen können damit nachvollziehen, was das Kind gelernt und wie es sich entwickelt hat.

Mit der Idee der „sprechenden Wände" nutzt die Reggio-Pädagogik die Wände der Räume, um die pädagogische Arbeit zu dokumentieren. Hierzu gehören Fotos von Projekten, Bilder der Kinder, Plakate mit den Zie-len, die die Erzieherinnen verfolgen. Diese „sprechenden Wände" sind in Reggio-Einrichtungen in der Regel mit viel Sorgfalt gestaltet. Sie sollen den Lernweg der Kinder verdeutlichen, zeigen, wie und was die Kinder gelernt und womit sie sich auseinandergesetzt haben. In einer durchdachten Gestaltung drücken sich auch der Respekt und die Achtung vor dem kindlichen Lernen aus. Kinder können so für sich selbst erkennen, welche Entwicklung sie gemacht haben. Und Eltern erfahren so, wie ihre Kinder denken, welche Fragen sie beschäftigen, wie sie beim Lösen von Problemen vorgehen.

So zeigt sich nicht nur in der Raumgestaltung, sondern auch in der Art der Dokumentation, dass es der Reggio-Pädagogik ganz besonders auf die Transparenz des Erziehungs- und Bildungsprozesses ankommt.

10.6.6 Die Rolle der Erzieherin

Erzieherinnen haben in der Reggio-Pädagogik die Aufgabe, den Kindern Räume zu schaffen, in denen sie eigenständig ihre Interessen und Bedürfnisse verfolgen können. Es wird davon ausgegangen, dass jedes Kind eigene Potenziale hat. Die Erzieherinnen sollen Kinder dabei unterstützen, diese Potenziale zu entfalten.

Erzieherinnen sollen sich auch selbst als Forschende begreifen. Mit ihren Fragen und Impulsen wecken sie die Neugier der Kinder. Deshalb ist es wichtig, dass Erzieherinnen Fragen stellen können, die Ausgangspunkt für neue Entdeckungen werden. Dafür müssen sie z. B. den Unterschied zwischen Ja/Nein-Fragen (geschlossenen Fragen) und offenen Fragen kennen und richtig anwenden können.

Ganz entscheidend ist aber vor allem die eigene Haltung und Einstellung der Erzieherin gegenüber Lernen und Forschen. Sie selbst muss Freude am Lernen haben. Sie selbst muss neugierig sein und sich für vielfältige Themen interessieren. Sie selbst muss sich auf offene Lernprozesse einlassen können. Besonders erfolgreich sind solche Erzieherinnen, die Kindern „dabei helfen, unterschiedliche und bessere Strategien oder Verfahren für das Lernen" *(Hattie, 2013, S. 129)* zu entwickeln.

„Eine ‚vitale Pädagogik', wie Malaguzzi das reggianische Konzept in Abgrenzung zu einer ‚lethargischen Pädagogik' nennt, braucht vitale Erzieherinnen, die […]
- Sensibilität für die ‚Wunder des Alltags' entwickeln,
- noch staunen können, offen sind für neue Erfahrungen,
- Offenheit von Situationen und Prozessen aushalten können. […]
- Freude haben an der Verschiedenheit, Andersartigkeit, Unvertrautheit, diese nicht als Bedrohung, sondern als Bereicherung erleben,
- unterschiedliche Meinungen gelten lassen können."
(Ullrich/Brockschnieder, 2003, S. 60)

Schließlich erhebt die Reggio-Pädagogik den Anspruch, dass Erzieher sich mit aktuellen Entwicklungen in der Gesellschaft auseinandersetzen. Sie sollten sich für Politik und soziale Fragestellungen interessieren, im Bewusstsein, dass diese Themen sich direkt auf das Leben der Kinder und ihrer Familien auswirken.

10.6.7 Bezug zu anderen Konzeptionen

Auffällig ist, dass die Reggio-Pädagogik an mehreren Stellen einen direkten Bezug zum Situationsansatz aufweist. Besonders zwei Aspekte seien hier erwähnt:

1. Die offene Planung gehört sowohl im Situationsansatz als auch in der Reggio-Pädagogik zum festen Bestandteil der Didaktik. Beide gehen davon aus, dass offene Lernprozesse das Lernen der Kinder besonders gut unterstützen.

2. Die Erzieherin als Fragende und Unterstützerin. Vergleicht man die Haltung und Aufgabe der Erzieherin in beiden Konzeptionen, so lässt sich auch hier eine hohe Übereinstimmung feststellen. Sowohl im Situationsansatz als auch in der Reggio-Pädagogik sind die Fragen und Impulse der Erzieherin wichtig. Ihre eigene Neugier und Lust am Entdecken ermutigt Kinder, selbst Fragen zu stellen und auch Irrwege einzugehen, sie nicht als problematisch zu erleben, sondern als Ausgangspunkt für neue Fragen und Entdeckungen.

10.6.8 Reggio-Pädagogik und Bildungspläne

> „Die Reggio-Pädagogik hält die Formulierung eines feststehenden Bildungskanons für verzichtbar, da nicht die Inhalte, sondern die Art und die Intensität der Beschäftigung mit dem Gegenstand über die Bildungswirksamkeit entscheiden."
>
> *(Brockschnieder, 2012, S. 48)*

Die Grundsätze der Reggio-Pädagogik lassen sich mit allen Bildungsplänen verbinden. Denn das Bild vom Kind in der Reggio-Pädagogik entspricht dem einer modernen Pädagogik: „Bildung wird als **Selbstbildung** verstanden und geht über die reine Wissensvermittlung hinaus" *(Brockschnieder, 2012, S. 48).*

Die besonderen Bedingungen, unter denen die Reggio-Pädagogik entwickelt wurden, sollen nicht davon ablenken, dass es bei der Reggio-Pädagogik zunächst einmal um eine Einstellungsfrage der Erzieherinnen und Erzieher geht. Sie müssen ihre Haltung zum Kind, ihr Bild vom Kind überprüfen und gegebenenfalls ändern.

Die Nachfolgerin von Loris Malaguzzi verwahrte sich im Übrigen gegen allen Anspruch, die Reggio-Pädagogik einfach in anderen Regionen und Ländern umzusetzen: „Reggio ist Reggio und kann nicht woanders eingepflanzt werden. Eine Kopie von Reggio wäre eine Beleidigung unserer Arbeit." *(zit. nach Ullrich/Brockschnieder, 2003, S. 72).* Die Reggio-Pädagogik will Erzieherinnen dazu anregen, nachzudenken, zu fragen und dann eigene Ideen zu entwickeln und diese in der pädagogischen Praxis umzusetzen.

Kritik an der Reggio-Pädagogik

Kritisch anmerken lässt sich, dass die Reggio-Pädagogik keine Aussagen zur Frage nach einem verbindlichen Bildungsplan für alle Kinder macht. Sie legt großen Wert auf die Frage, wie etwas vermittelt wird und nicht so sehr darauf, welche Inhalte dies betreffen soll. Dies verwundert insofern, da die Reggio-Pädagogik die Bildung und Erziehung von Kindern als eine politische Aufgabe sieht.

Dass sich die Reggio-Pädagogik unter besonders günstigen und großzügigen Bedingungen entwickeln konnte, wird auch zu wenig gesehen. Allein die Gelder, die für den Einsatz von Künstlern in den Tageseinrichtungen in Reggio gezahlt werden müssen, stehen deutschen Kitas nicht zur Verfügung.

↗ WIEDERHOLUNG

→ Kinder gelten in der Reggio-Pädagogik als Konstrukteure ihres Wissens.

→ Projektarbeit bildet den Kern der Reggio-Pädagogik.

→ Der Raum wird als „dritter" Erzieher bezeichnet.

→ Eine wichtige Aufgabe der Erzieherin ist es mit Fragen und Impulsen die Neugier der Kinder zu wecken.

→ Die Dokumentation der pädagogischen Arbeit geschieht durch Dokumentationsmappen und sogenannte „sprechende Wände".

→·← AUFGABE

1 [Wissen und Verstehen]
Teilen Sie die Klasse in sechs Kleingruppen
auf. Das Kapitel zur Reggio-Pädagogik umfasst sechs Unterkapitel. Jede Kleingruppe
übernimmt ein Unterkapitel und stellt die Inhalte auf einem Plakat in eigenen Worten dar.
Anschließend werden die Plakate in der Klasse
präsentiert.

TIPPS ZUM WEITERARBEITEN →→

→ Dreier, Annette: Was tut der Wind, wenn er nicht
weht? Begegnungen mit der Kleinkindpädagogik
in Reggio Emilia. 5. Auflage, Weinheim/Basel: Beltz
Verlag 2006.

10.7 Der Situationsansatz

10.7.1 Zur Geschichte des Situationsansatzes

Der Situationsansatz wurde nach 1970 aufgrund der damaligen Bildungsdiskussion in der Bundesrepublik Deutschland für die Bildungsarbeit in Kindertageseinrichtungen entwickelt. Die Elementarpädagogik rückte mehr und mehr in den Blick der fachpädagogischen Diskussion. Diese Auseinandersetzung wurde von drei Richtungen der Frühpädagogik geprägt: zum einen der traditionellen Kindergartenpädagogik, die im Kindergarten mehr eine Einrichtung sah, in der Kinder aufbewahrt und beschäftigt werden sollen. Zum zweiten in pädagogischen Strömungen, die Förder- und Trainingsprogramme für Kindergartenkinder entwickelten und sich erhofften, mit diesen Programmen Kinder besser zu fördern. Und zum dritten durch die Kinderladenbewegung, die aus der Studentenbewegung hervorging, auf psychoanalytischen Theorien beruhte und besonders von dem englischen Reformpädagogen Alexander S. Neill beeinflusst war.

Kinder werden von Anfang an in die Planung einbezogen.

Der Situationsansatz wurde als ein Konzept entwickelt, dass sich gegenüber der traditionellen Kindergartenpädagogik abgrenzte und reformpädagogische Überlegungen aufgriff. Der Ansatz von Alexander S. Neill,

dem Begründer der antiautoritären Erziehung, Kinder zu beteiligen und nicht für sie zu bestimmen, war besonders prägend für den Situationsansatz.

Ideengeschichtlich lässt sich der Situationsansatz auf drei Ansätze zurückführen *(vgl. Böhm/Böhm, 2012, S. 51)*:

- Die Pädagogik des Brasilianers Paulo Freire (1921–1997). Sein pädagogischer Ansatz beruht auf der Erkenntnis, dass es darauf ankommt, nicht ein Curriculum zu entwickeln, das dann den Menschen vorgesetzt wird. Vielmehr war für ihn bedeutsam, an den Problemen, Erfahrungen und Interessen der Menschen anzusetzen und diese als Ausgangspunkt für jede pädagogische Konzeption zu nehmen.
- Die Curriculumtheorie von Saul B. Robinsohn, der die Auffassung vertrat, dass die Inhalte, die in den Schulen und Kitas vermittelt werden, sich auf die gesellschaftliche Realität beziehen sollten. Ihm ging es darum, Kinder so zu bilden, dass sie mit ihren Kompetenzen ihre Lebensrealität gut bewältigen können.
- Die Pädagogik des US-Amerikaners John Dewey und des Engländers Henry Morris. Sie entwickelten die Projektmethode im Unterricht. Statt Fächerunterricht sollen die Interessen und Bedürfnisse der Menschen im Vordergrund des Unterrichts stehen.

Auf der Grundlage dieser drei Ansätze entwickelte der Situationsansatz seine Ziele, sein Bild vom Lernen, seine didaktischen Grundsätze und damit seine konkrete Planung.

10.7.2 Zielsetzung des Situationsansatzes

> Ziel des Situationsansatzes ist es, „Kinder verschiedener Herkunft und mit unterschiedlicher Lerngeschichte zu befähigen, in Situationen ihres gegenwärtigen und künftigen Lebens möglichst autonom, solidarisch und kompetent zu handeln."
>
> *(Zimmer u. a., 1998, S. 14)*

Auf dieser Zielsetzung basiert die Förderung der folgenden drei Kompetenzbereiche:

1. Ich-Kompetenz: Hier geht es um Fragen, wie z. B. „Welche Fähigkeiten habe ich?" oder „Wo sind meine Grenzen?"; „Was gehört zu mir, zeichnet mich aus, macht mich einmalig und unterscheidet mich von den anderen?"

2. Sozial-Kompetenz: Kinder erfahren von Geburt an, dass sie in einem Raum mit anderen Menschen leben. Sie erleben dies in der Familie und eben auch im Kindergarten. Sie lernen, auf andere einzugehen, auf Schwächere oder Kleinere Rücksicht zu nehmen, eigene Interessen zu vertreten und durchzusetzen und vieles mehr. Täglich wird so ihre Sozialkompetenz geschult und gefördert.

3. Sachkompetenz: Kinder haben einen großen Wissensdurst. Sie stellen Fragen zu allen Dingen, die in ihrer Umgebung geschehen. Die „Warum"-Fragen sind ein Ausdruck für dieses Bedürfnis, die Welt zu entdecken. Im Situationsansatz geht es nun darum, dieses Interesse an der Umwelt zu unterstützen und Kinder zu befähigen, miteinander zu befriedigenden Antworten zu kommen.

Bild vom Kind

In verschiedenen aktuellen Veröffentlichungen zur Kindheits- und Säuglingsforschung wird dargestellt, dass das Kind bereits von Geburt an ein aktives und kompetentes Wesen ist *(vgl. Haug-Schnabel/Bensel, 2005, S. 34; Kasten, 2005, S. 10)*. Kinder „verfügen über Möglichkeiten ihre Entwicklung selbst zu steuern, den aktiven Part im alltäglichen Tun zu übernehmen" *(Zimmer, 1988, S. 18)*. Kinder streben von Anfang an nach Selbstständigkeit.

Diese Forschungsergebnisse macht der Situationsansatz zu seiner Grundlage. Er begreift Kinder als Akteure, die ihre eigene Entwicklung mitbeeinflussen und mitgestalten können. Deshalb wird in diesem Konzept davon ausgegangen, dass Kinder von Anfang an mit Kompetenzen ausgestattet sind, sich die Welt anzueignen. Es ist die Aufgabe der Pädagogik, diese Kompetenzen zu fördern, zu fordern und zu unterstützen.

10.7.3 Das Bild vom Lernen

Lernen geschieht im Situationsansatz „in für Kinder überschaubaren sozialen Sinnzusammenhängen" *(Heller/Preissing, 2000, S. 22)*. Alles, was Kinder in der Kita lernen, jeder Wissenserwerb wird in konkreten Situationen vollzogen.

> Kinder erfahren beim Essen, dass Geschirr schmutzig wird. Beim Einräumen und Ausräumen der Spülmaschine erleben die Kinder, wie wichtig es ist, das Geschirr zu spülen, damit alle beim nächsten Essen wieder sauberes Geschirr haben. Beim Herausgehen in den Garten müssen die Kinder die Schuhe anziehen und die Schnürsenkel binden, also lassen sie es sich zeigen und lernen, wie wie geht.

> Die Kinder lieben es, nachmittags, bevor sie nach Hause gehen, nochmals eine kleine Stärkung zu sich zu nehmen. Im Gespräch mit den Erziehern äußern zwei Jungen den Wunsch, dass es bei dieser Mahlzeit doch einmal Kuchen geben solle. Die Erzieherinnen überlegen nun mit den Kindern, was für einen Kuchen sie sich wünschen, sie schauen gemeinsam in Rezeptsammlungen nach, gehen zusammen einkaufen und backen schließlich einen Kuchen. In jedem Schritt steckt vielfältiges Bildungspotenzial für die Kinder.

Im Situationsansatz werden die einzelnen Situationen daraufhin überprüft, welche Bildungsmöglichkeiten sie den Kindern bieten und wie sie durch solche Situationen ermutigt werden zu explorieren *(vgl. Zimmer, 1998, S. 42)*.

Lernen soll einem ganzheitlichen Ansatz folgen. Die unterschiedlichen Dimensionen, die das Menschsein ausmachen, müssen berücksichtigt werden. Hierzu gehören u. a. die psycho-motorische, die kognitiv-rationale, die sozial-kommunikative und die emotional-affektive Dimension.

Eine Verständnisschwierigkeit liegt in dem ungenauen Begriff **„Situation",** der zu falschen Interpretationen einlädt. Jeden Tag erleben Erzieherinnen Kinder in vielen verschiedenen Situationen: Ein Kind matscht mit Wasser und Sand, zwei andere tragen einen Konflikt aus, wieder ein anderes erzählt eine Begebenheit vom Wochenende.

Die meisten Situationen nimmt die Erzieherin zur Kenntnis und auf manche geht sie spontan ein. In ihrer pädagogischen Kompetenz liegt es, herauszufinden, welche Situation für die Kinder eine so große Bedeutung hat, dass es gerechtfertigt ist, sie zu einem größeren oder kleineren Projekt auszuweiten *(vgl. Zimmer, 1998, S. 31)*.

„Dabei werden unter bedeutsamen Situationen (Schlüsselsituationen) solche Erlebniszusammenhänge von Kindern verstanden, aus denen sich wichtige Lerninhalte ableiten lassen, durch deren Bearbeitung Kinder grundlegende Erfahrungen machen" *(Böhm/ Böhm, 2012, S. 52)* können. Es sollen Erfahrungen sein, in denen sie ihre Fähigkeiten entdecken und erleben und in denen sie Wichtiges für die Gestaltung ihres gegenwärtigen und zukünftigen Lebens erfahren können.

Im Gespräch Wichtiges erfahren

10.7.4 Merkmale des Situationsansatzes

Der Situationsansatz zeichnet sich u. a. durch folgende Merkmale aus:

Bildungsinhalte beziehen sich auf die Lebenssituation der Kinder. „Das bedeutet, dass die Erzieherinnen in Zusammenarbeit mit den Eltern regelmäßig den Alltag und besondere Situationen der Kinder analysieren und die Inhalte ihrer pädagogischen Arbeit darauf abstimmen." *(Böhm/Böhm, 2012, S. 53)*

Gestaltete Räume: Das Bild vom Raum als „dritten Erzieher" macht deutlich, welche Bedeutung der Raumgestaltung zukommt. Dies wird im Situationsansatz berücksichtigt. Deshalb geht man davon aus, dass eine Tageseinrichtung, die diesen konzeptionellen Ansatz verfolgt, über ein entsprechendes Raumkonzept verfügt. Räume werden so eingerichtet, dass Kinder besonders viele unterschiedliche Erfahrungen machen und möglichst eigenständig (autonom) handeln können.

Interkulturelles Lernen: Die Lebenssituation von Kindern ist auch dadurch bestimmt, dass sie mit anderen Kindern aus unterschiedlichen kulturellen Milieus zusammentreffen. Sie müssen sich mit verschiedenen Wertvorstellungen und Lebensweisen auseinandersetzen. Der Situationsansatz greift dies auf und ermöglicht den Kindern eine Auseinandersetzung mit diesen vielfältigen Lebensmöglichkeiten *(vgl. Böhm/Böhm/ Deiss-Niethammer, 2004)*.

Offene Planung: Im Situationsansatz werden die Kinder an der Planung beteiligt. Die Erzieherinnen achten darauf, dass die Kinder in den einzelnen Planungsphasen einbezogen sind. Gilt es beispielsweise, das Material für ein Projekt zusammenzusuchen, so übernimmt dies nicht die Erzieherin, sondern sie überlegt mit den Kindern, wie sie selbst an das Material kommen und welche Schritte dafür zu unternehmen sind. Angebote und Projekte werden nicht bis in den letzten Teilschritt durchgeplant. Diese Offenheit ist beabsichtigt, damit sich Angebote verändern und neue Ideen eine andere Zielrichtung geben können.

Öffnung nach innen und außen/Sozialraumorientierung: Voneinander lernen und andere Lernorte außerhalb der Tageseinrichtung miteinbeziehen, gehört selbstverständlich zum Situationsansatz. Grundgedanke ist, dass eine Einrichtung von anderen Institutionen und Menschen profitieren kann. Die örtliche Musikschule bietet z. B. im Kindergarten einmal wöchentlich musikalische Früherziehung an; ältere Kinder nutzen die städtische Bibliothek und der Abenteuerspielplatz im Stadtteil ist Treffpunkt für alle Kinder – unabhängig, ob sie im Hort sind oder nicht. So baut die Kita „enge Beziehungen zum sozialräumlichen Umfeld" *(Kobelt Neuhaus, 2012, S. 12)* auf. Auch innerhalb der Tageseinrichtung sind die Gruppen offen. Kinder besuchen sich gegenseitig oder es gibt Funktionsräume, die allen Kindern zur Verfügung stehen.

Partizipation von Kindern und Eltern: Das Kinder- und Jugendhilfe-Gesetz (KJHG) fordert, Kinder und Eltern an allen wesentlichen Belangen der Tageseinrichtung zu beteiligen. Der Situationsansatz setzt dies um, z. B. mit einer Kinderkonferenz, auf der alle Kinder miteinander diskutieren, wie die Räume umgestaltet werden sollen. Eltern werden z. B. bei der Entwicklung der Konzeption eingebunden. „Eltern und Erzieherinnen sind Partner in der Betreuung, Bildung und Erziehung der Kinder." (*Kobelt Neuhaus, 2012, S. 12*)

Altersmischung: Kinder machen in altersgemischten Gruppen viele unterschiedliche Erfahrungen. Sie erleben sich im Laufe ihrer Kindergartenzeit in unterschiedlichen Rollen. Sie können entdecken, dass sie zunehmend an Autonomie gewinnen, oder sie können ihr Wissen an jüngere Kinder weitergeben. Allerdings basieren diese Überlegungen zur Altersmischung auf nicht belegten Annahmen. Die Bedeutung, die altersgemischten Gruppen in den meisten Handlungskonzepten gegeben wird, lässt sich wissenschaftlich nicht belegen.

10.7.5 Planung im Situationsansatz

Die Planung im Situationsansatz folgt den Grundsätzen der offenen Planung. Grundlegend dabei ist, sich die Lebenssituationen der Kinder und ihrer Familien, also den Lebensweltbezug, zu vergegenwärtigen. Folgende Fragen können hilfreich sein:

- Welche Erziehungsvorstellungen haben die Eltern?
- Welche Interessen und Fähigkeiten bringen Eltern und Kinder mit?
- Wie ist das direkte Umfeld der Kinder (Hochhaussiedlung, kleine Wohnung, Verkehr, Spielplätze, Wald, soziale Einrichtungen)?
- Welche Feste und Gebräuche, welche Religionsgemeinschaften gibt es im Umfeld der Kinder?
- Leben Menschen mit unterschiedlichem kulturellen Hintergrund zusammen? In welcher Weise machen sich die unterschiedlichen religiösen Gebräuche und kulturellen Unterschiede im Alltag bemerkbar? Gibt es Einrichtungen (wie z. B. Geschäfte, Kirchen, Moscheen, Treffpunkte etc.), in denen die Menschen ihre Kultur leben und zeigen können? Wie gehen Mehrheit und Minderheit, „Einheimische" und Migranten miteinander um? Wie zeigt sich die multikulturelle Situation in der Tageseinrichtung?

Je genauer und differenzierter das Bild ist, das die Erzieherinnen vom Leben der Kinder, ihrer Familien und deren sozialen Umfeld haben, desto einfacher erfolgt die Situationsanalyse und die Auswahl der Situationen.

Konkret lässt sich die Planung in drei Schritte einteilen:
1. Auswahl der Schlüsselsituationen sowie Situationsanalyse
2. Zielfestlegung und methodische Umsetzung
3. Reflexion

1. Schritt: Auswahl der Schlüsselsituation sowie Situationsanalyse

Im ersten Schritt werden Situationen gesammelt, die für die Kinder von wesentlicher Bedeutung sind. Schlüsselsituationen sind damit der Ausgangspunkt jeder pädagogischen Arbeit.

> Die Erzieherin eines Kindergartens stellt nach vier Wochen im neuen Kindergartenjahr fest, dass sich Elena und Anna sehr häufig in die Puppenecke zurückziehen und dass beide noch keinen Anschluss an andere Kinder gefunden haben. Weiterhin beobachtet sie in der Kindergartengruppe bei vielen Kindern die Tendenz, in Zweier-Grüppchen zu spielen. Die Kolleginnen nehmen Ähnliches wahr. Sie entscheiden sich, ihre Beobachtungen in der nächsten Teamsitzung ausführlicher zu besprechen.

Analyse der Situation und ihrer Zusammenhänge

Nun gilt es, die Situationen zu analysieren. Die Erzieherinnen versuchen dabei, die Situationen noch genauer zur verstehen. Hierbei können verschiedene Fragen hilfreich sein, z. B.

- nach den Gefühlen, die in dieser Situation vorherrschen,
- nach der Häufigkeit, in der die Situation auftritt,
- oder nach den Gründen, die zu dieser Situation geführt haben.

Elena und Anna scheinen sich in der Puppenecke wohlzufühlen. Sie kichern viel, sind in das Spiel vertieft und nutzen die unterschiedlichen Möglichkeiten, die dieser Spielbereich bietet. Die Erzieherinnen gewinnen den Eindruck, dass den beiden nichts fehlt, im Gegenteil, es scheint sich um eine für beide höchst befriedigende Situation zu handeln. Bei den anderen Kleingruppen können sie Vergleichbares beobachten. Sie stellen allerdings fest, dass, sobald die ganze Gruppe zusammen ist, die Kinder noch wenig voneinander wissen und nur wenig Kontakt zueinander aufnehmen. So wählen die Kinder bei Kreisspielen immer ihre engsten Spielpartner und keine anderen Kinder.
Als die Erzieherinnen in der Teamsitzung über diese Beobachtung sprechen, fallen ihnen noch andere Beobachtungen ein: Nach dem freie Frühstück vergessen besonders die neuen Kinder, ihr Geschirr abzuräumen, und häufig gibt es Streit zwischen den „alten Hasen" und den neuen Kindern. Die älteren Jungen zeigen ihren Unmut über die jüngeren Kinder sehr deutlich. Sie fühlen sich durch diese im Spiel gestört, v. a. wenn Hakan, Taifun und Mehmet die Bauecke besetzt haben und sich dort türkisch redend ausbreiten.
Einige der Kleinen – Ayse, Wassili, Robert und Melike – sitzen oft an einem der Tische und beobachten die anderen beim Spielen.
Zurzeit ist es im Vorraum, wo die Eltern auf ihre Kinder warten, immer still. Nur ein paar Mütter und Väter, die sich aus dem letzten Kindergartenjahr kennen, unterhalten sich leise. Viele Eltern warten jedoch alleine darauf, dass die Kinder endlich herauskommen.

Die geschilderten Situationen lassen sich sehr unterschiedlich interpretieren. Die Erzieherinnen in diesem Beispiel kommen nach längeren Diskussionen zu dem Ergebnis, dass die beobachteten Situationen damit zu tun haben, dass sich sowohl Kinder als auch Eltern noch fremd sind. Bei den Kindern stellen die Erzieherinnen aber auch fest, dass sie sich in der Tageseinrichtung schon wohlfühlen. Das Team bemerkt außerdem, dass es selbst auch noch nicht zu allen neuen Kindern

und Familien einen guten Kontakt aufgebaut hat und es noch manches nicht weiß.

Auswahl der Situation
Die Erzieherinnen müssen sich nun entscheiden, ob sie die beobachtete Situation aufgreifen und mit den Kindern und ihren Eltern bearbeiten wollen. Dabei sollten sie bei der endgültigen Auswahl der Situationen u. a. berücksichtigen, dass es sich um Situationen handelt,
- die aktuell sind und möglichst viele Kinder betreffen;
- die einen lebensbezogenen Zusammenhang haben;
- die vor allem von den Kindern kommen;
- in denen Kinder erfahren können, dass sie selbst Situationen gestalten und verändern können, diese also beeinflussbar sind;
- in denen einzelne Kinder einer besonderen Unterstützung bedürfen;
- die eine lebensgeschichtliche Bedeutung haben oder im zukünftigen Leben der Kinder vermutlich eine zentrale Rolle spielen werden.
- Werden Situationen ausgewählt, die diese Kriterien erfüllen, unterstützen sie die Zielsetzung des Situationsansatzes: die Förderung von Autonomie, Solidarität und Kompetenz.

2. Schritt: Zielsetzung und Planung des Projekts
Haben sich die Mitarbeiterinnen und die Kinder für eine Situation entschieden, können sie zusammen mit den Kindern und Eltern an die Planung des Projekts gehen. Die gemeinsame Planung ist ein Merkmal von Projektarbeit, hier können Kinder erste Beteiligungserfahrungen sammeln *(vgl. Stamer-Brandt, 2005, S. 4)*.

Bei den Planungen müssen die vorhandenen Ressourcen (Geld, Räume, Material) genauso berücksichtigt werden wie die Fähigkeiten und Interessen der Eltern, Kinder und Erzieherinnen. Auch ist darauf zu achten, dass insbesondere solche Ideen ausgewählt werden, an denen sich die Kinder aktiv beteiligen können. Da es sich um eine offene Planung handelt, können aktuelle Befindlichkeiten und Ideen aufgegriffen werden. Schließlich erleben sich die Kinder bei der offenen Planung selbst als Mitlernende. *(vgl. Pausewang, 1994, S. 185)*.

Sehr schnell fallen den Erzieherinnen unterschiedliche Möglichkeiten ein, wie Kinder, Erzieherinnen und Eltern sich besser kennenlernen und die Fremdheit überwinden können. Innerhalb kurzer Zeit entstehen Ideen zu mehreren Projekten (z. B. „Meine Familie und ich", „Hier bin ich zu Hause", „Weißt du, was meine Mutter, mein Vater arbeiten?"). Die Erzieherinnen beschließen aber, nicht nur mit Projekten auf die aktuelle Situation einzugehen, sondern auch die Freispielzeit zukünftig bewusster dafür zu nutzen, Kinder miteinander ins Spiel zu bringen. An Tagen, an denen im Freispiel Kinder zusammenfinden, die bisher noch nichts miteinander zu tun hatten, soll das Freispiel nicht zur gewohnten Zeit abgebrochen, sondern verlängert werden. Zusätzlich sollen verstärkt solche Spiele und Lieder ausgewählt werden, in denen Kinder ihre Situation ausdrücken können.
Als die Erzieherinnen sich Gedanken über die Zusammenarbeit mit den Eltern machen, wird es schon schwieriger. Im Gespräch entwickeln sie eine ähnliche Vorgehensweise wie bei den Kindern: Aufeinander zugehen, sich kennenlernen, Fremdheit überwinden. Dies lässt sich direkt und indirekt auch für Eltern thematisieren. Einige Veränderungen, die den Eltern signalisieren sollen, dass sie in der Tageseinrichtung willkommen sind, werden innerhalb weniger Tage umgesetzt.

Die Info-Wand für Eltern wird vergrößert und berichtet regelmäßig aus dem aktuellen Geschehen; mit Fotos soll den Eltern der Alltag in der Kita gezeigt werden, zusätzlich werden alle wichtigen Hinweise sowie ein allgemeiner Willkommensgruß in den Landessprachen aller Eltern aufgehängt. Außerdem gehen die Erzieherinnen direkt auf die Eltern zu und bitten sie um Mitarbeit. Sie finden große Unterstützung und Interesse bei ihnen.
Die neuen Eltern werden gezielt angesprochen und zu einem Besuchsvormittag oder -nachmittag eingeladen, um mehr über den Alltag in der Einrichtung zu erfahren.

Durchführung des Projekts

Bei der gemeinsamen Durchführung des Projekts ist auf eine offene und flexible Handhabung zu achten, die den Kindern die Chance bietet, sich an allem zu beteiligen. Immer wieder müssen die einzelnen Schritte neu überdacht und mit den Kindern besprochen werden.

3. Schritt: Auswertung des Projekts

Nach Abschluss des Projekts ist eine differenzierte Auswertung mit den Kindern, Eltern und Erzieherinnen von besonderer Bedeutung. Dabei sollten die Ziele und der Verlauf des Projekts überprüft werden.

Zur Auswertung gehört auch die Dokumentation des Projekts. Die einzelnen Schritte werden dargestellt und für Außenstehende nachvollziehbar gemacht. Die Erzieherinnen belegen für sich und die Öffentlichkeit (z. B. Träger) ihre zielorientierte Arbeit.

Als die Erzieherinnen mit den Kindern die Bilderwand „Meine Familie und ich" fertiggestellt haben, können die Kinder und ihre Eltern einzelne Schritte des Projekts wiedererkennen, da die meisten Fotos von den Kindern selbst zusammen mit den Erzieherinnen gemacht wurden. An einem offenen Nachmittag, zu dem Eltern und Nachbarn eingeladen sind, erzählten die Kinder, was sie alles auf ihren Spaziergängen durch das Viertel erlebt hatten. Besonders die türkische Brotbäckerei von Tugces Vater hatte es ihnen angetan. Aber auch das Reisebüro, in dem Pias Mutter arbeitete, hatte den Kindern gefallen. Hier durften sie einige Reiseprospekte mitnehmen, um sie später auszuschneiden und zum Basteln zu verwenden. Bei Ivos Vater, der Sportlehrer ist, durften sie in die Schulturnhalle.
In einem ausführlichen Elternbrief stellen die Erzieherinnen das ganze Projekt dar, beschrieben die Schritte des gemeinsamen Kennenlernens und laden zu verschiedenen Veranstaltungen für Eltern ein, die den begonnenen Prozess des Aufeinanderzugehens fortsetzen sollen.

10.7.6 Situationsansatz und Bildungspläne

In allen Bundesländern gibt es Bildungspläne für Kindertageseinrichtungen, die entweder verpflichtenden Charakter haben oder zur Orientierung dienen. Einzelne Bildungspläne bauen direkt auf dem Situationsansatz auf, wie z. B. das Berliner Bildungsprogramm. In anderen, wie etwa im Orientierungsplan Baden-Württemberg, können viele Grundannahmen des Situationsansatzes wiedergefunden werden.

Grundsätzlich gilt: Das Bildungs- und Lernverständnis, das allen Bildungsplänen zugrunde liegt, stimmt mit den drei Hauptzielen des Situationsansatzes überein:

1. Förderung der Ich-, Sach- und Sozial-Kompetenz von Kindern,
2. Stärkung der Solidarität unter Kindern und Familien,
3. Unterstützung der Entwicklung zur Selbstständigkeit der Kinder.

„So geben die Bildungspläne auf der einen Seite notwendige Orientierung, lassen auf der anderen Seite aber auch die Freiheit, die der Situationsansatz braucht, um das aufgreifen zu können, was die Kinder für ihre Entwicklung und Förderung brauchen." *(Böhm/Böhm, 2012, S. 58)*

> „Als Haupterfolg des Situationsansatzes ist seine Universalität zu nennen. Er ist in fast allen Bildungs- und Erziehungsprogrammen des Elementarbereichs eingeflossen, auch wenn dies nicht überall explizit erwähnt wird. Durchgängig werden Kinder heute als eigenaktive und schon von Geburt an selbstwirksame Persönlichkeiten gesehen. Keine Institution der Elementarpädagogik verzichtet heute darauf, die Bedeutung der Rolle der Eltern als Partner der institutionellen Erziehung zu betonen. Auch ist allgemein akzeptiert, dass man ein Kind mit seinen Ressourcen wertschätzt und es vor dem Hintergrund seines Milieus, seiner Herkunft und seines familiären Lebensumfeldes sehen sollte, um es nicht zu diskriminieren. Die Verknüpfung von emotionalem, sozialem und sachbezogenem Lernen, die altersgemischten Lerngruppen und die Öffnung in das Gemeinwesen sind auch in Institutionen anerkannt, die nicht explizit nach dem Situationsansatz arbeiten. [...] Zunehmend wächst die Überzeugung, dass Pädagogik und Entfaltung von Kompetenzen nicht nur Sache von Kita und Schule sind, sondern darüber hinaus ein gesellschaftlichpolitisches Anliegen sein müssen. Die Forderung nach Autonomie bei gleichzeitiger Solidarität als Grundanliegen kann durchaus mit Demokratie übersetzt werden, die für ihr Funktionieren kompetente und selbstbewusste Bürger braucht. Und wenn heute sozialräumliches Denken angemahnt wird und wenn der Satz, dass es ein ganzes Dorf braucht, um ein Kind zu erziehen, rauf und runter zitiert wird, so beschreibt dies nichts anderes als das, was der Situationsansatz mit seiner Lebensraumorientierung und dem politischen Impetus bereits vor vielen Jahren angemahnt hat."
>
> *(Kobelt Neuhaus, 2012, S. 13)*

Kritische Würdigung des Situationsansatzes

Das Konzept des Situationsansatzes zeichnet aus, dass es sich auf wissenschaftliche Überlegungen bezieht. Alleine der Bezug zu Saul Robinsohns Curriculumtheorie macht deutlich, „dass der Situationsansatz nichts mit Beliebigkeit zu tun hat" *(Böhm/Böhm, 2012, S. 50)*.

Einige Überlegungen des Situationsansatzes sind in den Alltag von Kindertageseinrichtungen aufgenommen worden und heute gängige Praxis: Partizipation von Kindern, die Berücksichtigung von Bedürfnissen und Interessen der Kinder, Raumgestaltung oder die offene Planung.

In den meisten Bildungsplänen der Bundesländer finden sich die Grundannahmen des Situationsansatzes direkt (z. B. Berliner Bildungsprogramm) oder implizit (z. B. Orientierungsplan Baden-Württemberg) wieder.

Kritisch muss auch angemerkt werden, dass der Situationsansatz äußerst selten konsequent umgesetzt wird. Dies liegt möglicherweise daran, dass seine Begrifflichkeiten vieler Erklärungen bedürfen, was sich z. B. am Begriff der Schlüsselsituation zeigt. Auch führt der Begriff der Situation sehr häufig zur Verwechslung mit situativem Arbeiten *(vgl. Böhm/Böhm, 2012, S. 52)*.

Beim Situationsansatz wird zum Teil mit nicht wissenschaftlich belegten Annahmen gearbeitet, beispielsweise bei der Bedeutung der Altersmischung.

Der Situationsansatz überlässt die Auswahl der Inhalte der Analyse der pädagogischen Fachkraft und verlangt damit mehr als jeder Lehrerin oder jedem Lehrer zugemutet wird. In Schulen gibt es konkrete Lehrpläne, die methodisch und inhaltliche Vorgaben machen. Einen solchen Lehrplan lehnt der Situationsansatz ab. Er setzt ganz darauf, dass Erzieherinnen selbst erkennen und entscheiden können, welche Inhalte für Kinder wichtig sind. Darin könnte auch ein Grund liegen, warum der Situationsansatz so selten vollständig umgesetzt wird. Der pädagogische Alltag ist für Erzieherinnen so vielfältig und umfassend, dass konkretere Hinweise zur didaktischen und pädagogischen Arbeit hilfreich und notwendig wären. Sie könnten dazu beitragen, dem Situationsansatz eine größere Bedeutung zu verleihen.

10.7.7 Spielzeugfreier Kindergarten

Die Schlüsselsituationen, die der Entwicklung des Projekts „spielzeugfreier Kindergarten" zugrunde liegen, beziehen sich auf zwei Beobachtungen. Zum einen sind Kinder durch eine Überfülle an Spielzeug sowohl im Kindergarten als auch zu Hause einer Reizüberflutung ausgesetzt. Es wird fast unmöglich, aus Muße (oder auch aus Langeweile) heraus eigene Spielideen zu entwickeln. Dadurch entgeht ihnen die (lebens)wichtige Erfahrung, dass sie aus eigener Kraft fähig sind, ihre Zeit zu gestalten, Entdeckungen zu machen, Probleme zu lösen und kreativ zu werden. Zum anderen erleben viele Kinder, dass sie sich mit Spielzeug oder Süßigkeiten von Kummer oder Problemen ablenken. Dadurch wird ihnen die Möglichkeit genommen, Situationen, die schwierig, traurig oder spannungsgeladen sind, auszuhalten und durch eigenaktives Handeln so zu verändern, dass sie besser damit umgehen können. Dem soll mit dem Projekt entgegengesteuert werden.

„Spielzeugfrei" bedeutet dabei nicht, dass die Kinder völlig ohne Material spielen müssten. Decken, Tücher, Kissen, Matratzen und Möbel stehen ihnen zur Verfügung und bieten zahlreiche Spielmöglichkeiten. Auch Naturmaterialien wie Holz können gesammelt und Werkzeuge, Farben usw. in gemeinsamen Aktionen besorgt werden. Entscheidend ist, dass die Kinder durch eine vorbereitete Umgebung aufgefordert sind, eigene Ideen zu entwickeln und umzusetzen und sich dadurch als „Schöpfer" und „Verursacher" erleben können. In dieser Situation ist es Aufgabe der Erzieher, gemeinsam mit den Kindern ihre Ideen auf Machbarkeit hin zu überprüfen. Dadurch helfen sie dabei, eine möglicherweise auftretende Verunsicherung kreativ zu überwinden.

Können die Erfahrungen, die Kinder bei einem solchen Projekt machen, zu einer geringeren Anfälligkeit für Süchte beitragen? Neuere Konzepte der Suchtprävention setzen darauf, **„Lebenskompetenzen"** schon im Vorschulalter zu stützen und auszubauen. Unter Lebenskompetenzen werden dabei Fähigkeiten in folgenden Bereichen verstanden: „Kommunikation, zwischenmenschliche Beziehungen, Umgang mit Gefühlen, kritisches Denken, Entscheidungsfindung und Handlungskompetenz, Problemlösung, Selbstbehauptung, Selbstwahrnehmung, Widerstand gegenüber Gruppendruck, Umgang mit Stress und Angst, Frustrationstoleranz" *(Winner, 1997, S. 17)*. Dies sind (Schlüssel)Qualifikationen, die sich direkt auf die Zielsetzungen des Situationsansatzes zurückführen lassen. Das Projekt „spielzeugfreier Kindergarten" versteht sich zwar ausdrücklich als Methode der Suchtprävention; Erzieherinnen betonen aber darüber hinaus auch die erweiterten Möglichkeiten, sich „durch das Wegräumen der Materialien intensiver mit den Gefühlen, Gedanken und Lebenssituationen der Kinder auseinanderzusetzen" *(Hepp u.a., 1997, S. 59)* und damit dem Situationsansatz entsprechend arbeiten zu können.

Nicht in jedem Fall lässt sich der „spielzeugfreie Kindergarten" sinnvoll umsetzen. Zunächst muss immer geprüft werden, ob das Projekt den Bedingungen und Bedürfnissen in der eigenen Einrichtung entspricht. Eine intensive Vorbereitung im Team und eine transparente Vermittlung der Ziele und der dahinterliegenden pädagogischen Ideen gegenüber den Eltern ist Voraussetzung für das Gelingen des Projekts Spielzeugfreier Kindergarten *(vgl. Weiss 2017 S. 12 ff.)*.

↗ WIEDERHOLUNG

→ Der Situationsansatz knüpft an den Erfahrungen, Problemen und Interessen der Kinder an. Diese bilden den Ausgangspunkt für die pädagogische Arbeit.

→ Der Situationsansatz verfolgt das Ziel, die Ich-, Sach- und Sozialkompetenz der Kinder zu stärken und zu fördern.

→ Das Lernen erfolgt in konkreten und ausgewählten Situationen und berücksichtigt die unterschiedlichen Dimensionen des Menschseins.

→ Die Planung im Situationsansatz entspricht der offenen Planung und Kinder von Anfang an mit einbezogen werden. Zentral hierfür sind sogenannte Schlüsselsituationen, also Situationen, die für Kinder eine große Bedeutung haben.

→·← AUFGABEN

1 [Reflexion]
Begründen Sie, warum es notwendig ist, sich die Lebensbereiche der Kinder zu vergegenwärtigen. Wie müssen Sie mit diesem Schritt im Laufe der Zeit umgehen? Finden Sie hierzu eine eigene Position.

2 [Reflexion]
Diskutieren Sie Ihre Überlegungen in Ihrer Lerngruppe mit den anderen Studierenden. Überlegen Sie verschiedene Situationen, die für Kinder in Ihrem letzten Praktikum von Bedeutung waren, und begründen Sie Ihre Überlegungen. Halten Sie diese Begründung für sich selbst schriftlich fest.

3 [Analyse und Bewertung]
Überprüfen Sie das Beispiel zum Situationsansatz, das Sie in diesem Text abgedruckt finden, daraufhin, inwieweit es eine bedeutsame Situation darstellt. Begründen Sie Ihre Entscheidung.

4 [Analyse und Bewertung] [Querschnittsaufgabe Partizipation/Sprachbildung]
Im Situationsansatz spielt die Beteiligung von Kindern und Eltern von Anfang an eine große Rolle. Beschreiben Sie, in welcher Weise die Beteiligung von Kindern und Eltern vorgesehen ist. Stellen Sie einen Zusammenhang zur sprachlichen Bildung von Kindern her. Erklären Sie, wieso Partizipation direkt zur sprachlichen Bildung beiträgt. Konkretisieren Sie dies anhand unterschiedlicher Beispiele und stellen Sie Ihre Überlegungen hierzu innerhalb der Klasse vor.

TIPPS ZUM WEITERARBEITEN →→

→ Bicherl, Karola/Ries-Schemainda, Gerlinde: Pädagogische Ansätze für die Kita: Situationsansatz. Berlin: Cornelsen Verlag 2018

→ Kobelt Neuhaus, Daniela/Macha, Katrin/Pesch, Ludger: Der Situationsansatz in der Kita. Pädagogische Ansätze auf einen Blick. Freiburg i.Br.: Verlag Herder 2018

10.8 Der Waldkindergarten

Auch der Waldkindergarten beansprucht für sich, dass der Ausgangspunkt für die pädagogische Arbeit wie im Situationsansatz die Lebens- und Erfahrungswelt der Kinder ist. Hier spielen zwei Aspekte eine besondere Rolle. Durch die zunehmende Verstädterung und der damit einhergehenden Entfremdung von der Natur entstand der Gedanke, Kinder mit dem Waldkindergarten wieder einen direkteren Zugang zur Natur zu ermöglichen. Eine weitere Beobachtung bezog sich auf den stark reglementierten und strukturierten Alltag von Kindern. Dieser ist durch den Zeitplan der Erwachsenen und durch Überlegungen von Eltern geprägt, was Kinder alles lernen sollten. Der Waldkindergarten versucht hier eine für Kinder angemessene Antwort zu geben, indem er die Kita in den Wald verlegt und dort Kindern Freiräume eröffnet, die ihnen im normalen Alltag in einem Kindergarten verwehrt sind.

Ideengeschichtlich bezieht sich der Waldkindergarten aber auch auf eine Strömung in der Pädagogik, die bis auf den Schweizer Philosophen Jean Jacques Rousseau (1712–1778) zurückgeht. Diese pädagogische Strömung basiert auf einem zivilisationskritischen Ansatz, der in der Entwicklung der modernen Gesellschaft eine zunehmende Entfremdung des Menschen sieht. Technischer Fortschritt wird dabei eher als hinderlich für das Kind und seine Entwicklung angesehen. In der Begegnung mit der Natur soll sich das Kind erfahren und erleben, dass es diese Welt gestalten und beeinflussen kann *(vgl. Schede, 2000, S. 18 f.)*.

Der Waldkindergarten baut auf fünf Aspekten auf, die im Folgenden dargestellt werden.

Alltägliche Naturerfahrungen

Ohne Wände

Während im Regelkindergarten die Pädagogik auch durch die Raumgestaltung bestimmt wird, gibt es im Waldkindergarten keine Einschränkung durch Räume und die Wände eines Gebäudes. Ein Bauwagen, in dem das Material gelagert wird, der als Anlaufstation und Treffpunkt für Eltern und die Gruppen dient, bildet den Ausgangspunkt für den Alltag im Waldkindergarten. Die Gruppe trifft sich dort zu Beginn des Tages und zieht dann los in den Wald. Räumliche Einschränkungen erleben die Kinder an dieser Stelle nicht. Während im normalen Kindergarten oft ein sehr hoher Lärmpegel herrscht, gibt es im Wald diese Lärmbelastung für Kinder und Erzieher nicht. „Infolgedessen erleben Erzieherinnen und Eltern Kinder, die den Waldkindergarten besuchen, stressfreier und weniger aggressiv als andere Kinder." *(Schede, 2000, S. 18 f.)*

Ohne vorgefertigtes Spielzeug

Im Wald finden die Kinder kein vorgefertigtes Spielzeug vor. Während eine Holzeisenbahn oder eine Hör-CD für einen bestimmten Zweck vorgesehen ist, erfahren die Kinder im Wald, dass alles zum Spielzeug werden kann. Die Steine, die auf dem Weg liegen, die Äste und Blätter auf dem Boden, das Moos, alles können die Kinder in ihr Spiel einbeziehen. „Die Materialien, mit denen die Kinder im Wald spielen, sind nicht an sich attraktiv, sondern gewinnen ihren Wert erst dadurch, dass man ihnen eine Bedeutung gibt." *(Schede, 2000, S. 18 f.)*

> Da werden kleine Kieselsteine zu Geld, mit dem die Kinder ihren Einkauf bezahlen. Sie haben gerade viele verwelkte Blätter erstanden, aus denen sie nun einen Salat herstellen und die Äste werden zum Salatbesteck.

entwickelt, ist einzigartig. Während eine Holzeisenbahn in einer bestimmten Weise genutzt werden kann, können die Blätter im Wald für die Kinder einmal zum Salat werden und ein anderes Mal als Bettchen aufgehäuft werden. Die Äste werden zum Zeltbau gebraucht oder als Spazierstock verwendet.

Damit erleben sich die Kinder auch als höchst selbstwirksam, denn alles, was im Spiel passiert, haben sie selbst entwickelt, sie sind es, die den Gegenständen eine Bedeutung gegeben haben. Das Spiel, das sich

So erzielt der Waldkindergarten den gleichen Effekt wie der spielzeugfreie Kindergarten, der Kindern die Möglichkeit bietet, sich als kreativ und kompetent zu erleben.

Förderung von grob- und feinmotorischen Fähigkeiten

Von Beginn des Tages bis zur Verabschiedung sind die Kinder großenteils in Bewegung. Sie laufen vom gemeinsamen Treffpunkt aus mit ihren Erzieherinnen los in den Wald. Je nach Alter und Stimmung bewegen sie sich in unterschiedlichem Tempo. Überall im Wald gibt

es ständig die Möglichkeit, unterschiedliche motorische Erfahrungen zu machen. Dabei wird nicht nur die Grobmotorik, sondern auch die Feinmotorik sehr gut gefördert. (ebd.)

> Baumstämme am Wegesrand laden Kinder zum Balancieren oder zum Herumturnen ein. Andere nutzen sie als Sitz oder legen sich bäuchlings darauf und umarmen den Baumstamm, um sich festzuhalten. Ein paar Schritte weiter finden die Kinder Steine, die großen und schweren Steine heben sie hoch, wofür sie besonders ihre Arme einsetzen müssen. Mit den kleineren Steinen entwickeln sie ein Wurfspiel und testen aus, wie weit sie die Steine werfen können. Hierfür benötigen sie ebenfalls die Arme wie beim Hochheben der schweren Steine, allerdings jetzt in einer ganz anderen Bewegung. Einige Kinder sammeln Tannennadeln und heben sie mit dem Pinzettengriff auf. Sie legen die Nadeln auf einem Stein ab, den sie als Herd nutzen. Dort steht bereits ein Kind mit einem kleinen Ast und rührt in dem symbolischen Topf. Am Wegesrand sitzen vier Kinder im Kreis und flechten aus gesammelten Blüten einen Kranz.
> Der Untergrund, auf dem sich die Kinder bewegen, ist nie gleich. Sie laufen Anhöhen hoch, gehen dort, wo es erlaubt ist, durch das Unterholz und müssen ihre Beine ganz anders heben, um durchzukommen. Es gibt Waldwege, die nur als Trampelpfad ausgewiesen sind, wo die Kinder auf zahlreiche Baumwurzeln achten müssen, damit sie nicht stolpern.

Förderung des sozialen Lernens

Kinder sind im Waldkindergarten in besonderer Weise aufeinander angewiesen und angehalten, aufeinander zu achten. Das beginnt mit dem gemeinsamen Weg, auf dem es unter den Kindern einen guten Ausgleich geben muss: Manche laufen schneller, andere laufen langsamer.

Auch gibt es vielfältige Situationen, in denen die Kinder nur etwas erreichen, wenn sie sich gegenseitig unterstützen.

> Da wollen vier Jungs einen Baumstamm auf die Seite drehen, damit sie besser darauf sitzen können. Sie schaffen es aber nicht allein und rufen um Hilfe. Drei Mädchen kommen und packen mit an. Gemeinsam gelingt es ihnen, den Baumstamm zu verschieben. An der Grillstelle will die Gruppe ein Feuer anzünden, um Stockbrot zu backen. Nur gemeinsam finden sie so viel Holz, dass es ein gutes Feuer mit ausreichender Glut gibt. Die älteren Kinder achten darauf, dass die

> jüngeren Kinder die Regeln, die es selbstverständlich auch im Waldkindergarten gibt, einhalten und erinnern sie gegebenenfalls daran.

Bildung für nachhaltige Entwicklung

Der Waldkindergarten trägt zu einem besseren Bewusstsein für eine nachhaltige Entwicklung bei. Kinder erleben, wie schön die natürliche Umwelt ist und wie sehr der Mensch mit ihr verbunden sein kann. Sie lernen die Gesetze des Waldes kennen und erfahren, wie wichtig es ist, die Regeln im Wald einzuhalten, um Tiere und Pflanzen zu schützen.

> Die Kinder wissen, dass sie wegen des Schutzes der Tiere bestimmte Wege nicht verlassen dürfen. Sie lernen, welche Pflanzen geschützt sind, weshalb sie diese nicht pflücken dürfen. Sie erleben dass der Wald wirtschaftlich genutzt wird, wenn plötzlich Wege gesperrt sind, weil die Waldarbeiter Bäume fällen. Sie fragen, was mit den Bäumen geschieht. Die Erzieherin erklärt ihnen, dass sie in das Sägewerk kommen, zersägt werden und anschließend z. B. Möbel daraus hergestellt werden. Die Kinder erleben, wie trocken der Waldboden ist, wenn es mehrere

Kritik am Waldkindergarten

Kritisch lässt sich anmerken, dass der Waldkindergarten im Bereich von Literacy nur einen Bruchteil der literarisch-medialen Anregung anbieten kann, die in einem Regelkindergarten mit einem gut ausgestatteten Lesebereich möglich ist (siehe Band 2, Lernfeld 4, Kap. 9). Auch werden die gesamte mediale Wirklichkeit und der aktive Umgang hiermit ausgeklammert. Der Waldkindergarten vertritt hier einen tendenziell bewahrpädagogischen Ansatz (siehe Band 2, Lernfeld 4, Kap. 13), der innerhalb der Medienpädagogik nicht mehr vertreten wird und dem Bild vom Kind als Mitgestalter seiner Entwicklung nicht entspricht.

Als ein großer Vorteil gegenüber dem Regelkindergarten wird im Blick auf das soziale Lernen auch die geringere Gruppengröße genannt. „So können die Kinder die Gruppe überschauen, besser untereinander Kontakt aufnehmen und Konflikte leichter lösen." (ebd.)

> Wochen nicht geregnet hat. Sie fragen, warum es so lange nicht geregnet hat und hoffen auf Antworten kompetenter Erzieherinnen.

Der Waldkindergarten ist in besonderer Weise dafür geeignet Bildung für nachhaltige Entwicklung (BNE) sowohl bei den Kindern als auch bei den Erwachsenen zu fördern. Erzieherinnen brauchen ein breites und integriertes ökologisches Wissen, um es an die Kinder weiterzugeben und diese auch fachlich gut im Wald zu begleiten. Eltern bekommen vielfältige Informationen zur Arbeit im Waldkindergarten und werden über „die Bildungsarbeit zu Fragen der nachhaltigen Bildung umfassend informiert" (Fachforum Frühkindliche Bildung o. J.). Die Bildungs- und Erziehungsarbeit des Waldkindergartens trägt dazu bei, dass Kindern es möglich ist, „sich nachhaltiges Denken und Handeln durch entdeckend-forschendes Lernen und durch das selbsttätige Ausprobieren und Anwenden anzueignen" (ebd.).

Im Blick auf Bildungspläne besteht die Schwierigkeit, dass diese beiden Bereiche in der Regel eine gewichtige Rolle spielen und spielen müssen, wenn Bildungsstudien ernst genommen werden sollen, die nachgewiesen haben, dass die Lesekompetenz eine Schlüsselkompetenz für den späteren Schulerfolg ist.

Positiv wirken sich die pädagogischen Überlegungen des Waldkindergartens trotzdem auf andere Kitas dahingehend aus, dass viele Kindergärten Waldtage oder Waldwochen in ihren Einrichtungen praktizieren und so Kindern die Möglichkeiten bieten, ähnliche Erfahrungen wie im Waldkindergarten zu machen.

↗ WIEDERHOLUNG

Besondere Kennzeichen des Waldkindergarten sind:
→ er hat keine Wände;
→ kommt weitgehend ohne vorgefertigtes Spielzeug aus;
→ fördert verstärkt Geschicklichkeit und Motorik;
→ legt einen besonderen Schwerpunkt auf soziales Lernen;
→ trägt in besonderem Maße zur Bildung für eine nachhaltige Bildung bei

→·← AUFGABEN

1 [Analyse und Bewertung]
Recherchieren Sie auf der unten angegebenen Internetseite, was man unter Bildung für nachhaltige Entwicklung (BNE) in der Kita versteht. Analysieren Sie den entsprechenden Abschnitt in diesem Kapitel, welcher Aspekt von BNE im Waldkindergarten besonders zum Tragen kommt.

TIPPS ZUM WEITERARBEITEN →→

→ Fritz, Lubentia/Schubert, Susanne: Bildung für nachhaltige Entwicklung. Kindergarten heute Praxis kompakt. Freiburg: Herder Verlag 2014.

10.9 Offener Ansatz

10.9.1 Zur Entstehung des offenen Kindergartens

Die Geschichte des offenen Kindergartens ist relativ jung und Ende der 90er-Jahre des 20. Jahrhunderts entstanden. Ähnlich wie bei der Freinet-Pädagogik handelt es sich um einen erfahrungsbasierten Handlungsansatz. Der „offene Kindergarten" ist dadurch entstanden, dass sich Erzieherinnen zum einen mit der Lebenssituation von Kindern und ihren Familien auseinandergesetzt und zum anderen das Verhalten von Kindern in der Tageseinrichtung genau beobachtet haben *(vgl. Regel/Kühne, 2001, S. 9)*. Dabei fielen ihnen die folgenden Punkte auf:

- Dadurch, dass Kinder immer längere Zeit in Tageseinrichtungen verbringen, lassen sich Freundschaften außerhalb der Kita nur schwer realisieren.
- Kindern wollen andere Kinder außerhalb der Kita oder dem Hort zum gemeinsamen Spiel in die Tageseinrichtung einladen.
- Erzieherinnen stellten fest, dass Kinder das Bedürfnis hatten, in anderen Räumen wie beispielsweise dem Waschraum oder dem Garten zu spielen. Kinder äußerten auch den Wunsch, sich mit Kindern aus anderen Gruppen treffen zu können.
- Die Bedeutung des Freispiels und freien Spiels von Kindern ist heute unbestritten. Aber auch die freie Wahl des Spielortes und der Spielpartner ist wichtig.
- Das Bewegungsbedürfnis von Kindern wird durch die Konzentration der gesamten Gruppe auf den Gruppenraum stark eingeschränkt. Durch die Öffnung wird diesem Bedürfnis mehr Raum gegeben.
- Auch das Erzieherinnen-Verhalten und das Erziehungsverständnis haben sich verändert. Kindern wird heute viel mehr Selbstständigkeit und Eigenverantwortung zugestanden *(vgl. Regel, 2000, S. 7)*.
- In seinen konzeptionellen Überlegungen bezieht sich der offene Kindergarten auf Maria Montessori, Celestin Freinet und Loris Malaguzzi. Darüber hinaus nimmt er entwicklungspsychologische Kenntnisse von Jean Piaget auf *(vgl. Regel/Kühne, 2001, S. 17 ff.)*.

Das Bild vom Kind

Heute wird davon ausgegangen, dass Kinder von Geburt an ihre Entwicklung aktiv mitgestalten. Von dieser anthropologischen Grundannahme geht auch der offene Kindergarten aus. Kinder werden nicht als defizitäre Wesen angesehen, die den Erwachsenen für ihre Entwicklung benötigen, sondern vielmehr als eigenaktive, lernfähige und lernmotivierte Menschen, denen Erwachsene Anregungen geben sollten, um ihre schon vorhandenen Kompetenzen zu erweitern.

Im offenen Kindergarten können Kinder den ganzen Kindergarten als Spielort nutzen und sind nicht auf bestimmte Spielbereiche begrenzt. „Indem Kindern entsprechende Möglichkeiten gegeben werden, werden sie herausgefordert, ihrem Drang nach Selbstständigkeit und Selbstbestimmung zu folgen und für die Erfüllung ihrer Bedürfnisse schrittweise eigenständig zu sorgen." *(vgl. Regel/Kühne, 2001, S. 23)*

Die Räume öffnen – ein erster Schritt

In diesem Zusammenhang bekommt das Freispiel (siehe Band 2, Lernfeld 4, Kap. 6.3) eine besondere Bedeutung. Dass Kinder gerade im Spiel lernen, ist hinlänglich bekannt Durch das Spielen stärken Kinder unterschiedlichste Kompetenzen. Sie lernen, sich mit Materialien auseinanderzusetzen, erforschen deren Eigenschaften und entdecken, was sie mit den Gegenständen machen können. Auch soziale Fähigkeiten können durch das freie Spiel vertieft werden. Kinder kooperieren in der Bauecke, sie verteilen Rollen im Rollenspielbereich oder diskutieren aus, was sie als Nächstes spielen wollen.

Weil das freie Spiel für die Entwicklung von Kindern so wichtig ist und weil sie dabei so viel Unterschiedli-

ches lernen können, sollten die Grundregeln des freien Spiels beachtet werden:
1. Die freie Wahl von Spielort, -gegenstand und -thema
2. Die freie Wahl der Spielpartner und der Spieldauer.

Damit wird deutlich, dass für den offenen Kindergarten der Wert der Freiheit zentral ist. Kinder erleben, welche Bedeutung Freiheit für sie hat und wie Freiheit ihnen vielfältige Möglichkeiten eröffnet. „Kinder zeigen sich dabei

- als **Akteure**, indem sie durch eigenständiges aktives Handeln Kompetenzen erwerben,
- als **Konstrukteure** ihrer Wirklichkeit (Reggio), indem sie aus ihren Erfahrungen Rückschlüsse ziehen, ständig ihre Sicht von der Welt verändern und so ihr Wissen aufbauen,
- als **Baumeister** ihres Lebens (Montessori), indem sie sich originär in 100 Sprachen (Reggio) zum Ausdruck bringen und ihre einmalige unverwechselbare Persönlichkeit leben und weiterentwickeln." (*Regel, 2013, S.10*)

Wie aber wird dieser Möglichkeitsraum der Freiheit für Kinder erfahrbar?

- Indem sie sich im Kindergartenalltag freiwillig an unterschiedlichsten Aktivitäten beteiligen können.
- Indem sie die Möglichkeit erhalten, für sich selbst zu sorgen bei einem offenen Frühstück und sich so als selbstwirksam erleben.
- Indem sie die Freiheit erhalten, selbst zu entscheiden, mit wem sie eine engere Beziehung aufbauen wollen.
- Indem sie frei sind, die Themen zu verfolgen, die ihnen wichtig sind und die sie besonders interessieren.

Im offenen Kindergarten können diese Grundregeln besonders gut berücksichtigt werden. Er trägt in einem besonderen Maße zur Partizipation bei *(vgl. Zöller, 2011, S. 23)*.

Im offenen Kindergarten gibt es häufig keine Stammgruppen mehr, sondern die Räume werden geöffnet. Die Kinder erhalten so die Möglichkeit, sich in der ganzen Einrichtung zu bewegen und zu spielen. Auch das Außengelände ist ein Bereich, der nicht nur zu bestimmten Zeiten genutzt wird, sondern den ganzen Tag zur Verfügung steht.
Durch die Öffnung der Räume, die Auflösung der Stammgruppen und durch das Einbeziehen des Außenspielgeländes bekommt das Kind die Möglichkeit, die vielfältigsten Erfahrungen zu machen.

10.9.2 Merkmale der offenen Kita

Offene Kindergärten sind nicht überall gleich, weil in jedem Kindergarten aufgrund der gegebenen Bedingungen individuell entschieden werden muss, wie das Konzept umgesetzt werden kann. Die Umsetzung ist abhängig von den äußeren Bedingungen (z. B. Räume und Außenspielgelände), von den Erzieherinnen und von der Beteiligung der Kinder und Eltern. Es gibt nicht nur „eine bestimmte und allgemeingültige pädagogische Konzeption […] Es gibt keine Vorschriften, […], wie

der Tagesablauf eines Offenen Kindergartens auszusehen hat, wie die verschiedenen Räume eingerichtet sein müssen oder wie die Kooperation mit den Eltern sein muss." *(Struck, 2000, S. 13)*

Gerhard Regel und Thomas Kühne haben zehn Merkmale entwickelt, die auf jeden offenen Kindergarten zutreffen. Im Folgenden stellen wir beispielhaft einige vor.

Freispiel zur Wahrnehmung der vier Freiheiten des Spiels

Das Freispiel im offenen Kindergarten kann laut Regel/ Kühne nicht nach nur einem Konzept erfolgen. Ausgangspunkt für die Erzieherinnen sind immer die Kinder und deren Interessen und Bedürfnisse. Hinzu kommt, dass

die Grundsätze des freien Spiels (freie Wahl von Spielort, -inhalt, -ort und -gruppe) ermöglicht werden. Für die Erzieherinnen ist es wichtig, zu akzeptieren, dass Kinder auch unter sich und ohne ständige Aufsicht spielen wol-

Lernort Freispiel

len. Deshalb sollte im Team besprochen werden, unter welchen Bedingungen Kinder beispielsweise alleine im Turnraum oder im Außengelände spielen können. Hier könnte entschieden werden, dass eine Erzieherin in zeitlich regelmäßigen Abständen in diesen Spielbereichen vorbeischaut. *(vgl. Regel/Kühne, 2001, S. 40).*

Räume drinnen und draußen vielfältig gestalten

„Pädagogen schaffen ein Umfeld, in dem Kinder ‚Futter' für ihre Neugier finden, ihren Mut erproben oder in Ruhe zuschauen, vor allem aber sich in ihr Spiel vertiefen können." *(Lill, 2011, S. 5)*

Deshalb sollten Räume im offenen Kindergarten nach einem klar erkennbaren Konzept gestaltet sein:
- Räume sollten dem Bewegungsbedürfnis der Kinder Rechnung tragen. Von besonderem Vorteil ist es, wenn Einrichtungen über einen eigenen Bewegungsraum verfügen, der durch seine Ausstattung Kinder auffordert, sich auf unterschiedliche Weise zu bewegen. Es ist sinnvoll, das Außengelände einzubeziehen. Auch andere Räumlichkeiten, wie z. B. der Eingangsbereich, können genutzt werden.
- Baubereich: Kinder spielen gerne mit unterschiedlichen Baumaterialien, Figuren, Tieren, Bäumen usw. Kinder lernen dabei, zu konstruieren.
- Kinder haben den Wunsch nach Ruhe, deshalb gibt es im offenen Kindergarten in der Regel einen Ruhebereich, wo z. B. in Ruhe Bilderbücher angeschaut werden können oder Kinder die Gelegenheit zum Träumen und Entspannen haben.

- In einem Atelier oder Kreativbereich stehen unterschiedliche Farbmaterialien und Papiere zur Verfügung. Gut sind auch Staffeleien, die den Kindern eine andere Perspektive ermöglichen.
- Im Rollenspielbereich bekommen die Kinder die Gelegenheit, sich zu verkleiden und verschiedene Rollen zu erproben und zu erleben. Das Verkleidungsmaterial berücksichtigt männliche und weibliche Rollen und unterschiedliche Kulturen.
- Weitere mögliche Räume: Cafeteria, Werkraum, ein Raum für hauswirtschaftliche Aktivitäten.

Grundsätzlich gilt im offenen Kindergarten, dass das Raumkonzept nicht statisch verstanden wird.
Da die Erzieherinnen die Kinder in ihrem Spiel und bei ihren Tätigkeiten beobachten, können sie feststellen, wie das Raumangebot von den Kindern angenommen wird, und überlegen, wie dieses verändert werden sollte.

Die einzelnen Räume werden von den Erzieherinnen betreut. Hierbei können die Stärken und Kompetenzen der Erzieherinnen berücksichtigt werden. Die Bildungsprozesse der Kinder können besonders gut gefördert werden, wenn darauf geachtet wird, dass die

Räume von „Fachfrauen" begleitet werden *(vgl. Regel/ Kühne, 2001, S. 42).*

Bei der Gestaltung der Räume muss darauf geachtet werden, dass sie einen hohen Aufforderungscharak-

ter haben. Material, Spielsachen, Werkzeuge müssen so angeordnet sein, dass die Kinder sich schnell einen Überblick darüber verschaffen können, was in dem Raum angeboten wird *(vgl. Dehlfing, 2011, S. 19).*

Geplante Angebote und Projektarbeit

Im Konzept des offenen Kindergartens haben geplante Angebote die Funktion, „Kinder mit Spielmöglichkeiten drinnen und draußen vertraut zu machen und ihnen die Grundlagen im Umgang mit Spielsachen und Materialien zu vermitteln" *(Regel/Kühne, 2001, S. 41).* Die Teilnahme an den Angeboten ist freiwillig. Sie können in der Kinderkonferenz vorgestellt werden und jedes Kind kann sich ein Angebot aussuchen. Hierbei erleben sie, dass es vorkommen kann, dass die Teilnehmerzahl begrenzt ist und nicht alle an dem Angebot teilnehmen können, das sie sich wünschen.

Im offenen Kindergarten stehen aber gar nicht so sehr die geplanten Angebote im Mittelpunkt als vielmehr

das Freispiel. Das Freispiel und die geplanten Angebote werden noch ergänzt durch die Projektarbeit. Entsprechend dem Projektverständnis entstehen Projekte aufgrund von Beobachtungen der Erzieherinnen und der Auseinandersetzung mit den Kindern. Die Kinder sind an der Planung der Projekte beteiligt.

Ein Vorwurf, der gegenüber dem offenen Kindergarten gerne erhoben wird, lautet, dass es immer Kinder geben wird, die sich nie an solchen Projekten oder Angeboten beteiligen wollen und die dann keine Förderung erfahren.

Strukturen und Rituale zur Orientierung

Kinder benötigen zur eigenen Orientierung eine sinnvolle Struktur. Deshalb ist es im offenen Kindergarten Aufgabe des Teams, für eine Tages-, Wochen- und Jahresstruktur zu sorgen. Wie diese Struktur aussehen kann, entscheidet jeder Kindergarten selbst, innerhalb der offenen Konzeption gibt es keine konkreten Vorgaben. „Als Grundsatz gilt in diesem Zusammenhang: So viel Struktur wie nötig, so wenig wie möglich." *(Regel/Kühne, 2001, S. 43)*
Eine Erzieherin berichtet aus ihrer Praxis: „Der Tagesablauf ist klar strukturiert. Einmal täglich findet ein Treffen der Basisgruppen statt, in denen der Tag orga-

nisiert wird. Hier werden die Angebote der Erwachsenen vorgestellt. Die Kinder laden sich auch gegenseitig zu Angeboten ein, um ihr Wissen oder Können an andere Kinder weiterzugeben. [...] Die älteren Kinder können an Arbeitsgruppen teilnehmen, die sich fortlaufend treffen" *(Dehlfing, 2011, 19)*

Rituale eignen sich zur Präsentation von Projekten und Angeboten. Das Gespräch im Morgenkreis kann nach bestimmten Regeln und Ritualen organisiert werden.

Offene Arbeit bedeutet verstärkte Teamarbeit

Kindergärten, die nach der offenen Konzeption arbeiten, stellen fest, dass eine Besprechungszeit von ein bis zwei Stunden in der Woche nicht ausreicht, um all die Informationen, die die Erzieherinnen in ihren Räumen im Laufe einer Woche erhalten, auszutauschen. Deshalb muss ein Austausch- und Besprechungssystem entwickelt werden, bei dem das einzelne Kind im Mittelpunkt steht. Dabei sollte darauf geachtet werden, organisatorische und pädagogische Themen getrennt voneinander zu besprechen. *(vgl. Giese, 2011, S. 37)*

Von besonderer Bedeutung ist die Beobachtungs- und Dokumentationskompetenz der Erzieherin. Erzieherinnen halten ihre Beobachtungen für jedes einzelne Kind fest. Wie nehmen die Kinder das Angebot in den Funktionsräumen an? Was könnte die Ursache dafür sein, dass Kinder bestimmte Räume nicht aufsuchen? Durch gezielte Beobachtungen erhalten die Erzieherinnen wichtige Informationen über die Kinder, deren Befinden und Interessen. Sie können mithilfe der Beobachtungen weitere pädagogische Überlegungen planen.

Mitwirkung und Mitverantwortung ist gewünscht

Partizipation ist wesentlich für das offene Konzept. Die Beteiligung der Kinder wird gezielt gefördert und in allen Bereichen unterstützt. Welche Themenräume soll es geben? Wie sollen die Räume gestaltet werden? Das sind Fragen, die selbstverständlich mit den Kindern diskutiert werden können. So erfahren Erzieherinnen schon sehr viel über die Bedürfnisse und Interessen der Kinder.

Partizipation ist erwünscht!

Eine solche Vorgehensweise geht von der Erkenntnis aus, dass Kinder kompetent sind. „Sie sind aktiv, nehmen Kontakt auf, passen sich an, grenzen sich ab, kooperieren. Sie untersuchen und verwandeln die Dinge, die sie vorfinden, sie sind kreativ und voller Ideen." *(vgl. Lill, 2011, S. 5)*. Dafür braucht es Orte, an denen Kinder darüber berichten, aber auch Erzieherinnen, die Kindern aufmerksam zuhören und die Überlegungen der Kinder aufgreifen.

Eine solche Vorgehensweise fördert die Kompetenzen der Kinder. „Sich selbst organisieren, erfordert die Fähigkeit, Entscheidungen zu treffen, und unterstützt die Entwicklung von Selbstständigkeit und Eigenverantwortung." *(Dehlfing, 2011, S. 19)*

Im offenen Kindergarten entscheiden Kinder über ihren eigenen Lernweg mit. Sie zeigen den Erwachsenen, womit sie sich gerade beschäftigen wollen und worin im Moment für sie die Herausforderungen bestehen. So betont die offene Kindergartenarbeit „die Eigenständigkeit und Selbsttätigkeit des Kindes" *(Makalowski, 2011, S. 28)*.

Gruppe – ja oder nein und wenn ja, wie?

Wie sehr der offene Kindergarten die Arbeit von Erzieherinnen und den Alltag für die Kinder verändert, wird beim Thema „Gruppe" deutlich. Zunächst bedeutet die Einführung der offenen Konzeption nicht zwangsläufig die Auflösung der Stammgruppen für die Kinder. Allerdings verändert sich deren Funktion:

- So werden Kinder nach wie vor Gruppen zugeordnet.
- Es kann in den Stammgruppen bestimmte Aktivitäten geben wie Morgenkreis oder Geburtstagsfeiern.
- Die Zuordnung der Kinder in Stammgruppen ermöglicht es auch den Eltern, leichter Kontakt zu den Erziehern zu knüpfen, da sie konkrete Ansprechpartner haben.
- Von der Stammgruppe aus entdecken die Kinder die Kita und ihre Möglichkeiten *(vgl. Regel/Kühne, 2001, S. 46 f.)*.

Gruppen mit 25 und mehr Kindern entsprechen nicht dem Bedürfnis der Kinder. Zunächst sind es Zwangsgruppen. Das Kind hat hierauf keinen Einfluss. „Das Hauptargument für parallel nebeneinander, aber getrennt voneinander arbeitende Gruppen war die Vorstellung, durch ein klar definiertes Raum- und Personenangebot dem kleinen Kind mehr Sicherheit außer Haus zu geben und in der fremden Umgebung keine Orientierungslosigkeit aufkommen zu lassen, da das Kind genau wusste, wo es hingehörte." *(Haug-Schnabel, 2011, S. 9)*

Grundlage dieser Überlegung ist die **Bindungsforschung.** Sie zeigt, dass für das Kind eine sichere und stabile Bindung notwendig ist, um in die Welt hinausgehen und sie erforschen zu können. Die Bindungsforschung sagt aber nicht, dass ein Kind ständig dieselbe Bezugsperson um sich herum braucht. Neben den eigenen Eltern als emotionalen Hauptbezugspersonen ist „der Zugang zu weiteren Personen eines vergrößerten Sozialraumes möglich und wichtig" *(Haug-Schnabel, 2011, S. 10)*.

Entscheidend ist, dass die Erzieherin zugewandt und verlässlich ist, dass sie sich im Umgang mit dem Kind als feinfühlig erweist und auf seine Sorgen und Ängste, Wünsche und Bedürfnisse reagiert.

Lässt man Kinder selbst entscheiden, so orientieren sie sich immer eher an Kleingruppen. Hier können sie viel besser ihre Interessen artikulieren. Allerdings gehen sie nicht wahllos Beziehungen ein. Sie wählen ihre Spielpartner bewusst aus. So entstehen „Freundschafts-, Spiel-, Arbeits-, Projekt- und auch Essensgruppen. Entscheidend ist, dass ein gemeinsames Interesse verfolgt wird oder dass die Kinder sich anderweitig verbunden fühlen" *(Dehlfing, 2011, S. 19)*.

Der offene Kindergarten fördert also die Möglichkeit, sich in kleinen Gruppen zu treffen. Er verändert die Tätigkeit der Erzieherinnen von einer „Pädagogik im Gruppenraum zu einer Pädagogik im ganzen Kindergarten" *(Regel/Kühne, 2001, S. 46)*.

Trotzdem wird dabei darauf geachtet, dass die Kinder sich auch in Großgruppen treffen können. Hierfür werden Kinderparlamente oder Kinderkonferenzen eingerichtet.

Verändertes Rollenverständnis der Erzieherin

Ausgangspunkt für die Entwicklung des offenen Kindergartens war die Erkenntnis, dass Kinder Akteure ihrer eigenen Entwicklung sind und Erwachsene sie bei der Gestaltung ihres Lern- und Lebensweges dabei unterstützen, begleiten und anregen. Diese Erkenntnis verändert das Rollenverständnis von Erzieherinnen. Es wird nicht mehr für das Kind gedacht, sondern mit ihm. Die Erzieherin versteht sich als Anregerin und schafft deshalb eine herausfordernde Umgebung. Sie sieht ihre Aufgabe besonders darin, die Kinder durch Fragen zum Nachdenken zu bringen. „Zum Selbstverständnis gehört darüber hinaus das Bewusstsein, dass die Kinder hinsichtlich ihrer Entwicklungsmöglichkeiten auf die Erzieherinnen angewiesen sind, denn ihre Entwicklungschancen sind auch davon abhängig, wie einfühlend, gewährend, Grenzen setzend, gewissenhaft, umsichtig, anregend, vielseitig und herausfordernd die pädagogischen Mitarbeiterinnen ihre Arbeit gestalten." *(Regel/Kühne, 2001, S. 50)*

Hinzu kommt, dass sich das eigene Rollenverständnis auch im Blick auf die Teamkultur erheblich verändert.

Die erfolgreiche Arbeit im offenen Kindergarten setzt voraus, dass sich die Erzieher regelmäßig austauschen, dass sie in der Lage sind, für die gesamte Einrichtung zu denken und sich nicht auf ihre Stammgruppe begrenzen. Das offene Konzept verlangt auch eine eigene offene Haltung der Erzieherin.

Ein regelmäßiger Austausch ist wichtig.

Kritik am offenen Konzept

Die Kritik am offenen Ansatz konzentriert sich im Wesentlichen auf vier Aspekte:

- **Mangelnde Vorbereitung der Kinder auf die Schule**. Der Vorwurf lautet: Während in vielen Kindergärten im Jahr vor der Einschulung Kinder in gezielten Angeboten darauf vorbereitet werden, findet eine solche Vorbereitung im offenen Kindergarten nicht statt. Hier lässt sich zu Recht fragen, was Vorbereitung auf die Schule beinhaltet: z. B., dass ein Kind Neugier und Interesse hat, Neues kennenlernen möchte und seine Lernbedürfnisse auch noch eigenständig artikulieren kann. Hierzu gehört auch die Erfahrung der Selbstwirksamkeit. Ein Kind, das erleben kann, dass es etwas bewirken kann, verfügt über Selbstbewusstsein. Im offenen Kindergarten sind Kinder an allen wesentlichen Entscheidungen beteiligt.

- **Kinder haben zu wenig Großgruppenerfahrung**. Der Vorwurf lautet: Spätestens in der Schule müssen Kinder in der Lage sein, sich in einer Gruppe mit 25 bis 30 Kindern zurechtzufinden. Wenn sie dies vorher nicht gelernt haben, wird der Schulstart unnötig erschwert. Dieser Vorwurf übersieht zweierlei: Zum einen schließt der offenen Kindergarten Erfahrungen mit großen Gruppen nicht aus. Diese Erfahrungen machen die Kinder in der Kinderkonferenz, bei Veranstaltungen zum Jahreslauf usw. Zum anderen verändert sich die Pädagogik und Didaktik in der Grundschule: Freiarbeit, Gruppenarbeit sind Methoden, die genau auf der Erkenntnis beruhen, dass erfolgreiches Lernen viel eher in kleineren Gruppen gelingen kann.

- **Beobachtung und gezielte Förderung wird erschwert**. Der Vorwurf lautet: Kinder, die sich ständig in wechselnden Räumen aufhalten, können nicht so gut beobachtet werden. So werden Defizite nicht bemerkt und eine gezielte Förderung kann nicht erfolgen. Das Konzept des offenen Kindergartens verlangt natürlich, dass die pädagogischen Fachkräfte sich sehr gut austauschen und Methoden entwickeln, ihre Beobachtungen zu den einzelnen Kindern festzuhalten und darüber in einen Dialog zu kommen. Hierzu gibt es vielfältige Möglichkeiten. Eine Erzieherin berichtet: „Jedes Kind hat einen Portfolio-Ordner. Das Anlegen und Ergänzen eines Portfolios sehen wir als gute Möglichkeit, um mit den Kindern in einen Dialog zu treten und sie an ihrer Entwicklungsdokumentation teilhaben zu lassen. Unser Anspruch, gute Entwicklungsbegleiterinnen zu sein, erfordert von uns als Team intensiven Austausch. Regelmäßige Teambesprechungen bilden darum eine wichtige Säule unserer pädagogischen Arbeit." *(Dehlfing, 2011, S. 19)*

- **Überforderung für Kinder unter drei Jahren.** Für Kinder unter drei Jahren stellen offene Gruppen eine Überforderung dar. Aufgrund ihres Entwicklungsstandes benötigen sie feste kleine Gruppen mit konstanten Bezugspersonen. Offene Gruppen führen zu häufig ändernden Spielpartnerschaften. Kinder kommen und gehen und wechseln die Räume. Da sich das Spielangebot auf die gesamte Kita erstreckt, ist dies für ein- oder zweijährige Kinder eine zu große Herausforderung. Sie benötigen klare Strukturen und ein überschaubares Raum- und Spielangebot.

Dass der offene Kindergarten insgesamt ein überzeugendes Konzept darstellt, zeigt sich in der Tatsache, dass viele Einrichtungen auf unterschiedliche Formen des offenen Konzepts umgestellt haben.

↗ WIEDERHOLUNG

- → Der offene Kindergarten geht davon aus, dass Kinder eigenaktiv und kompetent sind.
- → Zentrales Element ist das freie Spiel der Kinder mit der selbstständigen Wahl von Spielort, Spielpartner und Spieldauer.
- → Der offene Kindergarten geht von einem differenzierten Raumkonzept aus und bezieht dabei auch das Außengelände als zusätzliches Raumangebot für die Kinder mit ein. Die Räume werden nach Bereichen gegliedert.
- → Partizipation ist eine wesentliche konzeptionelle Säule des offenen Kindergartens.
- → Der offene Kindergarten verlangt eine verstärkte Zusammenarbeit im Team.

→·← AUFGABEN

1 [Analyse und Bewertung]
Beschreiben Sie das Bild vom Kind im offenen Kindergarten in eigenen Worten. Vergleichen Sie dann dieses mit dem Bild vom Kind im Situationsansatz. Stellen Sie dar, worin die Gemeinsamkeiten bestehen.

2 [Reflexion]
Setzen Sie sich mit der Kritik am offenen Kindergarten auseinander. Lesen Sie hierzu nochmals die vier Aspekte durch. Finden Sie für jeden Aspekt ein Argument, das dafür oder dagegen spricht und formulieren Sie diese Argumente schriftlich aus. Achten Sie dabei darauf, dass Sie fachlich argumentieren und dafür auch entsprechendes Fachwissen als Beleg heranziehen. Tauschen Sie sich anschließend in Vierergruppen in der Klasse darüber aus.

Kompetenzen, die erworben werden können:

- Die Absolventinnen und Absolventen verfügen über Fertigkeiten, die ausgewählten pädagogischen Handlungsansätze hinsichtlich ihrer Anwendbarkeit kritisch zu überprüfen und im Dialog weiterzuentwickeln.

Berger, Manfred: Maria Montessori. In: Kindergarten heute, Heft 2, 2013, S. 26–31.

Blochmann, Elisabeth: Fröbels Theorie des Spiels 1. Der Ball als erstes Spielzeug des Kindes. 4. Auflage, Stuttgart: Julius Beltz Verlag 1965.

Böhm, Dietmar: Entdecken, experimentieren & jonglieren. Wie Kinder lernen. In: mobile, Heft 7–8, 2004, S. 6–8.

Böhm, Dietmar/Böhm, Regine: Der Situationsansatz. In: Kindergarten heute spezial: Pädagogische Handlungskonzepte von Fröbel bis zum Situationsansatz, 2015, S. 50–59.

Böhm, Dietmar/Böhm, Regine/Deiss-Niethammer, Birgit: Handbuch Interkulturelles Lernen. 3. Auflage, Freiburg i. Br.: Herder Verlag 2004.

Brockschnieder, Franz-Josef: Reggio-Pädagogik. In: Kindergarten heute – Wissen kompakt: Pädagogische Handlungskonzepte von Fröbel bis zum Situationsansatz. 2011, S. 41–49.

Dehlfing, Renate: „Das Kind zur Rose machen". In: Theorie und Praxis der Sozialpädagogik (TPS), Heft 7, 2011, S. 18–20.

Die Kinderwelt GmbH (Hrsg): Pädagogische Konzepte. Die wichtigsten Konzepte der Kindergartenpädagogik auf einen Blick. www.die-kinderwelt.com/wp-content/uploads/2013/03/2013-03-14-P%C3%A4dRicht_WEB.pdf [27.08.2020].

Ebert, Sigrid: Friedrich Fröbel. In: Kindergarten heute spezial: Pädagogische Handlungskonzepte von Fröbel bis zum Situationsansatz. 5. Auflagen, Freiburg i. Br.: Herder Verlag 2011, S. 8–15

Everhardt, Christina: Montessori-Erziehung in Familie und Kinderhaus. In: Erziehen mit Maria Montessori. Herausgegeben von Harald Ludwig. Freiburg i. Br.: Herder Verlag 1997, S. 51–73.

Fachforum Frühkindliche Bildung: Bausteine, Anforderungen und Praxisindikatoren für die Verankerung von Bildung für nachhaltige Entwicklung in den Qualitätsmanagementsystemen von Kindertageseinrichtungen. o. J.

Fröbel, Hermann: Friedrich Fröbel – „Deutschlands größter Erzieher". In: Kommt, laßt uns unsern Kindern leben. Friedrich Fröbels Mutter- und Koselieder. Herausgegeben von Hermann Fröbel und Dietrich Pfaehler. Bad Neustadt/Saale: Mitteldeutsche Verlagsgesellschaft 1982.

Fröbel, Hermann: Friedrich Fröbels Kindergarten. Entstehung, Bedeutung, Ausbreitung, Widersa-

cher. In: Kommt, laßt uns unsern Kindern leben. Friedrich Fröbels Mutter- und Koselieder. Herausgegeben von Hermann Fröbel und Dietrich Pfaehler. Bad Neustadt/Saale: Mitteldeutsche Verlagsgesellschaft 1982.

Gauly, Burkhard: Célestin Freinet. In Kindergarten heute, Heft 11–12, 2012, S. 26–31.

Gauly, Burkhard: Loris Malaguzzi. In: Kindergarten heute, Heft 3, 2013, S. 26–31.

Gauly, Burkhard: Emmi Pikler. Grundgedanken bedeutender Pädagogen und ihre Aktualität für die Bildungsarbeit heute. In: Kindergarten heute, Heft 10, 2013, S. 12–17.

Giese, Cordula: „Hier soll das Atelier sein?". Individuelle Entfaltung der Kinder in der Offenen Arbeit. In: Theorie und Praxis der Sozialpädagogik (TPS), Heft 7, 2011, S. 36–38.

Gräbe, Lucie: Mit Wasser und Seife. Das Händewaschen nach Emmi Pikler gestalten. In: Kleinstkinder, Heft 8, 2016, S. 16–17.

Hagstedt, Herbert: „… immer zeigten mir die Kinder den Weg …" Freinets Versuch, aus der Wildnis zur Zivilisation zu finden. In: Theorie und Praxis der Sozialpädagogik (TPS), Heft 7, 2016, S. 47–49.

Hanschmann, Alexander Bruno: Friedrich Fröbel. Die Entwicklung seiner Erziehungsidee in seinem Leben. Eisenach: Verlag von F. Bachmeister 1874.

Hattie, John: Lernen sichtbar machen, übersetzt und überarbeitet von Wolfgang Beywl und Klaus Zierer. Hohengehren: Schneider Verlag 2013.

Haug-Schnabel, Gabriele: Meine Gruppe! Welche Gruppe? In: Theorie und Praxis der Sozialpädagogik (TPS), Heft 7, 2011, S. 9–11.

Haug-Schnabel, Gabriele/Bensel, Joachim: Grundlagen der Entwicklungspsychologie. Die ersten 10 Lebensjahre. Freiburg i. Br.: Herder Verlag 2005.

Heller, Elke/Preissing, Christa: Der Situationsansatz. In: klein & groß. Heft 6, 2000, S. 22–26.

Hellmich, Achim/Teigeler, Peter (Hrsg.): Montessori-, Freinet-, Waldorfpädagogik. Konzeption und aktuelle Praxis. 5. Auflage, Weinheim/Basel: Beltz Verlag, 2007

Henneberg, Rosy/Klein, Lothar/Vogt, Herbert: Freinet-Pädagogik. In: Didaktik in der Pädagogik der frühen Kindheit. Grundlagen der Frühpädagogik. Bd. 3. Herausgegeben. von Dagmar Kasuschke. Kronach: Carl Link Verlag 2010, S. 144–174.

Hepp, Iris/Köhler, Dagmar/Schlögel, Maria: Spielzeug-freie Zeit im Städtischen Kindergarten Pensberg. In: Ohne Spielzeug. „Spielzeugfreier Kindergarten – ein Konzept stellt sich vor. Hrsg. von Ingeborg Becker-Textor, Elke Schubert und Rainer Strick. Freiburg i. Br.: Herder Verlag 1997, S. 57–76.

Hoffmann, Erika: Ausgewählte Schriften, Bd. 1. Kleine Schriften und Briefe von 1809–1851. 4. Auflage. Stuttgart: Klett-Cotta 1984.

Hoffmann, Erika: Friedrich Fröbel. In: Thüringer Erzieher. Herausgegeben von Günther Franz. Köln: Böhlau Verlag 1966.

Kasten, Hartmut: 0–3 Jahre. Entwicklungspsychologische Grundlagen. Weinheim: Beltz Verlag 2005.

Klein, Lothar: Freinet-Pädagogik im Kindergarten. Freiburg i. Br., Herder Verlag 2002.

Klein, Lothar: Célestin Freinet. In: Kindergarten heute – Wissen kompakt: Pädagogische Handlungskonzepte von Fröbel bis zum Situationsansatz, 2011, S. 32–40.

Knoll, Michael: John Dewey über Maria Montessori. Ein unbekannter Brief. In: Pädagogische Rundschau 50, 1996, Heft 2, S. 209–219.

Kobelt Neuhaus, Daniela: 40 Jahre Situationsansatz. Ein pädagogisches Konzept und seine Wirkungsgeschichte. In: Kindergarten heute, Heft 11-12, 2012, S. 8–13.

Kranich, Ernst Michael: Vorschulerziehung aus den Anforderungen des Kindes. In: Kügelen, Helmut von: Plan und Praxis des Waldorfkindergartens. Beiträge zur Erziehung des Kindes im ersten Jahrsiebt, 10. Auflage. Stuttgart: Verlag Freies Geistesleben 1987, S. 17–29.

Lill, Gerlinde: Was ist gute offene Arbeit. In: Theorie und Praxis der Sozialpädagogik (TPS), Heft 7, 2011, S. 4–8.

Lippert, Susanne: Steiner und die Waldorfpädagogik. Mythos und Wirklichkeit. Weinheim/Basel: Beltz Verlag 2001.

Ludwig, Harald: Maria Montessori – Leben, Werk, Grundgedanken. In: Erziehen mit Maria Montessori. Herausgegeben von Harald Ludwig, Freiburg i. Br.: Herder Verlag, 1997, S. 10–32.

Makalowski, Jörg: Selbstbestimmtes Lernen!?. In: Theorie und Praxis der Sozialpädagogik (TPS), Heft 7, 2011, S. 28–32.

Malaguzzi, Loris: Eröffnungsbeitrag zur Fachtagung „Hundert Sprachen hat das Kind". Herausgegeben von der Senatsverwaltung für Jugend und Familie. Berlin, Übersetzer unbekannt, 1992, S. 128

Middendorff, Wilhelm: Die Kindergärten. Bedürfnis der Zeit, Grundlage einigender Volkserziehung. Der deutschen Nationalversammlung zur Würdigung vorgelegt. Blankenburg: Verlagsbuchhandlung der Kindheit- und Jugendbeschäftigungsanstalt 1848.

Montessori, Maria: Kinder lernen schöpferisch. Freiburg i. Br.: Herder Verlag 1995.

Montessori, Maria: Erziehung für eine neue Welt. Freiburg i. Br.: Herder Verlag 1998.

Oerter, Rolf/Montada, Leo (Hrsg.): Entwicklungspsychologie. 5. Auflage, Weinheim: Beltz Verlag 2002.

Onken, Annette: Die Erziehung des Kindes im frühen Kindesalter. In: Erziehen mit Maria Montessori. Herausgegeben von Harald Ludwig. Freiburg i. Br.: Herder-Verlag 1997, S. 33–50.

Ostermayer, Edith: Pikler. Pädagogische Ansätze für die Kita. Berlin: Cornelsen Schulverlage, 2013.

Pausewang, Freya: Ziele suchen – Wege finden. Berlin: Cornelsen Verlag 1994.

Pikler, Emmi: Friedliche Babys – zufriedene Mütter. Pädagogische Ratschläge einer Kinderärztin. Freiburg i. Br.: Herder Verlag 1982.

Regel, Gerhard: Impulse für eine kindzentrierte Pädagogik. In: Theorie und Praxis der Sozialpädagogik (TPS), Heft 2, 2000, S. 6–11.

Regel, Gerhard: Freiheit und Verantwortung. Grundlegende Entwicklungsaufgaben des Kindes im Offenen Ansatz. In: Kindergarten heute, Heft 1, 2013, S. 8–14.

Regel, Gerhard/Kühne, Thomas: Arbeit im offenen Kindergarten. Freiburg i. Br.: Herder Verlag 2001.

Saßmannshausen, Wolfgang: Waldorfpädagogik. In: Kindergarten heute – Wissen kompakt: Pädagogische Handlungskonzepte von Fröbel bis zum Situationsansatz. 2011, S. 26–31.

Schede, Hans-Georg: Der Waldkindergarten auf einen Blick. Freiburg i. Br.: Herder Verlag 2000.

Schmutzler, Hans-Joachim: Maria Montessori. In: Kindergarten heute – Wissen kompakt: Pädagogische Handlungskonzepte von Fröbel bis zum Situationsansatz. 2011, S. 16–25.

Seele, Ida: Meine Erinnerungen an Friedrich Fröbel. In: Kommt, laßt uns unsern Kindern leben. Friedrich Fröbels Mutter- und Koselieder. Herausgegeben von Hermann Fröbel und Dietrich Pfaehler. Bad Neustadt/Saale: Mitteldeutsche Verlagsgesellschaft 1982.

Stamer-Brandt, Petra: Projektarbeit in KiTa und Kindergarten. Freiburg i. Br.: Herder Verlag 2005.

Steiner, Rudolf: Die Erziehung des Kindes vom Gesichtspunkt der Geisteswissenschaft. In: Lucifer-Gnosis, Heft 33, 1907, S. 38.

Steiner, Rudolf: Die Erziehung des Kindes vom Gesichtspunkt der Geisteswissenschaft. Rudolf-Steiner-Nachlassverwaltung Dornach/Schweiz 1992

Struck, Jörn: Gemeinsam forschend lernen. Die Praxisreflexion im Offenen Kindergarten. In: Theorie und Praxis der Sozialpädagogik (TPS), Heft 2, 2000, S. 12–15.

Ullrich, Wolfgang/Brockschnieder, Franz-Josef: Reggio-Pädagogik im Kindergarten. 2. Auflage, Freiburg i. Br.: Herder Verlag 2003.

Weiss, Susanne: Wenn Spielsachen Ferien machen. Ein Interview mit Tamara Walder. In: Kindergarten heute, Heft 11 2017, S. 10–15.

Weltzien, Dörte/Bücklein, Christina/Huber-Kebbe, Anne: GInA. Gestaltung von Interaktionsgelegenheiten im Alltag. Freiburg i.Br.: Verlag Herder 2018.

Winner, Anna: Zum Begriff Lebenskompetenzen. In: Ohne Spielzeug. „Spielzeugfreier Kindergarten – ein Konzept stellt sich vor. Herausgegeben von Ingeborg Becker-Textor; Elke Schubert, Rainer Strick. Freiburg i. Br.: Herder Verlag 1997, S. 16–25.

Youniss, James: Soziale Konstruktion und psychische Entwicklung. Frankfurt/Main: Suhrkamp Verlag 1994.

Zimmer, Jürgen/Preissing,Christa/Thiel,Thomas/ Heck, Anne/Krappmann, Lothar: Kindergärten auf dem Prüfstand. Dem Situationsansatz auf der Spur. Seelze-Velber: Kallmeyer 1998.

Zimmer, Renate: Handbuch Bewegungserziehung. Freiburg i. Br.: Herder Verlag 2014.

Zöller, Sylvia: Wie beginnen? In: Welt des Kindes, Heft 5, 2011, S. 22–24.

11   Rechtliche Grundlagen

Kurt-Helmuth Eimuth (Kap. 11.-11.5) • Dietmar Böhm (Kap. 11.6)

Zu Beginn der Teamsitzung bringt der Erzieher Herr Beier den Wunsch ein, über den Standort der Portfolios zu beraten. „Mir ist gestern aufgefallen, dass eine Mutter das Portfolio eines anderen Kindes in der Elternecke durchgeblättert hat. Ich finde es nicht so gut, wenn wir weiter dort die Portfolios der Kinder aufbewahren." Herr Beier fügt mit Nachdruck hinzu, dass dies der Datenschutz gar nicht erlaube. „Wir sollten überhaupt alle Fotos aus den Portfolios der Kinder herausnehmen, auf denen auch andere Kinder zu sehen sind!" Die Leiterin Frau Januzcek widerspricht Herrn Beier: „Das halte ich nicht für richtig!" Die Erzieherinnen diskutieren, ob dann nicht auch die Fotos von den Aktivitäten der Kinder, die in der Elternecke ausgestellt werden, entfernt werden müssten. Frau Januzcek ist nachdenklich: „Aber genau das dokumentiert doch unsere Arbeit. Wie sollen wir denn anders transparent arbeiten? Ich glaube, wir müssen das einmal grundsätzlich klären. Ich schlage vor, dass wir zur nächsten Teamsitzung eine Rechtsexpertin einladen."

Frau Rodriguez fragt nach: „Dann kann ich vielleicht mein Problem auch mal ansprechen? In meiner Gruppe gibt es drei Kinder, die morgens oft das Be- dürfnis haben, im Garten zu spielen, und zwar bei jedem Wetter. Ich habe aber ein ungutes Gefühl, die Kinder alleine rauszulassen, da ich mir unsicher bin, ob ich meiner Verantwortung gerecht würde." Herr Beier schüttelt den Kopf: „Niemals! Da stehst du mit einem Bein im Gefängnis!" Frau Januzcek bremst: „Das ist eine vielschichtige Frage, die wir uns ebenfalls mit der Rechtsexpertin genau anschauen sollten."

Kinder allein im Garten – zulässig: ja oder nein?

↘ FRAGEN

→ *Notieren Sie die angesprochenen Themen in der Lernsituation. Welche rechtlichen Fragen oder Hintergründe vermuten Sie?*

→ *Welche Meinung würden Sie im Konflikt um die Portfolios und das Aushängen von Fotodokumentationen vertreten?*

→ *Warum könnte Frau Januzcek von einer „vielschichtigen Frage" in Beug auf das Gartenproblem sprechen?*

→ *Welche Kriterien würden es aus Ihrer Sicht erlauben, die Kinder allein im Garten spielen zu lassen?*

Beim Betrieb einer Einrichtung sind Vorschriften, Gesetze und Verordnungen zu beachten, durch die Qualitätsstandards staatlich garantiert werden. Wer sie verletzt, muss sich im Zweifel verantworten, insbesondere Leitung und Träger. Gesetze legen Rahmenbedingungen, Zuständigkeiten und Verantwortlichkeiten fest.

Über die bundesweit geltenden Gesetze hinaus hat jedes Bundesland noch ein eigenes Kindertagesstättengesetz, eigene Verordnungen und Richtlinien. Die landesspezifischen Vorschriften sind auf dem Bildungsserver zusammengefasst.

11.1 Kinder- und Jugendhilfe (KJHG)

Der § 1 SGB VIII regelt das **Recht des Kindes auf Erziehung:**

> **§ 1 Abs. 1 SGB VIII:**
> Jeder junge Mensch hat ein Recht auf Förderung seiner Entwicklung und auf Erziehung zu einer eigenverantwortlichen und gemeinschaftsfähigen Persönlichkeit.

Die §§ 22 bis 26 SGB VIII (KJHG) regeln die **Förderung von Kindern** in Kindertageseinrichtungen. Der Auftrag einer Tageseinrichtung ist in § 22 beschrieben:

> **§ 22 SGB VIII:**
> (1) Tageseinrichtungen sind Einrichtungen, in denen sich Kinder für einen Teil des Tages oder ganztägig aufhalten und in Gruppen gefördert werden. […]

> (2) Tageseinrichtungen für Kinder […] sollen
> 1. die Entwicklung des Kindes zu einer eigenverantwortlichen und gemeinschaftsfähigen Persönlichkeit fördern,
> 2. die Erziehung und Bildung in der Familie unterstützen und ergänzen,
> 3. den Eltern dabei helfen, Erwerbstätigkeit und Kindererziehung besser miteinander vereinbaren zu können.
> (3) Der Förderungsauftrag umfasst Erziehung, Bildung und Betreuung des Kindes und bezieht sich auf die soziale, emotionale, körperliche und geistige Entwicklung des Kindes. Er schließt die Vermittlung orientierender Werte und Regeln ein. Die Förderung soll sich am Alter und Entwicklungsstand, den sprachlichen und sonstigen Fähigkeiten, der Lebenssituation sowie den Interessen und Bedürfnissen des einzelnen Kindes orientieren und seine ethnische Herkunft berücksichtigen.

11.1.1 Kinderförderungsgesetz (KiföG)

Das Kinderförderungsgesetz (KiföG) ist ein zentraler Baustein beim Ausbau der Kindertagesbetreuung. Es ist am 16. Dezember 2008 in Kraft getreten. Das Gesetz enthält unter anderem folgende wichtige Regelungen: Seit dem 01.01.2013 gilt ein Rechtsanspruch auf einen Betreuungsplatz für alle Kinder vom vollendeten ersten Lebensjahr bis zur Einschulung. Die Bundesregierung

möchte den Rechtsanspruch auf Ganztagsbetreuung auf das Grundschulalter weiter ausweiten. Die Planung sieht vor, dass ein solcher ab 2025 schrittweise in in Kraft tritt *(vgl. BMFSFJ 2019)*. Die Kindertagespflege wurde deutlich gestärkt, 30 % der neuen Plätze sollten in diesem Bereich entstehen. Der ab 01.08.2013 gültige Gesetzestext lautet wie folgt:

> **§ 24 SGB VIII:**
> Anspruch auf Förderung in Tageseinrichtungen und in Kindertagespflege

> (1) Ein Kind, das das erste Lebensjahr noch nicht vollendet hat, ist in einer Einrichtung oder in Kindertagespflege zu fördern, wenn

1. diese Leistung für seine Entwicklung zu einer eigenverantwortlichen und gemeinschaftsfähigen Persönlichkeit geboten ist oder

2. die Erziehungsberechtigten

a) einer Erwerbstätigkeit nachgehen, eine Erwerbstätigkeit aufnehmen oder Arbeit suchend sind,

b) sich in einer beruflichen Bildungsmaßnahme, in der Schulausbildung oder Hochschulausbildung befinden oder

c) Leistungen zur Eingliederung in Arbeit im Sinne des Zweiten Buches erhalten.

Lebt das Kind nur mit einem Erziehungsberechtigten zusammen, so tritt diese Person an die Stelle der Erziehungsberechtigten. Der Umfang der täglichen Förderung richtet sich nach dem individuellen Bedarf.

(2) Ein Kind, das das erste Lebensjahr vollendet hat, hat bis zur Vollendung des dritten Lebensjahres Anspruch auf frühkindliche Förderung in einer Tageseinrichtung oder in Kindertagespflege. Absatz 1 Satz 3 gilt entsprechend.

(3) Ein Kind, das das dritte Lebensjahr vollendet hat, hat bis zum Schuleintritt Anspruch auf Förderung in einer Tageseinrichtung. Die Träger der öffentlichen Jugendhilfe haben darauf hinzuwirken, dass für diese Altersgruppe ein bedarfsgerechtes Angebot an Ganztagsplätzen zur Verfügung steht. Das Kind kann bei besonderem Bedarf oder ergänzend auch in Kindertagespflege gefördert werden.

(4) Für Kinder im schulpflichtigen Alter ist ein bedarfsgerechtes Angebot in Tageseinrichtungen vorzuhalten. Absatz 1 Satz 3 und Absatz 3 Satz 3 gelten entsprechend.

(5) Die Träger der öffentlichen Jugendhilfe oder die von ihnen beauftragten Stellen sind verpflichtet, Eltern oder Elternteile, die Leistungen nach den Absätzen 1 bis 4 in Anspruch nehmen wollen, über das Platzangebot im örtlichen Einzugsbereich und die pädagogische Konzeption der Einrichtungen zu informieren und sie bei der Auswahl zu beraten. Landesrecht kann bestimmen, dass die erziehungsberechtigten Personen den zuständigen Träger der öffentlichen Jugendhilfe oder die beauftragte Stelle innerhalb einer bestimmten Frist vor der beabsichtigten Inanspruchnahme der Leistung in Kenntnis setzen.

(6) Weitergehendes Landesrecht bleibt unberührt.

11.1.2 Schutzauftrag bei Kindeswohlgefährdung

Der § 8 a legt den Schwerpunkt auf den Schutz des Kindeswohls (Band 2, Lernfeld 5, Kap. 8).

§ 8 a SGB VIII Schutzauftrag bei Kindeswohlgefährdung

(1) Werden dem Jugendamt gewichtige Anhaltspunkte für die Gefährdung des Wohls eines Kindes oder Jugendlichen bekannt, so hat es das Gefährdungsrisiko im Zusammenwirken mehrerer Fachkräfte einzuschätzen. Soweit der wirksame Schutz dieses Kindes oder dieses Jugendlichen nicht in Frage gestellt wird, hat das Jugendamt die Erziehungsberechtigten sowie das Kind oder den Jugendlichen in die Gefährdungseinschätzung einzubeziehen und, sofern dies nach fachlicher Einschätzung erforderlich ist, sich dabei einen unmittelbaren Eindruck von dem Kind und von seiner persönlichen Umgebung zu verschaffen. Hält das Jugendamt zur Abwendung der Gefährdung die Gewährung von Hilfen für geeignet und notwendig, so hat es diese den Erziehungsberechtigten anzubieten.

(2) Hält das Jugendamt das Tätigwerden des Familiengerichts für erforderlich, so hat es das Gericht anzurufen; dies gilt auch, wenn die Erziehungsberechtigten nicht bereit oder in der Lage sind, bei der Abschätzung des Gefährdungsrisikos mitzuwirken. Besteht eine dringende Gefahr und kann die Entscheidung des Gerichts nicht abgewartet werden, so ist das Jugendamt verpflichtet, das Kind oder den Jugendlichen in Obhut zu nehmen.

(3) Soweit zur Abwendung der Gefährdung das Tätigwerden anderer Leistungsträger, der Einrichtungen der Gesundheitshilfe oder der Polizei notwendig ist, hat das Jugendamt auf die Inanspruchnahme durch die Erziehungsberechtigten hinzuwirken. Ist ein sofortiges Tätigwerden erforderlich und

wirken die Personensorgeberechtigten oder die Erziehungsberechtigten nicht mit, so schaltet das Jugendamt die anderen zur Abwendung der Gefährdung zuständigen Stellen selbst ein.

(4) In Vereinbarungen mit den Trägern von Einrichtungen und Diensten, die Leistungen nach diesem Buch erbringen, ist sicherzustellen, dass

1. deren Fachkräfte bei Bekanntwerden gewichtiger Anhaltspunkte für die Gefährdung eines von ihnen betreuten Kindes oder Jugendlichen eine Gefährdungseinschätzung vornehmen,

2. bei der Gefährdungseinschätzung eine insoweit erfahrene Fachkraft beratend hinzugezogen wird sowie

3. die Erziehungsberechtigten sowie das Kind oder der Jugendliche in die Gefährdungseinschätzung einbezogen werden, soweit hierdurch der wirksame Schutz des Kindes oder Jugendlichen nicht in Frage gestellt wird. In die Vereinbarung ist neben den Kriterien für die Qualifikation der beratend hinzuzuziehenden

insoweit erfahrenen Fachkraft insbesondere die Verpflichtung aufzunehmen, dass die Fachkräfte der Träger bei den Erziehungsberechtigten auf die Inanspruchnahme von Hilfen hinwirken, wenn sie diese für erforderlich halten, und das Jugendamt informieren, falls die Gefährdung nicht anders abgewendet werden kann.

(5) Werden einem örtlichen Träger gewichtige Anhaltspunkte für die Gefährdung des Wohls eines Kindes oder eines Jugendlichen bekannt, so sind dem für die Gewährung von Leistungen zuständigen örtlichen Träger die Daten mitzuteilen, deren Kenntnis zur Wahrnehmung des Schutzauftrags bei Kindeswohlgefährdung nach § 8a erforderlich ist. Die Mitteilung soll im Rahmen eines Gespräches zwischen den Fachkräften der beiden örtlichen Träger erfolgen, an dem die Personensorgeberechtigten sowie das Kind oder der Jugendliche beteiligt werden sollen, soweit hierdurch der wirksame Schutz des Kindes oder des Jugendlichen nicht in Frage gestellt wird.

11.1.3 Betriebserlaubnis

Jede Einrichtung benötigt eine Betriebserlaubnis. Diese ist in § 45 SGB VIII geregelt und besagt, dass vor Inbetriebnahme der Kindertagesstätte der Träger der öffentlichen Jugendhilfe, meist das Jugendamt, den Betrieb genehmigen muss. Die Einrichtung wird vor Eröffnung in Augenschein genommen, Konzeption und der Ausbildungsstand der Mitarbeitenden und deren erweitertes Führungszeugnis überprüft. Dabei spielen

auch die Möglichkeiten für die gesellschaftliche und sprachliche Integration eine Rolle.

Festgestellte Mängel müssen behoben werden. Das Jugendamt kann die Betriebserlaubnis auch mit Auflagen versehen. Wenn das Wohl der Kinder gefährdet ist, kann auch eine bereits erteilte Erlaubnis zurückgezogen werden. Dann muss der Träger die Einrichtung schließen.

§ 45 SGB VIII Erlaubnis für den Betrieb einer Einrichtung

(1) Der Träger einer Einrichtung, in der Kinder oder Jugendliche ganztägig oder für einen Teil des Tages betreut werden oder Unterkunft erhalten, bedarf für den Betrieb der Einrichtung der Erlaubnis. [...]

(2) Die Erlaubnis ist zu erteilen, wenn das Wohl der Kinder und Jugendlichen in der Einrichtung gewährleistet ist. Dies ist in der Regel anzunehmen, wenn

1. die dem Zweck und der Konzeption der Einrichtung entsprechenden räumlichen, fachlichen, wirtschaftlichen und personellen Voraussetzungen für den Betrieb erfüllt sind,

2. die gesellschaftliche und sprachliche Integration in der Einrichtung unterstützt wird sowie die gesundheitliche Vorsorge und die medizinische Betreuung der Kinder und Jugendlichen nicht erschwert werden sowie

3. zur Sicherung der Rechte von Kindern und Jugendlichen in der Einrichtung geeignete Verfahren der Beteiligung sowie der Möglichkeit der Beschwerde in persönlichen Angelegenheiten Anwendung finden.

(3) Zur Prüfung der Voraussetzungen hat der Träger der Einrichtung mit dem Antrag

1. die Konzeption der Einrichtung vorzulegen, die auch Auskunft über Maßnahmen zur Qualitätsentwicklung und -sicherung gibt, sowie

2. im Hinblick auf die Eignung des Personals nachzuweisen, dass die Vorlage und Prüfung von aufgabenspezifischen Ausbildungsnachweisen sowie von Führungszeugnissen nach § 30 Absatz 5 und § 30a Absatz 1 des Bundeszentralregistergesetzes sichergestellt sind; Führungszeugnisse sind von dem Träger der Einrichtung in regelmäßigen Abständen erneut anzufordern und zu prüfen.

11.1.4 Zusammenarbeit mit Eltern

Die Ziele bei der Zusammenarbeit mit Eltern sind ebenfalls im Sozialgesetzbuch Achtes Buch – Kinder- und Jugendhilfe (SGB VIII) rechtlich festgelegt:

> **§ 1 Abs. 3:** Jugendhilfe soll [...] Eltern und andere Erziehungsberechtigte bei der Erziehung beraten und unterstützen.
>
> **§ 22 Abs. 2:** Tageseinrichtungen für Kinder und Kindertagespflege sollen [...] den Eltern dabei helfen, Erwerbsfähigkeit und Kindererziehung besser miteinander vereinbaren zu können.
>
> **§ 22 a Abs. 2:** Die Träger der öffentlichen Jugendhilfe sollen sicherstellen, dass die Fachkräfte in ihren Einrichtungen zusammenarbeiten [...] mit den Erziehungsberechtigten [...] zum Wohl der Kinder und zur Sicherung der Kontinuität des Erziehungsprozesses [...]. Die Erziehungsberechtigten sind an den Entscheidungen in wesentlichen Angelegenheiten der Erziehung, Bildung und Betreuung zu beteiligen.
>
> **§ 22 a Abs. 3:** [...] Das Angebot soll sich pädagogisch und organisatorisch an den Bedürfnissen der Kinder und ihrer Familien orientieren.

Elternarbeit beinhaltet laut Gesetz also die Unterstützung, Beratung und Beteiligung der Eltern sowie eine partnerschaftliche Zusammenarbeit. Diese Vorgaben werden in der Praxis umgesetzt durch die Kooperation mit den Eltern (siehe Band 2, Lernfeld 5, Kap. 3). Dabei geht es um die Abstimmung der Erziehungsziele, die Mitbestimmung der Eltern, beiderseitige Transparenz und Information durch gegenseitigen Austausch sowie die Zusammenarbeit der Eltern untereinander.

In Nordrhein-Westfalen wird im **Gesetz zur frühen Bildung und Förderung von Kindern – Kinder-Bildungsgesetz (KiBiz)** deutlich, dass die Zusammenarbeit mit Eltern und auch die Mitarbeit der Eltern gesetzlich vorgegeben ist.

Auch andere Länder haben in Gesetzen, Rechtsverordnungen oder in den Bildungsplänen Mitwirkungsrechte und die Organisation der Elternvertretungen geregelt. So etwa der Freistaat Sachsen. Auch hier wird festgeschrieben, dass die Eltern bei allen wesentlichen Entscheidungen mitwirken. Im Gesetz heißt es, sie seien „zu beteiligen". Dies bedeutet, dass sie zumindest gehört werden müssen. Eine wirkliche Mitbestimmung ist dies nicht. Die Eltern können keine Entscheidung

> **§ 9 KiBiz Zusammenarbeit mit den Eltern**
> (1) Das Personal der Kindertageseinrichtungen sowie Tagesmütter und -väter arbeiten mit den Eltern bei der Förderung der Kinder partnerschaftlich und vertrauensvoll zusammen. Die Eltern haben einen Anspruch auf eine regelmäßige Information über den Stand des Bildungs- und Entwicklungsprozesses ihres Kindes.
>
> **§ 9a Elternmitwirkung in der Kindertagesstätte**
> (1) In jeder Kindertageseinrichtung werden zur Förderung der Zusammenarbeit von Eltern, Personal und Trägern die Elternversammlung, der Elternbeirat und der Rat der Kindertageseinrichtung gebildet. [...] Bei Wahlen und Abstimmungen haben Eltern eine Stimme je Kind. Die Mitwirkungsgremien sollen die Zusammenarbeit zwischen den Eltern, dem Träger und dem pädagogischen Personal sowie das Interesse der Eltern für die Arbeit der Einrichtung fördern.
> (2) Die Eltern der die Einrichtung besuchenden Kinder bilden die Elternversammlung. Diese wird mindestens einmal im Kindergartenjahr von dem Träger der Kindertageseinrichtung bis spätestens 10. Oktober einberufen. Eine Einberufung hat außerdem zu erfolgen, wenn mindestens ein Drittel der Eltern dies verlangt. In der Elternversammlung informiert der Träger über personelle Veränderungen sowie pädagogische und konzeptionelle Angelegenheiten sowie die angebotenen Öffnungs- und Betreuungszeiten. Zu den Aufgaben der Elternversammlung gehört die Wahl der Mitglieder des Elternbeirates. Die Elternversammlung soll auch für Angebote zur Stärkung der Bildungs- und Erziehungskompetenz der Eltern genutzt werden.

(3) Der Elternbeirat vertritt die Interessen der Elternschaft gegenüber dem Träger und der Leitung der Einrichtung. Dabei hat er auch die besonderen Interessen von Kindern mit Behinderungen in der Einrichtung und deren Eltern angemessen zu berücksichtigen. [...]

(4) Der Elternbeirat ist vom Träger und der Leitung der Einrichtung rechtzeitig und umfassend über wesentliche Entscheidungen in Bezug auf die Einrichtung zu informieren und insbesondere vor Entscheidungen über die pädagogische Konzeption der Einrichtung, über die personelle Besetzung, die räumliche und sachliche Ausstattung, die Hausordnung, die Öffnungszeiten, einen Trägerwechsel sowie die Aufnahmekriterien anzuhören. Gestaltungshinweise hat der Träger angemessen zu berücksichtigen.

(5) Entscheidungen, die die Eltern in finanzieller Hinsicht berühren, bedürfen grundsätzlich der Zustimmung durch den Elternbeirat. Hierzu zählen vor allem die Planung und Gestaltung von Veranstaltungen für Kinder und Eltern sowie die Verpflegung in der Einrichtung , [...]

(6) Der Rat der Kindertageseinrichtung besteht aus Vertreterinnen und Vertretern des Trägers, des Personals und des Elternbeirates. Aufgaben sind insbesondere die Beratung der Grundsätze der Erziehungs- und Bildungsarbeit, die räumliche, sachliche und personelle Ausstattung sowie die Vereinbarung von Kriterien für die Aufnahme von Kindern in die Einrichtung. Der Rat der Kindertageseinrichtung tagt mindestens einmal jährlich.

des Trägers per Mandat verhindern, aber sie müssen angehört werden. Zudem schreibt das sächsische Gesetz vor, dass entsprechende Gremien wie Elternversammlung und -vertretung gebildet werden müssen. Übrigens schreibt das Gesetz auch die altersgemäße Mitwirkung der Kinder vor.

Die Träger sind verpflichtet, genügend Fachpersonal vorzuhalten. Im Einzelnen regeln die Länder in Landesgesetzen und Verordnungen, wer als Fachpersonal gilt und wie der Personalschlüssel aussieht.

Gesetz über Kindertageseinrichtungen des Freistaates Sachsen

§ 6 Mitwirkung von Kindern und Erziehungsberechtigten

(1) 1 Die Erziehungsberechtigten wirken durch die Elternversammlung und den Elternbeirat bei der Erfüllung der Aufgaben der Kindertageseinrichtung, die ihre Kinder besuchen, mit. 2 Sie sind bei allen wesentlichen Entscheidungen zu beteiligen. 3 Dies gilt insbesondere für die Fortschreibung oder Änderung der pädagogischen Konzepte und für die Kostengestaltung [...]

(5) Die Kinder wirken entsprechend ihrem Entwicklungsstand und ihren Bedürfnissen insbesondere im schulpflichtigen Alter bei der Gestaltung ihres Alltages in den Kindertageseinrichtungen mit.

11.2 Aufsichtspflicht

§ 1631 Abs. 1 BGB
Die Personensorge umfasst insbesondere das Recht und die Pflicht, das Kind zu pflegen, zu erziehen, zu beaufsichtigen und seinen Aufenthalt zu bestimmen.

Die Aufsichtspflicht ist nach § 1631 Abs. 1 des Bürgerlichen Gesetzbuchs (BGB) Teil der Personensorge und liegt damit bei den Eltern bzw. den Personensorgeberechtigten. Geben diese ihr Kind in einen Kindergarten, übernimmt dessen Träger die Aufsichtspflicht über das Kind, das kann ausdrücklich auch stillschweigend geschehen. Der Träger übergibt die Aufsichtspflicht ebenso ausdrücklich oder stillschweigend an die Kindergartenleitung und die Fachkräfte. Der Träger hat dafür zu sorgen, dass seine Mitarbeiterinnen sorgfältig ausgewählt und auf ihre Eignung geprüft werden. Er hat ihre Einarbeitung sicherzustellen und wichtige Informationen an sie weiterzugeben. Vor allem die Leitung als Vorgesetzte hat dafür zu sorgen, neu eingestellte Mitarbeiterinnen in die Aufsichtsführung einzuweisen und auf Gefahren aufmerksam zu machen.

Die Aufsichtspflicht verlangt keine ständige Beobachtung und Kontrolle der Kinder. Folgende Punkte sollten pädagogische Fachkräfte bei der Ausübung ihrer Aufsichtspflicht berücksichtigen:

1. Alter und Reife der zu betreuenden Kinder: Jüngere Kinder bedürfen z. B. einer höheren Aufmerksamkeit.
2. Art, Ort und Situation der Beschäftigung
3. Person der Erzieherin: Alter, Erfahrung usw.

Für die Aufsichtsführung stehen der Erzieherin unterschiedliche Formen zur Verfügung:

- Informieren und Belehren der Kinder über mögliche Gefahren und Risiken der aktuellen Situation.
- Verbote und Gebote: Können Kinder (noch) nicht angemessen mit einer bestimmten Situation umgehen, muss die Erzieherin verständlich machen, welches Verhalten erlaubt und welches verboten ist.
- Überwachen und Kontrollieren: Kinder müssen nicht auf Schritt und Tritt beobachtet werden. Regelmäßiges Kontrollieren ist aber nötig.
- Eingreifen: Ist ein Kind gefährdet, muss die Erzieherin unverzüglich eingreifen und die Gefahrenquelle beseitigen.

> „Die Maßstäbe für Inhalt und Umfang der Aufsichtspflicht sind gesetzlich nicht bestimmt. Sie richten sich im jeweiligen Einzelfall nach Umständen, die in der Person des Kindes liegen. Hierzu zählen Alter, Reifegrad, körperliche und geistige Entwicklung und Erfahrungsstand. Für gefahrengeneigte Situationen (Schwimmbadbesuch, Waldspaziergang) und die Benutzung gefährlicher Spielgeräte (Laufräder, Rutsche, Klettergerüst) kann es manchmal sinnvoll sein, Altersbegrenzungen festzulegen. Dennoch muss bei einer Gefahreneinschätzung auch die Gruppensituation, das individuelle Verhalten und der Entwicklungsstand der Kinder berücksichtigt werden. Daneben spielt die augenblickliche konkrete Lebenssituation (neu aufgenommen oder bereits seit längerer Zeit im Kindergarten) oder die örtliche Begebenheit eine wichtige Rolle. Es kann daher für die Frage nach dem Umfang der Aufsichtspflicht keine einfachen Faustregeln geben."
>
> *(Gerstein, 2018, S. 102)*

Beginn und Ende der Aufsichtspflicht sollten im Aufnahmevertrag geregelt werden. Ansonsten ist nicht eindeutig geregelt, ob die Aufsichtspflicht beim Betreten des Geländes, des Gebäudes oder des Gruppenraumes beginnt. Beendet ist die Aufsichtspflicht mit der Übergabe des Kindes an die Eltern (Personensorgeberechtigten), an abholberechtigte Personen oder wenn das Kind die Einrichtung vereinbarungsgemäß verlassen hat.

Verletzung der Aufsichtspflicht

Eine Aufsichtspflichtverletzung kann strafrechtliche, zivilrechtliche sowie arbeits- und dienstrechtliche Folgen haben. Arbeitsrechtliche Folgen (Abmahnung, Kündigung etc.) können auch drohen, unabhängig davon ob durch die Aufsichtspflichtverletzung ein Schaden eingetreten ist. Zivilrechtliche Folgen (Schadensersatzpflicht) treten auch dann ein, wenn es zu einem Sachschaden kam, auch wenn niemand verletzt wurde oder zu Tode gekommen ist. Die Aufsichtspflichtverletzung an sich ist nicht strafbar. Ist ein **strafrechtlich** zu ahndender Schaden entstanden, wird geprüft, ob der Erzieherin eine fahrlässige oder vorsätzliche Aufsichtspflichtverletzung nachzuweisen ist.

Wird ein Kind geschädigt oder entsteht einem Dritten ein Schaden, kann **zivilrechtlich** ein Schadensanspruch erhoben werden. Wird ein beaufsichtigtes Kind geschädigt, greift unter Umständen der § 823 BGB: „Die Pflicht umfasst Ansprüche auf Schadensersatz (§ 249 BGB) und Schmerzensgeld (§ 253 Abs. 2 BGB). Allerdings sind Träger und Mitarbeiterinnen aufgrund der gesetzlichen Unfallversicherung der Kinder in der Regel von der Ersatzpflicht freigestellt [...]" *(Gerstein 2018, S. 103).*

> **§ 823 BGB:**
> (1) Wer vorsätzlich oder fahrlässig das Leben, den Körper, die Gesundheit, die Freiheit, das Eigentum oder ein sonstiges Recht eines anderen widerrechtlich verletzt, ist dem Anderen zum Ersatze des daraus entstehenden Schadens verpflichtet.

11.3 Elterliche Sorge

Recht und Pflicht der Eltern zur Pflege und Erziehung ihrer Kinder ist im **Grundgesetz** (GG) verankert:

> **Artikel 6 Absatz 2 Satz 1 GG:**
> Pflege und Erziehung der Kinder sind das natürliche Recht der Eltern und die zuvörderst ihnen obliegende Pflicht.

Dies bedeutet, dass die Eltern die wesentliche Instanz für ihre Kinder sind. Sie legen die Erziehungsziele usw. fest. Erst wenn die Eltern versagen (z. B. bei Missbrauch oder Vernachlässigung), greift die darüber wachende staatliche Gemeinschaft ein.

Die nähere Ausgestaltung der elterlichen Sorge findet sich in den §§ 1626–1698 BGB. Sie umfasst drei Teile: die Sorge für die Person des Kindes (Personensorge), für das Vermögen des Kindes (Vermögenssorge) und seine gesetzliche Vertretung.

Inhaber der elterlichen Sorge sind die Eltern des Kindes, bei ehelichen Kindern beide Eltern gemeinsam, bei nicht ehelichen Kindern zunächst nur die Mutter. Nach einer Trennung oder Scheidung bleibt die gemeinsame elterliche Sorge zunächst bestehen. Wie auch vorher schon erlangt der Vater ein Sorgerecht, wenn die Eltern übereinstimmende Sorgeerklärungen abgeben oder einander heiraten. Neu seit Mai 2013 ist, dass der Vater (oder einfach der andere Elternteil) auch gegen den Willen der Mutter einen Antrag auf gemeinsame elterliche Sorge stellen kann. Nach § 1626 a BGB kann der Antrag vom Familiengericht nur abgelehnt werden, wenn er dem Kindeswohl widerspricht. Solange keine anderen Gründe vorgetragen werden, wird vermutet, dass die gemeinsame elterliche Sorge dem Kindeswohl nicht widerspricht.

Eltern delegieren die Personensorge zum Teil an den Träger der Kindertagesstätte, der sie wiederum auf die Fachkräfte überträgt. Die Eltern unterzeichnen einen Betreuungsvertrag, in dem sie ihr Betreuungsrecht an den Träger der Einrichtung abgeben. Der Träger wiederum leitet das Recht durch Arbeitsverträge an die Erzieherinnen weiter. Ein eigenständiges Erziehungsrecht hat das pädagogische Fachpersonal dadurch aber nicht.

Wird ein Dritter geschädigt, haftet bei einer Aufsichtspflichtverletzung laut § 832 BGB der Aufsichtsführende durch Wiedergutmachung.

> **§ 832 BGB:**
> (1) Wer kraft Gesetzes zur Führung der Aufsicht über eine Person verpflichtet ist, die wegen Minderjährigkeit oder wegen ihres geistigen oder körperlichen Zustandes der Beaufsichtigung bedarf, ist zum Ersatze des Schadens verpflichtet, den diese Person einem Dritten widerrechtlich zufügt.
> Die Ersatzpflicht tritt nicht ein, wenn er seiner Aufsichtspflicht genügt oder wenn der Schaden auch bei gehöriger Aufsichtsführung entstanden sein würde.
> (2) Die gleiche Verantwortlichkeit trifft denjenigen, welcher die Führung der Aufsicht durch Vertrag übernimmt.

Unabhängig davon, ob ein Schaden eingetreten ist, können Aufsichtspflichtverletzungen auch arbeitsrechtliche Folgen haben. Der Arbeitnehmer kann abgemahnt werden und in besonders schwerwiegenden Fällen eine Kündigung erhalten.

11.4 Lebensmittelhygiene

Nach der EU-Lebensmittelhygiene-Verordnung (LMHV) ist jeder Betrieb, der Lebensmittel herstellt, verarbeitet oder in Verkehr bringt, zur Durchführung betriebseigener Kontrollmaßnahmen verpflichtet. Er hat die für die Lebensmittelsicherheit kritischen Arbeitsstufen zu ermitteln. Dies betrifft alle Stufen der Zubereitung, Verarbeitung, Herstellung, Verpackung, Lagerung, Beförderung, Verteilung, Behandlung und des Verkaufs von Lebensmitteln. Diese sind konsequent zu überwachen und zu dokumentieren, außerdem sind angemessene

Sicherheitsmaßnahmen festzulegen. Dies hat anhand der international anerkannten Grundsätze des HACCP-Konzepts zu erfolgen.

HACCP-Konzept

Das Konzept (Hazard Analysis Critical Control Points) ist ein Mittel zur Gewährleistung der Lebensmittelsicherheit. Zu den notwendigen Maßnahmen gehört auch die ständige Fortbildung der Mitarbeiterinnen (§§ 43 Abs. 4 Infektionsschutzgesetz (IFSG)). Es soll die vorhandenen Risiken für die Lebensmittelsicherheit identifizieren sowie bewerten und ermöglicht eine ständige Schwachstellenüberwachung.

Mitarbeiterschulung

Als Bestandteil des betriebseigenen Kontrollkonzepts wird durch die Lebensmittelhygieneverordnung auch die Durchführung von Mitarbeiterschulungen zwingend vorgeschrieben. Dies hat der Träger sicherzustellen.

Bei Verstößen gegen das allgemeine Hygienegebot sind Bußgelder zu erheben. Für pädagogische Einrichtungen gelten Abmilderungen:

- Die Mithilfe von Kindern und Eltern ist „im Sinne des erweiterten Privatbereichs" im Einzelfall zu dulden, z. B. beim Backen von Weihnachtsgebäck.
- Eltern dürfen bei Festen Essen mitbringen, wenn der Träger Verantwortlichkeiten festlegt. Das Mitbringen von leicht verderblichen Lebensmitteln wie Sahnetorten, Hackfleisch und Tiramisu ist untersagt.
- Gemäß § 43 Abs. 1 des Infektionsschutzgesetzes (IFSG) dürfen Personen in Küchen nur mit einem gültigen Gesundheitszeugnis beschäftigt werden. Die Mithilfe von Kindern und Eltern in der Küche ist nicht gestattet, wenn es sich um die Herstellung der Gemeinschaftsverpflegung handelt. Nur wenn Kinder oder Eltern die selbst produzierte Speisen im Rahmen eines pädagogischen Projektes gemeinsam herstellen und dann selbst verzehren, handelt es sich nicht um eine Abgabe der Speisen an Dritte und die Lebensmittelverordnung findet keine Anwendung. Deshalb ist dies zulässig.

11.5   Datenschutz

Der Datenschutz ist ein höchst sensibles Thema in Kindertagesstätten. Dürfen Fotos der Kinder unter den Eltern via Internet ausgetauscht werden, darf die Erzieherin die finanziellen Verhältnisse der Familien kennen oder darf die Schule von der Kita erfahren, wie sich das Kind entwickelt hat? Zunächst einmal gilt für jedes Kind das Grundrecht auf **informationelle Selbstbestimmung.** Mit Anpassung an die Vorgaben der Europäischen Union und der Einführung der Datenschutzgrundverordnung (DSGVO) im Jahre 2018 sind die Regelungen verschärft worden und die Träger mussten zahlreiche Maßnahmen zur Umsetzung treffen. Dies betraf zum einen die Benennung von Datenschutzbeauftragten als auch die Prüfung der Verwaltungsabläufe und der verwandten Software.

Das Recht auf informationelle Selbstbestimmung ist aus dem Grundgesetz (GG), Artikel 2 Abs. 1 in Verbindung mit Artikel 1 Abs. 1 GG hergeleitet. Der Einzelne hat grundsätzlich das Recht, selbst über die Verwendung seiner persönlichen Daten zu bestimmen. Jeder Eingriff in personenbezogene Daten, der ohne Einverständnis des Betroffenen erfolgt, stellt einen Eingriff in ein Grundrecht dar. Dieser Eingriff ist nur gestattet,

wenn und so weit eine gesetzliche Ermächtigung dies vorsieht.

- Auch in Kindertageseinrichtungen ist der Datenschutz zu beachten. Dies dient der Achtung der Persönlichkeitsrechte der Kinder.
- Die Nutzung von Daten bedarf der Einwilligung durch die Eltern.
- Auch Fotos oder Filmaufnahmen bedürfen der Zustimmung derer, die darauf zu sehen sind, bzw. ihrer gesetzlichen Vertreter.

Begriff der personenbezogenen Daten

Geschützt sind alle personenbezogenen Angaben, die die Identifizierung oder Charakterisierung des Betroffenen ermöglichen. Dies sind alle Einzelangaben über persönliche und sachliche Verhältnisse, wie z. B. Name, Anschrift, Geburtsdatum, Geschlecht, Religionszugehörigkeit, Nationalität, Krankheiten, Familienstand, Kinderzahl, Einkommen, Beruf und Arbeitgeber. Personenbezogene Daten werden zu Sozialdaten gemäß § 67 Abs. 1 SGB X, wenn die genannten Einzelangaben im Zusammenhang mit Jugendhilfeaufgaben und von einer Stelle, insbesondere einem Leistungsträger i. S. d. § 35 Abs. 1 SGB I erhoben und verwendet werden.

Alle diese Informationen sind Sozialdaten, unabhängig von der Art ihrer Gewinnung (schriftlich oder mündlich, aber beispielsweise auch durch ein Gruppenfoto oder eine Videoaufnahme einer Kindergartengruppe). Auch Bewertungen, Diagnosen und Prognosen enthalten solche geschützten Einzelangaben über eine Person. Das Gesetz (§ 67 Abs. 1 SGB X) nennt diese Personen „Betroffene".

Zulässigkeit der Datenerhebung

Die Datenerhebung ist in § 62 SGB VIII für die Jugendhilfe geregelt. Es dürfen nur Daten erhoben werden, wenn sie für die Erfüllung der Erziehungsaufgabe in der Kita erforderlich sind. Es dürfen nur solche personenbezogenen Daten erfragt werden, die erforderlich sind, damit der Träger der Kita über den Aufnahmeantrag entscheiden und das Betreuungsverhältnis in der Kita durchführen kann. Eine Sammlung auf Vorrat, also die Erhebung von Daten, die man vielleicht einmal brauchen könnte, ist verboten.

Zum Datenschutz gehört auch, dass die Daten nur den befugten Personen zugänglich sind. Dafür reicht es nicht aus, das Leitungsbüro abzuschließen. Unbefugten ist der Zutritt zu diesen Daten zu verwehren. Werden auf dem PC Adressdaten der Eltern oder Personaldaten der Beschäftigten verarbeitet, muss durch die Vergabe von Zugriffsrechten ausgeschlossen werden, dass auch Unbefugte Zugang dazu erhalten können. So sind die PCs mit Identifikations- und Authentifikationsmechanismen (Passwort) abzusichern. Weitere Maßnahmen in diesem Zusammenhang sollten sein:

- die Dunkelschaltung des Bildschirms mit Passwortschutz bei Abwesenheit,

- die Begrenzung der Fehlversuche bei der Anmeldung sowie
- die zeitliche Begrenzung der Gültigkeit der Passworte.

Portfolio

Auch die Portfolios der Kinder stellen eine Datensammlung dar. Die Dokumentation ist zunächst unproblematisch, da die Erhebung der Daten durch die Anforderung an die Kitas, die in Bildungsplänen und Konzeptionen festgehalten ist, diese deckt. Hierfür bedarf es keiner ausdrücklichen Genehmigung durch die Eltern. „Im Umkehrschluss bedeutet dies, dass Eltern das Führen von Bildungs- und Lerndokumentationen über ihr Kind nicht untersagen dürfen" *(Gerstein, 2018, S. 125)*.

Kindergartenkinder können noch nicht rechtswirksam über den Umgang mit ihren Daten entscheiden. Aus Gründen des Datenschutzes ist es notwendig, eine Einwilligung der Eltern einzuholen (z. B. im Betreuungsvertrag), wenn Portfolios frei zugänglich aufbewahrt werden und sich im Portfolio Bilder von Kindern der Kita befinden. Eltern müssen einwilligen, dass das Portfolio frei zugänglich aufbewahrt wird und dass Fotos vom eigenen Kind auch im Portfolio eines anderen Kindes zu sehen sind. Wenn die Eltern mit der offenen Aufbewahrung nicht einverstanden sind, muss das Portfolio verschlossen aufbewahrt werden.

Rechtsgrundlage

Auch Bilder sind personenbezogene Daten, wenn darauf Personen zu erkennen sind. Daten dürfen genutzt werden, wenn dies ausdrücklich durch eine Rechtsvorschrift erlaubt wird, die betroffene Person einwilligt oder die Datennutzung zur Erfüllung eines Vertrages erforderlich ist *(vgl. Art. 6 DSGVO)*. Rechtsgrundlage für das Erheben, Speichern, Verwenden und Nutzen der Bilder wäre Art. 6 DSGVO. Das KunsturheberG ist nur Rechtsgrundlage für die Veröffentlichung von Bildern. Demnach dürfen Bilder nur mit Einwilligung des Abgebildeten verbreitet oder veröffentlicht werden (§ 22 Abs. 1 KunstUrhG). Gerade bei Kindern ist darauf zu achten, dass sie nicht erkennbar sind, auch nicht bei Vergrößerung des Fotos. Ausnahmen sind Personen der Zeitgeschichte (Politiker, Künstler, Sportler usw.).

Ein Problem sind private Handymitschnitte von Kindern in Horten oder der Schulbetreuung, die in das

Internet eingestellt werden. Natürlich ist dies ohne Einwilligung der Betroffenen nicht zulässig. Da die Verantwortung auch hier bei der Leitung liegt, ist es ratsam, in einer Haus- oder Nutzungsverordnung des Hortes bzw. der Schulbetreuung den Umgang mit Handys zu regeln.

Weitere Richtlinien

Weitere Richtlinien zur Sicherheit und Hygiene sind je nach Bundesland zu beachten etwa die jährliche Prüfung der Trinkwasserqualität oder die Standfestigkeit von Bäumen auf dem Kita-Gelände. Die Träger haben auf die Einhaltung zahlreicher Verordnungen und Gesetze zu achten. Diese Pflicht delegieren sie an die Leitung.

Die bei einer Veröffentlichung von Kinderfotos notwendige Einwilligung sollte nicht allgemein, sondern stets konkret auf ein bestimmtes Bild bezogen sein und den Hinweis enthalten, dass die Einwilligung jederzeit widerrufen werden kann.

Seit 2020 müssen Kitas bei der Aufnahme eines Kindes prüfen, ob das Kind gegen Masern geimpft ist (Masernschutzgesetz). Der Nachweis erfolgt über den Impfausweis oder ein Attest. Sollte ein Kind keine Kita besucht haben, ist der Nachweis beim Eintritt in die Schule zu erbringen. Die Pflicht zum Impfnachweis gilt nicht nur für die Kinder, sondern auch für das gesamte Personal, sofern es nach 1970 geboren ist.

11.6 UN-Kinderrechtskonvention

Die UN-Kinderrechtskonvention stellt ein völkerrechtlich verbindliches Vertragswerk dar. Sie wurde am 20. November 1989 unterzeichnet und wird derzeit von allen Staaten der Welt mit Ausnahme der USA getragen *(vgl. Kittel, 2020, S. 26)*. Erstmals werden Kinder „nicht mehr als Objekte des Handelns und der Entscheidung Erwachsener angesehen, sondern als eigenständige Persönlichkeiten, die respektiert und ernst genommen werden sollten" *(Kittel, 2008, S. 11)*.

Die Kinderrechtskonvention trägt dazu bei, dass sich weltweit ein Verständnis von Kindsein und Kindheit

durchsetzt, das sich daran orientiert, Kinder als Akteure ihrer Entwicklung zu sehen, die Unterstützung und Begleitung auf ihrem Weg zum Erwachsensein bekommen. Diese Sichtweise erkennt an, dass Kinder sich die Welt selbst aneignen wollen und können, dass die Erwachsenen ihnen aber dafür einen entsprechenden Rahmen bieten müssen, der die Selbstaneignung von Welt möglich macht *(vgl. Kittel, 2020, S. 26)*.

Die Grundlage für die Kinderrechtskonvention ist u. a. die „Allgemeine Erklärung der Menschenrechte" vom 10. Dezember 1948.

Aufbau der Kinderrechtskonvention

Die Kinderrechtskonvention besteht aus drei Bereichen: Artikel 1–41: In diesem Teil werden die Rechte des Kindes geregelt. Dabei handelt es sich um Schutz-, Versorgungs- und Beteiligungsrechte. Artikel 42–45: In diesen Artikeln wird geklärt, wie die Kinderrechtskonvention auf internationaler Ebene umgesetzt werden soll und wozu sich die Vertragsstaaten verpflichten. So sind z. B. die Staaten, die die Kinderrechtskonvention unterzeichnet haben, verantwortlich dafür, dass die Menschen in

ihren Ländern über die Kinderrechtskonvention informiert werden. Artikel 46–54: Hier wird geregelt, wann die Kinderrechtskonvention in Kraft tritt und ob die einzelnen Länder Vorbehalte formulieren können. Vor allem vier Grundprinzipien sind hervorzuheben:
- Prinzip 1: Das Recht auf Gleichbehandlung
- Prinzip 2: Der Vorrang des Kindeswohls
- Prinzip 3: Das Recht auf Leben
- Prinzip 4: Die Berücksichtigung des Kindeswillens

Grundprinzipien der UN-Kinderrechtskonvention

Artikel 2: Achtung der Kinderrechte, Diskriminierungsverbot

Die Vertragsstaaten achten die festgelegten Rechte und gewährleisten sie jedem ihrer Hoheitsgewalt unterstehenden Kind ohne jede Diskriminierung, unabhängig von der Rasse, der Hautfarbe, dem Geschlecht, der Sprache, der Religion, der politischen oder sonstigen Anschauung, der nationalen, ethnischen oder sozialen Herkunft, des Vermögens, einer Behinderung, der Geburt oder dem sonstigen Status des Kindes, seiner Eltern oder seines Vormundes.

Artikel 3: Wohl des Kindes

Bei allen Maßnahmen, die Kinder betreffen, gleichviel ob sie von öffentlichen oder privaten Einrichtungen der sozialen Fürsorge, Gerichten, Verwaltungsbehörden oder Gesetzgebungsorganen getroffen werden, ist das Wohl des Kindes vorrangig zu berücksichtigen.

Artikel 6: Recht auf Leben

Die Vertragsstaaten erkennen an, dass jedes Kind ein angeborenes Recht auf Leben hat. Die Vertragsstaaten gewährleisten in größtmöglichem Umfang das Überleben und die Entwicklung des Kindes.

Artikel 12: Berücksichtigung des Kinderwillens

Die Vertragsstaaten sichern dem Kind, das fähig ist, sich eine eigene Meinung zu bilden, das Recht zu, diese Meinung in allen das Kind berührenden Angelegenheiten frei zu äußern, und berücksichtigen die Meinung des Kindes angemessen und entsprechend seinem Alter und seiner Reife.
Zu diesem Zweck wird dem Kind insbesondere Gelegenheit gegeben, in allen das Kind berührenden Gerichts- und Verwaltungsverfahren entweder unmittelbar oder durch einen Vertreter oder eine geeignete Stelle im Einklang mit den innerstaatlichen Verfahrensvorschriften gehört zu werden *(vgl. Kittel, 2008, S. 29 f.)*.

Was bedeutet die UN-Kinderrechtskonvention für Tageseinrichtungen für Kinder?

Die UN-Kinderrechtskonvention bleibt wirkungslos, wenn sie nicht Eingang in den gesellschaftlichen Alltag und damit auch in den Alltag von Kitas findet. Deshalb plädieren Kinderrechtsexperten dafür, in den Kitas einen Kinderrechtsansatz zu verwirklichen *(vgl. Maywald, 2016 (a), S. 28 ff.)*. Ein solcher Kinderrechtsansatz hat zum Ziel, „dass jeder Junge und jedes Mädchen darauf vertrauen kann, dass seine bzw. ihre anerkannten Rechte in der Kita respektiert und umgesetzt werden" *(vgl. Maywald, 2016 (a), S. 28 ff.)*. Dies bedeutet, dass sich pädagogische Fachkräfte fragen, ob ihre pädagogische Praxis in der Kita und die pädagogische Konzeption diesem Ziel dient. So sollten die geschriebenen und ungeschriebenen Regeln in einer Kita daraufhin überprüft werden, ob sie die Rechte von Kindern respektieren oder zum Teil einschränken. Erzieherinnen könnten ihren Erziehungsstil reflektieren und einen direkten Zusammenhang zwischen dem Erziehungsstil und den Kinderrechten herstellen.

Der Kinderrechtsansatz in der Kita baut auf vier Prinzipen auf *(vgl. Maywald, 2016 (a), S. 28 f.)*:

Erstes Prinzip: Universalität

Kinderrechte sind Rechte für alle Kinder, unabhängig davon, wo sie wohnen und wer sie sind, unabhängig davon aus welchen Familien oder Kulturen sie kommen, unabhängig davon ob sie hier geboren oder zugewandert sind. Ihnen allen stehen diese Rechte zu.

Zweites Prinzip: Unteilbarkeit der Kinderrechte

In der UN-Kinderrechtskonvention gibt es keine Rechte, die hervorgehoben werden. Alle dort aufgeführten Rechte sind gleichrangig. Erwachsene können also nicht sagen, dass die Schutzrechte besonders wichtig sind und das Recht auf Beteiligung nachrangig zu behandeln ist. Vielmehr ist es so, dass Kinder, die über ihre Rechte Bescheid wissen und an allen wesentlichen Punkten in der Kita beteiligt sind, auch besser geschützt sind.

Drittes Prinzip: Kinder sind Träger von Rechten

Kindern stehen diese Rechte zu. Kein Mensch kann sie ihnen wegnehmen. Mit der Unterzeichnung der Kinderrechtskonvention hat die Bundesrepublik dieses Prinzip – so wie auch die anderen Prinzipien – anerkannt. Das bedeutet, das Kind muss nichts dafür tun, dass es dieses Recht zugesprochen bekommt. „Sie stehen ihnen allein deshalb zu, weil sie Kind sind." *(Maywald, 2016 (a), S. 29)*

Viertes Prinzip: Erwachsene sind die Verantwortungsträger der Kinderrechte

Dies bedeutet, dass die Erwachsenen – Eltern und Erzieherinnen gleichermaßen – die Pflicht haben, dass die Kinderrechte umgesetzt und eingehalten werden. Jede Erzieherin, jede Leiterin ist verpflichtet, darauf zu achten, dass die Kinderrechte in der Kita beachtet werden.

Die Leiterin der Kita Sommerweg, Frau Gebrehewit, nutzte einen pädagogischen Tag, um mithilfe einer Referentin das gesamte Team in die UN-Kinderrechtskonvention und den Kinderrechtsansatz einzuführen. Dieser pädagogische Tag diente dazu, dass das Team einige grundsätzliche Beschlüsse fasste, u. a. die folgenden:

- Alle Mitarbeiterinnen und Mitarbeiter erhalten bei Dienstbeginn die UN-Kinderrechtskonvention ausgehändigt – mit dem Hinweis, dass diese Grundlage für die Arbeit in der Kita Sommerweg ist.
- Es werden wichtige Fachbücher für Kitas zur UN-Kinderrechtskonvention angeschafft, die alle Mitarbeiterinnen nutzen können.
- Die UN-Kinderrechtskonvention wird in Auszügen im Eingangsbereich aufgehängt, die Kinder malen zu den ausgestellten Artikeln Bilder, die deutlich machen, warum diese Artikel den Kindern wichtig sind und was sie für sie bedeuten.
- Beim Aufnahmegespräch erhalten die Eltern die UN-Kinderrechtskonvention mit den anderen Hinweisen zur Kita ausgehändigt. Jede pädagogische Fachkraft, die ein Aufnahmegespräch mit Eltern führt, ist verpflichtet, darauf hinzuweisen, dass diese Kinderrechte für Eltern und Erzieher verbindlich sind und anhand eines Beispiels den Eltern zu erklären, was dies in der Kita konkret bedeutet.
- Die Kinder in der Kita werden offensiv und altersangemessen über die Kinderrechte informiert *(vgl. Maywald 2016 (b) S. 40)*.

Nach dem pädagogischen Tag wird mit den Kindern überlegt, wie Erzieherinnen mit Beschwerden von Kindern künftig umgehen sollten. In einer Kinderkonferenz entwickelten die Kinder folgende Idee: In jeder Gruppe gibt es künftig einen Kummerkasten, in den die Kinder Zettel legen können, auf die sie zuvor das gemalt haben, was ihnen missfällt. Sollten sie ihre Beschwerde einer Erzieherin diktieren wollen, so können sie jederzeit auf eine Erzieherin zugehen. Diese notiert, was das Kind bekümmert. Einmal in der Woche wird im Morgenkreis der Kummerkasten geleert und die Zettel vorgestellt bzw. vorgelesen. Gemeinsam überlegen Kinder mit Erzieherinnen, wie das jeweilige Problem gelöst werden könnte. Dann wird die Lösung umgesetzt.

Die Kita Sommerweg greift damit Artikel 12 der UN-Kinderrechtskonvention auf.

Dort heißt es, dass ihre Meinung gehört und berücksichtigt werden muss. Dies wirkt sich ganz direkt auf die Gestaltung des Tagesablaufs in einer Einrichtung aus. Erzieherinnen und Kinder suchen nach geeigneten Formen der Beteiligung und sorgen dafür, dass Kinder angemessen gehört werden. Dies kann sich auf vielfältige Weise zeigen:

Kinderparlament in der Kita Regenbogen:
Die Kinder beschweren sich bei den Erzieherinnen, dass die Schulkinder aus den Hortgruppen sie von den Schaukeln vertreiben. Gemeinsam mit den Erzieherinnen und den Hortkindern wird ein Kinderparlament gegründet. Darin sind aus jeder Gruppe vier Kinder vertreten. Die Gruppen wählen für jedes Treffen ihre Vertreter neu. Die Erzieherinnen sind als Beraterinnen dabei. Die Entscheidungen treffen die Kinder allein. So können die Kinder ihre Beschwerde bezüglich der Schaukel vorbringen. Nach langer Diskussion einigen sich alle darauf, dass die Hortkinder grundsätzlich zu bestimmten Zeiten die Schaukeln nützen können. Zu anderen Zeiten müssen sie fragen und dürfen die jüngeren Kinder nicht mehr vertreiben.

Das Kindergericht der Hortgruppe:
Seit Wochen besteht ein Streit zwischen den Erzieherinnen und den Kindern: Die Erzieherinnen ärgern sich darüber, dass die Schulkinder ihre Hausschuhe am Ende des Tages nicht in die Schuhfächer stellen und die Putzfrauen dadurch mehr Arbeit haben. Deshalb wollen sie vorerst keine Ausflüge mehr mit den Kindern organisieren. Diese Entscheidung löst bei den Kindern Empörung aus. Sie fordern, solche Entscheidungen nicht alleine zu treffen, und schlagen ein Kindergericht vor, dass über den Fall befinden soll. Die Erzieherinnen sind über den Vorschlag überrascht, lassen sich aber darauf ein. Nun wählen die Kinder drei Richterinnen aus ihrer Mitte. Ein Kind übernimmt die Rolle des Anklägers und setzt sich mit den Erzieherinnen zusammen, um deren Argumente vortragen zu können. Die Kinder wählen ein weiteres Kind aus, das ihre Interessen vertreten soll. Die Verhandlung soll am nächsten Tag nach den Hausaufgaben stattfinden. Bei der Verhandlung beschließen die Richter, dass nicht nur die Kinder, sondern auch die Erzieherinnen gehört werden müssen. Argumente pro und contra werden ausgetauscht. Schließlich entscheiden die Kinder-Richter: Die Erzieherinnen bekommen Recht. Die Kinder werden aufgefordert, die Hausschuhe in die dafür vorgesehenen Fächer zu stellen. Aber die Erzieherinnen werden auch aufgefordert, Konflikte nicht mehr dadurch zu lösen, dass sie die Ausflüge streichen.

Die UN-Kinderrechtskonvention verlangt von allen Verantwortlichen, dass sie überlegen sollen, wie die Konvention umgesetzt wird. In Deutschland arbeitet daran die „National Coalition für die Umsetzung der UN-Kinderrechtskonvention" *(vgl. Netzwerk UN-Kinderrechtskonvention)*, der bisher fast 100 Organisationen angehören. Tageseinrichtungen können dazu beitragen, die Rechte von Kindern bekannt zu machen und zu stärken, indem sie

- bei der National Coalition bzw. bei dem Kindernachrichtenmagazin logo die Broschüre zur Kinderrechtskonvention bestellen und in den Tageseinrichtungen auslegen.
- vielfältige Beteiligungsmöglichkeiten innerhalb der Tageseinrichtung schaffen.
- Kinder darin unterstützen, sich öffentlich in Leserbriefen an Zeitungen zu ihren Anliegen zu äußern.
- sich für Beteiligungsformen für Kinder und Jugendliche in den Kommunen einsetzen.
- in der Tageseinrichtung darauf achten, dass Kinder zu Wort kommen: Beim Elterncafé z. B. berichten Kinder selbst von den Projekten, die sie zuletzt durchgeführt haben oder eine Hortzeitung wird alle drei Monate von Kindern gestaltet.

Erzieherinnen, die sich auf den Weg machen, der Kinderrechtskonvention einen größeren Raum in der Tageseinrichtung zu geben, tragen auch zu zentralen Bildungserfahrungen von Kindern bei. Sie regen Bildungsprozesse an: Kinder erleben, dass es sich lohnt, sich zu äußern, seine Meinung zu sagen, denn sie finden Gehör. Dies sind wichtige demokratische Erfahrungen, die Kinder machen können und die ihnen zeigen, dass sie etwas bewegen und verändern können.

↗ WIEDERHOLUNG

→ Der Betrieb einer Kindertagesstätte bedarf der Genehmigung durch den Staat.

→ Eltern haben einen Rechtsanspruch auf Kinderbetreuung (ab dem vollendeten ersten Lebensjahr bis zum Schuleintritt).

→ Die Kindertagespflege gilt als gleichwertig zur Kindertagesstätte.

→ Die Kita muss zahlreiche Gesetze einhalten.

→ Die Aufsichtspflicht muss gewährleistet werden.

→ Elternmitwirkung ist ein gesetzlich verbrieftes Recht.

→ Der Datenschutz in der Kita hat mit der DSGVO an Bedeutung gewonnen.

→ Hygienestandards müssen eingehalten werden.

→ Partizipation ist ein Recht der Kinder, das sich auch aus der UN-Kinderrechtserklärung herleitet.

→ Die UN-Kinderrechtskonvention gilt in Deutschland und verpflichtet die Kindertageseinrichtungen, diese umzusetzen.

→ Der Kinderrechtsansatz basiert auf vier Prinzipien, die der Kita Orientierung in der Realisierung bieten.

→ Pädagogische Fachkräfte sind dafür verantwortlich, dass die Kinderrechte sowohl im Alltag als auch in der Konzeption der Kita umgesetzt werden.

→·← AUFGABEN

1 [Wissen und Verstehen]
Der Auftrag zur Förderung der Kinder findet sich in verschiedenen Gesetzen an unterschiedlichen Stellen. In den Gesetzen ist geregelt, wer die Kinder wie fördern soll. Listen Sie die Gesetze und Paragrafen auf und diskutieren Sie in der Kleingruppe die Bedeutung und den gegebenen Auftrag.

2 [Wissen und Verstehen]
Zum Betrieb einer Kindertagesstätte bedarf es zahlreicher Genehmigungen. Wer erteilt die Betriebsgenehmigung auf welcher Grundlage? Können Sie die zuständige Stelle an Ihrem Ort benennen?

3 [Wissen und Verstehen]
Was sind die Kriterien zur Beurteilung der notwendigen Aufsicht? Welche Voraussetzungen müssen erfüllt sein, um Kinder unbeobachtet spielen zu lassen?

4 [Wissen und Verstehen]
Welche Speisen dürfen bei Festen nicht von den Eltern mitgebracht werden?

5 [Wissen und Verstehen]
Auf welchem Grundrecht basiert der Datenschutz?

6 [Planung und Konzeption] [Querschnittsaufgabe Partizipation]
Überlegen Sie in einer Kleingruppe mit drei Mitschülerinnen Möglichkeiten, wie Artikel 12 der UN-Kinderrechtskonvention für Kinder in der Krippe umgesetzt werden könnte. Arbeiten Sie Ihre Ideen in der Kleingruppe gemeinsam aus und präsentieren Sie diese auf einem Plakat der Klasse. Diskutieren Sie die Ideen, greifen Sie Verbesserungsvorschläge aus der Klasse für die einzelnen Ideen auf und arbeiten Sie diese ein. Erstellen Sie aus allen Ideen ein Heft mit der Überschrift „Die konkrete Umsetzung der UN-Kinderrechtskonvention in der Krippe".

TIPPS ZUM WEITERARBEITEN →→

→ Bundesministerium für Familie, Senioren, Frauen und Jugend (Hrsg.): Die Rechte der Kinder von Logo! einfach erklärt. 5. Auflage. Berlin: Eigenverlag 2019.

→ Serres, Alain/Fronty, Aurélia: Ich bin ein Kind und ich habe Rechte. Zürich: NordSüd Verlag 2013.

→ Hundmeyer, Simon: Aufsichtspflicht in Kindertageseinrichtungen. Rechtlich begründete Antworten auf Fragen der Praxis zu Aufsichtspflicht, Haftung und zum Versicherungsschutz. Kronach: Carl Link Verlag 2014.

→ Gerwig, Kurt: Rechtsfragen aus dem Kita-Alltag. Kaufungen: AV1 Film 2018.

→ Kunkel, Peter Christian: Sozialdatenschutz in Kindergärten. In: Das Kita-Handbuch. Herausgegeben von Martin Textor und Antje Bostelmann. www.kindergartenpaedagogik.de/1064.html (aktualisiert 2015) [22.08.2020].

→ Maywald, Jörg: Kinderrechte: Themenkarten für Teamarbeit, Elternabende, Seminare. München: Don Bosco Verlag 2017.

→ Schnurr, Heike: Sicher im Recht - Kompetent in der Praxis. Lehrbuch und Nachschlagewerk für pädagogische Fachkräfte. Braunschweig: Westermann Verlag 2016.

Kompetenzen, die in diesem Kapitel erworben werden können:

• Die Absolventinnen und Absolventen verfügen über umfangreiches Wissen über die rechtlichen Bedingungen und Aufträge pädagogischen Handelns sowie über vertieftes Wissen um rechtliche Rahmenbedingungen sozialpädagogischen Handelns.

Bundesamt für Justiz: Gesetze im Internet. In: www.gesetze-im-internet.de/index.html [11.09.2020].

Bundesministerium für Familie, Senioren, Frauen und Jugend: Betreuungslücken für Grundschulkinder schließen, Pressemeldung vom 05.07.2019. In: www.bmfsfj.de/bmfsfj/themen/familie/kinderbetreuung/ganztagsbetreuung/betreuungsluecken-fuer-grundschulkinder-schliessen/133604 [11.09.2020].

Bürgerliches Gesetzbuch (BGB). Ausfertigungsdatum 18.08.1896, Stand 21.12.2019. In: www.gesetze-im-internet.de/bgb/__1631.html [11.09.2020].

Datenschutz-Grundverordnung (EU) (DSGVO). Ausfertigungsdatum 27.04.2016, anzuwenden ab 25.05.2018. In: www.eur-lex.europa.eu/legal-content/DE/TXT/PDF/?uri=CELEX:32016R0679&qid=1527147390147&from=EN [11.09.2020].

Gesetz über Kindertageseinrichtungen des Freistaates Sachsen. 1. Ausführungsdatum 15.Mai 2009, Stand 14. Dezember 2018. In: www.revosax.sachsen.de/vorschrift/1079-Gesetz_ueber_Kindertageseinrichtungen#p6 [11.09.2020].

Gesetz für den Schutz vor Masern und zur Stärkung der Impfprävention (Masernschutzgesetz). Ausfertigungsdatum 10.02.2020. In: www.bgbl.de/xaver/bgbl/start.xav?startbk=Bundesanzeiger_BGBl&jumpTo=bgbl120s0148.pdf#__bgbl__%2F%2F*%5B%40attr_id%3D%27bgbl120s0148.pdf%27%5D__1587491268501 [11.09.2020].

Gesetz zur frühen Bildung und Förderung von Kindern (KiBiz). Ausfertigungsdatum 30.10.2007, Stand 20.04.2020. In: www.recht.nrw.de/lmi/owa/br_bes_detail?sg=0&menu=1&bes_id=10994&anw_nr=2&aufgehoben=N&det_id=434612 [11.09.2020].

Gerstein, Hartmut: Kleine Rechtskunde für pädagogische Fachkräfte in Kitas. 2. Auflage. Berlin: Cornelsen 2018.

Grundgesetz. Ausfertigungsdatum 23.05.1949, Stand: 15.11.2019. In: www.bundestag.de/gg [11.09.2020].

Infektionsschutzgesetz (IfSG). Ausfertigungsdatum 20.07.2020. Stand: 27.3.2020. In: www.gesetze-im-internet.de/ifsg/BJNR104510000.html] [11.09.2020]

Kittel, Claudia: Kinderrechte. Ein Praxisbuch für Kindertageseinrichtungen. München: Kösel Verlag 2008.

Kittel, Claudia: Drei Jahrzehnte UN-Kinderrechtskonvention. In: Aus Politik und Zeitgeschichte, Heft 20/2020, S. 26–32.

Kunsturhebergesetz (KunstUrhG). Ausfertigungsdatum 09.01.1907, Stand 16.02.2001. In: www.dejure.org/gesetze/KunstUrhG/22.html [11.09.2020].

Maywald, Jörg (a): Kinderrechte in der Kita. Kinder schützen, fördern, beteiligen. Freiburg i. Br.: Herder Verlag 2016.

Maywald, Jörg (b): Recht haben und Recht bekommen. Der Kinderrechtsansatz in der Kinder- und Jugendhilfe. In: Kinderrechte als Fixstern moderner Pädagogik? Grundlagen, Praxis, Perspektiven. Herausgegeben von Luise Hartwig, Gerald Mennen und Christian Schrapper. Weinheim/Basel: Beltz Juventa, 2016, S. 29–42.

Netzwerk zur Umsetzung der UN-Kinderrechtskonvention. National Coalition Deutschland. In: www.netzwerk-kinderrechte.de [11.09.2020].

Sozialgesetzbuch (SGB VIII) Achtes Buch. Neugefasst 11.09.2012, zuletzt geändert 30.11.2019. In: www.sozialgesetzbuch-sgb.de/sgbviii/22.html [11.09.2020].

3 LEBENSWELTEN UND DIVERSITÄT WAHRNEHMEN, VERSTEHEN UND INKLUSION FÖRDERN

Einführung in Lernfeld 3

Dietmar Böhm • Regine Böhm

Grundlegende anthropologische Überlegungen zum Menschenbild und zum Bild vom Kind im Wandel der Zeit führen in das Lernfeld ein. Darauf bauen zum einen soziologische Überlegungen auf, die sich mit der Frage befassen, wie Kinder und Jugendliche ihre Lebensrealität produktiv verarbeiten, was es ihnen ermöglicht, Teil der Gesellschaft zu werden. Hierzu gehört auch die Bewältigung von Entwicklungsaufgaben sowie die Auseinandersetzung mit Diversität und sozialer Ungleichheit. Zum anderen werden entwicklungspsychologische Denkrichtungen und Grundlagen, wie z. B. Denk- oder Sprachentwicklung, dargestellt.

Zur Auseinandersetzung mit den entwicklungspsychologischen Grundlagen gehört auch die Frage, wie Kinder schwierige Lebensbedingungen gut bewältigen und resilientes Verhalten aufbauen können.

Erzieher und Erzieherinnen nehmen einen öffentlichen Bildungsauftrag wahr. Um das Lernen von Kindern förderlich gestalten zu können, kennen sie sowohl die physiologischen Voraussetzungen für das Lernen als auch wichtige Lerntheorien, um daraus gezielte Unterstützungsmaßnahmen ableiten zu können.

In all diesen Kapiteln wird deutlich, dass Kinder und Jugendliche sehr unterschiedliche Voraussetzungen für ihre Bildung und Entwicklung haben. Aus diesem Grund benötigen pädagogische Fachkräfte eine positive Einstellung zu inklusiven Fragestellungen und kennen sowohl rechtliche Rahmenbedingungen als auch inhaltliche Merkmale von Inklusion. So können sie Kinder und Jugendliche ressourcenorientiert fördern.

1 Grundfragen der pädagogischen Anthropologie

Dietmar Böhm

Nach einem sechswöchigen Praktikum treffen sich die Schülerinnen und Schüler zu einem Auswertungstag an der Fachschule. Die Lehrerin, Frau Johannson, bittet sie, sich in Kleingruppen über Situationen auszutauschen, die sie während des Praktikums erlebt haben und die sie irritiert haben. Pedro berichtet vom Sommerfest des Kindergartens. Er sei zu den Eltern an die Tische gegangen, um sich vorzustellen. So sei er auch mit den Eltern in interessante Gespräche über Erziehung und Erziehungsziele gekommen. Überrascht habe ihn, dass Eltern so unterschiedliche Erziehungsvorstellungen vertreten hätten. So habe der Vater der vierjährigen Alicia gemeint, dass seine Tochter immer alles allein ausprobieren wolle und dass er das auch zulasse, obwohl dabei schon manches zu Bruch gegangen sei. Dagegen habe die Mutter des sechsjährigen John die Ansicht vertreten, dass ein Kind durchaus auch einmal einen Klaps bekommen könne, damit es tue, was Erwachsene von ihm wollten: „Ohne unsere direkten Vorgaben geht doch jede Erziehung schief! Nur wir Erwachsene wissen, wo es langgeht!"

Eine andere Mutter habe gemeint, dass der Mensch doch eigentlich gut sei und nur die Umwelt ihn schlecht mache. Deshalb versuche sie immer, den eigenen Kindern das vorzuleben, was sie übernehmen sollen. Johns Mutter habe entgegnet: „Also, wenn ich mich in den ersten Jahren nicht um alles gekümmert hätte, dann würde John vielleicht gar nicht mehr leben. Ein Kleinkind ist doch völlig hilflos und kann noch gar nichts!"

Pedro schließt ab, dass es ihn doch wundert, wie es zu so unterschiedlichen Erziehungszielen und -vorstellungen bei Eltern kommen könne: „Woher kommt so etwas?" fragt er seine Lehrerin. Frau Johannson erklärt, dass dies vor allem mit den unterschiedlichen Menschenbildern zu tun habe.

↘ FRAGEN

→ *Wie würden Sie das Bild vom Menschen beschreiben, das sich in den Aussagen von Alicias Vater und Johns Mutter ausdrückt?*

→ *Wie würden Sie Ihr eigenes Bild vom Kind beschreiben?*

Die Anthropologie (zusammengesetzt aus den griechischen Wörtern „ánthrōpos" = Mensch und „lógos" = Wissenschaft/Lehre) versucht zu beschreiben und zu erforschen, was für ein Wesen der Mensch ist. Die **pädagogische Anthropologie** ist ein Teilgebiet der Anthropologie und der Pädagogik. Basierend auf den anthropologischen Erkenntnissen zum Wesen des Menschen ist die pädagogische Anthropologie bestrebt, Ziele für die alltägliche pädagogische Arbeit und für die pädagogischen Theorien bzw. Handlungskonzepte abzuleiten. Sie bezieht ihr Wissen aus unterschiedlichen Fachrichtungen. So fließen in die Überlegungen der pädagogischen Anthropologie Erkenntnisse aus der Sozialisationsforschung (Soziologie) oder der Entwicklungspsychologie mit ein. Die Frage, was für ein Wesen der Mensch ist, wird je nach entwicklungspsychologischen Erkenntnissen unterschiedlich beantwortet. Damit wird deutlich, dass die Frage nach dem Wesen des Menschen aus sehr unterschiedlichen Perspektiven und pluralen Wissensfor-

men entwickelt werden kann (Diversität). Ähnlich wie die Anthropologie erkennt die pädagogische Anthropologie heute an, dass alle Überlegungen und Theorien zum Wesen des Menschen relativ sind, dass sie immer im Kontext der jeweiligen Zeit sowie der gesellschaftlichen Wirklichkeiten und Gegebenheiten zu erklären sind. Was macht also das menschliche Leben aus? Was ist das Charakteristikum des Menschen? Die Antworten hierauf können je nachdem, wann und wo wir sie stellen, sehr unterschiedlich ausfallen. Mit dem heutigen Wissen aus der Hirnforschung geben wir hierauf ganz andere Antworten als noch vor 200 Jahren. Die Menschen im 16. Jahrhundert in Europa beispielsweise antworteten auf die Frage, was der Mensch sei, dass er ein von Gott gemachtes Geschöpf sei und alles auf einer göttlichen Ordnung aufbaue. Mit dem Wissen der Evolutionstheorie geben Menschen heute hierzu wiederum ganz andere Antworten (der Mensch hat sich aus einem mit dem Affen gemeinsamen Vorfahren entwickelt).

1.1   Die Menschenbilder der pädagogischen Anthropologie

Für die pädagogische Anthropologie bedeutet diese Erkenntnis, dass es hier im Kern um die Frage geht, welches Bild wir vom Menschen haben, im Laufe der Zeit und heute (siehe Band 1, Lernfeld 2, Kap. 2.1). Dabei handelt es sich zum Teil um explizit ausgedrückte Menschenbilder, also um offen ausgesprochene Vorstellungen über das Wesen des Menschen. Die Menschen drücken ihre Menschenbilder aber oft auch implizit – also indirekt – aus.

Die expliziten Menschenbilder lassen sich sehr gut in den unterschiedlichen pädagogischen Handlungskon-

zepten finden (siehe Band 1, Lernfeld 2, Kap. 10). So sieht z. B. die Reggio-Pädagogik Kinder als aktive Menschen, die selbst über Fähigkeiten verfügen. Ganz ähnlich formuliert es der Situationsansatz. Ein völlig anderes Bild vom Kind vertritt hingegen die Waldorf-Pädagogik. Sie sieht im Kind ein Wesen, das der unbedingten Führung und entsprechender Vorbilder bedarf. Der Begründer der Waldorf-Pädagogik, Rudolf Steiner (1861–1925), spricht vom Kind als einem „Mehlsack", der nicht neugierig sei.

Vorbestimmt zum Werken....

Die impliziten Menschenbilder finden wir sehr häufig in Aussagen, die wir im Alltag hören. „Selbstverständlich bekommt unsere Tochter eine Puppenküche zum vierten Geburtstag geschenkt!", sagt eine Mutter an einem Elternabend, an dem es um geschlechtsspezifische Erziehung geht. Dahinter steht das unausgesprochene Menschenbild, dass bestimmte geschlechtsspezifische Zuordnungen genetisch festgelegt sind, eben dass für

Mädchen bzw. später Frauen grundsätzlich die Haushaltsaufgaben wie das Kochen „vorbestimmt" sind.

...oder zum Kochen?

Hinter diesen Menschenbildern verbergen sich konkrete Vorstellung von der menschlichen Entwicklung. „Was der Mensch ist, werden kann oder sein soll, ist historisch und kulturell variabel und insofern nie absolut zu bestimmen." *(Wulf/Zierfas, 2014, S. 12)*

1.1.1 Der Mensch als Mängelwesen

Lange bestand innerhalb der Anthropologie Einigkeit darüber, dass der Mensch ein Mängelwesen sei. Mithilfe von Erziehung und Bildung wird der Mensch erst zu einem vollständigen „richtigen" Menschen. Dieser defizitäre Ansatz bestimmte über viele Jahrzehnte die pädagogische Sichtweise auf das Kind und damit die pädagogischen Handlungsweisen, Methoden und didaktischen Ansätze. Dies wirkte sich auch auf die Konzeption von Schule aus, in der der Lehrer genau weiß, was der Schüler braucht und ihm dies im Frontalunterricht vermittelt. Die heute veränderten Schulkonzepte machen deutlich, dass ihnen eben nicht mehr das Bild vom Menschen als Mängelwesen zugrunde liegt.

Der niederländische Verhaltensforscher Nikolaas Tinbergen (1907–1988) bezeichnet den Menschen als ein instinktreduziertes Wesen, das, weil es nach der Geburt allein nicht lebensfähig sei, der Erziehung bedürfe. Die These vom Menschen als Mängelwesen lässt sich an mehreren Beispielen konkretisieren:

- Die Organe des Menschen sind mit der Geburt noch nicht ausgereift und müssen sich erst entwickeln z. B. das Gehirn und die Verdauungsorgane.

- Die Fähigkeit des Denkens entsteht nicht einfach, sondern kann sich nur mithilfe von Anreizen von außen entwickeln. Ohne diese Impulse durch die Umwelt und die Mitmenschen würde sich das Denken des Menschen nicht richtig entfalten.
- Dank der Unterstützung durch Institutionen wie der Familie, des Kindergartens oder der Schule entwickelt der Mensch seine vielfältigen sprachlichen Fähigkeiten. Diese Institutionen tragen dazu bei, dass der Mensch sich auch in der Kultur zurechtfindet, in der er lebt.

Der Mensch als Mängelwesen?

Die Sichtweise, dass der Mensch ein Mängelwesen sei, hat also durchaus eine gewisse Berechtigung. Im Gegensatz aber zum Tier, das in einer jeweils für es geeigneten Umwelt lebt und nur dort leben kann, kann sich der Mensch jedoch seiner Umwelt und den verschiedenen Umweltbedingungen anpassen. Er ist in der Lage, unter diesen Gegebenheiten sein Leben zu gestalten. So gelingt es Menschen, beispielsweise in der Arktis oder in der Sahara zu leben, also in klimatisch sehr unterschiedlichen Regionen, die jeweils ganz eigene besondere Anforderungen an die Anpassungsfähigkeit des Menschen stellen. Deshalb wird davon ausgegangen, dass der Mensch ein sogenanntes umweltfreies Wesen ist. „Er kann seine Umwelt transzendieren (= überschreiten, über sie hinausgehen), indem er sie gestaltet und erweitert" *(Martin, 2011, S. 32)*. Diese Anpassungsleistung zu erbringen, ist eine zentrale Entwicklungsaufgabe des Menschen *(vgl. Keller, 2011, S. 14)*. Eine solche Sicht auf den Menschen beschreibt ihn als ein Wesen mit Fähigkeiten, Begabungen und Kompetenzen. Mittels dieser Fähigkeiten und seiner Intelligenz kann der Mensch die „Mängel" beheben.

Deshalb wurde in den letzten Jahren das Bild vom Menschen als Mängelwesen durch „ein **anthropologisches Aktivitätsmodell**" *(Wulf/Zierfas, 2014, S. 14)* abgelöst, dem die Erkenntnis zugrunde liegt, dass die Entwicklung nicht zum Menschen, sondern als Mensch vollzogen wird. Dieses Modell umfasst fünf Ebenen:

> „1. Der Mensch ist ein erzieherisches Wesen, insofern er einerseits erzogen wird (d. h. ein erziehungsfähiges und erziehungsbedürftiges Wesen ist) und andererseits ein Wesen ist, das selbst erzieht.
> 2. Der Mensch ist ein lernendes (lernfähiges und -bedürftiges) Wesen.
> 3. Der Mensch ist ein sich bildendes (bildungsfähiges und -bedürftiges) Wesen.
> 4. Der Mensch ist ein lehrendes, unterrichtendes Wesen.
> 5. Der Mensch ist schließlich ein sich sozialisierendes und kultivierendes Wesen."
>
> *(Wulf/Zierfas, 2014, S. 14)*

1.1.2   Der Mensch als erzieherisches Wesen

Die pädagogische Anthropologie geht davon aus, dass der Mensch erziehungsbedürftig und -fähig ist: „Nur wenn der Mensch erziehungsbedürftig ist, soll er auch erzogen werden, und nur dann, wenn er erziehungsfähig ist, kann er auch erzogen werden." *(Wulf/Zierfas, 2014, S. 14)* Dahinter steckt die Erkenntnis, dass jeder Erziehungsprozess zum Scheitern verurteilt ist, wenn der zu Erziehende, also das Kind oder der Jugendliche, sich nicht auf den Erziehungsprozess einlässt.

Erziehung bedeutet in diesem Sinne, Beziehungen zu gestalten, ansprechbar zu sein und Kindern einen emotionalen Hafen zu bieten, von dem aus sie in die Welt hinaus „segeln" können. Jeder Erziehungsprozess verfolgt explizite und implizite Ziele. So wird in den meisten Kindergärten in Deutschland das Erziehungsziel der Selbstständigkeit bewusst angestrebt. Andere Erziehungsziele wie z. B. kritisches Denken können Kindern implizit allein durch die eigene pädagogische Haltung vorgelebt werden.

> Betül Aytin ist Erzieherin (diejenige, die erzieht) im Kindergarten „Janusz Korczak". Sie arbeitet mit großer Freude mit den Kindern. Besonders spannend ist für sie, die Kinder zu beobachten und zu sehen, wie sie sich in den einzelnen Bereichen weiterentwickeln. Zurzeit beschäftigt die Kinder besonders die Frage, für wen welche Regeln gelten (Erziehungsgegenstand). Immer wieder kommt es zu interessanten Gesprächen und Diskussionen unter den Kindern und mit Frau Aytin. Innerhalb des Morgenkreises klärt Frau Aytin mit den Kindern Regeln, regt an, unterschiedliche Meinungen zu hören, und malt auf einem Plakat anschaulich die vereinbarten Regeln auf. So lernen die Kinder (die zu Erziehenden) immer besser, sich an diese zu halten.

1.1.3 Der Mensch als lernendes und lehrendes Wesen

Mit großer Aufmerksamkeit beobachtet die vierjährige Femke drei ältere Mädchen im Baubereich, wie sie einen Turm aus Holzklötzen errichten. Als am nächsten Morgen der Baubereich ganz leer ist, nutzt Femke die Chance und beginnt selbst damit, einen Turm zu bauen. Dieser stürzt immer wieder ein, da sie die Steine nicht richtig versetzt aufeinanderstapelt. Eine Erzieherin sieht dies, geht zu Femke und fragt sie, ob sie ihr helfen solle. Femke nimmt die Unterstützung dankbar an. Gemeinsam gelingt es ihnen, einen Turm zu errichten. Dabei erklärt die Erzieherin Femke, wie sie die Steine versetzt aufeinanderstapeln muss, und zeigt ihr dies auch genau. In den nächsten Tagen können die Erzieherinnen beobachten, dass Femke immer zuerst in den Baubereich geht, um einen Turm aufzubauen. Nach fünf Tagen gelingt es ihr zum ersten Mal, dass der Turm richtig hoch wird und stabil steht.

Wer lehrt? Wer lernt?

Das Bedürfnis zu lernen, steckt in jedem Menschen. Dies bedeutet, dass der Mensch sowohl lernbedürftig als auch lernfähig ist. Lernen wird hier als ein bewusst vollzogener Veränderungsprozess verstanden (siehe Band 1, Lernfeld 3, Kap. 8). Die vierjährige Femke konnte den Turm erst dann erfolgreich aufbauen, als sie das Prin-

zip verstanden hat, wie Stabilität durch das Versetzen der Bauklötze erreicht werden kann. Die menschlichen Lernprozesse lassen sich in formelle und informelle Lernprozesse unterteilen. Während es sich in der Schule vor allem um formalisierte Lernprozesse handelt, finden außerhalb dieser Einrichtung mehr informelle Lernprozesse statt. Dabei kann Lernen sich auch ganz unabhängig von einer lehrenden Person vollziehen. Der Mensch ist in der Lage, sich Dinge selbst beizubringen, sie selbst zu lernen. Weil der Mensch ein lernendes Wesen ist, geht es in der Pädagogik darum, seine Lernfähigkeit zu entwickeln und zu fördern. Erzieherinnen gestalten z. B. so, dass darin Kinder gut ihre Lernfähigkeit entfalten können. Durch das Gespräch und indem sie mit den Kindern darüber nachdenken, wie diese gerade etwas gelernt haben, tragen Erzieherinnen zur Entwicklung der Reflexionsfähigkeit bei und damit dazu, dass Kinder erkennen, wie sie lernen. Das führt dazu, dass Kinder immer besser selbst lernen und sich in bestimmten Situationen unabhängig vom Lehrenden machen können.

Lehren und Lernen sind direkt aufeinander bezogen. Unter Lehren bzw. Unterrichten wird verstanden, dass ein Mensch „den Versuch unternimmt, den Kenntnis- oder Fähigkeitsstand (eines anderen Menschen) zu erweitern oder zu vertiefen – unabhängig davon, ob dieser Versuch erfolgreich ist." *(Wulf/Zierfas, 2014, S. 19)* Lehren bzw. Lernen bedeutet demnach, einem anderen Menschen etwas zu zeigen, zu erklären, ihn auf etwas hinzuweisen oder ihn über etwas zu informieren. Demzufolge ist der Mensch dann in der Rolle des Lehrenden: „Menschen können […] nicht nicht unterrichten bzw. nicht nicht unterrichtet werden." *(Wulf/Zierfas, 2014, S. 20)* Dabei geht es nicht grundsätzlich um pädagogische Absichten, die hinter diesem Lehren steht. Wird ein Mensch beispielsweise nach dem richtigen Weg zum Museum gefragt, so erklärt er diesen Weg in der Regel ohne pädagogische Absicht.

1.1.4   Der Mensch als sich bildendes Wesen

Der zehnjährige Beriket erlebt im Urlaub in Frankreich, dass er die französische Sprache nicht versteht. Als er ein halbes Jahr später auf der weiterführenden Schule die Möglichkeit hat, sich zwischen Englisch oder Französisch zu entscheiden, fällt ihm die Wahl nicht schwer. Voller Neugier lernt er im Französischunterricht die ersten Vokabeln. Seine Lehrerin erklärt ihm, wie er besonders gut Vokabeln lernen kann. Er setzt dies um und erlebt, wie sich sein Wortschatz von Woche zu Woche erweitert. Als nach einem Schuljahr der nächste Sommerurlaub in Frankreich ansteht, freut er sich schon darauf. Im Urlaub holt er immer selbstständig beim Bäcker das Baguette für das Frühstück.

Dass der Mensch bildungsbedürftig und -fähig ist, erfahren Erzieherinnen im pädagogischen Alltag ständig. Auf der einen Seite erleben sie Kinder, die ein großes Interesse an der Welt, Neugier und Entdeckungslust mitbringen. Kinder wollen die Welt und ihre Gesetzmäßigkeiten verstehen. Sie wollen an der Welt – an ihrer Umwelt – teilnehmen und erkennen gleichzeitig, dass sie hierfür Wissen und Bildung erwerben müssen. „Menschen sind Lebewesen, die ihr Leben erst lernen müssen." *(Wulf/Zierfas, 2014, S. 19)* Auf der anderen Seite können Erzieherinnen feststellen, dass dieses Interesse sich nur durch entsprechende pädagogische Maßnahmen und nur durch die Begleitung von Erwachsenen entfalten kann. Erwachse-

ne haben auch konkrete Vorstellungen davon, was Kinder lernen sollen, d. h. welche Art von Bildung ihnen zuteil werden soll. Gleichzeitig gelangen wir zu der Erkenntnis, dass Bildung nur dann erfolgreich gelingen kann, wenn die Kinder an ihrem Bildungsgang beteiligt sind, wenn der Bildungsprozess in Interaktion mit anderen Menschen (Kindern und Erwachsenen) geschieht (siehe Band 2, Lernfeld 4, Kap 2.3.1). Hinzu kommt die Erkenntnis, dass Bildungsprozesse immer auch des eigenen Willens des zu Erziehenden bedürfen. Dieser eigene Bildungswille kann vorausgesetzt werden. Es ist das Bedürfnis des Menschen zu wachsen, den eigenen Horizont zu erweitern. Aus diesem Bedürfnis heraus leitet sich der Bildungswille des Menschen ab. Auf der Basis vielfältiger Forschungen konnte festgestellt werden, „dass Menschen sich motorisch, sozial, sprachlich etc. weiterentwickelt haben, weil sie sich für sich und die Welt interessiert haben" *(Wulf/ Zierfas, 2014, S. 19)*.

Wie aber entstehen solche Bildungsprozesse? Ausgangspunkt sind in der Regel Fragen, weil ein Kind, Jugendlicher oder junger Erwachsener etwas nicht versteht. Menschen erfahren, dass etwas anders ist, als sie es bisher kennen; sie werden überrascht durch etwas Unerwartetes, dass sie sich nicht erklären können; sie reagieren empört auf eine Situation, weil sie ihnen fremd ist. Diese Erfahrungen lösen den Wunsch im Menschen aus, die erlebten und nicht erklärbaren Situationen verstehen zu wollen. Die Menschen suchen nach Antworten, die ihnen erklären, warum etwa so oder auch anders ist.

1.1.5   Der Mensch als soziales Wesen

Die Aufgabe des Menschen ist es, sich in die Gesellschaft einzugliedern und gleichzeitig seine individuelle Persönlichkeit zu entfalten, was wiederum nur in Abhängigkeit vom eigenen sozialen Umfeld möglich ist. Dass der Mensch ein soziales Wesen ist, ist unumgänglich. Wir Menschen sind ganz grundsätzlich auf andere Menschen angewiesen. Der Säugling braucht Eltern, die ihn versorgen und sich um ihn kümmern. Jugendliche benötigen andere Jugendliche, mit denen sie die

Welt austesten und erobern können und Erwachsene, mit denen sie streiten und an denen sie sich reiben, um so zu erkennen, dass z. B. Regeln für das Zusammenleben notwendig sind *(vgl. Wulf/ Zierfas, 2014, S. 21)*. Wenn „spezifische lebensgeschichtlich bedeutsame soziale Erfahrungen zu bestimmten Zeitpunkten nicht erfolgen, so kann es durchaus zu einer Einschränkung der [...] Sozialisation des Menschen kommen." *(Wulf/ Zierfas, 2014, S. 21)*

Im Kindergarten lässt sich dies sehr gut beobachten. Kinder lernen besonders in der Beziehung zur Erzieherin und zu den anderen Kindern. Sie erfahren über sie, welche Regeln im Kindergarten wann und wo gelten, z. B. dass es selbstverständlich ist, im Stuhlkreis die anderen Kinder ausreden zu lassen oder bei Streit auf Gewalt zu verzichten. In der Interaktion mit den anderen Kindern und den Erzieherinnen erwerben sie Beziehungswissen, das ihnen auch in anderen Situationen hilft. So erleben sie z. B. in der Kinderkonferenz, dass alle Kinder gleichermaßen zu Wort kommen, wenn sie sich melden, und können daraus ableiten, dass alle Kinder gleich sind und nicht eines bevorzugt wird. Sie lernen, wie sie erfolgreich zu anderen Kindern Kontakt aufnehmen können und dass sich die Kontaktaufnahme zu Erwachsenen möglicherweise anders gestaltet. Kinder erfahren, was sie tun müssen, damit sie unangenehme Situationen vermeiden können. Auf diese Weise entwickeln sie sehr schnell ein Gespür dafür, wie sie andere Kinder motivieren können, mit ihnen zusammen zu spielen. Immer wieder erleben Kinder, dass sie um ihre Meinung gefragt werden, dass sie sagen können, was ihnen gefällt oder nicht gefällt und dass sie so ihren persönlichen Geschmack entwickeln können, der sie von anderen Kindern unterscheidet.

In Gemeinschaft leben

In diesen unterschiedlichen Situationen machen Kinder die Erfahrung, dass das Hineinwachsen in die Gesellschaft – der Sozialisationsprozess – durch vier Komponenten bestimmt wird:

1. Die eigenen subjektiven Erfahrungen und Erlebnisse
2. Die Erkenntnis, dass andere Menschen andere oder ähnliche bzw. gleiche Erfahrungen gemacht haben
3. Die Kinder erleben, dass es so etwas wie eine objektive Welt gibt, die den Sozialisationsprozess ebenfalls beeinflusst.
4. Die Kinder erfahren an sich selbst, dass sie durch ihre eigene persönliche, körperliche Entwicklung den Sozialisationsprozess mitgestalten können (siehe Band 1, Lernfeld 3, Kap. 2).

1.2 Das Bild vom Kind im Wandel der Zeit

Die Vorstellungen vom Menschen wirken sich direkt auf das Bild vom Kind aus. Wenn die Vorstellung ist, dass der Mensch ein zu erziehendes und sich erziehendes Wesen ist, dann bedeutet dies, dass Kinder unter diesem Blickwinkel wahrgenommen werden. Kinder brauchen demnach Erwachsene, die sie erziehen. Darin steckt aber auch das Bild vom Kind, das durch seine Fähigkeiten, sein Handeln und sein Verhalten andere in seinem Umfeld erzieht, also Einfluss auf das Handeln und Verhalten seiner Umgebung hat.

Wenn die Vorstellung besteht, dass der Mensch ein lernendes und lehrendes Wesen ist, dann wirkt sich dies auf das Bild vom Kind aus. Kindern wird zugetraut, dass sie lernen können. Dahinter steckt das Bild vom Kind als einem Wesen, dass über eigene Motivation verfügt.

Dass das Bild vom Kind, wie es heute existiert, nicht immer so war, zeigt ein Blick in die Geschichte. Über viele Jahrhunderte wurde das Kind als kleiner Erwachsener angesehen. Kindheit als eine eigene Lebensphase gab es nicht. „Das Attribut „klein" bedeutet, dass die Angehörigen des ersten Lebensalters noch keine Erwachsenen sind, sich aber wohl auf dem Wege ins Erwachsenenalter befinden." *(Kluge, 2013, S. 23)* Dahinter steht die Vorstellung, dass dem Kind noch etwas fehlt, es defizitär sei, sich aber auf dem Weg zum richtigen Erwachsenen befinde. Das Kind wird nur aus der Perspektive des Erwachsenen gesehen. Wie sehr sich dieses Bild vom Kind als kleinem Erwachsenen in ganz Alltäglichem wie der Kleidung zeigte, kann auf Bildern aus dem Mittelalter erkannt werden: Kinder tragen die gleichen Kleider wie Erwachsene und verrichten Arbeiten wie z. B. im Bergbau oder Mithilfe in der Landwirtschaft. So wurde 1839 in Preußen ein Gesetz erlassen, in dem geregelt wurde, ab wann Kinder arbeiten müssen. Das Mindestalter wurde auf neun Jahre und die Höchstarbeitsdauer am Tag auf zehn Stunden festgelegt.

Das Bild vom Kind als kleinem Erwachsenen wurde abgelöst vom Kind „als Objekt erzieherischer Maßnahmen" *(Kluge, 2013, S. 25)*. Das Kind kann demnach ohne die Erziehung durch den Erwachsenen gar nicht zum Erwachsenen werden. Dass das Kind selbst zum Erziehungsprozess beitragen kann, kommt in dieser Vorstellung nicht vor. Hier ist es nur der Erwachsene, der auf das Kind einwirkt. Der Gedanke, dass auch noch andere Faktoren wie z. B. die Umgebung und der Raum sich darauf auswirken, wie das Kind erzogen wird und dass es darauf reagiert, war nicht vorhanden.

Die reformpädagogischen Bestrebungen im 19. Jahrhundert und zu Beginn des 20. Jahrhunderts gingen von einem Bild des Kindes aus, das selbst über den Erziehungsvorgang mitbestimmt und diesen mitgestaltet. Diese Vorstellung konnte sich entwickeln, weil Pädagogen wie Friedrich Fröbel, Maria Montessori oder Alexander S. Neill entsprechende praktische Erfahrungen sammelten, die zeigten, dass das Kind „Mitgestalter seines Erziehungsprozesses" *(Kluge, 2013, S. 25)* ist. Dies wirkte sich auf die Vorstellung von Kindheit aus. Jetzt wurde Kindheit als

eine eigenständige und produktive Phase wahrgenommen. In verschiedenen entwicklungspsychologischen Studien konnte nachgewiesen werden, dass Kinder bereits direkt nach der Geburt aktiv den Interaktionsprozess mit der Mutter mitgestalten *(vgl. Papoušek, 1994)*. Damit wird der Erziehungsprozess stark vom Kind aus bestimmt. Der Einfluss des Erziehenden reduziert sich damit deutlich.

Heute bestimmt ein Bild vom Kind den Erziehungsprozess, in dem Kind und Erwachsener gleichermaßen beteiligt sind. Das Kind wird als eigenständige Persönlichkeit gesehen, das von Anfang an mit Kompetenzen ausgestattet ist. Der Erziehungsprozess wird vom Kind, dem Erwachsenen und der Umwelt in Interaktion gestaltet. Dabei wird nicht geleugnet, dass es trotzdem zwischen dem Erwachsenen und dem Kind ein „Kompetenzgefälle" (Kluge, 2013, S. 26) besteht. „Aber es spricht dem Erwachsenen nicht einseitig Kompetenzen zu und dem jungen Menschen generell ab." (ebd.) Diese Sichtweise zeigt sich beispielsweise in der UN-Kinderrechtskonvention (siehe Band 1, Lernfeld 2, Kap 11.6).

1.3   Die Bedeutung der pädagogischen Anthropologie für Erzieherinnen

Erzieherinnen müssen in ihrem täglichen pädagogischen Handeln berücksichtigen, dass der Mensch ein Wesen ist, das in sich die fünf Ebenen des anthropologischen Aktivitätsmodells vereint. Die Vorstellung vom Menschen und damit vom Kind als lernendes und lehrendes, sich bildendes und soziales Wesen zieht die Notwendigkeit nach sich, dass es Erwachsene geben muss, die Kindern, begleiten, unterstützen und fördern. Würden wir von einem anderen Grundgedanken ausgehen, würden wir möglicherweise keine pädagogischen Berufe benötigen.

In der täglichen Arbeit zeigt sich die Bedeutung der pädagogischen Anthropologie vor allem in den Menschenbildern und damit auch im Bild vom Kind der Erzieherinnen. Diese wirken sich nämlich direkt auf ihr pädagogisches Handeln aus. Für Erzieherinnen ist besonders wichtig zu wissen, dass die Vorstellung vom Wesen des Menschen und damit auch das Bild vom Kind sich verändern kann. Es ist abhängig von der Zeit, in der die Menschen leben, von ihrer Kultur und ihrer Gesellschaft. Dies lässt sich an unterschiedlichen Erziehungszielen verdeutlichen.

So ist z. B. „Autonomie" ein Erziehungsziel, das in den letzten 50 Jahren zunehmend in westlichen Industriegesellschaften eine große Bedeutung bekommen hat. Dass Kinder sich selbstständig ausdrücken können, dass sie bereits in der Grundschule eine kurze Präsentation eigenständig vor der Klasse halten können, dass sie im Kindergarten frühzeitig selbstständig aufräumen, das Geschirr, das sie benutzt haben, in die Küche tragen, sich anziehen können sollen, sind heute pädagogische Selbstverständlichkeiten. Sie bauen auf den fünf dargestellten Ebenen des Menschseins auf. Unter Berücksichtigung dieser Beispiele liegt der Schluss nahe, dass Erziehung heute in Deutschland eine starke Autonomieorientierung verfolgt.

Hinter dem Erziehungsziel der Autonomie steht eine bestimmte anthropologische Grundannahme. Sie lautet: Der Mensch ist ein selbstständiges Wesen, „das aus sich heraus, auf eigener Grundlage sich selbst Gesetze zu geben vermag" *(Schäfer, 2014, S. 600)*. Diese Annahme besagt, dass wir z. B. selbst für uns Regeln festlegen und diese Festlegung mit unseren Interessen oder

Bedürfnissen begründen. In der Konsequenz bedeutet dies auch, dass wir dann für alles, was sich aus dieser Festlegung ergibt, für alle Konsequenzen selbst verantwortlich sind und nicht andere Menschen oder die Gesellschaft als solche verantwortlich machen können.

Dass diese anthropologische Grundannahme in Deutschland allgemeingültig ist, zeigt sich z. B. auch in der Gesetzgebung (§ 22 SGB VIII), wenn als Ziel öffentlicher Erziehung, die Entwicklung des Kindes zu einer eigenverantwortlichen Persönlichkeit formuliert wird *(vgl. Liegle 2003, S. 53).*

Im Alltag finden sich viele Beispiele, die diese Annahme belegen. Das Kleinkind, das den Mund beim Füttern zumacht und das Gläschen nicht mehr fertig essen möchte, legt für sich fest: „Ich sage meinen Eltern, wie viel ich essen möchte und wann ich satt bin!" Vor einigen Jahrzehnten hätten Eltern das nicht akzeptiert und mit Druck das Kind zu Ende gefüttert. Heute sehen wir es als Willensäußerung des Kindes an, das für sich selbst sehr gut festlegen kann, was sein Bedürfnis ist und was nicht.

Die Sichtweise, dass der Mensch für sich alleine entscheiden und auch für sich selbst Regeln aufstellen kann, kann aber nur eine begrenzte Gültigkeit haben. Denn der Mensch als ein soziales Wesen lebt in einer Gemeinschaft. Eine soziale Ordnung ist nicht möglich, wenn der Mensch immer nur für sich entscheidet. Deshalb steht das Erziehungsziel der Autonomie im Spannungsverhältnis zur Organisation einer Gemeinschaft.

> Die Kinder, die sich allmorgendlich zur Kinderkonferenz treffen, entscheiden für sich, was und wann sie etwas sagen wollen – das ist ihre eigene Regel und darin wird auch ihre Autonomie sichtbar. Und gleichzeitig müssen sie Regeln, die von außen kommen, akzeptieren, denn sonst reden alle durcheinander und keiner versteht den anderen. Schließlich werden sie erkennen, dass es in ihrem eigenen Interesse ist, wenn sich alle auf gemeinsame Regeln einigen und nur die Kinder reden, die gerade an der Reihe sind.

Das Ziel der Autonomie wird vor allem in der Erziehung der westeuropäischen Industrienationen nach-

drücklich verfolgt. Aus den Forschungen zur verbundenheitsorientierten Erziehung wissen wir, dass sich in vielen Kulturen die Erziehungsziele stärker an der Einbindung in die Gemeinschaft orientieren *(vgl. Böhm u. a., 2014, S. 212; Keller, 2011).* Zwar gehört es zu den menschlichen Grundbedürfnissen, auf der einen Seite nach Verbundenheit und auf der anderen Seite nach Autonomie zu streben. „Das jeweilige Gewicht dieser Bedürfnisse und das Mischungsverhältnis untereinander können je nach kulturellem Kontext sehr verschieden aussehen." *(Keller, 2011, S. 16)*

Die Diskussion um das Erziehungsziel der Autonomie zeigt, wie relativ unsere Vorstellungen davon sind, was der Mensch ist.

Ähnlich verhält es sich mit der Diskussion um Gender Mainstreaming. Noch vor einigen Jahrzehnten war für die Mehrheit der Menschen völlig klar, dass es keine Unterscheidung von biologischem Geschlecht (Sex) und sozialem Geschlecht (Gender) geben muss. Rollenbilder und -erwartungen waren klar definiert und wurden überwiegend eindeutig gelebt. Heute ist es für uns selbstverständlich, dass Menschen unterschiedliche sexuelle Orientierungen haben, und dass das soziale Geschlecht etwas ist, das wir selbst herstellen – ko-konstruieren. Dafür wird der Fachbegriff „Doing Gender" verwendet. Auch dahinter stehen konkrete anthropologische Vorstellungen. So ist die Vorstellung, dass das soziale Geschlecht erworben wird, nur dann haltbar, wenn davon ausgegangen wird, dass der Mensch ein lernendes und lehrendes Wesen ist.

Das Wissen zur pädagogischen Anthropologie bildet „einen unverzichtbaren Rahmen für die Pädagogik der frühen Kindheit" *(Liegle, 2003, S. 51).* Die Vorstellungen vom Wesen des Menschen und daraus abgeleitet vom Bild vom Kind, wie sie in diesem Kapitel dargestellt wurden, zeigen sich im Erziehungsstil von Erzieherinnen und auch Eltern (siehe Band 1, Lernfeld 2, Kap. 2.3). Sie finden sich im Sozialisationsprozess wieder (siehe Band 1, Lernfeld 3, Kap. 2) und machen sich in den Vorstellungen von Entwicklungsprozessen (siehe Band 1, Lernfeld 3, Kap. 5.3) bemerkbar. Sie wirken sich in der Zielsetzung von Pädagogik aus, wenn Kinder heute in hohem Maße altersangemessen im pädagogischen Alltag beteiligt werden (siehe Band 1, Lernfeld 2, Kap. 1.6).

↗ WIEDERHOLUNG

→ Die Frage nach dem Wesen des Menschen wird abhängig von Zeit, Kultur und Gesellschaft unterschiedlich beantwortet. Das Bild vom Menschen hat sich in den letzten Jahrhunderten daher stark gewandelt.

→ Das Bild vom Kind hat sich in den letzten Jahrhunderten erheblich verändert. Es lässt sich aus dem Bild des Menschen ableiten.

→ Die Überlegungen zum Wesen des Menschen wirken sich direkt auf Erziehungsziele aus und beeinflussen somit den pädagogischen Prozess.

→·← AUFGABEN

1 [Analyse und Bewertung]
Beurteilen Sie auf der Grundlage des in diesem Kapitel neu erworbenen Wissens folgende Aussagen:

- Jeder Mensch gestaltet seine Entwicklung selbst.
- Der Mensch ist erst als Erwachsener ein richtiger Mensch, davor kann er noch nicht allein existieren.
- Die Erziehung des Menschen ist vergebens, wenn er nicht will.

Diskutieren Sie mit zwei Mitschülern anschließend Ihre Überlegungen.

2 [Reflexion] [Querschnittsaufgabe Wertevermittlung]
Beschreiben Sie in einem eigenen kurzen Text, wie Ihr eigenes Menschenbild aussieht. Halten Sie in einem zweiten Text fest, welche Werte Ihnen dabei besonders wichtig sind. Stellen Sie Ihre Überlegungen in Kleingruppen vor und diskutieren Sie die verschiedenen Überlegungen. Halten Sie miteinander schriftlich fest, wie sich Ihre Vorstellungen vom Wesen des Menschen auf konkrete Erziehungsziele auswirken und wie sich dies im pädagogischen Alltag zeigt. Stellen Sie anschließend Ihre Arbeitsergebnisse in der ganzen Klasse vor.

3 [Planung und Konzeption]
Vergegenwärtigen Sie sich die vier Ebenen des anthropologischen Aktivitätsmodells. Tragen Sie im Austausch mit anderen Mitschülerinnen jeweils zu den verschiedenen Ebenen Praxisbeispiele zusammen, die Ihrer Meinung nach diese Überlegungen bestätigten oder widerlegen.

TIPPS ZUM WEITERARBEITEN →→

→ Dornes, Martin: Der kompetente Säugling. Die präverbale Entwicklung des Menschen. 15. Auflage. Frankfurt/Main: Fischer Verlag 2011.

Kompetenzen, die in diesem Kapitel erworben werden können:

- Die Absolventinnen und Absolventen verfügen über vertieftes Wissen über das Bild vom Kind, Jugendlichen und jungen Erwachsenen im unterschiedlichen gesellschaftlichen, historischen und kulturellen Kontext. exemplarisch vertieftes Wissen zu Grundfragen menschlicher Existenz.

- Die Absolventinnen und Absolventen verfügen über exemplarisches Wissen zu Grundfragen der menschlichen Existenz.

Böhm, Regine/Horn, Miriam/Knospe, Nina/Skubinn, Bernd/Taplan-Bach, Monika: Kinder unter 3. Erziehung, Bildung und Betreuung in der frühen Kindheit. Braunschweig: Westermann Schulbuchverlage 2014.

Keller, Heidi: Kinderalltag. Kulturen der Kindheit und ihre Bedeutung für Bindung, Bildung und Erziehung. Berlin/Heidelberg: Springer Verlag 2011.

Kluge, Norbert: Das Bild des Kindes in der Pädagogik der frühen Kindheit. In: Handbuch Pädagogik der frühen Kindheit. Herausgegeben von Lilian Fried und Susanna Roux. 3. Auflage. Berlin: Cornelsen Schulverlage 2013, S. 22–33.

Liegle, Ludwig: Kind und Kindheit. In: Pädagogik der frühen Kindheit. Herausgegeben von Lilian Fried/Barbara Dippelhofer-Stiem/Michael-Sebastian Honig/Ludwig Liegle. Weinheim/Basel: Beltz Verlag, 2012, S. 14–53.

Martin, Ernst: Anthropologie. In: Handwörterbuch für Erzieherinnen und Erzieher. Herausgegeben von Raimund Pousset. 3. Auflage. Berlin: Cornelsen Verlag Scriptor 2011, S. 32–35.

Papoušek, Mechthild: Vom ersten Schrei zum ersten Wort. Bern und Göttingen: Huber Verlag 1984.

Schäfer, Alfred: Autonomie. In: Handbuch pädagogische Anthropologie. Herausgegeben von Christoph Wulf und Jörg Zirfas. Wiesbaden: Springer VS, 2014, S. 599–608.

Wulf, Christoph/Zirfas, Jörg: Homo educandus. Eine Einleitung in die Pädagogische Anthropologie. In: Handbuch pädagogische Anthropologie. Herausgegeben von Christoph Wulf und Jörg Zirfas, Wiesbaden: Springer VS, 2014, S. 9–25.

2   Sozialisationsbedingungen und -instanzen im gesellschaftlichen Wandel

Dietmar Böhm (Kap. 2.1) • Martin Gehlen (Kap. 2.2)

Die Eltern der Loris-Malaguzzi-Kindertagesstätte treffen sich zum Elternabend. Svenja absolviert innerhalb ihrer Ausbildung zur Erzieherin ein Praktikum in diesem Kindergarten und nimmt am Elternabend teil. Es geht um die Frage, was Kinder bei ihrer Persönlichkeitsentwicklung beeinflusst. Nach einer kurzen Begrüßung und einem Überblick über den Ablauf des Elternabends lädt die Leiterin der Kita, Frau Riedmüller, die Eltern ein, sich in Kleingruppen darüber auszutauschen, was das Aufwachsen ihrer Kinder wohl beeinflusst. Anschließend berichten die Eltern im Plenum. Herr Cornetto meint: „Meine Frau und ich sind der Meinung, dass für die Persönlichkeitsentwicklung der Kinder vor allem die Familie zuständig ist. Wir haben es in der Hand, ob Kinder gut heranwachsen. Wenn wir unseren Kindern sagen, was sie tun sollen, können sie lernen, positiv in die Gesellschaft hineinzuwachsen." Frau Greiner, die alleinerziehende Mutter der vierjährigen Alessa, hält dagegen: „Also, ich habe nur begrenzt Einfluss auf meine Tochter. Natürlich unterstütze ich sie im Aufwachsen, aber sie ist den ganzen Tag in der Kita. Da sind doch auch die Erzieherinnen zuständig und später in der Schule die Lehrer, dass das klappt. Wenn ich will, dass die Kinder höflich miteinander reden, in der Kita aber alle möglichen Ausdrücke erlaubt sind, kann ich wenig ma-

chen." Frau Meyerhoff, die Mutter des dreijährigen Pedro, ergänzt: „Ja, und sobald sie älter sind, kommen auch noch die Freunde dazu, die unsere Kinder beeinflussen. Wir sehen das gerade bei unserer 14-jährigen Tochter. Ständig trifft sie sich mit ihren Freundinnen und schaut Fernsehsendungen, die sie bei uns nicht sehen darf oder ist in den sozialen Netzwerken mit ihnen unterwegs."

Herr Cornetto fragt: „Stimmt es eigentlich, dass es auch Gesetze gibt, die Eltern vorgeben, wie sie ihre Kinder zu erziehen haben?" Frau Riedmüller verweist darauf, dass Eltern gesetzlich zumindest zu einer gewaltfreien Erziehung verpflichtet seien.

Nach dem Elternabend tauschen sich die Erzieherinnen aus. Die Praktikantin Svenja meint: „Ich finde, dass heute viel zu kurz kam, dass die Entwicklung von Kindern ganz stark davon abhängt, wie viel Geld Eltern haben und welchen Beruf sie ausüben. Kinder, deren Eltern genug Kohle haben, denen wird doch alles in den Schoß gelegt. Die können jederzeit ein Instrument erlernen, in den Ferien immer wegfahren und wenn es in der Schule nicht klappt, gibt es halt Nachhilfe!" Frau Riedmüller entgegnet: „Es ist sicher so, dass das eine wichtige Rolle spielt. Aber wie erklärst du dir dann, dass die 14-jährige Jenny, die älteste Tochter von Frau Greiner, seit vielen Jahren Geige spielt? Und das, obwohl Frau Greiner dafür keinen Cent übrighat?" Sie erzählt weiter, dass Jenny im Unterricht in der Grundschule den Lehrern aufgefallen ist, weil sie beim Singen so sicher die Töne getroffen und sehr gut gesungen hat. Ganz offensichtlich hatte sie große Freude an Musik. Daraufhin hatte die Klassenlehrerin Frau Greiner auf die Begabung der Tochter angesprochen und gefragt, ob sie damit einverstanden sei, wenn Jenny in eine Klasse mit Schwerpunkt Musik komme, in der alle Kinder kostenlos ein Streichinstrument erlernen können. Frau Greiner hatte zugestimmt und sei sehr erleichtert gewesen, dass sie ihre schwierige finanzielle Situation nicht offenlegen musste.

↘ FRAGEN

→ *Welche unterschiedlichen Einflüsse machen die Eltern geltend, die die Entwicklung der Persönlichkeit beeinflussen?*

→ *Welche Position vertritt die Praktikantin Svenja? Was sieht sie als ausschlaggebend an?*

→ *Wie denken Sie darüber: Gibt es einen Zeitpunkt, an dem die Entwicklung der Persönlichkeit abgeschlossen ist?*

2.1 Sozialisationstheorien

Sozialisationstheorien stellen die Frage, „wie Menschen sich in ihrer Persönlichkeit entwickeln und welchen Einfluss darauf die Umwelt hat" *(Hurrelmann, 2006, S. 11)*. Antworten hierzu findet man in der Soziologie, der Entwicklungspsychologie und seit einigen Jahren auch in der Neurobiologie. Diese drei Wissenschaftsdisziplinen entwickelten sehr unterschiedliche Theorien, die versuchen, hierzu eine Antwort zu geben. Die psychologischen Theorien sehen im Menschen selbst die Grundlage für seine Persönlichkeitsentwicklung und lassen die Umwelt weitgehend außer Acht. Die soziologischen Theorien untersuchen, wie gesellschaftliche Bedingungen und Umweltbedingungen die Entwicklung der Persönlichkeit beeinflussen.

Die Soziologen Klaus Hurrelmann und Ullrich Bauer entwickelten aus diesen unterschiedlichen Sozialisationstheorien eine Theorie, die zum Ziel hat, die soziologischen und psychologisch-neurobiologischen Ansätze zu verbinden: das Modell der produktiven Realitätsverarbeitung. Der Begriff wird weiter unten erklärt.

Im Folgenden werden grundsätzliche Informationen zur Sozialisation gegeben und mit dem Modell der produktiven Realitätsverarbeitung verbunden. Daran anschließend werden unterschiedliche Theorien vorgestellt, die zeigen, wie verschiedene Wissenschaftsdisziplinen mit ihren Überlegungen dazu beitragen. So werden unterschiedliche Aspekte von Sozialisation verständlich.

2.1.1 Grundlegende Informationen

> „Sozialisation bezeichnet die Persönlichkeitsentwicklung eines Menschen, die sich aus der produktiven Verarbeitung der inneren und äußeren Realität ergibt. Die körperlichen und physischen Dispositionen und Eigenschaften bilden für einen Menschen die innere Realität, die Gegebenheiten der sozialen und physischen Umwelt die äußere Realität. Die Realitätsverarbeitung ist produktiv, weil ein Mensch sich stets aktiv mit seinem Leben auseinandersetzt und die damit einhergehenden Entwicklungsaufgaben zu bewältigen versucht. Ob die Bewältigung gelingt oder nicht, hängt von den zur Verfügung stehenden personalen und sozialen Ressourcen ab. Durch alle Lebens- und Entwicklungsphasen zieht sich die Anforderung, die persönliche Individuation mit der gesellschaftlichen Integration in Einklang zu bringen, um die Ich-Identität zu sichern."
>
> *(Hurrelmann/Bauer, 2020, S. 97)*

Diese umfassende Definition wird im Folgenden Schritt für Schritt erklärt.

Kern der Sozialisation ist die Persönlichkeitsentwicklung des Menschen. Sie erstreckt sich von der Geburt bis zum Tod und ist eine „ständige Interaktion", also ein Prozess, der andauernd zwischen dem einzelnen Menschen und seiner Umwelt verläuft.

Die einjährige Paula erweitert ihren Aktionsradius ständig. Während sie noch vor Kurzem vor allem krabbelte, wenn sie irgendwohin wollte, so zieht sie sich jetzt immer öfter am Stuhl oder am Regal im Wohnzimmer oder an der Hand der Eltern hoch. Manchmal bleibt sie schon für ein paar Sekunden selbstständig stehen.

Paulas Entwicklung verläuft anders als die Entwicklung des einjährigen Max, der noch immer krabbelt, und auch das eher selten. Max zeigt deutlich weniger Aktivität als Paula. Ihre Entwicklung ist deutlich geprägt von einem hohen Aktivitätsniveau, großem Interesse und Neugier. Paulas Entwicklung wird auch durch ihre direkte Umwelt beeinflusst: Ihre Eltern reagieren ermunternd auf die zunehmende Erweiterung ihres Bewegungsradius. Manchmal legen sie ein Spielzeug, das Paula besonders attraktiv findet, auf einen Stuhl, sodass Paula erst recht motiviert ist, sich hochzuziehen.

Paula **verarbeitet** diese Interaktionserfahrungen mit ihren Eltern aktiv und **produktiv**, da sie erlebt, dass es sinnvoll ist, unterschiedliche Bewegungen zu beherrschen. Sie realisiert, dass ihre **inneren Gegebenheiten**, also ihre körperlichen Voraussetzungen und Möglichkeiten, ihr helfen, den Alltag gut zu bewältigen und ihre Interessen zu verfolgen:

- dass sie ihre Beine bewegen kann,
- dass sie auf ihren Beinen stehen kann und
- dass sie sogar für ein paar Sekunden freihändig das Gleichgewicht halten kann.

Zur inneren Realität gehört eine weitere Komponente. Zu den **körperlichen Voraussetzungen** und Möglichkeiten kommen die psychischen Eigenschaften bzw. Gegebenheiten. Paulas **psychische Gegebenheiten**, also Voraussetzungen für ihre Sozialisation, verändern sich ebenfalls: So erlebt Paula, dass Erwachsene auf ihre zunehmende Fähigkeit, sich am Stuhl hochzuziehen, mit Freude reagieren: Paula lächelt jedes Mal und drückt so Freude aus. Sie zeigt aber auch immer wieder Ungeduld, wenn sie nach ein paar Sekunden auf den Po plumpst. Sie hat jedoch schon etwas Frustrationstoleranz entwickelt, da sie immer wieder aufsteht. Mit zunehmenden Bewegungsmöglichkeiten verstärkt sich ihre Frustrationstoleranz, da Paula erlebt: Es lohnt sich, nicht aufzugeben und immer wieder von vorne zu beginnen.

Zusätzlich wird Paulas Entwicklung auch durch ihre **äußere soziale Realität** beeinflusst. So lebt sie mit ihren Eltern in einem Reihenhaus mit Garten, das Wohnzimmer ist geräumig. Die Eltern haben es so eingerichtet, dass sich auf Paulas Höhe keine gefährlichen Gegenstände befinden und sie sich überall hochziehen kann. Paulas soziale Realität umfasst darüber hinaus die Freunde und

Geschwister der Eltern, die Großeltern und die Nachbarn der Familie. So findet sie bei vielen Erwachsenen Beachtung und Liebe.

Die **äußere physische Realität** bezieht sich z. B. auf die umgebende Landschaft und das Klima, in dem Paula aufwächst. So kann sie im Sommer im Garten krabbeln. Sie erlebt Natur und Umwelt als freundlich. Ihre Eltern können ihr mehr Freiräume lassen, als Eltern, die mit ihren Kindern an einer stark befahrenen Straße wohnen und sie vor ganz anderen Gefahren schützen müssen. Ökologische Faktoren beeinflussen die Entwicklung der Persönlichkeit ebenfalls. So wachsen Kinder, die in Ländern leben, die durch den Klimawandel gravierend betroffen sind, unter sehr schwierigen Bedingungen auf. Ihr Leben ist bereits durch die ökologischen Bedingungen immer wieder bedroht.

Paulas Entwicklung verläuft in der ständigen Interaktion zwischen ihr und ihren Eltern und der weiteren Umgebung. Sie ist also mit einem bestimmten Alter nicht beendet. Auch wenn Paula einmal 22 Jahre alt ist, ihre Ausbildung abgeschlossen hat und vielleicht in einer eigenen Wohnung mit einem Partner oder einer Partnerin zusammenlebt, geht ihre persönliche Entwicklung weiter. Jetzt stehen nur andere Anforderungen für sie im Vordergrund. Während es für die einjährige Paula darum ging, laufen zu lernen, den eigenen Aktionsradius zu erweitern und so mehr Autonomie zu erzielen, steht für die 22-jährige Paula im Mittelpunkt, Beruf, Partnerschaft, Freizeitbedürfnisse und den eigenen Haushalt so zu bewältigen, dass sie mit ihrem aktuellen Leben zufrieden ist.

Entscheidend ist, dass man heute davon ausgeht, dass der Prozess der Persönlichkeitsentwicklung produktiv ist, weil der Mensch selbst dabei beteiligt ist. Die einjährige Paula ist wach und aufmerksam, sie beobachtet, was ihre Eltern gerade tun. Sie erkennt, worauf sie wie reagieren, dass sie bei Fortschritten in der Bewegung oder in der sprachlichen Entwicklung sich interessiert und ermutigend verhaltend. Diese Erkenntnisse motivieren Paula, weiter Geräusche zu produzieren und Silben zu formen. Sie treibt so ihre eigene Entwicklung voran.

Damit wird aber deutlich, dass die Persönlichkeitsentwicklung des Menschen auch von seinen eigenen **personalen und sozialen Ressourcen** abhängt. Unter personalen Ressourcen sind Fähigkeiten und Kompetenzen zu verstehen. Mit sozialen Ressourcen werden die Möglichkeiten bezeichnet, die durch andere Menschen und die direkte Umgebung entstehen. So sind die sozialen Ressourcen, auf die Paula zurückgreifen kann und die ihr zur Verfügung stehen, z. B. die Ausbildung und das Studium ihrer Eltern, denn diese haben selbst erlebt, wie wichtig Bildung für die Entwicklung des Menschen ist. Also achten sie darauf, dass Paula bereits mit einem Jahr ein bestimmtes Kontingent an altersangemessenen Bilderbüchern zur Verfügung stehen oder dass das Kind herausforderndes Spielzeug hat, das die Kreativität fördert.

> Die für die Persönlichkeitsentwicklung notwendige Auseinandersetzung mit der inneren und äußeren Realität findet also das ganze Leben statt und verläuft bei jedem Menschen individuell *(vgl. Hurrelmann/Bauer, 2020, S. 199).*

Das Modell der produktiven Realitätsverarbeitung geht davon aus, dass der Mensch am Prozess der Entwicklung der eigenen Persönlichkeit „als schöpferischer Konstrukteur aktiv an der Gestaltung" *(Hurrelmann/Bauer, 2020, S. 102)* seines eigenen Lebens arbeitet.

So wächst Paula als gesundes Kind ohne irgendwelche Beeinträchtigungen auf. Dies bedeutet, dass sie alle Sinne aktivieren kann, denn ihre Bewegungsmöglichkeiten sind nicht eingeschränkt. Damit verfügt sie über vielfältige Möglichkeiten, sich mit der Welt auseinanderzusetzen und sie zu erforschen.

Hierzu gehört aber auch, eigeninitiativ Angebote aufzugreifen, die die äußere Realität dem Menschen bietet. Die äußere Realität kann, wie schon aufgezeigt, erheblich zur Entfaltung oder zur Einschränkung bei der Entwicklung der Persönlichkeit beitragen.

> Der zweijährige Nataniel, der seit einem halben Jahr eine Krippe besucht, profitiert von dem pädagogischen Angebot der Erzieherinnen. Er erlebt eine sprachanregende Umgebung: Die Erzieherinnen lesen jeden Tag Bilderbücher vor, singen viel mit den Kindern und spielen vielerlei Fingerspiele. Nataniel lässt sich von der Freude der Erzieherinnen anstecken. In der Zwischenzeit plappert er einzelne Worte aus den Liedern und Fingerspielen zu Hause vor sich hin. Manchmal nimmt er sich in der Krippe schon ein Bilderbuch, setzt sich hin und blättert es durch.

Je umfassender die Kompetenzen sind, die der einzelne Mensch durch die innere und äußere Realität entwickelt, umso größer sind auch die Fähigkeiten, die eigene Umwelt mitzugestalten. So reagieren die Erzieherinnen auf Nataniels Neugier und Interesse an Bilderbüchern, indem sie ihn regelmäßig auffordern, mit ihnen ein Bilderbuch anzuschauen und indem sie gleichzeitig das Bilderbuchangebot, das den Kindern im freien Spiel zur Verfügung steht, stetig erweitern und regelmäßig austauschen. Dies bedeutet, dass Nataniel durch sein Verhalten, seine Neugier und sein Interesse Einfluss auf die Erzieherinnen ausgeübt hat. Er konnte erleben, dass ein Verhalten etwas bewirkt.

Kinder, die sich z. B. sprachlich gut ausdrücken können, sind dadurch eher in der Lage, ihre eigenen Bedürfnisse und Interessen selbst zu vertreten als Kinder, die eingeschränkte Ausdrucksmöglichkeiten haben.

Damit wird deutlich, dass der Prozess der Sozialisation „eine doppelte Wirkrichtung hat" *(Hurrelmann/Bauer, 2020, S. 104)*: Auf der einen Seite wirkt die produktive Realitätsverarbeitung auf „die Prozesse der Individuation" und zum anderen „auf die Prozesse der Vergesellschaftung" *(Hurrelmann/Bauer, 2020, S. 104)*.

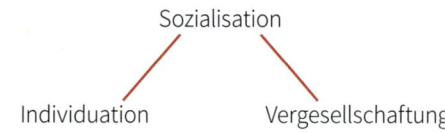

Der Prozess der Individuation bedeutet, dass der Mensch seine Einzigartigkeit betont.

Der Prozess der Vergesellschaftung führt zur Anpassung an das Leben in einer Gemeinschaft unter Wahrung der eigenen Individualität.

Entwicklungsaufgaben

In unterschiedlichen Lebensphasen geht es darum, verschiedene Entwicklungsaufgaben zu bewältigen (siehe Band 1, Lernfeld 3, Kap. 2.2).

Es werden zwei Arten von Entwicklungsaufgaben unterschieden:

1) Entwicklungsaufgaben, die sich zeitlich eingrenzen lassen. Hierzu gehört der Erwerb bestimmter Kulturtechniken. So lernen beispielsweise Kinder Lesen und Schreiben mit etwa sechs Jahren und in der Regel nicht zu einem späteren Zeitpunkt.

2) Entwicklungsaufgaben, die sich über mehrere Entwicklungsphasen hinziehen. So lernen Schulkinder, ihre Beziehungen zu Gleichaltrigen zu gestalten. Der Schwerpunkt beim Schulkind liegt auf dem gedeihlichen Auskommen unter Gleichaltrigen. Die Auseinandersetzung mit Gleichaltrigen setzt sich im Jugendalter fort. In dieser Phase geht es aber um die Gestaltung reiferer Beziehungen zu Gleichaltrigen.

2.1.2   Sozialisationsinstanzen

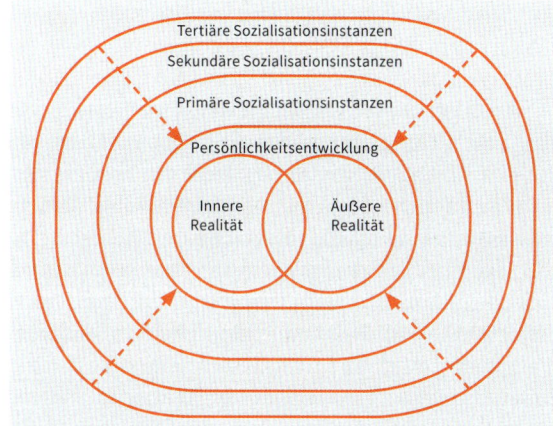

Sozialisationsinstanzen
(Hurrelmann/Bauer, 2020, S. 144)

Die moderne Gesellschaft zeichnet sich u. a. durch ihre Komplexität aus. Das Leben der Menschen differenziert sich immer weiter aus. Verschiedene gesellschaftliche Organisationen und Institutionen nehmen Einfluss auf die Sozialisation der Menschen und damit auf deren Persönlichkeitsentwicklung *(vgl. Hurrelmann/Bauer, 2020, S. 145)*.

Damit die Persönlichkeitsentwicklung gelingt, bedarf es der Unterstützung vieler anderer Menschen und Institutionen. Diese Unterstützungssysteme und Einflüsse von außen werden im Prozess der Sozialisation als Sozialisationsinstanzen bezeichnet (siehe Abb. oben).

Die Sozialisationsinstanzen lassen sich in drei Ebenen aufteilen:

1) Unter **primären Sozialisationsinstanzen** werden die Familie, die Verwandtschaft und der Freundes-

kreis verstanden. Die Familie hat auf das Kind den größten Einfluss, wenn es darum geht, ihm die äußere Realität zu vermitteln *(vgl. Hurrelmann/Bauer, 2020, S. 144)*. Die Familie wird deshalb als primäre Sozialisationsinstanz bezeichnet, weil sie als erste Instanz im Leben des Kindes auftritt (siehe Band 2, Lernfeld 5, Kap. 1).

2) Die **sekundären Sozialisationsinstanzen** sind Institutionen, die „bestimmte Aufgaben der Betreuung, Bildung und Erziehung, insbesondere von Kindern und Jugendlichen […] übernehmen. Hierunter fallen Kindertagesstätten, Horte, Schulen, Ausbildungseinrichtungen, Hochschulen und sozialpädagogische Institutionen" *(Hurrelmann 2006, S. 33)*. Die Bedeutung der sekundären Sozialisationsinstanzen hat in den vergangenen Jahrzehnten systematisch zugenommen. Der Unterschied zur primären Sozialisationsinstanz Familie besteht darin, dass in den Erziehungs- und Bildungsinstitutionen ausgebildete pädagogische Fachkräfte arbeiten, die Kinder und Jugendliche professionell in ihrem Bildungs- und Entwicklungsprozess begleiten und unterstützen. Die pädagogische Arbeit in der Kita, dem Kindergarten oder Hort baut damit auf dem auf, was Eltern in der Familie angelegt haben *(vgl. Hurrelmann/ Bauer, 2020, S. 165)*, und ergänzt oder korrigiert die familiäre Erziehungsleistung.
Im Zuge des Ausbaus pädagogischer Institutionen verlagert sich die Erziehungs- und Bildungsarbeit aus der Familie zumindest zum Teil in den Verantwortungsbereich pädagogischer Institutionen. Diese Entwicklung ist weltweit zu beob-

achten. Je differenzierter sich eine Gesellschaft entwickelt, je globaler sie sich organisiert, umso größer wird die Bedeutung der Bildungs- und Erziehungsinstitutionen. Pädagogische Fachkräfte in Krippe, Kita oder Hort haben daher einen gewichtigen Einfluss auf den Sozialisationsprozess und damit auf die Entwicklung der Persönlichkeit und die produktive Realitätsverarbeitung. Daher müssen Erzieherinnen über breites Wissen zu diesem Thema verfügen.

Tertiäre Sozialisationsinstanzen lassen sich in einen formellen und informellen Bereich aufteilen. Unter den **informellen Bereich** fallen die Peers oder die Massenmedien, der Konsum und die Freizeitgestaltung. Dieser Bereich wird deshalb als informell bezeichnet, da die Einflüsse spontan und zum Teil ungeplant verlaufen. Freunde und Gleichaltrige „begleiten die Emanzipation von den Eltern, ergänzen die Impulse der Schule und bereiten auf soziale Anforderungen in der Freizeit- und Konsumwelt vor" *(Hurrelmann/Bauer, 2020, S. 183).* Freunde und Gleichaltrige sind deshalb so wichtig, weil sie sich hierarchisch auf der gleichen Ebene befinden und weil sie über ähnliche Sichtweisen und Erfahrungen verfügen.

So ist es für Beriket (5;2), Sonja (5;5) und Johanna (5;6) eine gemeinsame Erfahrung, dass sie im neuen Kindergartenjahr zu den Großen gehören und im nächsten Schuljahr eingeschult werden. Sie haben die Erfahrung gemacht, wie es im Kindergarten war, als sie zu den Kleinen zählten, wie die Großen damals sie oft nicht mitspielen ließen oder von Dingen sprachen, die sie noch nicht kannten. Jetzt geht es ihnen so wie den Großen damals. Sie müssen nun die gleichen Entwicklungsaufgaben (siehe Lernfeld 3, Kap. 2.2) bewältigen, die alle Kinder in diesem Alter meistern müssen, sich auf die Schule vorzubereiten.

2.1.3 Sozialisation in der Kindheit

Kindheit bedeutet, vielerlei Einflüssen ausgesetzt zu sein. Die Zunahme öffentlicher Erziehung und Bildung führt dazu, dass Krippe, Kindergarten und Hort den Sozialisationsprozess und damit „die Persönlichkeitsentwicklung des gesellschaftlichen Nachwuchses […] begleiten und Kinder und Jugendliche auf das Leben in

Mit zunehmendem Alter werden Gleichaltrige und Freunde wichtiger. Ihr Einfluss wächst, während der der Eltern an Bedeutung verliert. Wie sehr andere Einflüsse auf Jugendliche einwirken, zeigt sich auch im Bereich der Medien und hier besonders der sozialen Netzwerke, die unter Jugendlichen eine große Bedeutung haben (siehe Band 2, Lernfeld 4, Kap. 13).

Zum **formellen Bereich** gehören z. B. Institutionen wie die Justiz, die Arbeitswelt, die Verwaltung und Behörden. Sie alle verfolgen bestimmte Ziele und Aufgaben. Diese Ziele sind nur zu erreichen, wenn in der Sozialisation des Menschen darauf geachtet wird, dass die hinter diesen Zielen liegenden Werte vermittelt werden. Eine hoch arbeitsteilige Wirtschaft ist darauf angewiesen, dass die Menschen, die hier arbeiten, z. B. zuverlässig und pünktlich sind. Also wird die Arbeitswelt darauf achten, dass im Bereich der Erziehung und Bildung Werte wie Zuverlässigkeit und Pünktlichkeit eine große Rolle spielen. Dies lässt sich an vielen Stellen im pädagogischen Alltag beobachten. So bekommen Schüler in der Schule Aufgaben, die sie zu einem bestimmten Zeitpunkt abliefern müssen. Damit wird ihnen vermittelt, dass es wichtig ist, zuverlässig und pünktlich zu sein. Halten sich Schüler nicht an diese Regeln, wird ihr Verhalten sanktioniert. Damit wird mit Nachdruck darauf hingewiesen, dass die Regeln einzuhalten sind. Die Schule selbst ist so organisiert, dass alle Kinder pünktlich zu einer vereinbarten Zeit anwesend sind. Im Kindergarten achten die Erzieherinnen darauf, dass die Struktur des Tagesablaufs eingehalten wird. Es gibt deshalb zu einer bestimmten Zeit Mittagessen. Kinder erleben, dass der Alltag in der Regel eine Struktur aufweist und Vereinbarungen eingehalten werden und richten sich selbst danach. Genau solche Verhaltensweisen benötigen sie in der Arbeitswelt, denn auch diese funktioniert nur, wenn sie strukturiert ist und wenn die dort geltenden Vereinbarungen eingehalten werden. Damit wird deutlich, wie die verschiedenen Sozialisationsinstanzen zusammenwirken.

der Gesellschaft vorbereiten" *(Hurrelmann/Bauer, 2020, S. 129).*

Folgende Faktoren beeinflussen die Verarbeitung der inneren und äußeren Realität, und damit die produktive Realitätsverarbeitung von Kindern:

- **Bildung:** Kinder erleben früh, dass Bildung und Leistung wichtig sind. Sie spüren die Erwartung der Eltern, gute Noten zu erzielen. Der Ausbau der Ganztagesschule verdeutlicht die große Rolle von Bildung und Leistung im Leben von Kindern.
- **Instabile Beziehungen:** Kinder können nicht selbstverständlich von stabilen Beziehungen ausgehen. „Die Beziehung der Eltern bricht in jeder dritten Familie dauerhaft auseinander. [...] Die sozialen Bindungen im Familienleben haben sich insgesamt gelockert." *(Hurrelmann/Bauer, 2020, S. 130)* Kinder erleben, dass die Erwachsenen Partnerbeziehungen verändern, sie selbst aber nicht gefragt werden, sondern sich diesen Tatsachen fügen müssen. Diese Situation können sie nicht beeinflussen.
- **Freizeit und Konsum:** Kinder wachsen in einer Welt des Konsums und der Freizeit auf und sind für die Wirtschaft ein wichtiger Faktor. Durch eigene digitale Aktivitäten in den sozialen Netzwerken setzen sich Kinder mit den dort offerierten Inhalten auseinander. Darüber hinaus wählen sie im Freizeitbereich unter einer Vielzahl von Angeboten aus und erleben, dass diese Geld kosten und ihre Nutzung von den finanziellen Möglichkeiten der Eltern abhängen.
- **Partizipation:** Durch einen partnerschaftlichen Erziehungsstil können Kinder an Entscheidungen teilhaben oder sie selbst treffen. Eltern beteiligen Kinder in weit größerem Maße an Entscheidungen (siehe Band 1, Lernfeld 2, Kap. 1.6), als dies noch vor hundert Jahren der Fall war.

Diese Faktoren tragen zur Persönlichkeitsentwicklung bei und fordern Kinder heraus, diese Möglichkeiten zu ergreifen.

2.1.4   Besondere Einflüsse auf Sozialisation: Soziale Ungleichheiten

Soziale Ungleichheiten wirken sich ebenfalls auf den Prozess der produktiven Realitätsverarbeitung und damit die Sozialisation aus. Von sozialen Ungleichheiten wird dann gesprochen, wenn sie „systematisch erzeugt oder produziert werden und soziale Konsequenzen nach sich ziehen, also Konsequenzen für die individuelle Lebensführung oder den Zugang zu bestimmten Gütern und Ressourcen haben" *(Hurrelmann/Bauer, 202,0 S. 192).* So sind z. B. Einkommensunterschiede systematisch erzeugt und ziehen gravierende soziale Konsequenzen nach sich.

Die deutlich geringeren finanziellen Spielräume von Familie Degenhardt führen dazu, dass den Kindern im Vergleich zu den Kindern von Familie Göktürk weniger Möglichkeiten der Freizeitgestaltung zur Verfügung stehen.

Bei Familie Göktürk arbeitet Frau Göktürk im Vorstand eines großen mittelständischen Unternehmens. Herr Göktürk ist Rechtsanwalt mit einer eigenen Kanzlei. Beide Eltern verfügen über ein sehr gutes Einkommen, dass es ihnen ermöglicht, ihren beiden Kindern, Emine, 13 Jahre, und Jakob, 9 Jahre, vielfältige Angebote zu machen. Die finanzielle Situation zieht also Konsequenzen in der individuellen Lebensführung für die Familie nach sich. Die Eltern finanzieren den Kindern Musikunterricht und Emine und Jakob können darüber hinaus noch ihre Wunschsportarten ausüben. In den Ferien achten die Eltern darauf, dass die Urlaubsreise immer auch mit entsprechenden Bildungserfahrungen verbunden ist. Sie besichtigen Städte, Schlösser und Kirchen. Emine und Jakob erhalten durch die Bereitstellung spannender und anregender Kinder- und Jugendliteratur und einer sehr guten medialen Ausstattung (Güter) die Möglichkeit, sich auf vielfältige Weise mit der Welt auseinanderzusetzen. Die Eltern fordern ihre Kinder durch kritische Nachfragen und regelmäßige Gespräche heraus, sich selbst eine Meinung zu bilden und diese zu äußern. Das Ergebnis ist, dass sowohl Emine als auch Jakob über eine sehr gute sprachliche Ausdrucksweise verfügen, sicher argumentieren können und ein gutes Selbstbewusstsein verfügen.

Bei Familie Degenhardt arbeitet der Vater als Lkw-Fernfahrer und ist daher oft wochenweise nicht zu Hause. Frau Degenhardt ist in der Verwaltung eines kleinen Handwerkbetriebs teilzeitbeschäftigt. Familie Degenhardt ist mit der Geburt des zweiten Kindes in eine größere Wohnung umgezogen. Die Miete verschlingt einen Großteil des Gehalts von Frau Degenhardt. Die Kinder, Marie-Luise, 12 Jahre, und Peter,

14 Jahre, besuchen die Realschule. Wenn es um schulische Leistungen geht, ist den Eltern nur wichtig, dass es keine Klagen gibt und die Kinder durchkommen. Bei den Hausaufgaben erfahren die Kinder keine Unterstützung, die Eltern achten aber darauf, dass sie gemacht werden. Marie-Luise hat einmal den Wunsch geäußert, dass sie Geige lernen möchte. Dies ging aus finanziellen Gründen nicht. Peter trifft sich regelmäßig mit Freunden im Jugendhaus. Einmal im Jahr fährt die Familie in Urlaub. Dafür buchen die Eltern eine finanzierbare Pauschalreise. In der Hotelanlage, die die Familie nicht verlässt, gibt es ein gutes Unterhaltungsprogramm für die Kinder und Jugendlichen. Beide Kinder haben ein Smartphone und einen Fernseher im Kinderzimmer.

> Ungleichheiten lassen sich über die materielle Ausstattung einer Familie, deren Einkommen und deren Besitz bestimmen. Ein weiterer Faktor, der damit zusammenhängt, ist die „Ungleichheit in der Lebensführung, der Präferenzbildung, der Handlungsorientierung" *(Hurrelmann/Bauer, 2020, S. 192).*

Familie Göktürk legt die Präferenz darauf, den Kindern außerschulische Bildungsangebote zu unterbreiten, und sie achtet auch darauf, dass diese wahrgenommen werden. Ihre Präferenz ist aber auch darauf ausgerichtet, mit den Kindern zu diskutieren und sie durch Gespräche herauszufordern. Die Präferenzen von Familie Degenhardt liegen dagegen darauf, dass die Kinder ihre Freizeit selbst gestalten und so nicht zusätzliche Kosten entstehen. Herr Degenhardt ist froh, wenn es keinen Streit und keine langen Diskussionen gibt.

Durch die vielfältigen außerschulischen Angebote, die die Kinder von Familie Göktürk wahrnehmen, lernen sie andere Kinder und Familien kennen, die ebenfalls diese Angebote besuchen. Sie bilden so Netzwerke, die Familie Degenhardt nicht zur Verfügung stehen.

Die sozialen Ressourcen, die Eltern in nicht-privilegierten Familien (primäre Sozialisationsinstanz) ihren Kindern zur Verfügung stellen können, sind viel geringer als in Familien der gehobenen Mittelschicht. Dies wirkt sich auf die Persönlichkeitsentwicklung der Kinder aus. Die produktive Verarbeitung der äußeren Realität verläuft also je nach sozialer Schicht sehr unterschiedlich.

Die sekundären Sozialisationsinstanzen wie Kindergarten und Schule kompensieren diese Ungleichheiten nicht. „Bei der Mehrheit der Kinder kommt es vielmehr zu einer Verstetigung und ständigen Verstärkung des einmal eingeschlagenen Pfades der Persönlichkeitsentwicklung." *(Hurrelmann/Bauer, 2020, S. 196)*

Die tertiären Sozialisationsinstanzen verschärfen die sozialen Ungleichheiten weiter. So machen sich hier die unterschiedlichen Einstellungen und Fähigkeiten bemerkbar, die Kinder und Jugendliche im Laufe des Sozialisationsprozesses erworben haben. Erleben Kinder und Jugendliche in der Familie, dass über mediale Angebote, einzelne Fernsehsendungen oder die sozialen Netzwerke diskutiert und deren Nutzen kritisch reflektiert wird, so erleben sie, dass die „Verhaltenserwartung" *(Hurrelmann; Bauer, 2020, S. 196)* besteht, sich mit der äußeren Realität kritisch auseinanderzusetzen und diese nicht als gegeben hinzunehmen. Kinder und Jugendliche, die diese Einstellung bei Erwachsenen nicht erleben, erwerben nicht die Fähigkeit der kritischen Reflexion.

2.1.5 Besondere Einflüsse auf Sozialisation: Diversität

Neben den sozialen Ungleichheiten beeinflusst die gesellschaftliche Diversität (Vielfalt) den Sozialisationsprozess (siehe Band 1, Lernfeld 3, Kap. 3). Im Folgenden wird die Bedeutung die Diversität für den Prozess der produktiven Realitätsverarbeitung dargestellt. Dies soll am Beispiel der ethnischen Diversität geschehen.

Während sich in der zweiten Hälfte des 20. Jahrhunderts die Einwanderung nach Deutschland vor allem auf Arbeitsmigration bezog, erleben wir heute neben der gezielten Anwerbung von hoch qualifizierten Arbeitskräften aus dem Ausland, dass vor allem Menschen aus Krisen- und Kriegsgebieten in die Bundesrepublik Deutschland fliehen und hier eine neue Heimat suchen.

Wie gehen Menschen mit ihren Wertvorstellungen und Normen um, wenn sie feststellen, dass sich die Werte im Einwanderungsland von den ihren unterscheiden? Wie gestaltet sich der Sozialisationsprozess für Kinder und Jugendliche mit Migrationshintergrund? Wie werden Kinder ohne Migrationshintergrund von der gesellschaftlichen Diversität beeinflusst?

> Die Vorstellungen von Normen und Werten in einer Familie sind aber durch den gesellschaftlichen und kulturellen Kontext genauso geprägt wie durch deren Herkunft und Geschichte, deren Tradition und deren Erfahrungen. Daraus entwickelt sich die Familienkultur, die jedes Kind primär prägt.

Wenn es zu Differenzen zwischen häuslicher und gesellschaftlicher Kultur kommt, werden Eltern und Kinder vor große Herausforderungen gestellt.

> „Kinder aus zugewanderten Familien bekommen so möglicherweise widersprechende Botschaften, die Potenzial für Entscheidungskonflikte bieten. Eltern stehen vor der Aufgabe, ihre kulturellen Orientierungen nach der Migration neu zu bewerten und zu überprüfen – vor allem dann, wenn ihre eigenen Werte im Konflikt zur Kultur der Mehrheitsgesellschaft stehen."
>
> *(Leyendecker, 2011, S. 55)*

Die Sozialisationsziele von zugewanderten Eltern sind besonders durch drei Aspekte geprägt: durch die eigene Bildung, die kulturelle Prägung und die eigenen Migrationserfahrungen *(vgl. Leyendecker, 2011, S. 55)*. Eltern mit hohem Bildungsabschluss verfolgen andere Erziehungsziele wie Eltern mit niedrigem Bildungsabschluss *(vgl. Hurrelmann/Bauer, 2020, S. 202)*. So zeigen verschieden Studien, dass bei gut gebildeten Eltern Erziehungsziele wie Autonomie eine große Rolle spielen, während Eltern der unteren Schichten mehr Wert auf Gehorsam legen. Je nach kultureller Herkunft kann hier auch die Orientierung an Gruppen- bzw. Familienzielen bedeutsam sein. Eltern mit einem Erziehungsstil, der auf Autonomie der Kinder Wert legt, unterstützt z. B. die Überlegungen und Wünsche des Kindes bzw. Jugendlichen bei der Schul- oder Berufswahl. Eine Familie, die sich mehr an einer verbundenheitsorientierten Erziehung ausrichtet, berücksichtigt dagegen stärker die Interessen und Wünsche der Familie, denen sich das Kind dann unterzuordnen hat *(vgl. Böhm u. a., 2014, S. 212)*. Dies wirkt sich jeweils prägend auf den Sozialisationsprozess des Kindes aus *(vgl. Leyendecker, 2011, S. 57)*.

Besonders Kinder aus geflüchteten Familien leiden unter einem unsicheren Rechtsstatus, „das heißt, sie haben keine Sicherheit, ob sie sich in Deutschland eine Lebensperspektive aufbauen können" *(Böhm/Böhm/Deiss-Niethammer, 2004, S. 85 f.)*. Die Übernahme von Werten und Normen wird durch den unsicheren Status erschwert. Hinzu kommt, dass sie bei den eigenen Eltern erleben, dass diese oft eine enge kulturelle und soziale Bindung an das Herkunftsland pflegen. Sie selbst wollen aber in diese Gesellschaft hineinwachsen und dazugehören. Entscheidend dafür, ob der Sozialisationsprozess gelingt oder nicht, ist, ob den Kindern und Jugendlichen eine Perspektive geboten wird, die es ihnen ermöglicht, eine realistische eigene Zukunftsperspektive aufzubauen. Es ist also wichtig, auf welche äußere Realität sie treffen. Mehr als die ethnische Ungleichheit beeinflusst jedoch der soziale Status der Familie den Sozialisationsprozess und den Bildungserfolg eines Kindes *(Hurrelmann/Bauer, 2020, S. 201)*.

2.1.6   Vertiefung: Psychologische Theorien der Sozialisation

Psychologische Theorien nehmen im Blick auf die Persönlichkeitsentwicklung vor allem den Bereich der inneren Realität in den Blick.

Die Überlegungen von Sigmund Freud (1856–1939) sind für die Sozialisationstheorien wichtig, „weil sie eine Konzeption für die Umsetzung sozialer Normen in das Innere des Individuums" *(Hurrelmann, 2006, S. 50)* enthalten (siehe Band 1, Lernfeld 3, Kap. 5).

Freud ging davon aus, dass die Ursachen psychischer Erkrankungen in der frühen Kindheit und in der Eltern-Kind-Beziehung lägen *(vgl. Fromm, 2006, S. 67)* und leitete daraus ab, dass für die Entwicklung des

Kindes die Eltern und nächsten Angehörigen (primäre Sozialisationsinstanzen) eine große Rolle spielten. Das Verhalten des erwachsenen Menschen ist nach der Theorie der Psychoanalyse durch seine Kindheitserfahrungen geprägt, was dem Menschen in der Regel wenig bewusst ist. Freud erkannte die Bedeutung der Einflüsse von außen: „Vom Augenblick der Geburt an ist das Kind einem Bombardement von Einflüssen anderer ausgesetzt, die sich während der Kindheit vervielfachen und verändern. Im Laufe der Jahre ist das Kind der prägenden Ermutigung und Herabsetzung, dem Lob und Tadel, dem beneidenswerten und abschreckenden Beispiel anderer ausgesetzt." (*Fromm, 2006, S. 67*)

Sigmund Freud (1856–1939)

Aus Sicht der Psychoanalyse bestimmen drei Bereiche die Persönlichkeitsentwicklung des Menschen. Sie entwickeln sich in den ersten sechs Lebensjahren: **ICH, ES** und **ÜBER-ICH** *(vgl. Tillmann, 2010, S. 77).*

Mit dem **ES** werden die biologischen Grundlagen, Triebe und aggressive und sexuelle Impulse beschrieben.

Während der Säugling noch ganz auf die sofortige Befriedigung seiner Triebe ausgerichtet ist, lernt der Mensch im Laufe seiner Entwicklung, diese Bedürfnisse so zu regulieren, dass sie nicht immer gleich erfüllt werden müssen. Das ES und damit die Triebe und aggressiven und sexuellen Impulse bestehen das ganze Leben über. Der Mensch lernt, angemessen mit ihnen umzugehen.

Aus dem ES wird das **ICH** entwickelt. „Im ICH sind vor allem Wahrnehmung und Willensbildung angesiedelt" (ebd.). Das ICH überprüft, welche Triebe es sofort, später oder gar nicht befriedigt. Es gleicht die inneren Bedürfnisse mit der äußeren Realität ab. Das ICH hat also die Aufgabe die Triebe, Impulse und Bedürfnisse zu zügeln, zu bremsen und zu kanalisieren.

Freud vergleicht das ES mit einem Pferd und das ICH mit dem Reiter, dessen Aufgabe es ist, das Pferd zu zügeln, ihm den Weg zu weisen und das Tempo vorzugeben, mit dem er reiten will.

Ab etwa dem sechsten Lebensjahr entwickelt sich beim Kind nach dem ES und dem ICH die dritte psychische Instanz, das **ÜBER-ICH**. „Während das Kind bis dahin durch Gebote und Verbote gleichsam von außen gesteuert wurde, übernimmt es nun die elterlichen Normen und Verhaltensregeln in die eigene Psyche." *(Tillmann, 2010, S. 77)* Neben den elterlichen Normen, Geboten und Verboten repräsentiert das ÜBER-ICH auch die allgemein gültigen gesellschaftlichen Regeln und Normen. Die Aufgabe des ICHs ist es, die Bedürfnisse des ES mit den Geboten des ÜBER-ICHs und der Realität so in Einklang zu bringen, dass die unterschiedlichen Ansprüche zu ihrem Recht kommen.

Der Psychoanalytiker **Erik H. Erikson** entwickelte Freuds Überlegungen weiter. Er bezog in seine Überlegungen hinsichtlich der Persönlichkeitsentwicklung die äußere Realität deutlicher noch als Freud ein *(Hurrelmann, 2006, S. 52).*

Erikson teilt die menschliche Entwicklung in **acht Phasen** ein. Bei ihm endet die Entwicklung nicht mit dem Erwachsen-Werden wie bei Freud, sondern sie erstreckt sich bis zum Tod *(vgl. Erikson, 1991, S. 241 ff.).* Hier zeigt sich

eine Verbindung zu dem Konzept der Entwicklungsaufgaben nach Havighurst (siehe Band 1, Lernfeld 3, Kap.
2.2). Auch Erikson geht davon aus, dass der Mensch in
den einzelnen Lebensphasen sich mit bestimmten Themen auseinandersetzen muss, die in der Regel konflikt-
und krisenhaft sind.

Im Folgenden werden diese Entwicklungsphasen von
Kindern und Jugendlichen genauer beschrieben:

Erik H. Erikson (1902–1993)

Phasen	Psychosoziale Krisen	Radius wichtiger Beziehungen	Grundstärken
Säuglingsalter	Grundvertrauen versus (vs.) Grund-Misstrauen	Mütterliche Person	Hoffnung
Kleinkindalter	Autonomie vs. Scham	Elternpersonen	Wille
Spielalter	Initiative vs. Schuldgefühl	Initiative vs. Schuldgefühl	Entschlusskraft
Schulalter	Regsamkeit vs. Minderwertigkeit	„Nachbarschaft", Schule	Kompetenz
Adoleszenz	Identität vs. Identitätskonfusion	Partner in Freundschaft, Sexualität, Wettbewerb, Zusammenarbeit	Treue
Frühes Erwachsenenalter	Intimität vs. Isolierung	Arbeitsteilung und gemeinsamer Haushalt	Liebe
Erwachsenenalter	Generativität vs. Stagnation	Arbeitsteilung und gemeinsamer Haushalt	Fürsorge
Alter	Integrität vs. Verzweiflung	„Die Menschheit", „Menschen meiner Art"	Weisheit

Entwicklungsmodell nach Erikson (Rothgang, 2009, S. 89)

Das Säuglingsalter ist geprägt durch die Erfahrung des
Kindes, dass für es gesorgt wird und es sich darauf
auch verlassen kann. Das Kind macht aber auch die Erfahrung, dass es sich „auf sich selbst verlassen kann"
(ebd.), denn es gelingt ihm, durch seine Äußerungen,
beispielsweise sein Schreien, Erwachsene dazu zu motivieren, sich um das Kind zu kümmern.

Im Kleinkindalter erlebt das Kind immer deutlicher seine Unabhängigkeit, weil es sich in einem immer größeren Radius bewegen kann. Es entdeckt seinen Willen
und zugleich, dass dieser eigene Wille immer wieder
mit Grenzen konfrontiert wird.

Das Kind entdeckt seine Umwelt immer besser und erlebt, dass es sie beschädigen kann. Das Kind ist initiativ
und aktiv (Explorationsverhalten). Gleichzeitig erlebt es,
dass Erwachsene durch sein Verhalten angestrengt und
besonders herausgefordert sind. So erfährt es von den
Erwachsenen auch Zurückweisung.

Im Schulalter steht im Vordergrund, dass die Kinder die
zentralen Kulturtechniken wie Lesen, Schreiben und
Rechnen erlernen. Sie wollen ihr Wissen erweitern und
erleben gleichzeitig, dass in der Schule die eigenen
Schwächen öffentlich gemacht werden. Umso wichtiger ist es für Schulkinder, im Hort auf Erzieherinnen zu
treffen, die sie in ihrem Wissensdrang unterstützen.

Das Jugendalter bzw. die Phase der Adoleszenz beschreibt Erikson als eine Phase, in welcher der Jugendliche intensiv an seiner Identität arbeitet. Er setzt sich mit sich selbst auseinander, klärt die Frage, wer er ist und wer er sein möchte und wie ihn die anderen Menschen sehen. Der Jugendliche erprobt sich in unterschiedlichen Rollen und sucht so seinen Weg in die Gesellschaft hinein. Dieser Weg ist dadurch gekennzeichnet, dass er seine eigene Individualität sichtbar macht. Gleichzeitig passt sich der junge Mensch zunehmend an die Regeln und Normen der Gesellschaft an bzw. setzt sich mit diesen auseinander, bis er dann zu einem begründeten Standpunkt kommt. So macht er deutlich, welche Regeln und Normen er übernehmen will und welche er verändern möchte oder sogar ablehnt.

Erikson verdeutlicht, dass das menschliche Leben in seinen einzelnen Phasen durch Spannungen zwischen individuellen Bedürfnissen und gesellschaftlichen Anforderungen gekennzeichnet ist, die das Individuum ausgleichen muss *(vgl. Hurrelmann/Bauer, 2020, S. 62)*. Seine Einteilung in acht Entwicklungsphasen bekam eine große Popularität, weil sie sehr eingängig ist. Viele Menschen verfügen über Erfahrungen, die sie mit Eriksons Überlegungen gut verknüpfen können. Es muss aber kritisch angemerkt werden, dass die Phaseneinteilung Eriksons einer empirischen Überprüfung nicht standhält. So bleibt z. B. offen, wodurch die einzelnen Phasen eingeleitet oder beendet werden *(vgl. Rothgang, 2009, S. 96 f.)*.

Für die Sozialisationsforschung ist der Beitrag der Psychoanalyse trotzdem von großer Bedeutung, weil die „innere Realität" konkretisiert wird *(vgl. Hurrelmann/Bauer, 2020, S. 60)*. Freud trug entscheidend dazu bei, dass die Bedeutung der Psyche für die Persönlichkeitsentwicklung unbestritten ist.

Problematisch ist das mangelnde Verständnis der Psychoanalyse dafür, dass die familiären Beziehungen, das Leben in der Familie und die Werte und Normen, die dort gelten, stark von gesellschaftlichen Entwicklungen (also der äußeren Realität) abhängig sind. Es wird zu wenig berücksichtigt, dass sich auch die Familie selbst aufgrund gesellschaftlicher Entwicklungen verändert und sich dies auf die Beziehung der Eltern zu ihren Kindern auswirkt. Die innere Realität wird als so dominant beschrieben, dass sie als fast nicht veränderbar und beeinflussbar angesehen wird. Im Unterschied zu Freud macht Erikson deutlich, wie sehr sich „die gesellschaftlichen und kulturhistorischen Einflüsse auf die Struktur der Familie" *(Hurrelmann/Bauer, 2020, S. 63)* auswirken.

2.1.7 Vertiefung: Soziologische Theorien der Sozialisation

Talcott Parsons struktur-funktionalistische Systemtheorie

Der US-amerikanische Soziologe Talcott Parsons untersuchte, wie Gesellschaften organisiert sind und auf welche Weise sie zu einer stabilen Ordnung kommen. Dabei erforschte er die Rolle, die der Einzelne in diesem Prozess spielt. Dafür nutzte er den Begriff des „Systems". Jedes System hat eine **innere** Struktur. Diese innere Struktur sorgt dafür, dass das System dauerhaft existieren kann. Da aber ein System nie etwas Statisches ist, sondern sich in der Regel verändert und damit dynamisch ist, wählte Parsons für diese Dynamik den Begriff der Funktion. Daher leitet sich die Bezeichnung „struktur-funktional" ab. Die innere Struktur einer Familie kann durch Mutter und Vater gebildet werden. Die Funktion von Familie aber ist unter anderem die Reproduktion. Deshalb sorgt diese Funktion für eine gewisse Dynamik innerhalb des Systems.

Parsons unterscheidet drei Systeme:
1) Das **organische** System: Dies meint den Körper des Menschen, die Nahrungsaufnahme, die für den Menschen die Grundlage für seine physische und psychische Entwicklung ist, und auch die menschlichen Triebe.
2) Das **psychische** System bildet die Persönlichkeit. Seine Aufgabe ist es unter anderem, die Energie aus dem organischen System so zu steuern, dass die Persönlichkeit des Menschen gesellschaftstauglich ist.
3) Das **soziale** System meint die Gesellschaft, die wiederum ein System von handelnden Menschen ist.

Diese drei Systeme regen sich gegenseitig an und sind bestrebt, einen Zustand des Gleichgewichts zu erreichen.

Ein solches Gleichgewicht besteht z. B. dann, wenn ein Jugendlicher für sich erkannt hat, dass es zum Erwachsensein gehört, einen Beruf zu erlernen und darin zu arbeiten. Die Motivation, die er aus dieser Erkenntnis zieht (psychisches System), stimmt mit der Erwartungshaltung der Gesellschaft (soziales System) überein.

Talcott Parsons (1902–1979)

Der Sozialisationsprozess dient dazu, die verschiedenen Interessen und Bedürfnisse der drei Systeme abzustimmen. Während seiner Sozialisation übernimmt der Mensch unterschiedliche Rollen, beginnend mit der Rolle des Säuglings, der die Rolle der Mutter und des Vaters, womöglich die Rollen der Geschwister miterlebt. Die unterschiedlichen Rollenträger treten zueinander in Beziehung. So lernt das Kind, was zu den einzelnen Rollen gehört, z. B. dass Eltern ihre Kinder pflegen, versorgen und behüten.

Je älter das Kind wird, umso differenzierter und komplexer werden die Rollen. So formt sich seine Persönlichkeit. Im Laufe der Zeit erweitert es sein Rollenrepertoire in der Kernfamilie beispielsweise durch die Rolle des Bruders oder der Schwester. Je älter das Kind wird und je größer sein Aktionsradius wird, desto mehr erweitern sich auch seine Rollen *(vgl. Hurrelmann/Bauer, 2020, S. 27)*. Über die Einnahme der verschiedenen Rollen werden Werte und Normen vermittelt.

Ähnlich wie Erikson nimmt auch Parsons an, dass der Mensch verschiedene Entwicklungsstufen durchlebt. „Über den Prozess der Sozialisation werden nach Parsons grundlegende Wertorientierungen erworben, die zum erfolgreichen Rollenhandeln in modernen, komplexen Gesellschaften notwendig sind." *(Hurrelmann, 2006, S. 86)*

Parsons geht davon aus, dass die Familie alleine nicht ausreicht, um den Prozess der Sozialisation erfolgreich zu bewältigen. Institutionen wie dem Kindergarten oder der Schule misst er eine „Schlüsselfunktion innerhalb des Sozialisationsprozesses zu" *(Hurrelmann, 2006, S. 86)*.

Kritisch angemerkt werden kann, dass die Rollentheorie von Parsons zu wenig erkennt, welchen Einfluss der Mensch auf die Ausgestaltung der verschiedenen Rollen hat, die er einnimmt. Dies zeigt sich z. B. darin, dass die Rolle des Schülers sehr unterschiedlich ausgelebt werden kann. So gibt es Schüler, die sich stark in das Schulleben einbringen und damit ihre Schülerrolle als Mitgestalter begreifen. Andere Schüler dagegen sehen ihre Rolle als Schüler eher darin, diese angepasst auszuüben, sie wollen nicht allzu viel Energie in diese Rolle stecken, da sie für sich andere Prioritäten setzen.

Symbolischer Interaktionismus von George H. Mead

Der US-amerikanische Philosoph und Psychologe George Herbert Mead geht von einem Individuum aus, das sich in seinem Handeln auf die Gesellschaft bezieht *(vgl. Hurrelmann, 2006, S. 92)*.

Die Persönlichkeit eines Menschen entsteht nach ihm in der Auseinandersetzung seiner individuellen Bedürfnisse und Wünsche mit den gesellschaftlichen Normen, Werten und Erwartungen an den Einzelnen. Den Bereich der individuellen Bedürfnisse (persönlicher Bereich) nannte Mead **I**, den gesellschaftlichen Bereich **ME**. Die Auseinandersetzungen zwischen ME und I führen zur Entwicklung der Persönlichkeit und des Selbstbildes, das Mead mit **SELF** bezeichnete. Dieses Selbstbild kann entstehen, weil der Mensch die Fähigkeit zur Reflexion besitzt. Damit kann der Mensch ein Bewusstsein von sich selbst und von seinem Platz innerhalb der Gesellschaft entwickeln.

Wichtig für die Persönlichkeitsentwicklung ist die Sprache, darüber hinaus die Fähigkeit zur Empathie und Rollenübernahme. Indem der Mensch in der Lage ist, sich in einen anderen Menschen hineinzuversetzen, gelingt es ihm, „sozial abgestimmt handeln zu können" *(Hurrelmann, 2006, S. 93)*.

Mead geht davon aus, dass der Mensch sich mit seiner Umwelt aktiv auseinandersetzt und sie auch aktiv gestaltet. Er konstruiert sich seine Welt im Austausch mit seiner Umwelt und den Menschen, denen er begegnet. Im kommunikativen Austausch mit anderen Menschen, indem er sein Handeln beschreibt, gibt der Mensch seinem Sozialisationsprozess einen Sinn.

Mensch und Gesellschaft beeinflussen sich gegenseitig. Dabei legt die Gesellschaft den Menschen nicht auf eine bestimmte Rolle oder auf ein bestimmtes Handeln fest. Vielmehr ist jeder in der Auseinandersetzung mit den Mitmenschen „der Akteur seiner Entwicklung". Diese Auseinandersetzung führt dazu, dass soziale Strukturen entstehen. Damit realisiert sich gesellschaftliche Wirklichkeit mittels kommunikativen Handelns.

Das Interessante an Meads Theorie des kommunikativen Handelns ist, dass er die Bedeutung dieser Sozialisationsprozesse des gemeinsamen Handelns und Kommunizierens für den Sozialisationsprozess betont *(vgl. Hurrelmann, 2006, S. 95)*. Sprache und Spiel misst Mead bei der Entwicklung der eigenen Identität eine entscheidende Rolle bei. Mithilfe der Sprache treten Menschen zueinander in Beziehung. Die Fähigkeit der Empathie bedarf unter anderem der Sprache.

Mead übersieht aber, dass nicht alles mit Kommunikation und durch soziales Handeln beeinflusst werden kann und dass insbesondere Institutionen und soziale Strukturen auch eine eigene Dynamik entwickeln, auf die das Individuum nur einen begrenzten Einfluss hat.

2.1.8 Bedeutung der Sozialisationstheorien für die pädagogische Arbeit

Die Sozialisationstheorien von Freud, Erikson, Parsons und Mead trugen mit ihren Überlegungen zum Sozialisationsmodell der produktiven Realitätsverarbeitung bei. Dieses Modell fügt die verschiedenen Erkenntnisse zusammen und macht so deutlich, wie vielschichtig der Prozess der Persönlichkeitsentwicklung verläuft. Erzieherinnen und Erzieher sind an diesem Prozess auf vielfältige Weise beteiligt und unterstützen Kinder und Jugendliche in ihrer Persönlichkeitsentwicklung. Tageseinrichtungen für Kinder als sekundäre Sozialisationsinstanzen beeinflussen den Prozess der Persönlichkeitsentwicklung durch ihren Erziehungsstil und ihre pädagogische Haltung. Sie zeigen Kindern, dass sie Einfluss darauf haben, wie ihre Entwicklung verläuft, dass sie mit ihren Fähigkeiten und Begabungen mit dazu beitragen können, dass ihre Persönlichkeitsentwicklung im Spannungsfeld gesellschaftlicher Anforderungen und persönlicher Bedürfnisse zufriedenstellend gelingt. Erzieherinnen sind sich aber auch auf der Grundlage ihres Fachwissens über den Prozess der Sozialisation bewusst, dass andere Faktoren wie z. B. soziale Ungleichheiten oder Diversität Einfluss darauf ausüben, wie produktiv Menschen ihre Realität verarbeiten.

Aus dem Fachwissen zur Sozialisation können Erzieherinnen Handlungsanforderungen an ihre Arbeit in Kitas ableiten. Sie erkennen z. B., dass sprachliche Kompetenzen Kindern ganz andere Möglichkeiten geben, ihre Bedürfnisse und Interessen zu vertreten und über ihre Realität nachzudenken. Oder sie entwickeln eine besondere Sensibilität für soziale Ungleichheiten, von denen Kinder und ihre Familien betroffen sind, und beachten dies bei der Zusammenarbeit mit den Familien.

Das Modell der produktiven Realitätsverarbeitung verdeutlicht gut, wie vielschichtig der Sozialisationsprozess ist und wie sehr alle anderen Themen in der Ausbildung und im Berufsfeld von Erzieherinnen damit in Verbindung gebracht werden. Damit gehört das Wissen über Sozialisation zum Basiswissen in der Ausbildung zur Erzieherin.

↗ WIEDERHOLUNG

→ Sozialisation beschreibt die Persönlichkeitsentwicklung des Menschen zwischen den Anforderungen der Gesellschaft und den Bedürfnissen und Interessen des einzelnen Menschen.

→ Das Modell der produktiven Realitätsverarbeitung baut auf unterschiedlichen psychologischen und soziologischen Sozialisationstheorien auf und entwickelt diese weiter.

→ Grundlage des Modells ist ein Menschenbild, das die aktive Einflussnahme und Gestaltung des eigenen Sozialisationsprozesses des Menschen betont.

→ Sozialisationsinstanzen beeinflussen und unterstützen den Prozess der Persönlichkeitsentwicklung.

→ Soziale Ungleichheiten und gesellschaftliche Diversität sind wichtige Einflussgrößen auf den Sozialisationsprozess.

→·← AUFGABEN

1 [Wissen und Verstehen]
Erklären Sie den Begriff der Sozialisation in eigenen Worten und entwickeln Sie dazu ein 2-Minuten-Referat.

2 [Wissen und Verstehen]
Überprüfen Sie, ob Sie jeden Begriff in der Tabelle erklären können. Erklären Sie einer Mitschülerin oder einem Mitschüler zwei Begriffe.

innere Realität	äußere Realität	Entwicklungsphasen
Entwicklungsaufgaben	Sozialisationsinstanzen	produktive Realitätsverarbeitung
soziale Ungleichheiten	Diversität	personale und soziale Ressourcen

3 [Analyse und Bewertung]
Ordnen Sie die folgenden Begriffe bzw. Institutionen einer Sozialisationsinstanz zu und begründen Sie Ihre Zuordnung: Kindergarten/ Hochschule/Arbeitsstelle/Familie/Jugendhaus/ Fernsehen/Gerichte/Shopping-mall/Großeltern

4 [Planung und Konzeption]
Vergegenwärtigen Sie sich, wie der Begriff soziale Ungleichheit beschrieben wird und halten Sie dies in eigenen Worten schriftlich fest. Stellen Sie konkret dar, wie sich soziale Ungleichheiten auf die Persönlichkeitsentwicklung von Kindern und Jugendlichen und deren produktive Realitätsverarbeitung auswirken. Entwickeln Sie Ideen, wie Tageseinrichtungen für Kinder in diesem Kontext unterstützend tätig werden könnten. Tauschen Sie sich darüber in einer Vierergruppe aus.

2.2 Entwicklungsaufgaben

Im Rahmen ihrer Ausbildung zur Erzieherin absolviert Merve ein Praktikum in einer Kita. Hier begleitet sie 20 Kinder im Alter von zwei bis sechs Jahren. Sie erhält die Möglichkeit, vielfältige Beobachtungen zu machen und zu dokumentieren: Die zweieinhalbjährige Lisa lebt mit ihrer Mutter und deren neuen Lebensgefährten seit zwei Monaten in einer gemeinsamen Wohnung. Zwischen der Mutter und dem leiblichen Vater gibt es seit der Geburt schwere Zerwürfnisse. Derzeit hat der Vater jede zweite Woche Kontakt mit Lisa. In der Kita zeigt Lisa wenig Kontaktfreude. Im Beisein anderer Kinder weint sie häufig. Auch die Erzieherinnen können sie dann oft kaum trösten. Interaktionsbemühungen zeigt Lisa im Gegensatz zum fünfjährigen Lasse kaum. Lasse wächst mit seinen beiden älteren Schwestern bei seiner Mutter auf. Häufig erzählt er von seinem Vater. Dabei fällt auf, dass manche Laute nicht korrekt ausgesprochen werden.

Merves Mitschülerin Jennifer leistet ihr Praktikum im offenen Ganztagesbereich eines Trägers der freien Jugendhilfe an einer städtischen Grundschule (Ganztagesschule - GTS) ab. Sie dokumentiert: „Der sechsjährige Malte spielt gerne den Beschützer einer zwei Jahre älteren Mitschülerin aus der GTS-Gruppe. Zu den Jungen und Mädchen aus seiner Schulklasse hat er wenig Kontakt. Dass er zwischen 8:00 und 16:00 Uhr mit vielen verschiedenen Personen wie Lehrern, Erziehern und Kindern in verschiedenen Umgebungen (Klassenräumen, GTS-Räumen, Schulhof, Mensa usw.) in Kontakt kommt, überfordert ihn zuweilen offensichtlich. Damit hat die zehnjährige Linda hingegen keine Schwierigkeiten. Nach dem Unterricht geht sie mit ihrer Mädchenclique selbstständig in die Mensa zum Mittagessen und anschließend zur Lernzeit. Auch nach Hau-

se geht sie ab 15:00 Uhr allein oder mit ihren Freundinnen. Sie nimmt an einer Sport-AG teil. Hier ärgert es sie, wenn Freundinnen von ihr zuletzt in Mannschaften aufgenommen werden. Wenn sie wählt, nimmt sie immer zuerst die vermeintlich schwächsten Spielerinnen in ihr Team auf."

Merves Mitschüler Sascha leistet sein Praktikum in einer Wohngruppe nach § 34 SGB VIII. Er notiert: „Brandon, 12;8 Jahre, zeigt in Zusammenhang mit der Schule nahezu keine Anstrengungsbereitschaft. Er sagt, sein Vater hätte die Schule auch immer gehasst und aus ihm wäre ja auch etwas geworden. Generell erzählt Brandon häufig von seinem Vater und von dem, was der Vater alles kann. Die siebzehnjährige Jessica hingegen erzählt nie etwas von zu Hause. Sie ist auf ein eigenständiges Leben im Anschluss an die Heimunterbringung fokussiert. Am liebsten würde sie mit ihrer Freundin Janina in eine eigene Wohnung ziehen."

Ein weiterer Schüler aus Merves Klasse, Marik, leistet sein Praktikum im Rahmen der außerschulischen Jugendbildung nach § 11 SGB VIII in einer Jugendfreizeiteinrichtung. Zu den Stammbesuchern gehören unter anderem Adnan (19 Jahre) und Daniel (23 Jahre). Daniel absolviert eine Ausbildung zum Gebäudereiniger. Adnan möchte „irgendwas in der Industrie" machen und besucht derzeit eine Berufsfachschule. Beide haben keine feste Partnerin und wohnen bei ihren Eltern, obwohl sie deren Ansichten häufig nicht teilen und es deswegen immer wieder zu Streitigkeiten, vor allem mit dem jeweiligen Vater, kommt. In ihrer Freizeit „chillen" sie gern und nutzen das Bodybuildingangebot der Jugendeinrichtung. Ihre körperliche Erscheinung ist ihnen sehr wichtig.

↘ FRAGEN

→ *1. Schreiben Sie die Namen der Kinder und Jugendlichen der Reihe nach auf und notieren Sie jeweils daneben*
   a) was Ihnen generell an den Kindern/Jugendlichen auffällt,
   b) welche „Dinge" Ihrer Meinung nach für die Kinder/Jugendlichen in ihrer momentanen Lebensphase wichtig sind und
   c) welche Erwartungen die Gesellschaft an die Kinder/Jugendlichen hat.

→ *2. Welche Gemeinsamkeiten bzw. welche Unterschiede erkennen Sie? Welche Aspekte korrelieren miteinander und/oder bauen aufeinander auf?*

2.2.1   Entwicklung als (Lern-) Aufgabe für das Individuum

Bei der Entwicklung des Menschen handelt es sich um einen permanenten Prozess. Dieser führt zu sich ständig ändernden Voraussetzungen aufgrund biologischer Begebenheiten, umweltbedingter Einflüsse und „dem eigenen Willen" (siehe Band 1, Lernfeld 3, Kap. 5.3). Im Kontext des Älterwerdens ergeben sich daraus unterschiedliche Aufgaben, die bewältigt werden müssen.

Der amerikanische Sozial- und Erziehungswissenschaftler Robert J. Havighurst (1900–1991) entwickelte an der Universität von Chicago das Konzept der Entwicklungsaufgaben (siehe Band 1, Lernfeld 3, Kap. 3.1.2 und Band 2, Lernfeld 5, Kap. 9.1.1), um „entwicklungspsychologisches Wissen und Denken zur Förderung pädagogisch kompetenten Handelns zu vermitteln" *(Oerter/Dreher, 2002, S. 268)*. Das Zentrum bildet die Idee, dass Entwicklungsaufgaben dem Grunde nach Lernaufgaben für die gesamte Lebensphase, also von der Geburt bis zum Tod, darstellen.

Konkret analysierte Havighurst typische gesellschaftliche Erwartungen, die von außen an ein Individuum herangetragen werden. Diese Erwartungen bezeichnete Havighurst als Entwicklungsaufgaben. Diese waren (und sind) je nach Alter und/oder Lebensphase unterschiedlich, sodass ein Bündeln und aufeinander Beziehen möglich bzw. vielmehr notwendig wurde. Somit wird offensichtlich, welche konkreten Anpassungs- und Verhaltensanforderungen die Gesellschaft im Wesentlichen an das Individuum stellt. Der Anpassungsprozess erfordert und bedingt individuelles Lernen, d.h., dass jede bewältigte Entwicklungsaufgabe einem abgeschlossenen Lernschritt gleichkommt. Für die pädagogische Arbeit ergibt sich daraus: Lernen ist (in gewisser Art und Weise) beobachtbar, reflektierbar und somit planbar.

Havighurst stellt eine Entwicklungsaufgabe als Herausforderung dar, die sich dem Individuum in einer bestimmten Lebensperiode stellt. Versagt das Individuum, stößt es auf Ablehnung in der Gesellschaft, wird unzufrieden und meistert weitere Aufgaben lediglich mit deutlich erhöhtem Aufwand, weniger erfolgreich oder gar nicht. Im Gelingensfall erfährt das Individuum positive Verstärkung aus der Gesellschaft, was zu einer hohen individuellen Zufriedenheit führt.

Die Arbeit an und mit Entwicklungsaufgaben ist aus verschiedenen Gründen sinnvoll und möglich:

1. Jeder Mensch verfügt über individuelle Möglichkeiten der Bewältigung (siehe Band 1, Lernfeld 3, Kap. 6). Bewältigung von Entwicklungsaufgaben im Sinne von Havighurst ist ein Prozess, „der einsetzt, wenn ein Mensch sich aktiv darum bemüht, den Anforderungen und Erwartungen gerecht zu werden, die über seine Eltern oder später seine Freunde, Arbeitskollegen oder einflussreiche gesellschaftliche Instanzen an ihn herangetragen werden" *(Hurrelmann, 2012, S. 34)*. Zunächst müssen die Situation und das Maß an Herausforderungen vom Individuum eingeschätzt werden, ehe im zweiten Schritt die eigenen Handlungs- und Lösungsmöglichkeiten eruiert werden. Je nach Ausprägung des am Anfang des Kapitels benannten „eigenen Willens", den jeder Mensch für sich zwischen den beiden Polen „aktiv-gestalterisch" oder „passiv-verteidigend" *(vgl. Hurrelmann, 2012, S. 34)* definiert, können Bewältigungsprozesse recht unterschiedlich vonstatten gehen. Wichtig ist, dass sie vonstatten gehen, da die erfolgreiche Bewältigung einer Entwicklungsaufgabe eine gute Voraussetzung für die Bewältigung anderer darstellt und umgekehrt das Versagen entwicklungshemmend bei der Bewältigung anderer Entwicklungsaufgaben wirken kann *(vgl. Hurrelmann, 2012, S. 34)*. Individuelle Ziele und Werte sieht Havighurst als Teil des Selbst, welches „im Laufe der Lebensspanne ausgebildet und zur treibenden Kraft für aktive Gestaltung von Entwicklung wird" *(Oerter/Dreher, 2002, S. 269)*.

2. Havighurst nimmt an, dass es „sensitive periods for learning" gibt. Gemeint sind damit Zeiträume innerhalb der Lebensspanne, die für bestimmte Lernprozesse besonders geeignet sind *(vgl. Oerter/Dreher, 2002, S. 269)*. Nicht gesagt ist damit, dass Entwicklungsaufgaben nicht zu einem früheren oder späteren Zeitpunkt als in den „sensiblen Zeiträumen für das Lernen" bewältigt werden können. Jedoch erfordert dies vom Individuum einen erhöhten Aufwand oder die Unterstützung von außen, ggf. sind die Lernerfolge nicht so groß. Daraus ergibt sich, dass Erziehende die „teachable moments" *(Oerter/Dreher, 2002, S. 269)* kennen und erkennen müssen und die zu Erziehenden entsprechend begleiten. Dies gilt zum einen für Entwicklungsaufgaben, deren Lernzeitraum weniger eng umrissen ist und sich über

mehrere Perioden der Lebensspanne erstreckt *(vgl. Oerter/Dreher, 2002, S. 269),* wie beispielsweise das Finden, Erlernen und Übernehmen einer eigenen (Geschlechts-)Rolle. Zum anderen gilt dies insbesondere für Entwicklungsaufgaben, deren Bewältigungsrahmen zeitlich begrenzt ist. Grundlegende Kulturtechniken, z. B. aus dem Bereich Sprachentwicklung, gelten als zeitlich begrenzte Aufgaben.

3. Aus der Gesellschaft kommende Erwartungen finden sich häufig in den Erziehungszielen der Eltern, aber auch bei den innerhalb der Erziehungsinstitutionen Tätigen wieder. Konzepte, die sich an den Erwartungen der Nutzer der sozialen Einrichtungen orientieren, tragen einen weiteren Anteil dazu bei, dass Individuen allgemein anerkannte und gewünschte gesellschaftliche und kulturelle Werte und Normen übernehmen (siehe Band 1, Lernfeld 2, Kap. 2.1). Über kurz oder lang finden Norm- und Wertevorstellungen „aus der Mitte der Gesellschaft" zudem ihren Weg in die Rechtsprechung – so geschehen mit dem Verbot physischer und psychischer Gewalt gegenüber Schutzbefohlenen. Somit werden gesellschaftliche Erwartungen manifestiert und gleichsam zur Entwicklungsaufgabe der Akteure innerhalb der Gesellschaft. Es wird deutlich, dass Entwicklungsaufgaben immer wieder überprüft werden müssen, da sie Veränderungsprozessen unterliegen. Entwicklungsaufgaben wie die „Gründung einer Familie" sind aktuelle Beispiele (siehe Band 2, Lernfeld 5, Kap. 1).

Die Bewältigung von Entwicklungsanforderungen im Kindes- und Jugendalter erfolgt nicht mechanisch oder geradlinig. Dies hängt u. a. mit den unterschiedlichen Potenzialen und Ressourcen der Individuen zusammen *(vgl. Andresen/Hurrelmann, 2010, S. 144 ff.)* und ist somit nicht losgelöst von Aspekten der Erziehung allgemein zu betrachten.

Orientiert an Havighursts Konzept formulierte der Sozial-, Gesundheits- und Bildungsforscher Klaus Hurrelmann die folgenden Entwicklungsaufgaben:

Lebensphase	Entwicklungsaufgaben
Frühe Kindheit (0-5 Jahre)	– emotionales Urvertrauen aufbauen – Kommunikationsfähigkeit und soziales Bindungsverhalten entwickeln – grundlegende sensorische und motorische Fertigkeiten aufbauen – sprachliche Ausdrucksfähigkeit entwickeln – Identifikation mit dem eigenen Geschlecht herstellen
Späte Kindheit (6-11 Jahre)	– Beziehungen mit Altersgleichen und Freundschaften aufbauen – männliches oder weibliches Rollenverhalten einüben – Entwicklungen von kognitiven Konzepten und Denkschemata einleiten – grundlegende Fertigkeiten im Lesen, Schreiben und Rechnen entwickeln – mit dem sozialen System Schule umgehen lernen – Gewissen, Moral und Wertprioritäten aufbauen
Frühes Jugendalter (12-17 Jahre)	– Bewältigung der Geschlechtsreife – Veränderungen der körperlichen Erscheinung akzeptieren – psychische und soziale Identität entwickeln – schulische Leistungsfähigkeit stärken – innere Ablösung von den Eltern einleiten – Beziehungen zu Altersgenossen beiderlei Geschlechts aufbauen – Übernahme der männlichen oder weiblichen Geschlechtsrolle festigen
Spätes Jugendalter (18-25 Jahre)	– schulische Ausbildung abschließen – emotionale Unabhängigkeit von den Eltern herstellen – sexuelle Beziehungen aufbauen – Vorbereitung auf eine berufliche Karriere treffen – Wertsystem als Leitfaden für das Verhalten entwickeln – stabiles Selbstbild und Ich-Identität entwickeln

Entwicklungsaufgaben in der Kindheit/Jugend (vgl. Hurrelmann/Bründel, 2003, S. 73)

Viele der aufgeführten Entwicklungsaufgaben innerhalb der jeweiligen Phasen sind von großer Relevanz innerhalb der Entwicklungsperioden, andere können durchaus als Weiterführungen aus vorherigen Phasen angesehen werden.

2.2.2   Entwicklungsaufgaben im Lebenslauf

Hurrelmann bindet das Konzept der Entwicklungsaufgaben in den Kontext der Sozialisation ein. In seinem dazu entwickelten „Modell der produktiven Realitätsverarbeitung" bezeichnet er den Lebenslauf als „Abfolge von Ereignissen im Leben eines Menschen" (*Hurrelmann, 2012, S. 77*). Im Lebenslauf werden die Phasen Kindheit, Jugendzeit, Erwachsenenzeit und Seniorenalter unterschieden. Innerhalb dieser Phasen gilt es gleichermaßen Entwicklungsaufgaben zu bewältigen, die sich auf **vier Gruppen** verdichten lassen:

Qualifizieren

Biologisch und psychisch betrachtet geht es um die Entwicklung intellektueller und sozialer Kompetenzen. Soziokulturell betrachtet sollen Kompetenzen erlangt werden, die dem Individuum die gesellschaftliche Teilhabe an notwendigen Prozessen ermöglichen. Zum Beispiel gilt es, die Fähigkeiten zu erlangen, die notwendig sind, um einer beruflichen Tätigkeit nachgehen zu können. Eine relevante Voraussetzung dafür ist eine intrinsische, also aus sich selbst herauskommende Motivation. Die Entwicklungsaufgaben aus der Gruppe „Qualifizieren" sind für Kinder, Jugendliche und junge Erwachsene von besonderer Bedeutung, begleiten jedoch alle Menschen bis zum beruflichen Ruhestand. (*vgl. Hurrelmann, 2012, S. 79*).

Binden

Biologisch und psychisch soll im Kindes- und Jugendalter eine Körper- und Geschlechtsidentität entwickelt und die emotionale Ablösung von den Eltern ermöglicht werden. Zudem ist die Fähigkeit der intimen Bindung an eine Partnerin/einen Partner relevant. Soziale und kulturelle Aspekte sind beispielsweise die „Vorbereitung auf die gesellschaftliche Mitgliedsrolle eines Familiengründers" (*Hurrelmann, 2012, 79*). Ein Ablösen vom Elternhaus sowie die Identifikation mit dem eigenen Geschlecht und die sich daraus ableitenden Rollen sind wichtig. Insgesamt sind die der Gruppe „Binden" zugehörigen Entwicklungsaufgaben bis zum Lebensende bedeutungsvoll (*vgl. Hurrelmann, 2012, S. 79/80*).

Konsumieren

Das Entwickeln von sozialen Entlastungsstrategien und sozialen Kontakten sowie eines adäquaten Umgangs mit Angeboten aus den Bereichen Wirtschaft, Medien und Freizeit sind aus psychobiologischer Sicht im Kontext dieser Gruppe relevant. Bedeutungsvoll ist aus sozialer und kultureller Sicht „die Vorbereitung auf die gesellschaftliche Mitgliedsrolle des Konsumenten" (*Hurrelmann, 2012, S. 80*). Demnach gilt es, den eigenen Bedürfnissen und Interessen gemäß in den benannten Bereichen agieren zu können, ohne die eigenen finanziellen Grenzen zu überschreiten. Gelingt dies, ist für das Individuum eine Erholung möglich und weitere Aufgaben können bewältigt werden. Dies ist in allen Lebensphasen wichtig (*vgl. Hurrelmann, 2012, S. 80*).

Partizipieren

Aus psychobiologischer Sicht soll die Fähigkeit zur politischen Partizipation entwickelt und ein eigenes Werte- und Normensystem ausgebildet werden. Die gesellschaftli-

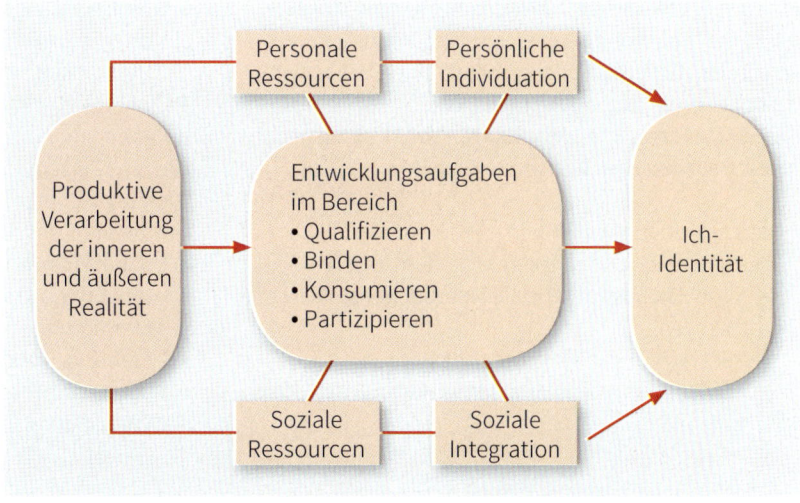

Der Zusammenhang von Entwicklungsaufgaben und Ich-Identität (Hurrelmann, 2012, S. 81)

che Mitgliedsrolle des Bürgers ist aus soziokultureller Sicht bedeutungsvoll. Dies gelingt jedoch nur auf der Basis von politisch, moralisch, ethisch und religiös angemessenen Orientierungen. Gelingt dies, so kann der mündige Bürger in der Gesellschaft zu Kohäsionsprozessen, also zum Zusammenhalt, beitragen. Auch die Entwicklungsaufgaben dieser Gruppe beziehen sich auf alle Lebensphasen *(vgl. Hurrelmann, 2012, S. 80)*.

Bewältigung der vier Gruppen von Entwicklungsaufgaben

Die Bewältigung der Aufgaben innerhalb der Gruppen gehen einher mit den Aufgaben der anderen Gruppen. Das heißt beispielsweise, dass nicht gelingende Ablösungsprozesse aus der Gruppe „Binden" die gesellschaftliche Mitgliedsrolle in der Gruppe „Konsumieren" nachteilig beeinflussen können. Dies oder gar ein Nichtbewältigen kann zu Unsicherheit und Fragilität im Kontext der eigenen Identität und in der Folge zu Störungen der weiteren Persönlichkeitsentwicklung und Problemverhalten führen *(vgl. Hurrelmann/Bauer, 2020, S. 113)*. Das Entstehen eines körperlich-psychischen Ungleichgewichts bis hin zu Krankheiten ist darüber hinaus nicht auszuschließen.

Im Falle einer positiven Bewältigung verlaufen Persönlichkeitsentwicklungen „normal", was zur Bildung einer stabilen Identität verhelfen, zu Wohlbefinden und

Gesundheit (siehe Band 1, Lernfeld 3, Kap. 3.5.3) beitragen und somit präventiv (Prävention) wirken kann.

Die folgende Abbildung veranschaulicht in vereinfachter Form lediglich die beiden extremen Varianten einer vollständig gelingenden/nicht gelingenden Bewältigung der Entwicklungsaufgaben und markiert ausschließlich deren Endpunkte. Weniger massive, jedoch mannigfaltige und das Leben beeinflussende Aspekte sind innerhalb der Endpunkte möglich.

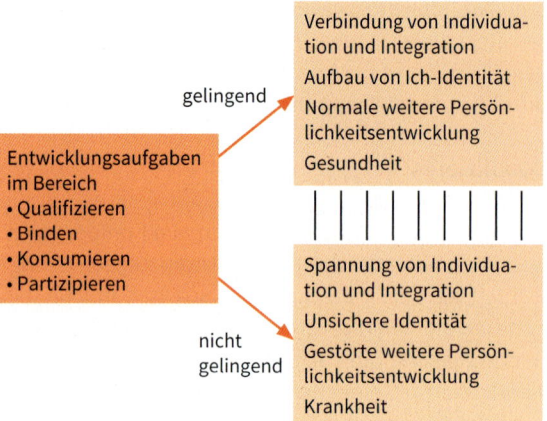

Auswirkungen gelingender und nicht gelingender Bewältigung von Entwicklungsaufgaben
(Hurrelmann, Bauer, 2020, S. 112)

2.2.3 Aufgaben der pädagogischen Fachkraft

Die Übergänge von Entwicklungsphasen sollten pädagogische Fachkräfte als veränderungssensitiv im Blick haben, da insbesondere hier Entwicklungsrisiken, wie Verlust von Sicherheit und erhöhte Vulnerabilität (Verwundbarkeit/Verletzbarkeit), vorliegen.
Diese und andere Kontexte verlangen von der Erzieherin mit Blick auf die Arbeit bestimmte Aspekte:

* das Individuum befähigen, Lernen bestmöglich selbst in die Hand zu nehmen, indem z. B.
  * Entwicklungspotenziale sichtbar gemacht werden,
  * Entwicklungsziele erarbeitet werden,
  * Entwicklungsaufgaben reflektiert werden sowie

* Entwicklungsaufgaben, die im Rahmen von Beobachtungen, Befragungen usw. als nicht oder rudimentär bewältigt erkannt wurden, thematisiert und sensibel begleitet werden.
* Beachtung der altersspezifischen Entwicklungsaufgaben im Konzept des jeweiligen Arbeitsfeldes/im Konzept der jeweiligen Einrichtung (Kita, Ganztagsschule Heim, Jugendzentrum usw.).
  Daran anknüpfend:
  * Schaffung von entsprechenden Erfahrungs- und Erlebnisräumen im Arbeitsfeld/in der Einrichtung sowie
  * Planung, Durchführung und Reflexion von pädagogischen Aktivitäten entsprechend den Entwicklungsaufgaben.

- Eigene Werte und Normen mit größtmöglicher Objektivität reflektieren und im Austausch mit „Akteuren der Gesellschaft" an aktuellen gesellschaftlichen Entwicklungen orientieren, ohne dabei Echtheit und Kongruenz (nach Carl R. Rogers) (siehe Band 1, Lernfeld 2, Kap. 1.2) hintanzustellen. So kann eine Vorbildfunktion eingenommen werden.

Ausblick

Während physiologische Reifung bzw. Entwicklungsaufgaben trotz individueller Entwicklungstempi eher einheitlich und über Kulturen und Epochen hinweg recht konstant geblieben sind, beschleunigen sich gesellschaftliche Wandlungsprozesse (z. B. in den Bereichen Familie(nbilder) und Multikulturalität). Kulturelle Unterschiede und gesellschaftliche Veränderungen beeinflussen Normen und Werte und damit einhergehend Erziehungsziele einer Gesellschaft mitunter stark. Daher ist es geboten, Entwicklungsaufgaben ganz besonders kritisch im Kontext scheinbarer Stagnation auf einer Ebene und zeitgleicher Beschleunigung auf anderer Ebene zu betrachten.

↗ WIEDERHOLUNG

→ Indem Havighurst als Entwicklungsaufgaben gesellschaftlich formulierte Verhaltensweisen und Lernerwartungen definiert, stellt er den psychologisch orientierten Entwicklungstheorien (Freud, Piaget usw.) eine soziologische Dimension gegenüber.

→ Das Bewältigen von Entwicklungsaufgaben gilt als Lernen. Dieses korreliert mit der physischen Reife und wird mit zunehmendem Alter von eigenen Zielen bestimmt.

→ Lernen und Entwicklung sind über die gesamte Lebensspanne möglich. Es gibt aber Zeiten im Leben eines Kindes, in denen es für besondere Lerninhalte besonders empfänglich ist, also „sensitive periods für learning".

→ Körperliche Entwicklungen und durch die Gesellschaft geprägte Normen und Werte nehmen Bezug auf Anforderungen, die das Individuum an sich selbst stellt.

→ Die den vier Gruppen „Qualifizieren", „Binden", „Konsumieren" und „Partizipieren" zugeordneten Entwicklungsaufgaben sind im Kontext der Sozialisation entscheidend am Aufbau der Ich-Identität beteiligt. Im optimalen Fall werden die Aufgaben erfolgreich bewältigt und es entsteht eine resiliente (widerstandsfähige) Ich-Identität.

→·← AUFGABEN

1 [Wissen und Verstehen]
Was haben Entwicklungsaufgaben mit
→ „dem eigenen Willen",
→ „Bewältigung",
→ „Lernen" und
→ „gesellschaftlichen Erwartungen"
zu tun?

Notieren Sie zunächst für sich allein. Tauschen Sie sich im Anschluss mit einer Person darüber aus, ehe Sie Ihre Ergebnisse im Plenum besprechen.

2 [Wissen und Verstehen]
Erarbeiten Sie die (vier) Gruppen von Entwicklungsaufgaben und diskutieren Sie im Plenum Bezüge zu den Lebensphasen. Wie sehen Sie z. B. ganz konkret die Gruppe „Qualifizieren" in der frühen Kindheit verortet, wie im späten Jugendalter?

3 [Analyse und Bewertung]
Analysieren Sie die Lernsituation vor dem Hintergrund der erarbeiteten Fachtheorie. Nehmen Sie anschließend Ihre Notizen zu den Fragen 1 und 2 der Lernsituation zur Hand und ergänzen Sie diese mit den Inhalten Ihrer erneuten Analyse. Bewerten Sie Ihren Lernertrag.

4 [Planung und Konzeption]
Beschreiben Sie zu jedem Kind bzw. Jugendlichen Möglichkeiten der fachlich angemessenen Begleitung gemäß der Theorie der Entwicklungsaufgaben. Stellen Sie sich im Klassenverband Ihre Erarbeitung vor. Vergleichen und bewerten Sie.

5 [Reflexion]
Reflektieren Sie die Entwicklungsaufgaben im Lebenslauf vor dem Hintergrund Ihrer Entwicklung. Welchen Bezug sehen Sie zur Entwicklung Ihrer „Ich-Identität"?

6 [Analyse und Bewertung]
Welche Entwicklungsaufgaben sehen Sie persönlich aktuell für Kinder und Jugendliche? Erstellen Sie eine aus Ihrer Sicht sinnvolle Auflistung von Entwicklungsaufgaben. Stellen Sie dazu ggf. Beobachtungen in der Praxis an.

Kompetenzen, die in diesem Kapitel erworben werden können:

- Die Absolventinnen und Absolventen verfügen über systematisch und wissenschaftlich fundiertes Wissen aus den relevanten Bezugswissenschaften, die ein komplexes und kritisches Verständnis von Entwicklungs- und Sozialisationsprozessen ermöglichen.

Andresen, Sabine/Hurrelmann, Klaus: Kindheit. Weinheim/Basel: Beltz Verlag 2010.

Böhm, Regine/Taplan-Bach, Monika/Horn, Miriam/Knospe, Nina/Skubinn, Bernd: Kinder unter 3. Erziehung, Bildung und Betreuung in der frühen Kindheit. Braunschweig: Westermann Schulbuchverlag 2014.

Erikson, Erik H: Kindheit und Gesellschaft. 10. Auflage. Stuttgart: Klett-Cotta Verlag 1991.

Fromm, Erich: Sigmund Freuds Psychoanalyse: Größe und Grenzen. München: Psychosozial Verlag 2006.

Gay, Peter: Freud. Eine Biographie für unsere Zeit, Frankfurt/Main: Fischer Verlag 2006.

Hurrelmann, Klaus: Einführung in die Sozialisationstheorie. 9. Auflage. Weinheim/Basel: Beltz Verlag, 2006.

Hurrelmann, Klaus: Sozialisation. Weinheim/Basel: Beltz Verlag 2012.

Hurrelmann, Klaus/Bauer, Ullrich: Einführung in die Sozialisationstheorie. Das Modell der produktiven Realitätsverarbeitung. 13. Auflage. Weinheim/Basel: Beltz Verlag 2020.

Hurrelmann, Klaus/Bründel, Heidrun: Einführung in die Kindheitsforschung. Weinheim/Basel/Berlin: Beltz Verlag 2003.

Leyendecker, Birgit: Frühe Kindheit in zugewanderten Familien. Diversität von Lebenslagen, Sozialisationszielen und Erziehungszielen. In: Diversität, Ressource und Herausforderung für die Pädagogik der frühen Kindheit. Herausgegeben von Eva Hammes-Di Bernardo und Sonja Adelheid Schreiner. Weimar: verlag das netz 2011, S. 52–60.

Oerter, Rolf/Dreher, Eva: Jugendalter. In: Entwicklungspsychologie. Herausgegeben von Rolf Oerter und Leo Montada. Weinheim/Basel/Berlin: Beltz Verlag 2002.

Riffkin, Jeremy: Die emphatische Zivilisation. Wege zu einem globalen Bewusstsein. Übersetzt von Ulrike Bischoff, Waltraud Götting und Xenia Osthelder. Frankfurt/Main/New York: Fischer Verlag 2010.

Rothgang, Georg-Wilhelm: Entwicklungspsychologie. 2. Auflage. Stuttgart: Kohlhammer Verlag 2009.

Tillmann, Klaus-Jürgen: Sozialisationstheorien. Eine Einführung in den Zusammenhang von Gesellschaft, Institution und Subjektwerdung. Reinbek bei Hamburg: Rowohlt Verlag 2010.

3 Diversität von Lebenswelten und Lebenssituationen und ihre Bedeutung für die pädagogische Arbeit

Dietmar Böhm • Regine Böhm

Es ist Ankommenszeit in der Kita Paul Maar. Die Anleiterin Frau Weingärtner und die neue Praktikantin Isabella nehmen die Kinder im Eingangsbereich der Kita in Empfang. Frau Haller erzählt: „Esther hat heute nicht gut geschlafen. Da wehrt sie sich immer besonders, wenn ich ihr ihren Helm aufsetze. Sie versteht halt nicht, dass sie sich sonst selbst verletzt."

Nun kommt Herr Winter und erklärt Frau Weingärtner, dass sein Sohn Nico erkältet sei, er aber bereits die Tage, die er sich im Krankheitsfall seines Kindes frei nehmen dürfe, ausgeschöpft habe und er daher arbeiten müsse. Isabella sieht, dass Nico trotz des nasskalten Wetters Sandalen trägt. Aus einem Strumpf lugt ein großer Zeh. Sie sieht dem Vater an, wie unangenehm es ihm ist, sich so zu erklären.

Frau Iravani hat ihre Tochter Amira an der Hand. Sie wohnt in der nahegelegenen Flüchtlingsunterkunft und fragt auf Englisch, ob sie heute wieder helfen könne. Amira zieht ihre Mutter in Richtung Kaufladen, wo sie zwei andere bereits spielende Mädchen entdeckt hat.

Lisa-Marie und ihre Freundin Magdalena kommen Hand in Hand angerannt, grüßen Frau Weingärtner und Isabella kurz und fragen: „Wir gehen raus in den Garten, dürfen wir?" Dahinter kommt Frau Fortenbach, die Mutter von Lisa-Marie. Sie bringt die Kinder morgens, die Mutter von Magdalena holt die beiden am frühen Nachmittag, so ist das Arrangement der beiden berufstätigen Mütter. Die

eine arbeitet in leitender Stellung in der Personalabteilung eines mittelständischen Unternehmens, die andere ist Inhaberin einer gutgehenden Boutique. „Viel Vergnügen!", ruft Frau Fortenbach den beiden Mädchen hinterher, und zu Frau Weingärtner gewandt sagt sie: „Heute Nachmittag holt ausnahmsweise mein Mann die beiden. Er bringt die beiden dann in die Musikschule."

Herr Hauk bringt seine Tochter Viola: „Mein Mann holt Viola heute erst später."

Frau Weingärtner und Isabella werden von einer Kollegin abgelöst. Isabella ist erleichtert, als Frau Weingärtner zu ihr sagt: „Wir beide haben jetzt erst mal eine halbe Stunde Zeit, um uns über deine Eindrücke auszutauschen! Du siehst aus, als hättest du einige Fragen auf dem Herzen!"

↘ FRAGEN

→ *Welche Gemeinsamkeiten verbinden die dargestellten Familien, wodurch unterscheiden sie sich?*

→ *Überlegen Sie, wer von den beschriebenen Personen ggf. Benachteiligungen erleben könnte.*

3.1   Aspekte gesellschaftlicher Diversität

> „Diversität bezeichnet Differenzierungen, die mit dem Geschlecht, der sexuellen Orientierung, dem Alter, der ethnischen Zugehörigkeit, einer Behinderung oder der religiösen und weltanschaulichen Ausrichtung verbunden sind."
>
> *(Hurrelmann/Bauer, 2020, S. 197)*

Diversität bedeutet also gesellschaftliche Vielfalt und bezieht sich auf viele bedeutsame Unterschiede zwischen Menschen. Zweierlei Ursachen beeinflussen die Diversität in unserer Gesellschaft: Zum einen ist Diversität Folge von Migration, die nach dem Zweiten Weltkrieg eingesetzt hat, zum anderen Folge gesellschaftlicher Individualisierungsprozesse.

Diversität in unserer Gesellschaft zeigt sich in vielen Aspekten: in der Vielfalt von Sprachen und kulturellen Traditionen, dem sozio-ökonomischen Hintergrund oder unterschiedlichen Familienwirklichkeiten. Sprache, Religion, Geschlecht, ethnische Zugehörigkeit usw. nennt man in diesem Zusammenhang Differenzlinien. Anhand dieser Unterscheidungen werden soziale Gruppen konstruiert. Mit diesen sozialen Gruppen werden positive oder negative Bewertungen und davon ausgehend Benachteiligungen verbunden *(vgl. Hurrelmann/Bauer, 2020, S. 201)*: So verdienen z. B. Männer gesamtgesellschaftlich gesehen mehr als Frauen. Der Islam wird von Teilen der Gesellschaft als bedrohlich bewertet. Menschen mit Behinderungen haben nicht überall die Möglichkeit zur Teilhabe.

Nun kann es sein, dass sich in einer Familie gleich mehrere Vielfaltsaspekte zeigen und überschneiden und damit mehrfache Benachteiligungen auftreten. Dies wird als Intersektionalität bezeichnet. Gemeint ist damit, dass soziale Ungleichheiten und Diskriminierungen, die sich aufgrund des Geschlechts, der Sprache oder des Einkommens ergeben, sich nicht nur addieren und gemeinsam auftreten, sondern gegenseitig aufeinander einwirken und sich dadurch in ihrer Wirkung verstärken *(vgl. Amirpur, 2013, S.15)*.

> In Familie Müller-Özal werden zwei Sprachen gesprochen, nämlich Deutsch und Türkisch. Zwei Religionen spielen eine Rolle: Die Mutter ist Muslima, der Vater Christ, die Familie feiert Weihnachten und fastet während des Ramadans. Die Tochter Meryem erhält am Ende der vierten Grundschulklasse trotz guter Noten keine Gymnasialempfehlung. Die Klassenlehrer begründet das gegenüber einer Kollegin, die dies problematisiert: „Meryem hat doch schon genug mit den zwei Familiensprachen zu tun. In der Grundschule musste sie Englisch lernen. Im Gymnasium kommen Französisch oder Latein dazu. Das ist doch eine völlige Überforderung, zumal Frau Müller-Özal selbst nur Deutsch und Türkisch spricht. Und wenn ich mir dann vorstelle, dass Meryem im Ramadan schon in der Grundschule immer todmüde war, weil sie spät ins Bett kam, dann sind einfach nicht die Voraussetzungen für das Gymnasium gegeben."

3.2   Exemplarische pädagogische Überlegungen zur Diversität

Wenn in pädagogischen Arbeitsfeldern von Diversität gesprochen wird, geht es immer darum, die speziellen Bedarfe der Kinder aufgrund ihrer jeweiligen Lebensrealität zu berücksichtigen. Ziel der Förderung in Kita, Schule oder außerschulischen Bildungseinrichtungen ist Bildungsgerechtigkeit, Partizipation, Sensibilität gegenüber Benachteiligung und Diskriminierung *(vgl. Speck-Hamdan, 2011, S. 14 f.)*. Dies ist inklusive Bildung.

Dazu muss der eigene Blick geschärft werden, um individuelle Lebenslagen und die (Mehrfach-)Zugehörigkeiten von Kindern zu verschiedenen Aspekten der Vielfalt zu erkennen. Notwendig ist hierfür vertieftes Wissen zu den verschiedenen Dimensionen von Diversität: Entwicklungspsychologisches und soziologisches Wissen zu Familienkonstellationen, Belastungen von Familien aus sozioökonomischen Gründen, besondere Erfahrungen der Kinder aufgrund ihrer Geschlechtszugehörigkeit, körperlicher Merkmale, Sprache oder Religion. So wird der Blick auf mögliche Benachteiligungen von Kindern auch im institutionellen Kontext einer Kita geschärft.

Inklusives Arbeiten bedeutet dann z. B., dass eine pädagogische Fachkraft über eine abschätzige Bemerkung eines Kindes über die Hautfarbe eines anderen Kindes oder über eine Mutter mit Kopftuch nicht hinweggeht, sondern sie aufgreift und die Auseinandersetzung der Kinder mit Merkmalen von anderen und sich selbst fördert. Deutlich wird an diesem Beispiel: Inklusives und diversitätsbewusstes Arbeiten vermittelt wichtige Werte wie Achtung und Respekt vor anderen, Freude an der Vielfalt menschlichen Lebens oder Gleichberechtigung. Deutlich wird auch, dass diese Pädagogik mit der Erzieherin selbst zu tun hat. Sie setzt nämlich voraus, dass die pädagogische Fachkraft sich mit der eigenen Sozialisation und deren Zusammenhang mit dem eigenen pädagogischen Handeln auseinandersetzt *(vgl. Sulzer 2018, S. 10 ff.)*.

Verschiedene pädagogische Konzepte nehmen unterschiedliche Lebensrealitäten von Kindern und ihren Familien auf und entwickeln Strategien, damit umzugehen, um so dazu beizutragen, dass Kinder, die ein negativ bewertetes Merkmal haben, gleiche Bildungschancen bekommen wie Kinder, die zu einer positiv bewerteten sozialen Gruppe gehören.

Um als pädagogische Fachkraft z. B. der kulturellen Diversität der Kinder gerecht zu werden, bedarf es interkultureller Kompetenz, die sich aus den Elementen Wissen, Haltung und Handeln zusammensetzt.

Zum **Wissen** gehört:
Die pädagogische Fachkraft kennt die kulturellen Hintergründe des Kindes, Formen und Verläufe der Entwicklung sowie die kulturell bedingten elterlichen Erziehungsstile. Sie hat Einblick in das spezifische kulturelle Milieu, die

Heterogenität der Sprachen

Sprachenvielfalt ist Alltag in der Kita. In Deutschland wuchsen 2018 36 % der Kinder unter fünf Jahren mehrsprachig auf *(vgl. Egert/Hopf, 2018, S. 30)*. Wächst das Kind in den ersten Jahren mit zwei Sprachen auf, so wird es diese ohne Probleme erlernen, auch eine dritte Sprache, wenn diese ihm angeboten wird. Übrigens: Über zwei Drittel der Erdbevölkerung lebt in Gesellschaften, in denen Mehrsprachigkeit üblich ist.

Überzeugungen, Familientraditionen, Traditionen und das religiöse Familienleben der Kinder und Familien in der Kita.

Die **pädagogische Haltung** ist geprägt von Offenheit und der Bereitschaft, keine vorschnellen Bewertungen vorzunehmen. So kann Erziehungs- und Wertvorstellungen, die sich von den eigenen unterscheiden, Verständnis entgegengebracht werden.

„Offenheit und Wertschätzung bedeuten in diesem Sinne nicht, alles gutzuheißen, sondern sich selbst und den anderen achtsam gegenüberzutreten. Es ist gleichermaßen wichtig, die eigenen Gefühle, Gedanken, Befürchtungen zu hinterfragen, wie auch dem fremd Erscheinenden auf den Grund zu gehen. Dazu gehört, die eigene Brille selbstreflexiv abzulegen oder sich zumindest bewusst zu werden." *(Lamm/Dintsioudi, 2017, S. 18)*

Beim **pädagogischen Handeln** ist darauf zu achten: Grundsätzlich kann das gleiche Verhalten auf unterschiedliche Kinder sehr verschieden wirken. So ist die Aufforderung „Überlege dir, was und mit wem du spielen willst!" für ein Kind, das es gewohnt ist Entscheidungen zu treffen, kein Problem. Ein anderes Kind, das solche Entscheidungsspielräume zu Hause nicht zugebilligt bekommt, ist mit dieser Aufgabe überfordert. „Um das gleiche pädagogische Ziel bzw. Chancengleichheit aller Kinder herzustellen, können also ganz unterschiedliche Handlungsstrategien nötig sein." *(Lamm/Dintsioudi, 2017, S. 19)*

Solche Kompetenzen werden auch bei anderen Vielfaltsaspekten benötigt, müssen aber auf diese spezifisch angepasst werden. Dies zeigt sich in verschiedenen Handlungskonzepten. Im Folgenden wird auf einzelne Vielfaltsaspekte exemplarisch eingegangen.

Für den pädagogischen Alltag in der Kita bedeutet dies, dass sprachliche Vielfalt als Bereicherung wahrgenommen (Wissen und Haltung), sichtbar gemacht und gefördert wird (Handeln). Dies kann geschehen, indem z. B. mehrsprachige Bilderbücher zur Verfügung gestellt oder Lieder in verschiedenen Sprachen gesungen werden, vorzugsweise in den Familiensprachen der Kinder.

Mehrsprachige Bilderbücher - Standard in inklusiv arbeitenden Kitas

Sozio-ökonomische Unterschiede

In Deutschland gibt es im Vergleich zu anderen europäischen Ländern einen besonders engen Zusammenhang zwischen der sozialen Herkunft und dem Bildungserfolg. Kinder aus armen Familien haben weniger Chancen, eine Gymnasialempfehlung zu bekommen als Kinder aus besser gestellten Familien *(vgl. Miller, 2011, S. 75)*.

Armut bedeutet, dass Kinder und ihre Familien keinen Anschluss haben an den durchschnittlichen Lebensstandard der Gesellschaft. Die materielle Unterversorgung kann eine Unterversorgung in anderen Lebensbereichen nach sich ziehen. Beispielsweise nehmen Kinder aus armen Familien seltener an Bildungsangeboten außerhalb der Schule teil, wie Musikschule oder Sportvereinen. Dies zieht weniger soziale Kontakte nach sich. Schon im Kindergartenalter „werden arme Kinder häufiger als nicht-arme Kinder von den anderen Kindern der Kita gemieden" *(vgl. Miller, 2011, S. 75)*.

Besonders problematisch ist, wenn Erzieherinnen meinen, „dass diese Situationen selbst verursacht sind und Schuldzuweisungen aussprechen" *(Schmal, 2020, S. 17)*. Kitas, die sich zu Familienzentren erweitert haben, bieten gerade armen Familie und ihren Kindern gute Möglichkeiten, gebündelt an einem Ort Unterstützung und Beratung zu bekommen (siehe Band 2, Lernfeld 5, Kap. 5). Darüber hinaus gilt es, alle Angebote in der Kita darauf hin zu überprüfen (Wissen und Haltung), ob sie zusätzliche Kosten verursachen, die für finanziell schlechter gestellte Familien ein Problem darstellen können. Dafür müssen Alternativen oder kreative Lösungen gefunden werden, die die Familien weder belasten noch beschämen (Handeln).

Kinder mit Fluchterfahrung

Kinder mit Fluchterfahrung kommen teilweise mit einem großen Rucksack an Eindrücken und Gefühlen in Deutschland an. Manche haben Hunger, Bomben und Tod erlebt. Manche Kinder sind traumatisiert. Als Traumata werden Ereignisse bezeichnet, die über das erträgliche Maß hinaus besonders angstvoll, schmerzhaft oder schockierend sind *(vgl. Hofbauer, 2017, S. 55 ff.)*.

Aber nicht nur die Flucht belastet die ganze Familie. Die Zugewanderten kommen in eine Kultur, deren Normen und Werte, deren Gebräuche sie oftmals nicht kennen. Sie müssen viel lernen, um sich in der neuen Gesellschaft zurechtzufinden. So könnten die Familien bisher staatliche Behörden in ihrem Herkunftsland als bedrohlich erlebt haben. Schlägt die Erzieherin vor, z. B. beim Jugendamt Unterstützung zu suchen, kann dies dann auf Abwehr stoßen.

Die Hoffnung der geflüchteten Familien ist vor allem ein Leben in Sicherheit und etwas Wohlstand. Doch oftmals werden sie enttäuscht. Sie leben lange in Erstunterkünften unter sehr einfachen Bedingungen. Sie erfahren Ablehnung und die Bürokratie läuft schleppend. Frustration und sinkendes Selbstbewusstsein sind die Folge. Die Kinder erlernen durch Kindertagesstätte und Schule schneller als ihre Eltern die neue Sprache und übernehmen eine Mittlerfunktion, wenn sie z. B. beim Übersetzen helfen.

Hatten Kinder auf der Flucht traumatische Erlebnisse, können sie Reaktionen wie Schlafstörungen, An-

hänglichkeit oder Unkonzentriertheit zeigen (Wissen). Dennoch gelingt Kindern und ihren Familien oft die Bewältigung des Alltags. Dabei entwickeln sie psychische Stärke und zeigen Resilienz (siehe Band 1, Lernfeld 3, Kap. 6). Die Bezugserzieherin kann stabilisieren und vermittelt, dass die Kita ein sicherer Ort ist. Indem sie eine verlässliche, warmherzige Beziehung zu den Kindern und ihren Familien aufbaut, legt sie hierfür die Grundlage (Haltung und Handeln).

Weitere Aspekte von Diversität umfassen Fragen der Inklusion von Kindern mit Beeinträchtigung (siehe Band 1, Lernfeld 3, Kap. 9), unterschiedliche Familienwirklichkeiten (siehe Band 2, Lernfeld 5, Kap. 1) oder Mädchen- und Jungenarbeit (siehe Band 1, Lernfeld 2, Kap. 7.8.6) und werden dort vertieft.

↗ WIEDERHOLUNG

→ Mit dem Begriff Diversität (Vielfalt) werden unterschiedliche gesellschaftliche Differenzierungen beschrieben, z. B. Alter, Geschlecht, sexuelle Orientierung, Beeinträchtigung, ethnische Herkunft oder Religion und Weltanschauung.

→ Diese Differenzlinien können sich überlagern und zu vielfältigen Benachteiligungen führen (Intersektionalität, also Überschneidung bzw. Gleichheit verschiedener Kategorien von Diskriminierung).

→ Pädagogische Konzepte in Kitas versuchen, unterschiedliche Bedürfnisse, die sich aufgrund der Vielfaltsaspekt ergeben, aufzugreifen und Benachteiligungen entgegenzuwirken.

→·← AUFGABEN

1 [Analyse und Bewertung]
Vergegenwärtigen Sie sich Ihre letzte Klasse in der allgemeinbildenden Schule. Welche Differenzlinien können Sie dort im Nachhinein erkennen? Welche Benachteiligungen, die Sie auf diese Differenzlinien zurückführen, haben ggf. eine Rolle gespielt? Notieren Sie diese in Einzelarbeit und begründen Sie Ihre Einschätzungen mit dem Wissen aus diesem Kapitel. Tragen Sie Ihre Analysen in der Klasse zusammen.

2 [Planung und Konzeption] [Querschnittsaufgabe Inklusion]
Überlegen Sie, welche besonderen Bedarfe die Kinder und ihre Familien in der Lernsituation haben könnten. Schreiben Sie in eine Tabelle in die linke Spalte jeweils die Namen der Kinder und in die rechte Spalte jeweils einen besonderen Bedarf.

3 [Planung und Konzeption] [Querschnittsaufgabe Inklusion]
Planen Sie ein Bildungsangebot, z. B. eine Bilderbuchbetrachtung, und überlegen Sie, wie Sie alle sechs Kinder aus der Lernsituation entwicklungsgemäß einbeziehen könnten.

TIPPS ZUM WEITERARBEITEN →→

→ Albers, Timm/Bree, Stefan/Jung, Edita/Seitz, Simone: Vielfalt von Anfang an. Inklusion in Krippe und Kita. Freiburg i. Br.: Herder Verlag 2012.

→ Böhm, Regine/Horn, Miriam/Knospe, Nina/Skubinn, Bernd/Taplan-Bach, Monika: Kinder unter 3. Erziehung, Bildung und Betreuung in der frühen Kindheit. Braunschweig: Westermann Schulbuchverlage 2014, S. 207–241.

→ Borke, Jörn/Schwentesius, Anja (Hrsg.): Kulturelle Vielfalt in Kindertagesstätten. Köln/Kronach: Carl Link Verlag 2016.

→ Wagner, Petra: Gemeinsam Vielfalt und Fairness erleben. Was Kita-Kinder stark macht. Berlin: Cornelsen Schulverlage 2014.

Kompetenzen, die in diesem Kapitel erworben werden können:

- Die Absolventinnen und Absolventen verfügen über Fertigkeiten, Konzepte zur Förderung von Chancengerechtigkeit und Inklusion unter Berücksichtigung der unterschiedlichen Voraussetzungen zu entwickeln und zu vertreten.

- Die Absolventinnen und Absolventen verfügen über Fertigkeiten, Lebenswelten von Kindern und Jugendlichen unter fachtheoretischen Gesichtspunkten zu analysieren.

Amirpur, Donja: Behinderung und Migration – eine intersektionale Analyse im Kontext inklusiver Frühpädagogik. Weiterbildungsinitiative Frühpädagogische Fachkräfte WiFF Expertisen, Band 36, 2013.

Dintsioudi, Anna/Lamm, Bettina: Was heißt interkulturelle Kompetenz? – Grundlagen und Begriffsbestimmungen für die pädagogische Praxis. In: Handbuch Interkulturelle Kompetenz. Kultursensitive Arbeit in der Kita. Hrsg. von Bettina Lamm. Freiburg i. Br.: Herder Verlag, 2017, S. 11–22.

Egert, Franziska/Hopf, Michaela: Wirksame Sprachförderung für mehrsprachige Kinder in Kindertageseinrichtungen. In: Theorie und Praxis der Sozialpädagogik (TPS), Heft 3, 2018, S. 30–34.

Hofbauer, Christiane: Kinder mit Fluchterfahrung in der Kita. Leitfaden für die pädagogische Praxis, 2. Auflage. Freiburg i. Br.: Herder Verlag 2017.

Hurrelmann, Klaus/Bauer; Ullrich: Einführung in die Sozialisationstheorie. Das Modell der produktiven Realitätsverarbeitung. 13. Auflage. Weinheim/Basel: Beltz Verlag 2020.

Miller, Susanne: Armut im Vor- und Grundschulalter – Folgen und Handlungsmöglichkeiten. In: Diversität. Ressource und Herausforderung für die Pädagogik der frühen Kindheit. Hrsg. von Eva Hammes-Di Bernardo und Sonja Adelheid Schreiner. Berlin und Weimar: Verlag das netz 2011, S. 74–83.

Schmal, Gabriele: Ungleichheiten mit Kindern thematisieren. In: Kindergarten heute, Heft 4/2020, S. 16–17.

Speck-Hamdan, Angelika: Diversität – Herausforderungen und Chancen für die Pädagogik der frühen Kindheit. Ein Überblick. In: Diversität. Ressource und Herausforderung für die Pädagogik der frühen Kindheit. Hrsg. von Eva Hammes-Di Bernardo und Sonja Adelheid Schreiner. Berlin und Weimar: Verlag Das Netz 2011, S. 14–23.

Sulzer, Annika: Alle Hand in Hand. In: Kindergarten heute. Heft 10/2018, S. 10–15.

4   Interkulturelle Erziehung in Kindertageseinrichtungen

Martina Lambertz • Bianca Ribic

Mona absolviert ihr Praktikum in einer Einrichtung, die von vielen Kindern mit Migrationshintergrund besucht wird (ca. 75 %). In der Tagesstättengruppe werden zurzeit sieben verschiedene Sprachen gesprochen: Türkisch, Marokkanisch, Kroatisch, Arabisch, Polnisch, Russisch, Italienisch. Im Team selbst sind eine Erzieherin türkischer Herkunft und eine Kinderpflegerin aus Russland tätig.

Während einer Freispielphase am Vormittag beobachtet Mona Carina (vier Jahre) und Esra (fünf Jahre) beim Spiel in der Puppenecke. Esra hält die Puppe im Arm und singt ein türkisches Wiegenlied. Carina deckt den Tisch. Plötzlich unterbricht Esra das Spiel und es entwickelt sich folgender Dialog:

Esra: „Du, Carina, welche Sprache sprecht ihr eigentlich zu Hause?"
Carina: „Wir sprechen deutsch zu Hause."
Esra: „Nein, ich meine, was du mit Mama und Papa zu Hause für eine Sprache sprichst. Deutsch sprechen wir doch alle hier im Kindergarten. Ich spreche zu Hause türkisch und Domenika spricht italienisch. Wie unterhaltet ihr euch?"
Carina: „Na, wir sprechen deutsch miteinander."

Kulturelle Vielfalt in der Kita

Beide Kinder schauen sich irritiert an und blicken zu Mona herüber. Diese weiß nicht, ob und wie sie reagieren soll. Bisher hatte sie in den Beobachtungsbögen nur notiert, dass Esra noch Schwierigkeiten hat, die richtigen Artikel zu verwenden, wenn sie Deutsch spricht. Der Stolz in Esras Stimme und auch der erstaunte Blick in Carinas Augen entgeht Mona nicht, als Esra betonte, dass sie zwei Sprachen spricht.

Esra scheint relativ gut und sicher in zwei Sprachwelten zu leben – ihrem Zuhause und der Tageseinrichtung. Mona kann sich gut in Carina hineinversetzen. Sie spricht Englisch nur in der Schule und auf Mallorca im Urlaub einige Worte Spanisch.

Es muss schön sein, sich in unterschiedlichen Sprachen verständigen zu können.

Das Team der Einrichtung wünscht sich seit einiger Zeit einen Konzeptionstag zum Thema: „Umgang mit kultureller Vielfalt". Sehr häufig kommen die pädagogischen Fachkräfte an ihre Grenzen. Die Gespräche mit den Eltern werden durch Sprachbarrieren erschwert.

Einige Familien haben sich an die Leitung gewandt. Sie haben den Eindruck, dass die Fachkräfte sich zurzeit mehr um die Kinder mit Fluchterfahrungen kümmern.

Sami (2 Jahre), ein Junge aus Syrien, befindet sich noch in der Eingewöhnungsphase. Ein erster Trennungsversuch ist gescheitert. Sami und seine Mutter sprechen kein Deutsch. Sami weint viel und die pädagogischen Fachkräfte sind ratlos. Mona würde Sami so gerne helfen. Aber wie?

Mona ist verunsichert. Im Unterricht hört sich der Umgang mit Vielfalt in einer sozialpädagogischen Einrichtung so leicht an. Aber hier am Lernort Praxis gibt es viele Herausforderungen zu lösen.

↘ FRAGEN

→ *Welche Möglichkeiten haben die Erzieherinnen dieser Einrichtung, um ressourcenorientiert kulturelle, religiöse, und sprachliche Unterschiede in die pädagogische Arbeit sinnvoll einzubeziehen?*

→ *Haben Sie in Ihrem Leben schon Situationen erlebt, in denen Sie die Sprache anderer Menschen nicht verstehen konnten und sich fremd gefühlt haben? Wie haben Sie auftretende Verständigungsprobleme gelöst?*

→ *Welche Spiele, Lieder oder Geschichten aus anderen Ländern kennen Sie?*

→ *Wie kommen Kinder mit Migrationshintergrund mit kulturellen Situationen außerhalb ihrer Familien zurecht? Wie kommen Sie mit unterschiedlichen Sprachen zurecht?*

→ *Wie gehen Sie selbst mit der kulturellen Vielfalt in pädagogischen Einrichtungen um?*

4.1 Zahlen und Fakten zur Bevölkerung mit Migrationshintergrund

Überall auf der Welt existieren und entstehen multikulturelle Gesellschaften. Unterschiedliche Nationen, Sprachen und Kulturen rücken zusammen, infolge verstärkter Migration und Mobilität überall auf der Welt. Mehr als die Hälfte der Weltbevölkerung spricht zwei oder mehr Sprachen. Es soll dreißigmal so viele Sprachen wie Länder geben. Wie sieht es in Deutschland aus?

2018 lebten etwa 20 Millionen Menschen mit einem Migrationshintergrund in Deutschland. Von einem Migrationshintergrund wird gesprochen, wenn die Person selbst oder mindestens ein Elternteil nicht mit deutscher Staatsangehörigkeit geboren wurde. Im Jahr 2018 besaß demnach jeder vierte Mensch in Deutschland einen Migrationshintergrund. Ungefähr die Hälfte dieser Gruppe ist im Besitz der deutschen Staatsbürgerschaft (vgl. Statistisches Bundesamt).

Die nebenstehende Grafik zeigt die Verteilung der ausländischen Bevölkerung aus EU- und Nicht-EU-Staaten in Deutschland.

Der größte Teil der Bevölkerung ausländischer Herkunft kommt aus den ehemaligen **Anwerbeländern.** Die damals herrschende Meinung, dass diese Arbeitnehmer nur

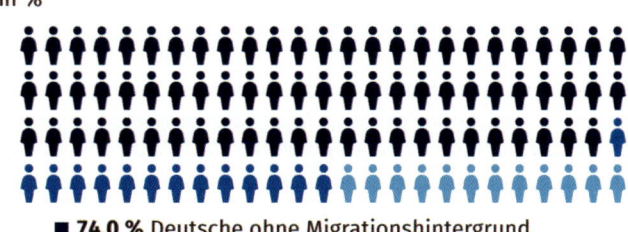

Bevölkerung nach Migrationsstatus 2019
in %

- ■ **74,0 %** Deutsche ohne Migrationshintergrund
- ■ **13,6 %** Deutsche mit Migrationshintergrund
- ■ **12,4 %** Ausländer/innen

© ᴸ Statistisches Bundesamt (Destatis), 2019

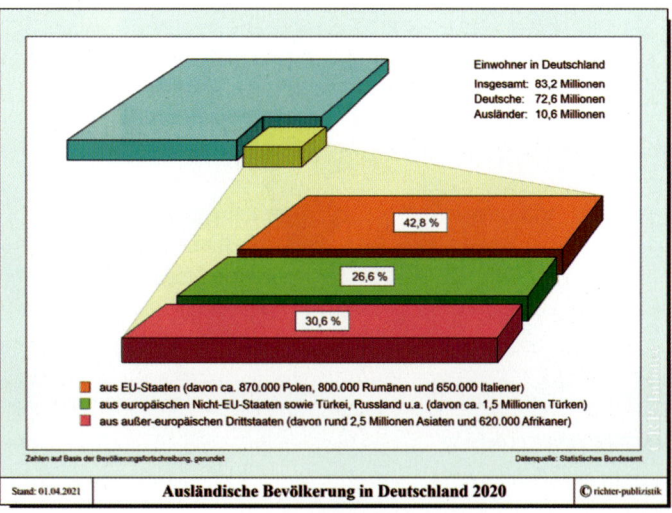

Einwohner in Deutschland
Insgesamt: 83,2 Millionen
Deutsche: 72,6 Millionen
Ausländer: 10,6 Millionen

42,8 %
26,6 %
30,6 %

■ aus EU-Staaten (davon ca. 870.000 Polen, 800.000 Rumänen und 650.000 Italiener)
■ aus europäischen Nicht-EU-Staaten sowie Türkei, Russland u.a. (davon ca. 1,5 Millionen Türken)
■ aus außer-europäischen Drittstaaten (davon rund 2,5 Millionen Asiaten und 620.000 Afrikaner)

Zahlen auf Basis der Bevölkerungsfortschreibung, gerundet   Datenquelle: Statistisches Bundesamt

Stand: 01.04.2021 | **Ausländische Bevölkerung in Deutschland 2020** | © richter-publizistik

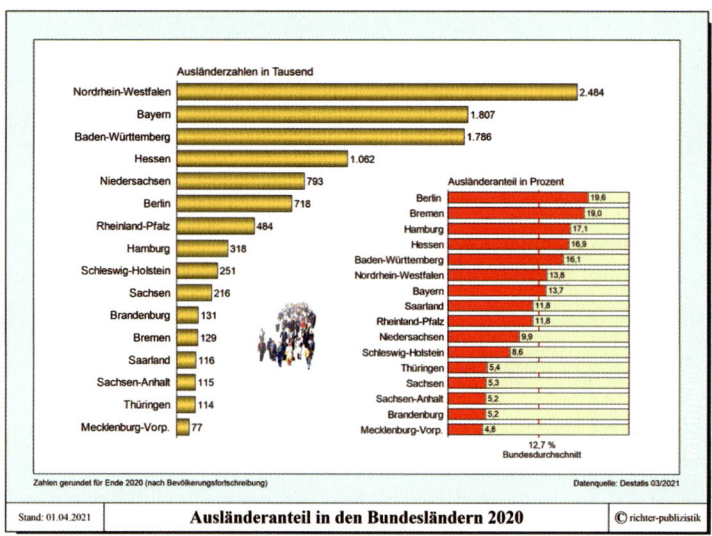

Ausländeranteil in den Bundesländern (www.crp-infotec.de)

für eine begrenzte Zeit und ohne ihre Familien in der Bundesrepublik arbeiten würden, bewahrheitete sich nicht. Mit zunehmender Verweildauer der Arbeitnehmer begann der langsame **Familiennachzug.** Dabei ist der Anteil türkischstämmiger Personen am höchsten. Viele ihrer Kinder (zweite und dritte Generation) sind hier geboren und aufgewachsen. Rund ein Drittel der hier aufwachsenden Kinder haben einen **Migrationshintergrund.**

Ein kleinerer Teil der Bevölkerung ausländischer Herkunft sind **Asylbewerber,** die aus verschiedenen Ursachen (Bürgerkriege, ökologische Katastrophen, wirtschaftliche Probleme, politische Gründe) in Deutschland um Asyl nachsuchen.

Es gibt auch noch eine sehr große Gruppe von Kindern, Jugendlichen und Erwachsenen mit Migrationshinter-

grund, die in diesen Statistiken nicht aufgeführt werden. Sie besitzen die deutsche Staatsbürgerschaft, z. B. durch Einbürgerungsverfahren.

Die Gruppe der speziellen Fachkräfte aus anderen Ländern (z. B. Japan und Amerika) stellt nur eine kleine Gruppe von Menschen ausländischer Herkunft dar.

Der Anteil der ausländischen Bevölkerung ist in den einzelnen Bundesländern unterschiedlich hoch. Besonders in NRW wurden in den 1960er- und 1970er-Jahren vermehrt Arbeitskräfte in der Industrie benötigt. Deshalb wurden hier viele damalige **Gastarbeiter** angeworben. Noch heute leben die meisten Menschen mit Migrationshintergrund in Nordrhein-Westfalen, viele aber auch in Baden-Württemberg und Bayern.

Der Bundesdurchschnitt lag 2018 bei 13,1 %. Im Jahr 2015 lag der Bundesdurchschnitt bei 9,3 %.

Die Vielfalt der Herkunftsländer von Migranten und die dargestellten Zahlen und Fakten verdeutlichen, dass es schwierig und zu stark vereinfachend ist, die unterschiedlichen Menschen, die mit unterschiedlichen Motiven, aus unterschiedlichen Ländern, mit unterschiedlichen Schicksalen, zu unterschiedlichen Zeitpunkten nach Deutschland kamen und sich dort unterschiedlich lange mit unterschiedlichem Aufenthaltsstatus aufhalten, mit einem allgemeinen Begriff wie „Ausländer" zu beschreiben. Demgegenüber müsste dann auch die Bezeichnung „Inländer" stehen.

4.2   Früher Ausländerpädagogik, heute interkulturelle Pädagogik

Das gewünschte friedliche und produktive Zusammenleben unterschiedlicher Menschen aus unterschiedlichen Nationen und Religionen mit unterschiedlichen kulturellen und sprachlichen Traditionen scheint die eine der großen gesellschaftlichen Herausforderungen unserer Zeit zu sein. Dass diese Herausforderung realisierbar ist, zeigt sich auch im Kleinen: im Alltag der Familien, in der Nachbarschaft, im Stadtteil. An diesen Plätzen ist Multikultur Realität.

In den vergangenen Jahrzehnten hat sich Deutschland zu einer **multikulturellen Gesellschaft** entwickelt. Dies zeigt sich auch in den Einrichtungen der Kinder- und Jugendhilfe. Je nach Bundesland, Stadt oder Stadtteil werden diese Einrichtungen mal mehr, mal weniger von Kindern und Jugendlichen aus Familien mit einem verschiedenen kulturellen Hintergründen besucht. Dies spiegelt sich in Kitas, Jugendfreizeiteinrichtungen, Horten und Schulen wider. Überall leben, spielen und lernen Kinder unterschiedlicher Herkunft miteinander.

Für pädagogische Fachkräfte ist jedoch nicht nur das Herkunftsland, die Kultur, die Sprache der Kinder und Jugendlichen von Bedeutung. Auch ihr Aufenthaltsstatus, die Gründe ihrer Anwesenheit in Deutschland und die soziale Situation ihrer Familie, ihre **Migrationskultur** müssen als pädagogische Fremdwahrnehmung berücksichtigt werden.

> „Wir müssen unsere Arbeit an den konkreten Lebensbedingungen und Interessen derjenigen Kinder und Familien ausrichten, die in unserer Einrichtung betreut werden."
>
> *(Lill, 2001, S. 219)*

In den 1970er-Jahren entwickelte sich durch den Zuzug der Gastarbeiterfamilien eine bestimmte Form der **Ausländerpädagogik.** Für die Kinder der eingereisten Arbeiter wurde 1966 die Schulpflicht eingeführt. Ihre Probleme zeigten sich besonders im Bildungssystem: Sprachschwierigkeiten, die Auseinandersetzung mit unterschiedlichen Rollen, kulturelle Unterschiede und Unzulänglichkeiten des deutschen Bildungssystems führen bis heute zu Unterschieden in der Bildungsbeteiligung von Kindern aus Familien mit Migrationshintergrund.

Integration wurde in dieser Phase als Anpassung der Ausländer an die deutsche Gesellschaft betrachtet. Kulturelle und sprachliche Unterschiede wurden nicht als Chance, sondern als Schwierigkeiten angesehen. Es war durchaus auch „bequem", die Kinder mit Migrationshintergrund nur als eine Problemgruppe zu betrachten, d. h. Sprachdefizite als gegeben zu unterstellen und zu fordern, dass sie sich mithilfe von Fördermaßnahmen (z. B. Hausaufgabenhilfe, Schulsozialarbeit) in die Gesellschaft zu integrieren hätten. Muttersprachlicher Unterricht wurde in erster Linie zur Erhaltung der Rückkehrfähigkeit in das jeweilige Herkunftsland angeboten. Zweisprachigkeit wurde eher als Hindernis statt als Chance für die kindliche Entwicklung betrachtet. Es wurde von deutschen und ausländischen Kindern gesprochen. Kritisch betrachtet, handelte es sich hierbei um eine Art Sonderpädagogik für Ausländer. Selbst heute richtet sich noch

manch politischer oder pädagogischer Blick leider nur auf diesen Aspekt.

Die Ausländerpädagogik hat sich zur interkulturellen Pädagogik weiterentwickelt. Dieser Begiff macht deutlich, dass es nicht um eine bestimmte Kindergruppe geht, nämlich nur um die Kinder mit Migrationshintergrund, sondern um alle: um Kinder mit und ohne Migrationshintergrund, mit Deutsch als Erst- oder Zweitsprache, mit unterschiedlichen religiösen Hintergründen, um Kinder mit Fluchterfahrungen und um Kinder, die hier geboren sind.

Geänderte Sichtweise

Doch nicht nur die Begriffe haben sich in den Jahren verändert. Auch die Sichtweise ist eine andere geworden. Die gemeinsame Erziehung von Kindern und Jugendlichen unterschiedlicher kultureller Herkunft wird als Chance gesehen. Der Blick soll darauf gerichtet werden, was verbindet, nicht auf das, was trennt (z. B. Rollenverständnis, Körpersprache, Zeitgefühl, Esskultur). Im Mittelpunkt sollen die Ressourcen der zugewanderten Menschen stehen und nicht ihre Defizite und Probleme. Das Wissen über andere Kulturen, die Fähigkeit, in anderen Sprachen zu kommunizieren, und die Auseinandersetzung mit dem Migrationshintergrund sollen als Qualifikation für pädagogische Arbeit gesehen werden.

Unterschiede gibt es nicht nur zwischen Menschen unterschiedlicher Herkunft. Die Herkunftskultur ist häufig nicht mit der sogenannten Migrantenkultur (gelebte, manchmal sehr traditionelle Kultur im Einwanderungsland) vergleichbar. In Deutschland ist das Leben in deutschen Familien auch nicht überall gleich. Natürlich kann die Beschäftigung mit anderen Kulturen manchmal Ängste, Unsicherheiten, Faszination und Abwehr mit sich bringen, aber gleichzeitig auch neue Erfahrungen und Kenntnisse. Integration versteht sich als ein Prozess, der Veränderung von beiden Seiten erfordert. Dabei gibt es Schwierigkeiten, die überwunden, und Anforderungen, die gelöst werden müssen.

Dazu gehört zum einen eine seit vielen Jahren immer deutlicher spürbare Ausländer- und Fremdenfeindlichkeit. Angst und Vorurteile müssen ernst genommen werden. Erst die Auseinandersetzung mit ihnen schafft die Möglichkeit, die Fremdheit zu überwinden. Dies ist die wichtigste Voraussetzung, um Rassismus, Fremdenfeindlichkeit und Gewalttaten vorzubeugen.

Zum anderen zeigen sich im Zusammenleben von Menschen mit unterschiedlichen kulturellen Normen und Lebensgewohnheiten auch Widersprüche. Diese müssen thematisiert und genutzt werden. Die Kulturen

beider Gesellschaften (Herkunftsland und Aufnahmegesellschaft) sollen nebeneinander bestehen können.

Mit dem Blick in die Zukunft wird sicherlich eine Pädagogik der Vielfalt angestrebt. Einrichtungen sehen die Diversität als Selbstverständlichkeit an und berücksichtigen sie in ihrer Arbeit.

> „Eine inklusiv ausgerichtete Pädagogik umfasst also die Achtung von Heterogenität, die im Alltag als ‚normal` erlebt und geschätzt wird. Das Aufwachsen in einer solchen Umgebung bietet eine Basis für den Abbau von Vorurteilen und eine Chance, dass Vorurteile gar nicht erst aufgebaut werden – lernen Kinder doch, offen mit Verschiedenheit umzugehen. Das Konzept der Inklusion geht davon aus, dass jeder Mensch automatisch Anspruch darauf hat, als vollwertiges Wesen anerkannt und als wertvoller Teil der Gemeinschaft willkommen geheißen zu werden. Das bedeutet auch, an Bildungsprozessen teilhaben zu können. Eine inklusive und Vielfältigkeit beachtende Pädagogik hat das Ziel, die Teilhabe aller Kinder an gelingenden Bildungsprozessen zu ermöglichen und zu fördern. [...] Inklusion liefert also keinen zusätzlichen Ansatz oder eine Methode, die darüber hinaus in der Kita umgesetzt werden soll, sondern betrifft alle Ebenen des gesellschaftlichen Miteinanders. Inklusion vereint demnach verschiedene bestehende Ansätze und Methoden und benötigt eine offene und reflektierte Haltung gegenüber Verschiedenheit. Es geht um die Entwicklung einer inklusiven Kultur."
>
> *(LVR Fachbereich Kinder und Familie, 2015, S. 10)*

4.3   Probleme von Migranten

Ein weiteres Problem ist der gesonderte **Rechtsstatus** von Migranten, der ihre soziale Integration erschwert. Die Unsicherheit über die Dauer und den Verbleib in Deutschland bestimmt den Familienalltag, die Freundschaften, die Freizeit, die Berufswahl der Kinder und Rückkehrabsichten. Für viele gehört der regelmäßige Gang zur Ausländerbehörde zum Familienalltag.

Die veränderte Sichtweise der interkulturellen Pädagogik darf natürlich nicht dazu führen, bestehende Hilfsbedürftigkeit von Migranten und damit verbundene Fördermaßnahmen „wegzudefinieren". Viele Kinder der zweiten und dritten Generation haben Sprachschwierigkeiten in der Herkunftssprache und zugleich in der deutschen Sprache. Beide Sprachen nur unzureichend zu beherrschen, kann Minderwertigkeitsgefühle hervorrufen.

Äußere Rahmenbedingungen wie z. B. die
* Möglichkeit der doppelten Staatsbürgerschaft,
* Beibehaltung der Herkunftssprache,
* Eröffnung sozialer Chancen innerhalb der Kultur

schaffen die Basis für die Entwicklung einer eigenen positiven Identität.

Diese Fähigkeit, sich in unterschiedlichen Welten zurechtzufinden, Übergänge zu bewältigen und mit Widersprüchen zu leben, ist eine Schlüsselqualifikation für alle Menschen. Auch ein Kind ohne Migrationshintergrund wächst heute zum Teil in unterschiedlichen Welten, d. h. sozialen Gruppen mit unterschiedlichen Erziehungsvorstellungen, Normen und Werten auf.

4.4   Leitgedanken und Aspekte interkultureller Pädagogik

Ein wichtiger Schritt zur **sozialen Integration** von Kindern mit Migrationshintergrund war der 1996 eingeführte Rechtsanspruch auf einen Kindergartenplatz. Dadurch erhielten immer mehr Kinder mit Migrationshintergrund die Möglichkeit, eine Tageseinrichtung zu besuchen. Die vorschulische Betreuung, Bildung und Erziehung kann eine gute Basis für die weitere Schullaufbahn sein. Diese Erwartung stellen viele Eltern von Migrantenkindern vorrangig an die Arbeit in der Kita.

Die Nationale Untersuchung zur Bildung, Betreuung und Erziehung in der frühen Kindheit (NUBBEK-Studie) zog 2012 folgende Konsequenz für die pädagogische Arbeit im Elementarbereich:

> „Kinder mit Migrationshintergrund brauchen besonders gute Betreuungsqualität. Kinder aus zugewanderten Familien gehören zu den Bevölkerungsgruppen, für die eine optimale Förderung vor Schulbeginn besonders wichtig ist, insbesondere wenn für sie Deutsch eine Zweitsprache ist. Jedoch weisen gerade diejenigen Einrichtungen mit vielen Kindern mit Migrationshintergrund eine besonders niedrige Prozessqualität auf. Im Rahmen kommunaler Bildungsplanung sollte der zunehmenden Segregation im Bildungswesen entgegengewirkt werden. Als Lösung hierzu bietet sich an, gerade diese Einrichtungen besonders zu fördern, durch hochqualifiziertes Personal und günstige Rahmenbedingungen, wie z. B. einen verbesserten Erzieher-Kind-Schlüssel."
>
> *(NUBBEK-Studie, 2012, S. 15)*

In Bundesländern ist die interkulturelle Dimension der Bildungs- und Erziehungsarbeit in Bildungsvereinbarungen für Tageseinrichtungen verankert. Jetzt muss sie in der Praxis gelebt und umgesetzt werden, denn kulturelle Begegnung findet hier tagtäglich statt.

Ein Beispiel aus den Grundsätzen zur Bildungsförderung in NRW zeigt, dass die interkulturelle Arbeit ein wesentlicher Bildungsbereich in der Arbeit mit Kindern von null bis zehn Jahren geworden ist.

Die Anerkennung der Zwei- und Mehrsprachigkeit sowie die Berücksichtigung der unterschiedlichen Migrationshintergründe der Kinder und Jugendlichen sollen sich im pädagogischen Alltag einer Einrichtung widerspiegeln. Themen aus der Lebenswelt der zugewanderten Familien und der „inländischen" Familien bestimmen die Raumgestaltung, die Materialauswahl, die Aktivitäten und Projekte sowie die Strukturen des Tagesablaufs. Es handelt sich nicht um zeitlich eingegrenzte, einmalige Projekte, sondern um gelebten Alltag.

Kinder und Jugendliche sollen in ihrer Kultur und Sprache gefördert und gestärkt werden. Gleichzeitig werden sie auf die Welt vorbereitet, in der sie anderen begegnen.

> „Ziel ist, auf das Leben in einer hinsichtlich der Lebensstile und Kulturen vielfältigen Gesellschaft vorzubereiten, die Kinder darin zu unterstützen, ihre eigene Kultur und Herkunft kennenzulernen und darauf aufbauend eine eigene Kultur und einen persönlichen Lebensstil zu entwickeln. Vielfalt in persönlicher, sozialer, kultureller, physischer und psychischer Hinsicht soll ein selbstverständlicher Teil des Alltags der Kinder sein. Auch interkulturelle Pädagogik ist somit eine Querschnittsaufgabe des pädagogischen Alltags mit dem Ziel, das Zusammenleben von Menschen unterschiedlicher Herkunft zu stärken."
>
> *(Ministerium für Familie, Kinder, Jugend, Kultur und Sport/Ministerium für Schule und Weiterbildung, 2016, S. 99)*

In der folgenden Tabelle sind Impulse für die interkulturelle Arbeit von pädagogischen Fachkräften zu finden. Was müssen pädagogische Fachkräfte beachten? Wie kann der Alltag gestaltet werden?

Ständige Reflexion eigener Deutungs- und Handlungsmuster (Weltanschauung, Werte und Normen)	Migrationsbiografie der Familien kennen, Dokumentation über die Familiensituation führen	Interkulturelle Erziehung an alle Kinder, Jugendlichen, Familien richten, interkulturelle Lernprozesse initiieren
Auseinandersetzung mit eigenen Vorurteilen und Ängsten – „Jeder Mensch hat Vorurteile."	gute Kommunikations- und Dialogfähigkeit entwickeln, Förderung von nonverbaler Kommunikation	Eltern als Kooperationspartner sehen, Informationsaustausch, Unterstützung bei der Förderung der Herkunftssprache
Vorbildfunktion beachten, sich selbst auf interkulturelle Lernprozesse einlassen und handeln	Öffnung zum Gemeinwesen nutzen, stadtteilorientierte Arbeit fördern	Raumausstattung und Material an der Lebenssituation der Kinder und Familien orientieren
Akzeptanz anderer Lebensformen, Toleranz üben, Achtung und Anerkennung/Wertschätzung zeigen	touristische oder folkloristische Formen der Kulturvermittlung vermeiden	kulturelle Besonderheiten der Kinder und Familien berücksichtigen (z. B. Essensgewohnheiten)
Aneignung von Informationen über andere Länder, Kulturen, Religionen, „über den Tellerrand schauen"	interkulturelle Teams fördern, binationale Fachkräfte mit Migrationserfahrung einsetzen	die Alltagskultur aller Kinder bestimmt das Leben in der Gruppe (z. B. verschiedene kulturelle Feste feiern)
anknüpfen an lebensweltliche Situationen der Kinder und Familien (biografischer Ansatz)	Impulse setzen – nicht belehren, kreative Methoden nutzen (Lieder, Spiele, Tänze, Geschichten, Theater usw.)	Förderung der Herkunftssprache unterstützen, mehrsprachige Elternbriefe usw. formulieren
Fortbildungen besuchen, sich weiterqualifizieren, eine Sprache lernen, die von vielen Migranten gesprochen wird	Vernetzung mit anderen Institutionen fördern (z. B. Beratungsstellen)	reflektierter Umgang mit Kulturkonflikten und Präventionsarbeit

Ein Aspekt wird im Folgenden exemplarisch dargestellt: Die **Raumgestaltung** und **Materialauswahl** soll sich an der Lebenssituation der Kinder orientieren.

Spielmaterial und Ausstattung der Regeleinrichtung orientieren sich an der „deutschen" Lebenswelt. Natürlich kann eine Einrichtung nicht die gesamte Vielfalt an Materialien aller Länder abdecken. Um aber keine Stereotypenbildung und keine Diskriminierungsprozesse zu fördern, sollten andere Wege gefunden werden.

Unspezifisches Spielmaterial schränkt nicht ein. Ein Muggelstein kann beispielsweise als Weintraube oder aber als Olive verwendet werden. Ein Baustein kann ein Brötchen oder ein Stück Fladenbrot sein. Als weitere Möglichkeit können Kinder reale Gegenstände aus ihrer häuslichen Umgebung mitbringen.

Jede Einrichtung sollte im Rahmen eines Qualitätsmanagementprozesses interkulturelle Standards setzen, sie dokumentieren und regelmäßig überprüfen. Eine gute Grundlage bietet hier der nationale Kriterienkatalog für die Qualitätsentwicklung einer Einrichtung, in dem auch Kriterien für den Qualitätsbereich „Individualität, Vielfalt, Gemeinsamkeit" dargestellt werden *(vgl. Tietze/ Viernickel, 2017)*.

> Auszug aus der Checkliste des Nationalen Kriterienkatalogs:
> „Ich bestärke jedes Kind in seiner Identität. Dazu gehören seine Herkunft, seine Familienkultur und -sprache und seine Zugehörigkeit zu einer religiösen Gemeinschaft."
>
> *(Tietze/Viernickel, 2017, S. 117)*

Um interkulturelle Standards zu setzen, müssen sich pädagogische Fachkräfte qualifizieren und weiterbilden. Sie benötigen neben der Auseinandersetzung mit der eigenen Person und der konkreten Lebenssituation der Migrantenfamilien auch Kenntnisse und Informationen über Kulturen, Religionen, Sprachen, Feste, Umgang mit dem Fremden usw.

4.5 Zusammenarbeit mit Eltern nichtdeutscher Herkunft

Elternarbeit gehört zu den wichtigen Aufgabenfeldern von Erziehern und Erzieherinnen. Das Ziel ist eine Erziehungs- und Bildungspartnerschaft zwischen Elternhaus und Tageseinrichtung. Dies scheint in der Praxis nicht immer einfach zu sein. Häufig erlebt das Fachpersonal, dass es schwierig ist, Migrantenfamilien bzw. Eltern nichtdeutscher Herkunft in die bestehende Elternarbeit zu integrieren. Viele pädagogische Fachkräfte äußern, dass sie in der Regel zu wenig über die Herkunftskulturen, die Sprache und Religion der Migrantenfamilien wissen. Bei den Familien handelt es sich auch keineswegs um eine homogene Gruppe. Allgemeine Informationen über Kulturen, Sitten und Gebräuche, Sprachen, Religionen können natürlich hilfreich sein, um Familien besser zu verstehen. Sie allein reichen aber für eine gute Zusammenarbeit zum Wohle der Kinder nicht aus. Es ist wichtig, jede Familie, d. h. ihre Lebens- und Sprachsituation, individuell kennenzulernen. Dafür müssen sich pädagogische Fachkräfte sensibel und feinfühlig Informationen beschaffen. Kinder mit Migrationshintergrund und ihre Familien sind die beste Informationsquelle.

Erziehungspartnerschaft

Die häufige Nichtteilnahme an Elternangeboten der Einrichtung sollte nicht als ein prinzipielles Desinteresse gedeutet werden. Verständigungsprobleme und Unsicherheiten erschweren oft den Austausch zwischen Elternhaus und Tageseinrichtung. Die Angst, sich auf einem Elternabend äußern zu müssen, kann dazu führen, ihn lieber zu meiden. In vielen Situationen ist die Hilfe von Dolmetschern notwendig. Pädagogische Fachkräfte müssen immer wieder auf die Familien zugehen und die eigene Arbeit transparent machen, z. B. durch Bildmaterial. Bilder und Piktogramme bieten sich für eine Verständigung zwischen den Kulturen an.

Auch unklare Vorstellungen vom Auftrag der Tageseinrichtung können unter Umständen die Zusammenarbeit erschweren. Das Erziehungs- und Bildungssystem des Herkunftslandes kann sich sehr vom deutschen unterscheiden. Manche Eltern haben Sorge dass ihre religiösen Gebote nicht eingehalten werden. Auch erziehungsrelevante Wertvorstellungen können divergieren. Deshalb müssen gegenseitige Erwartungen und Vorstellungen erläutert und geklärt werden.

Die Beziehungsarbeit ist von großer Bedeutung. Vom ersten Kontakt an muss die Beziehung zwischen Fachkraft und Eltern bewusst aufgebaut und Hemmungen abgebaut werden. Hier gibt es nicht den einen „Königsweg", sondern viele Vorgehensweisen sind möglich und müssen sensibel ausprobiert werden.

Die Pädagogik ist also von einer offenen und neugierigen Haltung geprägt. Erzieherinnen „akzeptieren Vielfalt und Komplexität gesellschaftlicher Lebenslagen in einer demokratischen Gesellschaft" *(Länderübergreifender Lehrplan Erzieherinnen/Erzieher, S. 20).*

In den folgenden Stichpunkten finden sich verschiedene Anregungen zur Stärkung der Erziehungs- und Bildungspartnerschaft zwischen Familien ausländischer Herkunft und pädagogischen Fachkräften:
- Alle in der Tageseinrichtung für Kinder vertretenen Familiensprachen hängen im Eingangsbereich aus (z. B. einfache Begrüßungsformeln).
- Religiöse Vorschriften oder kulturelle Normen werden z. B. im Hinblick auf Mahlzeiten, Körperpflege und Feste beachtet und möglichst umgesetzt.

- Die pädagogischen Fachkräfte bemühen sich, die Familiennamen richtig auszusprechen.
- Vor Beginn der Eingewöhnungsphase erkundigt sich die Fachkraft bei den Eltern über erste wichtige Alltagsvokabeln für den Umgang mit dem Kind.
- Aushänge werden in die jeweiligen Sprachen übersetzt und anschaulich vermittelt, z. B. durch den Einsatz von Bildmaterial.
- Alle pädagogischen Fachkräfte berücksichtigen den Einsatz nonverbaler Kommunikation.
- Dolmetscher können hinzugezogen werden, trotzdem sollte man den Eltern zugewandt sein.
- Neben Informationsveranstaltungen finden auch informelle Treffen statt (z. B. Müttercafé), denn in kleinen Gruppen fällt die Kommunikation oft leichter.
- Feste und Feiern anderer Kulturen finden Berücksichtigung. Familien anderer Religionen werden über traditionelle christliche Feste informiert. Abmachungen zur gegenseitigen Rücksichtnahme.
- Die Bildungsarbeit der Einrichtung wird durch Fotos und Filmmaterial anschaulich dargestellt.
- Bilingualität wird positiv gesehen und gefördert, Eltern werden ermutigt, mit Kindern in der Herkunftssprache zu sprechen, Bilderbücher vorzulesen.
- Eltern werden über die Wichtigkeit der Beherrschung der deutschen Sprache informiert. Relevante Informationen über das deutsche Bildungswesen werden weitergeben.
- Auf Deutschkurse für Eltern wird hingewiesen.

Das Projekt „Rucksack KiTa"

Ein Konzept zur **Sprachförderung** und **Elternbildung** im Elementarbereich bietet ein Projekt der Regionale Arbeitsstelle zur Förderung von Kindern und Jugendlichen aus Zuwandererfamilien in Nordrhein-Westfalen. (vgl. www.kommunale-integrationszentren-nrw.de/griffbereit-1 [24.08.2020]). Das Programm fördert Kinder im Elementarbereich mehrdimensional und systemisch. Es berücksichtigt die Entwicklung der Kinder in Bezug auf ihre Lebenswelt und Familie sowie auf das Bildungssystem „Tageseinrichtung" und deren Fachkräfte. Mütter, Erzieherinnen und Erzieher werden Partner für die Sprachförderung der Kinder. Das Programm fördert sowohl die Muttersprachenkompetenz als auch die Beherrschung der deutschen Sprache und die allgemeine kindliche Entwicklung. Dabei sind die Mütter die Expertinnen für das Erlernen der Erstsprache und werden dabei nicht in Bezug auf ihre Defizite, sondern ihre Stärken angesprochen. Fortschritte, Interessen und Stärken sollten zwischen Erzieherin und Eltern ausgetauscht werden. Beide sind für die Entwicklung der Kinder verantwortlich und haben Anteil an den Fortschritten der Kinder. Kinder können mehr, wenn sie in ihrer Entwicklung herausgefordert werden. Wenn sich Erzieherin und Eltern ergänzen, nutzt das den Kindern mehr, als wenn jeder für sich agiert. Bildungsferne Eltern können im Laufe von neun Monaten lernen, wie sie ihre Erzieherkompetenzen zum Wohle ihrer Kinder verfeinern können. Die Anbindung an die Kindertagesstätte ist sehr wichtig und für die Kommunalen Intergrationszentren eine Bedingung, denn hier soll die Förderung in der deutschen Sprache parallel zu der Arbeit mit den Müttern erfolgen. Ein ähnliches Projekt der RAA, „Griffbereit", wird auch für Mütter mit Kindern in den ersten Lebensjahren angeboten. (vgl. Griffbereit - Mehrsprachige Eltern und Kind (Inter-)Aktion. www.kommunale-integrationszentren-nrw.de/griffbereit-1 [24.08.2020]).

4.6   Interkulturelle Teams

Um professionell interkulturell arbeiten zu können, benötigen pädagogische Fachkräfte unter anderem die Fähigkeit, sich in andere Menschen und deren Lebenssituation hineinversetzen zu können. Außerdem ist die Auseinandersetzung der Fachkräfte mit der eigenen Person und eigenen Kulturerfahrungen, eigenen Vorurteilen und Ängsten eine Voraussetzung für die interkulturelle Arbeit mit Kindern und Jugendlichen.

Wichtig ist außerdem, **interkulturelle Teams** zu schaffen. Die Beschäftigung von Erzieherinnen und Erziehern mit eigener Migrationserfahrung verweist auf die interkulturelle Haltung der jeweiligen Einrichtung. Sie zeigt die Offenheit gegenüber anderen Kulturen, Sprachen und Religionen. Wer sich selbst einmal fremd gefühlt hat und dieses Gefühl überwunden hat, wer unterschiedliche Rollen lebt, wer sich selbst früher nicht verstanden fühlte, kann Kinder, egal welcher Herkunft, besser verstehen und ein Team für die Arbeit mit den Kindern sensibilisieren.

Bikulturelle Fachkräfte sind nicht nur Vermittler zwischen verschiedenen Kulturen, sondern auch wichtige Ansprechpartner für Eltern ausländischer Herkunft. Sie sprechen mehrere Sprachen und haben damit eine Vorbildfunktion. Sie haben zum Teil Migrationserfahrungen erlebt und können sich in entsprechende Familiensituationen einfühlen. Sie sollen in den Einrichtungen jedoch nicht nur deswegen eingesetzt werden, sondern auch, weil sie Bestandteil unserer Gesellschaft sind und die Situation vieler Kinder widerspiegeln und verstehen.

↗ WIEDERHOLUNG

→ Tageseinrichtungen sind oft die erste Institution, in der das Zusammenleben verschiedener Lebensformen praktiziert wird.

→ Interkulturelle Erziehung ist keine Projektpädagogik. Sie ist ein ganzheitliches pädagogisches Grundprinzip. Eine Einrichtung muss das interkulturelle Zusammenleben als wechselseitiges Lernen aller Kulturen unterstützen. Ziel ist ein angstfreier und selbstbewusster Umgang mit Vielfalt und ein gleichberechtigtes Zusammenleben.

→·← AUFGABEN

1 [Wissen und Verstehen]
Überprüfen Sie in Einzelarbeit folgende Fragen:

→ „Was weiß ich über die Lebenswelt von Kindern mit unterschiedlichen kulturellen Hintergründen?

→ Wie nehme ich kulturelle Unterschiede wahr?

→ Welche Materialien und Medien wähle ich in der pädagogischen Arbeit für alle Kinder aus?

Thematisieren Sie Ihre Ergebnisse in Kleingruppen und im Plenum.

2 [Wissen und Verstehen]
Sammeln Sie Spiele, Lieder und Fingerspiele aus aller Welt. Nutzen Sie die Fachliteratur, aber auch den Austausch mit Kindern mit Migrationshintergrund und ihren Familienmitgliedern.

3 [Analyse und Bewertung]
Erstellen Sie einen differenzierten Fragenkatalog für ein Erstgespräch mit Eltern mit Migrationshintergrund oder für die Eingewöhnungswochen. Welche Informationen sind für eine gute Zusammenarbeit wichtig? Entwickeln Sie dabei auch konkrete Ideen, um Sprachbarrieren zu überwinden.

4 [Analyse und Bewertung]
Recherchieren Sie im Internet Auslandspraktika oder Austauschmöglichkeiten für Erzieher (z. B. das Erasmus+-Programm der Europäischen Union) und Fortbildungsmöglichkeiten zum Erwerb interkultureller Kompetenzen. Stellen Sie die Ergebnisse vor.

TIPPS ZUM WEITERARBEITEN →→

→ Böhm, Dietmar/Böhm, Regine/Deiss-Niethammer: So geht's. Miteinander aufwachsen und voneinander lernen. In: kindergarten heute. Freiburg i. Br.: Herder Verlag 2004.

→ Borke, Jörn/Schwentesius, Anja (Hrsg.): Kulturelle Vielfalt in Kindertagesstätten. Projekte und Erfahrungen aus der Praxis für die Praxis. Köln/Kronach: Carl Link Verlag 2016.

→ Bundesministerium für Familien, Senioren, Frauen und Jugend: „Bildbuch: Kita- Alltag" unterstützt Kommunikation mit Eltern in der Kita. In: www.sprach-kitas.fruehe-chancen.de/themen/zusammenarbeit-mit-familien/bildbuch-kita-alltag/ [24.08.2020].

→ Gielen, Marc/Peeters, Jan: Ein Wiegenlied für Hamza. Kindertagesstätten als Orte der Begegnung, Dokumentation. DVD. Kiliansroda: verlag das netz 2004.

→ Sprung, Annette: Interkulturelle Pädagogik – Erwachsenenbildung in der Migrationsgesellschaft. 2008, aktualisiert 2013. In: www.erwachsenenbildung.at/themen/migrationsgesellschaft/grundlagen/interkulturelle_paedagogik.php#interk_paed [24.08.2020].

→ Keller, Heidi (Hrsg.): Interkulturelle Praxis in der Kita. Freiburg i. Br.: Herder Verlag 2013.

→ Landeszentrum für Zuwanderung Nordrhein-Westfalen (Hrsg.): Interkulturelle Zusammenarbeit mit Eltern. Eine Arbeitshilfe für die Praxis der Kindertageseinrichtung. Solingen 2004.

→ Preissing, Christa/Wagner, Petra: Kleine Kinder, keine Vorurteile? Interkulturelle und vorurteilsbewusste Arbeit in Kindertageseinrichtungen. Freiburg i. Br.: Herder Verlag 2003.

→ Ulich, Michaela/Oberhuemer, Pamela/Soltendiek, Monika: Die Welt trifft sich im Kindergarten. Interkulturelle Arbeit und Sprachforderung in Kindertageseinrichtungen. Weinheim: Beltz Verlag 2005.

→ Welzien, Dörte/Albers, Timm: Vielfalt und Inklusion. In: Kindergarten heute spezial, Freiburg i. Br.: Herder 2014.

→ www.ane.de (Arbeitskreis Neue Erziehung e. V.)

Kompetenzen, die in diesem Kapitel erworben werden können:

- Die Absolventinnen und Absolventen verfügen über Fertigkeiten, kulturelle, religiöse, lebensweltliche, soziale und institutionelle Normen und Regeln als Einflussfaktoren auf das Erleben und Verhalten von Kindern, Jugendlichen und jungen Erwachsenen zu analysieren und in die pädagogische Arbeit einzubeziehen.

CRP-Infotec: Ausländische Bevölkerung 2018 in Deutschland. In: https://crp-infotec.de/wp-content/uploads/d-auslaenderanteil-bund.gif [28.02.2020].

CRP-Infotec: Wer ist Ausländer, wer Deutscher? In: https://crp-infotec.de/wp-content/uploads/d-auslaender-merkmale.gif [28.02.2020].

Kommunales Integrationszentrum: Griffbereit – Mehrsprachige Eltern und Kind (Inter-) Aktion. In: https://kommunale-integrationszentren-nrw.de/griffbereit-1 [24.08.2020].

Länderübergreifender Lehrplan Erzieherinnen/ Erzieher. In: www.bildungsserver.de/onlineressource.html?onlineressourcen_id=50329 [24.08.2020].

Lill, Gerlinde (Hrsg.): Von Abenteuer bis Zukunftsvision. Qualitätslexikon für Kindergartenprofis. München: Luchterhand Literaturverlag 2001.

LVR Fachbereich Kinder und Familie (Hrsg.): Gemeinsam verschieden. Empfehlungen für den Einstieg in eine Pädagogik der Vielfalt in Kindertageseinrichtungen. Köln: Eigenverlag 2015.

Länderübergreifender Lehrplan Erzieherin/ Erzieher, Qualitäts- und UnterstützungsAgentur - Landesinstitut für Schule (QUA-LiS NRW), 01.07.2012. In: https://www.berufsbildung.nrw.de/cms/upload/fs/download/sozial/laenderuebergr-lp-erzieher.pdf [28.02.2020].

Mediendienst-Integration: Bevölkerung mit und ohne Migrationshintergrund. In: www.mediendienst-integration.de/migration/bevoelkerung.html [24.08.2020].

Ministerium für Familie, Kinder, Jugend, Kultur und Sport/Ministerium für Schule und Weiterbildung (Hrsg.): Mehr Chancen durch Bildung von Anfang an. Grundsatze zur Bildungsförderung für Kinder von 0 bis 10 Jahren in Kindertageseinrichtungen und Schulen im Primarbereich in Nordrhein-Westfalen. Düsseldorf/Freiburg i. Br.: Herder Verlag 2016.

Rucksack KiTa – Ein mehrsprachiges Konzept zur Sprach- und Familienbildung im Elementarbereich. In: https://kommunale-integrationszentren-nrw.de/griffbereit-1 [24.08.2020].

Tietze, Wolfgang/Viernickel, Susanne (Hrsg.): Pädagogische Qualität entwickeln. Praktische Anleitung und Methodenbausteine für die Arbeit mit dem nationalen Kriterienkatalog. Weimar: Verlag das Netz 2017.

Tietze, Wolfgang/Becker-Stoll, Fabienne/Bensel; Joachim u. a. (Hrsg.): NUBBEK (Nationale Untersuchung zur Bildung, Betreuung und Erziehung in der frühen Kindheit), S. 15. In: www.nubbek.de/media/pdf/NUBBEK%20Broschuere.pdf [26.08.2020].

Statistisches Bundesamt destatis: Bevölkerung. Migration und Integration. In: www.destatis.de/DE/Themen/Gesellschaft-Umwelt/Bevoelkerung/Migration-Integration/_inhalt.html [24.08.2020].

5   Entwicklungspsychologische Grundlagen

Regine Böhm (Kap. 5.1–5.8) • Kurt-Helmuth Eimuth (Kap. 5.9)

Die Praktikantin Franziska und ihre Anleiterin Frau Grunwald besprechen ihre Beobachtungen, die sie an Can (4;7) und Sophia (4;4) gemacht haben, um daraus abzuleiten, wie die beiden Kinder in der kommenden Zeit bestmöglich in ihrer Entwicklung unterstützt werden könnten. Franziska und Frau Grunwald sind sich einig, dass Can einen enorm differenzierten Wortschatz hat. Can liebt es, Bilderbücher vorgelesen zu bekommen und er spielt gerne Geschichten mit Handpuppen nach. Sophia ist dagegen selten dabei, wenn vorgelesen wird. Sie erzählt gerne von Erlebnissen am Wochenende, aber im Vergleich zu Can erscheint Franziska Sophias Wortschatz eher einfach. Can entwirft mit großer Ausdauer komplizierte Bauwerke aus dünnen Hölzern und nutzt dazu entsprechende Anleitungen und Baupläne. Wenn ihm etwas nicht gelingt, kann er schnell richtig wütend werden. Bei Sophia fällt es Franziska schwer, besondere Fähigkeiten oder Interessen zu entdecken. Sie kann sich für vieles begeistern, aber nicht für längere Zeit. Aktuell malt sie gern mit Wasserfarben, zuvor knetete sie häufig mit Ton. Dabei stimmt sie gern spontane Gesänge an, in die andere Kinder einfallen. Franziska stellt fest, dass Can häufig stolpert und mit Stift und Schere sehr ungeschickt umgeht. Seine Ungeschicklichkeit zeigt sich auch beim Essen: Oft stößt er sein Glas um, rund um seinen Teller sind Essensreste verteilt. „Schon beeindruckend, wie unterschiedlich gleich alte Kinder sind, „meint Franziska. „Aber mit Can müssen wir wirklich üben", sagt sie entschieden, „sonst bekommt er womöglich Probleme in der Schule." Frau Grunwald bremst: „Da mach dir mal nicht zu große Hoffnung, Franziska. Manche Kinder haben es einfach nicht so mit der Bewegung. Bei Cans Schwester war das ganz ähnlich. Du musst sehen: Die Kinder haben einfach unterschiedliche Voraussetzungen für ihre Entwicklung. Und vieles wächst sich einfach auch aus." Nach einer kleinen Nachdenkpause meint Franziska: „Spätestens wenn die Kinder in die Schule kommen, müssten sie doch alle auf dem gleichen Stand sein. Entwickeln sie sich nicht doch alle auch irgendwie gleich?"

↘ FRAGEN

→ *Welche Entwicklungsbereiche sprechen Franziska und ihre Anleiterin mit ihren Beobachtungen an?*

→ *Frau Grunwald sagt, dass „manche Kinder es einfach nicht so mit der Bewegung" haben. Damit spielt sie auf einen möglichen Einfluss auf die Entwicklung von Kindern an. Welchen Einfluss könnte sie meinen? Was ist Ihre Meinung dazu?*

→ *Was denken Sie: Was unterstützt Entwicklung von Kindern mehr, das Fördern oder „Auswachsen" lassen?*

→ *Vergegenwärtigen Sie sich Kinder aus Ihrer Praxiseinrichtung, die gleich alt sind. In welchen Bereichen sind sie auf einem ähnlichen Entwicklungsstand? In welchen Bereichen unterscheiden sie sich? An welchen Fähigkeiten ist dies jeweils erkennbar?*

5.1   Aufgaben der Entwicklungspsychologie

Die Entwicklungspsychologie interessiert sich für die Veränderungen des Menschen im Laufe seines Lebens, beschreibt daher die menschliche Entwicklung. Sie beschäftigt sich mit der Frage, was die Entwicklung von Kindern beeinflusst und warum sich Kinder in einer bestimmten Weise entwickeln. Die Entwicklungspsychologie ist eine Wissenschaft, die Tatsachen beschreibt und Erklärungen für diese Tatsachen entwickelt, also Theorien entwirft.

Darüber hinaus trifft sie Aussagen über die wahrscheinliche Entwicklung (Prognosen). Sie kann pädagogische Fachkräfte dabei unterstützen, Kinder und Jugendliche zu verstehen und gut fördern zu können, indem sie ihre Pädagogik auf die jeweilige Entwicklung und Bedürfnisse abstimmen *(vgl. Rothgang, 2009, S. 19 ff.)*. Erzieherinnen können ihr praktisches pädagogisches Handeln mithilfe entwicklungspsychologischen Wissens ordnen und reflektieren. So ermöglicht ihnen die Theorie ein vertieftes Verständnis ihrer beruflichen Tätigkeiten und regt ggf. an, das eigene Handlungsrepertoire zu erweitern *(vgl. Brodin/ Hylander, 2002, S.16 f.)*. Zudem kann entwicklungspsychologisches Wissen helfen, Eltern professionell zu beraten und zu unterstützen.

Unterschiedliche entwicklungspsychologische Schwerpunktsetzungen untersuchen z. B. die kognitive, sprachliche, motorische, sozial-emotionale oder psychosexuelle Entwicklung.

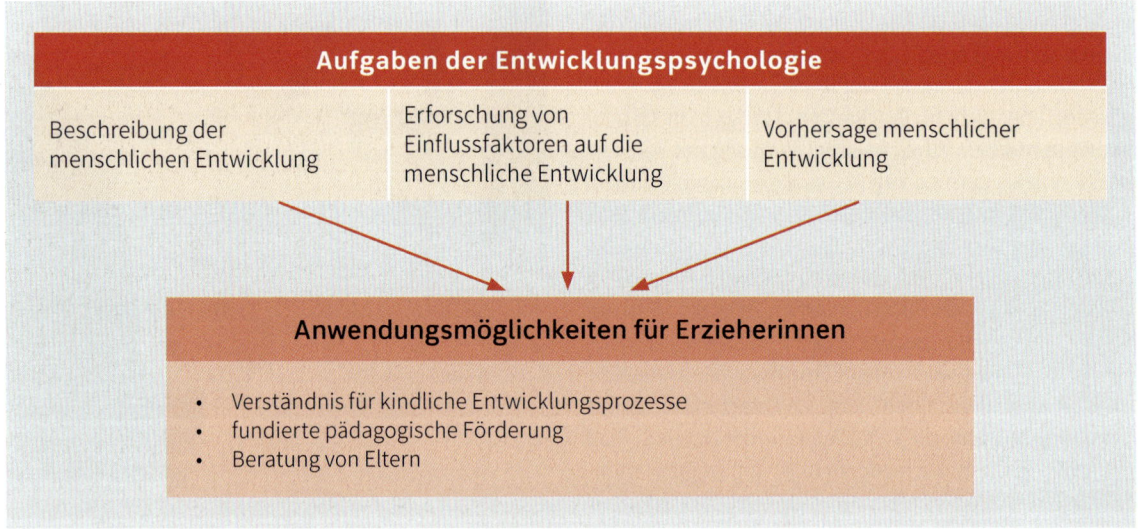

5.2   Was ist Entwicklung?

> „Entwicklung ist ein über die Zeit ablaufender Prozess, der von verschiedenen inneren und äußeren Einflüssen immer wieder angestoßen und von diesen in Abfolge und Geschehen bestimmt wird."
>
> *(Haug-Schnabel/Bensel, 2005, S. 10)*

In dieser Definition des Begriffs „Entwicklung" ist eine klare Vorstellung davon enthalten, was Entwicklung beeinflusst: genetische Anlagen (innere Einflüsse) sowie die Umwelt in Form von z. B. Erziehung (äußere Einflüsse). Entwicklung vollzieht sich von der Geburt bis zum Tod: Zunächst bewirken Reifungsprozesse Veränderungen, später sind es Abbauprozesse. Auch im hohen Lebensalter lernen und entwickeln sich Menschen, wenn auch deutlich verlangsamt und nicht mit der atemberaubenden Geschwindigkeit des frühen Kindesalters.

Wer – wie Erzieherinnen – Kinder ggf. über mehrere Jahre begleitet, kann höchst spannende Entwicklungen verfolgen und hat eine sehr verantwortungsvolle Aufgabe, nämlich Kindern in ihrer Entwicklung ein Gegenüber zu sein, das sie fördert, herausfordert, Spielräume gestaltet, Grenzen setzt oder erweitert.

Dabei muss berücksichtigt werden, dass Entwicklung ein sehr individueller Prozess ist. Jedes Kind entwickelt sich in unterschiedlichem **Tempo**, das auch in den verschiedenen Entwicklungsbereichen variieren kann. So spricht das eine Kind mit einem Jahr das erste Wort, macht aber noch keine Anstalten aufzustehen. Ein anderes Kind dagegen tut bereits mit zehn Monaten den ersten Schritt, beginnt aber erst mit zwei Jahren, die ersten Wörter zu sprechen. Altersangaben, wann ein Kind welche Fähigkeit erreicht hat, sind demnach immer nur Durchschnittswerte, denen nur wenige Kinder entsprechen. Beobachtungsinstrumente wie die „Grenzsteine der Entwicklung" (siehe Band 1, Lernfeld 3, Kap. 5.8) nehmen diese Erkenntnis auf und bestimmen, bis zu welchem Zeitpunkt die überwiegende Mehrheit der Kinder eine bestimmte Fähigkeit erreicht hat. Damit haben Erzieher ein Instrument in der Hand, um Entwicklungsrisiken frühzeitig zu erkennen.

Der Erwerb von Fähigkeiten erfolgt in den verschiedenen Entwicklungsbereichen auf höchst **unterschiedlichen Wegen** und keinesfalls normiert:

Grundlegende Aspekte von Entwicklung

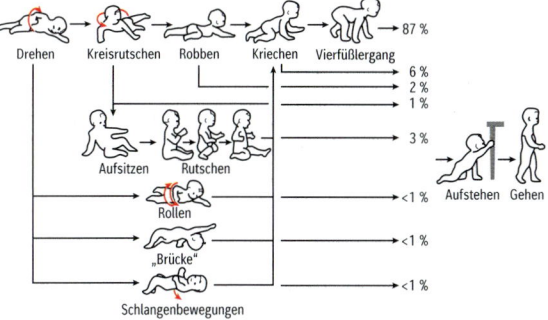

Viele Wege führen zum Gehen. Neue Untersuchungen zeigen, wie unterschiedlich „normale" Entwicklung verlaufen kann (vgl. Largo 1999).

Es erscheint einleuchtend, dass Entwicklung eher sprunghaft und nicht kontinuierlich und gleichmäßig erfolgt. Vorübergehend sind sogar Rückschläge möglich. Erklärt werden kann das durch „abrupte und fundamentale Umorganisationen im Gehirn" – vor allem in den ersten drei Lebensjahren *(Haug-Schnabel/Bensel, 2005, S. 19)*, die dem Kind den Erwerb neuer Fähigkeiten ermöglichen. Manchmal ist das Kind davon so überwältigt, dass es zunächst wieder in bereits überwundene Verhaltensweisen zurückfällt: Es verweigert z. B. in der Kita das Hinaufklettern auf den Wickeltisch oder möchte wieder aus der Flasche trinken, obwohl es bereits aus dem Glas trinken kann. Dies kann als „Schutzmechanismus" interpretiert werden, der dem Kind ermöglicht, angesichts von Neuerungen erst einmal wieder zur inneren Stabilität zu finden *(Haug-Schnabel/Bensel, 2005, S. 19)*. Allerdings: Fähigkeiten, die das Kind erworben hat, bleiben erhalten. So verlernt ein Baby, das sitzen gelernt hat, diese Fähigkeit nicht mehr.

Die moderne Hirnforschung bestätigt, wovon bereits die Pädagogin Maria Montessori (1870–1952) ausging: Offensichtlich gibt es „sensible Phasen" oder „Lernfenster" in der Entwicklung, in denen das Kind besonders bereit ist, bestimmte Fähigkeiten zu erwerben. So gelingt der Spracherwerb in den ersten Lebensjahren mühelos, ausschließlich durch sprachliche Zuwendung (Sprachbad). Dagegen ist es dem Menschen schon im Schulalter nur noch schwer möglich, eine zweite Sprache ohne Akzent zu erwerben *(Kasten, 2005, S.47)*.

5.3   Grundlegende Denkrichtungen in der Entwicklungspsychologie

5.3.1   Das endogenistische Modell (Anlagenmodell)

Das Anlagen- oder Dispositionsmodell geht davon aus, dass das, was aus einem Menschen wird, vorwiegend von seinen Genen (Erbanlagen) bestimmt wird. Man spricht

von endogenen Einflüssen. Erbanlagen stellen eine Disposition dar, also eine Bereitschaft für eine bestimmte Entwicklung. Diese Bereitschaft, sich in eine bestimmte

Richtung zu entwickeln, wird durch bestimmte Bedingungen gefördert. Der Umwelt wird hier also vor allem die Funktion zugeschrieben, Reifungsprozesse auszulösen. Die Fähigkeiten des Menschen sind gemäß dieser Vorstellung tendenziell vorherbestimmt *(vgl. Schenk-Danzinger, 1999, S. 31)*. Gene aktivieren oder deaktivieren sich auch gegenseitig, sodass Entwicklung auch als Zusammenwirken von Erbanlagen begriffen werden kann *(vgl. Goswami, 2001, S. 20)*.

Viele körperliche Veränderungen können durch Reifung von Anlagen erklärt werden, z. B. die zunehmende Sehschärfe des Säuglings in den ersten Lebensmonaten. Aber auch motorische Fortschritte wie beispielsweise das Heben des Kopfes basieren auf Reifung. Sozialemotionale oder kognitive Entwicklung dagegen können schwerlich allein durch Reifung von Anlagen erklärt wer-

den. Ein Mensch kann seine sprachlichen Anlagen ohne Umwelteinflüsse in Form von sprachlicher Anregung nicht entwickeln.

Wird dieses Modell radikal verfolgt, spricht man von **pädagogischem Fatalismus oder Pessimismus**, da davon ausgegangen wird, dass Einflüsse der Umwelt – dazu zählen pädagogische Maßnahmen – keine entscheidende Rolle spielen, sondern allenfalls eine unterstützende oder gegenwirkende.

Neuere Forschungsergebnisse an Säuglingen, die belegen, zu welchen kognitiven Leistungen (im Sinne von fähig und bereit sein, die Umwelt wahrzunehmen und zu lernen) sie bereits imstande sind, geben diesem Entwicklungsmodell Auftrieb *(vgl. Gopnik/Kuhl/Meltzoff, 2005, S. 43 ff.)*.

5.3.2 Das exogenistische Modell (Umweltmodell)

Das Umweltmodell geht davon aus, dass vor allem Einflüsse von außen (exogene Einflüsse) die Entwicklung des Menschen beeinflussen. Einflüsse von außen können sein:

- **Erziehung:** Der Behaviorismus (Verhaltenswissenschaft) vertritt diesen Gedanken besonders stark. Ein sehr bekannter Vertreter dieser Denkrichtung war Frederic B. Skinner (1904–1990), der einen großen Einfluss auf die Pädagogik hatte und hat (siehe Band 1, Lernfeld 3, Kap. 8). Reize werden bewusst in Form von Belohnung und Strafe, aber auch bewusst gestalteten Räumen oder dem Bereitstellen von Materialien wie Spielzeug gesetzt, um ein bestimmtes Verhalten des Menschen ggf. schrittweise zu erreichen. In der Pädagogik wird diese Haltung als **pädagogischer Optimismus** bezeichnet, weil sie bewusst gestaltete äußere Reize als ausschlaggebend für die kindliche Entwicklung sieht.
- **Wohn- und Lebensbedingungen:** Je nachdem, wie ein Kind und seine Familie wohnt und lebt, hat das Kind gute oder schlechte Entwicklungsbedingungen. Wächst es in einem Haus mit eigenem Zimmer und vielfältigen Aktivitäten auf (z. B. Musikunterricht, Sportverein, Familienausflüge, Vorlesen durch Eltern, eigene Bücher), kann es andere Fähigkeiten entwickeln und sich entfalten, als wenn es in einer engen Wohnung

mit mangelhaften Möglichkeiten, sich draußen zu bewegen, aufwächst, wenn es ruhig gestellt wird mit Fernsehsendungen oder Smartphone-Konsum, oder wenn die Eltern nicht die Kraft haben, sich für das Kind und seine Ideen zu interessieren.
- **klimatische Bedingungen:** Es prägt den Menschen, ob er in einem arktischen, tropischen oder gemäßigten Klima aufwächst. Er muss Unterschiedliches lernen, um sich in den jeweiligen Lebensbedingungen zurechtzufinden und sich ihnen anzupassen.
- **Werte und Normen einer Gesellschaft:** Wir leben in einer Gesellschaft, in der folgende Norm gilt: Wir gehen ohne Gewalt miteinander um. Gewaltfreiheit in der Erziehung ist gesetzlich verankert: Eltern dürfen ihre Kinder nicht schlagen.
- **politische Bedingungen:** Eine demokratische Staatsform nimmt anders Einfluss auf die Erziehung als eine autoritäre. Demokratische Gesellschaften legen Wert darauf, Kinder zu Eigenverantwortlichkeit und selbstbewusster Meinungsäußerung zu erziehen. Dies zeigt sich z. B. im Stellenwert, den Partizipation in Kitas hat (siehe Band 1, Lernfeld 2, Kap. 1.6) oder im partnerschaftlichen oder autoritativen Erziehungsstil (siehe Band 1, Lernfeld 2, Kap. 2.3).

5.3.3   Das konstruktivistische Modell (Selbstgestaltungsmodell)

Konstruktivistische oder Selbstgestaltungstheorien betonen den Einfluss, den der Mensch selbst auf seine Entwicklung nimmt (autogene Einflüsse). Autogene Einflüsse können sein:

- der eigene Wille,
- Energie und Motivationen eines Menschen, die sich in stärker oder schwächer ausgeprägtem Entdeckungsdrang äußern kann,
- Kontaktverhalten.

Das Bild vom Kind als Gestalter und Konstrukteur seiner Entwicklung, das in der pädagogischen Diskussion weit verbreitet ist, nimmt diesen Gedanken auf (siehe Band 1, Lernfeld 3, Kap. 1.2). Besonderen Wert legt das konstruktivistische Entwicklungsmodell auf die Entscheidungsfähigkeit des Kindes, die Lust, sich mit etwas zu beschäftigen und auseinanderzusetzen. Eigenaktiv macht das Kind Erfahrungen und systematisiert sie, macht sich eigene Vorstellungen von der Welt und stellt „Theorien" auf, wie sie aufgebaut ist und funktioniert. Der Schweizer Entwicklungspsychologe Jean Piaget (1896–1980) gilt als Hauptvertreter dieses Denkens. Er untersuchte mit empirischen Methoden insbesondere die kognitive Entwicklung des Kindes, indem er Kindern z. B. bestimmte Problemfragen stellte und ihre Lösungen systematisierte. Im Situationsansatz, der Reggio-Pädagogik (siehe Band 1, Lernfeld 2, Kap. 10), dem Konzept der Bildungs- und Lerngeschichten (siehe Band 2, Lernfeld 4, Kap. 3.8), der Infans-Pädagogik u. a. m. spiegelt sich Piagets Erkenntnis, dass das Kind seine Entwicklung mitbestimmt, indem es z. B. selbst aus den Spielangeboten auswählt, die ihm gemacht werden.

5.3.4   Das interaktionistische Modell

Als entscheidend kann letztendlich die Frage gesehen werden, wie endo-, exo- und autogene Einflüsse miteinander interagieren, also sich gegenseitig beeinflussen. Alle drei Aspekte nehmen auf ihre Weise Einfluss auf die Entwicklung des Menschen, tauschen sich aus und sind voneinander abhängig. Mensch und Umwelt bilden so ein gemeinsames System, bei dem sich keine einfachen Ursachen-Wirkungsmechanismen darstellen lassen. Ein Mobile kann dieses System veranschaulichen: Verändert sich an einer Stelle des Mobiles etwas, setzt dies eine Bewegung des gesamten Systems in Gang.

Die Fähigkeit des Individuums, sich selbst zu steuern, macht sich deutlich bemerkbar, wenn Kinder beispielsweise lautstark auf ihrem eigenen Willen bestehen. Die Entwicklungspsychologin Charlotte Bühler (1883–1974) schrieb der Selbststeuerung die Funktion zu, Einflüsse des Organismus, also der Anlagen, und Einflüsse der Umwelt zu koordinieren *(vgl. Schenk-Danzinger 1999, S. 46)*. Anlagen werden bei diesem Entwicklungsmodell berücksichtigt, auch wenn sie nicht als ausschlaggebend gewertet werden: Das Ausmaß der Selbststeuerung ist nämlich sehr individuell. So gibt es Kinder, die sehr aktiv sind und sich mit großer Energie ihre Welt aneignen, während andere eher weniger Interesse zeigen oder auch in besonderer Weise auf Anregungen und Unterstützung durch ihre soziale Umwelt angewiesen sind. Darüber hinaus beeinflusst die Umwelt in Form von Erziehung das Ausmaß der Selbststeuerung durch weite oder enge Vorgaben.

Der Erziehungswissenschaftler Gerd Schäfer (geb. 1942) bezieht sich mit seinen Vorstellungen über Bildungsprozesse des Kindes stark auf Piaget. Seine Veröffentlichungen haben dazu beigetragen, gezielt das freie Spiel in Kitas zu pflegen und seine Bedeutung für die Entwicklung des Kindes zu betonen. Das Kind soll dabei wahrnehmend beobachtet werden, um ihm passgenaue Materialien bereitstellen zu können, mit denen es sich – eigenständig – auseinandersetzt. Die Funktion der Erwachsenen wird als sehr zurückhaltend beschrieben, um die eigenaktiven Handlungen des Kindes, mit denen es sich die Welt aneignet, nicht zu stören und in eine von Erwachsenen bestimmte Richtung zu lenken. Vertraut wird ganz auf die Selbstgestaltungskräfte des Kindes *(vgl. Schäfer, 2005)*.

Ein Beispiel für dieses systemische Denken bietet der US-amerikanische Entwicklungspsychologe Robert Havighurst (1900 – 1991). Sein Konzept der Entwicklungsaufgaben basiert auf der Vorstellung, dass es in jeder Lebensphase bestimmte altersentsprechende Probleme oder „Aufgaben" gibt, die sich genau an dieser Stelle besonders gut bewältigen lassen bzw. bewältigt werden müssen *(Oerter/Montada, 2002, S. 269)*. Als Einflüsse auf Entwicklungsaufgaben nennt Havighurst die physische Reifung (endogene Aspekte), gesellschaftliche Erwartungen (exogene Aspekte) und eigene Zielvorstellungen

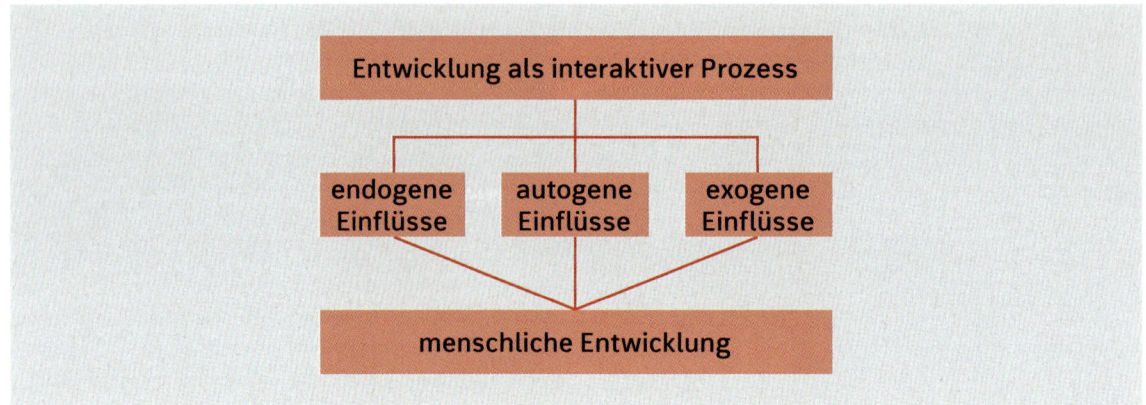

(autogene Aspekte) (a.a.O., S. 44) (siehe Band 1, Lernfeld 3, Kap. 2.2).

> Jedes Kind steht im dritten bis fünften Lebensjahr vor der Entwicklungsaufgabe, ohne Windel auszukommen. Dazu müssen zunächst die Nerven der Schließmuskeln ausgereift sein (endogener Aspekt). Irgendwann in dieser Zeitspanne wird dem Kind durch Erwachsene der Toilettengang mehr oder weniger nachdrücklich schmackhaft gemacht (exogener Aspekt). Schließlich will das Kind auch ohne Windel klarkommen, es will ja „groß sein" (autogener Aspekt).

Auch den Forschungen zur Resilienz (psychische Widerstandsfähigkeit gegenüber psychosozialen Entwicklungsrisiken) liegt die Vorstellung eines interaktionistischen Entwicklungsmodells zugrunde. Es wird untersucht, was es Kindern möglich macht, sich trotz risikoreicher (Umwelt-)Bedingungen ihres Aufwachsens (z. B. Armut, Krankheit der Eltern, Fluchterfahrung o. A.) gut zu entwickeln. Dabei werden exo-, endo- und autogene Faktoren (Ressourcen) erforscht, um so individuelle und auch generelle Ansatzpunkte für die Resilienzförderung von Kindern herauszufiltern *(vgl. z. B. Rönnau-Böse/Fröhlich-Gildhoff, 2014)*. Kindliche Resilienz wird damit als Ergebnis des Zusammenspiels vieler Aspekte verstanden (siehe Band 1, Lernfeld 3, Kap. 6).

In unterschiedlichen Altersabschnitten dominieren unterschiedliche Einflüsse. So sind in der frühen Kindheit endogene Faktoren und Reifung besonders ausschlaggebend. Zunehmend werden gesellschaftliche Erwartungen und schließlich die Selbststeuerung wichtig. Dabei besteht immer eine Wechselwirkung zwischen den verschiedenen Einflüssen, die jeweils neue Entwicklungen in Gang setzen können.

> Zuerst müssen Muskeln und Nervensystem so weit ausreifen, dass das Kind in der Lage ist, sich selbst fortzubewegen. Wenn es krabbeln kann und immer mehr seine Welt entdeckt, erfolgen bald erste Hinweise und Verbote der Eltern, was es tun bzw. nicht tun darf, z. B. Gegenstände in die Steckdose stecken. Mit zunehmender kognitiver Entwicklung entdeckt das Kind seinen eigenen Willen und steuert damit sein Verhalten, das wiederum seine Eltern beeinflusst. So können sie beispielsweise alarmiert, zustimmend oder gar nicht reagieren. Die körperliche Entwicklung könnte wiederum durch die Eltern weiter gefördert werden, indem sie dem Kind entsprechende Rückmeldungen geben oder bewegungsfördernde Angebote machen.

Mit dem systemischen Denken ist die Anlagen-Umwelt-Diskussion, die viele Wissenschaftler über lange Jahre hinweg beschäftigt hat, letztendlich überwunden worden. Erst im Zusammenwirken unterschiedlichster Einflüsse lässt sich die Komplexität der menschlichen Entwicklung erfassen. Denn:

- „Die Umwelt stellt das Angebot an Erfahrungen bereit, die das Kind machen kann.
- Das Kind seinerseits bestimmt, was es annimmt.
- Ein Kind kann quantitativ und qualitativ nur so viel an Umweltangeboten wahrnehmen, wie es ihm von seinem Entwicklungsstand her möglich ist."

(Haug-Schnabel/Bensel 2005, S. 14)

↗ WIEDERHOLUNG

→ Die Entwicklungspsychologie erforscht Einflüsse auf die kindliche Entwicklung und sucht Antworten auf die Frage, wie sich Kinder entwickeln. Sie beschreibt Entwicklung und entwirft dafür Theorien, also Erklärungsansätze.

→ Entwicklungspsychologisches Wissen hilft pädagogischen Fachkräften, Verständnis für kindliche Entwicklungsprozesse zu entwickeln, Kinder begründet zu fördern und Eltern fundiert beraten zu können.

→ Entwicklung ist ein individueller Prozess, der eher sprunghaft als gleichmäßig erfolgt.

→ Die moderne Hirnforschung geht von „Lernfenstern" aus, in denen bestimmte Fähigkeiten besonders gut erworben werden können.

→ Entwicklung wird durch exogene, endogene und autogene Einflüsse angestoßen.

→ Unterschiedliche Denkrichtungen in der Entwicklungspsychologie betonen jeweils unterschiedliche Einflüsse auf die Entwicklung. Das interaktionistische Entwicklungsmodell betont das Zusammenspiel der verschiedenen Einflüsse auf die Entwicklung.

→·← AUFGABEN

1 [Wissen und Verstehen]
Bereiten Sie für eine der vier Denkrichtungen in der Entwicklungspsychologie ein Kurzreferat vor, indem Sie sich die wichtigsten Stichpunkte notieren. Suchen Sie sich drei Mitschüler, die sich mit jeweils einer anderen Denkrichtung beschäftigt haben, und halten Sie in freier Rede Ihr Kurzreferat.

2 [Analyse und Bewertung]
Suchen Sie im Text zu jeder der vier Denkrichtungen eine Verbindung zur Pädagogik. Welche Denkrichtung und welche pädagogische Schlussfolgerung liegt Ihnen nahe? Begründen Sie Ihre Meinung.

5.4 Kognitive Entwicklung

Können Babys bereits denken? Und wenn sie es können, was können sie denken? Da sie im ersten Lebensjahr noch nicht sprechen können, muss man ausgeklügelte Experimente ersinnen, um etwas über das Denken von Säuglingen zu erfahren. So fand man heraus, dass Babys z. B. schon mit sechs Monaten zwischen belebten und unbelebten Objekten unterscheiden können. Sie reagieren auf Lebewesen, die ihnen gezeigt wurden, interessierter als auf leblose Objekte: Sie beobachten ein Tier, das zuerst herumtollt und dann liegen bleibt, gespannt, während sie schnell das Interesse an einem liegen gebliebenen Ball verlieren *(vgl. Haug-Schnabel/Bensel, 2005, S. 50 f.)*. Diese Befunde stehen im Widerspruch zu den Aussagen Piagets, einem einflussreichen Entwicklungspsychologen, des-sen Stufentheorie der Denkentwicklung bis heute große Beachtung findet.

Ebenfalls entwickeln bereits Babys ein erstes Zeitverständnis, was man erkennen kann, wenn sie aufhören zu schreien, während sie sehen, dass die Flasche vorbereitet wird oder die Mutter den Pulli zum Stillen hochzieht. Offensichtlich erkennt das Kind in dem Moment, dass es jetzt gleich bekommt, was es möchte *(vgl. Haug-Schnabel/Bensel, 2005, S. 48 f.)*

Diese Ergebnisse verdanken wir der neueren entwicklungspsychologischen Forschung. Die Forschungen von Piaget lieferten dafür Grundlagen, wobei die heutigen Erkenntnisse über diejenigen von Piaget hinausgehen.

5.4.1 Grundlegende Begriffe der Theorie Piagets

Piaget ging davon aus, dass der Mensch das Bedürfnis hat, seine Vorstellungen und Erkenntnisse so zu strukturieren, dass sie in sich stimmig sind. Das Kind will daher lernen. Wenn es eine neue und überraschende Erfahrung macht, gerät sein bisheriges Denken aus dem Gleichgewicht, es stimmt nicht mehr. Das verursacht dem Kind Unbehagen. Es versucht nun, wieder ein Gleichgewicht herzustellen, sodass sein Wissen wieder stimmig ist. Diesen Prozess nannte Piaget **Äquilibration**. Er besteht aus unterschiedlichen Teilprozessen.

> Äquilibration bedeutet, dass der Mensch seine Vorstellungen in ein Gleichgewicht bringt, sodass sie in sich stimmig sind.

Ein **Schema** bildet den Grundbaustein des Wissens. Es ermöglicht, ohne Nachdenken bestimmte Handlungen auszuführen. Ein Schema ist ein Netzwerk an Vorstellungen und Handlungsabläufen rund um einen Gegenstand.

Wenn ein Kind gelernt hat, weiches Brot zu kauen und nun ein härteres Vollkornbrot bekommt, muss es sein bisheriges Schema – seine bisherige Denkstruktur – erweitern. Da weiches Weißbrot und Vollkornbrot eine gewisse Ähnlichkeit aufweisen, überträgt es sein bisheriges Schema, d. h. zeigt gleiches Verhalten im Umgang mit dem Vollkornbrot und beißt hinein. Das Vollkornbrot wird also an das bisherige Schema von Brot angepasst. Diesen Vorgang nennt Piaget **Assimilation**. Nun merkt das Kind, dass sein Kauen, das es vom Weißbrot her kennt, nicht ausreicht, um

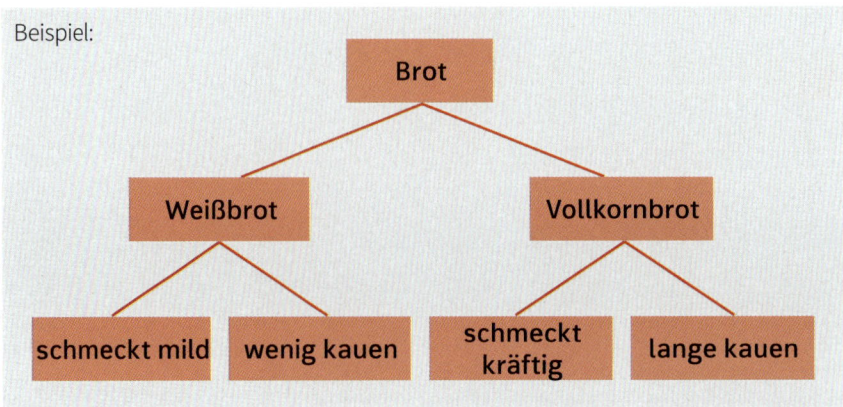

Beispiel:

das harte Vollkornbrot schlucken zu können. Es kaut daher länger und passt sein Verhalten dem Vollkornbrot an. Dies nennt Piaget **Akkommodation** *(vgl. Kesselring, 1988, S. 84 ff.)*. Entwicklung vollzieht sich in einem ständigen Wechsel von Assimilation und Akkommodation.

Ein Schema enthält also mentale (geistige) affektive (gefühlsbetonte) Aspekte. Piaget sieht sie als zwei Seiten der gleichen Medaille. Ein Säugling hat zunächst sehr einfache Schemata, basierend auf Reflexen. Wenn ein Jugendlicher komplizierte mathematische Gleichungen löst, gelingt ihm dies mit komplexen Schemata, die er im Laufe seiner Entwicklung erworben hat *(vgl. Thomas/Feldmann, 2002, S. 170)*.

> **Assimilation** = Der neue Gegenstand, die neue Wahrnehmung passt in die bisherigen kognitiven Strukturen (Schemata).
>
> **Akkommodation** = Die bisherigen kognitiven Strukturen reichen nicht aus, um die neue Wahrnehmung zu verstehen, sie müssen daher erweitert und verändert werden.

Diesem Vorgang, den Piaget hier genau auseinandernimmt und detailliert beschreibt, entspricht eine Alltagserfahrung, die jeder von sich selbst kennt: Zunächst versuchen wir, ein Problem mit den Mitteln, die uns bereits zur Verfügung stehen, zu erfassen und zu lösen. Funktioniert das nicht, machen wir uns auf die Suche nach neuen Lösungsmöglichkeiten – und lernen dazu.

> Ein älteres Kind hat ggf. das folgende Denkschema: Türme baut man, indem man Holzbausteine aufeinanderlegt. Nun bekommt es Legobausteine und legt sie ebenfalls lose aufeinander (Assimilation). Dabei macht es die Erfahrung, dass diese Vorgehensweise nicht funktioniert. Nun passt das Kind sein Verhalten an und drückt die Legosteine kräftig aufeinander, sodass wiederum ein Turm entsteht. Es passt sein Denkschema „Türme bauen" an: Türme kann man bauen, indem man Holzbausteine vorsichtig aufeinanderlegt oder Legosteine durch Drücken miteinander verbindet. Das Kind hat sein Wissen akkommodiert und wieder ins Gleichgewicht gebracht.

Manche Irrtümer von Kindern lassen sich mit dieser Vorstellung der Entwicklung des Denkens erklären:

> Max ist erstaunt, als er am Nordseestrand morgens kein Wasser mehr sieht, obwohl am Abend vorher das Wasser nahe bei den Häusern gewesen ist. Erstaunt sagt er: „Da hat jemand den Stöpsel gezogen." Max wendet sein Wissen an, das er im Badezimmer erworben hat. „Nein, so ist das nicht!", bekommt er zu hören.
>
> Max wendet sein bisheriges Wissen an und stößt dabei an die Grenzen seiner subjektiven Theorie. Um wieder ins Gleichgewicht zu kommen, erweitert er nun seine Theorie. Damit werden seine Vorstellungen wieder in sich stimmig – bis zur nächsten notwendigen Erweiterung.

Stufen der Denkentwicklung

Piaget geht von vier Stufen der kognitiven Entwicklung aus, in denen das erwachsene Denken erworben wird. Die Altersangaben sind Durchschnittswerte.

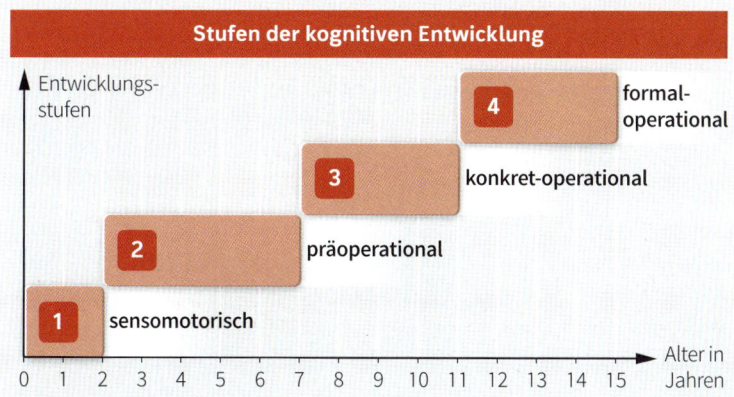

Entwicklungsstufen nach Piaget

Stufe 1: Die sensomotorische Phase (Geburt bis zweites Lebensjahr)

In diesem Stadium erfährt das Kind seine Umwelt durch seine Sinne: Es greift, fühlt, hört, sieht. Weil es seine Gedanken noch nicht in Worte fassen kann, muss sein Denken an seinen Handlungen abgelesen werden. Diese Phase, die Piaget als Vorstufe zum Denken sah, unterteilte er in verschiedene Stadien:

- Erster bis vierter Lebensmonat: Das Kind führt reflexhafte Handlungen aus (Saugen, Weinen, grobe Körperbewegungen). Verhaltensmuster, die allesamt auf den eigenen Körper bezogen sind, stabilisieren sich. Das Kind wiederholt Handlungen, greift z.B. nach Gegenständen, hält sie fest und lässt sie wieder los
- Mit etwa vier Monaten rückt die Umwelt ins Zentrum des kindlichen Interesses. Bindet man einem Kind z. B. einen Luftballon an den Fuß, bewegt es immer wieder den Fuß und versetzt damit den Ballon in Bewegung.
- Achter bis 18. Lebensmonat: Das Kind entwickelt Vorstellungen (innere Repräsentationen/Schemata) von Gegenständen. Es sucht nach Gegenständen, die ihm gezeigt und dann versteckt werden – es erwirbt **Objektpermanenz**. Es versteht auch einfache Ursache-Wirkungs-Zusammenhänge: Es lässt einen Gegenstand los und beobachtet, wie er nach unten fällt. Das Kind experimentiert. Es beginnt, neue zielorientierte Handlungsweisen zu entwickeln: Um einen Gegenstand herbeizuholen, der z. B. auf einer Decke liegt und den es nicht erreichen kann, wenn es seinen Arm ausstreckt, zieht es an der Decke und holt so den Gegenstand zu sich.
- 19. bis 24. Lebensmonat: Das Kind kann sich zunehmend Objekte vorstellen, ohne sie direkt zu sehen. Das ist für Piaget der Übergang zum Denken. So kann ein Stück Holz zum Telefon werden, das das Kind sich ans Ohr hält, oder ein Kamm zum Löffel, mit dem es in einem Topf rührt und „kocht". Das Symbolspiel beginnt. Auch kann es Handlungen planen, sich also vorstellen *(vgl. Kasten, 2005, S. 36 ff.)*.

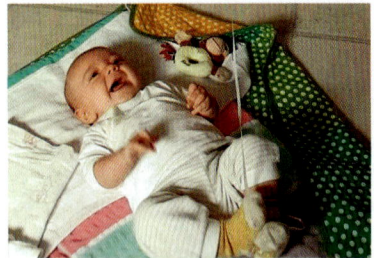  

Das Baby hat Interesse an seiner Umwelt.   *Das Kind sucht, wenn etwas verschwindet.*   *Das Kind nutzt einen Gegenstand symbolisch.*

Stufe 2: Die voroperationale Phase (ca. zwei bis sieben Jahre)

Im zweiten Lebensjahr lernt das Kind, sich Dinge vorzustellen, die es kennt, die aber aktuell nicht da sind. Es entwickelt auch Vorstellungen von Handlungsabläufen (Skripte). So weiß es z. B., was auf es zukommt, wenn die Ezieherin sagt: „Du brauchst eine frische Windel." Diese Skripte helfen dem Kind, mit der Erzieherin zu kooperieren und z. B. selbstständig eine Windel zu holen, selbst die Windel aufzumachen usw. Solche anschaulichen Denkvorgänge funktionieren also schon. Allerdings kann das Kind noch nicht gedanklich mit Handlungen flexibel umgehen, sie also „im Kopf" wieder rückgängig machen. Dieses flexible Handeln nennt Piaget eine „Operation" und er nannte diese Phase folgerichtig „voroperational". So kommt es zu typischen Denkfehlern:

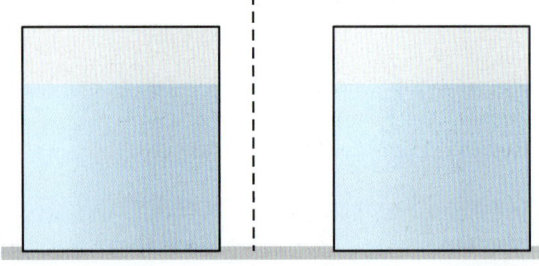

„Ist gleich viel oder unterschiedlich viel Wasser in den Gläsern?"

Kinder ist stark an die Anschauung gebunden. Das Kind kann die Kinder im Morgenkreis zählen, indem es von Kind zu Kind geht. Es kann aber keine Zahlen im Kopf zusammenrechnen *(vgl. Fröhlich-Gildhoff/Mischo/Castello 2009, S.89 ff.)*.

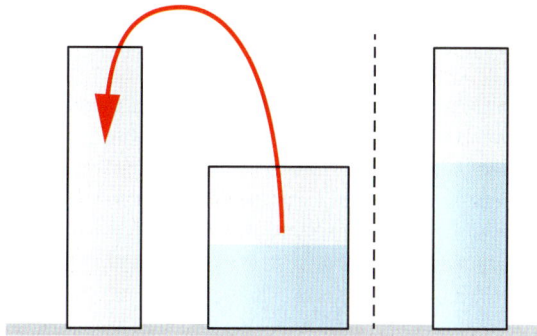

Das Wasser wird vor den Augen des Kindes umgegossen.

„Ist in den Gläsern gleich viel oder unterschiedlich viel Wasser?" Antwort des Kindes: „Unterschiedlich viel."

Der Grund für diesen Denkfehler sah Piaget darin, dass das Kind immer nur einen Aspekt berücksichtigen (in diesem Fall entweder die Höhe des Glases oder seinen Umfang) und verschiedene Aspekte nicht verknüpfen kann. Dies nannte Piaget **Zentrierung**. Das Denken der

Frage des Erwachsenen: „Welche Kugel ist größer?" Antwort des Kindes: „Die plattgewalzte." Das Kind hat noch keine Vorstellung von der Erhaltung der Masse.

Besonderheiten des kindlichen Denkens

Piaget geht vom **Egozentrismus** des kindlichen Denkens aus. Darunter versteht er die Unfähigkeit des Kindes, kognitiv den Standpunkt einer anderen Person einzunehmen. Das Kind ist jedoch in der Lage, sich emotional in eine andere Person hineinzuversetzen und so z. B. Gefühlszustände anderer wahrzunehmen und ein anderes Kind zu trösten. Es kann sich zunächst nicht vorstellen, dass andere Menschen anders denken und wahrnehmen als es selbst.

Ältere Kindergartenkindern haben den Egozentrismus bereits überwunden und können die Perspektive wechseln. Das kann man gut bei Kaspertheatervorstellungen beobachten, wenn die Kinder den arglosen Kasper vor dem Krokodil warnen, das sie selbst schon gesehen haben, der Kasper jedoch nicht. Sie versetzen sich in den

Kasper und wissen, dass er die Gefahr durch das Krokodil nicht ahnen kann.

Kinder neigen dazu, unbelebten Gegenständen menschliches Verhalten zuzuschreiben. Die U-Bahn auf dem Abstellgleis ruht sich aus, die Sonne versteckt sich hinter den Wolken. Dies nennt Piaget **animistisches Denken**. Je mehr Kinder jedoch vertraut sind mit physikalischen Phänomenen, desto mehr nimmt diese Denkweise ab *(vgl. Schneider/Niklas, 2017, S. 17)*. Naturphänomene erklären sich Kinder **finalistisch**, d. h. aus ihrem Zweck heraus: Der Mond scheint, damit wir nachts etwas sehen und Bäume gibt es, damit wir Schatten haben *(vgl. Rothgang, 2009, S. 59 f.)*.

Stufe 3: Die konkret-operationale Phase (ca. sieben bis zwölf Jahre)

Das Kind lernt jetzt, geistige Handlungen zu vollziehen (Operationen): Es kann mehrere Aspekte gleichzeitig berücksichtigen. Damit kann es die Aufgabe mit

den Wassergläsern korrekt lösen: Es hat Einsicht in die Erhaltung von Mengen, Massen und Anzahlen, kann Handlungen also mental verändern und rückgängig machen. Das kindliche Denken wird also flexibler. Kinder haben nun ein großes Interesse an naturwissenschaftlichen Phänomenen und verstehen entsprechende Kausalbeziehungen: „Wenn ich eine Kerze anzünde und ein Glas darüberstülpe, geht die Kerze nach kurzer Zeit aus, weil die Flamme die Luft im Glas verbraucht." Die Kinder beziehen ihre Denkoperationen auf konkrete Handlungen und Wahrnehmungen. Daher bekommt dieses Stadium die Bezeichnung „konkret-operational".

Die Kinder überwinden in dieser Phase auch ihr animistisches Denken.

Piaget ging davon aus, dass Kinder diese Erkenntnisse weniger durch (schulische) Belehrungen erwerben, sondern dass sie die notwendigen kognitiven Strukturen entwickeln, die es ihnen ermöglichen, ihre Vorstellungen (Schemata) entsprechend zu verändern *(Fröhlich-Gildhoff/Mischo/Castello, 2009, S. 93 f.)*.

Stufe 4: Die formal-operationale Phase (ab ca. 12 Jahren)

Das Kind bzw. der Jugendlich ist bei Problemlösungen nicht mehr angewiesen auf direkte Anschauung und Inhalte, sondern kann Aussagen von ihrer allgemeinen Form her als richtig oder falsch erkennen Logische Schlussfolgerungen sind daher möglich: Wenn A kleiner als B und B kleiner als C ist, dann ist auch A kleiner als C. Jugendlich können deduktiv denken, d. h., sie können aus allgemeinen Hypothesen spezielle Aussagen ableiten und an der Realität überprüfen *(vgl. Rothgang, 2. Aufl., 2009, S. 62 f.)*.

Würdigung der Theorie Piagets

Piagets Vorstellung, dass das Kind sich aktiv sein eigenes Weltbild konstruiert, ist in der aktuellen Frühpädagogik hochaktuell, ebenso wie das entdeckende Lernen, das Piaget als Königsweg für die kindliche Entwicklung erachtete. Viele kindliche Äußerungen lassen sich mithilfe des vor-operationalen Denkens erklären. Neuere Untersuchungen zeigen allerdings, dass Piaget die kognitiven Kompetenzen von Kindern im Vorschulalter unterschätzt hatte, weil seine Aufgabenstellungen zu schwierig waren. Gleichzeitig hat er die kognitiven Kompetenzen von Jugendlichen überschätzt. Die Unterschätzung kindlicher Kompetenzen führte dazu, dass lange Zeit Kindern im Kindergarten zu wenig kognitive Anregungen geboten wurden. Aus Piagets Sicht war es ausreichend, wenn Erwachsene dafür sorgen, dass Kinder eine Lernumwelt haben, die sie in „kogni-

tive Konflikte" stürzen, d. h., dass ihre Handlungsmuster nicht mehr ausreichen, um mit einem Gegenstand umzugehen oder sich etwas zu erklären. Das ist nach Piaget der Ausgangspunkt des entdeckenden Lernens. Die Erzieherin soll weder „vormachen" noch „erklären", denn damit würde sie dem Kind eigene Akkommodationsprozesse abnehmen. Diese passive Rolle von Erzieherinnen aber wird heute durchaus kritisch gesehen. Kinder können und wollen ihre Umwelt verstehen, sie können für alltagsnahe Probleme Erklärungen entwickeln. Dazu brauchen sie angemessene Unterstützung bei ihren Fragen und Interessen. So ermöglicht Piagets Theorie ein Verstehen des kindlichen Denkens, als Grundlage für pädagogisches Handeln wird sie jedoch kritisch gesehen *(vgl. Fröhlich-Gildhoff/Mischo/Castello, 2009, S. 99 ff.)*.

5.4.2 Wygotski und seine Theorie des Lernens

Die Theorie von Lew Wygotski (1896–1934) bezieht sich nicht wie die Piagets explizit nur auf die kognitive Entwicklung. Seine Gedanken zum Lernen sind aber gerade im Vergleich und in Ergänzung zu Piaget hochinteressant. Im Zentrum seiner Theorie steht die Überzeugung, dass das Denken des Kindes entscheidend durch die Interaktion mit anderen Menschen bestimmt wird, die kompetenter sind als es selbst. Denken und Wissen ent-

wickeln sich nach Wygotski nicht ausschließlich durch selbstständige Konstruktion, sondern in der gemeinsamen Konstruktion. Damit rückt der soziale Kontext, übertragen auf das Arbeitsfeld Kita also die Erzieherin, gewissermaßen in den Mittelpunkt seiner Theorie.

Nach Wygotski entwickeln sich Sprache und Denken ab etwa zwei Jahren parallel und beeinflussen sich gegenseitig. So erfährt das Kind durch die Interaktion mit der Erzieherin z. B. die Bedeutung von Begriffen und Handlungsabläufen. Diese verinnerlicht das Kind, sie spiegeln sich in seinem Denken wider. Das Kind steuert diese Verinnerlichung z. B. durch das sogenannte „egozentrische Sprechen" ab dem Alter von drei Jahren, das sich besonders dann zeigt, wenn das Kind vor einem Problem steht.

> Anastasia versucht, eine Schleife zu binden. Sie spricht vor sich hin: „Zuerst muss ich die Bändel übereinanderlegen. Hm, das sah aber anders aus, als Sabrina (Erzieherin) mir das gezeigt hat. Ach so, ich muss erst mal festziehen."

Zone der proximalen Entwicklung

Normalerweise wird bei Entwicklungsdiagnosen erfasst, was das Kind allein leisten kann, z. B. mit dem Pinzettengriff einen Stift aufnehmen. Für Wygotski lassen sich die kognitiven Fähigkeiten eines Kindes nicht nach dem bestimmen, was das Kind aktuell allein kann. Entscheidend ist, was das Kind unter Anleitung leisten kann. In einem Test nach Wygotski würde Kindern demnach zunächst eine Aufgabe gestellt, die sie allein lösen sollen. Anschließend bekommt das Kind Hilfestellung, und es wird erfasst, wie es nun das Problem löst. Damit wird die Zone der proximalen Entwicklung deutlich.

> Die Zone der proximalen Entwicklung bezeichnet den Unterschied zwischen dem, was das Kind bereits allein kann, und dem, was es mit Anleitung leisten kann.

> „Was das Kind heute in Zusammenarbeit und unter Anleitung vollbringt, wird es morgen selbstständig ausführen können. Und das bedeutet: Indem wir die Möglichkeiten eines Kindes in der Zusammenarbeit ermitteln, bestimmen wir das Gebiet der reifenden geistigen Funktionen, die im allernächsten Entwicklungsstadium sicherlich Früchte tragen und folglich zum realen geistigen Entwicklungsniveau des Kindes werden."
>
> *(Wygotski 1987, in: Fröhlich-Gildhoff u. a., 2009, S. 105)*

Erwachsene sollen dem Kind aber nicht die Problemlösung abnehmen, sondern gerade nur so viel unterstützen, dass das Kind – mit Anstrengung – das Problem lösen kann.

Erzieher sollten sich daher nicht damit begnügen, Kinder immer wieder das spielen zu lassen, mit dem sie sich schon gut auskennen – auch wenn Wiederholung und Übung natürlich unerlässlich sind. Um Kinder zur Weiterentwicklung anzuregen, ist es daher notwendig, sie in gemeinsamen Aktivitäten, ausgehend von beobachteten Interessen, mit neuen Problemstellungen und Herausforderungen zu konfrontieren und gemeinsam mit ihnen neue Erkenntnisse zu konstruieren *(Wygotski 1987, in: Fröhlich-Gildhoff u. a., 2009, S. 103 ff.)*.

5.4.3 Entwicklung von Aufmerksamkeit

Unter Aufmerksamkeit versteht man die Fähigkeit, sich auf bestimmte Gegenstände oder Ereignisse zu konzentrieren und anderes auszublenden. Dies können schon Säuglinge, allerdings, wie im späteren Alter auch, ist diese Fähigkeit bei jedem Kind unterschiedlich stark ausgebildet. Manche Zweijährige können sich schon längere Zeit selbstständig mit einem Spiel beschäftigen, während manche Dreijährige Probleme haben, sich länger als fünf Minuten auf eine Tätigkeit zu konzentrieren. Die Kontrolle über die eigene Aufmerksamkeit ist eine sogenannte exekutive Funktion. Dies sind übergeordnete kognitive Prozesse, die notwendig sind, um komplexe Tätigkeiten und Handlungen ausführen zu können. Die Forschung ist noch nicht sehr umfangreich, man weiß aber, dass das Vorschulalter für die Entwicklung von Aufmerksamkeit sehr wichtig ist *(vgl. Schneider/Niklas, 2017, S. 28 f.)*.

5.4.4 Entwicklung mathematischer Kompetenzen

Schon Babys sind in der Lage, verschiedene Mengen zu unterscheiden. Mit zwei Jahren beginnen Kinder zu zählen: Eins, zwei, drei. Allmählich lernt das Kind, dass „zwei" immer wieder etwas anderes bedeutet: zwei Kinder, zwei Äpfel, zwei Becher. Beim Zählen beginnen die Kinder zunächst immer bei der 1, erst später ist es ihnen möglich, z. B. von der 4 ab weiter zu zählen. Ab etwa drei Jahren beginnen Kinder zu verstehen, dass Zahlen für Mengen stehen, und sie verstehen, dass man Mengen aufteilen kann: Eine Menge bunt eingewickelter Bonbons kann aufgeteilt werden in rote, blau und gelbe Bonbons *(vgl. Schneider/Niklas, 2017, S. 33)*. Sie verstehen das Prinzip von „mehr" und „weniger". Die Kinder lernen die Eins-zu-Eins-Zuordnung: Eine Menge Knöpfe lässt sich zählen, indem jeder Knopf nur einmal gezählt und anschließend zur Seite geschoben wird *(vgl. Lorenz, 2012, S. 24 f.)*.

Auch wenn Kinder Gegenstände nach bestimmten Kriterien sortieren, entwickeln sie mathematische Basiskompetenzen: Was hat dieselbe Farbe? Was ist größer, was kleiner? Sie bilden Mengen von großen und kleinen Steinen. Wenn Kinder Türme aus verschieden großen Scheiben bauen und mit der größten beginnen, entwickeln sie eine Vorstellung von Relationen: größer als, kleiner als, gleich groß.

↗ WIEDERHOLUNG

→ Die Entwicklungspsychologie hat unterschiedliche Anwendungsmöglichkeiten für die pädagogische Praxis.

→ Die menschliche Entwicklung wird durch endogene, exogene und autogene Einflüsse bestimmt, die in Wechselwirkung zueinander stehen.

→ Piaget hat eine Theorie der kognitiven Entwicklung mit vier verschiedenen Stufen entworfen, die großen Einfluss auf die Entwicklungspsychologie hatte. So ist z. B. seine Erkenntnis, dass die kognitive Entwicklung ein aktiver Prozess des Kindes ist und das Kind darauf angelegt ist, sich aus eigenem Antrieb seine Umwelt anzueignen, unbestritten. Neuere Forschungen zeigen aber, dass Kinder früher zu bestimmten kognitiven Leistungen in der Lage sind, als Piaget angenommen hatte. Dennoch lassen sich mit seiner Theorie grundlegende Denk- und Entwicklungsprozesse erklären.

→ Wygotski betont, dass es für die kognitive Entwicklung besonders förderlich ist, Kinder in gemeinsamen Aktivitäten in der Zone der proximalen Entwicklung herauszufordern.

→ Mit der Entwicklung von Aufmerksamkeit erwirbt das Kind eine übergeordnete kognitive Fähigkeit, die die Bewältigung komplexer Aufgaben ermöglicht.

→·← AUFGABEN

1 [Wissen und Verstehen]
Machen Sie hinter jedem Begriff, den Sie einer anderen Person erklären können, ein *Plus*; hinter die Begriffe, die Sie nicht erklären können, ein *Minus*. Schlagen Sie die Begriffe, die Sie noch nicht erklären können, im Buch nach und fragen Sie zusätzlich Ihre Nachbarin, ob sie Ihnen mit einer Erklärung weiterhelfen kann.

Äquilibration	Schema	Assimilation
Akkommodation	egozentrisches Denken	finalistisches Denken
animistisches Denken	sensomotorische Phase	vor-operationale Phase
konkret-operationale Phase	formal-operationale Phase	Zone der proximalen Entwicklung

2 [Analyse und Bewertung]
Sammeln Sie zur voroperationalen Phase nach Piaget Äußerungen und Handlungsweisen von Kindern, die
a) Piagets Annahmen bestätigen,
b) Piagets Annahmen widersprechen.

Wie bewerten Sie Ihre Ergebnisse?

3 [Reflexion] [Querschnittsaufgabe Inklusion]
Von Piagets Bild vom Kind, dass es sich eigenständig die Welt konstruiert und ständig dabei ist, seine Denkstrukturen und sein Wissen zu erweitern, könnte abgeleitet werden, dass es ausreichend ist, dem Kind eine anregende Umwelt zur Verfügung zu stellen und sich als Erzieherin ansonsten weitgehend zurückzuhalten. Diskutieren Sie dies im Blick auf Kinder mit einem geringen Aktivitätsniveau oder mit Beeinträchtigungen.

TIPPS ZUM WEITERARBEITEN →→

→ Korte, Martin: Wie Kinder heute lernen. 2. Auflage. München: Goldmann Verlag 2011.

→ Largo, Remo: Babyjahre. Entwicklung und Erziehung in den ersten vier Jahren. München: Piper Verlag 2019.

→ Largo, Remo: Kinderjahre. Die Individualität des Kindes als erzieherische Herausforderung. München: Piper Verlag 2019.

5.5 Sprachliche Entwicklung

Der Spracherwerb gehört zu den wichtigsten und komplexesten Entwicklungsaufgaben in der frühen Kindheit. Bis heute kann letztendlich nicht erklärt werden, wie es dem Kind gelingt, ohne direkte Anleitung das Sprechen zu lernen. Ohne Zweifel aber sind eine sprechende Umgebung und eine lebendige Interaktion des Kindes mit anderen Menschen, die dabei bestimmte Sprechweisen anwenden, notwendig, damit „das Kind zur Sprache kommt" *(Wendlandt, 2015, S. 33)*. Bis zum Schuleintritt ist der Erstspracherwerb in den Grundzügen abgeschlossen. Kinder sind sehr gut in der Lage, neben ihrer Muttersprache eine zweite Sprache zu erwerben, ohne dass dies mit den Mühen des späteren Fremdsprachenlernens verbunden wäre.

Dem Spracherwerb liegen größtmögliche Aktivitäten des Kindes zugrunde, dennoch erfolgt er nicht bewusst, sondern eher wie nebenbei. Kinder wollen sich verständigen und nutzen ab der Geburt dazu unterschiedliche Strategien wie Schreien, Mimik, Körpersprache. Mit dem Spracherwerb macht das Kind im Blick auf seine Austauschmöglichkeiten mit seiner Umwelt einen Quantensprung. Erzieher begleiten Kinder bei einer Entwicklung, die die Grundlage bildet für das weitere Leben und für spätere Entwicklungsmöglichkeiten.

Das Kind lernt, sowohl Sprache zu verstehen als auch Sprache zu produzieren. **Sechs verschiedene Kompetenzen** ermöglichen im Zusammenwirken Verstehen und Sprechen *(vgl. Fröhlich-Gildhoff/Mischo/Castello, 2009, S. 130, siehe untenstehende Grafik)*.

Die Unterscheidung der Kompetenzen macht zum einen die Komplexität des Spracherwerbs deutlich, zum anderen sind bei Störungen der Sprachentwicklung oft nur einzelne Fähigkeiten betroffen und andere funktionieren gut. So könnte z. B. ein Kind mit Autismus-Spektrum-Störung im Sprechakt selbst eingeschränkt sein, nicht aber in seinem Sprachverständnis – es hat also wenig kommunikative Kompetenz und braucht an genau dieser Stelle entsprechende Förderung.

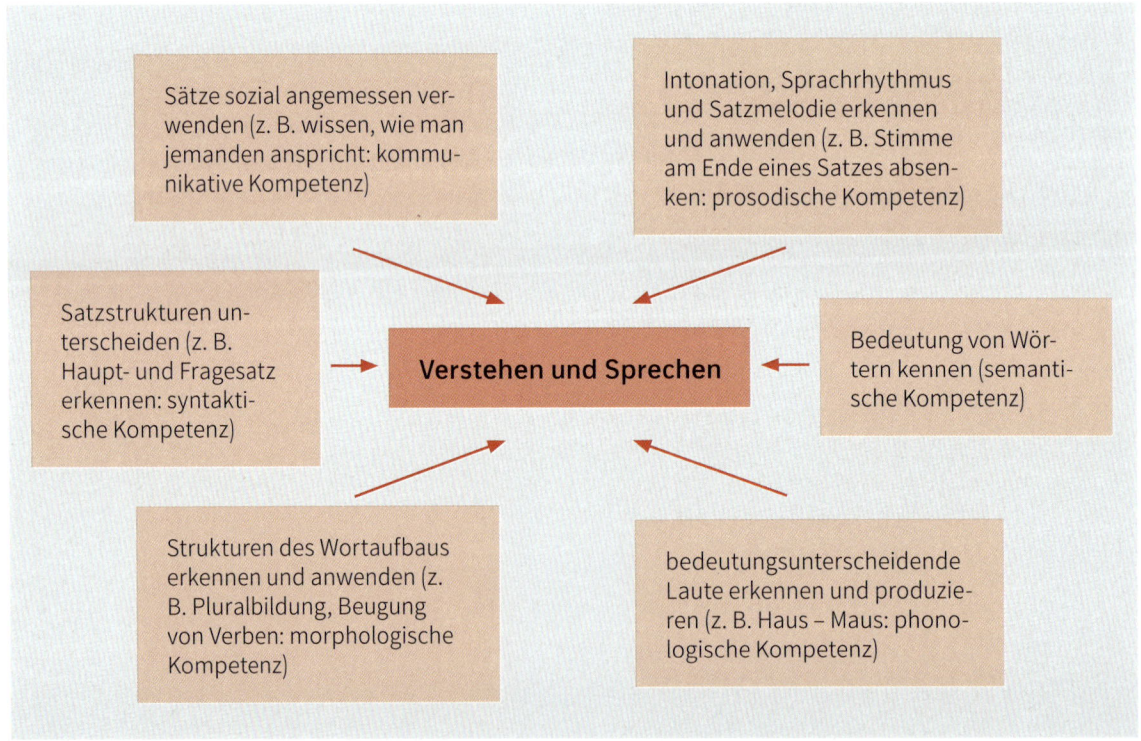

5.5.1   Erklärungstheorien für den Spracherwerb

Wie kann es das Kind schaffen, diese Kompetenzen zu erwerben? Generell gilt:

- Sprachentwicklung benötigt sprachliche Anregung.
- Die sprachlichen Anregungen müssen den Fähigkeiten des Kindes angepasst sein.
- Das Kind verfügt über biologische Voraussetzungen, die ihm den Spracherwerb ermöglichen.

Der Spracherwerb erfolgt also in Abhängigkeit von Umwelt- und genetischen Faktoren. Darüber hinaus ist die Motivation des Kindes, sich zu verständigen und in Austausch zu treten, ausschlaggebend. Jede Erklärungstheorie für den Spracherwerb nimmt einen dieser Wirkfaktoren besonders in den Blick, kann damit aber jeweils nicht den gesamten Spracherwerb erklären. So bleiben Fragen offen, die letztendlich noch nicht geklärt werden können, z. B., wie es dem Kind gelingt, aus dem unverständlichen Strom von Geräuschen, von denen es umgeben ist, Sprachlaute und schließlich die bedeutungtragenden sprachlichen Einheiten herauszufiltern *(vgl. Fröhlich-Gildhoff/Mischo/Castello, 2009, S. 131 ff.).*

Spracherwerb durch Nachahmung und Verstärkung

Das Kind ahmt die Sprache nach, die es hört. Das kann man oft beobachten. Wenn das Kind richtig imitiert, wird es bestätigt (verstärkt). Wenn seine Äußerung nicht korrekt ist, wird es korrigiert. Aber: Das Kind ahmt nicht nur nach, es erfindet selbst Wörter und (falsche) sprachliche Formen wie „ich bin gerennt" und sagt Sätze, die es nie gehört haben kann. Ungewöhnliche Wortbildungen, die Erwachsene zuweilen recht belustigen („ein Hund, viele Hünde"), deuten ebenfalls darauf hin, dass Nachahmung allein den Spracherwerb nicht erklären kann, da das Kind aus der gehörten Sprache eigenständig Regeln ableitet, die den Spracherwerb beschleunigen. Diese Theorie knüpft an das operante Konditionieren an (siehe Band 1, Lernfeld 3, Kap. 8).

Spracherwerb durch soziale Interaktion

Die meisten Eltern passen sich intuitiv dem Sprachniveau ihres Kindes an und machen ihm passgenaue sprachliche Angebote. So sprechen Eltern aller Kulturen mit ihrem Kind bis zu etwa einem Jahr in der sogenannten **Ammensprache** (Baby-Talk). Diese zeichnet sich aus durch eine erhöhte Stimmlage, übertriebene Intonation, Wiederholungen und lange Pausen. Im zweiten Lebensjahr dominiert die **stützende Sprache**. Dabei wird die Aufmerksamkeit des Kindes auf einen Ausschnitt der Realität gelenkt („guck mal, das sitzt ein Vogel") und ein einfacher Dialog angeregt. Ab ca. zwei Jahren nutzen Eltern eine **lehrende Sprache** (motherese), bei der langsam, in kurzen Sätzen und mit Wiederholungen gesprochen wird. Sprachlich nicht korrekte Äußerungen des Kindes werden grammatisch richtig wiederholt (Kind: „Bin ich hindefalle." Erwachsener: „Ja, da bist du hingefallen.").

Diese Vorstellungen zum Spracherwerb knüpfen an die sozial-kognitive Lerntheorie an (siehe Lernfeld 3, Kap. 8). Zusätzlich wird zur Erklärung des Spracherwerbs eine Fähigkeit des Kindes, die es schon vor seinem ersten Geburtstag entwickelt, herangezogen: nämlich mit einem Erwachsenen einen gemeinsamen Aufmerksamkeitsfokus zu haben, also zusammen etwas anzuschauen. So ist eine intensive Interaktion möglich, die den Spracherwerb begünstigt *(vgl. Fröhlich-Gildhoff/Mischo/Castello, 2009, S. 131 ff.).*

Spracherwerb aus motivationaler Sicht

Kinder erwerben die Sprache, weil sie kommunizieren möchten. Sie wollen ihre Bedürfnisse mitteilen, sie wollen Aufmerksamkeit teilen, sie wollen auf ihre Entdeckungen hinweisen und die Welt verstehen – dafür brauchen sie Sprache. Kinder wollen verstanden werden, daher lernen sie Sprache so, dass andere sie verstehen. Aber: Kinder erwerben grammatische Regeln, die nicht unbedingt eine kommunikative Funktion haben. Das Kind lernt zu sagen: „es regnet", wobei das „es" nur die Funktion hat, dass der Satz grammatisch vollständig ist.

Spracherwerb als Ergebnis kognitiver Reifung

Denken und Sprache hängen eng zusammen. Im Zusammenhang mit der Fähigkeit, Sinneseindrücke zu verarbeiten, sich zu erinnern und zu denken erwirbt das Kind seine Sprache. Bevor das Kind aber das Wort Hund verstehen kann, muss es über die kognitive Vorstellung eines Hundes verfügen. Das Kind lernt, dass eine Person (Mama) oder ein Gegenstand (Ball) mit einer bestimmten Lautfolge bezeichnet werden. Gleichzeitig lernt es, die Lautfolge zu verstehen und schließlich auch selbst zu produzieren. Auch lernt es zu begreifen, dass „Ball" ganz verschiedene Dinge bezeichnet, z. B. einen realen Ball und die Abbildung eines Balles. Aus dieser Sicht ist der Spracherwerb eine Konstruktionsleistung, die im Austausch mit anderen erfolgt.

Dieser Zusammenhang erscheint zunächst sehr logisch. Nach Piaget aber erfordert dieser Lernvorgang ein Abstraktionsvermögen, das Kinder erst im Alter ab etwa 11 Jahren erwerben (formal-operationale Stufe). Offensichtlich erfolgt der Spracherwerb also auch unabhängig von der allgemeinen kognitiven Entwicklung. Zusätzlich notwendig ist auch die sensomotorische Entwicklung. Sprechen ist motorisch gesehen eine höchst komplexe Leistung.

Spracherwerb als angeborene Fähigkeit

Es wird davon ausgegangen, dass sprachlicher Input nicht ausreicht, in so kurzer Zeit, wie es dem Kind möglich ist, vollständig eine Sprache zu erwerben. Sprachliche Anregung wird als ein Auslöser für genetisch verankerte Entwicklungsprozesse angesehen. Für diese Annahme spricht die Tatsache, dass Sprache recht eindeutig bestimmten Gehirnarealen zugeordnet werden kann. Zudem gibt es für den mühelosen Spracherwerb ein Zeitfenster (kritische Schwelle: Pubertät). Danach braucht es sehr viel Energie, um eine Sprache zumindest nahezu perfekt zu lernen. Wovon wir aber sicher ausgehen können, ist, dass das Kind über eine angeborene Fähigkeit zum Spracherwerb verfügt.

5.5.2 Die Sprachentwicklung als Bild: Der Sprachbaum

Sprachbaum
nach Wendtland, 2015, S. 22

Einen einprägsamen Überblick über die Sprachentwicklung und ihre Einbettung in einen sozialen und kulturellen Zusammenhang bietet der sogenannte Sprachbaum *(Wendtlandt, 2015, S. 22)*. Hier werden auch (grobe) Gesetzmäßigkeiten des Spracherwerbs deutlich.

Die **Wurzeln** des Baumes symbolisieren die Voraussetzungen für den Spracherwerb:
- anatomische Voraussetzungen: funktionsfähige Sinnesorgane wie Hören, Sehen, Tasten, Motorik
- kognitive Voraussetzungen: Aufmerksamkeit, auditive Wahrnehmungs- und Verarbeitungsfähigkeit, Sprachbewusstheit
- sozial-emotionale Voraussetzungen: Erfahrung von Geborgenheit und Angenommensein

Alle diese Fähigkeiten stehen in enger Beziehung zueinander und müssen für den Spracherwerb miteinander verknüpft werden (sensomotorische Integration).

Der **Stamm** symbolisiert das Fundament des Spracherwerbs:
- **Sprechfreude:** Generell hat das Kind Freude am Produzieren von Lauten und später Wörtern. Nichts spornt das Kind mehr an als der Erfolg: Wenn das Kind merkt, dass es bekommt, was es ausgedrückt hat oder wenn seine Bezugspersonen auf sein Sprechen antworten, entwickelt sich seine Kommunikationsfähigkeit rasch weiter.
- **Sprachverständnis:** Dies ist dem eigentlichen Sprechen immer einen Schritt voraus. Das Kind versteht früher das Wort „Ball", als dass es das Wort aussprechen kann. Auch im Erwachsenenalter ist der passive Wortschatz in der Regel größer als der aktive.

Die **Krone** des Baumes steht für die Sprache des Kindes, die in vier Bereiche aufgeteilt wird: Aussprache (Artikulation), Wortschatz (Lexikon), Grammatik und Kommunikation. Diese Bereiche entfalten sich nebeneinander.

Im Blick auf die **Artikulation** ist zu erkennen, dass das Kind zunächst Laute im vorderen Mundbereich artikulieren kann (m, b) und nach und nach Laute im hinteren Mund- und Rachenbereich (g, k) bilden kann. Noch später können Zischlaute (sch, ch) und Lautverbindungen (z. B. ng, kr) gebildet werden.

Beim **Wortschatz** ist zu erkennen, dass die ersten Wörter häufig die wichtigsten Personen oder Dinge bezeichnen ("Mama", "Auto"), später entwickeln sich Verben ("tomm") und Personalpronomen ("ich").

Die **Grammatik** entwickelt sich von Ein-Wort-Äußerungen, die die Bedeutung eines ganzen Satzes haben, über Zwei- und Drei-Wort-Sätze hin zu vollständigen Sätzen mit korrektem Satzbau, bei denen z. B. in einem Modalsatz das Verb im Infinitiv an letzter Stelle steht ("ich will Milch haben").

Hinsichtlich der **Kommunikation** lernt das Kind, Aufforderungen nachzukommen und Fragen zu stellen. Es lernt, wie Gespräche "funktionieren", dass z. B. der Blickkontakt oder eine Körperbewegung bedeuten, dass man etwas sagen möchte. Das Kind erfährt, dass es durch sein Sprechen andere zu einem bestimmten Verhalten veranlassen kann.

Der **Wipfel** des Baumes wird von der Schriftsprache (Lesen und Schreiben) gebildet. Ein erfolgreicher Spracherwerb ist dafür die Voraussetzung.

Die **Sonne** steht für ein wohlwollendes, liebevolles Klima, in dem das Kind aufwächst, zu Hause und in der Kita. Ist der "Himmel verhangen" oder sind sogar "Blitz und Donner" vorherrschend, entwickelt das Kind weniger Freude an der Kommunikation.

Die **Gießkanne** steht für sprachfördernde Anregungen wie Blickkontakt, Zuhören, das Kind aussprechen, aber nicht nachsprechen lassen.

Bedeutung des Bodens: Kulturelle und gesellschaftliche Einflüsse nehmen, vermittelt über Bezugspersonen und Erfahrungen im weiteren sozialen Umfeld, Einfluss auf Denk- und Kommunikationsgewohnheiten des Kindes und wirken auf die Entwicklung von Einstellungen und Werthaltungen ein. Die Sprache spielt dabei eine wesentliche Rolle *(vgl. Wendlandt, 2015, S. 23 ff.)*.

5.5.3 Meilensteine der Sprachentwicklung

Lange bevor das Kind selbst Sprache produzieren kann, beginnt bereits der Spracherwerb. Man nimmt an, dass die Sprachentwicklung vor der Geburt beginnt, da das Kind schon kurz nach der Geburt die Stimme der Mutter anderen Frauenstimmen vorzieht und die menschliche Sprache von anderen Geräuschen unterscheiden kann *(vgl. Grimm/Weinert, 2002, S. 521)*. Mit ausgeklügelten Versuchen fand man auch heraus, dass Säuglinge die Muttersprache von anderen Sprachen aufgrund von Intonation und Sprachrhythmus unterscheiden können. Darüber hinaus können sie zunächst Laute aller Sprachen hören und unterscheiden. Mit etwa zehn Monaten aber verliert sich diese Fähigkeit und die Säuglinge konzentrieren sich auf Laute der Muttersprache.

Verglichen mit diesen beachtlichen Verstehensleistungen ist die Sprachproduktion im ersten Jahr noch eingeschränkt.

6 bis 8 Wochen: Das Baby produziert Gurrlaute, wobei diese eine eigene Qualität haben und mit den späteren Sprachlauten nicht verglichen werden können.

Ab 6. – 9. Monat – Lallphase: Der Säugling wiederholt Verbindungen von Konsonanten und Vokalen wie da-da-da oder ma-ma-ma. Dies zeigt, dass die Kinder beginnen, ihre Sprechmuskeln zu beherrschen. Gehörlose Babys lallen nicht, ihre Beeinträchtigung kann spätestens jetzt erkannt werden.

10. – 18. Lebensmonat: Das Kind produziert erste Wörter. Dies wird als erster Meilenstein bezeichnet. Es kann eine Verbindung zwischen Wort und Bedeutung herstellen. Bis ca. 1,5 Jahren können die meisten Kinder ca. 50 Wörter sprechen, aber deutlich mehr verstehen. Oft stehen soziale Wörter im Vordergrund wie "winke-winke" oder "hallo". Man spricht von der Ein-Wort-Phase, weil ein Wort die Bedeutung eines ganzen Satzes hat *(vgl. Grimm/Weinert, 2002, S. 520 ff.)*, den der Gesprächspartner des Kindes aus dem Zusammenhang heraus versteht.

Wenn das Kind „Ball" sagt, könnte es z. B. ausdrücken:

- Da ist ein Ball.
- Gib mir den Ball!
- Ich habe den Ball gefunden.
- Der Ball rollt einfach weg.

1,5 bis 2 Jahre: Nun beschleunigt sich der Spracherwerb enorm (**Benennungsexplosion**). Mit zwei Jahren können Kinder aktiv schon 200 Wörter verwenden. Wenn man davon ausgeht, dass 16-Jährige einen Wortschatz von 60 000 Wörtern haben, lernt das Kind bis dahin jeden Tag neun neue Wörter, eine beeindruckende Leistung. Typisch für die Sprache der Kinder sind z. B. sogenannte „Übergeneralisierungen". Das heißt, dass die Kinder beispielsweise das Wort „Hund" für alle Vierbeiner verwenden. Die Kinder äußern **Zwei- und Drei-Wort-Sätze**, z. B. „Papa schläft", „mehr Saft", „das auch passt". Unabhängig davon, welche Sprache die Kinder erwerben (z. B. Deutsch, Türkisch, Italienisch), lassen sie systematisch bestimmte Satzelemente weg, sodass nur die wichtigsten Wörter übrigbleiben. Diese Sprache wird als **telegrafisch** beschrieben. Der Sinn des Satzes ergibt sich aus dem Kontext. Dabei folgen die Kinder schon einfachen grammatischen Strukturen der Sprache. So sagen sie z. B. „das schön", aber nicht „schön das". Darüber hinaus vergewissern sich die Erwachsenen durch korrekte Wiederholungen, bei denen die fehlenden Teile ergänzt werden (lehrende Sprache – s. o.), ob sie das Kind richtig verstanden haben. Diese Phase bildet den **zweiten Meilenstein**.

2 Jahre: Sobald die Kinder lernen, dass und wie Verben gebeugt werden, wird das Verb an die richtige Stelle im Satz gestellt: „Auto ist kaputt", „Lina isst Nudeln". Sie lernen, dass in einem Fragesatz das Verb an einer anderen Stelle steht als in einem Aussagesatz („Isst Lina Nudeln?"). Dies ist der **dritte Meilenstein**.

Mit ca. 2,5 Jahren wird der **vierte Meilenstein** erreicht. Die Kinder erweitern weiterhin sehr schnell ihren Wortschatz und können dem Hauptsatz einen Nebensatz anfügen: „Wenn ich auf den Topf haue, erschrickt Mama." Dies ist verknüpft mit der kognitiven Leistung, dass die Kinder Kausalverbindungen herstellen können (wenn – dann). Die Artikulation (Aussprache) verbessert sich.

Mit ca. 4 Jahren kennt das Kind wesentliche Satzbaumuster (Aussage-, Frage- und Nebensatz) und auch schwierigere Wortarten (z. B. Konjunktionen wie „weil", Präpositionen wie „unter"). Die Sprache des Kindes entwickelt und verfeinert sich auf dieser Basis in den darauffolgenden Jahren weiter. Bis zum Schuleintritt beherrscht das Kind in der Regel die korrekte Aussprache aller Laute.

Etwa 15 bis 20 % der Kinder sprechen mit zwei Jahren weniger als 50 Wörter und gelten damit als Risikogruppe („late talkers"). Die Hälfte davon holt diese Entwicklungsverzögerung jedoch wieder auf. Generell sollte bei Entwicklungsverzögerungen der Sprache eine ärztliche bzw. logopädische Abklärung erfolgen, um die betroffenen Kinder frühzeitig zu fördern. Die Sprachförderung im Alltag von Kindertagesstätten hat hierbei ebenfalls eine zentrale Bedeutung (siehe Band 2, Lernfeld 4, Kap. 8).

Einbettung der Sprachentwicklung in die Gesamtentwicklung

Diese Übersicht über die Sprachentwicklung kann dazu verleiten, sie als einen linearen Prozess zu interpretieren. Sprachentwicklung ist jedoch in den gesamten Entwicklungsprozess eingebettet und kann daher nicht isoliert betrachten werden. Sprache hat für Kinder in erster Linie eine funktionale Bedeutung: Sie können sich differenziert verständigen. Kinder begleiten ihr Handeln mit Worten und setzen schließlich Sprache der Handlung voran, indem sie einen Plan entwerfen. Wörter sind für das Kind zunächst wie Namen: Ein Apfel heißt eben Apfel, so, wie es selbst auch einen Namen hat. Im weiteren Entwicklungsverlauf aber lösen Wörter Aktivitäten und gedankliche Prozesse aus, haben also keine reine Bezeichnungsfunktion mehr. Das Kind verbindet die inhaltliche Bedeutung eines Wortes mit Situationen und Erlebnissen.

Mit der Sprache erwirbt das Kind gesellschaftliche und kulturelle Denkweisen und Erfahrungen. Wenn mehrsprachig aufwachsende Kinder in verschiedenen Situationen zwischen ihren Sprachen hin- und herwechseln, kann das darauf hinweisen, dass sie eine bestimmte Erfahrung eben besser mithilfe der Vorstellungswelt einer bestimmten Sprache ausdrücken können.

Mit Sprache werden emotionale Befindlichkeiten und Stimmungen ausgedrückt, sie ist also auch eng verknüpft mit der sozial-emotionalen Entwicklung. Mangelnde Ausdrucksfähigkeit hat Folgen für soziale Kontakte *(vgl. Jampert, 2002, S. 19 ff.)*.

↗ WIEDERHOLUNG

→ Der Spracherwerb ist eine der wichtigsten Entwicklungsaufgaben in der frühen Kindheit.

→ Ohne Mühe können Kinder bis zum Eintritt der Pubertät zeitgleich zwei Sprachen nebeneinander erwerben.

→ Sechs verschiedene Kompetenzen ermöglichen Im Zusammenwirken das Verstehen und Sprechen.

→ Es gibt verschiedene Erklärungstheorien für den Spracherwerb. Keine kann allein diese komplexe Entwicklung erklären.

→ Das Sprachverständnis geht der Sprachproduktion voraus. Die Sprachproduktion entwickelt sich über Gurrlaute und die Lallphase bis hin zum ersten Wort am Ende des ersten Lebensjahres. Danach schreitet die Sprachentwicklung rasch voran, bis das Kind mit ca. vier Jahren wesentliche Satzbaumuster anwenden kann.

→ Sprachentwicklung ist eng verwoben mit der gesamten Entwicklung des Kindes.

→·← AUFGABEN

1 [Wissen und Verstehen]
Erstellen Sie anhand des Textes in diesem Kapitel eine Tabelle der Sprachentwicklung. In die erste Spalte tragen Sie das Alter ein, in die zweite Spalte das Kennzeichen der jeweiligen Entwicklungsphase. In einer dritten Spalte sammeln Sie eigene Beobachtungen und Erfahrungen.

2 [Wissen und Verstehen]
Zeichnen Sie auf ein großes Plakat einen Sprachbaum. Erläutern Sie in freier Rede einen Teil des Sprachbaums und gehen Sie dabei auf folgende Metaphern ein: Wurzeln, Stamm, einen Ast der Krone, Einflüsse von außen.

3 [Planung und Konzeption]
Reagieren Sie auf folgende Kinderäußerungen mit „lehrender Sprache":
a) „Auto putt dedannen."
b) „Hab Tuchen esst."
c) „Tür auf!"

d) „Püppi Windel voll macht."
e) „Leon aua macht."
f) „Tella nunterfallen."

4 [Analyse und Bewertung]
Vergleichen Sie die verschiedenen Spracherwerbstheorien. Welche der Theorien leuchtet Ihnen am meisten ein? Begründen Sie Ihre Entscheidung.

5 [Reflexion]
Tauschen Sie sich in einer Vierergruppe über folgende Fragen aus: Welche Bedeutung hat Ihre Muttersprache für Sie? Was wird in Ihnen ausgelöst, wenn Sie Ihre Muttersprache in einem anderssprachigen Land hören? Was erzählen Ihnen Ihre Eltern über Ihre Sprachentwicklung? Welche Erfahrungen haben Sie mit dem eigenen Sprechen vor Gruppen? Halten Sie Unterschiede und Gemeinsamkeiten schriftlich fest.

TIPPS ZUM WEITERARBEITEN →→

→ Butzkamm, Jürgen/Butzkamm, Wolfgang: Wie Kinder sprechen lernen. Tübingen: Narr Francke Attempto Verlag 2019.

→ Jampert, Karin/Thanner, Verena/Schattel, Diana u. a.: Die Sprache der Jüngsten entdecken und begleiten. Weimar/Berlin: Verlag das netz 2011.

→ Hellrung, Uta: Sprachentwicklung und Sprachförderung. Freiburg i. Br.: Herder Verlag 2019.

→ Ruberg, Tobias/Rothweiler, Monika: Spracherwerb und Sprachförderung in der Kita. Stuttgart: Kohlhammer Verlag 2012.

5.6 Sozial-emotionale Entwicklung, Theory of mind und Moralentwicklung

Gefühle wie Freude, Ärger, Liebe, Enttäuschung, Stolz und Trauer sind allgegenwärtig in unserem Alltag. Jedes Erleben ist abhängig von Gefühlen. Gefühle bereichern uns, können uns aber auch überfluten und werden damit zur Herausforderung. Ab Geburt ist der Säugling fähig, grundlegende Emotionen zu fühlen und auszudrücken. Hierfür sind zunächst die engsten Bezugspersonen, dann aber auch andere Menschen, die das Aufwachsen von Kindern begleiten, wichtig. Darüber hinaus ist die Kultur, in der wir leben, ein entscheidender Faktor dafür, welche Gefühle wie stark ausgedrückt werden dürfen und welche sozialen Umgangsformen als angemessen gelten. Gefühle und ihr Ausdruck sind also nicht nur individuell, sondern haben einen gesellschaftlichen Aspekt *(vgl. Pfeffer, 2012, S. 7)*.

> „Emotionen sind tiefgreifende Prozesse in einem Menschen, die sich auf den Körper (z.B. Muskelanspannung, Zittern, schnelle Atmung), auf die Psyche (z.B. Veränderungen in der Wahrnehmung, im Denken) und auf das Verhalten (z.B. Verhalten wird aktiviert oder unterdrückt) auswirken können."
>
> *(Vollmer, 2012, S. 59)*

Der Begriff Gefühl wird zum Teil teils gleichbedeutend wie Emotion verwendet, teils auch hiervon unterschieden. Dann wird Emotion als bewusst wahrgenommenes Gefühl verstanden.

Grundsätzlich kommen Kinder mit unterschiedlichen Ausgangsvoraussetzungen – auch für ihre emotionale Entwicklung – auf die Welt: Die einen sind umtriebig und zeigen viel Aktivität, andere sind behäbig und mit wenig zufrieden. Manche sind neugierig und erforschen schnell neue Situationen, andere sind zurückhaltender oder ängstlich. Die einen gehen schnell auf neue Personen zu, andere brauchen längere Zeit, bis sie auftauen. Die Kinder zeigen daher unterschiedlich ihre Emotionen und bekommen unterschiedliche Reaktionen ihrer Umwelt. Sie haben ein unterschiedliches Temperament *(vgl. Fröhlich-Gildhoff, 2009, S. 67)*.

> „Unter Temperament versteht man konstitutionell verankerte Wurzeln von emotionalen, motorischen und aufmerksamkeitsbezogenen Reaktionen."
>
> *(Oerter/Montada, 2002, S. 208)*

Von Geburt an zeigt das Baby Basisemotionen durch Mimik und Schreien: Mit Schreien signalisiert es seinen Bedarf nach Nahrung oder Zuwendung. Damit zeigt es sein Unbehagen (Emotion Disstress). Das Lächeln dagegen zeigt die Emotion Wohlbefinden. Wenn das Baby einen Gegenstand oder Menschen mit leicht geöffnetem Mund anschaut, zeigt es die Emotion Interesse. Reißt es die Augen auf, weist dies auf Erschrecken hin, und ein Naserümpfen mit einem Ausspucken von Essen verdeutlicht die Emotion Ekel *(vgl. Fröhlich Gildhoff, 2009, S. 68 f.)*.

Basisemotionen ab dem 3./4. Lebensmonat (primäre Emotionen)	Soziale Emotionen ab dem 2. Lebensjahr (sekundäre Emotionen)
Freude, Ärger, Angst, Traurigkeit, Überraschung, Interesse	Stolz, Scham, Schuld, Neid, Verlegenheit,

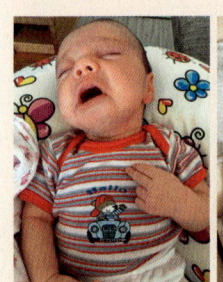 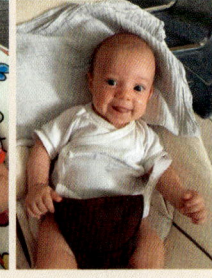 

Die sekundären, deutlich komplexeren Emotionen setzen voraus, dass Kinder bestimmte soziale Normen bereits verinnerlicht haben und ihr Verhalten damit vergleichen können. In den ersten beiden Lebensjahren zeigen Kinder sehr intensiv ihre Gefühle. Ab dem zweiten Geburtstag lernen sie nach und nach, abhängig von der Situation, eigene Gefühle nicht mehr so deutlich zu zeigen oder sogar durch einen anderen Gefühlsausdruck zu ersetzen *(vgl. Wiedebusch/Petermann, 2017, S. 65 f.)*.

Bei der emotionalen Entwicklung werden folgende Fertigkeitsbereiche unterschieden:

- **Emotionsausdruck (nonverbal und verbal) erkennen**

  Im ersten Lebensjahr entwickelt sich zunächst ab etwa drei/vier Monaten die Fähigkeit, Freude bei anderen zu erkennen, dann folgt das Erkennen negativer Emotionen wie Traurigkeit oder Ärger. Mit der Sprachentwicklung entwickelt sich auch ein Wortschatz für Gefühle, wobei diese Wörter selten aktiv selbst verwendet werden. Soziale Emotionen können Kinder bis zum Schulalter schlechter bei anderen erkennen als Basisemotionen. Kinder, die gut Emotionen erkennen können, haben mehr soziale Kontakte als andere Gleichaltrige. Kinder, die die Mimik anderer schlecht interpretieren können, haben dagegen öfter mit Missverständnissen und Konflikten zu kämpfen *(vgl. Wiedebusch/Petermann, 2017, S. 67 f.)*.

- **Emotionswissen**

  Dazu gehört das Wissen, wodurch und wie Emotionen bei einem selbst und bei anderen ausgelöst werden, sowie ein Verständnis davon, wie Gefühle sozial angemessen ausgedrückt werden (emotionale Schemata). In ihnen spiegeln sich eigene Erlebnisse sowie der gesellschaftliche und kulturspezifische Umgang mit Gefühlen. Ab dem vierten/fünften Lebensjahr beginnen Kinder zu verstehen, dass sie in der gleichen Situation sogar gegensätzliche Gefühle gleichzeitig erleben können, z. B. Freude, dass der Nikolaus kommt und zugleich Angst vor ihm *(vgl. Wiedebusch/Petermann, 2017, S. 68)*.

- **Emotionsregulation**

  Bis zum Ende des zweiten Lebensjahres sind Kinder elementar darauf angewiesen, dass ihre engsten Bezugspersonen sie bei der Regulierung ihrer Gefühle in belastenden Situationen unterstützen. In diesem Alter können Kinder von negativen Gefühlen regelrecht überschwemmt werden. Sie sind noch nicht in der Lage, sich selbst wieder ins emotionale Gleichgewicht zu bringen. Eine sensible und prompte Unterstützung ist besonders in der Arbeit mit Kindern unter drei Jahren wichtig. Gleichzeitig erwerben schon Säuglinge Strategien, wie sie sich selbst beruhigen können, etwa durch Nuckeln an Daumen oder Schnuller, oder indem sie sich abwenden, die Augen schließen oder – abhängig von der motorischen Entwicklung – wegkrabbeln. Schon im ersten Lebensjahr entwickelt sich die **soziale Rückversicherung**. In verunsichernden Situationen suchen die Kinder Blickkontakt. Ist er aufmunternd, wissen sie: Die Situation ist doch nicht so gefährlich wie vermutet. Damit steht den Kindern eine weitere Möglichkeit der emotionalen Selbstregulierung zur Verfügung. Ältere Kinder können sich durch ein Spielzeug ablenken oder suchen die Unterstützung durch andere Kinder oder Erwachsene.

Der angemessene Umgang mit den eigenen Gefühlen und denen anderer Menschen hat direkte Auswirkungen auf das Gelingen sozialer Kontakte:

> Jakob weint morgens in der Kita beim Abschied von seiner Mutter. Nach kurzer Zeit beruhigt er sich, geht auf Liam zu und sagt: „Komm zum Bauen!" Liam freut sich und geht gern mit.
>
> Emma bekommt zu ihrem sechsten Geburtstag von den Großeltern einen Kasten zum naturwissenschaftlichen Experimentieren. Sie ist enttäuscht, weil sie so sehr auf eine Eisenbahn gehofft hat. Sie hat wahrgenommen, wie die Großeltern gespannt beim Auspacken zugeschaut haben. Emma verbirgt ihre Enttäuschung und bedankt sich freudig bei den Großeltern, die sie in den Arm nehmen.

Emotionale und soziale Fähigkeiten werden daher oft als sozial-emotionale Kompetenz zusammengefasst.

Es bestehen vielfältige Bezüge zu anderen Entwicklungsbereichen. So ist z. B. die Bindungsentwicklung und der Aufbau mindestens einer sicheren Bindung (siehe Band 1, Lernfeld 2, Kap. 6) eine Voraussetzung für die sozial-emotionale Entwicklung. Kinder mit guten sprachlichen Fähigkeiten haben oft auch eine höhere sozial-emotionale Kompetenz. Sogar der Schulerfolg kann daran gekoppelt sein, weil Kinder mit einer guten Fähigkeit, den Emotionsausdruck anderer zu verstehen, oft in Lerngruppen größeren

Erfolg haben. Generell wird die Lernbereitschaft von einer positiven Grundstimmung gefördert und die Aufmerksamkeit ist größer *(Wiedebusch/Petermann, 2017, S. 72 f.)*.

Perspektivenübernahme und Moralentwicklung

Ab dem dritten/vierten Lebensjahr nehmen gemeinsame Spiele unter Kindern zu und bekommen eine andere Qualität *(vgl. Castello, 2009, S. 48)*. Selbstverständlich gibt es schon vorher Spiele, bei denen die Kinder miteinander zu tun haben, etwa, wenn sie zusammen an einem Steckbrett beschäftigt sind: Das eine Kind steckt einen Zylinder in eine Öffnung, das andere Kind dreht voller Vergnügen das gesamte Steckbrett um und beide Kinder lachen. Das gemeinsame Spiel ist sehr wichtig für die soziale Entwicklung, denn die Kin-

der lernen, ihre Tätigkeiten aufeinander abzustimmen, ggf. gemeinsam zu planen und sich zu einigen („Wollen wir einen Zoo oder einen Turm bauen?"). Das bedeutet, dass sie lernen, sich in die Perspektive von anderen Menschen zu versetzen *(vgl. Castello, 2009, S. 48)*.

Bei anderen Menschen Wünsche und Absichten zu entdecken, wird als „Theory of mind" (soziale Perspektivenübernahme) bezeichnet. Meilensteine dieser Entwicklung sind:

Fähigkeiten, die auf die Theory of mind bezogen sind	Alter
Das Kind unterscheidet zwischen eigenen Gefühlen und denen eines anderen Kindes. Beginn des Symbolspiels („so tun als ob")	ca. 18 Monate
Das Kind beginnt, unabhängig von den eigenen Gefühlen, anderen eigene Gefühle und Wünsche zuzuschreiben.	ca. 2 Jahre
Das Kind versteht, dass man etwas Falsches denken kann, es unterscheidet also zwischen Überzeugung und Wirklichkeit.	ca. 3,5–4 Jahre
Das Kind entwickelt ein Verständnis dafür, dass jemand eine falsche Überzeugung von einer anderen Überzeugung haben kann.	ca. 6 Jahre
Das Kind/der Jugendlicher entwickelt ein Verständnis dafür, dass man Sachverhalte aus unterschiedlichen Perspektiven interpretieren kann.	ca. 12–17 Jahre

(vgl. Castello, 2009, S. 48)

> Unter Moral werden Überzeugungen, Grundsätze und Normen verstanden, die das soziale Miteinander einer Gesellschaft regeln *(vgl. Rothgang, 2. Aufl., 2009, S. 64)*.

Mit der Fähigkeit der sozialen Perspektivenübernahme ist eng die Moralentwicklung verbunden.

Sehr bekannt ist die Stufentheorie der Moralentwicklung nach Lawrence Kohlberg (1927–1987), die er auf

Piagets Vorstellungen aufbaute. Kohlberg interessierte sich dafür, wie Menschen in fiktiven Konfliktsituationen ihr mögliches Handeln begründen. Um diese Begründungen herauszufinden, legte Kohlberg seinen Versuchspersonen kleine Geschichten vor, in denen zwei gleichermaßen gültige moralische Verpflichtungen im Widerstreit lagen. Wenn hier seine Stufentheorie dargestellt wird, muss man berücksichtigen, dass Kohlbergs Forschungen sich nicht auf die frühe Kindheit beziehen. Kohlberg nahm an, dass die Stufen der Moralentwicklung aufeinander aufbauen.

Wichtig für die Moralentwicklung sind Erfahrungen, die das Kind in der Familie sowie mit Gleichaltrigen macht (*Rothgang, 2. Aufl., 2009, S. 51*). Generell lassen sich bezüglich der Moralentwicklung keine Altersangaben machen. Kohlberg nahm an, dass Kinder unter neun Jahren sich auf der ersten Stufe befinden, aber auch Jugendliche und Erwachsene. Wie weit sich Menschen moralisch entwickeln, ist also individuell sehr unterschiedlich. Zudem: Es kann ein großer Unterschied bestehen zwischen dem, wie ein Mensch moralisch **urteilt** und wie er konkret **handelt**. So wissen z. B. alle Autofahrer und sehen es vermutlich auch ein, dass es sinnvoll ist, in einer verkehrsberuhigten Zone nicht schneller als 30 km/h zu fahren. Trotzdem drosseln viele ihr Tempo erst dann, wenn sie das Radargerät sehen, ihnen also Strafe angedroht wird.

Unterschieden werden drei Niveaus der Moralentwicklung mit jeweils zwei Unterstufen.

1. Präkonventionelles Niveau	1a. Orientierung an Gehorsam und Strafe	1b. Naiv-egoistische Orientierung
Gesellschaftliche Regeln sind nicht verinnerlicht.	Das Kind orientiert sich an Gehorsam und Strafe. Was nicht bestraft wird, ist erlaubt. Regeln werden befolgt, um Strafen zu vermeiden. Das Kind unterwirft sich, ohne zu fragen, einer mächtigen Autorität, also z. B. den Eltern. Die Interessen anderer berücksichtigt das Kind nicht, weil es sie nicht erkennt. Es sieht sich als Mittelpunkt der Welt (es ist egozentrisch, kann nicht die Perspektive wechseln). Überzeugung: „Schlecht ist das, was bestraft wird."	Das Kind beurteilt ein Verhalten danach, ob es ein Mittel ist, um etwas Angenehmes zu erreichen. Regeln hält das Kind dann ein, wenn sie unmittelbar eigenen Bedürfnissen und Interessen dienen. Teilweise erkennt das Kind schon, dass andere Kinder andere Interessen haben und dass unterschiedliche Interessen im Konflikt miteinander liegen können. Überzeugung: „Gut ist, was mir und vielleicht auch anderen nützt."
2. Konventionelles Niveau	2a. Orientierung am Bild des braven Kindes	2b. Orientierung an Autorität und sozialer Ordnung
Gesellschaftliche Regeln werden verinnerlicht.	Das Kind erkennt familiäre und institutionelle Ordnungen nicht nur aus Angst vor Strafe an, sondern es passt sich aktiv an Regeln an, damit es von wichtigen Menschen Wertschätzung und Vertrauen erfährt. Gemeinsame Interessen erhalten Vorrang vor individuellen. Das Kind kommt in Konflikt, wenn seine Eltern unterschiedliche Auffassungen von richtigem bzw. falschem Verhalten haben. Überzeugung: „Gut ist, was Menschen, die mir wichtig sind, richtig und falsch finden."	Jetzt sind es nicht mehr einzelne Menschen, deren Urteil für das Kind wichtig ist, sondern übergeordnete Autoritäten (kindliche Sicht: z. B. Schulordnung; Erwachsenensicht: z. B. staatliche Regelungen). Regelungen beachtet das Kind im Sinne von Pflichterfüllung, damit die Gruppe (die Gesellschaft) funktioniert. Überzeugung: „Ich mache das, weil man es so machen soll."

3. Postkonventionelles Niveau Mensch orientiert sich an selbst gewählten grundlegenden Werten.	3a. Orientierung an Recht und Sozialverträgen Normen werden als willkürlich (also menschengemacht) und gruppenspezifisch erkannt, aber als verbindlich angesehen, weil man sich darauf geeinigt hat. Individuelle Rechte und das Gemeinwohl sollen geschützt werden. Grundlegende Werte wie Menschenrechte und das Recht auf Leben und Freiheit werden als unveränderbar anerkannt, auch wenn die Mehrheit der Gesellschaft sich dagegen aussprechen sollte. Überzeugung: „Ich mache das, weil bestimmte Werte sinnvoll sind."	3b. Prinzipienorientierung Hier stehen selbst gewählte, abstrakte ethische Prinzipien im Zentrum der Entscheidung (Prinzip der Gerechtigkeit, Gleichheit aller Menschen, Menschenwürde) und nicht konkrete moralische Regeln (z. B. Zehn Gebote). Überzeugung: „Ich handle so, dass mein Handeln als allgemeines Gesetz gelten könnte."

(vgl. Rothgang, 2009, S. 70 ff.)

Kritisch muss angemerkt werden, dass Kohlberg nur mit männlichen Versuchspersonen gearbeitet hat und weibliche Versuchspersonen auf seiner Skala tendenziell schlechter abschneiden. Carol Gilligan, eine Schülerin Kohlbergs, unterschied daher zwischen (männlicher) Gerechtigkeitsmoral und (weiblicher) Fürsorgemoral, die weniger prinzipiell urteilt, sondern Beziehungen, Gefühle und soziale Überlegungen einbezieht *(Gilligan, 1985, S. 83 ff.)*.

Auch wenn Kohlberg Kinder im Vorschulalter nicht in seine Untersuchungen einbezogen hat, zeigt die Erfahrung, dass schon Kindergartenkinder wissen, was richtig oder falsch ist. Sie können verlegen sein oder sich wegen einer Handlung schämen. Dies deutet klar darauf hin, dass sie wissen, wenn ihr Handeln, gemessen an Regeln und Normen, nicht in Ordnung war. Sie haben also bereits moralisches Wissen, auch wenn ihre Motivation, sich moralisch korrekt zu verhalten, nicht immer vorhanden ist *(vgl. Castello, 2009, S. 51)*.

Kinder beziehen sich schon im Kindergarten auf moralische Regeln:

> Linus (4;6) schreit, als Melissa (3;11) ihm das Dreirad wegnimmt. „Ich hatte es zuerst!", begründet er. Melissa kontert: „Ja, aber man muss abgeben. Alle dürfen mal fahren!" Linus erwidert: „Ist mir egal. Ich will jetzt fahren."

↗ WIEDERHOLUNG

→ Der Mensch wird mit der Fähigkeit zum Gefühlsausdruck geboren. Primäre Emotionen zeigen sich im ersten Lebensjahr, sekundäre Emotionen setzen soziale Fähigkeiten voraus und entwickeln sich ab dem zweiten Lebensjahr. Emotionale und soziale Fähigkeiten werden daher oft als sozial-emotionale Kompetenz zusammengefasst.

→ Die emotionale Entwicklung wird in drei Fertigkeitsbereiche unterteilt: Emotionsausdruck (nonverbal und verbal) erkennen, Emotionswissen und Emotionsregulation.

→ Ab dem dritten/vierten Lebensjahr entwickeln Kinder die Fähigkeit zur sozialen Perspektivenübernahme (Theory of mind). Diese ist die Grundlage dafür, dass Kinder eine eigene Moral ausbilden.

→ Die Moralentwicklung wird nach Kohlberg in drei Niveaus mit jeweils zwei Unterstufen eingeteilt. Auch Kindergartenkinder beziehen sich auf moralische Regeln, was Kohlberg jedoch nicht ausdrücklich untersucht hat.

→·← AUFGABEN

1 [Wissen und Verstehen]
Bereiten Sie einen Kurzvortrag vor, in dem Sie in eigenen Worten und in freier Rede vor der Klasse die drei Fertigkeitsbereiche der emotionalen Entwicklung erklären.

2 [Wissen und Verstehen]
Machen Sie sich Notizen zu folgender Frage: Weshalb werden die sozialen und emotionalen Fähigkeiten als soziale-emotionale Kompetenz zusammengefasst?

3 [Analyse und Bewertung]
Vergegenwärtigen Sie sich die sekundären Emotionen und beschreiben Sie, ausgehend von Ihren Praxiserfahrungen, zu jeder Emotion eine Situation, die Sie beobachtet haben. An welcher sozialen Norm könnte das betreffende Kind jeweils sein Verhalten gemessen haben, um die entsprechende Emotion zu empfinden?

4 [Wissen und Verstehen]
Übertragen Sie die Tabelle zur sozialen Perspektivenübernahme (Theory of mind) in Ihre persönlichen Unterlagen. Ergänzen Sie diese um eine weitere Spalte, in die Sie jeweils ein selbst entwickeltes Beispiel eintragen, das die entsprechende Fähigkeit konkretisiert.

5 [Analyse und Bewertung] [Querschnittsaufgabe Wertevermittlung]
In einer Hortgruppe entwickelt die Erzieherin gemeinsam mit den Kindern Regeln für das tägliche Miteinander (für das Verhalten beim Essen, Aufräumen, Hausaufgaben machen, bei Interessensgegensätzen u. a. m.). Sie achtet darauf, dass alle Regeln positiv formuliert sind, vermeidet also Verbote (statt: „wir schlagen nicht" wird formuliert „wir sagen einander, wenn wir Unterschiedliches möchten und holen uns Hilfe, wenn wir allein das Problem nicht lösen können"). Welches Niveau nach Kohlberg hat die Erzieherin dabei im Blick? Begründen Sie Ihre Aussage.

TIPPS ZUM WEITERARBEITEN →→

→ Pfeffer, Simone: Sozial-emotionale Entwicklung fördern. Freiburg i. Br.: Herder Verlag 2012.

5.7   Motorische Entwicklung

Gesunde Kinder wollen sich bewegen. Ständig ist das Baby in seiner wachen Zeit in Bewegung. Mit Ausdauer lernt es, den Kopf zu heben, sich zu drehen, zu krabbeln, sich aufzurichten und schließlich zu gehen. Das Kleinkind bewegt sich ohne Unterlass beim Spiel, Schulkinder haben ebenfalls einen großen Drang sich zu bewegen. Bewegung ist die Basis für das Spiel. Kinder, die motorisch ungeschickt sind, sind deutlich weniger attraktive Spielpartner als bewegungsfreudige Kinder. Dies gilt sowohl für das Kindergarten- wie auch für das Schulalter, in dem Kinder mit schlechten motorischen Fähigkeiten bei sportlichen Wettbewerbsspielen regelmäßig als letzte in eine Mannschaft gewählt werden. Bewegung ist notwendig, um Zivilisationskrankheiten wie Haltungsschäden, Übergewicht, Herz-Kreislauf-Erkrankungen etc. vorzubeugen – die Grundlage dafür wird oft schon in früher Kindheit gelegt *(vgl. Jascenoka/Petermann, 2017, S. 86)*. Daher ist es äußerst wichtig, Kitas bewegungsfreundlich zu gestalten.

> Bei der **Motorik** wird von vier Grundfähigkeiten ausgegangen: Ausdauer, Kraft, Schnelligkeit und Koordination. Entwicklungspsychologisch wird die Grundfähigkeit „Koordination" in Grob- und Feinmotorik unterschieden. Feinmotorik bezeichnet Bewegungen der Finger und Hände, manchmal wird auch die Mimik dazu gezählt. Unter Grobmotorik werden Funktionen verstanden, die der Gesamtbewegung des Körpers dienen. Für die **Feinmotorik** wird synonym der Begriff Hand- und Fingermotorik verwendet, für den Begriff Grobmotorik Körpermotorik *(vgl. Jascenoka/Petermann, 2017, S. 87 f.)*.

Im Folgenden wird die motorische Entwicklung bis zum Schuleintritt beschrieben. Im weiteren Verlauf der Kindheit und des Jugendalters erfolgt im Wesentlichen eine Ausdifferenzierung der Bewegungsarten und vor allem der konditionellen Fähigkeiten, was für sportliche Leistungen wichtig ist. Eine besondere Herausforderung im feinmotorischen Bereich ist im Grundschulalter das Lernen der Schrift. Auf solche Beschreibungen wird hier jedoch verzichtet.

5.7.1   Feinmotorische Entwicklung (Hand- und Fingermotorik)

In den ersten Lebenswochen bestehen die Bewegungen des Kindes aus mehr oder weniger groben Ganzkörperbewegungen. **Im ersten und zweiten Lebensjahr** differenzieren sich jedoch feinmotorische Fähigkeiten folgendermaßen aus:

- Das Kind greift mit der ganzen Handinnenfläche (Faustgriff).
- Das Kind greift mit gestrecktem Daumen und Zeigefinger (Scherengriff).
- Das Kind greift mit gebeugten Fingerspitzen von Daumen und Zeigefinger (Pinzettengriff). Nun kann das Kind die Finger unabhängig voneinander bewegen. Dies ist mit etwa einem Jahr möglich.

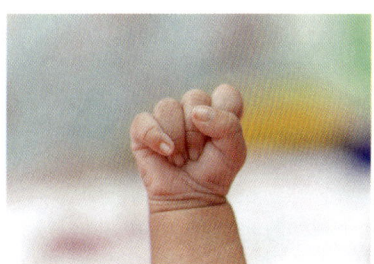

Faustgriff

Scherengriff: Gegenstände werden an der Basis von Daumen und Zeigefinger gehalten.

Pinzettengriff: Gegenstände werden mit den Fingerbeeren von Daumen und Zeigefinger gegriffen.

Im dritten Lebensjahr beginnt das Kind, beim Spielen und Essen eine Hand zu bevorzugen. Es kann Bauklötze aufeinanderstapeln oder aneinanderreihen, also Türme oder Straßen bauen und zwei bis drei kleine Gegenstände nacheinander mit einer Hand ergreifen und in der Handfläche festhalten. Wenn man ein Kind beim Stapeln von Bauklötzen beobachtet, fällt auf, welche Konzentration dies zunächst erfordert: Ein Baustein muss passgenau auf den anderen abgelegt werden. Der richtige Platz muss erkannt und die Finger vorsichtig im richtigen Moment gelöst werden, damit der Turm nicht umfällt.

Das Kind kann sein Handgelenk so drehen, dass es einen Schraubverschluss oder einen Wasserhahn öffnen und schließen kann. Auch beginnt es, mit der Schere zu hantieren, wobei es dabei jemanden braucht, der ihm das Blatt Papier hinhält.

Im vierten Lebensjahr wird immer offensichtlicher, ob das Kind die rechte oder linke Hand bevorzugt. Die Feinmotorik ist so weit entwickelt, dass das Kind Perlen auffädeln, ein gefülltes Wasserglas tragen und selbstständig mit einer Hand auf einer Linie schneiden kann. Auch kann es beim Ausziehen große Knöpfe selbst öffnen. Einen Stift hält das Kind meist mit der gesamten Handfläche, es betätigt beim Malen den gesamten Arm aus dem Schultergelenk heraus. Manche Kinder bewegen einen Stift schon aus dem Ellenbogen und Handgelenk.

Im fünften Lebensjahr kann das Kind einen Ball mit zwei Händen auffangen. Einfache Formen kann es mit einer Schere ausschneiden, aus Knete kann es Kugeln und Rollen herstellen. Papier falten, sich anziehen und dabei Knöpfe und Reißverschlüsse selbst schließen und sich auch selbstständig die Zähne putzen sind Tätigkeiten, die das Kind nun gut ausführen kann.

Im sechsten Lebensjahr kann das Kind immer geschickter mit Schere, Messer und Werkzeugen umgehen. Gerne basteln und werkeln die Kinder, das Ausschneiden verschiedener Formen gelingt ihnen immer besser. Auch Drehbewegungen der Hand sind immer besser möglich, so dass das Kind z. B. Stifte spitzen kann. Auch lernt es, eine Schleife zu binden. Nun erreicht das Kind auch die sogenannte reife Stifthaltung, bei der es einen Stift mithilfe von drei oder auch vier Fingern hält und ihn nur mit kleinen Handmuskelbewegungen führt *(vgl. Jascenoka/Petermann, 2017, S. 88 ff.).*

Stifthaltung mit der gesamten Handfläche

Reife Stifthaltung

5.7.2 Grobmotorische Entwicklung (Körpermotorik)

Während die Entwicklung der Finger- und Handmotorik zeitlich einigermaßen gut bestimmt werden kann, ist die grobmotorische Entwicklung deutlich individueller. Der Zeitpunkt, wann und wie Kinder beginnen, sich fortzubewegen, schwankt sehr.

Der Prozess der Aufrichtung und Fortbewegung beginnt damit, dass das Baby lernt, seinen Kopf selbst zu halten.

Das kann es sicher und ausdauernd mit ca. sechs Monaten *(vgl. Jascenoka/Petermann, 2017, S. 90)*. Andere Quellen sehen diesen Meilenstein der motorischen Entwicklung mit drei Monaten für gegeben *(vgl. Landeshauptstadt Stuttgart, 2006)*. Das Kind gelangt mit **etwa neun Monaten** über die Kriechstellung (es zieht die Knie unter den Bauch) zum Sitzen. **Am Ende des ersten Lebensjahres** ziehen die Kinder sich an Gegenständen hoch und stehen, wobei sie sich zunächst noch mit einer Hand festhalten. Die meisten Kinder aber können mit ca. 10–12 Monaten frei stehen.

Die Fortbewegung beginnt mit dem Kriechen. Dabei beugt das Kind einen oder beide Arme und zieht sich nach vorne – die Beine werden nachgezogen und können noch nicht mithelfen. Bei vielen, jedoch nicht allen Kindern folgt das Krabbeln: Die Arme werden mit beiden Handflächen abgestützt, Arme und Beine bewegen sich gleichzeitig. Das Kind braucht Mut, wenn es sich aufgerichtet von Möbelstück zu Möbelstück bewegt, denn es muss sich zutrauen, eine Hand zu lösen. Der erste Schritt kann schon mit **10 Monaten** erfolgen, andere Kinder lassen sich damit Zeit, bis sie **18 Monate** alt sind. Beide Zeitpunkte gelten als normal *(vgl. Jascenoka/Petermann 2017, S. 90)*.

Zunächst schwanken die Kinder beim Gehen und gleichen ihre Unsicherheit durch rudernde Ausgleichsbewegungen mit den Armen aus. Schnell wird ihr Gang jedoch sicherer und runder, bis sie **mit zwei Jahren** Treppen steigen, klettern und hüpfen können.

Ab dem dritten Lebensjahr beginnen Kinder zu rennen, rückwärtszulaufen oder sich nach Musik zu bewegen und auf Zehenspitzen zu stellen. **Mit fünf Jahren** ist der Gleichgewichtssinn so weit entwickelt, dass das Kind für mehrere Sekunden auf einem Bein stehen kann. Bälle kann es zielgenau werfen und fangen, ohne sie vorher mit dem Oberkörper zu stoppen. Es ist jetzt motorisch so weit, dass es komplexe Bewegungsarten wie Schwimmen, Roller- oder Radfahren lernen kann *(vgl. Jascenoka/ Petermann 2017, S. 90 f.)*.

Das Baby hebt den Kopf.

Das Baby krabbelt.

Das Kind kann Roller fahren.

5.7.3 Motorische Auffälligkeiten und ihre Bezüge zu anderen Entwicklungsbereichen

Etwa 5–6 % der Kinder zeigen bereits im Vorschulalter motorische Ungeschicklichkeiten, ohne dass dafür eine körperliche Ursache zu erkennen wäre. Man spricht in diesen Fällen von einer „umschriebenen Störung der motorischen Funktionen" *(Jascenoka/Petermann 2017, S. 92)*. Es scheint so, dass diese Störung bei 50–70 % der betroffenen Kinder bis ins Jugend- und Erwachsenenalter bestehen bleibt. Umso wichtiger ist, diese Kinder frühzeitig und gezielt zu fördern, um Auswirkungen auf andere Entwicklungsbereiche vorzubeugen. Forschungen zeigen, dass sie im Jugendalter häufiger unter Depressionen oder Ängstlichkeit leiden, generell in der Entwicklung zurück und z. B. auch sozial unreifer sind *(vgl. Jascenoka/Petermann 2017, S. 92)*.

So werden motorische Entwicklungsstörungen oft von kognitiven Defiziten begleitet: Visuelle Reize werden z. B. schlechter verarbeitet, es bestehen Aufmerksamkeits- und Gedächtnisprobleme. Auch psychische Schwierigkeiten können damit verknüpft sein. Ein Grund dafür könnte sein, dass Bewegungserfahrungen dem Kind zeigen, dass

es fähig ist, etwas zu leisten und aus eigener Kraft etwas zu bewirken. Fehlen solche positiven Erfahrungen, wird die sozial-emotionale Entwicklung beeinträchtigt. So können diese Kinder z. B. unter einem verringerten Selbstwertgefühl leiden und weniger soziale Kontakte haben, da sie weniger beliebte Spielpartner sind. Nicht zuletzt bestehen Zusammenhänge mit der Entwicklung von Übergewicht, einem gesundheitlichen Problem mit sehr langfristigen Folgen *(vgl. Jascenoka/Petermann, 2017, S. 93 ff.)*.

Deutlich ist, wie wichtig eine gut entwickelte Motorik für die gesamte Entwicklung ist. Oft bleibt diese Entwicklungsstörung jedoch unerkannt oder man wartet zu in der Ansicht, dass sich das schon auswachsen werde – immerhin gibt es ja gerade in der motorischen Entwicklung eine große Bandbreite. Umso wichtiger ist daher, dass pädagogische Fachkräfte ihr Instrumentarium nutzen, um Kinder mit entsprechenden Entwicklungsdefiziten zu erkennen und zu veranlassen, dass sie passgenaue Förderung erhalten.

5.8 Grenzsteine der Entwicklung

Alter	Grenzsteine Körpermotorik	Grenzsteine Hand-, Fingermotorik	Grenzsteine Spracherwerb	Grenzsteine kognitive Entwicklung	Grenzsteine soziale Kompetenz	Grenzsteine emotionale Kompetenz
Wenn das Kind **3 Monate** ist	– sicheres Kopfheben in Bauchlage, Abstützen auf die Unterarme	– Hände, Finger werden über die Körpermittellinie zusammengebracht	– Differenziertes, intentionelles Schreien (Hunger, Unbehagen, Schmerz)	– Ein langsam vor den Augen hin und her bewegtes, attraktives Objekt wird mit den Augen verfolgt	– Anhaltender Blickkontakt, Versuch, durch aktive Drehung des Kopfes o. Änderung der Körperlage Blickkontakt zu halten. Lächeln auf bekannte und fremde Gesichter	– entfällt
Wenn das Kind **6 Monate** ist	– Symmetrische Rückenlage ohne konstante Asymmetrien in Haltung und Bewegung des Rumpfes, der Extremitäten – Heben des Kopfes in Bauchlage und Nachschauen eines vor dem Gesichtsfeld bewegten Gegenstands, abstützen auf Unterarme	– Transferieren eines kleinen Gegenstands, Spielzeug in der Mittellinie von einer Hand in die andere, palmares*, radial betontes Greifen *palmar: Daumen und Finger in Gegenposition	– Spontanes, variationsreiches Vokalisieren (noch ohne deutliche und gezielte Lippenschlusslaute), für sich allein oder beim Ansprechen (Baby-Dialoge)	– Objekte/Spielzeuge werden in den Mund gesteckt, mit beiden Händen ergriffen, benagt, jedoch kaum schon gezielt betrachtet	– Kind hält Blickkontakt, lächelt auf vertraute und fremde Personen, die sich ihm nähern, es ansprechen, aber auch Versuch des Kindes, von sich aus Kontakt aufzunehmen	– Lachen, Lautieren, Blickkontakt, freudige Arm-Bein-Gesichtsbewegungen bei Ansprechen durch bekannte Personen
Wenn das Kind **9 Monate** ist	– Sicheres, zeitlich nicht beschränktes freies Sitzen mit geradem Rücken und guter Kopfkontrolle; ein ausschließlicher Langsitz ist noch nicht zu fordern	– Gegenstände werden in einer oder beiden Händen gehalten und durch Tasten intensiv exploriert	– Spontanes Vokalisieren mit längeren Silbenreihungen mit dem Vokal „A" (wa-wa-wa, ra-ra-ra)	– Intensive taktile, visuelle, orale Exploration der Struktur und Textur von Objekten	– Sicheres Unterscheiden bekannter und fremder Personen, was sich jedoch nicht nur als „Fremdelreaktion" äußern muss	– entfällt
Wenn das Kind **12 Monate** ist	– Freies Sitzen mit geradem Rücken und sicherer Gleichgewichtskontrolle möglich – Selbstständiges promptes Drehen von Bauch in Rückenlage	– Scherengriff: kleine Gegenstände werden zwischen Daumen und gestrecktem Zeigefinger gehalten; oft schon präziser Pinzettengriff	– Spontanes Vokalisieren mit längeren Silbenketten, vorwiegend mit a/e-Vokalen und mit Lippenverschlusslauten (ba-ba-ba, da-da-da u. ä. Reihungen)	– Spielzeug, Objekte, vor den Augen des Kindes mit Papierblatt oder Tuch bedeckt, werden vom Kind durch Wegnehmen des Blattes, Tuches wieder sichtbar	– Kind kann von sich aus selbst einen sozialen Kontakt beginnen, fortführen, variieren oder beenden	– Viele Rückversicherungsbestätigungen: Blickkontakt, Berühren, Streicheln, Anlehnen, Gesten, emotional getönte verbale und nonverbale Dialoge zwischen Kind und Bezugsperson
Wenn das Kind **15 Monate** ist	– Gehen mit Festhalten an Händen durch Erwachsene oder an Möbeln und Wänden	– zwei Klötzchen (Kantenlänge 2–3 cm) können nach Aufforderung (und zeigen) aufeinandergesetzt werden	– Kind sagt Mama, Papa, in sinngemäßer Bedeutung	– Objekte werden manipuliert, auf ihre einfachste Verwendbarkeit geprüft (Schütteln, Gegeneinander klopfen)	– Kinderreime, Fingerspiele, rhythmische Spiele werden vom Kind sehr geschätzt; es beteiligt sich intensiv, emotional engagiert und anhaltend	– entfällt
Wenn das Kind **18 Monate** ist	– Freies Gehen, zeitlich unbegrenzt, sichere Gleichgewichtskontrolle, noch etwas breitbeiniger Gang und noch nicht ganz gerade die Körperhaltung, Arme noch etwas abgespreizt gehalten erlaubt	– Kleine Gegenstände, die Kind in der Hand hält, werden auf Aufforderung oder auf Bitte hergegeben – Zeigefinger wird bewusst zum Betasten, Befühlen oder zum Drücken von Tasten oder Schaltern benutzt	– Symbolische Babysprache: wau-wau, nam-nam; heia (nicht obligatorisch) oder Pseudosprache (unverständliche aber wie eine echte Sprache wirkende Lautäußerungen) – Lebhafte Lautbildungen	– Rollenspiele mit sich selbst, Nachahmen täglicher Gewohnheiten (wie Trinken aus Spielzeugtasse, Telefonhörer ans Ohr halten) – Kind kann für 10–20 Minuten sich selbst beschäftigen (Rein-Raus-Holspiele, noch keine strukturierten Spielabläufe)	– Kind winkt auf Aufforderung oder auf Abschieds- und Begrüßungsworte mit der Hand – Kind versteht Bedeutung von „Nein", hält mindestens einen Moment inne	– Bezugsperson kann sich für 1–2 Stunden vom Kind trennen, wenn es während dieser Zeit von gut bekannter Person betreut wird (z. B. Babysitter)

Alter	Grenzsteine Körpermotorik	Grenzsteine Hand-, Fingermotorik	Grenzsteine Spracherwerb	Grenzsteine kognitive Entwicklung	Grenzsteine soziale Kompetenz	Grenzsteine emotionale Kompetenz
Wenn das Kind **24 Monate** ist	– Aufheben vom Boden ohne Verlust des Gleichgewichts – Treppen werden bewältigt (Nachstellschritt, Festhalten an Geländer oder an der Hand Erwachsener)	– Sicherer Pinzettengriff – Malstift wird mit Faustgriff oder „Pinzettengriff" (mit den ersten drei Fingern, Stift liegt dabei in Handfläche) gehalten	– Einwortsprache (mind. zehn richtige Wörter, außer Papa und Mama)	– Bauklötze o. Ä. werden gestapelt (mind. drei) – Konzentriertes Betrachten, Betasten, Einräumen, Aufräumen von Spielzeug/Gegenständen in und aus Behältern, Schubladen über 15 Minuten	– „Parallelspiel" mit Gleichaltrigen – Kind freut sich über Kontakt mit anderen Kindern	– Bei täglichen Ärgernissen lässt sich Kind meist innerhalb drei Minuten beruhigen – Kind kann sich für 15–30 Minuten alleine beschäftigen, wissend, dass Mutter in räumlicher Nähe, jedoch nicht sichtbar ist
Wenn das Kind **36 Monate** ist	– Beidbeiniges Abhüpfen von einer untersten Treppenstufe mit sicherer Gleichgewichtskontrolle – Rennen mit deutlichem Armschwung und Umsteuern von Hindernissen und plötzliches Anhalten möglich	– Buchseiten werden einzeln korrekt umgeblättert – Benutzen eines präzisen Dreifinger-Spitzgriffes (Daumen, Zeige-, Mittelfinger) zur Manipulation kleiner Gegenstände möglich	– 3–5-Wortsätze (Kombinationen von Nomina, Hilfsverben, Präpositionen, adverbialer Bestimmungen von Zeit und Raum) – Eigener Ruf- oder Vorname wird verwendet	– Malen und Kritzeln. Wenn auch noch wenig gestaltend gemalt wird, kommentiert das Kind oft, wen oder was es gemalt hat. – Konzentrierte, intensive „Als-ob-Spiele", spiele mit Puppen, Autos, Bausteinen u. Ä.	– Gemeinsames Spiel mit anderen Kindern über mind. fünf Minuten mit Sprechen, Austausch von Gegenständen – Kind möchte gerne bei häuslichen Tätigkeiten mithelfen, Kind ahmt Tätigkeiten Erwachsener im Rollenspiel nach	– Kind kann für einige Stunden bei ihm bekannten Personen, auch außerhalb seines Zuhauses ohne Bezugsperson bleiben
Wenn das Kind **48 Monate** ist	– Dreirad o. ä. Fahrzeuge werden zielgerichtet und sicher bewegt, Kind tritt und lenkt gleichzeitig, umfährt Hindernisse	– Hält Mal-, Zeichenstift korrekt mit den Spitzen der ersten drei Finger – Hüpfen aus dem Stand mit beiden Beinen gleichzeitig um 30–50 cm nach vorne, mit stabiler Gleichgewichtskontrolle möglich – Gegenständliches, auch „Kopffüßler" können gemalt und kommentiert werden	– Kind verwendet „Ich" zur Selbstbezeichnung – Ereignisse/Geschichten werden in ungefähr zeitlicher und räumlicher Reihenfolge wiedergegeben, meist noch mit und dann ... und dann Verknüpfungen	– W-Fragen (warum, wann, wo, woher?) – Gleiche Gegenstände verschiedener Größe können unterschieden und benannt werden (z. B. große und kleine Äpfel)	– Beginnt und beteiligt sich an Regelspielen (Brett-, Karten-, Kreis-, Bewegungsspiele) – Kind ist bereit zu teilen	– Kind kann seine Emotionen bei alltäglichen Ereignissen meist selbst regulieren. Gewisse Toleranz gegen Kummer, Freude, Stress, Vorfreude, Ängste – Kind weiß, dass es Mädchen oder Junge ist, und verhält sich danach
Wenn das Kind **60 Monate** ist	– Treppen können beim Auf- und Absteigen, mit Beinwechsel, sicher und freihändig begangen werden – Größere Bälle (Durchmesser ca. 20 cm) können mit Händen, Armen, Körper aufgefangen werden, wenn sie aus 2 m Entfernung zugeworfen werden	– Mit Kinderschere kann einer geraden Linie gut entlanggeschnitten werden – Einzelne Buchstaben, Zahlen, Namen können mit großen Buchstaben geschrieben werden (auch noch seitenverkehrt). Oder/und: gut erkennbare Bilder werden gemalt und gestaltet	– Fehlerfreie Aussprache – Ereignisse/Geschichten werden in richtiger zeitlicher und logischer Reihenfolge wiedergegeben, mit korrekter, jedoch noch einfach strukturierter Syntax	– Grundfarben werden erkannt und benannt (Blau, Rot, Grün, Gelb, Schwarz, Weiß) – Intensive Rollenspiele, Verkleidungen, Verwandlungen in Tiere, „Helden", Vorbilder, auch mit anderen Kindern	– Kind kann Spielzeug, Süßigkeiten u. Ä. zwischen sich und anderen gerecht aufteilen – Lädt andere Kinder zu sich ein, wird selbst eingeladen	– Gelegentlich wird noch enger Körperkontakt gesucht: bei Kummer, Müdigkeit, Erschöpfung, Krankheit u. Ä. – Kann auch über beschämende, frustrierende, unerfreuliche Ereignisse berichten

Die Tabelle stützt sich auf Michaelis, R./Niemann, G.: Entwicklungsneurologie und Pädiatrie. Das Prinzip der essentiellen Grenzsteine, Stuttgart, 1999, S. 62ff. Neue Daten durch Petermann, F./Stein, I. A. (2000): Entwicklungsdiagnostik mit dem ET-T 6-6. Swets Testservice, Swets und Zeitlinger, Lisse, NL. – Michaelis, R. (2001): Tübinger Version (noch unpubliziert) – Largo, R. H. (1996): Babyjahre. Piper, München. Überarbeitet von infans 2001; Version 1-03

Ob ein Kind motorisch verzögert ist oder sich noch innerhalb der – breit angenommenen – zeitlichen Normen bewegt, kann sehr gut mit dem inzwischen weit verbreitetet Beobachtungsbogen „Grenzsteine der Entwicklung" erkannt werden. Dieser Bogen berücksichtigt, dass die motorische Entwicklung eine große Bandbreite aufweist. Daher lassen sich entwicklungsverzögerte Kinder einerseits gut identifizieren, sodass die Eltern darauf hingewiesen werden können. Auf der anderen Seite werden Eltern so nicht unnötig verunsichert, und dem Kind bleibt die Belastung durch eine umfangreiche Abklärung erspart, die ihm möglicherweise vermittelt, dass mit ihm etwas nicht in Ordnung sei. Das Grenzsteinkonzept definiert dafür Entwicklungsziele, die von 90–95 % aller Kinder im hiesigen Kulturkreis zu einem bestimmten Zeitpunkt erreicht worden sind. Unkompliziert kann eine klar beschriebene motorische Fähigkeit mit Ja oder Nein angekreuzt werden oder die Eltern dazu befragt werden. Ab dem vollendeten dritten Lebensmonat werden in bestimmten Abständen bis zum Alter von 72 Lebensmonaten (also sechs Jahren) Fähigkeiten beschrieben (vgl. Jascenoka/ Petermann, 2017, S. 101 f.).

Dieser Beobachtungsbogen bezieht sich darüber hinaus nicht nur auf die motorische Entwicklung, sondern deckt weitere Entwicklungsbereiche ab. Dadurch können mit diesem Beobachtungsinstrument vielfältige mögliche Entwicklungsstörungen erkannt und das betroffene Kind ggf. in einem sozialpädiatrischen Frühförderungszentrum umfassend diagnostiziert werden. Dort erhalten die Eltern entsprechende Beratung und das Kind die notwendige Frühförderung.

↗ WIEDERHOLUNG

→ Die motorische Entwicklung wird entwicklungspsychologisch in Grob- und Feinmotorik unterteilt. Andere Bezeichnungen dafür sind Körper- bzw. Finger- und Handmotorik.

→ Feinmotorisch entwickelt das Kind im Vorschulalter so viel Geschicklichkeit, dass es bis zum Schuleintritt einen Stift mit dem Drei-Finger-Griff führen und mit der Schere verschiedene Formen sicher ausschneiden kann.

→ Im Blick auf die Grobmotorik ist die Entwicklung vom Liegen des Babys hin zum Gehen sehr eindrucksvoll. Am Ende des Vorschulalters ist das Kind in der Lage, komplexe Bewegungsarten wie Schwimmen oder Fahrradfahren zu erlernen.

→ Motorische Auffälligkeiten haben enge Bezüge zu Entwicklungsdefiziten in anderen Bereichen.

→ Mit Beobachtungsinstrumentarien wie „Grenzsteine der Entwicklung" können entwicklungsgefährdete Kinder frühzeitig erkannt und entsprechende Förderung veranlasst werden.

→← AUFGABEN

1 [Analyse und Bewertung]
Tauschen Sie sich in Vierergruppen über Angebote im gestalterisch-ästhetischen Bereich aus, die Sie durchgeführt oder beobachtet haben. Wie konnten die Kinder die Anforderungen beim Schneiden, Kleben, Werken bewältigen? Welche Schwierigkeiten traten auf? Überlegen Sie, wie alt die Kinder waren und überprüfen Sie anhand des Textes und der „Grenzsteine der Entwicklung", ob der Schwierigkeitsgrad Ihres Angebots den altersgemäßen Fähigkeiten der Kinder entsprochen hat.

2 [Analyse und Bewertung]
Vergegenwärtigen Sie sich Ihre Praxiseinrichtung und berichten Sie einander: Welche Möglichkeiten haben die Kinder, ihre körpermotorischen Bedürfnisse zu befriedigen? Welche Herausforderungen an die Geschicklichkeit im grobmotorischen Bereich stehen für die Kinder bereit? Wie viel Zeit pro Tag können die Kinder sich frei bewegen? Wie beurteilen Sie diese Möglichkeiten?

3 [Planung und Konzeption]
Entwickeln Sie in Partnerarbeit fünf Ideen, die für Sie zu einem bewegungsfreundlichen Kindergarten gehören. Schreiben Sie jede Idee auf ein DIN-A4-Blatt und clustern Sie alle Ideen an der Tafel.

4 [Analyse und Bewertung] [Querschnittsaufgabe Inklusion]
Vergegenwärtigen Sie sich ein Angebot im körpermotorischen Bereich, das Sie selbst durchgeführt oder beobachtet haben. Welche Möglichkeiten der Teilnahme hätte
→ ein Kind im Rollstuhl,
→ ein stark sehbeeinträchtigtes Kind,
→ ein Kind ohne deutsche Sprachkenntnisse
gehabt? Wie müsste ggf. das Angebot abgeändert werden, damit alle Kinder ihre jeweiligen Fähigkeiten nutzen und weiterentwickeln könnten? Entwerfen Sie dafür ein aussagekräftiges Plakat und hängen Sie Ihre Ergebnisse im Unterrichtsraum auf.

TIPPS ZUM WEITERARBEITEN →→

→ Rosenkötter, Henning: Motorik und Wahrnehmung. Stuttgart: Kohlhammer Verlag 2020.

→ Zimmer, Renate: Handbuch Bewegungserziehung. Freiburg i. Br.: Herder Verlag 2020.

5.9 Psychosexuelle Entwicklung

Endlich Sommer. Das Thermometer steigt auf über 30 Grad. Den Kindern in der Krippe „Die Wichtel" scheint das wenig auszumachen. Zudem hat die Berufspraktikantin den Rasensprenger eingeschaltet. Einige Kinder wollen mit Kleidung durchlaufen. Die ersten Kleidungsstücke sind schon nass geworden. Ein Kind zieht sich aus, andere machen es nach. Die Berufspraktikantin lässt die Kinder gewähren. Die Leiterin kommt dazu und weiß nicht, wie sie reagieren soll. Weiß die Leiterin doch, dass es für die Kinder völlig in Ordnung ist, aber sicher einige Eltern Vorbehalte gegen so viel Freizügigkeit haben. Bisher gab es so etwas nicht in der Krippe.

↘ **FRAGEN**

→ *Warum ist die Leitung der Meinung, dass es völlig in Ordnung ist, wenn die Kinder nackt herumlaufen?*

→ *Welche Vorbehalte könnten die Eltern nach Meinung der Leiterin haben? Was könnte für Kinder das Spiel unter der Gartendusche bedeuten?*

→ *Welche Ängste könnten ggf. bei den Eltern mitschwingen, wenn sie ihr Kind nackt unter der Gartendusche sehen?*

Die Sexualität von Kindern ist völlig anders als die von Erwachsenen. Sie ist nicht auf den Geschlechtsverkehr, auf Genitalität hin ausgerichtet. Vielmehr geht es von klein auf um das Entdecken des eigenen Körpers. Kinder erleben die Welt durch ihren Körper mit allen Sinnen. Und so sind sie immer auf Entdeckungsreise: Es gilt, den eigenen Körper zu entdecken und mit dem Körper die Welt zu entdecken. Ihre ersten Welterfahrungen machen Kinder mit ihrem Köper.

Die Körperlichkeit hat eine bedeutende Rolle bei der Identitätsentwicklung. „Kinder entwickeln ihr Selbstkonzept und Selbstbild über ihren Körper und ihre Bewegungen und gewinnen dadurch Vertrauen in ihre Fähigkeiten. Unter Selbstbild versteht man das Bild, das ein Kind von sich hat; ob es Vertrauen in die eigenen Fähigkeiten hat, sich aktiv oder passiv verhält, ob es bei Schwierigkeiten schnell aufgibt oder sich angespornt fühlt. Welches Selbstkonzept Kinder entwickeln, hängt davon ab, ob ihnen viel Raum zum Ausprobieren und Gestalten gewährt wird und ob sie dabei vielfältige Erfahrungen sammeln können. Dabei erleben sie Erfolge und Misserfolge und entdecken, dass sie auf das Geschehen Einfluss nehmen können. Diese Selbstwirksamkeit, die Kinder im Spiel, bei körperlichen Aktivitäten und beim Entdecken ihres Körpers erfahren, ist für die Identitätsbildung von großer Bedeutung." *(Wanzeck-Sielert, 2005)*

Voller Lust saugen sie an der Brust der Mutter oder an der Flasche. Und sie nuckeln oft auch ohne Hunger weiter, am Schnuller oder auch am Daumen, einfach weil es ihnen ein schönes Gefühl gibt. Sie erforschen die Welt mit dem Mund. Sie schieben alles in die Mundhöhle und eignen sich so Formen, Geschmack und Materialeigenschaften an. Ist es hart oder weich, kalt oder warm? Dies ist auch wichtig, da Babys in den ersten Monaten nicht so gut sehen können.

Säuglinge brauchen den großflächigen Hautkontakt, das Herzen und Küssen der Mutter oder des Vaters oder auch das sanfte Wiegen in den Schlaf. All diese Erfahrungen sind Sinneserfahrungen. Sie sind wichtig für die körperliche, geistige und seelische Entwicklung des Kindes.

Dies geht am besten, wenn die schwere, nasse Windel abgelegt ist. Beim Nacktsein können sich Babys spüren, können nach Herzenslust strampeln, können die Beine in die Luft recken. Natürlich lieben es Babys, mit den Eltern zusammen zu baden oder ins Schwimmbad zu gehen. Das warme, weiche Wasser und die Rutschpartien auf der Haut laden zu Entdeckungsreisen ein.

Untersuchungen mit zu früh geborenen Babys haben gezeigt, dass Kinder, die liebevoll gestreichelt oder massiert werden und den Körperkontakt zu den Eltern genießen können, schneller an Gewicht zunahmen und in Entwicklungstests besser abschnitten.

Schon vor der Geburt nimmt das Kind die Stimmen der Eltern wahr. So kennt es schnell nach der Geburt die ihm vertrauten Stimmen, die ihm Sicherheit und Geborgenheit vermitteln. Ab dem fünften Monat beginnt das Kind, gezielt nach Gegenständen zu greifen. Dies kann der Strampler oder die Rassel sein. Aber auch der eigene Körper wird beim Baden oder Wickeln unbefangen erkundet. Alles ist interessant: das Bein ebenso wie die Genitalien.

Das Kind erweitert nach und nach seinen Aktionsradius. Es entdeckt bis etwa zum neunten. Monat die Welt durch Krabbeln oder Robben, bis es dann nach gut einem Jahr (im Durchschnitt 13 Monate) laufen kann. Dies ist ein bedeutender Schritt zur Aneignung der Welt, denn jetzt kann das Kind besser bestimmen, welches Ziel es hat.

In diesem Zeitraum zeigen die Kinder auch, welche Bedeutung die Beziehung zu den Eltern hat. Immer wieder wird das Kind sich wegbewegen und kommt dann zur Versicherung der Geborgenheit kurz wieder zu den Eltern zurück. Erst die stabile Bindung zu den Eltern ermöglicht das Hinausgehen in die Welt. Die sichere Bindung ist eine Art „Urvertrauen", die den Menschen durch das ganze Leben trägt. „Frühe positive Erfahrungen sind prägend, auf ihnen bauen alle späteren Erfahrungen auf. Heute weiß man, dass auch ‚Liebesfähigkeit' bzw. eine umfassende Beziehungsfähigkeit im Erwachsenenalter auf der gesamten Eltern-Kind-Beziehung basiert." (BZgA, 2017, S. 13)

Zur Entdeckung der Welt gehört eben auch diem Entdeckung des Körpers, inklusive der Geschlechtsteile. Schon in den ersten Monaten nach der Geburt zeigen die Kinder sexuelle Reaktionen. Bei Kindern geht es um schöne und wohlige Gefühle. Die Handlungen sind immer auf sich selbst gerichtet, also autoerotisch.

„Nachgewiesen sind Erektionen bei kleinen Jungen, die in verschiedenen Situationen vorkommen – etwa beim Schlafen, Saugen oder auch bei Anspannung. Dabei gibt es große individuelle Unterschiede in der Häufigkeit. Weniger gut belegt, weil schwerer festzustellen, sind körperliche Reaktionen bei kleinen Mädchen." (BZgA, 2017, S. 17) Die kindliche Wahrnehmung von dem, was passiert, ist völlig anders als bei Erwachsenen. Wenn ein Mädchen schöne Gefühle beim Herumrutschen auf dem Kissen hat, dann ist das Teil seiner körperlichen Erfahrung. Das Kind, das seine Genitalien entdeckt, entdeckt diese ebenso wie den Fuß oder die Hand. Anders als Erwachsene sind Kinder da völlig unbefangen. „Da sitzt die zweijährige Lea inmitten des Raums und ist beim Rutschen auf dem Kissen völlig auf sich selbst fixiert. Bekommt dann einen roten Kopf, bis sie schließlich entspannt", berichtet eine Erzieherin. Befremdlich für Erwachsene, ganz normal für das Kind.

„Stellen wir uns vor, eine Mutter sitzt mit ihrer dreijährigen Tochter gemütlich in der Badewanne – da fängt die Tochter an, sich für den nackten Busen der Mutter zu interessieren und ihn zu berühren, sodass sich die Brustwarzen aufstellen. Dieses Ereignis hat für die Mutter eine völlig andere Bedeutung als für ihr Kind. Aus Kindersicht ist gerade nichts Besonderes passiert, für die Mutter ist die Situation eher unangenehm, vielleicht übergriffig oder peinlich. Sie denkt sich vielleicht: ‚Oh je, das geht aber gar nicht!' Vor dem inneren Auge von Mutter und Tochter laufen also zwei verschiedene Filme ab." (BZgA, 2017, S. 7) Die Wahrnehmung bestimmter Situationen ist bei Kindern und Erwachsenen also völlig verschieden. Kindlicher Entdeckungsdrang bzw. kindliche Neugier stehen einer Erwachsenenperspektive gegenüber, die kulturell geprägt und oftmals eingeschränkt ist.

Bereits im zweiten Lebensjahr beginnen Kinder wahrzunehmen, dass es zwei verschiedene Geschlechter gibt. Dies machen die Kinder vor allem an Kleidung und Haaren fest. Der Unterschied der Geschlechter wird mit zunehmendem Alter interessanter. Ich bin ein Junge, weshalb ich stolz meinen Penis zeige und versuche, wie die Großen im Stehen zu urinieren. Ich bin ein Mädchen und zeige das, indem ich schon mal den Rock hebe. Natürlich fragen auch einige Mädchen, ob auch ihnen ein Penis wächst. Doch die Theorie Sigmund Freuds vom Penisneid ist durchaus umstritten.

Nach psychoanalytischer Auffassung entsteht er bei kleinen Mädchen, wenn es den Penis des Knaben entdeckt und ihn mit der eigenen, so viel kleineren Klitoris vergleicht. Das Gefühl des Mangels wird dadurch verstärkt, dass das auffälligste weibliche Geschlechtsmerkmal, die Brust, zu dieser Zeit noch nicht entwickelt ist. Unbewusst soll dies bei Frauen ein Leben lang gerade in patriarchalischen Gesellschaften wirken. Die Frau erfährt sich als minderwertig. Vom feministisch orientierten Zweig der Psychoanalyse wird kritisiert, dass der Begriff Penisneid die unterschiedliche Bewertung der Geschlechter, die gesellschaftlich bedingt ist, als naturgegeben darstellt und somit das Patriarchat zementiert.

Freud hat die psychosexuelle Entwicklung für das Alter von 0 bis sechs Jahren in drei Phasen aufgeteilt.

1. Die orale Phase
Der Mund, die Mundhöhle steht im Mittelpunkt. Es geht um das lustvolle Saugen, um die Aneignung der Welt durch den Mund. Aufnehmen, Hineinnehmen und in einen Zustand der Geborgenheit aufgehen, sind das emotionale Dreieck der sexuellen Phantasie im ersten Lebensjahr. Bei den Erwachsenen finden sich diese oralen Stimulierungen beim Küssen oder auch beim abwechslungsreichen Essen wieder. Auch das Rauchen stellt eine Form der oralen Triebbefriedigung dar. Prinzipiell sind aber auch aggressive Phantasien des Einverleibens, des Beißens oder des Vernichtens mit der oralen Phantasie verbunden. Kinder lernen im Laufe der Zeit, den Liebesimpuls von der Aggression zu unterscheiden und so macht nach Freud die Gier der Lust Platz.

2. Die anale Phase
Die zweijährige Emilia, so berichtet die Erzieherin, scheint immer mit ihrem Stuhlgang zu warten, bis die Mama zum Abholen kommt. „Sie stellt sich in die Ecke und drückt. Klar muss sie dann noch gewickelt werden, was die Mutter oft nervt, da sie meist schnell weiter will und gerne schnell ein sauberes Kind ins Auto bugsieren möchte."

Der Anus, also der After, steht im Mittelpunkt des psychosexuellen Interesses im zweiten Lebensjahr. Die

Kinder lernen langsam, ihren Schließmuskel zu benutzen. Sie können Kot und Urin schon zurückhalten und empfinden das Festhalten oder Loslassen durchaus als lustvoll. Das Hergeben des Stuhls wird in der Phantasie als ein Geschenk angesehen, die Verweigerung als Trotz. Das Kind hat also eine neue Stufe der Autonomie erreicht. Und so könnte das bei Emilia beobachtete Verhalten als Geschenk an die herbeigesehnte Mutter gesehen werden.

In der analen Phase differenziert sich auch der Geruchssinn aus. Und da Riechen und Schmecken zusammengehören, verbindet dies die orale mit der analen Phase.

Schon im zweiten Lebensjahr entwickeln die meisten Kinder einen Drang zum Erforschen der eigenen Geschlechtsorgane. Sie entdecken Penis und Vagina nicht nur, weil dies mit den Ausscheidungen zu tun hat. Sie beginnen, auch die körperliche Beschaffenheit zu erkunden und dies durchaus auch, um angenehme Gefühle zu bekommen.

3. Die phallische Phase
In dieser Phase wird den Kindern der Unterschied zwischen Mädchen und Jungen bewusst. Dies bezieht sich auf die primären Geschlechtsorgane, also beim Jungen auf Hoden und Penis, beim Mädchen auf Schamlippen und Klitoris. Die unterschiedlichen Geschlechtsorgane bei Eltern, Geschwistern und anderen Kindern werden intensiv beobachtet. Das Berühren der Geschlechtsorgane wird als lustvoll erlebt, auch werden Strategien zur lustvollen Stimulation entwickelt, etwa bei Mädchen das Zusammenpressen der Schenkel oder bei Jungen das Reiben am Stuhl.

Durch den Vergleich mit Gleichaltrigen nehmen die Kinder ihr Geschlecht wahr. Sie lernen, die Geschlechtsunterschiede zu respektieren. Es ist die Zeit der berühmten Doktorspiele, aber auch die Zeit in der kindlichen Selbstbefriedigung. „Auch kleine Jungen können zum Beispiel eine Erektion haben oder Mädchen schöne Gefühle empfinden, wenn sie auf einem Kissen herumrutschen. Aber Kinder schreiben diesen Erlebnissen eine ganz andere Bedeutung zu als Erwachsene." (BZgA, 2017, S. 7)

Wie entwickelt sich Sexualität?

Ein Interview mit Gunter Schmidt – Sozialpsychologe, Psychotherapeut und Professor für Sexualforschung in Hamburg (Schmidt, in: BZgA, 2017, S. 8 f.)

Was beeinflusst unsere sexuelle Entwicklung?
Interessanterweise vollzieht sich die sexuelle Entwicklung vor allem in nichtsexuellen Bereichen. Das heißt, sie wird von Erfahrungen und Erlebnissen geprägt, die nicht im engeren Sinn sexuell sind. Sexualität ist ja nicht ein isolierter Teil von uns, sondern eng mit unserer gesamten körperlichen und seelischen Entwicklung verknüpft.

Welche Erfahrungen sind das?
Zum Beispiel alle Erfahrungen, die wir von früh auf mit unseren Bedürfnissen machen. Konnten wir zum Beispiel als Kind darauf vertrauen, dass unsere Grundbedürfnisse wie Hunger, Durst oder auch nach körperlicher Nähe und Geborgenheit befriedigt wurden? Lernten wir später, dafür zu sorgen, eigene Bedürfnisse zu erfüllen oder mit Enttäuschungen umzugehen?

Was ist noch wichtig?
Sexualität erfahren wir mit dem Körper und unseren Sinnen. Das heißt, in ihr spiegeln sich auch alle Erfahrungen mit unserem Körper wider: Mögen wir ihn? Lernen wir, behutsam damit umzugehen? Können wir Körperlichkeit und Sinnlichkeit genießen?

Sinnlichkeit genießen – allein und mit anderen?
Sexualität vollzieht sich immer in Beziehung zu anderen Menschen. Wichtig sind also auch alle Erfahrungen, die wir von klein auf in Beziehungen machen, mit unseren Eltern, Geschwistern oder Gleichaltrigen. Fühlen wir uns geliebt? Können wir uns auf andere verlassen? Respektieren sie uns? Spüren wir, wichtig für andere zu sein?

Welcher Bereich spielt noch eine Rolle?
Wir machen Sex als Frau oder Mann. Egal, ob wir heterosexuell, schwul oder lesbisch sind. Unsere Geschichte als Mädchen oder Junge, als Frau oder Mann schlägt sich also auch in unserer Sexualität nieder. Wurden wir als Junge bzw. Mädchen – das heißt, in unserem Geschlecht – angenommen und gemocht, bestätigt und geschätzt?

Sexualität entwickelt sich also eingebettet in viele andere Erfahrungen.
Richtig. Sexuelles Erleben und sexuelle Kompetenz sind mit den vier großen Entwicklungsbereichen verknüpft, die ich schon nannte: mit der Geschichte unserer Bedürfnisse, mit der Geschichte unseres Körpers, mit der Geschichte unserer Beziehungen und viertens mit unserer Geschlechtsgeschichte. Alle diese Erfahrungen beeinflussen unsere sexuelle Entwicklung und Persönlichkeit grundlegend.

Interessieren sich Kinder heute mehr für Sexualität als früher?
Nein. Aber sie interessieren sich unbefangener und weniger mit dem Bewusstsein des Verbotenen. Heute konfrontieren manche Vorschulkinder ihre Eltern oder auch Erzieher und Erzieherinnen ziemlich selbstverständlich mit ihrer kindlichen sexuellen Neugier und ihrem Forschungsdrang. Manche Erwachsene sind darüber amüsiert, andere verblüfft, viele reagieren auch ein wenig ratlos, unsicher oder verlegen.

Wieso reagieren Erwachsene auf kindliche Sexualität oft unsicher?
Weil es keine „fertigen" Reaktionsmuster gibt, die auf alle Kinder und Situationen passen. Was tun, wenn Vierjährige in der Ecke des Wohnzimmers unter den Augen der Eltern in aller Ruhe mit Doktorspielen begin-

> *nen? Da gibt es nicht die richtige, perfekte Antwort oder Reaktion. Bei der Suche nach ihrer persönlichen Antwort können Eltern aber zwei Regeln beherzigen: Erstens sollte ein Kind lernen, dass das Spielen an den Geschlechtsorganen nicht in die Öffentlichkeit gehört, weil das anderen Leuten unangenehm sein könnte. Und zweitens sollten Kinder früh lernen, im körperlichen und sexuellen Bereich die Grenzen anderer zu respektieren.*

Ein Überblick über die psychosexuellen Phasen bei Kindern von 0–6 Jahren

Phase	Ausdrucksform
Orale Phase: Aufnehmen, Hineinnehmen und Aufgehen	Die Schleimhäute und der Gaumen sind die ersten erogenen Zonen. Es geht um das Lusterleben beim Saugen an der Brust oder beim Trinken, das über die Nahrungsaufnahme hinausgeht. Durch das orale Lusterleben erschließt sich das kleine Mädchen oder der kleine Junge neue Wirklichkeiten: „Lutschend und saugend, mit dem Mund ‚begreifend‘, eignet es sich zusätzliche Gegenstände an, aber es lernt auch sich selbst weiter kennen, indem sich Saugen und Ausscheidungen verbinden."
Anale Phase: Schau und Zeigelust des Ausscheidens	Das Urinieren und Ausscheiden erlangt in dieser Phase u. a. im Spiel vielschichtigen Ausdruck. Stoffe, die den Körperausscheidungen ähneln wie Wasser, Schlamm, Ton, Plastilin oder Ähnliches, werden lustvoll zum Kneten und Schmieren eingesetzt. Auch der verbale Umgang mit Ausscheidungsprodukten bereitet Kindern bis zum Vorschulalter große Freude. Ausscheidungen werden in der Phantasie von Kindern als mächtige Waffen oder wichtige Geschenke vor allem an die Eltern erlebt. „Die Kinder sind gleichsam bewaffnet mit ihren körperlichen Funktionen, den oralen Waffen, des Beißens und Schreiens, Brechens und Verschlingens und den analen, grausam destruktiven Phantasien des Zerstückelns, Versagens und Ertränkens, des Entleerens und Beraubens."
Phallische Phase: Erforschung der Welt	In der frühen genitalen Phase sind die Kinder vom Penis und von der Vagina fasziniert und nutzen die Gelegenheiten umfassender Untersuchungen. In der frühgenitalen Phase dringen Mädchen und Jungen in eine neue Welt ein und nehmen diese in sich auf. Es ist die Phase, in der Kinder überall eindringen. Das Kind „kriecht in alle Löcher, versteckt sich unter dem Bett. Es klettert auf Bäume, vollbringt wendig, agil und geschickt die waghalsigsten Kunststücke, die dem unfreiwilligen Zuschauer bisweilen Schauer den Rücken hinunterjagen."

(Kägi/Eble/Jakob, 2013, S. 15 f.)

> „Sexualität ist nicht nur Geschlechtsverkehr, hat nicht nur mit Genitalität zu tun, sondern umfasst körperliche, biologische, psychosoziale und emotionale Aspekte. Sie ist eine Lebensenergie, die sich im Körper entwickelt und von der Kindheit bis ins Alter wirksam ist. Die Ausdrucksmöglichkeiten von Sexualität sind vielfältig: Zärtlichkeit, Geborgenheit, Sinnlichkeit, Lust, Leidenschaft, Erotik, das Bedürfnis nach Fürsorge und Liebe, aber auch Ausdrucksformen, die dem „anderen Gesicht" der Sexualität zuzuordnen sind, wie sexualisierte Gewalt in Form von sexuellen Übergriffen, Vergewaltigungen und sexuellem Missbrauch. Diesem breiten Blick auf Sexualität steht eine einseitig genitalfixierte Sichtweise von Sexualität in vielen Medien und der Sexualindustrie gegenüber. Dieser Alltagsgebrauch von ‚Sex' bleibt Kindern nicht verborgen. Häufig zeigt sich das in sexuellen Äußerungen und Sprüchen und in Rollenspielen zum Geschlechtsverkehr.

> Sexualität umfasst verschiedene Sinnaspekte, den Identitäts-, Beziehungs-, Lust- und Fruchtbarkeits-aspekt, die für ein selbstbestimmtes und (sexualitäts-)bejahendes Leben von Kindern von Bedeutung sind. So werden die Motivationsquellen, die Ausdrucksmöglichkeiten und Sinnaspekte von Sexualität im Laufe der biografischen Entwicklung und in aktuellen Lebenssituationen unterschiedlich entwickelt und akzentuiert. Neben den kulturellen, sozialen und individuellen Lebenslagen beeinflussen vor allem Wert- und Normsetzungen sowie geschlechtsspezifische Erfahrungen das Erleben von Sexualität. Sexualität hat eine große Bedeutung für das seelische Gleichgewicht von Kindern. Sie kann das Selbstwertgefühl stärken, Lebensfreude geben, Freude am Körper vermitteln, aber auch Scham und Selbstzweifel nähren sowie Sprache der Trostlosigkeit oder Gewalt sein. Sexualität kann auch bereits für Kinder eine Art Über-lebensausrüstung sein. Zärtlichkeit, Geborgenheit, Liebe und Lust können über unangenehme Erfahrun-gen und Gefühle hinweghelfen."
>
> *(Wanzeck-Sielert, 2005)*

Um der psychosexuellen Entwicklung zu entsprechen, braucht es den „sexualfreundlichen Kindergarten".

Dafür ist eine sexualpädagogische Konzeption not-wendig.

Diese enthält:

- Aussagen zur Sexualentwicklung von Kindern
- Ziele einer sexualfreundlichen Erziehung
- Aussagen zur Umsetzung sexualfreundlicher Pä-dagogik
- ein Konzept zum Schutz der Kinder vor Übergrif-fen durch Personal oder andere Kinder

(vgl. Maywald, 2018, S. 94 ff.)

Sexualpädagogische Erziehungspartnerschaft

Vier Typen von Bedenken der Elternschaft können ange-troffen werden:

1) Die Kinder sind nicht reif für Sexualität. „Diesem Vorbehalt liegt in der Regel mangelndes Wissen über kindliche Sexualität, die mit der Erwach-senensexualität gleichgesetzt wird, zugrunde." *(Maywald, 2018, S. 88)*

2) Auch wird häufig vorgebracht, dass das Spre-chen über Sexualität die Kinder erst auf „dumme Gedanken" bringen würde (Verführungsthese). Diese Befürchtung ist falsch. Ganz im Gegenteil: „Kinder, die Begriffe für ihre Genitalien kennen, die Fragen stellen und ihre Neugier äußern dür-fen, sind besser vor Gefährdungen geschützt." *(Maywald, 2018, S. 88)*. Denn wer schon in der Kindheit gelernt hat, über Sexualität in einer an-gemessenen Sprache zu reden, kann bei sexuel-len Übergriffen besser reagieren.

3) Häufig sehen Eltern die sexuelle Aufklärung als ihre Sache an, die sie nicht der Kita überlassen wollen. Unbestritten ist, dass die primäre Ver-antwortung für die Erziehung der Kinder bei den Eltern liegt. Aber mit der Anmeldung zur Kita übertragen die Eltern einen Teil dieser Ver-antwortung auf die Erzieherinnen. Es wird eine geteilte Erziehungsverantwortung begründet. „Das sich daraus ergebende Spannungsfeld kann nur im Rahmen einer guten Erziehungspartner-schaft aufgelöst werden. Zu dieser Partnerschaft gehört, dass die Eltern das sexualpädagogische Konzept der Einrichtung kennen und akzeptieren sowie auch hier über alle wichtigen ihr Kind be-treffenden Fragen und Vorkommnisse informiert werden." *(Maywald, 2018, S. 88)*

4) Auch kann es Bedenken hinsichtlich der Kompetenz der Kita im Umgang mit dem Thema „Sexualität" geben. Insbesondere, wenn die Ansicht vorherrscht, dass Gefährdungen nicht ernst genommen werden und die Einrichtung darauf nicht adäquat reagiert. Solche Hinweise sind im Rahmen des Beschwerde-managements ernst zu nehmen und zu beantwor-ten. Oftmals fehlt es einfach an Information.

Beteiligungsformen sind:

- **Allgemeine sexualpädagogische Informationen im Rahmen des Aufnahmegesprächs**
  Schon im Aufnahmegespräch erhalten die Eltern erste Informationen über das Konzept der Einrichtung, auch über das sexualpädagogische. „Sie werden über die Haltung der Einrichtung zu Sinnlichkeit, Körperlust und Körperneugier der Kinder sowie über das Ziel der Geschlechtergerechtigkeit informiert." *(Maywald, 2018, S. 89)*

- **Themenabende zu unterschiedlichen Aspekten der Sexualpädagogik**
  In wiederkehrenden Abständen bietet die Kita Informationsabende rund um die Sexualpädagogik an. Hier können und sollen auch die vier genannten Grundbedenken Raum haben. In einer weiteren Austauschrunde in kleinen Gruppen soll sich eine Diskussion zu folgenden Fragen anschließen:
  - „Sollen in der Kita sogenannte Körpererkundungsspiele erlaubt sein und, wenn ja, welche Regeln sollen dabei gelten?
  - Dürfen sich die Kinder in der Kita nackt ausziehen und, wenn ja, wo?
  - Wie sollen Erzieherinnen und Erzieher mit Kindern umgehen, die offensichtlich masturbieren?
  - Wie körperlich nahe dürfen Erzieherinnen und Erzieher einem Kind treten (auf den Schoß nehmen, die Haare streicheln, Rücken massieren, einen Kuss geben etc.)?
  - An wen sollen sich Kinder, Eltern und Erzieherinnen bzw. Erzieher wenden können, wenn sie wegen eines (vermuteten) sexuellen Übergriffs oder Missbrauchs in Sorge sind?" *(Maywald, 2018, S. 90)*

- **Gespräche mit Teilgruppen der Elternschaft**
  Es kann sinnvoll sein, sich an bestimmte Teilgruppen zu wenden, wenn man sie sonst nicht erreicht, etwa an Eltern mit ähnlichem kulturellen Hintergrund. Hilfreich kann es sein, hierfür muttersprachliche Fachkräfte oder interkulturell ausgebildete Referentinnen und Referenten zu gewinnen.

- **Einbeziehung der psychosexuellen Entwicklung in die Entwicklungsgespräche**
  Die laufende Beobachtung und Dokumentation der Entwicklung soll auch die psychosexuelle Entwicklung des Kindes einbeziehen. Den Fachkräften, die in Bezug auf die kindliche Sexualität sprachfähig sind, kommt hier eine Vorbildrolle zu. Dadurch fällt es Eltern leichter, über diese Aspekte zu sprechen.

- **Gespräche mit einzelnen Eltern aus gegebenem Anlass**
  Trotz aller Vorsichtsmaßnahmen kann es zu sexuellen Übergriffen kommen, etwa wenn gegen den Willen eines Kindes etwas geschieht, beispielsweise die Hose heruntergezogen wird oder Gegenstände in Körperöffnungen geschoben werden. Hier sollten zeitnah mit den Eltern des Opfers, aber auch mit denen des übergriffigen Kindes gesprochen werden. Dies muss in einem geschützten Raum geschehen. Das Gespräch sollte von zwei Fachkräften geführt und gut dokumentiert werden.

- **Gespräche mit Elterngruppen aus gegebenem Anlass**
  Bei einer sexuellen Grenzverletzung oder einem sexuellen Übergriff ist die Elternschaft schnell in heller Aufregung. Die Nachricht und auch verschiedene Vermutungen verbreiten sich schnell. Die Kita muss hier schnell und entschieden reagieren. Der Umgang mit dem Vorfall muss sachlich geklärt und die Konsequenzen dargestellt werden. Hilfreich ist hier meist ein kurzfristig einberufener Elternabend, ggf. mit einer externen Fachreferentin. Sofern es um ein Geschehen geht, das von einem Kind ausgeht, sollte man nicht von Täter/Täterin und „sexuellem Missbrauch" sprechen, sondern von einem „übergriffigen Kind" und von einem „sexuellen Übergriff". Namen und Einzelheiten zur Familie dürfen nicht benannt werden.

> „Ziel des Informationsgesprächs ist es, den Eltern deutlich zu machen, dass der Vorfall beachtet und missbilligt wurde, dass notwendige Konsequenzen gezogen wurden und alles getan wird, damit sich derartige Vorfälle nicht wiederholen."
>
> *(Maywald, 2018, S. 91)*

„Eine sexualitätsbejahende und körperfreundliche Erziehung braucht die Kommunikation und Zusammenarbeit des gesamten Teams. Selten findet jedoch eine

Kommunikation zu sexualpädagogischen Themen im Team statt, selten sind die Einstellungen der KollegInnen bekannt und selten existieren in Einrichtungen Konzepte zur Sexualerziehung. Häufig prägen bei dieser Thematik Angst, Vorsicht, Rücksichtnahme, Unsicherheit das Gesprächsklima. Die Auseinandersetzung über den Umgang mit kindlicher Sexualität und die Erarbeitung einer gemeinsamen Haltung sowie eines sexualpädagogischen Handlungskonzeptes stärkt das gesamte Team nach innen und nach außen." *(Wanzeck-Sielert, 2005)*

Gerade im Kindergarten sind hier klare Absprachen über das sexualpädagogische Konzept und die Einbeziehung der Eltern notwendig.

So sind Doktorspiele völlig normal. Alltagssprachlich wird als Doktorspiel bezeichnet, wenn zwei oder mehrere Kinder unterschiedlichen Geschlechts sich gegenseitig betrachten und sich untersuchen lassen. Kinder spielen Arzt oder Ärztin und Patient oder Patientin. So besteht auch die Möglichkeit, dass Kinder die Genitalien des Gegenübers berühren und so die Unterschiedlichkeit der Geschlechter erkennen. In diesem Kontext wird darauf hingewiesen, dass vermutlich die überwiegende Zahl der Kinder dabei eher zusieht, als aktiv am Doktorspiel teilzunehmen *(vgl. Mosser, 2012, o. S.)*. Kinder spielen auch das bei Erwachsenen beobachtete Verhalten nach, z. B. Händchenhalten oder auch Heiraten.

Dafür sollten folgende Regeln gelten:

> - „Jedes Kind entscheidet selbst, ob und mit wem es Doktor spielen will.
> - Mädchen und Jungen streicheln und untersuchen sich nur so viel, wie es für sie selbst und die anderen Kinder angenehm ist.
> - Kein Mädchen/kein Junge tut einem anderen Kind weh.
> - Kein Kind steckt einem anderen Kind etwas in eine Körperöffnung (Po, Scheide, Mund, Nase, Ohr) oder leckt am Körper eines anderen Kindes.
> - Der Altersabstand zwischen den beteiligten Kindern sollte nicht größer als maximal bis zwei Jahre sein.

> - Ältere Kinder, Jugendliche und Erwachsene dürfen sich an Doktorspielen nicht beteiligen.
> - Hilfe holen ist kein Petzen."
> *(Maywald 2018, S. 100)*

Die Erziehungspartnerschaft mit den Eltern in Krippe, Kindergarten und Hort schließt selbstverständlich auch die Sexualpädagogik ein. Eine besondere Herausforderung stellen in diesem Zusammenhang die unterschiedlichen Werte und Normen in den Familien, die nicht immer einer sexualfreundlichen Erziehung entsprechen. Natürlich haben Eltern auch Angst vor sexuellem Missbrauch. Hier gilt zu verdeutlichen, dass eine positive Sexualerziehung wichtig ist für die Prävention vor sexualisierter Gewalt (vgl. Band 2, Lernfeld 5, Kap. 8.6).

Das Grundschulalter

Im Verlauf des Grundschulalters werden bei vielen Kindern die ersten Sexualhormone ausgeschüttet. Sie bereiten die Geschlechtsreife vor. Das Interesse am anderen Geschlecht erwacht. Das Wissen um die biologischen Vorgänge, um den Unterschied von Mann und Frau nimmt zu. Die Sexualorgane stehen dabei besonders im Mittelpunkt des Interesses. Gleichzeitig spüren die Kinder die sozialen Tabus. Im Gegensatz zum Vorschulalter wird nicht mehr offen mit Sexualität umgegangen. Sie ist mit Schamgefühl besetzt und wird als ambivalent und verwirrend empfunden. Obszöne Redensarten, zweideutige Witze, provokante Bemerkungen, die die Erwachsenen verunsichern und herausfordern sollen, sind durchaus altersspezifisch. Die Kinder tasten sich so mit versteckt aggressiven Verhaltensweisen an Sexualität heran. Sie probieren aus, wie Eltern und andere Erwachsene mit Sexualität umgehen.

Die Pubertät

Der Körper des jungen Menschen wird in der Pubertät sozusagen umgebaut. Manche sprechen auch von der zweiten Geburt. In der Vorpubertät schüttet der Körper vermehrt Geschlechtshormone aus. Sie beginnt etwa im 10. oder 11. Lebensjahr und hält etwa zwei bis drei Jahre an. Bei Mädchen setzt sie häufig etwas früher ein. Es zeigen sich erste körperliche Reifezeichen. Kinder fühlen sich plötzlich anders, der Schutz der Intimsphäre wird wichtiger, der Umgang mit den Eltern distanzierter.

Die Pubertät bei Mädchen

Zentrale Bedeutung für die Steuerung der körperlichen Reifung hat das Hirn und die dortige Hirnanhangsdrüse. Knochenbau und Wachstum verändern sich. Die Eierstöcke produzieren Geschlechtshormone, Brüste, Scham- und Achselhaare beginnen zu wachsen. Die erste Regel setzt zwischen dem 10. und 15. Lebensjahr ein. Das Körpergefühl hat in dieser Lebensphase eine herausragende Bedeutung. Viele Mädchen fühlen sich nicht wohl in ihrem Körper. Kleinste Veränderungen werden beobachtet, manche machen sich Sorgen, ob ihre Brüste schnell genug wachsen, andere finden sie zu groß. Das Aussehen spielt eine große Rolle.

Viele Mädchen wissen vor der ersten Menstruation, was auf sie zukommt. Allerdings gehen andere Kulturen damit verschwiegener um. Gerade für Mädchen aus dem islamischen Kulturkreis, aus Afrika oder Fernost ist die Monatsblutung ein Tabu-Thema.

Die körperlichen Veränderungen bei Mädchen im Überblick:

- Brustentwicklung
- Schambehaarung, Achselbehaarung
- Erste Monatsblutung (Menarche, Menstruation, Periode)
- weibliche Formen/Längenwachstum
- Talgdrüsenproduktion (Akne, Transpiration, fettige Haare)
- Wachstum der inneren und äußeren Genitalorgane

Die Pubertät bei Jungen

Bei Jungen schickt die Hirnanhangsdrüse zwischen dem 12. und 14. Lebensjahr Hormone über die Blutbahn an die Hoden. Dort wird Testosteron produziert. Spermien beginnen zu reifen, die ersten Schamhaare wachsen, es kann zum ersten Samenerguss (Ejakularche) kommen. Markant ist auch der Stimmbruch. Die Stimme wird tiefer und der Bartwuchs setzt ein. Äußerlich ist ein enormes Längenwachstum zu erkennen. Auch der Penis wächst. Mit der Samenproduktion ist die Zeugungsfähigkeit hergestellt. Viele Jugendliche in diesem Alter haben hierfür aber noch nicht das entsprechende Bewusstsein. Auch sie sollten beim Thema Verhütung Verantwortung übernehmen.

Die körperlichen Veränderungen bei Jungen im Überblick:

- Schambehaarung
- Penis- und Hodenwachstum
- erster Samenerguss (Ejakularche), nächtlicher Samenerguss (Pollution)
- Längenwachstum
- Bartwuchs und Haarwuchs am Körper
- Talgdrüsenproduktion (Akne, Transpiration, fettige Haare)
- Bei bis zu 50 Prozent der Jungen kommt es zu einer Brustdrüsenvergrößerung, die sich im Lauf der Pubertät fast immer zurückbildet

Jugendsexualität

Regelmäßige Befragungen, vor allem der Bundeszentrale für gesundheitliche Aufklärungen (BZgA), zeigen Entwicklungen des sexuellen Verhaltens Jugendlicher auf. Die Jugendzeitschrift BZgA führt solche Befragungen seit 1980 durch. Auch die BRAVO führt regelmäßig solche Studien durch.

Aufklärungsmaterialien stehen bei Jugendlichen hoch im Kurs. Das gilt ganz besonders für das Internet. Die BZgA hat unter www.loveline.de eigens Informationen für Jugendliche mit und ohne Migrationshintergrund entwickelt.

In der Dr. Sommer-Studie 2016 der Zeitschrift Bravo wurden rund 2 500 Jugendliche im Alter von elf bis siebzehn Jahren befragt.

„Die vorliegenden Ergebnisse widerlegen die oft wiederholte These, die Jugendlichen machten immer früher sexuelle Erfahrungen und seien durch Youporn und Co. freizügiger wie frühreifer. Die Studie zeigt: Die ‚Generation Selfie` lässt sich Zeit für die erste sexuelle Erfahrung: Erst 27 % der befragten 16-Jährigen und

47 % der 17-Jährigen hatte schon einmal Geschlechtsverkehr. Dabei fühlen sich die Jugendlichen gut informiert in Sachen Liebe und Sexualität. Die Verhütungsklassiker Kondom (Mädchen: 68 %, Jungen: 84 %) sowie die Pille (Mädchen: 74 %, Jungen: 32 %) liegen im Ranking vorn." *(Dr. Sommer Studie, 2016, zit. nach: Familienhandbuch.de)*

Ferner zeigt die Studie, dass Pornos für Jugendliche nicht die große Rolle spielen: „Für die Mehrheit der befragten Mädchen und die Hälfte der befragten Jungen spielt Pornografie im Netz keine Rolle. Mehr Jungen als Mädchen haben Interesse an pornographischen Inhalten (Fotos oder Bewegtbild): Die Hälfte der 15-jährigen Jungen und ein Drittel der Mädchen im selben Alter haben schon ‚echte Pornos' gesehen: die große Mehrheit im stationären (85 %) sowie im mobilen Internet (30 % der Mädchen und 41 % der Jungen)." *(Dr. Sommer Studie, 2016, zit. nach: Familienhandbuch.de)*

Auch die BZgA führt regelmäßig Studien zum Sexualverhalten Jugendlicher durch. In der Studie „Jugendsexualität 2015. Repräsentative Wiederholungsbefragung. Die Perspektive der 14- bis 25-Jährigen" heißt es:

Aufklärungsmaterialien stehen bei Jugendlichen hoch im Kurs. Das gilt ganz besonders für das Internet. Die BZgA hat unter www.loveline.de eigens Informationen für Jugendliche mit und ohne Migrationshintergrund entwickelt.

Das Internet spielt als bevorzugtes Medium der Jugend auch beim Umgang mit Sexualität eine herausragende Rolle. Der leichte mediale Zugang zu Pornografie klassifizierte die heranwachsende Generation gar als „Generation Porno". Ob dies gerechtfertigt ist, erscheint zweifelhaft. Doch darf man auch nicht die Augen vor den durch Pornografie überbrachten Verhaltensmustern verschließen. Immerhin haben schon zwei Drittel aller Jugendlichen laut einer Befragung der Zeitschrift BRAVO Erfahrungen mit pornografischen Bildern und Filmen gemacht. Die Medien sind Fernsehen, DVD, Internet, aber auch Handy. Allerdings konsumiert nur ein kleiner Teil der Jugendlichen Pornografie regelmäßig *(vgl. Dr. Sommer Studie, 2016).*

Die Medienwelt ist bei aller alltäglichen Prüderie vollgestopft mit sexuellen Reizen. Die Jugendlichen nehmen dies gelassen hin. Bilder, die ihre Eltern und Großeltern noch aufgeregt hätten, sind für sie nichts „Besonderes". „Die Alltäglichkeit von Sexualität entdramatisiert sie aber auch. An jenen Stellen, an denen es für ältere Generationen noch Geheimes zu entdecken galt und wo Informationsquellen über das andere Geschlecht sehr spärlich flossen, war Sexualität sehr exklusiv. Alltagspräsente Sexualität erlaubt heute auch Neugier, Entdeckung, Zugriff auf Wissen und Gefühle. Andererseits können Jugendliche nicht nur frei zugreifen auf Sexualitätsdarstellungen und Problemverhandlungen – sie müssen es auch." *(Renz/Wanielik/Wolf, 2013, S. 69)*

Wie bei allem pädagogischen Handeln muss es auch in der Sexualpädagogik darum gehen, das Kind altersgemäß zu begleiten, zu stärken, damit es seine Entscheidungen kompetent treffen kann. Eine so verstandene Sexualpädagogik ist auch der beste Schutz vor sexuellen Übergriffen. Christa Wanzeck-Sielert fasst es so zusammen:

„Während sexuelle Aktivitäten unter den 14-Jährigen insgesamt mit durchschnittlich sechs Prozent noch die Ausnahme sind, hat im Alter von 17 Jahren mehr als die Hälfte Geschlechtsverkehr-Erfahrung. Im Alter von 19 Jahren haben 90 Prozent der jungen Frauen deutscher Herkunft das „erste Mal" erlebt. Junge Frauen mit ausländischen Wurzeln sind im Alter von 21 Jahren zu gut zwei Dritteln sexuell aktiv geworden (70 Prozent). Für junge Männer gilt dies erst zwei bzw. drei Jahre später.
‚Annahmen, wonach immer mehr junge Menschen immer früher sexuell aktiv werden, bestätigen sich nicht', betont Dr. Heidrun Thaiss, Leiterin der BZgA. ‚Positiv ist auch zu sehen, dass eine feste Partnerschaft jungen Menschen beim 'ersten Mal' wichtig ist.' Das Fehlen des oder der ‚Richtigen' ist unabhängig von Geschlecht und Herkunft der Hauptgrund für Zurückhaltung. Für Mädchen und junge Frauen aus Migrantenfamilien spielen daneben moralische Bedenken eine wichtige Rolle. […]
Für Mädchen und junge Frauen mit Migrationsgeschichte ist bis ins Erwachsenenalter hinein ein anderes Motiv relevant: die Angst, „dass die Eltern davon erfahren" (20 Prozent). Dieses Argument teilen Mädchen

und junge Frauen aus deutschen Elternhäusern in jüngeren Jahren, mit zunehmendem Alter ist es weniger von Bedeutung.

Verhütungsbewusstsein deutlich vorhanden, Entwicklungen weiter positiv

Das Verhütungsverhalten der 14- bis 17-Jährigen ist ausgesprochen umsichtig. Über 90 Prozent der sexuell aktiven jungen Menschen sprechen mit ihrem Partner oder ihrer Partnerin über Verhütung. […] „Das Kondom ist bei Jugendlichen und jungen Erwachsenen mit deutlichem Abstand das Verhütungsmittel Nummer eins beim „ersten Mal". 73 Prozent der 14- bis 25-Jährigen geben dies an.

Gerade für männliche Jugendliche wichtig: die Vermittlungsinstanz Schule

„Das Elternhaus spielt bei der Sexualaufklärung eine wichtige Rolle. […] Je nach Herkunft leisten Eltern unterschiedliche Aufklärungsarbeit: Aktuell sprachen 63 Prozent der Mädchen und 51 Prozent der Jungen deutscher Herkunft mit ihren Eltern über Verhütung, aber nur 41 Prozent der Mädchen und 36 Prozent der Jungen aus Elternhäusern mit Migrationshintergrund. Aber auch der Institution Schule kommt eine wichtige Aufgabe zu: Im Schnitt geben 93 Prozent der Jugendlichen an, Themen der Sexualaufklärung im Unterricht besprochen zu haben. […] Lehrer und Lehrerinnen sind gerade für Jugendliche mit Migrationshintergrund wichtige Bezugspersonen, weil ihnen vielfach die Eltern als Ansprechpartner fehlen."

(BZgA (Hrsg.): Jugendsexualität 2015.)

„Eine ganzheitliche und umfassende Sexualerziehung, die sowohl die positiven, lustvollen, lebensbejahenden Aspekte als auch die unterschiedlichen Schattierungen von Aggression und Gewalt thematisiert, fördert die Lebenskompetenzen der Kinder. Dies bedeutet Stärke, Selbstvertrauen, Selbstbewusstsein und Autonomie. Das Experimentieren mit dem eigenen Körper ist für die Entwicklung der Ich-Identität und Autonomie von großer Bedeutung. Das Wissen um die eigene Körperlichkeit macht Kinder stark, sich bei sexuellen Grenzverletzungen nicht alles gefallen zu lassen und sich adäquat zur Wehr setzen zu können. Zudem macht es sie sprachfähig für unterschiedlichste Themen und ermöglicht die Wahrnehmung vielfältiger Gefühle und Ausdrucksformen unter Einbeziehung aller Sinne."

(Wanzeck-Sielert, 2005 o. S.)

↗ WIEDERHOLUNG

→ Kindliche Sexualität ist anders als die Erwachsenensexualität.
→ Die frühkindliche Sexualität wird in drei Phasen eingeteilt.
→ Doktorspiele sind normal und gehören zum Erkunden des Körpers.
→ Regeln zum Umgang mit Doktorspielen sind zwingend notwendig.
→ Sexualpädagogik gehört in die Konzeption einer Kindertagesstätte.
→ Der Schutz der Kinder vor Missbrauch muss gewährleistet sein. Eine positive Sexualerziehung ist dabei eine gute Grundlage.

→·← AUFGABEN

1 [Analyse und Bewertung]
Betrachten Sie Kitakonzeptionen.

→ Finden Sie eine sexualpädagogische Beschreibung. Wenn ja, wie sieht diese aus? Welchen der drei Konzepte würden Sie diese zuordnen?

→ Gibt es in den Kitateams eine Absprache darüber, welche Bezeichnungen für Geschlechtsorgane verwendet werden?

→ Wird die psychosexuelle Entwicklung der Kinder etwa bei Elterngesprächen thematisiert?

→ Sollten Erzieher sich bei diesem Thema anders verhalten als Erzieherinnen, da sie unter einem Generalverdacht stehen? Sollten keine Konzeptionen aus ihrer Praxiskita vorliegen, suchen sie im Internet drei Konzeptionen und vergleichen sie.

2 [Analyse und Bewertung]
Es gibt zur Sexualität sehr verschiedene Auffassungen. Alle sind mit Respekt zu behandeln. Sammeln Sie in der Klasse Überlegungen zu folgenden Fragen und begründen Sie Ihre Meinung:

→ Dürfen Kinder in Krippe und Kindergarten nackt herumlaufen?

→ Ist es Aufgabe der Kita, mit Kindern über Sexualität zu sprechen?

TIPPS ZUM WEITERARBEITEN →→

→ van der Gathen, Katharina/Kuhl, Anke: Klär mich auf! Leipzig: Klett Kinderbuch Verlag 2014.

Kompetenzen, die im Kapitel 5 erworben werden können:

• Die Absolventinnen und Absolventen verfügen über systematisch und wissenschaftlich fundiertes Wissen aus den relevanten Bezugswissenschaften, die ein komplexes und kritisches Verständnis von Entwicklungsprozessen ermöglichen.

Brodin, Marianne/Hylander, Ingrid: Wie Kinder kommunizieren. Daniel Sterns Entwicklungspsychologie in Krippe und Kindergarten. Weinheim und Basel: Beltz Verlag 2002.

BZgA (Bundeszentrale für gesundheitliche Aufklärung): Jugendsexualität 2015. Repräsentative Wiederholungsbefragung. Die Perspektive der 14- bis 25-Jährigen – Ausgewählte Ergebnisse. In: www.forschung.sexualaufklaerung.de/projekt/jugendsexualitaet-2015-repraesentative-wiederholungsbefragung-die-perspektive-der-14-bis-25-jaehrige/ergebnisse/ [28.08.2020].

BZgA (Bundeszentrale für gesundheitliche Aufklärung): Liebevoll begleiten … Körperwahrnehmung und körperliche Neugier kleiner Kinder. 8. Auflage. Köln: Eigenverlag 2017.

Castello, Armin: Soziale Entwicklung. In: Fröhlich-Gildhoff, Klaus/Mischo, Christoph/Castello, Armin: Entwicklungspsychologie für Fachkräfte in der Frühpädagogik. Köln: Carl Link Verlag 2009, S. 41–52.

Dr. Sommer Studie: Liebe, Sex und Zärtlichkeit im Internet. www.familienhandbuch.de/aktuelles/neue/31745/index.php [28.08.2020].

Fröhlich-Gildhoff, Klaus/Mischo, Christoph/Castello, Armin: Entwicklungspsychologie für Fachkräfte in der Frühpädagogik. Köln: Carl Link Verlag 2009.

Gilligan, Carol: Die andere Stimme. 2. Auflage. München: Piper Verlag 1985.

Gopnik, Alison/Kuhl, Patricia/Meltzoff, Andrew: Forschergeist in Windeln. 4. Auflage. München: Piper Verlag 2005.

Goswami, Usha: So denken Kinder. Bern: Verlag Hans Huber 2001.

Grimm, Hannelore/Weinert, Sabine: Sprachentwicklung. In: Oerter, Rolf/Montada, Leo: Entwicklungspsychologie. 5. Auflage. Weinheim/Basel/Berlin: Beltz Verlag 2002, S. 517–550.

Haug-Schnabel, Gabriele/Bensel, Joachim: Grundlagen der Entwicklungspsychologie. Freiburg i. Br.: Herder Verlag 2005.

Jampert, Karin: Schlüsselsituation Sprache. Opladen: Leske und Budrich Verlag 2002.

Jascenoka, Julia/Petermann, Franz: Motorische Entwicklung, Bewegung und Gesundheit. In: Petermann, Franz/Wiedebusch, Silvia (Hrsg.): Praxishandbuch Kindergarten. Göttingen: Hogrefe Verlag 2017, S. 86–107.

Kägi, Sylvia/Eble, Miriam/Jakob, Mareike: Igitt – wie schön! Sexuellen Themen in Kindertageseinrichtungen auf der Spur … (Band I). Herausgegeben vom Zentrum Bildung der Evangelischen Kirche in Hessen und Nassau – Fachbereich Kinder- und Jugendarbeit. Darmstadt, 2013.

Kesselring, Thomas: Jean Piaget. München: Beck Verlag 1988.

Largo, Remo: Babyjahre. Entwicklung und Erziehung in den ersten vier Jahren. München: Piper Verlag 2019.

Lorenz, Jens: Kinder begreifen Mathematik. Stuttgart: Kohlhammer Verlag 2012.

Maywald, Jörg: Sexualpädagogik in der Kita. Kinder schützen, stärken, begleiten. 3. Auflage. Freiburg i. Br.: Herder Verlag 2018.

Mosser, Peter: Sexuell grenzverletzende Kinder – Praxisansätze und ihre empirischen Grundlagen. Eine Expertise für das IzKK – Informationszentrum Kindesmisshandlung/Kindesvernachlässigung: 2012. In: www.dji.de/fileadmin/user_upload/izkk/IzKK_Mosser_Expertise.pdf [29.08.2020].

Oerter, Rolf/Montada, Leo: Entwicklungspsychologie. 5. Auflage, Weinheim/Basel/Berlin: Beltz Verlag 2002.

Pfeffer, Simone: Sozial-emotionale Entwicklung fördern. Freiburg i. Br.: Herder Verlag 2012.

Renz, Meral/Wanielik, Reiner/Wolf, Oliver: Sex. Sex! Sex? Umgang mit Sexualität und sexueller Gewalt bei Internationalen Begegnungen, Kinder- und Jugendreisen. Hannover: Arbeitsgemeinschaft der Evangelischen Jugend in Deutschland. 2013.

Rönnau-Böse, Maike/Fröhlich-Gildhoff, Klaus: Resilienz im Kita-Alltag. Freiburg i. Br.: Herder Verlag 2014.

Rothgang, Georg-Wilhelm: Entwicklungspsychologie. 2. Auflage. Stuttgart: Kohlhammer Verlag 2009.

Schäfer, Gerd: Bildung beginnt mit der Geburt. Weinheim und Basel: Beltz Verlag 2005.

Schenk-Danzinger, Lotte: Entwicklungspsychologie. 25. Auflage. Wien: Österreichischer Bundesverlag 1999.

Schneider, Wolfgang/Niklas, Frank: Kognitive Entwicklung. In: Petermann, Franz/Wiedebusch, Silvia (Hrsg.): Praxishandbuch Kindergarten. Göttingen: Hogrefe Verlag 2017, S. 15–39.

Thomas, R. Murray/Feldmann, Birgitt: Die Entwicklung des Kindes. Weinheim und Basel: Beltz Verlag 2002.

Vollmer, Knut: Das Fachwörterbuch für Erzieherinnen und pädagogische Fachkräfte. Freiburg i. Br.: Herder Verlag 2012.

Wanzeck-Sielert, Christa: Sich selbst entdecken und sinnlich erfahren. In: Kindergarten heute Heft 2/2005, S. 6–12.

Wendlandt, Wolfgang: Sprachstörungen im Kindesalter. 7. Auflage. Stuttgart: Georg Thieme Verlag 2015.

Wiedebusch, Silvia/Petermann, Franz: Sozial-emotionale Entwicklung. In: Petermann, Franz/ Wiedebusch, Silvia (Hrsg.): Praxishandbuch Kindergarten. Göttingen: Hogrefe Verlag 2017, S. 64–85.

6   Resilienz

Martin Gehlen

Lernsituation 1

Im Rahmen seiner Ausbildung zum Erzieher arbeitet Nasri in einer Wohngruppe gemäß § 34 SGB VIII. Laut Konzept können hier acht Bewohner beiderlei Geschlechts im Alter von 12 bis 18 Jahren leben. Aktuell begleiten sechs Fachkräfte vier Bewohner und drei Bewohnerinnen. Bei seinen Beobachtungen fallen Nasri zwei Personen besonders auf:

Eileen ist 12;8 Jahre alt. Ihre Sozialisationsbedingungen waren vor der Aufnahme in die Gruppe vor ca. sechs Monaten von familiärer Gewalt und Vernachlässigung geprägt. Häufig schreit sie andere Personen ohne erkennbaren Grund an, wird z. T. sehr beleidigend oder gar handgreiflich. Sich selbst beschreibt sie als „doof", was sie in Gesprächen mit den Fachkräften mal aggressiv, mal resignativ vorträgt. Eileen ist häufig krank und geht in Krankheitsphasen nicht in die Schule. Das belastet das Gruppenklima und ärgert mitunter die Fachkräfte wegen des zusätzlichen Betreuungsbedarfes. Im Raum steht, dass Eileen simuliert. Darauf angesprochen sagt sie, dass sie häufig Migräne hätte und die Ärzte sagen würden, dass das bei Mädchen ihres Alters häufig vorkäme.

Sascha, 17;4 Jahre, kann mit Eileens Verhalten offensichtlich gut umgehen. In herausfordernden Phasen findet er oft eine Lösung, die es Eileen ermöglicht, ihre Gefühle in den Griff zu bekommen. Kürzlich sagte er in einer solchen Situation zu Nasri: „Siehste, am Ende wird immer alles gut." Aus den Hilfeplandokumentationen wird ersichtlich, dass Saschas familiäre Basis ähnlich wie die von Eileen ist. Der einzige nennenswerte Unterschied zu Eileen war Saschas Großmutter, die sich in den ersten acht Lebensjahren um ihn kümmerte. „Bei Granny gab es immer was zu lachen, man durfte immer alles fragen und es war immer alles so klar geregelt. Und dass ich heute so gut Basketball spielen kann, verdanke ich auch ihr, weil sie mich immer zum Basketballtraining des Vereins gefahren hat." Über seine Familie insgesamt kann er angemessen sprechen. In Bezug auf den in Aussicht stehenden Auszug aus der Gruppe sagt Sascha, dass er sich auf ein selbstständiges Leben freue und dass er seiner Mutter helfen wolle, trotz ihrer Suchterfahrung ebenso selbstbestimmt zu leben wie er.

Positive Entwicklung trotz widriger Umstände

Lernsituation 2

Anna leistet den praktischen Teil ihrer Ausbildung zur Erzieherin in einer Ganztagsschule (GTS). Diese hat ihr Konzept hinsichtlich des Kontextes Inklusion in der näheren Vergangenheit modifiziert, was von vielen Eltern positiv aufgegriffen wird.

Zum Beispiel haben Maries Eltern sich gezielt für die Aufnahme ihrer jetzt siebenjährigen Tochter an dieser Ganztagsschule entschieden. Marie ist in der ersten Klasse. Sie leidet seit ihrer Geburt an einer Hemiparese. Laut Aussage des Vaters ist diese halbseitige Lähmung genetisch bedingt. Die Mutter sagt jedoch, dass sie eine neurologische Erkrankung als Ursache sähe. Unter anderem über diesen Aspekt geraten die Eltern immer wieder in Konflikt und dies ist ggf. der Ausgangspunkt für die nunmehr knapp ein halbes Jahr zurückliegende Scheidung. Marie lebt bei ihrer Mutter und beschreibt häufig, wie „ätzend" sie die Zankerei ihrer Eltern empfindet. Als Anna darüber mit ihr spricht, sagt Marie: „Och, das wird schon. Wenn ich Mama und Papa getrennt voneinander treffe, ist immer alles schön wie früher." In der Nachmittagsbegleitung zeichnet sich Marie durch kreative Lösungen aus, vor allem wenn es darum geht, mit ihrer Lähmung umzugehen. Die Lehrkräfte beschreiben Marie als sehr leistungsbereit.

Niklas, 10;2 Jahre alt, besucht die vierte Klasse und zeigt sich in puncto Kreativität, Leistungsbereitschaft, Zuversicht, aber auch in Bereichen wie Empathie und Kommunikationsfähigkeit völlig konträr zu Marie. Zudem fehlt er aufgrund diverser Erkrankungen häufig in der Schule. Auf seinen „miesen Gesundheitszustand" verweist Niklas oft, wenn es darum geht, Misserfolge in der Schule zu erklären. „Verrückte Welt", denkt Anna bei sich. „Der Niklas hat doch alles, was ein Kind braucht: Liebevolle, gebildete Eltern, materiellen Wohlstand, eine angesehene Wohnumgebung, sich kümmernde Großeltern usw."

Lernsituation 3

In einer dreigruppigen Kindertageseinrichtung (Kita), in der insgesamt 61 Kinder zwischen zwei und sechs Jahren betreut werden, leistet Emma ihr Praktikum im Rahmen ihrer Ausbildung zur Erzieherin. In der Blauen Gruppe arbeitet sie u. a. mit Piet (5;1). In der Teamsitzung erfährt Emma, dass Piet erst kürzlich mitten im laufenden Kindergartenjahr aufgenommen worden ist, nachdem seine Eltern sich getrennt haben und er mit der Mutter weit weg von der ehemaligen Wohnumgebung in die Nähe der Kita gezogen ist. Er weist Anzeichen eines atopischen Ekzems auf, was die Mutter nicht ärztlich abklären lassen möchte. „Der hat halt eine besondere Haut", hat die Mutter beim Aufnahmegespräch gesagt. „Einen solchen Fall hatten wir noch nie", erläutert die Gruppenleiterin. „Ich kenne diese Erkrankung nicht und eine Aufnahme mitten im Jahr ist schon schwierig. Da müssten wir uns mal überlegen, wie wir damit umgehen."

↘ FRAGEN

→ *Welche Gemeinsamkeiten erkennen Sie bei den Kindern und Jugendlichen, welche Unterschiede fallen Ihnen auf? Notieren Sie Ihre Beobachtungen.*

→ *Gibt es erkennbare Muster? Wenn ja, inwiefern? Halten sie Ihre Antwort schriftlich fest.*

→ *Welche Fragen ergeben sich aufgrund Ihrer Erkenntnisse? Notieren Sie diese.*

→ *Erstellen Sie eine Tabelle: Schreiben Sie die Namen der Kinder und Jugendlichen der Reihe nach auf und notieren Sie jeweils daneben, was Sie bei den Kindern/Jugendlichen objektiv feststellen.*

6.1 Resilienz im Kontext verschiedener Blickrichtungen

In der Arbeit mit Kindern, Jugendlichen und jungen Erwachsenen geht es zentral darum, diese fachlich adäquat zu begleiten. Von der Ausgestaltung der Konzepte bis hin zum konkreten Handeln steht dabei die Ausgangslage der jeweiligen Zielgruppe im Mittelpunkt. Die Analyse der Ausgangslage vollzieht sich vor dem Hintergrund neuester fachwissenschaftlicher Erkenntnisse. Insbesondere seit den 1990er-Jahren vollzog sich aufgrund einer zunehmend großen gesicherten Datenlage heraus in den Gesundheitswissenschaften, der Psychologie und der Pädagogik eine Veränderung der Blickrichtung *(vgl. Fröhlich-Gildhoff/ Rönnau-Böse, 2019, S. 7)*. Diese wird im Folgenden beschrieben.

Der pathogenetische Blick

Der Begriff **Pathogenese** leitet sich aus den griechischen Begriffen „pathos" (Leiden) und „genesis" (Ursprung, Entstehung) ab. Im Kern wird hier also die Entstehung einer physischen oder psychischen Erkrankung oder der Verlauf eines krankhaften Prozesses bis zur Erkrankung beschrieben. Der Fokus liegt auf dem Schützen vor und Verhindern von Krankheit und damit auf der Bekämpfung von Krankheitsauslösern und Gesundheitsrisiken. Im Kontext dieser Blickrichtung sind die Dimensionen „krank" und „gesund" insofern voneinander getrennt, als dass diejenige Person als gesund gilt, die an keiner diagnostizierbaren Erkrankung leidet. Der so definierte Normzustand „gesund" betrachtet Krankheit als Abweichung von diesem und lässt keinen graduellen Übergang zwischen Gesundheit und Krankheit zu.

Der salutogenetische Blick

> „Die Gesundheit ist ein Zustand des vollständigen körperlichen, geistigen und sozialen Wohlergehens und nicht nur das Fehlen von Krankheit oder Gebrechen." *(Verfassung der WHO 1946)*

In der am 22. Juli 1946 ratifizierten Verfassung der Weltgesundheitsorganisation (WHO – World Health Organization) wird ein weitsichtiger Akzent formuliert. Es wird darin u. a. deutlich, dass es sich hier um ein normatives Gut handelt, welches Menschen erstreben, ggf. aber nie vollständig erlangen werden. „Der Besitz des bestmöglichen Gesundheitszustandes" heißt es weiter in der WHO-Verfassung, „bildet eines der Grundrechte jedes menschlichen Wesens, ohne Unterschied der Rasse, der Religion, der politischen Anschauung und der wirtschaftlichen oder sozialen Stellung." Dass dieses Recht in der Umsetzung ggf. eine Utopie darstellt bedeutet nicht, dass ein Paradigmenwechsel notwendig erscheint.

Einen solchen formuliert der israelisch-amerikanische Medizinsoziologe Aaron Antonovsky (1923–1994) in den 1970er-Jahren, weil er nicht ausschließlich auf die Bekämpfung krankmachender Einflüsse setzt, sondern auch auf die Stärkung von Ressourcen, um den Organismus gegen schwächende Einflüsse widerstandsfähig zu machen.

Dieses **ressourcenorientierte Denken** erfordert die Berücksichtigung der gesamten Person und ihrer Lebensgeschichte sowie die Beachtung des gesamten Systems, in dem die Person lebt *(vgl. Bengel/Strittmatter/Willmann, 2001, S. 27)*. Grundannahme dieses systemischen Gedankenganges ist es, Gesundheit nicht als normalen, passiven Gleichgewichtszustand, sondern als ein sich dynamisch regulierendes, aktives und labiles Geschehen zu verstehen. Damit meint Antonovsky gezielt nicht das Gegenteil der Pathogenese. Vielmehr möchte er mit dem lateinischen Begriff „Salus", der so viel wie „Unverletztheit, Heil, Glück" bedeutet, ebendieses für alle Menschen nicht ausschließlich durch Schutz und Vermeidung, sondern zusätzlich durch die Bewusstwerdung, Aktivierung und Aneignung individueller Ressourcen erreichbar machen. Das „Gesundheitsmodell" der **Salutogenese** und der darin begründeten Vorstellung eines Gesundheits-Krankheits-Kontinuums beschreibt Antonovsky selbst mit der Metapher eines Flus-

ses, den ein Mensch vorfindet und in dem er schwimmen lernen muss. Der Fluss kann verschmutzt sein, er kann leichte und starke Strömungen bis hin zu Strudeln haben und viele Gabelungen aufweisen. Den Fluss insgesamt bezeichnet Antonovsky als „Strom des Lebens, an dessen Ufer man nicht immer sicher ist" *(Antonovsky, 1997, S. 92)*.

Antonovsky beschreibt das **Kohärenzgefühl** (sense of coherence) als eine zentrale Säule der Salutogenese. Kohärenz bedeutet hier so viel wie Stimmigkeit, Zusammenhang, was Antonovsky in den Begriff „Weltanschauung" einbindet. Gemeint ist eine Grundhaltung eines jeden Menschen gegenüber der Welt und dem eigenen Leben. Zwei Individuen, die den gleichen Bedingungen ausgesetzt sind, können in Abhängigkeit von ihrer Weltanschauung einen sehr unterschiedlichen Gesundheitszustand aufweisen. Je ausgeprägter das Kohärenzgefühl ist, desto gesünder ist die Person bzw. desto schneller wird sie wieder gesund werden und bleiben. Kognitive und affektiv-motivationale Grundeinstellungen spielen dabei eine zentrale Rolle, weil sie vorhandene Ressourcen zum Erhalt oder zur Wiederherstellung von Wohlbefinden und Gesundheit bewusst und/oder unbewusst ermöglichen *(vgl. Bengel/Strittmatter/Willmann, 2001, S. 28)*.

Der veränderte Blick: von den Symptomen zu den Ressourcen

Die vorhandenen Ressourcen des Individuums entwickeln sich und unterliegen im Laufe des Lebens einer fortwährenden Dynamik, weil ständig neue Lebenserfahrungen auf das Individuum einwirken. Generell stellt Antonovsky fest, dass positive Erfahrungen jeglicher Natur zu einem stabiler ausgeprägten Kohärenzgefühl führen, was wiederum zu einem adäquateren und flexibleren Umgang mit Herausforderungen führt. Zudem werden in gebührender Art und Weise Ressourcen aktiviert, um Situationen angemessen zu bewältigen. Ähnlich wie bei Piagets Ansatz (siehe Band 1, Lernfeld 3, Kap. 5.4.1) werden Einstellungen und letztlich Verhalten durch äußere Einflüsse gelenkt und bestehende Verhaltensweisen durch ähnliche Erlebnisse bestätigt.

In der Arbeit mit Kindern, Jugendlichen und jungen Erwachsenen gilt es, im Kontext des salutogenetischen Ansatzes, den Adressaten drei „Gefühle" zu vermitteln:

1) **Das Gefühl von Verstehbarkeit (sense of comprehensibility)**
Das Individuum soll im Rahmen des kognitiven Verarbeitungsmusters die Gelegenheit haben, äußere Stimuli geordnet, konsistent und strukturiert verarbeiten zu können, selbst wenn sie unbekannt und ggf. chaotisch, willkürlich, zufällig oder unerklärlich sind.
In der Arbeit mit Kindern und Jugendlichen bedeutet das u. a., dass klar verständliche Regeln gleichermaßen für alle herrschen, dass alle Erzieherinnen kongruent agieren und verlässlich sind. Verstehbarkeit bildet sich bei Kindern und Jugendlichen in Anlehnung an kognitive Entwicklungsschritte durch konsistente, also beständige, stabile, in sich stimmige Erfahrungen.

2) **Das Gefühl von Handhabbar- und Bewältigbarkeit (sense of manageability)**
In diesem von Antonovsky als „instrumentelles Vertrauen" beschriebenen Kontext ist die Überzeugung des Individuums, dass Schwierigkeiten lösbar sind, zentral. Neben den eigenen Kompetenzen und Ressourcen kann auch der Glaube an die Möglichkeiten anderer Personen oder einer höheren Macht im Rahmen dieses kognitiv-emotionalen Verarbeitungsmusters das wesentliche Element darstellen.

In diesem Kontext gilt es, Kinder und Jugendliche in möglichst viele Prozesse einzubeziehen. Dabei muss einerseits ein reizvolles Maß an Herausforderung zugelassen, andererseits bei sich abzeichnender Überforderung aufgrund zu hoher Komplexität und ggf. daraus entstehender Frustration wertschätzend begleitet werden. Ein vorschnelles, ggf. gar „entmündigendes" Eingreifen muss vermieden werden. Kinder und Jugendliche entwickeln die Kompetenz, Dinge bewältigen zu können, durch Erfahrungen der Belastungsbalance.

3) **Das Gefühl von Sinnhaftig- bzw. Bedeutsamkeit (sense of meaningfulness)**
Diese motivationale Komponente sieht Antonovsky als die wichtigste an, weil sie das Ausmaß beschreibt, in dem man das Leben als emotional sinnvoll erlebt. Eine hohe Ausprägung der beiden anderen Komponenten ergibt ohne die Erfahrung vom Sinn des Lebens und positiven Erwartungen kein besonders hoch ausgeprägtes Kohärenzgefühl, weil der Mensch das, was ihn umgibt, dann eher als Last und Qual empfindet.
Kinder und Jugendliche müssen das Gefühl haben, dass ihr Tun, ihre Anstrengung, ihr Engagement etwas bewirkt. Daher müssen Räume und Settings geschaffen werden, in denen Kinder und Jugendliche sich ohne Furcht davor, verlacht, gedemütigt oder gar bestraft zu werden, beweisen können. Bedeutsamkeit entwickelt sich bei Kindern und Jugendlichen durch Partizipation, Akzeptanz, Achtung und Respekt.

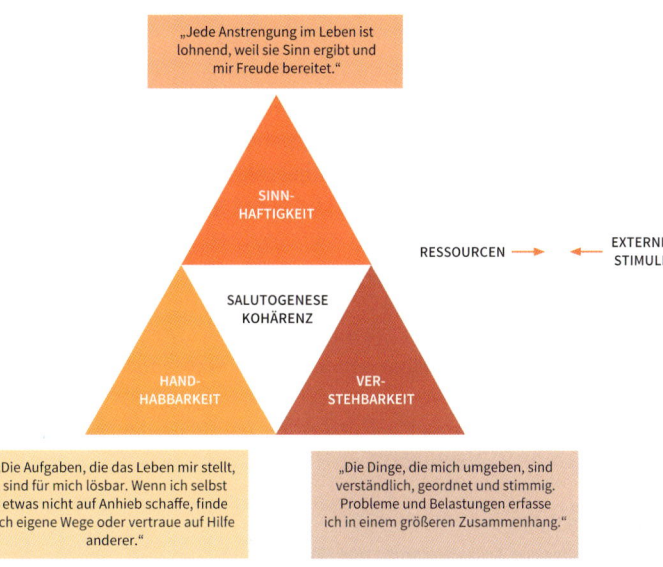

Die Bausteine der Kohärenz im salutogenetischen Modell

Wie beschrieben ist das Kohärenzgefühl wie das salutogenetische Modell insgesamt dynamisch. Eine besondere Prägung findet jedoch in der Kindheit und Adoleszenz statt.

Der bereits benannte Paradigmenwechsel (Wechsel von einer wissenschaftlichen Grundauffassung zu einer anderen) von der pathogenetischen Sichtweise zu einem salutogenetischen Verständnis findet in der von der WHO im Jahre 1986 verabschiedeten Ottawa-Charta seinen endgültigen Vollzug. Hier wird Gesundheitsförderung als ein Prozess verstanden, der allen Menschen das größtmögliche Maß an Selbstbestimmung über ihre Gesundheit ermöglicht. Dieser erweiterte Blick auf Gesundheit als ein grundlegendes Menschenrecht bringt dieses Thema in alle Ebenen der Gesellschaft und damit in die konkrete pädagogische Arbeit mit Kindern, Jugendlichen und jungen Erwachsenen in den jeweiligen sozialpädagogischen Einrichtungen. Explizit einbezogen ist hier der Präventionsgedanke.

Der resilienzorientierte Blick

In verschiedenen Fachdisziplinen wie der Psychologie (speziell in der klinischen Psychologie und der Entwicklungspsychologie) und in der Heil- und Sonderpädagogik griff man den salutogenetischen Gedanken auf und entwickelte ihn unter der gezielten Fokussierung auf die Herausbildung von Fähigkeiten für eine gelingende Lebensbewältigung (life skills) sowie zur Erlangung von Lebenszufriedenheit fort. Das in der englischen Sprache verwendete Adjektiv „resilient", was in der Übersetzung so viel wie „belastbar, robust, stabil, unverwüstlich, elastisch, nachgiebig, strapazierbar, widerstandsfähig, federnd, spannkräftig" bedeutet, erscheint wie gemacht für den sich herausbildenden Forschungsstrang „Resilienz".

Als Pionierstudie der Resilienz gilt die Kauai-Studie der amerikanischen Entwicklungspsychologin Emmy Werner und ihrem Team um Ruth Smith. Hier wurden Entwicklungsverläufe von 698 Kindern, die 1955 auf der Insel Hawaii-Kauai geboren wurden, erfasst und 40 Jahre lang wissenschaftlich ausgewertet. Etwa ein Drittel der Kinder wuchs unter harten, unzumutbaren Bedingungen bei psychisch kranken oder alkoholsüchtigen Eltern auf und hatte schon in den ersten Entwicklungsjahren traumatische Erlebnisse. Ein Teil dieser Kinder fiel sehr früh durch Lern- und Verhaltensstörungen auf und geriet später mit dem Gesetz in Konflikt oder wurde selbst psychisch krank. Überraschenderweise wuchs jedoch ein Drittel der sogenannten Risikokinder zu psychisch gesunden, kompetenten und leistungsfähigen Erwachsenen heran. Emmy Werner und ihr Team wollten genau wissen, was dazu beigetragen hatte, dass manche der Kinder von Kauai vor psychischer Erkrankung und dem Absturz in die Verwahrlosung bewahrt blieben. Diese Fragen bildeten somit den Anstoß für die Resilienzforschung. Die Ergebnisse führen abhängig davon, ob externale (Anpassungsleistung an die soziale Umwelt) oder internale (innere Befindlichkeiten) Kriterien maßgeblich zugrunde gelegt werden, zu verschiedenen Definitionen von Resilienz *(vgl. Fröhlich-Gildhoff/ Rönnau-Böse, 2019, S. 9)*. So gibt es im deutschsprachigen Raum eine allgemein anerkannte, externale und internale Kriterien einbeziehende Definition, in der Resilienz als psychische Widerstandsfähigkeit „gegenüber biologischen, psychischen und psychosozialen Entwicklungsrisiken" beschrieben wird *(Wustmann-Seiler, 2016, S. 18)*.

Das bedeutet:

> „Als Resilienz bezeichnet man in der Psychologie die Fähigkeit zu Belastbarkeit und innerer Stärke. Ganz allgemein betrachtet ist Resilienz die Fähigkeit von Menschen, auf wechselnde Lebenssituationen und Anforderungen in sich ändernden Situationen flexibel und angemessen zu reagieren und stressreiche, frustrierende, schwierige und belastende Situationen ohne psychische Folgeschäden zu meistern, d. h., solchen außergewöhnlichen Belastungen ohne negative Folgen standzuhalten."
>
> *(Stangl, 2020, o. S.)*

Merkmale von Resilienz

Resilienz gilt als:

- dynamischer Anpassungs- und Entwicklungsprozess
  Das Kind gilt als kompetenter Akteur im Rahmen seiner Entwicklung. In diesem Sinne ist Resilienz nicht angeboren, sondern entwickelt sich im Interaktionsprozess zwischen Kind und Umwelt. So lernt das Kind gleichsam sukzessive, regulierend auf die Umwelt einwirken zu können.

- variable Größe
Menschen besitzen keine immerwährende Un-
verwundbarkeit, sondern unterliegen Phasen der
Schwäche und Phasen der Stärke. Hier besteht
eine Verbindung zu den Entwicklungsaufgaben
nach Havighurst/Hurrelmann (siehe Band 1, Lernfeld 3, Kap. 2.2)
- situationsspezifisch
Neben Phasen des Lebens gibt es Situationen, die
das Individuum aus unterschiedlichsten Gründen

mehr herausfordern als andere. Bestimmte Herausforderungen können in spezifischen Bereichen
liegen, sodass beispielsweise von sozialer oder emotionaler Resilienz gesprochen werden kann.
- multidimensional
Das Merkmal Multidimensionalität bezieht sich
auf verschiedene biologische, psychologische und
psychosoziale Aspekte von Resilienz *(vgl. Fröhlich-
Gildhoff/Rönnau-Böse, 2019, S. 10 f.)*.

6.2   Risiko- und Schutzfaktoren der Resilienz

Die Multidimensionalität wird bei den Faktoren der Resilienz deutlich: Während Risiko- und Schutzfaktoren im
Rahmen resilienzbasierter Arbeit in gegenseitiger Wechselwirkung stehen, bilden personale Ressourcen einen
eigenen Faktor.

Das Risikofaktorenkonzept

Als für die Entwicklung „riskant" gelten biologische
und psychologische Vulnerabilitätsfaktoren eines
Menschen (**Vulnerabilität** = Verletzbarkeit, Verwundbarkeit, Störanfälligkeit). Neben diesen personenbezogenen Faktoren können Risikofaktoren oder Stressoren der psychosozialen Umwelt negativ auf das
Individuum einwirken.

Eine weitere Analyse im Kontext der Resilienz kann über
Vulnerabilitätsfaktoren erfolgen:

> Primäre Vulnerabilitätsfaktoren (=Risikofakto-
> ren) weist das Individuum von Geburt an auf,
> sekundäre Faktoren sind in der Interaktion mit
> der Umwelt (Familie usw.) zu finden.

Studien (z. B. die Mannheimer Risikokinderstudie)
legen nahe, dass psychosoziale Risikofaktoren bzw.
Stressoren besonders ungünstig auf die Entwicklung
von Kindern einwirken. Die kognitive und sozio-emo-
tionale Entwicklung ist deutlich betroffen, Vulnerabilitätsfaktoren hingegen weniger. Insbesondere biologische Risiken nehmen mit zunehmendem Alter ab.

Im Kontext des Risikofaktorenkonzeptes werden folgende Faktoren genannt:

- „Primäre Vulnerabilitätsfaktoren:
  - prä-, peri- und postnatale Faktoren (z. B. Frühgeburt, Geburtskomplikationen, niedriges Ge-
    burtsgewicht, Ernährungsdefizite, Erkrankung des Säuglings)
  - neuropsychologische Defizite
  - psychophysiologische Faktoren (z. B. sehr niedriges Aktivitätsniveau)
  - genetische Faktoren (z. B. Chromosomenanomalien)
  - chronische Erkrankungen (z. B. Asthma, Neurodermitis, Krebs, schwere Herzfehler, hirnorgani-
    sche Schädigungen)
  - schwierige Temperamentsmerkmale, frühes impulsives Verhalten, hohe Ablenkbarkeit
  - geringe kognitive Fähigkeiten: niedriger Intelligenzquotient, Defizite in der Wahrnehmung und
    sozial-kognitiven Informationsverarbeitung

- • Sekundäre Vulnerabilitätsfaktoren
- • unsichere Bindungsorganisation
- • geringe Fähigkeiten zur Selbstregulation von Anspannung und Entspannung

- • Risikofaktoren/Stressoren:
  - • niedriger sozioökonomischer Status, chronische Armut
  - • aversives Wohnumfeld (Wohngegend mit hohem Kriminalitätsanteil)
  - • chronische familiäre Disharmonie
  - • elterliche Trennung und Scheidung
  - • Alkohol /Drogenmissbrauch der Eltern
  - • psychische Störung oder Erkrankung eines bzw. beider Elternteile
  - • Kriminalität der Eltern
  - • Obdachlosigkeit
  - • niedriges Bildungsniveau
  - • Abwesenheit eines Elternteils/alleinerziehender Elternteil
  - • Erziehungsdefizite/ungünstige Erziehungspraktiken der Eltern (z. B. inkonsequentes, zurück-weisendes oder inkonsistentes Erziehungsverhalten, Uneinigkeit der Eltern in Erziehungsme-thoden, körperliche Strafen, zu geringes Beaufsichtigungsverhalten, Desinteresse/Gleichgültig-keit gegenüber dem Kind, mangelnde Feinfühligkeit und Responsivität)
  - • sehr junge Elternschaft (vor dem 18. Lebensjahr)
  - • unerwünschte Schwangerschaft
  - • häufige Umzüge, Schulwechsel
  - • Migrationshintergrund in Verbindung mit niedrigem sozioökonomischem Status
  - • soziale Isolation der Familie
  - • Verlust eines Geschwisters oder engen Freundes
  - • Geschwister mit einer Behinderung, Lern- oder Verhaltensstörung
  - • mehr als vier Geschwister
  - • Mobbing/Ablehnung durch Gleichaltrige
  - • außerfamiliäre Unterbringung"

(Fröhlich-Gildhoff/Rönnau-Böse, 2019, S. 22 f.)

Nicht jeder Aspekt stellt in direkter Folge eine Entwicklungsgefährdung dar. Dennoch gilt es, diese Risikofaktoren und Stressoren in den Blick zu nehmen. Besondere Gefährdungen sind beim Vorliegen von mehreren Risikofaktoren und Stressoren gleichzeitig oder schwerwiegenden, traumatischen Erlebnissen wie Terror, sexuellem Missbrauch oder Gewalttaten zu erwarten. Zu beachten sind unbedingt auch Phasen erhöhter Vulnerabilität. Diese können in besonderen Phasen wie beispielsweise einer Transition (siehe Band 2, Lernfeld 5, Kap. 9) oder in der Pubertät zu Problemen führen. Gerade in diesen Phasen steigt die Wahrscheinlichkeit unangepasster Entwicklung oder gar psychischer Störungen *(vgl. Fröhlich-Gildhoff/Rönnau-Böse, 2019, S. 25)*

Das Schutzfaktorenkonzept

Die beschriebene Wahrscheinlichkeit negativer Entwicklungstendenzen bis hin zum Auftreten psychischer Störungen kann durch Schutzfaktoren verhindert oder zumindest abgemildert werden. Schutzfaktoren werden in diesem Sinne als risikomildernd, protektiv und entwicklungsfördernd beschrieben. In Bezug auf die Schutzfaktoren liegt eine Vielzahl an Erkenntnissen zugrunde *(Fröhlich-Gildhoff/Rönnau-Böse, 2019, S. 28 ff.)*:

Im Sinne des Schutzfaktorenkonzeptes ist es natürlich nicht notwendig, alle Aspekte auf sich zu vereinen. Vielmehr sollen Kinder und Jugendliche die Erfahrung machen, Einfluss nehmen und damit ein-

„Personale Ressourcen
- Kindbezogene Faktoren:
  - positive Temperamentseigenschaften
  - intellektuelle Fähigkeiten
  - erstgeborenes Kind
  - weibliches Geschlecht

- Resilienzfaktoren:
  - Selbstwahrnehmung
  - Selbstwirksamkeit
  - Selbststeuerung
  - soziale Kompetenz
  - Umgang mit Stress
  - Problemlösefähigkeit

Soziale Ressourcen
- Innerhalb der Familie:
  - mindestens eine stabile Bezugsperson, die Vertrauen und Autonomie fördert
  - autoritativer/demokratischer Erziehungsstil
  - Zusammenhalt, Stabilität und konstruktive Kommunikation in der Familie
  - enge Geschwisterbindung
  - altersangemessene Verpflichtungen des Kindes im Haushalt
  - hohes Bildungsniveau der Eltern
  - harmonische Paarbeziehung der Eltern
  - unterstützendes familiäres Netzwerk (Verwandtschaft, Freunde, Nachbarn)
  - hoher sozioökonomischer Status

- In den Bildungsinstitutionen:
  - klare, transparente und konsistente Regeln und Strukturen
  - wertschätzendes Klima (Wärme, Respekt und Akzeptanz gegenüber dem Kind)
  - hoher, angemessener Leistungsstandard
  - positive Verstärkung der Leistungen und Anstrengungsbereitschaft des Kindes
  - positive Peerkontakte/positive Freundschaftsbeziehungen
  - Förderung von Basiskompetenzen (Resilienzfaktoren)
  - Zusammenarbeit mit dem Elternhaus und anderen sozialen Institutionen

- Im weiteren sozialen Umfeld:
  - kompetente und fürsorgliche Erwachsene außerhalb der Familie, die Vertrauen fördern, Sicherheit vermitteln und als positive Rollenmodelle dienen (z. B. Erzieherinnen, Lehrerinnen, Nachbarn)
  - Ressourcen auf kommunaler Ebene (Angebote der Familienbildung, Beratungsstellen, Frühförderstellen, Gemeindearbeit usw.)
  - gute Arbeits- und Beschäftigungsmöglichkeiten
  - Vorhandensein prosozialer Rollenmodelle, Normen und Werte in der Gesellschaft"

(Fröhlich-Gildhoff/Rönnau-Böse, 2019, S. 30 f.)

hergehend Aufgaben und Anforderungen bewältigen zu können.

Ähnlich wie beim Risikofaktorenkonzept können auch beim Schutzfaktorenkonzept die einzelnen Schutzfaktoren nicht isoliert voneinander betrachtet werden. Im Sinne der kumulativen Wirkweise ist die protektive Wirkung umso höher, je mehr Schutzfaktoren vorhanden sind. Die Wirkung von Schutzfaktoren insgesamt wird erst im Falle des Auftretens von Krisen oder Belastungen erkennbar. Als der bestmögliche Schutz im Kontext Resilienz erweisen sich emotional warme, wertschätzende und stabile Beziehungen zu einer (erwachsenen) Person *(vgl. Fröhlich-Gildhoff/Rönnau-Böse, 2019, S. 31 f.)*.

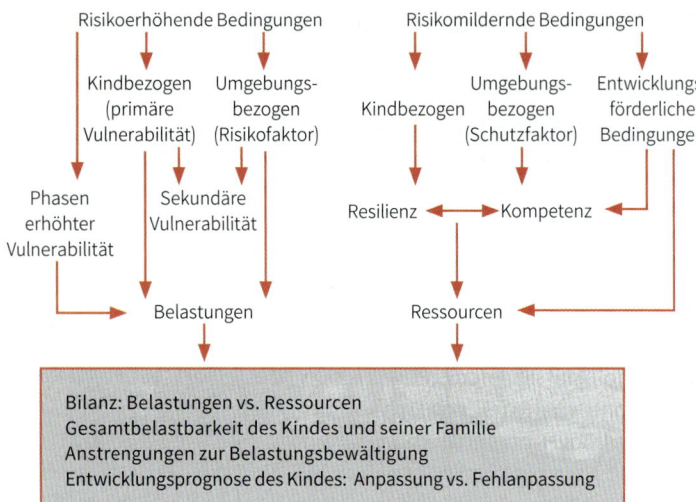

Zusammenspiel von risikomildernden und risikoerhöhenden Bedingungen (Petermann/Niebank/Scheithauer, 2004, S. 324)

Die Resilienzfaktoren – personale Ressourcen

Personale Ressourcen

Im Unterschied zu weiteren personalen Faktoren sind Resilienzfaktoren nicht angeboren oder genetisch bedingt, sondern generell zu erwerben. Dies geschieht infolge von Interaktion mit der Umwelt und erfolgreicher Bewältigung von altersspezifischen Entwicklungsaufgaben (siehe Band 1, Lernfeld 3, Kap. 2.2). Empirisch belegte protektive Faktoren korrelieren mit von der WHO definierten „life skills". Die Auswertung der vorliegenden Erkenntnisse zur Thematik lässt auf personaler Ebene die Darstellung von sechs Kompetenzen mit besonders hoher Relevanz zu. Diese sind geeignet, Krisensituationen, Ent-

wicklungsaufgaben und weniger kritische Alltagssituationen zu bewältigen *(vgl. Fröhlich-Gildhoff/Rönnau-Böse, 2019, S. 42)*. Die folgende Abbildung stellt die sechs Resilienzfaktoren dar. Zu beachten ist, dass diese Faktoren aus analytischen Gründen getrennt betrachtet werden können, in der Praxis aber miteinander korrelieren.

Resilienzfaktoren
(Fröhlich-Gildhoff/Rönnau-Böse, 2019, S. 43)

6.3   Resilienz als Grundlage der pädagogischen Arbeit

Die Arbeit mit Kindern, Jugendlichen und jungen Erwachsenen erfordert von Erzieherinnen und Erziehern eine profunde Analyse vor dem Hintergrund der benannten Fachtheorie. Zunächst soll in Bezug auf die in der Abbildung „Resilienzfaktoren" dargestellten Kompetenzen der personalen Ebene der Handlungsrahmen und konkretes fachliches Handeln dargestellt werden:

Selbstwirksamkeit

Selbstwirksamkeit müssen Kinder und Jugendliche erleben können. Dazu ist das Machen eigener Erfahrungen von herausragender Bedeutung. Außerdem müssen die Kinder und Jugendlichen selbst Verantwortung übernehmen dürfen. Pädagogische Fachkräfte müssen Kinder und Jugendliche ermutigen und konsequent darin bestärken, auf die eigenen Fähigkeiten zu vertrauen und auch bei Schwierigkeiten standhaft zu bleiben. Hilfreich ist das Aufzeigen von Kompetenzen und Stärken, vorschnelles Eingreifen hingegen wirkt kontraproduktiv und sollte vermieden werden. Je fundierter Erzieherinnen und Erzieher die Entwicklung des Kindes/Jugendlichen fachlich analysiert haben, umso sicherer können sie im Rahmen ihrer Aufsicht sein und Kinder/Jugendliche selbsttätig agieren lassen.

Selbststeuerung

Um Individuen dabei zu unterstützen, eine angemessene Selbstregulationsfähigkeit auszubilden, ist ein von positiven Emotionen getragenes Klima und der offene Umgang mit Gefühlen notwendig. Hier bieten sich altersangemessene Gespräche an, in denen Gefühle angesprochen und Möglichkeiten für die Emotionsregulation erörtert werden. Bei Kindern, die hier Schwierigkeiten haben, „ist es sehr hilfreich, wenn sie dazu angeleitet werden,

- sich selbst zu beobachten (um eigene Erregungszustände wahrnehmen zu können),
- ihre Gefühle differenziert wahrzunehmen und zu interpretieren,
- sich soziale Rückversicherung zu holen,

- „Selbstinstruktionen" zu beherrschen (für Handlungsstrategien zu Emotionsregulation), (neue) Handlungs- bzw. Regulationsstrategien zu entwickeln."

(Fröhlich-Gildhoff/Rönnau-Böse, 2019, S. 49)

Soziale Kompetenz

Diese Kompetenz erweist sich als durchgängig protektiv und benötigt Erwachsene als Modell. Deren Emotionen, Mimik und Gestik müssen nachvollziehbar und stimmig sein, damit Kinder und Jugendliche lernen können, Reaktionen angemessen einschätzen und Handlungsabsichten nachvollziehen zu können. Bei der Lösung von Konflikten sind klare Regeln und Abläufe wichtig. Über die Reflexion kann gelernt werden, Lösungsstrategien zu entwickeln und sich in andere hineinzuversetzen.

Problemlösefähigkeit

Der Einbezug in den Alltag mit all seinen Planungs- und Entscheidungsprozessen gilt als gelingendes Übungsfeld. Hier ist es unabdingbar, dass pädagogische Fachkräfte den notwendigen Raum geben. Kinder und Jugendliche benötigen das Zutrauen, Probleme grundsätzlich alleine lösen zu können. Eine Unterstützung ist nur dann angezeigt, wenn das Kind darum bittet oder eine offensichtliche Entmutigung einer Ermutigung bedarf, um das angestrebte Ziel zu erreichen.

Adaptive Bewältigungskompetenz

Diese Kompetenz korreliert mit **Copingstrategien,** die sinnvollerweise, zumindest in Ansätzen, vorhanden sein sollten. Zentral ist die Reflexion stressauslösender Situationen und die Erarbeitung von Strategien, die zur Bewältigung beitragen. Das Schaffen von Rückzugsmöglichkeiten, das Aufzeigen von Unterstützungspersonen, Entspannungsübungen und Bewegungsangebote bilden ein Spektrum adäquater Handlungsmöglichkeiten.

Selbst- und Fremdwahrnehmung

In diesem Kontext ordnen Fröhlich-Gildhoff/Rönnau-Böse *(2019, S. 43 ff.)* neben Wahrnehmung/Selbstwahrnehmung und Selbstreflexivität auch das „Selbst-Konzept" ein. Sie stellen fest, dass die Forschungsergebnisse und Erkenntnisse allein zum Selbstkonzept eine sehr große Zahl an unterschiedlichsten Theorien aufweisen, die dazu z. T. aufgrund unterschiedlicher Forschungsmethoden entstanden und damit kaum vergleichbar sind. Somit erscheint eine Zusammenfassung kaum möglich. Ausgewählte Sichtweisen sollen einen kursorischen Überblick verschaffen, ehe auf Carl Rogers und dessen Darstellung des Selbstkonzeptes vertieft eingegangen wird.

In Bezug auf das Selbst lassen sich verschiedene Bestandteile ausmachen – Körperselbstkonzept, ein emotionales, soziales und schulisches Selbstkonzept. Auch in die Kontexte Körper- und Fähigkeitskonzept, Selbstbild und Selbstwert kann gegliedert werden, wobei eine wechselseitige Beeinflussung zu verzeichnen ist. Eine weitere Gliederung kann in die Bereiche Kognition und Emotion erfolgen, wobei jeder Teil in ein mögliches und ein realistisches Selbst unterschieden werden kann. Eine Übereinstimmung beim Selbst/Selbstkonzept geht auf Carl R. Rogers zurück: Das Selbst und das sich daraus entwickelnde individuelle Konzept des Individuums entsteht aus konkreten Erfahrungen. Unter anderem aufgrund dieses allgemein anerkannten Postulats hat Rogers maßgeblich zur Prägung eines Verständnisses zum Selbstkonzept beigetragen.

Aus seinen therapeutischen Erfahrungen hat Rogers im Umgang mit Klienten seine personen- bzw. klientenzentrierte Theorie entwickelt. Bei dieser Persönlichkeitstheorie geht er davon aus, dass der Mensch zu Verhaltensänderungen grundsätzlich fähig ist, wenn er sich veränderten Situationen anpassen kann, wenn er offen ist und wenn er Vertrauen in die Welt hat. Die individuellen Erfahrungen sind der Ausgangspunkt für die Entwicklung der Persönlichkeit. Mithilfe seiner Theorie konnte Rogers wichtige Impulse in der Erziehung setzen. Das Selbstkonzept wird, wie beschrieben, zum einen durch Erfahrungen und Interaktionen mit der Umwelt bestimmt, die der Einzelne im Hinblick auf die eigene Person sowie im Hinblick auf Forderungen und Wünsche seiner Umwelt macht. Zum anderen spielen bei der Entstehung des Selbstkonzepts sowohl positive als auch negative Beziehungsbotschaften sowie die personenbezogenen Zuschreibungen anderer eine maßgebliche Rolle. Dadurch wird die Sichtweise beeinflusst, wie der Einzelne über sich denkt bzw. wie er sich wertschätzt.

Nach Rogers besteht das Selbstkonzept aus dem Realselbst und dem Idealselbst. Das Realselbst ist das tatsächliche Bild, das eine Person von sich hat, wohingegen das Idealselbst die Vorstellung meint, wie eine Person selbst gern sein möchte und wie andere sie haben möchten.

So führt eine wertschätzende Haltung von Erziehungspersonen gegenüber dem zu Erziehenden beispielsweise zu hoher Selbstachtung beim Kind und zu einem flexiblen Selbstkonzept. Das bedeutet, dass die Person aktuelle Erfahrungen in ihr Selbstkonzept integrieren kann. Die Erfahrungen, die das Kind in Bezug auf die eigene Person macht, stimmen mit den eigenen Vorstellungen von sich selbst überein. Das Kind entwickelt durch diese Erlebnisse ein positives Selbstkonzept und ist mit sich selbst „im Reinen".

Geringschätzung und Abwertungen hingegen führen demzufolge zu geringer Selbstachtung und zu einem starren Selbstkonzept, in das dem Selbstkonzept widersprechende aktuelle Erfahrungen nicht integriert werden können. Das kann beim Kind zu Frustrationen, Enttäuschungen, Rückzug und nach Rogers sogar zur Entstehung psychischer Fehlentwicklungen führen.

Rogers war überzeugt, dass sich ein Kind nur dann seinem Wesen gemäß entwickeln kann, wenn es in seinem Selbstverwirklichungsstreben nicht allzu stark eingeschränkt wird.

Aus diesen Erkenntnissen leitete Rogers die Bedeutung einer förderlichen Haltung in der Erziehung ab, die durch drei Grundtendenzen geprägt ist, die die Erzieherin zeigen sollte:

- Wertschätzung, und zwar bedingungslos, als gefühlsmäßige Grundhaltung gegenüber einer anderen Person, die sich in Achtung, Wertschätzung und Wohlwollen zeigt und sich durch Zugewandtheit, Interesse, Aufmerksamkeit und Freundlichkeit ausdrückt
- Verstehen betrifft die erzieherische Grundhaltung und Einstellung gegenüber dem zu Erziehenden und das Einfühlen in die innere Welt eines anderen, d. h. die Wahrnehmung und vorstellungsmäßige Vergegenwärtigung der sub-

jektiven Welt eines anderen Individuums. Diese Haltung wird auch als „Empathie" bezeichnet.

- Als Echtheit oder auch Kongruenz versteht Rogers die erzieherische Grundhaltung, bei der der Erzieher dem zu Erziehenden gegenüber aufrichtig ist und sein Verhalten mit seinen Einstellungen übereinstimmt. Diese Haltung wird auch als Kongruenz bezeichnet.

Zwei weitere wesentliche Aspekte hebt Rogers hervor, die für die förderliche Haltung in der Erziehung bedeutsam sind.

1) **Fördernde nicht dirigierende Einzeltätigkeiten**
   Auch die deutschen Psychologen Reinhard und Anne-Marie Tausch sind bei ihren Forschungen zum geeigneten Erziehungsstil zu einem ähnlichen Schluss wie Rogers gelangt. Danach sind alle Tätigkeiten und Aktivitäten im Bildungs- und Erziehungsprozess förderlich, welche die Prinzipien der Wertschätzung, des Verstehens und der Echtheit berücksichtigen, z. B.:
   - dem anderen Angebote machen,
   - ihm Anregung geben,
   - Alternativen vorschlagen,
   - Informationen weitergeben,
   - Rückmeldungen und Hilfestellung bieten,

- Absprachen und Regelungen vereinbaren,
- Verbesserungsvorschläge und Entscheidungshilfen geben,
- gemeinsame Aktivitäten planen,
- gemeinsame Erlebnisse schaffen sowie
- humane Grundwerte vorleben.

Zugleich bietet die Erzieherin dem zu Erziehenden:
- Freiräume für Selbstbestimmung,
- Zeit zum Experimentieren und Ausprobieren,
- den Respekt und die Berücksichtigung seiner Wünsche und Bedürfnisse sowie
- klare, überschaubare Grenzen, die für den zu Erziehenden nachvollziehbar begründet sind.

2) **Die Trennung von Person und Sache**
   Erziehung muss an der Sache orientiert sein. Erziehungsmaßnahmen wie Lob, Belohnung und Strafe sollten sich nicht gegen den zu Erziehenden als Person richten, sondern sich nur auf sein Verhalten beziehen. Das Entscheidende hierbei ist die Trennung von Beziehungs- und Sachebene (siehe Band 1, Lernfeld 2, Kap. 3.1.3). Diese Trennung ermöglicht den Aufbau und die Förderung des Selbstwertgefühls des Kindes.

Rogers „Merkmale für das gute Leben"

offen sein für Erfahrungen	im gegenwärtigen Moment leben	sich selbst vertrauen	Verantwortung für eigene Entscheidungen übernehmen	sich selbst und andere mit bedingungsloser positiver Zuwendung behandeln

(Collin/Benson/Ginsburg u. a., 2012, S. 132)

Insgesamt gilt es in der Arbeit mit Kindern, Jugendlichen und jungen Erwachsenen im Kontext des Selbstkonzeptes, zum Aufbau und zur Gestaltung eines positiven Selbstkonzeptes konstruktiv beizutragen. Junge Menschen werden hierdurch ermutigt, für neue Erfahrungen offen zu sein, das Leben in der Gegenwart wahrzunehmen und zu genießen, die eigenen Fähigkeiten kennenzulernen und einzusetzen sowie Verantwortung für ihr Handeln und für eigene Entscheidungen zu übernehmen.

> Eine wohlwollende, bedingungslose Wertschätzung anderer Menschen gegenüber, einfühlsames Wahrnehmen der Bedürfnisse anderer – also empathisches Verhalten – und eine positive Zuwendung ermöglichen ein zufriedenes Miteinander. Sie sind gute Voraussetzungen für ein positives, zufriedenes und gelingendes Leben.

Wie schon Antonovsky im salutogenetischen Konzept benennt, sind die Aspekte „Sinn und Ziele" von besonderer Bedeutung. Das gilt auch im Rahmen des Arbeitens innerhalb des Resilienzmodells. Mit Kindern, vor allem aber mit Jugendlichen, ist das Sprechen über die Sinnhaftigkeit aller möglichen Aspekte und eigener Ziele wichtig. Hier entwickeln sich Wert- und Moralvorstellungen. Diese können mit denen anderer Menschen bzw. mit allgemein anerkannten oder gewünschten Werten abgeglichen werden. Hierüber kann eine Zielanpassung erfolgen, Flexibilität geübt werden, was zu einem Schema im Umgang mit Veränderung führen kann. Dies ist ein wesentlicher Aspekt im Kontext Prävention.

Prävention als Ziel resilienzbasierter Arbeit

Die Resilienzforschung zeigt durchgängig, dass die Entwicklung von Kindern nachhaltig durch frühzeitige positive Begleitung beeinflusst wird. Dies beinhaltet im Kern Prävention. Da Schutz- und Resilienzfaktoren einen positiven Beitrag leisten, ist das Arbeiten vor dem Hintergrund dieser Aspekte nahezu identisch mit Präventionsarbeit. Dass ungünstige biologische, sozio-ökonomische und psychosoziale Rahmenfaktoren in sehr vielerlei Hinsicht als Risikofaktoren gelten, ist hinreichend dargestellt. Zu beachten ist, dass die Wirkung vorbeugender Maßnahmen umso besser ist, je früher sie angewendet werden. Somit verhindert präventives Agieren langfristige Fehlentwicklungen oder mildert sie zumindest ab. Auf diese Art und Weise ist die resilienzbasierte Arbeit ganz im Sinne der benannten Ottawa-Charta der WHO wirksam.

Eine Übersicht zur Präventionsarbeit vor den Bezugspunkten Umfang/Breite der Zielgruppen und Intensität stellen Fröhlich-Gildhoff und Böse-Rönnau dar *(vgl. Fröhlich-Gildhoff/Rönnau-Böse, 2019, S. 59)*. Die Art und Weise des konkreten Agierens macht sich an der Intensität der Fehlentwicklung fest, an der Gruppengröße und am Alter bzw. am Entwicklungsstand. Eine universell für alle Kinder und Jugendliche einer Gruppe stattfindende Präventionsarbeit ist möglich bzw. sinnvoll. Dies entspricht einer primären Prävention (früh-

zeitige Krankheitsvermeidung). Zusätzlich können Teil- oder Untergruppen, die besondere Risikofaktoren aufweisen, spezifische Präventionsangebote gemacht werden. Bezogen auf den Zeitpunkt entspricht dies der sekundären Prävention (Verschlimmerungen abwenden). Indiziert im Sinne von notwendig, ist eine gezielte Arbeit (ggf. einzeln) mit Kindern und Jugendlichen, deren Entwicklung bereits massiv gelitten hat und bei denen es schon zu Erkrankungen etc. gekommen ist. Dies gilt als tertiäre Prävention (schwere Folgen oder Rückfälle vermeiden).

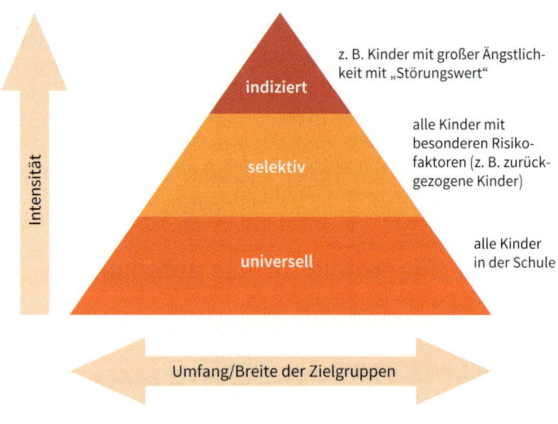

Präventionsansätze

Präventionsansätze
(Fröhlich-Gildhoff/Rönnau-Böse, 2019, S. 59)

6.4 Praxisprogramme und Kurse zu Prävention und Resilienz

Bei präventiven Angeboten und Kursen ist zu beachten:
- eine besonders an den Erkenntnissen über Schutz- und Risikofaktoren orientierte theoretische Begründung,
- Multidimensionalität,
- inhaltliche Ausgestaltung orientiert am Stand der Entwicklung,
- Strukturierung;
- Dauer-Programme sollten nicht kürzer als neun Monate laufen,
- Zielgruppenspezifikation (Milieus usw.),
- Ort: Lebensweltnähe/gute Erreichbarkeit für die Zielgruppe,
- sorgfältige Evaluation *(Fröhlich-Gildhoff/Rönnau-Böse, 2019, S. 62 f.)*.

Speziell für die Bezugspersonen gibt eine Vielzahl von Unterstützungsangeboten wie „Gordon Familientraining", „Starke Eltern – Starke Kinder" und „Triple P (Positive Parenting Program)".
Im Schutzfaktorenkonzept werden im weiteren sozialen Umfeld im Kontext der personalen Ressourcen

u. a. Frühförderstellen benannt. Ein darauf zielendes Konzept bietet das Nationale Zentrum Frühen Hilfen. Hier hat das Bundesministerium für Familie, Senioren, Frauen und Jugend (BMFSFJ) es sich zur Aufgabe ge-

macht, einen fachlichen Austausch der Akteure zu unterstützen. Unter anderem werden Qualitätszirkel wie „Prävention durch Kooperation" angeboten.

Präventionsprogramme für Kinder in den ersten sechs Lebensjahren:		
Name/Bezeichnung	**Speziell für …**	**Ziele**
Papillo	… den Bereich der Kindertagesstätten für Kinder von 3 bis 6 Jahren	- Verminderung von Verhaltensauffälligkeiten - Verhinderung von Sucht und Gewalt
(EFFEKT) Entwicklungsförderung in Familien: Eltern und Kindertraining	… Kinder von 4 bis 7 Jahren und deren Eltern	bei den Kindern: - Verbesserung der sozialen Kompetenzen - Erwerb sozialer Problemlösefertigkeiten bei den Eltern: - Unterstützung der Erziehungskompetenz
(PRiK) Kinder Stärken! Prävention und Resilienzförderung in Kindertageseinrichtungen	… die Arbeit in Kitas für die Kinder, deren Eltern, das soziale Umfeld und die pädagogischen Fachkräfte	bei den Kindern: - entwicklungsförderliche Bewältigung von Belastungen bei den Fachkräften/der Kita - Qualifikation für präventive Angebote und Vernetzung der Bezugspersonen bei den Eltern - Austausch, Beratung, Fortbildung in Bezug auf den Sozialraum: - Anlaufstelle für Bewohner
Präventionsprogramme für Schulkinder:		
Fit und stark fürs Leben	… die Arbeit im Unterricht mit 1. Bis 8. Klassen	- Entwicklung von Lebenskompetenzen - Förderung von Selbstwahrnehmung, Kommunikation, Empathie, Entscheidungsfähigkeit usw.
Grundschule macht stark! Resilienzförderung in Grundschulen	… die Arbeit mit der 1. bis zur 4. Klasse und die Organisationsentwicklung der Schule	1. Klasse: Selbstwahrnehmung 2. Klasse: Stärkung der Selbstwirksamkeit 3. Klasse: Soziale Kompetenzen 4. Klasse: Problemlösefähigkeit und Bewältigungskompetenz
Präventionsprogramme für Jugendliche:		
Fit for Life	… Jugendliche von 13 bis 21 Jahren	- Kennenlernen eigener Stärken und Ressourcen und deren Einsatz im Hinblick auf berufliche Ziele - Nutzung der Freizeit zum Ausgleich gegen Stress
BESS – Berliner Programm zur Suchtprävention in der Schule	… 11- bis 18-jährige Schüler/-innen in den Klassen 6 bis 10	- Suchtprävention - Verbesserung von Lebenskompetenzen und Standfestigkeit

↗ WIEDERHOLUNG

→ Im Rahmen eines Paradigmenwechsels von einer pathogenetischen zu einer mehr salutogentischen Sichtweise entstand ein neuer Blick auf die Gesundheit.
Antonovsky hat hierzu einen wichtigen Beitrag geleistet, indem er dem pathogenetischen Ansatz die Salutogenese angestellt hat. Verstehbarkeit, Handhabbarkeit und Bewältigbarkeit sowie Sinnhaftigkeit und Bedeutsamkeit sind zentrale Elemente im Rahmen des Kohärenzgedankens, der das salutogenetische Konzept wesentlich prägt.

→ Das Konzept der Resilienz macht sich einige Aspekte der Salutogenese zu eigen, entwickelt diese jedoch weiter. Ausgehend von Emmy Werners Kauai-Studie in den 1970er-Jahren ist der Blick auf das ressourcenorientierte Arbeiten zu einem der zentralen Elemente des pädagogischen, heilpädagogischen und (entwicklungs-)psychologisch orientierten Arbeitens geworden.

→ Neben Risiko- und Schutzfaktoren gilt es, Resilienzfaktoren zu kennen, um auf ihrer Grundlage Kindern und Jugendlichen wesentliche Aspekte zur Lebensbewältigung und zum Wohlbefinden mit auf den Lebensweg zu geben. So betrachtet ist resilienzbasiertes Arbeiten immer auch Prävention.
Im Rahmen des offen gestalteten Resilienzkonzeptes ist das von Carl Rogers wesentlich geprägte und sich bis heute vielfältig entwickelnde Selbstkonzept ein positiver Bestandteil. Die Arbeit am und mit dem Real- und Idealselbst im Rahmen eines konstanten Abgleichs mit der Umwelt und den hier gemachten Erfahrungen, begleitete die Entwicklung des Resilienzkonzeptes von Anfang an.

→·← AUFGABEN

1 [Wissen und Verstehen]
Zeichnen Sie einen Zeitstrahl: Entwicklungspunkte des modernen Resilienzkonzeptes.

2 [Analyse und Bewertung]
Der Blick auf Gesundheit ist nicht mehr wie früher pathogenetisch, sondern mehr salutogenetisch geprägt. Wie bewerten Sie diesen Paradigmenwechsel?

3 [Analyse und Bewertung]
Erstellen Sie eine Tabelle nach folgendem Muster: Notieren Sie, was den jeweiligen Resilienzfaktor ausmacht und nehmen Sie persönlich Stellung dazu.

Faktoren der Resilienz		
Risikofaktorenkonzept	Schutzfaktorenkonzept	Resilienzfaktoren – personale Faktoren
Inhalt …	Inhalt …	Inhalt …
Eigene Bewertung…	Eigene Bewertung…	Eigene Bewertung…

4 [Wissen und Verstehen]
Erarbeiten Sie in Partnerarbeit die Inhalte der Abbildung „Resilienzfaktoren" (siehe in diesem Kapitel). Tauschen Sie sich in der Klasse über Ihre Erkenntnisse aus.

5 [Wissen und Verstehen]
Nehmen Sie Ihre Notizen zu den Fragen 1 bis 3 der Lernsituation zur Hand. Beziehen Sie Ihr neu gewonnenes Wissen auf Ihre Antworten.

6 [Wissen und Verstehen]
Nehmen Sie Ihre Notizen zu den Kindern und Jugendlichen aus der Lernsituation (Aufgabe 4) zur Hand. Führen Sie diese Aufzeichnungen fort oder übertragen Sie sie entsprechend in eine neue Tabelle, die sich am unten angegebenen Muster orientiert.

7 [Analyse und Bewertung]
Analysieren Sie nun die Kinder/Jugendlichen in Ihren Einrichtungen vor dem Hintergrund Ihres Wissens. Tragen Sie relevante Aspekte in die Tabelle ein.

8 [Planung und Konzeption]
Notieren Sie anschließend, wie die Praktikanten Nasri, Anna und Emma fachlich angemessen handeln sollten. Beachten Sie dabei Ihre Analyse. Welche Ziele ergeben sich daraus individuell für die Kinder und Jugendlichen?

Welchen Aspekt aus der Theorie erkenne ich bei … (Name des Kindes/Jugendlichen)?				
Salutogenetischer Blick	Resilienzorientierter Blick	Faktoren der Resilienz – Risiko	Faktoren der Resilienz – Schutz	Resilienzfaktoren – personale Ressourcen

Daraus ergibt sich für die Arbeit von Nasri/Anna/Emma im Kontext ihrer Praxisstelle folgendes Handlungskonzept:

9 [Analyse und Bewertung]
Stellen Sie Ihre Analysen vor. Erläutern Sie, aufgrund welcher Kriterien Sie sich zu welcher Handlungsweise entschieden haben. Reflektieren Sie abschließend, was Sie in diesem Kapitel für Ihre berufliche Praxis gelernt haben.

TIPPS ZUM WEITERARBEITEN →→

→ Fröhlich-Gildhoff, Klaus/Rönnau-Böse, Maike: Resilienz im Kita-Alltag. Was Kinder stark und widerstandsfähig macht. 3. Auflage. Freiburg i. Br.: Herder Verlag 2020.

→ Kubitschek, Gabriele: Resilienz im Alltag fördern: Mutmachgeschichten und Praxisideen für starke Kinder. 1. Auflage. München: Don Bosco Medien 2016.

→ Kurt, Aline: Stark wie ein Gorilla, mutig wie eine Löwin. Resilienz entwickeln und fördern in der Kita.

Das Praxisbuch. 1. Auflage. Mülheim an der Ruhr: Verlag an der Ruhr 2019.

→ Kurt, Aline: Resilienz entwickeln und stärken in der Grundschule. Praktische Materialien, die Kinder widerstandsfähiger machen. 1. Auflage. Mülheim an der Ruhr: Verlag an der Ruhr 2017.

→ Zander, Margherita (Hrsg): Handbuch Resilienzförderung. Wiesbaden: VS Verlag für Sozialwissenschaften 2011.

Kompetenzen, die in diesem Kapitel erworben werden können:

- Die Absolventinnen und Absolventen verfügen über fachtheoretisches Wissen zur Bedeutung von Resilienz.

- Die Absolventinnen und Absolventen verfügen über Fertigkeiten, Kinder in schwierigen Lebenssituationen ressourcenorientiert zu begleiten und Bedingungen in Gruppen zu schaffen, in denen sich das einzelnen Gruppenmitglied in der Gruppe selbstwirksam erleben kann.

Antonovsky, Aaron: Salutogenese. Zur Entmystifizierung der Gesundheit. Tübingen: dgvt-Verlag 1997.

Bengel, Jürgen/Strittmatter, Regine/Willmann, Hildegard: Was erhält Menschen gesund? Antonovskys Modell der Salutogenese – Diskussionsstand und Stellenwert. Herausgegeben von der Bundeszentrale für gesundheitliche Aufklärung (BzgA). Köln 2001.

Collin, Catherine/Benson, Nigel/Ginsburg, Joannah/Grand, Voula/Lazyan, Merrin/Weeks, Marcus: Das Psychologie-Buch. Wichtige Theorien einfach erklärt. München: Dorling Kindersley Verlag 2012.

Fröhlich-Gildhoff, Klaus/Rönnau-Böse, Maike: Resilienz. 5. Auflage. München: Ernst Reinhardt Verlag 2019.

Mannheimer Risikokinderstudie. In: www.kinderjugendgesundheit.at/files/cto_layout/downloads/fachartikel/Laucht_ZKPP_MARS_2000_01.pdf [26.02.2020].

Petermann, Franz/Niebank, Kay/Scheithauer, Herbert: Entwicklungswissenschaft. Entwicklungspsychologie – Genetik – Neuropsychologie. Berlin/Heidelberg: Springer Verlag 2004.

Rönnau-Böse, Maike: Resilienzförderung in der Kindertageseinrichtung. Materialien zur Frühpädagogik. Freiburg i. Br.: FEL-Verlag Forschung-Entwicklung-Lehre 2013.

Wustmann-Seiler, Corina/Fthenakis, Wassilios (Hrsg.): Resilienz. Widerstandsfähigkeit von Kindern in Tageseinrichtungen fördern. Beiträge zur Bildungsqualität. 6. Auflage. Berlin: Cornelsen Verlag 2016.

Ottawa-Charta zur Gesundheitsförderung, 1986. In: www.euro.who.int/__data/assets/pdf_file/0006/129534/Ottawa_Charter_G.pdf [29.08.2020].

Stangl, Werner: Resilienz. In: Online Lexikon für Psychologie und Pädagogik. 2020. www.lexikon.stangl.eu/593/resilienz/ [29.08.2020].

Verfassung der Weltgesundheitsorganisation, New York 1946. In: www.admin.ch/opc/de/classified-compilation/19460131/201405080000/0.810.1.pdf [29.08.2020].

7 Neurologische und entwicklungsphysiologische Grundlagen des Lernens

Michael Ott

Praktikantin Laura ist im Kinderatelier der Kita, in dem sich einige Kinder mit unterschiedlichen Materialien beschäftigen. Alle Kinder sind aus der neu gebildeten „Schuli-Gruppe" und werden im Sommer die Einrichtung verlassen. Laura macht eine Reihe von Beobachtungen:

Annalena hat angefangen, ein großes Haus zu zeichnen.

Kinder im Kinderatelier

Gezielt sucht sie sich bestimmte Farben und verziert das Haus mit vielen Details.

Paul, der neben ihr sitzt, schaut oft zu ihr herüber und versucht sich auch an einem Haus. Seine Linien sind eher rund. Die Zeichnung wirkt auf Laura ungelenk.

Leon hat eine Collage angefertigt. Mit Klebstoff hat er viele kleine Figuren aufgeklebt, die er zuvor mit einer Schere ausgeschnitten hatte. Nun versucht er stolz, seinen Namen auf sein Bild zu schreiben, was ihm mit Großbuchstaben auch gut gelingt. Von seiner Umgebung scheint er nichts mitzubekommen.

Paul hingegen hat die Schere schnell entnervt weggelegt und den Tisch verlassen. Immer wieder schlüpfte das Papier zwischen die Schneiden.

Leni hatte wie Leon mit einer Collage begonnen. Die beiden spielen oft miteinander. Dann bemerkte Leni aber, dass auf dem Tisch noch mehr Materialien zu finden waren. Interessiert nimmt sie diese nacheinander in die Hand, streicht mit ihnen über ihre Wange oder hält sie knisternd ans Ohr. Schließlich schaut sie Laura direkt an und fragt: „Was ist denn das?"

↘ FRAGEN

→ *Praktikantin Laura macht die Beobachtung, dass Vorschulkinder sehr unterschiedliche Fertigkeiten haben. Was sollten Kinder Ihrer Meinung nach können, wenn sie in ihr letztes Kindergartenjahr kommen?*

→ *Betrachten sie das malende Mädchen auf dem Foto. Wie ist der Gesichtsausdruck des Kindes? Was fällt Ihnen an der Art auf, in der das Kind den Stift hält?*

→ *Warum verfügen die Vorschulkinder, deren Verhalten in dieser Lernsituation beschrieben wird, über so unterschiedliche Fertigkeiten? Tauschen Sie sich in Ihrer Klasse über Ihre Vermutungen aus.*

7.1 Die Entwicklung des Gehirns

7.1.1 Das Gehirnwachstum vor der Geburt

Die Entwicklung des Gehirns folgt bei allen Menschen nach demselben Muster in vergleichbaren Zeithorizonten.

Am **vierten Tag** nach der Zeugung hat sich ein kleiner Zellhaufen aus 32 Zellen gebildet, die **Blastozyte.** In ihr kommt es zu einer ersten Spezialisierung der Zellen und einer entsprechenden Aufteilung. Das Kind selbst entsteht aus nur drei bis fünf Zellen. Der Rest bildet eine es umhüllende Kugel, aus der sich im Weiteren die **Plazenta** entwickelt. Ursprünglich verfügen alle 32 Zellen über dasselbe Potenzial und dieselben Gene. Welche der Zellen sich schließlich zum **Embryo** weiterentwickeln, ist nicht vorherbestimmt, sondern hängt von ihrer Lage im Raum oder unbekannten Umwelteinflüssen ab. Dieser Schritt stellt einen ersten markanten Punkt dar, an dem deutlich wird, dass Gene und Umwelt ein feines, sich wechselseitig beeinflussendes System darstellen.

Am **siebten Tag** kommt es zur Einnistung in die Gebärmutter. Bereits zehn Tage nach der Zeugung vollzieht sich eine weitere Differenzierung unter den Zellen. Dabei bilden sich drei Bereiche heraus: das **Entoderm** (inneres Keimblatt), aus dem sich alle inneren Organe bilden werden, das **Mesoderm** (mittleres Keimblatt), welches zu Muskeln, Blutkreislauf und dem Verdauungstrakt wird, und das **Ektoderm** (äußeres Keimblatt), welches sich zur Außenhaut, den Sinnesorganen und dem Gehirn mit dem Nervensystem entwickelt.

Etwa **16 Tage** nach der Zeugung entsteht an der Stelle, an der Ektoderm und Mesoderm zusammentreffen, die sogenannte **Neuralplatte,** die erste Stufe der embryonalen Entwicklung des zentralen Nervensystems. Drei Tage später haben die Entwicklung von Gehirn und Rückgrat begonnen. Am **25. Tag** hat sich die Neuralplatte zur **Neuralrinne** gebogen, einen Tag später ist sie zum **Neuralrohr** geschlossen. Dessen oberer Teil verdickt sich. Dort bilden sich drei **primäre Knoten,** die sich zum **Vorder-, Mittel- und Hinterhirn** entwickeln werden. Vier Wochen nach der Zeugung haben sich auf den Kopfseiten bereits die Augenflecken gebildet, die schließlich in Richtung Gesichtsmitte wandern. Das rudimentäre Herz schlägt selbstständig und das Rückenmark ist funktionsfähig.

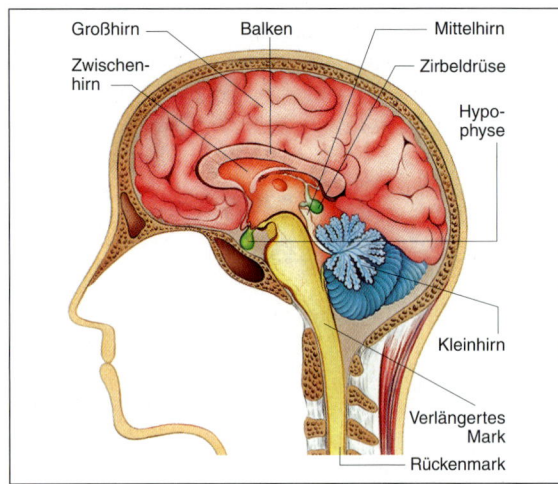

Das Gehirn

Ungefähr am **35. Tag** teilen sich die primären Knoten weiter und bilden die rechte und linke **Gehirnhemisphäre.** Sechs Wochen nach der Zeugung sind alle wichtigen Gehirnstrukturen angelegt: Brücke, Medulla, Kleinhirn, Thalamus, Basalganglien, das Limbische System und die Großhirnrinde.

Ab der **20. Woche** beginnt das Gehirn, die typische Faltung auszubilden. Das geschieht mit einer ersten Ordnung, die bei allen Menschen nahezu identisch ist. Ungefähr im siebten Monat beginnt sich eine Faltung mit größerer Variationsbreite auszubilden. Wenn der Säugling seinen ersten Geburtstag feiert, sind die Falten dritter Ordnung nahezu komplett ausgeprägt. Sie sind bei jedem Menschen individuell.

> Die Entwicklung des Nervensystems beginnt zu einem sehr frühen Zeitpunkt in der Schwangerschaft. Sie geschieht von Anfang an in Interaktion mit der Umwelt.

7.1.2   Das Gehirnwachstum zwischen dem ersten und siebten Lebensjahr

Mit der 24. Woche sind nahezu alle **Neuronen** (Nervenzellen) komplett angelegt. Es sind ca. 100 Milliarden! Die Produktionsrate betrug bis dahin im Durchschnitt etwa 500 000 pro Minute.

Allerdings sind die Neuronen zu diesem Zeitpunkt noch kaum miteinander „verschaltet". Es werden erst wenige Informationen zwischen ihnen ausgetauscht. Die **Synaptogenese** – die Entstehung und Bildung neuer Synapsen an einer Nervenzelle – beginnt erst. Bei einem Erwachsenen gehen von einer Nervenzelle etwa 10 000 **Dendriten** (Fortsätze der Nervenzelle, über die synaptisch übertragene Informationen aufgenommen werden) aus und nehmen Kontakt zu anderen Nervenzellen auf. Jede Nervenzelle empfängt von etwa 10 000 Neuronen Informationen. Bei Kindern im Vorschulbereich kann diese Zahl bei 15 000 an- und abgehenden Kontakten liegen. Die Kontaktstellen werden **Synapsen** genannt.

Das sind so viele, dass das Gehirn nicht effizient arbeiten kann. Der Synapsenüberschuss beträgt in etwa das Doppelte von dem, was schließlich gebraucht wird. 83 % der Dendriten, also der Zellfortsätze der Nervenzellen, die der Aufnahme von Reizen dienen, wachsen nach der Geburt. Die Anzahl von Nervenverbindungen im Gehirn ist von der Umgebung abhängig.

Da diese vielen Verknüpfungen zunächst einfach auf Menge und nicht immer sinnvoll hergestellt werden, braucht es ein Regulativ. Hier spielt die Umwelt eine wichtige Rolle. Die Verbindungen werden bei weiterem Nichtgebrauch wieder abgebaut, durch Übung allerdings gefestigt, *konsolidiert.* Hierbei handelt es sich um einen sehr energieintensiven Vorgang. Der Glukoseverbrauch im Gehirn eines Siebenjährigen ist deshalb doppelt so hoch wie der im Gehirn eines Erwachsenen.

Die gesamte Gehirnentwicklung verläuft in Schüben. Das betrifft sowohl die Entwicklung der unterschiedlichen Gehirnteile als auch die Differenzierungen und Entwicklungen in diesen Bereichen: die **Neurogenese** (Wachstum der Neuronen), die Ausbildung von Verästelungen zu anderen Nervenzellen und in den gesamten Körper

(Migration), die **Synapsenbildung,** die entsprechende Auslese der Synapsen und schließlich die **Myelinbildung.** Hierbei handelt es sich um die Isolierung der Nerven, damit die Signale zwischen den Nervenzellen optimal übertragen werden können.

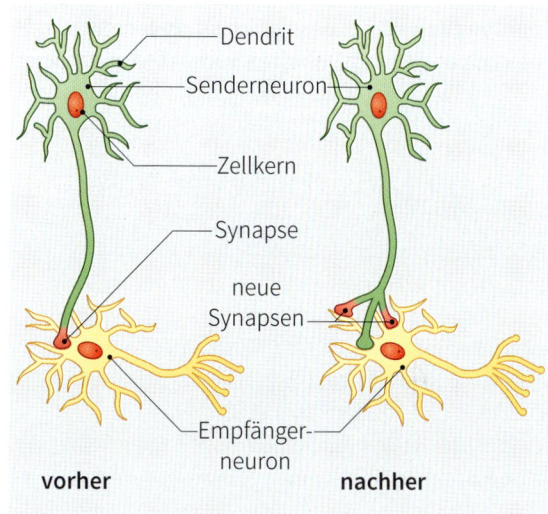

Vernetzte Nervenzellen im Gehirn

Mit jedem Entwicklungsschritt im Gehirn eröffnen sich dem Kind neue motorische, kognitive, soziale und emotionale Möglichkeiten, die auf das positive Feedback der Umwelt angewiesen sind, um sich voll entfalten und stabilisieren zu können. Im späteren Leben sind die weiteren Möglichkeiten eingeschränkt. Wurde durch mangelnde Anregung oder Übung zu viel vom Synapsenüberschuss abgebaut, muss der Mensch im Grunde den Rest des Lebens mit der noch vorhandenes Anzahl von Synapsen auskommen. Das ist der Grund, warum sich Kinder spielend ihre Muttersprache und, wenn sie zweisprachig aufwachsen, parallel dazu eine Zweitsprache aneignen können. Erwachsene dagegen sind selten in der Lage, eine Fremdsprache akzentfrei zu erlernen.

Beim Wissenserwerb allerdings können Erwachsene auf eigene, sehr effektive Strukturen zurückgreifen. Aber wenn sie als Kinder nicht gelernt haben, wie man lernt, wird es ihnen auch als Erwachsene schwerfallen, schnell neues Wissen und neue Fähigkeiten zu erwerben.

Die Zeit vor der Geburt und der Kindheit bis zum Schuleintritt sind wesentliche Zeiträume in der Gehirnentwicklung. Auf die Zeit vor der Geburt haben pädagogische Fachkräfte natürlich keinen Einfluss. Die vielen Stoffe, welche die Mutter auf- und einnimmt, beeinflussen die Entwicklung des Gehirns. An erster Stelle steht dabei die Nahrung, die selbstverständlich ausgewogen, vitaminreich und auch etwas fetthaltig sein sollte. Das Fett ist für die Myelinbildung wichtig. Dabei ist das Kind auf tierische Fette in seiner Nahrung angewiesen. Viele Chemikalien in Medikamenten gelangen über den Blutkreislauf der Mutter zum Teil sehr schnell auch in den des Kindes und können im Gehirn große und irreversible Schäden anrichten. Das gilt auch für verschiedene Krankheitserreger. Auch Stress der Mutter kann über den Hormonhaushalt die Entwicklung des ungeborenen Kindes ungünstig beeinflussen. Eine besonders gefährliche Situation für das Gehirn ist die Geburt. Auf Sauerstoffmangel reagiert das Gehirn immer außerordentlich empfindlich.

7.2 Die Entwicklung der Sinne

Alle Anregungen und Informationen erhält das Gehirn zunächst vor allem über die Sinne. Erst sehr spät, wenn ein Mensch über ein ausreichendes Vorstellungsvermögen sowie über Erfahrungen und damit über Erinnerungen und Wissen verfügt und er dazu fähig ist, über sein eigenes Denken nachzudenken (Metakognition), erschließen sich ihm neue Erkenntnisquellen. Aber immer bleiben die Sinne das Tor zur Welt.

Schon früh in der Schwangerschaft beginnen sich Zellen der Außenhaut zu spezialisieren. Sie werden empfindlich für spezifische Reize aus ihrer Umwelt. Bald bilden sie **Nervenfasern,** die durch den Körper in Richtung Gehirn wachsen. Die meisten Sinne sind schon vor der Geburt funktionsfähig.

Die Sinne sind keine isolierten Wahrnehmungsorgane für bestimmte Reize, sondern sie kooperieren miteinander und ergänzen sich gegenseitig. So hängen z.B. Geschmacks- und Geruchssinn sehr eng zusammen. Wer z. B. auf einem Bein steht und damit seinen Gleichgewichtssinn beansprucht, verliert schnell das Gleichgewicht, sobald die Augen geschlossen werden. Über die Sinne erhält der Mensch Informationen

- über unseren Körper und das Körperinnere selbst **(vestibuläre Sinne),**
- darüber, was an unserer Körpergrenze zur Außenwelt, der Haut, geschieht (**Nahsinne:** Tasten, Riechen, Schmecken),
- und darüber, was in teilweise großer Entfernung vor sich geht (**Fernsinne:** Hören, Sehen).

Gute Fernsinne stellen einen enormen evolutionären Vorteil dar. Vor allem gutes Sehen ist für Menschen eine außerordentlich wichtige Informationsquelle. Aus diesem Grund wird die Visualisierung von Erkenntnissen und Informationen in der Regel viel Wert gelegt. Auch wenn eine Kompensation in gewissen Grenzen möglich ist, stellt der Verlust eines Sinnes immer ein Handicap dar. Besonders groß ist die Beeinträchtigung, wenn ein Fernsinn betroffen ist.

Die Sinne liefern nicht nur Informationen einer „realen" Außenwelt. Menschen können auch sehr intensive Sinneseindrücke haben, wenn es offensichtlich keine Entsprechung in der Außenwelt gibt. Dies ist beispielsweise in Träumen der Fall oder wenn sich eine Person eine Vorstellung davon macht, was sie wünscht, plant oder erwartet Allerdings können die Sinne auch täuschen (siehe Band 1, Lernfeld 2, Kapitel 5.3).

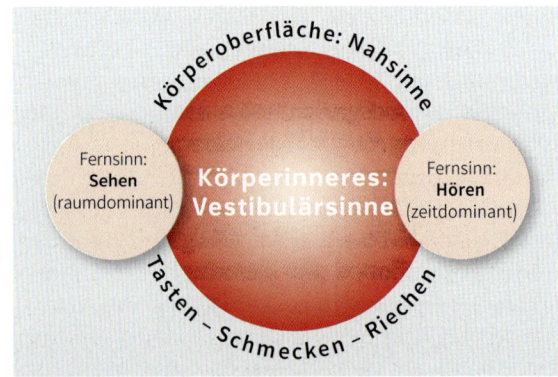

Die Sinne des Menschen

7.2.1   Die vestibulären Sinne

Der Körper besitzt eine Reihe von Sensoren, die an das Gehirn Informationen über den Zustand und seine Lage im Raum liefern. Diese Informationen sind meistens unbewusst. Eindrücklich wird das beim **Gleichgewichts- und Bewegungssinn.** Niemand könnte laufen oder Fahrrad fahren, wenn er ständig die notwendigen Informationen bewusst überdenken müsste. Ist der Gleichgewichtssinn gestört, kommt es zu einer verzögerten motorischen Entwicklung. Aber auch emotionale Probleme, Wahrnehmungs- und Konzentrationsdefizite, Lernschwierigkeiten, Sprachstörungen oder Autismus stehen häufig in Verbindung mit einer Schwäche des Vestibularapparats.

Der Gleichgewichtssinn befindet sich im Gleichgewichtsorgan von **Innenohr** und im Kleinhirn. Er ist eng mit den Augen und anderen Sinnen sowie mit Reflexen verbunden.

> „Die geistige Entwicklung ist in hohem Maß ein kumulativer Prozess. Als einer der ersten reifenden Sinne verschafft der Vestibularapparat dem Baby einen großen Teil seiner frühen Sinneserfahrungen. Diese Sinneserfahrungen spielen vermutlich eine entscheidende Rolle bei der Bildung anderer sensorischer und motorischer Fähigkeiten, die wiederum die Entwicklung der höheren emotionalen und kognitiven Funktionen beeinflussen."
>
> *(Eliot, 2003, S. 220)*

Entsprechend deuten Studien darauf hin, dass die Stimulation des Vestibularapparats Gehirn und Verstand der Kinder tatsächlich verbessern kann. Kinder ihrerseits haben großes Interesse und Spaß an dieser Stimulation. Sie wiegen sich, schwingen, hüpfen und drehen sich im Kreis. Es ist schön für sie, wenn sie geschaukelt oder gestreichelt werden. Im achten Lebensmonat ist die vestibuläre Empfänglichkeit am höchsten. In diesem Alter werden die Kinder auch selbst sehr aktiv und verschaffen sich die Stimulation selbst. Aber nicht alle Informationen, die Menschen über die vestibulären Sinne erfahren, sind angenehm.

Zu ihnen gehören auch Erfahrungen wie Hunger, Durst oder Fieber.

Die **direkte Körpererfahrung** spielt auch in den folgenden Jahren eine entscheidende Rolle für die geistige Entwicklung der Kinder. Lernen und Entwicklung sind ein aktiver und ästhetischer Prozess. Kinder erwerben auf diesem Wege sehr viel Wissen, über das sie nur auf diesem Wege sicher verfügen, auch – und das ist ein paradoxer Umstand – wenn sie sich nicht bewusst und gezielt an die Einzelheiten des Lernprozesses erinnern können, so, wie es Erwachsene tun.

7.2.2   Der Tastsinn

Vielen Menschen ist nicht bewusst, welche komplexen Informationen der Tastsinn liefert. Menschen empfinden hiermit Berührung, Temperatur und Schmerz ebenso wie die Beschaffenheit von Oberflächen (glatt, rau, glitschig usw.) oder Phänomene des Wetters (windig, trocken, kalt usw.).

Von allen Sinnen entsteht der Tastsinn als erster. Bereits in der **fünften Schwangerschaftswoche** kann der Embryo Berührungen auf den Lippen oder der Nase spüren. In der neunten Woche kommen Kinn und Augenlider sowie die Arme dazu, in der zehnten die Beine und ab der 12. Woche reagiert fast die gesamte Körperoberfläche. Das Gehirn selbst bleibt auf Dauer schmerzunempfindlich. Die Nervenzellen, die aus den unterschiedlichen Regionen des Körpers im Gehirn ankommen, werden in bestimmten Arealen des **primären sensorischen Cortexes** verschaltet. In diesem somatosensorischen Feld im Gehirn entsteht dadurch eine „Landkarte" des Körpers. Die einzelnen Körperteile beanspruchen dabei unterschiedlich viel Platz. Verhältnismäßig große Gebiete sind den empfindlicheren Körperregionen wie Lippen, Zunge und Fingerspitzen vorbehalten.

Auf der Abbildung oben ist nicht nur zu sehen, welche Bereiche des Gehirns an einem großen Teil der sensorischen und motorischen Leistungen beteiligt sind, sondern auch, welche großen Teile des Gehirns es in erster Linie nicht sind. Der große hier nicht markierte

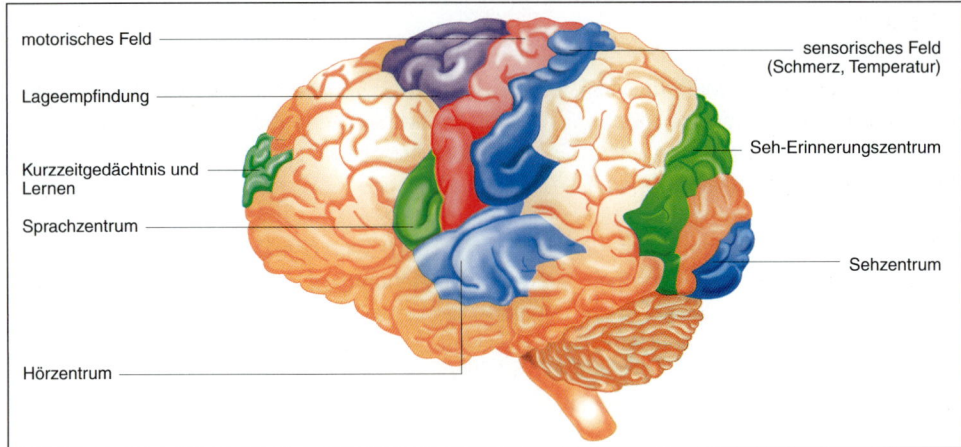

Rindenfelder des Großhirns

Teil des Großhirns des Menschen ist bei allen **assoziativen** Leistungen aktiv. Diese Teile unseres Denkorgans sind auch nicht mehr hierarchisch strukturiert, wie es noch die evolutionär gesehen älteren Teile des Gehirns teilweise sind. Assoziative Leistungen scheinen mit hierarchischen und linearen Strukturen schwer zu erbringen zu sein. Sie erfordern offensichtlich eine höhere Komplexität.

Zur vollständigen Ausreifung der meisten Gehirnfunktionen benötigt das Gehirn sehr lange. Einjährige Kinder reagieren auf Berührungsreize viermal schneller als wenige Tage nach ihrer Geburt.

Um die Sinne weiterzuentwickeln, bedarf es einer reizintensiven Umgebung. Kleinkinder nehmen viele Informationen über ihren Tastsinn auf. In erster Linie benutzen sie dazu den Mund. Eine weitere Sensibilisierung kann gefördert werden, indem man dem Kind viele unterschiedliche Materialien von unterschiedlicher Beschaffenheit (Oberfläche, Größe, Gewicht, hart, weich, fest usw.) zum Spielen anbietet.

Kinder sind von Geburt an neugierig. Kennen sie etwas, können sie aber auch schnell wieder das Interesse daran verlieren. Daher ist es sinnvoll, die Materialien in regelmäßigen Abständen zu wechseln und sie auch immer wieder in einem anderen Kontext anzubieten. An allen Lernvorgängen sind alle Sinne beteiligt und die Umgebung wird stets mit gelernt. Ein schon bekanntes Material kann in einer neuen Umgebung eine neue und damit wieder interessante Situation bedeuten.

Wird allerdings zu viel Material gleichzeitig angeboten, kann es zu einer Überforderung kommen, da für das Kind dann eine chaotische und unübersichtliche Umgebung entsteht. Die Dosierung sollte jedem Kind immer wieder individuell angemessen werden.

Eine besonders große Rolle für die Ausbildung des Tastsinns spielt vor allem ein vielfältiger Körperkontakt.

7.2.3 Der Geschmackssinn

Der Geschmackssinn entwickelt sich ebenfalls sehr früh. Bereits während der **achten Schwangerschaftswoche** entstehen die Geschmacksknospen. Babys können schon vor der Geburt schmecken und sind für unterschiedliche chemische Substanzen im Fruchtwasser sensibel.

Säuglinge nehmen nahezu alles in den Mund. Erst ab dem dritten bis vierten Lebensjahr nimmt diese Tendenz ab, und die Kinder entwickeln eine Abscheu gegen gefährliche Substanzen. Das Verständnis dafür, was essbar, eklig oder bekömmlich ist, wird erworben.

7.2.4 Der Geruchssinn

Der Geruchssinn ist unmittelbar nach der Geburt voll funktionsfähig. Im Unterschied zu den anderen Nervenzellen sind die Riechzellen die einzigen Sinneszellen, die ein Leben lang nachgebildet werden, wenn ihre Vorgängerinnen absterben.

Zu Beginn des Lebens sind Gesichtssinn und Gehör des Babys noch nicht gut ausgebildet. Deshalb ist seine Wahrnehmung noch auf die unmittelbare Umgebung beschränkt, die sich am besten durch die **Nahsinne** Tasten, Schmecken und Riechen aufnehmen lässt.

Das Baby ist in der Lage, unterschiedliche Gerüche zu unterscheiden. Aber wie die Erwachsenen gewöhnt es sich rasch an Gerüche und nimmt diese dann nicht mehr wahr. Die Sinne funktionieren vergleichend. Sie messen **Veränderungen** in der Umgebung. Finden keine Veränderungen mehr statt, so nehmen Sinne in der Regel nichts mehr wahr. So gewöhnt man sich an die Temperatur in einem Raum, vorausgesetzt, der Körper ist nicht zu stark damit beschäftigt, den Temperaturunterschied zwischen Umgebung und Körper auszugleichen (Schwitzen oder Frieren).

An diesen Sinnen lässt sich auch nachweisen, dass bereits Säuglinge über ein Gedächtnis verfügen. Neugeborene können schon kurz nach der Geburt ihre Mutter am Geruch wiedererkennen.

Der Geruchssinn

7.2.5 Das Gehör

Das Gehör ist ein Fernsinn und für die sprachliche Kommunikation und die Orientierung sowie in sensiblen Entwicklungsphasen notwendig.

Während sich der Sehsinn sehr früh entwickelt, aber nur sehr langsam ausreift, entwickelt sich das Gehör relativ spät in der Schwangerschaft, reift dann aber ziemlich schnell. Vollständig ausgereift ist es frühestens zum Schulbeginn. Das Hörenlernen beginnt schon in der Gebärmutter. Bereits hier treffen akustische Signale auf die Ohren.

Im Unterschied zum Sehen, bei dem Neugeborene eine eindeutige Vorliebe für einfachere Stimuli zeigen, tendieren ihre akustischen Vorlieben eher zur Komplexität. Diesen Zweck erfüllen Musik und eine hohe modulierte Sprachmelodie besser als reine Töne und schlichte Laute. Frühe Erfahrungen mit Musik und Sprache sind wichtig für die Ausbildung vieler höherer Gehirnfunktionen wie der des Gefühls sowie für die Ausbildung der Fähigkeit zur Kommunikation und anderer kognitiver Fähigkeiten. Deshalb sollte auch mit Säuglingen gesprochen werden auch wenn sie im eigentlichen Sinne noch kein Wort verstehen. Geräusche werden unmittelbar entziffert: Man hört ein Auto, ein Flugzeug oder eine bestimmte Stimme. Lässt sich ein Geräusch nicht sofort zuordnen, so wirkt das zumindest beunruhigend. Das Gehör kann nicht abgestellt werden und ist somit ein immer geöffnetes Tor zur Außenwelt. Geräusche können daher schnell ablenken.

Das Gehör

7.2.6 Der Sehsinn

Ein Säugling sieht ein Kind im Spiegel.

Menschen sind Augenwesen. Sie nehmen den weitaus größten Teil der Informationen aus der Umwelt über die Augen auf. Im Unterschied zu Geschmacks-, Geruchs- und Tastsinn, die Informationen nur aus direkter Nähe oder durch direkten Körperkontakt gewinnen (Nahsinne), ist der Gesichtssinn, ebenso wie das Gehör, ein **Fernsinn.** Gut sehen zu können, stellt einen enormen Vorteil dar.

Sehen ist weit mehr als ein fotografischer Vorgang. Es ist eine aktive Handlung, die in der Regel ein hohes Maß an Aufmerksamkeit und Konzentration erfordert. Es braucht Hingabe und Interesse. Wenn etwas ins Blickfeld eines Menschen gerät, bedeutet das noch nicht, dass wir es auch gesehen wird.

Bei der Geburt ist das Sehen nur rudimentär ausgebildet. Der Säugling ist nicht in der Lage, scharf zu sehen. Details sieht er nur in einem Bereich um 20 cm. Die **Fovea,** die Stelle des schärfsten Sehens der Netzhaut, ist noch nicht voll entwickelt, da sich die entsprechenden Sehzellen (Zapfen, verantwortlich für das Farbensehen) noch nicht weit genug ausdifferenziert haben. Kleine Kinder können einen Gegenstand deshalb auch noch nicht fokussieren. Besser funktionieren die Stäbchen, die für die Unterscheidung von Helligkeitsstufen zuständig sind.

Das **visuelle System** ist äußerst komplex und umfangreich. Bereits in der vierten Schwangerschaftswoche beginnen sich die Anlagen der Augen herauszubilden. Der Prozess setzt sich in einer festgelegten Reihenfolge von außen nach innen fort. In der Netzhaut bilden sich zuerst Neuronen und Synapsen, anschließend in den subkortikalen Sehzentren. Dann folgt deren Wachstum in der Sehrinde und schließlich in den höheren Sehzentren. Se-

hen ist ein hoch kognitiver Prozess. Nahezu das gesamte Gehirn ist daran beteiligt. Es dauert Jahre, in einzelnen Aspekten bis nach der Adoleszenz, bis das gesamte System voll ausgebildet, gereift, stabilisiert und funktionsfähig ist und darüber voll verfügt werden kann.

Sehen ist ein **Interpretationsvorgang.** Dem Gesehenen muss eine Bedeutung verliehen werden, d. h., es muss gedeutet werden. Sehen hat etwas zu tun mit Werten und mit Bewertung (ethisch, materiell, funktional usw.), mit Empathie, mit Gedächtnis, Erfahrung und Wissen, mit Assoziationen, Erwartungen und Hypothesen, mit dem Vorstellungsvermögen, mit Zielen und Intentionen, mit Schulung, Übung und Differenzierung. „Sehen" in umfassendem Sinne ist nicht einmal angewiesen auf den optischen Apparat, z. B. wenn ein Mensch träumt, innere Bilder hat oder sich etwas vorstellt bzw. sich an etwas erinnert.

Diese Tatsachen schlagen sich auch in vielen Redewendungen nieder: Man macht sich ein Bild von etwas; jemand handelt aus Einsicht; man sieht in die Zukunft; man nimmt einen Einblick in etwas; man sieht ein Problem oder sieht es eben nicht; es geht jemandem ein Licht auf oder jemandem gehen schließlich die Augen auf. Und viele glauben letztlich nur, was sie sehen können.

Das Sehen ist für den Menschen ein herausragender **Lernkanal.** Hat etwas das Interesse geweckt, so wollen die meisten Menschen es sehen. Kinder sind neugierig und haben ein großes Interesse daran, anderen, vor allem Erwachsenen, bei deren Tätigkeiten zuzusehen. Dabei schauen sie sich etwas ab. Allein durch Zusehen erlernen Menschen sehr viele und vor allem komplexe Fertigkeiten. Viele wortreiche Erklärungen lassen sich durch einfaches Zeigen leicht ersetzen. Sieht jemand bei einer eine Handlungzu, so feuern Spiegelneurone, also die Nervenzellen, die im Gehirn des Betrachters einer Handlung das gleiche Aktivitätsmuster zeigen, als würde er diese selbst ausführen.

Die Augen sind zudem ein bedeutender **Kommunikationskanal.** Im Gespräch wird der Blickkontakt gesucht oder vermieden In manchen Situationen verlangen Erwachsene von Kindern, dass diese sie ansehen. Blicke können trösten, aber auch sehr aggressiv sein. Seit Jahrtausenden werden die Augen in vielen Kulturen bewusst mit Make-up betont.

Im Unterschied zu den anderen Sinnen mit ihren spezialisierten Sinneszellen entwickelt sich die Netzhaut vollständig aus neuralem Ektoderm (äußeres Keimblatt der Großhirnrinde) und verhält sich dementsprechend wie ein **„Miniaturhirn".** Die Augen sind Teile des Gehirns.

Die von dort ausgehenden Nervenbahnen werden in hochkomplexer Weise mit fast allen anderen Gehirnteilen verknüpft. Dieser Vorgang folgt denselben Regeln, wie es bei anderen Verknüpfungen der Fall ist: Die Synapsen werden zunächst in Menge gebildet. Anschließend findet eine Auslese bzw. die Etablierung nützlicher Bahnen statt. Beim Tastsinn, beim Geschmackssinn oder beim Gehör kann das bereits im Mutterleib geschehen, da sie bereits hier mit ausreichenden Informationen versorgt werden können. Bei den Augen können in diesem Zeitraum nur die Basisvoraussetzungen (optischer Apparat und Grundstrukturen) geschaffen werden. Die entscheidenden Entwicklungen und Reifungsprozesse können erst im Licht stattfinden. Diese sind dramatisch und an enge **Zeitfenster** gebunden.

Innerhalb des ersten halben Jahres entwickeln sich die **primären Sehfähigkeiten:** Tiefenwahrnehmung, Farbensehen, Scharfsicht – und die Fähigkeit, zielgerichtete Augenbewegungen auszuführen. Mit einem Jahr ist die Feinabstimmung so weit fortgeschritten, dass das Kind die Welt farbig und dreidimensional sehen kann. Dazu ist es allerdings auf vielfältige Anregungen und „Sehanlässe" angewiesen. Für jede Sehfähigkeit müssen im Gehirn entsprechende neuronale Verbindungen angelegt werden. In einer anregungsarmen Umwelt werden diese Verknüpfungen entsprechend dünn und instabil. Die Basis, auf der das Kind im weiteren Verlauf sehen lernt, ist dann sehr schwach. Werden Teile des Gehirns nicht mit entsprechenden Verknüpfungen belegt, werden die entsprechenden Bereiche schließlich gar nicht oder mit anderen Aufgaben betraut. Solche Entwicklungen sind irreversibel.

Deshalb ist es wichtig, auf **Erkrankungen** der Augen sehr schnell zu reagieren. Das betrifft z. B. das Schielen und die Scharfsicht. Um plastisch sehen zu können, ist es notwendig, dass die Augen koordiniert einen Gegenstand fokussieren können. Beim Schielen gelingt das nicht, sodass keine entsprechenden Bilder im Gehirn „berechnet" bzw. verarbeitet werden können (stereoskopisches Sehen). Im Regelfall entwickelt sich dann ein Auge als das dominante. Die Bildsignale aus diesem Auge werden mit Vorrang verarbeitet. Es werden dabei die entsprechenden Nervenbahnen und Synapsen gebildet. Das dominante Auge verfügt dann oft auch über einen größeren Teil der Sehrinde. Wird in späteren Jahren das Schielen operativ korrigiert, so kann der Patient dennoch weiterhin nicht plastisch sehen, da er nicht über die entsprechenden neurologischen Voraussetzungen verfügt. Diese Fähigkeit lässt sich auch nicht mehr erlernen.

Viele Fähigkeiten, die wir im Allgemeinen als selbstverständlich hingenommen und nicht weiter hinterfragt werden, sind Ergebnisse langer Erfahrung und damit auch andauernder Übungs- und Trainingsprozesse, die ihre **neurologischen Spuren** im Gehirn hinterlassen haben. Auch das Sehen gelingt nur dann effektiv, wenn entsprechend effiziente und etablierte Strukturen im Gehirn aufgebaut werden konnten.

> **Sehen** ist das Hauptinstrument der Welterforschung des Kindes. Gutes Sehen ist eine Grundvoraussetzung zur Aufgabenbewältigung in einer zunehmend visualisierten Welt. Gleichzeitig entwickelt sich die Sehfähigkeit hauptsächlich in der Zeit ab der Geburt bis zum achten Lebensjahr, vorrangig in der Zeit des Kindergartens. Vor allem in dieser Zeit haben daher vielfältigste **visuelle Erfahrungen** und Anregungen eine herausragende Bedeutung.

So sollten Kinder nicht in einer rein „gezimmerten" Umgebung aufwachsen, in der es nur Horizontale und Vertikale gibt. Denn dadurch würden nur die Neuronen den Vorzug erhalten, die für die Verarbeitung von Vertikalen und Horizontalen verantwortlich sind. Kinder sollten auch mit Schrägen und Bögen reiche Erfahrungen machen. Sie sollten die Möglichkeit und auch die Zeit und Ruhe haben, differenziert unterschiedliche Farben zu erleben und vielfältige Formen und Oberflächen kennenzulernen.

Das „Tun" ist in diesem Alter die vorrangige Methode des Lernens. Dabei bekommen Kinder auch die Gelegenheit, ihre visuellen Erfahrungen auf vielfältige Art und Weise mit anderen kognitiven Strukturen zu verbinden und die **Auge-Hand-Koordination** zu üben und zu festigen.

> „Je mehr ein Baby sieht und je besser die optischen Sinneseindrücke seiner Sehfähigkeit zum jeweiligen Zeitpunkt angepasst sind, desto besser wird das Kind später die vielen verschiedenen Aufgaben, bei denen es auf den Gesichtssinn angewiesen ist, bewältigen."
>
> *(Eliot, 2010, S. 297 f.)*

All das können Kinder vor allem im Rahmen einer **ästhetischen Bildung** üben und erwerben. Deshalb sollten sie auch reichhaltige Möglichkeiten bekommen, Bilder nicht nur aufzunehmen, sondern auch zu produzieren (siehe Band 2, Lernfeld 4, Kap. 12).

7.3 Die Entfaltung der Intelligenz

Der Begriff Intelligenz lässt sich auf das lateinische Verb „intellegere" zurückführen, was mit „einsehen, verstehen" übersetzt werden kann.

Im Allgemeinen wird dem Intelligenzquotienten eine große Bedeutung beigemessen. Eine sehr entscheidende Rolle für den späteren Erfolg der Kinder spielt daneben auch ihre Fähigkeit, die eigenen Gefühle zu erkennen und zu kontrollieren (**Impulskontrolle**) sowie die Gefühle anderer zu deuten und entsprechend zu reagieren. Diese Fähigkeit meint die **emotionale Intelligenz**.

Menschen sind in vielerlei Hinsicht unterschiedlich. Das bedeutet, dass sie auch über ein unterschiedliches kognitives Potenzial verfügen. Dieses Potenzial kann gefördert werden, aber auch ungefördert bleiben, und damit letztlich nicht voll zum Tragen kommen.

Durch **Intelligenztests** werden in der Regel unterschiedliche Dimensionen dieses Potenzials zu ergründen versucht: Dazu gehören Konzentration, Wortflüssigkeit, räumliches Vorstellungsvermögen, logisches Denken und anderes. Howard Gardner entwickelte als Hilfe, um letztlich Lerninhalte konkretisieren zu können, ein Modell mit neun Intelligenzen: sprachliche, musikalische, logisch/mathematische, räumliche, körperlich/kinästhetische, intrapersonale, interpersonale, naturalistische und existenzielle Intelligenz.

Letztlich läuft es darauf hinaus, dass man herauszufinden versucht, wie gut und schnell ein Mensch eine Situation erfassen kann, wie gut und schnell er lernt und wie gut und schnell er Probleme lösen kann.

> „Intelligenz wird als die Fähigkeit verstanden, sich neuen Gegebenheiten der Umwelt anzupassen, zugleich aber die Fähigkeit, Umwelt zu verändern."
>
> *(Sternberg, zit. nach Oerter/Montada, 2002, S. 234)*

Heute unterscheidet man in Bezug auf Intelligenz vor allem zwei Aspekte: die kristalline und die fluide Intelligenz. Die **kristalline Intelligenz** umfasst die Menge und den sinnvollen Umgang mit explizitem Wissen (semantisches, episodisches sowie Faktenwissen) und implizitem Wissen (Verhaltensweisen, Fahrradfahren, Rechnen usw.). Zur kristallinen Intelligenz gehört auch Erfahrung. Ihre Entwicklung ist stark **situationsabhängig.** Sie ist trainierbar und lässt sich bis ins hohe Alter steigern. Je mehr jemand weiß, desto leichter und schneller kann er sich weiteres Wissen aneignen. Mit einem großen Wissensschatz lassen sich viele Probleme bearbeiten und lösen. Dabei wird eher in konvergenten (festen, logischen) Denkstrukturen gearbeitet.

Die **fluide Intelligenz** bezeichnet die **Auffassungsgabe** eines Menschen, d.h. die Fähigkeit, Situationen oder Wesentliches schnell zu erfassen und im Denken wendig und flexibel zu sein. In ihr kommen Fähigkeiten wie Problemlösung, Kreativität, Lernen und Mustererkennung, abstraktes Denken, Urteilsfähigkeit sowie Ideenflüssigkeit zum Tragen. Sie bedient sich eher divergenter (freier, ungeordneter und fantastischer) Denkstrukturen. Diese Eigenschaft scheint stärker **genetisch bedingt,** an neuronale Strukturen gebunden

(Verarbeitungsgeschwindigkeit, gehirnphysiologische Effizienz) und nur begrenzt förderbar zu sein. Sie entfaltet sich in den ersten Lebensjahren bis zum Ende der Adoleszenz – soweit es die Umgebung erkennt und zulässt.

Die Frage, was ein Gehirn letztlich intelligent macht, beschäftigt die Forschung seit Langem. Größe, Form und Gewicht des Gehirns, Geschlecht oder ethnischer Hintergrund scheinen nach heutigem Kenntnisstand keine Rolle zu spielen. Zwar gibt es Zentren im Gehirn, in denen vorwiegend das Sehen, die Sprache oder Bewegung verarbeitet werden. Es scheint aber kein Zentrum für „Intelligenz" zu geben.

Von Bedeutung ist die Geschwindigkeit, mit der das Gehirn mit Daten umgeht. Dabei geht es um die **Inspektionszeit** (Wahrnehmung), die **Erregungsübertragung** und die **Reaktionszeit.** Die Verarbeitungsgeschwindigkeit nimmt mit zunehmender Reife drastisch zu. Das bedeutet allerdings nicht, dass kleine Kinder keine klugen Gedanken haben könnten.

Da die Intelligenz eine Funktion des gesamten Gehirns zu sein scheint, entwickelt sie sich mit der Reifung der jeweiligen Gehirnzentren. Sehr spät reifen die Stirnlappen aus. Sie verarbeiten **Hemmungsreaktionen** (Impulskontrolle) und sind für das Arbeitsgedächtnis (Ultrakurzzeit- und Kurzzeitgedächtnis) sowie die Aufmerksamkeit (Konzentration) von Bedeutung. Hier werden Zeitgefühl und Selbstbeherrschung verarbeitet.

Erfolgreiche Planung und entsprechendes Vorgehen erfordern nicht nur zielgerichtetes Handeln. Es macht ebenfalls die Vermeidung aller Aktivitäten notwendig, die mit dem angestrebten Ziel in Konflikt stehen. Auch insofern spielt die im Stirnlappen gesteuerte Hemmungsreaktion für die Intelligenz eine wesentliche Rolle. Die Effizienz steigt in dem Maße, in dem ein Mensch in der Lage ist, sich bei einer geistigen Tätigkeit nicht ablenken zu lassen und inneren Impulsen nicht nachzugeben. Wichtig ist die Fähigkeit, sich auf eine Sache zu konzentrieren.

Menschen kommen mit komplexen kognitiven Fähigkeiten zur Welt.

> „Intelligenz beginnt als eine Reihe kognitiver Instinkte – die Annahme, dass bestimmte sensorische Eigenschaften zusammengehören, dass Gegenstände in Kategorien vorkommen, Wirkungen Ursachen haben und Mengen bestimmbar sind - und diese Instinkte sind darauf ausgerichtet, bereits bei minimaler Gehirnreife zu funktionieren und dabei die Art und Weise, wie die frühere Erfahrung aufgenommen wird, maßgeblich zu prägen."
>
> *(Eliot, 2010, S. 579)*

Im achten Monat nimmt der Stirnlappen zum ersten Mal seine Funktion auf. Mit 18 Monaten reift die linke Hemisphäre nach. In diesem Alter setzt entsprechend auch die Sprachentwicklung ein. Das Kind kann sich besser beherrschen und ist in der Lage, diszipliniert einen Gegenstand zu betrachten.

Ab etwa vier Jahren entdeckt das Kind den eigenen Verstand. Nun ist es in der Lage, zwischen Schein und Wirklichkeit zu unterschieden. Auch ist es nun in der Lage, die Andersartigkeit der Gedanken und Beweggründe anderer Menschen zu erkennen. Auch kann es sich in Rollen hineinversetzen *(vgl. Textor, in: Das Kita-Handbuch, 2002).* Da diese Fähigkeit von der Gehirnreifung abhängt, und das Zusammenspiel von linker und rechter Hirn erfordert kann man sie Kindern nicht beibringen.

Mit ca. sechs Jahren vereinigen sich die einzelnen kognitiven Fähigkeiten zu einer Ganzheit. Erst dadurch wird zielgerichtetes Lernen möglich. Das Kind ist nun in der Lage, bewusst logisch zu denken. Es kann nun auch erstmals den eigenen Sinnen misstrauen. Piaget bezeichnet diesen Schritt als konkret-operationales Denken (siehe Band 1, Lernfeld 3, Kap. 5.4.1). Erst ab diesem Alter erbringen Intelligenztests Ergebnisse mit einer etwas aussagekräftigeren Prognose, wobei die Korrelation zwar signifikant, aber noch immer relativ gering ist.

Intelligenz ist keine stabile Größe. Durch Training („Nur selber denken macht schlau!") lässt sie sich sowohl in frühen als auch in späteren Jahren steigern. Allerdings kann sie durch mangelnde Beanspruchung des Gehirns auch zurückgehen. Im Erziehungsbereich bedeutet das, man sollte fördern, solange man noch maßgeblich die Umwelt der Kinder mitgestalten kann. Dabei sollte der Schwerpunkt auf die Aufmerksamkeit, Aufgeschlossenheit, Motivation, Ausdauer und Neugier der Kinder gelegt werden. Das heißt: nicht auf die Wissensinhalte, sondern auf die Basisfähigkeiten für den weiteren Wissenserwerb.

In einer anregungsreichen und motivierenden Umgebung kann man davon ausgehen, dass sich das Kind auf alle Fälle auch einen Wissensschatz erwirbt, auf den es im weiteren Leben aufbauen kann. Das theoretische Wissen ist ein angenehmes „Nebenprodukt" der Aktivität der Kinder. „Drill" in eine bestimmte Richtung ist häufig kontraproduktiv. Oft entsteht dabei eine innere Abneigung und Unlust.

Eine große Rolle spielt auch der praktizierte Erziehungsstil (siehe Band 1, Lernfeld 2, Kapitel 2.3). Erzieherinnen sollten anregen und fördern, aber auch etwas fordern, wenn allen klar ist, dass dies sinnvoll ist. Sie sollten mit unkonventionellen Lösungen konstruktiv umgehen und bereit sein, Regeln und Tagesstruktur der Einrichtung immer wieder daraufhin zu prüfen, ob sie für die Kinder eher förderlich sind oder letztlich vielleicht nur den Arbeitsabläufen dienen. Eher schädlich wirkt es sich aus, wenn die Kinder einfach nur sich selbst überlassen bleiben oder mit strenger Autorität, restriktiv und ohne Rücksicht auf ihre gegenwärtigen Interessen, geführt werden.

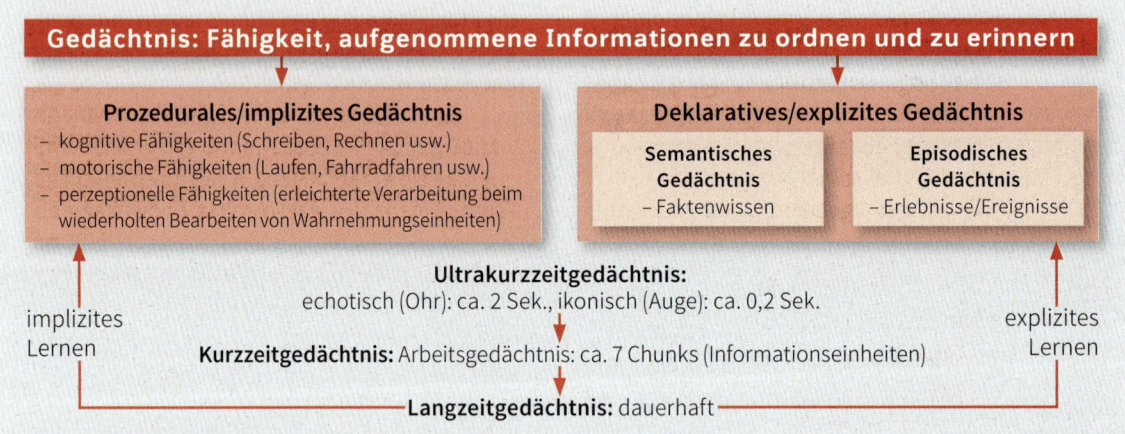

Formen des Gedächtnisses

↗ WIEDERHOLUNG

→ Das Gehirn gilt heute als der Sitz der geistigen Ressourcen sowie der Persönlichkeit eines Menschen. Einzelne intellektuelle Fähigkeiten wie Sprache, mathematisches Verständnis oder räumliches Vorstellungsvermögen lassen sich nicht fördern, ohne die Gesamtpersönlichkeit eines Menschen zu beeinflussen. Förderung geschieht immer in einem sozialen Kontext.

→ Die Gene haben einen Anteil am Potenzial eines Menschen. Ebenso spielt aber auch die jeweilige Lebensumwelt eines Menschen eine große Rolle bei der Entfaltung seiner Möglichkeiten.

→ Wesentliche Stufen der Gehirnentwicklung laufen vor der Geburt und in den ersten Lebensjahren vor der Einschulung ab. Eine unzureichende Förderung stellt eine Behinderung der Gehirnentwicklung dar.

→ Eine anregungs- und abwechslungsreiche, herausfordernde Umgebung regt die Bildung von Synapsen an.

→ Fehlen entsprechende Anregungen, wird das Potenzial nicht ausgeschöpft. Durch Übung wird die Konsolidierung von Nervenbahnen unterstützt.

→ Die geistige Entwicklung ist ein kumulativer Prozess. Die unterschiedlichen Sinne unterstützen sich bei ihrer Entwicklung gegenseitig. Die Förderung unterschiedlicher Sinne kann entsprechend geistige Entwicklungen anstoßen und fördern.

→ Der Tastsinn wird als erster Sinn ausgebildet. Er breitet sich vom Kopf her über das Gesicht allmählich über den gesamten Körper aus. Durch den Kontakt mit unterschiedlichen Materialien und Oberflächen kann die Entwicklung des Tastsinns gefördert werden.

→ Der Geruchssinn zählt wie Tasten und Schmecken zu den Nahsinnen. Ohne Geruch können wir nicht mehr gut schmecken. Über den Geruchssinn werden sehr wichtige Informationen gewonnen, derer wir uns oft gar nicht richtig bewusst werden. So können wir beispielsweise unterschiedliche Menschen verschieden „gut" riechen.

→ Bezüglich seiner Entwicklung ist das Gehör wie die anderen Sinne durch Erfahrung und Übung formbar. Es ist wichtig, dass beide Ohren möglichst gleich gut hören. Oft ist es ein Problem, herauszufinden, ob und wie gut ein Baby hört. Je später ein solches Defizit entdeckt wird, desto schwerer ist der Schaden für das Kind zu beheben.

→ Menschen nehmen den weitaus größten Teil der Informationen aus ihrer Umwelt über die Augen auf. Die Augen sind ein Fernsinn und Bestandteil des Gehirns. Sehen beansprucht das gesamte Gehirn. Es ist kein mechanischer Vorgang, sondern ein in hohem Maße kognitiver und aktiver Prozess. Sehen hat etwas zu tun mit Werten und mit Bewertung, mit Empathie, mit Gedächtnis, Erfahrung und Wissen, mit Assoziationen, Erwartungen und Hypothesen, mit dem Vorstellungsvermögen, mit Zielen und Intentionen, mit Schulung, Übung und Disziplin.

→ Intelligenz ist eine Leistung des gesamten Gehirns. Man unterscheidet fluide und kristalline Intelligenz. Intelligenz kann sich im Laufe des Lebens verändern.

→ Entscheidend ist der Förderzeitpunkt im Kindergarten und die Entwicklungsumgebung der Kinder. Hier werden die neuronalen Grundlagen gebildet, die später nicht mehr nachgeholt werden können.

→ Dem Intelligenzquotienten wird zwar eine sehr große Bedeutung beigemessen. Eine entscheidende Rolle für den späteren Erfolg der Kinder spielt aber auch die Fähigkeit, die eigenen Gefühle zu erkennen und zu kontrollieren sowie die Gefühle anderer Menschen zu deuten und darauf entsprechend reagieren zu können.

→·← AUFGABEN

1 [Wissen und Verstehen]
Wie sollten sich werdende Mütter während ihrer Schwangerschaft sinnvollerweise ernähren und verhalten? Berücksichtigen Sie bei Ihrer Antwort die in Kap. 7.1 dargestellten Fakten zur Gehirnentwicklung des ungeborenen Kindes.

2 [Wissen und Verstehen]
Bei welchen Tätigkeiten mit Kindern können Sie die vestibulären Sinne anregen?

3 [Planung und Konzeption]
Erstellen Sie Listen: Wie können Sie mit Kindern deren Sinne sensibilisieren (Angebote, Umgebung, Impulse, Materialien, Erfahrungen, Übungen, Spiele usw.)?

4 [Analyse und Bewertung]
Nehmen Sie eine Kita Ihrer Wahl in den Blick:
→ Bietet sie abwechslungsreiche visuelle Reize und Anregungen?

→ Gibt es viel Raumhall und wirkt die Einrichtung sehr laut?
→ Gibt es viele verschiedene Oberflächen?
→ Gibt es viel natürliches Tageslicht?

5 [Wissen und Verstehen]
Tragen Sie unter einem Zeitstrahl in Monaten gegliedert die wichtigen Stationen der Gehirnreifung eines Kindes ab seiner Geburt ein.

6 [Planung und Konzeption]
Tauschen Sie sich in der Klasse aus: Auf welche Weise könnten Erzieherinnen die Intelligenzentwicklung von Kindern in der Kita fördern?

TIPPS ZUM WEITERARBEITEN →→

→ Ings, Simon: Das Auge – Meisterstück der Evolution. Hamburg: Hoffmann und Campe 2008.

→ Largo, Remo, Beblinger/Martin: Schülerjahre: Wie Kinder besser lernen. München, Piper 2010.

→ Lilienfeld, Scott O./Lynn, Steven J./Ruscio, John u. a.: Warum Mozart Babys nicht schlauer macht. 25 populäre Irrtümer der Psychologie. Darmstadt: Wissenschaftliche Buchgesellschaft 2011.

→ Madeja, Michael: Das kleine Buch vom Gehirn: Reiseführer in ein unbekanntes Land. München: C.H. Beck 2010.

→ van de Rijt, Hetty/Plooij Frans, X.: Oje, ich wachse! Von acht Sprüngen in der mentalen Entwicklung Ihres Kindes während der ersten 14 Monate und wie sie damit umgehen können. München: Wilhelm Goldmann 1998.

Kompetenzen, die in diesem Kapitel erworben werden können:

• Die Absolventinnen und Absolventen verfügen über systematisch und wissenschaftlich fundiertes Wissen aus den relevanten Bezugswissenschaften, die ein komplexes und kritisches Verständnis von Entwicklungsprozessen ermöglichen.

Eliot, Lise: Was geht da drinnen vor? – Die Gehirnentwicklung in den ersten fünf Lebensjahren. Berlin: Berlin-Verlag 2003.

Eliot, Lise: Wie verschieden sind sie?: Die Gehirnentwicklung bei Mädchen und Jungen, übersetzt von Christoph Trunk, Berlin, Berlin Verlag, 2010.

Textor, Martin R.: Gehirnentwicklung im Kleinkindalter – Konsequenzen für die frühkindliche Bildung (2002). In: Das Kita-Handbuch. Herausgegeben von Martin R. Textor und Antje Bostelmann, 2002, überarbeitet 2010, ergänzt 2019. In: www.kindergartenpaedagogik.de/fachartikel/psychologie/779 [16.09.2020].

8   Lerntheorien

Dietmar Böhm

In der Kindertagesstätte „Roter Weg" ist Freispielzeit. Die Kinder sind in den verschiedenen Bereichen und Räumen mit unterschiedlichen Materialien beschäftigt. In der Bauecke sitzen drei Mädchen und zwei Jungs und versuchen gerade, einen Turm aus Holzklötzen aufzubauen. Das gelingt ihnen, bis der Turm ca. 50 Zentimeter hoch ist. Dann stürzt er ein. Die Kinder unternehmen einen zweiten Versuch und wieder passiert das Gleiche. Jetzt rufen sie Frau Pedrovelli, die Erzieherin, und beschweren sich, dass der Turm nicht hält. „Das ist doch echt doof!", meint Carolin und fügt hinzu: „Das macht dann gar keinen Spaß mehr! Kannst du uns helfen?" Frau Pedrovelli lässt sich von den Kindern erklären, wie sie vorgegangen sind. Dabei stellt sich heraus, dass die Kinder die Bauklötze nicht versetzt aufeinandergesetzt haben, sondern immer direkt übereinander. Sie schlägt den Kindern vor, ihr beim Turmbauen einmal zuzusehen. Alle sind einverstanden und so beginnen sie erneut. Die Kinder schauen genau zu, wie Frau Pedrovelli die ersten beiden Reihen setzt. „Was fällt euch auf?", fragt sie. Janis meint, dass die Steine ja gar nicht übereinander lägen: „Das sieht total unordentlich aus!", fügt er noch hinzu. „Das sieht wirklich nicht so ordentlich aus, wie wenn du sie übereinanderstapelst. Aber was denkt ihr denn, warum ich das so gemacht habe?", fragt Frau Pedrovelli. Die Kinder sind ratlos. Die Erzieherin erklärt ihnen nun, dass die Bauklötze so viel besser hielten und dann auch nicht mehr einstürzen könnten. Die Kinder sind noch nicht überzeugt, fangen aber an, der Erzieherin genau nachzubauen. Am Ende haben beide jeweils einen großen Turm gebaut. „Das hält wirklich viel besser!", ruft Sara erfreut aus.

Am nächsten Tag beobachtet Frau Pedrovelli, wie Sara und Janis in der Bauecke mit zwei jüngeren Kindern wieder einen Turm bauen. Sara und Janis geben den beiden anderen Kinder genaue Anweisungen, wie sie vorgehen müssen: „Ihr müsst die Steine immer versetzt drauflegen!", sagt Sara und zeigt es den beiden. Wieder entsteht ein stabiler, hoher Turm. Als die Kinder fertig sind, holen sie Frau Pedrovelli und zeigen ihr stolz ihren Turm.

Beim Mittagessen gibt es endlich wieder einmal Spaghetti mit Gemüse. Alle freuen sich darauf. Es herrscht eine gute Stimmung. Während des Essens beginnt Thomas, einzelne Nudeln in die Hand zu nehmen und langsam in den Mund zu ziehen. Dabei spritzt die Soße auf den Tisch. Verena, die Praktikantin, die bei Thomas am Tisch sitzt, bittet ihn, damit aufzuhören. Thomas denkt überhaupt nicht daran, auch nicht nachdem Verena ihn erneut ermahnt hat. Verena wird langsam ärgerlich, will aber möglichst nicht schimpfen. Deshalb denkt sie sich, dass es vielleicht am besten sein könnte, wenn sie Thomas' Verhalten einfach ignoriert. Sie reagiert überhaupt nicht mehr, obwohl Thomas weiter Nudeln in den Mund zieht. Da kommt die Anleiterin von Verena dazu und meint scharf: „Thomas, wenn du nicht sofort aufhörst, bekommst du keinen Nachtisch!" Thomas schaut und isst mit der Gabel weiter.

↘ FRAGEN

→ *Wie lernen Sara, Janis, Carolin und Thomas? Wie würden Sie diesen Lernvorgang beschreiben?*

→ *Welche Strategie wendet die Praktikantin Verena und welche deren Anleiterin an?*

→ *Wie lernen Sie selbst besonders gut?*

Was bedeutet eigentlich Lernen? Und wie lernen wir? Lernen Kinder anders als Erwachsene? Woran lässt sich erkennen, dass ein Mensch etwas gelernt hat? Ist das Lernen ein lebenslanger Prozess oder lässt er sich auf bestimmte Lebensabschnitte begrenzen? Was soll gelernt werden? Was geschieht beim Lernen, was für ein Vorgang ist dies? Ist Lernen ein bewusster Vorgang oder können wir auch von Lernen sprechen, wenn unbewusst gelernt wird? Diese und noch viel mehr Fragen lassen sich zu Recht stellen, wenn man sich mit dem Thema „Lernen" beschäftigt. Lerntheorien versuchen, darauf Antworten zu geben.

Lerntheorien stellen die Frage, was unter Lernen grundsätzlich zu verstehen ist und wie der Vorgang des Lernens funktioniert. Damit verbunden ist auch die Frage, was eigentlich alles gelernt werden kann und was nicht *(vgl. Bovet, 2008, S. 202)*. Dabei gehen die Lerntheorien z. B. der Frage nach, wie groß eigentlich der Einfluss der Umwelt auf das Lernen des Menschen ist. Oder es wird eine Antwort auf die Frage gesucht, ob die Veranlagung eines Menschen nicht eine wesentlich größere Rolle beim Lernen spielt. Im Folgenden werden wichtige **Lerntheorien** vorgestellt. Es wird gezeigt, welche Bedeutung sie im pädagogischen Prozess haben. Lerntheorien gehören, wie die psychologischen oder soziologischen Theorien, zu den sogenannten Basistheorien, auf denen die Sozialisationstheorien aufbauen.

„Der Begriff Lernen bezeichnet Aktionen und Aktivitäten von Menschen, um durch eigene Anstrengung und teilweise auch mechanische Anpassung an Umweltgegebenheiten bestimmte Kenntnisse und Fertigkeiten zu erwerben. Lernen ist also die Folge des Reagierens auf bestimmte Reize, Vorgaben, Begrenzungen, Anregungen, die Anpassung an gegebene soziale Strukturen und die Nachahmung von Verhaltensweisen anderer Menschen." *(Hurrelmann, 2006, S. 63)*

„Lernen ist eine universell verbreitete Fähigkeit zur mittel- und langfristigen Anpassung eines Organismus an seine Umwelt." *(Roth, 2011, S. 92)*

„Unter gelerntem Verhalten wollen wir alle Verhaltensweisen verstehen, die nicht angeboren, also nicht genetisch determiniert sind." *(Rosemann/Bielski, 2001, S. 18)*

„Lernen umfasst alle Verhaltensänderungen, die aufgrund von Erfahrungen zustande kommen." *(Lefrancois, 2003, S. 3)*

8.1   Klassisches und operantes Konditionieren

Die Theorie des klassischen Konditionierens basiert auf der Annahme, dass das Verhalten des Menschen eine Reaktion auf einen äußeren Reiz darstellt. Der russische Physiologe **Iwan P. Pawlow** führte zu Beginn des 20. Jahrhunderts entsprechende Experimente mit Hunden durch, die diese Annahme belegen.

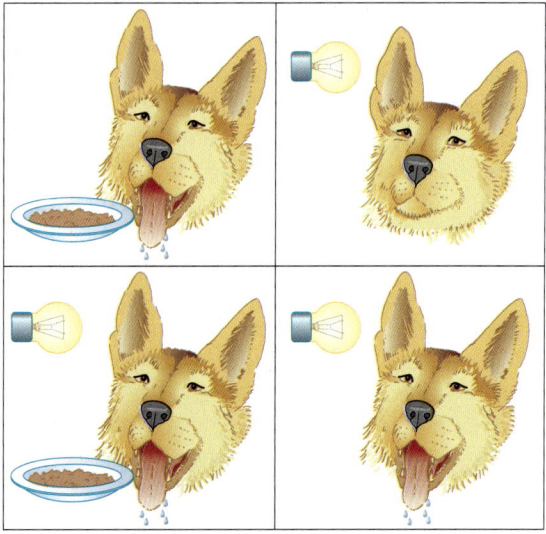

Der „Pawlow'sche Hund"

„Der Ursprungsversuch von Pawlow:
Pawlow wählte einen Glockenton als neutralen Reiz und vergewisserte sich zunächst, dass sein Versuchshund darauf nicht mit Geifern reagierte. Der Hund zeigte lediglich eine Orientierungsreaktion, ein Aufmerken. In einer folgenden Konditionierungsphase, die sich über mehrere Tage erstreckte, ließ Pawlow dann jedes Mal einen Glockenton erklingen, bevor er seinem Hund Futter gab. Am Ende dieser Konditionierungsphase geiferte der Hund schon, wenn er nur den Glockenton hörte; er hatte gelernt, den Glockenton als Signal für das Futter zu erkennen. Diese konditionierte Geiferreaktion verschwand wieder, wenn Pawlow Glockenton und Futter dauerhaft entkoppelte, also dem Hund wiederholt den Glockenton ohne Futter darbot; sie hielt sich, wenn Pawlow nicht jedes Mal, aber doch hin und wieder Futter auf den Glockenton folgen ließ."

(Bovet, 2008, S. 203)

Was passiert bei diesem Vorgang des **Konditionierens**? Zunächst gibt es einen **unbedingten Reiz** (unconditioned stimulus = US). Bei Pawlow war es das Futter, das bei dem Hund, sobald er es sah, eine Reaktion auslöste, nämlich Speichelfluss. Dies nennt man eine **unbedingte Reaktion** (unconditioned reaction = UR). Nun wird ein **neutraler Reiz** (neutral stimulus = NS) – bei Pawlow war das der Glockenton – mit dem unbedingten Reiz (US), – also mit dem Futter, verbunden. Damit ist es kein neutraler Reiz mehr, sondern ein **bedingter Reiz** (conditioned stimulus = CS). Sobald dieser bedingte Reiz kommt, erfolgt eine **bedingte Reaktion** (conditioned reaction = CR). Denn nun verbindet der Hund mit dem Glockenton die Vorstellung, dass gleich das Futter erscheinen wird. Damit handelt es sich um eine **erlernte Reaktion** *(vgl. Bovet, 2008, S. 203 f.; Roth, 2011, S. 95 ff.)*.

Interessant ist in diesem Zusammenhang die Frage, wie eigentlich der Reiz beschaffen sein muss, der eine entsprechende Reaktion auslösen soll. In verschiedenen Untersuchungen konnte nachgewiesen werden, „dass Extreme besonders wirksam Reize sind. 1948 entdeckte der niederländisch-britische Verhaltensforscher Niko Tinbergen, der [...] die Mutter-Kind-Kommunikation untersuchte, wie wichtig Übertreibungen aus biologischer Sicht sein kann." *(Kandel, 2012, S. 347)* Tinbergen fand heraus, dass über Karikaturen, stilisierte Zeichnungen oder andere übertriebene Darstellungen stärkere Reaktionen ausgelöst werden können als mit einfachen und sehr realistischen Bildern. „Dieses Phänomen nannte Tinbergen Verstärkungseffekte des Schlüsselreizes" *(Kandel, 2012, S. 348)*. Entscheidend aber ist, dass diese übersteigerten Reaktionen auf Reize erlernt werden können.

Es bleibt natürlich die Frage, ob sich diese Erkenntnisse, die anhand von Tierexperimenten gewonnen wurden, auf den Menschen übertragen lassen. Hierauf fand der Psychologe **John B. Watson** mit seinen Experimenten entsprechende Antworten. Er belegte, dass diese Art der Konditionierung auch beim Menschen eingeschränkt funktioniert. Die Überlegungen von Pawlow, Watson und anderen wurden unter dem Begriff klassische Konditionierung zusammengefasst. Aber: „Anders als noch zu Pawlows und Watsons Zeit geht man heute jedoch nicht mehr davon aus, dass durch klassisches Konditionieren jeder beliebige neutrale Reiz zu einem bedingten werden kann." *(Bovet, 2008, S. 205)* Durch vielfältige Untersuchungen konnte man belegen, dass der Mensch darüber mitentscheidet, ob es zu einem solchen Konditionierungsvorgang überhaupt kommt. Hier spielen z. B. entsprechende Vorerfahrungen eine wichtige Rolle.

Die Theorie des klassischen Konditionierens kann nur bestimmte Lernvorgänge richtig erklären. Wieso lernt ein Kind Fahrradfahren, obwohl es vorher nicht in seinem Verhaltensrepertoire war? Und warum lässt sich immer wieder beobachten, dass Menschen ihr Verhalten plötzlich verändern, obwohl eben kein entsprechender Reiz von außen gekommen ist?

Mit der Lerntheorie des klassischen Konditionierens können auch Gefühle erklärt werden, die Menschen auf bestimmte Reize hin zeigen. Dabei handelt es sich z. B. um Gefühle wie Angst, Zorn oder Freude, aber auch um sexuelle Erregung *(vgl. Bovet, 2008, S. 205)*.

Im schulischen Kontext kann das klassische Konditionieren durchaus eine Rolle spielen, wenn z. B. ein neues Schulfach, das für das Kind bisher nicht mit positiven oder negativen Emotionen verbunden ist, von einer Lehrerin spannend und interessant unterrichtet wird. Das Kind entwickelt Interesse und verbindet zunehmend positive Emotionen mit dem Fach. Im Laufe der Zeit lösen sich diese Gefühle von der konkreten Lehrerin und das

Schulfach als solches ist positiv besetzt *(vgl. Bodenmann/ Perrez/Schärr, 2019, S. 77).*

Grundsätzlich eignet sich die Lerntheorie des klassischen Konditionierens allerdings nicht, um Kinder zu erziehen. Sie widerspricht einem modernen Erziehungsverständnis.

Der US-amerikanische Psychologe **Burrhus F. Skinner** entwickelte auf der Basis von Pawlow und Watson das Konzept des instrumentellen Lernens oder des **operanten Konditionierens.** Grundannahme war, dass der Mensch nicht erst durch einen äußeren Reiz zu einer bestimmten Handlung motiviert werden muss. Skinner ging davon aus, dass der Mensch „grundsätzlich aktivitätsbereit" *(Tillmann, 2010, S. 99)* ist. Das Entscheidende beim Lernen ist deshalb, wie die Umwelt auf die Verhaltensänderung reagiert. Skinner überlegte, woran es liegt, dass bestimmtes Verhalten immer häufiger oder immer seltener auftritt. Er stellte fest, dass dies von den **Konsequenzen** abhängig war, die das Verhalten nach sich zog. Das operante Konditionieren geht hierbei von vier Grundsätzen aus: „Die positive und die negative Verstärkung, die Löschung durch Ignorieren und die Löschung durch Bestrafung." *(Bovet, 2008, S. 209)*

---

1. Positive Verstärkung: Auf ein bestimmtes Verhalten erfolgt eine Belohnung.
Marie (6 Jahre) soll ihr Zimmer aufräumen. Nachdem sie dies getan hat, kommt ihr Vater und liest ihr aus ihrem Lieblingsbuch vor. Peter (8 Jahre) müht sich mit den Mathe-Hausaufgaben ab. Als er alles richtig gerechnet hat, erlaubt ihm die Erzieherin, mit drei anderen Jungs auf den Fußballplatz zu gehen.

2. Negative Verstärkung: Durch ein bestimmtes Verhalten kann ein unangenehmer Zustand vermieden werden.
Bisher erfuhr Svantje (10), dass sie mit den Erzieherinnen immer Ärger bekam, wenn sie auf dem Weg von der Schule in den Hort getrödelt hat. Meistens kam es zu heftigen Wortwechseln zwischen ihr und den Erzieherinnen, die sich um sie sorgten. Svantje war dies sehr unangenehm. Heute ist sie das erste Mal pünktlich im Hort angekommen und hat erlebt, dass die anstrengende Auseinandersetzung mit den Erzieherinnen nicht mehr stattgefunden hat.

3. Löschen durch Ignorieren: Ein bestimmtes Verhalten führt nicht zu den entsprechenden Folgen.
Malte (8) und Sven (8) macht es große Freude, in Anwesenheit der Erzieherinnen „coole" Ausdrücke wie z. B. „Ei Alder!" zu gebrauchen. Sie haben schon mehrfach erlebt, dass die Erzieherinnen sie gebeten haben, eine andere Ausdrucksweise zu wählen. Jedes Mal, wenn eine Erzieherin etwas zu den beiden Jungs sagte, grinsten sie und meinten: „Is ok, Alde!" Seit einigen Tagen erfolgt keine Reaktion mehr durch die Erzieherinnen. Die beiden Jungs reagieren erst verwundert und benutzen dann immer seltener diese Ausdrücke.

4. Löschen durch Bestrafen: Ein bestimmtes Verhalten nimmt ab, da es eine entsprechende Strafe nach sich zieht und damit unangenehm ist.
Vier Kinder spielen beim Mittagessen mit den Spaghetti und verstreuen sie auf dem Tisch. Als die Erzieherinnen dies sehen, verlangen sie von ihnen, dass sie alles aufräumen und sauber machen und anschließend eine Stunde in der Küche mithelfen. Die anderen Kinder können so lange im Freispiel ihren Interessen nachgehen. Die Erzieherinnen kündigen den Kindern an, dass sie künftig immer zusätzlich Küchendienst machen müssen, wenn sie mit dem Essen spielen. Da den Kindern dies sehr lästig ist, unterlassen sie es in den nächsten Tagen.

In der Schule, aber auch in anderen pädagogischen Zusammenhängen wie Tageseinrichtungen, taucht die operante Konditionierung häufig auf. Die positive und negative Verstärkung führen dazu, dass die Auftretenswahrscheinlichkeit eines Verhaltens zunimmt.

Verstärker können z. B. vielerlei Formen der Belohnung sein. Damit sind auch Umweltaspekte gemeint, die das Kind dazu bringen, sein Verhalten in die gewünschte Richtung zu verändern *(vgl. Tillmann, 2010, S. 99)*.

Häufig werden soziale Verstärker von Eltern oder Erzieherinnen eingesetzt.

> Wenn die Mutter beispielsweise begeistert reagiert, wenn das Kind die ersten Schritte selbstständig gemacht hat, oder die Erzieherin andere Kinder darauf aufmerksam macht, wie schön ein Kind der Gruppe gerade den Tisch gedeckt hat, dann handelt es sich hier um soziale Verstärker.

In verschiedenen Untersuchungen konnte nachgewiesen werden, dass vor allem das Zulächeln, das Streicheln oder das Sprechen als soziale Verstärker von Erwachsenen bei Kindern eingesetzt werden *(vgl. Tillmann, 2010, S.100)*.

Verhaltensmuster wie z. B. Höflichkeit oder auch geschlechtsspezifische Verhaltensmuster werden vielfach über Verstärkung angeeignet.

In der Erziehung kommen neben den sozialen Verstärker auch materielle Verstärker zum Einsatz (Taschengeld usw.)

Durch das Löschen durch **Bestrafen** oder **Ignorieren** erreicht man, dass die Auftretenswahrscheinlichkeit eines Verhaltens sinkt.

Beispiele für die Anwendung operanten Konditionierens in der pädagogischen Praxis finden sich vielfältig:

- Gamification: Hier erhalten die Kinder für die erfolgreiche Bewältigung einer Aufgabe eine positive Verstärkung in Form einer Auszeichnung oder der Möglichkeit, in einen höheren Level einzusteigen. „Positive Verstärkungen wie Higscores, Fortschrittsbalken, Ranglisten oder virtuelle Auszeichnungen sollen die Motivation steigern." *(Lahmer u. a., 2018, S. 176)*
- Tokensystem: Auch diese Form der Unterstützung baut auf dem operanten Konditionieren auf. Damit das Kind das erwünschte Verhalten zeigt, werden gezielt Anreize gesetzt. So bekommen die Kinder beim Erledigen der Hausaufgaben im Hort ein Smiley, wenn sie die Hausaufgaben vollständig und ohne Ermahnung erledigen. Wer 10 Smileys erhalten hat, darf sich aus einer Kiste mit Spielzeug etwas aussuchen.

Skinner fand heraus, dass „am Anfang des Lernprozesses […] eine konstante Verstärkung am wirksamsten ist", dass dann aber im weiteren Verlauf des Lernens die Verstärkungsrate gesenkt und zu partieller Verstärkung übergegangen werden kann. „Zugleich übernehmen bereits gelernte Verhaltensweisen die Funktion der Selbstbekräftigung. Schon die Ausführung einer gelernten Verhaltensweise wird als befriedigend erlebt und bedarf nicht immer einer zusätzlichen Verstärkung von außen." *(Tillmann, 2010, S. 99)*

Ein Kritikpunkt an den Konditionierungstheorien lautet, dass sie nicht berücksichtigen, wie sehr der Mensch sein Verhalten auch selbst steuern kann und will. Das Lernen wird hier zu mechanistisch als Reiz-Reaktions-Abfolge beschrieben.

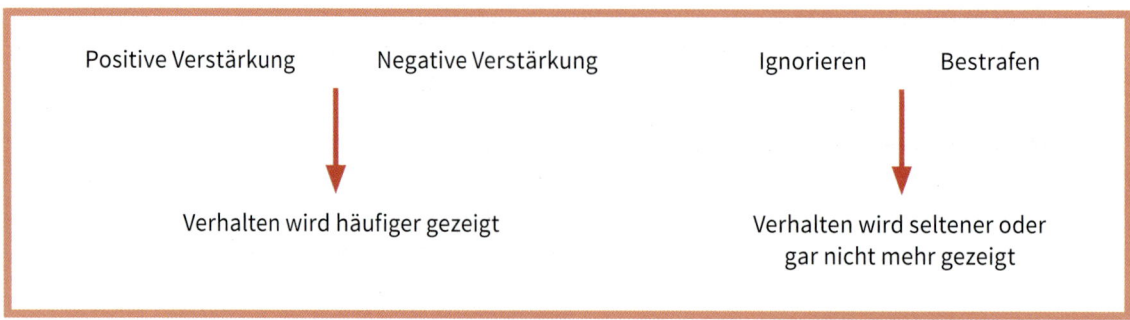

8.2   Sozial-kognitive Lerntheorie: Lernen am Modell

Der Psychologe **Albert Bandura** griff die Kritik an den Konditionierungstheorien auf und entwickelte die sozial-kognitive Lerntheorie.

Die Grundannahme Banduras ist, dass der Mensch besonders durch entsprechende Vorbilder lernt und nicht nur durch Verstärkung *(vgl. Bodenmann/ Perrez/Schär,*

2019, S. 230 ff.). Danach findet Lernen dann statt, wenn zwei Personen zusammentreffen und der eine der Beobachter ist und der andere das Modell. Das Modell muss eine hohe Attraktivität besitzen, damit sich der Beobachter daran orientiert. Auch eine Medienfigur im Film oder im Bilderbuch oder eine Handpuppe kann als Modell dienen.

Lernen am Modell

Banduras bekanntestes Experiment wurde im Einzelversuch mit 33 Mädchen und 33 Jungen durchgeführt *(vgl. Collin u. a., 2012, S. 288 ff.).* Die Kinder waren zwischen dreieinhalb und sechs Jahre alt. Eine Mitarbeiterin bereitete sie darauf vor, dass sie gleich in einem „Überraschungsspielzimmer" spielen dürften; sie müssten sich aber noch einen Moment gedulden und sollten erst einmal ein bisschen fernsehen.

„Den Kindern wurde ein fünfminütiger Film vorgeführt, in dem ein erwachsener Mann – in Banduras Terminologie das Modell – eine lebensgroße Plastikpuppe namens Bobo aufforderte, ihm aus dem Weg zu gehen, und sie dann malträtierte. Genauer: Das Modell führte vier verschiedene Aggressionshandlungen an Bobo aus. Jede bestand aus einer derben körperlichen Attacke, die verbal untermalt wurde. Die erste Aggression bestand darin, dass das Modell Bobo umlegte, wiederholt auf die Nase boxte und sich selbst dazu anfeuerte mit „Pow, right in the nose, boom, boom".

Das Ende des Films wurde in drei verschiedenen Versionen gezeigt. Ein Drittel der Kinder (Gruppe 1) sah, wie ein erwachsener Mann zu dem Modell hinzutrat, es als tollen Kerl bezeichnete und mit Limonade, Kraftnahrung und Süßigkeiten belohnte. Ein zweites Drittel (Gruppe 2) sah, wie ein Mann hinzutrat, mit dem Modell schimpfte, ihm Strafen androhte, es schließlich zum Stolpern brachte und mit einer Zeitung nach ihm schlug. Für ein weiteres Drittel der Kinder (Gruppe 3) endete der Film, ohne dass jemand hinzutrat. Die Aggressionen des Modells blieben folgenlos. Unmittelbar im Anschluss an die Filmvorführung ließ man die Kinder – weiterhin im Einzelversuch – im Überraschungsspielzimmer spielen. Darin gab es verschiedene Spielsachen, darunter auch die Plastikpuppe Bobo aus dem Film.

Durch einen Einwegspiegel wurde nun beobachtet, ob und wie viele Aggressionen des Modells die Kinder beim Spiel nachahmten (Phase spontaner Nachahmung)" *(Bovet, 2008, S. 216)*. Die Ergebnisse zeigten, dass die Kinder das aggressive Verhalten des Modells nachahmten, unabhängig davon, ob es eine Belohnung bekommen hatte oder nicht. Die Kinder erlernten durch das Zuschauen die Aggressionen. Interessant ist übrigens das unterschiedliche Verhalten von Jungs und Mädchen: „Die Mädchen zeigten unter allen Bedingungen weniger Nachahmungsaggressionen als die Jungen" *(Bovet, 2008, S. 216)*. Damit wird die These bestätigt, dass Gewalt ein vor allem von Männern ausgehendes Phänomen ist *(vgl. Pinker, 2011)*.

Das Modelllernen lässt sich in **vier Phasen** aufteilen.

Phase 1: Das vorgelebte Verhalten muss die Aufmerksamkeit des Beobachters erregen.

Phase 2: Der Beobachter speichert das Verhalten ab und kann es auch mit eigenen Begriffen belegen.

Phase 3: Der Beobachter probiert das Verhalten aus und erwirbt die Kompetenzen, es richtig anzuwenden.

Phase 4: Von außen kommt ein Anreiz dazu, der den Mensch im Ausüben des Verhaltens motiviert und bestärkt *(vgl. Tillmann, 2010, S. 103)*.

Banduras Experimente zeigten, dass der Mensch durch **Beobachtung am Modell Verhalten erlernt**.

Das belegt, dass durch entsprechende äußere Anreize dieses Modelllernen beeinflusst werden kann. Allerdings muss auch die Bereitschaft des Lernenden vorhanden sein, sich auf diesen Prozess einzulassen. Und der Lernende muss außerdem die Fähigkeiten besitzen, das Modell zu imitieren.

Der große Unterschied zur Konditionierungstheorie besteht darin, dass der Lernende aktiv ist. Es geschieht nichts mit ihm, wogegen er sich nicht wehren kann. Damit wird der „menschlichen Eigenaktivität" und der „subjektiven Verarbeitung von Erfahrungen" *(Hurrelmann, 2006, S. 66)* eine wichtige Rolle zugesprochen.

Das Beobachtungslernen bietet sich besonders dann an, wenn Menschen unsicher sind und sich am Handeln anderer Personen orientieren können. Dabei ist wichtig, dass die Person, die als Modell dient, von den Lernenden positiv bewertet wird. Entscheidend ist, dass das Modell ein Verhalten zeigt, dass kopierbar ist. In diesem Zusammenhang spricht man vom „Coping-Modell". Das Modell darf kein „Master-Modell" sein, also kein Modell, das so perfekt ist, dass sich derjenige, der lernt, davon abwendet, weil er erkennt, dass er dieses Verhalten überhaupt nicht erreichen kann. Besonders wichtig ist, dass das Modellverhalten gut erkennbar ist. Dies erklärt, warum z. B. Musik- oder Sportlehrerinnen eine bestimmte Übung sehr deutlich vormachen. So hebt sich das Modellverhalten gut ab und ist für das Kind erkennbar. Hinzu kommt, dass in der Regel nur Modellverhalten übernommen wird, das auch erfolgreich ist. Wenn das Kind im Geigenunterricht erkennt, dass die Lehrerin mit einem bestimmten Bogenstrich die Töne klarer spielen kann, dann wird das Kind dies auch versuchen. Möchte das Modell, dass das Kind sein Verhalten übernimmt, wird es dieses dem Kind nicht nur zeigen, sondern es auch entsprechend sprachlich begleiten und erklären. So erhält das Kind nicht nur ein inneres Bild von dem, was es lernen soll, sondern es bekommt auch die passenden Worte, um es für sich selbst zu erklären *(vgl. Bovet, 2008, S. 219)*.

Beim Beobachtungs- bzw. Modelllernen handelt es sich in der Regel um sogenanntes implizites oder latentes Lernen. Das Lernen geschieht nebenbei, beiläufig und nicht absichtsvoll. Im Sozialisationsprozess spielt das Beobachtungslernen eine große Rolle. Besonders bei der Übernahme von Regeln, Normen und Werten lässt sich beobachten, dass diese häufig nicht direkt vermittelt werden. Vielmehr leben Eltern oder Erzieher diese vor und die Kinder schauen sie sich ab.

> Hausaufgabenzeit im Hort: Die Kinder der ersten Klassen kommen mit ihren Schulranzen in den Hausaufgabenraum. Dort sitzen bereits die Kinder aus der zweiten, dritten und vierten Klasse an einzelnen Tischen und arbeiten still an ihren Hausaufgaben. Die Kinder der ersten

> Klasse nehmen genau wahr, wie sich die anderen Kinder verhalten und suchen sich ebenfalls einen einzelnen Tisch, setzen sich, packen ihre Schulsachen aus und beginnen mit den Hausaufgaben. Immer wieder schauen sie hoch und beobachten die anderen Kinder. Dabei bemerken sie, dass diese immer dann sich melden, wenn sie die Erzieherinnen etwas fragen wollen. Die Erstklässler beginnen, dieses Verhalten nachzuahmen und melden sich, wenn sie etwas nicht verstehen.

Bandura ging aber auch davon aus, dass nicht nur das Modell für den Lernerfolg wichtig sei, sondern dass „die kognitiven und motivationalen Prozesse, die sich bei den Lernenden abspielen" *(Bovet, 2008, S. 218)* von ebenso entscheidender Bedeutung seien.

8.3   Konstruktivistische Lerntheorie

> Der **Konstruktivismus** baut auf der Vorstellung auf, dass der Mensch sich ein Bild seiner Welt selbst „konstruiert" (Selbstbildungsansatz).

Grundlage eines jeden Lernprozesses ist die Wahrnehmung. Der Mensch nimmt mit seinen Sinnen die Welt wahr. Allerdings verarbeitet jeder das Wahrgenommene ganz unterschiedlich, weil bei diesem Vorgang zahlreiche kognitive, emotionale und motivationale Prozesse wirksam werden.

> Asja, Tommy und Paolo erleben mit ihrer Kindergartengruppe einen Waldtag. Gemeinsam ziehen sie bei sommerlichen Temperaturen durch den nahegelegenen Wald, wobei die Kinder die Möglichkeit haben, lange und ausgiebig miteinander zu spielen. Asja, Tommy und Paolo sind an diesem Tag unzertrennlich und bleiben die ganze Zeit über zusammen. Am nächsten Tag in der Kinderkonferenz berichten die Kinder, was sie miteinander erlebt haben. Jedes der drei Kinder erzählt die Erlebnisse des Waldtages völlig anders. Die Erzieherin wundert sich, wie unterschiedlich die drei Kinder diesen Tag erlebt haben.

Der Konstruktivismus geht davon aus, dass wir alle unsere Welt subjektiv wahrnehmen. Die eigenen Vorerfahrungen, die aktuelle Befindlichkeit und die Umgebung, in der man sich gerade befindet, beeinflussen das Erleben der Situation maßgeblich und damit natürlich auch das Lernen. Der Mensch kann demnach nur das wahrnehmen, was er mit seiner eigenen Erfahrung verknüpfen kann. Dies bedeutet, dass Lernimpulse von außen an der Wirklichkeit derjenigen ansetzen muss, die etwas lernen sollen. Hinzu kommt: Nur wenn der Mensch selbst lernen will, nur wenn er dazu bereit ist und selbst auf die Idee kommt, sich mit einer Sache zu beschäftigen, nur dann kann er wirklich lernen.

Folgt man dem Lernverständnis des Konstruktivismus, so können von außen Impulse gesetzt werden; wie weit sie aufgenommen werden können, wie ein Sachverhalt oder eine Situation wahrgenommen und mit ihm/ihr umgegangen wird, hängt von den Möglichkeiten und den Erfahrungen ab, über die der Lernende verfügt. Damit werden die Personen, die lehren und vermitteln, zu Begleitern, denn sie können nur in einem sehr begrenzten Maße lehren. Dadurch können Lehrer und Erzieherinnen aber auch nicht für das Lernergebnis verantwortlich gemacht werden, denn was gelernt wird, darüber entscheidet ausschließlich der Lernende. Er ist für seinen Lernerfolg selbst verantwortlich.

Für die Arbeit mit Kindern bedeutet dies:

- Belehrendes Lehren macht keinen Sinn, stattdessen sollte der Erzieher durch die Art, wie er fragt und die Kinder begleitet, diese in ihrem Selbstbildungsprozess unterstützen.
- Die Lernumgebung bekommt eine zentrale Bedeutung. Die Erzieherin ist dafür verantwortlich, dass die Lernumgebung so gestaltet ist, dass sie Kinder anregt, Wissen zu konstruieren.
- In der direkten Kommunikation mit Kindern kommt es nicht so sehr darauf an, ihnen die eigene Sicht auf die Welt zu vermitteln. Vielmehr sollen die Kinder angeregt werden, ihre eigene Sicht darzulegen, zu überprüfen und neu zu formulieren.
- Deshalb werden Erzieherinnen großen Wert darauf legen, dass Kinder über die Wirklichkeitssicht anderer Kinder nicht abschätzig urteilen, sondern sie als eine Möglichkeit begreifen, die Welt zu sehen.
- Unterstützung erfolgt dadurch, dass die Erzieherin aktiv durch Nachfragen und Impulse Kinder anregt, selbst nachzudenken und zu entscheiden.

8.4 Kognitive Lerntheorie: Lernen durch Einsicht

Die **Gestaltpsychologie,** entstanden in den 1920er-Jahren, kam zu der Erkenntnis, dass der Mensch in vielen Situationen durch Einsicht handelt.

> Unter **Einsicht** wird „die plötzliche Wahrnehmung von Beziehungen zwischen den Elementen einer Problemsituation" verstanden. *(Edelmann, 1994, S. 333)*

Die Gestaltpsychologie beschäftigte sich mit der Wahrnehmung des Menschen und entwickelte verschiedene Gesetze. Ein Gesetz heißt „Das Gesetz der guten Gestalt". Damit ist gemeint, dass der Mensch alles, was er wahrnimmt, in einer „guten Gestalt" sieht, selbst wenn es nicht so ist (siehe Band 1, Lernfeld 2, Kap. 5).

Die hier abgebildete Figur werden die meisten Menschen als Dreieck wahrnehmen, obwohl es nur drei unabhängig voneinander bestehende Linien sind.

Weitere Wahrnehmungsprinzipien der Gestalttheorie sind das „Prinzip der Kontinuität", das „Prinzip der Nähe" sowie das „Prinzip der Ähnlichkeit". „Aus diesen vier Prinzipien kann abgeleitet werden, dass das kognitive System die einzelnen Teile zu einem Gesamtbild zusammenfasst." *(Rosemann/Bielski, 2001, S. 55 f.)*

Der Prozess des Lernens verläuft nach Ansicht der Gestalttheorie ähnlich: Der Mensch speichert Informationen, die er erhält, und verbindet sie mit anderen Informationen, die er im Laufe seines Lebens bekommen hat und die eine inhaltliche Nähe zu dieser Information haben. Auch wenn die aktuelle Information unvollständig war, so kombiniert er diese mit anderen und baut daraus eine „gute Gestalt". Dies bedeutet, dass unvollständige Informationen keine gute Gestalt haben und erst durch das aktive Zutun des Menschen zur guten Gestalt werden.

Das Prinzip der Geschlossenheit (vgl. Rosemann/Bielski, 2001, S. 55)

> Alicia schaut mit dem Erzieher ein Sach-Bilderbuch über Fahrzeuge an. Auf der Seite der Schienenfahrzeuge sind vielerlei unterschiedliche Züge und Straßenbahnen abgebildet. Die beiden unterhalten sich darüber. Als der Erzieher auf den ICE zeigt, fragt Alicia, was das denn sein solle. Alicia ist bisher erst einmal mit einer S-Bahn gefahren. Jetzt erklärt ihr der Erzieher, dass es sich ebenfalls um einen Zug handele, dass dieser aber viel schneller fahren könne als eine S-Bahn. Alicia versteht nun, dass der ICE ebenfalls ein Zug ist. Ihr gelingt es, die neue Information zum ICE mit der Information zur S-Bahn, die sie bereits abgespeichert hat, zu verbinden.

Der Lernprozess erfolgt also über Einsicht und indem der Mensch aus verschiedenen Teilen ein Ganzes formt. Im Gegensatz zu den Konditionierungstheorien baut dies auf einem Bild vom Menschen auf, der aktiv sein Leben gestaltet und damit auch ein aktiver Lerner ist: der Mensch als Verwerter von Informationen bzw. Umweltreizen. Die Grundlage der Verwertung ist sein Wissen von der Welt.

> „Damit wird auch deutlich, wie wichtig es für den Menschen ist, Wissen über die Welt zu erwerben und zur Verfügung zu haben – u. a. auch als Wissen darüber, wie und wo man sich spezifisches Wissen aneignen kann. […]Kognitives Wissen ist deshalb so wichtig, weil es unser Wissen vergrößert und damit unser Handeln (als bewusstem, geplantem Vorgehen) in der Welt optimiert."
>
> *(Wagner, 2009, S. 35)*

8.5 Intrinsische und extrinsische Motivation und ihre Bedeutung für das Lernen

Lernen verlangt immer Motivation. Ohne die Bereitschaft, die Motivation, etwas zu verändern, kann Lernen nicht gelingen. Die verschiedenen Lerntheorien setzen auf unterschiedliche Formen der Motivation. Es wird zwischen extrinsischer und intrinsischer Motivation unterschieden.

> Ein Kind lernt Vokabeln auswendig, weil es weiß, dass es am nächsten Tag einen Test schreiben muss und keine schlechte Note erhalten möchte.

Unter **intrinsischer Motivation** wird verstanden, wenn ein Mensch aufgrund eines inneren Wunsches etwas tut. „Die Handlung wird um ihrer selbst willen ausgeführt, weil sie als interessant, herausfordernd, spannend etc. erlebt wird." *(Wagner, 2009, S. 51)*

> Eine Jugendliche lernt in Brasilien einen neuen Freund kennen. Nun möchte sie für ein Jahr zu ihm ziehen. Um sich verständigen zu können, lernt sie Portugiesisch. Nachdem sie einige Worte kennt, beginnt sie sofort, mit ihrem Freund auf Portugiesisch zu chatten.

Unter **extrinsischer Motivation** wird verstanden, wenn eine Handlung aufgrund des Einflusses von außen durchgeführt wird. Solche Einflüsse können z.B. Belohnung oder Strafe sein.

Nach Ansicht vieler Pädagogen führt die intrinsische Motivation zu einer „tieferen Verarbeitung des Gelernten". *(Wagner u. a., 2009, S. 51)* Dies ist aber nicht einfach zu belegen. Es gibt sogar Zweifel, dass es intrinsische Motivation ganz isoliert überhaupt gibt. Aus Sicht der Konditionierungstheorien kann es diese Art der Motivation nicht geben. „Die Auslösung von Verhalten (Motivation) wird hier ausschließlich auf externe Faktoren zurückgeführt." *(Rosemann/Bielski, 2001, S. 122)*

Im Gegensatz dazu gehen die sozial-kognitive Lerntheorie Banduras, der Konstruktivismus und die kognitive Lerntheorie davon aus, dass Lernen ohne intrinsische Motivation nicht möglich ist. Aus Sicht dieser drei Lerntheorien kann die extrinsische Motivation nur etwas bewirken, wenn sie auf eine innere Bereitschaft trifft.

↗ WIEDERHOLUNG

→ Lernen ist ein Vorgang, der immer mit sichtbarer oder unsichtbarer Veränderung zu tun hat.

→ Lerntheorien versuchen zu erklären, wie der Vorgang des Lernens geschieht. Jede Lerntheorie kann nur einzelne Aspekte des Lernens beschreiben. Es gibt keine Lerntheorie, die alle beobachtbaren Lernvorgänge erklärt.

→ Lernen geschieht bewusst oder unbewusst (implizit oder explizit).

→ Die Konditionierungstheorien setzen auf den Einsatz von Reizen, um den gewünschten Erfolg zu erzielen.

→ Die sozial-kognitive Lerntheorie geht davon aus, dass Vorbilder das Lernen positiv unterstützen können.

→ Die konstruktivistische Lerntheorie misst der Lernumgebung eine große Bedeutung zu. Hinzu kommt, dass der Mensch nach Vorstellung des Konstruktivismus auf die Neugier und das Eigeninteresse des Menschen setzt, wenn es um das Lernen geht.

→ Die kognitive Lerntheorie geht davon, dass Elemente einer Problemsituation miteinander verknüpft werden und dadurch eine neue Einsicht entsteht.

→ Lernen funktioniert nicht ohne Motivation. Hierbei werden intrinsische und extrinsische Motivation unterschieden.

→·← AUFGABEN

1 [Analyse und Bewertung]
Arbeiten Sie die verschiedenen Definitionen von Lernen durch und erstellen Sie ein Kurzreferat, in dem Sie in eigenen Worten erklären, was unter Lernen zu verstehen ist. Arbeiten Sie hierzu mindestens ein konkretes Beispiel aus, womit Sie die Merkmale des Lernens veranschaulichen können. Stellen Sie sich gegenseitig in Vierergruppen Ihre Kurzreferate vor.

2 [Reflexion]
Reflektieren Sie Ihre eigene Lernbiografie. Beschreiben Sie ein positives und ein negatives Lernerlebnis. Gehen Sie dabei folgenden Fragen nach: Was war der Anlass für die Lernsituation? Welche Rolle haben Außenstehende (z. B. Eltern, Lehrerinnen, Gleichaltrige, Geschwister) gespielt? Welche Rolle hat Ihre eigene innere Motivation gespielt? Unter welchen Bedingungen fand die Lernsituation statt? Woran war erkennbar, dass die Lernsituation zu einem Erfolg oder Misserfolg geführt hat?

3 [Analyse und Bewertung]
Erstellen Sie eine Tabelle mit drei Spalten und fünf Zeilen: In die linke Spalte tragen Sie jeweils eine der Lerntheorien, die im Text vorgestellt worden ist, ein. In die mittlere Spalte tragen Sie die zentralen Merkmale der Lerntheorie ein. In die rechte Spalte schreiben Sie jeweils ein Beispiel, mit dem Sie die Lerntheorie belegen können.

4 [Reflexion]
Untersuchen Sie eine Situation, in der Sie mit intrinsischer Motivation gelernt haben. Welche Auswirkungen hatte die intrinsische Motivation auf Ihr Lernverhalten? Wie wirkte sie sich aus, wenn Schwierigkeiten auftraten?

5 [Planung und Konzeption]
Lukas fällt im Kindergarten wiederholt durch sehr aggressive Verhaltensweisen auf. Er schlägt und beißt immer wieder, die anderen Kinder entwickeln Angst vor Lukas und meiden ihn nach Möglichkeit.

Erarbeiten Sie Möglichkeiten einer Verhaltensänderung auf der Grundlage der sozial-kogni-
tiven Lerntheorie. Vergleichen und diskutieren
Sie Ihre Arbeitsergebnisse in Kleingruppen.

6 [Analyse und Bewertung] [Querschnittsaufga-
be Partizipation]
Untersuchen Sie die fünf Lerntheorien daraufhin, ob und in welcher Weise der Lernende am
Lernprozess eigenaktiv beteiligt ist oder ob er
von außen gesteuert wird.

Halten Sie Ihre Ergebnis auf einem Plakat fest,
das Sie in der Klasse den Mitschülern vorstellen, und diskutieren Sie die Arbeitsergebnisse
miteinander.

TIPPS ZUM WEITERARBEITEN →→

→ Gisbert, Kristin: Wie Kinder das Lernen lernen. In: Elementarpädagogik nach PISA. Wie aus Kinder-tagesstätten Bildungseinrichtungen werden. Her-ausgegeben von Wassilios E. Fthenakis. Freiburg i. Br.: Herder Verlag 2003, S. 78–105.

→ Kiesel, Andrea/Koch, Iring: Lernen. Grundlagen der Lernpsychologie. Wiesbaden: VS Verlag 2012.

Kompetenzen, die in diesem Kapitel erworben werden können:

• Die Absolventinnen und Absolventen
verfügen über ein breites und integriertes
Wissen, das ihnen ein komplexes Verständnis von Entwicklungs-, Lern-, Bil-
dungs-, Sozialisationsprozessen eröffnet.

Bodenmann, Guy/Perrez, Meinrad/Schär, Marcel: Klassische Lerntheorien. Grundlagen und Anwendungen in Erziehung und Psychotherapie. 3. Auflage. Bern: Hogrefe Verlag 2019.

Bovet, Gislinde: Die klassischen Lerntheorien. In: Leitfaden Schulpraxis. Pädagogik und Psychologie für den Lehrerberuf. Hrsg. von Gislinde Bovet und Volker Huwendiek. 5. Auflage. Berlin: Cornelsen Scriptor 2008, S. 202–255.

Collin, Catherine/Benson, Nigel/Ginsburg, Joannah u. a.: Das Psychologie-Buch. München: Dorling Kindersley 2012.

Edelmann, Walter: Lernpsychologie. Eine Einführung. Weinheim/Basel: Beltz Psychologie Verlagsunion 1994.

Hurrelmann, Klaus: Einführung in die Sozialisationstheorie. 9. Auflage. Weinheim/Basel: Beltz Verlag 2006.

Kandel, Eric: Das Zeitalter der Erkenntnis. Die Erforschung des Unbewussten. In: Kunst, Geist und Gehirn von der Wiener Moderne bis heute. Übersetzt von Martina Wiese. München: Pantheon 2012.

Lahmer, Karl/Böhm, Regine/Kreilinger, Maria u. a.: Grundlagen der Pädagogik und Psychologie. Braunschweig: Westermann Schulbuch 2017.

Lefrancois, Guy R.: Psychologie des Lernens, übersetzt von Silke Lissek 5. Auflage. Berlin/Heidelberg: Springer 2003.

Pinker, Steven: Gewalt. Eine neue Geschichte der Menschheit. Übersetzt von Sebastian Vogel. Frankfurt/Main: S. Fischer Verlag 2011.

Rosemann, Bernhard/Bielski, Sven: Einführung in die Pädagogische Psychologie. Weinheim/Basel: Beltz Verlag 2001.

Roth, Gerhard: Bildung braucht Persönlichkeit. Stuttgart: Klett-Cotta Verlag 2011.

Tillmann, Klaus-Jürgen: Sozialisationstheorien. Eine Einführung in den Zusammenhang von Gesellschaft, Institution und Subjektwerdung. Reinbek bei Hamburg: Rowohlt Verlag 2010.

Wagner, Rudi F.: Lernen und Motivation. In: Wagner, Rudi F./Hinz, Arnold/Rausch, Adly/Becker, Brigitte: Modul Pädagogische Psychologie. Bad Heilbrunn: Julius Klinkhardt Verlag 2009, S. 23–56.

9   Inhaltliche und rechtliche Rahmenbedingungen der Inklusion

Martina Lambertz • Bianca Ribic (Kap. 9.1) • Dietmar Böhm • Regine Böhm (Kap. 9.2)

Levin (3;2 Jahre) hat seit einem halben Jahr Diabetes Typ 1. Er muss regelmäßig seinen Blutzucker messen und zu den Mahlzeiten Insulin spritzen. Seit seiner Erkrankung trägt Levin eine Insulinpumpe an seinem Gürtel.

Bald hat Levin seinen ersten Tag in der Kita „Starke Kids". Den Kitaplatz hat die alleinerziehende Mutter bereits zu Beginn des Jahres erhalten, da war Levin noch gesund.

Levin ist ein aktives Kind und hat bereits einige Freunde, mit denen er bald zusammen in die Kita kommt. Er sieht sich gern Bilderbücher an, klettert auf Bäume und kann schon ein bisschen Fahrrad fahren.

Levins Mutter hat Sorgen, wie das jetzt alles wird, wenn er in die Kita kommt, und ruft dort an, um einen Gesprächstermin mit der Kitaleitung und der Gruppenleitung zu vereinbaren. Sie möchte über die Erkrankung von Levin sprechen und den Umgang mit der Insulinpumpe und mit dem Blutzuckermessgerät erklären.

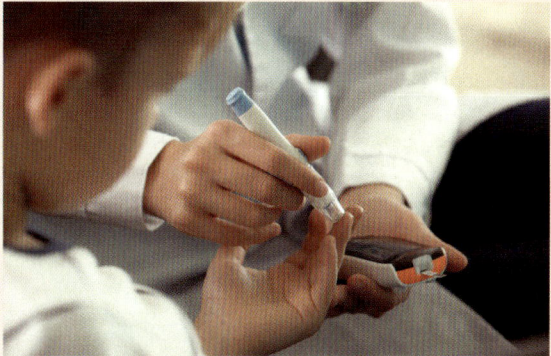

Am Telefon sagt sie der Leiterin Frau Berg, worum es in dem Gespräch gehen soll. Die Leiterin ist entsetzt und sagt, dass sie kein Kind mit Diabetes in der Kita aufnehmen könne und deshalb den Vertrag mit der Mutter kündigen müsse. Es sei auch wirklich unverschämt, dass die Mutter sich nicht schon früher gemeldet hätte. Dann hätte sie den Platz an ein anderes, gesundes Kind vergeben können. In diesem Fall müsse sie sich einen Platz in einer integrativen Kita suchen!

Levins Mutter ist nach dem Telefonat völlig verzweifelt.

↘ FRAGEN

→ *Warum handelt die Leiterin der Tageseinrichtung so?*

→ *Darf die Leiterin der Kita den Vertrag kündigen? Was spricht aus Ihrer Sicht dafür, was dagegen?*

→ *Welche Schwierigkeiten könnten sich für Levin im Alltag ergeben?*

9.1 Merkmale von Inklusion

Der Begriff der **Integration** oder der integrativen Arbeit ist seit vielen Jahren bekannt und wurde in Bereichen der Behinderung wie auch der interkulturellen Erziehung verwendet.

Bereits in den 1990er-Jahren wurde jedoch in der globalen UN-Initiative „Education for all" und der Erklärung von Salamanca (1994) gefordert, dass Kinder mit Behinderungen nicht ausgesondert werden sollen und alle Kinder einen Zugang zu Schulbildung erhalten.

Die Initiative „Bildung für alle" der Unesco bei der Tagung 1990 in Jomtien verlangt eine neue Form der Pädagogik, die zur Grundlage hat, „dass menschliche Unterschiede normal sind, dass das Lernen daher an die Bedürfnisse des Kindes angepasst werden muss und sich nicht umgekehrt das Kind nach vorbestimmten Annahmen über das Tempo und die Art des Lernprozesses richten muss" *(UNESCO, 1994)*.

> Der Blick wandelt sich also in den letzten Jahren von der Integration zu Inklusion. Nicht etwas Fremdes muss in ein bestehendes Gefüge integriert werden, sondern alle sind gleich – die Bedingungen des Lernens und der Umwelt müssen angepasst werden.

Inklusion bezieht sich folglich auf alle Kinder in einer Tageseinrichtung und nicht nur auf Kinder mit besonderen Bedürfnissen. Alle Kinder sollen in Tageseinrichtungen das vorfinden, was sie zur Entfaltung ihrer Fähigkeiten und Potenziale benötigen. Dieser Blickwechsel ist radikal: Er geht weg vom Blick auf einen Lernenden, der sich in ein bestehendes Bildungssystem zu integrieren hat, hin zu einem Bildungssystem, das an die Bedürfnisse der Lernenden angepasst werden muss.

„Looking at education through an inclusive lens implies a shift from seeing the child as a problem to seeing the education system as a problem." („Wenn man sich das Bildungssystem aus inklusiver Perspektive anschaut, dann verändert sich die Wahrnehmung: Nicht das Kind ist das Problem, sondern das Erziehungssystem".) (UNESCO, *Guidelines for inclusion, 2005, S. 27)*

Von der deutschen UNESCO-Kommission wurden 2009 besondere **Merkmale** benannt, die eine inklusive Arbeit kennzeichnen.

Merkmale von Inklusion

Das **Recht auf Teilhabe aller** Kinder an qualitativ hochwertiger Bildung, unabhängig von Geschlecht, Religion, ethnischer Zugehörigkeit, besonderen Lernbedürfnissen, sozialen und ökonomischen Voraussetzungen, sowie die Entwicklung ihrer Potenziale.

Die unterschiedlichen Bedürfnisse aller Lernenden stehen im Mittelpunkt ebenso wie das Recht jedes Kindes auf **individuelle Förderung** in sozialer Gemeinschaft.

Heterogenität wird als Chance für Lern- und Bildungsprozesse genutzt.

Flexible Bildungsangebote, entsprechende strukturelle und inhaltliche Anpassungen in allen Bereichen des Bildungssystems inklusive der frühkindlichen Bildung.

Barrieren werden beseitigt, welche die Teilhabe von Kindern an Bildungsprozessen behindern.

Kinder werden in ihrer **Mehrfach-Gruppenzugehörigkeit** und damit in ihrer konkreten Lebenslage wahrgenommen *(Booth, Index für Inklusion, 2010)*.

Besondere Aufmerksamkeit gilt den Kindern, die von **Marginalisierung und Benachteiligung** betroffen oder bedroht sind.

(vgl. Sulzer/Wagner, 2011, S. 9)

Inklusion wird somit zu einer **Querschnittsaufgabe** in der pädagogischen Arbeit aller pädagogischen Fachkräfte.

Inklusive Werte als Grundlagen pädagogischer Arbeit

Tony Booth, der Entwickler des „Index for Inclusion", hat in einer groß angelegten Befragung Begriffe und Werte gesammelt, die für ihn die Grundlagen inklusiver Pädagogik darstellen. Im Folgenden werden Auszüge daraus vorgestellt *(vgl. Booth, 2010).*

Gleichheit und Rechte
Gleichheit meint nicht, dass alle Menschen gleich sind, sondern dass sie gleichwertig behandelt werden. Ungleichheiten müssen reduziert werden. Es darf keine Rolle spielen, aus welchem Elternhaus ein Mensch kommt oder welcher Nationalität er ist.

Jeder Mensch hat die gleichen Rechte und auch der Zugang zu Bildung muss so gestaltet sein, dass ihn jeder wahrnehmen kann. In den Bildungsbereichen der Bildungspläne der einzelnen Bundesländer wird deutlich, dass hier Menschenrechte gefördert werden und Beziehungsverhältnisse entstehen können.

Partizipation
Teilhabe ist mehr als nur ein Mitmachen und Dasein, sondern geschieht dann, wenn eine Person sich einbezogen und akzeptiert fühlt. Eine Kinderkonferenz in einer Tageseinrichtung ist dann sinnvoll, wenn sie den Kindern ermöglicht, aktiv zu sein und mit anderen zusammen zu lernen und zu handeln.

Respekt für Vielfalt und Gemeinschaft
Vielfalt in der Gesellschaft stellt kein Problem dar, sondern muss als eine Chance und Ressource gesehen werden. Die Zugehörigkeit zu unterschiedlichen Gruppen schafft Identität und Gleichberechtigung. In einer Gemeinschaft zu sein bedeutet Bindung und ein Zusammengehörigkeitsgefühl. Inklusive Gemeinschaft heißt, gemeinsam zu handeln, Verständigung untereinander und Öffnung nach außen für alle.

Das Anderssein (die Migration, die Behinderung, das Ältersein usw.) ist nicht negativ zu bewerten, sondern wird als ein Bestandteil von Kultur und auch des eigenen Lebens akzeptiert. Auch junge Menschen werden älter, können eine Behinderung erfahren oder im Ausland zu einem Migranten werden.

Der dauerhafte Abbau von Ausgrenzung und Diskriminierung muss eine Hauptaufgabe in inklusiven Tageseinrichtungen sein.

Gewaltfreiheit und Vertrauen
Das Zuhören und Verstehen von anderen und anderen Perspektiven ermöglicht erste Schritte zu einem gewaltfreien Miteinander. Kinder und Erwachsene müssen Konfliktlösungsstrategien und mediative Kompetenzen erwerben. In Tageseinrichtungen müssen Erwachsene als Modelle für Kinder ihr Handeln vorleben und Meinungsverschiedenheiten im offenen Dialog statt hinter dem Rücken klären.

Das Vertrauen dem anderen gegenüber schafft Grundstrukturen für Dialoge und bestärkt Kinder und Jugendliche im positiven Handeln.

> „Menschen fühlen sich frei, ihre Meinung zu sagen, wenn sie darauf vertrauen, dass andere in einen respektvollen Dialog mit ihnen eintreten, ohne sich daraus einen Vorteil zu verschaffen."
>
> *(Booth, 2010, S. 17)*

Darüber hinaus benennt Booth noch weitere Bereiche wie Ehrlichkeit, Mitgefühl, Freude oder auch Schönheit als grundlegende Werte inklusiver Pädagogik.

9.2   Rechtliche Rahmenbedingungen der Inklusion

Die UN-Behindertenrechtskonvention (BRK)

2006 verabschiedete die Generalversammlung der Vereinten Nationen das Übereinkommen über die Rechte von Menschen mit Behinderungen. Die UN-Behindertenrechtskonvention wurde in der Zwischenzeit von weit mehr als 170 Staaten – u. a. von der Bundesrepublik Deutschland – unterzeichnet und gilt hier seit 2009.

Die Konvention schützt Menschen mit Behinderungen, damit sind Menschen gemeint, „die langfristige körperliche, seelische, geistige oder Sinnesbeeinträchtigungen haben, welche sie in Wechselwirkung mit verschiedenen Barrieren an der vollen, wirksamen und gleichberechtigten Teilhabe an der Gesellschaft hindern können." (www.behindertenrechtskonvention.info [25.08.2020] Die Konvention sichert ihnen die gleichberechtigte Teilhabe an der Gesellschaft zu. Die Artikel 7 und 24 sind für die Arbeit in Kindertagesstätten von besonderer Bedeutung.

Artikel 24 verpflichtet die Vertragsstaaten, ein integratives Bildungssystem auf allen Ebenen aufzubauen, indem „Menschen mit Behinderungen ihre Persönlichkeit, ihre Begabungen und ihre Kreativität sowie ihre geistigen und körperlichen Fähigkeiten voll zur Entfaltung bringen" können (www.behindertenrechtskonvention.info [25.08.2020]. Kinder mit Behinderung haben das Recht, innerhalb des allgemeinen Bildungssystem gleichberechtigt gefördert zu werden. Das bedeutet, dass sie das Recht darauf haben, Regelschulen zu besuchen und damit auch Regelkindertageseinrichtungen. Dort sollen sie die Fähigkeiten erwerben können, die ihnen eine gleichberechtigte Teilhabe an der Gesellschaft ermöglichen, z. B. durch das Erlernen der Gebärdensprache oder der Brailleschrift.

Ebenso verpflichtet Artikel 24 der Behindertenrechtskonvention die Vertragsstaaten dazu, Lehrkräfte und pädagogische Fachkräfte so auszubilden und zu schulen, dass sie in der Lage sind, Kinder mit Behinderung angemessen zu fördern. Dies kann bedeuten, dass Erzieherinnen einer Kita ggf. dazu aufgefordert werden können, entsprechende Fortbildungen zu besuchen, um beispielsweise die Gebärdensprache zu erlernen oder Fachkenntnisse über Kinder mit Trisomie 21 zu erwerben.

Eltern haben das Recht zu wählen zwischen einer Beschulung im Regelschulbetrieb oder in Sondereinrichtungen. Entscheidungsgrundlage ist das Wohl des Kindes (siehe Artikel 7 Behindertenrechtskonvention). Dies bedeutet in der Praxis, dass Eltern und aufnehmende Bildungseinrichtung (Kita oder Schule) gemeinsam beraten, welche Institution im Einzelfall das Kind bestmöglich fördern kann.

Artikel 7 Behindertenrechtskonvention:

1) Die Vertragsstaaten treffen alle erforderlichen Maßnahmen, um zu gewährleisten, dass Kinder mit Behinderungen gleichberechtigt mit anderen Kindern alle Menschenrechte und Grundfreiheiten genießen können.

(2) Bei allen Maßnahmen, die Kinder mit Behinderungen betreffen, ist das Wohl des Kindes ein Gesichtspunkt, der vorrangig zu berücksichtigen ist.

(3) Die Vertragsstaaten gewährleisten, dass Kinder mit Behinderungen das Recht haben, ihre Meinung in allen sie berührenden Angelegenheiten gleichberechtigt mit anderen Kindern frei zu äußern, wobei ihre Meinung angemessen und entsprechend ihrem Alter und ihrer Reife berücksichtigt wird, und behinderungsgerechte sowie altersgemäße Hilfe zu erhalten, damit sie dieses Recht verwirklichen können.

Das heißt:
- Kinder mit Behinderung haben die gleichen Rechte wie Kinder ohne Behinderung
- Kindern mit Behinderung stehen alle Menschenrechte zu, z. B. das Recht auf Bildung (Artikel 26 der UN-Menschenrechtskonvention) oder das Recht auf freie Meinungsäußerung (Artikel 19) (*vgl. Amnesty International*).
- Immer muss das Kindeswohl vorrangig berücksichtigt werden.
- Darüber hinaus wird Kinder mit Behinderung garantiert, dass sie die Hilfe und Unterstützung erhalten, die sie brauchen, um ihre Rechte in Anspruch nehmen zu können.

Gemeinsam Sport machen

Inklusion im Grundgesetz

Grundgesetz (GG)
(1) Alle Menschen sind vor dem Gesetz gleich.
(2) Männer und Frauen sind gleichberechtigt. Der Staat fördert die tatsächliche Durchsetzung der Gleichberechtigung von Männern und Frauen und wirkt auf die Beseitigung bestehender Nachteile hin.
(3) Niemand darf wegen seines Geschlechtes, seiner Abstammung, seiner Rasse, seiner Sprache, seiner Heimat und Herkunft, seines Glaubens, seiner religiösen oder politischen Anschauungen benachteiligt oder bevorzugt werden. Niemand darf wegen seiner Behinderung benachteiligt werden.

Das Grundgesetz unterscheidet grundsätzlich nicht zwischen Menschen mit und ohne Behinderung. Es verbietet jegliche Form der Benachteiligung von Menschen mit Behinderung. Der letzte Satz in Artikel 3 Absatz 3 wurde 1994 ergänzt und hat vielfältige gesetzliche Aktivitäten nach sich gezogen, so z. B. das Gesetz zur Gleichstellung von Menschen mit Behinderung (Behindertengleichstellungsgesetz BGG).

Sozialgesetzbuch (SGB)

Sowohl die UN-Behindertenrechtskonvention als auch Artikel 3 Grundgesetz wirken sich konkret auf die Umsetzung von Inklusion in Deutschland aus. Von besonderer Bedeutung ist hier das Sozialgesetzbuch VIII und IX. Das SGB IX enthält Regelungen für behinderte und von Behinderung bedrohte Menschen. Leistungen und Unterstützung wird also auch bereits bei drohender Behinderung gewährleistet. Sie hat zum Ziel, diese abzuwenden oder abzumildern. In § 4 Absatz 3 heißt es weiter:

„Leistungen für Kinder mit Behinderungen oder von Behinderung bedrohte Kinder werden so geplant und gestaltet, dass nach Möglichkeit Kinder nicht von ihrem sozialen Umfeld getrennt und gemeinsam mit Kindern ohne Behinderungen betreut werden können. Dabei werden Kinder mit Behinderungen alters- und entwicklungsentsprechend an der Planung und Ausgestaltung der einzelnen Hilfen beteiligt und ihre Sorgeberechtigten intensiv in Planung und Gestaltung der Hilfen einbezogen."
(vgl. SGB IX § 4 Leistungen zur Teilhabe)

Interessant an § 4 ist zum einen, dass dies im Blick auf den Besuch des Kindergartens bedeutet, dass zunächst überprüft werden muss, ob die Kita im Stadtteil des Kindes in die Lage versetzt werden kann, dieses Kind aufzunehmen. Zum anderen wird auch hier das Recht auf Partizipation sowohl der behinderten Kinder als auch ihrer Eltern betont.

SGB VIII § 35a regelt insbesondere Ansprüche seelisch behinderter oder von Behinderung bedrohter Kinder, sodass auch sie in Tageseinrichtungen für Kinder aufgenommen werden können *(vgl. BMFSFJ 2020, S. 91)*.

Aus diesen rechtlichen Rahmenbedingungen leitet sich eine veränderte Sichtweise ab: Nicht das Kind mit Behinderung muss sich an die Bedingungen in Kita und Schule anpassen, um dort gefördert zu werden. Vielmehr müssen die Bildungseinrichtungen die Bedarfe der Kinder berücksichtigen. Dies ist der Gedanke, der der Inklusion zugrunde liegt. Um dies umzusetzen, sind konkrete Schritte notwendig:
- Das Team in einer Kita verfügt über Grundwissen im Bereich der Inklusion.
- Die Einrichtung überprüft u.a. die baulichen Gegebenheiten. Treppen können für Kinder im Rollstuhl unüberwindbare Hindernisse darstellen.
- In der Zusammenarbeit mit den Eltern macht sich die Einrichtung ein Bild vom aufzunehmenden Kind und seinem Förderbedarf.

- In Zusammenarbeit mit Jugend- und Gesundheitsamt sowie Eltern wird gemeinsam ein konkreter Hilfeplan erarbeitet, ggf. werden andere Fachkräfte wie Logopäden, Ergotherapeuten oder andere Integrationskräfte einbezogen. (vgl. von Langen 2014 S. 32f.)

Deutlich wird, dass die Aufnahme von Kindern mit Behinderungen in Kindertageseinrichtungen keine Kann-Leistung ist, sondern rechtlich gesehen außer Frage steht. Die gemeinsame Bildung, Erziehung und Betreuung von Kindern mit und ohne Behinderung bildet damit einen Teil gesellschaftlicher Diversität ab (siehe Band 1, Lernfeld 3, Kap. 3).

↗ WIEDERHOLUNG

→ Inklusion bezieht sich auf alle Menschen und bedeutet das Recht zur Teilhabe an allen Belangen des Lebens. Inklusion ist eine wesentliche Querschnittsaufgabe für pädagogische Fachkräfte und muss in Bildungseinrichtungen ermöglicht werden.

→ Inhaltlich liegen dem Inklusionskonzept folgende Gedanken zugrunde:
  → Alle Menschen haben gleiche Rechte.
  → Alle Menschen können teilhaben.
  → Vielfalt in der Gesellschaft ist eine Ressource.

→ In der UN-Behindertenrechtskonvention werden grundlegende Rechte von Menschen mit Behinderung benannt. Im Blick auf die Arbeit mit behinderten Kindern und Jugendlichen sind besonders die Artikel 7 und 24 wichtig.

→ Das Grundgesetz der Bundesrepublik Deutschland verbietet in Artikel 3 die Benachteiligung von Menschen mit Behinderung.

→ In SGB VIII und IX sind Leistungen für Kinder und Jugendliche mit Behinderung geregelt.

→·← AUFGABEN

1 [Wissen und Verstehen]
Lesen Sie die Salamanca Erklärung und stellen Sie diese anhand von Bildern, Fotos oder Zeichnungen dar. Gestalten Sie hiermit eine Ausstellung und überlegen Sie, wo Sie die Elemente der Erklärung in der pädagogischen Realität wiederfinden können. Die Salamanca-Erklärung finden Sie im Internet unter: www.unesco.de/sites/default/files/2018-03/1994_salamanca-erklaerung.pdf.

2 [Planung und Konzeption]
Gehen Sie in Kleingruppen zu viert durch Ihr Schulgebäude und untersuchen Sie es aus dem Blickwinkel eines Schülers mit Hör- oder Sehbeeinträchtigung oder körperlicher Beeinträchtigung (Rollstuhl). Wie kann er sich in der Schule orientieren? Wie erreicht er alle Orte in der Schule? Wie sind seine Möglichkeiten, dem Unterricht zu folgen und sich am Unterricht zu beteiligen (Lärmbelastung im Klassenraum/Blick zur Tafel bzw. zum Whiteboard usw.)? Welche Bedingungen wären optimal für den betreffenden Schüler? Halten Sie Ihre Ergebnisse schriftlich fest und diskutieren Sie diese in der Klasse.

TIPPS ZUM WEITERARBEITEN →→

→ Dilk, Anja/Dupuis, André: Auf dem Weg zu einer inklusiven Kindertagesstätte. Herausgegeben von der Gewerkschaft Erziehung und Wissenschaft. Frankfurt/Main: Eigenverlag 2011.

→ Fritsche, Heike/Schuster, Ulrich: Fair in der Kita. Antidiskriminierungspädagogik für Erzieherinnen. Herausgegeben vom Antidiskriminierungsbüro Sachsen. Leipzig: Eigenverlag 2009.

→ Heimlich, Ulrich: Kinder mit Behinderung – Anforderungen an eine inklusive Frühpädagogik. (WiFF Expertise Band 33). In: www.weiterbildungsinitiative.de/uploads/media/Exp_33_Heimlich.pdf [25.08.2020].

→ Schnurr, Heike: Sicher im Recht – Kompetent in der Praxis. Lehrbuch und Nachschlagewerk für pädagogische Fachkräfte. Braunschweig: Westermann Schulbuchverlage 2016.

→ Stiftung Erinnerung Verantwortung Zukunft: Online-Handbuchbuch Inklusion als Menschenrecht. www.inklusion-als-menschenrecht.de [25.08.2020].

Kompetenzen, die in diesem Kapitel erworben werden können:

- Die Absolventinnen und Absolventen verfügen über vertieftes fachtheoretisches Wissen über rechtliche Bestimmungen und Leistungen der Kinder- und Jugendhilfe, angrenzender Rechtsgebiete sowie Bezüge zum internationalen Recht (z. B. Behindertenrechtskonvention, SGB IX Teilhabe behinderter Menschen).

- Die Absolventinnen und Absolventen verfügen über Fertigkeiten, rechtliche Rahmenbedingungen der Inklusion in die pädagogische Arbeit einzubeziehen.

Amnesty international (Hrsg.): Allgemeine Erklärung der Menschenrechte. Berlin: Eigenverlag o. J.

Bundesministerium für Familie, Senioren, Frauen und Jugend (Hrsg.): Kinder- und Jugendhilfe. Achtes Buch Sozialgesetzbuch. Berlin: Eigenverlag 2020.

Booth, Tony: Wie sollen wir zusammenleben? Inklusion als wertbezogener Rahmen für die pädagogische Praxis, übersetzt von Annika Sulzer und Petra Wagner. Herausgegeben von der Gewerkschaft Erziehung und Wissenschaft. 1. Auflage. Frankfurt/Main: Eigenverlag 2010.

Sulzer, Annika/Wagner, Petra: Inklusion in Kindertageseinrichtungen. Qualifikationsanforderungen an die Fachkräfte. Herausgegeben von der Weiterbildungsinitiative Frühpädagogische Fachkräfte. WiFF Expertisen, Bd. 15, München 2011.

von Langen, Tanja: Inklusion aus rechtlicher Sicht. In: Kindergarten heute. Heft 3/2014, S. 32–33.

UNESCO: Die Salamanca Erklärung und der Aktionsrahmen zur Pädagogik für besondere Bedürfnisse, angenommen von der Weltkonferenz „Pädagogik für besondere Bedürfnisse: Zugang und Qualität", Salamanca, Spanien, 7.–10. Juni 1994. In: https://www.unesco.de/sites/default/files/2018-03/1994_salamanca-erklaerung.pdf [17.09.2020].

UNESCO Guidelines for inclusion. Herausgegeben von der United Nations Educational, Scientific and Cultural Organization, Paris 2005. In: https://unesdoc.unesco.org/ark:/48223/pf0000140224 [20.01.2021].

www.behindertenrechtskonvention.info. UN-Behindertenrechtskonvention. Übereinkommen über die Rechte von Menschen mit Behinderungen. Herausgegeben von der Praetor Intermedia UG, Bonn [17.09.2020].

10   Pädagogische Handlungskonzepte zur Förderung und Gestaltung von Inklusion

Margret Kern-Bechtold

In der Teamsitzung einer Kindertageseinrichtung geht es darum, die bestehende Konzeption zu überdenken und zu überarbeiten, denn neue gesetzliche Bestimmungen müssen integriert und im pädagogischen Alltag umgesetzt werden. Kontroverse Einstellungen werden im Team deutlich:

Muss sich die Einstellung einer Erzieherin ändern, wenn Inklusion stattfindet?
Reicht es nicht aus, von sich selbst überzeugt zu sein, keine Vorurteile zu haben und offen gegenüber anderen Menschen zu sein?
Wenn für mich Toleranz wichtig ist, gelingt dann Inklusion nicht von selbst?

↘ FRAGEN

→ *Welche pädagogischen Handlungskonzepte berücksichtigen Inklusion?*
→ *Was muss sich ändern, damit Inklusion heute selbstverständlich wird?*

Gegenwärtig gibt die auch in Deutschland verabschiedete UN-Behindertenrechtskonvention der Vereinten Nationen von 2006 einer an Inklusion orientierten Pädagogik neue Handlungsimpulse. Grundsätzlich stellt sich die Frage, ob Inklusion ein geeignetes Konzept ist, um auf heterogene Ausgangslagen von Kindern in Kindertageseinrichtungen einzugehen. Zur Begründung gibt es diverse relevante Forschungsbefunde über die Heterogenität von kindlichen Ausgangslagen.

- **Blickwinkel Entwicklungspsychologie**
  Einen weit angelegten pädiatrisch-entwicklungspsychologischen Forschungsüberblick über die Altersspanne der Vorschulzeit bietet der Schweizer Kinderarzt Remo H. Largo. Er kritisiert anhand zahlreicher internationaler empirischer Studien die Eindimensionalität der Stufenmodelle und arbeitet eine große Diversität kindlicher Entwicklungsprozesse heraus. In seinen Werken beschreibt Largo diese Vielfalt von intraindividueller Variabilität in der Entwicklung, die sich von Geburt an auf körperliche, psychosoziale und kognitive Aspekte bezieht, sehr ausführlich: „Es gibt kein Entwicklungsmerkmal, das bei gleichaltrigen Kindern gleich ausgeprägt wäre" *(Largo, 2013, S. 45)*. Die Vielfalt bei Kindern ist in jeder Hinsicht so groß, dass Normvorstellungen irreführend sind.
- **Blickwinkel Gender**
  Untersuchungen zur geschlechtlichen Entwicklung jüngerer Kinder belegen äußerst heterogene Tendenzen. Differenzen innerhalb der Gruppe der Jungen und der Gruppe der Mädchen werden in jedem Fall als bedeutender eingestuft als Differenzen zwischen den Geschlechtern.
- **Blickwinkel Behinderung**
  Die vereinheitlichende Beschreibung „Behinderung" verdeckt die höchst heterogenen Ausgangslagen und damit verbundenen Förderschwerpunkte von Kindern.
- **Blickwinkel Migration**
  Kinder mit Migrationshintergrund bilden keine einheitliche Gruppe, sondern befinden sich in völlig verschiedenen Lebenslagen, z. B. je nachdem wie sich die nationale, sozialstrukturelle, milieuspezifische,

regionale und religiöse Herkunft in ihrem Leben aus-
wirkten. Auch ihre Geschlechtszugehörigkeit kann
für ihr Leben einen mehr oder weniger großen Unterschied machen.

- **Blickwinkel Pluralität von kindlichen Lebenslagen und Familienformen**
  Geschwisterzahlen, Wohlbefinden, Freizeit, Mediennutzung und vieles mehr sind zu beachten, wenn es
  darum geht, die Situationen von Kindern, Jugendlichen und jungen Erwachsenen einzuschätzen.

- **Die pädagogischen Fachkräfte**
  Die aktive Auseinandersetzung mit der eigenen
  Person ist eine wesentliche Voraussetzung der
  professionellen Haltung, denn die eigenen biografischen Wurzeln, die eigenen Einstellungen und Auffassungen gegenüber anderen Menschen sowie die

persönlichen beruflichen Handlungskompetenzen
bestimmen das berufliche Handeln maßgeblich.
Insbesondere der eigenen Sprache und Kommunikationsfähigkeit kommt hier eine hohe Bedeutung zu, vor allem im Umgang mit Menschen, die
Deutsch als Zweitsprache sprechen oder die Zweitsprache noch nicht beherrschen. Grundsätzlich
muss sich die pädagogische Fachkraft mit ihren
Einstellungen auseinandersetzen:

- Erlebe ich Vielfalt als Bereicherung oder als
  Mühe, als zusätzliche Arbeit und Belastung
  oder als Geschenk und Herausforderung?
- Wer sind meine beruflichen Vorbilder, hin-
  sichtlich Menschlichkeit, Wertschätzung und
  Toleranz?
- Wer gibt mir Orientierung?

10.1 Didaktische Handlungskonzepte unter dem Aspekt Inklusion

Die folgenden vorgestellten Konzepte sind Beispiele
für Modelle des entwickelnden Lernens in heterogenen
Gruppen. Inklusive Pädagogik im Elementarbereich
greift, wenn es um das gemeinsame Leben und Lernen
von Kindern – mit und ohne Behinderungen – sowie
Kindern aus unterschiedlicher sozialökonomischer
und soziokultureller Herkunft geht, auf ein entwickeltes reformpädagogische Repertoire zurück. Gemeinsames Merkmal der nachfolgenden Handlungskonzepte
ist, dass sie Differenzierung und individuelles Lernen
ermöglichen. Diese Handlungskonzepte werden in
Band 1, Lernfeld 2, Kap. 10 ausführlich dargestellt.

- Die **Montessoripädagogik** ist gekennzeichnet
  durch vorgegebene, strukturierte Lernmateria-
  lien und die damit verbundene Differenzierung
  bezüglich der Auswahl des Lerngegenstandes aus
  einem vielfältigen Angebot. Das individuelle Lerntempo des Kindes wird in diesem Handlungskonzept hervorgehoben. Die Montessoripädagogik
  nimmt die Unterschiedlichkeit und Vielfalt von
  Kindern und deren Eltern bewusst wahr und
  berücksichtigt in ihrer Umsetzung auch die kulturellen Besonderheiten der Kinder und Eltern
  von Anfang an. Alle Sprachen sind willkommen,
  insbesondere ein früher Bezug zu Schriftsprache
  und Literacy wird deutlich.

- Der **Situationsansatz** ist ein Beispiel für die weite
  Öffnung zu heterogenen kindlichen Ausgangslagen.
  Alle am Bildungsprozess Beteiligten sind
  Lernende, Kinder wie Erwachsene. Wichtige Lern-
  ziele sind Autonomie, Solidarität und
  der Erwerb vielfältiger Kompetenzen.
  Zunächst spielt die aktuelle Situation eine
  entscheidende Rolle. Im zweiten Schritt wird
  diese hinsichtlich der zu erwerbenden Handlungsstrategien bewertet, um konkrete Lernerfahrungen zu sammeln, die im Anschluss ausgewertet werden. Auf dieser Grundlage entwick-
  len sich dann neue Situationen oder Projekte.

- Die **Reggio-Pädagogik** hat eine hohe Affinität zu
  Heterogenität und Inklusion. Heterogenität ermöglicht eine große Offenheit von Ausdrucksmöglichkeiten, Kommunikationsformen und Gefühlen
  der Kinder. Schwerpunkt der Reggio-Pädagogik
  sind die künstlerischen und forschenden Aktivitäten und Projekte. Die Didaktik der „Offenheit" wird
  auch begründet durch die Sichtweise „der Hundert Sprachen der Kinder" und die damit verbundene Möglichkeit, die eigene Welt zu konstruieren
  und zu ko-konstruieren. Über Beobachtung und
  Dokumentation hat sie die Vielfalt der Individualität und das soziale Miteinander so pädagogisch
  miteinander verknüpft, dass sich das Individuum

gut entfalten kann. Erwachsene spielen in dem Konzept eine wichtige Rolle, sie übernehmen verantwortlich Bildungsprozesse.

Vorurteilsbewusste Erziehung

Vorurteile sind stabile negative Einstellungen gegenüber Gruppen bzw. Personen, die einer bestimmten Gruppe angehören. Vorurteile beruhen häufig nicht auf eigenen Erfahrungen, sondern werden von anderen übernommen. Das Bilden von Vorurteilen ist Bestandteil wichtiger Überlebensstrategien des menschlichen Gehirns und findet fortwährend und unbewusst auf der Grundlage von Wahrnehmungen und Erfahrungen statt. Vorurteile steuern in vielen Fällen das menschliche Handeln, ohne dass dies bewusst ist. Durchweg vorurteilsfrei zu handeln, ist aus diesem Grund nicht möglich.

Durch Bewusstmachung und Reflexion der eigenen Vorurteile und Wirkmechanismen sowie durch positive Offenheit anderen Personen und Sachverhalten gegenüber werden Menschen in die Lage versetzt, neue Erfahrungen zu erleben, Erkenntnisse zu sammeln sowie ihre Einstellungen zu verändern und weiterzuentwickeln, um so Abwertungen, Vorurteilen und Einseitigkeiten entgegenzuwirken. Die Sozialisation des Einzelnen ist ihm oft nicht bewusst, d. h., er weiß nicht, woher seine Einstellung kommt und warum er so und nicht anders handelt. Durch vorurteilsbewusste Pädagogik soll Stigmatisierung erkennbar gemacht und ihr vorgebeugt werden. Das heißt, Erzieherinnen müssen sich der eigenen Wahrnehmung und Sprache bewusst werden, Positionen für Gerechtigkeit und Fairness im Alltag entwickeln und Position beziehen.

Erfahrungen mit dem Anti-Bias-Approach aus Kalifornien

Der Anti-Bias-Approach als pädagogischer Ansatz für Bildungsgerechtigkeit und Inklusion hat seine Wurzeln in der US-amerikanischen „social-justice" Bewegung, die für Bürgerrechte und gegen Diskriminierung einsteht, insbesondere gegen rassistische Diskriminierung. *(Derman-Sparks, 2013, S. 281)* Der Ansatz orientiert sich an den Menschenrechten und an der UN-Kinderrechtskonvention, er bietet praktische Schritte zur Realisierung und formuliert den Anspruch, alle Vielfaltsaspekte, die im Leben von Kindern bedeutsam sind, einzubeziehen. Dabei geht es um eine intensive erfahrungsorientierte

Auseinandersetzung mit Macht und Diskriminierung sowie die Entwicklung alternativer Handlungsansätze zu unterdrückenden und diskriminierenden Kommunikations- und Interaktionsformen.

Folgende Themen sind bedeutsam:
- Familienkulturen achten – auf Eltern zugehen
- Sprachvielfalt hören, sehen, verstehen
- eine Anti-Bias-Umgebung schaffen: Einseitigkeiten vermeiden
- Kinderbücher für die vorurteilsbewusste Bildung und Erziehung
- Diskriminierungen in unterschiedlichen Erscheinungsformen wahrnehmen
- Wirkungen und Folgen der Diskriminierung für Kinder kennen
- Handlungs- und Interventionsstrategien gegen Diskriminierungen sowie
- langfristig wirksame Präventionsmaßnahmen gegen Diskriminierungen.

Folgende Ziele werden bei der vorurteilsbewussten Erziehung angestrebt:
- **„Ziel 1: Alle Kinder in ihren Identitäten stärken**
  Jedes Kind findet Anerkennung und Wertschätzung, als Individuum und als Mitglied einer bestimmten sozialen Gruppe. Dazu gehören Selbstvertrauen und ein Wissen um seinen eigenen Hintergrund.
- **Ziel 2: Allen Kindern Erfahrungen mit Vielfalt ermöglichen**
  Auf der Basis einer gestärkten Ich- und Bezugsgruppen-Identität wird Kindern ermöglicht, aktiv und bewusst Erfahrungen mit Menschen zu machen, die anders aussehen und sich anders verhalten als sie selbst, sodass sie sich mit ihnen wohlfühlen und Empathie entwickeln können.
- **Ziel 3: Kritisches Denken über Gerechtigkeit und Fairness anregen**
  Das kritische Denken von Kindern über Vorurteile, Einseitigkeiten und Diskriminierung anzuregen, heißt auch, mit ihnen eine Sprache zu entwickeln, um sich darüber verständigen zu können, was fair und was unfair ist.
- **Ziel 4: Aktiv werden gegen Unrecht und Diskriminierung**
  Kritisch denkende Kinder werden ermutigt, sich aktiv und gemeinsam mit anderen für Gerechtig-

keit einzusetzen und sich gegen einseitige oder diskriminierende Verhaltensweisen zur Wehr zu setzen, die gegen sie selbst oder gegen andere gerichtet sind." *(Wagner, 2013, S. 30 ff.)*

Vorgehensweisen

„Die Ziele bauen aufeinander auf. Sie setzen an Alltagserfahrungen von Kindern und Familien an und realisieren sich im Alltag." (Wagner, 2013, S. 31) Es wird von einem längerfristigen Prozess ausgegangen, mit nachhaltiger Veränderung. Das Team einer Einrichtung soll einbezogen werden, weil Synergien entstehen und bessere und nachhaltigere Ergebnisse zu erwarten sind. Der Anti-Bias-Ansatz ist für Einrichtungen mit Kindern ab zwei Jahren konzipiert. Die Erzieherinnen „tragen Verantwortung für eine Lernumwelt, die gesellschaftliche Abwertung und Ausgrenzung nicht bekräftigt, sondern hinterfragt und herausfordert. Sie sind aufgefordert, ihren Umgang mit Unterschieden kritisch zu reflektieren und für Einseitigkeiten, Vorurteile, Diskriminierung und deren Folgen sensibler zu werden." *(Wagner, 2013, S. 31)*

10.2 Ressourcenorientierte Unterstützung und Begleitung von Kindern, Jugendlichen mit besonderem Förderbedarf

Eine lebendige Gesellschaft zeichnet sich durch Verschiedenartigkeit und Vielfalt aus. Aufgabe von Erzieherinnen ist es, die Individualität von Kindern, Jugendlichen und jungen Erwachsenen grundsätzlich als Chancen und Herausforderungen zu sehen. Eine frühe, unter sozioökonomischen Gesichtspunkten möglichst unabhängige Definition der Potenziale in einer Gesellschaft entspricht dem Ideal der Chancengleichheit aller Menschen. In diesem Zusammenhang ist vor allen Dingen wichtig, dass die pädagogischen Fachkräfte ressourcenorientiert arbeiten.

Ressourcenorientiertes Arbeiten bedeutet, besonders die Stärken der Kinder, Jugendlichen und jungen Erwachsenen zu beachten und nicht die Schwierigkeiten, Probleme oder Hindernisse. Stigmatisierung in der Gesellschaft muss abgebaut werden, weil auch Menschen mit einer Behinderung ihr Leben gut meistern können. So hat sich beispielsweise die „Aktion Sorgenkind", die im Zusammenhang mit dem Conterganskandal gegründet wurde, nach 50 Jahren (1964–2014) in „Aktion Mensch" umbenannt, weil zunehmend Menschen mit Behinderung auf ihre Benachteiligung selbst aufmerksam machen.

Die Resilienzforschung leistet einen wesentlichen Beitrag dazu, wie Widerstandsfähigkeit bei Kindern entwickelt werden kann, damit sie nicht an schwierigen Lebensumständen zerbrechen (siehe Band 1, Lernfeld 3, Kap. 6).

Besonderes Augenmerk sollten die pädagogische Fachkräfte in diesem Zusammenhang auch auf ihre eigene Sprache und die der zu Erziehenden sowie grundsätzlich auf Kommunikation haben. Dabei ist es wichtig zu hören, wie über Menschen mit Beeinträchtigung oder das „Anderssein" gesprochen wird, denn Sprache kann ausgrenzen.

10.2.1 Kinder mit Beeinträchtigung

Menschen können einerseits verschiedene Beeinträchtigungen haben, ohne dass ihr Leben maßgeblich eingeschränkt ist, beispielsweise Kurzsichtigkeit. Andererseits kann eine frühe Schädigung z. B. des Gehirns, die gesamte Lebensqualität erheblich beeinflussen.

Wie Menschen mit ihrem Leben zurechtkommen bzw. ob und wie sie in der Lage sind, ihr Leben zu bewältigen, hängt von vielen Faktoren wie beispielsweise dem Schweregrad der Beeinträchtigung, ihrer psychischen Verfassung und ihrem sozialen Umfeld ab.

Viele Menschen beweisen eindrucksvoll, dass es möglich ist, trotz einer Behinderung in das gesellschaftliche Leben integriert zu sein und aktiv daran teilzuhaben. Sie setzen sich für ihre Interessen ein und engagieren für die gesellschaftliche Teilhabe von Menschen mit Behinderung.

Insbesondere Menschen in der Öffentlichkeit, die selbst betroffen sind, helfen hier als „Botschafter", um zum einen die Gleichberechtigung von Menschen mit Behinderung zu unterstützen und zum anderen zu zeigen, dass eine Beeinträchtigung nicht gleichbedeutend ist mit einem entbehrungsreichen Leben.

Eine grundlegende Unterteilung von Beeinträchtigungen ist die in angeborene und erworbene Behinderungen.

Menschen können aber auch eine Kombination aus angeborenen und erworbenen Behinderungen haben (= Mehrfachbehinderung).

Einige Behinderungen stehen in einem Kausalzusammenhang, d. h., aus einer Behinderung folgt eine weitere: Beispielsweise kann Gehörlosigkeit Sprachlosigkeit zur Folge haben. Eine Behinderung kann auch die Folge einer anderen sein, z. B. kann Lernbehinderung eine Verhaltensauffälligkeit zur Folge haben.

Andere Beeinträchtigungen wiederum stehen nicht in einem direkten Zusammenhang, z. B. Blindheit und Gehörlosigkeit.

Im Hinblick auf erworbene Behinderungen spielt auch der Zeitpunkt ein bedeutende Rolle, zu dem sie auftreten. Dabei werden folgende Kategorien unterschieden:

pränatal	perinatal	postnatal	später erworben,
vor der Geburt	während der Geburt	nach der Geburt	z. B. durch einen Unfall oder Alterungsprozesse

Beeinträchtigungen können folgende Bereiche betreffen:
- den Körper,
- die Sprache und das Sprechens,
- die Sinne,
- die Psyche sowie
- den Geist und das Denken.

Die Klassifizierung von Behinderungen und Beeinträchtigungen
Behinderungen und Beeinträchtigungen werden nach bestimmten Kriterien unterteilt, d. h. klassifiziert. Die Weltgesundheitsorganisation (WHO) unterscheidet drei **Dimensionen von Behinderung:**
1. Die Schädigung von Organen (impairment), z. B. körperliche Missbildungen, eine geistige Behinderung mit stark beeinträchtigter Konzentrationsfähigkeit oder eine Asthmaerkrankung als Folge frühkindlicher Angstzustände.
2. Die Beeinträchtigung eines Menschen (disability): Ein Mensch mit Behinderung besitzt aufgrund seiner Schädigung eingeschränkte Fähigkeiten im Vergleich zu Menschen gleichen Alters ohne Behinderung. Z. B. führen körperliche Missbildungen zur Beeinträchtigung der Motorik.
3. Die Behinderung eines Menschen (handicap) im körperlichen oder psychosozialen Feld, in familiärer, beruflicher und gesellschaftlicher Hinsicht, aufgrund einer Schädigung oder Beeinträchtigung:

Zum Beispiel hat eine geistige Behinderung zur Folge, dass ein Mensch eine pädagogische Förderung zur individuellen Lebensbewältigung benötigt. Menschen mit geistiger Behinderung finden oft schwerer Kontakt zu Menschen ohne Behinderung und werden oftmals ausgegrenzt.

Prävention
Im Hinblick auf mögliche angeborene und/oder erworbene Beeinträchtigungen müssen pädagogische Fachkräfte Entwicklungsfenster genau beachten, da innerhalb bestimmter Phasen im Leben eines Kindes entscheidende Entwicklungen stattfinden (sensible bzw. kritische Phasen). Aus diesem Grund kommt auch der Frühförderung eine besondere Bedeutung zu, weil unbeachtete Signale von Kindern im Sinne von fehlender Aufmerksamkeit gegenüber möglichen Verhaltens- bzw. Entwicklungsauffälligkeiten zu erheblichen Problemen führen können. Wenn ein Kind z. B. schlecht hört, kann dies eine verzögerte Sprachentwicklung zur Folge haben.

Die 11 Vorsorgeuntersuchungen **(U-Untersuchungen)** ab der Geburt bis ins Jugendalter sollen sicherstellen, dass das Kind bzw. der Jugendliche sich altersgemäß entwickeln, und durch diese regelmäßigen Kontrollen optimale Bedingungen zum Heranwachsen ermöglichen. Kinder haben ein gesetzlich garantiertes Recht auf diese Untersuchungen und die Eltern sollten dieses Recht zum Wohle ihres Kindes unbedingt wahrnehmen.

Wie werden Beeinträchtigungen, Krankheiten und Behinderungen klassifiziert?

Bezüglich der Klassifizierung von Beeinträchtigungen, Krankheiten und Behinderungen gibt es derzeit zwei Systeme, die in der Praxis vorrangig zur Diagnose und Verschlüsselung herangezogen werden.

Das weltweit wichtigste System zur Diagnose und Klassifikation von Beeinträchtigungen, Krankheiten und Behinderungen ist das **ICD-10** (englisch: **I**nternational Statistical **C**lassifikation of **D**iseases und Related Health Problems; übers.: Internationale statistische Klassifikation der Krankheiten und verwandter Gesundheitsprobleme). Herausgeber ist die WHO. Das internationale System, das gegen Mitte des 19. Jahrhunderts ursprünglich der Erfassung von Todesursachen diente, wird seit 1948 von der WHO stetig weiterentwickelt.

DSM-5 (englisch: **D**iagnostic and **S**tatistical **M**anual of Mental Disorders) steht für „Diagnostischer Leitfaden psychischer Störungen". Es handelt sich hierbei um ein Klassifikationssystem der Psychiatrie, das erstmals 1952 in den USA erschien. Seit 1996 gibt es auch eine deutsche Fassung. Die Inhalte wurden von Experten festgelegt, um die

Diagnose und Heilung von Beeinträchtigungen, Krankheiten und Behinderungen zu erleichtern. Die Begrifflichkeiten werden in Kliniken und von Versicherungssystemen (Krankenkassen) übernommen. Das DSM-5 sieht u. a. eine Einstufung der Diagnosen nach „mild", „mittel" und „schwer" vor und berücksichtigt im Gegensatz zur ICD-10 auch geschlechtsspezifische Unterschiede.

Die Klassifikationen in den genannten Systemen unterliegen stetigen Veränderungen, d. h., neue Krankheiten und Beeinträchtigungen werden in die Klassifikationssysteme aufgenommen. Als Beispiele seien hier die Aufmerksamkeits-Defizit-Hyperaktivitäts-Störung (ADHS) genannt, die erstmals 1980 in der DSM-3 erschien, oder die Posttraumatische Belastungsstörung (PTSD), auch Traumafolgestörung genannt, die erst 1987 aufgenommen wurde. Familien, die Krieg, Flucht und Vertreibung erlebt haben, Menschen, die mit einer lebensbedrohlichen Erkrankung konfrontiert sind oder Menschen, die körperliche Gewalt erlebt haben, können demnach noch Jahre nach den eigentlichen Erlebnissen unter erheblichen Problemen und Folgewirkungen leiden.

Auffälligkeiten – das Problem mit der Norm

Im Zusammenhang mit Auffälligkeiten bei Kindern und Jugendlichen spielt die sprachliche Zuschreibung eine bedeutende Rolle: z. B. „Leon verhält sich störend/nicht ‚normal'". Unterbewusst werden bestimmte Maßstäbe bemüht, die bei der Bewertung des Verhaltens mit einfließen und nach denen ein Verhalten bzw. die Entwicklung eines Kindes oder Jugendlichen als „normal" bzw. „nicht normal" eingestuft wird. Oftmals – u. U. ungerechtfertigt – kann dies zur Stigmatisierung des betroffenen Kindes oder Jugendlichen führen.

Die Klassifizierung von Auffälligkeiten der Entwicklung oder des Verhaltens wird demzufolge unter einem normativen Aspekt vorgenommen, d. h., sogenannte bestehende Normen werden herangezogen, um bei der Definition dieser Abweichungen in Entwicklung oder Verhalten als Bezugspunkte zu helfen. Doch welche Normen kommen infrage?

Grundsätzlich sind folgende Normen zu unterscheiden.

- **Soziale Normen**
  Sie sind durch die jeweilige Bezugsgruppe von der Familie über die Schulklasse bis hin zur Gesellschaft definiert. Soziale Normen sind einerseits als feste Regeln definiert, andererseits können sie deutlich variieren. So wird z. B. zu Beginn des ersten Schuljahres noch toleriert, wenn ein Kind im Laufe des Unterrichts seinen Platz häufiger verlässt, denn dieses Verhalten gilt als „normal". Später entspricht dieses Verhalten nicht mehr den Unterrichtsregeln bzw. der Norm.

- **Statistische Norm**
  Sie beschreibt die Auftretenswahrscheinlichkeit von bestimmten Verhaltensweisen oder Merkmalen. Voraussetzung dafür ist, dass diese Merkmale klar klassifizierbar sind und gemessen werden können. Das ist bei der Körpergröße relativ einfach, je-

doch bei psychischen Merkmalen oder Verhaltensweisen deutlich komplizierter.

- **Funktionale Norm**
  Hiernach gilt der Mensch als „normal", der bestimmte vorgegebene Anforderungen oder Funktionen erfüllen kann.
- **Ideale Norm**
  Danach gilt der Mensch als „normal", der insgesamt oder in bestimmten Merkmalen Kennzeichen von Vollkommenheit erfüllt.
- **Subjektive Norm**
  Hiermit ist die individuelle, selbst gesetzte Normalität gemeint, die sich auch mit anderen Normen decken kann.

Aus den zuvor genannten Betrachtungen wird deutlich, dass Normen letztlich Übereinkünfte zwischen Menschen sind, also sozialen oder gesellschaftlichen Gesetzmäßigkeiten unterliegen. Das bedeutet zugleich, dass sich Normen zwischen sozialen Bezugsgruppen, zwischen Populationen, beispielsweise in unterschiedlichen Ländern, aber auch in historischen Kontexten verändern.

Im Umgang mit Kindern und Jugendlichen sowie ihren Eltern muss sich die pädagogische Fachkraft darüber bewusst sein und das eigene Denken und Handeln diesbezüglich kontinuierlich reflektieren.

Zudem muss sie die Gründe für das auffällige Verhalten herausfinden und das Kind altersentsprechend aktiv in die Analyse mit einbeziehen, um es angemessen unterstützen zu können.

Kriterien für psychische Störungen und der Unterschied zu Auffälligkeiten

Der wichtigste Unterschied zwischen einer Auffälligkeit in der Entwicklung oder dem Verhalten eines Kindes bzw. Jugendlichen und einer Störung liegt in der Häufigkeit und Stärke des Auftretens eines bestimmten Verhaltens. Anhand der gängigen Klassifizierung psychischer Störungen stellen Petermann und Döpfner fest, dass nicht nur psychische Symptome an sich für die Bestimmung, ob eine psychische Störung vorliegt, von Bedeutung sind, sondern auch

- die Stärke und Anzahl der Symptome,
- die mit den Symptomen einhergehenden psychosozialen Beeinträchtigungen und Leistungsbeeinträchtigungen, die auch durch mögliche Ausgleichsprozesse nicht mehr verhindert werden können, sowie
- die Dauer der Symptomatik, die Verlaufskriterien und deren Beeinträchtigungen.

(vgl. Petermann/Döpfner, 2012)

Störungen werden demnach nicht einfach als Abweichungen gesehen, die ausschließlich zu einem bestimmten Zeitpunkt auftreten, sondern vielmehr als Folge spezifischer Entwicklungsphasen verstanden. Bestimmte Verhaltens- und Entwicklungsauffälligkeiten können als Extremformen der normalen Entwicklung eingestuft werden.

In der Alltagspraxis sollten sich pädagogische Fachkräfte in den jeweiligen Fällen vergegenwärtigen, wie ungewöhnlich das beobachtete Verhalten für das betreffende Kind bzw. den betreffenden Jugendlichen ist. Eine abrupte Verhaltensänderung, die nicht aus dem üblichen Entwicklungsverlauf heraus zu erklären ist, sollte immer als Warnsignal gesehen werden.

Beeinträchtigungen im Leben und ihre Bewältigung

Beeinträchtigungen von Familienmitgliedern, z.B. eines Kindes oder Elternteils, haben Einfluss auf das Leben der gesamten Familie. Im positiven Fall unterstützen sich die Familienmitglieder gegenseitig. Der Tod eines nahen Familienmitglieds oder die Geburt eines Kindes mit Behinderung können eine Familie in eine Situation bringen, in der es ihr kaum möglich ist, ihr Leben zu bewältigen.
Bei einer Beeinträchtigung in der Lebensgestaltung wie z.B. bei einer Behinderung muss eine Familie vielfältige Anforderungen und Belastungen bewältigen:

- **Die Realität akzeptieren**, dass das Kind bzw. der Jugendliche „anders" ist: Die Familienmitglieder müssen die Erfahrungen und ihre Gefühle von Enttäuschung und Trauer anerkennen, die Trauer bewältigen und den Glauben an sich und das Kind nicht verlieren.
- **Zukunftsperspektiven** können sich ändern, wie z. B. eine massive Einschränkung der längerfristigen Lebensplanung, der Abschied von beruflichen Plänen oder auftretende Sorgen, die die Entwicklung des Kindes oder Jugendlichen betreffen.
- **Neues Verhältnis zum sozialen Umfeld gewinnen:** Fertigwerden mit den Reaktionen anderer, der Freunde, der Verwandtschaft und/oder der Öffentlichkeit; Einflussnahme und Meinungen von außen hinnehmen bzw. annehmen, aber auch bewerten und ablehnen.
- **Umgang mit dem Kind lernen:** Unsicherheiten akzeptieren, aber auch widersprüchliche Gefühle (wie die Angst zu versagen oder das Kind zu überfordern); die Auseinandersetzung mit Ärzten und Therapeuten, Verwandten und Bekannten bewältigen; Gefühle von Inkompetenz, Versagen, Wut, Resignation und Erschöpfung akzeptieren; doch auch die Hoffnung nicht verlieren.
- **Partnerschaft und Familie neu organisieren:** Sich den Herausforderungen und Belastungen der Partnerschaft stellen; Elternrolle und Aufgaben können sich verändern, wenn z. B. ein Elternteil berufstätig ist und der andere hauptsächlich die Betreuung des Kindes übernimmt; die Geschwistersituation muss beachtet werden; die Aufmerksamkeit der Eltern verändert sich.
- **Mögliche Geschwisterreaktionen:**
  - Das Kind verhält sich loyal gegenüber dem Geschwisterkind mit Beeinträchtigung.
  - Es kann zur Distanzierung gegenüber dem Kind mit Behinderung kommen; das Kind grenzt sich ab, um sich zu schützen.
  - Das Kind idealisiert sein Geschwisterkind und ist überangepasst.
- **Den Alltag bewältigen:** Um angemessene Hilfen für das Kind zu organisieren, sind vielfältige Aufgaben zu bewältigen, z. B. Termine, um finanzielle Unterstützung zu beantragen oder Therapien festzulegen. Zeitliche und organisatorische Anforderungen können dazu führen, dass weniger soziale Kontakte wahrgenommen werden, da die Familie stark ausgelastet ist. Das bedeutet, weniger frei verfügbare Zeit für Freizeitgestaltung, Sport u. Ä. zu haben.
- **Finanzielle Belastungen**, z. B. durch erforderliche Umbauten, Anschaffungen oder einen Umzug, weil beispielsweise die Wohnung nicht mehr den Erfordernissen der Lebenssituation entspricht.

Unterstützung der Familien durch pädagogische Fachkräfte und andere Stellen

Die positive Einstellung der Eltern in einer solchen Situation, aber auch die der pädagogischen Fachkräfte schafft einen hoffnungsvollen Ausblick für die Zukunft. Nichtsdestotrotz kann es zu einer Überforderung der Beteiligten kommen, da sich das komplette Leben der Familie grundlegend ändert. Besonders im Hinblick auf den Umgang mit Geschwisterkindern ist zu bedenken, dass diese unterschiedliche Strategien entwickeln, um mit der neuen Situation fertigzuwerden (siehe oben).

Hier ist professionelles Handeln von Erzieherinnen und anderen Fachkräften sowie hohe Sensibilität im Umgang mit Kindern und deren Familien angezeigt. Hauptanliegen der Fachkräfte sollte es sein, Verständnis und einen Ausgleich für die schwierige familiäre Situation zu schaffen.

In Fällen wie diesen sollte das Angebot der vielfältigen Unterstützungssysteme in Anspruch genommen werden: Stellen, die finanzielle Hilfe bereitstellen können, Beratungsstellen, die die einzelnen Familienmitglieder professionell begleiten oder Selbsthilfegruppen, die den Erfahrungsaustausch mit betroffenen Gleichgesinnten ermöglichen.

10.2.2 Hochbegabung

Im Hinblick auf individuelle Entwicklungsbesonderheiten ist die Hochbegabung bei Kindern, Jugendlichen und jungen Erwachsenen zu nennen. Die Hochbegabungsforschung beschäftigt sich mit überdurchschnittlichen menschlichen Leistungen. Kinder, die hochbegabt sind, weisen in nahezu allen Bereichen der kognitiven Leistungsfähigkeit, aber auch emotional und motivational Entwicklungsvorsprünge gegenüber ihren Altersgenossen auf. Die Kinder lernen früher gehen und sprechen, sie kommen früher in die Pubertät, physische und psychische Auffälligkeiten sind geringer.

Gerade bei der Hochbegabung stehen meist die kognitiven Fähigkeiten im Fokus der wissenschaftlichen Untersuchungen. Der Intelligenzquotient (IQ) dient hierzu als Messinstrument der kognitiven Leistungsfähigkeit. Die Intelligenz bzw. individuelle Begabungsstruktur eines Menschen ist also ein zentrales Merkmal, das bedeutsame Vorhersagen über die schulische und berufliche Entwicklung eines Menschen erlaubt. Doch Intelligenz allein sagt noch nicht aus, was jemand im Leben erreichen kann oder erreichen wird. Intelligenz, die einen bestimmten Wert überschreitet, kann als Potenzial gesehen werden für hohe Leistungen in Schule, Ausbildung und Beruf.

Für die erfolgreiche Umsetzung der kognitiven Leistungsfähigkeit sind weitere Faktoren bedeutsam, wie zum Beispiel Förderung des Kindes, ein attraktives Lernumfeld und Förderangebote, persönliche Dispositionen wie spezielle Interessen, eine schnelle Auffassungsgabe und Konzentrationsfähigkeit u. a. m.

Nun ergeben sich Fragen für den angemessenen Umgang sowie die sinnvolle Begleitung und Förderung von hochbegabten Kindern: Sollen Kinder in ihren normalen Klassenverbänden bleiben? Sind extra Klassen, Kurse oder Institutionen für diese Kinder sinnvoll? Wissenschaftler sind sich diesbezüglich nicht einig. Deshalb gibt es in einigen Regionen Deutschlands unterschiedliche Ansätze im schulischen Bereich, den Kindern mit Hochbegabung gerecht zu werden. Grundsätzlich ist festzuhalten, dass es die Aufgabe der pädagogischen Fachkraft ist, eine uneingeschränkte positive Akzeptanz gegenüber Hochbegabung als einem Merkmal von Unterschiedlichkeit von Kindern zu fördern.

Daraus folgt für die Praxis der pädagogischen Fachkräfte, die Potenziale der Kinder zu sehen und wertzuschätzen und die Kinder individuell in ihren Möglichkeiten zu unterstützen. Hochbegabte Kinder fallen beispielsweise durch ausgeprägte Sprachfähigkeiten, ein gutes Gedächtnis, vielfältige Interessen, eine hohe Sensibilität und hohe moralische Ansprüche im Hinblick auf Gerechtigkeit auf. Diese Fähigkeiten können im Alltag einer Kindergruppe unterstützend für die gesamte Gruppe aufgegriffen werden.

Kinder mit Hochbegabung haben darüber hinaus ein Recht darauf, dass nicht nur ihre Stärken beachtet und gewinnbringend für sie selbst und für die Gruppe eingesetzt werden, sondern dass die Kinder mit ihrer besonderen Begabung in ihrer Gesamtpersönlichkeit gefördert werden. Manchmal fallen Kinder mit Hochbegabung auch durch auffälliges, nicht angepasstes Verhalten wie z. B. Aggressionen im Alltag auf. Das kann beispielsweise darauf hindeuten, dass Kinder unterfordert sind und dass sie andere Anregungen brauchen. Bei der Suche nach der Ursache für dieses Verhalten sollte auch die Möglichkeit einer vorliegenden Hochbegabung nicht ausgeschlossen werden.

Gezielte Wahrnehmung, Beobachtung und Differenzierung sind wichtige Stichworte für eine professionelle, individuelle Begleitung durch die pädagogischen Fachkräfte im Alltag.

↗ WIEDERHOLUNG

→ Die Unterschiedlichkeit der Entwicklung von Kindern und ihre verschiedenen Lebenslagen erfordern eine Pädagogik, die sich am Grundgedanken der Inklusion orientiert.

→ In verschiedenen pädagogischen Handlungskonzepten spielen heterogene kindliche Ausgangslagen eine wichtige Rolle.

→ Die vorurteilsbewusste Bildung und Erziehung setzt sich gegen Diskriminierung ein und entwickelt langfristig wirksame Präventionsmaßnahmen. Damit ist sie gut geeignet für die Förderung und Unterstützung von Kindern in heterogenen Lebenslagen.

→ Um Kinder und Jugendliche mit ihren unterschiedlichen Lernvoraussetzungen zu unterstützen, ist ressourcenorientiertes Arbeiten wichtig.

→ Beeinträchtigungen können vorgeburtlich verursacht oder während bzw. nach der Geburt und auch später erworben werden.

→ Wird eine kindliche Entwicklung als auffällig bezeichnet, orientiert man sich zum Beispiel an sozialen, statistischen oder funktionalen Normen.

→ Die elf Vorsorgeuntersuchungen im Kinder- und Jugendalter haben eine wichtige Funktion im Blick auf die Frühförderung.

→·← AUFGABEN

1 [Wissen und Verstehen]
Sammeln Sie an der Tafel Ausdrücke und Zuschreibungen für Menschen, um ein bestimmtes Aussehen, Verhalten oder die Zugehörigkeit zu einer Minderheit auszudrücken.
Bewerten Sie in einem zweiten Schritt diese Wortsammlung. Geht es hier im Wesentlichen um positive bzw. negative Zuschreibungen?

2 [Reflexion]
Tauschen Sie sich darüber aus, was das für Sie als angehende Erzieherin bzw. angehender Erzieher im Umgang mit Kindern und Jugendlichen bedeutet und wie Sie negativen Zuschreibungen entgegenwirken können.

3 [Wissen und Verstehen]
Recherchieren Sie im Internet je drei Beispiele für Beeinträchtigungen, die jeweils unter die Kategorie pränatal, perinatal, postnatal und später erworben fallen.

4 [Analyse und Bewertung]
Überprüfen Sie die untenstehenden Früherkennungsuntersuchungen, inwiefern mögliche Beeinträchtigungen erkannt werden können.

Früherkennungs-untersuchung	Was wird untersucht?
U1 (nach der Geburt) U2 (3. bis 10. Lebenstag)	– Erstuntersuchung der Neugeborenen; Beurteilung nach dem Apgar-Punkte-schema – Neugeborenen-Hörscreening – finden routinemäßig in der Klinik statt – Bei der U2 beurteilt der Arzt den genauen Entwicklungsstand und leitet bei Bedarf Maßnahmen ein.
U3 (4. bis 5. Lebenswoche)	– Überprüfung und Kontrolle der Organfunktionen; Kontrolle evtl. Fehlbildungen der Hüfte – Ernährungszustand und Gewicht – altersgerechte Bewegungen – Augenreaktionen und Hörvermögen
U4 (3. und 4. Lebensmonat)	– die Entwicklung der Motorik und der Greifreflexe werden kontrolliert ; Skelett und Nervensystem werden begutachtet – evtl. erste Schutzimpfungen (u. a. gegen Tetanus, Diphterie, Poliomyelitis, Hepatitis B und Rotaviren) im Abstand von etwa 4 Wochen
U5 (6. Und 7. Lebensmonat)	– Bewegungsmöglichkeiten und Geschicklichkeit werden überprüft (z. B. selbstständiges Drehen und Greifen nach Gegenständen) – evtl. Fortsetzung der Schutzimpfungen
U6 (10. und 12 Lebensmonat)	– die körperliche Entwicklung (z. B. Krabbeln, erste Schritte) und Verhaltensweise werden beobachtet sowie das selbstständige Essen und die Verdauung überprüft – Überprüfung des Hörens und Sehens sowie der Sprachentwicklung – Kontrolle der Entwicklung der äußeren Geschlechtsorgane – evtl. Fortsetzung der Schutzimpfungen; zusätzlich Schutzimpfungen u. a. gegen Masern, Mumps und Röteln und Varizellen
U7 (1 Jahr und 9 Monate bis 2 Jahre)	– Kontrolle der körperlichen Entwicklung (z. B.: Kann das Kinds allein gehen, sich bücken, richtig sehen und hören?) – Kontrolle der geistigen Entwicklung (z. B.: Wie spricht es und wie versteht es?)
U7a (2 Jahre und 10 Monate bis 3 Jahre)	– Untersuchung der körperlichen Fähigkeiten – Überprüfung der Sprachentwicklung – Sehtest
U8 (3 Jahre und 10 Monate bis 4 Jahre)	– Das Gehör und die Augen werden überprüft. – Ein Zuckertest wird durchgeführt. – Die körperliche Geschicklichkeit wird getestet. – Selbstständigkeit, Sprachentwicklung und Kontaktfähigkeit werden überprüft.
U9 (5 Jahre bis 5 Jahre und 4 Monate)	– Kontrolle der körperlichen und geistigen Entwicklung – Der Arzt beurteilt die Schulfähigkeit; Haltungs- Hör- und Sehfehler werden ausgeschlossen. – Das Sprach- und Sozialverhalten werden überprüft.
J1 (vom 13. bis 14. Lebensjahr)	– Jugendgesundheitsuntersuchung – Kontrolle u. a. von Gewicht und Körpergröße – Untersuchung der Organe und des Skeletts – Überprüfung des Standes der Pubertätsentwicklung – Aufklärung über Drogen und Ernährung; Fragen der Sexualität; der Impfstatus wird überprüft – ggf. Überprüfung des Impfstatuses

TIPPS ZUM WEITERARBEITEN →→

→ Groschwald, Anne/Rosenkötter, Henning: Inklusion in Krippe und Kita. Freiburg i.Br.: Verlag Herder, 2021.

→ König, Anke/Heimlich, Ulrich (Hrsg.): Inklusion in Kindertageseinrichtungen. Eine Frühpädagogik der Vielfalt. Stuttgart: Kohlhammer Verlag 2020.

→ Kreuzer, Max/Ytterhus, Borgunn (Hrsg.): „Dabeisein ist nicht alles" - Inklusion und Zusammenleben im Kindergarten. München: Ernst Reinhardt Verlag 2013.

Kompetenzen, die in diesem Kapitel erworben werden können:

- Die Absolventinnen und Absolventen verfügen über exemplarisch vertieftes Wissen über aktuelle Konzepte der Inklusion.

Derman-Sparks, Louise: Anti-Bias Education for Everyone – Vorurteilsbewusste Bildung und Erziehung für alle. In: Handbuch Inklusion. Grundlagen vorurteilsbewusster Bildung und Erziehung. Hrsg von Petra Wagner. Freiburg i.Br.: Herder Verlag 2013, S. 279–294.

Largo, Remo: Babyjahre. Entwicklung und Erziehung in den ersten vier Jahren. München: Piper Verlag 2013.

Wagner, Petra: Der Ansatz vorurteilsbewusster Bildung und Erziehung als inklusives Praxiskonzept. In: Handbuch Inklusion. Grundlagen vorurteilsbewusster Bildung und Erziehung, hrsg von Petra Wagner. Freiburg i.Br.: Herder Verlag 2013, S. 22–41.

akg-images GmbH, Berlin: 67.1, 70.1, 351.1, 356.1, 367.1, 446.1; Science Source 351.2.

Böhm, Regine, Ostfildern: 46.1, 488.1, 488.2, 501.1, 501.2.

Deutsche Tele Medien GmbH, Frankfurt/Main: Gelbe Seiten Marketing Gesellschaft mbH 74.1.

Edition bi: libri/Koth & Koth Verlag für mehrsprachige Kinderbücher GbR, München: 463.2.

epd-bild, Frankfurt/M.: Arend, Stefan 320.1; Baptista, Fernando 316.1; Stefan Weltgen 35.2; Zoepf, Annette 314.1.

fotolia.com, New York: adam121 385.1; Alena Ozerova 118.1; Andrey Kuzmin 369.4; chrisberic 354.1; Composer 427.1; contrastwerkstatt 169.1, 242.1, 245.1, 479.1; Ebel, Simon 234.1; ehrenberg-bilder 369.2; famveldman 260.1, 428.3; farbkombinat 327.1; Fiedels 213.2; Flächle, Jürgen 377.1; fovito 114.1; Holger Luck 104.1; Irina Schmidt 501.3; jeecis 428.1; Kneschke, Robert 35.1; Kuzmina, Oksana 565.1; lagom 374.1; lightpoet 424.1; micmacpics 508.1; micromonkey 62.3; mirexon 369.1; Myst 392.1; olegmalyshev 373.1; Petro Feketa 432.1; Photographee.eu 224.1; Pixelot 45.1; Q 260.2; Ramona Heim 259.1; RioPatuca Images 254.1; Sergey Nivens 363.1; Woodapple 43.1, 401.1; Xavier 427.2.

Future Mindset 2050 GmbH, Gehrden: 336.1, 546.1, 550.1.

Getty Images, München: Corbis RM Stills 159.1; Taxi/Camille Tokerud 230.1; Ted Streshinsky/LIFE Images Collection 447.1.

Getty Images (RF), München: Westend61 157.1. Hild, Claudia, Angelburg: 75.1, 77.1, 90.1, 158.1, 236.1, 244.1, 253.1, 308.1, 352.1, 487.1, 547.1.

IKEA Deutschland GmbH & Co. KG, Hofheim-Wallau: Inter IKEA Systems B.V." 62.1.

Imago, Berlin: Sämmer 321.1.

iStockphoto.com, Calgary: angiii 552.1; damircudic 280.1; ferrantraite 341.1; khalus 488.3; lisegagne 370.1; loops7 243.1; Mansi, René 24.1; Nadezhda1906 354.2; SDI Productions 474.1; Sladic 255.1; zeljkosantrac 306.1.

Juventa Verlag, Weinheim: 289.1.

Karnath, Brigitte, Wiesbaden: 561.1.

KNA - Katholische Nachrichten-Agentur, Bonn: Harald Oppitz 294.1.

Kracke, Burkhard, Hannover: 214.2, 214.3.

Lüddecke, Liselotte, Hannover: 210.1. |mauritius images GmbH, Mittenwald: Velten, Heidi 400.1.

OKAPIA KG - Michael Grzimek & Co., Frankfurt/M.: NAS/Migdale, Lawrence 282.1.

PantherMedia GmbH (panthermedia.net), München: 170.1.

Peter Wirtz Fotografie, Dormagen: 335.1, 335.2, 335.3, 335.4, 335.5, 335.6.

Picture-Alliance GmbH, Frankfurt/M.: 62.2, 229.1; AP Photo 149.1; Armin Weigel 318.1; Becker & Bredel 467.1; dpa/W. Steinberg 329.1; Everett Collection 123.1; Marcus Führer 339.1; Woitas, Jan 321.2.

plainpicture, Hamburg: Hexx 275.1; Maskot 29.1.

Richter-Publizistik, Bonn: 468.2, 469.1.

Schulbuchverlag Anadolu GmbH, Hückelhoven: http://www.anadolu-verlag.de/ 463.1.

Schulz von Thun, Institut für Kommunikation, Hamburg: 162.1.

Shutterstock.com, New York: AimPix 187.1; BarracudaDesigns 364.1; Ermolaev Alexander 273.1; Filimonov, Iakov 183.1; gdvcom 332.1; Ibrakovic, Jasminko 288.1; KannaA 230.2; Lordn 430.1; Marius Pirvu 545.1; Monkey Business Images 54.1, 231.1; nenetus 291.2; Olesya Feketa 428.2; Olga_Phoenix 230.3; Robert Kneschke 383.1; Veli_G 460.1; Vitalinka 379.1; wavebreakmedia 103.1, 134.1.

Springer-Verlag GmbH, Heidelberg: 212.1, 212.3, 213.1, 213.2, 214.1.

Stiftung Katastrophen-Nachsorge, Krickenbach: 151.2.

stock.adobe.com, Dublin: Africa Studio Titel, Titel, 120.1, 147.1, 573.1; ajlatan 145.1; Animaflora PicsStock 100.1; arthurhidden 298.1; auremar 522.1; Bizon, Anna 167.1; Coloures-Pic 108.1; contrastwerkstatt 122.1, 274.1; CrazyCloud 437.1; Creativa Images 251.1; Cubodeluz 368.1; cunaplus 508.2; czamfir 213.1; Daisy Daisy 576.1; dglimages 144.1; EVERST 509.1; FrankBoston 86.1; gpointstudio 80.1, 137.1; H_Ko 218.1; ia_64 551.2; Ivan 528.1; Kneschke, Robert 125.1, 125.2, 208.1, 228.1, 398.1, 496.1; kornnphoto 491.1; Krakenimages.com 333.1; kristall 268.1; Kuhn, Yvonne 507.1; Kuzmina, Oksana 509.2; Lichtmaler 133.1; LIGHTFIELD STUDIOS 357.1; lordn 378.1; lovemelovemypic 507.3; magelepicture 136.1; maranso 379.2; Monkey Business 358.1; murattellioglu 396.1; nadezhda1906 509.3; Naefe, Lauren/Stocksy 407.1; Naumov, Dmitry 551.1; nenetus 265.1; nmann77 96.1; Pfluegl, Franz 291.1; Photographee.eu 123.2, 219.1; pololia 133.2; Rawpixel.com 130.1; Schwier, Christian 192.1; Scott Griessel 369.3; stockpics 416.1; ucchie79 132.1; unguryanu 178.1; weerayut 507.2.

ullstein bild, Berlin: The Granger Collection 449.1.

Verlag Herder GmbH, Freiburg: Maslowsche Bedürfnispyramide, © 2020 Verlag Herder GmbH, Freiburg i. Br. 131.1.

YPS - York Publishing Solutions Pvt. Ltd.: 212.2, 456.1, 481.1, 488.4, 489.1, 489.2, 489.3, 489.4, 497.1, 530.1, 531.1, 536.1, 536.2, 540.1.

Zweygarth, Achim, Stuttgart: 151.1.

© Association Amis de Freinet - www.amisdefreinet.org, Nantes: 362.1.

© Statistisches Bundesamt (Destatis), Wiesbaden: 468.1.

Die Autoren stellen sich vor

Regine Böhm, Diplom-Pädagogin, unterrichtet an einer Fachschule für Sozialpädagogik in Stuttgart in verschiedenen Lernfeldern und betreut Schülerinnen und Schüler in Praktika. Sie ist Mitverfasserin des Lehrbuchs „Kinder unter 3" sowie des Lehrbuchs „Grundlagen der Psychologie und Pädagogik", beide erschienen im Westermann Verlag. Weitere Veröffentlichungen zur interkulturellen Pädagogik, Gruppenpädagogik und pädagogischen Handlungskonzepten.

Anja Berkemeier, Bildungsgangleitung der Fachschule für Sozialpädagogik am Berufskolleg Michaelshoven in Köln, unterrichtet in verschiedenen Lernfeldern der Erzieherausbildung sowie in der Qualifizierungsmaßnahme für berufstätige Kinderpflegerinnen. Einen Schwerpunkt ihrer Arbeit stellt die Betreuung der Studierenden in der Praxis dar. Zusätzlich unterrichtet sie das Fach Deutsch/Kommunikation.

Stefanie Dreißen ist Oberstudienrätin am Mildred-Scheel-Berufskolleg in Solingen und unterrichtet in der Fachschule für Sozialpädagogik sowie in der Fachschule für Heilerziehungspflege in allen Lernfeldern bzw. berufsbezogenen Fächern. Ein Schwerpunkt ihrer Tätigkeit stellt die Lernortkooperation mit zahlreichen Einrichtungen der Kinder-, Jugend- und Behindertenhilfe dar.

Volker Fischer, Diplom-Sozialpädagoge mit verschiedenen Zusatzqualifikationen in Team- und Organisationsentwicklung, psychotherapeutischen und gruppendynamischen Verfahren sowie Erlebnispädagogik. Autor von Fachbüchern und -artikeln, Leiter des Bereichs Weiterbildung beim Verein Pädiko e.V. in Kiel. Pädiko e. V. ist ein staatlich anerkannter Träger der Weiterbildung und Träger der freien Jugendhilfe. Volker Fischer organisiert, koordiniert und leitet Fort- und Weiterbildungen für pädagogische Fachkräfte.

Dietmar Böhm unterrichtet an einer Fachschule für Sozialpädagogik in Stuttgart in unterschiedlichen Handlungsfeldern und in der praktischen Ausbildung. Nach der Ausbildung zum Erzieher, Studium der Politologie, Erziehungswissenschaft und Germanistik mit Schwerpunkt Kinder- und Jugendliteratur in Berlin und Frankfurt. Verschiedene Veröffentlichungen zum interkulturellen Lernen, zu pädagogischen Handlungskonzepten und zu Kinderrechten. Zuletzt mit Benjamin Pütter: „Kleine Hände – großer Profit".

Kurt-Helmuth Eimuth, Kurt-Helmuth Eimuth, Dipl.-Pädagoge, Dozent an der Hochschule Darmstadt und der Ketteler-La Roche-Schule, Oberursel. Leitete den Arbeitsbereich Kindertagesstätten des Evangelischen Regionalverbandes Frankfurt und Offenbach, der für 120 Tageseinrichtungen für Kinder zuständig ist.

Martin Gehlen arbeitete nach einer Ausbildung zum Kaufmann und dem Abschluss als Diplom-Sozialpädagoge in diversen sozialpädagogischen Bereichen und war u. a. mehrere Jahre Leiter einer Jugendeinrichtung in einem Stadtteil mit besonderem Erneuerungsbedarf. Seit dem Studium „Lehramt an Berufskollegs" unterrichtet er als Oberstudienrat gemäß seiner Lehrbefähigung „Sozialpädagogik" und „Sonderpädagogik" entsprechende Inhalte in sozial- und heilpädagogischen Bildungsgängen am Berufskolleg Michaelshoven in Köln. Den Schwerpunkt bildet dabei die Kooperation zwischen Schule und pädagogischer Praxis.

Margret Kern-Bechtold unterrichtet an der Fachschule für Sozialpädagogik und am beruflichen Gymnasium in Lörrach. Schwerpunkte im sozialwissenschaftlichen Gymnasium sind die Profilfächer Pädagogik und Psychologie, in der Fachschule für Sozialpädagogik die berufsrelevanten Handlungs- und Lernfelder. Durch mehrjährige Mitarbeit in Lehrplankommissionen und entsprechenden Fortbildungen wirkte sie mit bei der Verbreitung des Lernfeldkonzeptes. Weitere berufliche Erfahrungen hat sie als Fachberaterin und Fortbildnerin im Evangelischen Regionalverband in Frankfurt/Main. Weitere Qualifikationen sind Montessoridiplom, Ausbildung in Rhythmik und Tanz, achtjährige ehrenamtliche Tätigkeit als Bundesvorsitzende des Evangelischen Berufsverbandes für Erzieherinnen und Sozialpädagoginnen e. V., mit dem Schwerpunkt Professionalisierung des Berufsbildes Erzieher/Erzieherin.

Michael Ott Michael Ott, Dipl. Pädagoge, bildet in Freiburg i. Br. Erzieherinnen und Erzieher vorwiegend im künstlerisch-gestalterischen und naturwissenschaftlichen Bereich aus. Dabei bringt er auch seine Erfahrungen als Realschullehrer sowie als Mehrklassenlehrer im Primarbereich mit ein. Im Rahmen seiner eigenen künstlerischen Tätigkeit hat er eine Reihe soziokultureller Projekte begleitet.

Bianca Ribic, Bereichsleiterin der Fachschule für Erzieher an der Elly-Heuss-Knapp-Schule in Düsseldorf. Sie ist seit vielen Jahren als Autorin an verschiedenen sozialpädagogischen Schulbüchern beteiligt. Neben diesen beiden Tätigkeiten ist sie freiberufliche Fortbildnerin und Referentin in Feldern der Kinder- und Jugendhilfe. Sie ist Marte-Meo-Therapeutin und Kollegen-Trainerin und etabliert diese Arbeit in der Ausbildung von Erzieherinnen und Erziehern.

Martina Lambertz, Bildungsgangleitung der Fachschule für Erzieher an der Elly-Heuss-Knapp-Schule in Düsseldorf. Sie ist seit vielen Jahren als Autorin an verschiedenen sozialpädagogischen Schulbüchern beteiligt. Neben diesen beiden Tätigkeiten ist sie langjährige freiberufliche Fortbildnerin und Referentin in Feldern der Kinder- und Jugendhilfe sowie freie Mitarbeiterin der PädQUIS gGmbH, ein An-Institut der Alice-Salomon-Hochschule in Berlin. Die Kooperation zwischen Schule und pädagogischer Praxis, die Arbeit mit Kindern unter drei Jahren, die Zusammenarbeit mit Familien, die Qualifizierung von Leitungskräften sowie die Qualitätsentwicklung in sozialpädagogischen Einrichtungen sind Schwerpunkte ihrer beruflichen Tätigkeit. Sie ist außerdem Marte-Meo-Therapeutin und Kollegen-Trainerin.

Lutz-W. Müller-Till ist Leiter der Evangelischen Fachschule für Sozialpädagogik in Freiburg i. Br. und dort auch Fachlehrer für Evangelische Religion/Religionspädagogik. Nach seiner Ausbildung als Gymnasiallehrer unterrichtete er zunächst an einer hessischen Fachschule in den religionspädagogischen Fächern sowie der Didaktik und Methodik der Sozialpädagogik. Er betreut zudem die angehenden Erzieherinnen und Erzieher im Praktikum.